中國抗日戰爭正面戰場作戰記

一九九六年十二月

萧克

（修订版）

上

主　编：郭汝瑰　黄玉章
副主编：田昭林　等
修　订：田昭林

江苏人民出版社

《中国抗日战争正面战场作战记》编写委员会

主　编：郭汝瑰　黄玉章

副主编：田昭林（执行）　王文荣　张毓清　戚厚杰

编写组：郭汝瑰　黄玉章　田昭林　戚厚杰　赵秀昆　黄厚瑚　胡　翔　潘德刚　党德信　谭奇金　倪丁一　卢继东　梁明泉　王楚英　高秋萍　郭寿航　陈阳平　孙东寿　韦镇福　陈西进　赖成樑

编审组：高体乾　徐舫艇　袁　伟　高存信　万海峰　马仲廉　阮家新　何　理　陈柏江　徐　焰　张海麟　罗焕章　李昌华　万仁元　王天晞

修　订：田昭林

人民必胜
正义必胜

李德生

一九九六年十二月

目　录

绪　论

第一章　从“九一八”事变到西安事变

第二章　“七七”事变和平津作战

第三章　华北作战

第四章 华东战局

第五章 武汉会战及广州失陷

第六章　相持阶段前期的作战

第七章　太平洋战争爆发后的中国抗战

第八章 走向最后的胜利

绪　论

第一节 写作动机

1937年中国爆发的抗日战争,“是半殖民地半封建的中国和帝国主义的日本之间在二十世纪三十年代进行的一个决死的战争”。[1]中国各族人民在抗日民族统一战线旗帜下为抗击日本法西斯的侵略而展开的这场伟大的民族解放战争,最终取得了全面胜利。这场战争的胜利是“我们中华民族四万万五千万人,不分阶级贫富,不分男女老幼,不分党派信仰,一致奋起,义无反顾,与日寇做生死的决斗”[2]而获得的,是在“世界人民的支援和反法西斯同盟国的配合下”[3]获得的。中国所有参加抗战的政党、阶级以及各阶层爱国人士,虽然在不同的战略阶段,在精神和物质的各方面所起的作用并不相同,但战争的胜利和他们作的贡献是不可分割的。抗日战争时期中国存在着两个战场,即由国民党及其政府领导的军队担负作战任务的正面战场和由共产党领导的人民抗日武装(八路军、新四军和华南抗日武装)担负作战任务的敌后战场。这是1927年以来中国政治、军事的延续、发展造成的,也是中、日力量对比和中国的具体国情所决定的,是当时具有中国特点和进步意义的特殊现象。

中国长期受封建主义统治,闭关自守,科技落后,武备不修,鸦片战争失败后沦为半殖民地、半封建社会,自此直到第二次世界大战反法西斯战争胜利,经过105年之久,才摆脱被瓜分的危局。如此严酷的历史教训,我们子孙后代永远不应忘记。为了振兴中国,使中华民族立足于世界民族之林,我们必须研究中国的近代史,尤其是中日战争史,应该“全面地研究中国人民抗日战争的历史经验,借以启迪后人,指导将来”。[4]

一、还历史以真实面目

中华人民共和国建立以来的相当一段时期内,抗日战争史研究中对敌后战场的叙述较多,对正面战场则较少涉及。1978年中国共产党第十一届三中全会以后，解放思想和实事求是的方针，给全面、深入研究抗日战争的历史创造了良好的环境，正面战场的研究也提上工作日程。特别是近几年来，有关抗日战争正面战场的著作大批出版，报刊上也发表了很多见解深刻的文章，使抗日战争正面战场的研究出现了空前的繁荣景象。但是，有些作品基本上是参照台湾出版的抗日战争史籍撰写的。

然而台湾的有关著作，特别是官方著作，绝大多数对抗日战争总体格局的叙述不符史实。如吴相湘的《第二次中日战争史》，全书只提国民党、国民政府和蒋介石的行动及其文件，对共产党的抗战，则除了否定与批判外，不著只字。甚至国民党中坚持抗战的冯玉祥和李宗仁，在书中也被写成“反叛将军”、“阴谋活动家”。有的书更对共产党领导的敌后战场肆意诬蔑。如何应钦在《为邦百年集》中说：在抗日战争中，“我们中国的内奸叛徒——中共，一直和日本军阀内外勾结，互相利用，狼狈为奸，共同颠覆我们的国家”；[5] 1987 年出版的《抗日战史》仍称抗日人民武装为“匪”，说共产党“从不从事抗日，专门打击国军”，甚至说“原本纯净的沦陷区，由于新四军之进入，遂成多事之秋”，[6]等等。对正面战场作战的叙述，则多有掩盖事实、捏造战况的问题。

以淞沪会战为例：中国军队的作战是英勇的，但最后造成大溃败的重要原因是未能适时转移部队，延误了撤退的时机。据始终参加该会战的原第 36 师师长宋希濂说：“在淞沪战场打了近三个月，伤亡过重，部队残缺，每个师所存人数，多的不过三四千人。当时主管作战的军事委员会第一部（后改称‘军令部’）及前线的高级指挥官，鉴于已被日军攻占了浏河、刘行、江湾、真茹（今真如）等地，后方已无可以抽调的兵力增援，均建议迅速将上海战场的主力部队，有计划地逐步撤到常熟、苏州、嘉兴之线及江阴、无锡、嘉善之线进行整补，实行和日军持久作战的方针。无疑，这一方针是正确的，并已获得蒋介石委员长的批准。十月底，这一方案正在开始实行之际，蒋介石突然于十一月一日晚十时左右，乘专车来到南翔附近的一个小学校里，随来的有白崇禧、顾祝同等人。随即召集师以上将领会议……他说‘九国公约会议，将于十一月三日在比利时首都开会，这次会议，对国家命运关系甚大。我要求你们作更大的努力，在上海战场再支持一个时期，至少十天到两个星期，以便在国际上获得有力的同情和支持。’”[7]于是部队转移的计划遂中止执行。正是由于蒋介石的这一错误决定，才导致淞沪战场几十万部队的大溃败。

可是台湾出版的抗日战争史籍中根本不提这一关键性的问题，却大肆宣扬

“领袖天纵英明，肆应万当，无不终获胜利”，“凡世人以为万无可胜之理者，领袖无不优为之。”[8]宋希濂是1949年末在四川大渡河畔被人民解放军俘虏的国民党将领，曾率部投入淞沪战场，浴血杀敌。台湾国民党当局说：“国军部分将校于戡乱作战期间被俘投匪，在中共威迫利诱下，发表不实之言论文字，歪曲史实或破坏政府威信，或为匪伪鼓吹，言行乖谬，不足采信”，[9]并中伤宋希濂“甘为中共统战工具”，“甘为中共鹰犬”。[10]姑不论早在1980年即已定居美国的宋希濂是不是“在中共威迫利诱下，发表不实之言论文字”，我们看一看没有被解放军俘虏，逃至台、港的国民党高级将领是怎么说的。淞沪会战时任第8集团军总司令和右翼军总司令的张发奎，在其《八一三淞沪战役回忆》中说：“从整个战略上着眼，敌人强渡苏州河后，退却已是无可疑义而不能再迟延的事……当时前敌总指挥陈诚将军来到我的指挥部，他亦同意我的意见。可是，最高统帅部却仍迟迟未决，等情况已到了最危急之际，才于九日下达退却命令……当我接到命令时，部队已陷入极度紊乱状态，各级司令部亦已很难掌握其部队了，因而演成了最后一幕可避免而终不能避免的大悲剧。”当时任第三战区副司令长官的顾祝同，在其《墨三九十自述》中说：我军退守苏州河时，“全般态势愈形不利。委员长等于十月二十八日，亲临苏州指示作战机宜”。下文不说蒋介石指示了什么机宜，却说“十一月五日，日军以有力部队，突由金山卫一带登陆，企图抄袭松江、青浦、安亭，堵截断京沪、沪杭两路交通，同时苏州河南岸阵地亦被日军突破，我军以腹背受胁，又缺精锐之生力军可资使用，乃不得不于十一月八日夜开始向嘉兴、苏州一带撤退……部队单位既多，沿途拥塞，加以飞机轰炸扫射，死伤不少，秩序混乱，部队大都失去掌握。”张发奎、顾祝同虽因立场、地位等关系不得不为其尊者讳，但从字里行间还是可以看出某些实情。当时的前敌总指挥陈诚，在抗战刚胜利时的私人回忆中就明确地说明：日军在“杭州湾登陆时，领袖由电话问陈如何处置，陈答以须调整战线后，领袖又命陈再支持三日，结果蒙受不利之溃退。”[11]由此可见，蒋介石由于决策错误、贻失战机，而成为中国军队大溃败的主要责任者。这一点事实上是知情国民党将领早就形成的共识。可是台湾当局出版的各种抗日战史，对此均不提及。

1949年脱离军职去香港定居，1950年又主动不再当国民党员的张发奎，在其晚年的口述自传中曾直接批评蒋介石在此问题上犯了一个重大的战略错误，并揭出影响蒋介石作出错误决定的主要原因。他说：当“官兵们已经打得筋疲力尽，伤亡惨重、后援不继”时，我赴松江出席军事会议，这是蒋先生（蒋介石）召集的，会场设在松江车站一节列车上，出席者有宋子文、白崇禧、陈诚、顾祝同、薛岳、孙元良、我以及其他将领”。“这件事我忍不住要讲出来，因为我不知自己还能活多久。不用介意蒋先生知道了会发怒”。“那时淞沪会战已葬送了巨大数量的人命。在蒋先生莅会前，我们在火车车厢里讨论了局势。我们都认为无法再抵挡敌军的优势火力。蒋先生到会后，高级军官们依次提出报告。我提议我们从淞沪前线转移十个师到苏嘉、吴福国防要塞工事，如是我们便能重新集结后撤的部队，以便确保有计划的撤退”。“绝大多数人同意我的建议。大家一致认为，上海再也守不下去了”。“此时蒋夫人突然从上海来到，我还记得她穿着毛皮大衣。她宣称我们若能守住上海——我记得她说十多天——中国将赢得国际同情，国际联盟将帮助我们抑阻日本侵略”。“与会者只有少数人同意她的观点。蒋先生说，上海必须不惜任何代价坚守”。“蒋先生犯了一个重大的战略错误，蒋夫人的愿望被证实是一种错觉，她太天真了，并非我想侮辱一个妇女，但是毕竟她只是蒋先生的妻子呀！他怎能听从妇人之言去指挥一场百万人的大战役呀！”“倘若不是蒋夫人要我们再坚持十几天，我们原本可以实行有秩序的后撤”。“在一九三八年三月举行的国民党临时全国代表大会上，何应钦承认在淞沪会战中犯错，但他不敢批评最高统帅部，他只承认撤退时过于混乱。何应钦在台湾不敢说真话”。〔12〕

台湾当局出版的许多战史，为了掩盖某些事实或制造某种假象，有时还故意篡改档案。仍以淞沪会战为例，第二历史档案馆收藏的 1937 年 11 月 10 日第三战区对左翼军下达的“作字第十号”撤退命令，“收容阵地之占领”一项中，原文是令“十九集团军以第六十六军占领安亭、方泰、外岗（不含）附近要点……第二十一集团军以有力部队占领外岗、嘉定附近诸要点……以五十六师占领娄塘、浏河附近要点”，以掩护第十五集团军及第十九、第二十一集团军自身的撤退，并未令陈诚的第十五集团军占领收容阵地。但蒋纬国主编的《抗日御侮》及史政局所编的《抗日战史》等书，都改为“第十九集团军以第七十三军占领杨家村、方泰镇附近各要点……第十五集团军以有力部队占领石岗门、嘉定城附近诸要点……”掩护撤退。当时陈诚并未在左翼军中指挥作战，是薛岳指挥的，所以命令中“本阵地占领部署”一项的原文是：“在转进期间应由左翼军薛总司令适应状况部署各集团军之行动”，而上述两书竟将“薛总司令”篡改为“陈总司令”。

又，《第三战区第三期作战计划》本来是在淞沪作战部队分别撤至吴福线和平望以南地区时，于 11 月 16 日由南京下达的，其方针是“为了打破敌由杭州湾方面包围我军之企图，并巩固首都”。可是台湾当局出版的战史，却将这一计划下达的日期改为 11 月 8 日，并删掉了打破敌军包围企图这一首要目的。同时还在顾祝同于 11 月 8 日夜匆忙下达的撤退命令之前，增添上“第三战区基于上述第三期作战计划，随即于 11 月 8 日下达初期阵地转移部署命令”。这样做的目的，无非是为了制造蒋介石早有预见的假象，使读者相信淞沪作战部队是预有计划地转移阵地，而不是仓皇溃退。不过这种作伪手法破绽太多，即使不与其他大量资料对照，仅从计划自身内容亦可看出其不实之处。《计划》中的“指导要领”规定：“由京沪方面抽调两个师经宜兴至吴兴”；第三条规定：“沪杭线方面应扼守崇德、石湾、南浔及临平、吴兴线”。人们不禁要问：在 11 月 8 日，杭州湾登陆日军第一梯队第 18 师团和第 6 师团尚在松江西南及亭林镇附近，第二梯队第 114 师团尚未登陆，淞沪战场左右翼军也还未被切断联系，而且军事委员会 9 日尚“决定以右翼军扼守既设之乍嘉阵地”，[13] 为什么要京沪两个师从太湖北绕道去太湖以南的吴兴呢？为什么放弃 1935 年即已修建的乍嘉线和海嘉线两道国防线防卫工事，而要求扼守两阵地以南并没有既设国防工事的崇德至临平之线呢？可见这个计划绝不是 11 月 8 日下达的。这类的例子俯拾皆是，几乎在每个战役的叙述中都或多或少地存在着。因而，台湾当局出版的抗日战争史籍，绝大多数不能真正、完全地反映抗日战场的真实面貌。

我国大陆各地现存的抗日战争时期的军事档案异常丰富，而且保管良好，整理有序，为正面战场作战的研究提供了宝贵的第一手资料。但国民政府时期的战斗详报、作战总结以及各种新闻媒介在当时发表的战况报道等，因国民党军一些将领为邀功、诿过等个人目的，或为激励士气、鼓舞人心等宣传需要，经常虚构战情，浮夸战绩。如果使用不慎，可能造成失实。据抗战时任第 18 军参谋长的赵秀昆说：1940 年枣、宜会战时，他“任宜昌守城部队 18 军 18 师参谋长，是放弃宜昌最后阵地飞机场东北角镇境山的人，时在 6 月 11 日黄昏……但在档案资料中，6 月 14 日陈诚致蒋介石密电说：‘宜昌城区仍由我罗师（18 师）一部固守’。”他还说：“1943 年 5 月……下旬，（日军）向长江南岸的 18 军防守的石碑要塞进攻。六战区尽其所有兵力增援 18 军，但未能阻止住日军攻势……蒋介石急令六战区留 11 师固守石碑要塞，其余均后撤到茅坪、野山关一线，组织新的抵抗。18 军 18 师在撤退中发现日军已经趁夜全线撤走，向军长方天报告……（我）直接以电话报告军令部。蒋介石接到报告后喜出望外，命军令部次长林蔚直接以电话告 18 军军长方天，大意：鄂西战役结局，国内外影响甚大，要注意宣传，你们速拟一战报，以电话直接报军令部，政府将对有功将领加以勋奖。方天令我亲拟战报，肆意夸张，军令部更进一步虚构、夸张，这就出现了6月3日重庆《中央日报》以及各大报纸的‘鄂西大捷之经过’的战报报道。其中有：‘据军委会发表，此次敌寇以其第3、第13、第34、第39、第58等6个师团为骨干，另附第14、第17独立旅团所编成之第11军，向我鄂西长江三峡进犯……我军以石碑要塞为轴心，诱敌至要塞地带，我统帅则特颁手令于要塞守备部队方天……诸将领，明示以此为我国之斯大林格勒……严令全体官兵固守要塞……敌军屡以密集部队向我要塞决死猛攻，我守备部队待其陷于我火网之内以后，予以全部歼灭，使之无一生还。积尸之多，仅北斗冲一地者即有二千三百具……’其中除‘仅北斗冲一地者即有二千三百具’是我信笔编造外，其余敌军总兵力和什么蒋介石手令，都是军令部捏造的。”[14]新闻媒介在当时进行宣传，或者还可以理解，明知其不实却作为史实，写成重要文件就很难使人理解了。国民政府陆军总司令何应钦在1946年抗战胜利后写的《八年抗战之经过》中对此次战役是这样写的：“敌第39师团、第13师团主力，及第3师团、第34师团、第58师团一部，均先后转用于宜昌西岸地区。敌酋第11军军长高木义人（系横山勇之误）亲至宜昌指挥，似有一举攻占我第一线要塞，威胁恩、巴之企图。我军早有周密之准备，我最高统帅并手令江防守备部队诸将领，明示石碑要塞乃我国之史达林格勒，为聚歼倭寇之惟一良机……当敌开始向我要塞外进攻时，我守备部队沉着应战，待敌陷入我之圈内，将其全部歼灭，故八斗冲、大小朱家坪、永安寺及北平山各地之战斗，屡次进犯之敌，均无一生还。敌第39师团主力及第34师团之一部，几全部被我消灭，而由偏岩窜占木桥之敌，亦被我消灭大半……此次进犯之敌，总兵力约十万之兵……其结果只赢得数万具尸体”，等等。另外，国民党政府军队在一些作战中制定的计划、命令，文字阐述也是头头是道，但有些并未实行，有的未全执行。由此可见，即使是原始档案，亦可能有失实之处，不可不慎加辨析。

海峡两岸参加过抗日战争正面战场作战的军官、将领，根据自己的亲身经历，写出了不少战争回忆录，这是研究正面战场作战的宝贵资料。但个人见闻总难免带有一定的局限性，而且全凭记忆也易因年久产生错误。以南京保卫战为例，当时的第103师第618团团长万式炯和该团第3营营长赵旭对参加江阴防守战斗的回忆就有矛盾。万说1937年12月1日晚奉命“向镇江转进”，“夜晚十时，我师退至江阴城西方之钱家村，遭敌伏击”，“第613团团长罗熠斌中弹阵亡”。而赵则说12月1日日军“向我103师阵地猛扑”，“激战两日两夜，守住了要塞”，但我第613团团长罗熠斌阵亡；12月2日方奉命“向镇江转移”，“当夜开始撤退”。[15]仍以南京保卫战为例，当时的教导总队副队长兼第1旅旅长周振强记该总队的兵力部署是：“第1旅……为右翼队，担任紫金山老虎洞、西山至工兵学校之线的防守。第3旅……为左翼队……第2旅……为总预备队，集结在太平门、中山门附近。”而当时任第2旅第3团团长的李西开则记为：第2旅也在第1线阵地，“担任陵园新村、中山陵西侧、灵谷寺至老虎洞侧一带地区之守备。右与第1旅、左与第3旅联系。”[16]由此可见，使用回忆资料时，仍须与其他资料对照研究，方能避免失实。

研究历史，回顾以往的成就和过失，以便达到鉴往知来、古为今用之目的，首先必须对史料进行去伪存真、去粗取精的一番梳理。对抗日战争正面战场作战史的研究同样必须以史料的真实为前提，还历史以本来面貌，在弄清战争的真实面貌的基础上，从国家战略和军事战略的高度考察战局的发展，严肃认真地把抗日战争发生的原因、中日双方的具体情况、侵略与反侵略的战争性质、正面战场作战的历史过程以及战略决策和战役指导的成败得失等，如实、系统地反映出来。虽然现在的常规战争已进入高新技术战争时代，不同于过去的抗日战争，战场环境、作战样式、战术原则、作战理论以及后勤保障等方面都发生了一系列深刻的变化，但它们本身都具有一定的历史继承性，都不能与历史截然分开。在着眼于特点、着眼于发展的原则下总结抗日战争的经验教训，仍有许多东西，特别是战略运用和战役指导等方面可资借鉴。例如，第一次世界大战以后，法国军事领导者误认为多地带阵地防御继续有效，第一阵地带尚未被突破，后方阵地带又构筑起来，因而是不能突破的，于是建筑马其诺防线，实行甘末林的防御战略。英国在亚眠会战中使用坦克，德军交叉火网不能阻止其前进，只因英坦克停止等待协同的步兵延误了时间，德阵地才未被突破。德国从中认识到：如果攻者改进步、坦协同作战，提高进攻速度，使防者来不及建筑后方阵地，则多地带阵地防御是可以突破的，遂采取闪击战略，提高进攻速度，导致第二次世界大战中法国一战而溃、希特勒蹂躏欧洲。

有鉴于此，我们编写这部《中国抗日战争正面战场作战记》。参加撰写和编审的人员，有曾经参加过抗日战争的国共两党的将领，也有研究中国近代史和军事史的学者。我们站在中华民族和中国人民的立场上，力求以历史唯物主义的观点、辩证唯物主义的方法，对中日及各有关方面的资料进行相互印证、研究，实事求是地反映正面战场的作战，既不增加什么，也不减少什么；既不为之“擦粉”，也不为之“抹黑”，让世界各国的读者了解中国抗日战争正面战场作战的真实历史，也为今后《中国抗日战争作战史》的撰写奠定一些基础，同时希望有与之配套的《中国抗日战争政治史》《中国抗日战争外交史》《中国抗日战争经济史》等著作相继问世，以便对这段不能忘却的历史作出更为全面、系统的总结。

二、记取历史的教训

1868年日本开始实行明治维新。当年4月6日，天皇在颁发施政纲领《五条誓文》的同时，还发表了要“继承列祖列宗之伟业”、“经营天下”的《宸翰》(即御笔信)，宣布“欲开拓万里波涛，布国威于四方”，并在6月改革官制时规定外务大臣的职责之一为“开疆拓土”，[17]明确地表示以侵略扩张为其基本国策。1874年发动了第一次武力侵华，进犯中国台湾；1879年吞并了与中国清朝保有特殊关系的琉球国；[18]1894年发动了“甲午战争”，强迫清朝廷割让台湾和澎湖列岛；1900年参加八国联军，侵入中国北京；1904年与俄国争夺中国的土地、利权，在中国东北大地上进行日俄战争，占领了中国辽东；1910年又吞并了与清朝保有特殊关系的朝鲜；1914年乘参加第一次世界大战对德国作战之机，占领了中国青岛；1927年，日本田中内阁举行的“东方会议”制定“先征服中国”的计划，并上奏天皇；1928年为阻止国民革命军北伐，出兵济南；1931年制造“九一八”事变，占领了中国辽宁、吉林、黑龙江三省；1937年再制造“七七”事变，对中国发动全面侵略。面对日本几十年赤裸裸的野蛮侵略，中国人民忍无可忍，才全民奋起，被迫进行抵抗。1937年开始的这场全面抗战，是觉醒了的中华民族为抵抗日本军国主义妄图置中国于殖民地地位的民族解放战争，是反法西斯侵略的正义战争。而日本所进行的，则是彻头彻尾的侵略战争。它使中华民族遭受了空前深重的灾难，使中国人民的生命财产遭受了巨大的损失。侵华日军到处进行残酷的屠杀，仅南京一地就屠杀了30余万；而且公然违反国际公法，组织“731部队”，制造细菌武器，中国至少有十余万人死于其“试验”之中。日本侵华战争的侵略性质及残暴罪行，不论在国际法律上还是在道义上，国际社会早有定论，受到全世界有正义感的人民，包括日本有正义感的人民的一致谴责。

战后数十年来，日本许多明达人士深知反省。1972年9月29日中日邦交正常化的联合声明中，日本表示：“痛感到在整个战争中给中国国民造成巨大损失的责任，并对此深刻反省"；1987 年，日本举行"卢沟桥事变五十周年中日学术讨论会"，日本历史学家远山茂树在闭幕词中说：中日战争"历史意义的核心，是日本的侵略战争同中国人民的民族独立战争的冲突，其结局以日本帝国主义的彻底失败而告终。对此，是不能有丝毫含混的。"[19] 1991 年在沈阳举行的"九一八"事变 60 周年国际学术讨论会上，日本京都大学名誉教授井上清在发言中说："我们一定要把当年日本军国主义者侵略中国的真实情况告诉中日两国人民，告诉两国的子孙后代。"[20] 日本明仁天皇也说："在两国悠久的历史上，曾经有过一段我国给中国国民带来深重苦难的不幸时期。我对此深感痛心。战争结束后，我国国民基于不再重演这种战争的深刻反省，下定决心，一定要走和平国家的道路。"[21] 1993 年 8 月 10 日，日本细川首相承认："日本在第二次世界大战中进行的是侵略战争。"[22] 其实，早在日本侵华战争期间，有些日本军人就明确地承认日本进行的是侵略战争，承认对中国人民施行了残暴行为。如日本明治天皇之弟三笠宫崇仁，于 1944 年初在南京中国派遣军总部所作的秘密报告《作为日本人对中国事变的内心反省》中说："明治维新以来，伴随欧美文化的输入，日本人也感染了霸权主义的侵略压榨思想，并与欧美诸国一起对中国实施此等行径"，如"掠夺、强奸、杀害平民、放火等"。后来日本《读卖新闻》的调查研究部主任研究员中野邦观对他采访。关于侵华问题，三笠宫崇仁说："连侵入他人所有的土地都要构成非法侵占罪，更何况侵占他国的领土，这能说不是侵略吗？"关于侵华日军屠杀中国人的问题，他说："所谓屠杀，就是用残忍的手段加以杀害"，日军"为了对新兵进行训练，可用活生生的俘虏当靶子，叫新兵演练刺刀拼杀战术"；在东北，将中国人"捆绑在木桩上，日本军人对着他们又施放毒瓦斯，又发射毒气弹，其场景之凄惨，实在令人目不忍睹……像这样的暴行，不叫屠杀又能叫什么呢？"最后他说："日本人较普遍地存在着民族优越感和对中国人的蔑视观念，再加上……对在甲午、日俄两次战争中日本并未真正取得胜利，只是在政治上得胜而在军事上并未战胜这一点认识不足，因而最终酿成了不可收拾的结果。"（按：指发动了侵华战争）"这些问题，并未到此总结，现在依然继续存在，将来也很有可能再度发生。"[23] 三笠宫崇仁的这种担心，并非杞人忧天，"再度发生"的危险的确存在。

尽管中国对日本侵华的这段不幸历史不咎既往，以友好为重，希望其吸取历史的教训，使中日两国能世世代代友好下去，互利合作，共同维护东亚和世界的持久和平。但是，军国主义、霸权主义的思想并未在日本完全消除，不仅在日本民间不断地出现“卢沟桥事变乃偶发事件”、“南京大屠杀是捏造的”、“大东亚战争应当肯定”等反历史的言论，以及胡说什么“犯罪时效也适用于侵略战争，中国现在还批判日本侵略，是不懂时效”，并诬蔑中国尚处于“根本不懂国际常识和现代社会原则的‘前现代社会’”等等；就是在日本政界，也仍然不断有人歪曲历史，否认侵略，拒绝反省。

以负责日本教育的文部省为例，1955 年自民党前身民主党中部分大员发表了题为“可忧虑的教科书”一文，主张把日本小学教科书所载的日本“战败日”改为“休战日”。此后文部省多次在审定教科书时故意掩饰其发动的侵略战争：1958 年，把侵略中国改为“进入大陆”；1969 年，删掉了所有关于反省战争责任的内容；1982 年，又把侵略华北和全面侵略中国等段落中的“侵略”改为“进出”，把南京大屠杀改为“占领南京”等等，类似的篡改不胜枚举；同年 8 月，国土厅长官松野幸泰还攻击中国、朝鲜和东南亚国家对日本篡改教科书进行批评是“干涉日本内政”，说批评的人“神经过敏”。

再如：1978 年，日本将东条英机等 14 名甲级战犯和 1000 余名其他级别的战犯的牌位移入靖国神社进行“祭祀”，此后每年都有一批大臣和国会议员前往参拜；1985 年，中曾根康弘公然制造了以首相身份参拜靖国神社的先例，而且内阁成员每年在 8 月 15 日参拜靖国神社已成定例。1986 年，刚上台不久的文部大臣藤尾正行竟在《文艺春秋》上著文，说日本并吞朝鲜，朝鲜“负有责任”，说日军在南京进行的屠杀是“为了排除抵抗”。国土厅长官奥野诚亮更肆意歪曲历史，说“日中战争发端于 1937 年的卢沟桥事件，当时本已就停火问题达成了协议，但是中国共产党开了枪，于是战争就爆发了”；1988 年，他再次为日本的侵略行径辩解，说日本“当年并没有侵略意图”，“日本一直不是一个侵略国家，日本是为了保卫自己的安全而发动战争的”，并公开否认南京大屠杀事件。1989 年，曾任“大家都来参拜靖国神社之会”会长、一直积极推动参拜靖国神社的日本首相竹下登采取了间接否认侵略的手法，说日本进行的战争，是不是侵略战争，“应该由后世历史学家评价”。1990 年，众议员石原慎太郎发表谈话和文章，说“我不认为发生过所谓大屠杀事件”，南京大屠杀是“中国人捏造出来的谎言”，日本人应当肃清“战后意识”。1992 年，众议院外委会副委员长柿泽弘治说：亚洲各国对日美化侵略战争的批评是“有害的”，“是对往事的小题大做”。

1994 年，事态发展得更为严重，一年之内有三名政府要员和一名议员公开否认当年日本进行的侵略战争。曾在第二次世界大战中任日军大佐、战后任自卫队陆上幕僚长、当时任日本法务大臣的永野茂门上任不到一个月就说:“南京大屠杀是捏造出来的”,“把太平洋战争定为侵略战争是错误的”,“当时即将被搞垮,日本是为了生存才发动战争的,是为了解放殖民地以确立大东亚共荣圈”,日本“并不想把那些地方变为日本领土,也没有占领那些地方”。同年8月,环境厅长官樱井新对记者称:二次大战期间日本“并没有想发动侵略战争”,“不应当只认为日本坏”,“那场战争使亚洲各国独立了”,“教育提高了”。9月,自民党议员户田一郎又在广岛议会上说:“大东亚战争是自卫战争”;10月,通产大臣桥本龙太郎在回答议员质询时说:“日本否认针对亚洲邻国发动过侵略战争,这是一个微妙的定义上的问题”,“日本当年发动的战争是否叫侵略战争尚存疑问”。特别值得警惕的是,这些要员们还煽动群众,为其侵略翻案。他们在日本投降日参拜靖国神社时宣称“‘八一五’不是终战纪念日,而是日本战败的国耻日,全体国民应奋起雪耻”。在神社两侧高挂书写着“南京大屠杀是捏造的”、“反对中国干涉内政”等颠倒黑白的大条幅。神社的扩音器里不断地喊着“大东亚圣战是为亚洲各国争取独立的战争,是正当的自卫,东京审判是战胜国对战败国的报复”,“日本不是侵略国家,英灵为国捐躯”等口号。当天参加参拜的有日本7名内阁阁僚和前首相竹下登等69名国会议员。

1995年,是世界反法西斯胜利50周年,是中国抗日战争胜利50周年,也是日本战败投降50周年。在这个时候,日本人要想得到世界人民,特别是亚洲人民的谅解和信任,理应认真反省过去、承认侵略历史,并向曾经遭受其侵略的国家和民族道歉。可是一部分日本政要人物非但不肯道歉,反而变本加厉地否认和美化其侵略历史。当年1月,自民党议员成立的所谓“终战50周年国会议员联盟”竭力抵制在日本战败50周年之际由日本国会通过“不战决议”,宣称坚决反对“谢罪式的不战决议”,要避免“使战后被歪曲的历史法律化”;2月,永野茂门与一些自民党议员组成所谓“正确认识历史议员联盟”,公开反对日本以任何形式谢罪,说“不战决议将使日本永久被贴上残忍民族的标签”;4月,“终战50周年国民委员会”在日本各地征集了456万人签名,反对国会通过不战决议;6月,“终战50周年国会议员联盟”在东京举行紧急会议,要求国会在决议中不使用“侵略”、“殖民统治”、“反省”和“领土扩张”等词句;8月8日,刚上任的文部大臣岛村宜伸,在其就职的第二天举行的记者招待会上拒绝承认日本的侵略历史,声称认不认侵略战争“是一个思想方法问题”;同一天,奥野诚亮在接受记者采访时说:“大东亚战争是为了解放白人殖民地”,是“自卫战争”;8月15日,通产大臣桥本龙太郎等8名内阁成员和70多名国会议员参拜了靖国神社。不久，桥本龙太郎等自民党105名国会议员组成的自民党历史研究委员会编辑出版了《大东亚战争的总结》一书，书中说“满洲不是中国领土”，“日本是为了自卫而出兵亚洲的”，“南京事件是虚构的”，等等。这一切都不能不使我们鉴往警来。

“回顾中日关系，可谓密切交往与深仇血战相互转换。其内在的决定性因素是力量对比”。“尊强傲弱，愿意向胜利者学习，是日本人历来的特点”[24]。公元7世纪，日本大化年间（公元645—655年）经效法唐朝制度进行改革而兴起不久，公元663年8月间，日本水军即与大唐水军在朝鲜半岛白江口进行了一场大规模的海战，结果是日本水军大败，损失战船400余艘。日本认识到自己的军事力量尚不足以抗衡唐朝，不仅没有怨恨大唐，反而与唐朝的关系更为密切。在唐军平定了与日本共同抗唐的高句丽后，日本派河内鲸为“平高丽庆贺使”，去唐都长安祝贺大唐在朝鲜半岛的彻底胜利。同时向大唐大规模地派遣留学生、遣唐使，进一步全面学习和引进唐代的文化制度，积极进行“唐化”。公元1853年，美国东印度舰队司令培里（一译佩利），率其舰队侵入日本江户湾，并以武力相威胁，强迫日本于次年签订了不平等的《日美和亲条约》，打破其锁国制度。日本却在神奈川县横须贺市建立了培里公园，园内还设有纪念馆，陈列着当时的入侵实物、文件和出版物，记录了美舰压境时幕府惊慌失措、被迫开国的历史。而且在美舰登陆地点，立了一座纪念碑，上有当时首相伊藤博文亲书的“北米合众国水师提督佩利上陆纪念碑”大字。曾访问过日本的国防大学教授徐焰将军2012年著文说：“在二战中真正打痛日本的是美国，多数日本人却最佩服美国。20年前，我到日本自卫队最大院校防卫大学时，看到其师生处处以模仿美式做法为荣。12年前，我到广岛时曾访问过原子弹受害者及其后代，发现他们不谈怨恨却还感谢美国战后的帮助”。中国抗日战争胜利后，“日本当局乃至主流观念只承认败于美国，不承认输给中国”。但是“新中国成立一年后敢于出兵朝鲜，同美军作战还能连连取胜，刚被美国打服的日本人在惊愕之余改变了对华观念，过去‘支那’的蔑称被‘中国’代替[25]。”中日间的民间往来，逐渐升温，“文革”期间，中国的对外交往几乎中断，但日本民间团体来华却一如既往，且更加热情。1972年中日邦交正常化后，特别是中国改革开放后，两国的密切关系程度前所未有。但随着日本经济的飞速发展，一跃成为世界第二大经济国后，不少日本人又开始得意忘形，崇强傲弱、尚武好战的心理高度膨胀。石原慎太郎就与人合作抛出《日本可以说不》的系列著作。“上世纪90年代日本经济泡沫破灭，出现十多年经济不景气。导致日本政治右倾化，国民心态普遍感到失望、迷茫和焦躁不安。特别是中国通过改革开放与和平崛起，2010 年国内生产总值超越日本，成为世界第二经济大国，长期以来日本称霸亚洲、经济唯我独尊的局面被打破，这种反差使不少日本人产生强烈的失落感和心理不平衡。右翼势力和某些政客、媒体乘机大肆宣扬'中国威胁论'、'中国危机论'等，竭力鼓吹依靠美国、抑制中国，煽动民族主义情绪。如东京都知事石原慎太郎早在 2002 年就在《文艺春秋》杂志上发表《战胜中国重建日本的道路》的文章。2012 年他又跳出来导演'东京都购买钓鱼岛'的闹剧，激化中日之间钓鱼岛争端的矛盾冲突"[26]。而日本政府亦出于遏止中国经济高速发展和自身能源的需要，以及配合美国重视亚太战略的需要，企图乘机侵夺中国的钓鱼岛。

已经并日益发展壮大的新中国和受尽列强屈辱、处于半封建半殖民地的旧中国相比，不论在国际地位上还是在综合国力上，都有着极大的差异。被人诬蔑为"东亚病夫"的时代已经一去不复返，站起来了的中国人民也不会再任人欺凌。但是，在颂扬我们中华民族光荣、伟大业绩的同时，绝不能忘记过去的历史，必须牢记中华民族在近代走过的艰苦历程，警惕那些为其侵略历史辩护、主张"雪耻"的那些人。

看一看日本的现实情况。仅就军事方面而言，它的自卫队拥有一切先进的常规武器，是一支能够进行高新科技战争的现代化武装力量。日本现有核电站 47 座，拥有生产核武器的全部基础与技术，如果日本政府愿意，一年内就可以成为核大国。再听一听某些日本军界人士的声音。日本防卫厅(2007 年 1 月升格为防卫省)国防局局长高岛说："中国是一个核大国，并且正在对武装力量实行现代化"，"从军事意义上说，我觉得我们必须做好准备"。有的人还无中生有地制造所谓的"中国威胁论"，为其扩军找借口。如东京防卫研究所所长西原说："我们对中国的扩张感到担忧。"[27]

前事不忘，后事之师。鉴于上述情况，我们必须居安思危，牢记"落后就要挨打"的历史教训，在加强民族团结和加速经济发展的同时，努力建设现代化国防，提高军队素质，以增强我国的防御能力。为此，还必须从以往的作战实践中吸取可用的经验教训，以便为未来可能出现的反侵略战争和保卫国家利益的战争做好准备。

中日两国是一衣带水的邻邦，虽然日本在近代对中国有过几十年侵略的历史，但也有 2000 多年的友好交往。我们真诚地希望中日两国人民能世世代代友好下去，互利合作，共同维护东亚和世界的持久和平。但真正的睦邻友好关系只能建立在正确对待历史的基础之上。前车之覆，后车之鉴，我们也希望日本少数人能正视历史，并以史为鉴，与中国共同发展面向未来的友好合作关系。这符合中日两国人民的利益。

注　释：

〔1〕 毛泽东:《论持久战》。载《毛泽东军事文集》，军事科学出版社、中央文献出版社1993年版，第二卷第274页。

〔2〕 朱德:《八路军、新四军抗战第四周年》。载《解放》1941年7月7日第131、132期合刊。

〔3〕 刘华清在《纪念抗日战争胜利五十周年驻京部队老战士座谈会上的讲话》。载1995年8月26日《解放军报》。

〔4〕 聂荣臻:《历史的召唤》。为郭雄等编《抗日战争时期国民党正面战场重要战役介绍》一书的序言。

〔5〕 《为邦百年集》。台湾1987年版，第449页。

〔6〕 台湾国民党史政编译局《抗日战史》，1987年7月版，第4册第2页。

〔7〕 宋希濂:《鹰犬将军》。中国文史出版社1993年第二版，第121页。

〔8〕 黎玉玺:《领袖军事上的丰功伟业》。台湾国民党史政局1966年印。

〔9〕 同〔6〕的“编纂说明”。

〔10〕 1984年4月4日台湾国民党《中央日报》。

〔11〕 《陈诚私人回忆资料》，原件存中国第二历史档案馆。转引自《中国现代政治史资料汇编》第三辑第三十一册。

〔12〕 见《张发奎上将回忆录——蒋介石与我》，星克尔（香港）有限公司2010年版，第177—182页。

〔13〕 国民党军令部档案《沪战经过及教训》（1937年12月）。原件存中国第二历史档案馆。转引自《中国现代政治史资料汇编》第三辑第三十一册。

〔14〕 赵秀昆:《从运用档案、回忆录资料想到的》。载《近代史研究》1991年第2期。

〔15〕 《南京保卫战——原国民党将领抗日战争亲历记》。中国文史出版社1987年版，第85、92、93页。

〔16〕 同〔14〕，第166、167、171页。

〔17〕 转引自伊文成等《明治维新史》。辽宁教育出版社1987年版，第356页。

〔18〕 在清代，琉球、朝鲜与中国清朝保有特殊关系:按定制，琉球和朝鲜的国王即位时

要接受清朝皇帝的册封，即位后要派大臣定期到中国向清帝朝贡。清帝则负有维护琉球、朝鲜国王统治之责，并有帮助他们平定内部动乱和抵御外来侵略的义务。当时清朝统治者以琉球、朝鲜为其“外藩”、“属邦”，琉球、朝鲜统治者也如此看待其与清朝的关系。但是清朝并不干预他们的政令，在经济上彼此也处于平等地位，并可得到对华通商的便利。清朝与琉球、朝鲜的这种特殊关系带有封建落后性，但是和近代资本主义、帝国主义与殖民地、半殖民地的关系根本不同。

〔19〕 见《驳永野茂门》所记齐世荣的谈话。载《抗日战争研究》1994 年第2 期。

〔20〕 见中国各大报刊载的中国新华社沈阳 1991 年 9 月 17 日电。

〔21〕《日本天皇在杨尚昆主席举行的宴会上的答辞》，见中国各大报刊载的中国新华社北京 1992 年 10 月 23 日电。

〔22〕 见中国各大报纸刊载的日本共同社东京 1993 年 8 月 11 日电。

〔23〕 见日本《HTISIS 读者》1994 年 8 月号。转引自《抗日战争研究》1995 年第 2 期。

〔24〕 见徐焰《处理对日关系需大手笔》。载《同舟共进》2012 年第 10 期。

〔25〕 同上注。

〔26〕 见王晓秋《历史上日本的对华心态》。载《同舟共进》2012 年第 10 期。

〔27〕 转引自高存信《鉴往警来，永保和平——我们怎样纪念抗日战争胜利五十周年》。载《抗日战争研究》1995 年第 3 期。

第二节　中国抗日战争的地位与作用

中国的抗日战争揭开了世界反法西斯战争的序幕，是第二次世界大战史册上极其光辉的一页。中国的抗日战场是世界反法西斯战争的东方主战场。中国人民在战争中付出了巨大的民族牺牲，为战胜和消灭法西斯、维护世界和平与人类尊严作出了不可磨灭的历史贡献。中国的抗日战争在世界反法西斯战争中占有崇高的地位，发挥了伟大的作用。但是，西方国家出版的有关反法西斯与第二次世界大战的书籍却大多侧重于欧洲、非洲及太平洋战场的叙述，强调美、苏、英的重要作用，无视亚洲战场与中国抗日战争对世界反法西斯战争的巨大贡献。这是不符合历史事实的。有的西方学者甚至公然歪曲历史，诬蔑“中国军队几乎没参加过什么战斗”，即使“中国停止战斗，战斗的进程也决不会发生改变”等。

如果这不是无知，便是别有用心了。

一、世界反法西斯战争的重要组成部分

人们熟知，第二次世界大战是由法西斯挑起的一系列局部侵略战争逐渐发展、扩大而成，经历了一个长期的演变过程。1920 年以后，日本出现数以百计的法西斯组织与团体，它们竭力鼓吹对外侵略。1931 年日本法西斯制造“九一八”事变，中国东北部分爱国军民在世界东方第一个展开反法西斯武装斗争。1936 年 11 月 25 日，德、日两国政府签订《反共产国际协定》。一年后，意大利加入，从而宣告德、日、意法西斯侵略集团正式形成。该协定申明：法西斯集团决心夺取世界霸权，要在全世界推行法西斯制度。因此，德、日、意三国签订《反共产国际协定》，结成法西斯同盟，被视为轴心国发动第二次世界大战走出重要一步。自此以后，世界上原来分散孤立的法西斯势力结为一体，构成了对全世界所有国家和人民的威胁；三个法西斯国家对世界任何国家和民族的侵略不再是局部事件，而具有世界性了。换言之，世界上任何国家和民族反抗德日意法西斯集团侵略的武装斗争，都是世界反法西斯战争的组成部分。中国抗日战争当然也不例外。即使仅就抗击日本的侵略而言，也是如此。1936 年 8 月 7 日，日本政府通过《国策基准》，确定其对外扩张的战略方针是：“北上”进攻苏联，“南进”夺取南洋，陆军军备以对抗苏联在远东所能使用的兵力为目标……海军军备应以对抗美国海军、确保西太平洋的制海权为目标。[1]非常明显，日本侵华不仅仅是要灭亡中国，其最终目的是要征服世界。所以毛泽东在当年说：“中国已紧密地与世界联成一体，中日战争是世界战争的一部分，中国抗日战争的胜利不能离开世界而孤立起来。”“伟大的中国抗战，不但是中国的事，东方的事，也是世界的事。”[2]“中国的抗战不但为了自救，且在全世界反法西斯阵线中尽了它的伟大责任。”[3]中国的抗日战争打响了世界反法西斯战争的头一炮。中国，是第二次世界大战的东方主战场，是打败第二号法西斯强国日本的决定力量，是苏联战胜德国法西斯和美、英夺取太平洋战争胜利的最有力的盟友。当时各同盟国首脑对中国的抗日战争均极为重视。请看以下几桩大事：

1942 年元旦，由美、英、苏、中四国领衔，26 个国家共同发表《联合国家宣言》，各签字国政府保证运用其军事与经济之全部资源以对抗与之处于战争状态

的“三国同盟”成员国及其附从国家，并保证“不与敌国缔结单独之停战协定或和约”。[4]世界反法西斯统一战线正式形成。与此同时，美国总统罗斯福为了联合作战的需要，建议设立包括中国本土及越南、泰国在内的中国战区，并提议蒋介石担任战区统帅。

由于中国对日本法西斯侵略的英勇抗战，改变了过去任列强欺凌的软弱形象；更由于中国抗日战争在世界反法西斯战争中地位的重要，中国的国际地位大为提高。1943 年 1 月，中国和美国、英国分别在华盛顿和重庆签订了新的中美、中英条约（以后中国与比利时、挪威、瑞典、荷兰、法国、瑞士、丹麦、葡萄牙等国相继签订了类似条约），废除了过去的不平等条约。

1943 年 10 月，苏、美、英三国外交部部长在莫斯科开会，共同发表了《关于普遍安全的宣言》。美国力主中国亦参加该宣言。美国国务卿赫尔说：“我的政府认为，中国已经在世界范围内作为四大国之一进行战争。对中国来说，现在如果俄国、大不列颠和美国在宣言中把它抛到一边，那在太平洋地区很可能要造成可怕的政治和军事反响。”[5]经协商，中国驻苏大使受权在宣言上签字，从而形成四国宣言。

1943 年 12 月 1 日，中、美、英三国联合发表《开罗宣言》，明确规定：“我三大盟国此次进行战争之目的，在于制止及惩罚日本之侵略”；日本侵占中国的领土，如东北四省、台湾、澎湖列岛等，都必须归还中国。[6]三国决心团结战斗，将战争进行到日本无条件投降为止。

1945 年 7 月，中、美、英三国联合发表《波茨坦公告》，敦促日本无条件投降。（苏联于 8 月加入《波茨坦公告》）

在上述活动中，尽管美国政府另有所图，但中国以四大国之一的身份参加世界反法西斯战争，这一点是无疑的。第二次世界大战结束时，中国官员作为主要战胜国的代表参加了日本向盟国投降的仪式。战后，中国成为联合国安理会的五大常任理事国之一。凡此种种，也是对这个事实的进一步确认。显然，中国抗日战争是世界反法西斯战争的重要一翼，是其密不可分的一个组成部分。

二、打败日本法西斯的决定性因素

中国抗日战争作为世界反法西斯战争的重要组成部分，在世界反法西斯战争中有着重要的地位与作用；作为打败日本法西斯的四个主要国家之一的中国，始终担负着抗击日本侵略军主力的重任，对世界反法西斯战争的胜利作出了巨大的贡献。就作战时间而言，中国遭到日本侵略最早，抗击日本也最早，而且作战时间也最长。仅从 1937 年日本发动"七七"事变到 1945 年 8 月 15 日日本投降，中国军民同日本侵略军浴血奋战了 8 年零 40 天（如从 1931 年"九一八"事变算起，则战斗了 14 年）。而美、英两国从 1941 年 12 月 8 日日本发动太平洋战争起，同日军战斗了 3 年又 9 个多月；苏联从 1945 年 8 月 9 日对日宣战开始，实际作战不过十几天。就作战规模而言，中国的抗日战争是在长达 5000 公里的正面战场和幅员 130 余万平方公里的敌后战场进行的，中国投入的兵力，最多时军队近 500 万人、民兵约 200 万人；日本投入的兵力，最多时日军近 200 万人、伪军约 145 万人。双方使用总兵力高达 1000 万人。就消耗日本军事力量而言，8 年抗日战争中中国军民杀伤、俘获的日军，据日本方面统计为 261 万余人，其中伤亡人数为 133 万余人。[7] 日本厚生省 1964 年调查后统计，日军在侵华战争中死亡的人数为 43.56 万人。但日本历史学家伊藤正德所著《帝国陆军史》，却记录战死在中国的日军为 789 370 人。最近日本读卖新闻社为追悼在第二次世界大战中战死日军亡灵而出版的《中国慰灵》，亦记为 70 多万人，但不包括中国远征军、驻印军在缅甸战场上、中国抗日联军在东北战场上与日军作战中战死的日军。另有《缅甸慰灵》、《满洲慰灵》专为记载。[8] 据国民党军方统计，向中国投降的日军为 128.3 万余人。[9] 此外还消灭伪军累计 213 万余人（其中歼灭 118 万余人，投降 95 万余人）。美、英盟军在太平洋战场作战，据《马歇尔报告书》记载，使日军损失 124.7 万人（包括在印、缅战场上美、英军和中国远征军共同歼灭的 16 余万日军）。苏军在远东对日作战，据苏联统计，使日军损失约 70 万人（包括伤亡、俘降人数）。日本在中国战场上损失的军队，占其损失总数的 65%，对日本整个军事力量，特别是陆军力量打击最大。

尤其应当提出的是：在日本发动太平洋战争之前的 4 年半内，中国独自抗击着强大的日本侵略军。后来成为反法西斯战线盟国的美国和英国，在此期间基本上没有援助中国，而且竭力推行"绥靖政策"，甚至继续向日本出售其最为缺乏的战略物资。苏联虽然曾经给中国以有力的援助，但要中国以稀有金属和农牧产品偿还其售予的武器装备。为避免两面作战，苏联在国际关系上也采取不干涉日本的"中立"立场。中国就是在这种困难的条件下，主要依靠自己的力量粉碎了日本企图在短期内征服中国、变中国为其"南进"或"北进"基地的战略计划，迫使日本陷于“中国泥潭”而无法自拔。

日本全面发动侵华战争之初，其主要决策者们认为只需“对华一击”，就可以迫使中国屈服。陆相杉山元在日本天皇询问战争所需时间时，他说“一二个月足够了”。[10]但在中国军民的英勇抗击下，经过了一年半的时间，正面战场的中国军队既未被消灭，中国政府也未屈服，依然坚持抗战；而敌后战场则愈战愈强，建立了大批抗日根据地，收复了大片国土。1938 年 9 月，日本华北方面军司令官寺内寿一在向至华北视察的日本天皇侍从武官所作的《情况报告》中说：“占领区内……敌人游击活动逐渐活跃……其行动极为猖獗。破坏铁路，袭击各地等事件不断发生。所谓治安恢复地区，实际上仅限于主要交通线两侧数公里地区之内。”[11]此时的日本，不仅在军事上遭到严重的挫折，战略进攻势头已成强弩之末，在经济上也逐渐陷入困境，国力开始下降，战略原料缺乏；更由于兵员的不断增加，劳力、能源和粮食均感不足。1939 年的军费支出已高达 61.56 亿日元，国防工业的生产计划已不能完成。当年冬，“日本国力穷困急剧表面化”，已经失去保障军队军事物资供应的能力，从而“加重了中央统帅部首脑的痛苦和压力”。当年 10 月 2 日就任参谋次长的泽田茂对当时的形势作了这样的叙述：“外强中干是我国今日的写照，时间一长就维持不住了。陆相也是这样判断的。依靠武力决战解决中国事变的做法，是没有出路的。”[12]其实，他的前任参谋次长中岛铁藏也有与他基本相同的看法，认为继续打下去对日本非常不利；即使打下武汉、广东，也不可能使中国屈服，而且“日本内部由于人心恶化，失业者发生生活问题，出现了反战思想，将更加陷入困境。”[13]正是由于中国坚持抗战，使日本逐渐陷入“中国泥潭”而不能自拔的困境。从 1938 年 12 月至 1941 年 12 月太平洋战争爆发的 3 年时间里，日本连续更换了 7 次内阁（近卫文麿〔第一次〕、平沼骐一郎、阿部信行、米内光政、近卫文麿〔第二、三次〕、东条英机），每次都不过半年时间。他们虽然不断地变换对华策略，并采取了战略轰炸、海上封锁、“三光政策”、“以华制华”、“以战养战”等各种手段，但谁也未能扭转这种越陷越深的不利局面。冈村宁次认为：“在事变中内阁几度更迭，其本身就是向世界暴露了日本的虚弱。”[14]1939 年 7 月 5 日，日本参谋本部在草拟结束战争的秘密方案中说：“如果今后仍然打下去，那将是徒劳的。要想通过这次事变一举全面解决中国问题，那是不可能的。广大国民已显疲劳之色，久战必将生乱。”[15]1939 年 12 月 25 日，日本首相阿部信行在大阪各界招待会上发表演说时指出：中国国民政府还拥有军队 240 个师，另外还有游击队 100 万以上。如何解决此巨额军队，如何应付国内经济问题……都是棘手问题。[16] 1940 年 12 月 1 日，日本天皇也已感到形势不妙，问参谋总长杉山元："侵入莫斯科的拿破仑就是败在消耗战与游击战上，日本军在中国是否感觉到无法对付了？"[17] 实际上这时日本已经被中国的抗日战争拖到精疲力竭的边缘。正如战后日本人自己说的："日本在败于美国的物质力量之前，早就已败给中国的民族主义了。"[18]

太平洋战争爆发的初期，日本投入的陆军仅 10 个师团又 3 个混成旅团，在太平洋战场上势如破竹，所向无敌；但在部署陆军 35 个师团、1 个骑兵集团和 44 个混成旅团（含关东军 13 个师团和 24 个混成旅团）[19] 的中国战场上，日军的形势却很不妙，日军的作战不仅没有"粉碎敌抗战企图"，反而在第三次长沙会战中吃了败仗。1942 年 5 月 9 日，日本天皇质问参谋总长杉山元："不能设法解决中国事变吗？"就是这个五年前对日本天皇说打败中国"有一二个月足够了"的杉山元，这时已找不出挽回失败的办法，只好所答非所问地回答说"正在研究之中"。[20] 1943 年，冈村宁次和重光葵对侵华战争已有共识：只有让步妥协，除此别无良策。[21] 据重光葵在战后所著《昭和的动乱》中记载，当时日本天皇迫切希望与中国尽快"恢复和平"，表示只要能维护国家的尊严，其他如海外领土等问题，不必多作考虑。[22] 1944 年，中国敌后战场普遍发起了攻势作战，正面战场上的中国远征军和驻印军亦在缅甸北部和云南西部进行了胜利的反攻作战；虽然这时侵华日军已发动了"1 号作战"（豫、湘、桂会战），并在豫中获得了战役上的胜利，但日本天皇在听取了中国战场形势的调查报告和日本国内军需工业状况的"绝望报告"后，明白了日本在战略上已经迈进了失败的门槛，认为必须"定下决心，除要求媾和以外，别无他法"，[23] 遂于 6 月 22 日指示日本最高战争指导会议："关于结束战争的问题，要具体作好研究，努力实现这一目的。"[24]

以上事实说明：中国的抗日战争是打败日本法西斯的决定性因素。战后，日本国内少数人说什么"日本败给了美国，而没有败给中国。日本在中国业已获胜"；中国也有极个别人持这种观点，说"日军并非战败，中国军亦非胜利"等。[25] 对这类荒谬的说法，日本著名历史学家井上清曾给予有力的驳斥。他指出："诚然，日军在中国战场局部战役中屡屡取胜，但是它的整个战争的目的却全然没有实现。中国虽屡屡受挫于日军，饱尝'三光政策'之苦，并且还出现了汪兆铭之流的投降派，可是它经受住了巨大牺牲及灾难的考验，实现了抗日的目的，即中国才是这场战争的胜者，而日本则是败者。其次，从狭义的军事上讲，自 1943 年以后，日军在华北不断遭到中方的迎头痛击，至 1945 年，则彻底陷于被动局面。”[26]他还说:“日本在第二次世界大战中不仅败于美国,而且更惨地败给了中国,正确地说,败给了中国人民。”[27]美国和英国参加太平洋战争、美国投掷原子弹,以及苏联出兵东北进攻日军,对战胜日本法西斯都发挥了重要作用,并加速了日本法西斯的无条件投降。但不容否认的事实是:日本在投降之前,其主要军事力量已在中国消耗大半,仅在中国战死的将军,即有海军大将大角岑生、陆军中将塚田攻(死后追晋上将)、阿部规秀等 96 人,并且耗尽了国力,经济上已经崩溃。再听听美国人是怎样说的:“即使不投原子弹,即使俄国不参战,即使不制订进攻的计划,日本也是会投降的。”[28]再听一听日本人是怎样说的:“中国的抗日战争,在世界史上也是一个具有划时代意义的事件。1937 年夏日中全面战争爆发时,有谁能预料到弱国的中国竟能以帝国主义的日本为敌,将八年抗战坚持到底呢?但是,中国的抗战,成为将日本引入通向泥潭之路,继而又引发日美、日英战争,最后成为迫使日本帝国主义投降的决定性力量。”[29]也有人说:“日本帝国主义的失败和投降,是有很多原因的,其中绵延十四年的中国人民的民族解放斗争,起了决定性的作用。”[30]作为付出沉重代价而取得胜利的中国,我们更有充分理由,并理直气壮地说:中国军民自始至终是抗击日本法西斯的中坚力量,中国的抗日战争对战胜日本发挥了决定性的作用。

三、粉碎了日本法西斯的北进计划

欧洲战场是世界反法西斯战争的主要战场,而苏联则是打败德国法西斯的主要力量。苏联在德苏战争中取得胜利,主要依靠苏联军民自身的英勇战斗,但其他反法西斯国家的支援也功不可没。中国的抗日战争就给予了有力的援助。

日本法西斯对苏联的仇视是由来已久的,日本陆军一向以苏联为进攻目标。日本参谋本部早在 1933 年就制订了对苏作战的计划,只是由于苏军在远东地区加强了战备,加之中国东北抗日武装坚持游击战争、积极打击敌人,使日本关东军穷于应付,才被迫暂时停止该计划的实施。中国全面抗战开始后,日本主要力量倾注于中国方面,更加无力实施其“北进”计划。

1938 年 6 月间,日本首相近卫文麿的智囊团“昭和研究会”在其秘密报告中说:“对于苏联,由于它和我国有着严重的对立关系……我国为了稳定东亚并推行我国的大陆政策,对苏联的防备当然一天也不应该放松。但是,目前的重要事情是，我国正倾注全力设法迅速解决中国事变。由于当前这样的事实，不应在对苏关系上分配超过必要程度的力量……我国至少要排除采取攻击的态度，命令前线部队竭力慎重。”[31]当年7月间发生张鼓峰事件，日本“鉴于中国事变，尚未解决，为避免扩大事态，中央统帅部禁止越过边境线进击，并不准使用航空部队”，“日军不能实施攻势作战，不得不进行专守防御，因此，战斗相当艰苦，伤亡不断增加，陷入进退维谷的状态”。[32]当张鼓峰前线日军向东京告急、要求运送反坦克弹药时，日本陆军省因生产的弹药都已分配给进行武汉会战的日军而无法供应。

德国入侵苏联前夕，希特勒接见正在德国活动的日本考察团团长山下奉文时明确提出“请日本从满洲打进西伯利亚”。[33]苏德战争爆发后，德国外长里宾特洛甫电告德驻日大使奥托：“用您所能运用的一切办法，希望努力使日本尽速参加对苏作战。”[34]日本政界头目中不少人跃跃欲试。1941年6月下旬，日本外相松冈洋右在日本大本营和内阁联席会议上力主对苏开战，协同德军夹击苏联。日本关东军则调兵遣将，兵力由原来的30万人猛增至70万人，并于7月中旬举行“特别大演习”，准备北犯。然而，日本陆相东条英机、大本营参谋总长杉山元和“中国派遣军”总司令畑俊六等竭力反对。东条认为不能置中国事变于不顾，必须继续解决；杉山元指出：日本的大部分兵力现正用于中国，再北进对苏开战，办不到。最后于7月2日在御前会议上正式通过了《适应形势演变帝国国策纲要》，决定“必须继续努力解决当前的中国事变”；[35]只能“在德苏战争的演变对帝国有利的情况下，使用武力解决北方问题”。此后，日本当局多次欲乘苏联之危兴兵北犯，无奈力不从心，只得作罢。

对日本法西斯的“北进”企图，苏联是十分警惕的。“七七”事变前夕，苏联为“避免两面作战的危险”，一方面“向中国政府声明，它将在可能的范围内给中国提供必要的援助”，以支援中国抵抗日本的侵略；一方面坚决拒绝中国要求“与苏联签订中苏互助条约”的建议，“因为这明显意味着要建立对日军事同盟”，只同意签订互不侵犯条约。[36]1940年秋，崔可夫奉派来华担任中国政府的军事总顾问。行前，斯大林对他指示说：“您的任务，我们驻华全体人员的任务，就是要紧紧束缚日本侵略者的手脚。只有当日本侵略者的手脚被捆住的时候，我们才能在德国侵略者一旦进攻我们的时候避免两线作战。”[37]那么，靠什么来捆住日本侵略者的手脚？当然只能是中国的抗日战争。对此，苏联元帅扎哈罗夫讲得十分明白：“日本之所以未立即对苏开战，是因为它的大量兵力被牵制在中国。”中国的抗日战争大大削弱了日本的军力和财力，钳制了日本陆军的主力，迫使日本法西斯不得不取消进攻西伯利亚的计划。

在这种情况下，苏联大本营遂果断地决策调兵西向，以集中力量同德国法西斯作战。据统计，从1941年春到1944年秋，苏联从远东地区先后西调陆军部队39个师另21个旅又10个团，约40.2万人；加上从太平洋舰队和阿穆尔区舰队抽调的海军步兵14万人，总共西调兵力54.2万人，调火炮和迫击炮5000多门、坦克3300多辆。显然，这对于扭转苏德战局，特别是对夺取斯大林格勒会战的胜利发挥了重大作用。有的苏联军事史学家指出：这“清楚地证明远东军队对战胜法西斯德国所作出的巨大贡献”。而它们“是在对德战争最艰难最重要的时刻由统帅部调往苏德战场的”。[38]

还应看到，苏联卫国战争很大程度上依赖于其战略后方的支撑。从这里，组训了数以百万计的战略预备兵力，源源开赴前线；制造出大批飞机、坦克及火炮等武器装备，及时输送战场，从而奠定了胜利的物质基础。换言之，苏联的亚洲部分所作出的贡献，对夺取卫国战争的胜利意义重大。此处战略后方的形成及其作用的发挥，主要在于苏联自身的因素，但中国的抗日战争对实现斯大林的期望——“紧紧束缚日本侵略者的手脚”，也有重要意义。

总之，中国的抗日战争大大减轻了日本对苏联的压力，日军主力一直被牵制在中国战场上，这是苏联能够避免两面作战、得以集中力量打败德国法西斯的重要原因之一。

四、推迟了日本法西斯的南进行动

日本认为“南洋正当世界贸易的要冲，同时作为帝国产业及国防上必不可少的地区，并且作为我民族发展的自然地区”，[39]因此早就准备向该地区扩张。1936年8月7日，日本广田弘毅内阁在五相会议上制定了一项“基本国策”，规定要大力“扩充国防军备”，“外交国防相辅相成，确保帝国在东亚大陆的地位，同时向南方海洋发展”。[40]1937年日本全面侵华战争爆发后，其主要兵力陷于中国战场，没有可能“向南方海洋发展”。1939年9月3日欧战爆发，日本朝野都认为这是南进的最好时机，但因日本在侵华战争中遭到难以克服的困难，90％以上的陆军都被钳制在中国战场上，仅关内的日军就有24个师团、19个混成旅团和

1个骑兵集团，根本无力抽兵南进。因而新内阁首相阿部信行于9月4日发表声明："当此欧洲战争爆发之际，帝国决定不予介入，一心向解决中国事变的方向迈进。"[41]1940年6月间，德军横扫欧洲大陆，意大利参战，法国投降，英伦三岛吃紧，而美国尚未介入，日本当局认为"南进"的绝好时机来临。6月21日，日本参谋本部召开了讨论南方问题的会议，当天研究了《今后作战指导及缅甸作战指导》，第二天又研究了《对南方战争指导计划方案》。其主要内容是："以突然袭击开始战争"，"首先攻占新加坡，接着尽速急袭并占领荷属东印度。为此可把航空基地推进到法属印度支那与泰国，以之作为进攻基地，在适当的时候攻占香港。"在此基础上制定了《适应世界形势演变处理时局纲要》，并于7月3日通过，27日由大本营政府联席会议批准实施。规定"战争准备工作，大致以8月底为目标促进之"。在批准纲要的会议上，外相松冈呼喊："解决南方实际上就是促进中国事变的解决。"陆军方面则说："即使缩小在中国的占领地也要马上干(指对南方使用武力)。"[42]8月1日，日本近卫内阁又发表《基本国策纲要》，强调"帝国要在应付世界形势的变化、改善内外形势、促进迅速解决对华战争的同时抓住时机，解决南洋问题。"[43]德国也竭力敦促日本乘机"南进"，以打击英、法在东方的势力。但这时中国抗日战争的势头越来越猛，正面战场刚刚发动了冬季攻势，使侵华日军"深感敌尚强大"，认为"付出的牺牲是过去作战不曾有过的"；[44]敌后战场则展开了著名的百团大战，日军损失惨重，不得不增兵华北，以挽救危局。于是，日本的"南进"计划再度推延实施。对未能按德国要求行动一事，日本访德特使寺内寿一向对方解释说："中日战争不结束，南进是办不到的。"[45]这就是说，中国人民拴住了日本法西斯的手脚，使之不能为所欲为。

1941年10月18日东条英机上台，日本大大加快了侵略战争的步伐。为了贯彻"南进"既定方针，并打破中日战争僵局，12月8日，日本法西斯在偷袭珍珠港的同时发起了对东南亚的进攻，日军"南进"的战车终于启动。不过较之原定计划，时间大大推迟，而且规模有限。当时日本派往东南亚地区作战的陆军部队仅10个师团又3个混成旅团，占其陆军总兵力的1/5，而在中国战场则保持有35个师团。日本陆军当局计划在3至4个月内即结束在东南亚的战事。当东南亚作战接近尾声时，日本海军认为应进而占领澳大利亚、锡兰或夏威夷。但陆军因兵力不足表示反对。最后在缩小进攻范围的条件下达成了一项折中方案，即仅进攻斐济等岛屿，以切断美国与澳大利亚的联系。

日本受中国战场的牵制，被迫推迟"南进"并缩小作战规模，无力冲出亚洲与德国法西斯会合;法西斯集团无法将欧、亚战场联成一片,两个法西斯重要力量始终分割孤立。这有力地保障了反法西斯盟军"先欧后亚"战略方针的贯彻,也无疑为盟军赢得了宝贵的时间,盟军得以集中力量各个击破,首先打败德国,然后再打败日本。

如前所述,二战前期美国采取"不介入"政策,力图避免同德、日法西斯直接冲突,因而战争准备十分不足。到 1940 年底,美国正规军仅 26 万人,加上国民警备队也不足 50 万人,且武器弹药严重短缺。当时美国陆军参谋部估计:战斗部队,到 1941 年 10 月 1 日需要 100 万人,到 1942 年 1 月 1 日需要 200 万人,到同年 4 月 1 日需要 400 万人。[46]如此巨大的差额,没有一定的时间是无法弥补的。而中国的抗日战争为美国争取到了一年多时间。

1940 年 9 月,美、英已感到日本南进的危险迫在眉睫。28 日,美国总统罗斯福召开有国务卿和三军首脑参加的最高决策会议,确定了"大西洋第一"、"欧洲第一"的战略方针。为此,美国政府进一步采取了援华抗日的政策。目的是利用中国抗日战争遏制日本的南进,使其无力向太平洋地区扩张;即使日本发动对美作战,也无法倾其全力进攻。美国决策集团强调"维持中国的抗日,具有美国国防第一线的作用","中国理所当然处于太平洋防务的中心位置"。[47]美国驻中国的武官巴雷特说:"我们不能忘记日本和德国及意大利有军事义务联系。如果日本人在中国感到吃紧,他们就会节制自己向南方和北方扩张的野心。"[48]1941 年 1 月至 4 月,美、英两国参谋人员召开联席会议,一致商定:一旦美国参加对轴心国的战争,美、英将以欧洲战场为重点,以德国为首要敌人,在远东将采取防御战略。此即"先欧后亚"战略方针。实践证明该方针是可行的。中国在世界反法西斯战争中付出了巨大的民族牺牲,顽强抗战,为盟军实行这一战略方针作出了应有的贡献。1942 年春,罗斯福曾对他的儿子说:"假如没有中国,假如中国被打垮了,你想一想有多少师团的日本兵可以因此调到其他方面来作战?他们可以马上打下澳洲,打下印度——他们可以毫不费力地把这些地方打下来,他们并且可以一直冲向中东……和德国配合起来,举行一个大规模的夹攻,在近东会师,把俄国完全隔离起来,吞并埃及,切断通过地中海的一切交通线。"[49]这番话,明确地说明了中国的抗日战争在亚洲太平洋战场及世界反法西斯战争全局中的重要地位与作用。《远东国际军事法庭判决书》中说:"日本政策的极端复杂变化……完全取决于中国战场的情势"。这完全符合实际。至于中国远征军入缅作战,更是同远东盟军的直接配合。所以西方国家一些有识之士评论说:中国在东方战场的作用，相当于苏联在欧洲战场的作用。

综上所述，中国的抗日战争在世界反法西斯战争中占有显赫的地位，发挥了彪炳千古的伟大作用。此地位，此作用，是以中国人民的巨大牺牲换来的。单是从 1937 年 7 月开始的八年抗战中，中国军民即伤亡 3500 多万人，其中牺牲 2000 余万人；直接和间接的经济损失达 5600 多亿美元。当然，不可否认，中国的抗日战争也得到了世界其他反法西斯战场的支援与配合。1995 年 9 月 3 日，中共中央总书记、中华人民共和国主席江泽民说："在世界反法西斯战争胜利的丰碑上，熔铸着中国人民的卓著功勋；在中国抗日战争的红旗上，凝结着各国友人的血迹。"〔50〕这是对中国抗日战争在世界反法西斯战争中的地位和作用的高度概括；同时表明：许多国际友人直接或间接参加了中国人民的正义斗争，甚至在中国的土地上献出了自己的生命，对此我们将永远铭记。

注　释：

〔1〕 日本历史学会：《太平洋战争史》。商务印书馆中译本 1959 年版，第 1 卷第 226 页。

〔2〕《毛泽东外交文选》第 16、18 页。

〔3〕《毛泽东选集》第二卷，人民出版社 1991 年版，第 375 页。

〔4〕 复旦大学历史系中国近代史教研组编《中国近代对外关系史资料选辑》下卷第二分册，上海人民出版社 1977 年版，第 167 页。

〔5〕《赫尔回忆录》，纽约 1948 年英文版，第 2 卷第 1282 页。

〔6〕《国际条约集》，世界知识出版社 1961 年版，第 407 页。

〔7〕〔日〕黑羽清隆：《日中十五年战争》。株式会社教育社 1979 年版，第 266 页。由于资料来源、统计方法不同等诸多原因，各方面记载的数字不尽相同，有的相差悬殊。我国有关方面的统计，日军被杀伤、俘获人数大致有 105 万（见黄玉章等《第二次世界大战》）和 150 万（见军事科学院《中国抗日战争史》）两种数据；美国方面的统计，侵华日军战死 44.7 万余人（见阿尔文・D・库克斯《诉诸武力，1937—1945 年中日冲突》）。如按战场伤、亡的一般比律 2∶1 计算，日军伤亡总数应为 134 万余人。而国民党军方的统计，仅正面战场日军死亡人数即为 276 万余人（见何应钦《八年抗战之经过》），这显然与事实不符。

〔8〕 参见萨苏《七十万魂不还乡——八年抗战到底歼灭了多少日军》。载《西江月》2012 年第 10 期（上）。

〔9〕 见何应钦《八年抗战之经过》中附表。转引自浙江省中国国民党历史研究组 1985 年编印的《抗日战争时期国民党战场史料选编》（一）第 192 页。

〔10〕〔日〕松下芳男:《日本军阀的兴亡》。东京1980年版,下卷第298页。

〔11〕日本防卫厅防卫研究所战史室:《华北治安战》。天津人民出版社中译本1982年版,(上)第79页。

〔12〕日本防卫厅防卫研究所战史室:《中国事变陆军作战史》。中华书局中译本1981年版,第三卷第一分册第95—97页。

〔13〕〔日〕原田熊雄:《西园寺公与政局》。东京1940—1942年版,第七卷第103页。

〔14〕〔日〕稻叶正夫:《冈村宁次回忆录》。中华书局中译本1981年版,第417页。

〔15〕〔日〕掘场一雄:《日本对华战争指导史》。军事科学出版社中译本1988年版,第258页。

〔16〕转引自陈之中等编《抗日战争纪事》。解放军出版社1990年版,第195页。

〔17〕《中国事变陆军作战史》,中华书局中译本1983年版,第三卷第二分册第98页。

〔18〕同〔7〕,第21页。

〔19〕〔日〕服部卓四郎:《大东亚战争全史》。商务印书馆中译本1984年版,第一册第751页。

〔20〕日本防卫厅防卫研究所战史室:《大本营陆军部》。东京1970年版,(3)第199页。

〔21〕同〔13〕,第322页。

〔22〕见《大本营陆军部》(7)第598页。

〔23〕见《日本天皇的独白》。载日本《文艺春秋》1990年12月号。

〔24〕〔日〕森松俊夫:《日本大本营》。军事科学出版社中译本1985年版,第172页。

〔25〕同〔13〕,第56页。

〔26〕《中日学者对谈录》,北京出版社1990年版,第6页。

〔27〕〔日〕井上清:《日本军国主义》。商务印书馆中译本1985年版,第280页。

〔28〕见美国战略轰炸调查处的调查报告。转引自〔美〕拉尔夫·德·贝茨《美国史》,人民出版社中译本1984年版,上卷第376页。

〔29〕〔日〕石岛纪之:《中国抗日战争史》。吉林教育出版社中译本1990年版,前言第2页。

〔30〕〔日〕伊豆公夫:《日本小史》。湖北人民出版社中译本,第122页。

〔31〕《关于处理中国事变的根本办法》。载复旦大学历史系日本史组编译的《日本帝国主义对外侵略史料选编(1931—1945)》,上海人民出版社1975年版,第266—267页。

〔32〕〔日〕桑田悦等:《简明日本战史》。军事科学出版社中译本1989年版,第89页。

〔33〕《历史与人物》1978年第8期,日本中央公证社出版。

〔34〕转引自《军事学术》1985年第8期。

〔35〕同〔18〕,第一册第155—156页。

〔36〕〔苏〕A.M.列多夫斯基:《关于中国抗日战争和解放战争的回忆与思考》。载《军事历史研究》1992年第2期。

〔37〕〔苏〕瓦·崔可夫:《在华使命》,新华出版社中译本1980年版,第36页。

〔38〕〔苏〕乌斯季诺夫:《第二次世界大战史》。莫斯科1980年版,第11卷第184—185页。

〔39〕《帝国外交方针(1936年8月7日)》。载日本外务省编《日本外交年表和主要文书(1840—1945)》,东京1969年再版本,下卷《文书》第346页。

〔40〕转引自王绳祖《国际关系史》。法律出版社1982年版,第468页。

〔41〕同〔11〕,第三卷第一分册第2页。

〔42〕同〔11〕,第三卷第二分册第62—75页。

〔43〕同〔14〕,第453页。

〔44〕同〔11〕,第三卷第一分册第93—94页。

〔45〕转引自魏宏远《中国的抗日战争是世界反法西斯战争的重要组成部分》。载1995年7月27日《人民日报》。

〔46〕见《美国现代陆军史》,国防大学出版社1987年版,第163页。

〔47〕〔美〕迈克尔·沙勒:《美国十字军在中国》,商务印书馆,1982年版,第31页。

〔48〕同〔36〕,第81页。

〔49〕〔美〕伊里奥·罗斯福:《罗斯福见闻秘录》。新群出版社中译本1950年版,第49页。

〔50〕见1995年9月4日《人民日报》。

第三节　正面战场与敌后战场的相互关系

中国抗日战争的重要特点之一是在国共合作抗日民族统一战线旗帜下,国共两党军队分别在正面战场和敌后战场两个战场对日作战。这两个战场既是统一的,又是相对独立和相互配合的,两者缺一不可。由于抗日战争是全中国人民抗击日本侵略的战争,是整个中华民族团结御侮的伟大爱国行动,因而在论及两个战场的时候,虽然国共两党政治目标不同,战略上也有分歧,但不宜强调和夸大国共两党间的矛盾,因为那是抗日民族统一战线内部的事务。“兄弟阋于墙,外御其侮”，抗击日本侵略，是国共两党共同的主要任务，两个战场“互相需要、互相配合、互相协助”[1]的关系一直贯穿在整个抗日战争期间，抗日民族统一战线始终未破裂。如果在抗日战争问题上过多地论及“阋墙”之事，则“御侮”之事也就难以说清。

对于两个战场的问题，我们仅从军事战略和军事意义上进行探讨，尽量少涉及其他领域的问题。因为战争双方的一切谋略、一切努力，说到底表现为军事行动上的征服与反抗，其结果取决于双方在战场上的较量。面对日本的侵略，中国的第一要务是把日本侵略者赶出去、争取抗日战争的胜利。所以军事战略有着直接中心的第一位意义。两个战场的问题，从整体军事战略上去观察，更能看清它们的形成、地位、作用和相互关系。

一、两个战场的形成

战争是力量的竞赛，而力量既有客观的也有主观的。客观物质条件是基础，主观力量则是在客观条件基础上的能动性的发挥。中国抗日战争两个战场的出现，就是客观条件和主观指导相结合的产物，是中日双方力量对比和中国国情所决定的，而中国共产党的不懈努力，又是其中重要的主观因素之一。抗战初起之时，国共两党的战争指导者们根据敌强我弱、敌小我大等特点，就已确定了持久作战的战略方针。1937 年 8 月，国民政府召开国防会议，中共代表周恩来、朱德、叶剑英应邀与会，并向会议提交《确定全国抗战之战略计划及作战原则案》。最后全体一致决议应采取持久战略，以空间换取时间，逐次消耗敌人，以转变优劣形势，争取最后胜利。

毛泽东还进一步预见到中国抗战必须采取正规战与游击战两种作战样式；而游击战的实施，又必须广泛发动人民群众，并以广大乡村为游击战的战场。在国防会议召开前的 8 月 4 日，毛泽东电告中共代表向会议提出“正规战与游击战相配合”，以游击战攻敌侧方或“威胁敌后方”的意见；同时指出：“发动人民的武装自卫战，是保证军队作战胜利的中心一环”。[2]但这一正确的建议在当时尚未引起国民党主要决策者的重视。此后，毛泽东又多次提出关于开展游击战争的意见，如 9 月 25 日提出“整个华北工作，应以游击战争为唯一方向”，要“动员群众，收编散兵散枪，普遍地，但有计划地组成游击队”等；11 月上旬，上海、太原相继失守，毛泽东明确指出："太原失后，华北正规战争阶段基本结束，游击战争阶段开始"，应"同日寇力争山西全省的大多数乡村，使之化为游击根据地"，以坚持长期游击战争，配合正面作战，"实现全面抗战之新局面"。[3]这时，国民党主要决策者虽然对游击战的内涵尚未取得与共产党一致的看法，[4]但从近半年的战争实践中，也开始认识到正规战与游击战相配合对持久抗战的重要意义。

1937 年 12 月 13 日南京失守的当天，国民政府军事委员会于武昌制订《第三期作战计划》。其作战方针是："国军以确保武汉为核心，持久抗战，争取最后胜利之目的，应以各战区为外廓，发动广大游击战，同时从新构成强韧阵地……配置新锐兵力，待敌深入，在新阵地与之决战。"其作战指导要领是："现在我军战法，应于硬性之外，参以柔性，务在交通要线上纵深配置有力部队，使任正面阻击战斗；同时组织训练民众，使连合军队共同施行游击，以牵制、扰乱、破坏敌之后方，前后呼应。敌攻我正面，则游击队由各方进击；如攻我游击队，则不与决战，使其前进迟滞。"[5]这种战法，已包含了在敌人无法占领的广大农村发动游击战、以与正面作战相配合的意图。1938 年 1 月 12 日，蒋介石在开封召开的第一战区和第五战区高级将领军事会议上第二次讲话中也说："今后我们在战术上最要注重的一点，就是别动战(游击战)与其他正规战一定要配合起来。如果只有别动战而没有主力战、阵地战等正规战，或只有正规战而不注重别动战，都不能尽量抓住一切机会来击破敌人、消灭敌人，使长期抗战得到有利的进展。所以我们一方面要遂行主力战、阵地战等正规战，一方面要扩大别动战。"[6]

当然，对这个问题讲得最明白的还是毛泽东。他认为：全部问题就在于中国这个大而弱的进步中的国家，被小而强的日本帝国主义所进攻，于是抗战的长期性问题，初期失地甚广的问题，日军兵力不足在其占领区内必然留有空虚的问题，大规模抗日游击战争的发动、坚持和发展问题，等等，便都由此发生了。他除了在《抗日游击战争的战略问题》和《论持久战》两篇名著中对这些问题作了十分深刻详尽的论述外，在 1938 年 3 月 3 日对陕北公学学员还有精辟的讲话。他说："即使日军占领了我国大部分土地，我们还有两个致敌人于死命的区域——内线和外线两个作战区域。内线是云、贵、川、湘，外线是日本占领的大片土地。日军得到了城市、大路的速决战，同时得到了乡村、小路的持久战，城市速决战它胜利，乡村持久战是我们胜利。"[7]

毛泽东这里所说的"内线"就是指正面战场，"外线"就是指敌后战场。虽然这时还未使用"正面战场"、"敌后战场"这两个术语，但在概念上对中国抗战存在着两个战场，即两个作战区域的问题已说得非常清楚了。

1938年10月下旬，广州、武汉相继失守，中国抗战进入了战略相持阶段。中共中央于9月29日至11月6日在延安召开六届六中全会，研究新形势下的方针与任务。10月12日，毛泽东在总结了抗战15个月的经验后指出："保卫武汉斗争的目的，一方面在于消耗敌人，又一方面在于争取时间便于我全国工作之进步，而不是死守据点。到了战况确实证明不利于我而放弃则反为有利之时，应以放弃地方保存军力为原则。""敌人占领武汉之后，他的兵力不足与兵力分散的弱点将更形暴露了……他的兵力不足与兵力分散之弱点所给予他的极大困难，必将发展到他的进攻阶段之最高度，这就是我之正面主力军的顽强与我之敌后庞大领土内游击战争的威胁，所加给敌人兵力不足（他不能足）与兵力分散（他不能不分散）现象上的极大困难。这一形势——在敌则兵力不足与兵力分散，在我则正面防御与敌后威胁，这是敌之极大劣势，我之极大优势……在日本的整个国力上说来，他要北防苏联，东防美国，南对英法，内镇人民，他只有那么多的力量，可能使用于中国方面的用得差不多了。并且在其正面与占领地内必须对付的广泛战争还依然存在……我们及全国人民必须看到这些地方，不为主要大城市与交通线之丧失所震惊，赞助政府调整全国之作战，有计划地部署粤汉路、陇海路、西兰公路及其他战略地区之作战，部署庞大敌后地区之游击战争，捉住敌人兵力不足与兵力分散的弱点，给以更多的消耗，促使更大的分散，使战争胜利地与确定地转入敌我相持的新阶段，这是全国当前的紧急任务。"[8]毛泽东将这些意见亲笔写信给蒋介石，委托周恩来于1938年10月4日在武汉当面转交。[9]

1938年11月下旬，国民政府军事委员会在湖南衡山的南岳召开军事会议，总结抗战以来的经验教训，研讨新的战略战术。蒋介石对形势与任务的分析，与毛泽东基本一致，认为日本使用的兵力已达极限，无力再发动大规模攻势。军事委员会据此拟订了"第二期作战之战略指导"。其方针为："国军连续发动有限度之攻势与反击，以牵制消耗敌人；策应敌后之游击队，加强敌后方之控制与袭扰，化敌后为前方，迫敌局限于点线，阻止其全面统制与物资掠夺，粉碎其以华制华、以战养战之企图。同时抽调部队，轮流整训，强化战力，准备总反攻。"[10]蒋介石在其手订的《第二期抗战之要旨》中还提出了"游击战重于正规战"的作战原则。会后调整战区划分和兵力部署，增设鲁苏与冀察两个战区，配置12个师的兵力从事敌后游击战；其他战区也各以三分之一的兵力从事近距离的游击战。[11]

中共代表周恩来这时已担任国民政府军事委员会政治部副部长。他出席了南岳会议，并就游击战问题作了重要发言。会后在衡山举办了游击干部训练班，蒋介石自兼训练班主任，白崇禧、陈诚兼副主任，汤恩伯为教育长，八路军参谋长叶剑英任副教育长，另有数位八路军高级干部担任教官，从各战区抽调军官七八百人接受训练。这些都说明：国民党主要决策者们经过一年多的战争实践，对两个战场的地位与相互配合作用，认识上与部署上更加明确了。

中共领导的八路军，这时不仅已在华北敌后创建了晋察冀、晋西北、晋西南和晋冀鲁豫等抗日根据地，开辟了华北敌后战场，而且由南方红军游击队改编的新四军也已在大江南北发动华中敌后游击战，开辟了华中敌后战场。1938 年 11 月 2 日，国民政府军事委员会军令部以八路军“忠实奋发、迭予敌重创”，致电朱德、彭德怀，对部队“传谕嘉奖”。1939 年 1 月 9 日，蒋介石还致电天水行营主任程潜：“吕正操部作战勇敢，殊堪嘉勉，尚希转致嘉勉。现第二期作战期内，中央决定培植新力量准备将来之反击，我华北游击队应乘此时期加紧游击，以牵制、消耗敌兵力，扰乱后方。希转饬继续努力。”[12] 中国抗战区分为正面战场和敌后战场两大作战区域的战略格局和基本部署，从太原失守后开始形成与确定下来，直到抗战胜利。1943 年 7 月 2 日发表的《中共中央为纪念抗战六周年宣言》中，正式使用了“正面战场”与“敌后战场”的提法。国民党军事委员会的文电文告中则使用“正规战”与“敌后游击战”、“野战部队”与“敌后游击部队”、“基本战线”与“敌后游击区”（或“游击根据地”）等提法。

二、统一战略下两个战场的合理分工

中国抗日战争的战略方针是持久战，以空间换取时间而达到持久，在持久战中消耗敌人而争取最后胜利。国共两党对这个方针的提法是统一的。总的战略格局是划分为正面与敌后两个作战区域——两个战场，采取正规战与游击战两种基本作战样式，互相支援，互相配合。这一点也有共识。但究竟如何具体分工、部署与实施呢？1937 年 8 月，中共代表周恩来、朱德、叶剑英在出席国防会议的时候，除根据毛泽东的指示向会议提出持久战的基本战略和正规战与游击战相配合以及发动人民武装自卫战等外，还提出以下各点：“总的战略方针暂时是攻势防御，应给进攻之敌以歼灭的反攻，决不能是单纯防御。将来准备转变到战略进攻，收复失地。”“游击战以红军与其他适宜部队及人民武装担任之，在整个战略部署下给予独立自主的指挥权。""但任游击战之部队,依地形条件及战况之发展,适当使用其兵力。为适应游击战性质,原则上应分开使用,而不是集中使用。"同时还强调发动人民武装自卫战的重要性,认为"对此方针游移是必败之道"。[13]

为了搞好与友军的关系,为了使国共两党的分工明确和配合密切,毛泽东还指示红军将领:"同各方接洽,在积极推动抗战的总方针下,要有谦逊的态度,不可自夸红军长处,不可说红军抗日一定打胜仗,相反要请教他们各种情况,如日军战斗力、山地战、平原战等等红军素所不习的情形,以便红军有所根据,逐渐克服困难。不可隐瞒红军若干不应该隐瞒的缺点,例如只会打游击战,不会打阵地战,只会打山地战,不会打平原战,只宜于在总的战略下进行独立自主的指挥,不宜于以战役战术上的集中指挥去束缚,以致失去其长处。这些都应着重说明。根据山地战和游击战的理由,红军要求位于冀察晋绥四省交界之四角地区,向沿着平绥路西进及沿平汉路南进之敌作侧面的袭击战,配合正面友军战略上的行动。红军技术与装备十分贫弱,也要使他们知道。"[14]

经周恩来等反复说明,蒋介石、何应钦、白崇禧同意八路军的作战任务为:充任战略游击支队,只作侧面战,不作正面战,协助友军,扰乱与牵制敌人大部,并消灭敌人一部。[15]

这便是在抗战之初经过国共两党郑重磋商取得共识和谅解而确定的战略分工与战略部署,即国民党军(毛、周电文中所说的"友军")担任正面战场作战,以打正规战为主;八路军担任侧面及敌后作战,以打游击战为主,并且在总的战略下进行独立自主的指挥。应该说,这一分工和部署,本身就是统一的战略方针的一部分。后来的两个战场的形成,正是这一方针的合乎逻辑的发展。1938 年 4 月 3 日,中国国民党通过的《抗战建国纲领》中关于加强敌后游击战,也有这么一条原则的规定:"指导及援助各地武装人民,在各战区司令长官指挥之下,与正式军队配合作战,以充分发挥保卫乡土、捍御外侮之效能,并在敌人后方发动普遍的游击战,以破坏及牵制敌人之兵力。"[16]

1938 年 10 月广州、武汉失守后,日本侵略军从华北、华东、华中到华南,到处都受到中国军队从正面、侧面和后方的包围与夹击,陷入战争的泥潭而不能自拔,证明了上述分工和部署是正确的。正如 1938 年 11 月 6 日毛泽东在中共第六届中央委员会扩大第六次全体会议上所作的结论中所说:"抗日战争中国共两党的分工,就目前和一般的条件来说,国民党担任正面的正规战,共产党担任敌后的游击战，是必须的，恰当的，是互相需要、互相配合、互相协助的。”[17]

如何理解八路军在总的战略下的“独立自主的游击战”呢？毛泽东在 1937 年 12 月召开的中共中央政治局会议上有如下一段非常透彻的说明：“我们所谓独立自主是对日本作战的独立自主。战役战术是独立自主的，抗日战争总的战略方针是持久战。红军的战略方针是独立自主的山地游击战，在有利条件下打运动战，集中优势兵力消灭敌人一部。独立自主，对敌军来说我是主动而不是被动的，对友军来说我是相对的集中指挥，对自己来说是给下级以机动。”[18]

这个解释，涉及战略、战役、战术，对敌、对友、对己，全面而周到。在后来的解释中，又增加了放手发动群众、壮大人民武装、建立敌后根据地、不靠上级发饷等内容。所有这些，都是为了敌后游击战争在极端困难的条件下的坚持和发展，都是为了战胜敌人，都是符合总的战略方针和《抗战建国纲领》的。

必须指出的是：蒋介石虽然在第二期抗战中认识并强调敌后游击战的重要意义，但他从来就没有，也不可能希望中国共产党领导的抗日人民武装在敌后游击战中发展壮大，更不愿广大敌后地区成为共产党领导的解放区。他留在或派至敌后的，本来有相当多的国民党军队，但这些部队脱离群众，经不起日军扫荡和艰苦环境的煎熬，到了抗战最艰苦的时候，不少部队，如第 24 集团军庞炳勋部、第 39 集团军孙良诚部、新编第 5 军孙殿英部、鲁苏战区游击纵队李长江部等投降了日军，变成伪军，不但未能取得游击战的预期效果，反而增加了敌后战场的压力。真正贯彻总的战略方针、坚持敌后、完成了抗日游击战争伟大战略任务的，主要还是八路军、新四军和华南敌后抗日武装。至于敌后战场成为解放区，则是由于 1927 年以来历史延续和其他政治、经济等原因造成的。

三、两个战场的互相配合

在八年抗战中，随着敌军的进攻及其占领区的扩大，正面战场与敌后战场的位置和分界线发生变化，总的趋势是正面战场逐步南移，敌后战场不断扩大。但在 1938 年 10 月至 1944 年春约五年半的长时期内，两个战场的位置和分界线是相对稳定的。

以 1938 年 10 月为基准，两个战场的分界线（亦即日军占领线的前沿）由北而南而东的大致走向是：包头—黄河—风陵渡—黄河—开封—合肥—安庆—信阳—武汉—岳州—九江—芜湖—杭州。在此线以南以西的地区为正面战场,以北以东的地区为敌后战场。此外,日军还占有珠江三角洲、厦门等地区。1939年到1940年,日军又将其占领线由九江延伸到南昌,由武汉延伸到宜昌;在华南又占领了海南岛和广西沿海部分地区。粗略计算一下,两个战场的分界线蜿蜒达4000多公里,敌后战场面积达120万平方公里以上(东北未计算在内)。

从这个态势中可以看出:第一,两个战场之间被日军的占领线所阻隔,敌后战场的大部分地区处于敌人的深远后方,因而它和正面战场只能作远距离的战略上的配合;第二,日军占领线与正面战场相对峙,这条对峙线也就是正面战场的作战线,正面部队的作战都在这条线附近进行,因而在靠近正面战场作战线地区担任游击的敌后部队也可以和正面战场作一些近距离的战役上的配合。

战略配合是两个战场之间基本的、经常的配合形式。主要表现为各自实施相对独立的作战,牵制、打击和消耗当面日军,使日军处于我两个战场的包围夹击之中,更加暴露其兵力不足与兵力分散的弱点,使之顾此失彼、无法机动,以此减轻各战场承受的压力,达到互相支援、共同完成持久战战略方针之目的,并以此鼓舞全国人民的斗志和信心,壮大自己,准备反攻。

在1938年底以后的很长时期内,日军在华北(含山东)经常配置9个师团另10个独立旅团左右的兵力,基本上都用于对付我敌后游击战,只有很小一部用于正面对峙;在华东、华中经常配置12个师团另6个旅团左右的兵力,其中大部用于正面对峙和作战,一部用于对付我敌后游击战;在华南经常配置3个师团的兵力,主要用于正面对峙。日军的这些兵力,被我正面和敌后两大战场紧紧吸住,动弹不得,捉襟见肘。1942年夏,侵华日军华北方面军为配合太平洋战场的作战,曾拟定了攻略西安的作战计划(代号为“5号作战”),准备抽出4个师团,再请求大本营增调2个师团,遂行此项任务,预想一直前出到川北广元一带,作为进攻重庆的第一步。该方面军参谋长安达二十三中将还率领幕僚飞往秦岭、大巴山上空进行侦察,日军参谋本部也原则同意此计划,各部队进行了紧张的战前准备。但最后还是因为兵力不足,怕延误华北“治安”,不得不撤销此计划。这种情况,正是我两大战场互相作用、在战略上配合的结果。这种配合贯彻于战争的全过程(从这个意义上讲,东北抗日联军也起了战略配合的作用)。

台湾蒋纬国主编的《抗日御侮》一书,在评论1939年初的情况时说:“日军作战地域配置之兵力,仅为10个师团、4个旅团,约为其在治安地域兵力之半数,实无法发动大规模之攻势。更可见日军必需留置大兵力以制压中国游击部队,以力求确保治安地域之安定。”[19]毛泽东于1938年1月在分析八路军一年半的战争所取得的巨大战绩的原因时说：“没有正面主力军的英勇抗战，便无从顺利的开展敌人后方的游击战争；没有同处于敌后的友军之配合，也不能得到这样大的成绩。”[20]

还有一种配合兼有战略和战役的两重意义。如鲁南（台儿庄）及徐州会战时，华北五省的游击部队对津浦、平汉路和敌后地区的多途奔袭；武汉会战时，留在华北的部队（含第18集团军）频繁袭击山西、河北的日军，破坏铁路，使其华北方面军始终不能如其大本营所要求的越过黄河向郑州攻击；第三战区部队（含新四军）袭击溯长江两岸西进的日军，阻滞其交通运输等等。这些游击战，既有一般牵制敌军的作用，又是为直接配合正面部队的战役作战而发动的，故兼有战略和战役的两重意义。1940年夏秋，当日军攻占宜昌、大规模轰炸重庆、封锁滇缅路、断绝中国海外交通，并扬言要进攻西安时，第18集团军在华北发动的百团大战也兼有战略和战役的两重配合作用。蒋介石曾致电第二战区副司令长官朱德、第18集团军副总司令彭德怀，给予嘉奖，并令第一、二战区其他各军积极行动，互相策应。

再一种配合则是直接的战役配合。这只能在两大战场较为靠近的地区进行。如第一、二、三次长沙会战时，在邻近地区担任游击的部队和群众武装积极破坏敌之铁路、公路和水路交通，从翼侧和后方袭击南进之敌；又如1941年5月晋南会战（也称“中条山会战”）时，第18集团军在晋东南的配合等。

总之，正面战场与敌后战场之间，日军虽加阻隔，但却割不断它们之间的联系。两大战场是完整的中国抗日战争的两个作战地域。它们在统一的战略之下，既有远距离的战略上的配合（这是基本的、经常的配合形式），又有近距离的战役上的配合（这是具有明确目标的、直接的配合形式）。这些配合都是客观存在的，不能忽略，更不能被抹杀。

四、两个战场的地位与作用

研究两个战场在抗日战争中的地位与作用这个问题时，应该从抗日战争的全局和全过程各方面着眼，不应只从某一局部或一时着眼。

正面战场担负着较大规模的正规战任务，抗击敌人的较大规模进攻。在八年抗战中，正面战场共进行22次会战，一部分为反击战。正面作战线虽然从华北、华东一直撤退到华南和西南，后撤几千公里，失地100多万平方公里，但这是制定"以空间换取时间"战略方针时所估计到了的（毛泽东曾估计日军攻占武汉、广州、西安、兰州、南昌、长沙、宜昌、福州、梧州等地时才能停止战略进攻），达到了分散敌之兵力、消耗与迟滞敌人、掩护大后方等战略目的。

敌后战场担负着在敌人占领区内进行游击战争的任务。由于与正面战场相隔甚远，游击战争只能在敌人的深远后方，在被敌人严密封锁和疯狂"扫荡"的状态下进行，游击队常常陷入弹尽粮绝的境地，生存与作战极其困难。但以八路军、新四军为主干的敌后抗日部队以压倒一切的英雄气概深入虎穴，紧紧依靠群众，发动猛烈的游击战争，8年间共进行大小战斗125 165次，使敌人如坐在火山口上，惶惶不可终日，收复失地近100万平方公里，解救同胞近1亿人口，粉碎了日军以华制华、以战养战的企图，圆满完成了配合正面战场、坚持持久战的战略任务。国民党的高级将领白崇禧曾经说过这样一段话："有人认为打游击乃保存实力之作法，殊不知敌后游击，任务极为艰巨，因补给困难，且多半以寡抵众，以弱抵强，故必须官兵加倍淬厉奋发，机警勇敢，绝非保存实力者所能胜任。游击战不打无把握之仗，此与孙子所云'合于利而动，不合于利而止'，唐太宗所云'见利速进，不利速退'，有异曲同工之妙。"[21] 这段话，可谓知兵之谈、公允之谈。

在8年的浴血奋战中，正面战场部队伤亡320多万人，敌后战场八路军、新四军等部队伤亡58万多人。（正面战场部队较多。《抗日御侮》一书说，1943年中国军队总数达650万人，敌后战场部队在抗战末期约达到100万人。）广大爱国官兵同仇敌忾，尽忠报国，他们的血同洒在捍卫民族生存的神圣而崇高的正义之战中。他们的爱国精神都值得我们永远崇敬和怀念。

由于中国坚持抵抗，日军不得不逐次增加其侵华兵力。据日方资料，日本平时常备军有17个师团，发动侵华战争后一再动员，到1938年底达到34个师团。其中23个师团用于华北、华中和华南，如加上关东军的8个师团，则共有31个师团用于中国。1939年，日军侵华兵力达到其最高点，为85万人（不含关东军），以后几年减少到70万以下；1944年至1945年，为发动打通大陆交通线的"1号作战"，又增加兵力，1945年春夏达到118万人。从8年的全过程来看，日军在1938年10月以前的战略进攻和1944年4月以后的第二次战略进攻期间，用于正面战场的兵力较多；中间的5年为战略保守期，用于敌后战场的兵力较多

（另有几十万伪军在敌后战场）。所以两个战场牵制的敌军兵力是大体相当的。如果少了任何一个战场，日军就可以把多一倍的兵力投向另一个战场。那会造成十分严重的后果。

所以综观中国的抗日战争，两个战场的关系是相辅相成、互为依存的，犹如人的左右臂各司其能，共策全功，缺一不可。1943 年 7 月 2 日发表的《中共中央为纪念抗战六周年宣言》中说："整个中国战场上，六年来的作战，实际上是被划分为正面与敌后两大战场，这两个战场的作用，是互相援助的，缺少一个，在目前就不能制止法西斯野兽的奔窜，在将来就不能驱逐这个野兽出中国。因此，必须增强这两个战场互相援助的作用。"[22]这段话，对统一的中国抗战中两个战场的地位和作用说得十分清楚。

为了充分说明中国抗日战争的统一性和完整性、说明正面战场和敌后战场的关系，我们不妨再引用一些日本方面的资料。日本是中国抗战的直接敌国，它对于如何征服中国，自有其通盘一贯的打算，重庆也罢，延安也罢，正面战场也罢，敌后战场也罢，都在它的一揽子考虑之中。现在，日本已公布了大量侵华战争和太平洋战争的文件资料，这些文件资料是我们研究和总结中国抗战的最重要的、不可或缺的佐证。

1937 年 12 月，日军攻占中国首都南京。它原以为这致命的一击肯定会使中国屈膝求饶，但它的妄想落空了。1938 年 10 月，它又攻占了在地理上处于中枢位置，在政治、经济、交通上堪称当时中国心脏的武汉，同时又攻占了中国南部最大的港口城市广州，但它想置中国于死地的打算又告落空。速战速决已不可能，它不得不面对最伤脑筋的战争持久化。

1938 年 12 月 2 日，日本大本营发布"大陆命第 241 号"命令。其中说："大本营的意图在于确保占领区，促使其安定，以坚强的长期围攻的阵势，努力扑灭抗日的残余势力。"[23]从这个命令开始，大本营把侵华日军的任务区别为确保治安和进行作战两种。

同年 12 月 6 日，日本陆军省和参谋本部根据大本营的命令制订《对华处理办法》，作更为具体的部署。《办法》说："为了对付长期作战，当将以前的对华处理办法明确修改"：

一、如无特别重大的必要时，不企图扩大占领地区，而将占领地区划分为以确保治安为主的治安地区与以消灭抗日势力为主的作战地区。

二、治安地区大体包括从包头连接黄河下游、新黄河、庐州（即合肥）、芜湖、杭州一线以东地区……为了在上列治安地区,特别是其中重要地区迅速达到恢复治安的目的,当固定配备相当的兵力,并努力实现长期自给的局面……确保主要交通线……

三、除上述以外的占领地区,则为作战地区。在武汉及广东地方各配置一支部队,使之在政治和战略上成为压制抗日势力的根据地,敌人集中兵力来攻击,则及时予以反击,消耗其战斗力,但力戒扩大缺乏准备的战线,进行小接触……[24]

这两个文件表明日军开始被迫转入"大持久战略",日军由此而确定了以后几年的基本作战方针和态势(格局)。文件中所说的"治安地区"即我方所说的"敌后战场","作战地区"即我方所说的"正面战场"。此后,日本大本营或参谋本部逐年制订的《中国问题处理纲要》《对华作战指导方针》等等都是这两个文件精神的延续。从这些文件中可以看出,日本始终是把中国作为单一交战国对待,但其军事行动中则包括"治安"和"作战"两方面的任务和部署。

华北的日军可以说全部是用于"治安战",即确保其占领区,对我抗日武装和抗日根据地进行残酷的"扫荡"、"讨伐"、"肃正作战"。1940 年八路军发动的百团大战给华北日军以沉重打击,更加引起了日军对"治安战"的重视。战后日本防卫厅研究所战史室编著的战史中,有两册厚厚的《华北治安战》,专门记述它在我华北敌后战场上如何伤透脑筋地进行"治安战",但一直无法保证"治安"的情况。

华中和华南是日军的"作战地区",其主要任务是以有限目标的进攻对正面战场施加压力;但它也要以相当多的兵力用于保护庐州、芜湖、杭州一线以东地区,特别是宁沪杭三角地区和长江航道的"治安"。在这里,由于它是把治安行动和作战行动放在一起,所以在其战史中没有单独记述华中、华南"治安战"的有关情况。

1945 年 6 月 8 日,即在日本投降前两个月,它还在作最后挣扎。由日本御前会议所决定的《世界形势的判断及今后应采取的指导战争的基本大纲》,在分析中国方面的情况时说:"重庆,由于美国的支援,一面加强基于战斗力量的美国化,一面与空军的增加相配合,策应美国的作战,估计很可能在秋季以后,实行对日本全面反攻。随着美国的积极参战,预想在大陆战线方面也会遭遇真正严重的局势。敌方对于我占领地区的反攻,特别是延安方面的游击反攻,一定会越来越厉害。"[25]在这个文件中,日本当局用"重庆"和"延安"、"大陆战线"和"占领地区”,来替换“作战地区”和“治安地区”的提法。尽管说法不同,但其所指还是和中国的两个战场相对应的,说明日方在它的对华作战计划中,始终是把中国的两个战场作通盘考虑的。这些都是我们统一考察中国抗日战争的佐证。

总之,中国只有一个,中国的抗日战争也只有一个。正面战场和敌后战场只是抗日军队作战地域的划分,是统一的抗日战争的有机组成部分,少了任何一个都不是完整的抗日战争。完整的抗日战争是不能割裂的。尽管那时的中国各阶级、政党、社会集团之间在这样那样的问题上存在着分歧,但那是中国内部的事。在抗日救亡这个共同目标上,却实现了全民族的大团结。

综观这 8 年抗战,蒋介石坚持了抗战,又坚持了反共。由于中国共产党执行正确的抗日民族统一战线政策,取得了国民党内不少人士,包括部队将领的尊重和信任,相互间进行了不少友好交往与相互帮助。这对促使蒋介石坚持抗战、支持正面战场作战,对取得抗日战争的最后胜利,起到十分重要的作用。

在抗日战争中,为保卫国家、民族,在正面战场英勇作战而捐躯的军人不知其数,其中高级将领也有一大批,如赵登禹、佟麟阁、张自忠、郝梦麟(郝为中将、第 9 军军长,忻口作战中殉国)、刘家麒(中将、第 154 师师长,忻口作战中殉国)、戴安澜、王铭章、李家钰、陈安宝(陈为第 29 军军长,南昌会战中殉国),等等。这些官兵,都是中华民族的英雄——北京天安门广场人民英雄纪念碑碑文中肯定了他们的抗日业绩,颂扬了他们的爱国精神,中华各民族人民永远怀念他们;而对那些在列强侵略面前叛国投敌的汪精卫、李长江、孙殿英、孙良诚、庞炳勋等民族败类则永远唾弃和蔑视。

注　释:

〔1〕 毛泽东:《战争和战略问题》。载《毛泽东军事文集》,军事科学出版社、中央文献出版社 1993 年版,第二卷第 427 页。

〔2〕 毛泽东:《对国防问题的意见》。载《毛泽东军事文集》第二卷第 22—23 页。

〔3〕 毛泽东:《太原失守后华北将以八路军为主体开展抗日游击战争》和《过渡期中八路军在华北的任务》。载《毛泽东军事文集》第二卷第 111、116 页。

〔4〕 抗战初期蒋介石认为游击战是正规战,人民群众及地方武装进行的抗日战斗是别动战。1938 年 1 月 12 日,他在开封召开的第一战区与第五战区高级将领军事会议第二次讲话中说:“现在社会一般人士,认为游击队与别动队没有分别,这是极大的错误。所谓游击战,

实在是正规战之一种，一定要正式的部队，尤其要是纪律好、精神好、战斗力强的正规部队才能够担任。决不是临时集合民、枪编成队伍，就可称为游击队，就能够胜任游击战。这种临时集合的队伍，只能叫别动队。别动队是由地方政府或当地机关团体集合本地的武装民众，聘请军官训练、统带，来担任一种别动的任务，如扰乱敌人后方，破坏敌人交通和兵站、仓库等。现在各地所称为游击队的，可以说是担任这种别动任务的别动队。这两种部队的分别，我今天在此再加以明白的规定，就是：凡由地方政府机关和当地人士集合本地武装民众编成队伍来发动自卫的力量，遂行一种别动任务的，叫做别动队。凡正式建制部队，纪律森严，运动轻捷，富有攻击精神，而由正式指挥官统率，奉令担任游击战斗的，叫做游击队。但是要知道，游击战亦就是正规战。”

〔5〕 原件藏中国第二历史档案馆。转引自该档案馆编《抗日战争正面战场》，江苏古籍出版社 1987 年版，(上)第 18 页。

〔6〕 台湾国民党中央委员会党史委员会编印《中华民国重要史料初编——对日抗战时期》，1981 年版，第二编第 99 页。

〔7〕 中共中央文献研究室：《毛泽东年谱(1893—1949)》。人民出版社、中央文献出版社 1993 年版，中卷第 53 页。

〔8〕《抗日民族战争与抗日民族统一战线发展的新阶段》。载《毛泽东军事文集》第二卷第 392—394 页。

〔9〕 金冲及主编《周恩来传》，人民出版社、中央文献出版社 1989 年版，第 426 页。

〔10〕 蒋纬国主编《抗日御侮》。台北 1987 第二版，第三卷第 120 页。这一方针是战后对当时的措施加以总结归纳而成。陈诚在其 1946 年所著《八年抗战经过概要》中归纳为：“第二期为敌我对峙时期”，“敌人速战速决战略已变为以战养战；战略攻势已变为战略守势。但国军反攻力量尚未建立，为达成上项目的并打破敌人企图，除抽调部队轮流整训外，并对敌主动发动有限度之攻势或反击，以消耗敌人之战力，同时广泛发动敌后游击战，变敌人后方为前方，以牵制敌军兵力，加重其消耗，并打破敌军经济榨取之阴谋。”蒋纬国等又在陈诚归纳的基础上写出上述方针。据中国第二历史档案馆所藏蒋介石于 1939 年 1 月 7 日致后勤部部长俞飞鹏的密电中颁布的《国军第二期作战指导方案》，其方针为：“国军应以一部增强被敌占领地区内力量，积极展开广大游击战，以牵制消耗敌人。主力应配置于浙赣、湘赣、湘西、粤汉、平汉、陇海、豫西、鄂西各要线，极力保持现在态势。不得已时亦应在现地区附近，尽量牵制敌人，获取时间之余裕。俟新战力培养完成，再行策动大规模攻势。”

〔11〕 贾延诗等：《白崇禧先生访问录》，台北 1984 年版，(上)第 352 页。

〔12〕《军事委员会委员长天水行营机密作战日记》中 1939 年 1 月 10 日作战日记。转引自中国第二历史档案馆万仁元、方庆秋主编的《抗日战争时期国民党军机密作战日记》，中国档案出版社 1995 年版，上册第 4 页。

〔13〕 毛泽东:《对国防问题的意见》,载《毛泽东军事文集》第二卷第22页。

〔14〕 毛泽东:《同各方接洽要有谦逊的态度》,载《毛泽东军事文集》第二卷第28页。

〔15〕《周恩来传》第367页。

〔16〕 转引自彭明主编《中国现代史资料选辑》,中国人民大学出版社1989年版,第五册(上)第160页。

〔17〕 毛泽东:《战争和战略问题》,载《毛泽东军事文集》第二卷第427页。

〔18〕 同〔7〕,第41页。

〔19〕 同〔10〕,第三卷第123—124页。

〔20〕 毛泽东:《〈八路军军政杂志〉发刊词》,载《毛泽东军事文集》第二卷第444页。

〔21〕 同〔11〕,第353页。

〔22〕《中共中央文件选集》,中共中央党校出版社1986年版,第12册第240页。

〔23〕〔日〕《日中战争》。转引自《日本帝国主义对外侵略史料选编(1931—1945)》,上海人民出版社1975年版,第283页。

〔24〕 同〔23〕,第284—285页。

〔25〕 日本外务省编《日本外交年表和主要文书》下卷。转引自复旦大学历史系日本史组编译《日本帝国主义对外侵略史料选编(1931—1945)》,上海人民出版社1975年版,第532—533页。

第四节　正面战场作战概述

随着国际国内政治、经济、军事等形势的变化,国民党及国民政府对日本的政略、战略也发生变化,全面抗战开始后正面战场各个时期的作战情况也不尽相同。

国民党执政之初虽对日本的侵略政策有所认识,在国防计划中曾将预想敌国认定"首为陆海相接而有满蒙问题、山东问题及其它多数利害冲突问题之日本",[1]但蒋介石从维护其统治出发,认为"攘外必先安内",所以在"九一八"事变前后采取不抵抗政策。当日本制造"万宝山事件"和"中村震太郎间谍事件",鼓动朝鲜排华浪潮、侵占东北的征兆已相当明显时,却于1931年7月11日致电张学良:"现非对日作战之时,以平定内乱为第一";[2]8月16日再电张学良:"无论日本军队以后如何在东北寻衅，我方应不予抵抗，力避冲突。”[3]“九一八”事变发生的当夜，张学良向蒋介石请示如何处理时，蒋介石复电指示“相应处理”。张学良后来解释说：“所谓相应处理之意，就是根据情况适当处理。换言之，就是中央不负责之意。”[4]其实，很显然，蒋介石前曾指示张学良不要抵抗，这时仅说“相应处理”，实际上仍是不要抵抗之意。“九一八”事变后，蒋介石一面“命令全国军队对日军避免冲突”，一面向国际联盟及非战条约缔约国提出申诉，希冀“利用国际干涉”，“压迫日本从东北撤军”。[5]但国际联盟无力阻止日本的侵略，日本不仅不撤兵，反而发动了“一·二八”事变，并继续向热河等地进攻。这时，国民党当局开始感到中日战争可能难以避免，于是改不抵抗政策为“一面抵抗，一面交涉”的方针。[6]蒋介石解释说：“我们抵抗敌人的条件”，“不仅在物质上和实力上没有具备，就是在我们思想上、精神上也都没有统一”。“如果我们中国没有得到时机，贸然和日本开战，日本可以在十天之内完全占领我们中国一切重要地区，就可以灭亡我们中国。这句话就是我们总理在三民主义里苦心警诫我们一般国民的话”。“因为我们中国没有现代作战的条件，不够和现代国家的军队作战。如果不待时而动，贸然作战，那只有败亡而已。不仅十天之内，三天之内他就可以把我们中国所有的沿海地方都占领起来”。“在如此情况之下，自己没有一点准备，没有一点国防”，“说是可以和日本正式开战，真是痴人说梦”[7]。汪精卫的解释则是：“因为不能战，所以抵抗，因为不能和，所以交涉”。“宣战和抵抗不同，宣战要量力而行，抵抗则不必量力而行”。“不抵抗固然失地，抵抗依然也会失地，但是抵抗而失地，总比不抵抗而失地强的多”[8]。蒋介石还说：“我们固然知道中日问题，主动完全在日本，当日本无意缓和时，中国无法单独缓和，但依目前所标榜的‘一面抵抗’，‘一面交涉’的政策，实在只足以表示当局的无办法”。[9]

由此可见，这一方针虽较完全不抵抗有所发展，但仍然是“攘外必先安内”的产物，其基本精神是消极抵抗、积极谋和，核心思想是谋求妥协：为了争取不太严苛条件下的妥协，需要有限度的抵抗，而抵抗则以不至扩大战事和有利于妥协为目的。在这种方针指导下，中国人民和军队虽曾进行了许多英勇的局部抗战，但多以妥协告结束。但是，中国的局部抗战不仅在一定程度上打击了日本侵略者，而且推动了中国人民抗日救亡运动的不断高涨，同时也促使国民党逐渐改变其对日方针的内涵：攘外的比重逐步增多，抵抗的成分渐渐加强，终于导致中华民族抗日民族统一战线的形成，迎来了“停止内战，一致抗日”的新局面。

1931年“九一八”事变后，东北军部分爱国官兵和广大东北义勇军违背蒋介石、张学良的不抵抗命令，奋起抗战。国民政府军第19路军、第5军的淞沪抗战成为局部抗战时期的第一次高潮；1933年1月，部分东北军的榆关抗战和国民党指挥的长城抗战，以及国民党中爱国将领与中国共产党合作下发动的同盟军抗战，成为局部抗战时期的第二次高潮。《塘沽协定》的签订，不但令全国人民痛心疾首，蒋介石也为因妥协造成的丧权辱国而感到难向国人交代，只得在日记上表明心迹："我屈则国伸，我伸则国屈。忍辱负重，自强不息，但求于中国有益，于心无愧而已"[10]。于是在"安内"的同时，开始筹划抗日准备。

日本为实现其征服中国的野心，当然不会因国民党的忍让妥协而停止侵略，相反地认为中国政府软弱可欺，更促使其积极活动。1935年《何梅协定》达成后，蒋介石曾派丁绍伋携带其所拟的"和平提案"送交日本政府，企图通过外交途径解决中日争端。提案除准备"停止排日教育"、"中日经济提携"和"缔结军事协定"外，还提出"东北问题中国暂置不问"的妥协条件。[11]日本不仅因蒋介石不承认"满洲国"而予以拒绝，而且公开策动"华北五省自治"，企图使华北脱离中央政府，成为第二个"满洲国"。这就促使本来就受全国各阶层爱国人士抗日情绪高潮影响的蒋介石在抗日的道路上再前进一步。6月21日，他在给何应钦的电报中说：如按日本的做法，"华北实已等于灭亡"，认识到"今后对日再无迁就之必要"。[12]8月1日，中共中央又发表了《为抗日救国告全体同胞书》(即《八一宣言》)，提出停止内战，组织全中国统一的国防政府和抗日联军，集中一切国力为抗日救国的神圣事业而奋斗。11月，国民党五中全会上，蒋介石在对外关系的报告中说："和平未到完全绝望时期，决不放弃和平；牺牲未到最后关头，亦不轻言牺牲。"在五届二中全会上蒋介石又说："中央对于外交所抱的最低限度，就是保持领土、主权的完整，任何国家要来侵略我们领土主权，我们绝不容忍……假如有人强迫我们签订承认伪满洲国等损害领土主权的时候，就是我们不能容忍的时候，就是我们最后牺牲的时候。"[13]从此，国民党及国民政府的对日政策发生了重大的变化，一方面尽量设法拖延战争的爆发，以争取时间(如1936年7月蒋介石就曾对帮助中国改革币制的英国人李滋罗斯说："对日抗战是绝不能避免的，由于中国的力量尚不足击退日本的进攻，我将尽量使之拖延"[14])；一方面加紧进行抗战准备。正是在这种情况下，1936年11月间发生了晋绥军的绥远抗战，掀起了局部抗战时期的第三次高潮。三战皆捷，给予日本操纵下的伪蒙军队以歼灭性的打击，获得了局部抗战时期惟一一次完全的胜利，预示着全面抗战的即将来临。毛泽东称之为"全国抗战之先声"，并说："四万万人闻之，神为之旺，气为之壮。"[15]

绥远抗战之前，蒋介石见"中日战争已无法避免……乃一面着手对苏交涉，一面亦着手于中共问题的解决"。[16]1936年1月，派邓文仪至莫斯科，通过潘汉年与中国共产党联系；不久，又通过宋庆龄的关系，派董健吾至陕北直接与中共中央联系。中共中央遂派潘汉年为代表，与国民党代表陈立夫等在南京、上海谈判。后又发生西安事变，国民党终于放弃了"攘外必先安内"的政策，同意中共关于"停止内战，一致抗日"的主张，开始了国共第二次合作，为中国全面的、全民族的抗战铺平了道路。

从1937年日本发动侵华战争至1945年中国获得抗战胜利的8年中，正面战场的作战大致可分为三个阶段：1937年7月7日卢沟桥事变至1938年10月武汉失守为第一阶段，武汉失守至1941年12月太平洋战争爆发为第二阶段，太平洋战争开始至日本投降为第三阶段。

第一阶段内，日本侵略军凭借其武器装备的绝对优势，连续发动进攻，企图在三两个月内击败中国军队，攻略若干重要城市，迫使国民政府屈服，以达其速战速决的战略目的。中国军队则在"持久消耗战略"的总方针下，节节防守，坚强抵抗，"尔后主动转进，以消耗敌人战力，保存我军主力；以空间换时间，扩大战场、分散敌军兵力"，[17]正面战场的防御、敌后游击战的展开粉碎了日军的速战速决，使其陷入中国抗日战争的泥淖中而无力自拔，不得不同中国进行一场它极不愿意的持久战。

"七七"事变发生后，日本五相会议决定动员40万军队用于侵华战争。7月30日攻陷平津后，日军沿平绥、平汉、津浦铁路，分向山西、河南、山东进攻，同时增兵华东，进攻上海。11月12日攻占上海，1个月后又占领南京，并制造了震惊世界的南京大屠杀事件。1938年3月，由山东南下的日军在台儿庄遭到中国军队的英勇抗击，中国获得了正面战场开战以来的一次最大的胜利，使狂妄骄横的日军初步认识了中国军队和人民的抗战意志。不久，日军南北夹击，打通了津浦路，占领了徐州。至10月底，攻占了广州及武汉。在这期间，正面战场中国军队与日军进行的战役主要有平津作战、南口争夺战、淞沪会战、南京保卫战、忻口会战、太原保卫战、徐州会战、豫东会战和武汉会战。中国军队的广大官兵以英勇顽强的献身精神，以自己的血肉之躯阻挡、迟滞了装备、训练均优越的日本侵略军，粉碎了日本速战速决的战略企图，表现出中华民族抵抗外来势力的大无畏英雄气概和中国军民激扬的爱国主义精神。

但是，由于国民党统帅部在具体作战指导上大多采取了与总的战略方针不相适应的单纯阵地防御，导致军队损耗过大，16 个月中伤亡将士 110 余万，空军飞机和海军舰艇基本上丧失殆尽，而这一切并不是完全不可避免的。要达到持久消耗战略的目的，本应在战役战斗上采取积极的攻势防御，以外线进攻的运动战为主，以必要的阵地战为辅；而国民党统帅部却采用了与敌人硬拼消耗的阵地战，企图以战役上的持久达到战略上的持久。这种阵地的持久消耗的作战固然能起到消耗敌人、争取时间的作用，但并不适合敌强我弱的实际情况。与拥有地、空强大火力的日军对拼消耗，以争一城一地之得失，对持久抗战是很不利的。蒋介石自己后来也认为："在湘北战争以前，我们的战略、战术是取守势的，多少是被动的"，"处处只是消极防守，陷于被动"。[18] 白崇禧对此曾作过总结性的发言，他说："我们军事上的失败，可说是由于我们所采取的战术不能与我们的最高战略相适应。"[19]

尽管统帅部的作战指导方针有失误之处，造成了许多不必要的牺牲、损失，但这一时期正面战场的战斗对抗日战争的第一阶段起了巨大的作用。首先，沉重打击了日本法西斯的狂妄气焰，粉碎了日本侵略军速战速决的战略企图；其次，对中国共产党敌后战场的建立、发展起了支援作用，而敌后游击战争的开展也支援了正面战场；再次，中国军队英勇抗战的业绩获得了国际的赞誉，维护了中华民族的民族尊严，也极大地鼓舞了全国军民继续抗战和争取最后胜利的信心。

第二阶段，日本占领广州、武汉后，战区扩大，战线延长，正面战场上中国主力部队未被消灭，国民政府也没有屈服，仍在继续抗战；敌后战场的游击战严重威胁其后方，日军必须使用大量军队方能保持"点"、"线"的统治。侵华日军驻地分散，兵力严重不足，加上国内经济因战争消耗而逐次下降，劳力不足，资源匮乏，因而已无力发动大规模的全面进攻，被迫放弃速战速决的方针，停止战略进攻，改取战略持久作战，对国民政府采取以政治进攻为主、军事进攻为辅的方针；对正面战场实施局部有限攻势，不再以攻城略地为主，而以打击和削弱中国军队的"反消耗战"为主；积极扶植伪政权，巩固既占领地区的统治，大力扫荡占领区内的抗日游击部队，并实行经济掠夺政策，妄图达到"以华制华"和"以战养战"的目的。

武汉失守后，国民党统帅部在南岳召开了有中共代表周恩来、叶剑英等参加的军事会议，总结前一段的作战，制定第二阶段的战略。会议认为："抗战第二期，敌人速战速决战略，已变为以战养战；战略攻势，已变为战略守势”，[20]决定第二期的基本战略方针仍为持久消耗战略。但在消耗敌人这一问题上，认为“武汉会战以前，我军全取持久抵抗，逐步退军，向敌行退却消耗”，现在应转变为“攻势消耗战”。[21]为此，要求“对敌主动发动有限度的攻势或反击”，[22]同时对军队进行整训，实施轮番作战，并加紧建立新军，准备反攻。在作战指导上，也较第一阶段有较大的发展。主要表现在以下几点：一是要求正面部队加强纵深配备，层层设防；二是要求第一、二线防守部队在消耗当面之敌一部兵力后，即退入两侧山区，担任侧击或在敌后进行游击战；三是要求掌握大量机动部队，以便不失时机地将其投入战斗；四是要求当敌人撤退时立即转为追击，退入山区的部队实施侧击、堵击，共同围歼敌人。薛岳将这一战术称为“天炉战法”。[23]

在此期间，正面战场的主要战役有南昌会战、随枣会战、第一次长沙会战、南宁会战、1939 年冬季攻势、枣宜会战、上高会战、第二次长沙会战及中条山会战。1939 年间基本上执行了南岳军事会议的战略方针，抗战相当积极。冬季攻势作战，仅使用正面攻击部队第三、第九、第五 3 个战区约 60 个师的兵力，即“给日军以很大冲击……成为日军对中国军战斗力重新认识的一个机会”；[24]南昌会战、第一次长沙会战和南宁会战也都由防御战斗发展为进攻战斗。但是，由于欧洲战争的爆发，美国对日态度日趋强硬和国民党反共倾向的发展，从 1940 年起，国民党统帅部的对日战略由积极整军、准备反攻，倒退为静观时局、保存实力、待机而动的方针，作战转向消极、被动。

第三阶段，太平洋战争爆发之后，国际、国内形势都发生了变化。日本在政治诱降与军事打击均不能迫使国民政府屈服而又找不到摆脱被动局面的办法时，欧洲战场的德军正处于战略进攻的顶峰时期：法、荷等国已经投降，英国也危在旦夕，侵苏德军已占领乌克兰、逼近莫斯科，似乎很快即可称霸欧洲。日本的决策者们认为这是夺取西南太平洋地区的大好良机，以为一旦控制了东南亚等地的丰富资源，就可以确立“长期不败的态势”，尔后再利用这一成果解决中日问题，迫使国民政府屈服，遂突袭珍珠港，发动了太平洋战争。战争初期，日本海、陆军连连胜利，几乎将美、英、荷在太平洋地区的军队全部歼灭。于是着手进行在中国再次发动大规模战略进攻的准备，企图于 1943 年夏，由华北方面军夺取西安、延安、成都，华中方面军夺取重庆，以迫使中国屈服。但是 1942 年下半年，日本在太平洋的作战开始转向被动；德军在苏联亦被阻于斯大林格勒，并遭反攻；日军在中国敌后战场发动了 5 次“治安强化运动”，消耗、损失了大量人员、物资，但仍未能实现歼灭中共军队的领导机关和主力部队的企图，日本大本营不得不推迟以至停止其进攻陕西、四川的计划。1943年秋季后，整个战局对日本更为不利；在中、美空军联合打击下，中国战场上的制空权逐渐为中国掌握；至1944年初，日本在太平洋的制空、制海权亦基本丧失，其海上交通线已难以维持。身处东南亚的日军有与本土失去联系的危险，转而寄希望于中国大陆交通线，因而发动了"1号作战"，在1944年下半年打通了平汉、湘桂、粤汉路，正面战场损失巨大。1945年5月间，德国投降，太平洋方面美军已攻占硫黄岛，登陆冲绳岛。日本面临"本土决战"，其大本营遂下令收缩战线，撤出湖南、广西，江西方面湘桂、粤汉沿线日军将兵力转用于华中、华北。

太平洋战争爆发之初，国民党统帅部队认为胜利在望，抗战积极性有所增强，获得了第三次长沙会战的胜利，并派出远征军入缅，支援盟军作战。但是，太平洋战争前期美、英、荷军节节失利，而盟军又采取的是"先欧后亚"战略方针。国民党统帅部大为失望，因此在对日抗战上又转为以保存实力为主的消极应战。当日军发动打通大陆交通线的"1号作战"时，因国民党决策者们有保存实力和依赖美国、坐待胜利的思想，所以在精神、物质上均缺乏足够的准备，虽然对日军进行了不同程度的抵抗，有的部队打得极为英勇顽强，但总的来说则是抗战以来最大的一次溃退。8个月内，中国军队丧失了70万平方公里的国土、160座城市、7个重要空军基地和36个军用机场。虽然日军并未能达到其总的战略企图，但在反法西斯战争全局极为有利的形势下，中国军队发生如此溃败，造成极不良的国际影响。

在第三阶段中，正面战场的主要战役有第三次长沙会战、远征军入缅援英作战、浙赣会战、鄂西会战、常德会战、缅北滇西反攻作战和抗击日军打通大陆交通线的作战（豫湘桂会战）。中国远征军两次入缅作战，对打通中印公路、保障国际通道、支援盟军在东南亚作战起了重要作用。当日军收缩战线、北撤兵力时，正面战场的中国军队发动局部反攻，于1945年5月收复南宁，6月收复柳州，7月收复桂林。8月14日日本宣布无条件投降，中国抗日战争及世界反法西斯战争胜利结束。

注　释：

〔1〕 见《中华民国国防计划纲领（草案）》。原件藏中国第二历史档案馆，无具体拟订

日期。

〔2〕 转引自郭廷以《近代中国史纲》。香港中文大学出版社 1982 年版，第 627 页。又据俞辛查核，此电文被日方窃取，由驻北平参赞矢野于 7 月 24 日电告币原外相。见日本外务省缩微档案：S483 卷，S1·1·1·0—18，第 261 页。战后被披露出来。

〔3〕 转引自复旦大学历史系近代教研组编《中国近代对外关系史资料选辑》第一分册下卷第 212 页。

〔4〕 日本广播协会臼井胜美编《张学良的昭和史最后证言》。东京 1991 年版，第 125—126 页。

〔5〕 董显光：《蒋总统传》。台北 1952 年版，中册第 216 页。

〔6〕 见 1932 年 1 月 31 日《时事新报》和 1932 年 2 月 15 日《申报》。

〔7〕 1934 年 7 月，蒋介石对庐山军官训练团学员讲话《抵御外侮与复兴民族》，载秦孝仪主编《中华民国重要史料初编——对日抗战时期·绪编》，第 107、112、113 页，台北中国国民党中央党史委员会 1981 年印。

〔8〕 汪精卫：《老话》。载 1933 年 4 月 28 日天津《大公报》。

〔9〕 蒋介石用徐道邻的笔名，于 1934 年 10 月写《敌乎？友乎——中日关系的检讨》一文，发表在《外交评论》上。转引自《中华民国重要史料初编——对日抗战时期·绪编》第 614 页。

〔10〕 1933 年 6 月 3 日蒋介石日记，转引自黄仁宇《从大历史的角度读蒋介石日记》，第 131 页，中国社会科学出版社 1998 年版。

〔11〕 〔日〕近卫文麿：《日本政界二十年——近卫手记》。国际文化服务社 1948 年版，第 11—12 页。全文见《中华民国重要史料初编——对日抗战时期》绪论(三)，第 640—641 页。

〔12〕 同〔7〕，第 688 页。

〔13〕 荣孟源主编《中国国民党历次代表大会及中央全会资料》。光明日报出版社 1985 年版，下册第 323 页。

〔14〕 蒋纬国：《中日战争之战略评述》。载《中华民国建国史讨论集》，台北 1982 年版，第 4 册第 10 页。

〔15〕 转引自董其武《戎马春秋》，中国文史出版社 1993 年第二版，第 108 页。

〔16〕 蒋介石：《苏俄在中国》。台北 1957 年版，第 72 页。

〔17〕 陈诚：《八年抗战经过概述》。载浙江省中国国民党历史研究组编《抗日战争时期国民党战场史料选编》第 6 页。

〔18〕 蒋介石：《柳州军事会议训词》。载张其昀主编《蒋总统集》，台北中国文化大学出版社 1984 年版，第 1206 页。

〔19〕 《白崇禧将军最近言论录》，台北中央研究院近代史所贾廷诗等 1984 记录。

〔20〕 同〔17〕,第6页。

〔21〕 见徐永昌《两年来敌我战略战术之总检讨》。载《军事杂志》第136期。

〔22〕 同〔17〕,第6页。

〔23〕 见1942年2月《第九战区第三次长沙会战战斗详报》。载中国第二历史档案馆编《抗日战争正面战场》,江苏古籍出版社1987年版,(下)第1173页。

〔24〕 《今井武夫回忆录》,中国文史出版社1987年中译本,第123页。日本防卫厅防卫研究所战史室编著的《中国事变陆军作战史》第三卷第二分册中说:“重庆军以冬季攻势给了日军很大打击。”

第 一 章

从“九一八”事变到西安事变

第一节 中日战争的历史背景

中国历史上曾经创造过光辉灿烂的古代文明，17世纪之后发展就缓慢了。而欧洲的英、法等国从1640年开始先后进行了资产阶级革命；18世纪60年代起又进行了产业革命，机器工业逐渐代替工场手工业，生产力得到飞速的发展，英、法成为世界上最强大的资本主义国家。正如马克思所说，"掠夺是一切资产阶级的生存原则"，[1]它们积极向外进行殖民扩张。美国在南北战争以后，日本在明治维新以后，其资本主义也都取得了长足的发展。随着资本主义工商业的发展，资本越发集中，到了19世纪末、20世纪初，资本主义就进入了帝国主义阶段，垄断代替了自由竞争。帝国主义国家为了追求更高的利润，就大量输出资本，并疯狂地争夺殖民地。中国幅员辽阔，人口众多，资源丰富又多未开发，而且此时的清王朝正处于国势日趋衰微的时候，中国自然便成了帝国主义列强激烈竞争、角逐的对象。

一、第二次世界大战前西方列强对中国的殖民扩张

英国于1840年发动鸦片战争，强迫清政府于1842年签订了中国近代史上第一个丧权辱国的不平等条约——《南京条约》。中国被迫割让香港，赔款2100万两白银，开放广州、福州、厦门、宁波、上海为通商口岸，允许英商贸易，并允许英国派驻领事等官。西方列强自此以武力侵略中国，使中国由封建社会走向半殖民地半封建社会。1843年英国又迫使清政府签订《虎门条约》，承认英国享有领事裁判权和片面最惠国待遇等特权。美国、法国亦于1844年相继强迫清政府签订了不平等的《中美望厦条约》和《中法黄埔条约》。美、法以利益均沾为理由，取得了英国所得到的全部特权——五口通商、协定关税、领事裁判权和片面最惠国待遇等；此外，美国还进一步破坏了中国的独立和主权，取得了美国军舰可以

到中国各港口“巡查”的权利。1849 年，葡萄牙也在英、美、法三国的支持之下强行霸占了中国的领土澳门。[2]

1857 年，英、法两国乘清政府全力镇压太平军之机又发动了第二次鸦片战争，侵占了广州；次年 5 月，攻占大沽炮台，迫近北京。俄国利用英法联军的军事压力，以武力强迫清政府签订了中俄第一个不平等条约——《瑷珲条约》(1956 年改瑷珲为“爱辉”)，中国被割去黑龙江以北、外兴安岭以南 60 多万平方公里的中国领土；6 月间又签订了《中俄天津条约》，中国被迫允许俄国在上海、宁波、福州、厦门、广州、台湾(台南)、琼州七处口岸通商、设领事馆和停泊军舰。当月，美国也乘机迫使清政府签订了《中美天津条约》，规定清政府给予同其他国家一样的特权(“一体均沾”)。英法联军继俄、美之后，亦强迫清政府签订了《中英天津条约》和《中法天津条约》，再开牛庄、登州、台湾(台南)、淡水、潮州、琼州、汉口、九江、南京、镇江为通商口岸(开埠时，牛庄、登州、潮州分别改设于营口、烟台、汕头)，对英赔款 400 万两白银，对法赔款 200 万两白银，并允许鸦片进口，规定中国各口岸海关任用英国人帮办税务。但英、法殖民者仍不满意，1859 年英法联军借故再次进攻大沽，于 1860 年侵入北京，将清朝统治者经营 100 多年、聚集古今艺术珍品的圆明园劫掠一空，并放火将这座综合中外建筑艺术、举世罕见的壮丽园林和宫殿焚为废墟；同时强迫清政府签订了《中英北京条约》和《中法北京条约》，赔款给英、法各 800 万两白银，还割九龙半岛南部给英国。俄国趁火打劫，以所谓“调停有功”为借口，迫使清政府签订了《中俄北京条约》，将乌苏里江以东约 40 万平方公里的中国领土强行划归俄国。经过第二次鸦片战争，鸦片贸易合法化了，海关也落入外国人控制之中，外国商品大量倾销，中国在经济上进一步走向殖民地化。这一时期，列强为了巩固和扩大其在不平等条约中所取得的特权，由英美倡导，俄、法等国支持，在对中国的侵略活动中采取“合作政策”，即在侵华重大问题上彼此进行“协商与合作”，以达到共同侵略的目的。清政府无力抗拒列强的要求，对外采取妥协退让方针，这就越发加深了列强对中国的侵略。

英国势力侵入缅甸之后，即开始向中国西南部扩张势力。1876 年，利用上年马嘉理事件[3]，以武力相威胁，强迫清政府签订了《烟台条约》，规定中方除了“抚恤”、“赔款”、“惩凶”、“道歉”之外，又允许英国人开辟印藏交通，前往西藏、云南、青海、甘肃等省“游历”，增开宜昌、芜湖、温州、北海为通商口岸，并扩大领事裁判权，还规定外货免纳各项内地税款，由此获得了比《天津条约》和《北京条约》更多的特权。

1883年法国在取得对越南的“保护权”之后，即将侵略矛头指向中国。1884年发动了中法战争。1885年清军在镇南关及临洮连败法军，但清政府在美、英、俄三国以调停为名迫使妥协的压力下，和法国签订了《巴黎停战协定》和《中法新约》，其中规定中国今后修建铁路应向法国“商办”，并在中越边界开埠通商。法国势力遂又侵入云南、广西，加深了西南边疆的危机。

1888年，英国军队侵入西藏，攻占隆吐山、亚东、郎热等要隘。1890年和1893年，清政府与英国先后签订了《藏印条约》和《印藏续约》，隆吐山、热纳、咱利一带为英国强占，并强迫清政府开放亚东，准许英国派官员驻扎。英国势力遂侵入西藏。

日本本来与中国清朝一样，同为封建独立国家，对外都采用闭关锁国政策，遭遇也大致相同。明治维新后，日本走资本主义的发展道路，成为一个军国主义的国家，致力于向外扩张。1874年，由美国怂恿、支持，并供给舰船及派军官参与指挥，日本第一次以武力侵略中国，即陆军中将西乡从道率军侵入台湾琅琊。后在英国“调停”下，清政府与日本签订了《台事专约三款》，偿付日本“抚恤”等银50万两白银，日本侵略军才撤离台湾。

1879年日本吞并了琉球；1894年又侵入朝鲜，并在俄、德、法、美四国暗中支持之下发动了中日甲午战争。清军战败，被迫于1895年签订了《马关条约》：承认日本对朝鲜的控制；割让辽东半岛、台湾全岛及所有附属各岛屿和澎湖列岛；赔偿军费2万万两白银；增开沙市、重庆、苏州、杭州四个通商口岸（可设立工厂），并允许日船沿内河驶入以上各口和日军占领威海卫等。这一在西方列强支持下强加给中国的丧权辱国条约，不仅使日本军国主义势力更加膨胀，使日本迅速跻于帝国主义列强的行列、加紧走上侵略中国和亚洲的道路，而且也适应了西方列强向中国扩张势力的需要。西方列强援引“利益均沾”的片面最惠国待遇条款，都享有与日本在中国经营工业企业的相同权利，都可以直接利用中国的原料和廉价劳动力对中国的民族工业进行经济压迫。由于日本勒索的战争赔款已接近清政府全年总收入的3倍，清政府不得不大借外债，西方列强则通过巨额的贷款进一步控制中国。帝国主义争夺中国的步伐大大加速，中国殖民地化的程度进一步加深，并面临着被瓜分的严重危机。

俄国是一个军事封建帝国主义国家。由于其工业不发达，在经济上无力与英、美等列强竞争，便企图以扩大领土来弥补经济力量的不足。而中国的东北正是它扩张的主要目标。当中日甲午战争开始后，俄国资产阶级曾叫嚷利用这一

“大好时机”,“干净利落的解决中国问题,由欧洲有关的几个主要国家加以瓜分”。[4]《马关条约》规定清政府将辽东半岛割让给日本。俄国认为这是对其独霸中国东北和争霸太平洋的直接威胁。他们要“为俄国的最大利益着想,要维持中国的现状”,“决不可让日本渗透到中国的心脏而在辽东半岛攫得立足点”,[5]遂向德、法两国建议,由德、法、俄三国共同劝告日本退还辽东半岛;如不应允,即对日本在海上采取共同军事行动。法国是俄国在欧洲的盟友,为乘机向清政府索取利权,当然愿意参加干涉。德国这时的垄断资本已迅速发展起来,又沿袭了普鲁士的军事传统,已经成为一个侵略性强的军国主义国家,要求重新瓜分世界殖民地,企图乘机在中国占领一个海港,以作为其向东方扩张的海军基地,因此也同意参加干涉。三国的海军舰队开至日本附近海面,俄国并在西伯利亚集结5万军队随时准备出动。日本急向英、美两国求援,但英、美不愿日本的在华势力过分膨胀,也劝日本接受三国要求。当时日本因甲午战争的消耗,考虑到“国力枯竭,有待恢复。尽管陆军在作下一步作战准备,但海军却无力与三国海军对阵。如果海上联系被三国海军切断,日本在中国东北和韩国的军队,便会陷入完全孤立无援、生存受到威胁的境地”,[6]因而被迫退还辽东半岛,但向中国索取了3000万两白银的“赎辽费”。

三国干涉下日本还辽,是19世纪末列强进一步瓜分中国狂潮的开端。1896年俄国与清政府签订了《中俄密约》,以共同防御日本的名义,规定一旦与日本发生战争,俄国军舰可以驶入中国所有口岸。此外,允许俄国在中国的黑龙江、吉林两省修造一条通至俄国海参崴的铁路(中东铁路),路轨宽度与俄国一致;无论平时、战时,俄国均可以使用该铁路运送军队和军需物资;至于建造、经营和防卫铁路所需的土地,完全由中国给予;俄国在铁路范围内,还享有行政权和警察权等特权。这一铁路的修建,使中国的东北成了俄国的势力范围,“俄国在任何时候,都能以最快的速度把自己的军事力量运到海参崴,或集中于满洲、黄海海岸及离中国首都的近距离处”,[7]从而加强了对中国的控制。

德国于1895年以干涉还辽有功为借口,向清政府强索了汉口租界;1897年,又以德国两个传教士在山东巨野被杀为借口,派军舰占领了中国的胶州湾,夺取了青岛炮台。俄国紧接其后,派军队强占了中国的旅顺口和大连湾。1898年,德国强迫清政府签订了《胶澳租界条约》,将胶州湾租给德国作为军港,规定德国军队在胶州湾沿岸百里之内可自由通行;允许德国在山东境内修筑两条铁路,铁路沿线两侧30里以内的矿产,德国有权开采;在山东境内举办任何事业如需使用外人、外资和外国机械器材，德国享有优先承办权等。这就把山东变属德国的势力范围。就在德国强迫清政府签订《胶澳租界条约》的当月，俄国也强迫清政府签订了《旅大租地条约》，不久又签订了《续订旅大租地条约》。条约规定将旅顺口、大连湾及其附近海面租给俄国，界内的铁路、矿山和其他工商利权只能归俄国，不得让予他国建办。1899 年，俄国竟将中国的东北视为它的土地，擅自把租借地改为“关东省”。

法国利用三国干涉日本还辽的机会，于 1895 年强占了中国云南边境上的勐乌、乌得等地，迫使清政府增开云南的河口、思茅为商埠，并取得在广东、广西和云南开矿的优先权；1897 年又强迫清政府同意不将海南岛割让给他国；1898 年再迫使清政府签订了《广州湾租界条约》，强租了广州湾及附近海面；此外，法国还取得了修筑由越南至昆明和由广州湾至安铺的铁路以及承办中国邮政等的特权，并迫使清政府答应不把云南、广东和广西割让给他国，从而使中国的这三个省改属于法国的势力范围。法、德、俄三国在掠夺中国利权的过程中是相互达成默契或相互支持的。如德国强占胶州湾后，俄国于第二天就强占了旅顺口和大连湾，当时的借口是帮助清政府抵抗德国。可是事后却向德国“表示感谢”，说“因为有了胶州的占领，才使旅顺口、大连湾的迅速占领成为可能，否则在这方面就难于找到一个口实。”[8] 又如法国强租广州湾后，法国驻华临时代办吕班在给法国外交部的报告中说：“关于强租广州湾一事，我得到俄国代办的支持，有如对类似情况我所给他们的支持一样。”[9]

列强在中国划分势力范围的过程中有相互支持的一面，也有相互争夺的一面。最早以武力打开中国门户的英国并不甘心其他列强的势力在中国扩展。为了抵制法国在中国西南的扩张，1897 年夺占了中缅边境原属中国的一些土地，强行取得南碗（勐卯）三角地的“永租权”，并迫使清政府开放西江，以广东三水和广西梧州为商埠。法国强租广州湾后，英国立即强迫清政府签订了《展拓香港界址专条》，将深圳以南、九龙半岛界限街以北及附近岛屿（即所谓新界）的中国领土“租借”给英国。为了阻挡俄国势力由中国东北向南方扩展，在俄国强租旅大后，英国于 1898 年强迫清政府签订了《订租威海卫专条》，以与俄国租借旅大的同样条件，取得了威海卫海湾和刘公岛以及威海卫沿岸 10 英里宽地区的租借权。为了保持其在长江流域的既得优势，英国于 1898 年还迫使清政府公开声明不将长江流域沿岸各省割让或租借给其他国家，长江流域遂成为英国的势力范围。为了避免与其他列强因争夺中国而产生对抗，1896 年英国与法国达成协议，规定在四川、云南两省已经取得和将来得到的一切利权都由英、法两国共同享有。1898 年，英国又与德国达成协议，英国承认山东为德国的势力范围，德国则同意英国租借山东境内的威海卫。西方列强以牺牲中国主权来调整它们的利益。

日本在被迫还辽后，见西方列强纷纷在中国划分势力范围，也不甘落后，于 1898 年强迫清政府答应不把福建租让给其他国家，使靠近台湾的福建列入日本的势力范围。

当帝国主义在中国划分势力范围的时候，美国正在同西班牙争夺古巴和菲律宾，一时无力向中国扩张。1899 年 3 月，美国驻华公使康格向美国国务院报告说：中国“除了直隶一省外，事实上没有其他地方剩下来给美国了”，[10] 敦促美国政府迅速采取对策。在美西战争结束、美国取得了菲律宾等地后，立即于 9—11 月间分别向英、俄、德、日、意、法等国发出了关于中国“门户开放”政策的通牒，企图通过“机会均等”的手段，缓和列强争夺中国的矛盾，保持整个中国市场对美国商品的自由开放。美国在致英国的照会中就表明了它的目的：希望中国“为全世界商业保留一个开放的市场，清除国际摩擦的危险根源，从而使各列强在北京采取一致的行动”。[11]

帝国主义在中国划分势力范围和强占海港等的一系列侵略行为，激起了中国许多有识之士的爱国义愤，也引起了许多士大夫对国家命运的忧虑。在他们的积极活动和光绪皇帝的支持下，清政府曾发动了一次具有资产阶级性质的维新运动，可惜很快即被以慈禧太后为代表的顽固派所镇压，改革变法仅仅百日便告失败。可是反对列强瓜分中国的爱国思想在民间却掀起了轰轰烈烈的、但也具有盲目排外性的义和团运动。为此，正如美国致英国照会所说的“各列强在北京采取一致的行动”，1900 年，德、法、俄、英、美、意、日、奥八国组成联军，侵入中国。击败了清军，占领了北京。此 8 国和后加入的比利时、西班牙、荷兰共 11 个国家于 1901 年强迫清政府签订了又一个严重不平等的《辛丑条约》：赔款 4.5 亿两白银，以关税、盐税作担保，另有地方赔款 2000 万两白银，上述赔款限期 39 年付清本息共9.82亿两白银，中国的关税、盐税从此全由帝国主义控制；在北京设立使馆区，中国人不许在内居住，帝国主义各国可以在内驻军，于是使馆区成为国中之国；大沽炮台和从大沽到北京的炮台全部毁掉，从北京到山海关铁路上的 12 个战略要点却允许各国派军驻守，侵略者遂得以随时对清政府进行军事控制。

在八国联军入侵中国期间，俄国不仅出军参加联军，而且单独出军17万余人，分数路侵入中国的东北，相继占领了东北全境的各主要城市和交通线，并制造海兰泡惨案，强占了江东64屯。1890年11月，以武力强迫清政府驻盛京（即奉天，今沈阳）将军增祺的代表签订《奉天交地暂且章程》，规定俄国驻军盛京及东北其他各要地，遣散华军，交出军火，拆毁炮台及火药局；俄国在盛京设总管，凡清朝的盛京将军要办的重要公务，都要通知俄总管；中国设马步巡捕，名额要俄中双方商定等等。按此规定，则东三省名存实亡。当时俄国《新时报》竟称东三省为“黄俄罗斯”。（1891年清政府得知该章程后，将增祺革职，宣布该章程作废。）

《辛丑条约》签订后，各国侵略军相继撤走，俄国的十几万军队却依然霸占东北。1902年虽然订立了《中俄交收东三省条约》，规定俄军在一年半的时间内完全撤走。但俄军不仅不履行条约（仅将其在辽西的军队集中到中东铁路沿线），而且沙俄政府还特设远东总督府于旅顺，将旅大租借地及中东铁路沿线作为俄国远东领土的一部分，进行殖民统治。1903年，俄国远东政策的主持者，财政部长谢·尤·维特就远东局势给沙皇的奏疏中说：俄国应当“从衰朽的东方国家，特别是从庞大的中华帝国的遗产中，尽可能分得最大的份额。”还说：“由于俄国和中国有绵长的国境线，由于俄国具有特别有利的形势，俄国吞并中华帝国领域的大部分，只不过是时间早晚的问题。”[12]当年又增兵重占奉天，强迫各户悬挂俄国国旗。”

俄国的帝国主义侵略行径，与日本早就准备夺取中国东北的侵略政策发生了尖锐的矛盾。英、美也不愿俄国独占东北的权益，支持日本对俄作战，以打开“被俄国关闭的门户”。日本遂于1904年发动了日俄战争。这场为争夺中国领土并在中国领土上进行的帝国主义战争历时一年，结果日军攻占旅顺口，并在奉天会战中击败俄军，后又在对马海峡击灭俄国波罗的海舰队。俄国因国内发生革命，不敢继续作战，日本也已疲惫不堪，遂在美国的调停下，日、俄签订了《朴次茅斯条约》，规定俄国将租自中国的旅顺口和大连湾、长春至旅顺口的铁路及其他各项特权全部“转让”给日本。1905年末，日本又强迫清政府签订了《中日会议东三省事宜》正约及附约，清政府除承认日本继承俄国从中国强取的长春以南全部权利（包括“驻兵护路”）外，还同意增开凤凰城、辽阳、新民、铁岭、通江子、法库、长春、吉林、哈尔滨、宁古塔、珲春、三姓、齐齐哈尔、海拉尔、瑷珲（今爱辉）、满洲里等16处为商埠，在营口、安东、奉天等地划定日本租界，并享有改建和经营

图 1－1－1　19 世纪末帝国主义在中国划分势力范围示意图

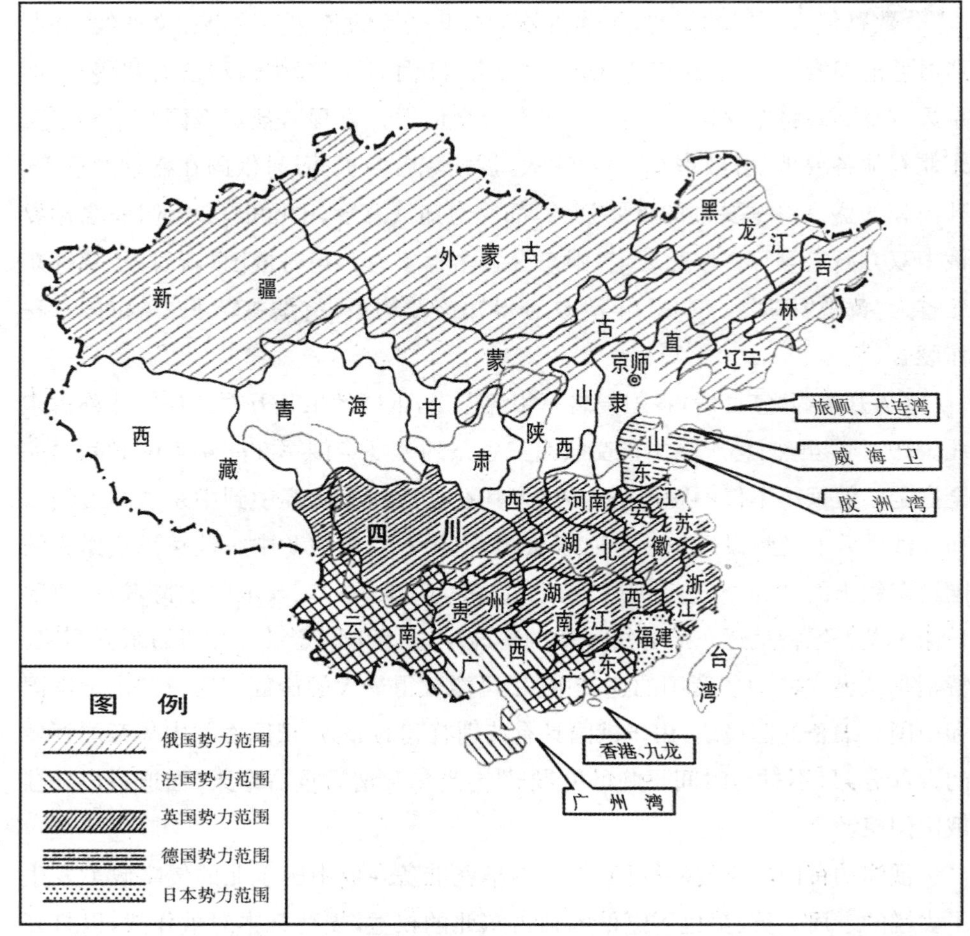

安奉铁路以及开采鸭绿江右岸森林等特权。1907 年，日、俄签订了《日俄协定》和《日俄密约》。“协定”承认并保护日、俄及列强在华的特权。“密约”规定北满为俄国势力范围，南满为日本势力范围；俄国承认日本在朝鲜的地位，日本承认俄国在外蒙古的利益。

在日俄战争爆发之前，英国于 1903 年再次派遣军队从印度侵入中国的西藏地区，攻占凰里后进占干坝。当年 12 月向西藏腹心地区大举进攻。1904 年 5 月占领江孜，西藏军民发起反击，夺回江孜政府大部地区并坚守 1 个月。8 月间英军占领拉萨，强迫西藏地方官员签订了《拉萨条约》，规定赔偿英国军费 50 万镑，并将印度至江孜、拉萨的炮台、山寨完全拆除，把西藏变为英国的势力范围。1913 年，英国又开始制造西藏“独立”，并荒谬地欲将昆仑南定塔以南至新疆、青海全部、甘肃西部、四川康定和云南阿墩子以西地区都划为西藏地方，要求中国政府承认西藏"独立"。这当然为中国政府所拒绝。1914 年 7 月，英国与其操纵的西藏地方政府代表私自签订了《西姆拉条约》。与此同时，英国代表麦克马洪还与西藏地方代表在会外以秘密换文方式，划定中、印东段所谓的"麦克马洪线"，将 9 万多平方公里的中国领土划归英属印度。当时和以后的中国历届政府都不承认非法的《西姆拉条约》和"麦克马洪线"。就在英国制造西藏"独立"的期间，俄国也趁火打劫，于 1914 年 6 月派遣军队侵入中国唐努乌梁海地区，宣布该地区归俄国所有，又强行霸占了中国 17 万平方公里的领土。

欧洲列强在争夺殖民地斗争中，形成了德、奥、意同盟国和英、法、俄协约国两个军事侵略集团。1914 年发生了第一次世界大战，战争主要在欧洲的西线、东线和巴尔干战线进行。日本为了夺取德国在中国的"势力范围"，借英日同盟的名义，于 8 月 23 日对德宣战。在事先根本不通知中国政府的情况下，于 9 月 2 日在中国胶东半岛的龙口登陆，相继攻占了莱州、平度、潍县等地，沿途烧杀掳掠，并将经过的所有城镇、邮电机构和交通设施全部占领。这种完全无视国际法的野蛮行径引起中国人民的强烈愤慨，纷纷集会抗议，并致电中国政府，要求采取措施。然而由北洋军阀控制的民国政府也和腐败的清政府一样，竟承袭日俄战争的恶劣先例，将潍县车站以东的莱州、龙口及胶州湾等地划为日德交战区。但日本并不以此为满足，于 9 月 23 日强占潍县车站，接着进军济南。至 10 月 6 日，侵占了胶济铁路全线及其附近的矿山，并驱逐中国工作人员，全部改用日本人。10 月 10 日，日军增兵，并开始进攻德军主力侵占的青岛。英国不愿让日本独占中国的山东，亦派军由崂山登陆，与日本共同进攻青岛。德军于 11 月 7 日向日英联军投降，青岛遂为日军占领。日本既已参战，协约国便要求日本派军队去欧洲战场，日本却以"日本人不习惯欧洲的气候条件"为借口，拒绝出兵。由此不难看出日本对德宣战的真实企图。1915 年 1 月 18 日，日本又向中国政府提出实质上是要变中国为其殖民地的 21 条无理要求，越发激起中国人民的反对。

1917 年 3 月 14 日，中国政府宣告与德国断绝外交关系，8 月 14 日正式对德、奥宣战。1918 年 3 月，刚建立不久的社会主义苏联新政府与德国签订了《布列斯特—里多夫斯克和约》，退出了战争。当年 9—11 月间，同盟国的保加利亚、土耳其、奥匈帝国相继投降。至 11 月 11 日，孤立的德国也因战败，与协约国签订了停战协定，第一次世界大战结束。

1919 年 1 月，战胜国在法国巴黎召开"和平会议"。中国是战胜国之一，同时又是国际联盟的正式会员国，也派出代表参加了会议。中国代表向会议提出了将德国在山东的租借地、胶济铁路以及其他一切特权归还中国，废除各国在中国划分的势力范围，撤走外国的军队、警察，关闭外国人在中国开办的电信、邮政机构，归还租借地，归还租界，废除领事裁判权以及关税自主等七项要求。英、法、美等国对中国提出的七项要求和废除“二十一条”，以“不在和平会议权限以内”为由，不予讨论；而对山东问题，竟然支持日本要把德国在山东的一切权益转让给日本的要求。在《凡尔赛和约》上规定：德国所获得的胶州地区、铁路、矿山、工厂、海底电缆和“一切附属之权利，均为日本获得并继续为其所有”；关于德国在胶州领土之内的“民政、军政、财政、司法”档案，以及牵涉到山东主权的“各种文件”，均“移交日本”。[13]中国人民强烈反对，中国代表拒绝签字，在国内并引发了轰轰烈烈的五四运动。

第一次世界大战之后，英、法国力因战争消耗而有所下降，对中国采取了保守既得利益的绥靖政策；美国国势日强，对中国推行“利益均沾”政策，反对别国独占中国；苏维埃俄国政府对中国放弃了帝俄在华强取的一部分权益，使中国北方的压力有所减轻；日本在战争中不仅夺取了德国在中国的势力范围和一切权益，而且夺取了德国在南太平洋的马绍尔群岛、加罗林群岛和马利亚纳群岛等殖民地，独霸中国和争霸世界的野心更加膨胀。而此时中国则又陷入军阀割据与混战的局面之中。

鸦片战争以前，中国是一个独立的封建国家。在世界列强进行殖民扩张的时代里，帝国主义列强对中国发动了多次侵略战争，强迫腐朽的清政府签订了许多丧权辱国的不平等条约，强占或“租借”了中国大片的领土，取得了在中国驻军、筑路、开矿等一系列特权，控制了中国的海关、外贸、财政、金融和交通运输等经济命脉，大量向中国输出商品和夺取原料，使中国在政治上丧失了独立，经济上濒于破产，沦为一个半殖民地半封建的国家。1911 年孙中山先生领导的辛亥革命推翻了清王朝的统治，结束了 2000 年的封建帝制，创建了中华民国，但革命成果又被封建军阀所篡夺。帝国主义列强为了巩固和扩张其在华权益，各自支持实行割据的各系军阀，造成军阀之间长期的对立与混战。就在此时，中国的无产阶级作为独立的阶级力量登上了政治舞台，中国共产党于 1921 年成立，使中国出现了新的局面。1924 年国民党与共产党进行第一次合作，1926 年实施统一中国的北伐，并取得了战争的胜利。但蒋介石于 1927 年 4 月 12 日发动了政变，大肆屠杀共产党人和革命群众，国共合作遂告破裂，中国进入国民党统治时期。

由于国民党政府执行“攘外必先安内”的政策，主要致力于消灭国内的共产党和其他异己力量，对外则一味妥协退让，客观上助长并加速了日本侵略中国的野心和步伐。

二、日本走上军国主义道路、跻入侵华列强行列

（一）明治维新及其对外扩张

日本是亚洲东部太平洋上的一个群岛国家，西隔东海、黄海、日本海与中国、朝鲜、俄国相望，东邻太平洋。其领土包括北海道、本州、四国、九州四个大岛和附近的众多小岛。南北长约 2000 公里，面积 36.9 万多平方公里，1931 年时人口约 7000 万。日本帝国主义极盛时期的殖民地有朝鲜、琉球群岛、台湾、澎湖列岛、小笠原群岛、千岛群岛、南库页岛，以及以租借名义占领的中国辽东半岛的关东州，由国际联盟委托代管第一次世界大战前德属太平洋上的加罗林、马绍尔、马里亚纳三群岛，合计面积 31.2 万余平方公里，人口约 3000 万。日本矿产贫乏，铜储量仅有约 200 万吨，煤、铁、石油及其他有色金属储量均很少，只有本州中部的硫磺储量较多，约 6800 万吨。日本海岸线长达 3 万公里，海湾、良港甚多，渔业发达，对航海、外贸都非常有利。

16 世纪末，日本地方割据势力连年战斗。1600 年德川家康在关原之战中战胜拥护丰臣秀吉的大名诸侯联军，于 1606 年任“征夷大将军”，在江户（今东京）设立幕府，把持国政，日本历史上称之为“德川幕府时代”或“江户时代”。在此时期内，日本推行锁国政策，只允许中国和荷兰两国的商人在长崎进行贸易，对其他国家和在其他地点，一概禁止外商进入。这种状况维持了 200 多年。至 19 世纪中叶，幕府统治已经腐朽。当时正值西方列强疯狂向外进行殖民扩张，英国发动鸦片战争，迫使中国清政府签订《南京条约》。中国的门户打开之后，紧接着美国也以武力相威胁，打开了日本的门户。1853 年，美国东印度舰队司令培理率其舰队到达日本的江户湾，首先冲破了日本传统的锁国法，于 1854 年强迫日本签订了《日美和亲条约》（一称“神奈川条约”），使其对美开放。日本称之为“开国”。此后两年内，英国、俄国、荷兰国相继援美国之例，分别与日本签订了同类性质的条约。1858 年，美国又迫使日本签订了《修好通商条约》，荷、俄、英、法也

效法美国，相继迫使日本签订了内容基本相同的条约。通过这些不平等的条约，西方五国从日本取得了领事裁判权、片面最惠国待遇以及协定关税等一系列特权，使日本和当时的中国一样，处于被压迫的地位，面临着沦为半殖民地或殖民地的危险。

日本在“开国”后15年的1868年1月，以中下层武士为领导的反幕府派以天皇的名义颁布《王政复古大号令》，推翻了自镰仓幕府以来700多年的幕府统治，建立了新的政府。8月27日，睦仁即位天皇，9月8日改元“明治”。当年将江户改名东京，于1869年3月将首都由京都迁至东京，开始进行维新改革：模仿西方资产阶级国家的三权分立，中央官制设“三职七科”，以太政大臣为总裁，辅佐明治天皇执政；没收幕府领地，划分为府、县，直属中央政府。又逐步解决了各藩主的封建割据，统一了全国，将权力集中于中央，并进一步改革官制。大致用了3年多的时间，基本上完成了虽不彻底、但属于资产阶级性质的改革，为资本主义的发展开辟了道路。

但是，此后日本逐步走上军国主义的道路。1872年发布征兵令，实行国民皆兵，并称军队为“皇军”，即天皇的军队；1874年规定陆军省大臣必须由将官担任；1878年设置参谋本部，为天皇直辖的军司令部，规定“参谋总长的地位优于陆军大臣而与太政大臣相等”。[14]凡用兵、作战等军令事务，内阁不能干预，也就是军事统帅权不归国家政府而归天皇，从而确立了日本军阀的特殊地位。1889年颁布《大日本帝国宪法》，强调天皇权力的绝对性，规定“天皇神圣不可侵犯”，使其神格化；同时规定“天皇统帅陆海军”，“天皇决定陆海军的编制和常备兵额”。同年颁布《内阁官制》，规定：“凡有关军事机密和军令问题上奏天皇，除按天皇旨意下发内阁之文书外，均需由陆军大臣、海军大臣向内阁首相报告”，[15]从而通过宪法保障了军部和统帅的独立。1893年又制订了《战时大本营条例》。而在此期间，曾于1882年颁发“军人敕谕”，要求军人必须遵守“武士道”行为规范，使其作为天皇和日本向外扩张的驯服工具；1890年颁发了“教育敕语”，命令全国民众也必须遵守“武士道”和“神道”精神。至此，日本已经成为一个完全的军国主义体制的国家了。

日本在明治维新后，其统治集团立即努力了解和适应欧美资本主义列强所建立的国际秩序，以争取尽快跻入它们的行列，成为其中平等的一员。维新政府刚刚成立，天皇就接见了法、英、荷等各国驻日公使。成立的次月（1868年2月），即宣布承认幕府与各国订立的各项条约，但同时又表示将谋求改订这些不平等的条约。一年后，便向美、荷等国公使非正式地提出希望提前开始修改条约的谈判。但就在日本处于西方列强不平等条约束缚的情况下，日本并未放弃其向外扩张的企图，反而以“补偿论”为武器，宣称“养国力，割易取之朝鲜、满洲、支那，所失于美俄者，可取偿于朝鲜、满洲之土地”。[16]日本政府还将向外扩张定为基本国策，在《宸翰》中宣布要“开拓万里波涛，布国威于四方”。在改革官制时，规定将“开拓疆土”与“国际交往、监督贸易”并列为中央负责外务工作的“外国官”的职责。日本在与欧美各国的关系稳定下来之后，立即开展对近邻各国的外交活动，而这种外交活动从一开始就与其“开拓疆土”的扩张政策密切结合在一起的。

位于中国和日本之间的朝鲜及琉球，是距离日本最近的两个国家。日本在幕府时代，通过对马藩和萨摩藩与它们有交往。17世纪初，萨摩藩曾以武力侵入琉球，后即视之为日本的属国。明治维新后，萨摩藩改为鹿儿岛县，仍掌管琉球。日本要推行近邻外交以开疆拓土，很自然地首选这两个国家为目标。但这两个国家与中国清王朝有着特殊的亲密关系，对中国有很强的倾向性。如琉球在1854年、1855年、1859年分别与美国、法国、荷兰签订条约，用的都是清朝咸丰年号。而朝鲜因历史原因，对日本抱有严重的戒心，且又实行的是攘夷锁国政策，更是拒绝与日本修复邦交。于是日本政府在以武力迫使朝鲜向日本开放的“征韩论”和与中国修好以扫清日朝关系障碍的主张中选择了后者，决定采取“日清交涉先行”的方针，于1870年派代理外务大丞柳原前光到中国进行建交和通商的预备会谈；1871年任命大藏大臣伊达宗城为全权大臣，与清政府全权大臣李鸿章在天津签订了中日《修好条规》及《通商章程》；1873年任命外务大臣副岛种臣为特命全权大使，到中国办理交换批准书手续。但他还负有秘密使命：为侵略中国作准备。

日本侵略中国，得到美国的支持。1867年美国海军舰队侵犯中国台湾时，去台湾办理交涉的美国驻厦门领事李仙得（一作“李让礼”）[17]由美国驻日本公使德朗介绍给副岛种臣，担任他的随行顾问。到中国之前，李仙得曾受到明治天皇的“陛见”，并摄影、“赐馔”，“御赐”物品，以示“宠幸”。他向日本提供了许多有关台湾的照片、地图等资料和情报，并向日本出谋说：要争霸东亚，必须“南据澎湖、台湾两岛”；而要占据台湾，只需用2000人左右的军队就可以迅速占领，不必担心美国的干涉。德朗也参加了副岛种臣、李仙得等筹划侵略台湾的秘密会议。事后德朗在给美国国务院的秘密报告中说：我“一向认为西方国家对日本的真实政策，是鼓励日本采取一系列的行动……使日本政府与中国政府、朝鲜政府彼此仇视。”“在目前形势下，我相信我已经发现一个实行这一计划的机会，可能不需要流血的战争，但如果需要的话，我们可以使这场战争成为……把台湾及朝鲜放在一个同情西方国家旗帜下的战争。”[18]由此可见，当时的美国是支持日本侵略中国及朝鲜以便从中渔利的。

1874 年 1 月，日本内务大臣大久保利通和大藏大臣大限重信拟制了侵台行动纲领——《台湾蕃地处分要略》。2 月经大臣、参议会议通过，4 月正式成立了侵台组织，任命陆军中将西乡从道为“台湾蕃地事都督”，大限重信为“台湾蕃地事务局长官”，陆军少将谷干城、海军少将赤松则良为参军，另外聘李仙得为事务局二等出仕，美国现役少校凯塞尔为参谋，并组建了一支有 3600 余人的侵华军队，公开称之为“台湾生蕃探险队”，以琉球岛民 54 人被台湾牡丹社居民杀害一事[19]为借口，进军台湾，于 5 月 7 日在台湾琅㤩登陆。中国清政府得知日军侵台的消息后，犹半信半疑，于 5 月 14 日谕令福建船政大臣沈葆祯“带领轮船兵器，以巡阅为名，前往台湾生番一带查看，不动生色，相机筹办”，[20] 29 日又任命他为办理台湾等处海防兼理各国事务大臣，并授以处理日本侵台事件的军事、外交大权。

登陆日军于 5 月 18 日开始向当地居民部落进攻。至 6 月间，攻占了牡丹社及附近各社。7 月间撤回沿海地区，集结于龟山、风港等处，建立都督府，修筑医院、营房、道路，企图长期占据。清军于 6 月中旬到达台湾，当即布置防务，同时派员与日军谈判，令其撤兵，但并未向日军采取进攻行动。这时正值台湾南部疟疾流行，日军因不服水土，患病者日增。据参加侵台的日人水野遵在其《征台私记》中记述，日军 2500 余人中，能正常饮食的仅剩下十五六人，其余的只能吃些流食。此次侵台，前后 7 个月，共动用兵员 3600 余人，战死者仅 12 人，病死者却有 561 人。军中困难日增，士气日趋下降。同时还遭到英、俄等西方列强的反对。美国政府的态度也发生了重大变化。新任美国驻日公使平翰，以美国政府的名义承认台湾是中国领土，宣布美国侨民应严守中立。李仙得等被迫由军中返回东京。日本陷于进退维谷、内外交困的境地，政府内主张撤兵的呼声逐渐抬头。经中日双方多次谈判，在英使威妥玛的调停下，于 1874 年 10 月 30 日签订了《中日台湾事件专约》。中国是被侵略的一方，清政府却作了屈辱性的妥协：除偿付日本抚恤、建房等费用 50 万两白银以换取日军撤离台湾外，更重要的是在专约中写进了日本提出的词句：“台湾生番曾将日本国属民等妄加杀害”，日本侵台“原为保民义举”等。这无异默认琉球是日本的属国。清政府的屈服外交进一步助长了日本的扩张野心。

台湾居民杀害琉球船员的事件发生后，日本一方面作侵台的准备，一方面加快了吞并琉球的步伐。1872 年 10 月，日本借琉球王子赴日祝贺之机，册封琉球国王尚泰为琉球藩王，列入日本华族；外务省派官员至琉球主持琉球的外交，大藏省派官员负责琉球的租税缴纳；同时照会西方各国，说琉球已归日本，将琉球与美、法、荷三国所订的条约改为与日本政府签订的条约。1875 年，日本政府强迫琉球改用日本年号，并决定废止定期向中国朝贡和清朝皇帝即位时派使祝贺等惯例（本年光绪帝即位）；撤销在福州的琉球馆，由日本驻厦门领事馆管理琉球的贸易业务；废止琉球国王即位时接受中国皇帝册封的惯例，同时派兵进驻琉球。1876 年，日本又接管了琉球的司法、警察权，规定凡琉球人去中国必须由日本发给护照。琉球国王派大员到中国求救，清政府不肯与日本实施武力对抗，仅采取了“据理诘问”的方针与日本谈判。但中国驻日本公使何如璋向日本外务省多次提出质问和抗议，均毫无结果。1879 年 4 月，日本彻底吞并了琉球，改琉球藩为冲绳县，将国王尚泰及王室人员移送东京，琉球国灭亡。

日本吞并琉球后的下一个目标就是朝鲜。朝鲜与清朝的关系虽然和琉球性质一样，但由于历史和地理等种种原因，清朝对朝鲜要比对琉球重视得多，因而对日本向朝鲜扩张也比对其吞并琉球的反应强烈得多。日军从台湾撤出后不到半年，日本就决定以武力对朝鲜进行威胁。1875 年 5 月间派军舰侵入朝鲜釜山，接着又到朝鲜西海岸示威，在江华岛与朝鲜守军发生冲突。1876 年 2 月，日本以武力强迫朝鲜签订了《江华条约》，规定日本除在釜山通商外，再选两个港口向日本开放（1880 年和 1882 年先后开放元山和仁川两港），日本可在通商口岸派驻领事并享有领事裁判权，可在朝鲜沿海自由航行等。但条约中丝毫未提朝鲜在日本有何种权利。从此，朝鲜的门户被日本打开，日本的势力开始向朝鲜渗入，与清政府争夺对朝鲜的宗主权。1882 年朝鲜京城（汉城）发生兵变。由于朝鲜军队对日本的扩张怀有强烈的怨愤情绪，起事士兵杀死了日本军事教官，并袭击了日本公使馆。8 月初，日本派军进至仁川一带，企图用武力对付朝鲜，但由于清政府也派军进入朝鲜进行干预，日军未敢动武。8 月 30 日，日、朝签订了《济物浦条约》，朝鲜除赔款、道歉外，还被迫同意日本派兵护卫公使馆。日本首次获得在亚洲大陆上的驻兵权，而朝鲜首都则从此处于日军的威胁之下。

1884 年 12 月朝鲜亲日的“开化党”在日本驻朝公使竹添进一郎和日本驻京

城部队的支持并介入下发动了一次政变，杀死大臣，劫持国王，并控制了政府。驻朝清军营务处会办袁世凯率军进入皇宫，赶走进入宫中的日军，恢复了朝鲜原来的统治。日本驻朝使馆受到愤怒群众的袭击，日本军人及侨民均有伤亡。日本外务大臣井上馨遂至朝鲜谈判，最后双方签订了《汉城条约》，规定朝鲜向日本道歉、支付抚恤金和重建使馆等。在这次事变中，中日军队几乎发生武装冲突，因而日本派内务大臣伊藤博文到中国进行交涉。1885 年 4 月，双方签订了《天津会议专条》。其主要内容为：中日双方驻朝军队 4 个月内各自“尽数撤回”；将来朝鲜若再发生变乱事件，中日两国或一国需要出兵朝鲜时，应事先行文互相知照，事情平定后即行撤回，不得留驻等。

《天津会议专条》是日本自度军事力量尚不足以与中国抗衡的情况下签订的。日本政府决定制定了一个十年扩军计划，以国家收入的 60％来建立和发展近代化的海、陆军。1892 年提前完成了十年扩军计划。从 1893 年起，明治天皇又决定以 6 年为期，每年从宫廷经费中拨出 30 万日元，再从文武百官的薪金中抽出 10％，作为补充制造军舰的费用，加速扩大军事力量的步伐。同时日本参谋本部还不断派遣间谍潜入中国，窃取军事、政治情报，秘密绘制了中国东北和渤海湾的详细地图，进行发动侵华战争的准备。

1894 年 5 月，朝鲜爆发了东学党起义。国王求清政府派兵协助镇压。日本为了“出师有名”，一方面竭力劝诱清政府出兵，“代韩戡乱”，保证自己“必无他意”；一方面在国内秘密下达动员令，并组建指导战争的大本营，作好了占领朝鲜的充分准备。清政府对日本的假保证完全相信，于 6 月 5 日派直隶提督叶志超、太原镇总兵聂士成率淮军分批赴朝，同时令驻日公使汪凤藻按照 1885 年《天津会议专条》将出兵之事通知日本。当清军 2000 余人于 6 月 8 日至 12 日陆续到达牙山时，日军 4000 余人也于 9 至 16 日陆续到达仁川、汉城。7 月 16 日，日本与英国签订了《通商航海条约》，英国放弃在日本的领事裁判权，并部分地承认日本关税自主（随后日美、日意、日俄相继签订了同样的条约），这样日本不仅解除了对华战争的后顾之忧，而且提高了在国际上的地位。日、英签约的第二天，即 7 月 17 日，日本大本营举行御前会议，决定对中国开战，并批准了作战计划，于是一场大规模的侵华战争爆发。这一年是农历甲午年，所以史称这场战争为“甲午战争”。

甲午战争以中国的失败而告终，清政府被迫签订了自 1860 年中英、中法签订《北京条约》以来最不平等的《马关条约》。这一条约的订立，使中日关系，使西方列强与日本和与中国的关系都发生了新的变化，中国的国际地位急剧下降，列强瓜分中国的争夺更趋激化。而日本的国际地位则迅速上升，并开始跻入侵华列强的行列中去。从此，日本更加野心勃勃地走上加紧侵略中国、亚洲和争霸世界的扩张道路。

（二）大陆政策的形成和发展

日本“大陆政策”的中心内容是：首先灭亡中国，进而吞并亚洲，最后称霸世界。这是日本在发动侵华战争之前所定的基本国策。这一基本国策的形成和发展过程大致可分为三个时期：明治维新以前为思想准备时期，明治维新到甲午战争前夕为基本形成时期，甲午战争至全面侵华战争为推行和发展时期。

1. 大陆政策的思想准备时期

日本是一个四面环海的岛国，国土狭小，资源缺乏，其地理位置又靠近亚洲大陆，因而日本的一些扩张主义分子，不论是封建阶级的还是资产阶级的，都对中国怀有强烈的征服欲望。这种扩张、侵略思想早在16世纪即已存在。日本战国末期统一全国的丰臣秀吉，在其刚刚被任命为关白（摄政大臣）不到两个月的1585年9月，给其家臣一柳末安的信中说：“余之被任命为关白，除统治日本外，同时其统治大权也及于唐国（即明王朝）。”1586年，丰臣秀吉又说：“当我统治日本成功之后，我就把日本交给弟弟秀长，我自己则专心一意去征服朝鲜和中国。”1587年还说：“在我生存之年，誓将唐（明王朝）之领土纳入我之版图。”1590年，他在接见朝鲜使臣黄允吉时，不仅表示他要征服中国，而且要朝鲜为其向导；他在致朝鲜国王的复书中说：“……不屑国家之远，山海之隔，欲一超直入大明国，欲易吾朝风俗于四百余州，施帝都政化亿万斯年者，在吾方寸之中。贵国先驱入朝……”1592年9月18日，丰臣秀吉给关白秀次的《二十五条觉书》中更具体地表明了他征服中国的狂妄野心。他企图把中国作为日本的领土，让天皇到北京做皇帝，朝鲜则由丰臣一族来统治。《觉书》的主要内容有：“准备恭请天皇于后年行幸唐（明）都，呈献都城（北京）附近十国（州）予皇室，诸公卿将予采邑”，“大唐国之关白，授予秀次……日本之关白则由大和中纳言（羽柴秀保）、备前宰相（宇多田秀家）二人中择一人任之”，“高丽（朝鲜）国由岐阜宰相（羽柴秀胜）或备前宰相秀家统治”，“天皇居北京，秀吉居日本，船来泊之宁波”。1592年和1597年两次征服朝鲜的战争虽然在中、朝两国军队的抗击下失败了，但是丰臣秀吉侵略大陆、征服朝鲜和中国的扩张思想却对日本有很大的影响。

日本德川幕府时代，丰臣秀吉的侵略扩张思想得到了继承和发展。并河天民所著《开疆录》说："大日本国之威光，应及于唐土、朝鲜、琉球、南蛮诸国……大日本国更增加扩大，则可变成了大大日本国也。"这种"大大日本"的构想正是后来"大东亚共荣圈"的先声。佐藤信渊则更进一步，不仅提出了扩张的目标，而且设想了侵略的步骤。他在所著《宇内混同秘策》中说："皇国日本之开辟异邦，必先肇始自吞并中国……中国既入日本版图，其他西域、罗、印度诸国……必稽颡匍匐，隶为臣仆。"又说："凡经略异邦之方法，应先自弱而易取之地始之。当今之世界万国中，皇国易取易攻之土地，无比中国之满洲为更易取者……故征服满洲……不仅在取得满洲……而在图谋朝鲜及中国。"精于军事学的藩士吉田松阴也主张："急修武备，一俟船坚炮足，北割满洲之地，南取台湾、吕宋诸岛，渐作进取之势。"[21]总之，日本幕府时代中后期的思想家、政治家，基本上都主张向大陆扩张。而其中又以福泽谕吉的"脱亚论"更具有理论的代表性。1885年3月，中法战争正在紧张进行、中国东南沿海面临严重危机之际，福泽谕吉在他主办的《时事新报》上发表了一篇社论《脱亚论》。其主要内容是说：西洋文明之风东渐，日本国民已渐知采纳此近世之文明。不幸其近邻有两国曰"支那"、曰"朝鲜"者，在方今文明东渐之潮中，无论如何也不可能维持其独立，今后不出数年其国将亡，其领土将为世界文明诸国所分割。故"为今之计，我国不可再犹豫踌躇、坐待邻国之文明开化而与之共同振兴亚洲，毋宁应脱离其行列，去与西洋文明诸国共进退。我国对待支那、朝鲜之法，无须因其为邻国而有所顾忌，只能按照西洋人对待彼等之方式方法加以处理。"[22]这一理论既指出了在西方列强竞相侵略中国之际日本应采取的立场和态度，又在舆论上配合了日本政府的扩军备战。这时，大陆政策的思想准备和舆论准备均已齐备，以后即进入形成时期。

2. 大陆政策的基本形成时期

日本在明治维新后即将向外扩张作为其基本国策。掌握政府实权的藩主萨长以天皇的名义发布施政纲领《五条誓文》和《宸翰》，宣称要"经营天下，安抚汝等亿兆，欲开拓万里波涛，布国威于四方"。[23]当时扩张的主要目标是大陆上的中国和朝鲜。参谋本部成立之初即成立了专门负责侦察、调查中国东北地区及西伯利亚等地和朝鲜及中国沿海地区军事地理、军政情况等的管东局和管西局。1879年至1880年间，参谋本部派出管西局局长桂太郎、局员小川又次以及志水直大尉等十几名军官，以驻华武官和语文研究生等名义到中国搜集军政情报。他们在归国后写成《邻邦兵备略》《与清朝斗争方策》等报告。日本首任参谋总长山县有朋据此上奏天皇，力请加强军备。1886 年参谋本部派荒尾精至中国发展间谍组织，派已经升任局长（后又升大将）的小川又次再度至中国进行调查。小川回国后于 1887 年为参谋本部拟制了《清国征讨方略》，其中不仅有详细的中日双方战略形势，而且有详细的作战计划和战后处置中国的办法。其主要内容为：

趣旨：

"政略存则战略成，战略存则政略全。欲确定战略，不可不知政略如何"。"谋清国，须先详知彼我政略与实力，做与之相应之准备"。"于今日优胜劣败、弱肉强食之时"，必"取进取计划"。"自今年起，在未来五年间完成准备，若有时机到来，则攻击之"。

进攻方略：

"第一篇彼我形势。若欲维护我帝国独立，伸张国威，进而巍立于万国之间，保持安宁，则不可不分割清国，使之成为数个小邦国。""清国虽老衰腐朽，仍乃一世界大国……清人虽愚蠢不决，但受此屡屡失败刺激，对须培养实力已稍有感悟。近来陆海两军已渐有讲究改良之趋势。清国优柔，显然不能一举成强国。但是只要努力不懈，理应达到此境界。由当前形势看来，20 年后可能稍有完备……因此，乘彼尚幼稚，断其四肢，伤其身体，使之不能活动，我国始能保持安宁，亚洲大势始得以维持。"清国军队有"旗兵 30 万，绿营兵 60 万，蒙古兵 10 万，共 100 万。八旗兵属无用之长物，绿营兵之弊风亦与日俱增……近年又选绿营兵中之精兵，仿勇军编制，组成所谓练军。一旦有事，入守有用者，实此勇、练二种……此二种兵合计 40 万，而此 40 万兵属各省总督巡抚分辖，并非归一名元帅统辖。故兵制、阵式、枪炮器械各有差异，军制不能统一……加之更可怜者，将校虽有文官、武官，皆不懂任何兵学，只图利己。由此可见，将校实无指挥此兵临阵对敌之技。此 40 万兵员配置于 10 倍于我国之面积上，道路粗劣，交通不便，即使一方告急，也不能从邻省调兵。且内地常有教匪、苗民等思乱之徒。防练军平时主要用于镇压叛乱，不能以其大半援助邻省。加之战时无动员编制，只能临时招募无赖、游民，增加、补充战兵。以上所论者，不过实力之一斑，但足以证明其军备薄弱。""对如此国家，动辄以宽仁相让，实非国家之良策。且今日乃豺狼世界，完全不能以道理、信义交往。最紧要者，莫过于研究断然进取方略，谋求国运隆盛。""自明治维新之初，常研究进取方略，先讨台湾，干涉朝鲜，处分琉球，以此断然决心同清国交战。此国是实应继续执行。"

"第二篇作战计划。若欲使清国于阵头乞降，须先以我国海军击败清国海军，攻占北京，擒获清帝……而欲奏此功，则须于进攻北京之同时阻击来援京畿之敌兵。""为达此目的，派出远征军总数应为八个师团(常备师团六个，后备师团两个)……分北、南两部。北部六个师团，南部两个师团。此乃依清国今日兵力而定。""其部署任务如下：在海军掩护下，把五个常备师团与一个后备师团运至直隶湾，于山海关至滦河口之间登陆，夺取昌黎、滦州、永平府"；再"命一个常备师团"占领唐山，"做欲攻入天津之样态，以牵制天津兵北上，保护我军背后安全"；"以两个常备师团，经滦州……香河县进入通州"，"对天津方向保持战备"；"另两个师团经永平……三河县进入通州"，"不断对通热河道路及北京北方保持战备"，"防止清帝逃脱，阻止援兵"；对北京"围东、西、北三面……以东北角为主攻点"，"一个后备师团……坚守山海关，断东三省之援兵"。"以一个常备师团与一个后备师团，同海军一起进入扬子江，先克吴淞据之，切断上海及长江沿岸各地交通，然后水陆合力攻克江阴……宜昌等沿岸要冲"，"使长江以南之兵不得北上；对长江以北之地，骚扰威胁其背后，亦使之不能北上"，"使进攻北京之兵专心致力于进攻"。

"第三篇善后"。在西方列强介入之前，设法形成有利于日本之态势。"无论于任何情况下，一定要把下述六要冲划入我国版图"：一、旅顺半岛；二、山东登州府管辖之地；三、浙江舟山群岛；四、澎湖群岛；五、台湾全岛；六、扬子江沿岸左右十里之地。[24]

小川又次的"方略"对以后日本陆军产生较大影响。

1890 年 12 月 6 日，已担任内阁首相的山县有朋，在日本第一届帝国议会上发表施政演说时毫不掩饰地表达了日本将向大陆扩张的政策。他说："盖国家独立自卫之道，本有二途。第一曰守护主权线，第二曰保卫利益线。其中，所谓主权线，国家之疆域也。所谓利益线，曰与主权线之安危密切有关之区域也……欲维持一国之独立，惟独守主权线决非充分，亦必然保护其利益线。"又说："我方利益线之焦点，在于朝鲜"；他还认为：日本对外扩张的主要敌手，"不是英国，不是法国，亦不是俄国，而是邻邦清国"[25]。与此同时，他还写出《军事意见书》、《外交政略论》等文件，主张侵略中国，夺占朝鲜，与英、俄列强争斗等。外相青木周藏也向日本政府提出《东亚列国之权衡》，主张将俄国逐出西伯利亚，"日本领有朝鲜、满洲及俄国沿海州"，对朝鲜"采取强硬手段，施行干涉主义"。他的主张也都得到了内阁认可。[26]至此，日本的大陆政策在明治初期扩张路线和军国主义体制的基础上已经基本形成，对大陆发动战争的准备也趋于完成，剩下的只是如何寻找时机或制造发动侵略战争的借口。

3. 大陆政策的推行、发展时期

1894年，日本借口朝鲜事件，发动了中日甲午战争，打败了腐朽落后的清政府，强占了中国的台湾和澎湖列岛，正式走上推行大陆政策、武力侵略中国的道路。经过“八国联军”侵华战争和日俄战争后，日本取得了在华驻军权，并夺占了中国东北南部大片领土，更加变本加厉地推行其以侵略中国为主要目标的大陆政策。

1921年，日本原敬内阁召开有朝鲜总督、朝鲜军司令官、关东厅长官、关东军司令官、驻华公使和奉天领事以及驻青岛、西伯利亚日军司令官参加的第一次“东方会议”，研究侵华政策问题。最后认为：满蒙同日本领土接壤（指朝鲜），对日本的国防和“国民经济的生存”具有极其重要的关系，日本不但要维护其在满蒙既得的特殊地位与利权，而且今后要努力获得国防和“国民经济的生存”上必要的地位与利权。因而决定加强对中国的东北地区扩张。[27]

1923年，在华盛顿会议上日本扩大军备和侵略中国的问题受到美国等国一定程度的限制，因此日本在制定国防计划时，将主要假想敌国定为“与我有冲突的可能性且具有强大国力与兵力的美国”，而将中国与俄国作为第二号假想敌。但是为了与美国或俄国作战，又规定必须准备好占领“满洲、华北、华中各要域及华南一局部”等“大陆要域所必需兵力的整备”，作战的“不足资源需在中国寻求”。[28]实际上不论对谁作战，日本都把中国作为其侵略的首要对象。在上述方针指导下，日本参谋本部于1925年制订了1926年度作战计划，预计动员32个师团的兵力，其中以3个师团又1个支队用于对美作战，以13个师团又1个支队用于对俄作战，而以16个师团用于对中国作战。由此可见日本作战的重心仍然是中国。而且对俄作战时，其大部兵力仍将以中国的东北地区为作战基地。日本对中国作战的计划是：以5个师团占领南满及北满一部，以7个师团进占河北及山东，以3个师团进占上海地区，以1个师团进占福建。

1927年，一贯主张“经营大陆”的扩张主义者田中义一继山县有朋组织新内阁，使日本的大陆政策又有新的发展。早在1913年，田中义一就著书鼓吹向大陆扩张。他说：“我们认为向大陆扩张乃是日本民族生存的首要条件”，“利用中国资源是日本富强的惟一方法”，“日本政府必须确立经营满蒙的大方针”。他还表示决心为把满蒙变成“世界上最昌盛的殖民地而斗争”。[29]这次当上了首相后自兼外相，任命一贯主张对中国实行“强硬外交”的“满蒙第一主义者”森恪为外务省政务次官。森恪认为“日本应当确保满蒙”,“把满洲从中国本土分割出来”,这“必须成为政策的中心”。[30]

当年6月27日至7月7日,田中在东京召开了有陆海军首脑、关东军司令官、驻中国使领和外务省有关人员参加的“东方会议”,统一认识,制订对中国的“积极政策”。会议实际上由森恪主持。最后由田中提出了《对华政策纲领》,共八条。前五条规定了对中国整体的政策,后三条规定了对中国东北地区的政策。其主要内容有二:一是对中国的内部事务实行武力干涉。第五条就明确地规定:“当帝国在中国的权益及日本侨民的生命财产有受非法侵害之虞,必要时将断然采取自卫措施以维护之。”二是将东北地区从中国领土上分割出去,作为日本的殖民地。第六条规定:“关于满蒙,特别是东三省,由于在国防上和国民的生存上有重大的利害关系……作为接壤的邻邦,不能不负有特殊的责任。”第八条还规定:“万一动乱波及满蒙,治安混乱,我国在该地之特殊地位、权益有受侵害之虞时,不问来自何方,将予以防护。”[31]森恪在会议上解释“不问来自何方”这句话时说:“何方”是指南京政府、北方的苏联和一切外国以及东三省的内部。[32]这显然是要把中国的东北完全置于日本的武力控制之下,既不允许其他帝国主义染指,也不允许中国人民为维护主权而采取正当的行动。日本实际上把中国的东北地区已视为自己的领土了。

会后,田中将会议的实质内容写成《帝国对满蒙之积极根本政策》的文件,秘密上奏天皇,因而这一文件又称“田中奏折”。文件首先说明向满蒙扩张的“理由”:“所谓满蒙者,乃奉天、吉林、黑龙江及内外蒙古是也,广袤七万四千方里,人口二千八百万人。较我日本帝国国土(朝鲜及台湾除外)大逾三倍,其人口只有我国三分之一。不惟地广人稀令人羡慕,农矿森林等物之丰富,世之无其匹敌……故历代内阁之施政于满蒙者,完成新大陆政策。”其次又提出向大陆扩张的总目标:“惟欲征服中国,必先征服满蒙;如欲征服世界,必先征服中国。倘中国完全可被我征服,其他如小亚细亚及印度、南洋等异服之民族,必畏我敬我而降于我,使世界知东亚为我国之东亚。”并进一步强调掌握满蒙之利权是控制亚洲大陆的“第一大关键”,说“如欲造成昭和新政,必须以积极的对满蒙强取权利为主义。以权利而培养贸易,此不但可制止中国工业之发达,亦可避欧势东渐。策之优,计之善,莫过于此。我对满蒙权利如可真实的到我手,则以满蒙为根据,以贸易之假面具风靡中国四百余州;再则以满蒙之权利为司令塔,而攫取全中国之利源。以中国之富源而作征服印度及南洋各岛以及中小亚细亚欧罗巴之用,我大和民族之欲步武于亚细亚大陆者,握执满蒙利权乃其第一大关键也。"尔后详细地阐述了实现这一政策的具体措施和步骤:以"二十一条"为基础,取得满蒙的土地租借权、铁路建筑权、矿权、林权、对外贸易权和金融权等;以日本人充任满蒙政治、财政及军事的顾问和教官;派遣军人秘密进入蒙古,以控制旧王公等等;在推行大陆政策的进程中因有可能"不得不与美国一战","在北满地方必与赤俄冲突",因此要作决战的准备,迅速修建几条有战略价值的铁路,将满蒙与朝鲜联结起来,加强对满蒙的控制。[33]

日本有些学者认为,《田中奏折》是伪造的文件,但回顾一下田中义一内阁执行"积极政策"的实践和以后十几年日本扩张的侵略历史,再对照一下日本公开发表的《对华政策纲要》,不难看出《田中奏折》确实存在。积极推行侵华外交、战败时任日本外相的重光葵在战败后曾就此文件的真伪问题发表自己的看法,他说:"东亚方面发生的事态,以及日本对此等事态采取的行动,恰似以《田中觉书》(即《田中奏折》)作为教科书那样进行的。因此,想消除外国对这一文书存在的疑惑是颇为困难的。"[34]

东方会议之后,为了加快实施这一《对满蒙之积极根本政策》,当年 8 月 15 日至 21 日,由森恪主持,在大连又召开了一次秘密会议(即大连会议),参加人员为驻"中国公使、关东厅长官、驻奉天总领事和关东军司令官等人,进一步策划了侵略东北的具体步骤。

东方会议是一次决定日本国策的会议,也是把它的大陆政策进一步发展,并把实施这一政策的措施具体化的会议,预示一系列重大的武力侵华行动即将展开。

注　释:

〔1〕《马克思致路·库格曼》。载《马克思恩格斯选集》第 4 卷第 390 页。

〔2〕澳门原属广东香山县,1553 年(明嘉靖三十二年)葡萄牙殖民者借口曝晒水渍货物,强行上岸租占。1849 年(清道光二十九年)4 月,葡萄牙官员亚马勒以粤督拒其请裁海关设立广州领事为名,驱逐了澳门的同知,封闭了海关,劫掠财物,并停付自 16 世纪以来按年交纳的租金,企图霸占澳门。8 月间,澳门乡民沈志亮刺杀了亚马勒,英国军舰开至澳门,示威支持葡萄牙,英、法、美三国公使联合向清政府抗议。葡萄牙遂驱逐了清政府在澳门的所有机构,强占了澳门。1887 年,清政府与葡萄牙签订了《北京条约》,在既成事实上承认割让澳门

及澳属之地给葡萄牙。1928 年,中国政府声明此约作废。葡萄牙占据澳门失去了条约根据。

〔3〕 英国为在中国西南扩张势力,企图修建缅甸仰光到云南思茅地区的铁路。1874 年英国派上校军官柏郎率英军“远征队”200 人拟由缅甸进入云南进行勘查。英国驻华使馆官员马嘉理担任向导。1875 年 2 月间,马嘉理带领先遣武装“探路队”,没有知会中国地方官就闯入云南境内,在腾越(今腾冲)地区被曼允山寨景颇族人民阻止。马嘉理开枪击杀群众多人,群众奋起抵抗,将马嘉理打死。此即所谓“马嘉理事件”,亦称“滇案”。

〔4〕 〔俄〕罗曼诺夫:《日俄战争外交史纲(1895—1907)》第 34 页。转引自《中国近代史》,中华书局 1983 年版,第三次修订本第 231 页。

〔5〕 〔俄〕亚尔莫林斯基:《维特伯爵回忆录》第 64—65 页。转引自《中国近代史》,第三次修订本第 232 页。

〔6〕 〔日〕大桥武夫:《战略与谋略》。军事译文出版社 1985 年版中译本,第 7 页。

〔7〕 《财政大臣维特的节略(1896 年 4 月 12 日)》。载《红档》1932 年第 52 卷。转引自《中国近代史》第三次修订本第 233 页。

〔8〕 孙瑞芹译《德国外交文件有关中国交涉史料选择》。商务印书馆 1960 年版,第 1 卷第 230—231 页。

〔9〕 《法国外交文件・中国(1898—1899)》第 65 号。转引自《中国近代史》第三次修订版第 235 页。

〔10〕 卿汝楫:《美国侵华史》第 2 卷第 441 页。转引自《中国近代史》第三次修订本第 237 页。

〔11〕 〔美〕福森科:《瓜分中国的斗争和美国的门户开放政策》。中译本第 212 页。

〔12〕 〔俄〕亚尔莫斯基:《维特伯爵回忆录》第 106 页。转引自张广达《沙俄侵藏考略》。载《中国近代史论文集》,中华书局 1979 年版,下册第 976 页。

〔13〕 见《国际条约集》。世界知识出版社 1961 年版,第 137 页。

〔14〕 〔日〕松下芳男:《明治军制史论》。东京 1956 年版,第 15 页。

〔15〕 〔日〕森松俊夫:《日军大本营》。军事科学出版社 1985 年版中译本,第 34 页。

〔16〕 〔日〕吉田松阴:《幽囚录》。载〔日〕藤田省三《日本思想大系》,东京 1987 年版,第 54 卷第 193 页。

〔17〕 1867 年 3 月 12 日,美国商船“罗妹”号(一作“罗发”号或“罗佛”号)从汕头开往牛庄,航经台湾凤山县境时触礁沉没,船长以下 16 人乘救生船在琅琊登陆。当地科亚人的祖先被海外漂来的白种人屠杀殆尽,仅三人逃脱,所以他们把白种人视为世仇,将此 16 人全部杀死。6 月间,美国舰队司令贝尔海军上将率巡洋舰“哈德福”号等侵入台湾琅琊,登岸的陆战队被科亚人击败。美军向清政府施加压力,要求查办。李仙得随清军进入岛内,与科亚首领谈判,得以和平解决。以后李仙得又于 1868 年和 1872 年两次深入至台湾内地部落地区活

动，搜集了当地大量资料，被视为“台湾通”。

〔18〕　见〔美〕魁特：《美日外交关系史》第1卷第474—476页。转引自陈碧笙《台湾地方史》第148页，中国社会科学出版社1982年版。

〔19〕　1871年12月，琉球两船遇风漂至台湾。一艘获救，船员45人被地方官民送至台湾府城。另一艘在北瑶触礁沉没，船员69人游水登岸，其中3人半途淹死，54人被高士佛及牡丹两社居民杀害，12人被护送府城与先到的45人会合，乘船经福州转送回琉球国。

〔20〕　《同治朝筹办夷务始末》第93卷，清光绪六年版，第29—30页。

〔21〕　本段以上引文均转引自〔日〕水野明《日本侵略中国思想的验证》。载《抗日战争研究》1995年第1期。

〔22〕　《福泽谕吉全集》第10卷第238—240页。转引自张振鹍《中日甲午战争与东亚》，载《抗日战争研究》1995年第1期。

〔23〕　〔日〕伊文成等：《明治维新史》。辽宁教育出版社1987年版，第356页。

〔24〕　〔日〕山本四郎：《1887年日本小川又次〈清国征讨方略〉介绍》附录该方略的全文摘录。载《抗日战争研究》1995年第1期。

〔25〕　〔日〕大山梓：《山县有朋意见书》。转引自军事科学院军事历史研究部《中国抗日战争史》，解放军出版社1991年版，上卷第31页。

〔26〕　〔日〕石岛纪之：《中国抗日战争史》。吉林教育出版社1990年中译本第32页。

〔27〕　1921年5月13日，日本内阁决议《对满蒙的政策》。见《日本侵华七十年史》，中国社会科学出版社1992年版，第211页。

〔28〕　日本防卫厅防卫研究所战史室：《大本营陆军部》。东京1974年版，(1)第93、246、249页。

〔29〕　〔日〕高仓撤一：《田中义一传记》。东京1981年版，上卷第548—565页。

〔30〕　〔日〕山浦贯一：《森恪》，东京1941年版，第599—600页。

〔31〕　全文见日本外务省《日本外交年表并主要文书·文书》。东京1987年版，(下)第101—102页。中国文史出版社出版的《日本军国主义侵华人物》一书中载有孙雷门等《推行“出兵外交”政策的田中义一》，内有全文译文。

〔32〕　森恪的说明见〔日〕上村伸一《日本外交史》。东京1971年版，第223页。

〔33〕　《田中奏折》的摘要最早载于1929年12月中国的《时事月报》第1卷第2期上。《文史资料选辑》第11期载有王家桢的《日本两机密文件中译本的来历》，1953年香港《自由人》载有蔡智堪的《我怎取得田中奏章》。

〔34〕　〔日〕重光葵：《昭和之动乱》。东京1952年版，上卷第33页。

第二节 “九一八”事变前日本侵占东北的军事准备

一、东北概况及日本在东北的侵略活动

东北，在“九一八”事变前是指我国的辽宁、吉林、黑龙江及热河四省。由于热河 1928 年方始建省，当年底才划归东北地方政府管辖，所以人们习惯上仍多称“东三省”。东北地区面积 130 万平方公里，相当日本本土面积的 3 倍多。它北邻苏联，东邻朝鲜，西接蒙古，南隔渤海与山东相望，据山河之险，当日俄之冲。东北山脉环绕，无险峻急坡，树木葱茂；河流纵横，水势和缓，水产丰盛；土壤肥沃，农牧业发达，矿藏极为丰富。千百年来，东北经满、汉、朝鲜等各族人民的辛勤开发，成为国内最富饶的地区之一。

东北丰富的资源早就令日本垂涎。他们说：“满蒙的资源很是丰富，有着作为国防资源所必需的所有的资源，是帝国自给自足所绝对必要的地区。”[1]

东北的战略地位也为日本所重视。他们宣称：“在对俄作战上，满蒙是主要战场；在对美作战上，满蒙是补给的源泉。从而，实际上，满蒙在对美、俄、中的作战上都有重大的关系。”[2]

日本在日俄战争以后一直以南满为其势力范围，对张作霖进行牵制和恫吓，欲使张认识到：日本在东北有很大的势力，依附日本，于己有益。与此同时，日本也看出张作霖既拥有武装实力，又坚决反对革命，是可以利用的工具。“如果利用此特殊之地位，照其心中所识者而行，则张氏将为满洲专制之王；而日本亦得利用张氏，在满洲为所欲为”，[3]因此日本把张作为在东北的代理人。

张作霖利用东北丰富的资源大肆扩充军备，于 1922 年 4 月参加与直系争夺北京政权的战争。日本对张尽力协助，派军事顾问亲临前线检查工事，参与谋划与指挥。他们认为如果奉系取胜，日本就可直接操纵北京政权；如奉系战败，日本关东军可在东北为所欲为。此次战争的结果，奉系战败，张作霖宣布东三省“自治”。

1924 年 9 月，张作霖乘直系内部发生江浙战争之机，率奉军 17 万进关与直

军作战。直系军阀因冯玉祥发动北京政变而彻底失败，奉系势力伸展到长江流域，取得了江苏和淞沪的地盘。时为奉系军阀的鼎盛时期。

奉系军阀幕后有日本的支持。1925年11月奉军将领郭松龄倒戈反奉时，日本关东军公然支持张作霖。

1926年下半年广州国民政府的北伐打败了吴佩孚、孙传芳的主力，张作霖乘机进入北京，组成了“安国军政府”(中华民国军政府)，张任大元帅，企图与北伐军抗衡。

1928年初，南京政府进行第二次北伐。国民革命军在山东境内的节节胜利引起了日本的严重不安。为维护其在山东的特权，阻止英、美势力在华北的扩张，日本出兵济南，制造了震惊中外的“济南惨案”。

济南惨案发生后，蒋介石一面派员与日军交涉，一面绕道北伐。由于张宗昌、孙传芳战败，奉军发生动摇。5月9日，张作霖发出息战通电，宣称“正太、彰德两路已停止攻击”，表示“国内政治听候国民公正裁决。是非曲直，付之舆论。”〔4〕

日本因奉军在军事上岌岌可危，乘机加紧威逼张作霖。5月17日11时，日本驻北京公使芳泽谦吉会晤张作霖，面交日本政府的觉书(即备忘录)，声称中国“目前战乱情形将波及京津地方，而满洲方面亦将有蒙受其影响之虞”，“当战乱波及满洲时，帝国政府为维持治安，将采取适当而有效的措施”。〔5〕

日本政府的觉书表明，田中内阁对张作霖已丧失信心，但又担心国民政府的势力进入东北。所谓“采取适当而有效的措施”，就是暗示日本将使用武力以阻止北伐军打到关外，并解除关内奉军的武装，迫令张作霖下野。5月20日，关东军司令官村冈长太郎收到陆相白川义则的指示后即下达秘密动员令，命令驻满洲各地部队立即向奉天移动，并准备派第14师团向锦州、山海关、新民屯一带出击奉军。〔6〕后因美国出面干涉，日本内阁才被迫取消了出兵计划。

但心怀不满的日本关东军拒不执行日本政府取消秘密动员的决定，打算用暴力手段干掉张作霖，趁张死后东北军混乱时，以“维持满洲全境治安”的名义出动关东军占领全东北。6月3日，在关东军高级参谋河本大作一手策划和指挥下，在沈阳附近的皇姑屯车站将张作霖炸死，这就是骇人听闻的“皇姑屯事件”。

张作霖死后，张学良继承父业。他退出纷争的内战，主张东北易帜，争取祖国统一。日本也意识到“枭雄张作霖死亡后变成张学良时代，但满洲对日关系不但没有好转，反而背道而驰……”〔7〕7月19日，日本驻奉天总领事林久治郎向张学良传达了田中首相的警告，反对易帜，扬言“不听劝告，即用武力”。[8] 8 月 4 日，日本特使林权助会见张学良，再次传递了田中的意见：反对东三省同关内的统一，要求张学良实行“东北自治”。8 日，林权助在同张学良正式会谈时重申田中的意见，并威胁张学良：如不听从日本忠告，田中将采取“自由行动”。[9] 9 日，林更露骨地对张学良说：“如东三省蔑视日本忠告，率行易帜，则日本已有采取自由行动之重大决策。”张学良则毫不退让，针锋相对地说：“予为中国人，自应以中国人之立场为出发点，予所以与国府妥协者，实不过欲完成中国统一，实行分治合作之政治而已。日本劝告，予固愿考虑，但最后仍当以三省民意为归。不过就国际关系言，日本当亦不至甘冒干涉中国内政之不韪。再(而)日本屡以强硬态度对予威胁，予亦不解。”[10]

东北易帜的斗争，不仅隐藏着日本企图支解中国、永远霸占东北的目的，而且反映了日本同英、美两国在华争夺势力范围的矛盾和斗争。

张学良认识到，他主政东北，日本侵略者是不会罢休的；但只有统一，才能与日本侵略者抗衡。他在 1928 年 7 月 1 日的通电中表示：“学良爱乡爱国，不甘后人，决无妨害统一之意。”[11] 并申明：“余……以东三省民意为依归，余不能忽视东三省民意。”[12]

1928 年 12 月 29 日，张学良、张作相、万福麟、翟文选、常荫槐联名通电全国，宣布东三省易帜。31 日，国民政府特任张学良为东北边防军司令长官，张作相、万福麟为副司令长官。同日任命奉天(辽宁)、吉林、黑龙江、热河东北四省主席和省政府委员。

东北易帜对日本帝国主义是有力的打击。据报道，“东三省易帜消息传到欧洲，一般政治界与外交界颇觉惊愕，均认为日本对华强硬策略失败”。[13]《东京朝日》报道，日本“枢密院认为张学良的行为是对日本明显的侮辱……枢密院对日本在满洲的代表所表现的无所作为表示不满……枢密院认为悬挂新旗帜给满洲问题大大增加了困难”。[14]

由此，日本关东军也认识到“除非再用武力打倒张学良政权，满洲问题将永远不能解决”。[15]

东北易帜，是张学良做出的利国福民的大业。但易帜以后他一度执行了蒋介石“攘外必先安内”的政策，对日本侵略者毫无抵抗准备，结果加速了东北的沦亡。

二、日本侵占东北的军事准备

日本为了侵占东北，除不断使用政治阴谋，企图不战而胜将东北分裂出去外，关东军还随时准备使用武力强行占领，为此进行了以下几个方面的军事准备。

第一是搜集情报

日本参谋本部第六课所设的中国班专门负责与中国各派系军阀联络及搜集中国的情报。侵华战争中，日军的一些主要将领，如冈村宁次、土肥原贤二、板垣征四郎等都曾在中国班任过职。日本是通过向中国军阀派遣顾问、利用驻华办事机构工作人员及在留日军事学生中培植的亲信搜集中国的情报的。

日本特别重视向中国各级政府派遣顾问。1915 年 1 月，日本政府向袁世凯提出灭亡中国的“二十一条”中就有关于中国政府必须聘用日本人为政治、财政、军事顾问的条款。日本通过这些顾问，不仅操纵中国的政治、经济、军事，还攫取各方面的情报，尤其是军事情报。

在中国各级军校的日本教官及各省督军的军事顾问，依靠教官与学生之间、顾问与中国要人之间的特殊关系而获得秘密情报。日本还通过在日本士官学校毕业而在中国军队担任要职的军人中培植亲日分子以获取情报。甚至在蒋介石的总司令部里，也通过曾经留学日本的军人获得所“必要的革命军的情况及其行动的情报”。[16]

在东北，日本参谋本部向张作霖派遣了军事顾问，其中有著名的菊池武夫、本庄繁等。这些顾问与关东军设在沈阳的谍报机关一道搜集了有关东北的大量情报。其中，日本人把张作霖的参谋长、日本士官学校毕业的杨宇霆作为情报的“源泉”。“杨宇霆事实上起到了日本谍报代理人的作用”。[17]其后收买了东北的熙洽、臧式毅、张景惠、于芷山、张海鹏等军政要人，使其成为亲日派。

侵华战争的高级将领冈村宁次、本庄繁、安藤利吉、土肥原贤二、佐佐木到一等，都曾到中国从事过情报活动，是日本军界的“中国通”。如冈村宁次就曾以孙传芳军事顾问的名义搜集过中国的军事情报。1926 年秋，孙传芳被北伐军打败，冈村宁次趁孙在九江仓皇逃跑时还曾窃取了华中中部的五万分之一比例的地图。1938 年夏秋间，冈村宁次指挥日军进攻武汉时，这份地图起了重要的作用。[18]日本在东北的特务机关向来注重搜集东北各级指挥机关的电报、公文，甚至对各官署字纸、纸笺都出高价收买。1931 年 9 月 9 日，张学良给荣臻、臧式毅的一份电报说：如果日军肇事，“我方务须万万容忍，不可与之反抗，致酿事端”。该电报在油印发给部队时被日本特务窃去。张学良的“容忍”，增加了法西斯军人发动事变的勇气。[19]

第二是对中国兵要地志进行调查

1906 年，日本南满铁道株式会社（即“满铁”）成立之后即设有调查部。满铁调查部一直向关东军司令部和参谋本部第二部提供情报资料，并应军方要求工作。他们除间接提供用于军事的中国各省统计要览外，还直接提供用于军事的兵要地志。

驻屯东北的日本关东军司令部二课兵要地志班和情报部文书谍报班是专司兵要地志调研的机构。但由于人员少，调查力量不足，因而一些重要的兵要地志的调查工作还要依靠满铁调查部。

在日军参谋本部第六课设有兵要地志班，负责调查预想战场的兵要地志资料。日本对中国兵要地志的调查内容十分广泛，包括铁路线图（立体桥梁涵洞图）、东北地区中国军队的兵力、枪炮种类和性能、官兵数额、将校姓名、营地设施、后勤辎重、蒙旗（县）人口、物产、畜群数量、森林矿藏、蒙汉军民情况，以及地方风土情况，如土壤、水源、气候、雨量、风向等。[20]日俄战争后，日本在东北各地驻军对东三省的兵要地志已十分了解。1931 年 3 月间，关东军为了调查蒙古的兵要地志，召集精通蒙语的军官数十名，以重金聘来的蒙古贫民为向导，分五路入蒙古调查：第一路由察哈尔入蒙，第二路由热河入蒙，第三路由洮南入蒙，第四路由黑龙江入蒙，第五路由俄境入蒙。[21]日本参谋本部的中村震太郎大尉就是从洮南入内蒙，对在大兴安岭的宿营、给养、给水、行动的难易进行实地调查的。由此可见日军对中国兵要地志调查的细致和广泛。这是中国当时的统治者始料不及的。这些调查给日军后来的侵略战争行动带来了极大的便利。例如日军在 1937 年向山西进攻时，就根据调查的兵要地志，避开了险要的雁门关，而从东面繁峙的马兰口出击，由背后攻击代县，遂攫取了雁门关险要。[22]

第三是侦察地形及进行现地战术研究

东北易帜后，东北军有 25 万人，并拥有飞机、战车等先进武器，东北的兵工厂亦可生产各种轻重武器装备部队，而关东军只有 1 万多人。对此，关东军司令部参谋板垣征四郎、石原莞尔等认为要“以寡胜众”，[23]必须早有准备。为了制订可行性大的作战计划，关东军曾多次组织参谋至各战略要地进行现地侦察及战术研究。其中规模较大的有三次。第一次是 1929 年 7 月间的“北满参谋旅行”：从旅顺出发，经长春、哈尔滨、齐齐哈尔、海拉尔至满洲里，然后经昂昂溪、泰来、洮南返回旅顺。在哈尔滨研究了“进攻哈尔滨的地形判断”、“松花江渡江作战”和“占领哈尔滨的前进阵地”；在齐齐哈尔去海拉尔途中研究了“兴安岭东侧地区的遭遇战”；在海拉尔研究了“海拉尔防御战”；在泰来研究了“在洮南集中主力的掩护阵地”等。第二次是同年 10 月间的“辽西参谋旅行”：从旅顺出发，经沈阳、锦州、山海关至天津、北京，然后返回旅顺。这次是以对抗演习的形式进行的预想作业。假设的情况是：“关东军之一部，在击溃中国军队后进行了扫荡，主力正向奉天附近集中，其先遣部队已进至新民屯；而中国军队则得到了关内中央军的增援，先遣部队被其包围。”在此假定下，研究了“新民的渡河攻击”、“向锦州追击”和“进攻锦州”的作业，实地侦察了锦州的中国军队营防，尔后转入“对山海关西面地区的攻击”，和指挥后续兵团由秦皇岛登陆侧击中国军队的作业。第三次是 1931 年 7 月间的第二次“北满参谋旅行”：从旅顺出发，经郑家屯、洮南、齐齐哈尔、昂昂溪、扎兰屯、海拉尔至满洲里，尔后取道哈尔滨、长春、公主岭返回旅顺。除了再一次熟悉各地地形外，还在昂昂溪研究了“关于机械部队的运用”，在泰来附近的开阔地进行了正面防御的图上作业。

此外，1930 年春，关东军还组织进行了“攻取奉天城要领”的现地研究；当年夏，进行了“夜袭弓长岭”的研究；当年秋，进行了“东部国境方面现地战术”的研究等。[24]

第四是武装移民

1905 年日俄战争之后，日本国内从官吏、商人到军界、财界都在热烈讨论“如何经营满洲问题”。军国主义分子儿玉源太郎、后藤新午以及外相小村寿太郎都主张向满洲移民 50 万或 100 万人。儿玉说：“战争不可能常胜不败，永久的胜利是与人口的增减相关联的”，让更多的日本人定居中国东北，“那么这个地区自然而然会成为日本的强大势力范围”。[25]由此可见，日本对中国东北的移民是侵略活动，其动因是军事上、政治上扩张的需要，其步骤是以军事入侵为先导，以移民入侵来巩固它的军事占领，并为新的扩张作准备。日本移民大都是退役的预备军人，是亦兵亦农的“在乡军人”。日本将这些人移往东北，使之成为关东军进行侵略扩张的辅助部队。

1931 年“九一八”事变前夕，日本在东北的在乡军人约有 1 万人，大部安置在南满铁路沿线。“九一八”事变前10天，即9月8日，东北日侨在乡军人会接到陆军部的密令，要其分别到沈阳、长春、哈尔滨报到。9月17日晚，沈阳的在乡军人到日本车站附近的招魂碑前集会，他们臂缠黑纱，听取狂妄演说，尔后高呼“为保障满蒙之既得利权而洒军人之鲜血”、“打倒侵害日本权益之张学良”等口号，[26]气焰极为嚣张。

第五是大肆制造侵略战争的舆论

1929年爆发了全球性的经济危机。日本为了摆脱危机，即大造侵略中国的舆论。1930年，日本经济危机加深。同年9月，日本军部的一群法西斯军官成立了秘密组织“樱会”，专门策划“国内改革”和“以武力解决满蒙问题”。其纲领中明确提出：“本会以改造国家为最终目的，为此必要时不惜使用武力。”[27]樱会的活动得到日本军部将领的支持。他们为了准备对中国的军事行动，积极作舆论上的准备。

当时日本政府和军部在侵略东北这个问题上并没有多大矛盾，只是在做法和步骤上有差异。对日本政府来说，头等重要的是从经济上控制“满蒙”，而军部则把军事和政治观点放在第一位。为此，日军部和右翼势力曾于1931年3月发动军事政变，企图建立以军人为主体的政权，以便侵占中国东北。但由于政变计划不周密、政变军人内讧，致使政变计划破产。政变破产后，由于军、政双方在侵占“满蒙”上的一致，所以对政变军人没有追究责任。这些更使右翼的侵略气焰甚嚣尘上，越发加紧策划侵略阴谋。

1931年3月，板垣征四郎向关东军鼓动说：占有“满蒙”是“实现日本远大理想的使命”。[28]5月，板垣和石原又向关东军鼓动说：占有“满蒙”是日本摆脱经济危机的惟一方法。石原还论断：惟有开发“满蒙”，活跃经济、解决失业问题才有希望。[29]

1931年8月3日，已被任命为关东军司令官、但尚未到职的本庄繁中将，在日军军司令官和师团长会议上，以个人名义上书陆军大臣南次郎，提出日本向外侵略的步骤和近期入侵中国的总设想，声称日本“必须乘此世界金融凋敝、苏联五年计划尚未完成、中国尚未统一以前之机，确实占领我经营三十年之满蒙……使上述各地与我朝鲜及内地打成一片，我帝国之国基始能巩固。”[30]至此，日本帝国主义即将把侵略中国东北的舆论化为侵略行动。

注　释：

〔1〕〔日〕板垣征四郎：《从军事上所见到的满蒙》。转引自《日本帝国主义对外侵略史料选编》，上海人民出版社1975年版，第9页。

〔2〕同〔1〕，第12页。

〔3〕王芸生：《六十年来中国与日本》。三联书店1979年版，第7卷第69页。

〔4〕《张作霖通电因对外即息兵》，见1928年5月10日北京《晨报》。

〔5〕南京政府外交部：《国民政府近三年来外交经过纪要》。外交部1929年印，第29页。

〔6〕日本参谋本部：《昭和三年中国事变出兵史》。东京1971年日文版，第620页。

〔7〕〔日〕河本大作：《我杀死了张作霖》。引陈鹏仁译文，载《近代史资料》总第47号。

〔8〕1928年7月24日《张学良致蒋介石电》。转引秦孝仪编《中华民国重要史料初编——对日抗战时期·绪编》(一)，台北1981年版，第219页。

〔9〕1928年8月11日《申报》。

〔10〕转引自吴相湘《第二次中日战争史》，台北综合月刊社1973年5月版，上册第70页。

〔11〕引文同〔8〕，第214页。

〔12〕同〔10〕。

〔13〕1929年1月1日《申报》。

〔14〕1929年1月10日《日本周刊》。转引自〔苏〕B·阿瓦林著《帝国主义在满洲》，商务印书馆1980年中译本，第316页。

〔15〕同〔7〕。

〔16〕〔日〕佐佐木到一：《佐佐木到一》。东京1967年版。转引自中央档案馆、中国第二历史档案馆、吉林社会科学院合编《九一八事变》，中华书局1988年版，第18页。

〔17〕同〔16〕，第15页。

〔18〕〔日〕稻叶正夫编《冈村宁次回忆录》。中华书局1981年中译本，第353—355页。

〔19〕王秉忠：《东北沦陷十四年史研究中的几个问题》。载《东北沦陷十四年史研究》，辽宁人民出版社1991年版，第二辑第8页。

〔20〕关玉衡：《中村事件始末》。载中国人民政治协商会议全国委员会文史资料委员会编《文史资料选辑》第70辑，中华书局1960年版。

〔21〕陈觉编著《“九一八”后国难痛史》。辽宁教育出版社1991年版，上册第34页。

〔22〕〔日〕北山康夫：《北支那的战争地理》。昭和十四年(1939年)日文版。转引自《军事史林》1986年第3期。

〔23〕日本国际政治学会：《走向太平洋战争的道路》，东京1963年版，(1)第362—372

页;马越山:《"九一八"事变实录》,辽宁人民出版社 1991 年版,第 83—85 页。

〔24〕 同〔23〕。

〔25〕 〔日〕井上清:《日本军国主义》。商务印书馆 1985 年中译本,第二册第 7 页。

〔26〕 同〔21〕,第 37 页。

〔27〕 日本朝日新闻法庭记者团:《东京裁判》,(上)第 20 页。

〔28〕 〔日〕板垣征四郎:《从军事上所见到的满蒙》。载小林龙夫、岛田俊彦编《现代史资料(7)·满洲事变》,东京 1964 年版,第 144 页。

〔29〕 〔日〕石原莞尔:《满蒙问题我见》。载〔日〕绪方贞子《满洲事变和政策形成的过程》,东京 1966 年版;载《现代史资料(7)·满洲事变》。

〔30〕 同〔21〕,第 27 页。

第三节 "九一八"事变和东北沦陷

一、事变前中日双方的作战指导及兵力部署

日本为了实现其侵略中国的既定方针,参谋本部于 1930 年 11 月就已开始拟制侵占中国东北的纲领性文件——《昭和六年(1931 年)度形势判断》。主要内容是准备分三个阶段占领东北:第一阶段在东北建立一个新的亲日政权以代替张学良;第二阶段使这一政权从中国分裂出来成为一个独立国家;第三阶段武力占领,使之成为日本的领土。1931 年 4 月正式形成文件。[1]但在侵占东北的步骤上,日本关东军与参谋本部有不同的看法。早在 1930 年 9 月,关东军参谋部在石原莞尔主持下就已制订了《关于满蒙占领地区统治之研究》,主张在一两年内就占领东北。[2]为此,从 1931 年 1 月中旬起,每逢星期六,关东军参谋部都要召开一次有全体参谋参加、满铁调查课和东亚经济调查局有关人员也应邀参加的"占领地统治研究会",共同策划侵占东北的阴谋活动。[3]当年春天,关东军还对沈阳城进行了现地侦察,因见城墙既坚又厚,认为如果中国军队固守城垣,则难以攻取。于是对城墙的损坏情况进行了详细的勘察,选择突破口,并据此制定了攻城计划。"九一八"事变当夜,日军就是根据这个计划由城西南角墙坏处首先登城的。

1931年4月，日军第2师团从仙台调到东北辽阳换防。该师团成员多为日本北方人，适于在中国东北寒冷地区作战。[4] 5月间召开了联队长、大队长参加的动员会，关东军高级参谋板垣征四郎就所谓“满蒙”问题作了讲话。他说：“满蒙问题的最后解决，必须予以军事占领。因此，要有突然攻占东北的准备。”[5]

关东军不满意分三个阶段占领东北的计划，坚持发动战争后立即占领东北、使之成为日本领土的意见，遂派奉天特务机关的花谷正等人回日本游说。日本参谋本部为了统一认识、协调行动，派建川美次主持召集参谋本部及陆军省的永田铁山、冈村宁次等5个课长制订了一个折中的实施方案——《解决满洲问题方策大纲》，规定“约以一年为期”，对东北实施武力占领。[6] 7月间，陆军省密召关东军参谋长三宅光治至东京，将该《大纲》作为指令下达给关东军。

事实上关东军连一年之期亦不愿等待，此时已经基本上做好了侵占东北的准备。为了分散张学良的注意力和牵制东北军主力于关内，使其无暇顾及东北，[7]一方面挑唆石友三发动反对张学良的军事叛乱和鼓动蒙古独立，以配合日军对沈阳的进攻，[8]一方面加紧制订作战计划。1931年4至6月间，石原莞尔和板垣征四郎制订出一系列具体的阴谋活动和作战计划。当时分工：由奉天特务机关的花谷正制造发动战争的借口、制订爆炸柳条湖铁路的行动计划；由高级参谋石原莞尔制订进攻北大营和攻占沈阳、长春、吉林的作战计划；由吉林特务机关长大迫通贞制订在吉林、哈尔滨制造暴乱行动的计划。整个侵略计划的特点是行动迅速，要求在一夜之间造成占领沈阳、长春的既成事实，以防止外国的干涉。4月26日拟好了攻占沈阳的作战计划，31日研究了发动侵略借口的“谋略”。至6月19日，全部计划均已完成。主要内容为：发动侵略的当晚，独立守备第2大队的第3中队以演习为名，从石虎台驻地南进，一部至柳条湖铁路边，主力至北大营外围展开。一俟柳条湖铁路炸毁，第3中队即向北大营进攻。在沈阳城内的板垣征四郎则以关东军司令官的名义，按照石原莞尔拟定的计划，命独立守备第2大队进攻北大营，步兵第29联队进攻沈阳城。石原的计划还规定以辽宁的第2师团主力和公主岭的独立守备队一部支援沈阳作战；在长春的第3旅团和骑兵第2联队对宽城子、南岭的中国军队作好战斗准备；驻营口、本溪、安东铁路沿线的守备队向就近的中国军队进攻；占领沈阳后，第2师团利用在吉林制造的暴动，以护侨为名进占吉林，同时向朝鲜军请求派出陆军和航空兵越过鸭绿江进行支援。计划还规定：如苏联出兵干涉，关东军以一部兵力占领哈尔滨和齐齐哈尔，主力位于吉林北舒兰一带及白城子至索伦地区。[9]

这一计划制定后，石原、板垣与参谋本部、陆军省、朝鲜军以及关东军内有关人员秘密地进行了联系，以便届时统一行动。为了进攻沈阳，关东军还通过陆军省军事课长永田铁山批准从东京调出2门24厘米的重型榴弹炮，于7月间调至东北。为保守秘密，将炮身藏于大木柜中，从神户用客船装运；在大连上岸时，参加搬运的驻旅顺重炮大队的士兵都穿中国便服。运至沈阳后，安装于独立守备第2大队营房内，预定"一门攻北大营，一门攻奉天飞机场"，由重炮兵大队长松本正文对各射击目标进行了实地测量和标定，并由驻海城的野炮兵第2联队长河村圭三进行了校正。"这些重型火炮，在以后进攻北大营的战斗中发挥了难以估量的威力"。[10]

与此同时，7月1日日本参议官会议决定将驻中国东北的日军由轮换制改为常驻制，并密令第2师团以联队为单位集中驻屯，独立守备队各大队、中队亦相对集中兵力，以便随时投入战斗。驻朝鲜的日军第19、第20师团亦作出了向中朝边境集结的计划，准备从图们江和鸭绿江两个方面越境以支援关东军，并派出先遣部队进行架桥和测量等战备行动。

日本为了制造侵占东北的借口，利用"万宝山事件"[11]和"中村震太郎间谍事件"[12]，把所谓的"满蒙危急"的鼓噪推至顶峰，用以煽动日本人狂热的反华情绪。前关东军司令官白川义则和菱刈隆在军事参议官会议上提出："应利用中村事件这个机会使用武力，一举解决各项悬案。"[13]

此时，日本侵占中国东北的军事部署已经完成。8月1日，任命曾担任过张作霖军事顾问和驻华武官、熟悉东北军内情的本庄繁为关东军司令官，任命曾主持制订《解决满洲问题方策大纲》的建川美次为参谋本部的作战部长，任命"中国通"土肥原贤二为沈阳特务机关长。陆相南次郎在8月3日、4日召开了有军司令官及师团长参加的军事会议。参谋总长金谷范三在3日会上特别要求关东军、朝鲜军、台湾军的三名司令官本庄繁、林铣十郎和真琦甚三郎认真细读"强调从根本上解决满蒙问题"的《昭和六年度形势判断》文件。[14]南次郎在4日会上指示："满蒙在国防、政治、经济上对日本的生存发展有极为密切的关系"，如事态恶化时，凡属军职人员，应准备"随时尽军人之天职"。[15]

在这次会议后的秘密会议上，关东军高级参谋板垣征四郎向参谋次长二宫治重、陆军省次官杉山元汇报了关东军准备在东北采取军事行动的方案，并按其原定的计划向朝鲜司令官提出请朝鲜军协助的请求。林铣十郎当即明确应允。[16]本庄繁于会后还分别拜会了陆军与海军大臣及次官，参谋总长及副总长，军令部长及次长，还有外务大臣、政务次官等军政要人，对"满蒙"问题交换了意见。[17]8月20日，本庄繁抵旅顺就职，他审查了石原莞尔制定的作战计划。9月3日，他对关东军高级军官训示："今后可能发生更多不幸事件"，"这样最后解决的时机就更接近了"，"第一线部队要经常注意情况的变化，要有当事件突发时决不失败的决心和准备"，"特别是独立执行任务的小部队……要断然遂行自己的任务"。[18]9月7日，本庄繁开始视察南满铁路沿线的日军，检查战备情况，进行战前动员，并按石原所定计划，组织实施"出动演习"。13日，本庄繁在长春对部队训示说："对反抗我军者"要"采取断然处置手段"。[19]由上述事实可以看出，关东军已进入临战状态，侵占东北的战争即将爆发。

此时，日军在东北的正规军已达1.5万余人（第2师团为缩编部队，每步兵联队缺1个步兵大队，每大队缺1个步兵中队，全师团约1.04万人；6个独立守备大队，每大队4个步兵中队，每中队160人，共约4000余人；还有旅顺要塞部队和重炮兵大队等），另外有在乡军人和警察等辅助部队约1万余人。总兵力约2.7万人。日军以沈阳为中心，部署于南满铁路沿线，以便于机动兵力。其具体兵力部署为：[20]

第2师团司令部，师团长多门二郎中将，驻辽阳；

　　步兵第3旅团，旅团长长谷部照俉少将，驻长春；

　　步兵第4联队，驻长春；

　　步兵第29联队，驻沈阳；

　　步兵第15旅团，旅团长天野六郎少将，驻辽阳；

　　步兵第16联队，驻辽阳；

　　步兵第30联队，驻旅顺；

　　骑兵第2联队，驻公主岭；

　　野炮兵第2联队，驻海城；

　　工兵第2中队，驻铁岭；

独立守备队，司令官森连中将，驻公主岭；

　　独立守备第1大队，驻公主岭；

　　独立守备第2大队，驻沈阳；

　　独立守备第3大队，驻大石桥；

　　独立守备第4大队，驻连山关；

独立守备第5大队,驻铁岭;
独立守备第6大队,驻鞍山;
重炮兵大队,驻旅顺;
关东军宪兵队,驻旅顺;
旅顺要塞司令部,驻旅顺;
特务警察队,驻大连;
在乡军人总部,驻沈阳。

蒋介石和张学良对日本的侵略野心和战争准备是了解的。早在1931年7月初,蒋介石就和张学良交换过是否"与日本开战"的意见。[21]这表明,在7月初,蒋和张就认为东北形势已严重到中日两国就要"开战"的程度了。但是,8月16日蒋介石却电告张学良:"无论日本军队此后如何在东北寻衅,我方应不予抵抗,力避冲突,吾兄万勿逞一时之愤,置国家民族于不顾。"[22]张当即转令东北军负责长官遵照。9月6日张学良又电告臧式毅代主席和荣臻参谋长:"查现在日方外交渐趋吃紧,应付一切,亟宜力求稳慎,对日人无论其如何寻事,我方务须万分容忍,不可与之反抗,致酿事端,即希迅速密令各属,切实注意为要。"[23]9月12日,蒋介石与张学良密会于石家庄,在专车上蒋介石对张学良说:"最近获得可靠情报,日军在东北马上要动手,我们的力量不足,不能打。我考虑到只有提请国际联盟主持正义,和平解决。我这次和你会面,最主要的是要你严令东北军,凡遇到日军进攻,一律不准抵抗。"[24]同一天,张接到外交部密电:据中国驻日本公使电告,近日日本政府决定了对"满蒙的最后方针",已密令驻南满铁路沿线的日军"相机为紧急有效的处置"。[25]东北边防军代理长官张作相在锦州也得知中日问题已到严重关头,遂派部下李济川去北平见张学良。张重复中国驻日公使的话,并一再嘱咐张作相"赶快回沈阳主持政务",并说:"倘遇日军进攻,中国军警不得抗拒,须将军械子弹存于库房"。[26]以上足以证明蒋、张在事变前已经知道日军可能马上就要以武力侵犯东北,只不过他们幻想以屈辱妥协的不抵抗主义来乞求事件不扩大,以便局部地解决。这不仅大大助长了日军的侵略气焰,而且使东北军在思想上首先放下了武器。

东北易帜后,东北军编成步兵25个旅、骑兵6个旅、炮兵10个团。1930年9月,张学良支援蒋介石参加中原大战,以其9个精锐旅共10万人编成两军,由于学忠、王树常统领入关。中原大战结束后,入关的9个旅及配属(骑兵3个旅及炮兵、工兵等)分驻在平津一带。1931 年 7 月,为讨伐石友三的反蒋反张战争,又将东北的步兵 3 个旅、炮兵 2 个团共 8 万人调进关内。再加上驻山海关的何柱国旅,这时东北军步兵精锐和大部炮兵分布在平津及河北、察哈尔一带。留驻东北的步兵 12 个旅、骑兵 3 个旅和省防旅,装备都较关内部队差。由于东北军政当局历来是反共反苏的,特别是 1929 年中东铁路事件后,在兵力部署上主要是用来对付苏联。“九一八”事变前夕,在东北的正规军 16.5 万人、非正规军 4 万人,总计约 20 万人。具体驻地是:

辽宁驻军:

独立第 7 旅王以哲部,驻沈阳;

独立第 12 旅张廷枢部,驻锦县;

独立第 20 旅常经武部,驻郑家屯;

骑兵第 3 旅张树森部,驻通辽;

省防一旅于芷山部,驻山城镇;

省防二旅张海鹏部,驻洮南;

公安总队(由原第 20 师改编)黄显声部,驻沈阳;

辎重教导队牛元峰部,驻沟帮子;

东北空军、海军及宪兵司令部,均驻沈阳;

吉林驻军:

独立第 21 旅赵芷香(后张治邦接任)部,驻宁安;

独立第 22 旅苏德臣部,驻双城;

独立第 23 旅李桂林部,驻长春;

独立第 24 旅李杜部,驻依兰;

独立第 25 旅张作舟部,驻吉林;

独立第 26 旅邢占清部,驻哈尔滨;

独立第 28 旅丁超部,驻哈尔滨;

骑兵第 4 旅常尧臣部,驻农安;

省防第 1 旅孙鹤喜部,驻方正;

省防第 2 旅王绍南部,驻蛟河;

炮兵第 10 团穆纯昌部,驻长春;

边防军公署卫队团冯占海部,驻吉林;

哈尔滨特区公安大队王之佑部，驻吉林；

山林警备队赵维祥部，驻延寿；

黑龙江驻军：

省防步兵第1旅张殿九部，驻扎兰屯；

省防步兵第2旅苏炳文部，驻海拉尔；

省防骑兵第1旅王南屏部，驻绥化；

省防骑兵第2旅吴松林部，驻克山、拜泉；

独立骑兵第2旅程志远部，驻满洲里；

独立炮兵第9团朴炳珊部，驻泰安镇；

边防军公署卫队团徐宝珍部，驻齐齐哈尔；

兴安屯垦军苑崇谷部，驻索伦；

保安大队窦联芳部，驻齐齐哈尔。

东北驻军和日军力量上对比，东北军装备上虽不如日军，但数量上占绝对优势。如果没有不抵抗的命令，如果部署得当，日军的侵略行动是不能轻易得逞的。

二、事变爆发和辽宁、吉林的沦陷

1931年9月18日晚，关东军独立守备队第2大队第3中队队副河本末守中尉带领7名士兵到北大营西南800米的柳条湖，将42包黄色炸药设置在南满铁路的轨道上。10时20分，轰隆一声巨响，炸坏一米半长的一段钢轨和两根枕木，然后诬称是中国东北军所为。早已埋伏在北大营外围的日军向东北独立第7旅驻地北大营发起进攻。于是“九一八”事变完全按照关东军的预定计划爆发了。

板垣征四郎在沈阳以关东军司令官先遣参谋的名义代行发布“扫荡北大营之敌，进攻沈阳城”的命令。日军设在第2大队营房内炮兵阵地即开始向北大营及东塔机场射击，日军独立守备第2大队向北大营进攻，第29联队向沈阳城进攻。当时第7旅旅长王以哲及所属2个团长均不在军中，该旅参谋长赵镇藩一面指挥部队抵抗，一面用电话向东北边防军参谋长荣臻报告，但接到的命令说：

“不准抵抗，不准动，把枪放到库房里，挺着死，大家成仁，为国牺牲。”[27]然而第7旅的广大官兵是爱国的，他们不知道国民政府已经给他们的长官下达了可耻的不抵抗的命令，他们自发地奋起抵抗。日军“虑营内设伏，为激烈之反抗，故前线步兵不敢十分挺进，只以极猛烈之炮火相恫吓”。[28]到19日凌晨2点多，铁岭、鞍山的日本守备队相继来到，敌人兵力增加，猛烈进攻。中国官兵到下半夜3点多钟撤退到东山咀子集结待命。5时30分，北大营被日本占领。东北军参谋长荣臻见事态严重，以急电向张学良告急。张向蒋介石请示。曾多次指示对日本寻衅不予抵抗的蒋介石这时却复电张学良“相应处理”。张学良虽已觉察到日军有侵犯东北的可能，但他判断错误，未料到日本会侵吞整个东北三省；同时还认为这可能是日关东军的挑衅，是局部行动，判断“日本政府会控制关东军”，“不想扩大事态”，[29]因而遵照蒋介石9月12日在石家庄“只有提请国际联盟主持正义和平解决”和“一律不抵抗”的指示，复电荣臻：“以尊重国联和平宗旨，避免冲突”。[30]而就在蒋介石和张学良指示中国军队不抵抗、幻想妥协求和之时，在旅顺的本庄繁于19日1时20分向关东军下达了侵占东北的战斗命令。其主要内容为：“（一）第2师团立即率师团主力向奉天集中，攻击该地中国军队。（二）步兵第3旅团长指挥步兵第4联队、骑兵第2联队警备长春，并作好攻击该地区附近中国军队的准备。（三）独立守备队司令官率守备第1、第5大队向奉天前进。（四）守备第3大队攻占营口。（五）守备第4大队攻占凤凰城与安东。（六）守备第6大队派出两个中队至奉天，归第2师团长指挥。”与此同时，还致电朝鲜军司令官，通报沈阳战况，并请求派兵支援。[31]尔后即率关东军机关和驻旅顺的步兵第30联队及重炮兵大队等，于19日中午到达沈阳。4时45分，日本第2师团长多门二郎率兵赶到沈阳，马上占领了兵工厂、飞机场和东大营。拂晓，日军第29联队由西南角城墙豁口进城，一面用机枪扫射，一面抢先占领无线电台、各银行及各重要机关，于19日晨6时半完全占领沈阳。

沈阳沦陷后，大批财产和军用物资全部被日军掠去。仅以沈阳兵工厂为例，日军掠去各类步枪近万枝、各类机枪2500余挺、各类炮近600余门，还有数不清的子弹、炮弹等。东北空军的新旧飞机260多架已全为日军掠获。[32]其他如工厂、驻军、长官分署等单位的武器也大都落入日军之手。至于物资、财产方面的损失，更是无法统计。这些都是由于实行“不抵抗”政策，才白白拱手交给敌人的。

关东军在占领沈阳的同一天，又按事先制定的作战计划，向长春以南的铁路沿线的重要城镇进行突然袭击，侵占了安东、凤城、本溪、辽阳、海城、营口、抚顺、铁岭、四平、公主岭以及其他重要城市。

长春是吉林北部的咽喉，同时也是南满铁路的终点。因此，日本侵略军要占领吉林必先占领长春，要侵占黑龙江也必须先占领长春，作为进攻的后方基地。"九一八"事变之前，驻在长春的日本军队有第4联队的2个大队、独立守备队第1大队的1个中队，总兵力仅约1000名。中国东北军在长春的部队有驻在南岭的穆纯昌炮兵团和任玉山步兵第50团，约7000人，火炮36门；在长春北宽城子驻有步兵第163团1个营，约650名边防军；长春城内驻有省防军700余人。中日双方兵力、兵器对比，中国军队占有明显的优势。特别是南岭的炮兵团有36门野炮，如果同时开火，则长春附近地区的日军将受很大损失。因此，日军在事变前制定作战计划，即已决定采取突然袭击的方式，一举攻占长春，并在事变前进行过多次实兵演习。可是由于东北军政当局麻木不仁，9月18日事变的当天晚上，长春的驻军毫无戒备，都安然进入梦乡。

当日军在沈阳发动进攻时，驻长春的日军立即奉命动员。为增加日军的力量，所有的日本警察、在乡军人、青年联盟成员和"满铁"的大雄蜂会成员也都发枪待命。为集中兵力攻下长春，驻公主岭的日骑兵第2联队急行军开到长春，配合第4联队行动，对东北军的驻区采取全面围攻的态势。

日军进入的目标，首先指向对其威胁最大的驻南岭炮兵团。19日5时，日军第4联队第2大队的2个中队接近一营驻地。此时东北军刚刚起床，当发现日军袭击时，便利用窗口进行抗击，但由于无准备、无组织，一时出现混乱。日军冲进后首先将该营12门火炮破坏。该营战至6时40分，突破围墙撤退。尔后日军便集结兵力，分左右两翼从北面进攻炮兵第2营、第3营。由于守军依托营防工事坚决抵抗，日军进攻受挫，被迫停攻待援。

上午10时，从公主岭赶来增援的日军独立守备第1大队与第2大队会合后，在炮兵轰击掩护下，分左右两翼向步兵第50团及炮兵第2营、第3营进攻。守军利用营房的窗户、通气孔等一切可以利用的枪眼猛烈还击，使日军颇有伤亡。战至下午1时，日军守备第1大队长小河原浦治中佐受重伤，其第3中队长桥本茂大尉及机枪小队长芦田芳雄少尉被击毙。东北军乘机发起反攻。日军将所有预备队投入战斗，连通信班也"展开突击"。经过几个小时的激战，东北军伤亡既重，又无后援，15时，不得不退出南岭营房。日军以死43人（内军官2人）、伤55人（内军官3人）的代价占领了南岭。

日军第4联队主力向驻宽城子的独立第23旅的1个营进攻。本拟突袭，因该营已有准备，改为强攻。激战至上午8时30分，日军从北、东两个方向迂回进攻。营长傅冠军重伤后牺牲，士兵伤亡亦众。在日军炮火不断轰击下，守军被迫于11时许放弃营房撤退。

长春城内驻有省防军700余人。独立第23旅旅长兼吉长镇守使李桂林闻风逃走，驻军被日军缴械。日军于19日占领长春，其第2师团司令部遂移至长春。20日，海城的日军野炮第2联队的1个大队及旅顺日军步兵第30联队均集中于长春。驻朝鲜日军也正企图越境进入东北，准备向吉林及黑龙江发动进攻。

“九一八”事变爆发后，日本军方首脑于9月19日7时召开会议，一致赞同关东军的行动，即由陆军大臣和参谋总长分别致电关东军，电文说：“9月18日夜以后，关东军司令官之决心和处置深合时宜，深信此乃提高帝国军队威信之举……”[33]20日上午，参谋总长、陆军大臣、教育总监开会，会上军部希望一并解决满蒙问题，海军也积极支持关东军。本庄繁遂于21日晨决定进攻吉林。吉林省主席兼东北边防军副司令长官张作相因乃父殁回锦州治丧，一切军务由参谋长、省府委员熙洽代理。熙洽毕业于日本士官学校，侵占长春的日军第2师团师团长多门二郎和熙洽是师生关系，熙洽与日关东军暗中早有联系，他于9月20日派人持函到长春见多门，表示甘心卖国投降。

吉林市驻有东北军第25旅张作舟部2个团，副司令长官公署卫队团团长冯占海所辖步兵3个营、骑兵1个营、炮兵1个营，以及迫击炮、重机枪、通信等各1个连。熙洽借口遵守蒋介石不抵抗的指示，在省政府召开军政紧急会议，不顾冯占海等人的强烈反对，命令驻省城吉林市的各部队及吉长铁路警备队分别撤出吉林市，集中在团山、龙潭一带，市内仅留少数部队与警察。

9月21日在熙洽迎接下，多门二郎率领日军不费一枪一弹即占领了吉林。当晚，驻朝鲜日军混成第39旅团到达沈阳，接替了防务，第15旅团向长春集中。驻平壤的飞行第6联队的2个中队此时亦已到达沈阳东塔机场。9月23日又侵占了蛟河和敦化。在此之前，吉林东部的延吉、珲春、汪清、和龙等县已被日军占领。24日，日军又向辽宁和吉林西北进犯，先占通辽，继而又占新民，25日进占洮南。这样，在不到1周的时间内，日本侵略军就占领了辽宁、吉林两省的30座城市，并不同程度地控制了北宁、沈海、四洮、吉长、吉敦、吉海等铁路线，完成了其军事进攻的第一阶段。

三、江桥抗战和黑龙江省的失陷

1931年9月19日,国民政府得知沈阳等地已为日军侵占,当日致电在日内瓦的中国代表施肇基:"现已完全证实,我方毫无挑衅举动,日军公然向我攻击……中国政府请求国际联合会立即并有效地依照盟约条款,取适当之措置,使日军退出占领区域,保持东亚和平,中国政府决定服从国际联合会关于此事所为之任何决定。"[34] 9月22日,蒋介石在国民党南京市党部党员会议上讲话,说:"此刻必须上下一致,先以公理对强权,以和平对野蛮,忍痛含愤,暂取逆来顺受态度,以待国际公理之判断。"[35]与此同时,张学良在北平邀请胡适、李石曾等社会名流及东北高级将领磋商东北问题,"也均以依靠国联、听命中央为是",[36]并于9月26日命令东北军将士:"一,此次之所以命令不抵抗主义,是因将此次事变诉诸国际公审,以外交求得最后胜利。二,尚未到与日军抗争之时机,因此各军将士对日人依然平常那样对待,不得侵害。"[37]蒋介石、张学良"依靠国联"、对日"逆来顺受"的态度,不仅更助长了日军的侵略气焰,而且促使了一些人的叛变投敌。除前述熙洽迎接日军进占吉林外,洮辽镇守使兼吉林省防第2旅旅长张海鹏在日军向吉林西北进犯时投降日军;9月27日,暗中策划哈尔滨"独立"的张景惠宣布自任东三省特别区(哈尔滨)"治安维持会"会长;10月15日,东边道镇守使兼辽宁省防第1旅旅长于芷山发表宣言,叛变投敌。日军在这些叛国分子协助下准备进一步扩大其侵占区域。日军攻占沈阳、长春等地后,许多仍滞留于吉、辽两省的东北军部队不满并违抗蒋介石、张学良的不抵抗命令,向占领铁路沿线地区的日军不断发动反击。如9月24日,约有1个营的兵力袭击了日军混成第39旅团第78联队守备的沈阳兵工厂;28日,在长春附近的部队,于夜间攻入南岭日军第2师团兵营,烧毁营房10余栋;10月11日,袭击了营口的日军守备队;16日,约2个营的兵力攻击昌图县城;23日晚,在沈阳以西的李官堡附近袭击日军守备队等。总之,从日军侵占沈阳开始,东北军民自发的游击战就展开了。

日军侵占辽、吉两省后,即积极图谋取得黑龙江省。但因黑省远处日军在东北的势力范围之外,且与苏联接壤,日军出兵侵占尚有顾忌,因而玩弄以华治华的策略,利用张海鹏伪军为前驱攻占黑龙江省。为此,给以大量械弹。

黑龙江省军政当局自辽、吉两省陷落后颇为惊慌,并因省主席万福麟远在北平，群龙无首，如何应变，莫衷一是。日寇睹此情形，更加制造攻黑的空气，意在恫吓，增加纷扰。万福麟在北平曾电令“黑省军事暂由警务处处长窦联芳负责照料，参谋长谢珂副之”，[38]但窦接电后不关心、也不负责抗战的事，军事上一切由参谋长谢珂处理。

谢珂奉张学良命令，对进犯的张海鹏伪军进行抵抗。当即开始布置军事，准备抗敌，电令海拉尔、满洲里、黑河和东荒地各地的驻军积极准备补充，听候调遣。为保卫省城齐齐哈尔，将独立骑兵第2旅的1个团部署于泰来，对洮南方向警戒；派工兵1个连驻守嫩江铁桥，并在北岸构筑了防御工事；10月初又将省防骑兵第2旅控制于龙江县附近待命。

嫩江南岸的江桥是洮（南）昂（昂昂溪）铁路跨越嫩江的必经之路，系南北交通要冲，日军如侵犯省城，首先必须攻占江桥。10月13日，张海鹏在日军授意下开始向齐齐哈尔进犯，于是引起了江桥抗战。

江桥抗战自10月13日至11月20日，大致可分为3个阶段。

第一阶段自10月13日至19日，重创张海鹏叛军。

张海鹏派徐景隆率3个团从白城子出发向江桥进犯，15日到泰来，日军飞机飞抵龙江上空助威。16日拂晓，叛军进抵江桥南端，与守军发生激烈战斗，其3个团在守军的反击下伤亡惨重，一齐溃退，在江桥以南地区与守军对峙。守军遂将江桥破坏3孔，阻止日军再犯。

第二阶段自10月19日起到11月6日止，击败日军第2师团。

10月16日，马占山接到张学良任命其代理黑龙江省主席、军事总指挥的电令后，立即从黑河昼夜兼程前往省城，于19日经哈尔滨到达齐齐哈尔，20日上午就任黑龙江省代主席，并宣布成立黑龙江军临时总指挥部，以便统一指挥。马占山任总指挥，以副司令公署参谋长谢珂任副指挥。

马占山在听取谢珂等将领关于江桥作战情况的报告后，立即调整了部署：委朴炳珊为省城警备司令，以加强省城防卫；任王南屏为黑河警备司令，接替马占山的遗缺；将东北屯垦军3个步兵团、1个骑兵团、1个炮兵营编为步兵第1旅，开驻大兴以南布防。其中骑兵到富拉尔基以西对景星方向警戒。

关东军在张海鹏叛军失败之后即准备直接出兵，认为中国军队破坏嫩江桥是最好的借口，遂以洮昂路的修建有日本投资为理由，决定以第2师团第16联队的步、炮各1个大队和1个工兵中队组成嫩江支队，在独立飞行第8中队协助下，以武力掩护修桥，来挑起事端，发动进攻。但当时日本陆军省和参谋本部对苏联尚有所顾忌，因而不同意关东军进攻。金谷范三曾电令关东军："为修江桥，可以出动。但如向远离嫩江的北满出兵，无论有何项理由，非经我批准，都不许出兵。"[39]但当从日本驻苏联大使广田弘毅口中得知苏联副外长加拉罕已于10月29日向日本声明苏联对交战双方都不提供任何支持、采取"严格的不干涉政策"[40]时，日本陆军省等的态度才有所改变，转而采取支持关东军的态度。11月2日，本庄繁令齐齐哈尔日本特务机关长林义秀向马占山发出最后通牒：马占山军在11月3日正午前必须自嫩江铁桥后撤至10公里以外地区，在日军修桥完竣之前不得进入该地区；如不接受上述要求，则日军将使用武力。[41]马占山决定对日军修桥不予干涉，但如进攻中国军队，则采取自卫措施。

4日上午，日嫩江支队的先遣中队在飞机掩护下从江桥车站北进，通过嫩江桥后向大兴车站以南的中国军队阵地进攻。马占山卫队团徐宝珍部奋起迎击，将其击退。下午，日军集中兵力，在飞机和炮兵的支援下连续进攻，均被守军击退。日军伤亡甚众，低飞投弹的飞行员大针新一郎中尉亦被击伤。

5日上午，日军集中全力再次发动进攻。战斗极为激烈。马占山军除先后增加省防步兵第2旅的2个步兵团以加强正面阵地的防御力量外，又派出省防骑兵第1、第2旅（各2个团）分别从左、右两翼迂回至日军侧后将其包围。日军被迫由进攻转为就地防御，其后方勤务分队大部被迂回的骑兵所歼灭。

当日夜，日军第29联队的1个大队前来增援，到达后立即发动进攻，但很快亦被马占山军所包围。本庄繁再急调第16联队的1个步兵大队和3个炮兵中队来援。

6日晨，日军增援部队到达，为解救被围日军，在飞机轮番扫射、轰炸支援下立即发动猛攻。当日，马占山亲自到阵地督战。双方伤亡均众。日军在马占山军的顽强抗击下，攻击受挫，进展困难。本庄繁当即又令第2师团多门二郎率在沈阳地区的第29联队、骑兵第2联队、野炮兵第2联队、临时野战重炮兵大队、工兵中队和混成第39旅团的1个大队急开江桥附近增援。由于江桥战斗情况发生变化，马占山军在重创进攻的日军后，于当日中午开始主动向三间房一带转移，以骑兵第1旅与步兵第1旅重新组织防御，因而本庄繁于下午3时又下令多门二郎停止前进，返回原驻地。

在马占山直接指挥下，守军第二阶段的战斗非常英勇顽强，抗击了日军三天两夜的空中和地面的进攻。据日方记载，此役日军死伤197人[42]（一说死167人，伤600余人）。马占山军伤亡约500人。

图 1－3－1　江桥战斗前黑龙江部队配置暨战斗经过要图
（1931 年 10 月 15 日—11 月 19 日）

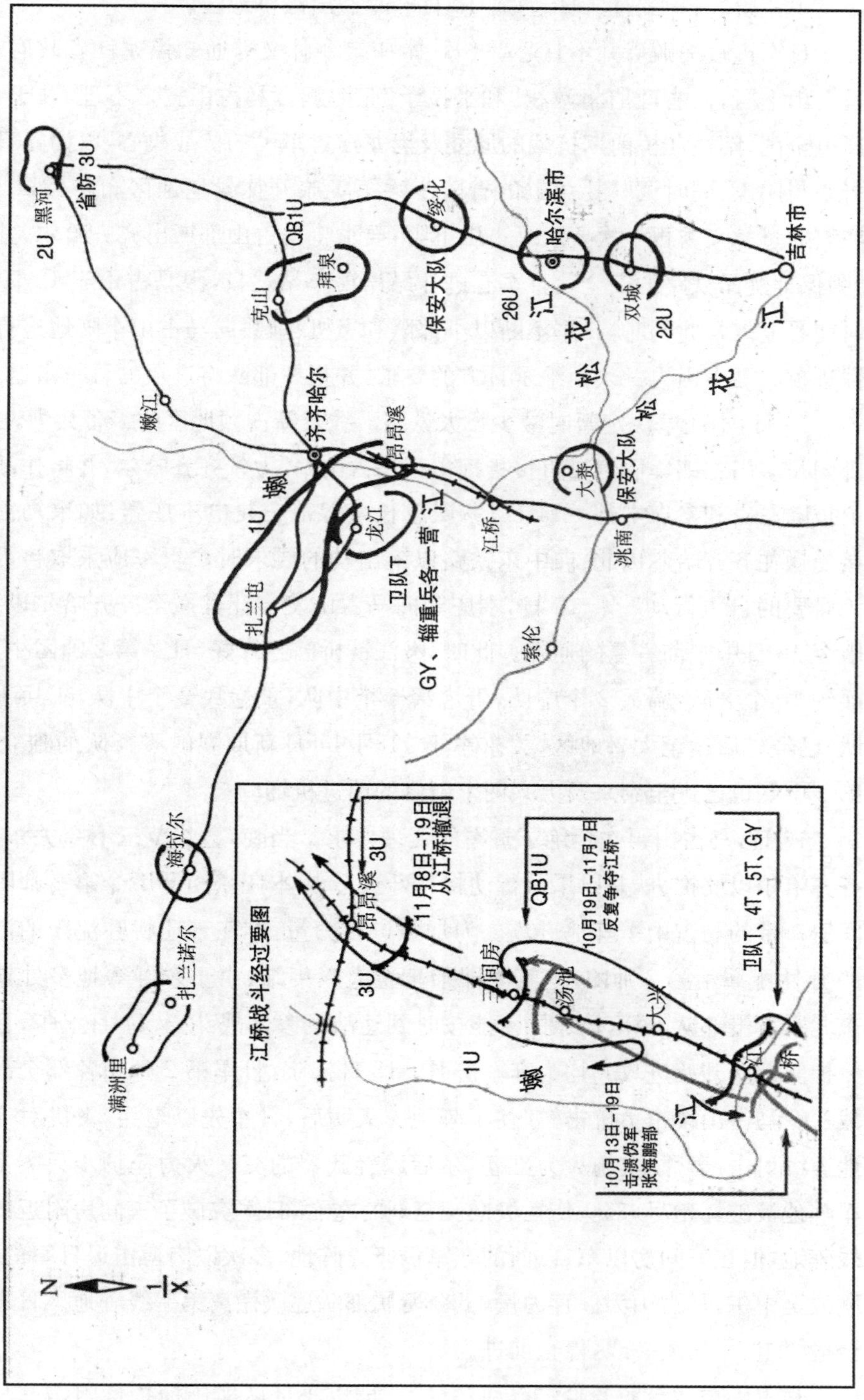

第三阶段自11月7日起，到19日守军撤出江桥地区。

日军进攻失败后并不甘心。8日，本庄繁令林义秀通知黑龙江省政府，要求马占山下野，由省政府将政权"和平授予"张海鹏。马占山置之不理，并于10日通电全国，阐述江桥前期抗战的原委及黑龙江省军民的抗战决心，以揭露日本的野心与阴谋，同时调驻扎兰屯的省防步兵第1旅开往景星地区布防。11日，本庄繁通过林义秀再一次要求马占山下野，要求将马占山部撤出齐齐哈尔，并声称"为保证洮昂铁路的安全"，日军有进驻昂昂溪车站之权，限马占山于12日晚12时前答复。与此同时，日军不断以小部队和飞机、炮兵向马占山军阵地进行袭扰性进攻。马占山再一次拒绝了日方的要求，并指挥部队将进攻的日军击退。

13日，本庄繁决定暂时减少长大铁路沿线及新占领地区的警备兵力，由第2师团长多门二郎集中力量直接指挥击灭马占山军，占领齐齐哈尔，并将作战计划上报陆军省和参谋本部。14日，参谋总长金谷范三复电本庄繁：如果马占山不接受撤往齐齐哈尔以北、向中东铁路以南出动的要求时，"贵军应采取自卫上认为必要的自主行动"。[43] 15日，本庄繁向马占山发出让其撤至齐齐哈尔以北、并限令16日中午前答复的通牒。此时，嫩江铁桥已经修好，日军第2师团主力（步兵约10个大队，骑兵2个中队，野炮兵6个中队，重炮兵2个中队，工兵1个中队）已经先后运至大兴地区；关东军于11月11日新成立的飞行队的独立第8、第9中队也已进至泰来及大兴两个新修的前进机场。

16日，马占山再次拒绝了日军的无理要求。当晚，金谷范三下令关东军"向齐齐哈尔以北推进，并以果敢行动将其歼灭"。[44] 本庄繁当即下令第2师团向三间房一带的马占山军阵地进攻。为加强进攻力量，本庄繁还将驻沈阳的混成第39旅团配属给第2师团，令其立即乘车至大兴集结（由于东屏等地多处铁路被东北军游击部队破坏，该旅团未能按时到达战场参加战斗）。17日上午，日军第一梯队部队开始进攻。均为守军击退。18日拂晓，日军第2师团各部全部投入战斗。马占山军奋勇抗击，守住了阵地。天明后，日军先以炮兵、飞机对守军阵地连续射击、轰炸，实施火力准备，尔后以轻武器的交叉火力掩护步兵突击。守军阵地被破坏殆尽，部队伤亡极众。至9时左右，日军突破了三间房附近的第一线阵地，但在三间房以东、以西的守军仍坚守阵地，多次以肉搏击退日军的进攻。激战至中午，马占山为保存力量，下令所属部队逐次撤离第一线阵地。日军追击至榆树屯、昂昂溪一线，停止前进。

马占山军撤至齐齐哈尔以南地区后，即以小部队实施掩护性阻击。马占山率部队及黑龙江省军政机关于19日4时向海伦、拜泉转移。日军于18日晚开始向齐齐哈尔追击前进，沿途未遭坚强抵抗，于19日下午3时进入齐齐哈尔市。江桥抗战结束。

据日方记载，日军第二师团进攻江桥的参战总人数约5900人，伤亡（含冻伤）达1181人（一说1378人），占其总人数的20%。[45]又据日军统计，马占山军参加江桥抗战的总人数约为11 800人，伤亡约1100人。[46]

违反蒋介石不抵抗命令的江桥抗战打响了武装抗击日本帝国主义侵略中国的第一仗，以鲜血和生命在中国人民抗日战争史上写下了光辉的一页，对全中国人民的抗日救亡斗争产生了重大的政治影响，有力地推动了全国人民抗日救亡运动的发展。全国各地爱国志士纷纷谴责蒋介石的不抵抗主义，谴责国民政府对东北沦亡熟视无睹的行径，要求国民政府“下令全国动员，对日决一死战，以保国家之尊严，民族之人格”。[47]全国抗日救亡运动在江桥抗战影响之下掀起高潮，东北人民抗击日军的斗争风起云涌，抗日烽火迅速燃遍了白山黑水间。

四、锦州作战及其失陷

1931年9月19日沈阳沦陷。9月20日日本侵略者改辽宁省为奉天省，改沈阳市为奉天市，由日人土肥原贤二任市长。辽宁省省长臧式毅等与熙洽、张景惠沆瀣一气，积极从事出卖祖国、组织傀儡政权的活动。

9月23日，张学良发出通电，严正声明：“东北边防军司令长官公署行署及辽宁省政府均不能行使职权，兹在锦县暂设东北边防军司令长官公署行署及辽宁省政府行署，着以张作相代理东北边防军司令长官……”[48]以示东北三省政权依然存在，不承认日本帝国主义炮制的傀儡政权组织。9月27日，辽宁省代主席米春霖从北平赴锦州组织行署。

锦州仅次于沈阳、安东，为辽宁的第三大城市，是东北通往华北的咽喉，北宁、锦朝两路在此交会，战略地位极为重要，夺取了锦州，就获得了进一步西侵热河、平津的重要战略基地。日军在侵占沈阳、长春、齐齐哈尔后，锦州便成为日军进攻的下一个目标。张学良在此设东北边防军司令长官公署行署及辽宁省政府行署，不仅对在东北坚持抗日作战的东北军和广大的民众是巨大的鼓舞，而且对步步进逼的日本侵略者是一个威胁。

日本关东军为了摧毁东北军的指挥机关，早在10月8日即以飞机11架对锦州轰炸，投下25公斤重的炸弹75枚。在此前后还多次派飞机空袭沟帮子、打虎山车站。日军又指使汉奸凌印清、张学成等组织所谓“东北自卫军”，但凌印清、张学成的汉奸武装先后被警备处长黄显声派骑兵公安总队歼灭。日本的阴谋未能得逞。

11月间，日本又派土肥原贤二去天津制造暴乱，再次制造出兵的借口，并乘机劫持了废帝溥仪去东北充当傀儡。26日夜，驻天津的日军致电关东军：“在天津附近，日华两军再次冲突，军决定断然行使自卫权，击退当面之中国军，切望迅速增兵。”[49]关东军接电后，立即作出了“军准备立即集结兵力，然后向山海关前进，救援贵军的危急”的决定，[50]遂令混成第4旅团（原属第8师团，11月间由日本调至东北，驻军齐齐哈尔）推进到大凌河一线，第39旅团和第2师团主力到沈阳集结，并派飞机支援地面部队的行动。后因准备不足，遵照日本政府的命令停止进攻，进入辽西的部队撤至新民。

国民政府得知日军向锦州进攻后，经与英、美、法三国商议，于11月25日向国际联合会（以下称“国联”）提出了划锦州为中立区的方案，提出驻锦州的中国军队撤至山海关，日本向该三国和国联保证不占锦州，由国联派官员进驻中立区监督。日本关东军坚决不赞成将锦州划为中立区，竟向陆军省及参谋本部提议：如有必要设中立区的话，应设在山海关至滦河之间。这说明关东军坚决要将中国军队驱逐至关内，要侵占整个东北地区。12月初，张学良曾企图将锦州部队撤入关内，国民政府告诫张学良：“兄拟将锦州驻军自动撤退，请暂从缓。”并告张：如日人进攻，“自当力排困难，期能抵御”。[51]

12月中旬，关东军以讨伐辽西匪贼为名要求增派兵力。关东军司令部制订了《进攻锦州的方略》。日本从国内增派了混成第8旅团和1个战车队、1个口径15厘米榴弹炮大队、1个口径10.5厘米加农炮中队，从朝鲜增派了第20师团司令部、混成第38旅团及1个重轰炸机中队到东北参战。

12月18日，关东军司令部根据13日制定的《进攻锦州的方略》，又拟订了《进攻锦州向大凌河畔进军的要点》和《进攻锦州附近敌阵地的内定计划》，决定分两步攻占锦州。第一步攻占沟帮子，以控制交通线和集结兵力。第2师团由营口、田庄台沿营（口）沟（帮子）铁路，经盘山从东面进攻；混成39旅团由沈阳、新民沿沈（阳）山（海关）铁路，经大虎山从北面进攻；混成第8旅团随混成39旅团前进，担任沟帮子至新民间的警备。第二步攻占锦州。以从朝鲜调来的第20

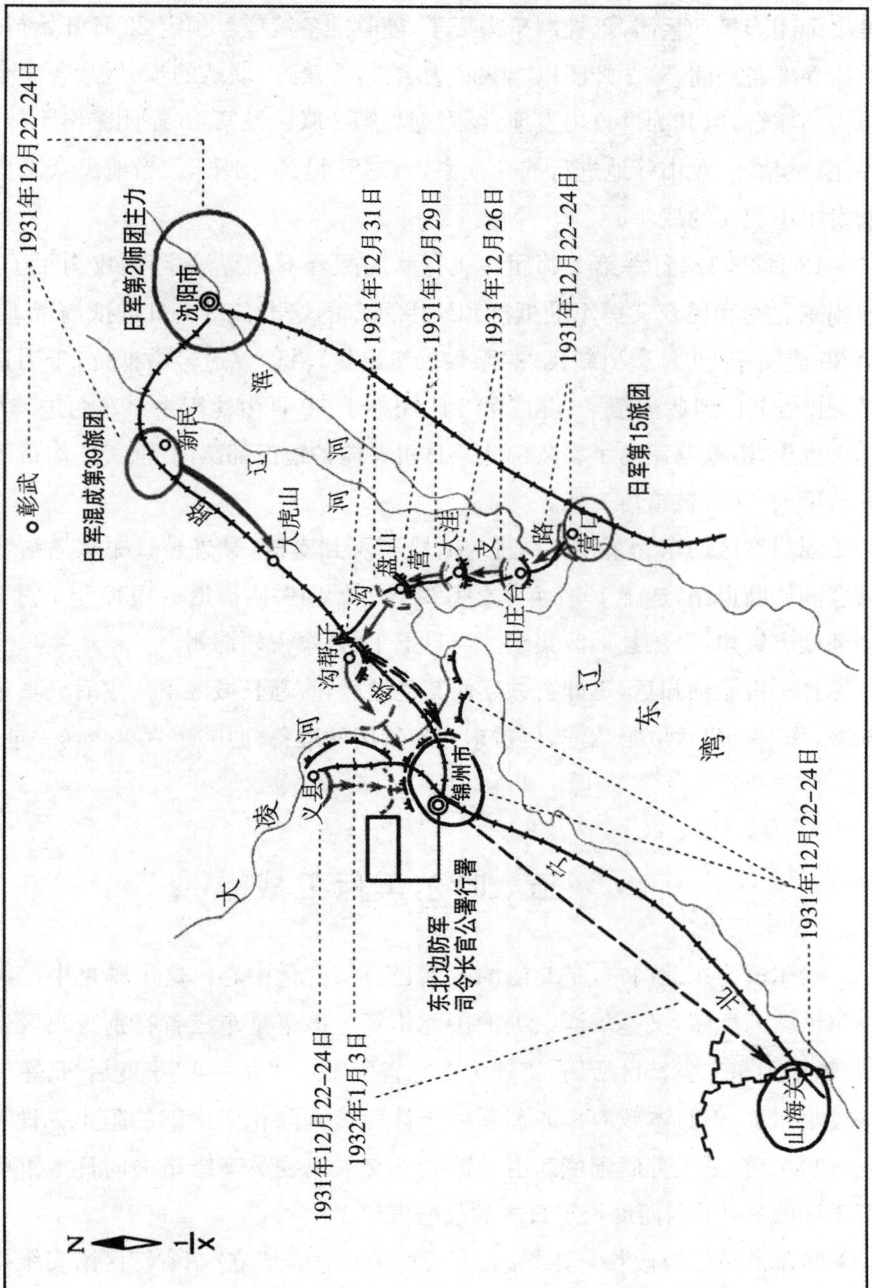

图1－3－2　锦州作战经过要图
（1931年12月—1932年1月）

师团司令部和混成第38旅团(预定29、30日到达)及混成第39旅团进攻锦州;第2师团为机动兵团,仍控制于沟帮子,随时准备策应。预定28日开始行动。

在准备期间,第2师团以"剿匪"为名义,令第30联队的步、炮兵各1个大队攻占田庄台,以其为进攻出发地;令野炮兵第2联队及第15旅团派出小部队,对牛庄、三岔河、盘山等地进行战斗侦察。该师团与中国军队、当地民众义勇军不断发生小规模的战斗。

12月28日,日军第2师团在飞行队的配合下,沿营沟路进攻沟帮子,沿途遭到东北军和民众义勇军的抵抗和装甲列车的炮击,于31日进抵沟帮子;混成第39旅团于30日晨由新民、沈阳乘火车出发,沿途仅遭轻微抵抗,于当日到达大虎山,31日到达沟帮子;混成第8旅团亦于30日由沈阳乘汽车西进,31日到达大虎山,沿铁路派出了警备部队。日机在掩护地面部队前进、轰炸沟帮子附近的装甲列车时,被击落1架。

锦州地区的东北军在日军进攻时既得不到支援,又恐被日军从塘沽或秦皇岛登陆切断退路,遂于1931年12月29日开始向关内撤退。1932年1月3日晨全部撤出锦州,至滦县地区集结。当日下午,日军占领锦州。

日军占领锦州后,迅即占领辽西其他地区,直逼长城之下。尔后又重新调整部署,作下一步攻取哈尔滨、侵占东三省特区的准备。

五、哈尔滨保卫战

哈尔滨为东北门户,是北满的政治、经济、文化中心。这里既是中苏共管的中东铁路的枢纽,又是华洋杂处的国际市场。该市是东三省特别行政区署所在地(道里为东三省特区所属,道外为吉林省所属)。"九一八"事变后,日军一度想进攻哈尔滨,但日本政府担心苏联的干涉而遭到陆相南次郎的阻止。日军侵占齐齐哈尔后,抵近苏联国境。由于苏联外交人民委员李维诺夫向日本重申实行不干涉政策,[52]因而助长了日本的侵略气焰。

哈尔滨特区行政长官张景惠于9月27日宣布成立"东省特区治安维持会",自任会长,叛国投敌,并利用日军供给的大批军火,招募伪特区警察部队,扩充武装力量。

同年11月,以诚允为主席的吉林省抗日政府在宾县、以马占山为主席的黑龙江抗日政府在海伦相继设署办公，极大地鼓舞了吉、黑两省人民的抗日斗志。日本关东军为进攻哈尔滨，首先要以武力“讨伐”抗日武装。1932年1月，由降日的原吉林省军编成的伪军，在叛国投敌、被日军任命为“吉林省剿匪司令”的原东北军骑兵第16师师长于琛澄率领下开始“讨伐”吉林省抗日政府。1月16日，于部伪军在榆树被东北军第25旅击溃。27日，伪军在南岗、三棵树地区又遭到李杜、丁超等部的反击，前后伤亡700余人，进攻受挫。于是关东军决定直接出兵。

1932年1月28日晨，本庄繁在得到参谋本部同意派兵“护侨”的复电后，立即命第3旅团长谷部照倍率第4联队、炮兵大队及坦克2辆，从长春乘火车去哈尔滨“护侨”。当日本海军陆战队在上海发动“一·二八”事变后，国内外视点都集中在上海。日军想利用这个机会侵占哈尔滨，于是参谋本部急令关东军增加兵力攻占哈尔滨。

本庄繁于29日下达作战命令：第2师团向长春集结，尔后以车运至哈尔滨；混成第4旅团一部，从齐齐哈尔以车运至安达、肇东，从哈尔滨北面策应第2师团作战；关东军飞行队第1、第3、第8、第9中队掩护第2师团集结、开进和进攻。

长谷部率第4联队从长春乘火车出发。由于铁路多处被东北军破坏，29日拂晓，其列车到达松花江南岸的老哨沟一带时即受到东北军的攻击。日军立即改为攻击前进，在不断遭到阻击的情况下，于当晚进至三岔河以北的石头城子村。

在吉林抗战的东北军各部为了统一指挥、抗击日军的进犯，于1月31日组成了吉林自卫军。众将领推举李杜为总司令。自卫军的编组如下：[53]

吉林自卫军　总司令李　杜

中东路护路军　总司令丁　超

前敌总指挥王之佑

总参谋长杨耀钧

第22旅　旅长赵　毅

第25旅　旅长马宪章

第26旅　旅长宋文俊

第29旅　旅长王瑞华

暂编第1旅　旅长冯占海
骑兵第1旅　旅长宫长海
骑兵第2旅　旅长姚殿臣
山林游击队　统领宋希曾

日军在三岔河遭到重创，并知吉林自卫军成立后，一面修路准备再犯，一面由关东军总司令本庄繁致函自卫军，称“苏俄政府并不反对该军使用中东路运输部队，请丁、李对局势放大眼光，抵抗无益”，[54]企图逼丁、李放弃抵抗。

1月30日，向哈尔滨进犯的关东军第3旅团长谷照倍部于当晚8时进抵双城车站。当时第22旅赵毅部正在此设伏。日军先头部队军车2列到站后，日军下车集结，准备部署对哈尔滨的进攻。设伏部队乘敌架枪吃饭、毫无准备的有利时机，突然从三面发起攻击，以猛烈的火力将敌压迫于站台上下，继而以刺刀、手榴弹与敌展开白刃战。日军措手不及，死伤甚重。[55]31日天亮后，第22旅部队方撤离战场。日军被迫停止待援，并修筑了临时前进机场。

双城失守，哈尔滨门户洞开。自卫军将大部兵力配置于哈市城南及东南、西南的顾乡约屯、病院街、旧哈尔滨城、拉拉屯一线。日军第2师团各部于2月3日先后到达苇塘沟河地区。4日下午，日军展开于铁路两侧的顾乡约屯以南、永发屯、杨马架一线，第3旅团在铁路以东，第15旅团在铁路以西。炮火准备后，日军发起攻击。吉林自卫军利用工事和村庄房屋顽强抵抗，炮兵集中火力对进攻的敌军实施歼灭射击，杀伤了大量敌人。日军攻击顿挫，转为就地防守。

2月5日拂晓，自卫军开始反击，首先以炮兵实施火力准备，对铁路以东的日军第3旅团阵地集中射击，尔后步兵开始出击。第一线日军陷于苦战困境。第2师团长多门二郎急令炮兵对反击的自卫军实施拦阻射击，并将坦克队和预备队投入反击。飞行队的4个中队从双城临时前进机场起飞，轮番轰炸、扫射，以支援地面部队作战。战斗异常激烈，双方伤亡均众。由于自卫军没有空军支援，日军飞机威胁甚大，于5日下午全线撤至哈尔滨以东地区。日军侵占哈尔滨后，沿中东路向东进犯，于3、4月间相继占领了哈东的海林、宁安、方正等要地。

哈尔滨的沦陷标志着在东北三省的抗日政权和东北军的瓦解，以东北军为主体的抵抗活动趋于消沉，代之而起的是各地义勇军的抗日斗争。

图 1－3－3　哈尔滨保卫战要图
（1932 年 1 月下旬—2 月 5 日）

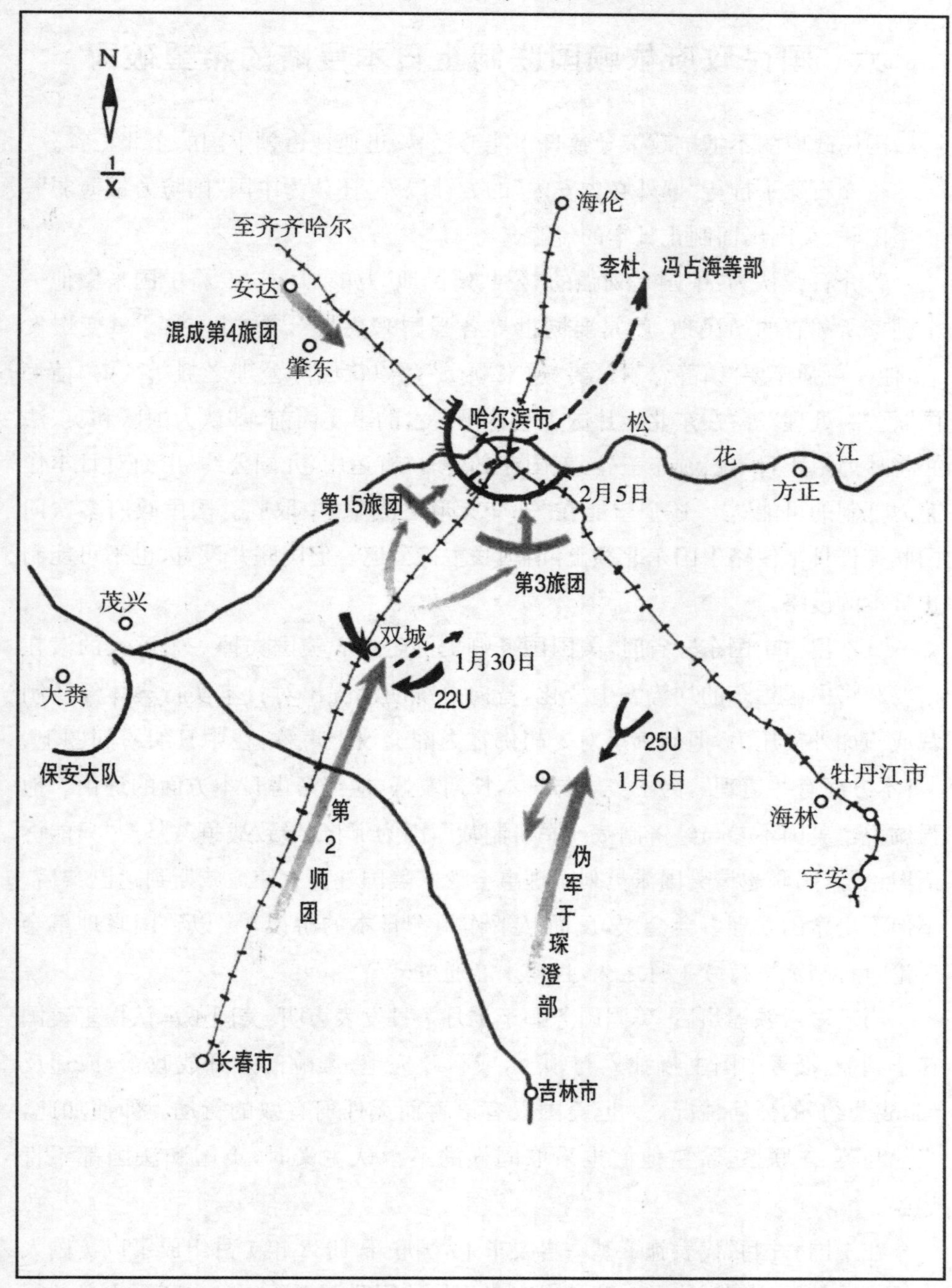

六、国民政府依赖国联制止日本侵略的希望破灭

国民政府的不抵抗政策导致日本能够轻易、迅速地占领中国的东北三省。

蒋介石除了推行“攘外必先安内”的方针以外，还认为中国“国防力量薄弱”，企望国联、美国出面制止日本的侵略。

蒋介石曾认为：中国是列强的“公共殖民地”，如果日本“要将中国来做他一个国家所独有的殖民地，就是要同世界各强国来决战”。[56]“九一八”事变爆发后，他一再强调要“镇静忍耐”，要“逆来顺受”，“以待国际公理之判断”，要“信赖国联公断处理”等；在东北大片国土被日军侵占的事实面前，却认为国联和英、法必将尽力阻止日本占领东三省，美国在必要时“有运用《九国公约》出面对日本作有力抵制的可能”，[57]还企望能在“外交无形之战争”中取胜。国民政府多次向国联控告日本侵略中国东北领土，请国联主持公道。但国联并没有，也不可能制止日本的侵略。

日本侵占中国东三省时，美国国务卿史汀生担心美国失掉一个巨大的潜在市场和将引起远东的均势发生变化，曾向总统胡佛提出对日本实行集体经济制裁或施加外交压力，但胡佛反对。胡佛在内阁会议上声称：在中日纠纷问题上，“日本方面有些道理”，为了美国与日本长期友好，应当考虑日本方面的理由。他强调说：“美国不参与经济制裁或军事制裁”，因为那将“导致战争”，坚持“只能诉诸舆论”。国联邀请美国派员列席理事会议。美国驻英大使道咸斯到达巴黎后，不但不出席国联理事会会议，反而私下作袒护日本的游说，[58]以致国联理事会讨论对日制裁案持续1月之久，且终未能通过。

当日军占领锦州后，美国国务卿于1月7日发表声明：美国不承认损害美国在华利益、损害中国主权独立与领土，或行政完整、影响门户开放政策，或违反《非战公约》的任何情况。[59]但美国仅有语言而无任何有效的行动。即使如此，当他与英、法联系，希望他们也采取同样的不承认主义时，英国和法国都不肯响应。

在中国驻国联代表施肇基一再要求下，国联于1932年1月组成了以英国人李顿为委员长，由美、法、德、意各出1名委员的国联调查团。日本帝国主义的军队侵占了中国的领土，这本来是明明白白的事实，可这个调查团在中国进行了近

半年的"调查",又费了两个多月的时间才于9月间写出了一份《国际联合会调查团报告书》。而这个报告书虽然也说了几句有关日方的军事行动不能视为合法自卫办法,和"满洲国"在当地"华人心中不过是日人之工具而已"等模棱两可的"好话",却又侮称"中国是一个正在演进中的国家"。特别令人难以接受的是,报告书竟把"承认日本在满洲之利益"和"满洲自治"作为"规定任何圆满解决所应依据的原则"。[60]至此,国民政府依赖国联制止日本侵略的希望完全破灭。

其实在"九一八"事变之前,日本自己并没有必胜的把握。日本驻北平的特务机关长松室孝良在给关东军的秘密报告中曾这样说:"须知'九一八'迄今之帝国对华作战,中国军因依赖国联而行无抵抗主义,故皇军得以顺利胜利……倘彼时中国军民能一致合力抵抗,则帝国之在满势力行将陷于重围。一切原料能否供给帝国,一切市场能否消费日货,所有交通要点、资源工厂能否由帝国保持,偌大地区、偌多人口能否为帝国统治,均无确实之把握;同时反满抗日力量之集结,实行大规模之游击扰乱,则皇军势必苦于应付。"[61]应当说松室孝良的看法是符合实际的。

注　释:

〔1〕〔日〕小林龙夫、岛田俊彦编《现代史资料(7)·满洲事变》。东京1964年版,第161页。

〔2〕日本国际政治学会:《走向太平洋战争的道路》。东京1963年版,第91页。

〔3〕〔日〕本庄繁:《本庄日记》。转引自姜念东等《伪满洲国史》,吉林人民出版社1980年版,第42页。

〔4〕同〔3〕,第53页。

〔5〕见《板垣征四郎秘录》等。转引自王辅《日军侵华战争》,辽宁人民出版社1990年版,(一)第67页。

〔6〕同〔1〕,第164页。

〔7〕1930年爆发了蒋介石与阎锡山、冯玉祥的中原大战。9月间张学良率东北军主力入关进行武装"调停",以陆海空军副总司令的名义坐镇北平。东北军入关后部队布防于平、津、冀等要地。

〔8〕同〔2〕,第385—386页。

〔9〕见《石原莞尔日记》。转引自马越山《九·一八事变实录》,辽宁人民出版社1991年版,第85页—86页;《日军侵华战争》,(一)第71—72页。

〔10〕〔日〕岛田俊彦:《关东军》,东京 1969 年版,第 94—107 页。

〔11〕 1931 年 4 月间,朝鲜移民 180 余人未经长春县政府许可,擅自在万宝山伊通河上筑坝截流、挖掘水渠以开拓水田。挖渠侵占当地农民耕地,截流后将淹没附近良田。5 月 31 日,县政府派人劝止。朝鲜移民已听从劝告停工,但日本驻长春领事馆于 6 月 3 日派日警赶来,怂恿朝鲜移民重新施工。7 月 2 日,当地中国农民企图平渠毁坝,与日警发生冲突。经中国警察极力劝解弹压,停止冲突。双方人员在冲突中均未受伤。7 月 3 日,日本派宪兵 20 人、警察 60 人,携带机枪及步兵炮等至万宝山现场,禁止中国人在 5 里内通行。朝鲜移民在日本武装护卫下于 7 月 11 日完工通水。日本借此事蓄意制造事端,在其控制的各报纸上捏造说朝鲜有许多人被杀害、东北当局下令驱逐朝鲜侨民等,从而引起朝鲜排华暴乱,华侨被杀 500 余人(一说 119 人),伤 2000 余人(一说 395 人)。

〔12〕 日本参谋本部军官中村震太郎奉命以农业技师的假身份在东北从事搜集军事情报的间谍工作,1931 年 6 月 26 日在洮南军事禁区内被中国军队抓获。因证据确凿,被中国屯垦第 3 团团长关玉衡所部处决。

〔13〕 同〔2〕,第 420 页。

〔14〕 见《本庄日记》。转引自罗焕章等《中国抗战军事史》,北京出版社 1995 年版,第 20 页。

〔15〕〔16〕 同〔1〕,第 149 页。

〔17〕 同〔14〕。

〔18〕 同〔14〕,第 21 页。

〔19〕 陈觉:《九・一八后国难痛史》,辽宁教育出版社 1991 年版,第 36 页。

〔20〕 日本参谋本部编《满洲事变作战经过概要》。中华书局 1982 年中译本,第 1—2 页。

〔21〕 吴相湘:《第二次中日战争史》。台北综合月刊社 1973 年版,第 83 页。

〔22〕 王芸生:《六十年来中国和日本》。三联书店 1982 年版,第八卷第236 页。

〔23〕 中央档案馆、中国第二历史档案馆、吉林社会科学院编《九一八事变》。中华书局 1988 年版,第 67 页。

〔24〕 何柱国:《九・一八沈阳事变前后》。载《文史资料选辑》第 76 期,第 66 页。

〔25〕 洪钫:《九一八事变当时的张学良》。载《文史资料选辑》第 6 辑第23 页。

〔26〕 见《张副司令表示态度》(1931 年 9 月 20 日)。载《国闻周报》第 8 卷第38 期。

〔27〕 赵镇藩:《日军进攻北大营亲历记》第 5 页。载《文史资料选辑》第6 辑。

〔28〕《关东军全史》第 103 页。

〔29〕 日本广播协会采访张学良组成员臼井胜美编《张学良的昭和史最后证言》,东京 1991 年版,第 125 页。

〔30〕《中华民国重要史料初编——对日抗战时期·绪编》。台北 1981 年版,(一)第 262 页。

〔31〕《满洲事变作战经过概要》,第 17 页。

〔32〕据陈觉著《九·一八后国难痛史》(辽宁教育出版社出版)所列损失表统计。日本方面记载所获飞机为 110 架。

〔33〕日本防卫厅防卫研究所战史室:《大本营陆军部》。日本朝云新闻社 1969 年版,第 113—114 页。

〔34〕李云汉编《九一八事变史料》。台北 1977 年版,第 453—454 页。

〔35〕1931 年 9 月 23 日《申报》第 8 版。

〔36〕同〔25〕,第 24 页。

〔37〕日本关东军参谋本部 1931 年 9 月 28 日《关特报》(中国第 32 号)。见远东军事法庭检察官资料缩微胶卷。

〔38〕谢珂:《江桥抗战和马占山降日经过》。载《文史资料选辑》第 6 辑第 28—29 页。

〔39〕〔日〕片仓衷:《满洲事变机密政略日志》。载《现代史资料(7)·满洲事变》第 268 页。

〔40〕〔日〕臼井胜美:《满洲事变》。东京 1978 年版,第 113 页。

〔41〕〔日〕小林龙夫、岛田俊彦、稻叶正夫编《现代史资料(11)·续满洲事变》。东京 1965 年版,第 368 页。

〔42〕日本陆战史研究普及会编《满洲事变史》。东京 1967 年版,(一)第 40 页。

〔43〕同〔39〕,第 298 页。

〔44〕同〔39〕,第 299 页。

〔45〕同〔42〕,第 192 页。

〔46〕同〔42〕。

〔47〕北京法学院教职员会 1931 年 11 月 21 日致国民政府电。转引自陈觉著《九·一八后国难痛史》,辽宁教育出版社 1991 年版,第 916 页。

〔48〕辽宁省档案馆藏《热河省政府档案》第 9984 号。

〔49〕〔50〕同〔41〕,第 422 页。

〔51〕顾维钧 1931 年 12 月 5 日致张学良电稿。原件藏中国第二历史档案馆。载《民国档案》1995 年第 1 期。

〔52〕〔苏〕维戈兹基等:《外交史》。三联书店 1979 年中译本,第 3 卷第 552 页。

〔53〕〔54〕见《长城抗日战纪》附录《义勇军战绩》。中国第二历史档案馆藏档案。

〔55〕赵毅:《双城阻击战和哈尔滨的沦陷》。载《文史资料选辑》第 6 辑第 69—70 页。

〔56〕张其昀主编《蒋总统集》。台湾中国文化大学出版社 1984 年版,第一册第 793 页。

〔57〕《国民党中央特种外交委员会向中央政治会议的报告》(1931 年 11 月)。载《从巴黎和会到国联》。转引自中国科学院近代史研究所《日本侵华七十年史》,中国社会科学出版社 1992 年版,第 335 页。

〔58〕《胡佛回忆录·内阁与总统任内》,引同〔55〕。

〔59〕〔美〕史汀生:《远东的危机》,纽约 1936 年版,第 96 页。

〔60〕 见《国际联合会调查团报告书》。引同〔47〕,第 1723 页。

〔61〕 见国民政府行政院档案。原件存中国第二历史档案馆。

第四节 东北义勇军的抗日斗争

一、辽宁义勇军的抗日斗争

东北抗日义勇军最早兴起于辽宁省。首当其冲遭受日本侵略之害的辽宁人民,为了保卫家乡、保卫国土,最先奋起斗争。东北义勇军兴起之后,犹如燎原之火,不断发展壮大。凡日军铁蹄所到的地方,就有民众抗日的武装出现。其组织不一,名号繁多,但目的一致,即抵抗日本帝国主义的侵略,驱逐日军出东北。

辽宁省抗日义勇军最早出现于辽西一带,主要由退到锦州的原辽宁省政府警务处长黄显声为首的几名骨干所组织的、以各县民团和公安部队为基础的义勇军。开始规模不大,人数不多,其编制分为旅、支队及民团等。受 1931 年 11 月马占山在江桥抗战的激励,抗日情绪激昂,抗日义勇军"从者如流"。至是年冬,编制改为路,下按团、营、连、排、班组成。兵力发展到 22 路。翌年增至 54 路,另外还有 27 个独立支队,总计兵力约 20 万左右。[1]为了便于统一行动、加强领导,改名为"东北民众自卫义勇军",由东北民众抗日救国会领导。

东北民众抗日救国会是由东北军政界中矢志抗日的高中级人员(如黄显声、熊飞等)和原辽宁省各社团领导人中的爱国者(如高崇民、阎宝航等)所组成,在张学良的积极支持下,于 1931 年 9 月 27 日在北平成立。除开展宣传、募捐、筹办军需物资、培训抗日军政干部外,还派人在关外组建抗日义勇军,并指导抗日斗争和支援军械粮饷等。1932 年 5 月,东北民众抗日救国会和辽吉黑民众后援会实现合作。为便于领导，将辽宁的抗日义勇军按地域划分为五大军区：

第1军区　辖沈阳、新民、法库、北镇、黑山、锦县、义县、锦西、兴城、绥中、彰武，总指挥彭晓秋；

第2军区　辖辽阳、海城、盖平、复县、营口、盘山、台安、辽中，总指挥王化一（李纯华代）；

第3军区　辖本溪、凤城、安东、庄河、宽甸、岫岩、桓仁、通化、清源、新宾、安图、柳河、临江、长白、辑安、辉南、海龙、抚顺、抚松、金川，总指挥唐聚五（辽宁民众自卫军总司令）；

第4军区　辖铁岭、开原、昌图、梨树、东丰、怀德、西丰、双山，总指挥熊飞；

第5军区　辖康平、通辽、辽源（今双辽）、瞻榆、开通、镇东、安广、洮安、洮南、突泉，总指挥高文彬。

9月间又将军区改为军团。每一军团除总指挥外，还设副总指挥2人、参谋长1人。辖区内所有抗日武装改称“东北民众抗日救国军”。总指挥部内设有参谋、副官、秘书、政务、军法、军需、军医、交通等8个处。此时，辽宁境内的义勇军已发展到30万人，遍布于辽宁城乡和热河东部的广大乡村。

辽西抗日义勇军自成立始，就开展了抵抗日本帝国主义侵略的斗争。

1931年12月初，日本在占领黑龙江之后集中优势兵力，分三路进攻锦州。进攻途中均遭到抗日义勇军的阻击和袭扰。在锦州失 陷前的一段时间，义勇军主要是配合东北军作战，保卫锦州，保卫辽西。

12月18日，进攻锦州的日军首先派出飞机对义勇军进行轰炸，尔后日军300多人于23日攻占田庄台。张海天、项青山等部义勇军3000余人立即前去配合东北军第19旅第655团铁甲车队进攻驻田庄台的日军。张海天率部从北面攻破敌封锁线，冲进街内与日军巷战，激战3小时，夺回田庄台。翌日，张海天率部再与东北军护路队联合作战，包围了大洼车站。29日，日军第2师团主力经田庄台、大洼向沟帮子进攻，义勇军第22路齐献廷部与第34路刘春起（刘存启）部联合，沿途阻击、袭击，与敌激战3个多小时，迟滞了日军的前进，并毙伤其官兵80余名，缴获步枪107枝、迫击炮2门、机枪2挺。义勇军伤亡200余名。

日军侵占锦州后，辽西义勇军进入了独立作战的新时期。他们乘敌立足未稳，立即进行袭击。第4路司令耿维周率部于1932年1月4日夜乘新民日军换防之机攻打县城，该部3000余人将县城团团围住，经过激战将城攻破，义勇军烧毁日本洋行，砸毁日本毒品商店，释放被关押的爱国抗日人士，共毙伤日军20余名，缴获步枪30余枝和部分军用物资。日军残部收缩在日领事分馆的高楼深院中，义勇军由于没有攻坚武器，未能攻破，天亮之后即撤回原防驻地。

尔后，耿继周又联合第1路王显庭部、第20路金子明部等相继袭击了新立屯、彰武等地的日军据点。

1932年1月7日晚，刘春起等部潜入锦西县城（今钢屯），袭击了驻防日军，并打开监狱释放了被捕的中国人，尔后撤回城西。9日，日军第20师团的骑兵第27联队长古贺傅太郎中佐率所部（仅1个中队）及配属的第73联队1个步兵小队向锦西城西进行“扫荡”，在龙王庙附近被义勇军包围。与此同时，留守的骑兵第27联队一部及由锦西返回锦州的第20师团的辎重小队，分别在城内和钱褡山附近也被义勇军包围，激战终日，3处日军先后被歼。古贺联队长和米井三郎大尉、星野大尉、石野中中尉、野口茂三中尉、松尾秀沾少尉及以下103人被击毙。义勇军仅伤亡30余人。日军哀叹“这是满洲事变以来最大悲惨事件”。

24日，黑山附近的义勇军将支援日地面部队“扫荡”的1架飞机击落，独立飞行第10中队长花泽友男大尉亦被击毙。26日，张海天部2000人克复牛庄。第28路司令邓铁梅率部500人攻克凤凰城车站，毙敌数十名，获机枪2挺、迫击炮1门。27日，义勇军克复锦西，尔后又相继克复盘山等地。据当时统计，仅1932年1至3月间，辽西义勇军击毙日军联队长以下军官19名、士兵2000余名，缴获步枪700多枝、机枪15挺、炮15门、钢甲车2辆、汽车6辆，击落飞机3架。义勇军还采取积极行动，破坏铁路，烧毁敌辎重，使列车出轨，使前线敌军断粮。

在辽南，1932年12月初，李纯华、邓铁梅、苗可秀组织了关门山会战。日军为了消灭活动在安东、凤城、岫岩地区的义勇军，不仅集中了该地区的大部兵力，还令驻旅顺的日本海军开到大东沟一带配合陆军作战。义勇军利用熟悉地形这一有利条件，采用袭敌侧背的灵活战术，击毙日军80余人，俘获30余名，获步枪700余枝、机枪8挺、迫击炮2门、山炮2门、辎重汽车14辆、无线电台1部。辽宁义勇军的抗日活动，使日本侵略者寝食不安。他们哀叹：“辽西各地匪军活动尤力，日满军屡次进攻，均不得手，现仍守原阵地，辽热边沿北宁线之匪军，声势尤为浩大……时向日军近逼……未可轻视。”[2]

活动在辽西、辽南一带的抗日义勇军除正面与敌作战外，还在各地袭击日军。1932年初，这种袭击发展到最高潮。此后由于日军疯狂“围剿”，敌我力量相差悬殊，义勇军后继无援，逐渐走向了低潮，最后退到热河一带。

1933年春，热河抗战开始，张学良将退到热河的辽西义勇军编成2个军团参加作战：第1军团以彭振国为总指挥，由李芳廷、谢国忱、刘震东、李海峰、孙兆印等部编成；第2军团以王化一为总指挥（未到职），以李纯华为副总指挥（代总指挥），由项青山、张海天、郑子丰、殷援民等部编成。热河抗战失败后，李芳廷部退到多伦，不久投敌，李纯华部被孙殿英改编，余则溃散。

辽东义勇军的组成及抗日作战情况如下：

辽宁东部的抗日义勇军称为"辽东民众自卫军"，成立的时间较辽西为迟。1932年春，已投敌的于芷山部第1团团长唐聚五联络该团第3营营长李春润等辽东14县的军、警、民众于3月21日起义，在辽东树起了抗日的旗帜。

4月21日，自卫军在桓仁举行誓师大会，群情激昂，爱国热情极高，成立辽宁民众自卫军总司令部，公推唐聚五为总司令，李春润、张宗周、黄宇宙为副司令，英若愚为参谋长（后改张毅），并令王育文组设辽东民众抗日救国分会，隶属于辽宁民众抗日救国会之下。所部共编有50路及20个支队，分驻于桓仁、通化、宽甸、辑安、临江、长白、抚松、安图、金川、辉南、柳河、新宾、岫岩、庄河等14县。

辽东自卫军的组成，是以东北军中爱国官兵为中心，有警察、公安部队、自卫团、教师、学生、工人、农民等各阶层各民族的爱国群众及相当数量的有爱国思想的绿林豪杰。他们是在抗日的旗帜下自发联合起来的。自卫军成立不久即向通化开进。通化为辽宁东北重镇，日本在此设有领事馆。自卫军第16路孙秀岩策动通化公安局姜天中等率公安大队加入自卫军。自卫军于4月26日进驻通化。日关东军司令部抽调日本武装警察260余人编为1个大队，配属百余伪警，于28日向通化进攻。孙秀岩率部在城北设伏以待。30日，孙以小部队诱敌深入，在过河道子地区将日警包围于东山之上。日警多次突围，但均被击退，被迫转而求和，表示愿保护日领事及侨民离开通化城后不再进攻。5月9日，自卫军派部队护送日领事及侨民与日警会合后，日警撤离通化境。此役击毙日警官2人、士兵63人，伤其20余人。在此前后，第18路林振清部攻占了辑安城，第8路徐达三部控制了临江，第6路李春润部与第11路王彤轩、第7路郭景珊部收复了新宾。抚顺公安大队长王永成率部反正，编为第7支队。这样，连同早已控制的桓仁等地，辽宁民众自卫军开辟了以通化为中心的辽东抗日游击根据地。[3]

辽东自卫军自起义至9月初，4个月内经不下百次的作战，除安东、凤城以外，辽东25县县城和广大农村完全由自卫军掌握。为统一政令、整顿吏治，唐聚五乃于通化组织辽宁省政府。唐于9月1日就任省政府主席职，委王育文等整顿内政，以原总部参谋长英若愚率领第15路赴抚松、安图、蒙江、桦甸等县宣抚民众，并与吉林救国军王德林部取得联络，结为犄角。9月中旬，唐聚五在通化召集各路、各支队司令开会，会议决定了进攻沈阳的计划，以期取得沈阳根据地，再发展进攻。为方便统帅指挥，遂将所属各路、各支队合编为7个方面军。各方面军的总指挥及任务如下：

第1方面军，总指挥李春润（第6路司令兼），由新宾取千金寨，沿安奉路攻沈阳；

第2方面军，总指挥孙秀岩（第16路司令兼），佯攻山城镇，牵敌于芷山，使其不敢进窥通化；

第3方面军，总指挥王凤阁（第19路司令兼），由朝阳镇沿沈海路攻取山城镇，向沈阳挺进；

第4方面军，总指挥邓铁梅（第13路司令兼），由凤城沿安奉路进入沈阳；

第5方面军，总指挥张宗周（第15路司令兼），由宽甸攻安东，牵制日军，使不敢蹑邓铁梅之后；

第6方面军，总指挥徐达三（第8路司令兼），设防于鸭绿江沿岸，扼老岭之险，以保通化之安全；

第7方面军，总指挥刘景文（第50路司令兼），由盖平沿南满路进攻沈阳。

自卫军决定进攻沈阳后即自行设立矿务局、兵工厂，制造枪弹。不料进攻计划泄露。日军于1932年10月11日集中4个师团的兵力分3路向自卫军各县发动进攻：西路由千金寨进攻新宾；南路由宽甸进攻太平哨；东路出朝鲜，渡过鸭绿江，直向通化。自卫军仓促应战。第1方面军第3路康乐三部和第37路丁育昌部攻克营盘、上夹河后拆毁沈海铁路30余华里，击毁敌装甲车1辆，毙日伪官兵300余人，获辎重甚多，但由于后方吃紧，停止进攻。此后虽有第5方面军张宗周部与日军血战太平哨，第2方面军郭景珊部大战日军于八道江，第3方面军王凤阁部与日军血战于金川、辉南，第1方面军李春润部与日军会战于新宾，第2方面军孙秀岩部抗敌于柳河，但由于日军兵力强大，各路抗日军分散孤立作战，缺乏援助而遭致失败。10月13日，新宾、柳河相继失陷。15日，日军进逼通化，辽宁救国会总部退至抚松，日机轰炸抚松，抗日义勇军弹尽粮绝。唐聚五于19日化装，带数人绕道前往北平；张宗周、王凤阁等部损失太重，决定化整为零潜伏各县；郭景珊、李春润、孙秀岩等率余部退出东边地区，转战他地。至1933

年3月，辽东地区的自卫军分为两部：一部坚持辽东抗日，直到失败。李春润、王凤阁、苗可秀等在作战中牺牲。另一部则一直坚持到1937年全国抗日战争爆发，很多人参加共产党领导的东北人民革命军，编入抗联队伍。转移到辽西、热河地区的辽东抗日义勇军在1933年春热河抗战时，被张学良编为第3军团。唐聚五任军团总指挥，张宗周、郭景珊为副总指挥，辖郭景珊(兼)、丁育昌、陈砚田、马星恒4个梯队。3月，张学良被迫出国后，该部被强行改编为庞炳勋第40军补充团，由于受歧视，许多官兵潜逃，队伍瓦解。

二、吉林义勇军的抗日斗争

吉林抗日义勇军由救国军和自卫军两支队伍组成，其主要成分是原驻吉林的东北军的爱国官兵，他们为“挽救危亡，收复失地”挺身而出。活跃在吉林境内的大刀会、红枪会亦纷纷响应，一时间抗日的烽火燃遍了长白山麓、松辽平原。

吉林救国军

吉林救国军的发起人是王德林。“九一八”事变后，延吉镇守使兼27旅旅长吉兴投降日军。该旅第677团第3营营长王德林于1931年11月间击毙勘测吉会路的两名日本测绘员后开往安图县咕咚河。王德林秘密派人四处联络，于是延吉、珲春、汪清各县警卫团纷纷携械来归，爱国志士、绿林豪杰也闻风来会。1932年2月8日，爱国官兵和抗日群众在敦化县梅家烧锅举行起义，宣告中国国民救国军(后称“东北国民救国军”)成立。公推王德林任总指挥，孔宪荣任副总指挥，吴义成为前方司令。该军以“挽救危亡，收复东北”为宗旨。不久，王德林提出不分党派、不分民族、一致对外、共同抗日的主张，在吉东地区产生了极其强烈的反响。广大爱国群众踊跃参加，中国共产党党员李延禄等也到救国军中开展抗日工作。此外，肇州李海青的“民众自卫军”、省内各地的大刀会、红枪会以及反日山林队等抗日武装也闻风而起。

吉林自卫军

吉林自卫军的发起人是冯占海和李杜。冯占海原系吉林副司令长官公署卫队团团长。“九一八”事变后，熙洽曾多次派人对其威胁利诱，逼其降日，均被严词拒绝。冯向全省各地发出通电，愤怒声讨日本“侵我国土，掠我省库，杀我同胞”和熙洽“卖国求荣，认贼作父，丧权辱国”的罪行，表示同“吉林爱国军民，团结一致，坚决与寇逆抗战到底，克尽保卫国土”的职责。[4]之后，冯将卫队团改编为抗日军，走上了抗日的道路。9月底，冯率部辗转到五常，宣布就任吉林省警备司令职，将所部2万多人编成4个旅，组成了吉林警备军。

在吉林警备军成立的同时，熙洽即组织伪军向冯部进攻。冯占海率部在榆树、拉林与敌激战，后撤至阿城一带，保卫宾县临时政府和哈尔滨。1932年初，哈尔滨出现了危急的形势。此时，他得知依兰警备司令李杜将军将率兵前来联合抗日作战的消息。

李杜原系东北军依兰镇守使兼第24旅旅长。“九一八”事变后，熙洽派人对其诱降，李以严词拒绝，不久率第24旅官兵起义，举起了抗日的旗帜。1932年1月10日，李杜和冯占海会面，共商防守哈尔滨的计划，并决定联合邢占清、丁超（二人后投敌）等人共同抗日。尔后他们共同进行了哈尔滨保卫战。

王德林部吉林救国军宣告成立之后，于1932年2月连续攻打敦化、蛟河、额穆3座城镇。敦化一役不仅策动守城伪军反正，收复了县城，而且击毙日军官兵27名，伤2名，俘虏21名，并缴获机枪2挺。[5]额穆、蛟河两次战斗，缴获日伪军大量武器，其中有捷克式轻机21挺、大小枪支1000余件。[6]初战取胜，人心大振，吉东各地农民、工人、青年学生、职员、警察、保安队等爱国志士纷纷前来加入，救国军队伍迅速扩大到4600余人。3月，救国军发动“镜泊湖连环战役”，仅“墙缝”一役就毙伤日军120人，缴获辎重车42辆。救国军声势大震，越战越强。在收复敦化后，宁安公安总队长刘万魁率所部1000余人反正，参加抗日武装，延吉煤矿工人1500多人也参加了救国军，部队迅速扩大到15 000多人。

1932年3月29日，救国军和自卫军各派代表，与义勇军占领地宁安、穆棱、苇河、勃利、额穆、富锦、饶河、延寿、虎林、五常、马珠等县的县长、税捐局长等在下城子开联合会议。经与会代表共同协商，决定救国、自卫两军联合，称为“联合军”，铲除界限，互相援助，并研究决定了税捐收入的分配和军需给养的补给等问题。4月3日，自卫军代表张治邦和救国军副总指挥孔宪荣又议决了两军分工协同作战的办法。主要内容为：

一、自卫军担负中东路沿线安全，攻取哈埠，以便组设省政府；

二、救国军担负延吉、汪清、宁安以南各地之防务，并警备日方由朝鲜出兵；

三、由救国军派一支队堵截延边之日军，免其偷越中东路、扰乱自卫军后路；

四、宁安防务交自卫军负责。

会后，救国军即将宁安防务交自卫军接替，救国军开往二道河子、延吉、小城子一带。

救国军和自卫军联合后，自卫军在方正附近三败日伪军，军威大振，于是各处义勇军、大刀会及绿林豪侠、爱国之士闻风来归，军力更为雄厚。为便利指挥，于4月中旬调整组织如下：

自卫军　总司令李　杜

护路军　总司令丁　超

右路军　总指挥冯占海

副总指挥宫长海

冯占海旅

宫长海旅

姚秉乾旅

赵维斌旅

董支承旅

赵　毅旅

中路军　总指挥杨耀钧

副总指挥陈宗岱

杨耀钧旅

邢占清旅

陈宗岱团

孙荣山支队

左路军　总指挥张治邦

副总指挥马宪章

张治邦旅

马宪章旅

刘万魁旅

孔宪荣旅

郭英魁旅

此后，李杜在依兰召集自卫军军事会议，决定“分两路向哈尔滨反攻”。[7]第1路由李杜任总指挥，第2路由冯占海任总指挥，率部向哈尔滨挺进。4月底，冯占海部进攻会发恒，与伪军于琛澄部激战1天，俘伪军2000多人，击落飞机两架，缴获大量武器装备。[8]

与此同时，左路军张治邦部进至中东路一面坡附近，与中路军一起向哈尔滨进攻。刘万魁旅在前面进攻，马宪章旅在后援应。4月22日解决伪军刘春日部，进占横道河子。25日攻占一面坡。此时日伪军增加兵力，以坦克、铁甲车和飞机猛烈反攻，刘旅损失甚众，不得不向后撤退。不料因后方马旅闻风先退，放弃险要，以致日军进占铁岭、河东山等险要，包围刘旅。该部虽经友军救出，但损失巨大，宁安被日军侵占。从此自卫军一蹶不振。

4月间，日军第10师团与第8师团一起由日本国内增援东北。5月，日军利用松花江水运的条件，以重兵突然袭击自卫军根据地依兰，李杜和丁超带少数兵力退往勃利、宝清、密山地区。1933年1月，在敌人威胁收买下，丁超在宝清向日军投降。不久，李杜全军溃散，在敌人突然进攻的情况下，从虎林退入苏联境内。

日军占领依兰后，反攻哈尔滨的自卫军各部由于与后方的联系中断，便各自行动。1932年6月初，冯占海在宾县召集军事会议，决定将所部改称“吉林抗日救国军”，规定“救国军全军上下以救国救民为惟一宗旨”，[9]并将所部改编为6个旅、9个支队。这支队伍在冯占海指挥下，表示“团结一致，坚持抗日到底，决不屈服”。接着兵分两路向阿城、香坊挺进。在香坊遇到日伪军抵抗，久攻不下便转攻五常、榆树。他们在青山堡、双城、榆树一带与敌激战，击毙日军大川少佐以下日伪军700余人，声威为之一振，附近抗日武装及反正伪军纷纷来投。至6月底，已拥有5万余人，扩编为12个旅、4个支队、3个独立团、1个特种营，还有8路民众自卫队。7月间曾一度攻入舒兰城。9月间又集中兵力进攻吉林，在桦皮厂重创来援的日军。由于攻坚人力、火力不足，攻城受挫；又因长期转战，无法休整，粮饷奇缺，弹药无法补充，于是决定西走，转退热河。9月从舒兰出发，10月过饮马河时遭到日伪军袭击，伤亡较大。随后且战且走，沿途得到爱国民众的援助，曾一度攻占了长岭县城，击毁了四洮线上一列日军装甲车。但因遭到日伪军袭击，损失和走散了一些力量。当年年底到达热河。1933年初，张学良接纳了这部分抗日义勇军，并将该部改编为第63军。

1932年3月，自卫军和救国军联合之后，救国军于4月初在东宁召集联席会议，决定把东宁作为救国军的后方根据地。救国军进驻东宁后，创办了《救国日报》，还设有兵工厂和被服厂，部队得到巩固和发展。接着，救国军在东宁又召开高级首脑会议，将所部编为20个步兵旅、3个骑兵旅、2个支队、3个独立团、5个独立营、8个游击队、4个别动队、4个特别营，兵力共计在10万人以上。王德林为总司令，孔宪荣为副司令，吴义成为前方总指挥。

1932年9月2日，吴义成在指挥击退额穆之敌后赴二道河子与副司令孔宪荣会商，决定兵分四路，夺取宁安。

10月11日，孔宪荣指挥义勇军向日军混成第38旅团一部防守的宁安进攻，由于各部缺乏协同而失利。10月19日，孔宪荣等没有接受失败教训，又增加刘万魁一旅，继续对宁安攻击。义勇军对日军虽有斩获，但时值深秋，义勇军缺衣少粮，缺乏弹械，联络中断，而日军第14师团(5月间从上海调来)采取分割包围的战术，义勇军不得已撤回原地，元气大伤。

早在1932年5月，中共满洲省委军委书记周保中到救国军总部任总参议，不久又到吴义成前方总指挥部任参谋长，并在前方指挥部建立了中共党的组织，对孔宪荣、吴义成等冒险攻打宁安的行动进行劝说，进行了团结争取和稳定部队的工作。

1933年初，日军沿中东路东段向东宁侵犯，再从延吉经汪清、绥芬大甸子向吴义成部进攻，救国军在优势日军的进攻下被迫后退。1月中旬，东宁失守，王德林率卫队团等退入苏联境内。

吉林除救国军和自卫军两部义勇军外，还有吉西的李海青、蛟河的田霖、珲春的王玉振等抗日军。李海青出身绿林，"九一八"事变时被押于狱中，江桥抗战时被释，遂积极组织力量准备抗日，被马占山收编。1932年3月李在肇州成立"民众救国军"，自任司令，收编了大批"胡匪"，还有许多加入进来的青年学生，队伍曾发展到2万多人。他们在吉林西部地区进行抗日活动，后转战到黑龙江，1932年底转进到热河。田霖原为吉林省防军某部营长，1932年3月在新站宣布起义，成立"吉林人民抗日自卫军"，自任司令，在蛟河及吉敦铁路沿线开展抗日活动，是年冬由蛟河转战到辽东。王玉振原为吉林省防军第27旅678团2营营长，"九一八"事变后在珲春起义，组成"抗日救国军"，自任司令，下设4个团，活动于珲春境内。

由于种种原因，到1933年初，吉林大多数义勇军逐渐败退和瓦解，只有吴义成领导的一部在中国共产党的帮助之下继续坚持斗争并有所发展。在王德林出国之后，吉林救国军由吴义成和周保中率领，转移到宁安镜泊湖南湖头一带，将分散在宁安、敦化、额穆、安图等地活动的救国军2万余人组成新的"东北国民救国军”。吴义成任总司令，周保中任总参谋长，柴世荣、姚振山等人任各路司令。[10] 6月底，救国军占领安图，控制安图、敦化、蛟河等县部分地区，并建立了辽吉边区抗日根据地，使军队有组织地向沈海、吉海铁路沿线进击，并挺进中东路东段，抗击日本侵略军。救国军在吉东进行抗日活动，一直坚持到“七七”抗战爆发，后被改编为东北抗日联军一部。

三、黑龙江义勇军的抗日斗争

黑龙江抗日义勇军由马占山和苏炳文两支抗日队伍组成。吉林西部抗日义勇军李海青部也曾到黑龙江境内进行抗日活动。

1931年11月19日，马占山在江桥抗战后率部自齐齐哈尔撤至拜泉、克山一带，部队伤亡惨重，无力再战，于是以黑龙江省政府主席的名义下令收编海伦、克山、拜泉、肇州、肇东、泰康、青冈等十余县的公安队、民团。不到2个月，队伍扩充到2万余人。

此时，日军集重兵对马部进行“围剿”。面对强敌，马占山于1932年2月中旬与日军妥协，24日就任了伪黑龙江省省长，3月9日参加了伪满洲国成立典礼。马占山的降日行为对黑龙江刚刚兴起的抗日新局面产生了消极影响。

1932年4月2日，马占山逃脱敌人的严密控制，再举义旗，重返抗日战场。4月7日马占山到黑河后，一方面联络李杜、冯占海、李海青等人参加军事会议，协同作战；一方面重建军政机关，并组建黑龙江省抗日救国军总司令部（马占山自任总司令），将省内各部队加以整编，分主战场和支战场两方面进行配置。部署情况和作战计划为：[11]

（一）部队配置

1. 主战场方面

总指挥马占山

骑兵第1军　军长马占山

骑兵第3旅　旅长邵斌山

骑兵第4旅　旅长邓　文

骑兵第5旅　旅长朱凤阳

骑兵第6旅　旅长王克镇

骑兵第8旅　旅长才鸿猷

骑兵卫队团　团长张纯一

骑兵第2军　军长吴松林

骑兵第1旅　旅长吴松林(兼)

骑兵第9旅　旅长徐某

独立骑兵团　团长南庭芳

右支队　支队长陈海胜

先遣支队　支队长李忠义

步兵第3旅　旅长徐景德

暂编步兵第1旅　旅长朴炳珊

暂编步兵第2旅　旅长徐宝珍

步兵第4旅　旅长焦景彬

独立炮兵第20团　团长金奎璧

2. 支战场方面

总指挥苏炳文

步兵第1旅　旅长张殿九

步兵第2旅　旅长苏炳文(兼)

3. 总预备队

队长石兰斌

骑兵第7旅　旅长石兰斌

(二) 作战计划

1. 主战场方面

(1) 以骑兵第1军沿呼海路进攻哈尔滨,奏效后联合吉林救国军、自卫军进攻长春;

(2) 以骑兵第2军沿兆齐、四洮两路向四平街进攻;

(3) 以右支队破坏嫩江桥,并攻击泰来之敌;

(4) 以先遣支队侧击长春;

(5) 以暂编第2旅固守嫩江、大岭之线,并构筑工事;

(6) 以暂编步兵第1旅固守龙镇一带;

(7) 以步兵第3旅警戒黑河(今爱辉)、通河沿边(岸)。

2. 支战场方面

令苏炳文旅和张殿九旅固守博克图、兴安岭之线，并相机进攻卜奎，会师黑河。

4月初，以李顿为首的国际联合会调查团到达哈尔滨。马占山决心率部进攻哈尔滨，向国联调查团表示东北人民的抗日热忱。同月9日，马占山在黑河西营大操场誓师。后改变原来的作战计划，以第1军主力防守后方，其余兵力向哈尔滨进攻。其部署为：

一、委第2军军长吴松林为攻哈总指挥，位于绥化；

二、令邓文、李云集部为正面，沿呼海路前进，直捣哈尔滨；

三、令张纯一、刘雅轩部为左翼，经蒙古屯渡江向哈尔滨前进；

四、令才鸿猷、李天德部为右翼，经邵家窝堡向哈尔滨前进；

五、令顾诚德、萨力布两部为预备队，位置在兴隆镇。

15日，马占山由黑河出发到海伦。此时，日军渡松花江后占据松浦、马家船口两处，并派飞机到兴隆镇轰炸。平民伤亡甚众。15日晚，日军第14师团之第28旅团附装甲车一列向张家店才鸿猷旅进攻，邓文率部前来增援，激战一昼夜，敌不支而退。17日，敌军又来进攻，仍被击退。马占山指挥抗日军乘胜直捣松浦、马家船口两站。两地与哈尔滨一江相隔，国联调查团隔江望见了战斗的烈火，听到了隆隆的炮声。由于日军以舰只载来大批援军，抗日军退回到原阵地。是役毙伤日军多名，同时也向国联调查团表示了中国人民抗战到底的决心。

18日，日本侵略者集中更多的兵力向抗日军反攻。正面邓文旅在蒙古屯方面与日军3000余人激战两昼夜，由于弹械不济、伤亡过大而撤退。右翼才鸿猷旅也于24日撤退到呼兰。日军以重兵追击，又以飞机轰炸海伦。抗日军且战且退，虽给日军重大杀伤，自己亦伤亡惨重。日军第28旅团占领了呼兰、绥化。

5月初，马占山在孙家油房接见国联调查团美国记者司帝罗和瑞士记者林得特，表示了与日本侵略者作战到底的决心。

5月1日，日军探悉马占山组织抗日军后即出动江防舰队，载运大批日军由哈尔滨进犯通河。抗日军团长焦景彬、吴凌汉率部将日军击退。后日军增加大批援军继续进攻，激战十多个小时，抗日军不支而退。马占山鉴于集中作战目标明显、器械不良等情况，决定将部队分散，以游击战与敌周旋。

日本参谋本部因马占山军骑兵较多、行动飘忽，于6月6日调近卫师团之骑兵第1旅团到东北增援。6月10日，本庄繁命第14师团长松木直亮率其第27、28旅团及骑兵第1旅团，并配属黑龙江伪军，专事围剿马占山军。一个多月的时间内，日军曾组织了7次大规模的围攻。但由于马占山军骑兵行动快速、地形熟悉，既有当地民众积极协助，又有内线暗送情报，所以日军的7次围攻全部扑空，并有数百名伪军伤亡。本庄繁为了进一步集中兵力和提高部队的机动性，于7月中旬又将驻锦州第8师团之骑兵第8联队、驻哈尔滨第10师团之骑兵第10联队调至绥化、绥棱、海伦一带，并令关东军飞行队以主力配合第14师团的作战。

7月下旬，在海伦的日军第28联队长平贺英雄侦知海伦以东正白旗二井一带驻有马占山部骑兵1000余人，判断其可能将渡河北上，急令步兵第50联队及骑兵第18联队至正红旗十井子一带阻止马部北进。马占山部的骑兵于27日晨进至安固镇至刘家店间公路上，由于警惕性不高，未派出警戒，以旅次行军队形沿公路行进。上午9时许进入伏击圈内，日军四面袭击，一经发觉，形势已极严重，经奋力死战方突出重围，士兵伤亡数百，一切辎重损失几尽。马占山亦于此役面部受伤，此后转战东山一带。途中山高林密，人迹罕至，粮盐俱绝，杀战马充饥。经40余日始脱离山林绝境，于9月9日到达龙门。日军在战场发现马占山所用物品，认为马占山已战死；9月间知马占山未死，即派兵到处堵截。马由龙门转进到讷河。

日本关东军在1933年上半年以4个师团又2个旅团及伪军31个旅和4个支队的兵力展开全面围攻，不仅未能消灭抗日义勇军，而且也未能遏制义勇军的发展。因而日本军事最高当局于8月间撤换了本庄繁，并改组了关东军司令部，任命武藤信义为关东军司令官，分别任命小矶国昭、冈村宁次为正、副参谋长，同时从国内再增调骑兵第4旅团和混成第14旅团到东北。武藤信义改变本庄繁全面出击的战法，采用重点围剿的作战方针，决定集中兵力，根据义勇军活动的区域，按先南满、后北满的顺序进行围攻，企图各个击破。为此，将骑兵第1旅团调至辽宁。黑龙江的日军兵力减少。日军为守卫黑龙江省城齐齐哈尔，主力部队多部署于附近地区。义勇军乘机展开广泛出击，致使各地日伪军夜间不敢出门。马占山掌握时机，派人到各地联系，准备联合黑龙江省各抗日部队收复省城。为便于指挥，将所部再次整编为6个军：第1军邓文部，第2军吴松林部，第3军李海青部，第4军徐海亭部，第5军才鸿猷部，第6军邰斌山部。另外，在拜泉的朴炳珊（辖3个步兵团、1个炮兵团）和在海拉尔的苏炳文（辖2个步兵旅）

表面上虽然和伪黑龙江省政府保持着隶属关系，但实际上补充兵员，加紧训练，积极作抗日的准备，并与马占山等暗中联系，随时准备起义，参加抗日队伍。

马占山与各地抗日将领联络后，计划分兵四路进攻齐齐哈尔，分两个阶段实施。第一阶段以邓文军和朴炳珊部为东路军，进攻昂昂溪；苏炳文部为西路军，进攻富拉尔基；马占山率徐海亭军为北路军，进攻拉哈站；另以才鸿猷军沿呼海路袭扰敌人，并对哈尔滨实施佯攻，以牵制日军。[12] 俟各路攻占预定目标后，第二步再共同对齐齐哈尔实施向心攻击。预定 10 月 20 日开始行动。

9 月 27 日，苏炳文和朴炳珊联名通电起义，公开投入抗日阵营。9 月 30 日，张殿九、谢珂、朴炳珊、李海青、邓文等黑龙江省救国军的 10 名将领联名通电拥戴苏炳文为总司令。10 月 1 日在海拉尔成立东北民众救国军，苏炳文任总司令，张殿九任副总司令，谢珂任参谋长，张挺玉任前敌总指挥，向全国通电，声明决心“消灭伪国，铲除汉奸，揭发暴寇鬼蜮之伎俩，收复中国固有之土地”。[13] 此时，满洲里、海拉尔、博克图、扎兰屯、富拉尔基等要地均已为苏炳文起义军占领；李海青与邓文两军亦于 10 月 1 日、2 日先后攻占了昂昂溪和安达。从当时形势看，苏炳文军实力最强，且又控制了整个中东铁路北段，对齐齐哈尔威胁最大。因而日本参谋本部于 10 月 7 日致电关东军：“考虑到必要时势必不等讨伐东边道取得成果，即在嫩江以西发起积极作战”，[14] 要求立即向苏炳文部发起进攻。松木直亮遂集中其第 14 师团兵力，分别向昂昂溪和富拉尔基发动反攻。李海青部很快被日军击溃，向南撤走。苏炳文部经 10 月 7、8 两日激战，也撤出富拉尔基。由于第 14 师团主力被钳制在嫩江以西地区，齐齐哈尔以东、以北义勇军的进展稍顺利，至 10 月中旬，已先后攻克拜泉、克山、讷河、安达、青冈、通北、龙镇、巴彦等城镇。10 月 20 日，马占山、苏炳文分别向拉哈和富拉尔基发起进攻。激战至 29 日，义勇军攻占了拉哈街区，日军退缩至车站坚守。31 日，得而复失的富拉尔基又为义勇军占领。这时齐齐哈尔已陷入义勇军的包围之中。

日关东军司令官武藤信义鉴于北满形势严峻，于 10 月 27 日决定：将骑兵第 1 旅团和骑兵第 4 旅团急开北满，将关东军飞行队的轰炸第 12 大队和侦察第 3 中队亦转场至齐齐哈尔，均归第 14 师团长指挥，以加强北满的作战力量。日军逐次集中于齐齐哈尔地区后，武藤信义决定先肃清嫩江以东地区的义勇军，解除后顾之忧，再转移兵力至嫩江以西。

从 11 月 12 日开始，松木直亮以第 14 师团主力和 2 个骑兵旅团、3 个飞行中队向明水、拜泉、依安、拉哈及其以东地区发起进攻。在日伪军强大攻势的打击

图 1－4－1　东北抗日义勇军的活动地区及抗击日军形势图

（1931 年春—1933 年秋）

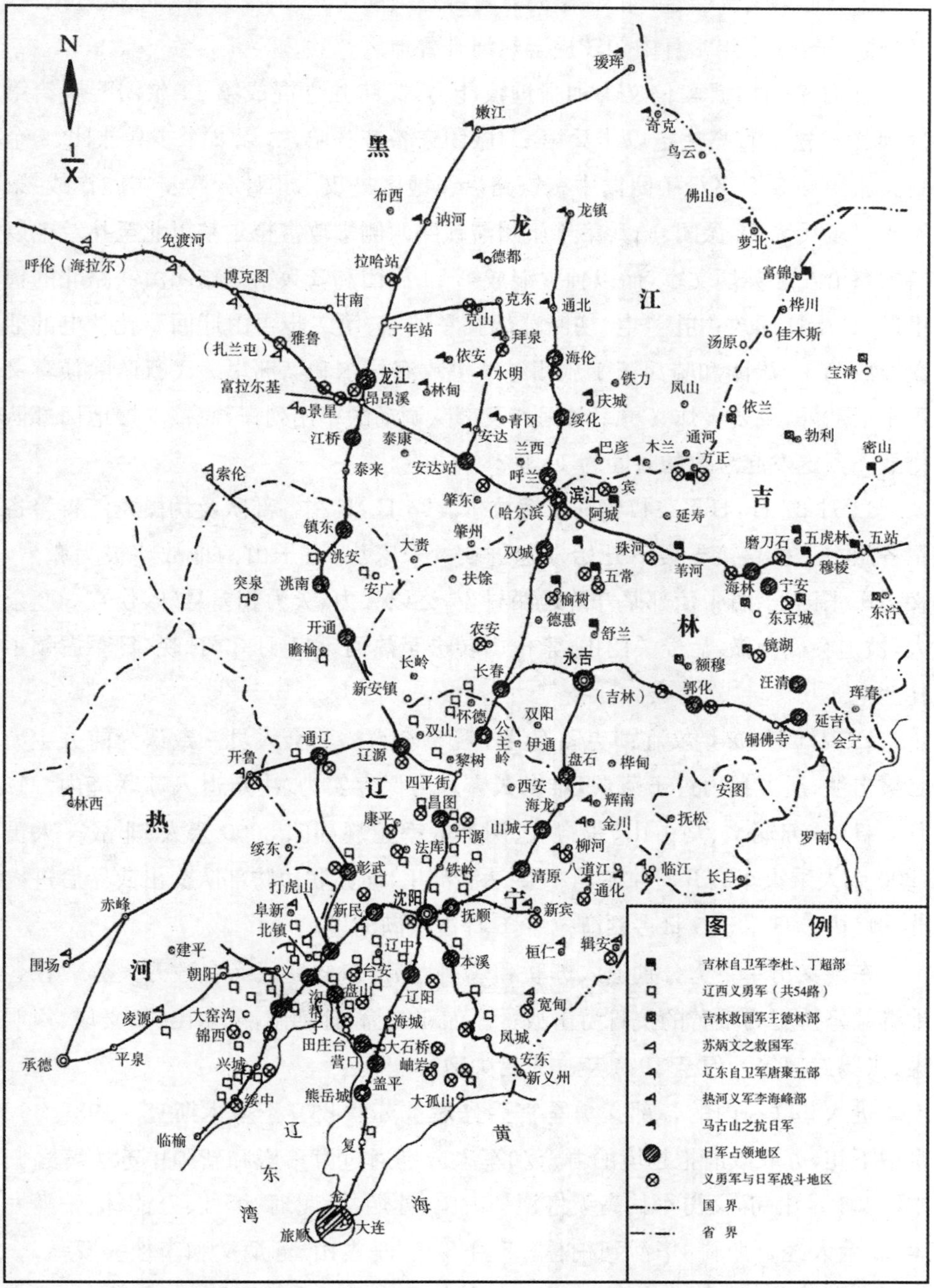

图　例

- 吉林自卫军李杜、丁超部
- 辽西义勇军（共54路）
- 吉林救国军王德林部
- 苏炳文之救国军
- 辽东自卫军唐聚五部
- 热河义军李海峰部
- 马占山之抗日军
- 日军占领地区
- 义勇军与日军战斗地区
- 国　界
- 省　界

下，至11月20日，嫩江以东各部义勇军相继受到严重挫折。马占山等撤至扎兰屯地区与苏炳文部会合；邓文、李海青等部逐渐向南转移，在大赉附近渡过嫩江，经瞻榆，于1933年1月中旬转进至热河开鲁地区。

11月24日，武藤信义为加强进攻能力，又将独立混成第14旅团配属给第14师团。松木直亮决定以步兵第27旅团守备齐齐哈尔，以2个步兵旅团、2个骑兵旅团和3个飞行中队向中东铁路沿线地区进攻。预计分两步实施作战：第一步以步兵第28旅团、骑兵第4旅团沿铁路两侧进攻富拉尔基以北至扎兰屯以南铁路沿线之苏炳文军，而以独立混成第14旅团和骑兵第1旅团由铁路北的梅里斯、甘南迂回攻占扎兰屯，切断苏炳文军退路；第二步再由迂回至扎兰屯的独立混成第14旅团和骑兵第1旅团继续进攻海拉尔和满洲里。飞行队除侦察义勇军活动外，主要轰炸义勇军各据点及部队调动的军用列车，直接支援地面部队作战。预定发起总攻的时间为11月28日。

11月27日，日军飞机轰炸了海拉尔。28日，日军各部队及伪黑龙江省警备军各旅在飞机直接支援下开始发起进攻。朱家坎、碾子山两地战斗极为激烈。义勇军张挺玉、唐中信部坚守阵地两昼夜，终以兵力、火力相差悬殊，伤亡300余人，被迫突围南撤，后经关门山、索伦山转进至热河。11月30日晚，日军占领了扎兰屯。

12月1日，苏炳文在博克图召开了秘密会议。与会人员一致认为前方主力已被击溃，后方兵力过于薄弱，难以久守。为保存实力，决定退入苏联境内。12月2日晚，苏炳文、马占山、张殿九、谢珂等率正规部队3000余人、非战斗人员1200余人乘火车离开海拉尔，4日到达满洲里，向苏联边防部队交出武器后进入苏联境内。日军于5日占领海拉尔，6日占领满洲里。

东北义勇军主力分别退入苏联和热河以后，东北地区尚有数万人分散在各地继续坚持更为艰苦的抗日游击战争。如邓铁梅、孙朝阳，陈东山、吴义成、卢明谦、张锡武部等。但至1934年亦先后失败。

进入苏联境内的各部义勇军官兵先后被苏联收容于多木斯克。1933年2月中下旬，苏联政府把越境的群众和军人分别通过海参崴和新疆中苏边境送归中国。4月中旬，义勇军的高级将领马占山、苏炳文、谢珂、李杜、王德林、张殿九等20余人经莫斯科、华沙到柏林。5月8日，马占山、苏炳文和李杜去罗马，会见正在那里考察的张学良，其余人在柏林停留半月后乘船回国。5月中旬，马占山和苏炳文从威尼斯回国，李杜则暂留罗马。越境退入苏联的东北义勇军共计

1万余人，分8批回到新疆。1933年7月，国民政府宣布将这些人编入新疆部队。

四、东北义勇军抗日斗争简析

从"九一八"事变起到1933年《塘沽协定》签订，在两年多时间里，东北抗日义勇军发展到50万人左右，和日伪军进行了大小约3000次的战斗，给日伪军以重大打击。东北抗日义勇军的抗日行动，是东北人民伟大的爱国行动，是对蒋介石不抵抗政策的反抗。虽然大规模的武装斗争失败了，但东北广大不愿意做奴隶的人们仍坚持战斗。有的接受了中国共产党的领导，编成东北民主联军的一部分，坚持到日本帝国主义失败投降。他们不屈不挠、前仆后继地英勇斗争，在中国人民的反侵略战争史上产生了不可估量的影响。

东北抗日义勇军的斗争，为全国规模的抗日战争，乃至整个反法西斯战争都做了思想上、组织上的准备。日本帝国主义侵占东北后，东北民众爱国热忱之高涨、对敌斗争之坚决、群众发动之广泛、斗争环境之艰苦、牺牲之惨烈，在中国人民近代反帝斗争史上是前所未有的。

东北抗日义勇军的英勇斗争和人民高涨的声援活动，振奋了民族精神，推动了全国抗日救亡运动的发展，促进了国民政府统治营垒的分化。从1931年马占山的江桥抗战、1932年第19路军的上海抗战、1933年的长城抗战、冯玉祥组织察哈尔抗日同盟军的抗战，直到1935年的"一二・九"运动和1936年的西安事变，无不受东北抗日义勇军运动的促进和影响。

东北抗日义勇军的抗日活动牵制了大量的日军。据文献记载，日本用于东北战场的正规军力量，1931年至1933年约有5万人，1934年至1937年约有40万人(虽然这40万人主要用于防苏)。[15]从"九一八"事变到1933年，日军被东北义勇军消灭的达10 500余人。[16]从"九一八"事变到"七七"事变前，日本侵略军在东北战场上被打死、病死、战伤、冻伤者，共达17万人以上。[17]就连日本战史也承认，日军在义勇军的打击下"困难重重，伤亡惨重"。[18]

日本侵占东三省，同时也是对苏联作战作准备。日本关东军参谋长三宅后来承认："占领满州的作战计划是日军对苏联作战总计划中的一个主要组成部分。"[19]"九一八"事变爆发后，苏联就敏锐地感觉到日本的威胁，便加强了远东的防御。1931 年，苏联远东军拥有 3 个师，关东军和朝鲜驻屯军也有 3 个师团的兵力；1932 年日本增加到 6 个师团的兵力，苏联则增加到 8 个师。1932 年 8 月，日本参谋本部制定了对苏作战计划，准备以东北为基地，用总兵力 30 个师团中的 20.5 个师团对苏作战。

但是直到 1937 年，日本侵略者始终未敢发动侵苏战争，这除了苏联做好了反侵略战争的准备以外，另一个重要的原因是东北义勇军和尔后的东北抗日联军广泛地开展了抗日游击战争，拖住了日军“北进”的后腿，使其侵略计划无法实现。对此，日本学者信夫清三郎指出：“由于满洲人民的反满抗日斗争……关东军迫于讨伐，致使本来的目的——对苏战略体制，始终也未得进展。到了 1934 年，扫荡讨伐告一段落，便想转入对苏战争准备，但从此时起，满洲的抗日军队大部接受了中国共产党的领导”，从而战斗性更加坚强，“日军不得不继续应付东北人民的抗日武装斗争”。[20]

波澜壮阔的抗日义勇军运动到 1933 年大部分失败了，但是它为反对外来侵略所作的贡献是不可泯灭的。其失败的教训也应该总结吸取。东北抗日义勇军的失败有它主观与客观方面的原因。

从客观上来看，东北的抗日战争是在孤悬敌后的情况下进行的。“九一八”事变后，在蒋介石的不抵抗政策下，战争从一开始就处在外无援军、内无装备给养补充、完全独立奋战的境地。马占山在江桥抗战中向国民政府请求支援，蒋介石、张学良没给一兵一卒，马占山部在伤亡惨重、后援无继的情况下只好退出江桥。王德林、李杜、苏炳文等也多次向国民政府求援，但都未得到实质性的援助，使他们终于败散。

不仅如此，1933 年 5 月 31 日，国民政府同日本签订了屈辱的《塘沽协定》。此《协定》规定取消关内外一切抗日行动，不准支持关外的抗日义勇军。6 月初，《塘沽协定》签订的消息传到东北各地的抗日义勇军中，不仅引起了广大官兵的愤慨，同时也动摇了部分抗日军民的决心，悲观失望情绪增加，少数意志不坚强分子公开叛变投敌，极大地削弱了抗日义勇军的战斗力。7 月 10 日，北平军分会代委员长何应钦下令解散东北民众抗日救国会和后援会等抗日组织，使抗日义勇军失去来自关内的后援。1934 年，国民政府和伪满洲国通车、通邮，等于变相承认了伪满洲国。这都极大地挫伤和打击了抗日义勇军，直接、间接地造成了东北义勇军的最后失败。

导致东北义勇军失败的另一个客观原因是敌人异常强大，手段十分毒辣。

为扑灭义勇军的抗日烽火，关东军急骤增加，到1932年9月已达6个师团、15万余人，以后一直保持5个师团。如果加上伪军、守备队、宪兵队和特务警察队，其总数不下20万至30万人。日伪军不仅数量多，而且战斗力强，尤其是关东军装备精良，训练有素，给养充足，每次出动，均配备有装甲车、大炮，有飞机侦察、轰炸。而抗日义勇军除原东北军的部队有一些步兵武器外，民众武装使用的不过是长矛、大刀和猎枪。日军为在东北巩固其殖民统治，从1932年初至1933年10月，以关东军为主，统辖伪军、警进行了19次的大讨伐。在大讨伐中，日军采取定期、定点、定线方式，以分兵包围、篦梳山林、铁壁合围、陆空配合等战法穷追不舍，致使抗日义勇军遭受严重挫折。

从主观上讲，导致抗日义勇军失败的原因首先是没有一个坚强的抗日领导核心，没有明确的政治纲领。

东北辽、吉、黑三省及热河的义勇军作战基本上是在孤军奋战的状况下进行的。东北抗日义勇军兴起后，国民政府自动放弃了抗日的领导权。而东北的爱国人士和军警人员为了驱逐日寇、收复东北，在北平组织了“东北民众抗日救国会”、“后援会”等爱国团体和组织，但没有明确的政治纲领和具体的奋斗目标。他们也曾煞费苦心，力图领导，并从军费上、物质上给予支持，但从全局上看，仍没有形成一个统一的领导核心。他们不可能根据一省乃至全东北的情况制定出正确的政策和策略，因此不能从根本上改变义勇军长期分散、各自为战、各自为政、缺乏协同配合的弱点，这就难免不被敌军各个击破。如辽宁义勇军攻打沈阳，吉、黑两省义勇军攻打哈尔滨，最后都是大的行动导致了大的失利。毛泽东指出：“没有一个明确的具体的政治纲领，是不能动员全军全民抗日到底的。”[21]这用于对东北义勇军失败的分析，也是十分中肯的。

抗日义勇军的广泛性，导致其成分复杂、派系较多。抗日义勇军中不乏抗战热忱高、立场坚定、意志坚强的人物。但在民族矛盾上升时，一些流氓、兵痞和一些富豪子弟一度参加抗日，一些“胡匪”也掉转枪口下山参加了抗日队伍，一时鱼龙混杂。这些人一方面是抗日的，另一方面又有一些危害人民利益的行为，有的人重操旧业，掠夺鱼肉人民，这样就失去了人民的支持，最后归于失败。

抗日义勇军内部不团结，也是导致失败的重要原因。参加抗日义勇军的东北军官中的一部分人打着抗日救国的旗帜来扩充实力、骗取人民的支持和捐款；有的人总想割据一方，因而互相闹成见，少数部队之间相互摩擦、冲突的事件时有发生；有的人在战斗中暗自保存实力，作为争名夺利的资本。由于抗战思想不稳固，他们一遇挫折或作战失利就出现“内讧”，当抗日处于低潮时甚至动摇、叛变。这都严重地削弱了部队的战斗力，最终导致失败。

从作战形式上看，东北抗日义勇军在本乡本土进行战斗，地形、人情等非常熟悉，应该同人民群众密切配合，采取灵活机动地袭击敌人的作战方法，采取伏击战、偷袭战等战术，给敌人以杀伤。但抗日义勇军大多采取正规军所采取的正规战斗。如马占山的江桥抗战、辽宁义勇军进攻沈阳的作战，还有王德林、冯占海、李杜等进攻哈尔滨的作战等，采取的就是正规战，但敌人机动性强，装备好，义勇军都没能取胜，反而暴露了自己，使自己处于被动的境地，最后不得不退出东北。

注　释：

〔1〕 见中国第二历史档案馆藏《长城抗日战纪》及其附录《义勇军战绩》。本节后文所述义勇军的情况，除另有注释者外，均本此档案。有关战绩等数字，因系在敌我情况不太明了的情况下统计的，所以可能不太准确。

〔2〕 何新吾：《东北现状》，第 270 页。

〔3〕 见孙秀岩《第三军区第十六路战斗经过》。转引自谭译《九・一八抗战史》，辽宁人民出版社 1991 年版，第 253—256 页。

〔4〕〔7〕〔8〕 冯占海《“九・一八”事变后我的抗日作战经过》。载《吉林文史资料选辑》第一辑。

〔5〕 见东北义勇军总司令部政治训练部编《中国国民救国军抗日血战史》。1933 年印，第 8 页。

〔6〕 见李延禄《过去的年代》。黑龙江人民出版社 1979 年版，第 19 页。

〔9〕 冯占海：《吉林军抗日救国简略战史》。载《抗日义勇军》(新年专号)，暨南影片公司 1933 年版。

〔10〕 见关寄晨《东北抗日联军斗争史略》，第 6 页。

〔11〕 所引兵力部署及作战计划见《黑龙江马占山在东北诸战役战斗详报》(1932 年)。原件藏中国第二历史档案馆。又，由于当时部队单位及番号变动频繁，各种资料记述不一，作战情况亦各不相同。

〔12〕 东北民众抗日救国会所编《救国旬刊》第 25 期(1932 年 10 月 30 日出版)载马占山致北平的电报称，这次进攻分为 6 路：第 1 路李海青从南面进攻，第 2 路邓文从东面进攻，第 3 路徐海亭从北面进攻，第 4 路李天德、李云集攻克山，第 5 路才鸿猷进攻呼海线，第 6 路南庭

芳进攻泰山镇。《九・一八抗战史》作者谭译等根据档案资料及参战人员的回忆，考证当时实际上为 4 路进攻、1 路牵制。

〔13〕 印维廉、管举先：《东北血痕》。1933 年南京出版。转引自谭译《九・一八抗战史》，第 202 页。

〔14〕 日本参谋本部编《满洲事变作战经过概要》。中华书局 1982 年中译本，第 42 页。

〔15〕 见日本防卫厅防卫研究所战史室编《大本营陆军部》中的附录。

〔16〕《东北抗日斗争史论丛》。辽宁人民出版社 1985 年版，第二辑第17 页。

〔17〕 关于“九一八”到 1937 年全面抗战爆发前东北抗日义勇军消灭日军的数字，说法不一，如日本井上清、铃木四郎在《日本近代史》中认为是 17.2 万人（下册第 201 页），陈雷的《伟大的胜利，历史的功勋》（载 1985 年 9 月 2 日黑龙江日报）记为 17.8 万人。

〔18〕〔日〕桑田悦、前原透：《简明日本战史》。军事科学出版社 1989 年中译本，第 55 页。

〔19〕〔日〕舀井胜美：《满洲事件》，第 139 页。

〔20〕〔日〕信夫清三郎：《日本外交史》，（下）第 601 页。

〔21〕《毛泽东选集》第二卷。人民出版社 1991 年第 2 版，第 481 页。

第五节　“一・二八”淞沪抗战

一、日军侵沪的战略企图及中日双方在淞沪地区的兵力部署

1932 年 1 月，日本为了制造所谓“满洲国”，决定在上海制造事端，挑起军事冲突，以便给国民政府施加军事压力，逼迫其承认东北的既成事实，并转移国际，特别是英、美等国家的注意力，同时借此机会打击中国人民方兴未艾的抗日运动。

上海是中国工业、金融中心，也是英、美等国在华利益的重要地区，是国民党统治和国际影响非常敏感的地方。从地理形势和军事价值上看，上海濒海临江，是铁路、水运交通的枢纽，距离日本本土 1000 多公里，既便于日军发挥其海空优势，又便于支援联络；同时，上海距国民政府的政治中心南京很近，对国民党统治

集团施加军事压力易于奏效。

日本制造事端的目的，据参与制造事端的日本参谋本部人员——驻上海公使馆陆军武官辅助官田中隆吉事后交待："日本人想使满洲独立起来，可是外国方面非常麻烦。于是，关东军高级参谋板垣征四郎大佐打了一个电报给我：'外国的目光很讨厌，在上海搞出一些事来！'就是说打来电报，叫把外国的目光引开，使满洲容易独立，这样，就送来了两万日元来。"[1]于是田中隆吉便制造了日僧被殴事件。

1932年1月18日，日本僧侣5人行经引翔港马玉山路三友实业社附近时，遭到田中隆吉雇用流氓的袭击殴打，使3人受重伤。随后日人反诬是三友实业社工人组织义勇团员所为。20日凌晨1时，田中隆吉又指使原宪兵大尉重藤千春率领30余名日本浪人各持武器及烈性易燃易爆物，趁黑暗到三友实业社纵火焚烧，并打死中国巡警1人，打伤2人。当日下午1时，日侨4000余人集会，致电日本政府，要求"立即派遣陆海军，行使自卫权，坚决灭绝抗日活动"。[2]21日，日驻上海总领事村井苍松向上海市市长吴铁城提出4项要求：市长道歉，惩办凶犯，赔偿损失，取缔抗日运动，立即解散一切抗日团体。[3]驻上海日本第1遣外舰队司令官盐泽幸一也于当日发表声明，要求上海市市长"从速作出圆满答复并且付诸实现，否则，为保护帝国权益，决心采取认为适当的手段"。[4]

就在盐泽发表声明的同时，日本海军紧急向上海增兵。"大井"号轻巡洋舰、第15驱逐队、吴港特别陆战队以及"能登吕"号特务舰（水上飞机母舰）先后于23、24日驶抵上海；26日又派遣第1水雷战队（下辖3个驱逐队）驶向上海。均归盐泽幸一指挥。"九一八"事变前，日本在上海的海军特别陆战队有600余人，"九一八"事变后，又增加了2个大队又1个中队，共约1800余人。"一·二八"事变爆发时，日本在上海地区及长江流域的海军第1遣外舰队所属部队有第15、第22、第23、第30驱逐队（每队编制4艘驱逐舰）及4艘轻巡洋舰、1艘水上飞机母舰（搭载水上飞机6架），旗舰号为"安宅"号；陆战队有第1、第2、第3大队。

"一·二八"事变爆发时卫戍上海的中国军队为第19路军第78师的2个旅和淞沪要塞守备部队及北站宪兵营。第19路军为陈铭枢的部队。1931年9月底，陈被任命为京沪卫戍总司令。10月间该军调至京沪地区担任卫戍任务，由蒋光鼐任第19路军总指挥，蔡廷锴任副总指挥兼第19路军军长。所属部队除第78师外，第60师、第61师分别驻防于南京、丹徒、江阴、无锡附近。第19路军在江西“围剿”红军时,对中国共产党提出的“中国人不打中国人”、“枪口一致对外”等口号印象极深。“九一八”事变后又受到全国人民抗日救亡运动的影响,全体官兵在赣州就曾宣誓反对内战、主张抗战。调至淞沪后,又受到上海人民抗日救亡运动的推动和直接影响,更加坚定了为中华民族求生存、为中国军人争人格的决心。日本在上海的不断挑衅和不断增兵,使他们判断出日军对上海的进攻难以避免,遂积极进行抗战的准备。1 月 23 日,蒋光鼐、蔡廷锴和淞沪警备司令戴戟在龙华警备司令部召开了驻上海部队营以上军官的紧急会议,决心“尽我辈军人守土御侮的天职,与倭奴一决死战”。当晚 7 时,第 19 路军指挥部向所属各部队发出密令。其主要内容为:(一)日军有以武力威逼我政府取缔爱国运动之企图;(二)我军应严密戒备,如日军来攻,全力扑灭之;(三)第 78 师第 155 旅担任京沪铁道线以北至吴淞、宝山之线,各扼要占领阵地:吴淞要塞守备部队(1 个营)固守要塞,与附近友军确保联络;铁道炮队及北站宪兵营归第 78 师第 6 团团长张君嵩指挥;丹阳第 60 师之黄团(即第 1 团)限明日(24 日)开至南翔附近待命,其余沈(第 60 师)毛(第 61 师)各师为总预备队,原地待命;各区警察及保安团受各该地区军队高级指挥官指挥。(四)总指挥部及军部移驻真茹(今作“真如”,下同),警备司令部仍驻龙华。

24 日,蔡廷锴又到苏州召集第 60 师高级将领举行紧急会议,传达了 23 日所发密令,并致电国民政府,表明抗战决心。电文中说:“为国家人格计,如该寇来犯,决在上海附近抵抗,即使牺牲全军,亦非所顾。”并由陈铭枢、蒋光鼐、蔡廷锴、戴戟联名发表《告十九路军全体官兵同志书》。28 日,蒋、蔡、戴又联名发表了《敬告淞沪民众书》。《书》中历数日本自“九一八”事变以来的种种侵略罪行和准备进攻上海的情况,表示“宁为玉碎而荣死,不为瓦全而偷生”,并提出了军民合作、共同抗日的 7 项措施。至此,第 19 路军基本上已完成了抗击日军进攻的思想准备和作战准备。

调整部署后的兵力配置情况为:第 155 旅第 3 团驻真茹,第 2 团驻北新泾、虹桥地区,第 1 团驻龙华、高昌庙地区;第 156 旅第 6 团驻闸北,第 5 团驻大场、江湾(并派出 1 个连警戒浏河),第 4 团驻吴淞、宝山;第 60 师第 119 旅第 1 团驻南翔,其他各团驻苏州、无锡、常州地区;第 61 师驻南京、镇江地区。淞沪地区的阵地编成为:龙华、虹桥、北新泾、真茹、闸北、江湾、吴淞、宝山之线为第一抵抗线,预定七宝、南翔、嘉定、浏河为第二抵抗线。[5]

就在日军加紧增兵作进攻准备、第 19 路军积极动员并部署军队作抗战准备之际，改组不久的南京国民政府却致力于"避免冲突"。1 月 23 日，新任行政院长孙科在与汪精卫、蒋介石"详商"后，急电上海市市长吴铁城："我方应以保全上海经济中心为前提，对日方要求只有采取和缓态度。应立即召集各界婉为解说，万不能发生冲突，致使沪市受暴力夺取。"[6]同日，军政部部长何应钦亦致电吴铁城，重申"沪市为我经济中心，总以和平应付、避免冲突为是"。[7]

在日本的侵略迫在眉睫的情况下，虽然下野但仍握军政大权的蒋介石和新近上台掌握国民党党权的汪精卫都主张"避免冲突"。而亿万中国人民和上海各爱国阶层坚决要求抗日，第 19 路军也坚决主张抗战。孙科难于应付这种内外交困的局面，于 1 月 25 日辞职，由汪精卫接任行政院长。

1 月 26 日，日本参谋总长闲院宫载仁根据御前会议的决议，训令在上海的盐泽海军第 1 遣外舰队司令官"行使自卫权利"。[8]27 日 20 时，村井苍松与盐泽幸一协商后，一方面由村井向上海市市长发出最后通牒："限于 28 日 18 时前对过去所提要求做出答复"，否则将"自由行动"，采取必要手段；一方面由盐泽向所属各舰队及特别陆战队"下达有关行使武力的命令"。[9]此时蒋介石和汪精卫仍主张对日退让，惟恐第 19 路军与日军冲突；27 日令朱培德致电宪兵司令谷正伦和上海警备司令戴戟："兹为力图避免彼我双方军队发生冲突起见，着派宪兵一团即刻开往上海闸北一带接替防务……"[10]谷正伦当即派宪兵第 6 团赶赴上海接替第 19 路军第 78 师翁照垣第 156 旅的防务。与此同时，吴铁城与留沪国民党中央委员黄郛、张群及军政部长何应钦共同决定接受日本提出的 4 项要求。28 日，上海市政府封闭了"上海各界抗日救国委员会"，并答允日领事缉凶和负担抚恤、医药费用。

尽管国民政府屈辱地接受了日本的 4 项要求，但日本并不中止其侵略计划的实施。28 日 20 时，盐泽进一步提出更为无理的要求："帝国海军为了维护闸北一带的治安，预定配备兵力，希望撤退该地的中国军队及拆除敌对设施"，同时"命令上海特别陆战队准备配备警戒"，"命令由在泊舰只编成的第 1 陆战队（乘员的 30%）登陆"。[11]当日 23 时 25 分上海市政府收到日军的通牒，而日军于 23 时 30 分就开始向闸北的中国军队发起了进攻。此时宪兵第 6 团与第 156 旅防务交接尚未完毕。第 19 路军的部队激于民族义愤，毅然奋起抵抗，"一·二八"淞沪抗战由此开始。[12]

二、闸北巷战

日本海军特别陆战队指挥官鲛岛具重大佐指挥所属陆战队 1000 余人，在 20 辆装甲车的引导下，分 3 路向闸北进攻：北路为主力，从天通庵车站沿京沪路向上海北站进攻；中路从日本小学西进，转入横浜路牵制当面的中国军队；南路由虬江路直趋北站。日军在猛烈炮火的掩护下向中国守军阵地进攻。第 156 旅当即予以还击，前来接防的宪兵第 6 团一部亦奋勇抗击。两军在街道相连、房屋栉比的巷内激战。至 29 日拂晓前，守军打退了日军的进攻，阵地屹立未动。

图 1－5－1　淞沪会战·闸北巷战要图

（1932 年 1 月 28 日—2 月 5 日）

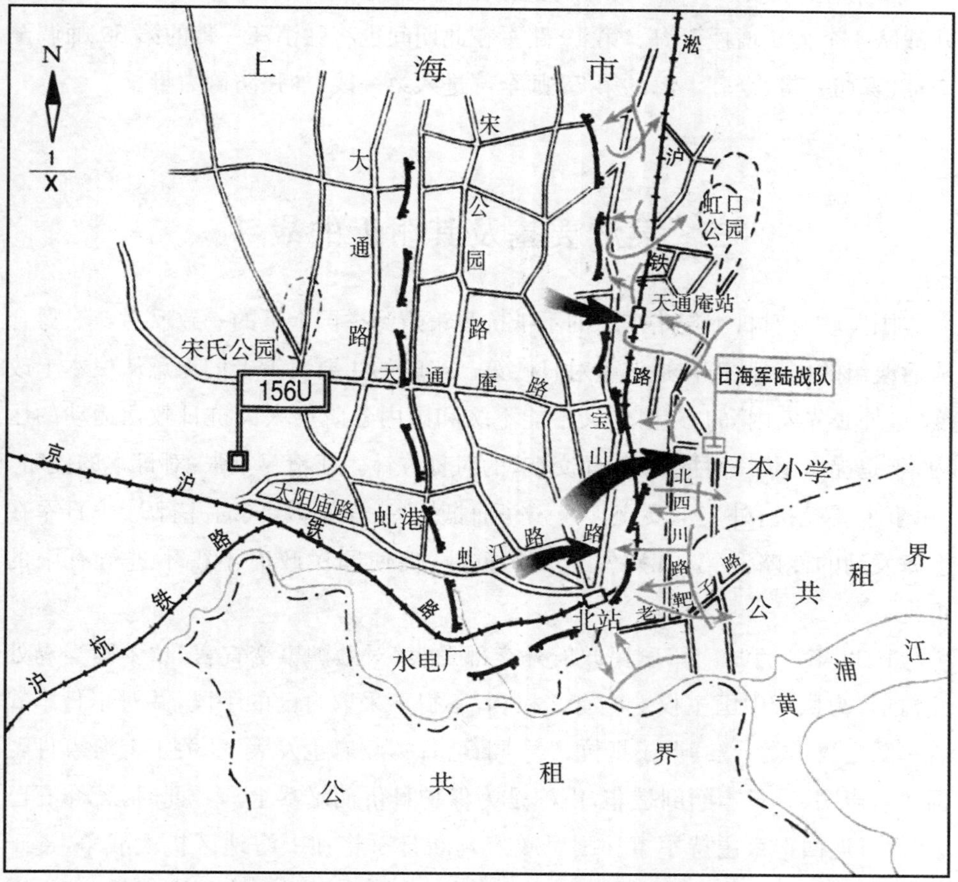

29 日凌晨 1 时，蒋、蔡、戴三人向全国各界发出通电，表示“光鼐等分属军人，惟知正当防卫、捍卫守(国)土，是其天职，尺土寸草，不能放弃。为救国保种而抵抗，虽牺牲至一人一弹，绝不退缩，以(而)丧失中华民国军人之人格”，[13]表明对日军进行坚决抵抗的决心。

29 日黎明，日军水上飞机从停泊在黄浦江上的“能登吕”号起飞轰炸北站及商务印书馆等建筑，支援地面部队作战。日陆战队乘机向北站守军阵地发起冲击。守军苦战 1 小时后撤出北站。17 时，第 156 旅主力进行反击，又将北站夺回。中国军队乘胜追击。日军退至北四川路以东、靶子路以南。日军对闸北的第一次进攻以失败而告结束。

29 日 20 时，日军通过英、美等国驻沪领事提出停战要求。第 19 路军明知其为缓兵之计，但因自身亦需调整部署，所以同意日军的要求，停战 3 日。

日本在停战的 3 日中，海军省急派第 2 驱逐队和航空母舰 2 艘及海军特别陆战队 4 个大队增援上海。第 19 路军在此期间也将驻镇江一带的第 60 师调至南翔、真茹一带，令驻上海的第 78 师全部进入第一线，加强防御力量。

三、吴淞要塞及其附近的战斗

国民政府对日本侵略东北的不抵抗政策遭到举国上下的一致反对，宁、粤合流后改组的国民政府被迫调整对日政策。当时的主要决策者们无意从根本上改变“攘外必先安内”的方针，但又不能不缓和国内各阶层人民抗日救亡运动的压力，于是提出了“一面抵抗，一面交涉”的对日方针。汪精卫主张：对日本的侵略，“军事上要抵抗，外交上要交涉……一面抵抗，一面交涉，同时并行”。[14]日军在上海发动的侵略和第 19 路军自发的抗战，促使国民政府不得不进行有限的抵抗。

1932 年 1 月 29 日，国民政府外交部发表《对淞沪事变宣言》：“中国当局处此情形，为执行中国主权上应有之权利，不得不采取自己的手段，并对于日本武装军队之攻击，当继续严予抵抗。”[15]同日，日本政府也发表了《关于上海事件帝国政府声明》。日本颠倒是非，声称是为保护日侨而增兵上海。此时，蒋介石已于 28 日返回南京主持军事。国民政府判断日军将在上海地区扩大战争，遂于 30 日照会国联及 9 国公约签字国驻华公使，表示中国对日本的野蛮侵略“忍无可忍，不得不采取相当手段，以实行正当防卫权"，并要求"速采有效之手段，严正制止日本在中国领土内之一切军事行动"。[16]同时在南京召开中央政治会议紧急会议，决定迁都洛阳和改组军事委员会，任命蒋介石、冯玉祥、张学良等为军事委员会委员，并于当天令第19路军全力防守上海，令第87、第88师防守南京。

但是，国民政府在部署防务的同时还在积极活动，希望在沪有重大利益的英、美等国出面调停，以结束冲突。31日，英、美两国驻沪领事邀请中日双方代表吴铁城、区寿年(第78师师长)、村井、盐泽在英国领事馆直接交涉。英方提议：日军退入租界，中国军队由现地后退2000米，由中立国军队在缓冲区代为警备。何应钦在会议时致电吴铁城："我国目前一切均无准备，战事延长扩大，均非所利，各国领事既出面调停，请兄等酌量情形，斟酌接受。"[17]蒋介石也认为："只要不丧国权，不失守土，日寇不提难以忍受之条件，我方即可乘英美干涉之机，与之交涉；不可以各国交涉，我反出于强硬，致生不利影响也。"[18]因而，中方代表当即接收英方的建议。但日方代表则表示向政府请示后再做答复。这显然是推托之词、缓兵之计。2月1日，蒋介石在徐州主持召开了军事委员会会议，商讨对日作战问题。最后议决在全国划设4个防卫区：以张学良、蒋介石、何应钦、陈济棠分任第一(黄河以北)、第二(黄河以南、长江以北)、第三(江南及浙、闽)、第四(两广)防卫区司令长官，并电令川、湘、黔、豫、赣、鄂、陕各省出兵作总预备队。同时将京沪地区的军队作了部署调整：第61师将镇江的防务交予第87师，部队开上海大场镇附近；第88师主力集结苏州，为第19路军预备队，以1个团加强江阴要塞的防守力量。另外电令驻开封的炮兵第1旅拨野炮8门、重炮4门开驻蚌埠、滁县一带待命。

日本政府得知上海日军进攻闸北失败的情况后，陆军大臣荒木贞夫、参谋总长闲院宫载仁亲王、海军军令部长伏见宫博恭王及有关各大臣举行了内阁会议。2月2日，经裕仁天皇批准，决定向上海增派部队，扩大侵略。当日，日本海军将准备增援及已在上海的部队组成第3舰队，由野村吉三郎中将任司令官，并调植松炼磨少将为在上海的海军特别陆战队指挥官；陆军令第9师团紧急动员，做好去上海作战的准备，并将第12师团的步兵第24旅团配属以骑兵、炮兵、工兵等特种部队，组成混成旅团为先遣部队。由于陆军和海军在指挥权上产生矛盾，直至2月6日，混成第24旅团才在佐世保集结乘船，跟随野村吉三郎所乘"出云"舰向上海进发。

日本海军于1月末来援的"加贺"、"凤翔"两艘航空母舰、第2驱逐队的4艘驱逐舰，以及特别陆战第4、第5、第6、第7四个大队先后于2月初到达上海。此时野村尚未到沪，上海日军仍由盐泽指挥。为了掩护及接应日本海军舰队进入黄浦江岸登陆，盐泽决心攻占吴淞要塞。

2月4日，日陆战队在舰炮掩护和20架飞机的支援下向吴淞要塞进攻。猛烈、密集的炮火炸毁了守军的全部宿舍及6门要塞炮。要塞司令邓振铨弃职逃走，但部队仍坚守阵地顽强抵抗。5日，军政部命第78师副师长谭启秀任要塞司令，继续指挥守军作战。激战至5日16时，日军在遭受严重杀伤后退回原阵地。

2月7日，野村乘“出云”舰到达上海，混成第24旅团亦到达吴淞口。上海陆战队为接应第24旅团登陆，9时起向吴淞铁路码头以西的杨家宅、曹家桥一带的第19路军阵地进攻，但均被击退。14时，第24旅团在舰炮火力支援下实施强行登陆。到18时，其先头第46联队之第1大队占领了滩头阵地，主力陆续登陆，集结于徐家宅附近。这时日军的指挥系统是：海军第3舰队司令官野村吉三郎中将指挥上海地区的海军及陆军第24旅团，而植松炼磨少将指挥的海军特别陆战队则归陆军第24旅团长下元熊弥少将指挥。各部队的分布位置为：第24旅团位于蕴藻浜右岸地区，其司令部在军工路水厂附近；海军特别陆战队位于江湾至八字桥以东的淞沪铁路线上，其指挥部设在虹口公园附近；海军陆战队在闸北地区；临时飞机场在公大纱厂附近；第1航空战队之航空母舰泊于白龙港口外，其余各舰队分布于长江及黄浦江口。第3舰队司令部设于“出云”号旗舰上，野村则住在礼查饭店。

根据敌情变化，第19路军也重新作了部署：

（一）第60师担负北站、闸北亘江湾之线，以一部守北站、闸北，主力集结于大场镇东南一带地区，相机迎击由黄浦江进犯之敌，并与第78师翁旅（第156旅）切取联系。

（二）第78师翁旅（欠第6团）死守吴淞，并在北新泾、真茹之线，对中山路—曹家渡方面警戒。

（三）第61师以1个团控制于罗店，派出一部至浏河—小川沙沿岸一带警戒江面。主力则应于8日拂晓前集结于刘家行至大场一带地区。如浏河、小川沙方面无敌踪发现时，应相机策应第60师。

（四）第88师及第87师宋（希濂）旅为预备队，位于南翔、江桥镇间。

（五）宪兵第6团担任南市—高昌庙—龙华一带警戒；税警总团王赓旅第2

团(古鼎华团)担任虹桥、北新泾之线警戒(8 日拂晓前接防完毕),归区(寿年)师长指挥。

8 日拂晓,日军向守军阵地发起全面进攻:第 24 旅团以主力进攻吴淞镇,以一部兵力偷渡纪家桥,迂回至吴淞守军后路;海军特别陆战队向江湾、八字桥进攻,企图截断吴淞与闸北间的联系;海军陆战队向闸北守军阵地进攻。在第 19 路军的英勇抗击下,各路日军均被击退。9 日,第 19 路军第 60 师一部兵力从江湾方向秘密迂回至闸北日海军陆战队阵地右翼,发起突然袭击,日军当即陷入混乱。野村急令特别陆战队乘汽车增援,方免被歼。

日军第 9 师团于 2 月 9 日、10 日从吴港出海,预计 13 日可抵上海。下元熊弥为接应该师团在黄浦江登陆,令第 14 联队的第 2 大队附属工兵中队于 13 日经纪家桥强渡蕴藻浜,占领沈家宅附近地区。13 日拂晓,该大队在烟幕掩护下,通过工兵所架浮桥突至蕴藻浜北岸。第 19 路军第 61 师之第 121 旅乘日军立足未稳发起反击,将其包围。下元急令第 24 联队之第 1 大队前往增援,以接应其退回南岸。第 19 路军猛烈攻击,激战一昼夜,至 14 日晨,日军方得以脱围退至淞沪铁路附近。在第 24 旅团向蕴藻浜进攻的同时,日海军陆战队亦向闸北及八字桥西的第 19 路军阵地实施牵制性进攻,但均被守军击退。

日海军第 1 航空战队于 2 月初到达上海后即投入战斗,除直接支援地面部队作战外,还对闸北、真茹、南翔等地进行轰炸。2 月 5 日,日机轰炸真茹时被守军高射炮击落 1 架。当日 9 时,中国航空第 6 队队长黄毓沛率第 6、第 7 队 9 架飞机从南京转场上海时,在昆山县上空与由平林长元大尉率领的、从“凤翔”号起飞的 3 架攻击机和由所茂八郎大尉率领的 3 架战斗机遭遇。双方进行了短暂的空战,平林的座机被击伤。当日中午,在上海附近上空还曾发生两次空战。这是中日两国历史上第一次空战。由于双方飞行人员均缺乏实战经验,协同较差,基本上形成单机混战。中国飞行员虽很勇敢,但飞机陈旧,飞行员又缺乏系统的训练,所以在空战中常处于被动,损失飞机 1 架,伤 1 架。当时报道击落日机 2 架,但一直未能发现日机残骸,未能确证。

四、庙行、江湾战斗

第 19 路军在吴淞地区奋勇抗击日军期间,国民政府正秘密地进行旨在停战的外交活动。2月6日，何应钦致电吴铁城："吴淞为我长江门户，万一继续进行（抗战），日人必以全力破坏，或企图占领，彼时门户洞开，战区扩大，以后和、战均难"，"能以外交方式，根据英美调停早日得以解决，实为计之上者。"[19]同日，在国民政府要求下，驻沪英国海军舰队司令克莱出面调停，并提出了中日停战及划定和平区的办法，分交中日双方。中方主张抗战的外交委员会中的郭泰祺、顾维钧等人认为上海问题应与东北问题共同解决，而克莱仅关心上海租界安全问题，反对与东北事件联系，遂形成僵局。日方则因增援的陆军即将到达，断然予以拒绝。调停失败。何应钦于2月9日致电吴铁城："日陆军源源而来，战事若再持久，我方必失败无疑，请兄力排众议"，"乘我军在优越地位时设法转圆停战，万勿犹豫，致逸良机"。[20]接着，何应钦派陆军步兵学校校长王俊、军政部次长陈仪与先至上海的日军第9师团参谋长田代皖一郎直接商谈停战事宜。蒋介石也于13日指示何应钦："沪事以十九路军保持十余日来之胜利，能趁此收手，避免再与决战为主。其办法如下：(一)如日本确无侵占闸北之企图，双方立即停战。(二)停战条件须双方各自撤退到相当地点。中国军队退出地方，由中国警察维持。"[21]但是陈铭枢却认为王俊的议和活动"诚属徒然"，不可能使日本停止侵略，因此一方面要求第19路军不"为任何当局所摇夺"，要坚决抗战；一方面致电蒋光鼐说："调停成功固善"，但"不抗则无外交可谈，一抗之后，其影响所及，必更获极大之价值"。[22]

2月13日下午，日军第9师团长植田谦吉中将率其第1梯团（第6旅团），在海军第1水雷战队的护卫下到达上海。当晚在舰上与第3舰队司令官野村吉三郎、上海总领事村井仓松等举行了联席会议，会后发表以下声明："本师团长根据师团任务，决定与海军协力，迅速拯救我侨民脱离困境。为此，将尽量避免无益的交战，而以和平手段达到目的。但如有妨害本师团执行任务者，必将采取果断措施，决不踌躇。"[23]这是对中国军队发出的战争威胁。15日，其第9师团第2梯团（第18旅团）亦陆续抵沪。

第19路军侦知日军增兵情报后，蒋光鼐当即电告何应钦："我虽欲求和，而日寇无诚意。为民族生存，图国家体面，只有决心一战，请令飞机排除万难，速来前线参加战斗，并设法在最近期内，另调援军一二师前来。"[24]14日，军政部奉蒋介石命令，正式颁发命令：以京杭两线的第87师、第88师等部队改编为第5军，任张治中为军长，并率军官学校的教导总队、炮兵学校的山炮队，和军政部直属的地雷队、铁道炮队加入第19路军战斗序列，归其指挥。蒋介石这时已感到：

“日既在沪不肯撤兵，我方只有抗战到底。故此后军事开展究竟至何如程度，均难逆料。”[25]由此可见，中日交涉再次失败，国民政府别无选择，只有抵抗一途。

2月18日9时，增援到沪的日军部署完毕，植田通过英国公使兰浦森的斡旋，日参谋长田代少将在法租界中日联谊社与第19路军代表范其务参议会见。田代要求第19路军撤退，范当即拒绝。于是植田在当日下午向第19路军和上海市市长发出最后通牒。其主要内容如下：

（一）中国军队应即从速中止战斗行为，于2月20日午后7时前，将现据之第一线撤退完了，于2月20日午后5时以前从黄浦江西岸，由租界西北端连络曹家渡镇、周家桥及蒲淞镇之线起算，黄浦江东岸由连络烂泥渡及张家桥镇之线起算，各从租界向北20公里地域（包含狮子林炮台）内撤退；

（二）日军在撤退区保有飞机侦察权；

（三）日军在中国军队撤退地区派调查员；

（四）中国军队完全保护上海附近日本人的生命财产；

（五）中国政府禁止排日运动。

“如以上各项不能实行时，日本军将对贵国军采取自由行动。其结果所生一切责任应由贵国负之。”[26]

19日，蔡廷锴、吴铁城分别复函，严词予以拒绝。中国外交部也发表《对日宣言》，称日本的要求“实危及中国主权及国格，中国方面绝对不能接受……中国在沪驻军为保中国土地计，迫不得已，亦惟有从事自卫奋斗到底而已”。[27]第19路军指挥部更下令前线部队集中炮火向日军阵地猛轰，作为广大官兵对日军最后通牒的答复。

中国兵力的部署如下：

中国军队以保卫国土和自卫为目的，拟占领南市—龙华—北新泾—真茹—闸北—江湾—吴淞—宝山—月浦镇之线，将主力集中于铁道以北地区，迎击由闸北、江湾、吴淞方面来犯之敌，待机出击，压迫敌至黄浦江边而歼灭之。

右翼军指挥官为第19军军长蔡廷锴，指挥第60师、第61师、第78师（缺翁旅之第4、第5两团）、税警总团王赓旅和宪兵第6团及南市一带团警，占领南市—龙华—北新泾—真茹亘闸北、江湾之线，保持主力于真茹、大场镇之间，迎击当面之敌，待机出击，压迫敌于引翔港方面歼灭之。须以一部有力部队死守南市—龙华，作全军右翼之据点。各师任务区分如下：

（一）税警总团王赓旅担任警戒南市—龙华—虹桥亘北新泾河以南之线。

须以有力部队死守南市—龙华，为右翼之据点。

（二）第 78 师（缺翁旅之第 4、第 5 团）担任警戒北新泾河以北亘曹家渡沿中山路、真茹镇之车站亘真茹车站北端之线。主力控制于真茹镇方面附近，相机迎击当面之敌，及策应第 60 师。

（三）第 60 师占领北站—闸北亘八字桥、江湾南端之线。主力控制于中央，迎击江湾当面之敌，乘机向虹镇—引翔港方面出击。

（四）第 61 师为右翼预备队，集结于大场镇西南一带，以一部死守江湾镇。

左翼军指挥官为第 5 军军长张治中，指挥第 87 师、第 88 师、冯庸义勇军（现在浏河，兵力约 1 个连）、要塞地区指挥官（正指挥官谭启秀，副指挥官翁照垣）、第 78 师第 156 旅（缺第 6 团），占领江湾北端亘庙行镇东端—蔡家宅—胡家宅—曹家桥之线。主力控置于大场镇北、杨行镇南及刘家行之间，迎击从江湾北方地区来犯之敌；乘机出击，向殷行镇附近压迫敌人于黄浦江畔而歼灭之。以一部在罗店—浏河—小川沙方面担任江面之警戒，相机策应吴淞。

要塞地区须以有力部队乘机进占张华浜车站；万不得已则死守吴淞、宝山之要塞，以为全军左翼之据点。

左、右翼军以沈家行镇—江湾镇—大场镇之线为战斗分界线，线上属右翼军。

航空队须努力妨碍敌机之活动，掩护本路军之作战，并努力爆击引翔港附近的敌飞机场。

日军鉴于在闸北、吴淞作战失败，决定避开街巷战以及对坚固阵地的攻击，专以炮火压制守军右翼，而以主力突破守军左翼后迂回至守军之侧背。其部署如下：

（一）以海军特别陆战队和陆战队的 8 个大队、附属山炮兵 1 个中队为左翼，向闸北亘八字桥一线的中国军队阵地实施牵制性进攻；

（二）以第 9 师团的第 6 旅团和混成第 24 旅团为右翼，分两路向江湾及庙行的中国军队阵地进攻；

（三）以第 9 师团的第 18 旅团为预备队，位于公大纱厂及复旦大学附近；

（四）舰队以第 3 战队和驱逐舰 2 艘监视狮子林炮台并威胁浏河，以第 1 水雷战队和“能登吕”号压制吴淞要塞，主力在黄浦江以炮火重点支援其右翼军作战；

（五）第 1 航空战队以舰载机消灭中国飞机及破坏交通，以陆基机直接支援地面部队作战。

第 9 师团长植田在公大第一纱厂设立司令部指挥作战。

日军于 2 月 20 日 7 时 30 分向淞沪地区中国守军发起全面进攻。

中国军队当即奋勇迎战。其右翼军的抗战情况如下：

第 19 路军各师经 20 余日战斗，已积累了一些作战经验，日军第 9 师团的第 6 旅团在坦克和炮兵支援下向守卫江湾镇的第 19 路军攻击时，该军隐伏战壕内以逸待劳，待敌接近时即以手榴弹还击，敌攻势每被击破。战至 18 时，敌终不得进。入夜，敌调整部署，令第 7 联队的第 2 大队从江湾北面进攻严家桥，但被守军包围于严家桥东端；第 35 联队企图增援，但被击退。在第 19 路军猛烈围攻下，该大队大部被歼，仅少数逃走。该大队大队长空闲升少佐被俘（上海停战后释放，于 3 月 28 日自杀）。21 日，日军再度进攻，仍不得前进，并在守军火力杀伤下伤亡惨重。日军以一部监视守军阵地，主力暂时停止攻击。

中方左翼军的抗战情况：

日军混成第 24 旅团于 2 月 20 日 7 时 30 分在重炮的支援下，向庙行镇方面的守军阵地攻击。守军第 88 师英勇抵抗，击毙很多日军，并击落敌飞机 1 架。入夜，日军继续攻击，枪炮声竟夜不绝。

22 日晨，第 24 旅团第一线部队乘大雾突入庙行镇东端第 88 师第 264 旅第 527 团第 3 营阵地和麦家宅及其南侧坟地一带。守军第 88 师将全部预备队投入战斗，仍未击退日军，伤亡很大。第 264 旅正、副旅长均负伤，工兵营营长阵亡。在敌军猛烈攻击下，守军呈全线不支状态。张治中当即率领教导总队（缺 1 个营）赴第 88 师指挥策应，并令第 87 师第 259 旅向庙行增援，令守蕴藻浜北岸的宋希濂率该旅主力从纪家桥渡河抄袭敌侧背，令第 88 师对敌突破地区实行反突击。

右翼军蔡廷锴得知庙行局势严重后，当即于上午 9 时决心在江湾至蕴藻浜全线向敌反冲击，并令第 61 师第 4、第 5 团从江湾西北端向敌侧击，支援左翼军。第 78 师以 1 个团接替第 61 师杨家楼防务，以另 1 团控制于夏家宅，策应八字桥和江桥守军作战。第 61 师在右翼，第 87 师第 261 旅在左翼。下午，各部到达出击位置后即全线向敌展开反冲击。日军被三面夹击，仓皇溃退，仅一小部留在金家塘、麦家宅一带顽强抵抗。血战到晚 8 时半，该部日军被歼灭。

2 月 25 日，日军改变全线进攻的战术，集中第 9 师团主力和飞机、火炮重点攻击麦家宅、金家塘以东第 87 师阵地。26 日晨，敌再次以飞机轰炸麦家宅和金

图 1-5-2 淞沪抗战·江湾、庙行战斗经过要图
（1932 年 2 月 20 日—2 月 28 日）

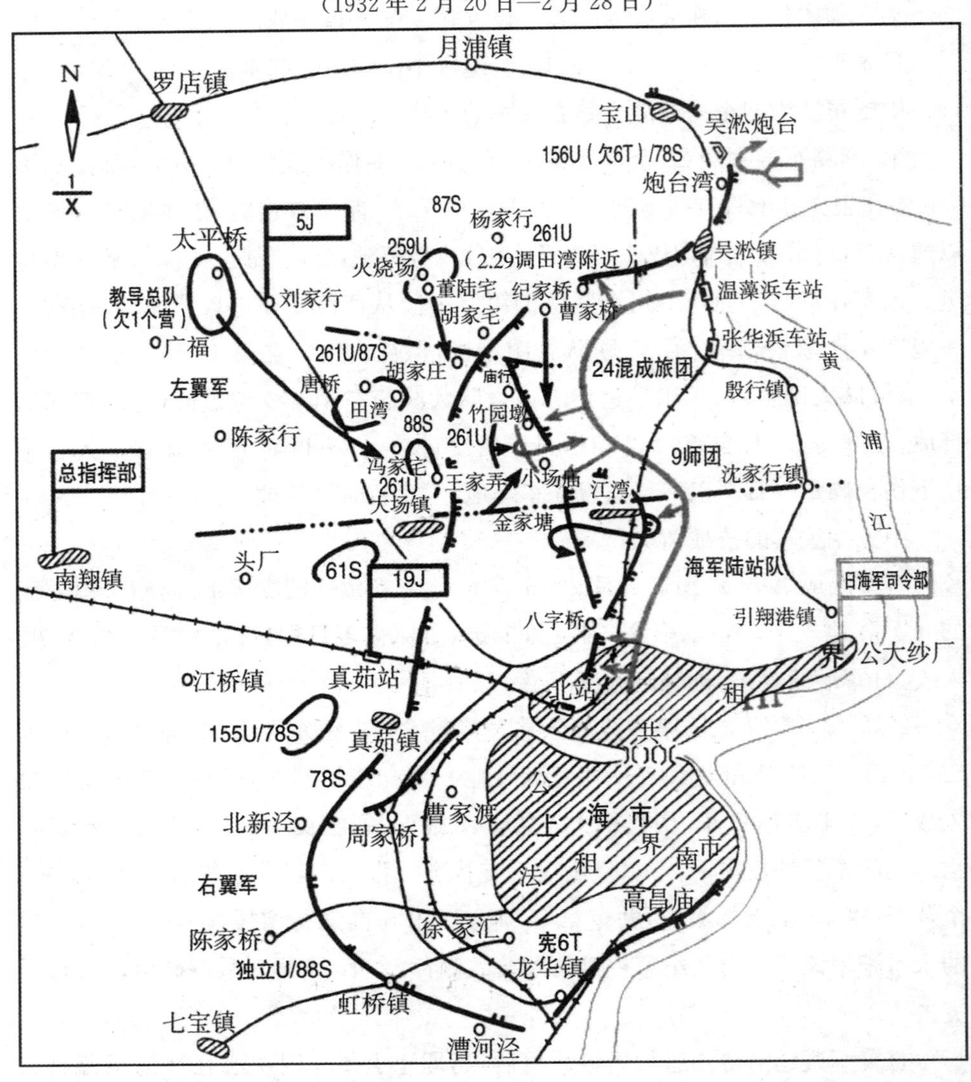

家塘东面守军阵地，而后从 8 时起集中炮兵火力对守军阵地继续轰击近两小时，将这一带阵地几乎全部摧毁。9 时 45 分，敌步兵发起攻击，1 小时后占领了麦家宅东侧及金家宅东方守军第一线阵地。第 19 路军第 61 师和第 78 师预备队立即增援，并向侵入小场庙地区的敌人实施冲击，终于恢复了原来的阵地。陆军中将植田谦吉指挥的两次进攻均以失败告终。

自中日第一次空战之后，国民政府航空署决定以苏州作为中国空军的前进基地，把主要作战飞机集中在苏州机场并开设了指挥所，以便于支援淞沪战场。

日军侦知上述情况后，于20日派飞机到苏州侦察机场情况，22日派加贺小谷大尉和生田大尉分别率侦察机、战斗机袭击苏州机场。美国试飞员兼教练员萧特在驾机随编队向杭州转场时与日机遭遇，当即向日机攻击。加贺小谷所驾飞机被击中三弹。萧特因座机中弹坠落而牺牲。

日机得知中国飞机已转场杭州，为先发制人，编成空袭大队，由小田原统率，于26日7时袭击杭州机场。中国飞机起飞7架迎战。经激战后，日机虽被击落一架，但中国飞行员也牺牲1人，伤3人，杭州机场及所停飞机均被炸毁。[28]

五、浏河战斗

淞沪战局不断扩大，英美等国深恐危及上海租界及其在华的商业利益，训令其驻日大使向日本外相芳泽谦吉发出警告，反对日军以公共租界作为作战基地。2月16日，国联12个理事国向日本代表发出通牒，要求日本尊重会员国的领土完整等条款。20日，国联理事会接受中国代表的要求，决定将中日冲突问题提交国联全体大会讨论，预定3月3日开会。日本第9师团在上海失败后，日本参谋本部和陆军省认为，如在淞沪拖延下去，势必招致国外反对，中国国民政府也会调来中央嫡系军队参战，内外局势有恶化的可能。2月23日，日本内阁召开会议，通过了陆相荒木的提议，决定调遣第11、第14两个师团前往上海参战，组成上海派遣军司令部，以白川义则大将为司令官，并决定了五条原则：一、最大限度派遣两个师团；二、尽量避免引起中日（全面）战争；三、战场尽量限于上海附近；四、采取迅速之方法解决上海事件；五、增兵一事不准发布消息。[29]其意图显然是抢先在国联开会和中国各路援军到达上海之前打垮中国守军，以改变当前的被动局面。为了掩盖其增兵行动，日本又一次玩弄缓兵之计：假意接受英舰队司令克莱的调停，派野村吉三郎和首相代表松冈洋右与中国代表第19路军参谋长黄强和顾维钧在英舰“甘特”号上会谈；但对中国代表提出的合理建议，则以“等待东京训令”为借口，要求于3月2日傍晚再答复。

白川义则和第11师团长厚东笃太郎中将于2月29日首先率领第11师团的先遣兵团乘“妙高”号巡洋舰，在第4战队和第2水雷战队护航下到达长江口。白川在听取了原在上海的军参谋长田代皖一郎少将的情况报告后，于当日上午10时下达了总攻上海的作战命令。其兵力部署和进攻方向为：第9师团夺取张家桥、夏马湾线；第 11 师团在七丫口附近登陆，然后尽快袭击、占领浏河镇，并准备向大场镇、真茹镇进攻；海军第 3 战队及海军飞机配合陆军作战。

日军大规模的增援活动引起国民政府军事当局的极大恐慌，于是急忙从豫、鄂、赣等省增调徐庭瑶第 4 师、赵观涛第 6 师、唐云山独立第 33 旅，抽调姚永安、李法铭、孔庆桂、纪毓鲁和项致庄等山炮、重炮各旅、团，又抽选受过训练的士兵 5000 余名，分给第 19 路军和第 5 军补充空额。2 月 26 日，调第 47 师的 1 个团开赴前线，归蒋光鼐指挥；又以该师 2 个团守镇江、1 个团守京口，归宪兵总司令谷正伦指挥。

3 月 1 日 6 时 30 分，日军对淞沪地区发起全线攻击。首先以飞机、大炮向中国守军阵地进行了连续三个半小时的火力准备，然后以坦克、装甲车掩护步兵攻击。守军沉着应战，给以杀伤，但因抽调部分兵力驰援浏河方面，所留兵力薄弱，虽顽强抵抗，战线仍不断被敌军突破。日军第 9 师团左翼队于午前攻入广东义地、麦家宅、陆家宅一线，到下午 2 时又进占了谈家宅、岭南桥和杨家楼东侧一线。日军右翼队发起攻击后，受到守军严重杀伤，到下午也先后占领了竹园墩及广东义地两侧地区，并进入周家宅、四车头一线。日军中央队占领了二十三园北部。日军混成第 24 旅团下午占领了戴家宅，并进入张家桥、朱家桥西端一线。第 19 路军、第 5 军在整个战线上顽强奋战，与敌呈胶着状态。日军于下午 5 时停止进攻，调整部署，准备夜间进攻。

日军在向中国守军正面进攻的同时，以第 11 师团先遣部队于 3 月 1 日晨 6 时在中国守军的侧背七丫口登陆。中国守军在沿长江七丫口、杨林口、浏河新镇及小川沙一带数十里的警戒线上只有教导总队 1 个营和少数义勇军守备，兵力不敷分配。在登陆敌人强大炮火和步兵攻击下，守军以少敌多，顽强抵抗，但终因寡不敌众，致使日军登陆成功。日军接着向浏河镇攻击，其右翼队先头部队于下午进抵茜泾营北端。第 5 军急派第 87 师第 261 旅增援浏河。当该旅 1 个营到达茜泾营南门附近时受到已占领茜泾营日军的射击，双方立即交战，并进行肉搏。到下午 6 时，该旅另一营始到浏河，但由于兵力薄弱，增援距离又远，浏河危急。

面对危局，第 19 路军和第 5 军无兵增援浏河。大批日军占领浏河，守军侧后方受到威胁。不得已，蒋光鼐于 3 月 1 日 21 时在南翔总部下达了全线撤退的命令，命令部队于 3 月 1 日 23 时向黄渡、方泰镇、嘉定、太仓之线撤退，待机转移攻势；右翼军主力向黄渡、方泰镇之线撤退，以一部先占领真茹、大场，逐次向江桥镇、南翔、广福南端进入阵地；左翼军派一部在胡家庄、杨家行占领、收容阵地，主力向嘉定、太仓之线撤退，以嘉定城、太仓城为据点，派出一部于罗店及浏河附近对敌警戒。

日军对淞沪及其附近地区的攻占引起了国民党当局极大的震惊和恐慌。3月1日至6日，国民党四届二中全会在洛阳召开。汪精卫在开幕词中宣布：“现在中国已处在军事时期了……要有极大的抵抗决心，运用整个民族的力量来奋斗。”〔30〕全会发表宣言称：“方今之急，首曰御侮。”〔31〕在秘密通过的《施政方针案》中规定：全国军队应以国防为主目的，以“剿匪”为副目的，同时当积极改进，务适于国防之用。〔32〕国民政府在“攘外”的政策上被迫有所改变。

日军发现守军全线撤退后，于3月2日10时下达追击命令。3日，日军一方面发出停战令，一面继续对中国军队追击，以争取谈判桌上的主动权。其部署如下：

（一）南翔方面，第9师团；

（二）嘉定方面，第11师团；

（三）真茹方面，混成第24旅团；

（四）闸北方面，海军陆战队主力；

（五）吴淞方面，陆战队之一部；

（六）第14师团在杨树浦待机。

日军以飞机、大炮对中国守军轰击，以步兵追击。第19路军和第5军因部署指挥得当，能够顺利地实施转移，只有第87师第259旅第517团于3月3日在葛隆镇附近的要塘、米家桥又与日军进行了惨烈的战斗。这次战斗中守军付出了重大牺牲，伤亡近千人。

3月3日，蒋光鼐又电令第19路军撤退至周巷、青阳港西岸至陆家桥之线，第5军撤退到陆家桥、石牌、白茅新市之线布防。至此，日军占领了浏河镇、嘉定、南翔镇、真茹镇，并在该线集结。

3月3日下午，日上海派遣军司令官白川义则、第3舰队司令长官野村吉三郎发出停战命令，宣称：“因19路军退却，保护上海帝国居民目的已达到，决定在现占地区停止战斗。”〔33〕

3月4日，国联大会决议，要求中、日实行停战。

淞沪抗战中，第19路军和第5路军伤亡、失踪共计15 173人，其中军官、军佐883人。〔34〕日军伤亡3091人（又一资料为3184人〔35〕）。

六、《上海停战协定》的签订

1932 年 3 月 4 日,国际联合会大会决议,要求中日实行停战。中日双方先后表示接受国联决议。但前线枪声不断,双方一直处于对立状态。

此时,中国后援军队陆续到达沪宁杭地区:第 47 师配合第 5 军在常熟、太仓附近,常州、无锡一带为第 1 师,龙潭附近为第 4 师,浙江之嘉兴、沪杭沿线一带为第 2 军、第 8 军。日方也继续向上海派遣援军,其第 14 师团于 3 月 14 日全部从日本运至吴淞登陆。

蒋介石在确定作战方案时,判断日军的军事目的"不外占领南京,控制长江流域",因此决定"我军应利用敌之弱点,打破敌人进窥南京之企图"。[36] 3 月 11 日,又传出日军"欲占领吴越平原一年,导致中国经济破产"的说法,[37] 国民政府便匆忙从反共前线调集大批军队到淞沪。可见此时国民政府的最高层对日本的真实意图并未完全弄清。

这时日本虽在军事上占领了淞沪地区,取得了谈判的主动权,但在战略上处于两面作战的境地。在东北,义勇军风起云涌,日本急需增加兵力,其国内财政也十分紧张,难以支持上海战事。但由于日本利用上海事变以转移国际社会注意力、掩护其东北傀儡政权出台的阴谋已经实现,其一手制造的伪满洲国已于 3 月 1 日宣告成立,溥仪于 9 日出任执政。因而日方急于把上海战事与东北战事分开解决。[38]

3 月 11 日,国联再次通过和平解决远东争端决议案,规定日本必须履行国联的历次决议,从中国全部撤军。这对日本分开解决上海、东北两战争的计划带来了威胁。3 月 13 日,日向中方建议,日方对沪停战,中日彼此退让,不受英美干涉。[39] 日本的真实意图是:一方面以日军撤离上海为条件,换取国民政府对东北既成事实的承认;一方面试探南京国民政府对英美决议的真实态度。

国民政府虽然拒绝了这一建议,但由于并未真正放弃"攘外必先安内"的政策,只是为了缓解国内压力和争取较好的妥协停战条件,才一面交涉,一面进行抵抗的,所以不希望战局扩大。3 月 13 日,蒋介石对路透社记者发表谈话说:"东北成立伪国,完全日方一手包办,政府痛恨溥仪等甘当傀儡,但如讨伐,则难免扩大战争。考虑结果，暂不颁发讨伐令。”[40]可见国民政府也是主张东北、上海分开解决的。甚至于3月13日一反依赖国联要求日本从中国全部撤军的决议，主张“先将沪事求一结束”。[41]这一点与日方方针正相吻合。这是上海问题能够迅速解决的根本原因。

3月14日，国联调查团到达上海，东北问题遂完全交给调查团“解决”。当日，在英国公使兰浦森的斡旋下，中日双方代表就上海问题开始非正式会谈。会上，中日双方顺水推舟，互相给对方台阶下。日方允将第11师团及第24混成旅遣送回国，并表示：“上海派遣之目的已大体达到，故决定除暂留驻若干部队外，即于日内作自主的撤兵。”[42]

蒋介石得知日答应撤兵的消息后，当日又重弹“攘外必先安内”的老调。从4月上旬开始，蒋令赣、鄂、皖等地军队开始“剿共”。国民党四届二中全会的决议案成为废纸。

中日双方从3月24日开始正式会谈，双方各以自己在沪军事实力为后盾，长时间讨价还价。由于日本借重军事实力迫使国民政府承认东北既成事实的主要目的已基本达到，于是于4月30日急调第14师团开赴东北，第11师团和第24混成旅团调回国内。

5月5日，中日双方代表签订《上海停战协定》。协定全文如下：[43]

第一条：中国及日本当局，既经下令停战，兹双方协定，自中华民国二十一年五月五日起，确定停战。双方军队尽其力之所及，在上海周围，停止一切及各种敌对行为。关于停战情形，遇有疑问发生时，由与会友邦代表查明之。

第二条：中国军队，在本协定所涉及区域之常态恢复、未经决定办法以前，留驻其现在地位。此项地位，在本协定附件第一号内列明之。

第三条：日本军队撤退至公共租界，即虹口方面之越界筑路，一如中华民国二十一年一月二十八日事变之前。但鉴于须待容纳之日本军队人数，有若干部队，可暂时驻扎于上述区域毗连地方。此项地方，在本协定附件第二号内列明之。

第四条：为证明双方之撤退起见，设立共同委员会，列入与会友邦代表委员会。该委员会并协助布置撤退之日本军队与接管之中国警察间移交事宜，以便日本军队撤退时，中国警察立即接管。该委员会之组织，及其办事程序,在本协定附件第三号内订明之。

第五条:本协定自签字之日起,发生效力。

本协定用中、日、英三国文字缮成,如意义上发生疑义时,应以英文本为准。

中华民国二十一年五月五日订于上海。

外交次长　郭泰祺
陆军中将　戴　戟
陆军中将　黄　强
陆军中将　植田谦吉
特命全权公使　重光葵
海军少将　岛田繁太郎
陆军少将　田代皖一郎

见证人:依据国际联合会大会,中华民国二十一年三月四日决议案协助谈判之友邦代表:

驻华英国公使　兰浦森
驻华美国公使　詹　森
驻华法国公使　韦礼德
驻华意国代办使事伯爵　齐亚诺

从协定的内容可以看出,这是一个有损于中国主权的协定。以第一条为例:表面上似乎对中日双方都不偏不倚,但这是在中国的土地上实行的停战,而当停战发生疑问时,却要外国人来查明,中国竟无权参与处理。第二条,问题更明显:中国军队只能驻于昆山、苏州一带,而日本军队却可以留在上海市区。尤其应当指出的是:附件中没有公布的部分竟规定中国政府要取缔抗日,第19路军要调离上海,浦东及苏州河以南地区"才能驻扎中国军队"。这种苛刻蛮横的要求,国民政府居然也答应了。只是害怕全国人民的反对,要求日方对这一条款"绝对保密"。[44]由此可见,国民政府"一面抵抗、一面交涉"的方针虽然同过去的完全不抵抗政策有所改进,但实质上则是"攘外必先安内"政策下的消极抵抗、积极求和。

《上海停战协定》签订后,侵略淞沪的日军于7月撤回国内。中国军队亦陆续撤离沪宁杭地区:第19路军移驻南京、镇江、常州一带(后调至福建"剿共"),

税警旅回松江原防，第5军第87师和中央军校教导总队开驻南京，第88师开驻汉口，其余第1、第4师调往安徽，第4军及第47师调往湖北，第8军调往江西，第2军调往徐、宿一带。这些部队均担负“剿匪”任务。[45]此后蒋介石继续专注于“剿共”。

七、淞沪抗战简析

从战略上看，淞沪抗战是一场不符合国民政府军事当局意图的作战。由于“攘外必先安内”是国民政府的既定方针，因而从日军一开始挑衅时国民政府就表示妥协，不愿迎战。“一·二八”前4天，张静江邀蔡廷锴到杜月笙家中，转达蒋介石的旨意：第19路军“……最好撤退到南翔一带，以免与日军冲突”。[46]自淞沪战事起，至2月18日日本提出最后通牒，日本利用各国公使居间调停谈判的机会一再增兵，而国民政府却一再妥协退让。2月18日，日军优势兵力部署完毕，向中方提出最后通牒。国民政府企图妥协的希望顿时破灭，始声称“举国一致，下最后决心为长期奋斗”。[47]其实此时日军陷于东北、淞沪两面作战的境地，日军集重兵于淞沪，企图压国民政府屈服，力求淞沪早日解决，以便集中力量解决东北。而国民政府对日意图没有搞清，既没有支援东北抗日义勇军以牵制淞沪日军，也没有在淞沪集中兵力打击日军，而是散布失败情绪。何应钦于2月13日致蒋光鼐等电说得很明白：“蒋介公之意，我军进攻，无论如何牺牲，亦不能达到任何目的。”[48]

国民党内有关人士曾把“攘外”和“安内”比喻为解决“割肉之痛”和“烂心之痛”。国民党当局认为，日本侵略是“割肉之痛”，“赤匪乃烂心之痛”。就在2月14日军政部派第5军增援上海的当天，何应钦还说：“抗日剿赤两难兼顾。如彻底抗日，则必与赤匪妥协而移调剿赤之师以应战，如赤匪仍然进剿，则对日再无彻底进攻之余力，两者只能出于一途，万难并进也。”[49]尔后由于日军增兵日紧，国民政府迫于形势才不得不急调第1、第4师和第2、第8、第14军。虽时机已晚，但仍未放弃妥协企图，并时时放出和谈的空气，继而主动提出淞沪、东北两问题分开解决，主动放弃了上海战场上的主动权。由此，日本在战略上解除了两面作战的困境。

淞沪抗战时经月余，中国军队能够屡挫装备优良、数量众多的日军，根本原因：首先是坚决地、毫不妥协地进行抵抗。从日军肇事起，第19路军即准备抵抗，严阵以待；敌发动侵略后，全军抱定“弹尽卒尽之旨，不与暴日共戴一天”。[50]由于坚决抵抗，团结了友军，振奋了军心，冲击了蒋介石“攘外必先安内”的政策。其次是广大人民群众的支援。淞沪抗战爆发后，中国共产党在上海的地下组织通过工会、学生会及其他群众组织，热烈开展了对19路军的支前工作。各界人民自发组织义勇军、敢死队、情报队、救护队、担架队、通信队、运输队等，有的在前线配合作战，有的担任后方勤务，在作战、供应各方面都起了积极、有效的作用。参加支援的不仅有广大的工人、农民、市民、学生、商界人士，还有在海外的同胞。宋庆龄、何香凝等亲赴战地慰问，并筹设了几十个伤兵医院，赶制了几万套棉衣。可以说淞沪抗战是上海地区全民性的抗战，没有各界人民自觉做军人的后盾，淞沪抗战是坚持不了这么长时间的。它说明，对日本帝国主义的侵略只有坚决抵抗，才能团结人民，并得到人民群众的支持；同时也说明，只要依靠人民，坚决抵抗，任何强大的敌人都会被战胜。

日本在上海发动“一・二八”事变的目的之一是转移国际社会的注意力，以掩护其在东北组织伪满洲国傀儡政权。这一目的无疑是达到了。但企图让中国人民在其武力下屈服的目的却没有、也绝不可能达到，相反使中国人民进一步觉醒，认清了日本的侵略野心，也进一步认清了国民政府的妥协退让政策，因而更加激发了全国人民的爱国热情，抗日运动也更加高涨。总之，淞沪抗战的意义已经超出了它的自身。正如美国著名作家、新闻记者埃德加・斯诺在《复始之旅》一书中所说：“上海一・二八之战对中国人民的思想产生了永久不可逆转的影响。它使中国许许多多青年人相信，如果全国团结一致进行爱国斗争，中国就是不可战胜的。只要有正直、无私的人来领导，经过良好训练和有充足的装备，中国军队也同样能够很好地为自由而战。这一‘发现’振奋了人们正在消失的斗志，最终造成了一种政治气候，迫使蒋介石不得不与他的‘最凶恶的头号敌人’妥协，共同抗日。主要是这一事实，而不是这场斗争的表面结果，将使亚洲历史发生决定性的改变。”[51]

附表 1-5-1 日本侵略淞沪军队的战斗序列表(1932 年 1 月)

(一)海 军

第 3 舰队司令长官野村吉三郎中将
参谋长岛田繁太郎少将

- 旗舰“出云” 舰长松野省三大佐
- 水上飞机母舰“能登吕” 舰长三木贞三大佐
- 上海特别陆战队 指挥官植松炼磨少将
  - 第 1—7 大队及舰司令部直属队(汉口特别陆战队)
- 第 1 遣外舰队 司令官盐泽幸一少将
  - 直属巡洋、海防等各种战舰、辅助舰 16 艘及炮艇 12 艘
  - 第 13 驱逐队 司令横山茂中佐
    - 驱逐舰 4 艘
  - 第 15 驱逐队 司令神山德平中佐
    - 驱逐舰 4 艘
  - 第 24 驱逐队 司令田中操中佐
    - 驱逐舰 4 艘
- 第 3 战队 司令官掘悌吉少将
  - 巡洋舰 3 艘
- 第 1 水雷战队 司令官有地十五郎大佐
  - 旗舰“夕张” 舰长斋藤二郎大佐
  - 第 22 驱逐队 司令木幡行大佐
    - 驱逐舰 4 艘
  - 第 23 驱逐队 司令铃木田幸造中佐
    - 驱逐舰 4 艘
  - 第 30 驱逐队 司令原显三郎中佐
    - 驱逐舰 4 艘
- 第 1 舰空战队 司令官加藤隆义少将
  - 航空母舰“加贺” 舰长大西次郎大佐
  - 舰空母舰“凤翔” 舰长掘江去郎大佐
  - 直属巡洋、特务等舰 6 艘
  - 第 2 驱逐队 司令若木原治大佐
    - 驱逐舰 4 艘
  - 第 26 驱逐队 司令西村祥治中佐
    - 驱逐舰 4 艘

（二）陆　军

上海派遣军司令官
白川义则大将
参谋长田代皖一郎少将

- 第 9 师团　师团长植田谦吉中将
  - 第 6 旅团　旅团长前原宏行少将
    - 第 7、第 35 联队
  - 第 18 旅团　旅团长小野幸吉少将
    - 第 19、第 36 联队
  - 山炮兵第 9 联队及骑兵、工兵、辎重兵中队
  - 配属：
    - 独立战车第 2 中队，野战重炮兵第 2 联队，第 1 大队，攻城重炮兵第 1 联队第 1 中队，第 1、第 2 野战高射炮队
- 混成第 24 旅团　旅团长下元熊弥少将
  - 步兵第 14、第 24、第 46、第 48 联队各 1 个大队及骑兵、炮兵、工兵、辎重兵中队
- 第 11 师团　师团长厚东笃太郎中将
  - 第 10 旅团　旅团长稻垣孝照少将
    - 第 12、第 22 联队
  - 第 22 旅团　旅团长山田健二少将
    - 第 43、第 44 联队
  - 山炮兵第 11 联队及骑兵、工兵、辎重兵中队
- 第 14 师团　师团长松木直亮中将
  - 第 27 旅团　旅团长平松英雄少将
    - 第 2、第 59 联队
  - 第 28 旅团　旅团长平贺贞藏少将
    - 第 15、第 50 联队
  - 野炮兵、工兵、辎重兵各 1 个大队
- 飞行第 8 大队侦察第 1 中队及轻轰炸第 1 中队

附表 1-5-2　中国参加淞沪抗战部队的战斗序列表(1932 年 1 月)

第 19 路军总指挥　蒋光鼐

淞沪警备司令　戴　戟

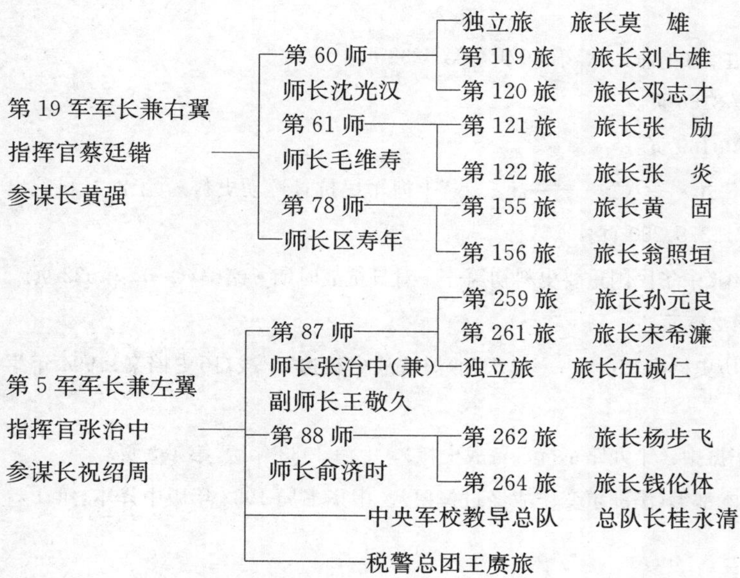

注　释:

〔1〕　日本东京广播电台第 12 频道报道部编《证言・我的昭和史》。转引自复旦大学历史系日本史组编译《日本帝国主义对外侵略史料选编》,上海人民出版社 1975 年版,第 49 页。

〔2〕　上海日本侨民团编《上海事变志》。上海 1933 年版,第 38 页。

〔3〕　《俞鸿钧谈日僧事件及中日交涉》。载上海社会科学院历史研究所编《“九・一八”——“一・二八”上海军民抗日运动史料》,上海社科院出版社 1986 年版,第 178 页。

〔4〕　日本防卫厅防卫研究所战史室:《日本海军在中国作战》。中华书局 1991 年版中译本,第 119 页。

〔5〕　第 19 路军情况据《淞沪抗日战纪》。原件存中国第二历史档案馆。

〔6〕　《行政院急电市府避免与日本冲突》电稿,原件存中国第二历史档案馆。

〔7〕　同〔5〕。

〔8〕　〔美〕戴维・贝尔加米尼:《日本天皇的阴谋》。商务印书馆 1984 年中译本,上册第 612 页。

〔9〕 同〔4〕。

〔10〕 同〔5〕。

〔11〕 同〔4〕,第 120 页。

〔12〕 《蔡廷锴自传》。黑龙江人民出版社 1981 年版,第 278 页。

〔13〕 同〔5〕。

〔14〕 见罗家伦主编《革命文献》第 36 辑总第 8238 页。

〔15〕 同〔14〕,第 8166 页。

〔16〕 同〔14〕,第 8169 页。

〔17〕〔19〕〔44〕 《"九・一八"——"一・二八"上海军民抗日运动史料》。上海社科院出版社 1986 年版,第 271、278、280 页。

〔18〕 秦孝仪主编《中华民国重要史料初篇——对日抗战时期・绪编》(一),第 522 页。

〔20〕 同〔17〕,第 275 页。

〔21〕 中国第二历史档案馆:《"一・二八"淞沪抗战史料选》。载《历史档案》1994 年第 4 期。

〔22〕 朱伯康、华振中:《十九路军抗日备战史料》。上海 1933 年版,第 183 页。

〔23〕 日本参谋本部编《满洲事变作战经过概要》。中华书局 1982 年版中译本,第 1 卷第 145 页。

〔24〕 同〔22〕,第 198 页。

〔25〕 同〔18〕,第 453 页。

〔26〕 〔日〕榛原茂树等:《上海事变外交史》。日本东京金港堂 1932 年版,第 83—84 页。

〔27〕 同〔14〕,第 8183 页。

〔28〕 见马毓福《中国军事航空》。航空工业出版社 1994 年版,第 462—466 页。

〔29〕〔30〕〔31〕 荣孟源主编《中国国民党历次代表大会及中央全会资料》。光明日报出版社 1985 年版,下册第 142、143、145、153 页。

〔32〕 〔日〕关宽治、岛田俊彦:《满洲事变》。上海译文出版社 1983 年中译本,第 391 页。

〔33〕 同〔5〕。

〔34〕 根据日本参谋本部所编《满洲事变作战经过概要》。日本政府曾在战后公布的伤亡和失踪人数合计为 2413 人;日本桑田悦、前原透编著,军事科学院外国军事研究部译《简明日本战史》所列日军伤亡数为 2995 人,其中死 738 人,伤 2257 人;华振中、朱伯康合编《十九路军抗日血战史料》(神州光社 1947 年版)中载日伤亡 3184 人。

〔35〕 〔日〕信夫清三郎:《日本外交史》。商务印书馆 1985 年中译本,下册第 570—571 页。

〔36〕 见张篷舟主编《近五十年中国与日本(1932—1982)》。四川人民出版社 1985 年

版,第1卷第26页。

〔37〕《国闻周报》,1932年3月出版,9卷第11期,第402—403页。

〔38〕见《革命文献》第36辑总第8266页。

〔39〕日本国际政治学会:《走向太平洋战争的道路》。东京1963年版,第2卷第393页。

〔40〕〔45〕同〔14〕,总第8280页。

〔41〕〔44〕〔46〕〔50〕蒋光鼐、蔡廷锴、戴戟:《十九路军淞沪抗战回忆蒋失败经过》。载《文史资料选辑》第37辑。

〔42〕同〔14〕,总第8241页。

〔43〕〔48〕〔49〕何应钦1932年2月13日致蒋光鼐等电文,存中国第二历史档案馆。

〔47〕同〔14〕,总第8241页。

〔51〕〔美〕埃德加·斯诺:《斯诺文集》。新华出版社1984年中译本,第1卷第120—121页。

第六节　长城抗战

1933年初,日本攻占山海关、热河之后,又进一步向长城沿线各军事要口发起进攻。中国军队进行了抵抗。敌我双方争夺的重点是燕山山脉的长城各关口及附近的制高点,因此这次作战被称为“长城抗战”。

一、战前一般形势

自1932年5月中日淞沪协定签订之后,中日两国军事、政治形势都发生了变化。

1932年5月15日,日本国内一批少壮派军人发动政变,袭击了首相官邸及警视厅等国家重要机关,杀死了首相犬养毅,组成了斋藤实新内阁。新内阁以确立所谓“国防国家体制”为宗旨,将日本政体的法西斯化推进了一步。在此情况下,日本关东军决定“调头把圣战指向热河省”。[1]

热河省(1956 年撤销)位于长城以北,连接东北、华北和内蒙。日军如占领该省,既可随时进窥内蒙和华北,又可切断关内和东北义勇军的联系,巩固它在伪满的统治。早在日本发动"九一八"事变两个月后,关东军就已在《满蒙自由国设立方案大纲》中将热河划入预定建立的伪满洲国版图。[2] 1932 年 2 月,关东军炮制的"东北行政委员会",在其所谓的《独立宣言》中说:"热河省与旧东北三省有不可分割之关系。"[3] 1933 年 1 月,日本外相内田康哉在议会发表演说,说:"满蒙与中国系以长城为境界者,由历史而言,亦无议论之余地。尤以热河省之属于满洲国之一部者,征诸该国建国之经纬,当可明了。"[4] 因此,在日本组建伪满洲国的各种方案中,没有一个不把热河与辽、吉、黑三省并列,划入伪满洲国的"行政区划的之中"。在 1932 年 3 月"满洲国"成立时,伪政府成员名单中就包括了热河省主席汤玉麟,并委其为"参议府副议长兼热河省长",企图以高官厚禄把汤引诱出去,使日本不战而得热河省。此时,日本一面设法拉拢汤玉麟,一面开始筹划直接以军事行动夺取热河。

在这种情况下,蒋介石还是采取"攘外必先安内"的政策。他坐镇江西,将军队的主力用于对南方各省红军的"围剿"作战上。但在北方,军事委员会北平分会代委员长张学良在代理行政院长宋子文的支持下制止汤玉麟降日,采取增兵热河和暗中接济义勇军等措施,以遏制日军的侵略活动。到 1932 年底,在热河的军队共有步兵 4 个旅、骑兵 3 个旅及特种部队约 1.7 万人,部署在热河东朝阳、开鲁间,及凌源、赤峰附近和承德周围地区;另外在河北境内和平津地区驻有步兵 22 个师另 2 个旅,并骑兵 4 个师及特种部队(均隶属于军事委员会北平分会代委员长张学良)。

张学良等料知日本早晚必图热河,乃于 1932 年 10 月组织了以北平分会参事柏桂林及工兵人员组成的阵地构筑委员会,指导热河境内的阵地构筑。其阵地编成:第一线由赤峰经建昌营、建平、叶柏寿、大城子至界岭口内,线上共有 6 个据点,每个据点有 2 个支撑点;第二线由赤峰经楼子店、西桥头、三十家子至喜峰口,再于大城子、三十家子间筑成斜交阵地。但由于天寒地冻、土质坚硬,开掘困难,且材料器具缺乏,工事构筑进展十分缓慢。

热河省主席汤玉麟虽心怀二志,曾派代表参加伪满洲国建国会议,但畏于全国人民的义愤,不敢公开降敌。关东军见诱降不成,乃决心以武力占领热河省。关东军司令官武藤信义及其正、副参谋长小矶国昭和冈村宁次等为了将华北方面中国军队的主力牵制于冀东地区,以使其进攻热河容易,并保障其进攻部队之侧背安全，从 1932 年夏季开始，不断在山海关和辽宁与热河交界处制造事端。10 月，发生了伪满警察非法进入山海关城、与东北军士兵冲突的第一次“山海关事件”；12 月 8 日，又发生了日军装甲列车炮击山海关的第二次“山海关事件”。

二、榆关、热河失守

山海关又称榆关，位于燕山山脉及万里长城的东端，枕山襟海，地势险要，扼辽、冀咽喉，战略地位极为重要。东北沦陷之后，张学良为加强山海关地区的防御力量，任命独立步兵第 9 旅旅长何柱国为临永警备司令，统领该旅及独立步兵第 12 旅、骑兵第 3 旅和工兵、山炮兵各 1 个营，分驻于临榆、抚宁、昌黎、卢龙、迁安等地。部署于山海关的部队为第 9 旅第 626 团的 2 个营。

根据不平等的《辛丑条约》规定，日本及英、美等 11 个国家在天津至山海关间的各要点上均驻有军队。“九一八”事变后，山海关、秦皇岛驻有日军守备队 200 余人，附近海面还泊有日海军第 2 遣外舰队的军舰 10 余艘。山海关以东至锦州间，沿北宁铁路沿线驻有日关东军第 8 师团的第 4 旅团和骑兵第 3 旅团一部及炮兵第 8 联队，另外配属有关东飞行队的第 1 中队、铁甲列车 3 列和坦克 10 余辆，兵力共约 4000 人。

1933 年 1 月 1 日 23 时，日军山海关守备队长落合甚九郎派人在营院内投掷手榴弹并鸣枪数次，却反诬中国军队所为，即以此为借口，向中方提出 4 项条件，蛮横无理地要求中国军队、警察及保安队撤出山海关的南关及南门，由日军进驻。遭到中方拒绝后，日军于 2 日晨强占南关车站，并将中国警察缴械。上午 9 时开始攻城，被守军击退。日军第 8 师团即向第 9 旅送来最后通牒，要求中国军队立即撤出山海关。10 时，日第 8 师团一部兵力乘 4 辆列车，在 3 辆铁甲车护送下到达山海关，10 分钟后与其守备队在飞行第 1 中队 5 架飞机支援下共同发起进攻。守军沉着应战。战斗至 17 时许，日军受挫退去。当晚，武藤信义命令第 4 旅团长铃木美通：“一并指挥随着事件发生而准备出动的各部队及由步兵第 16 旅团增派的部队，与山海关守备队协力夺取该地。”[5]

3 日晨，日第 8 师团一个多旅团的兵力在 15 架飞机轮流支援下对山海关南门展开猛烈的攻击。日海军第 2 遣外舰队的舰炮亦从山海关以东的海面上对中国守军进行轰击。激战至 14 时，东南城角被日军突破，团长石世安组织反击未能奏效，第1营营长安德馨及第2、3、4、5连连长先后战死，2个营的官兵已伤亡殆尽。石世安率余部于15时从西水门向石河西岸撤退。日军于当日占领了山海关，4日攻占五里台，10日攻占九门口，控制了关内外的交通要道。

武藤信义于1月28日下达了进攻热河的预先号令：命第10师团派部队接替第6师团的防务，命第6师团、骑兵第4旅团、第8师团、混成第14旅团、33旅团分别向通辽、彰武、打虎山、锦州、绥中等地集结，做好进攻热河的准备。担任进攻部队的参谋于1月30日和2月1日乘飞机侦察了热河地区的地形。2月10日，关东军司令部召集各师团、旅团的主任参谋，传达了进攻热河的作战计划，宣布"进攻热河的目的，在于使热河省真正成为满洲国的领域，并为消灭扰乱满洲国的祸根，即华北张学良势力创造条件，进而确立满洲的基础"。[6]其兵力部署是：第6师团配属骑兵第4旅团，由通辽、彰武、打虎山西向进攻赤峰，而后以一部兵力向西南攻击前进，策应第8师团进攻承德的作战；第8师团由锦州经义县、朝阳、凌源、平泉进攻承德，而后以一部兵力向长城古北口进攻；混成第14旅团由绥中向西进攻凌源、平泉，策应第8师团，而后南下进攻喜峰口、冷口；继14旅团之后，混成第33旅团由绥中向西转南，进攻界岭口、义院口；关东军飞行队的侦察第10大队进驻通辽、锦州、绥中，各1个中队并战斗机第11大队的2个中队进驻绥中，轰炸机第12大队进驻锦州，重点支援第8师团进攻承德，以一部支援第6师团。预定下旬开始进攻。

在日军集结部队作进攻热河准备的期间，国民政府于2月11日派代理行政院长兼财政部长宋子文、军政部长何应钦、外交部长罗文干、内政部长黄绍竑等至北平与张学良商讨保卫热河问题及为张军筹措军费。宋子文等还与张学良至热河视察部队。宋子文先后在北平和承德发表演讲，说："热河为中国完整之一部，与苏、粤各省无异，热河被攻，即同于南京被攻。如日军来攻，则将举全国之力量以与其周旋。日本已占我东北，但任何进一步之进攻，即将予以抵抗"；[7]"吾人决不放弃东北，吾人决不放弃热河，纵令敌方占领我首都，亦决无人肯作城下之盟。"[8]18日，张学良又与万福麟、宋哲元等20多名将领发出通电，说："时至今日，我实忍无可忍，惟有武力自卫，舍身奋斗，以为救亡图存之计。"[9]

张学良与何应钦等研究了当前局势后，由北平军分会制定了保卫热河的计划。其作战方针是："华北军以捍卫疆土、收复失地之目的，务需确保冀、热，巩固平津，以为将来进出辽河流域之根据。集中主力于冀、热东部及平津、察南一带，对由河北沿海登陆及自热河方面侵入之敌，预期各个击破之，并乘机东进，向辽西平原转取攻势。"[10]将华北现有驻军编为8个军团和1个预备军团。第1军团于学忠部防守津塘地区，第2军团商震部防守滦东地区，第3军团宋哲元部防守冀北地区，第7军团傅作义部防守察东地区，第8军团杨杰部和预备军团集结于北平附近（此时杨杰之第17军尚未到达北平）。又将第4军团万福麟部第53军6个师，第5军团汤玉麟部第55军1个师、4个旅，第6军团张作相部第41军3个旅及第63军、挺进军等共约10万人编为两个集团军，直接担任热河省的防守任务。两集团军的作战地域分界线为朝阳、建昌、凌源、平泉至承德的公路。公路以南为第1集团军，张学良自兼总司令；公路以北为第2集团军，张作相任总司令，汤玉麟任副总司令。

2月17日，武藤信义正式下达了进攻热河的作战命令，定于23日按预定计划开始行动。日本政府则使用其惯伎，于23日由驻华使馆向中国政府外交部提交备忘录，要求中国军队退出热河省，否则"难保战局不及于华北方面"。[11]中国政府予以拒绝。就在日驻华使馆送交备忘录的同时，日关东军分3路向热河发起了进攻。

热河中部战况

日军主攻方向为第8师团（师团长西义一），下辖步兵第4旅团（旅团长铃木美通）、第16旅团（旅团长川原侃）、骑兵第8联队、炮兵第8联队、工兵第8大队，配属的第1战车队、旅顺重炮兵大队、关东军汽车队及伪奉天省警备军于芷山部的伪独立第1旅李寿山部共约1.5万人。以第4旅团为先遣部队，于21、22日先期占领了第5军团防守的南岭、北票，掩护其主力展开。

守军第4军团的防线为朱录科（不含）、叶柏寿、大城子、凌南、喇嘛洞、于沟镇、义院口之线，正面约400华里，构筑了线式阵地，工事简陋，后方交通困难，一线突破，全线即有瓦解之虞。该军团的兵力部署为：第130师防守叶柏寿至大城子间阵地，第119师防守大城子至凌南间阵地，第129师控制平泉、三十家子间地域，第108师防守凌南至喇嘛洞间阵地，第116师防守喇嘛洞至义院口间阵地，第106师控制叨尔磴、汤道河间地域，炮兵第11团配置于左翼凌源附近。

日军于2月23日开始进攻，25日占领朝阳。3月1日，日军挺进支队第16旅团乘汽车沿公路南进，下午进至叶柏寿时遭到第130师的阻击。激战至傍晚，守军阵地被突破，第130师和前来应援的第129师第1团被迫向平泉撤退。3月2日，日军继续攻击前进，于当日11时攻占凌源，与由绥中西进的混成第14旅团会合后，向平泉进攻。第130师退至平泉与第129师会合后准备重新组织防御，但由于第4军团其他各师已全线动摇，该两师亦随之向喜峰口撤退。3日拂晓日军占领平泉，14时日军一部向承德迫近，19时左右进至承德以东约50公里的三沟，与第5军团守军接触。

第5军团担任防守朱录科、建平镇、黑水镇至赤峰(不含)之线，正面约200华里。其兵力部署为：第36师及骑兵第36团担任北票、朝阳前线阵地和朱录科至建平镇间阵地，另以一个团控置于平泉、承德间作为军团预备队，第31旅防守黑水镇至赤峰间阵地，骑兵第1旅防守青沟梁地区，骑兵第9旅防守开鲁地区，骑兵第10旅防守天山(今阿鲁科尔沁旗)地区，炮兵第36团配置于建平镇附近。

第5军团第一线阵地及前线阵地各部队，在中路日军第8师团和北路日军第6师团进攻下一触即溃，在朝阳的团长邵本良和在开鲁地区的骑兵旅长崔兴武先后投敌。其余一部退往赤峰，一部退往承德。3月3日晚，当日军进至承德以东的三沟时，汤玉麟不仅没有组织防御，反而下令赤峰附近所属部队撤向半截塔，自己率承德地区的部队撤向滦平、丰宁地区。4日11时50分，日军先头分队骑兵第8联队128人不费一枪一弹占领了承德。

热河北部战况

日军由北路进攻的第6师团(师团长坂本政右卫门)，下辖步兵第11旅团(旅团长松田国三)、第36旅团(旅团长高田美明)、骑兵第6联队、野炮兵第6联队，配属骑兵第4旅团(旅团长茂木谦之助)以及伪洮辽警备军张海鹏部、伪暂编第2军程国瑞部共约1万人。步兵第36旅团和骑兵第4旅团由通辽经开鲁、巴林向赤峰进攻，以第6师团主力分由彰武、打虎山西进，向赤峰进攻。

守军第6军团是由孙殿英的第41军和退至热北的东北义勇军各部组成。其兵力部署为：第41军防守赤峰、范胡屯地区，冯占海部防守奈曼旗、下洼地区，刘震东、李忠义两部防守开鲁地区，郃斌山、邓文、檀自新三部防守经棚地区。

日军骑兵第4旅团及张海鹏伪军2个骑兵旅于23日首先向天山、林东、大板、林西方向迂回，经激烈战斗，击退第41军及东北义勇军的部队后转向南下，于3月1日推进至赤峰以北地区。第6师团其他各部亦于23日开始西进。虽然汤玉麟所部第5军团位于赤峰以东地区的部队一触即溃，但日军遭到冯占海等各部义勇军的抵抗和袭击。只是由于义勇军装备甚差，各部间又缺乏协同，所以难以遏止日军的攻势。日军于24日攻占开鲁，26日攻占下洼。3月1日日军进至赤峰以东哈拉道口地区，受到第41军第117旅的顽强抵抗。当夜，守军派出一连精锐兵力，夜袭日第6师团司令部。日军集中参谋及勤务人员仓促抵抗，直至援军到达，夜袭部队方才撤离。3月2日骑兵第4旅团及伪军骑兵旅开始进攻赤峰城。激战至傍晚，守军向围场、隆化转移，日军骑兵第4旅团占领了赤峰城。但日军第6师团部队被阻于哈拉道口、炮营子地区，至3月5日方击退守军第117旅，进入赤峰城。日军占领赤峰后分兵南进、北上，于3月10日攻占了乌丹和围场。中国军队撤至半截塔、丰宁地区，日军撤回赤峰集结待命。

热河南部战况

由南路进攻的日混成第14旅团(旅团长服部兵次郎)下辖步兵第25、第26、第27、第28联队的各1个大队，野炮兵第7联队的1个大队及骑兵第7联队的1个中队；混成第33旅团(中村馨)下辖第10、第40联队，共约1万人，归第8师团长西义一指挥。混成第14旅团由沈阳乘火车到达绥中后，于2月24日开始西进。27日推进至纱帽山以东地区，当即向防守该地的第119师和第108师阵地进攻。战斗至28日10时，守军西撤。日军追击，并于3月1日占领了凌南，尔后分为两路：旅团主力向北于3月2日协同第8师团攻占了凌源，一部(2个大队)向南于3月2日突破第116师阵地占领了喇嘛洞。旅团主力从凌源南下，经叨尔磴、青龙，于4日占领冷口。占领喇嘛洞的一路，经要路沟向界岭口前进，于5日占领了茶棚。6日，混成第33旅团已从绥中出发，西义一命令在茶棚的2个大队改变任务，向喜峰口方向前进，令混成第33旅向界岭口和义院口进攻。由茶棚转进的混成第14旅团2个大队于9日到达喜峰口外，混成第33旅团分两路于11日到达界岭口和义院口外。至此，日军进攻热河的作战结束，热河全省沦陷。

热河的失守使全国大哗。在蒋介石示意下张学良引咎辞职；3月12日国民政府发布命令，批准张学良辞去各兼职，命军政部部长何应钦代理北平军分会委员长。

三、长城各关口的作战

热河失陷后，日军推进至长城沿线各口附近。其兵力部署为：第8师团位于承德、古北口外地区，混成第14旅团位于喜峰口外及冷口地区，混成第33旅团位于界岭口外和义院口外，第6师团及骑兵第4旅团位于赤峰地区。北平军分会代委员长何应钦和参谋长黄绍竑为阻止日军继续向长城各口侵犯，将参战部队重新进行了部署：

图 1-6-1　日军进攻热河、长城各口及中国军队抵抗、撤退概图

（1933 年 2 月 21 日—5 月 31 日）

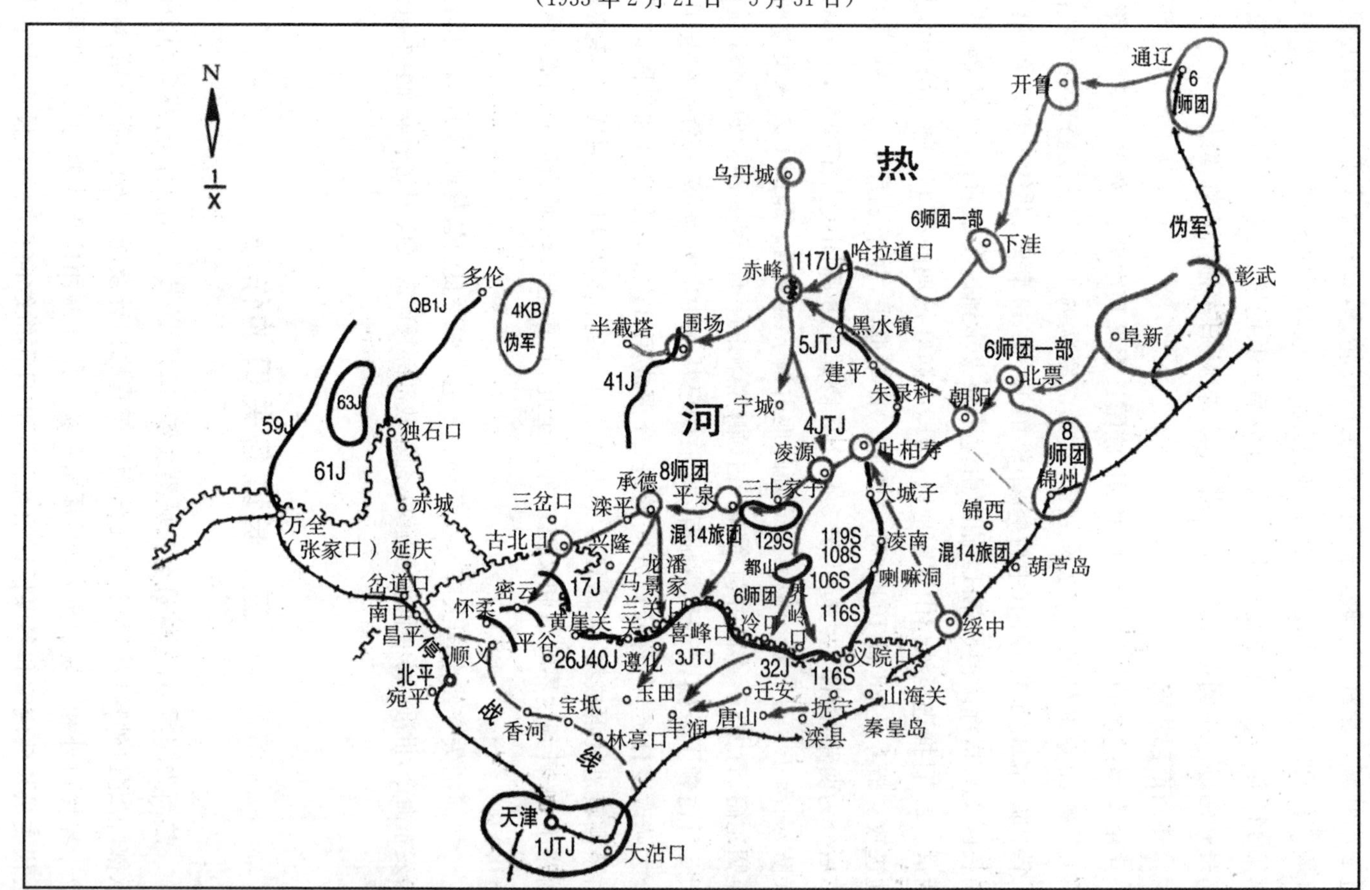

第 1 军团防守天津、大沽及警备津浦铁路；

第 2 军团担任滦河以东和冷口附近的防务；

第 4 军团在原地整训，并以 3 个师协助第 57 军防守冷口以东长城要隘；

第 3 军团负责喜峰口、马兰峪方面防御；

第 8 军团担任古北口方面作战；

第 6、第 7 军团担任察东防务；

原第 5 军团汤玉麟残部在察东沽源整补。

以上 8 个军团共 14 个军(含 1 个骑兵军)、36 个师(含 6 个骑兵师)、19 个旅(含 8 个骑兵旅、3 个炮兵旅)，约 25 万人(如附表 1-6-1)。

(一) 古北口、南天门及兴隆战斗

古北口、南天门战斗是长城抗战中历时最长(自 1933 年 3 月 7 日至 5 月 23 日)、双方兵力投入最多的战斗。

1933 年 3 月 4 日，日军第 8 师团占领承德后以第 16 旅团向滦平方向挺进，师团主力在飞行队支援下全力向黄土梁及其以西地区进攻。

为阻敌西进，北平军分会乃令驻古北口一带的第 107 师北上，在青石梁一带占领阵地，掩护后方部队集中。3 月 7 日，令第 112 师及附属炮兵营归 67 军军长王以哲指挥，向古北口推进；并令第 25 师向密云集中，骑兵第三师从沙河向白马关推进，第 2 师黄杰部向通县集中。

当第 107 师北进之时，因热河军溃败过快而致青石梁失守，该师乃在黄土梁附近进行抵抗。经过 4 天激战，终因敌我力量悬殊、官兵伤亡过多、弹药将尽，于 3 月 9 日下午 2 时向古北口撤退。此时，第 112 师张廷枢部已在古北口附近的将军楼、米窝铺、二道沟之线部署防御。自 9 日起，敌步兵在炮兵和空中飞机的掩护下向守军阵地发起进攻。该师战到 10 日，因伤亡过重不支，敌军冲入阵地，不得已向南天门撤退。北平军分会急令第 25 师北上，防守古北口。

古北口为北平到承德的关口古道，是平津之门户，其东长城由南而北，其西长城由北而南，形成正面宽 25 公里的突出部。古北口正居其中。口北为连续起伏的燕山，口南便是丘陵和平原。敌如占领该口，可直冲平津，故地理位置十分重要。

第 17 军第 25 师于 3 月 5 日抵达通县。由于第 17 军军部还在蚌埠一带，该师归军事委员会北平分会直接指挥。3 月 8 日该师奉令进驻密云。这时古北口

形势危急，军分会令其增援古北口。10日上午该师抵古北口。当第112师不支而退、阵地出现缺口时，第25师第73旅即占领古北口镇南的东西两侧高地，第75旅集结在黄道甸附近，另以第112师1个团在第73旅右翼的将军楼担任防守。

3月10日下午3时，日军以一部兵力在炮火掩护下进行正面宽大的战斗侦察性进攻，数小时后撤退。11日拂晓，日军第8师团主力向右翼阵地发起进攻。战至上午10时，第112师不支而退。日军迅速占领了古北口关口，并乘胜向第25师右翼包围攻击。防御该地的第73旅第145团因孤立突出被敌包围。师长关麟征指挥第75旅驰援，出古北口东关不远与敌遭遇，双方短兵相接，关师长负伤，团长王润波牺牲，但终将敌击退。关麟征负伤后，第73旅旅长杜聿明代理指挥。12日4时，日军再度发起进攻，战斗更为激烈。至午后3时，右翼第145团伤亡殆尽。师属各部与师指挥所联络中断，形成各自为战的状态。守军各部不支，纷纷溃退，古北口被日军占领。到下午5时，师属各部退到南天门左右高地之线，其防御任务由第2师接替。日军占领古北口后停止前进，中日双方暂时形成对峙。对峙期间，日军不断以小部队对第2师阵地发动攻击。均被守军击退。第2师利用战斗间隙加构阵地工事，在南天门阵地右自潮河岸黄土梁起，左到长城上的八道楼子止，在正面宽约5公里的中段，以421.3高地为据点，纵深配置，并在南天门后方构筑了6道预备阵地。4月5日，军事委员会电令调第67军王以哲部增防滦西，由第83师接第110师防地，古北口方面全由第17军防守。

4月11日，为配合冷口作战，第17军令第2、第83师各编1个大队对敌后方古北口背面和巴克会营进行夜袭，杀伤日军多人。何应钦怕引起敌人更大的进攻，令部队停止了袭击行动。[12]但日军并未因此不再进攻，自4月中旬以来不断向古北口方面增兵。16日之后，日飞机即向古北口、南天门一带进行轰炸侦察，为大规模的军事进攻作准备。

20日拂晓，日第16旅团主力一部向八道楼子守军阵地发起进攻，另一部攻击南天门两侧高地。守军凭借险要地形打退了敌人的进攻。当晚，日步兵第32联队第3大队用汉奸带路，偷袭南天门左翼高点八道楼子。这里地势险要，易守难攻，但守卫在这里的1个连的官兵麻痹，放松了警戒，致使敌偷袭成功，8座碉楼全被敌人占领。[13]4月21日，第2师师长黄杰严令第6旅反攻。该旅虽给敌以杀伤，但地处低下，仰攻不易，连、营长牺牲、负伤者甚众，终未奏效。又派第4旅旅长郑洞国率第7团，并指挥第6旅的第11团继续反击，因敌居高临下，徒遭伤亡，阵亡官兵1500名。[13]第2师被迫于22日夜将阵地变换到田庄子、小桃园一线。

24日，日军又增加兵力，在飞机、大炮的掩护下向南天门中央据点421.3高地连续冲击。守军第11团伤亡过重。至是日下午，师长乃令第7团增援，才将敌人击退。这时，第2师战斗了5昼夜，伤亡甚大，疲劳已极，乃于当日黄昏后将阵地交予第83师刘戡部防守。第83师防守的南天门右翼阵地交予第25师防守。

因第8军团总指挥杨杰他调，徐庭瑶代理总指挥。25日，又将部署作如下调整：第25师接替第83师守备地区，第83师接替第2师守备地区，第2师进驻九松山一带整理，以骑兵第1旅接替骑兵第2师的警戒地区。

26日拂晓，日军集中兵力向南天门中央阵地421.3高地进攻。敌炮火将该高地工事夷为平地，尔后步兵在坦克车掩护下发起攻击。守军虽奋勇作战，但因兵力、火力悬殊，第83师2团又1营激战数日，阵地全毁，作战失去依托，因而于28日晚撤往南天门以南600米的预备阵地。经过7昼夜的血战，日军付出相当大的代价才占领了南天门阵地。

当古北口战斗正激烈之时，日军以第8师团第4旅团第31联队的第3营大队为基干，附伪军5000余人，沿烧锅营、寿王坟、鹰手营子公路南进，企图威胁古北口侧背，掩护其主力作战。4月20日南进途中与守军骑兵第5师李福和部遭遇。该师败退。日军于21日占领兴隆，24日分向马兰、黄崖两关口进行战斗侦察，并以一部向墙子路方向活动，意在吸引中国军队的注意力，掩护正面进攻南天门。

军事委员会北平分会为清除侧背的威胁，令第26军萧之楚部（仅2个旅的兵力）加强马兰关、将军关、黄崖关方面的防守，并于26日命其“将兴隆之敌驱逐于远方，以便保持龙井关及南天门侧背之安全”。[14]萧之楚随即进行部署：将骑兵第5师编成骑兵支队，以骑5师师长李福和为支队长，向兴隆县东北龙潭沟、杨树沟之线搜集前进，掩护第1纵队右侧；将独立第4旅（欠1个团）和师属山炮、骑兵各1连编成第1纵队，以独立第4旅旅长王金镛为纵队长，向兴隆县荞麦岭、土城头一带挺进，并相机截断兴隆敌人北退之路；将第132旅（欠1个团）、独立第4旅1个团，另师属工兵、炮兵各1连编成第2纵队，以第132旅旅长于兆龙为纵队长，向兴隆攻击前进；第3纵队以第132旅的第264团编成，以该团团长郝奇为纵队长，主要任务是协助第2纵队攻击兴隆之敌。

4月27日凌晨2时，各队向指定目标攻击前进。第1纵队和骑兵支队分别于晨5时和8时占领预定位置；第2纵队于4时到达兴隆，迅即抢占有利位置，向敌发起攻击；第3纵队随后赶到，即投入战斗。经激战，将兴隆县署和兴隆山之敌予以分割。日军利用工事顽抗。到8时，日军飞机六七架飞来轰炸。攻击部队未构掩体，无险可据，官兵伤亡300余人。下午敌机3架又来投弹，被中国军队击伤1架，降落于兴隆山麓。是日黄昏，日军在县署300人，山上七八十人被包围。兴隆县四周高山林立，日军突围不成，增援不得，粮食全赖空投。但中国攻击部队既无重武器，又无后援，无力歼灭被围的日军。4月29日，何应钦命令中止围攻，第26军主力退守墙子路长城一线。

（二）喜峰口、罗文峪战斗

日军混成第14旅团一部于3月9日到达喜峰口外后立即向防守该地的万福麟部进攻。守军一触即溃。当日，日军占领第一道关口。此时，第3军团第29军第37师的第109旅增援到达，立即投入战斗，稳住了形势。第29军原集结于三河、玉田等处，准备占领义院口至叨尔磴之线，阻敌西进。当热河形势急转直下、日军向长城线逼近时，宋哲元部于3月2日开始从集结地向喜峰口方向增援。

喜峰口为冀东长城上的一个关口，口外群峰耸立，险要天成。长城蜿蜒，为华北之屏障，为冀、热之咽喉。喜峰口之左为潘家口，临滦河扼长城，右为铁门关、董家口。第109旅展开后，迅速占领喜峰口及其左右的董家口、铁门关、潘家口各要点。此时喜蜂口东北制高点已被日军占领。旅长赵登禹急派王长海团长率部反攻。激战数小时，肉搏数次，守军将制高点夺回。

3月10日，双方爆发了争夺关口的战斗。日军在炮火掩护下向喜峰口及其两翼阵地猛攻。赵登禹旅与前来增援的第113旅英勇抵抗，但因中国守军装备差，虽给日军以杀伤，自己损失亦极大。此时第29军主力已进抵遵化城。为争取主动、消灭入侵之敌，宋哲元决定进行夜袭。其行动计划为：

一、第109旅赵登禹旅长率特务营及所属第217团（团长王长海）、第224团（团长董升堂）和第218团（团长童瑾荣）的1个营与第220团（团长戴守义）的手枪队出潘家口，绕攻敌右侧背。

二、第113旅佟泽光旅长率第226团（团长李九思）和第218团一部出铁门关，绕攻敌人左侧背。

图 1－6－2　长城抗战·中国军队由黄崖关、马兰关向兴隆进攻要图

（1933 年 4 月 27 日—29 日）

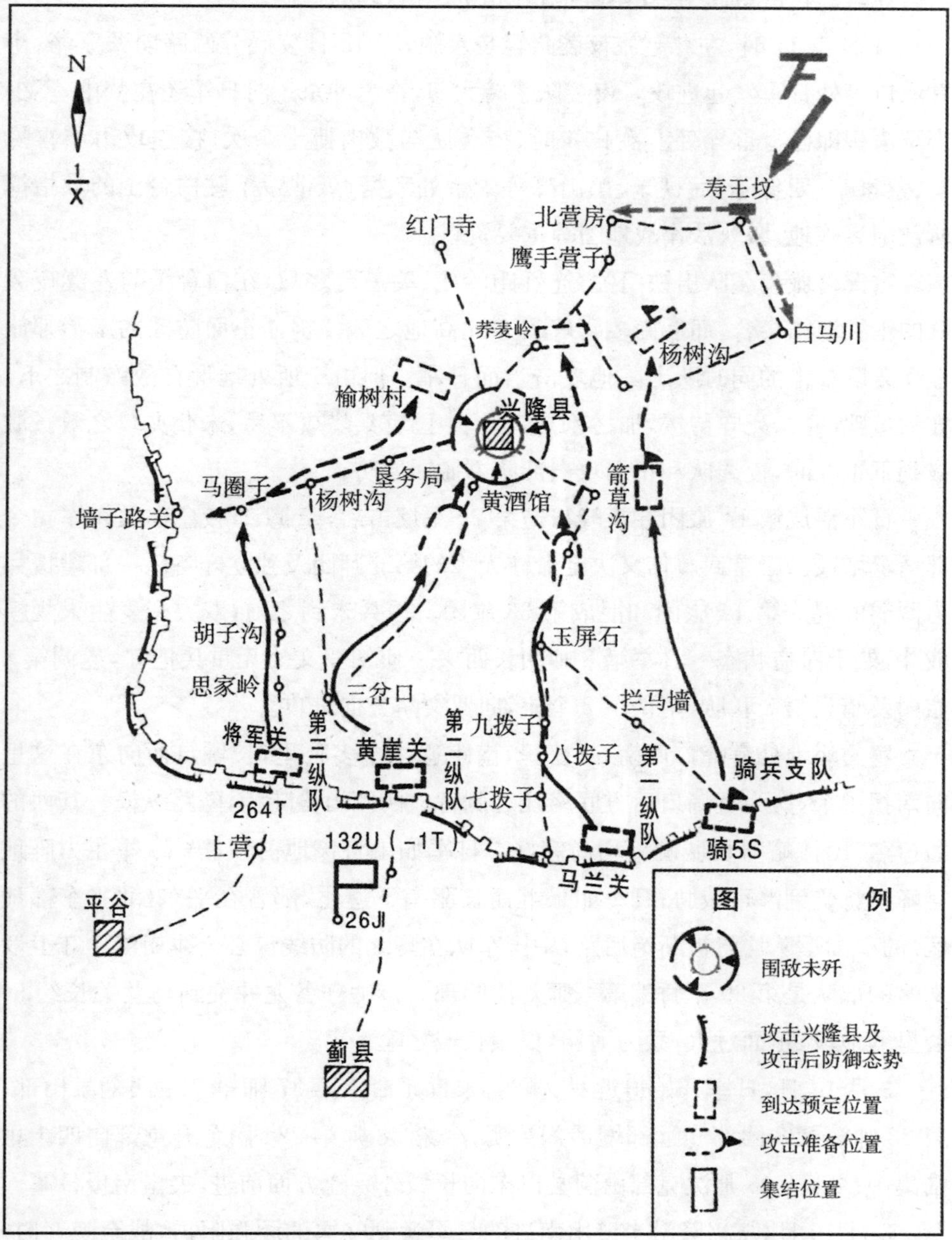

三、第110旅王治邦旅长率第219团(团长刘景山)、第218团(加强第220团第3营)与各特种兵共守本阵地,并相机出击,以为牵制。

11日夜11时,左翼赵旅夜袭队轻装疾驰,于12日凌晨分两路向蔡家峪、小喜峰口等处日军发起进攻。夜袭队手持大刀,奋勇冲杀。时日军还在梦中,不少未及清醒即已身首异处。次日4时,夜袭队与敌肉搏十余次,接连攻占小喜峰口、蔡家峪、西堡子、后杖子、黑山嘴等十余处敌据点,摧毁了驻白台子的敌指挥所及炮兵阵地,缴获敌作战地图等重要资料。

右翼佟旅夜袭队出铁门关,连歼跑岭庄、关王台之敌,在白台子与左翼夜袭队的王长海团会合,而后南攻喜峰口东北高地之敌。担任正面防守的王治邦旅在夜袭队攻击的同时跃出阵地攻击当面日军。但由于所处地形在敌瞰制之下,守敌负隅顽抗、死守待援,加之冰雪坚滑,中国官兵攀攻不易,未获夹攻之效。激战到下午3时,夜袭队和正面攻击部队方撤回原防。

日军混成第14旅团在喜峰口遭第29军反击后,于11日夜急向关东军司令部请求增援。于是武藤信义决定命驻赤峰的第6师团及独立守备队一部增援兵力薄弱的混成第14旅团和混成第33旅团。援兵未到之前,双方未发生大规模战斗,处于对峙状态。日军第8师团长西义一侦知罗文峪无重兵把守,遂调第4旅团及骑兵第8联队,附伪军2个旅,向罗文峪方向进攻。

罗文峪地处喜峰口西南50公里,南距遵化十多公里,长城自西向东在这里向南拐了个弯,为喜峰口后方联络线之侧背。两侧山势陡峭,隘路纵横。其西的隘口名"山楂峪",长城碉楼均尚完好。日军如果将该地占领,第29军主力阵地喜峰口将受到严重威胁;日军如果继而长驱南下遵化,部署在平东(北平东部地区)的中国军队均将被断绝后路,中国军队在华北的防线势必全线崩溃。守卫罗文峪的部队是第29军暂编第2师刘汝明部。该师守备龙井关到马兰关长约50公里的地段,正面过大,兵力薄弱,仅赖长城之险。

3月14日,日军开始迫近罗文峪。宋哲元命令第37师第219团刘景山部、第38师第228团祁光远部增援刘汝明;令第38师第224团董升堂部向四十里铺集中;令第106师沈克部由蓟县以东向长城外兴隆方面前进,夹击南侵日军。

3月16日,从兴隆沿半壁山南进的日军遭到守军的顽强阻击,战至晚9时,日军退去。17日上午8时,日军步炮兵联合,分向山楂峪、罗文峪进攻,并以飞机20余架轮番轰炸。守军奋勇死拒,多次肉搏,敌进攻1日亦未得逞。是日晚,刘汝明抽调王合春营自左翼夜袭敌后,正面防守部队全面出击。激战至18日晨,

图 1-6-3　长城抗战 · 喜峰口战斗经过要图

(1933 年 3 月 11 日—12 日)

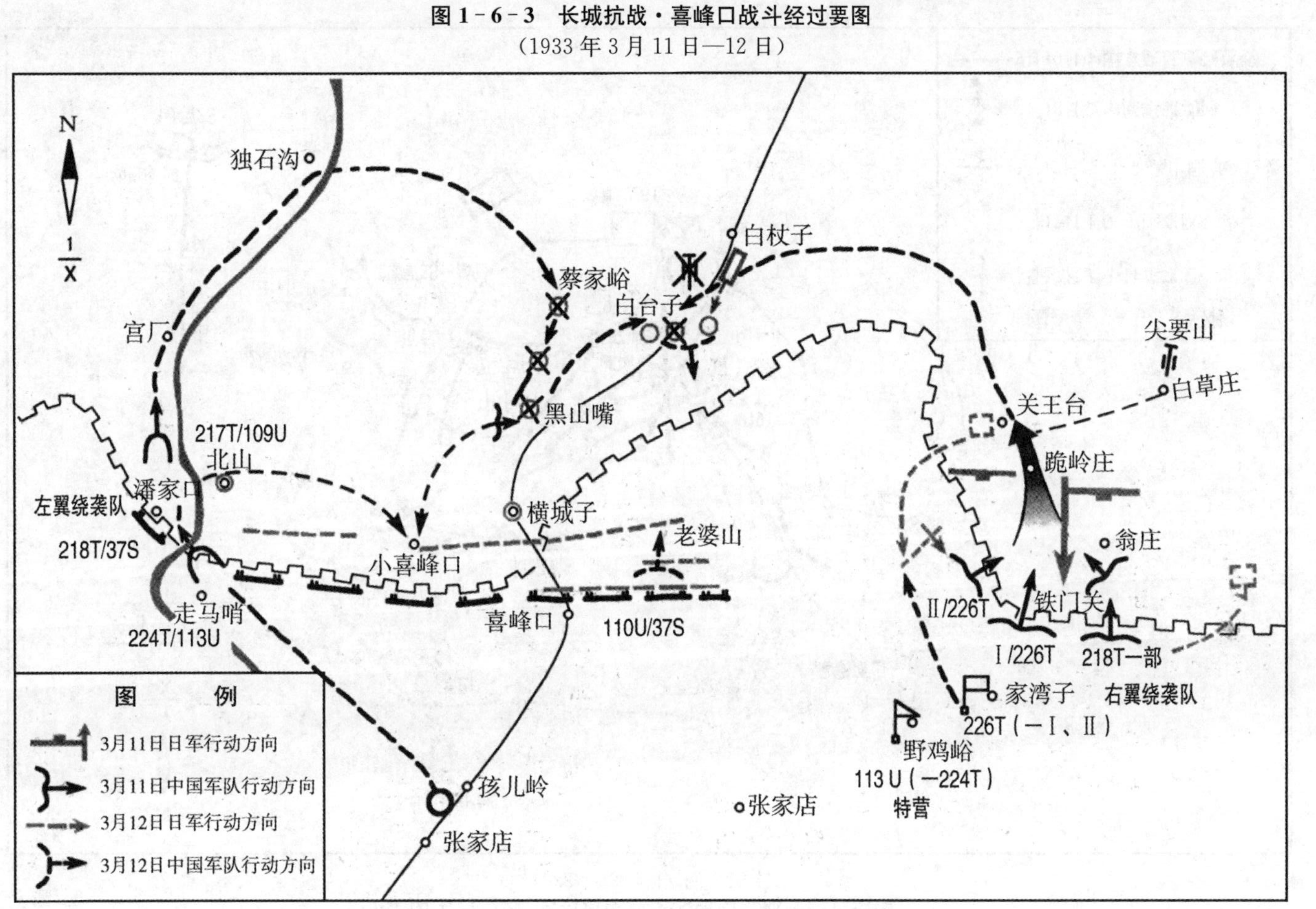

图 1-6-4　长城抗战·罗文峪附近战斗经过要图
（1933 年 3 月 17 日—18 日）

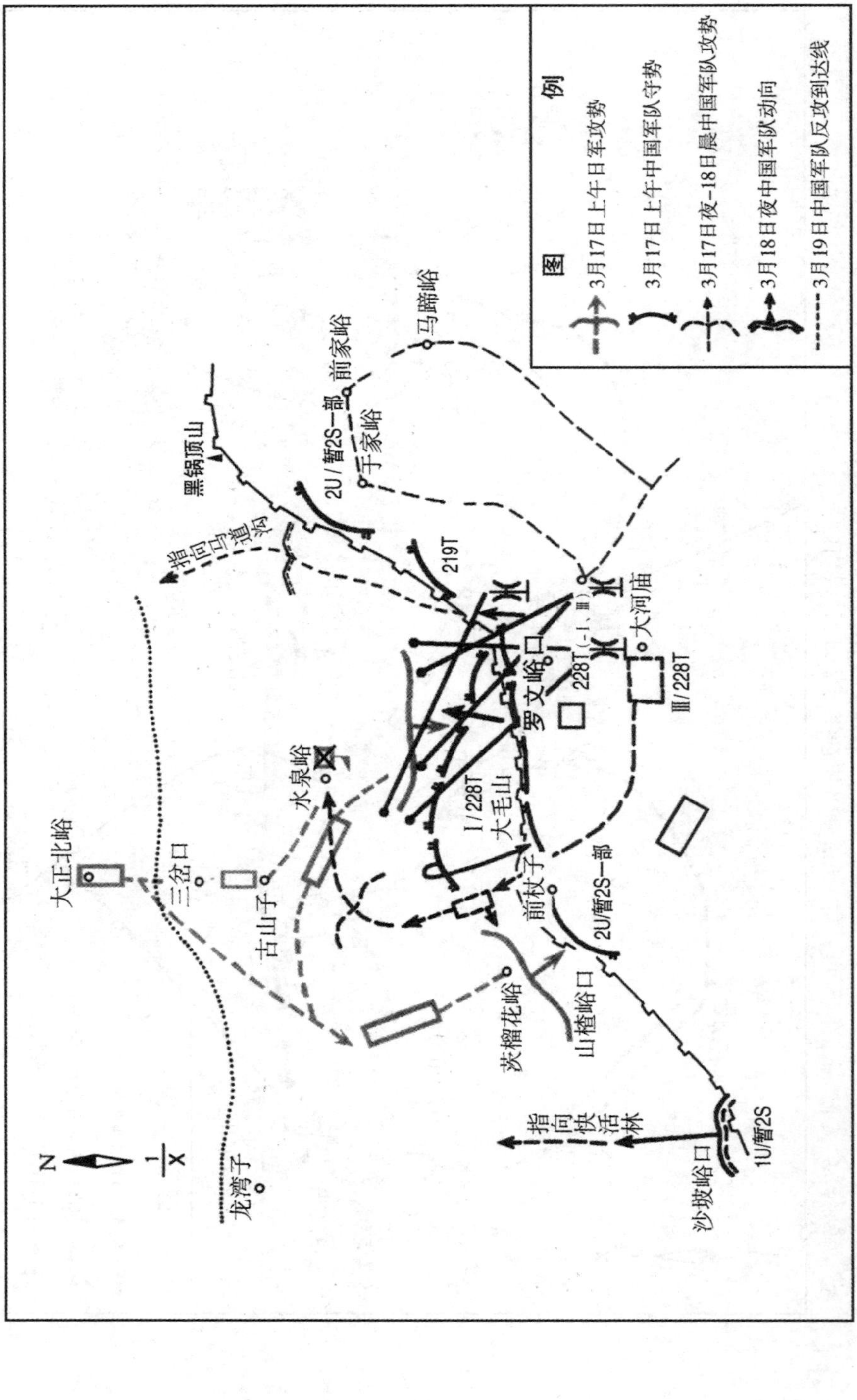

日军伤亡甚众，被迫暂退待援。

当晚，师长刘汝明命李金田旅长率步兵第1团乘夜潜出沙坡峪，向敌后进袭；祁光远团亦乘机从右翼潜出于家峪，奇袭马道沟、南场。日军全线动摇。刘汝明令全线出击。激战到19日晨，将古山子、三岔口、快活林、马道沟附近之敌全部肃清，部队向前推进10多公里，沉重地打击了日军的侵略气焰，振奋了全国人民。

（三）冷口、界岭口、义院口战斗

日军混成第14旅团于3月4日占领冷口后，军委会北平分会当即令在滦河两岸构筑工事的第32军实施反击，收复冷口。军长商震遂派第139师急行军，奔袭冷口日军。师长黄光华利用夜暗，将部队分3路袭击日军，于3月7日凌晨收复了冷口。商震随即进行了防御部署：令第139师占领冷口正面及右至刘家口之间阵地，令第118师在其右翼，令第141师在其左翼占领董家口（不含）、大岭口至冷口（不含）阵地；又令第142师为预备队，控置于建昌营附近地区。

3月19日，日混成第14旅团集中兵力向冷口发动进攻。守军顽强抵抗，并多次组织反击，经反复激烈的争夺战斗，于22日将日军驱逐至口外十余公里之线。

3月23日，由赤峰增援的日军第6师团及配属的独立守备队一部到达喜峰口、冷口以北地区。27日，关东军司令官武藤信义下达了首先向长城各口实施全面进攻、而后越过长城向滦东地区进攻的作战命令。

4月9日，日军第6师团及混成第14旅团开始向冷口守军阵地发起猛攻。激战至11日，第32军阵地被突破，全军撤退至滦河西岸。日军跟踪追击，向纵深发展，占领了建昌营及迁安地区。在冷口作战的同时，界岭口、义院口战斗也已展开。防守界岭口的是万福麟第53军的缪澄流第116师。

日军第33旅团于3月11日从绥中向界岭口挺进，16日拂晓发起攻击。由于日军兵力多、火力强，第116师稍事抵抗即后撤。日军占领了关口，进到长城以内郭家厂、石家沟一带，而后又退守界岭口。

第116师调整了兵力部署，于17日乘日军后撤之机实施反攻，经过激战，占领界岭口两侧长城上的敌楼，并从正面迫近日军。日军重新部署，于24日晨5时发动第二次进攻。守军再度后撤。日军越过长城再进到郭家厂、468高地一线，尔后又退守长城沿线。嗣后两军转入对峙，直到4月中旬。

图 1-6-5　长城抗战·冷口战斗经过要图

（1933 年 3 月 7 日—4 月 9 日）

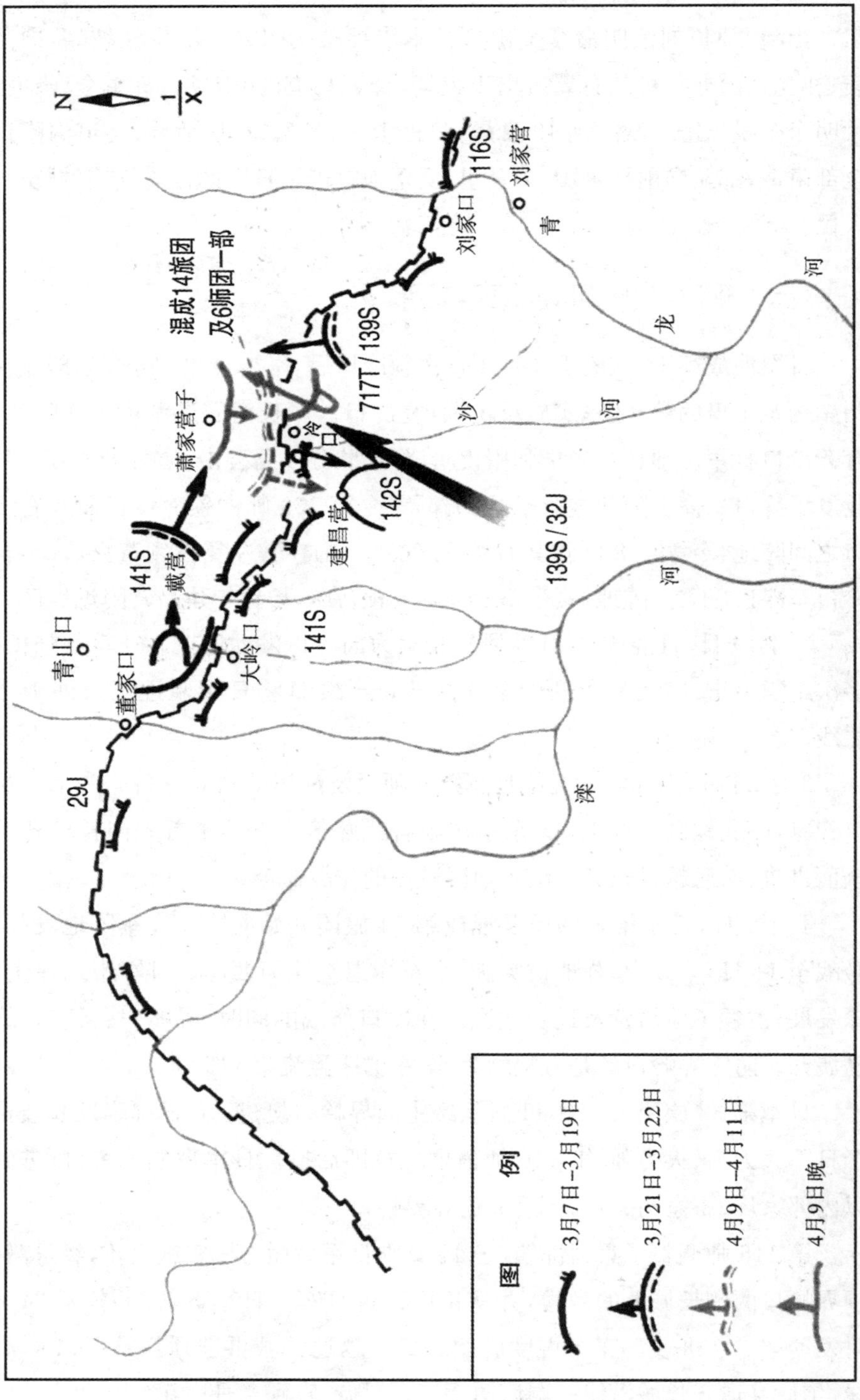

N

1/X

116S

刘家营

刘家口

混成14旅团

及6师团一部

717T / 139S

萧家营子

冷口

142S

建昌营

139S / 32J

141S

戴营

青山口

董家口

大岭口

29J

青龙河

沙河

滦河

图例

3月7日–3月19日

3月21日–3月22日

4月9日–4月11日

4月9日晚

义院口方面原由第116师的1个团防守，15日一度为日军侵占，尔后又克复。嗣后交由第115师姚东藩部1个团防守。3月21日，义院口左翼守军义勇军郑桂林部不战而向石门寨西北撤退，致使正面守军陷于孤立。姚师长乃令该团撤退，义院口失陷。

（四）滦东战斗

3月27日，武藤信义下达向长城各口进攻的命令后，占领义院口的日军混成第33旅团协同新增加的第6师团一部兵力，首先于4月1日向滦东发起进攻，先后攻占了石门寨和海阳镇。守军何柱国部退守秦皇岛。4月11日日军攻占冷口、建昌营和迁安后，滦河以西守军的侧背受到威胁。为避免腹背受敌，宋哲元第29军、商震第32军、何柱国第57军和杨正治第53军只得撤到滦河西岸，沿滦河布防。第6师团展开追击，先后攻占滦东的卢龙、抚宁、昌黎各县。滦河东部、长城以南全部被日军占领。

日军占领滦东之后，国际形势发生了变化。当日军攻占冷口时，蒋介石向西方列强寻求支持，希望国联出面干预，制止日本的侵略。虽然此时的英、美、法极不愿意卷入中日冲突，但华北毕竟不是日本的“传统”势力范围，在冀东唐山和秦皇岛，英、美海军以保护侨民为理由，作出了登陆的姿态。这时的日本虽然退出了国际联合会，但在与中国交战之时，日本当权者对与西方列强对抗是有顾虑的。因此，4月19日日本天皇出面敦促军方停止在滦东的攻击。4月21日，关东军只得将进入滦东的第6师团等部队又撤回长城以北。此时军事委员会北平分会命令何柱国派第57军少数部队渡过滦河，谨慎跟进。到4月底，滦东地区又回到中国军队手中。

四、冀东沦陷和《塘沽协定》的签订

长城战役进行到4月底，中日双方都有结束作战的想法，只是在达成什么目标、以什么手段结束的问题上不同而已。

日本关东军以第6、第8师团及一个混成旅团守备从古北口到山海关400公里的长城线，“兵力显然不足，处于不遑应战的状态”，且屡以小部队越过长城线进行反击，致“使官兵疲惫不堪”，“因此关东军参谋部内产生了莫若进行一次短暂的大规模作战”的设想，[15]企图越过长城线结束长城战役。为此关东军参谋长小矶国昭于4月12日到东京寻求军部的支持。

当滦东和南天门战斗进行之际，蒋介石继续在南昌督师“剿共”，而请从国外回来的汪精卫代替宋子文主持国民政府。汪上任后即起用黄郛为未来的华北政权首脑，目的是寻求与日本停战谈和的途径。从4月19日开始，中日双方在上海进行秘密谈判，日本提出4项停战条件，并坚持中方先从长城前线撤军，否则不予停战，使谈判进展缓慢。日本陆军大臣荒木贞夫认为战争的“扩大与不扩大要对时间、地理、兵力三方面进行考虑，如时间能缩短，地域和兵力的扩大都可认为是次要的，时间的延长才是大忌”，[16]于是陆军省与小矶国昭重新制订了“以迫和为主”的沿长城线作战计划。武藤信义遂于5月3日下达作战命令，其要点为“决续予敌以铁锤的打击，以挫其挑战的意志”。[17]此时日方对谈判已不感兴趣，而着手准备以更大规模的作战来夺取整个冀东地区。为此，将在黑龙江的第14师团之28旅团调至长城一线。

在长城一线参战的中国军队已坚持了两三个月，人员、弹药消耗都很大，战斗力已经下降。何应钦也一再致电蒋介石，要求蒋增派援军和增加财政补助，以利作战。但蒋坚持不再增兵华北，尤其不允许参加“剿共”的中央军北调。这时，国民政府的中上层中枢机构，特别是军委会北平分会已对长城抗战失去了胜利的信心。到4月下旬，何应钦已作了收缩兵力、确保平津的部署：一、为加强北平的防守，将驻滦西的第32军调往平东通县、三河、平谷一带。将驻张北的第59军傅作义部调往昌平，将第26军萧之楚部也调往平东地区；二、为防日军进攻，在滦西修筑三道防御阵地：主阵地在滦河西岸，第一预备阵地为唐山、丰润南北之线，第二预备阵地在蓟运河西岸一线。

5月7日，日方中断了中日秘密谈判，在西起古北口、东至山海关的长城全线，向中国守军发动了开战以来规模最大的进攻。

日军进攻开始后，第6师团、混成第14旅团首先从山海关到冷口一线突入关内。守军第57军何柱国部迅速后退到滦河以西的既设阵地，滦东再次沦入敌手。

5月10日，日军第8师团主力夜袭新开岭（古北口南11公里）第17军阵地。经过3天的战斗，重镇石匣（密云东北30公里）被敌占领。第17军的3个师损失惨重，无力再战，遂下令后撤。日军于19日晨占领密云。

当守军溃退、日军向密云追击的时候，北平军分会急调集结于昌平地区的傅作义第59军进到怀柔布防，协助第26军萧之楚部保卫北平。由于北平危急，蒋介石急令冯钦哉第42师、第87师、第88师等部北上，保卫北平。

在滦河地区，日军第6师团、混成第14旅团、第14师团的第28旅团等先后从迁安的高台子、忍子口等地渡过滦河，从第29军和第67军的结合部突破，使滦河西岸的守军纷纷后退。第29军顽强抵抗到15日，终因寡不敌众，不得不向西撤退。16日，日军占领了滦西的丰润、遵化。

当前线战斗最激烈的时候，中日间在北平的秘密谈判也到了关键时刻。为了使日军答应停战，何应钦命令何柱国、王以哲、万福麟等军撤到宁河、宝坻之线，宋哲元部撤到三河、平谷以东地区。这样，日第6师团在滦西的进攻如同旅次行军，未遇到中国军队的任何抵抗。

这时，新成立的北平政务整理委员会委员长黄郛到达北平，派出密使与日方人员谈判。日方获悉北平军分会已经准备屈服，为了在即将到来的停战谈判中占据更为有利的地位，关东军命令所属各部继续进攻，以抢占更多的地盘。到22日，日军又相继占领了玉田、平谷、蓟县、三河等县城。第6师团全线推进到蓟运河一线，已兵临平、津城下。

5月23日，在北平怀柔、顺义一带构筑了工事的傅作义第59军与日军第8师团进行了长城抗战以来的最后一战，给日军以一定的杀伤。当天，在北平城内，黄郛连夜与日方代表达成协议，决定中日双方在顺义、通县、香河、宝坻、宁河、芦台一线全线停火。正在与日军交战的傅作义军只好遵令停止战斗，向后撤退。至此，历经近3个月的长城战役的战火逐渐平息下来。

5月26日，北平军分会派参谋徐燕谋前往密云，与日本第8师团长西义一面洽停战，日方除原提出的4项条件外，又增加“随时派飞机侦察，及用其他方法，以视察中国军之撤退状况。中国方面，对此须予以保护及一切之便利”的条件。何应钦表示接受，并于5月31日通令各部队：

一、对阵地工事之构筑，即日停止工作；

二、凡第一线之突出部队，均撤回预定之线内；

三、对敌飞机停止射击。[18]

5月30日，北平军分会中将总参议熊斌等与日本关东军副参谋长陆军少将冈村宁次等在塘沽谈判停战条件。5月31日上午11时10分签字，产生了丧权辱国的《塘沽协定》。其内容如下：

一、中国军一律迅速撤退至延庆、昌平、高丽营、顺义、通州、香河、宝坻、林

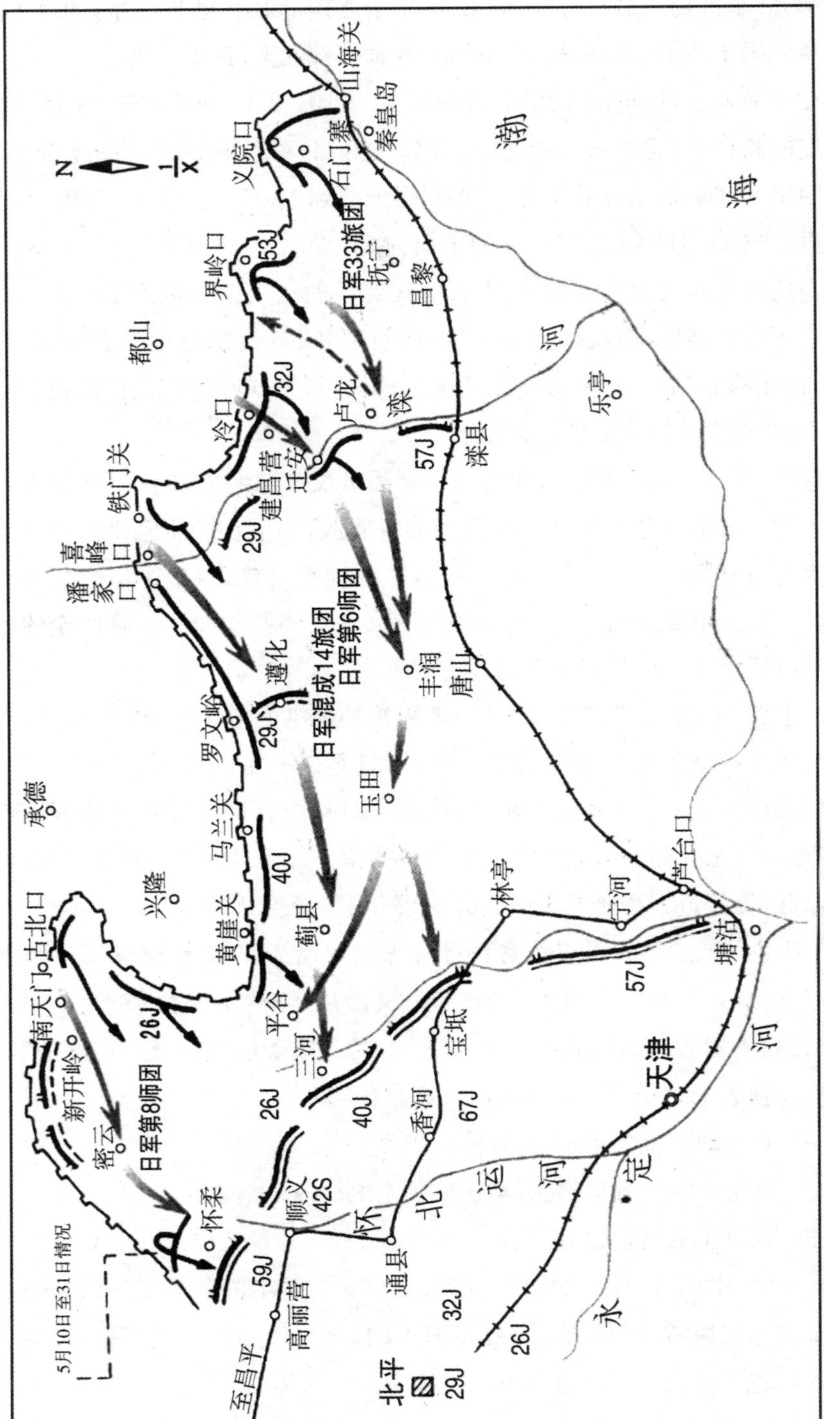

图1-6-6 冀东沦陷及塘沽协定签订后态势图

（1933年3月10日—5月31日）

亭口、宁河、芦台所连之线以西、以南地区，尔后不再越过该线，又不作一切挑战扰乱之行为。

二、日本军为证实第一项实行之情形，随时用飞机或其他方法进行监察，中国方面应行保护，并予以便利。

三、日本军证实中国军业已遵守第一项规定时，不再超越上述中国军的撤退线进行追击，并自动回到大致长城之线。

四、长城线以南，第一项协定之线以北及以东地区内之治安维持，由中国警察机关任之。上述警察机关，不可用刺激日本感情之武力团体。

五、本协定签字后，即生效力。[19]

这个协定实际上默认了日本帝国主义侵占东北三省和热河省的合法性，并承认冀东为“非武装区”，中国不能在那里驻扎军队，而日本可以在那里自由行动。这样，整个华北门户洞开，处在日军的武装监视和支配之下，日军随时可以进占平津和冀察。

五、长城抗战失败的原因

长城抗战历经5个月，最后以订立丧权辱国的《塘沽协定》而告结束。这次失败，不仅使中国兵员损失巨大，而且给以后华北的局势带来了灾难性的后果。《塘沽协定》的签订，使中国失去了热河全省和冀东22个县的领土。据战后统计，中国军人死亡16 725名，负伤24 019名，而日军的伤亡仅2600名。中日双方伤亡的比例大大超过了1932年“一·二八”淞沪抗战。战争对华北地区直接的物资破坏更无法统计。

综观长城抗战，导致失败的原因是多方面的。

从政治上说，是蒋介石“攘外必先安内”的政策所致。虽然蒋介石在长城抗战中多少改变了“九一八”事变以来不抵抗的政策，实行了“一面抵抗、一面交涉”的方针。但这种抵抗只不过是为了平息国人抵御外侮的呼声，是为了争取接受不是在最苛刻条件下的妥协，因而实质仍然是“消极抵抗，积极谋和”。

当长城抗战正处在最紧张的时候，蒋介石正指挥50万大军对江西中央苏区进行第四次“围剿”；面对广大爱国官兵强烈的抗日爱国呼声，蒋介石曾严令：“如再有偷生怕死，侈言抗战，不知廉耻者，立斩无赦。”[20]何应钦、黄郛在与冈村宁次进行秘密谈判时，何对冈村说："实际上我国现在最难办的是共产党势力的抬头，故而不愿引起对外问题。如果日本不就此停止对我国的压迫，其结果中日两国都将给共产党以可乘之机。"[21]何应钦的话道出了国民党屈辱地接受《塘沽协定》的真实意图，是对蒋介石"攘外必先安内"政策最好的注释。

蒋介石"攘外必先安内"的误国政策在战略上导致了长城抗战必然失败的命运。对日作战是关系中国命运的大事，需要集中国内主力应战，但蒋介石只派中央军四五个师的兵力北上参战，中央军主力精锐一直在南方进攻红军。这种两面作战、南重北轻、重心在南方的做法，一开始就决定了北方长城抗战必然失败的命运。

从战役战术上看，首先，是日本采取了多方牵制、集中机动力量快速进攻的战术；而中国守军则分散兵力，处处应付，消极防御，死守阵地，造成了被动挨打、终至失败的结局。日军在进攻热河前，驻扎在华北地区的东北军的数量并不少于日军。仅就热河而言，其境内部署的东北军就有近 10 个师的兵力，约 10 万人。而日军投入的军队仅 2 个师团又 3 个旅团，共 4 万人。日军为达到战术上的优势，首先在山海关打响，又在渤海湾造成登陆的假象，牵制何柱国、于学忠等于滦东和津沽间而不能援热；还利用刘桂堂、崔兴五、李守信等伪军在察哈尔东部和热河北部牵制了中国守军 5 个师的兵力。同时，日军集中了装甲车、汽车、骑兵部队，沿交通大道快速机动，很快将热河占领。而中国军队处处设防，消极死守，线长兵薄，工事简陋，一点被突破，全线即溃。

其次，是中国当局采取了消极防御、死守阵地的战术。中国军队不仅在数量上远远超过日军，而且有地形上的优势，如果在日军进攻时采取伏击，或派出小分队，敌进我进，打其后方，是能给日军以杀伤或遏制其进攻的。可惜国民政府军队不仅根本没有这样做，而且最高指挥机关也从未有这样的想法和打算。长城防御时，线长空隙多，局部的出击是能奏效的，如第 29 军在喜峰口、罗文峪的夜袭等；大部队的前出和突进也能办得到，如第 26 军在兴隆对日军的进攻和包围。可惜这种做法既未推而广之，亦未持久。这是由最高指挥者消极防御的指导思想造成的。

第三，日军装备精良，火力强；中国军队装备差，虽有优势的地形和杀敌的勇气，但在敌强大的火力下，徒增伤亡。日军的作战装备有装甲车、坦克，下有火炮作掩护，上有飞机轰炸相配合，机动性强，火力猛。日军步兵有"精利武器"可恃，攻击某处，"必集结炮兵破坏华军防御工事暨其守兵，然后步兵以飞机与战车作掩护，攻击前进。此乃新式用兵"。[22]而中国军队的装备与日军相比，大相径庭。以第29军为例，该部"装备差，火力弱，有兵无枪，有枪缺弹，只是每人大刀一把，手榴弹六枚"。[23]即使中央嫡系部队（如第2、第25、第83师），装备和日军相比也差之甚远，何况仓促上阵，没有准备。第25师上阵时，士兵还是"赤脚草鞋"，第2师的"轻机枪还在仓库里"。[24]该部守备的古北口、南天门险要地段之所以被日军攻占，日军的优势火力起了重要作用。由于中国军队装备差，就是包围了日军也不能歼灭。如第26军在兴隆对日军包围2日，由于没有重武器，不能攻击歼灭，只得放弃而归。日军强大的火力给中国守军很大的杀伤。据战后统计，中、日伤亡的比例为15.3∶1，可见中国军队在日军火力下伤亡之大。消极防御的战术思想，加上低劣的武器装备，使守军不得不依赖长城这个古老的工事进行作战，落后的战术思想和过时的防御设施带来的后果是很明显的。

第四，中国守军一部分官兵素质差，缺乏斗志，也是失败的重要原因。中国守军不乏训练有素的部队和忠勇爱国的军官。第29军发扬了西北军刻苦训练的传统，平时训练，"以日本为假想敌，所以当第29军奉命开赴平东防御日军的时候，全军士气异常旺盛"。[25]孔祥熙视察第29军后的印象是"卒伍整觞，无矜气，无怠容"。[26]虽装备低劣，然而用大刀杀出了威风。中国军队的不少官长在作战中能身先士卒，带头拼杀，如赵登禹、佟泽光、关麟征等人皆是。可惜像这样的人太少。中国一些军政官员的腐败昏庸在这次作战中表现得淋漓尽致。北平军分会的主要官员平时沉湎于酒色之中，一些军国大事竟在交际苑里处理。[27]上有所好，下必甚焉。各军师在作战中，或因斗志不坚、指挥失当，或因麻痹松懈、缺乏协同，导致了战斗失败。如中央军第2师一部在防守古北口八道楼子时自恃地形险要，官长带领士兵赌博，致使日军趁夜偷袭成功，八道楼子阵地全失，[28]古北口防御全线动摇。"……东北军苟遇日人攻击，靡不望风奔溃，事实昭彰，无庸隐讳。愚意其过不在士兵，而其主因在乎官长之素质与营长以上之动作。"[29]万福麟部在儿河设防时，线长兵单，"分散兵力，既不能增援，又不能固守"不必说，"并且师以上指挥官的位置均距第一线二百里以上，交通不便，通信器材不足，前后方通一次电话需要若干时间。这对于作战已经不能及时应付，更谈不到兵力的活用和互相呼应了。对群众没有联系，没有宣传，故对敌方行动毫不察悉，敌不找我，我不找敌。这也是失败的因素。"[30]商震第32军防守冷口一带正面百余里的防线，只派了一个师，"其余的两个师和军部直属部队都控置在远远的后方开平"，"所谓准备也不过是加强工事，把炮兵推进到冷口外面，准备支援前进阵地，但又不敢推进过远”，实际上是摆个架子，指望日军占了热河以后不再向冀东进展。[31]这些军队的战斗力可想而知。

附表 1－6－1　长城抗战军队序列表（1933 年 3 月 20 日）

军事委员会北平分会委员长蒋介石（兼）　何应钦（代）

参谋长黄绍竑

第 1 军团　总指挥于学忠

参谋长刘忠干

第 51 军　军长于学忠
- 第 111 师　师长董英斌
- 第 113 师　师长李振唐
- 第 114 师　师长陈贯群
- 第 118 师　师长杜继武
- 骑兵第 1 师　师长张诚德

第 8 军团　总指挥杨　杰

第 17 军　军长徐庭瑶
- 第 83 师　师长刘　戡
- 第 2 师　师长黄　杰
- 第 25 师　师长关麟征
- 骑兵第 1 旅　旅长李家鼎

第 67 军　军长王以哲
- 第 107 师　师长张政枋
- 第 110 师　师长何立中
- 第 112 师　师长张廷枢
- 第 117 师　师长翁照垣

第 26 军　军长萧之楚—第 44 师　师长萧之楚（兼）

预备军团　归北平军分会指挥

第 41 军　军长孙魁元
- 第 117 旅　旅长丁綍庭
- 第 118 旅　旅长刘月亭
- 补充第 1 旅　旅长邢预筹

第 105 师　师长刘多荃

骑兵第 6 师　师长白凤翔

第 83 师　师长刘　戡

第 2 军团　总指挥商　震

参谋长吕　济

第 32 军　军长商　震
- 第 84 师　师长高桂滋
- 第 139 师　师长黄光华
- 第 141 师　师长高鸿文
- 第 142 师　师长李杏村
- 骑兵第 4 师　师长郭希鹏

第57军　　军长何柱国——第109师　师长何柱国
　　　　　　　　　　　　第115师　师长姚东藩
　　　　　　　　　　　　第120师　师长常经武
　　　　　　　　　　　　骑兵第3师　师长王奇峰

第3军团　总指挥宋哲元

副总指挥庞炳勋　秦德纯

参谋长张维藩

第29军　　军长宋哲元——第37师　师长冯治安
　　　　　　　　　　　　第38师　师长张自忠
　　　　　　　　　　　　暂编第2师　师长刘汝明

第40军　　军长庞炳勋——骑兵第5师　师长李福和
　　　　　　　　　　　　第115旅　旅长刘世荣
　　　　　　　　　　　　第116旅　旅长陈春荣

第4军团　总指挥万福麟

参谋长王景儒

第53军　　军长万福麟——第10师　师长沈　克（该师原属第3军团）
　　　　　　　　　　　　第108师　师长杨正治
　　　　　　　　　　　　第106师　师长沈　克
　　　　　　　　　　　　第116师　师长缪澄流
　　　　　　　　　　　　第119师　师长孙德荃
　　　　　　　　　　　　第129师　师长王永胜
　　　　　　　　　　　　第130师　师长朱鸿勋、于兆麟
　　　　　　　　　　　　骑兵第2师　师长黄显声

第5军团　总指挥汤玉麟

该部由热河败退至独石口、滦平一带

第7军团　总指挥傅作义

该部在察东，辖第59军（军长傅作义兼）、第61军（军长李服膺）、骑兵第1军（军长赵承绶）

另外还有在热北林西的冯占海第63军和在热北的抗日义勇军李忠义、邓文部等。

注　释：

〔1〕　日本参谋本部：《满洲事变作战经过概要》。中华书局1982年中译文版，第2卷第71页。

〔2〕　中央档案馆、中国第二历史档案馆等：《日本帝国主义侵华档案资料选编——“九·

一八”事变》。中华书局 1988 年版，第 379 页。

〔3〕《日本陆军当局为热河问题声明》。载 1933 年 1 月 13 日天津《大公报》。

〔4〕《内田康哉在日本第 64 次议会外交演说》。载《国闻周报》第 10 卷第 5 期。

〔5〕 同〔1〕，第 65 页。

〔6〕 同〔1〕。

〔7〕 1933 年 2 月 14 日天津《大公报》。

〔8〕《国闻周报》第 10 卷第 8 期。

〔9〕 1933 年 2 月 19 日天津《大公报》。

〔10〕 见《华北抗日战纪》。原件存中国第二历史档案馆。

〔11〕 1933 年 2 月 23 日罗文干致蒋介石电。总统府机要档案。

〔12〕 杜聿明等：《古北口抗战纪要》。载《文史资料选辑》第 14 辑，中华书局 1961 年版。

〔13〕 同〔12〕。

〔14〕 见《长城抗日战纪》。原件存中国第二历史档案馆。

〔15〕〔日〕稻叶正夫：《冈村宁次回忆录》。中华书局 1981 年中译本，第 440、442 页。

〔16〕 日本防卫厅研究所战史室：《大本营陆军部》。载《日本军国主义侵华资料长编》，四川人民出版社 1987 年版，第 225 页。

〔17〕 见《关东军作战命令第 503 号》。载《关东军参谋部第二课机密作战日志摘要》，载《革命文献》第 38 辑第 892 页。

〔18〕 同〔14〕。

〔19〕《现代国际关系史资料选辑》。北京大学出版社 1987 年版，(上)第 307—308 页。

〔20〕《蒋介石告各将领先清内匪再言抗日电》。载秦孝仪主编《中华民国重要史料初编——对日抗战时期·绪编》(三)，第 36 页。

〔21〕 同〔15〕，第 449—450 页。

〔22〕《德·佛(采尔)总顾问整理部队意见书》(1933 年 5 月 23 日)。原件存中国第二历史档案馆。

〔23〕 董升堂：《夜袭喜峰口敌后》。载《从九·一八到七七事变》，中国文史出版社，第 453 页。

〔24〕 同〔12〕。

〔25〕 何基沣：《29 军在喜峰口的抗战》。载《文史资料选辑》第 14 辑。

〔26〕 李云汉：《宋哲元与七七抗战》。台北 1973 年版，第 20 页。

〔27〕 黄绍竑：《长城抗战概述》。载《文史资料选辑》第 14 辑。

〔28〕 同〔12〕。

〔29〕 同〔22〕。

〔30〕　王理寰:《万福麟在热河的溃败》。载《文史资料选辑》第14辑。

〔31〕　石彦懋:《冷口的失陷》。载《从九・一八到七七事变》,中国文史出版社,第473—474页。

第七节　察哈尔民众抗日同盟军的抗日战斗

一、抗日同盟军的成立

1933年5月下旬,长城抗战失败,冀东沦陷。日本兵临平、津城下,仍不罢休。5月22日,关东军参谋长小矶国昭对路透社记者声称:“日军现在密云、唐山线暂停进攻,日军以此进攻为消灭华军攻击长城之大本营,其军事动作目前告一段落……为保卫满洲国西境,日军有进占张家口之必要。”[1]张家口为察哈尔首府。显然,日军在冀东得手后,又把侵略的矛头指向察哈尔。

察哈尔省(1928年建省,1952年撤销)辖今河北省西北部、内蒙古自治区锡林郭勒盟南部和乌兰察布盟东南部,位于热河、绥远(1954年撤销)之间,北与外蒙古接壤,南与晋、冀两省交界,扼塞北之要冲,为东西之通衢。特别是张家口,南瞰幽燕,北达漠北,为交通要道。日军如侵占该地,不仅可以从北面威胁、包围平、津、晋、冀,而且可以阻碍中国内地与苏联和外蒙古的陆路交通。

1933年2月,日军侵犯热河时曾以一部逼近察、热交界地区。长城抗战开始之后,日军把进攻的重点放在长城各口,在察、热边境只有一小部日军和大部伪军。军事委员会北平分会为保障察、热边界的安全,曾令傅作义为第7军团总指挥,在察东一带布防。4月底,自古北口方向进犯的日军逼近密云,何应钦急调傅作义部至昌平加强北平的防守,察东防务空虚,日军乘机于5月11日侵占察东重镇多伦,继而侵占沽源。察省形势日益危急。正当南京国民政府的代表与日本谈判签订《塘沽协定》的时候,以冯玉祥为总司令的察哈尔民众抗日同盟军在张家口成立了。

冯玉祥于1930年在中原大战中战败之后,西北军被瓦解,冯失去了兵权和政治地位,便移居在山西汾阳峪道河,过着孤寂恬静的山村生活,他安下心来学习革命理论，对失败的过去认真总结，为尔后重返军界、政坛作准备。

1931 年“九一八”事变发生，冯玉祥于 9 月 23 日发出电报说：“玉祥不敏，誓死与全国同胞共赴国难，粉身碎骨，义无返顾。”[2]表示了坚决抗日的决心。在同年举行的国民党第四次全国代表大会上，在两广反蒋派的要求下，冯应邀到南京参加了大会的闭幕式，并担任了内政部部长。冯满怀政治热情，希望蒋、汪能结束内战，领导全国人民抗日。他提出许多救国方案，但都遭到蒋、汪的冷遇。1932 年 1 月，淞沪抗战发生，蒋、汪同谋阻止国民党内的抗日活动。冯玉祥大失所望，于 1932 年 3 月 24 日往泰山隐居。

冯玉祥在“九一八”事变前即和中国共产党建立了联系。事变发生后，冯很希望听一听共产党人关于救国救民的意见。中共中央派了肖明去见冯，共同分析了世界的形势、中国的前途。肖向冯阐明了共产党抗日救国的主张，使冯思想开阔，表示愿在中共的帮助下举旗抗日。此后，中国共产党便在冯亲自掌握的汾阳军校中建立了组织。

1932 年秋，日本侵略华北的军事准备正加紧进行。此时，冯的旧部宋哲元被任命为察哈尔省主席。察省是抗日前线，又是国民党势力较为薄弱的省份，过去曾是西北军活动的地盘，便于进行抗日斗争。于是冯于 1932 年 10 月 9 日抵达察省省府张家口，受到宋哲元等的热烈欢迎。中共北方党组织派代表赴张家口与冯交换组织抗日力量的意见，冯也希望共产党派干部到察省共商抗日大计，决心以察哈尔为阵地，为抗日救国大干一番事业。

冯玉祥到察哈尔的抗日举动引起蒋介石的极度不安。蒋介石一面以舆论对冯进行造谣中伤，一面以高官厚禄诱冯到南京做官。冯志在抗日，不为所动。长城抗战开始之后，蒋介石北上保定，邀冯会晤，冯未予理会。蒋介石南返后，华北军事由何应钦指挥。长城抗战开始，人们还对国民政府抱有希望；随着军事的失利和投降妥协的加剧，冯越来越对蒋介石失望，于是召集汾阳军校的师生由晋开察，将第 29 军的留察部队（主力在喜峰口）进行扩编。此后又有决心抗日救国的旧部吉鸿昌和故友方振武纷纷率部来投。热河失守之后，在热河的东北抗日义勇军被赶到察哈尔，孤悬无靠，此时纷纷投到冯玉祥的麾下。

在《塘沽协定》签订的前夕，1933 年 5 月 24 日，冯玉祥召开了各方军事首领的会议，决定组成察哈尔民众抗日同盟军。5 月 26 日举行全省民众御侮救亡大会，一致推举冯玉祥为同盟军总司令，并发出了就任察哈尔民众抗日同盟军总司令的通电。通电指出：

日本帝国主义对华侵略得寸进丈，直以灭我国家、奴我国族，为其绝无变更之目的。握政府大权者，以不抵抗而弃三省，以假抵抗而失热河，以不彻底的局部抵抗而受挫于淞沪、平津。即就此次北方战事而言，全国陆军用之于抗日者不及十分之一，海、空军则根本未出动；全国收入用之于抗日者不及二十分之一，民众捐助尚被封锁挪用。要之，政府殆始终无抗日决心，始终未尝制定实行整个作战计划。且因部队待遇不平，饥军实难作战。中间虽有几部忠勇卫国武士自动奋战，获得一时局部的胜利，终以后援不继而挫折。迩者，长城全线不守，敌军迫攻平津，公言将取张垣(即张家口)。不但冀察垂危，黄河以北，悉将不保。当局不作整军反攻之力，转为妥协苟安之计。方以忍辱负重自期，以安民心期人。前此，前敌抗日将士所流之血，后方民众为抗日所流之汗，俱将成毫无价值之牺牲。一时之苟安难期，他日之祸害愈深。国亡种奴，危机迫切。玉祥僻居张垣，数月以来，平、津、沪、粤及各省市民众团体，信使频至，文电星驰，责以大义，勉以抗日。玉祥深念御侮救国为每一民众所共有之自由，及应尽之神圣义务。自审才短力微，不敢避死偷生。谨依各地民众之责望，于民国二十二年五月二十六日以民众一分子之资格，在察省前线出任民众抗日同盟军总司令，率领志同道合之战士及民众，结成抗日战线，武装保卫察省，进而收复失地，争取中国之独立自由。有一分力量，尽一分力量，有十分力量，尽十分力量。大义所在，死而后已。凡真正抗日者，国民之友，亦我之友；凡不抗日或假抗日者，国民之敌，亦我之敌。所望全国民众一致奋起，共驱强寇，保障民族生存，恢复领土完整，敬祈赐予指导及援助。〔3〕

当日，冯玉祥改组了察哈尔省政府，委任佟麟阁代理主席。

"抗日同盟军为革命军民联合战线，以外抗暴力，内除国贼为宗旨"。〔4〕抗日同盟军的成立，使广大的人民群众和有志于抗日的将士闻之振奋。一时间，孤立无靠的东北抗日义勇军、报国无门的抗日群众和失去兵权的抗日将领纷纷汇集于张家口，察哈尔成为抗日怒潮汹涌澎湃的地方，成为世人注目的中心。

6月15日，根据抗日的形势和民众的要求，在张家口召开了抗日同盟军第一次军民代表大会。会上通过了抗日同盟军纲领，以及有关军事问题、财政政策、军队政治工作与协助民众运动、军事委员会组织大纲等决议案，选举了抗日同盟军最高权力机关——军事委员会，推举冯玉祥、方振武等11人组成军事委员会常务委员会。冯玉祥任军事委员会主席。

到军事委员会成立时，同盟军所属有 12 万人，枪 10 万多枝。其基本力量的组成，包括了东北抗日义勇军、热河抗日民军、察哈尔省自卫军与抗日救国军，以及冯玉祥的旧部 5 部分。由于是各武装力量的联合和同盟，基本上保留了原来的组织和编制，也一律由原将领指挥。各部军队的组织情况如下：

由冯玉祥的旧部组成的有：

第 1 军，军长佟麟阁，辖彭政国第 1 师、支应遴第 2 师和刘克义独立旅。7 月 25 日，第 24 师富春部、第 25 师马冠军部也拨归该军节制。

第 2 军，军长吉鸿昌，辖周义宣骑兵第 3 师、徐荣华第 4 师、宣侠父第 5 师和李廷振第 6 师。

以上两军均有共产党员作骨干，战斗力比较强。

第 6 军，于 6 月 30 日编成，军长张凌云，辖乜玉岭游击师、胡云山骑兵第 2 师。

骑兵挺进军，总指挥孙良诚，辖雷中田第 1 挺进军、高树勋第 2 挺进军。

由方振武抗日救国军组成的有：

第 1 军，军长张人杰，辖宋铁林、杜光明、宋克宾第 1、第 2、第 3 师和崔国庆独立旅、谷有祺独立骑兵旅。

第 4 军，军长米文和，辖王中孚教导师。

第 5 军，7 月 25 日编成，军长阮玄武，辖汲汉东第 16 师、许权中第 18 师。该军有共产党员作骨干。

由东北抗日义勇军组成的有：

第 5 路军，总指挥邓文(邓文被刺死后，檀自新继任总指挥)。该军系黑龙江抗日义勇军马占山旧部改编而成，辖邓文兼师长的骑兵第 10 师，檀自新的骑兵第 11 师，吴松林(后改霍刚)的骑兵第 12 师和郭凤来、唐忠信的骑兵第 21 旅、步兵第 1 旅。

由察哈尔省自卫军编成的有：

察哈尔的自卫军，军长张砺生。该军由张北、商都、宝昌等县的民团编成，辖张子光、曹汉相、白振宝第 1、第 2、第 3 师和王德重、焦朴斋第 1、第 2 支队。

独立第 13 师，师长任平治。

由热河抗日民军编成的有：

第 18 军，军长黄守忠，辖于立志第 32 师、谭世林第 33 师、阎尚元第 34 师。

骑兵第 4 师，师长姚景川。

另外还有由蒙古、绥远地方部队编成的部队。蒙古军有：第 1 军，军长德穆楚克栋鲁普；第 2 军，军长卓特巴扎普；自卫军，军长富龄阿。

由绥西土匪王英编成的游击第 1 路也于 5 月参加了抗日同盟军。山东贯匪刘桂堂曾一度投日，在抗日同盟军成立时，派人向冯玉祥接洽反正，冯委其为第 6 路总指挥。

从抗日同盟军的组成可以看出，冯玉祥对待各支队伍，不管过去历史如何，现在只要抗日，都给予接纳、欢迎。抗日同盟军的成立，给中国人民的抗日救国斗争带来了新的生机。

二、抗日同盟军的抗日行动

抗日同盟军甫告成立，察东局势日趋恶化。6 月 1 日，日飞机轰炸独石口，4 日敌陷宝昌，5 日又侵占康保，张北危急，张垣震动。抗击日本的军事行动已刻不容缓。冯玉祥于 6 月 20 日作出部署：派方振武为北路前敌总司令，吉鸿昌为北路前敌总指挥，邓文、李忠义为左、右副总指挥，统帅大军北进，收复察东失地。

6 月 21 日，北路同盟军又编成 3 个梯队：邓文为左翼第一梯队，从左卫出发；李忠义部为右翼第二梯队，从旧万全出发；周义宣部为第三梯队，从张家口出发。各部分头北上，向日、伪军展开进攻。22 日，先头部队迫近康保，经过几个小时的战斗，伪军崔兴五部向东败逃。同盟军进驻康保。

23 日，北路军兵分两路向宝昌、沽源挺进：左路军吉鸿昌指挥邓文、张凌云、张砺生自卫军一部向宝昌进攻，右路军李忠义部直趋沽源。30 日，两路军分别迫近宝、沽。7 月 1 日，驻宝昌的伪军张海鹏、崔兴五两部被击溃，残敌弃城逃往多伦，抗日同盟军占领宝昌。盘踞在沽源的伪军刘桂堂慑于抗日同盟军的凌厉攻势，派人向吉鸿昌接洽，投诚反正。沽源亦被收复。

初战告捷，抗日同盟军士气高涨，斗志旺盛。为了不让敌有喘息的机会，吉鸿昌又率大军乘胜东进，直捣多伦。

多伦为塞北重镇，位于滦河上游、内兴安岭西口，是察、绥、热之间的交通枢纽，是察东、热北的商业中心。日军在侵占热河、掌握内兴安岭之后，即指挥日、伪军于 5 月 11 日将其占领。[5]抗日同盟军成立之后，日、伪军为加强多伦的防御，

图 1-7-1 察哈尔民众抗日同盟军察东战斗示意图
（1933 年 6 月 21 日—7 月 2 日）

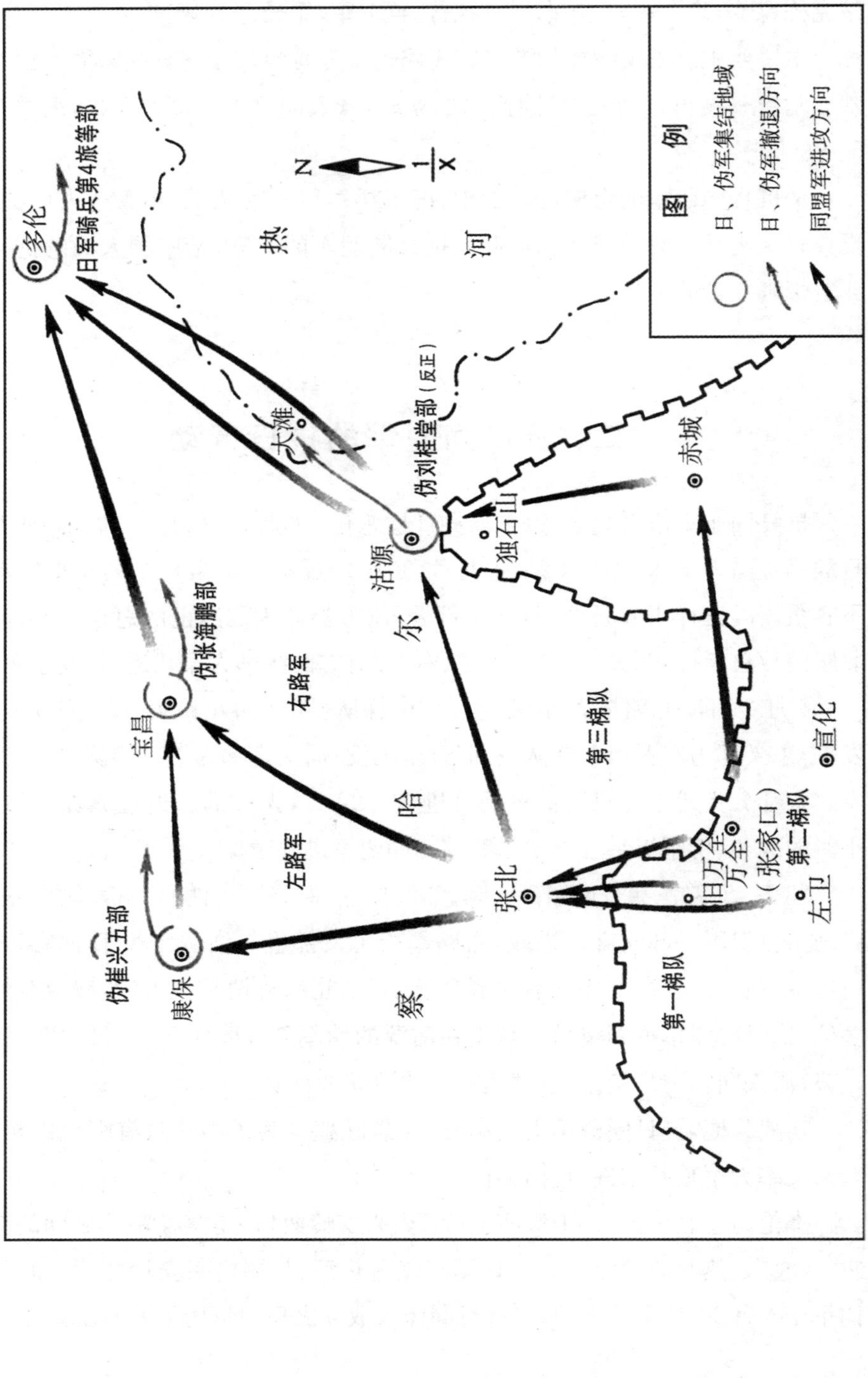

又调来大批兵力。城内驻有日军茂木骑兵第 4 旅团 2000 多人(一说 3000 多人)及炮兵部队固守;在城外构筑 32 座碉堡,用交通壕连通,并设置电网和多层障碍物,令伪军李守信部担任外围防御工事的守卫。关东军另调第 8 师团进驻丰宁,与多伦互为犄角。

7 月 4 日,吉鸿昌率邓文、李忠义等部迫近多伦,乃以张凌云部为左翼,李忠义部为总预备队。7 日,下达总攻击令。吉鸿昌亲自到前线督战指挥。经过激战,敌伤亡甚重,被迫退入城内,城外为同盟军占领。日、伪军据城顽抗。吉鸿昌派副官带兵 40 名扮做回民商贩,分批潜入城内,分住在城内 5 所清真寺中,调查敌情,投送情报,以便里应外合。7 月 12 日,同盟军再度发起全线进攻。吉鸿昌“亲率敢死之士,肉袒匍匐前进,爬城三次”。吉部从南、北、西三门冲入城内,与先入城者内外配合,巷战肉搏 3 个小时之久。[6] 日、伪军不支,自东门向经棚方向逃遁。沦陷 2 个多月的多伦,经过血战终于光复。在收复察东四县的战斗中,共毙伤日、伪军 1000 多名,俘虏数百名。同盟军也伤亡 1600 多名,4 名团长受重伤。

克复多伦,全国军民莫不欢欣鼓舞。各界同胞、抗日爱国团体或发函祝贺,或捐款、献物慰劳支持。著名学者章炳麟给予很高的评价,谓:“近世与外国战,获胜者有之,地虽一砦一垒,既失,则不可复得矣。得之自多伦始。以争一县,死将士几二千人,虽在一隅,恢复之功,为九十余年所未有。”[7]

三、抗日同盟军的解体和抗日讨贼军的组建及失败

察哈尔民众抗日同盟军的成立及其抗日活动符合全国人民团结抗日的要求,得到全国广大爱国军民的声援和响应,但不符合蒋介石“攘外必先安内”的政策。蒋介石等国民党上层人物十分仇视这支军队,必欲除之而后快。

抗日同盟军成立之始,军事委员会北平分会即下令断绝平绥线上的客车通行。不久,国民党当局派出铁甲车向张家口逼近,并策动阎锡山屯兵于晋察边界;《塘沽协定》签订之后,将冯钦哉、傅作义、庞炳勋部从平东调到察哈尔,向抗日同盟军施加压力;又调徐庭瑶第 17 军、王敬久第 87 师到平绥线,形成围攻的态势。因而,抗日同盟军从成立之日起就陷入了国民政府军和伪军包围的境地。这种状况,对于刚刚成立的、内部尚不巩固的抗日同盟军来说,压力实在是

太大了。

不仅如此，蒋介石还利用抗日同盟军内部不团结，派遣特务潜入内部搜集情报，制造谣言，挑拨离间，对抗日同盟军进行收买拉拢，致使同盟军的将领鲍刚、冯占海、李忠义、檀自新等先后投蒋，邓文则被暗杀。

与此同时，日伪也乘机分路向察省进犯。8 月 8 日，日机轰炸沽源平定堡，南路日军入侵沽源，北路日军向多伦急进。经吉鸿昌率部抵抗，虽暂时阻止住日军，但事态却日益严重。冯玉祥眼看抗日同盟军受日、蒋的重重围困，外援无望，内部不稳，粮秣、服装已感缺乏，现金则更无法筹借，财政经济窘困达于极点，[8]于 8 月 5 日发出“歌电”，表示“完全收缩军事”，并请国民政府让宋哲元回察办理善后。冯自卸同盟军总司令，总部撤销，人员解散。他于 8 月 14 日抱恨离察，解甲归泰山。

冯一离察，形势骤变。8 月中旬，多伦复被日军攻陷。何应钦指挥宋哲元剿、抚并用。抗日同盟军虽由方振武代理总司令，但人心动摇，不易收拾。宋哲元按照何应钦“少编大遣”的旨意将抗日同盟军收编。收编情况如下：

（一）委阮玄武为商都警备司令。阮各部共编为 2 个团，富春部编 1 个团，归其指挥；（二）委张凌云为康保、宝昌警备司令，乜玉岭为副司令，所部编为 2 个团；（三）委黄守中为察省游击支队，所部编为 2 个大队；（四）委刘桂堂为察东游击司令，所部编为 3 个团；（五）孙良诚部编为 1 个团，暂归张允荣指挥，孙即日通电宋哲元，自解兵权离察；（六）刘震东部编为 1 个团；（七）唐聚五部编为 1 个团；（八）张砺生由省府聘为顾问，所部解散归还地方；（九）檀自新、张人杰、李忠义各部均照军分会规定编制；（十）姚景川、苏雨生、宋克宾、李子铎各师拟分别编遣；（十一）清乡司令韩青芳部已下令解散；（十二）冯玉祥部军官队 4 个大队及佟麟阁部独立旅约 500 余人均已遣散。另拟给方振武以名义，令其出洋，但他不愿离开军队，令阮玄武与彼商洽。[9]

被收编的部队动摇分化，甚至掉转枪口对准抗日同盟军反戈一击。此时只有方振武、吉鸿昌爱国立场屹立不动，矢志抗日。

冯玉祥出走后，国民政府军队向抗日同盟军发起猛烈的进攻。方振武就任同盟军代总司令，他命令部队东向独石口开发。吉鸿昌所部则西向商都转移，准备经绥远退入宁夏，因受傅作义、张凌云部的追堵，在二台子东与敌接触，被俘“三百余人”[10]，不得不改向东进独石口，与方振武会合。

9 月 10 日，吉鸿昌赴云州（今赤城北）与方振武、汤玉麟、刘桂堂等召开军事会议，共同作出了整编队伍的决定，将抗日同盟军改名为“抗日讨贼军”，推方振武为总司令，汤玉麟为副总司令，刘桂堂为右路总指挥，吉鸿昌为左路总指挥，并决定从独石口出发进攻密云、怀柔，限旧历八月十五（公历10月4日）攻进北平。

会后，方、吉率部向北平挺进，方部右路军在长城线以西沿白河向东南前进，吉部在长城以东经黑河挺进怀柔。两部先后越过长城。9月20日、21日，吉、方两部先后攻进怀柔、密云，逼近北平。北平军分会十分惊恐。

在方振武部攻占密云的当日，日本驻北平领事馆柴山与何应钦在居仁堂密晤。此后何应钦发表书面谈话，称：“关东军电复，充分谅解。因方、吉坚持抗日，如不限期退出非武装区域，关东军将予以讨伐。”[11]同时，日关东军以信守《塘沽协定》为由，警告石友三等部不得与方、吉“勾结”，否则将“绝不容许”其“存在”。[12]9月25日，方振武部攻占高丽营。日飞机在空中监视，并抛下“警告方振武及其联合驻军”的传单，限其于9月26日退出“中立区”。[13]9月27日，日军飞机轰炸方振武驻地。时方、吉商定以五六千人、枪约半数的兵力，分3路向北平发动进攻。10月初，方、吉部在昌平、大小汤山等地被商震、关麟征、庞炳勋等部堵截包围。激战多日。每战，方、吉均亲上前线，士兵亦非常勇敢，但因连续苦战，人员、粮弹俱无补充，部队伤亡惨重，残存者仅四五百人，被迫接受改编。方、吉于10月16日脱险，方振武被迫流亡香港，吉鸿昌到天津继续进行秘密的抗日活动。1934年11月9日，吉鸿昌不幸被国民党特务逮捕，于11月24日英勇就义。临刑前写下了“恨不抗日死，留作今日羞，国破尚如此，我何惜此头”的豪迈遗言。方振武则于1941年太平洋战争爆发之后被国民党特务杀害。

四、抗日同盟军失败的原因

从“九一八”事变起，经“一·二八”抗战、长城抗战和东北抗日义勇军运动，达到国民党爱国官兵与抗日民众武装联合、中国共产党与各抗日爱国武装力量联合而进行抗日斗争，这还是第一次。说明在日本帝国主义侵略步步逼入、民族危机不断加深的情况下，人民群众的民族抗日热潮的高涨，显示了中国人民不甘心充当亡国奴的伟大民族气节和不甘受卖国理论愚弄的爱国精神。抗日同盟军的英勇斗争，进一步揭露了蒋介石、汪精卫破坏抗日的行径，推动了全国范围内的抗日反蒋斗争。

察哈尔民众抗日同盟军的失败，首先是由于蒋介石施行“攘外必先安内”政策，以重兵进行围剿。其次是抗日同盟军主要领导人在关键时候动摇。冯玉祥矢志抗日，对蒋、汪妥协的政策十分不满，但对他们又抱有幻想。他钦佩共产党的抗日政策和斗争精神，却又怕共产党领导的工农群众的力量；在扩充抗日武装上，他着眼于收编旧部、反正的伪军和抗日义勇军，而不想扩大民众武装。这种矛盾心理决定了他的斗争立场不够坚定。加上抗日同盟军内部矛盾重重，当国民政府进行拉拢或威吓时便撒手出走，使抗日队伍顿时瓦解。第三是抗日同盟军内部复杂，主张不一。抗日同盟军是几种抗日力量的联合体，鱼龙混杂是必然的。由冯玉祥旧部骗成的各军，其长官有的是为了做官，有的原来就有隔阂；东北抗日义勇军各部队成分更为复杂，在同盟军兴起时蜂拥而至，一遇到复杂环境便各寻出路；反正过来的伪军在抗日问题上更是摇摆不定，他们和日、伪军有千丝万缕的联系，当形势逆转时，便又倒过去。这样庞杂的队伍在蒋、日的联合攻击下分裂、失败是不可避免的。第四是财政的困窘、供给的缺乏。察哈尔省面积小，塞外苦寒，物产不丰，人口稀少，经济落后。同盟军成立之初，冯玉祥寄希望于两广陈济棠、李宗仁，但陈、李只发了支持电。为解决财政上的困难，特别是械弹上的补给，冯玉祥曾派人见苏联驻天津总领事，要求苏联给予援助，但苏联担心给日本以口实，拒绝给予援助。〔14〕由于经济上极端困难，抗日同盟军始终是“官兵食不果腹，衣不蔽体……辛酸惨苦，困难万分”。〔15〕要解决上述困难，单靠察哈尔一地和冯玉祥一人是无能为力的。

注　释：

〔1〕〔2〕〔3〕〔4〕　引自《察哈尔民众抗日同盟军大事记》。载《冯玉祥与抗日同盟军》，河北人民出版社 1985 年版，第 187、178、189、196 页。

〔5〕　多伦被日军侵占的日期有两种说法，一为 4 月 28 日，一为 5 月 11 日。

〔6〕　冯玉祥 1933 年 7 月 12 日的通电，见中国第二历史档案馆行政院档案。

〔7〕　见章炳麟为民众抗日同盟军收复察东失地阵亡将士纪念塔题字。载赵谨三《察哈尔抗日实录》第 3 页。

〔8〕　1933 年 7 月 29 日军事委员会北平分会抄送特务员黄文焕等侦察宣化、万全、张北一带冯军情况的报告，存中国第二历史档案馆。

〔9〕　国民政府行政院档案，中国第二历史档案馆藏。

〔10〕 萧振瀛1933年8月28日致汪精卫电，国民政府行政院档案，存中国第二历史档案馆。

〔11〕 同〔1〕，第232页。

〔12〕 何应钦1933年9月28日致蒋介石等密电，国民政府行政院档案，存中国第二历史档案馆。

〔13〕 同〔1〕，第233页。

〔14〕 高兴亚：《回忆抗日同盟军筹建初期的几件事》。载《冯玉祥与抗日同盟军》，河北人民出版社1985年版，第65、69页。

〔15〕 1933年7月13日何应钦关于扣冯玉祥陈述克复多伦情形及决心收复东北失地通电的密电，存中国第二历史档案馆。

第八节　绥远抗战

一、日本侵绥的战备企图和中日双方在绥远地区的兵力部署

侵占我国的内蒙古，是日本侵略者“满蒙计划”的一部分。日本自1933年侵占热河和冀东之后就计划建立一个类似伪满洲国的“蒙古国”。为此，日本将实现该目标分为三步：第一步占领蒙东。从“九一八”事变到侵占热河，这一步已经实现。第二步是利用内蒙古民族分裂主义者和上层统治势力，如德王（德穆楚克栋鲁普）等制造“内蒙古自治运动”。自日本占领蒙东地区之后，就加紧实施这一步。第三步，在此基础上侵占察哈尔、绥远两省，建立一个名为“蒙古大元帝国”或“大元共和国”的傀儡政府。

日本侵占绥远，必须先占领察哈尔。1935年初，日本制造了察东事件。6月，日本企图通过签订“秦土协定”〔1〕强迫中国军队从察东撤出。7月25日，关东军制定了《对内蒙措施要领》的绝密文件，决定了“扩大和加强内蒙古的亲日满区域，随着华北的进展，而使内蒙脱离中央而独立”〔2〕的方针。同年冬，日军借口张北事件，指使伪军李守信部占领了察北六县和察东八旗，又在1936年2月1日成立了伪“察哈尔盟公署”。日本在察哈尔得手之后，便把侵略的矛头指向了

绥远。

绥远在内蒙西部，北接外蒙古，南界晋、陕两省，东临察哈尔，西接宁夏、甘肃。控制了绥远，就构成了对华北、西北的包围态势，就获得侵入华北、西北的理想通道。“从东北经察绥，西至宁夏新甘，造成封锁中国，隔绝中俄的阵线，是某（日）方最近一二年来努力的目标”。[3]日本通过 1936 年 5 月建立的伪“蒙古军政府”，控制了察北和察东地区，直接威胁着平绥铁路和晋北的大同及绥远的包头。

为了侵占绥远，日关东军的《对内蒙措施要领》规定了从政治上对绥远省的傅作义进行收买的政策；如果收买难以实现时，就抓住有利时机，把他（傅作义）打倒，驱逐到山西省内。[4]接着，关东军参谋长板垣征四郎、参谋田中隆吉、天津驻屯军司令官多田骏、北平特务机关长松室孝良、太原特务机关长和知鹰二等人纷纷蹿到归绥（今呼和浩特市），对傅作义威胁利诱，进行策反，声称傅若不与日本“携手合作”，日本则支持德王以“武力解决”。这一切都遭到了傅作义的拒绝。于是关东军决定发动对绥远的武装进攻。

1936 年 5 月 12 日，在日本关东军的操纵下，在化德成立了傀儡政权——蒙古军政府。由日军供给军费、武器，在各机关、军队中配备了由日本人充任的顾问、指导官、教官。伪蒙古军共编成 2 个军、9 个师，总人数在 1 万人以上。第 1 军军长李守信，辖第 1、第 2、第 3、第 4 师和炮兵团等，驻张北地区；第 2 军军长由德王兼任，辖第 5、第 6、第 7、第 8 师和炮兵团等，驻化德。第 9 师为警卫师。原在绥西五原、临河一带活动的土匪头子王英也纠集了绥远一带的土匪游杂部队，拼凑成立了“大汉义军”，以王英为总司令，下辖 4 个旅，总人数达 6000 人以上，驻尚义、商都。

同年 10 月，关东军制定了侵绥计划。关东军参谋田中隆吉接任驻化德特务机关长，直接指挥伪军行动。11 月 5 日，田中隆吉召集德王、李守信、王英等布置攻绥计划。决定兵分三路：李守信第 1 军部署于绥东兴和一带为左翼；德王第 2 军部署于绥北土木尔台以北地带，并以伪蒙军第 7 师进驻百灵庙（今达尔罕茂明安联合旗）为右翼；以王英军为主力，进攻红格尔图和土城子。计划先夺红格尔图，然后李守信和德王部从百灵庙和兴和同时出动，会同王英部一举攻占归绥市，再分兵进占绥东集宁和绥西包头及河套地区。

会后王英率部离开商都向西移动；李守信率第 1 军从张北移至商都，作为第二线；德王的第 2 军主力布置在尚义、化德一带，为后援，其第 7 师绕经后草地进驻百灵庙，为北线作战的主力。伪军总兵力在 1.5 万人以上。[5]其目的是以商都和百灵庙为据点，对傅作义部取外线包围态势，以便南袭归绥，西攻包头、固阳，东攫集宁，迫使绥远守军退回山西。同月中旬，伪蒙军1万余人和王英的“大汉义军”5000余人在察绥边境和绥北集结。田中隆吉吹嘘说：“‘九一八’事变时，东北军一打就跑，我们没费多大力量，就占领了东北四省，建立了‘满洲国’。而绥远军更是不中用的，可能一吓就跑，很快就能拿下绥远。”[6]

1936年春，国民政府对日本的态度已有变化，蒋介石调中央直属部队5个师进入山西，准备进攻长征到达陕北的红军，同时也准备支援晋绥军，抵抗入侵绥远的日伪军。7月，蒋介石在国民党五届二中全会上表示对日本入侵的“容忍”是有“限度”的，[7]并成立国防会议。阎锡山在日军欲取绥、晋的情况下，也提出了“抱着弱国的态度，守土抗战，踢破经常范围，加紧自强”的方针。[8]

傅作义料敌必将大举侵绥，一面加紧准备抗击，一面向蒋、阎报告。阎对绥远军队的部署和指挥关系作了如下调整：“第19军（王靖国部）在晋部队（该军原有4个团在绥）及第68师（李服膺部）并独立第7旅（马延守部）、独立第8旅（孟宪吉部）、炮兵4个团，为先遣入绥增加抗战之部队，尔后视情况之必要，凡属晋省部队，全数入绥抗战。先以68师一部开绥，其余分驻晋北及大同附近集结，由……（傅作义）随时调要（用）。”[9]

8月9日，第68师一部到达兴和、丰镇，担任前方警戒。9月18日，中央军炮兵1个大队抵绥。10月14日，蒋介石致电阎锡山，告知已调汤恩伯第13军（2个师）和门炳岳部骑兵第7师增援绥远。10月21日，蒋介石又电告阎锡山：“谈判仍无进展，默察情势，绥远敌在必得，且预料其攻绥时期，当不出下月初旬。”并指示：“乘敌准备未完以前，决经（以）优势兵力由平地泉附近向东取积极攻势，并以有力部队由丰镇进至兴和，遮断匪伪南北之连络，迅速扑灭匪军，以绝其占领绥远之企图。”[10]

10月30日，阎锡山、傅作义面见蒋介石，研究了兵力部署及作战等问题。11月11日，阎锡山以军事委员会副委员长、太原绥靖公署主任的身份发布关于绥远作战序列的命令：

（一）傅作义为晋绥剿匪军总指挥兼第1路军司令官，第1路所部为第35军，附第205旅（欠第407团）、独立第7旅，补充第10团并炮兵第21、第29团及小炮大队（欠第1、第3中队）

（二）汤恩伯为第2路军司令官，指挥所部第13军，附第72师及炮兵第27团。

（三）李服膺为第3路军司令官，指挥所部第68师，附炮兵第24团及小炮第1、第3中队。

（四）王靖国为预备军司令官，指挥所部第70师（欠第205旅，该旅第407团由师直接指挥），附独立第8旅。

（五）赵承绶为骑兵军司令官，门炳岳为副司令官，指挥骑兵第1师、第2师及第7师。[11]

参战部队的主力由傅作义的第35军及赵承绶的骑兵军组成。第35军辖2个旅、6个团：第211旅，下辖第419、421、422团；第218旅，下辖第420、435、436团。该军和骑兵军各以一部驻绥东、绥北前线。王靖国率第70师驻绥西包头一带。李服膺率第68师集结于晋北高阳、天镇等地。汤恩伯率第13军由陕西向绥远开拔（绥战开始后，该部还在途中，未参战）。

11月5日，伪"蒙古军"正、副总司令德王和卓特巴扎布向傅作义发出通电，为侵绥战争制造借口。8日，傅作义在复电中对德王作了驳斥。蒋介石也致电德王，对其进行规劝和责备。但德王在关东军的怂恿指挥下发动了对绥远的进攻。

二、绥远作战经过

绥远抗战从1936年11月15日开始，到12月19日结束。整个抗战又分为红格尔图战斗、百灵庙战斗和锡拉木楞庙战斗。其中尤以百灵庙战斗影响最大，因而人们通常把绥远抗战称作"百灵庙战役"或"百灵庙大捷"。

（一）红格尔图战斗

1936年11月13日，王英所部伪军兵分两路从商都分向兴和、红格尔图进攻。15日，伪军1500人进抵红格尔图附近的阳坡村，与驻绥军前哨部队接触。16日，伪军向红格尔图猛攻，守军据垒抗击，"战斗二小时，匪死伤六七十名，被击退"，[12]敌攻势顿挫。

红格尔图属绥远陶林县，为千余人口的小镇，西距县城80公里，南离集宁90公里，东距敌伪盘踞的商都30公里，为绥、察交界之要冲，是绥东北的门户，是商都通往百灵庙的必经之地。驻守这里的是骑兵第1师彭毓斌部的3个连。

彭毓斌在获悉战讯后即派骑兵第 6 团增援。16 日、17 日两天中，田中隆吉、王英指挥 2 个骑兵旅、1 个步兵旅向该镇猛扑。守军拼力奋战，红格尔团始终在绥军手中。

傅作义、赵承绶于 11 月 15 日午夜到达集宁前线指挥。傅分析各方面的情况后认为：进犯红格尔图的伪军虽非敌之主力，然其诸兵混合，队伍庞杂势众，如敌首战取胜，可增伪军气势，威胁绥省安全，影响晋绥军士气，并能西进绥西，对晋绥军形成危害。于是决定首战应击破红格尔图当面之敌。采取“守点以抑留敌人，集中主力进攻”的作战方针，即“借各城镇之既设工事，以民众守要点（县城及有工事之较大村镇），使正规军队机动出击敌之据点”；[13] 或向来犯敌人主动出击，先击一路，各个击破。

11 月 16 日上午，傅作义与赵承绶发出作战命令：由骑兵第 1 师师长彭毓斌率骑兵 4 个团，由步兵第 218 旅旅长董其武率步兵 2 个团及炮兵 1 个营，在彭毓斌、董其武统一指挥下，以秘密、迅速的行动歼击红格尔图附近之敌，并限于 17 日夜间发起袭击。[14] 并调驻丰镇的第 68 师第 401 团至大六号，掩护集宁东北一带，支援出击部队。

此时，伪军王英部在前线约三四千人，其一部围攻红格尔图，余分布于土城子、打拉村、台道湾等处。18 日凌晨 1 时 30 分，晋绥军发起全线攻击，战至上午 7 时，土城子大部被攻占，红格尔图东、南、北三面之敌向北方逃窜。8 时半，骑兵第 1 师师部进入红格尔图。此役击毙伪军 500 余人，俘 20 余人，连同前 3 天的保卫战，共毙伪军1000余人。[15] 晋绥军从俘虏中找出了王英军的电台台长、日本人牟礼吉和雇员松村利雄。[16] 在红格尔图激战的同时，李服膺部 1 个团在兴和与敌展开了攻防战，经 17、18 两日激战，王英部伪军于 20 日全部退出兴和。

傅作义于红格尔图初战告捷的当晚，乘敌一时难以再犯之机，先发制人，立即发起百灵庙战役。蒋介石也于 11 月 16 日从洛阳致电阎锡山：“即令傅作义主席向百灵庙积极占领，对商都亦可相机进取……非此时乘机占领百灵庙与商都，则绥远不能安定也。”[17] 驻绥军遂准备进攻百灵庙。

（二）百灵庙之捷

百灵庙位于绥远北部，是马兰察布盟草原上著名的寺庙，距省城归绥约 160 公里，距武川 120 公里，四周群山环抱，为喇嘛、蒙牧民聚集中心。有公路北达外蒙古库伦（乌兰巴托），东通化德，西南接包头，东南连归绥。如果说绥远是连接中国东北、西北的津梁，而“东西策应的根据地就是百灵庙”。[18]

百灵庙名义上是国民政府的蒙政会所在地，实际上日本和德王把它经营成进行侵绥战争的后方基地。驻守这儿的有伪第7师(骑兵)约1800人、德王直属骑兵1000余人，另有专任指导的日本军官四五十人。总计约为3000人。同时运来大批的粮秣和装备，“存在庙上的子弹有100万发以上，白面约二三万袋”。[19]

针对百灵庙四周环山、山外为平坦草地、35公里内无村落、易守难攻的地形特点，晋绥军制定了隐蔽接敌、正面攻击与迂回包抄相结合、速战速决、准备阻击援敌等指导要领，“以强袭之准备作奇袭之行为”，[20]对百灵庙发起进攻。

11月20日，傅作义在归绥召集孙长胜、孙兰峰和袁庆荣部署战斗，要求在24日前以迅疾动作、敏快手段，在增援之敌到庙之前袭取成功。同时发布作战命令：“骑2师孙师长长胜为指挥，步211旅孙旅长兰峰为副指挥，旅参谋长袁庆荣为参谋长，指挥步兵419团(欠1营)、421团(欠1连)、第70师315旅补充第1团(欠1连)、骑兵第8团及特务3个连、炮21团第3营，及第6连小炮2门，无线电3台，汽车1队(计甲车20辆、汽车24辆)，以迅捷之手段，袭占百灵庙。”[21] 22日晚10时，各部队按指定地点集结完毕。

24日凌晨1时，进攻百灵庙的战斗全面展开。日本特务机关长盛岛角芳指挥作战，以炽烈火力阻止晋绥军前进。战至4时，攻击部队深入各敌阵地，战斗呈胶着状态。上午7时天即放明，若无进展，敌飞机助战，援兵亦至，则对晋绥军非常不利。因此孙长胜、孙兰峰到第一线指挥作战，袁庆荣指挥炮兵，并拨给尖刀连9辆汽车，每班乘1辆，由东南山口鱼贯向庙内冲击，决心在早晨全歼庙内之敌。

经过反复搏斗，终于突破敌阵，突入庙内。激战后将敌歼灭大半。日本特务机关长盛岛角芳先率部逃跑，日本顾问烟草谷与伪蒙军第7师师长穆克登宝也分乘汽车狼狈逃窜。至上午9时30分，晋绥军收复了百灵庙。

百灵庙一役，毙伤伪军七八百人，俘虏300余人，缴获炮3门、重机枪5挺、步枪400余枝、电台3架，[22]还缴获了弹药一批、面粉2万袋和大量汽油。晋绥军伤亡官兵300余人。

（三）收复锡拉木楞庙

在百灵庙惨败的日、伪军退到锡拉木楞庙。田中隆吉为了挽回颓势，命令

图1-8-1 绥远抗战经过示意图
（1936年11月15日—12月9日）

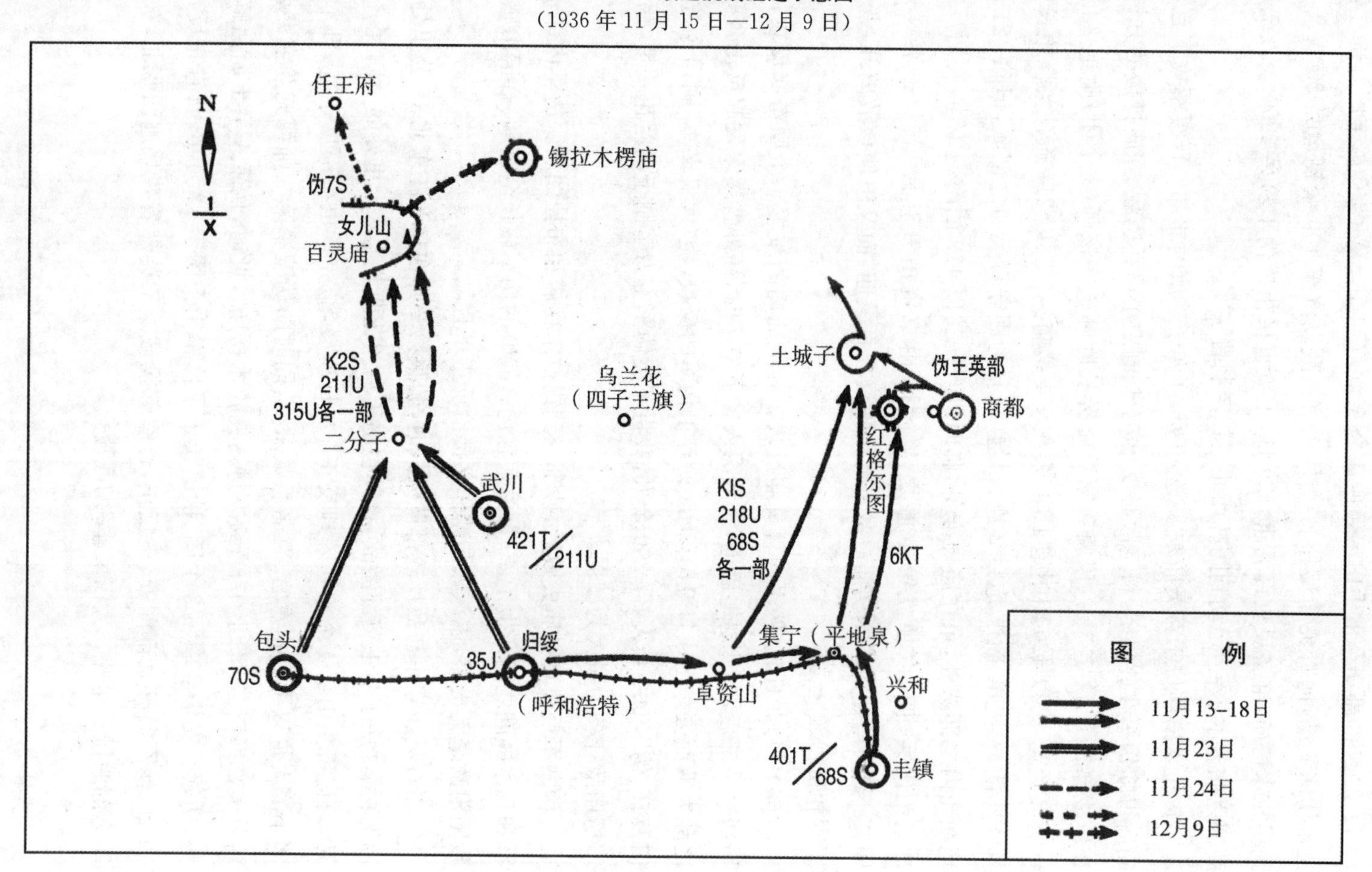

"大汉义军"的副司令雷中田率领所属金宪章、石玉山、葛子原、赵奎阁等部在锡拉木楞庙集结,向百灵庙反扑。11 月 28 日,敌以汽车 100 余辆运兵 3000 余人到锡拉木楞庙,准备反攻百灵庙。29 日,王英直接指挥伪军骑兵 2000 余人绕过商都以北土木尔台,运动到陶林西北一带牵制晋绥军。

锡拉木楞庙位于百灵庙东 35 公里处,在四子王旗的北部。晋绥军攻下百灵庙后得知伪军在此集结,料定敌必反攻,于是制定了退兵诱敌、守庙打援的方针。在作战部署上,决定:"一、以骑兵第 2 师孙长胜师长率该师(3 个团)附炮 2 门,进击乌兰花,另以 420 团附炮 1 连,乘汽车支援骑兵;二、以 211 旅孙兰峰旅长指挥 421 团、补充第 1 团、炮兵 2 连、小炮 4 门,为固守百灵庙之部队,但除 421 团现在庙内之部队外,余在庙外准备,临时进入;三、以 419 团附炮 1 连,在后厂汗次老为伏兵;四、以独立第 7 旅之两个团,由卓资山开驻武川、黑老各 1 个团。"[23]这样,使锡拉木楞庙之敌不能单独反攻百灵庙,而又迫使该敌离开,晋绥军则相机占领之。

自 12 月 3 日起,伪军向百灵庙反攻。守卫庙内的绥军 1 个团奋起反攻;杀伤伪军一部后,有计划地后退,诱敌深入。下午 7 时,庙外晋绥军发起反击,深入之敌大败而去。至 4 日 9 时,彻底粉碎了伪军的反攻,毙"大汉义军"副司令雷中田及日、伪军 500 余人,俘 200 余人,并将王英伪军主力牵制于乌兰花一带,锡拉木楞庙敌守备力量大为减弱。

伪蒙军反攻百灵庙失败后,残部退到锡拉木楞庙和布拉图庙。伪军内部、伪军和日本顾问之间产生了矛盾,关系恶化。战败的伪军旅长金宪章、石玉山感到叛国附敌毫无出路,遂派人与傅作义接洽反正事宜。

当百灵庙守军与敌反攻部队激战时,骑兵第 2 师在乌兰花东北 15 公里处的南厢村、红房子与王英部激战,将其包围于乌兰花西北七八十里处的黄陶瓦。12 月 8 日,石玉山部 1 个旅在阵地反正。9 日凌晨,金宪章也率部反正,将日本顾问小滨大佐以下日本军官 27 名悉数杀死,同时向伪蒙军第 7 师穆克登宝突袭,将其大部歼灭。9 日上午,晋绥军进占锡拉木楞庙。此时,伪蒙军呈土崩瓦解之势,伪旅长安华亭率领 2 个团、伪团长王子修率 1 个团于 12 月 18 日宣布反正。19 日,伪军吕存义部闻安、王反正,也率部投诚。王英带着残兵逃回张北,被日军全部缴械。至此,"大汉义军"彻底覆灭。

三、绥远抗战的巨大影响和军事上的经验

绥远抗战推动了全国抗日救亡运动的发展,在中国抗日战争史上产生了深远的影响。

首先,沉重打击了日、伪军的嚣张气焰,粉碎了日本帝国主义侵吞绥远的阴谋。"九一八"事变后,中国对日先后有过淞沪、长城抗战,每次战后无一不是以签订割地丧权的辱国条约而告终。而绥远抗战获得了既收复了失地、又没有签订任何条约的胜利。日本关东军原以为晋绥军不中用,一吓唬就跑,"只要由日本人作顾问,以王英部打前锋,利用汉人打汉人……蒙古军督后,作为第二线支援"[24]就可取胜。事实与日军的愿望相反:近万名伪军和几十名日本顾问被歼灭,"大汉义军"彻底覆灭。此后日本不得不撤走了在青(海)、绥(远)、宁(夏)地区的日本侨民,撤销了阿拉善地区的特务机关。从此,日本关东军也不轻信伪军了。

其次,激发了全国人民空前的抗战热忱。绥远抗战胜利的消息传到全国各地,"四万万人闻之,神为之旺,气为之壮",[25]各地"自动组织各种救国团体与武装力量,如救国会、后援会、义勇军、宣传队、救护队、慰劳队、募捐队等,努力扩大救亡阵线,加强抗日力量……"[26]西安、上海、北平等大中城市的广大群众、各阶层人士及一些海外侨胞自发参加了"捐万件皮衣"、"以一日所得援绥"等运动,纷纷要求将绥战扩大为全国性的抗战。上海日商纱厂的4.5万名工人为抗议日本侵绥举行罢工。有人认为"这是'五卅'以来,对日本帝国主义最大的一次打击"。日本当局也承认,"绥战使抗日气氛一度上升"。[27]

第三,增强了国民党地方实力派的抗战信心,诱发了"西安事变"。各地实力派为绥战抗敌胜利而备受鼓舞。刚刚结束了两广事变的李宗仁、白崇禧发表通电,要求把前往西安"剿共"的中央军开往绥远,将广西军队一部或全部北上援绥。阎锡山遵其父遗嘱,将87万元的遗产作了援绥款。李宗仁、白崇禧还抗议将抗日七君子监禁,指出:"如政府加以迫害,遂使全国志士寒心。"应傅作义之请,宋哲元与韩复榘一度会晤于南宫,商讨援绥事项(由于蒋介石的阻挠,宋、韩援绥事未能实现)。[28]

绥远抗战胜利的消息传到西安,东北军、第17路军广大将士普遍喊出了"我

们要援绥抗日，收复失地”的口号。东北军的将士找到张学良痛哭：“即使中央不同意，我们也要自行组织队伍援绥”。傅作义在绥远抗战胜利后成了全国人民敬仰的英雄，而张学良却戴着“不抵抗将军”的帽子。这深深地刺痛了他的爱国自尊心。11 月 27 日，张学良向蒋介石递交了《援绥请缨抗敌书》。12 月 3 日、7 日。张学良又两次向蒋介石哭谏，要求援绥和释放七君子。蒋介石不同意，还以“没必要再派军队去绥远，必须集中全力消灭共产党”为由，将张痛斥一通。12 月 9 日，西安学生在纪念“一二・九”一周年大会上高喊“欢迎武装同志援绥”的口号，坚定了张学良、杨虎城兵谏的决心。张、杨于 12 月 12 日发动了“西安事变”。西安事变发生后，张、杨在著名的通电中申明原因，并指出：“绥东战起，群情鼎沸，士气激昂。于此时机，我中枢领袖应如何激励军民，发动全国之整个抗战。乃前方守土将士浴血杀敌，后方之外交当局仍力谋妥协……”[29]

1946 年 12 月 12 日，周恩来在延安人民举行的西安事变纪念会上讲演时指出：“唯独蒋介石先生别具心肠，硬要在日寇进攻绥东之际，拒绝东北军请缨抗日，强迫张学良、杨虎城两将军继续进行内战。但他这种倒行逆施，不仅未能达到目的，反而激起了西安事变……”[30]西安事变是由诸多原因诱发的结果。蒋介石拒绝张、杨援绥之请，也是触发兵谏最直接的原因之一。

绥远抗战是国民政府驻绥部队抗击以日本人为顾问、以伪军为主力，旨在保卫国土、收复失地而取得圆满胜利的一次战役。仅就军事角度而言，最主要的原因是战役指导正确。它一扫 3 年前长城抗战中分兵把口、处处设防、被动挨打的消极防御方针，采取了主动出击、集中兵力各个击破的作战方针。掌握优势，机动兵力，把打击目标首先指向对我威胁最大、敌主力所在之红格尔图，尔后再及其他。每战都集中兵力打击敌之一部，对余敌取守势。由于集中兵力各个击破，使晋绥军每战均居于优势。傅作义在战后总结说：“以绥省现有之兵力，若分路迎击，必致兵力分散，处处薄弱，重蹈过去长城抗战各不相及之复覆，难期成果；必须集结优势，先击一路，再及其他，期能各个击破。”[31]

采取奇袭战术也是获得胜利的重要原因之一。红格尔图之战时，傅令彭毓斌、董其武率部出敌不意地抄袭敌后，使其猝不及防。百灵庙之战时，各部队“昼伏夜行，竭力秘密”，逼近敌阵地；迨全部攻击部队进入攻击位置时，“百灵庙守敌仍在酣睡，竟一点也未发觉”。[32]

另外，重视心理战、采取军事打击与政治争取相结合的策略，亦为获胜的原因之一。“以华制华”是日本侵略者惯用的手法。傅作义认为，对德王、李守信、王英等死硬分子难以策反，但广大的汉、蒙官兵一般都有爱国思想，不甘心当汉奸。为了策反、瓦解敌之营垒，驻绥军在1936年夏即成立专门机构，以“中国人不打中国人”的口号与伪军接洽。随着日、伪军在战场上的不断失败，伪军纷纷反正，使“敌力大减，敌气沮丧”，从而得以以较小的代价获得重大的胜利。

注　释：

〔1〕《秦土协定》又称“察哈尔协定”，是指1935年6月27日由察哈尔民政厅厅长秦德纯和日本关东军特务机关长土肥原贤二签订的协定。该协定规定成立察东非武装区、中国军队从该地区撤出、惩办中国有关人员、尊重日本在察哈尔省的正当行为等内容。

〔2〕　日本关东军参谋部：《对内蒙措施要领》（1935年7月25日）。载日本《现代史资料》(8)第494页。

〔3〕　范长江：《百灵庙战役之经过及其教训》。载《塞上行》，新华出版社1925年9月版。

〔4〕　同〔2〕。

〔5〕〔6〕　德穆楚克栋鲁普：《抗战前我勾结日寇的罪恶活动》。载《文史资料选择》第63辑，第47页。

〔7〕《中国国民党历次代表大会及中央全会资料》。光明日报出版社1985年版，（下）第406页。

〔8〕　山西政协文史资料委员会编《阎锡山统治山西史实》。山西人民出版社1984年版，第196页。

〔9〕〔11〕〔12〕〔14〕〔31〕　傅作义：《绥战经过详记》。载《军事杂志》第100期。

〔10〕　秦孝仪主编《中华民国重要史料初编——对日抗战时期》绪编（三）。台北1981版，第677—678页。

〔13〕　骑兵第一师师部：《红格尔图一带剿击王英部战斗经过》。存中国第二历史档案馆。

〔15〕　据傅作义《绥战经过详记》一文所载数字。董其武《戎马春秋》一文记载为毙伤1700余人，俘虏300余名。

〔16〕　祝福：《中国人民的抗日先声——绥远抗战及其影响》。载《傅作义生平》，文史出版社1985年6月版，第185、191、192、189页。

〔17〕　秦孝仪编《西安事变史料》，下册第422页。

〔18〕〔19〕　同〔3〕。

〔20〕〔21〕　傅作义：《绥战经过详记》。载《军事杂志》第101期。

〔22〕　见1936年11月24日傅作义致蒋介石电文。载《绥远抗战实录》第6页。原件存

中国第二历史档案馆。

〔23〕 同〔20〕。

〔24〕 同〔5〕。

〔25〕 此为毛泽东对绥远抗战的高度评价。转引自董其武《戎马春秋》第108页。

〔26〕《中共中央及中国苏维埃政府关于绥远抗战的通电》。见《中共党史参考资料》,人民出版社1979年版,第7册第437页。

〔27〕〔28〕 同〔16〕。

〔29〕《张学良、杨虎城关于救国八项主张的通电》(1936年12月12日)。载中国第二历史档案馆、陕西省档案馆编《西安事变档案史料选编》。又见《中国现代史资料选辑》,中国人民大学出版社1989年版,第4册第439页。

〔30〕 周恩来:《在延安各界举行的"双十二"纪念会上的讲演》(1946年12月12日)。载《周恩来选集》(上),人民出版社1990年版,第248页。

〔32〕 董其武:《傅作义先生生平概述》。载《傅作义生平》,文史出版社1985年6月版,第22页。

第九节　西安事变和国民政府的抗战准备

一、西安事变和团结御侮局面的形成

日本对中国的不断侵略,特别是1935年制造的华北"五省自治运动",使中华民族已经到了生死危亡的紧急关头。北平学生于12月9日发起了声势浩大的抗日爱国运动,提出了"停止内战,一致对外"、"打倒日本帝国主义"和"反对华北自治"等口号,举行了轰轰烈烈的示威游行。12月10日,北平各校实行总罢课。16日,学生与市民一起集会,反对成立冀察政务委员会。北平学生的"一二·九"爱国运动迅速波及全国,天津、上海、南京、武汉、杭州、西安、广州、济南、太原等各大城市的爱国学生、文化教育界以及工人群众纷纷响应,形成了全国抗日救亡的热潮。

在日本法西斯扩大侵略、中日民族矛盾逐渐上升为主要矛盾的新形势下,国共两党的政策、策略不同程度地都发生了变化。中国共产党于12月17日在陕

北瓦窑堡召开了政治局会议;25日通过决议,确定了抗日民族统一战线的方针。为此,一方面积极促进全国抗日救亡的群众运动,一方面尽可能地向国民党上层领导人和军队将领宣传共产党的抗日主张,积极开展抗日民族统一战线工作。但当时中国共产党仍主张“反蒋抗日”,规定“党的策略路线,是在发动、团结与组织全中国全民族一切革命力量去反对当前主要敌人——日本帝国主义与卖国贼头子蒋介石”。[1]1936年2月,中共中央从国民党通过宋庆龄派来的代表董健吾等人口中得知国民党在对日问题上有了变化及有与中共谈判的意愿后,于3月4日以毛泽东、彭德怀的名义,由董向南京国民党转达联合国民党共同抗日的意愿。电报说:“弟等十分欢迎南京当局觉悟与明智的表示:为联合全国力量抗日救国。”3月中旬,中共中央在晋西召开会议,决定突出抗日民族统一战线的宣传。[2]这时,共产党和西北的张学良东北军和杨虎城第17路军建立了联系。4月间张学良去延安与周恩来会谈时,表示“在国民党要人中,他只佩服蒋尚有民族情绪和领导能力”,又说:根据他两年来的观察,“蒋介石有可能抗日”,建议共产党联蒋抗日。[3]这一建议受到中共中央的重视,对中共中央改“反蒋抗日”为“逼蒋抗日”这一转变,也起了一定的作用。经过张学良与周恩来、杨虎城与中共代表多次的秘密谈判,达成了红军与东北军、第17路军互不侵犯的协议,并由中共派代表驻西安,进行政治、军事联络,准备联合抗日。到1936年上半年时,红军与东北军和第17路军之间实际上已停止了敌对状态。中国共产党认为蒋介石掌握着国民政府的军政大权,如不能争取他停止内战、共同抗日,则难以打开全国抗战的局面,于是在1936年5月5日发出《停战议和、一致抗日》的通电。电文中说:“国难当头,双方决战,不论胜负属谁,都是中国国防力量的损失,而为日本帝国主义所称快”,“我们愿意在一个月内与所有一切进攻抗日红军的武装队伍实行停战议和,以达到一致抗日的目的”,[4]公开放弃了反蒋口号。8月25日,中共再次致书国民党,提出:“立即停止内战,组织全国的抗日统一战线,发动神圣的民族自卫战争”。[5]同时进一步调整了对国民党的政策,正式改“反蒋抗日”为“逼蒋抗日”。绥远抗战爆发之后,毛泽东、朱德、张国焘、周恩来等红军将领于12月1日代表全体红军,联名致函蒋介石,呼吁停止内战,将内战的部队开赴绥远抗日前线,“化敌为友,共同抗日”。[6]并宣言:主力红军第一、二、四方面军现已集中完毕,准备立即开赴晋绥前线,为保卫华北、保卫中国而血战到底。[7]

在日本加紧侵华、全国掀起抗日高潮的形势下,国民党内部也发生了变化:不仅主张抗日的人士增多,要求抗日的呼声增高,就连一向主张对日妥协的人士，在对日态度上也逐渐由软弱向强硬转化。1935 年 11 月 12 日至 23 日，国民党在南京召开了第五次全国代表大会。蒋介石于 19 日作的政治报告中提出了“最后关头”问题。他说：“苟国际演变，不斩绝我国家生存、民族复兴之路，吾人应以整个国家民族之利害为主要对象，一切枝节问题，当为最大之忍耐”，“和平未到绝望时期，决不放弃和平，牺牲未到最后关头，亦不轻言牺牲”。这反映了蒋介石尚未放弃对日妥协的思想；但他还说：这种忍耐，是“以不侵犯主权为限度”，“以互惠平等为原则”，“否则即当听命于党国，下最后之决心”，“期达奠定国家、复兴民族之目的”。[8] 1936 年 7 月 13 日，蒋介石在国民党五届二中全会上又对“最后关头”作了解释：“中央对外所抱的最低限度，就是保持领土主权的完整。任何国家要来侵扰我们领土主权，我们绝对不能容忍。”“假如有人真要强迫我们承认伪（满洲）国等损害领土主权的时候，就是我们不能容忍的时候，就是我们最后牺牲的时候。”“从去年 11 月全国代表大会以后，我们如遇有领土主权再被人侵害，如果用尽政治外交方法而仍不能排除，这个侵害，就是要危害到我们国家民族之根本的生存，这就是为我们不能容忍的时候。到这时候，我们一定作最后之牺牲。”[9]

国民党、蒋介石在处理对日关系态度上虽然有了新变化，但由于蒋介石仍不肯放弃“攘外必先安内”的误国方针，于是出现了政策上的二重性。一方面，从 1935 年起，数次派人设法与共产党人接触，传达希望与共产党中央谈判的信息，并于 1936 年 2 月派董健吾进入陕北瓦窑堡，与中共中央取得了联系，开始了秘密谈判；一方面又仍然企图收编红军，坚持“剿共”，企图以武力消灭共产党，表明其消灭共产党的宗旨不变，而策略上有所改变。

1936 年 6 月发生了两广事变。陈济棠、李宗仁等在广州召开国民党中央委员会西南执行部和西南政务委员会联席会议，要求国民党中央和国民政府立即抗日，出兵反对蒋介石。蒋介石不得不致力于粤桂，对西北“剿共”一事无暇顾及。10 月间两广事变平息，蒋介石立即去洛阳部署围攻陕北红军。11 月间又发生了伪蒙军在日本支持下入侵绥远的战事，对红军的进攻再度推迟。绥远抗战结束后，蒋介石于 12 月 4 日飞抵西安，威逼张学良、杨虎城率部进攻红军。张、杨在多次进谏无效、遭到蒋介石的斥责后，于 12 月 12 日扣留了蒋介石等国民党政要 10 余人，发动了西安事变。共产党从抗日全局出发，派周恩来、叶剑英等去西安进行调解和谈判。24 日蒋介石接受了停止内战、联共抗日等条件，25 日离陕回京。西安事变的和平解决，为推动国共第二次合作、共同团结抗日铺平了道路。

1937 年 2 月，国民党召开五届三中全会。共产党致电该会，提出实行国共合作共同抗日的五项国策和四项保证。五项国策是：一、停止一切内战，集中国力，一致对外；二、保障言论、集会、结社之自由，释放一切政治犯；三、召集各党、各派、各界、各军的代表会议，集中全国人才，共同救国；四、迅速完成对日抗战之一切准备工作；五、改善人民生活。如果国民党同意以此为国策，共产党保证：一、在全国范围内停止推翻国民政府之武装暴动之方针；二、工农政府改名为“中华民国特区政府”，红军改名为“国民革命军”，直接受南京中央政府与军事委员会之指导；三、在特区政府区域内，实施普选的彻底民主制度；四、停止没收地主土地之政策，坚决执行抗日民族统一战线之共同纲领。[10] 国民党五届三中全会经过激烈的争论，通过了实际上接受共产党关于国共两党合作抗日的决议案。这次会议标志着抗日民族统一战线初步形成。2 月至 6 月，共产党代表周恩来、叶剑英、林伯渠等与国民党代表顾祝同、张冲、贺衷寒以及蒋介石等，先后在西安、杭州、庐山进行了多次谈判，最后蒋介石在原则上承认国共合作抗日，同意将红军编为 3 个师，人数 4.6 万人。此后，中国国内的形势进入一个新的阶段，奠定了全面抗战的基础。

二、国民政府的抗战准备

从“九一八”事变到卢沟桥事变的 6 年中，国民政府对日本帝国主义的侵略采取了妥协、退让的政策。“攘外必先安内”的误国政策给中华民族带来了丧权辱国的恶果。但随形势变化，国民政府在“安内然后攘外”的政策指导下，着手进行抗战的准备。

（一）确立国防领导体制

1925 年 7 月，广州国民政府成立时曾设立军事委员会。1928 年 8 月，在国民党召开的第二届第五次中央全会上宣布撤销军事委员会。1932 年 1 月 28 日日军侵略淞沪，因此 3 月 1 日召开的国民党第四届中央执行委员会第二次全体会议决定恢复军事委员会，“其目的在捍御外侮，整理军事”，由其负责“国防绥靖之统率事宜”，第一次将国防的内容写进军事委员会的组织大纲。[11]

1935年，由于日本侵略步步加紧，国民政府将1932年11月在参谋本部所设的国防设计委员会与兵工署资源司合并，改组成立资源委员会，直隶于军事委员会。该会掌理人才和物资资源的调查、统计与计划研究，工作重心为与国防有关联的重工业建设。规定凡国防上所必需，经济上有统筹之必要，以及规模宏大、需要特殊设备和技术之事业，均由国家经营。1935年12月，日本策动的“华北自治”运动日见猖獗。在日本咄咄逼人的压力下，12月6日，国民党第五届中央执行委员会第一次会议决定在政治委员会之下设立国防委员会。该委员会和法制、内政、外交、财政、经济、教育、土地、交通等专门委员会平级。此时的国民政府一方面准备抵抗日本侵略，一方面又避免刺激日本，国防委员会和其他8个专门委员会平列，因而国防委员会并没有突出的地位。

1936年春，军事委员会内增设首都警卫执行部(内分3组)，主管对日国防事务。此为军事委员会在组织职能上第一次作出对日国防的表示。

同年7月10日，国民党召开五届二中全会。会议于13日将组织国防会议及粤桂两省军事、政治的调整案一并议决，通过了《国防会议条例》。该会隶属于中央执行委员会，其任务是讨论国防方针及关于国防各重要问题。审议事项有：一、国防方针；二、国防外交政策；三、关于国防事业与国家庶政之协进事宜；四、关于处置国防紧急事变事宜；五、国家总动员事宜；六、关于战时之一切组织；七、其他与国防相关联之重要事宜。国防会议议长、副议长各由军事委员会委员长和行政院院长担任。因两机构的长官均为蒋介石，故国防会议由蒋掌管一切。成员包括三部分：一是中央军事机关各长官，包括军事委员会副委员长、参谋总长、军事参议院院长、训练总监、航空委员会委员长；二是行政院各有关部，包括军政、海军、财政、外交、铁道、交通各部；三是由中央特别指定的军政官员，为各地绥靖公署主任、省主席，包括两广地方实力派的头面人物李宗仁、白崇禧、陈济棠、余汉谋等。[12]该会是在全国抗日热情进一步高涨的情况下成立的。

西安事变后，全国上下初步形成了团结抗日的局面。1937年2月，在国民党五届三中全会上，主席团提议，为国防的需要设立国防委员会。大会通过并由中央政治委员会第三十七次会议通过《国防委员会条例》，[13]依条例成立了国防委员会。这个机构和前已成立的国防会议有很大的不同。不同点为：

第一，国防委员会级别高，为“全国国防最高决定机关，对中央执行委员会政治委员会负责任”。

第二，国防委员会是一个实权机构。其职权是：国防、外交政策之决定，国防作战方针之决定,国防费用之编制与筹备,国家总动员事项之决定,国防紧急事变之审议,其他与国防有关重要问题之决定。另外,“为便利决议之执行”,直接秘密指导国民政府的军事及行政各高级机关,并督促其完成。

第三,把“国防作战方针”和“国防紧急事变”提到了很高的位置,规定“其行动应绝对秘密”,“凡参与会议者及工作人员不得将任何决定事项向外发表”。

第四,组织机构扩大。该机构设主席、副主席各一人,以中央政治委员会正、副主席兼任之。其组织成员包括:(一)中央执行委员会常务委员、中央监察委员会常务委员、中央执行委员会常务委员会秘书长、中央政治委员会秘书长;(二)五院院长;(三)行政秘书长,内政部、外交部、财政部、交通部、铁道部、实业部、教育部各部部长;(四)军事委员会委员长、副委员长,办公厅主任,参谋本部总长,军政部、海军部部长,训练总监部总监;(五)全国经济委员会常务委员(包括了党、政、军各方面的高级长官、实权人物)。地方各实力派人物因与领导全局、决策重大问题关系不大,因而没有安排。从另一面看,这说明在抗日这个重大问题上,全国各地的实力派与中央已趋于一致(当然也有对作战机密的考虑)。该机构是国民政府党、政、军一元化领导之肇始。

国防委员会成立不到4个月,全面的抗日战争爆发了。

(二)确定和建设战略后方

战略后方是坚持战争、争取胜利的依托,是支持长期战争的稳定的政治、经济后方。抗日战争时期正面战场的战略后方,是指正面战场上我方军事第一线后面的广大地区。由于战局变化、战线移动,战略后方的地域范围也随之变动,因此在地理上它是一个相对的概念。但对于支持长期战争、稳定军心民心,则要有一个相对稳定的后方基地。这里所指的抗日战争的战略后方,是包括川、滇、黔、西康(1955年撤销)等西南四省和陕、甘、宁、青、新这西北五省比较稳定的地区。从国民政府战前的注视点和在整个抗日战争中发挥的作用来看,战略后方的重点在西南四省,中心在四川。

1932年日军侵略淞沪,南京国民政府即认识到东部易受攻击,很不安全。同年7月,军政部就兵工厂布局问题曾提出:“依国防形势论,全国军用各厂须在平汉路、粤汉路以西交通便利之地,而置重点于长江、长城间。”[14]尔后便将军工企业重心西移,开始在内地营建重工业工厂。

1934年12月底,蒋介石派遣军事委员会南昌行营第一厅厅长贺国光为首、由78人组成的参谋团入川，一面运筹、督导“围剿”红军的作战，一面整理四川的政治、军事，开始经营西南。

1935年4月，蒋介石任命吴忠信为贵州省主席，国民政府的党、军、政势力迅即占领了贵州。在四川，同年2月任命刘湘为主席，接着又通过组织峨眉训练团等措施，整顿了四川的军事、财政、金融，推行了保甲制度等，加强了国民政府在四川的影响。

1934年2月，国民党中央决议设立西康建省委员会，任命刘文辉为委员长。1935年7月，西康建省委员会在雅安正式成立，将西康建省正式提到日程上来。这也是战略后方建设的一部分。

到1935年底，国民党中央势力在四川、贵州站稳了脚跟。蒋介石认为“川滇黔为中华民国复兴的根据地……只要川滇黔能够巩固无恙，一定可以战胜任何强敌，恢复一切的失地，复兴国家”。[15]他进而明确指出：“将向来不统一的川滇黔三省统一起来，奠定我们国家生命的根基，以为复兴民族最后之根据地……从此不但三年亡不了中国，就是三十年也打不了中国。”[16]关于四川在战略后方的地位，蒋更进一步指出：“就四川地位而言，不仅是我们革命的一个重要地方，尤其是我们中华民族立国的根据地。无论从哪方面讲，条件都很完备。人口之众多，土地之广大，物产之丰富，文化之普及，可说为各省之冠，所以自古即称‘天府之国’，处处得天独厚。”[17]他还说：“我方军事与政治重心全在四川。”[18]当时，蒋介石及国民政府的大多数成员从持久的战略出发，把西南地区作为抗战的战略后方和根据地，实践证明是正确的。

从西南地方当局来说，他们从全国抗战的大局出发，也认识到本地区的战略地位。龙云在1937年2月国民党五届三中全会上提出关于加强云南建设的提案，谓：中日开战后，“我与海外各邦交通口岸势必被其以兵力横加封锁，无论外来接济，抑或国货出口，自必完全断绝，届时束手坐困，险象何堪。”云南“西通缅甸，南通广东、北海，东则可与长江各省联络，实为国防后方海陆交通之惟一出口，一旦有事，欲求对外，有一安全通路。”[19]他敦促国民党中央重视加强云南的交通、教育建设，开发西南资源，将云南建设成国防后方。由此可以看出，在以西南为战略后方进行抗日御侮问题上，国民政府与西南地方当局是有共识的。

西北的陕、甘、宁、青、新五省地处祖国内陆，虽然交通不便、气候恶劣、人烟稀少，但这里是连接欧亚大陆的交通要道。抗日战争开始之后，在沿海沦陷、出海口被切断的情况下，中国出口的商品和苏联的援华物资大都从这里进出。在

1941 年苏德战争爆发之前，这里为支持对日作战也起到了重要作用。

（三）发展交通系统

交通是衡量一个国家经济和国防力量的重要标志。四通八达的交通线路和先进的交通工具，不仅可以促进经济的快速发展，也可以使军队快速机动，使后方供应及时充裕。“兵贵神速”是离不开交通便利这一前提条件的。

1934 年，德国军事总顾问塞克特就进言蒋介石：“发展具有战略性的交通系统，在日本入侵时，可以迅速地输送部队至危急地区，实为当前首要任务。”[20]同年 6 月，国民政府派出徐庭瑶、俞飞鹏等一行 21 人赴欧洲考察军事、交通。1935 年 11 月，国民党在五大之后对日政策逐渐强硬。同时，实行了币制改革，并得到了大量的外国货款，开始实施前些年设计的经济建设计划。1936 年底，国民政府制定国防交通建设计划，使交通建设得到了高速的发展。从 1936 年到 1937 年抗战爆发的一年半中，共建成铁路 2030 公里，平均每年达1353公里。这是 1927 年至 1935 年 8 年间年建筑速度的 6.5 倍。[21]具有战略意义的铁路、公路干线都是在这一时期完成的。

铁路方面　中国中部的干线粤汉路，株洲至韶关段 456 公里，1936 年 9 月 1 日通车，1937 年上半年全线贯通；广九线亦于 1937 年 7 月接轨，投入使用。华东干线浙赣路，自 1929 年动工，至 1937 年 9 月分别完成杭州兰溪段、金华玉山段、玉山南昌段、南昌萍乡段，全长 903 公里；苏嘉路于 1936 年 7 月通车；沪杭甬铁路闸口至百官段 77 公里，也于 1937 年 11 月通车。此外，还修建了南京轮渡和钱塘江大桥。在修路的同时，对旧有铁路进行改造。主要是更换铁轨，加固桥梁，添购车辆，改善信号系统。仅 1936 年，平汉和粤汉铁路就抽换钢轨 10.6 万余根，并修建了冯村、花园等铁路大桥。[22]据统计，1936 年 5 月，全国共有机车 1116 辆、货车 14 580 辆、客车 2090 辆。到 1937 年 5 月，机车、货车和客车分别增加了 156 辆、1762 辆、326 辆。[23]为了加强战时军队和军用物资的调运，津浦、京沪、沪杭甬、浙赣、陇海、平汉、粤汉等重要铁路共计增设军用站台、军用岔道达 200 公里，[24]极大地方便了军车的停靠和各种重武器的搬运，大大加强了战时的军运能力。各铁路干线都储备了可供使用 1 年以上的铁路器材和燃料，并修建了防空壕和地下室。

1927 年到 1937 年，国民政府在 10 年间共修铁路 3793 公里（东北三省修筑的 1600 公里未计在内），使中国本土（东三省未计在内）铁路共达 1.2 万公里。[25]

公路方面　1935年后，将原来的公路网作了加修和延长。到1936年底，各省联络公路已完成2.1万余公里。同时，国民政府亦积极帮助闽、粤、桂、鲁、川、滇、黔等省修建联络公路，共建成6000余公里。至1937年7月，连接各省的公路网已基本形成，计有京闽桂、京黔滇、京川藏、京陕新、京绥、京鲁、冀汴粤、绥川粤、闽湘川、鲁晋宁、浙粤、甘川、陕鄂、川滇等干线21条，支线15条，总里程109 500公里，其中有砂石路面约43 521公里，泥土路面65 979公里。[26]同时，国民政府还注意了汽车的发展，积极推行购进和维修工作。至1937年，全国共有公路营业客车1万辆、货车1.3万辆，并在长沙、南京、汉口、南昌等地设立了汽车机械厂、汽车配件厂和轮胎厂。[27]

航空方面　到抗战爆发前，国民政府拥有中国航空公司、欧亚航空公司和西南航空公司，开辟了沪蓉、沪平、沪粤、渝昆、沪新、平粤、兰包、陕蓉、蓉昆、广河、广琼南线等12条航线。[28]

航运方面　到1937年，民营的航运公司共有轮船185艘，总吨位达56.9万余吨。[29]国营航运业发展得比较缓慢。至抗战前，轮船总吨位为68万吨(仅限于内河或沿海航运)。在港口建设方面，1935年建成了连云港2座码头。抗战前该港可停靠3000吨的海轮。广东黄埔港于1937年1月开工，因抗战爆发，仅完成1座码头。

抗战开始之后，国民政府建成的交通系统便发挥了效力。尤以铁路建设成绩显著，贯通不久的平汉、粤汉和广九铁路成为抗战初期中国重要的陆上通道。当时中国军队80%的补给靠这条路北运。中国从国外购买的全部轻重武器、弹药、器材由香港进口后，再由这条铁路运往东南战场。从"七七"事变到广州失陷的15个月中，这条铁路共运送部队200余万人、军用物资70余万吨。行车最密时，全线列车达140列，成为维持中国抗战的主要交通线。正因为如此，日军飞机对该路进行狂轰滥炸，平均每日达5次之多。[30]浙赣、沪杭甬、京沪、苏嘉和津浦铁路的贯通，对东部地区的国防意义亦十分重大。1937年"八一三"淞沪抗战开始之后，京沪杭铁路专开军用列车。淞沪会战3个月，共开列车1346次，运兵50个师、辎重5万吨。该路除了前运军用物资外，还由此线向大后方搬迁工厂、学校的人员和物资达几百列车。广州、武汉失守之后，宁波、温州是惟一与铁路连接的港口，西南的锑、钨、桐油、茶叶等农、矿产品由该两处出口，以换取国外的军用品。从1938年初到1939年3月的15个月中，浙赣铁路计开军列1700列，运送部队150万人。[31]因此可以说，没有战前的交通建设，中国军队在抗战初期的机动性和作战能力将受极大的影响。

但也必须指出，抗战前国民政府的铁路建设还存在很大的问题。首要的是在“攘外必先安内”的政策下起步太晚，耽误了时间。国民政府于1936年底才开始制定国防交通计划，其中包括从1937年到1940年的4年中完成一批新的铁路干线的计划。1937年4月，南京国民政府又制定了《公路建设五年计划》，拟修筑和改善公路5万公里。但由于抗战很快爆发，刚刚开始修筑的成渝、湘黔、京赣、宝成等铁路被迫中断。

其次，国防交通建设受到财政经济的极大限制。1936年前，“攘外必先安内”的政策造成了连年内战、军费浩繁、财政收入日绌的局面。据统计，1928年到1936年的军费支出约占该9年平均财政支出的43%。[32]军费和债务费平均每年占财政支出总数的75%。政府1933年以后才有用于交通方面的投资，到1936年后才注入了较多的资金。在此之前主要是依靠发行内债、地方政府自筹资金、民族资产阶级自筹资金和利用外资来修路。

第三，设备简陋落后，运输效率低。到抗战前，中国的交通工具和运输设备相当简陋，车辆陈旧，铁轨规格不一。如同蒲、正太、浙赣路杭江段均是窄轨。各重要铁路干线均为单线，火车在运行中沿途让车、换轨，浪费了宝贵的时间和人力、物力，降低了运输效率；75%的公路是泥、砂路面，雨天根本无法通行，汽车数量少且陈旧。这些都影响了运输效率。

（四）推行征兵制和实施民众军训

1931年“九一八事变”发生后，国民党于12月召开的第四届中央执行委员会第一次全体会议上通过了王祺委员《请迅速实行征兵制以御暴日案》，提议国家实行征兵制度。

1932年4月，在洛阳召开的“国难会议”上又提出了改革兵役制度的问题。《军备须专意对外及实行征兵制以御外侮而固国防案》中提出：“为彻底防止酿成内战的个人武力之树立计，非实行征兵制以代募兵制不可”，并具体筹划了征兵制实行的若干步骤。会上作出决议：“逐渐施行征兵制度，实行学校军事教育，并尽先于各县市抽调壮丁，办理保卫团以作征兵制度之准备。”[33]同年春，军事委员会训令军政部会同参谋本部规定征募管区，拟定兵役实施办法。

1935年6月国民政府公布《兵役法》（12条），自1936年3月1日生效。其后，军政部加紧制定各项征兵制度细则。

1936 年 9 月 8 日，国民政府颁布征兵令："东邻肆虐，侵我疆土，自非全民奋起，全力抵抗，不足以保卫国家之独立，维护民族之生存。在此非常时期，凡属兵役适龄之男子，均有应征入营服行兵役之义务。兹特依《兵役法》第三条之规定，着由行政院转饬各兵役主管机关，得随时征集国民兵，俾资服役，而固国防。"[34]到当年底，共征集 5 万新兵入营。这是征兵之始。

《兵役法》规定：兵役分国民兵役和常备兵役两种。男子年满 18 岁至 45 岁，在不服《兵役法》所规定的常务兵役时，服国民兵役。平时受规定的军事教育，战时以国民政府的命令征集。

常备兵役分为现役、正役、续役。平时征集年满 20 岁至 25 岁的男子，经验查合格的，入营服现役，为期 3 年，除上等兵及特种业务外，均满 2 年退伍。辎重运输兵满 5 年退伍。正役以现役期满退伍者充之，为期 6 年，平时在乡应赴规定的演习，战时动员召集回营。续役以正役期满者充之，续役期自转役之日起至满 40 岁止，转为国民兵，至 45 岁退役。但在地方自治未完成的区域，得就年龄合格、志愿服兵役的男子中募充之。常备兵役，在战时得延长其服役期限。[35]

与征兵制相关的是师管区的建立。1935 年 1 月的军事整理会议上提出的兵役区计划，划分全国为 19 个军管区、60 个师管区和 10 个预备区。从 1936 年开始施行。同年 5 月，设置下列 12 个师管区、48 个团管区：[36]

江苏：徐海师区，辖铜山、东海、沭阳、砀山 4 个团区；

淮扬师区，辖江都、泰县、淮阴、盐城 4 个团区。

浙江：金严师区，辖金华、兰溪、衢县、吴县 4 个团区；

温处师区，辖丽水、永嘉、临海、云和 4 个团区。

安徽：安庐师区、辖太湖、六安、滁县、庐江 4 个团区；

芜徽师区，辖芜湖、贵池、宣城、休宁 4 个团区；

淮泗师区，辖蒙城、寿县、泗县、阜阳 4 个团区。

江西：浔饶师区，辖九江、浮梁、上饶、武宁 4 个团区。

河南：豫东师区，辖开封、商丘、郑县、淮阳 4 个团区；

豫西师区，辖洛阳、临汝、陕县、许昌 4 个团区；

豫南师区，辖信阳、南阳、汝南、潢川 4 个团区。

湖北：襄郧师区，辖襄阳、随县、天门、郧县 4 个团区。

1937 年 6 月，又设置下列 8 个师管区、32 个团管区和几个师管区筹备处：

江苏：金陵师区，辖京宁、镇江、武进、江阴 4 个团区；

苏沪师管区筹备处。

浙江：杭嘉师管区筹备处。

江西：南抚师区，辖南昌、南城、清江、萍乡4个团区；

赣南师区，辖吉安、万安、赣县、宁都4个团区。

河南：豫北师区，辖新乡、博爱、安阳、滑县4个团区。

湖北：荆宜师区，辖宜昌、江陵、宜都、恩施4个团区；

江汉师管区筹备处。

湖南：衡郴师区，辖衡阳、攸县、桂阳、郴县4个团区；

宝永师区，辖邵阳、绥宁、零陵、道县4个团区；

长岳、辰沅两师管区筹备处。

福建：建延师区，辖建瓯、南平、建阳、闽清4个团区；

闽海、汀漳两师管区筹备处。

四川、贵州、广东、陕西各省师管区筹备处。

1937年7月，设置甘肃、宁夏、山东、云南各省师管区筹备处。

师管区的基本任务是：（一）现役兵之征集补充；（二）各兵役召集教育；（三）动员计划实施；（四）管区户口调查及绥靖事务。

1937年又在各师团管区设立征募兵事务处，专负征募兵员之责。

义务兵役制的推行，使正面战场的兵源不断得到补充。从1937年到1945年，各省征募人数共达14 049 024人[37]，保证了抗战的兵力。

在民众中推行军事训练，主要进行壮丁训练和学生军训。

壮丁训练：1935年5月，国民政府首先在南京设立首都国民军事训练委员会，试办壮丁训练。1936年10月，军事委员会公布了由训练总监部、军政部、内政部拟订的《社会军事训练实施纲要》，同时分派各县社训教官，成立各县社会军事训练总队。训练范围由壮丁渐及妇女、少年（后者基本未实施）。截至1936年底，已训练完毕者约50余万人，继续训练者约百万人。[38]

学生军训：学校军训始于1928年，训练总监部设立国民军事教育处。先对高中以上的学校实施军事教育，主要目的是为了锻炼学生的身心。“九一八”事变后进行国防教育，培养预备军士和预备役候补军官佐，以备补充部队。据统计，从1933年至1936年，共集训专科以上学校的学生21 811人、中等学校的学生106 215人。[39]经过军训，至1936年底，高中学生合格为预备役者共17 490人，专科以上学生合格为候补军官者共888人。

（五）整编陆军和建设特种兵

1935年1月26日，蒋介石在南京召开全国军事整理会议，布置整军工作。同年3月，在武昌行营设立陆军整理处，调驻赣绥靖预备军总指挥陈诚兼任处长，综理陆军整理事宜。整理的原则是："依国防之目的，统一编制，混合编成，按管区配置，集中训练干部。"[40]

1936年，开始择20个师予以调整。所用编制，即对1932年的陆军师步兵团编制加以改善，称之谓"调整师"编制。调整师编制与1932年陆军师编制的不同点在于：（一）步兵连为9班混合制；（二）团属迫击炮连分属各营为排，以增强战术单位之火力；（三）原属各营的小炮排集中成连，直属团部，作为防空及防战车之用。是年底，共完成调整师20个。[41]

鉴于1936年度整军的成效，军政部拟于1936年到1938年3月间共调整、整理60个师，以达到符合"现代军队之要求"和"应付国防需要"。为此提出整理原则：（一）减少大单位，充实小单位；（二）团以下单位力求健全；（三）加强特种兵；（四）经常费不增加；（五）人事经理一律依法规办理。[42]参照各国常备师和预备役师编制。其编制为：

调整师甲种编制，采用1936年调整师编制。每师辖2个旅、4个团。辖3个团者不设旅部。师部直属骑兵1个连，炮兵、工兵、通信、辎重兵各1个营，卫生队1个，特务连1个，作为国防主力部队。

整理师乙种编制，采用1935年整理师编制，同各国之预备师。师辖2个旅4个团。师部直辖骑兵1个连(排)、炮兵1个营(连)、通信兵1个连、无线电1个排、军医院1所、特务连1个，作为绥靖后方用。

1937年6月1日，国民政府在开封召开苏、皖、豫三省整军会议，决定对东北军进行统一整编。会后调整了东北军10个师。已适用调整师编制而未充实的约有5个师。

此后对广东部队和川康部队也进行了整编。整理了广东10个师、川康26个师9个独立旅。

7月，全面抗战爆发，国民政府被迫终止整军活动，将部队调上战场。从1928年底到1937年6月，南京国民政府先后六次提出整军方案，五次制定整编计划。除上述地方部队外，仅调整了15个师、整理了24个师。与计划调整、整理120个师的目标相距甚远。

特种兵，是指配属或加强步兵作战的骑兵、炮兵、装甲兵、工兵、通信兵部队。1933 年长城抗战之后，德国军事总顾问弗采尔就深感中日两军装备悬殊，指出中国军队“步兵必须有精利可恃武器，方能于攻击及防御时有良好成绩”，“兵器不良，实为陆军自趋灭亡途径”。[43] 为改变现状，国民政府多次派人出国考察军事，聘请外国顾问来华训练特种兵，购买外国先进的武器装备，多次研究制定中国陆军发展计划草案。1935 年后经过整理建设，特种兵的系统才初步形成。

各兵种的概况如下：

骑兵　骑兵分为军、师配属骑兵和中央直属骑兵。其整理分两期进行。第一期整理军、师所辖骑兵。有的军、师属骑兵仅是虚名，有兵而无马。为适应作战，逐渐充实与健全，并将有马者改编为搜索队，无马者编为徒步骑兵。第二期整理中央直属骑兵。军事委员会原有直辖骑兵 7 个旅，即骑第 1 旅（辖 2 个团，团辖 4 个连），骑第 2、第 11、第 12、第 13 旅（各辖 2 个团，团辖 3 个连），骑第 14、第 24 旅，另骑兵学校所属骑兵。1935 年 7 月，经过整理，除保留第 14、第 24 旅外，其余与东北骑兵混合编成第 3、第 4、第 6、第 7、第 10 骑兵师（师辖 3 个团，直属骑炮连、高射炮队、装甲汽车队各 1 个，工兵、通信兵各 1 个连），并任何柱国为骑兵军军长，负责编训。1936 年 6 月，又将骑第 24 旅编为团，隶属骑第 2 师。驻察哈尔、绥远新编骑兵第 10 师，山西骑兵第 1、第 2、第 3 旅以及甘、宁、青各骑兵部队因经费和历史原因，仍保持旧制，未予整编。[44]

炮兵　1935 年 3 月，武昌行营设立炮兵整理处，专负整理炮兵之责。此时现有堪用的火炮 457 门。[45] 因历史、人事等关系，编制不一，炮种复杂。整理时，按炮种统筹编成，并补充器材、马匹。共编成两团制的独立炮兵旅 4 个，独立团 5 个，独立山炮营、独立野炮营、独立重迫击炮营各 3 个。各旅、团炮种分别为：第 1、第 2 两旅为瑞典卜福斯式 75 毫米山炮，第 6 旅克式野炮，第 8 旅为辽十四式 77 毫米野炮，独立第 4、第 6 团为日本三八式 75 毫米野炮，第 8、第 17 团均属辽十四式 150 毫米榴弹炮，第 9 团为德国克虏伯式 75 毫米野炮及重迫击炮（各 1 个营）。以上均为马曳之炮。1937 年春，从德国购来克虏伯式 150 毫米榴弹炮 24 门，编成机械化重炮兵 1 个团，番号定为“炮兵第 10 团”。其运动、指挥、观测均以汽车牵引。该团为国民党军队中惟一的机械化炮兵。后又将第 32 师属炮兵团划出，编为独立炮兵第 9 团，下辖野炮、重迫击炮各 1 个营。不久，又将该团野炮营拨归师属炮兵，而将重迫营与独立重迫炮第 1、第 2、第 3 营合编为独立步兵炮团。同时，由广东省拨到法国士乃德式 75 毫米山炮 28 门，编成炮兵第

9 团。[46]

高射炮兵 自“一·二八”淞沪抗战后，防空对军队作战日益重要。于 1934 年和 1936 年先后购来卜福斯式 75 毫米高射炮 28 门，成立高射炮兵 6 个连。1937 年又购德国十八式 37 毫米高射机关炮和瑞士苏罗通式 20 毫米高、平射两用机关炮，成立高射炮兵团（辖 5 个营、18 个连），为保守兵种秘密，将其编为陆军炮兵第 41 团。后又以购得苏罗通式 20 毫米高、平射两用机关炮 108 门，成立炮兵第 42 团（辖 5 个营、16 个连）。[47] 1936 年 12 月，以防空学校照测排为基础编成照测第 1、2 队，配合高炮对空作战。

战车防御炮兵 抗战前仅有装甲兵 1 个团附有步兵炮教导队 1 队（辖 3 个营、12 个连），又 1 个步炮营（辖 4 个连），及第 4 师、第 88 师各备 6 门制 37 毫米苏罗通炮 1 个连。

装甲兵 1928 年南京政府向英国购买了“卡登劳埃特”一吨半小型机枪战车 24 辆，隶属教导第 1 师；1935 年又从英国购买“维克斯”两栖坦克 32 辆，[48] 编成战车教导营，附属于交辎学校进行训练。1937 年初又向德国订购“克虏伯”战车 16 辆。5 月中旬，国民政府以战车营、步兵炮营、摩托车连、装甲汽车队、高射炮营合编为陆军装甲兵团，调 25 师副师长杜聿明为团长，装甲兵正式成为中国陆军兵种。

在组建、整训炮兵、装甲兵的过程中，国民政府还对工兵、通信兵、交通兵进行了筹组、训练和整顿。1932 年 8 月成立了陆军工兵学校，1933 年 7 月成立了陆军辎重兵学校，1935 年 9 月成立了通信兵学校。向国外购买武器装备，更替陈旧装备，以聘请外国顾问和国内外技术专家授课等手段培训人才，提高部队素质。到抗战爆发前，计拥有铁道兵团 1 个（附轻便铁道器材 320 公里）、汽车兵团 1 个（计汽车 750 辆，一次输送力约 1400 吨）、[49] 通信兵团 2 个（专供军以上通信联络）、工兵团 2 个。[50] 各兵种尽管编制不大、人力物力有限，但毕竟进入了中国陆军多兵种合成作战的新时代。

中国国防工业薄弱，又缺乏自力更生的精神，一切重要武器装备都靠国外进口，一旦来源断绝，则得不到补充；而且武器来自不同的国家，类型不同，操纵各异，不利于技术的发挥。这些都制约特种兵的建设和发展。

（六）加强海、空军并进行战备演习

全面抗日战争爆发之前，国民政府对海军和空军都进行了建设，作战能力有

了一定的提高，并在抗日战争之初发挥了一定的作用。

1932 年“一·二八”淞沪抗战后，国民政府曾制定了一个五年造舰计划。该计划“以日本在华海军军力 7 万吨(指排水量，下同)为对象，建造各种舰艇，计 5.6 万吨”；又根据“将来战场之位置而又适于海洋根据地之条件，划分海军和军港等”。[51]此后，海军为抵御日本，在经费十分困难的情况下，尽最大的努力新建和改造舰艇及飞机，建设军港，增设炮台，勘测航道，更换部分枪炮，培养抗战人才等，取得一定的成果。新建成的舰艇有“逸仙”号巡洋舰(1545 吨)，“民生”号炮舰(505 吨)，“海宁”号、“江宁”号、“抚宁”号、“绥远”号炮舰(均为 260 吨)，“肃宁”号、“威宁”号、“崇宁”号、“义宁”号、“正宁”号、“长宁”号炮舰(均为 280 吨)，“平海”号巡洋舰(2383 吨)。改造的舰艇，有“威远”号、“建安”号驱逐舰(均为 850 吨)，“大同”号、“自强”号轻巡洋舰(均为 1050 吨)；电雷学校还把 1 艘商船改为“自由中国”号练习舰。此外，中央海军购进日本制“宁海”号轻巡洋舰(2516 吨)，电雷学校向德国购进 3 艘鱼雷快艇(各 30 余吨)、向英国购进 12 艘鱼雷快艇(各 10 余吨)。还计划向德国订购 5 艘潜艇及 1 艘潜艇母舰。因抗战开始，日本抗议，德国中止了合同。

以上各舰艇总排水量为 1.3 万吨(未竣工的不计)，虽然与计划的 5.6 万吨相差甚远，但这些新建成或改造的舰艇的航速、火力较原有的舰艇要高。舰艇上大都安装了高射炮，防空能力有了增强。

海军在此期间先后造出了高级侦察机“江鹤”号、“江风”号各 1 架，水陆两用侦察教练机“江鹊”号、“江鹏”号等共 5 架，舰载水上侦察机“宁海 2”号 1 架，及“弗力提”式教练机 12 架。

此外，海军在军港建设、航道测量、军械更新、粮煤弹药储备及观象、医疗等方面都作了整备和建设。

中国的空军从 1929 年起才正式成为 1 个军种。1931 年“九一八”事变后东北沦陷，东北空军所属新旧飞机 200 余架全部被日本抢去。到 1932 年，国民政府中央空军仅有 50 架飞机、200 名飞行员。当时的空军“散漫而又微弱”，“只是作了军阀们政争的工具，对于整个国防，不曾有过些微的建树和功绩”。因此，从“一·二八”抗战到长城抗战，制空权完全为日本掌握，中国军队的活动尽在日军的监视之下，在其轰炸、扫射下的伤亡更不知其数。[52]为此，国民政府着手规划建设空军，先后拟定了 1932 年至 1937 年的五年计划、1933 年至 1936 年的三年计划、1933 年 10 月至 1937 年 12 月的四年计划。计划几经调整，在最后拟制的四年计划中，根据“国防上需要空军最小限度”及“在事实可能范围内竭力建设之能力”，计划到1937年主要达到的目标是：（一）建设高级航空学校1所（将笕桥航校改建）、初级航校2所、机械学校和参谋学校各1所，培养飞行员700人、机械人员2000多人。（二）建设空军27个中队，常备作战（驱逐、侦察、轰炸）飞机375架，加上教练救护机117架，总共432架。（三）建设航空制造工厂3所、修理工厂6所。[53]

为了达到上述目标，国民政府采取下列措施：（一）加强组织，培养人才。1932年9月，将军政部航空学校改组为中央航空学校。蒋介石自兼校长。次年11月，将空军主管机关航空署由隶军政部改隶军事委员会。1934年将航空署改为航空委员会。蒋介石兼任委员长。宋美龄担任秘书长，负责空军事务。中央航空学校及初级班洛阳、广州分校分别由美国和意大利顾问担任教练。到1936年，毕业的飞行员生约700多人。同时培养出一批机械、照相、轰炸、通信人员。1936年4月在南昌成立的航空机械学校则专门训练机务人员。（二）购买设备，建造工厂。国民政府还向美国和意大利大量订购飞机、航材、汽油。据美国航空商务部的统计，从1931年到1936年8月，有453架飞机运往中国。国民政府原有韶关飞机制造厂（后改为第一飞机制造厂）和上海海军飞机制造厂的规模都比较小。航委会于1934年10月和美国联邦航空公司合办中央杭州飞机制造工厂。1936年10月和意大利合办中央南昌飞机制造厂（后改为第二飞机制造厂）。1937年2月，又和德国合办萍乡中国航空器材有限公司。韶关飞机制造厂于1936年仿美“霍克”式双翼战斗机，制成了“新霍克”式战斗机。但金属螺旋桨、发动机、仪表和一些金属材料都依赖外国进口。

此外在机场建设，材料、弹药、油库建设，气象、通信和地面保障、防卫建设等方面都取得了一定的成绩。

到1936年6月前，国民政府中央所属的空军有14个中队。7月，两广事变时，广东的空军投奔中央，又增加了9个中队。同年10月，全国各地及海外华侨共捐献了470万元，[54]以捐款购得飞机68架。[55]1937年5月，国民党军事当局分全国为6个空军区。实际成立的只有第一（南京）、第二（南昌）空军区司令部。全面抗战前夕，全国空军总计有飞机约600架，飞机场共有100多个。

在发展空军的过程中，国民政府处处要依赖外国，进口的器材五花八门，聘请的外国顾问各搞一套。到卢沟桥事变前夕，常备飞机的实际数字仍未达到四年建设计划所规定的指标；且由于缺乏后备力量，人员、器材补充困难，因而到

1937 年底就基本上失去了制空权。

结合敌情、地形和武器装备进行演习，是国民政府对日准备抵抗作战的一项内容。为此，陆、海、空军都进行了演习，尤其是陆军的防空演习成效较大。

1935 年冬，陆军在南京东南地区进行了实兵对抗演习，参加部队为国民政府最精锐的第 87、第 88 和第 36 师。演习分为东、西（红、蓝）两军，状况空前。

另外，各地区进行了局部演习。特别是各地要塞防守区，演习在防守区内就地进行。演习科目为对敌舰射击、各台之间的联络、步炮协同及联络、战场内追击、对上陆之敌攻防以及夹江临时封锁等。

海军的演习只是演练封锁江面的布雷，技术性比较强，规模不大。

这一时期的陆、海军演习都是在较为秘密的状态下进行的。主要是怕刺激日本，也是为了保守战术、技术上的秘密。

比较而言，防空演习的规模较大。当时国民政府将防空分为积极防空和消极防空两种。积极防空是指利用空军和地面高射炮兵对入侵敌机进行攻击驱逐；消极防空是在敌机轰炸扫射时疏散隐蔽，使损失尽量减少。

1934 年 8 月进行了第一次首都防空演习。设想敌机自长江口侵入，沿长江西侵，或沿京沪铁路及京杭公路进犯。演习共进行两天。日间演习通信监视、飞机攻守、防空部队射击，进行消防、防毒、救护等；夜间演习敌机轰炸、灯火管制和交通管制等。为了搞好这次演习，几乎动员了南京所有的军民，并对报道、宣传进行了控制，目的是为了保密。这次防空演习增强了全民的防空意识，为尔后大规模的防空演习取得了经验。1935 年 5 月，在南京举办了防空展览；当年秋季又举办了京、杭、镇（江）联合防空大演习，对京沪、沪杭两铁路沿线居民进行防空训练。

1936 年 4 月，国民政府根据防空需要，在全国划分 9 个防空区：第 1 区江浙皖，第 2 区鲁豫，第 3 区闽赣，第 4 区晋绥，第 5 区冀察，第 6 区湘鄂，第 7 区粤桂，第 8 区陕甘宁，第 9 区云贵川。各区内设情报所或分所，所下辖防空监视哨。防空监视哨是 1934 年秋首都防空演习时成立的。由于当时没有雷达预警设备，就在各交通要道、重要设施地等处设立监视哨。监视哨人员携带通信工具，配置在各大城市周围 100 至 250 公里的地境内，不分省界。当敌机飞临时，情报员即将敌机数量、飞行方向乃至机种逐次传递，以使预警区做好防空或作战准备。此项监视业务后又扩大，由防空区内的交通、通信机关，如铁路、船舶、公路、电报、电话及警察局、乡镇区公所等兼任，由成立的防空情报所或分所进行领导指挥，这样就在全国形成了一个比较严密的防空监视情报网。

（七）整备要塞和修筑国防工事

国民政府整理建设要塞工作始于1932年“一·二八”淞沪抗战之时。1932年2月，为防日军舰沿江进犯、拱卫首都，在军政部内成立江阴、镇江、江宁各区要塞实施委员会，主办工事设计、实施事宜。由军务司主持此事。同年12月，为统筹国防工事，在参谋本部内成立城塞组，组长由参谋次长贺耀祖兼任(1935年易杨杰)。在德国顾问的指导下，首先对江宁、镇江、江阴要塞进行整理。

1932年5月淞沪协定签订之后，国民政府认为“现在外侮亟亟不可终日”，乃对要塞继续整理，并制订要塞五年整备计划。该计划以中国中部(北自黄河、南迄甬江)为中心，以长江为重点。整理的方针是增加其强度，并辅以相当守备队，重视游动炮兵及水中防御器材的设置，以阻止敌人登陆。

参谋本部将中部地区以南京为中心，划分为中、南、西、北四区。后又将福建划为闽区。初步想定和计划如下：[56]

中区：包括东西梁山守备区、采石守备区、南京(江宁)要塞区、镇江要塞区、江阴要塞区、福山守备区和上海守备区。本区系全国的经济、政治中心，为敌军作战目标。战争爆发后，敌陆军必然沿京沪线、海军沿长江，在空军的掩护下向南京进犯。淞沪协定签订之后，吴淞要塞已失去作用，而江阴为长江第一门户，为拱卫首都南京，首应加强江阴、镇江和江宁要塞区。

南区：包括澉浦要塞区、镇海要塞区、定海守备区、乍浦守备区、海门守备区、永嘉守备区。该区为首都东南屏藩，且为富庶之地。战争开始后，敌为策应京沪路方面的作战，并掠夺资源，必利用该区内地平坦、便利登陆等条件进行进犯。该处整备的重点为乍浦、澉浦和镇海要塞区。

北区：包括海州要塞区和南通守备区。海州为陇海路之终点，又居华北、华东分界处，敌在此登陆，可西窥徐州，威胁华东、华北军的侧背，又可截断南北之联络。南通为长江北之重镇，整备该地，目的是阻敌舰西进，使宁、镇、澄(江阴)各要塞能作充分准备。

西区：包括芜湖守备区、大通守备区、安庆守备区、马当(今马垱)守备区、彭泽守备区、湖口守备区、九江守备区、武穴守备区、富池口守备区、田家镇守备区、蕲春守备区、黄石港(附石灰窑)守备区、团风守备区、阳逻(今阳罗)守备区、五通口守备区、青山守备区、武汉守备区。长江为我国中部东西主要航线，日舰在长江航行无忌。战争发起后，敌必对江内我航运进行破坏，对沿江商埠进行扰乱。为航运安全，在战争发起后，各守备区利用地形和既设工事，将敌舰击毁。本区重要者为芜湖、安庆、九江、田家镇、武汉等处。

闽区：包括沙埕港守备区、三都澳军港区、福州（闽江口）要塞区、兴化浦宁守备区、泉州湾守备区。该处临台湾海峡，为东南门户，一旦战起，敌必自台湾占领福建，策应主力方面作战。本区应依地形险要程度，备筑防御工事，防敌侵犯。

后来考虑到为保障山东半岛的安全，防敌自山东沿海登陆，又分别在青岛、龙口、烟台设立守备区；又虎门是广东的门户，原设有工事，为防敌进犯，此处要塞加强警备。

为保证战略、政略中心南京之安全，各要塞整备的顺序为：江阴、江宁、乍澉浦、镇江、上海、青岛、龙口、烟台。在经济许可的情况下，计划在五年时间内完成整备。

1933 年 10 月 30 日，蒋介石致电贺耀祖：要求其“先定一中南北西区之整个方案与修筑步骤之计划。同时定一各要塞各部计划之图案与详细方案。如现在无此要塞图案之顾问，则不惜重资另聘，并须从速也。”[57] 此后，各要塞加紧了整备的步伐。但至 1936 年时，除了江宁、江阴、镇江以及镇海、虎门等少数要塞在原有基础上加以修筑、修配或增设要塞炮外，大多未能落实。

对日作战的国防工事是 1935 年以后才开始构筑的。1932 年日本侵略淞沪时，南京军、政当局曾以南京为中心修筑了一些国防工事。后由于淞沪停战协定的签订，军政当局把军队调到“剿共”前线，修筑工事的事也就停了下来。

对日防御的国防工事，修筑的基本方针是以长江、铁路为轴线，以交通要点为中心而进行的。华东以长江下游、津浦南段、沪宁线、沪杭线为轴线，以南京、上海、杭州、徐州为中心，其防御方向为东（拒海上来敌）、北（拒敌由北向南）；华中以长江中游、平汉路南段为轴线，以武汉、郑州为中心，其防御方向为东（拒敌沿江西上）、北。华北以津浦路北段、平汉路北段、正太路和平绥路为轴线，以济南、沧州、石家庄、保定、张家口为中心，防御方向为东、北。当时构筑的国防工事主要是用钢骨水泥，按德国、苏联最新规范构筑的机枪、小炮掩体及观测所和掩蔽部等。根据地形及战术要求等条件，分别构筑永久性、半永久性和临时性 3 种工事。有的只备建筑材料，待需要时再临时构筑。

华东沪杭地区始于 1936 年构筑国防工事，以防御日军从海上侵入后海、陆军协同西进。军事委员会结合地理形势，将沪京杭地区划分 3 个防御区，即京沪地区、沪杭地区、南京地区。

京沪地区的阵地：利用长江、太湖以及纵横的河流等有利地形设若干阵地带：第一阵地带配置在吴江县至福山镇，第二阵地带配置在锡澄线（无锡至江阴）。两阵地间的龟山至梅村一线设置中间阵地。后方阵地带在石庄到常州一线。另外在昆山附近及其以东地区，利用高地和各要点构筑了据点式的前进阵地带。其前方设置了警戒线或警戒点。

沪杭地区的阵地：以乍嘉线（乍浦至嘉善）为主要防御地带，苏嘉线（苏州至嘉兴）为第二防御地带。两地带之间的滨海一段还构筑了侧翼阵地。后方阵地带配置在杭州到湖州一线。在全公亭、新仓镇、庙陈镇等要点构成据点式前进阵地带。又在柘林、奉贤、闵行等地构筑警戒阵地。

南京地区的阵地：主要阵地带配置在龙潭、栖霞山、青龙山、苍波门、大胜关、上新河、下关、燕子矶一线，形成闭合性的环形阵地。以南京城垣为核心阵地，在城外利用下关、香山、江山、紫金山、雨花台到双桥门一线构成补助复廓阵地带；在城内北极阁、鼓楼和清凉山构成坚固的核心据点。此外在江北浦口、浦镇等地设置了桥头堡阵地。

主要阵地带和第二阵地带的步兵营阵地都是连续式配置，主要方向上构筑了较多的永备筑城工事；次要方向上重点构筑了部分永备工事（有的未构筑）。按照计划，在战争动员阶段再构筑大量的野战工事，将永备工事连接起来，形成一个完备的防御系统。

徐州、海州为连接华东、华北的交通要道，敌如占领该地，不仅截断南北交通，而且威胁南、北我军侧背，继而南犯沪、宁。为此，除在海州设一守备区外，还修筑了以下阵地工事：

第一阵地，从连云港附近的灌河口至临洪口、青口沿海岸一线。中间阵地线，自阿湖至沭河各线。野战主阵地线，临沂迤南沿沂河西，经龙池集至窑湾，复沿运河折而东南，经骆马湖、宿迁、泗阳，再折东北至涟水之线。

徐州要塞防御线，由案山经韩庄、聂庄、芦山、西朱古、杜安、大成山、利国驿一线。徐州复廓要塞线，由凤凰山至大黄山、隔鸡山、团山、柳兴庄、张庄、夹河寨、吴山窝、光驴山、猴山、大韩庄之环线。

武汉地区的要塞整备和工事也是 1936 年开始构筑的。其主要目的是："（一）对敌潜在的势力；（二）对武汉上下游侵入武汉之敌舰，则巩固江防，以歼灭之；（三）对将来武汉会战，使国军得依武汉要塞为轴，在武汉附近歼灭敌人”。[58]因此，对武汉附近的筑城，又分为“江防”、“陆防”和对汉口租界工事三部分。

河南省郑州周围各地的工事是1935年何梅协定签订之后开始以城市为中心构筑的。黄河以南，在开封修筑了向东防御的环形阵地，在郑州修筑了向东、向北防御的环形阵地；黄河以北，主要在新乡、安阳、沁县等地修筑了向北防御的阵地。后又在豫东的商丘、豫北的焦作及皖北的亳州等地构筑了工事。

河北、山东、山西、察哈尔地区的工事要求由地方当局负责构筑。抗战爆发前只作了计划，并未有构筑的行动。

国民政府构筑的国防工事对后来抵御、阻滞日本侵略者的进攻发挥了一些作用。尤其是鲁南的国防工事在后来的台儿庄会战中发挥了相当作用。湖北省境内的工事在后来的武汉会战中也发挥了一定的作用。

从国民政府对日准备作战而修筑的工事可以看出，它一开始便是在持久消耗、单纯防御的战略思想指导下进行的。在实际作战中，依靠工事或有利的地形进行抵抗，与敌人拼消耗，是一种落后的战法，势必增大伤亡。从工事修筑的实际情况来看，大多数阵地是单线构筑，正面宽，缺少纵深。这样的阵地非常脆弱，容易被敌突破。

工事的工程质量也存在许多问题。比如，被国民政府军事当局一向标榜修得比较好的、号称“马奇诺防线”的上海附近的工事，实际上只是一些没有完成的野战工事。“第一道堑壕，有的有掩盖，有的没有；交通沟的沟深还不到一公尺，又因为下雨，水竟积了半沟深；指挥所和预备阵地统统一个样”。[59]其他地方的工事质量可想而知。

（八）调整、扩大兵工生产

国防工业建设是为国防准备物质基础，是国民政府准备抗战的一项重要内容。中国由于经济落后，技术力量薄弱，兵工产业十分落后，几乎谈不上有自成体系的国防工业。国内仅有的几家兵工厂分别由各地的军阀控制，军阀间混战所需武器大部分依赖进口。

1931年“九一八”事变以后，东北的兵工厂被日本侵占，由国民政府兵工署所控制的仅有上海、金陵、汉阳、济南、德州、巩县、华阴等地的兵工厂，四川、广东、广西和山西的兵工厂则由地方实力派控制。生产技术都比较落后。

1932年“一·二八”淞沪抗战后，为应付日本的侵略，国民政府在兵工生产方面做了以下几方面的工作。

第一，拟定兵工生产计划。

1933年在牯岭会议上，军政部兵工署提出了整个兵工建设的计划。这个计划因“军费支绌，未能实现”，1935年又拟定了兵工五年计划，从1936年7月起开始实行。根据该项计划，在五年内尚须建设十余处兵工厂，生产新式武器。预计要建设费4.9亿元。因抗战开始，该项计划未能完全实行。[60]

第二，将沿海工厂西迁。

为防止战争爆发后兵工厂被敌轰炸、破坏或沦于敌手，国民政府将东部沿海的兵工厂西迁或归并他厂。具体做法：开封兵工厂全部归并于巩县、济南、金陵、广东兵工厂；上海兵工厂全部撤除，按其性质归并于汉阳、巩县两厂；云南、成都两厂整理，待交通便利时再订计划；以汉阳、巩县为重要兵工厂，巩县生产枪炮弹，汉阳生产火药；太原生产重炮，为西北主要兵工厂；华阴兵工厂制造新式武器，添置新设备，扩大生产；扩充衡阳兵工厂。原拟在无锡设立的化学厂改建于巩县。1935年后，又决定将兵工厂向川黔转移。是年6月5日，蒋介石指示兵工署署长俞大维：“凡各兵工厂尚未装成之机器，应暂停止，尽量设法改造于川黔两省，并须秘密陆续运输，不露形迹。”[61]这个迁厂计划至抗战爆发前尚未完成。

第三，统一枪、弹制式。

由于历史造成的原因，抗战前中国军队的武器装备大多购自国外，种类繁多，各国皆有，因而零件不能互换，子弹难以通用，战时补充极为困难。“一·二八”淞沪抗战以后，兵工署曾开会讨论兵器制式的统一问题，并印成《制式兵器会议记录》。1934年，根据蒋介石要求从速讨论各炮种制式的命令，军政部就各种枪、炮的战术诸元问题致函参谋本部、训练总监部等单位征求意见。军事委员会认为这“与国防作战计划、编制、造兵、补充上均有关系”，[62]甚为重视，于12月22日召集各有关单位讨论了各式兵器的战术诸元及采用何种为宜等问题。在此基础上，决定了战前需求量最大而本国又能生产的几种兵器的统一制式：步枪、重机枪仿德国，轻机枪仿捷克，口径均定为7.9毫米，子弹可以通用；迫击炮则仿法国，但在口径上稍大于法造，定为8.2厘米。抗战初期，军政部军械司曾就制式兵器性能问题征求参战部队的意见，据说部队的反映是：“射击威力甚为显著，实不在敌人使用之同种兵器之下，尤以迫击炮、马克沁重机枪两项兵器威力最大。淞沪三个月之支持，前项步兵兵器之支撑力收有相当之实效。”[63]

第四，进口先进设备。

由于设备老化，妨碍生产，因此各厂自行购置新机器，修理旧机器，重建厂房。到1937年，汉阳火药厂和子弹厂的设备大部分为新添购。巩县兵工厂亦购置了新机器，所购新式炮弹车床的工作效率比以前提高了十几倍。金陵兵工厂完全翻新，购置了制造引信的自动机器、制造迫击炮筒的磨床。白水桥样板厂有国内仅有的一部螺丝磨床。1933年，从德国进口全套设备，开办了防毒面具厂，制造防毒面具，开始了中国军事防毒器具制造业。西安、南昌、株洲等兵工厂、火药厂都扩大生产规模，利用新设备，加速生产和仿造外国产品。

第五，降低成本，增加生产。

由于采用了先进设备和工艺，使生产成本降低，产品的质量提高，品种和数量也有所增加。1935年，巩县兵工厂仿造出德国1924式毛瑟枪，定名为“中正式”，并已正式成批生产。金陵兵工厂仿造马克沁重机枪，每月可生产100挺。[64]此前，巩县兵工厂又制造出捷克式轻机枪。全面抗战前夕，汉阳兵工厂可以制造出7.5厘米口径野炮、10厘米口径轻榴弹炮、2厘米口径高射炮。1933年前，国内仅能制造出18公斤和50公斤两种飞机炸弹，且弹壳为生铁浇铸，威力欠佳。经研究改进，到1937年可制造出铸钢或压钢壳的18公斤、50公斤、120公斤、250公斤、500公斤乃至800公斤的飞机炸弹。

全面抗战前夕，几家主要兵工厂及其主要产品如下：[65]

金陵兵工厂：年产八二迫击炮1800门、手提机枪385挺，月产马克沁重机枪33挺。

上海兵工厂：月产七五山炮6门，七九机枪子弹、六五步枪子弹各240万发。

汉阳兵工厂：月产七五山炮2门、八八式步枪4700枝、三十节式重机枪35挺。

巩县兵工厂：年产中正式步枪50 000枝，月产元年式步枪3120枝、捷克式轻机枪25挺。

汉阳火药厂：月产枪药30吨。

各类枪炮械弹1937年较1933年的增长情况为：七五炮弹增长1.1倍，八二迫击炮弹增长1.5倍，步枪枪弹增长2倍，木柄手榴弹增长1.5倍，防毒面具增长4.5倍，飞机炸弹增长5倍，八二迫击炮增长1.88倍，马克沁机关枪增长2.5倍。[66]

国民政府于1936年规定在1937年上半年以前装备完成20个调整师、1个教导总队、1个重炮兵团；除所需重兵器外，轻兵器皆由国内自制。

进口的武器装备，德国的占了外国输华军火总量的80%。所需款项以中国向德出口钨砂抵偿。1936年中国从德国获得的军火价值23 748 000马克，1937年增至82 788 604马克。到抗战前，中国从德国购买的武器装备有战车、8.8厘米重炮、10.5厘米重炮、高射炮、探照灯、机枪、鱼雷、快艇等，使中国军队30万官兵接受了德式装备。〔67〕

1935年，为了备战，国民政府曾作了一个械弹储备五年计划。这个计划包括国内生产和进口两部分。德国军事总顾问法肯豪森就所需数目向蒋介石建议如下：

步兵弹每月增至900万至1000万发，重机枪90至100挺，八二迫击炮20门。其中步兵弹药存于军械库者100万发，正在制造中者200万发，国外订购者300万发，共600万发。另外，法肯豪森还建议蒋介石再向德国购买1000万发钢心弹尖。〔68〕

1935年8月，法肯豪森对当时国民政府军队装备的评价是："窃以华方所有新式兵器，从未有今日之充足……"

（九）制订国防作战计划

自1932年1月28日淞沪抗战之后，国民政府参谋本部几乎年年都制定"国防计划"，军政部及有关各部也断断续续地进行抗日准备。但是由于当时仍然坚持"攘外必先安内"的方针，"安内"成为当前任务，军事上一切措施当然首先满足"安内"，然后才照顾后续任务"攘外"。所以国防计划年年拟定，都比较粗疏，只能束之高阁。直到1936年西安事变后抗日统一战线初步形成，抗日成为当前任务，一切抗战准备才得以积极进行，国防计划也才有的放矢、有可行性地拟定出来。

1936年底，参谋本部拟订了《民国二十六年(1937年)度作战计划》。1937年3月修订完毕。计划分甲、乙两案。甲案是考虑到中日战争可能爆发于日苏战争之前而制订，乙案则是考虑到中日战争可能爆发于日苏或日美战争之后而制订(当时中方正与苏联进行建立对日军事同盟的秘密谈判)。两案中的"敌情判断"完全一样。主要内容是："敌国之军备及一切物质上，均较我优势，并掌握绝对制海权，且在我华北造成强大之根据地。故其对我之作战方针，将采取积极之攻势。""敌我两国如已入于正式战争中，惹起俄日或美日战，甚至中俄英美联合对日作战，则敌将以陆空军主力应付俄军，海军主力应付英美，对我者只有一部兵力而已。”“在中日战争而演成世界大战之初期，或由俄日或美日战开其端绪，则敌军为略取资源、巩固作战之基础，或将以主力先对我国军取攻势，使在短期内消灭我抵抗之能力与意志。”

两案中的“敌情判决”则不相同。甲案是：“敌惯以武装恫吓，以达其不战而胜。遂行其外交谈判，以局部军事行动实行其国策。”乙案则是：“敌为应付世界战，先必略取资源，巩固其作战之基础，将主力对我国军取攻势，在最短期间内欲消灭国军作战之意志。”

两案的“作战方针”也不相同。甲案是：“国军以捍卫国土，确保民族独立之自由，并收复失地之目的，在山东半岛经海州—长江下游亘杭州湾迤南沿海岸，应根本击灭敌军登陆之企图。在黄河以北地区，应击攘敌人于天津—北平—张家口一线，并乘时机越过长城，采积极之行动歼灭敌军。不得已时，应逐次占领预定阵地，作韧强之作战，随时转移攻势，以求最后之胜利。”乙案则为：“国军以复兴民族、收复失地之目的，于开战初期，以迅雷不及掩耳之手段，于规定同一时间内，将敌在我国以非法所强占领各根据地之实力扑灭之。并在山东半岛经海州及长江下游亘杭州湾迤南沿海岸，应根本扑灭敌军登陆之企图。在华北一带地区应击攘敌人于长城迤北之线，并乘时机，以主力侵(进)入黑山白水之间，采积极之行动，而将敌陆军主力歼灭之。绥远方面国军应积极行动，将敌操纵之伪匪扑灭之，向热河方面前进，以截断敌军后方连络线，俾我主力军作战进展容易。”

两案的“作战指导要领”也不相同。甲案是：“国军对恃强凌弱轻率暴进之敌军，应有坚决抵抗之意志、必胜之信念。虽守势作战，而随时应发挥攻击精神，挫折敌之企图，以达成国军之目的；于不得已，实行持久战，逐次消耗敌军战斗力，乘机转移攻势。”还特别规定：“作战期间，如赤匪尚未肃清，则内地未列入战斗序列之国军有继续清剿及绥靖警备之责，并统编总预备军待命集中。”可见该计划中仍夹杂有内战计划。乙案则为：“开战初期，应以迅雷不及掩耳之手段，将敌在我国以非法占领之各根据地之实力，在规定同一时间内，将其奇袭而扑灭之，俾尔后国军作战进展容易。国军应以大无畏攻击之精神，统一意志，对骄敌实行攻击，挫折其企图，以达成国军复兴民族，以达收复失地之目的。”计划中取消了内战的企图，规定“作战期间，负有绥靖地方之国军，未列入战斗序列者，则编为预备军，待命集中”。

两案的“战斗序列及战场区分”、“各兵团之任务及行动”、“航空与防空”、“海军”,以及“兵站”、“警备”、“交通通信”等其他部分,内容大致相同。[69]

注 释:

〔1〕 中央档案馆编《中共中央文件选集》。中共中央党校出版社 1985 年版,第 9 册第 609—610 页。

〔2〕 同〔1〕,第 10 册第 20—24 页。

〔3〕 金冲及主编《周恩来传》。人民出版社、中央文献出版社 1989 年版,第 309 页。

〔4〕 《毛泽东军事文集》。军事科学出版社、中央文献出版社 1993 年版,第一卷第 526—527 页。

〔5〕 同〔1〕,第 10 册第 74—81 页。

〔6〕 见中国人民解放军军事科学院毛泽东军事思想研究所编《毛泽东军事年谱》。广西人民出版社 1994 年版,第 159 页。

〔7〕 中共中央及中国苏维埃中央政府致国民党政府《关于绥远抗日通电》。载中央档案馆所编《中共中央文件选集》第 11 册第 118—120 页。

〔8〕 《大公报》西安分馆编《领袖抗战建国文献全集》。1939 年版,第 99 页。

〔9〕 同〔8〕,第 116—117 页。

〔10〕 同〔7〕,第 118—120 页。

〔11〕 见《国防会议草案》。原件存中国第二历史档案馆。

〔12〕 荣孟源主编《中国国民党历次代表大会及中央全会资料》。光明日报出版社 1985 年版,(上)第 414—415 页。

〔13〕 《国防委员会条例》原件存中国第二历史档案馆。见《民国档案》1985 年第 1 期。下文中有关引文,均出自本《条例》。

〔14〕 见《兵工厂整理与建设》。原件存中国第二历史档案馆。

〔15〕 转引自周开庆《四川与对日抗战》。台湾商务印书馆 1987 年版,第 13 页。

〔16〕 蒋介石:《对中国共产党宣言的谈话》。载《中共党史教学参考资料》,中国人民大学党史教研室 1984 年印,第 74 页。

〔17〕 秦孝仪编《中华民国重要史料初编——对日抗战时期》绪编(三),第 329 页。

〔18〕 同〔17〕,第 314 页。

〔19〕 龙云:《关于加强云南建设的提案》。原件存中国第二历史档案馆。

〔20〕 见台湾《近代中国》第 45 期第 123 页。

〔21〕 张公权:《抗战前后中国铁路建设的奋斗》。台湾传记文学出版社,第 93—94 页。

〔22〕 《十年来的中国》。台湾文海出版社,第 278 页。

〔23〕 同〔21〕,第 122—123 页。

〔24〕 同〔21〕,第 125 页。

〔25〕 同〔21〕,第 40 页。

〔26〕 周一士:《中国公路史》。台湾文海出版社,第 130 页。

〔27〕 同〔21〕,第 94 页。

〔28〕 同〔22〕,第 266—267 页。

〔29〕 同〔22〕,第 293 页。

〔30〕 同〔21〕,第 138—139 页。

〔31〕 同〔21〕,第 142—144 页。

〔32〕 根据财政部 1928—1936 年度收支报告表统计。该文件存中国第二历史档案馆。

〔33〕 见《中国国民党历次会议宣言决议案》第二册。

〔34〕 转引自朱敦春《人力动员论》。重庆国民图书出版社 1943 年版。

〔35〕 见《兵役法》。载《中华民国法规大全》,存中国第二历史档案馆。

〔36〕《陆军沿革史草案》,存中国第二历史档案馆。

〔37〕《抗战八年兵役行政工作总结报告》,存中国第二历史档案馆。

〔38〕 何应钦:《八年抗战之经过》。载《抗日战争时期国民党战场史料选编》,浙江省中国国民党历史研究组 1985 年编印,第 45 页。

〔39〕《全国各省市历年学校军训推进概况表》,存中国第二历史档案馆。

〔40〕《陈诚私人回忆资料(1935—1944)》(上)。载《民国档案》1987 年第 1 期。

〔41〕 同〔36〕。

〔42〕 同〔36〕。

〔43〕《德国顾问佛采尔关于整顿中国军队致电蒋介石呈文两件》,原件存中国第二历史档案馆。见《民国档案》1988 年第 4 期。

〔44〕 同〔36〕。

〔45〕 同〔40〕。

〔46〕 据《陆军沿革史草案》及王文宣《十年军务纪要》。前者为中国第二历史档案馆藏档案,后者载《民国档案》1989 年第 1 期。

〔47〕 同〔46〕。

〔48〕《十年来我国装甲部队编成沿革概要表》,存中国第二历史档案馆。

〔49〕 同〔17〕,第 374 页。

〔50〕 何应钦:《中国国民党第五届三中全会军事报告》。载《革命文献》第 30 辑第 842—843 页。

〔51〕《海军建设及整理计划草案》,存中国第二历史档案馆。

〔52〕 陈格浦:《记中国空军军官的培育》。载《中国空军》第 81 号。

〔53〕 文中所述三个计划,原件存中国第二历史档案馆。

〔54〕 同〔17〕,绪编(一)第 281 页。

〔55〕 〔日〕古屋奎二:《蒋总统秘录》。台北中央日报社 1976 年中译本,(10)第 126 页。

〔56〕 《中国中部各要塞及守备区整备实施计划》,存中国第二历史档案馆。

〔57〕 蒋介石致贺耀祖电,原稿存中国第二历史档案馆。

〔58〕 同〔40〕。

〔59〕 张公干:《抗战时期冯玉祥将军二三事》。载《文史资料选辑》,中国文史出版社 1987 年版,总 109 辑第 185—186 页。

〔60〕 《四年来兵工整理经过》,存中国第二历史档案馆。

〔61〕 同〔17〕,绪编(一),第 338 页。

〔62〕 《国民政府军事委员会关于召开兵器制造战术诸元讨论会的训令》(1934 年 12 月 12 日),存重庆市档案馆。

〔63〕 《军械司司长陈东生在军委会后方勤务会议上的报告》(1938 年 3 月),存中国第二历史档案馆。

〔64〕 同〔60〕。

〔65〕 见《抗战中的兵工生产》附表 4。载台湾《抗战胜利 40 周年论文集》(上)第 1053—1056 页。此表所列重机枪数与前述月产 100 挺不同,与兵工署制造司 1937 年 3 月编制的 1932 年至 1936 年《五年来各兵工厂所造主要枪弹统计表》亦大不相同。该表所列 1936 年全年生产八二迫击炮 565 门,轻重枪合计 1006 挺。

〔66〕 同〔60〕。

〔67〕 王正华:《抗战时期外国对华军事援助》。台北环球书局 1987 年版,第 67 页。

〔68〕 《总顾问法肯豪森关于应付时局对策之建议》,存中国第二历史档案馆。见《民国档案》1991 年第 2 期。

〔69〕 甲、乙两案全文分别载于中国第二历史档案馆所编《民国档案》1987 年第 4 期和 1988 年第 1 期。

第 二 章

“七七”事变和平津作战

第一节 “七七”事变前的一般形势

一、国际形势和日本的侵略企图

从“九一八”事变到“七七”事变的6年中，不仅中国国内的形势发生了巨大的变化，国际形势也发生了重大的变化。在国内，中国国民政府逐步放弃“攘外必先安内”政策和对日本侵略的不抵抗政策，最后达成与共产党合作抗日。在国际上，希特勒于1933年出任德国总理，建立了纳粹政权，重整军备，要求“生存空间”，积极向外侵略；由墨索里尼建立法西斯统治的意大利，于1935年入侵并最后吞并了阿比西尼亚（埃塞俄比亚）；1936年3月，德国撕毁了《凡尔赛和约》和《洛迦诺公约》，公然派军队进驻莱茵非军事区；7月，德、意两国武装干涉西班牙内战，帮助佛朗哥叛军推翻西班牙共和国；10月，德国和意国签订秘密协定，规定意国不干涉德国并吞奥地利，德国则承认意国兼并阿比西尼亚，并相约在重大国际问题上共同采取一致的方针，从而建立了柏林、罗马轴心；11月，德国又和日本签订了《德日反共产国际协定》（次年意亦加入），规定“相互通报”情况、双方“紧密合作”、共同“采取防止措置”等。[1]通过德意和德日的这两个协定，德、意、日三个法西斯国家形成了侵略的同盟。三国不再各自单独向外扩张发动局部战争，而开始走上三国联合发动世界大战的道路。

美、英、法等国在经过30年代的严重经济危机之后，虽然已渡过了停滞阶段，经济开始转为上升，但至1937年，工业生产仍未恢复到1929年的水平，而新的经济危机又出现了征兆。因此，美、英、法等国虽与德、意、日法西斯侵略势力存在着严重的矛盾，但为了自身的安全和利益，他们一方面企图以牺牲弱小国家和民族的利益来求得与法西斯国家的妥协，同时还希望将德、意、日的侵略矛头引向苏联，以便收渔人之利，所以对德、意、日法西斯的扩张侵略采取了“不干涉”和“中立”等姑息纵容的政策。苏联曾提议建立欧洲集体安全体系，但没有（事实上也不可能）得到美、英、法等西方国家的支持。苏联为了本身的利益也尽量避免与法西斯国家激化矛盾，如对日本侵略中国，苏联就采取了中立主义的立场，并先后承认了伪满洲国，出卖了中东铁路，签订了《日苏中立条约》，与日本、伪满洲国共同签订了《北满铁道让渡协定最终议定书》。在上述形势下，被法西斯侵略的各国很少得到国际社会的支援，皆处于孤军奋战的困境之中。有的国家还由于美、英、法向德、日输出战略物资而加深、加速了被侵略国家和人民的苦难和危机。以美国为例，1937 年对日本出口的战略物资、石油和废钢铁达 7900 万美元，使日本获得了提高军工生产、扩大军事实力的物质条件。正是在这种国际形势下，日本乘中国抗日民族统一战线尚未完全形成之机发动了全面侵华的战争。

日本侵占中国的东北四省后，已经实现了其基本国策——“大陆政策”所规定的“欲征服中国、必先征服满蒙”的第一步，为其进一步扩大侵略、实现“欲征服世界必先征服中国”的第二步奠定了基础。但是中国人民的抗日斗争遍及东北各地，彼伏此起，接连不断，使日本无力他顾。为此，日本侵略者在残酷镇压东北抗日义勇军、致力于巩固其在东北的统治的同时，又向长城沿线进攻，以武力强迫中国政府签订了《塘沽协定》，在长城以南的冀东地区制造了不许中国驻军的“非军事带”。这既有利于巩固其在东北的殖民统治，又为下一步发动侵华战争准备了条件。

《塘沽协定》签订的次月（1933 年 6 月），日本陆军省和参谋本部召开联席会议，研究了对外军事战略。陆军大臣荒木贞夫和参谋次长真崎甚三郎出席了会议。研究后认为，日本当前最危险的敌人是苏联。苏联在远东的军事力量已极强大，日苏在石油、渔业、边界等各方面又存在着尖锐的矛盾，随时有发生日苏战争的可能。而日本的国力还不足以与苏联对抗。在这种情况下，如果与中国进行全面战争，不但要消耗大量国力，而且难以在短期内获胜。因此，日本应避免激化与中、苏的矛盾，致力于加强自身实力，巩固现有的统治。[2] 日本海军军事参议官会议也认为，由于《伦敦海军裁军条约》限制的关系，“规定的海军兵力，对日本海军作战是不利的”，“无法进行对美防御作战”，[3] 因而不得不暂时停止其“北进”或“南进”的步伐，一方面大力发展军事工业、扩充军备，一方面有限度、有步骤地向中国的华北地区扩张。日本驻北平特务机关长松室孝良在一份秘密情报中曾说：“帝国工业的生产量逐渐膨大……痛感原料之不足与市场之狭小……是以对于新原料与市场之觅求，乃帝国荣瘁攸关之重大事业……帝国原料与市场问题之解决，实不能不注视易于进攻之中国北部”，“故华北诚为我帝国最好之新殖民地”。[4]

1935 年 6 月，日本借口中国当局援助东北义勇军进入滦东非军事区破坏了

《塘沽协定》，借口中国驻张北部队一度扣留进行侦察活动的4名特务及天津2名亲日报社社长被暗杀，向北平军分会代理委员长何应钦提出要求：“从平津撤退宪兵第3团、军事委员会分会政治训练所、与(排日)事件有关的国民党党部和排日团体，并罢免这些团体的负责人，罢免河北省主席于学忠。”同时还要求：“驻平津的第51军和中央直系军队移驻保定以南，禁绝天津国民党党部、蓝衣社以及其他秘密团体的反满抗日的一切策动，承认在今后发现有这种策动事实时，日本军可以随时采取适当措施。”6月10日，何应钦“根据中央(汪精卫)训令，全部接受日本军方的要求”，并“决定将中央军第25师及第2师从河北省撤出；国民政府通令全国，禁止排外排日”。[5]中方在日本的压力下与日本签订了《秦土协定》，达成了《何梅协定》。从此，日本在军事上、政治上、经济上控制了平、津及冀、察两省。

日本在获得了冀、察两省的大部分主权后即加紧策划冀、察、晋、绥、鲁“华北五省自治运动”。1935年9月24日，即将到职的日本“中国驻屯军”司令官多田骏发表声明，提出日军对华北的三点态度：“一、把反满抗日分子彻底地驱逐出华北；二、华北经济圈独立(使华北财政脱离南京政府的管辖)；三、通过华北五省的军事合作，防止赤化。为此，必须改变和树立华北政治机构。”[6]11月，日本首先组建了伪“冀东防共自治委员会”，接着逼迫国民政府建立了适应日本“华北政权特殊化”的“冀察政务委员会”(由宋哲元、王揖唐、王克敏等人主持)，实际上把冀、察两省划入了日本的势力范围。这理所当然引起中国人民的反对。12月9日，北平学生举行爱国示威活动，并得到了全国人民的支持响应。在此形势下，日本政府于1936年1月13日对“中国驻屯军”司令官发出了《处理华北纲要》。《纲要》中说：虽然“自治的区域以华北五省为目标”，但“不能为扩大地区而操之过急”，要“先求逐步完成冀察两省及平津两市的自治”，再“进而使其他三省自然地与之合流”。[7]紧接着，日本外务大臣广田弘毅于1936年1月21日在日本议会第68次会议上公开发表了“对华三原则”。这是根据军部的意见、针对蒋介石的“和平提案”制订的。

蒋介石于1935年夏派驻日公使蒋作宾向日本政府送交了《中日和平提案》。主要内容有四点：“一、东北问题中国暂置不问。二、中日关系于平等基础上废除一切不平等条约，但与东三省有关的不平等条约暂时除外；同时中国停止排日教育，日本停止对华优越主义之宣传。三、以平等互惠为原则，中日经济提携。四、于经济提携基础上缔结军事协定。”[8]广田基本上同意该提案，但军部反对，坚持要蒋介石承认伪满洲国，因而广田在“日军制订在华北进行军事行动计划的同时”，令外务省东亚局与陆、海军当局合作，于 1935 年 8 月 5 日制订出“利用外交手段征服中国的计划”。10 月 4 日，该计划由首相和陆军、海军、大藏等大臣通过，秘密发给驻外外交官。公开后发表的三原则要点为：一、中国取缔一切排日运动；二、承认伪满洲国，建立日满华经济合作；三、中日共同反共。但广田在对外交官作补充指示时解释三原则的实质和公开发表的不尽相同。其主要区别为：一、在第一条中要求中国停止依附欧、美的政策，在具体问题上和日本合作；二、如暂时难以承认伪满洲国时，目前可暂且对伪满洲国的独立加以默认，至少在与满洲毗连地区的华北方面，与伪满洲国之间实行在经济上和文化上的互助合作；三、省略了“中日两国根据相互尊重独立的原则来合作”这句话。[9] 据广田说，“中国政府已经充分谅解，对以上三原则表示了赞成的意思”。[10] 其实“所有日本帝国主义者所谓‘和平解决’的言论，日本外交家的漂亮词句，都不过是掩盖其战争准备的烟幕弹”。[11]

1936 年 2 月 26 日，日本法西斯青年军官发动军事政变，杀死了内大臣斋藤实、教育总监渡边锭太郎、大藏大臣高桥是清和首相冈田启介的私人秘书官（误认为是冈田），并击伤了日本天皇的侍从长。政变被镇压后，3 月 9 日组成了受军方控制的广田弘毅内阁。为加速侵略步伐，陆军和海军都提出了修改《国防方针》和扩充军备的要求。4 月 6 日，日军在北平设立了“中国驻屯军司令部部附办公处”，由松室孝良少将以驻屯军司令官代表的资格负责“从速使华北局势明朗化”。[12] 4 月 18 日，新任陆军大臣寺内寿一元帅宣布：将“中国驻屯军”司令官的职务由原来军部任命的少将级提升为天皇直接任命的中将级；同时决定向华北增加兵力，将中国驻屯军的人数由 1771 名增至 5774 名，使之成为一支编组有步、炮、骑、工诸兵种和坦克队的野战兵团。5 月 1 日，任命田代皖一郎中将接替多田骏少将为司令官。

1936 年 6 月 8 日，经陆军和海军共同制订的日本《国防方针》、《国防所需兵力》和《用兵纲领》等文件修改完毕。这次作为假想敌国的主要目标是美国和苏联，同时包括中国和英国。“国防方针与过去一样采用速战速决主义，强调在作战一开始即发挥强大威力。这是因为日本已经感觉到以现有国力，不能承受长期持久的消耗战。但是，所确定的假想敌国美国、苏联、中国，以及新增加的英国，都是大国，对此并没有必定取胜的手段，无论同哪一国开战，都有成为长期作战的可能性。因此要增加能维持长期持久作战的必要思想认识与准备。”[13] 关于"国防所需兵力",陆军确定:"战时 50 个师团,常设师团为 20 个,其中 6 个满员师团设置于满洲,同时重视航空军备,先准备 140 个中队,将来必须更加快速地扩充。"[14]海军决定:"负责外线作战的部队以下述兵力为基干,并配备适当的辅助兵力:主力舰 12 艘,航空母舰 10 艘,巡洋舰 28 艘,驱逐舰战队 6 个(旗舰 6 艘、驱逐舰 96 艘),潜艇战队 7 个(旗舰 7 艘、潜艇 70 艘)。"另外有"陆基航空兵队 65 个(每队常用机 12 架、备用机 6 架)及舰载飞机 291 架"。[15]

1936 年 8 月 7 日,日本五相(首、外、陆、海、藏相)会议制定了《国策基准》,规定日本当前的"根本国策在于外交和国防互相配合,一方面确保帝国在东亚大陆的地位,另一方面向南方海洋发展"。同日,四相(首、外、陆、海相)会议还决定了《帝国外交方针》,规定当前"对华实际措施的重点,在于首先使华北迅速成为防共、亲日满的特殊地区,并且一面获取国防资源,扩充交通设备,一面使整个中国反对苏联、依靠日本"。[16]根据这个方针,8 月 11 日日本内阁有关各省又制定了《对中国实施的策略》,更明确地规定了具体的政策和措施:除仍"把该地区(华北地区)作为防共、亲日满的特殊地带,同时有利于获得国防资源和扩充交通设备,一方面防备苏联的侵入"外,对南京国民政府要"具体地设法促使该政权逐步采取反苏的态度而接近帝国,特别应采取措施,使该政权不能不自行进一步努力改善华北的事态";要求南京国民政府与日本签订《防共军事协定》,订立日华军事同盟和"解决日华悬案"。主要有"使国民政府聘用日本人担任最高级的政治顾问,参与国民政府的内政、外交等方面的机要工作","使国民政府聘用日本人担任军事顾问和军事教官","建立日华航空联系"和签订《日华互惠关税协定》等。此外还要求加强"日华经济合作","力求形成一种日华不可分割的关系"。[17]

与此同时,日本参谋本部制定了《昭和 12 年(1937 年)度对华作战计划》。其主要内容为:对华北方面,使用 2 个军(5 个师团,根据情况发展,可再增加 3 个师团),用以占领平津地区和华北五省;对华中方面,使用第 9 军(3 个师团)占领上海附近地区,另组建第 10 军(2 个师团),从杭州湾登陆,两军互相策应向南京方向推进,占领并确保上海、杭州、南京三角地带;对华南方面,使用 1 个师团占领广州一带地区。要求海军一开始就控制中国沿海及长江水域,协助陆军占领主要地区。[18]但限于兵力,为避免与中国打持久战和全面战争,在作战指导方针上,规定打速战速决的局部战争。

正当日本积极准备扩大侵华战争之际,恰巧于 8 月间发生成都事件[19],9 月间又发生北海事件[20]。日本即以此为借口,向中国国民政府施加压力,并进行武力威胁。9月9日，日海军第3舰队司令长官米内光政派第13驱逐队和第16驱逐队开广东、北海。15日海军军令部制定了《北海事件处理方针》。其主要内容有："从速贯彻日前正向国民政府进行的要求，促使其迅速表明排除在北海的抵抗的决意"；决定向北海增派兵力：第1航空战队、第2航空战队、第8战队和特别陆战队1个大队，另外令第2舰队、第1水雷战队、特别陆战队3个大队及舰载战斗机和攻击机各24架为待机兵力……"与上述措施并举，进行外交交涉，同时与成都事件合并强行解决"。〔21〕同日，日本参谋本部也制定了《对华时局对策》。其主要内容有："对华中、华南，在目前形势下，不以陆军行使实力。如抗日行为波及华北，为预防不祥事件发生，于适当时机派遣一个师团至满洲，在锦州附近待命。万一在华北发生有损帝国军队威信之事件，中国驻屯军应断然予以惩罚。此时，上述之一个师团及关东军司令长官所属部队之一部，可加入中国驻屯军……军队的行动，应神速机智，在最短时间内予以闪电打击，以最小限度的要求局部地解决问题。"〔22〕

在中国外交部长张群与日本驻华大使川越茂谈判期间，日本为要处理成都、北海事件，提出与日本缔结防共协定，在华北实行特殊制度，彻底禁止排日，政治、军事机关聘用日本顾问、教官，与日本缔结关税协定，降低税率，福冈与上海间建立航空联系，成都开埠，中日合作开发四川经济等要求。〔23〕这些要求全是日本于8月11日制定的《对中国实施的策略》中的内容，与成都、北海事件并不相干。中国当然不可能接受。谈判陷于僵局。日本陆军和海军对如何打开僵局，意见不完全一致。海军主张以武力迫使国民政府屈服。9月26日海军部制订的《对华时局处理方针》就规定："在整备对华作战准备的同时，依靠增派的兵力威势，促进外交交涉"，"要求蒋介石返回南京（当时在广东），使之迅速负责与我直接交涉"；如果蒋介石不回南京，或国民政府不答应前面要求时，准备使用武力，对华作战。作战的规模，预定："固守上海（海、陆军协同），保障占领青岛（海、陆军协同），封锁华中、华南要点（海军兵力），轰炸华中、华南的航空基地及主要军事设施等，陆军出兵华北"。〔24〕但是在10月13日内阁会议上商讨对华作战问题时，陆军大臣等基于陆军装备现状及对苏战备等考虑，对马上进攻中国颇为犹豫。

就在日本政府和陆、海军在对华是否立即用兵的问题上彷徨未决之际，12月12日西安事变发生，中国内部形势出现了一个重大转折。日本对此感到突然，于12月14日制定了《西安事变对策纲要》，原则上采取不干涉方针，静观事态的发展；但也做了武装干涉的准备：海军部令第3舰队加强警戒，令馆山、木更津、佐伯、大村、鹿屋各航空队的一部及横须贺、吴港、佐世保各镇的特别陆战队1个大队作好战斗准备，并向汉口、上海增派特别陆战队。1937年1月，日本关东军参谋部为今后的行动制定了《关东军的方针》，决定暂时停止侵绥的作战，整顿在百灵庙等地失败的伪蒙军，巩固在察哈尔的占领地区；令德王以察境蒙政会的名义于18日发出通电，攻击张学良，并表示“为使中央无后顾之忧，专心讨逆，暂时中止对绥军事行动”。很显然，日本是在盼望中国因西安事变而爆发大规模的内战，以便从中渔利，乘机侵占中国。但事与愿违，西安事变和平解决，国共两党逐渐走向停止内战、再次合作、共同抗日的道路。日本的妄想完全落空。

日本国防方针所确定的假想敌国，虽然陆军方面的首要目标是苏联，海军方面的首要目标是美国，但不论是北进或南进，国家战略的第一步都必须先征服中国。1937年6月9日，日本关东军参谋长东条英机呈陆军省和参谋本部的《对苏对华战略意见书》说：“从准备对苏作战的观点来观察目前中国的形势，我们相信：如为我武力所许，首先对南京政权加以一击，除去我背后的威胁，此为上策。”[25]这当然是从纯军事战略上提出的；从国家战略的角度上说，先征服中国，不仅可除去后顾之忧，更重要的是可以获得日本所缺乏的战略资源。至于所观察到的目前中国形势，则是指国共两党虽已走上停战、合作的道路，但抗日民族统一战线尚未完全建立起来，乘此时机发动侵华战争最为有利。这是东条英机、关东军和日本统治集团内多数人的想法。“七七”事变也正是在这种思想指导下爆发的。

二、日本和中国的国力、军力概况

20世纪30年代初，在席卷世界的经济危机巨大冲击下，先天不足、资源缺乏的日本受到的打击格外严重。1929年至1931年，日本工业总产值下降了32.9%，对外贸易输出额减少了47%，输入额减少了55%，国际收支赤字从0.7亿日元上升到2.9亿日元，采矿工业和重工业等基础工业各部门的开工率仅达其生产能力的50%。大批企业倒闭，失业工人多达300万。一些重工业产品和大米等主要农产品的价格都降低了一半左右。由于农作物价格暴跌，出现了“丰收饥馑”的现象，一般农民陷入破产的境地，生活异常困苦。

日本统治阶级为了摆脱经济危机、夺取新的资源基地和商品市场，并实现其由来已久的“大陆政策”，一方面发动“九一八”事变，侵占中国的东北；一方面加速国民经济军事化，并大力发展军事工业。国家用于发展军事工业的支出高达70亿日元，各财阀资本也迅速向军事工业方向转化。日本政府还加强了对国民经济的管制，颁布和修订了许多法令，使整个经济为战争服务。1931年至1935年，全国共建了35万个卡特尔和17个托拉斯。政府通过这些垄断组织把大批中、小企业引上战时经济的轨道。由于经济军事化和大量掠夺中国东北的资源等原因，日本比其他资本主义国家较早渡过了经济危机。1931年至1937年间，日本工业增长的平均速度达9.9%，是资本主义大国中发展速度最快的国家。1937年，日本产钢580万吨、生铁239万吨、石油169万吨、水泥611万吨，发电量303万千瓦，工业总产值已近60亿美元，占国民经济总产值的80%，成为工业强国。但是其他战略物资，如棉花、橡胶、羊毛及铅、锡、锌等军工所需有色金属原料和石油、煤等燃料仍甚缺乏，必须仰赖进口。特别是军事工业最必需的铁矿，日本自身年产仅45万吨，加上朝鲜的60万吨，只仅能满足所需的1/6，每年要从中国和马来西亚、菲律宾等地输入数百万吨。

日本为了适应侵略战争的需要，在1936年8月制定的《国策大纲》中确定大量增加军事工业投资，把“扩充国防军备”摆在首位。1937年军事工业投资达22.3亿日元，比1936年增加了2.2倍，占当年工业投资总额的61.7%。其武器装备的生产能力达到了年产飞机1580架、大口径火炮744门、坦克330辆、汽车9500余辆的水平，造船能力为40余万吨，造舰能力为5万余吨。至于步兵轻武器及小口径火炮等的年生产量，完全可以满足进行大规模战争时的年需要量。

日本在增加军事工业投资的同时还大量增加直接军费。1937年的预算，陆军为7.3亿日元，海军为6.8亿日元，总计达14.1亿日元，占当年国家总预算的47%。由于大力发展军事工业和大量增加军费的关系，日本军队的数量及技术装备水平迅速提高。“七七”事变前夕，日本陆军有17个常备师团、4个混成旅团、4个骑兵旅团、5个野战重炮兵旅团、3个战车联队（包括坦克、装甲汽车）、16个飞行联队（54个飞行中队）以及守备队（相当于步兵旅团）等，共约38万人。日本实行的是征兵制度，凡年满17岁至40岁的男子都必须服兵役。除现役兵38万人以外，尚有预备役兵73.8万人、后备役兵87.9万人、第一补充兵157.9万人、第二补充兵90.5万人，总计约448万余人。此外还有第一、第二国民兵役。日本海军的动员情况大致与陆军相同，只是服役年限与陆军不同。日本如果全部动员，陆、海军共可达1000万人。

侵华战争前期，各作战师团大都附有若干装备有步兵轻兵器的补充大队。它们不列入战斗序列，用以随时补充缺员。因而，日军1个师团投入战斗的实际兵力大多超过其编制人数。例如1937年淞沪会战，日军第9师团于9月下旬增援至上海，经过1个多月的战斗，死伤12 360人，但它不经休整仍能继续向南京进攻，并担任主攻方向的作战任务，最先攻占了南京的中华门及光华门，其原因就是有补充大队随时补充战斗减员。不过，侵华战争后期日军消耗巨大，兵员短缺，已无力做到在战场上随缺随补。

日本陆军师团“为各兵种联合的战略单位”，明治以来一直沿用两旅团四联队编制。其常备师团下辖步兵旅团2个，骑兵、炮兵、工兵、辎重兵联队各1个，另有通信队、卫生队和第1、第2、第3、第4野战医院以及兵器勤务队、病马场等；其步兵旅团下辖2个联队，每个联队下辖3个大队，每个大队下辖4个中队。全师团共有步兵中队48个。师团编制的人数，战时多于平时，而且各个时期亦并不相同。据国民政府军事委员会军令部调查，1931年“九一八”事变时，日军师团平时1.3万人，战时约1.8万人；至1937年“七七”事变时，每师团平时1.5万人，战时约2万人。[26]据日军文件，每师团平时11 858名，战时21 800名，有的达到25 200名。

由于两旅团四联队制已不太适应当时战术的要求，1936年日本在充实军备的计划中预定：除现有常备师团及少数新建师团仍为两旅团四联队制外，今后采取联队制的编制，取消旅团。1937年9月间，以独立混成第11旅团为基础，试行改建为三联队制的第26师团。1938年4月至6月，参谋本部又下令新组建了6个三联队制的师团(第15、第17、第21、第22、第23、第27师团)。但这时尚无统一的编制，如第26师团有2个炮兵联队，第22师团则有1个装甲中队等。随着侵华战争的深入和持久化，一方面急需扩大兵力、增加军队，一方面又愈来愈感到兵源不足。1940年日本参谋本部下令统一三联队制师团的编制，人员定额较前大为减少，定额8872名，战时编制也只有12 800名。其编制为：师团下辖步兵团1个，搜索、炮兵、工兵、辎重兵各1个联队，通信1个队；步兵团下辖3个步兵联队，联队下辖3个步兵大队、1个炮兵中队和1个通信中队，大队下辖3个步兵中队和1个机枪中队。以后新建的野战师团基本上均按此编成。太平洋战争开始后，又撤消了步兵团这一级，由师团直辖3个步兵联队。此外，新建的一些“丙种”师团，如第60、第70、第117、第115等师团，仍为两旅团制，但旅团下不设联队，每旅团仅辖4个独立步兵大队，战时编制人员也只有11 980

人。[27]所以抗日战争后期日军师团投入战斗的兵力,已远较初期为少。

日军的独立混成旅团虽然不是战略单位,但由于它是由不同兵种的分队组建而成,自身既有独立的指挥机构,又有较为齐全的特种兵可互相支援,所以也可以单独地执行一个方向的战斗任务。局部抗战时期和全面抗战的初期,它还只是一种战斗编组,由各师团抽调建成,无固定编制。一般下辖若干个步兵大队及特种兵队,兵力由4000人至8000人不等。1939年日军转变战略之后,新建立了许多独立混成旅团,则已是有固定编制的建制单位,下辖5个独立步兵大队、1个炮兵队、1个通信队及辎重队等。全旅团定额4900人。

由于日本陆军编制内的特种兵数量大,装备较中国军队精良;加之日军为适应侵略战争的需要,重视军队的训练,并灌输武士道精神作为其思想支柱,所以总的来说,其军事力量较中国军队为强。

关于日本海军,据日本海军当局1937年6月统计,当时已服役的作战及辅助舰艇有战列舰(主力舰)9艘(27.2万吨——此为总排水量,下同)、航空母舰4艘(6.9万吨)、重巡洋舰12艘(10.8万吨)、轻巡洋舰21艘(10.7万吨)、驱逐舰102艘(12.6万吨)、潜水舰59艘(7.6万吨)、练习战舰1艘(1万吨)、水上机母舰2艘(3.1万吨)、潜水母舰5艘(3.1万吨)、布雷舰6艘(2万吨)、海防舰7艘(5.5万吨)、炮舰10艘(0.5万吨)、水雷舰8艘(0.4万吨)、扫雷舰12艘(0.7万吨),另有修理舰、运输舰、练习特务舰、测量舰、布雷艇、猎潜艇等,总计285艘,总排水量115.3万吨。此外,正在建造中的尚有主力舰2艘、航空母舰2艘、轻巡洋舰4艘、驱逐舰12艘、水上机母舰3艘、水雷舰4艘等(全面侵华战争爆发后不久,即编入战斗序列)。[28]其实力仅次于英、美,居世界第三位。

日本海军的第3舰队是1932年"一·二八"事变时组建的,专为侵华而设,配置于以上海为中心的中国沿海和长江流域。其编制为下辖第10战队、第11战队、第5水雷战队和上海特别陆战队。

日本没有独立的空军,航空兵分属于陆军和海军。

"七七"事变爆发时,日本陆军编有1个航空兵团,下辖第1、第2、第3飞行团及关东军飞行集团、航空兵团直属飞行队。部队的编组是:飞行团(集团)下辖若干飞行联队,每联队下辖2个飞行大队,每大队下辖2个飞行中队。中队是基本建制单位。全面侵华战争爆发后不久,日本陆军将飞行联队改称为"飞行战队",并取消了大队一级。陆军航空兵团共有54个作战飞行中队,其中战斗机中队22个(每中队常用机12架、备补机8架),轻轰炸机中队6个(每中队常用机9

架、备补机6架),重轰炸机中队8个(每中队常用机6架、备补机4架),侦察机中队15个(一般中队机数同战斗机中队,军以上单位直属中队机数同轻轰炸机中队),轰炸、侦察混合中队3个。另外各飞行联队还有直属的轻轰炸机和运输机各1架。总计陆军航空兵团共有作战飞机约960架。此外还有运输机、训练机和研究机等数百架。[29]

日本海军航空兵有陆基航空队与舰载航空队两种。陆基航空兵有联合航空队和航空队两级编制。航空队为基本建制单位。联合航空队为战斗编组,下辖航空队无定制。陆基航空兵共有37.5个航空队,共有作战飞机458架。舰载航空兵有航空战队和航空分队两级编制。航空母舰上搭载的飞机,一般以6架为1个分队。其他军舰上搭载的飞机无定制。舰载作战飞机共有182架(其中航空母舰搭载飞机130架)。日本海军陆基和舰载作战飞机共计640架。[30]其数量虽不如日本陆军多,但其装备及飞行员的素质比陆军好。[31]

中国的经济、军事及军队情况如何?

中国是一个地大物博的大国,拥有4.6亿人口和1142万平方公里的领土。不论是在经济上还是军事上,都曾经是世界上的强国。但由于封建制度下朝政腐败,国力衰弱,进而受到世界列强近百年的侵略掠夺,已演变为一个半殖民地半封建的弱国。虽然资源丰富,煤、铁和各种有色金属以及石油等的蕴藏量很大,可是多数尚未开发,已开发的也很不充分。工业基础极为薄弱,手工业仍占主导地位。直到“七七”事变前,现代工业在国民经济总产值中仅占10%,这还包括相当数量的外资企业的产值在内。工业总产值不过13.6亿美元。农业生产仍然是依靠人力、畜力,延续了3000多年的小农经济更显落后。在这样的经济基础上,军事工业当然难以发达。至1937年时,仅能生产步兵轻武器和小口径的火炮,大口径火炮、坦克、汽车等尚不能生产。飞机和舰艇虽已生产出少量产品,但主要部件及原材料必须依赖输入。无批量生产的能力,就战争的需求而言,实际上等于不能制造。总之,“七七”事变前,中国的经济实力和国防工业与日本相比,居于绝对劣势(见附表2-1-1)。

中国的陆军,在“七七”事变爆发时有步兵182个师又46个独立旅、骑兵9个师又6个独立旅、炮兵4个旅又20个独立团及其他少量特种兵部队,[32]总兵力约200万人。由于历史的原因,中国军队虽然在名义上隶属于国民政府,但实际上组织领导及指挥并不统一。中央直属的部队约70个师,习惯上称之为“中央军”。其中40个师是以第一次国共合作时期苏联帮助建立的黄埔军官学校学生为军官组建的国民革命军，后来在德国顾问团指导下进行训练，并装备了一批输入的新式武器，素质较其他部队为好。中央军以外的地方势力军队，各有其自身军校培养的军官，有各自的军需制度。它们主要靠自己筹款购买或由自办兵工厂生产武器，因而装备差别很大。编制也不一致，师通常有甲、乙、丙三种。1936 年开始整编陆军，到“七七”事变爆发时仅完成了 20 个调整师的整编，但也没有装备齐全（人员、武器装备见附表 2-1-2）。其他整理师及尚未整编各师的实力约为调整师的 5 至 7 成不等。由于运输工具缺乏，而征兵制又刚刚开始在部分地区实行，所以军队在军需补给和人员补充等方面的能力极为薄弱，与日军相比差距很大。

中国的海军，自甲午战争遭日本海军歼灭性打击后一直未能恢复元气。国民政府定都南京时，海军舰艇总排水量才 34 485 吨。“一·二八”抗战后，国民政府开始注意国防建设。海军方面，在海军部部长陈绍宽主持下也采取了一些措施，主要是购买、制造军舰和整顿江、海防要塞。从 1932 年到 1937 年，从日本购买了“宁海”号巡洋舰，从德国和英国购买了 15 艘新式鱼雷快艇，自造了“逸仙”号、“平海”号巡洋舰和 10 艘炮艇，并改造了“建安”、“建威”、“中山”号等 13 艘旧舰等。到“七七”事变前夕，中国海军共有各种舰艇（包括原东北及广东的海军舰艇）120 余艘，总排水量约 11 万吨。但实际作战舰艇仅 60 余艘，排水量共约 6 万余吨[33]。

海军部队的编制为：

第 1 舰队（陈季良），辖海容、海筹、宁海、平海、逸仙、大同、自强、永健、永绩、中山、建康、定安、克安等 13 舰，共 20 084 吨（指排水量，下同）。

第 2 舰队（曾以鼎），辖楚有、楚泰、楚同、楚谦、楚观、江元、江贞、永绥、咸宁、民权、民生、江鲲、江犀、德胜、威胜、湖鹏、湖鹰、湖鹗、湖隼等 19 舰艇，共 19 359 吨。

第 3 舰队（谢刚哲），辖定海、永翔、楚豫、江利、镇海、同安、海鸥、海鹤、海清、海燕、海骏、海篷等 12 舰艇，共 6867 吨。另外有军政部直接领导的海圻（4390 吨）、海琛（2950 吨）两舰，在名义上亦编在第 3 舰队。这样，第 3 舰队总计 14 207 吨。

练习舰队（王寿廷），辖应瑞、通济、靖安 3 舰，共 5375 吨。

此外尚有测量舰队（7 舰艇，3000 吨）、巡防舰队（14 舰艇，4270 吨）、广东江防舰队（原第 4 舰队，20 余艘舰艇，7880 吨）及电雷学校（3 舰及新式快艇 12 艘，

2000吨)等。

中国海军的实力与日本海军相比,从排水量说,仅及日本的1/20,而且多为超龄旧舰。如中国最大的巡洋舰海圻号已有41年的舰龄,是光绪二十二年(1896年)购自英国的。从装甲、火力、射程、航速等构成海军战斗力的重要诸元而言,中国更远逊于日本。如中国装备最好、仅次于海圻号的巡洋舰海琛号(1898年购自德国)的排水量2950吨,航速每小时19公里,装备有15厘米舰炮3门、10.5厘米舰炮8门、4.7厘米舰炮4门、37厘米4连鱼雷发射管1具。而日本妙高、高雄等巡洋航的排水量13 000吨,航速每小时61公里,装备有20厘米舰炮10门、12.7厘米舰炮16门(或8门)、61厘米4连鱼雷发射管2具(或4具),其战斗力显然较中国巡洋舰为强。

中国的空军,在“七七”事变时,尚处于初建阶段,实力远较日本为弱。当时各种飞机共约600架,其中作战飞机仅305架。这些飞机分别购自美、意、德、英、法等国,机种多,维修难;少量国产飞机,大多数部件也要依赖进口,所以不少飞机常因缺乏零部件而长期不能起飞,全面抗日战争爆发时能参加战斗的飞机仅223架,[34]能执行战斗任务的飞行员为620人。中国空军在南京、南昌、洛阳、广州设有4个航空总站。机场有100余个,设备较为完备的有太原、运城、周家口、归德、徐州、汉口、广德、句容、杭州、南宁、成都、昆明、兰州等机场。

中国空军的飞行部队共编成9个大队,第1、第2、第8大队为轰炸机大队,第3、第4、第5大队为驱逐机(即战斗机)大队,第6、第7大队为侦察机大队,第9大队为攻击机大队。每大队下辖2个至4个中队。加上直属中队,共31个中队。[35]每个中队编有飞机一般为9架或10架,个别中队12架或7架,重轰炸机为6架。

附表2-1-1 “七七”事变前中、日两国国力比较表

国别 类别	中国	日本	比率
国土面积	11 418 174平方公里	369 661平方公里	31∶1.0
人口总数	467 100 000人	90 900 900人	5∶1.1
工业总产值	13.6亿美元	60亿美元	1∶4.4
钢铁年产量	4万吨	580万吨	1∶145
煤年产量	2800万吨(其中外资企业占55%)	5070万吨	1∶1.9

续 表

类别 \ 国别	中 国	日 本	比率
石油年产量	1.31 万吨	169 万吨	1∶129
铜年产量	0.07 万吨	8.7 万吨	1∶121
飞机年产量	基本上无生产能力	1580 架	
大口径火炮年产量	无生产能力	744 门	
坦克年产量	无生产能力	330 辆	
汽车年产量	无生产能力	9500 辆 (设备能力 3 万辆)	
年造船能力	不详	47.32 万吨	
年造舰能力	仅能生产少量小型舰艇	52 422 吨	

注：本表引自刘庭华编《中国抗日战争与第二次世界大战系年要录统计荟萃》。

附表 2-1-2 "七七"事变前中、日陆军步兵师兵力、兵器比较表

类别 \ 国别	中 国	日 本	比率
人 数	10 923 人	21 945 人	1∶2.0
马 匹	不详	5849 匹	
步骑手枪	3831 枝	9476 枝	1∶2.6
掷弹筒	243 具	576 具	1∶2.4
轻机枪	274 挺	541 挺	1∶2.0
重机枪	54 挺	104 挺	1∶2.0
野山炮	12 门(9 门)	64 门	1∶5.0
步兵炮	30 门	44 门	1∶1.5

注：本表引自刘庭华编《中国抗日战争与第二次世界大战系年要录统计荟萃》。据日本防卫厅防卫研究所战史室 1963 年著《关东军》，编制与此不同。该书记常备师团战时编制 28 200 人，装备步骑枪 9 535 枝、轻机枪 292 挺、重机枪 96 挺、掷弹筒 308 具、步兵炮 40 门、山野炮 64 门。

注 释：

〔1〕 条约全文见《国际条约集(1934—1944)》。世界知识出版社 1961 年版，第 112 页。

〔2〕 日本防卫厅防卫研究所战史室：《大本营陆军部》。东京 1969 年版，(1)第 345—435 页。

〔3〕 〔日〕外山三郎：《日本海军史》。解放军出版社 1988 年中译本，第 93、89 页。

〔4〕 转引自周永庆《抗战以前之中日关系》。台湾学生书局印，第172—175页。

〔5〕 〔日〕岛田俊彦、稻叶正夫编《现代史资料(8)·日中战争》。东京1965年版，(1)第79页。

〔6〕 〔日〕秦郁彦：《日中战争史》。东京1961年版，第56—57页。

〔7〕 日本外务省编《日本外交年表和主要文书(1840—1945)》。东京1969年再版，下卷第322—323页。

〔8〕 〔日〕近卫文麿：《日本政界二十年——近卫手记》。国际文化服务社1948年版，第11—12页。

〔9〕 见《远东国际军事法庭判决书》，转引自复旦大学历史系中国近代史教研组编《中国近代对外关系史资料选辑(1840—1949)》。上海人民出版社1977年版，下卷第一分册第298—299页。

〔10〕 同〔7〕，第329页。

〔11〕 毛泽东：《和英国记者贝特兰的谈话》。载《毛泽东选集》第二卷，人民出版社1991年第2版，第373页。

〔12〕 吴相湘：《第二次中日战争史》。台北1973年版，上册第237页。

〔13〕 〔日〕生田淳：《日本陆军史》。转引自《军事历史研究》1990年第2期所刊该书第6章第1节。

〔14〕 同〔13〕，第167页。

〔15〕 同〔3〕，第115—116页。参见日本防卫厅防卫研究所战史室《日本海军在中国作战》，中华书局1991年中译本，第153—154页。

〔16〕 同〔5〕，第361、365页。

〔17〕 同〔5〕，第366—367页。

〔18〕 见日本防卫厅防卫研究所战史室《中国事变陆军作战》。东京1975年版，(1)第102—103页。

〔19〕 成都不是通商口岸，没有日本侨民。但日本出于侵华战略的考虑，认为四川不仅是国民政府围剿红军的基地，而且将是中国对日长期抵抗作战的最后的抵抗战略要点，在成都设立领事馆便于搜集情报，因此未经与中国协商即欲强行在成都设立领事馆。日驻华大使馆书记生岩井英一于1936年8月17日乘船到达重庆，准备率2名警官乘飞机去成都，以造成既成事实。由于中国航空公司拒绝卖给机票，未能成行，仅与他同行的4个日本人(记者2人，满铁职员及商人各1人)于23日乘汽车到达成都。24日晚，被日本强行设立领事馆蛮横做法激怒的成都群众，拥入日人住宿的大川饭店，痛打4名日人，其中2人死亡。

〔20〕 1936年9月3日，日本商人中野顺三在广东北海被杀。

〔21〕 日本防卫厅防卫研究所战史室：《日本海军在中国作战》。中华书局1991年中译

本，第130—131页。

〔22〕 同〔2〕，第435页。

〔23〕 同〔5〕，第293—296页。

〔24〕 同〔21〕，第136—137页。

〔25〕 同〔6〕，第333页。

〔26〕 见军事委员会军令部第二厅一处《敌国陆军战力便览》。1940年编印，第20表。

〔27〕 日本防卫厅防卫研究所战史室：《中国事变陆军作战史》，中华书局1979年中译本，第二卷第一分册第4页；耿成宽等：《抗日战争时期的侵华日军》，春秋出版社1987年版，第348—349页；[日]生田淳：《日本陆军史》第6章第1节附表。

〔28〕 同〔21〕，第151页。

〔29〕 见高晓星、时平《民国空军的航迹》。海潮出版社1992年版，第243—244页；《日本陆军史》，第6章第1节。

〔30〕 同〔21〕，第153—154页。

〔31〕 见〔日〕稻叶正夫编《冈村宁次回忆录》。中华书局1981年中译本，第344页。

〔32〕 见何应钦《八年抗战之经过》第二篇《开战之前敌我兵力比较》。载《抗日战争时期国民党战场史料选编》，浙江省中国国民党历史研究组1985年编印，第45页。

〔33〕 由于统计方法不一，所以各种资料所记总吨位数亦不一致：《中国海军月刊》1947年第6、7期合刊和1948年《中华年鉴》记为56 239吨，蒋纬国主编的《抗日御侮》记为59 015吨，包遵彭的《中国海军史》记为68 000吨，虞奇的《抗日战争简史》记为69 000吨。

〔34〕 陈诚：《八年抗战经过概述》。载《抗日战争时期国民党战场史料选编》第3、10页。

〔35〕 《空军沿革史初稿》，中国第二历史档案馆藏。

第二节 “七七”卢沟桥事变

一、“七七”事变前夕平津地区的态势

“七七”事变前夕，卢沟桥一带的中、日两军已经呈现出一片战争气氛，预示暴风雨即将来临。在1937年5—6月间，驻丰台的日军不分昼夜进行军事演习。5月下旬，“中国驻屯军”的首脑及其幕僚齐集宛平城东沙岗村北的大枣园山（日

军称其为“文字山”)检阅部队。在6月至7月初,日军步兵学校教官千田大佐以普及步兵操典为名,组织日军在宛平城北实施演习,日军驻宛平部队的官佐大多参加了演习。在此期间,日军驻屯旅团旅团长河边正三少将和第1联队长牟田口廉也大佐均前往实地勘察。7月6日,日军要求通过宛平城到长辛店地区演习,驻军不许,双方相持十余小时,至晚日军才退回丰台。

面对春季以来日军在卢沟桥附近的军事活动,第29军加强了卢沟桥地区的警戒。当时驻宛平及长辛店地区的部队为第37师第110旅的第219团。除团部与第1、第2营位于长辛店外,得到加强的第3营(步兵4个连,轻、重迫击炮各1个连,重机枪连,共1400余人)驻防宛平城和卢沟桥一带。第3营见日军频频地在卢沟桥附近地区进行军事活动,判断日军可能挑起事端,因而按照预定的防御计划将部队进行了临战部署:以第11连配置于铁路桥东及以北地区,第12连配置于宛平城以南,第9连配置于宛平城内,第10连集结于卢沟桥西首为营的预备队,重迫击炮连配置于铁路桥西首,重机枪连(1个排配属第11连)集结于城内东北、东南两城角,轻迫击炮连(1个排配属第12连)集结于城东门内准备支援左右邻步兵作战。

卢沟桥事变爆发前,中日双方在冀察地区的兵力配置与作战任务如下:

日本“中国驻屯军”司令官及其直属战车队、骑兵队、工兵队、通信队、宪兵队、军医院和军仓库驻天津。“中国驻屯步兵旅团”司令部率步兵第1联队(欠第2大队)、电信所、宪兵分队、军医院分院驻北平,其中第3大队驻丰台,另有1个小队驻通县。第2联队和第1联队的第2大队、炮兵联队驻天津,其中第2联队的第3大队第7中队驻唐山,第8中队驻滦县,第9中队驻山海关;第1大队第3中队驻塘沽,另有1个小队驻昌黎,1个小队驻秦皇岛。

日军早在《1937年度作战计划要领》的训令中规定:挑起战争以后,在华北地区除“中国驻屯军”司令官管辖下的部队外,增加由东北、朝鲜和国内的派遣部队组成河北方面军,“以主力沿平汉铁路地区作战,击溃河北省南部方面之敌,并占领黄河以北的各要地。此时,按需要以一部自津浦铁路方面协助山东方面作战军作战。再根据情况,向山西及绥东方面进行作战。”[1]

中国第29军共辖步兵4个师、骑兵1个师又及1个特务旅和2个保安旅,每个师有4个旅,总兵力约10万人,分驻于冀、察两省和平、津两市。军部驻南苑。第37师驻北平和保定地区,该师师部驻西苑,第109旅及独立25旅驻保定(一部驻任县),第110旅驻西苑、八宝山、卢沟桥和长辛店一带,第111旅驻北平城内。第38师驻天津附近韩柳墅、小站、廊坊、马厂和大沽一带。第132师驻河北任丘、河间一带，该师第1旅及独立28旅驻大名、广平、长垣地区。第143师及独立骑兵第13旅驻察哈尔省及河北省境内平绥铁路沿线。骑兵第9师驻南苑和固安、易县。特务旅驻南苑(1个团驻北平城内)。冀北保安部队和独立第39旅驻黄寺和北苑。以上各部队均为平时按治安需要配置的，不是战斗部署，除驻守卢沟桥和长辛店的第110旅第219团有战备任务、准备对付日军的挑衅外，其余各部都无明确的战略任务，所以在军事上毫无戒备。

这时，在日本东京盛传“不久华北要发生什么事”；在东京政界的消息灵通人士之间私下传着这样的消息：“‘七七’的晚上，华北将重演柳条沟一样的事件。”[2]这说明日军预谋发动的侵华战争即将拉开序幕。

二、日军挑衅和卢沟桥战斗

1937年7月7日下午，日军驻丰台的第3大队第8中队在中队长清水节郎大尉指挥下又进行战斗演习，地点选择在卢沟桥北永定河东岸上的回龙庙附近。这里是第29军防地。由于该地守军枪炮配备了实弹，情况与往日不同，因而逐级上报给正在保定的师长冯治安。冯立即赶回北平作应战准备。晚上10时30分左右，日军演习场上突然响起了几阵枪声。本系日军自己所射，但清水节郎却向上级报告，诡称听到宛平城内发枪数声，发现一名士兵去向不明。当时日本驻屯旅团长河边正三少将在秦皇岛检阅步兵第2联队，职务由第1联队长牟田口廉也大佐代理。牟田口于夜12时许接到报告后命令第3大队长一木大队长立即前往现地部署战斗，并向驻宛平城的第29军交涉。一木大队长率大队主力到达现地后，占领了沙岗村北大枣园山南北一线进攻出发地位。这时日军驻北平特务机关长松井太久郎大佐致电冀察外交委员会，声称：日本陆军1个中队夜间在卢沟桥演习，仿佛听见由驻宛平城内之军队发枪数响，致演习部队一时呈混乱现象，结果失落日兵1名，要求进入宛平县城搜索日兵。冀察外交委员会将松井电话的内容报告了第29军副军长兼北平市长秦德纯，请示如何处理。秦立即答复：“因为日军的演习未经许可，士兵下落不明本当局不负责任。如果是事实的话，由当局的警察来搜索。”经拒绝后，松井又致电冀察外交委员会，称：如中国方面不允许，日本将以武力保卫前进。秦德纯即指示驻守宛平的部队和河北省第四行政区专员兼宛平县县长王冷斋迅速查明真相，以便处理。王随即通知城内驻军第3营营长金振中。经查，城内驻军并无开枪之事，也未发现所谓失踪日兵的踪影。王将清查事实向市府报告后，奉命与冀察外交委员会主席魏宗瀚等前往日本特务机关与松井谈判。结果决定由中日两方派员同往宛平城调查。这时所谓“失踪的日兵”已经归队，一木却与牟田口廉也通电话，污蔑“中国军队再次开枪射击”，请示“对此我方是否应予以回击?”牟田口回答说：“被敌攻击，当然回击!”一木深知挑起战争的严重责任，又追问了一句：“那么，开枪射击也没有关系吗?”牟田口予以肯定的回答。[3]这实际上就是命令日军向中国军队开始进攻。

7年之后，牟田口升任中将、任侵缅第15军司令官时，日军战败的局面业已形成。他追忆当年，常对人说：“大东亚战争，要说起来的话，是我的责任，因为在卢沟桥射击第一颗子弹引起战争的就是我，所以我认为我对此必须承担责任。”[4]他在其笔记中也写道：“我挑起了卢沟桥事件，后来事件进一步扩大，导致卢沟桥事变，终于发展成这次大东亚战争。”[5]牟田口率部向中国军队打了第一枪，这是事实；但他说发生大东亚战争是他的责任，这就不符合历史，因为日本发动这场战争，是早就在计划之中的。

8日晨5时，日军第3大队长一木下令所属部队从铁路北侧地区向宛平城外第29军部队阵地进攻，同时下令位于沙岗村北侧大枣园山的炮兵射击，支援步兵进攻。严阵以待的守军奋起抵抗。第29军副军长兼北平市长秦德纯命令团长吉星文：“保卫领土是军人天职，对外战争是我军人的荣誉，务即晓谕全团官兵：牺牲奋斗，坚守阵地，即以宛平城与卢沟桥为吾军坟墓，一尺一寸国土，不可轻易让人。”[6]于是卢沟桥附近中日两军的战斗开始。

与此同时，日驻屯军作战主任参谋拟出了一个《宣传计划》。其“计划”的方针是：“主动地引导事态的发展，以使我国处于有利立场。”其“要领”的主要内容有：“要人的监禁：立即把秦德纯、冯治安绑架到北平警备队内，不许自由发表言论和行动”，“对宋哲元”，除了令济南特务机关长促其返天津外，要“严密监视其言行及与其接触的要人”，“万不得已时，济南特务机关长可果断采取最后手段，由驻屯军负责实施”；并决定“占领卢沟桥，令驻天津的步兵第1旅团第2大队、炮兵队之大部、工兵约1个中队速赴丰台，在步兵旅团长指挥下，最迟于7月9日正午左右占领宛平县城”。“言论导向”中说：必须“强调我国作为东亚盟主不得不下坚定的决心”，“不管中央统帅部的意图如何，驻屯军事实上不能不采取作战行动”。其“说明”中还提出：“由于特殊的目的，作非事实的报道，当然也是随

图 2-2-1 卢沟桥战斗要图
（1937 年 7 月 8 日 5 时—18 时）

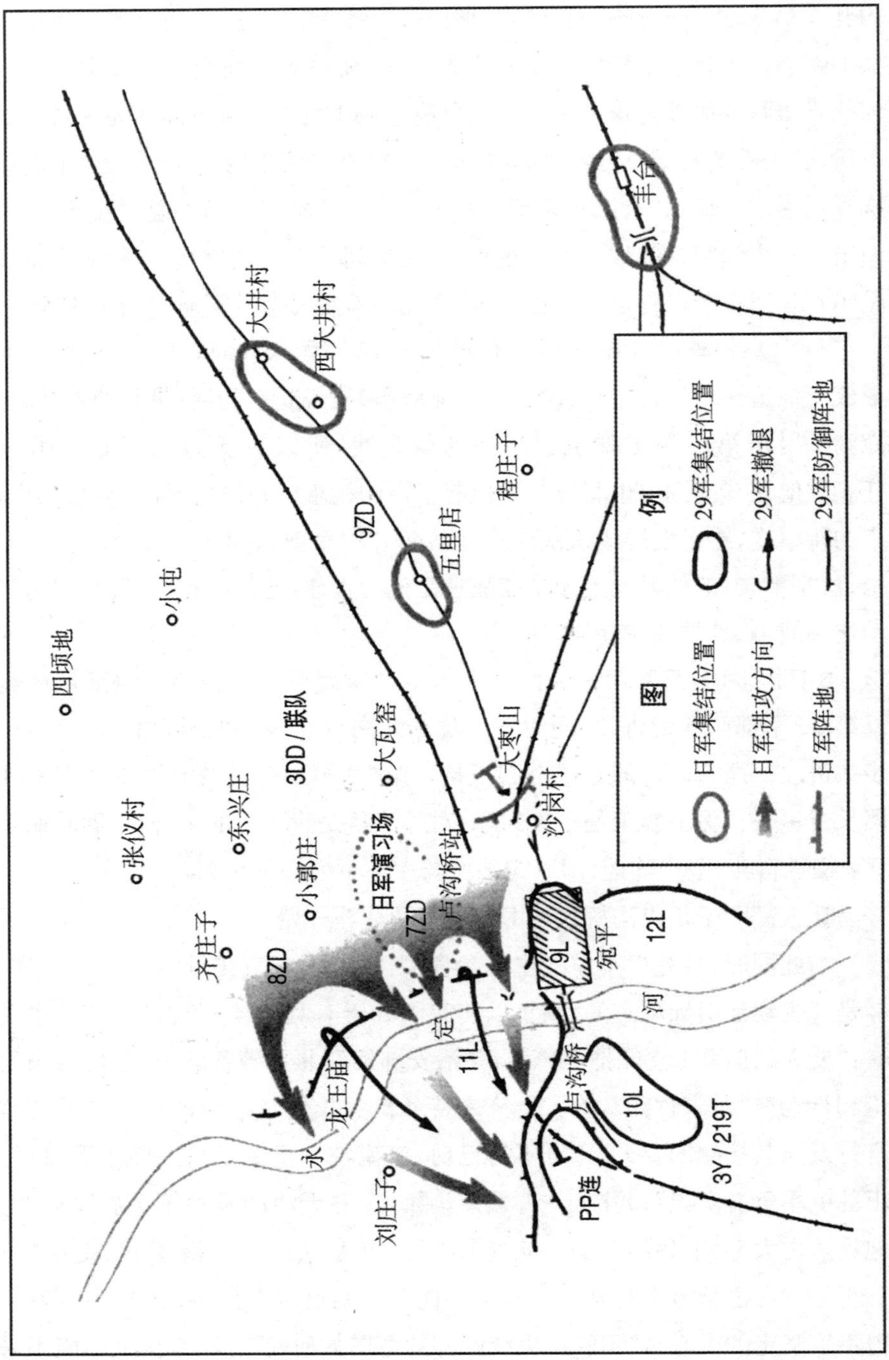

机应变之道”。“我国的对华态度，换句话说，即经营大陆的理想，过去以至将来都应完全光明正大”。最后又告诫说：“表示不扩大，就地解决等意图，不仅有可能与标榜坚定决心相矛盾”，“因此，应避免这种措辞”。[7]

战斗打响以后，秦德纯、冯治安、张自忠等召开了紧急会议，并发表声明，提出：和平固所愿，但日方如一再进攻，为自卫计，惟有与之周旋。前线守军士气极为激昂，表示“愿与卢沟桥共存亡”。激烈的战斗延续到下午6时左右，日军攻占了龙王庙及其附近永定河东岸地区，并有一部突过永定河，占领铁路桥西头一部分地区。在战斗中，双方均有严重伤亡。

日本“中国驻屯军”司令部在事件发生后便得到了报告。这时田代司令官正在生病卧床，职务由参谋长桥本群少将代理。桥本群当即于8日凌晨1时半召开会议，命令驻天津各部队于8日3时作好出动准备，同时命令正在秦皇岛检阅部队的旅团长河边立即返回北平。9时下达如下命令：

“一、军要确保永定河左岸卢沟桥附近，谋求事件的解决。

“二、步兵旅团长应解除永定河左岸卢沟桥附近中国军队的武装，以利于事件的解决。

“下列部队中午由天津出发经去通州（通县）公路到达通州时，受你指挥：步兵第1联队第2大队（欠步兵2个小队）、战车第1中队、炮兵第2大队、工兵1个小队。”[8]

8日下午3时，日军联队长牟田口亲自到卢沟桥前线指挥作战。他感到第3大队分割在永定河东、西两岸是十分危险的，所以命令调第1大队向卢沟桥前线集中，第3大队在下午6时全部转移在永定河东岸龙王庙北、大瓦窑地区。旅团长河边也于当日下午3时50分回到丰台。他了解战况后，命令第1联队主力集结于永定河东岸，准备于9日拂晓攻击宛平城，并将旅团司令部设在丰台的日本兵营内。

三、中日两国最初的态度和停战谈判

日本外务省于7月8日晨匆忙召开会议，确定了事件不扩大、局部就地解决的方针。下午，日本内阁召开会议，也确定事件不扩大、就地解决的方针，并向陆军省、海军省和外务省各派出机关发出了训令。参谋本部第一部长石原莞尔少将(主管作战)认为：当时日本正在集中主要力量完成伪满的建设和对苏战备，卢沟桥事变发生后，应该采取不扩大、就地解决的方针。他直接向闲院宫参谋总长载仁亲王说明这一方针，并请示裁决。参谋本部于8日下午6时42分向“中国驻屯军”司令官发出指示：“为防止事件扩大，要避免进一步行使武力。”[9]

卢沟桥事件发生时，中国政府行政院院长兼军事委员会委员长蒋介石和政府主要官员正在江西庐山。8日晨，在北平的军政部简任参事严宽以特急电将卢沟桥事件的情况报告正在重庆整编川军的军政部部长何应钦，并转呈蒋介石。当日上午8时，严宽又以急电将卢沟桥附近中、日两军已展开战斗的情况报何应钦与蒋介石。这时，蒋也得到了宋哲元关于事变的电报。于是，蒋立即回电指示宋：宛平城应固守勿退，并须全体动员，以备事态扩大。同时，蒋电南京军事委员会办公厅主任徐永昌、参谋总长程潜：应即准备向华北增援，由开封以西部队中先派一师开赴黄河以北，其余准备两师，可随时出动。并令正在庐山参加暑期训练团的将领下山返部。在南京的外交部于当日下午6时30分派亚洲司科长董兆宁到日本驻华大使馆提出口头抗议，声明保留一切合法要求。

8日下午4时，第29军秦德纯、冯治安、张自忠等也向何应钦电报了卢沟桥事变情况，并表示态度说：“刻下彼方要求须我军撤出卢沟桥城外，方免事态扩大。但我方以国家领土主权所关，未便轻易放弃，现仍在对峙中；倘对方一再压迫，为正当防卫计，不得不与竭力周旋。”[10]

卢沟桥事变发生后，中国共产党中央委员会立即于8日发表了号召全国人民奋起抗战的宣言。宣言说：“全中国的同胞们，平津危急！华北危急！中华民族危急！只有全民族实行抗战，才是我们的出路。我们要求立刻给进攻的日军以坚决的抵抗，并立刻准备应付新的大事变。全国上下应立刻放弃任何与日寇和平苟安的希望与估计。全国同胞们！我们应该赞扬和拥护冯治安部的英勇抗战，我们应该赞扬和拥护华北当局与国土共存亡的宣言。我们要求宋哲元将军立刻动员全部第29军开赴前线应战。我们要求南京中央政府立刻切实援助第29军，并立即开放全国民众的爱国运动，发扬抗战的民主。立即动员全国陆海空军准备应战。”[11]

7月8日，北平阴雨，雨时断时续，中、日两军在卢沟桥地区冒雨作战。为维持北平的治安，冀察当局于上午8时成立北平市及城郊临时戒严司令部，由冯治安为司令，石友三、郑大章等为副司令。从8日早晨起，北平四周各城门时开时闭。至晚8时，除内外城之间的前门、和平门可通行外，一律断绝交通。当日晚

7时左右，日军驻北平副武官今井武夫去秦德纯私邸会商。第132师师长赵登禹、冀察政务委员会委员张允荣也参加了会商。会商原则上取得了不扩大事态的意见，但未达成具体解决的办法。尔后，日本特务机关长松井太久郎、驻屯军参谋和知和寺平等与秦、张等再度接触。在天津，第38师师长兼天津市市长张自忠和日军参谋长桥本也进行了会谈。到9日凌晨2时，松井和秦德纯达成了三点口头协议：(一) 双方立即停止射击；(二) 各回原防；(三)宛平城内防务，除城内原有保安队外再由冀北保安队担任，人数限于300人。定于9日上午9时左右到达接防，并由双方派员监督撤兵。协议中的所谓“原防”，中国方面认为应指冲突前原驻地点，即日军在天津、丰台，中国军队在宛平城内。但日军方面却引申为要中国军队从卢沟附近永定河东岸撤出。因而协议虽然达成了，而此点却仍在争执。

由于双方基本上达成了停战协议，因此日军撤销了原定9日拂晓攻击宛平城的命令，并将进到永定河西岸的部队在8日晚间撤回河东岸集结。

9日上午6时左右，卢沟桥前线两军又突然发生战斗，日军向宛平城内发炮70余发，守军也向宛平城东侧及北侧的日军开火，战斗至7时半方止。双方都向对方提出质问。按照协议，当天上午9时保安队到达接防，但由驻北苑的冀北保安队派出的接防部队在前往宛平的中途于五里店受到日军的袭击，保安队当场阵亡士兵1名，伤数名，受阻不能前进。直至下午7时方进入宛平。

下午3时，双方监视撤兵委员到达宛平。中国方面的监视撤兵委员为冀察外交委员会委员林耕宇、冀察绥靖公署高级参谋周思靖，日本方面为中岛顾问和樱井。四人分为两组，分途出发。不久两组返城，报告监视撤兵完毕。但实际上日军并未按规定完全撤离，当日夜又向宛平城袭击。

9日夜间，日军参谋次长今井清中将将当日内阁四相会议决定的《关于解决卢沟桥事件的对华交涉方针》电示“中国驻屯军”参谋长。其内容是：“为解决卢沟桥事件，此时要避免触及政治问题。大致提出以下要求，使冀察方面在最短时间内予以承认、实行：(一) 停止中国军队在卢沟桥附近永定河左岸驻扎；(二) 关于将来的必要保证；(三) 处理直接负责人；(四) 道歉。”[12]

“中国驻屯军”接到上述训令后于10日向中国冀察当局提出下列要求：“(一)第29军代表向日本军表示道歉，并声明负责防止今后再发生类似事件；(二) 对肇事者给以处分；(三) 卢沟桥附近永定河左岸不得驻扎中国军队；(四) 鉴于此次事件出于蓝衣社、共产党及其他抗日的各种团体的指导，今后必须对此作出彻底取缔办法。对以上要求，须向日军提出书面承认。对第四项的具体事项作出说明即可。当承认上列各项后，日、华两军即各回原驻地，但在卢沟桥附近须按我方要求进行。"[13]

对于日军的无理要求，冀察政务委员会指定张自忠为负责人，与日军交涉。因为张自忠当时正在患病，由张允荣委员为代表，于10日下午4时与日本特务机关长松井进行了3小时的谈判。因在中国军队从卢沟桥撤兵和惩处肇事负责人两个问题上冀察当局拒绝日方的要求，因而谈判未取得结果。

当日18时，日军一部在联队长牟田口指挥下再次占领龙王庙地区。21时50分，日军又以1个大队的兵力向卢沟桥前线中国守军发动了夜袭。日军实施军事压力后，特务机关长松井太久郎和驻北平副武官今井武夫于半夜冒大雨到张自忠宅邸，与正在生病卧床的张自忠交涉。张坚持不答应撤兵和惩处肇事负责人，因而也未取得任何结果。

11日凌晨1时，卢沟桥前线守军第3营向日军展开反击。第12连从铁路桥以北出击敌右侧背；第10连位于中央，出击正面之敌；第11连从右翼城南角出击敌人左侧背；第9连为营的预备队。经反复争夺，守军终将失地收回。金振中营长在指挥战斗中负重伤。日军退至大枣园山及其东侧集结。

11日晨5时，第29军副军长兼北平市市长秦德纯打电话给日军特务机关长松井，对日方所提条件作答复："其他条件都可以让步，惟独对卢沟桥撤退中国军队的要求，绝对不能同意。"

今井武夫于下午2时左右接到从天津驻屯军司令部挂来的专线特急电话："今天东京的内阁会议，下定重大决心，决定动员本土三个师团和关东军及朝鲜军的有力部队。为了解决中国问题多年来的悬案，现在正是大好机会。所以，当地交涉已经没有进行的必要，如果已达成协定，也予以撕毁。"但日军由于主力尚未到，为争取时间，玩弄其惯用的手段，一面积极进行扩大侵华战争的准备，一面继续与中国方面进行谈判，以麻痹冀察当局。终于在晚上8时完成了《秦德纯、松井协定》的签字手续。协定的全文如下：

"一、第29军代表声明向日军表示道歉，并对责任者给以处分，负责防止今后再惹起类似事件。

"二、中国军队和丰台驻屯的日军过于接近，容易引起事件。因此，卢沟桥城周围及龙王庙驻军，改由保安队维持治安。

"三、鉴于本项事件孕育于蓝衣社、共产党及其他抗日各团体的指导，今后要采取措施并彻底取缔。”[14]

这是冀察当局为避免事态扩大而对日军作出的最大的妥协与忍让。但由于日本发动侵华战争的决心已经下定,一般的忍辱求和是无论如何也不可能使日本停止侵略的。

协定签字后,松井等立即电报天津驻屯军司令部和东京陆军省、参谋本部。日本陆军省接到签字的报告后,于当日半夜公开广播,说:“接到在北平签订了停战协定的报告,鉴于冀察政权已(以)往的态度,不相信其出于诚意,恐将仍以废纸而告终。”[15]这是为其即将发动侵华战争预先制造一个背信毁约的借口而设的伏笔。

注 释:

〔1〕 日本防卫厅防卫研究所战史室:《中国事变陆军作战》。日本朝云新闻社 1983 年版,(1)第 139 页。

〔2〕 《今井武夫回忆录》。中国文史出版社 1987 年中译本,第 11—12 页。

〔3〕 同〔2〕,第 4 页。

〔4〕 〔日〕儿岛襄:《太平洋战争》。东京 1975 年版,(下)第 119 页。

〔5〕 〔日〕小俣行男:《日本随军记者见闻录——太平洋战争》。世界知识出版社 1988 年中译本,第 181 页。

〔6〕 秦德纯:《七七卢沟桥事变经过》。原载台湾《传记文学》第 1 卷第 1 期。此引自《七七事变——原国民党将领抗日战争亲历记》,中国文史出版社 1980 年版,第 14 页。

〔7〕 这份《宣传计划》是日本学者为查明卢沟桥事变真相,从日本军方浩如烟海的档案中发现的。中文译文载彭明主编的《中国现代史资料选辑(1937—1945)》,中国人民大学出版社 1989 年版,(上)第 5—12 页。

〔8〕 同〔1〕,第 150 页。

〔9〕 〔日〕臼井胜美、稻叶正夫编《现代史资料(9)·日中战争》(二),东京 1964 年版。

〔10〕 见《历史档案》1985 年第 1 期第 53 页。

〔11〕 原载《解放》周刊第 10 期,1937 年 7 月 12 日出版。

〔12〕 同〔1〕,第 158 页。

〔13〕 同〔1〕,第 160 页。

〔14〕 同〔1〕,第 171 页。

〔15〕 同〔1〕,第 172 页。

第三节　日本派兵华北　中国部署抗战

一、日本派兵华北的决策和战争准备

卢沟桥事变是日本发动全面侵华战争的开始，也是中国进行全面抗战的开始。

日本关东军得到卢沟桥事变的消息后，于 1937 年 7 月 8 日晨召开了会议，认为“乘此时机应对冀察给予一击”，即向日军参谋本部报告：“鉴于华北形势，已以独立混成第 1、第 11 旅团主力及航空兵一部作好立即出动的准备”，同时派参谋进关与“中国驻屯军”联系，陈述强硬意见。日本驻朝鲜军司令官小矶国昭得到消息后也向参谋本部作了报告：“鉴于华北事件的爆发，已令第 20 师团的一部作好随时出动的准备”，主张“利用这一事件实行统治中国的雄图”。[1]在东京，日本陆军省大臣杉山元大将于 8 日深夜命令京都以西的各师团准备复员的 2 年兵约 4 万人延期复员。海军中央部亦迅速命令正在台湾演习的第 3 舰队返回中国上海原来的防地准备作战。参谋本部第 1 部第 3 课作战班大部分人员彻夜待命，于 9 日晨拟出了《处理华北时局纲要》。其方针是：“力求事件限于平津一带，迅速确保该地区，求其安定。”其要领是：“（一）以事件不扩大为方针，但中国方面若对我军采取挑衅态度，则增加中国驻屯军必要兵力，将与我敌对的中国军队驱逐出平津地区，以求华北安定。外交交涉亦以此方针为准则。（二）即使抗日行动波及华中、华南，陆军仍以不出兵为原则，但必要时可在山东方面出兵，目的在于保护侨民和确保我权益。”[2]参谋本部并参考关东军和朝鲜军报告的备战部队情况，提出了一个用兵计划，准备调用关东军 2 个独立混成旅团、6 个航空中队，调用朝鲜军 1 个师团，再从国内调出了 3 个师团进入华北。根据情况，必要时向山东方面再派出 2 个师团。从《纲要》和用兵计划不难看出，“不扩大方针”只不过是个幌子，实际上是扩大卢沟桥事件，以实现其早已定下的首先占领华北的既定战略方针。

第 3 课将此方案和陆军省军务、军事两课进行研究，取得了一致的意见。10

日上午，将意见正式送交陆军省。陆军省次官梅津美治郎中将的意见是：“对其本意不是不同意，但是现在立即动员派遣 3 个师团容易引起国际关系的恶化。而且华北形势尚未判明，所以可先急派关东军 2 个旅团，再由朝鲜军临时编成 1 个师团派出去。然后看看形势再决定，是否较好。”[3] 原则上按参谋本部的计划定了下来。

当时日本政府采取不扩大的方针，而陆军则已计划向华北派兵。这反映了日本统治机构中的矛盾。当时竭力主张不扩大战争的中心人物是参谋本部第 1 部(作战部)部长石原莞尔少将。他之所以主张不扩大，是因为他对苏联的动向极为关心。他和属下的第 2 课课长河边党郎、第 3 课负责对苏作战计划的主要负责人井本参谋等人当时认为：日军倾全力对苏，其兵力也是不足的；若以很大兵力对华作战，则影响对苏的战争准备。而竭力主张对华作战的人则认为，目前苏联对日参战的可能性不大；认为对华只需一击，中国就会屈服，甚至对华战争只要两个多月就可以使中国屈服。主张对中国扩大侵略的人占多数。但是，不论是主张扩大和主张不扩大，以武力吞并中国、变中国为日本殖民地的方针是日本的既定国策，两派都是一致的。出现的分歧，只不过是发动战争的时机与手段不同而已。

日军参谋本部派兵华北的意见经首相近卫批准，于 11 日召开内阁会议讨论。在内阁会议召开之前，于 11 日 11 时 30 分到 14 时，在永田町首相官邸首先召开了由首相、外相、陆相、海相和藏相参加的五相会议。全体一致赞同。

下午 3 时 20 分，日本内阁召开全体会议。五相会议的决定在内阁会议上都获得通过，并根据内阁官房长官风见章的提议，将日军制造的“卢沟桥事件”改为“华北事变”，将向华北“出兵”改为向华北“派兵”。会后，参谋总长载仁亲王和首相近卫于下午 4 时 20 分在叶山皇室别邸参见天皇。首相上奏华北派兵事宜，请天皇裁决。海军军令部部长伏见宫也于下午 5 时 15 分上奏海军的用兵事宜。天皇均予以批准。下午 6 时 24 分发表了《关于向华北派兵的政府声明》。这个声明颠倒黑白，混淆是非，诬说“负责华北治安的第 29 军，于 7 月 7 日半夜在卢沟桥附近进行非法射击，由此发端，不得已而与该军发生冲突。”“第 29 军虽曾答应和平解决，但于 7 月 10 日夜再次向我非法攻击，造成我军相当伤亡……对和平谈判并无诚意，终于全面地拒绝在北平进行谈判。”又说：“就帝国和满洲国来说，维持华北的治安，是很迫切的事……政府在本日内阁会议上下了重大决心，决定采取必要的措施，立即增兵华北。”[4] 11 日 18 时 30 分，参谋总长向关东军司令官植田谦吉发出“临参命第 56 号”命令，命令关东军司令官将所辖独立混成第 1 和第 11 旅团主力、航空 6 个中队、高射炮 2 个中队、铁道第 3 联队主力和电信、汽车等部队各一部派遣去华北，并令关东军司令官在作战初期，在兵站、交通业务方面向“中国驻屯军”加以援助。接着，参谋总长在 19 时 40 分给第 20 师团下达紧急动员令，同时命令第 20 师团长川岸文三郎务须迅速到达华北，归“中国驻屯军”司令官指挥。在此之前的晨 4 时半，天皇已钦定派教育总监部部长香月清司中将为日本“中国驻屯军”司令官，以代替正在病中的田代皖一郎少将。11 日晚上，日本首相近卫为统一国内舆论，在自己的官邸召集了贵、众两院议员代表、财界实力人物和新闻界代表开会，阐明了政府的决心，要求各界理解和支持。由于当时舆论界多数主张对中国采取强硬态度，因此日本政府的声明很容易获得了大家的赞同。

在此同时，日本海军军令部和海军省经协商后也作出了相应的战争准备，并与参谋本部达成《陆、海军关于在华北作战的协定》。《协定》中的“作战指导方针”为：“力求把作战地区限制在平津地方，在华中、华南不行使武力，但在不得已时，应保护在青岛、上海附近的日本侨民。陆海军要协同作战。在执行本协定时，要极力避免干预第三国的事情。”[5]“作战任务”中规定平津地方作战由陆军担任；海军负责运输和护卫，并协助在天津方面的陆军作战。在华中和华南，以海军为主，担任警戒。根据情况发展，“限定在青岛、上海附近，陆、海军以必要的兵力协同担当之”。[6]此外，陆、海军还达成了《关于华北作战的航空协定》，规定华北作战中航空力量主要由陆军担任，海军协助；在华中、华南，航空力量主要由海军担任。海军还强烈要求：战争波及华中和华南时，陆军派 3 个师团(最少 2 个师团)到华中作战。

香月清司接到被任命为“中国驻屯军”司令官的命令后立即到陆相官邸和参谋本部分别接受了陆相和参谋总长的指示，接着又听取了参谋本部各部长的情况介绍，于 12 日偕新派到“中国驻屯军”的参谋堀毛炮兵中佐、桥本炮兵中佐、营波步兵中佐离开东京乘飞机去天津。他们中途曾在汉城停留，与朝鲜军司令官小矶国昭大将会面。小矶要他们抱强硬态度对付中国。飞机于当日 11 时半到达天津。这时日本关东军派来的今村均副参谋长和田中隆吉、过政信两个参谋也建议香月对中国采取强硬方针。当日下午 2 时，香月到达天津“中国驻屯军”司令部，听取了参谋长桥本的汇报，尔后召集军全体参谋开会，讨论驻屯军今后的计划。第二天早晨拟出了《7 月 13 日的中国驻屯军情况判断》，以紧急电向陆相和参谋总长作了报告。其主要内容为：中国驻屯军“连同第一次所增加兵力（包括第20师团）准备合并使用，必要时一举歼灭第29军”。预定部队的集结位置是：河边旅团主力在丰台至通县间，其中北平城内和天津步兵各1个大队，并以步兵2个中队和1个小队警备北宁铁路；独立混成第11旅团位于顺义；独立混成第1旅团位于通县；航空队位于天津和通县；第20师团位于天津。即要求中国军队第37师退到河北省南部地区；若其不同意，即行使武力。此外，还准备向冀察政务委员会提出以下7项要求：“（一）彻底镇压共产党的策动；（二）罢免排日要人；（三）撤去驻在冀察的排日的中央系统各机关；（四）从冀察撤去排日团体，如蓝衣社、CC团等；（五）取缔排日言论及宣传机关和学生、民众的排日运动；（六）取缔学校、军队的排日教育；（七）对北平的警备将来由公安部队负责，城内不得驻屯军队。如不答应以上要求，即要求解散冀察政务委员会和29军撤出冀察。”其部署：“作战时，军以主力先扫荡北平附近，然后根据情况可能进入德州、石家庄一线”；“如确认中央军北上，在要求其撤出河北之同时，准备与之作战”；“军在作战时以一部兵力进入八达岭附近，阻止来自平绥线方面之敌，以有利于军的主力作战”。[7]

日本陆军中央部在13日上午接到了《中国驻屯军的情况判断》，感到必须迅速确定对华处理方针，于是在当晚8时确定了《处理华北事变方针》。这个方针在表面上仍然标榜“局面不扩大”、“现地解决”，但同时又决定：“当中国方面无视现实解决条件而表示没有诚意实行时，或南京政府继续调动中央军北上企图发动攻势时，应采取果断的行动。”这个方针决定后，于当日晚以陆军次官和参谋次长的名义电告“中国驻屯军”。14日，参谋总长又派参谋本部总务部长中岛铁藏少将和陆军省军务课长柴山兼四郎大佐到天津当面向驻屯军说明了《处理华北事变方针》的基本精神。当日，日军参谋总长又从国内抽调7个飞行大队、4个独立飞行中队、2个机场勤务中队和1个野战飞机修配厂，编成“临时航空兵团”，以德川好敏中将担任兵团长，分别部署在山海关、锦州、大连地区。

当日军加紧从东北、朝鲜、本土向华北增兵时，日本“中国驻屯军”、驻华外交官以及特务机关长等仍然采用其一贯伎俩，以谈判等各种手段欺骗冀察当局，以拖延时间、掩护其调动部队。这时，冀察政务委员会委员长、冀察绥靖公署主任兼第29军军长宋哲元正在天津千方百计地设法与新上任的“中国驻屯军”司令官商谈妥协条件，而“中国驻屯军”却正在紧张地忙于进攻北平、消灭第29军的作战准备。7月15日，日军制订出作战计划，并报告其陆军中央部。计划主要

内容为：[8]

其一，方针

一、军在作战开始时，以突然行动进攻第 29 军，并将其扫荡至永定河以南。此为第一期。

二、在上述作战时，力求保护北平侨民。

三、第二期作战，根据情况，以现有兵力进出至保定、任丘之线，增加兵力后进至石家庄、德州一线，并准备与中央军进行决战。

其二，指导要领

7 月 20 日前兵团集中，并进行第一期作战准备。各部队展开地域为：独立混成第 11 旅团主力位于高丽营，一部位于顺义；独立混成第 1 旅团位于怀柔；第 20 师团位于天津、唐山、山海关地区。

其三，作战指导大纲

（一）第一期作战，主要在于一举击败北平西部的第 37 师，将其扫荡至永定河以南。根据情况一并攻击南苑之 38 师。在此期间，第 20 师团要随时准备击溃第 132 师。

（二）航空兵主力，在战斗开始前集中轰炸好战的第 37 师所在之西苑、八宝山、北苑、长辛店等地，依情况亦可轰炸南苑。

在第一期作战期间，航空兵要集中力量支援地面部队作战，并击溃前来挑战的中国空军。

（三）严禁轰炸北平市街及万寿山。

（四）独立混成第 11、第 1 旅团，由北平西北及以西地区向永定河一线进攻；对北平城不予攻击，根据情况派出适当兵力进行监视。

（五）中国驻屯旅团主力，集结于丰台附近，按军的命令随时准备攻击八宝山的敌人，以策应第 11、第 1 旅团的作战；配合攻击南苑与保卫丰台物资补给点。

（六）第 20 师团主力，以铁路运输至北平以南地区参加北平郊外扫荡，应尽量在永定河南岸遮断第 29 军的退路，并以适当兵力作好击溃第 132 师的准备。

（七）作战开始时，驻屯军以 1 个步兵大队为军预备队并警备天津；第 20 师团到达后，派出 1 个步兵联队作为军预备队。

（八）有关事项：

第一期作战期间，为对付中央军北上，应随时切断平汉铁路。

为使第29军无法利用铁路撤退，应将车头、车厢集中看管。独立混成第11旅团和第20师团，各派出一部兵力，分别在八达岭和津浦路方面进行警戒，以保障军的侧背不受威胁，并为将来作战创造有利条件。

在这一作战计划中，“中国驻屯军”企图以1个师团、3个旅团及配属的炮兵、坦克兵、航空兵对北平形成包围，尔后进攻城西、城南的第29军。参加进攻第29军的日军各部队的编成情况是：

“中国驻屯军”司令官为香月清司中将，参谋长为桥本群少将。驻屯旅团旅团长为河边正三少将，下辖第1和第2步兵联队，另外1个炮兵联队和战车队、骑兵队。

第20师团，师团长为川岸文三郎中将，下辖第39和第40旅团(每旅团2个步兵联队)、骑兵第28联队、野炮兵第26联队、工兵第20联队。

独立混成第11旅团，旅团长为铃木重康中将，下辖独立步兵第11和第12联队、独立骑兵第11联队，独立野炮兵第11联队、独立山炮兵第12联队及独立工兵及辎重兵各1个中队。

独立混成第1旅团，旅团长为酒井镐次少将，下辖独立步兵第1联队和轻战车、轻装甲车、工兵各1个中队及野炮兵1个大队。

航空兵团，兵团长为德川好敏中将，下辖第1飞行团、集成飞行团(由关东军调来)、第9和第10野战高射炮队等。第1飞行团下辖侦察机、战斗机、轻轰炸机各2个大队，重轰炸机1个大队(每大队2个中队)和4个独立飞行中队；集成飞行团下辖侦察机、战斗机、重轰炸机各2个中队。计侦察机72架、战斗机84架、轻轰炸机36架、重轰炸机30架，作战飞机总计222架。

至7月20日，第一批进入华北的日军均已按照“中国驻屯军”的作战计划到达集结地域：独立混成第11旅团在高丽营及顺义，独立混成第1旅团在怀柔，第20师团一部在天津，主力在唐山、山海关，中国驻屯旅团在丰台，航空兵团分别在天津、承德、山海关机场。只待制造借口、寻找战机以发动进攻。

日本陆军中央部的多数人急于发动战争，陆相杉山元和第一部部长石原莞尔交换意见后于17日提出陆军中央部的意见：规定以19日为限期，向中国方面提出四点要求：(一) 宋哲元正式道歉；(二) 处罚责任者，罢免第37师师长冯治安;(三) 撤退八宝山附近的部队;(四) 在7月11日所提条件上由宋哲元签字。如在19日前中国方面不予履行,即对第29军发动攻击。同时下令动员国内部队,立即派往华北。在限期满后,即便第29军愿意履行所提条件,也要使该军退出永定河右岸地区。并向南京政府提出:中央军恢复旧态势,停止对日挑衅行动,并不得妨碍日军与第29军就地解决。其所以规定19日为限,是估计到这时"中国驻屯军"已调整完毕,完成了战役部署。

17日上午11时,在首相官邸召开了外、陆、海、藏、内五相会议。首相因病没有参加。会议上杉山元提出了陆军中央部的意见。经讨论,通过了杉山元的提案。18日,日军参谋本部作战课作出《第二次动员的准备》。主要内容为:"(一) 目的。平定平津地方进攻华北的中国军队。作战尽量限制在华北。然而由于情况变化,可能转向对华全面作战。极力避免在华中、华南使用兵力。(二) 动员集中。决心在19、20日之间动员以国内三个师团为基干的兵力于华北集中。预计于8月下旬集中完了。(三) 作战。待集中完了后,一举击溃中国军队,并占领保定、独流镇以北,暂不考虑山东作战。根据情况派遣一部兵力到青岛、上海。(四) 其他。对苏要严加警戒,但现在尚未下决心为此而向满洲增兵。对绥远方面,目前尚未考虑派兵。对这一方面,以特别飞行队进行监视即可。"[9] 日军参谋本部负责战争指导的第2课也研究了战争扩大后的处理方针。其主要内容为:预定在2个月内消灭或击溃第29军;如发展为全面战争,预定在三四个月内消灭中国中央政权。同时也考虑到陷入持久战(1年以上)的可能。

日本政府和军部的以上这些决定,表明了发动全面侵华战争的决心,即使中国方面再让步、再妥协,也改变不了日本侵略中国的根本方针。

二、中国的抗战准备与部署

中国政府估计卢沟桥事变系日军预谋行动,判断日本有扩大侵略的可能,因而一方面以为在华北有利益的各国不会坐视不理,企图通过外交活动加以和平解决;另一方面电令第29军军长宋哲元采用"不屈服,不扩大"方针,就地抵抗,在这两种途径下进行抗战的准备及部署。

1937年7月9日,蒋介石令第26路军孙连仲部2个师和第40军庞炳勋部、第84师高桂滋部开赴石家庄、保定一带应援;同时把派兵北上的决定电告第29

军及正在乐陵老家的宋哲元，并要求其“速回保定指挥”。宋哲元没有遵命离乡，当日回电蒋介石：“此间战事业于今晨停息”，“华北部队守土有责，自当努力应付当前现况。职决遵照钧座‘不丧地、不失土’之意旨，誓与周旋。”[10] 宋哲元意在以谈判求得和平解决。10 日，蒋介石再电告宋哲元：“守土应具决死决战之决心与积极准备之精神应付。至谈判，尤须防其奸狡之惯伎，务期不丧丝毫主权为原则。”[11] 同时又电令其“务望在此期间，从速构筑预定之国防线工事，星夜赶筑。如限完成为要。”[12]

9 日，蒋介石还电令在四川的何应钦即回南京；并致电徐永昌、程潜及训练总监唐生智，说倭寇挑衅，无论其用意如何，我军应准备全体动员。同时向全国各行营、绥署及各省市发出一封密电：“日寇挑衅，齐日（8 日）与吾 29 军部队相持于宛平附近，当今通饬一体戒备，准备抗战，并调 26 路两师、第 40 军、第 85 师各部迅速开保、石，以备应援。另令第 21、25 两师继续开拔各在案。顷据报，双方撤兵，听候谈判。但日人诡诈，用意莫测。我全国各地方、各部队仍应切实准备，勿稍疏懈，以防万一，是为至要。”[13] 这实际上是对全国、全军的动员令，可见国民政府虽然仍未完全放弃和平解决的意图，但基本上已定下了抵抗日本武装侵略的决心。

何应钦于 7 月 10 日返回南京，主持抗日军事的日常工作。从 7 月 11 日起，每天 21 时在其官邸召开军事汇报会议。除军政部、参谋本部、训练总监部、军事参议院、航空委员会及海军司令部的领导外，各有关司、署、厅、室及兵监的负责人也参加会议。举凡有关抗战的准备、动员、部署以及后勤供应等问题，均在此讨论，重大问题报蒋介石决定，一般问题由会议作出决定，报蒋介石批准执行。

经国民党中央两次电催，宋哲元方于 11 日离开乐陵；但宋作为华北最高军政长官，并未返回华北军政中心的北平或中央指令其开设指挥部的保定去筹划战备、指挥作战，而是去了天津，希图与日驻屯军司令官香月清司进行求和的接触。

何应钦得知宋哲元停留天津、无意回北平或赴保定，于 12 日晚以特急电催宋到保定指挥。电文说：“卢事日趋严重，津市遍布日军，兄在津万分危险，务祈即刻秘密赴保，坐镇主持，无任盼祷。”[14] 与此同时，蒋介石对位于陕西、河南、湖北、安徽、江苏的中央直属部队发布了正式动员令，命令以上地区的部队向以郑州为中心的陇海、平汉铁路沿线集结，同时命令山东省主席韩复榘担任津浦北线的防卫任务。又命令平汉、陇海、津浦三铁路局集结军用列车，并命令汽船公司将船舶回航到指定地点。

蒋介石得知宋哲元滞留天津一心与日军谈判求和而毫无抗战准备，于 13 日致电宋哲元："卢案必不能和平解决。无论我方允其任何条件，而对方的目的，则以冀察为不驻兵区域与区内组织用人皆得其同意，造成第二冀东。若不做到此步，则彼必得寸进尺，决无已时。中正已决心运用全力抗战，宁为玉碎，毋为瓦全，以保我国家和个人之人格。"[15]并要求其"与中央共同一致，无论和战，万勿单独进行"。但宋哲元并未按政府的指示奉行，他派张自忠等往见香月清司，转达自己的态度："哲元从现在起留在天津，悉遵从军司令官的一切指导。"[16]而且于 13 日夜下达命令：从 14 日起，北宁铁路列车正常运行，解除北平戒严，释放被捕日人，严禁与日人摩擦。并将此命令向日军通报。14 日，宋致电何应钦："因兵力大部在平津附近，且平津地当冲要，故先到津部署，俟稍有头绪，即行赴保。"[17]实际上拒绝了中央令其先到保定指挥部队作抗战准备的命令，继续留津与日军进行妥协谈判。但香月清司对谈判并不积极，拒绝与宋哲元会见，仅派出 1 名少佐参谋于 14 日夜会见宋哲元，要宋哲元承认原拟就的《情况判断》中的 7 条要求。宋哲元原则上接受了日军的要求，仅请暂缓实行。宋又即派张自忠等作为自己的代表，访日军参谋长桥本，要求谈判。谈判的结果是：处罚当时卢沟桥的营长，由秦德纯代表宋哲元向日军道歉，调走第 37 师，由第 38 师接替北平城防，允诺立即撤兵和取缔一切抗日活动。由于日军已经决定以武力占领平津，谈判的条件未能满足其要求，所以日本军方未予批准，仍加紧进行进攻部署。

在宋哲元滞留天津与日军进行妥协谈判的时候，何应钦曾不断地将政府所得日本国内动员和调兵华北的情况通报宋哲元，并提请宋在对日交涉中注意，指出日军的和谈是缓兵之计，待兵力集中后即会对第 29 军发动进攻。同时，蒋介石对宋在军事上给予应有的支持。7 月 14 日，蒋指示何应钦抽调高射炮兵 6 个连运往保定，运送子弹 200 万发给第 29 军。17 日，蒋令商震所部 4 个团赴石家庄集中待命，令第 26 路军、第 40 军统归宋指挥。正在保定的参谋次长熊斌除派杨宣诚处长赴天津，又派高参方贤等先后赴津与宋联系，并敦促宋到保定指挥。15 日下午 6 时，何应钦急电宋哲元：日军正在集中，企图包围南苑，当地情况虽有缓和，重开谈判，但这是"日人效'一・二八'故事，先行缓兵，俟援军到达，即不顾信义，希图将我 29 军一网打尽。形势显然，最为可虑。望即确实注意，计划应付为祷。"[18]宋显然对此不以为然。他在 16 日中午给何的回电中说："兹奉电令各节，倘不幸而真成事实，则是现在已陷绝境，应请中央作第二步准备，以待非常之变也。”[19]16 日晚 11 时，蒋介石于庐山又密电宋哲元和秦德纯，指出：“连日对方盛传兄等已与日方签订协定，内容大致为(一) 道歉，(二) 惩凶，(三) 卢沟桥区驻兵，(四) 防共及取缔排日等项，此时协定条款殆已遍传欧美。综观现在情势，日方决以全力威胁地方签订此约为第一目的。但日方所欲者，若仅止于所传数点，则其大动干戈可为毫无意识。推其用意，签订协定为第一步，俟大军到集后，再提政治条件，其严酷恐将甚于去年之所谓‘四原则’‘八要领’。观于日外次崛内告我杨代办‘已签地方协定为局部解决之基础’一语，并足证明，此基础之外另有文章也。务希兄等特别注意于此，今事决非如此已了。只要吾兄等能坚持到底，则成败利钝，中正愿独负其责也。”[20]

何应钦惟恐冀察当局为“保住地盘”而昧于大势，于 17 日再次致电宋哲元、张自忠、秦德纯、冯治安、张樾亭，告知日军在国内已动员及出动之部队已有 5 个师团之众，“调兵遣将，未稍停止。而关东军陆续输送至天津者，截至删日(15 日)止，已 20 列车，当已在 1 个师团左右，并有数千人沿平津公路及津保公路前进中。其在卢沟桥正面者千余人，正构筑工事及建飞机场。窥其用意，显系对北平及南苑取包围形势。而近日则派小参谋数人与我方谈判和平，希图缓兵，以牵制我方，使不作军事准备，一俟到达平郊、部队较我 29 军占优势时，即开始攻占北平，先消灭我 29 军。此项诡计，最为可虑。‘一·二八’之役，可作前车。兄等近日似均陷于政治谈判之圈套，而对军事准备颇现疏懈，如果能在不损失领土主权之原则下和平解决，固所深愿，弟恐谈判未成，大兵入关，迩时(那时)在强力压迫之下，和、战皆陷于绝境，不得不作城下之盟，则将噬脐无及。望兄一面不放弃和平，一面应暗作军事准备，尤其防止敌军袭击北平及南苑，更须妥定计划。弟意宜以北平城、南苑及宛平为三据点，将兵力集结，构筑工事，作持久抵抗之准备。如日军开始包围攻击时，我保定、沧州之部队及在任丘之赵师同时北上应援。庶平、津可保，敌计不逞，如何？”[21]中央如此警告，宋哲元竟仍不为所动，未做任何抵抗的军事准备。

中国政府外交部就卢沟桥事变问题曾多次与日本驻华使节谈判，并以公函正式告知日本：“无论现地已经达成之协定，还是将来成立之任何谅解和协定，只有经过中央认可后才能生效。”期望由两国政府直接交涉，以争取在“不丧权、不失土”条件下和平解决。但日本以“解决卢沟桥事件完全是华北地方当局的职权”为由，予以拒绝。

由于中日直接外交未取得任何成效，蒋介石试图通过第三国和国际外交活动阻止日本侵略。16日向《九国公约》签字国发出备忘录，希望国际主持公道，但没有任何结果。在此情况下，蒋介石于7月17日在庐山谈话会上发表了重要讲话。讲话的主要内容为：[22]

中国正在外求和平内求统一的时候，突然发生了卢沟桥事变，不但我举国民众悲愤不置，世界舆论也都异常震惊，此事发展结果，不仅是中国存亡的问题，而将是世界人类祸福所系。

……

第一，中华民族本是酷爱和平，国民政府的外交政策，向来主张对内求自存，对外求共存……前年五全大会，本人外交报告所谓"和平未到根本绝望时期，绝不放弃和平，牺牲未到最后关头，决不轻言牺牲"……如果临到最后关头，便只有拼全民族的生命，以求国家的生存……最后关头一到，我们只有牺牲到底，抗战到底……

第二，这次卢沟桥事件发生以后，或有人以为是偶然突发的，但1月来对方舆论或外交上直接间接的表示，都使我们觉到事变发生的征兆……现在冲突地点已到了北平门口的卢沟桥，如果卢沟桥可以受人压迫强占，那末我们五百年故都，北方政治文化的中心与军事重镇的北平，就要变成沈阳第二。今日的北平若果变成昔日的沈阳，今日的冀察，亦将成为昔日的东四省。北平若可变成沈阳，南京又何尝不可变成北平！所以卢沟桥事件的推演，是关系中国国家整个的问题。此事能否结束，就是最后关头的境界。

第三，万一真到了无可避免的最后关头，我们当然只有牺牲，只有抗战，但我们的态度只是应战，而不是求战……至于战争既开之后，则因为我们是弱国，再没有妥协的机会，如果放弃尺寸土地与主权，便是中华民族的千古罪人，那时便只有拼民族的生命，求我们最后的胜利。

第四，卢沟桥事件能否不扩大为中日战争，全系日本政府的态度……在和平根本绝望之前一秒钟，我们还是希望和平的，希望由和平的外交方法求得卢事的解决。但是我们的立场有极明显的四点：(一) 任何解决，不得侵害中国主权与领土之完整；(二) 冀察行政组织，不容任何不合法之改变；(三) 中央政府所派地方官吏，如冀察政务委员会委员长宋哲元等，不能任人要求撤换；(四) 第29军现在所驻地区，不能受任何约束。这四点立场是弱国外交最低限度……对于我们这最低限度之立场，应该不至于漠视。总之，政府对卢沟桥事件，已确定始终一贯的方针和立场，且必以全力固守这个立场。我们希望和平而不求苟安，准备应战，而决不求战。我们知道全国应战以后之局势，就只有牺牲到底，无丝毫侥幸求免之理。如果战端一开，那就是地无分南北，年无分老幼，无论何人，皆有守土抗战之责任，皆应抱定牺牲一切之决心……

蒋介石的讲话，表明了准备全面抗战的方针，受到全国人民的欢迎。

蒋介石在庐山发表决心抗战讲话的当晚，张自忠代表宋哲元向日参谋长桥本群提出：7月18日由宋哲元道歉；二三日内处分责任者营长；对将来的保证，待宋回到北平后实行；北平市内由宋哲元的直属卫队驻扎。以上各项除罢免排日要人外都写入文件。这已实际上完全满足了日方的要求。18日下午1时，宋哲元偕张自忠向日司令官香月道歉。19日晨7时30分，宋留张自忠在天津，率其他军政首脑乘日军准备的专车离津回平。就在19日这一天，卢沟桥前线的日军又向中国守军发动炮火袭击。守军也发射迫击炮还击。日本“中国驻屯军”司令部借此发表声明：“从20日午夜以后，驻屯军将采取自由行动。”在天津的张自忠听到这一声明后，立即访问日军参谋长桥本，于是在当夜11时，张自忠和桥本又签订了一个《停战协定第三项誓文》的秘密条款。其内容是：“（一）彻底弹压共产党的策动；（二）对双方合作不适宜的职员，由冀察方面主动予以罢免；（三）在冀察范围内，由其他各方面设置的机关中有排日色彩的职员，予以取缔；（四）撤去在冀察的蓝衣社、CC团等排日团体；（五）取缔排日言论及排日的宣传机关，以及学生、群众的排日运动；（六）取缔冀察所属各部队、各学校的排日教育及排日运动。又，撤去在北平城内的37师，由冀察主动实行之。”[23]在北平，宋哲元屈从日军的要求，于20日晨5时，命令在北平附近的第37师于当日开始在西苑集结，并于21日集结完毕，准备向保定地区撤退；为掩护第37师集结，令冀北保安部队一部位于八宝山附近，待第37师集结完毕后，该保安部队于22日撤退。下午3时，日本特务机关长松井、驻屯军参谋和知、副武官今井访问了宋哲元。宋向他们保证阻止中央军北上部队前进，让中央军停留在保定以南。他们还商谈了第37师撤退以后遗防由第132师接替等问题，并发表通电，谢绝全国各地和海外侨胞的劳军捐款。宋、张采取的是与国民党中央、与全国人民和第29军广大官兵愿望完全背道而驰的妥协退让方针。

7月21日、22日，日军连续炮击和进攻宛平城，团长吉星文负伤。

三、全中国人民团结抗日

日本的无端挑衅和步步进逼激起了全中国人民的无比愤慨，国民政府和蒋介石转为决心抗战，获得了全中国人民的热情拥护。特别是中国共产党领导和推动下的抗日民族统一战线的初步形成，使中华民族在抗战的前提下团结起来。

这首先表现在武装力量的团结上。卢沟桥事变爆发的第二天，中国共产党除发表了抗日通电外，中国红军将领毛泽东、朱德、彭德怀、贺龙、林彪、徐向前也联名致电国民政府军事委员会委员长蒋介石："日寇进攻卢沟桥，实施其武装攫取华北之既定步骤，闻讯之下，悲愤莫名！平津为华北重镇，万不容再有疏失。敬恳严令29军，奋勇抵抗，并本三中全会御侮抗战之旨，实行全国总动员，保卫平津，保卫华北，规复失地。红军将士，咸愿在委员长领导之下，为国效命，与敌周旋，以达保土卫国之目的。"[24] 13日，国民党西安行营通过正在西安的叶剑英了解红军调出参加对日作战的问题。叶报告中共中央后，立即得到中央肯定的答复："（一）蒋委员长及政府决心抗日，我们竭诚拥护，愿在委员长指挥下努力杀敌。（二）红军主力准备随时调动抗日，并已下令各军十天内准备完毕，待命出动。（三）同意担任平绥线作战任务，并愿以一部深入敌后方打击敌人。（四）惟红军特长在运动战，防守非其所长，最好能与善于防守之友军配合作战，更能顺利的完成国家所给予的使命。"[25] 西安行营立即将中共中央同意红军立即参加对日作战的答复报告何应钦，并于16日下午转报在庐山的蒋介石。7月15日，中国共产党中央委员会将《国共合作宣言》交付国民党。在主张在团结抗日及实行民主政治的主旨下，中共中央主动提出"取消红军名义及番号，改编为国民革命军，受国民政府军事委员会之统辖，并待命出动，担任抗日前线之职责"。[26]

16日，四川的刘湘、潘文华等将领以为"在此国难当前，正我辈捍卫国家、报效领袖之时"，因此"通电各省，主张于委座整个计划之下，同德一心，共同御侮"，将四川部队，按照军委会的"整军方案，赶速改编，以期适于抗敌之用。十师之数，决当遵办，川省应负责任，不惟不敢迟误，且思竭尽力多所贡献。"[27] 21日，广西的李宗仁、白崇禧亦致电军事委员会："宗仁等欣聆国策已决，誓本血忱，统率全体将士及广西 1 300 万民众，拥护委座抗战主张，任何牺牲，在所不惜。”[28] 同时表示按军委会整军方案，将广西部队“立刻编成 40 个团，开赴前线”，并“决定将广西数年来惨淡经营而颇具规模的兵工厂，悉数移交中央统筹办理”。[29] 此外，山西阎锡山、青海马鸿逵、云南龙云等雄据一方的将领也都纷纷表态，拥护政府抗日。至于身在前线的第 29 军，除极少数将领因对日本的侵略野心判断错误又怀有保住既得地盘的私心、暂时主张妥协退让外，秦德纯、冯治安、何基沣、张克侠等大多数将领和全体中下级军官及士兵的抗日士气均极高涨。他们在长城抗战中，曾在喜峰口痛击日军，被誉为民族英雄。这时，目睹日军的野蛮侵略行径，更是坚决拥护抗战。中国的武装力量，在大敌当前的形势下，为了共同抗日，达到了自民国以来空前的团结与统一。

全国人民在强敌入侵的情况下，也纷纷要求政府出兵抗日，情绪激昂。各地、各界人民团体要求政府派军抗敌的申请电报纷纷到达南京。在 18 日这一天之内就有广西省教育局、广西省学联、南开大学学生会、新加坡中华总商会、安徽省记者公会、芝加哥华侨抗敌救国会、甘肃拉卜楞保安司令、河北省保定院校馆联合会、昆明市商会、江苏省合作社、陇海铁道公会等团体发出电报；19 日一天内，国民政府收到国内外 19 个团体要求政府抗日的电报。各地报刊都纷纷发表抗日救亡的言论，要求并拥护政府立即对日抗战。国内外群众团体在原有组织的基础上重新组织了大量后援会、慰问团、救护团、援助抗战将士委员会、抵敌会等，展开援助前方抗日的各种活动。各文化界还组织抗日宣传队进行抗日宣传工作。

卢沟桥的炮声燃起了抗日的烽火。日本帝国主义的侵略，迫使中国人民团结抗日，也促使中华民族觉醒，中国开始走上民族复兴的道路。

注 释：

〔1〕 日本防卫厅防卫研究所战史室：《中国事变陆军作战》。日本朝云新闻社 1983 年版，(1)第 153、154 页。

〔2〕 同〔1〕，第 157 页。

〔3〕 同〔1〕，第 161 页。

〔4〕 日本外务省：《日本外交年表和主要文书(1840—1945)》。东京 1969 年再版本，下

卷第 366 页。

〔5〕 〔日〕臼井胜美、稻叶正夫编《现代史资料(9)·日中战争》。东京 1964 年版,(二)第 5 页。

〔6〕 同〔5〕,第 3 页。

〔7〕 同〔1〕,第 180 页。

〔8〕 同〔1〕,第 194—197 页。

〔9〕 同〔1〕,第 201 页。

〔10〕 中国第二历史档案馆:《抗日战争正面战场》。江苏古籍出版社 1987 年版,(上)第 163 页。原件存中国第二历史档案馆。

〔11〕 同〔10〕,第 180 页。

〔12〕 同〔10〕,第 181 页。

〔13〕 同〔10〕,第 164—165 页。蒋介石致各行营、绥署及各省市密电内容见《钱大钧致徐永昌密电》。原电存中国第二历史档案馆。

〔14〕 同〔10〕,第 183 页。

〔15〕 《东方杂志》1937 年 8 月号,上海商务印书馆版。

〔16〕 同〔1〕,第 191 页。

〔17〕 同〔10〕,第 184 页。

〔18〕 同〔10〕,第 187 页。

〔19〕 同〔10〕,第 168—169 页。

〔20〕 原电文存中国第二历史档案馆。

〔21〕 同〔10〕,第 189 页。

〔22〕 1937 年 7 月 20 日《中央日报》。

〔23〕 同〔1〕,第 206 页。

〔24〕 《毛泽东军事文集》,军事科学出版社、中央文献出版社 1993 年版,第 2 卷第 1 页。

〔25〕 《中国现代政治史资料汇编》,第二历史档案馆编印,第 3 卷第 29 册。

〔26〕 《解放周刊》第 1 卷第 18 期,1937 年 10 月。

〔27〕 同〔25〕。

〔28〕 见《中国全面抗战大事记》,美商华美出版公司 1938 年版,(上)第 36—37 页。

〔29〕 《李宗仁回忆录》,第 690—691 页。

第四节 日军发动总攻及平、津沦陷

一、双方的作战准备及作战指导

中国政府在加紧准备抗战的同时，没有放弃谋求和平解决中日冲突。1937年7月21日至26日间，蒋介石分别会见了英、美、德、法驻华大使，企图通过外交活动阻止日本侵华，但毫无结果。

宋哲元返回北平之后发现自己虽然一再妥协退让，而日军仍然步步进逼，了解到第29军广大官兵和北平各界人士、青年学生的抗日呼声与支援第29军的积极行动。7月23日晚，参谋次长熊斌从保定到达北平，向宋哲元传达政府的抗战意图。24日，蒋介石致电熊斌，并转宋哲元，指出：日军从22日起，其机械化部队向华北输送，预料一星期内必有大规模行动，务望时刻防备。宋在这种情况下开始考虑抗战，但深感作战准备不足，因此一方面令第37师停止撤退，令第132师在永定河以南集结，令该师独立第27旅进入北平担任城防；另一方面电请蒋介石将北上各部暂时稍微后退，以便争取时间完成战备。但为时已晚。日本从东北及朝鲜进入华北的部队已于7月20日前后到达预定的进攻出发地。香月清司决定首先肃清北宁铁路天津到北平间驻守重要车站的中国军队。日军于7月25日借口修理电线，向廊坊中国驻军发动进攻，并占领廊坊车站。

廊坊车站是天津、北平之间的一个大站，第29军第38师第113旅旅部率第226团(欠第2营、第3营的第12连)驻守在这里。卢沟桥事变发生以后，该团构筑了简单的防御工事，街道以麻袋填土堵塞，房顶垒起各种掩体。

7月25日下午，日军1个中队乘火车到达廊房，占据车站，并至站外构筑作战工事。驻军加以制止与警告，但日军置之不理，因而双方发生武装冲突。日军受到中国军队的猛烈打击，伤亡严重。日本“中国驻屯军”当即令第20师团第77联队增援廊坊日军，又于26日凌晨3时30分令第20师团向天津前进，同时令驻屯步兵旅团第2联队第2大队乘火车到北平，途经廊坊时参加战斗。

26日拂晓，日军以飞机27架次轮番轰炸廊坊守军的兵营。日军增援部队于上午8时到达廊坊，立即在飞机的支援下向守军发起攻击。守军第226团第3营与日军展开顽强战斗。至12时，该营向东转移，廊坊被日军完全占领，因而平津之间的交通被切断。

廊坊战斗后，香月清司于26日11时向参谋本部申请行使武力。参谋本部第1部即通知“中国驻屯军”参谋长：“要坚决予以攻击，上奏等一切责任由参谋本部承担。”接着又指示：“中国驻屯军司令官应废除临命第四〇〇号，在必要时得以行使武力。”[1]并命令临时航空兵团归“中国驻屯军”直辖。

26日下午，香月清司向第29军发出最后通牒(由日军特务机关长松井面交秦德纯代收)。通牒中要求：“首先应速将部署在卢沟桥、八宝山方面的第37师，于明日中午前撤退到长辛店附近；又北平城内的第37师，由北平城内撤出，和驻西苑的37师部队一起，先经过平汉线以北地区，于本月28日中午前，转移到永定河以西地区，然后再陆续开始将上述部队送往保定方面。倘若不按上述方案执行……我军不得已只好采取单独行动。”[2]

日军向第29军送出最后通牒之后不久，从天津乘火车到达丰台的步兵第2联队第2大队分乘26辆卡车，从丰台向北平城内开进。下午7时，该部日军乘汽车强行进入广安门。广安门守军第29军刘汝珍团的1个连立刻开火阻止，于是两军发生战斗。日军一部已入城，一部被阻于城外。晚10时左右战斗停止下来。27日凌晨2时，已入城的日军按照第29军指定的路线到达东交民巷日本公使馆，未入城的日军退到丰台。

廊坊、广安门战斗发生以后，宋哲元这才感到日军大举进攻的时刻即将来临，于是于26日下午4时和当日晚间两次电报何应钦转呈蒋介石，报告日军给第29军的最后通牒和平津地区的局势，并求政府援助。蒋介石于26日下午9时回复宋哲元：“甲、北京城防立即准备开战，切勿疏失。乙、宛平城防立即恢复戒备。此地点重要，应死守勿失。丙、兄本人立即到保定指挥，切勿再在北平停留片刻。丁、决心大战，照中(正)昨电对沧保与沧石各线从速部署。”[3]27日，蒋介石再次致电宋哲元：“请兄静镇谨守，稳打三日，则倭氛受挫，我军乃易为力。务望严令各部，加深壕沟，固守勿退。中央必星夜兼程，全力增援也。”[4]

廊坊及广安门战斗后，日本决定增加兵力，扩大战争。日参谋总长和陆军大臣于27日晨协商后决心动员国内3个师团，并对第20师团和其他部队进行第二次动员。8时40分,日本内阁在首相官邸召开紧急会议,同意陆军实行动员。9时30分,陆相杉山元上奏天皇批准,于11时50分下令动员。日本陆军第二次紧急动员计划在10天至两周内完成,并决定从8月1日开始输送国内部队至侵华前线。动员的人数约20.9万人,配马5.4万匹。增援华北的有第5、第6和第10师团。还预定将第11师团派往青岛、第3师团派往上海。

7月27日,日军参谋总长载仁亲王命令:“中国驻屯军除现有任务外,应负责讨伐平津地区的中国军队,安定平津地区各重要地方。”[5]接着又下达派遣第5、第6、第10师团等前往华北的命令。28日,参谋总长就华北作战问题给“中国驻屯军”发出指示。其要点是:(一)陆、海军配合问题,按陆、海军协定另册摘要行事;(二)军的作战地区(航空兵除外)大概定于保定、独流镇一线以北,适当可使用催泪弹;(三)第10师团为基干的部队,约于8月15日至18日前后在北塘及塘沽附近登陆。

7月29日,日军参谋本部制定了《对华作战计划大纲》,决定把战争扩大到华北地区之外。其要点是:[6]

> 一、作战方针:击溃平津地区的中国军队,设法使该地区安定下来。作战地区,大概限定于独流镇之线以北。根据情况,以一部兵力在青岛及上海附近作战。
>
> 二、兵团的兵力编制及任务:(一)平津地区以中国驻屯军约4个师团为基干,击溃平津地方的中国军队。(二)青岛附近大概以1个师团为基干,占领青岛附近,以保护侨民为主旨。
>
> 三、指导作战要点:(一)以中国驻屯军进行作战。在平津地区,特别是在以上作战地区,对中国军队尽力加以沉重打击。(二)在情况不得已时,对青岛及上海附近进行作战。(三)由于战况的演变,特别是由于和第三国的关系,应以最低限度的兵力占领平津地区,并策划持久占领。
>
> 四、对第三国,应严密警戒,逐步动员必要的兵力,派到满洲。
>
> 五、另外以5个师团归中央直辖,可以适应形势变化,作好准备。

日本海军在陆军决定向华北派遣国内师团的同时,也于27日作出《省部关于处理时局及准备的协议》。协议指出:“鉴于今后形势有很大可能导向对华全面作战,因此海军必须进行对华全面作战的准备。”“当前用兵是以解决华北问题必要的兵力为限，而海军为加速完成上述目的，应该对华北方面予以分内的协助，护卫输送船只，保护在中国各地的权益及侨民。但对华全面作战和保护青岛及上海，也应完成必要的准备。”[7] 28 日，军令部总长博恭王发出命令：“联合舰队司令长官派遣第二舰队协助陆军保护在华北方面的日本臣民和权益，并协助第三舰队。”[8]

至此，日本帝国主义对中国发动全面战争已经做好充分的准备。这时，中国方面也在进行着对付日军进攻的准备。7 月 27 日 8 时 30 分，蒋介石决定了华北地区防御战的计划。其部署是：

（一）我军应仍照原定计划在沧保、沧石二线上集中构成阵地，期在此线上与敌作整齐之战斗。

（二）中央军以援助平津、期与敌在永定河地区作战之目的，先以主力集结于沧州、保定之线。第 29 军应固守北平、卢沟桥、长辛店、涿县之线，与保定方面保持确切连络。

（三）令孙连仲部第 26 路军即向永定河地区前进。该路军之行动此后归宋主任哲元指挥。所遗保定、任丘、河间、献县防地，已令万福麟第 53 军接防（当日上午 11 时 30 分河间、献县另令曾万钟部接防）。

（四）令万福麟部第 53 军即推进于保定、任丘之线，接 26 路军防地，在该线上构筑阵地。

宋哲元在了解了当前形势，知道中央已“决心大战”，特别是经过廊房、广安门战斗及收到日军的最后通牒后，方仓促组织抗战。他在 16 日制订的防守北平地区“作战预先号令”的基础上，于 7 月 28 日向所属各部队下达了作战命令。其主要内容为：[9]

（一）作战方针：为确保北平、天津两市及其附近地区，对敌实施持久防御，伺机再转为攻势，以夺取战争的最后胜利。

（二）兵力部署：将全军分为三路：第一路军防守北平地区。以第 132 师、38 师之 113 旅及军特务旅为右地区部队；以冀北保安队之 2 个旅及独立第 39 旅为左地区部队；以 37 师之 111 旅、独立第 27 旅、38 师特务团及北平保安队为城防部队；以骑兵第 9 师（欠第 1 旅）为机动部队；以 37 师（欠 111 旅）、独立第 25 旅、骑兵第 9 师之第 1 旅、冀北保安 1 旅之第 1 团及河北省保安队为总预备队。

第二路军防守天津地区，下辖第38师之112旅、114旅、独立第26旅及天津保安队。

第三路军防守察哈尔省，下辖第143师、独立第29旅、独立第40旅、独立骑兵第13旅及察哈尔省保安队。

（三）任务区分：第一路军之右地区部队，在北平永定门（不含）、大红门、南苑兵营、团河、黄村、庞各庄之线占领要点，构筑阵地进行防御。情况许可时，适时调整部署，集中兵力实施出击，将来犯之敌消灭于阵地之前；为确保南苑兵营，在西红门、新宫小红门及旧宫村配置一定兵力；驻南苑兵营之部队为右地区之预备队，随时准备策应各部队；另外第113旅（欠225团）防守安次及武清县城，破坏敌军交通线，并对敌实施牵制性袭扰。

左地区部队，在北平城东北角（不含）、北苑、沙河镇、昌平车站之线占领要点，构筑阵地进行防御；控制适当之机动兵力，随时准备实施出击，与防守要点之部队协同消灭进攻之敌。

城防部队，按城防计划依托既设工事，坚守城垣，将进攻之敌消灭于城外，同时消灭城内日军。

骑兵部队，在地区守备部队前方积极活动，对当面之敌实施突袭，以利于防御部队之作战，并破坏敌后方交通线及进行牵制性袭扰。

总预备队，派出一部兵力，密切监视卢沟桥附近之敌，相机出击，将其击歼，严防敌人由各要点间隙渗入至西郊地区。

第二路军，在驻天津市部队掩护下，迅速进入市区，构筑工事，组织坚守；派出一部兵力对大沽、塘沽警戒。

第三路军，与第一路军保持密切联系，派出一部兵力据守南口，与沙河镇友军协同，消灭侵入昌平之敌。

（四）作战方法：1. 除防守北平、天津市区部队外，其他部队应采用游击战法，集中兵力，各个消灭孤立之敌。2. 在敌机械化部队经过的道路上，埋设地雷或挖掘陷阱，并设便衣伏兵，实施突然袭击。3. 当友军遭敌攻击时，必须主动支援，向进攻之敌的侧背实施奇袭。

宋哲元的这一作战命令刚刚下达至北平地区各师，部队尚未来得及行动，日军便开始发动了对北平的进攻。

二、北平、天津战斗

7月26日晚广安门战斗刚刚停止，日本“中国驻屯军”便于当晚10时20分下达了攻击中国第29军的作战命令。命令的要点如下：

（一）军于7月27日正午开始攻击。

（二）在廊坊及天津的第20师团主力在团河村（北平南约15公里）附近集结，与位于马驹桥（北平东南约15公里）的一部协同进攻南苑。

（三）中国驻屯步兵旅团主力从丰台向南苑兵营北端方向进攻，在通州的该旅团步兵第2联队向南苑东北端方向进攻，至11时进入北平—马驹桥一线，听候旅团长指挥。

（四）北平警备队保护北平侨民。

（五）独立混成第11旅团（在高丽营）从卫窑（北平北约16公里）附近攻占西苑，然后进至永定河一线。

（六）独立混成第1旅团（在顺义）从沙河镇方向向永定河一线攻击。

（七）军预备队（第20师团的步兵3个大队）位于天津。

（八）集成飞行团主力拂晓攻击西苑兵营。

（九）临时航空兵团一部在承德，主力转场至天津，协同地面部队进攻，并随时准备与中国空军作战。

由于北平市内日本侨民尚未迁移完毕，而且前面所发最后通牒的期限是28日正午，因此驻屯军决定将攻击时间推迟至28日执行；同时，决定在对北平发动总攻之前，于27日对通县、团河、小汤山等地第29军驻军发动袭击。

28日上午8时，日军步兵在飞机、炮兵支援下，对南苑第29军营房展开进攻，主攻部队第20师团由南苑东南角和西南角展开攻击。集结于丰台的日军驻屯旅团主力同时向南苑进攻，切断南苑守军的北平方向的退路。在日军陆军及航空兵协同攻击下，南苑守军第29军特务旅2个团、第38师114旅2个团及师部特务团、骑兵第9师3个团，以及高炮营、装甲汽车大队等共计约2万人左右完全处于被动挨打的地位，通信设备很快被炸毁，联络中断，指挥失灵，部队各自为战，秩序一片混乱。

至下午1时，南苑战斗结束。第29军副军长佟麟阁在混战中壮烈殉国；第

132 师师长赵登禹在向北平方向突围时，于大红门附近受敌截击，也英勇牺牲。当南苑战斗激烈之际，已经进到涿县地区的第 132 师第 1 旅和第 2 旅，在师长赵登禹连发电报催促增援的紧急关头按兵不动，贻误了战机。

当南苑战斗进行之时，第 37 师一部向丰台日军发动攻击。因丰台日军驻屯旅团主力已前出到南苑与北平之间担任阻击，丰台只有少数日军守备，因而在第 37 师的攻击下受到损失。南苑战斗结束后，当日下午 3 时，驻屯旅团返回丰台，将攻击丰台的第 37 师部队击退。此时，日军独立混成第 11 旅团也已攻占了清河镇，驻防该地的冀北保安部队第 2 旅退至黄寺。日独立混成第 1 旅团占领沙河。

28 日下午 2 时，宋哲元召开军政首脑会议，讨论部队行动问题。会上决定委派张自忠代理冀察政务委员会委员长、冀察绥靖公署主任兼北平市市长。当日晚，宋哲元率第 37 师离开北平赴保定。宋到达保定以后，于 30 日电报蒋介石，提出：“刻患头疼，亟宜休养”，并将第 29 军军长的职务交冯治安代理。

29 日拂晓，日军独立混成第 11 旅团进攻北苑与黄寺的独立第 39 旅和冀北保安部队。战至下午 6 时，黄寺被日军攻占。

30 日，在日军操纵下成立了伪政权北平维持会，在北苑的独立第 39 旅旅长阮玄武投敌，在城内的独立第 27 旅亦被日军解除武装，张自忠躲进德国医院。北平沦陷。

当日军主力大部集中北平作战时，留在天津的日军除驻海光寺的军司令部及直属 5 个步兵小队外，还有步兵 3 个大队、临时航空兵团和兵站各部队，全部兵力约 5000 人。他们分散守备在天津总站、东站、东局子飞机场和日本租界等处。第 29 军在天津地区的部队尚有第 112 旅（驻小站）、独立第 26 旅（驻马厂一带）。天津的防务由第 38 师副师长兼市公安局局长李文田负责。廊坊被日军占领后，平、津间交通已断，天津局势紧张。李文田于 28 日下午 7 时召开紧急会议，讨论对日作战问题。参加会议的有师属手枪团团长祁光远、市政府秘书长马彦翀、天津市保安队队长宁殿武、天津警备司令刘家鸾、第 112 旅旅长黄维纲和独立第 26 旅旅长李致远。经过分析讨论，一致认为应立即向天津日军发动攻击。最后李文田决定了攻击战斗部署：以天津保安队 1 个中队在宁殿武队长指挥下攻取东车站；手枪团配属独立第 26 旅 1 个营和保安队 3 中队，在祁光远团长指挥下攻取海光寺日本兵营；独立第 26 旅配属保安队第 2 中队，由李致远旅长指挥攻取天津总站及东局子日军飞机场；天津市武装警察负责交通、通信联络。

图 2-4-1 日军总攻北平要图
（1937 年 7 月 27 日夜—31 日）

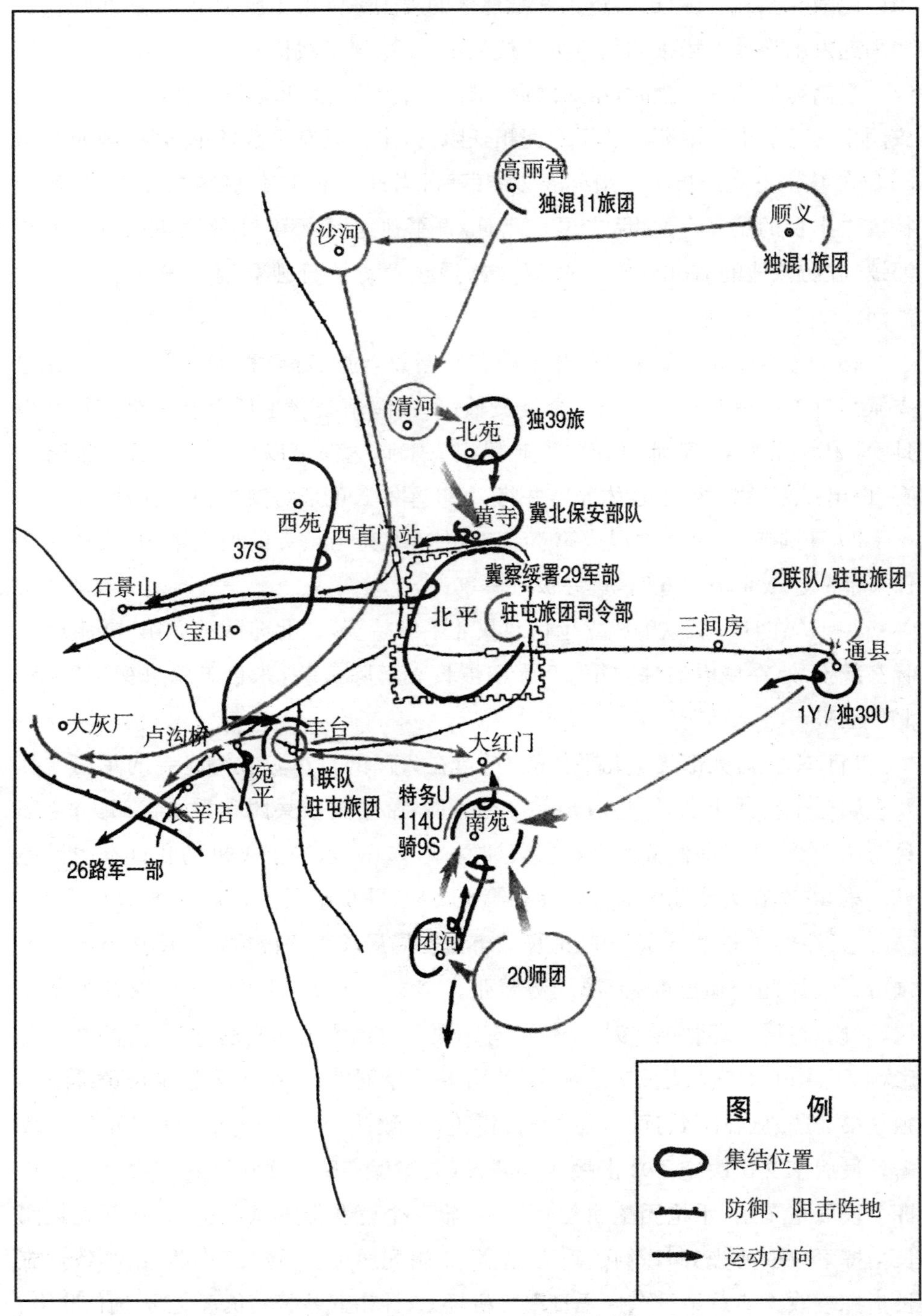

攻击时间为29日凌晨1时，总指挥部设在西南哨门。

29日凌晨1时，各部队按照指定任务同时向日军发动攻击。由于采取了突然袭击手段，因此攻击开始后进展较为顺利。独立第26旅迅速攻占了总站及东局子飞机场，烧毁了10余架日机，并攻进航空兵团司令部，缴获了大量机密文件（包括日陆军航空兵正在使用的电报密码本等）。事后日本参谋本部追查这一重要失密事件，航空兵团参谋长今泽舍次郎大佐及有关人员均被撤职查办。保安队第1中队也很快攻占了东车站。惟海光寺日军由于工事坚固、炮火猛烈，未能攻克。

战斗至当日下午，日军临时航空兵团开始对中国军队及其驻地进行轰炸。在日军飞机轰炸和其地面部队火力反击下，第38师各部队间联络中断，指挥失灵，形成各自为战的混乱局面，损失越来越大。增调的援军第112旅又迟迟不到，于是李文田部队在当日下午3时开始撤退，天津沦陷。

第29军进攻天津日军时，驻通县的伪冀东保安队在张庆余、张砚田的率领下反正。张庆余是伪冀东保安队第1总队指挥，张砚田是第2总队指挥。该部原系于学忠的两个团。卢沟桥事变发生后，张庆余曾秘密派人与第29军联系，商定在开战时举行起义。29日凌晨2时，该保安队向驻通县的日军和伪冀东自治政府发动突然袭击，捉获了伪主席殷汝耕，击毙了日军特务机关长细木繁中佐及所属日军数十人，并消灭了日军守备队、汽车队大部和全部日本顾问，也牵连杀死了一些日本侨民。然后于下午4时撤离通县，带着殷汝耕，准备将其送往北平；但当到达北平附近时，保安队得知第29军已全部撤退，只好经北平西郊向保定方向转移。转移途中，在北苑、西直门之间遭到日军的袭击。混乱中，殷汝耕逃走。

第29军的第38师在天津的反击和通县伪冀察保安队的起义，使日本遭到一定的损失。日本“中国驻屯军”为解除后方的威胁，急令第20师团第39旅团长高木义人率3个步兵大队、1个炮兵大队回援天津，同时向关东军求援。关东军立即派兵力约1个大队的先遣队赶赴天津；随后又以第1师团的第2旅团为基干，配属了炮兵、骑兵及工兵，组成第2混成旅团，车运天津增援。增援日军相继于7月30日至8月1日到达天津。此时，天津地区的中国军队已撤至静海以南地区，北平地区的中国军队已撤至涿县、固安、永清以南地区。日军占领平、津后暂停进攻，拟俟第二批侵华日军的3个师团到达后再发动更大规模的进攻。

三、平津作战简析

在平津作战中，第 29 军广大官兵对日本侵略军进行了英勇顽强的抗击，曾出现许多感人事迹。如第 219 团团长吉星文多次率部以肉搏击退日军的猛烈进攻，负伤不下火线，仍坚持指挥战斗。但第 29 军主力在北平地区仅战斗 1 天即遭重创，牺牲高级将领 2 名，伤亡官兵 5000 余人，被迫放弃北平。[10]

北平作战中歼灭日军甚少。据日军统计，仅死伤 511 人。连同天津作战，据日本军方当时发表的数字，自 7 月 27 日至 8 月 3 日，日军不过死伤 1233 人（其中军官 89 名）。[11]日军武器装备占绝对优势，地、空协同作战火力异常猛烈，固然是中国军队迅速失利的重要原因，但更主要的原因是第 29 军最高领导对情况判断失误。他们既未认清日本法西斯的侵略野心，又不理解国内形势的发展及亿万军民强烈要求抗战的意愿，企图委曲求和，希图局部解决，维持冀察的原有局面，以致丧失了宝贵的时间，且未作充分、有力的战备和应有的部署。

宋哲元到达保定后，于 7 月 29 日致电蒋介石请求处分。其电文是："哲元身受国家重托，自主持冀察军政以来，日夜兢兢于国权保持，乃至卢案发生，终不能达到任务，实有亏于职责，并负钧座之属望，拟请予以处分，以免贻误，而挽国危。"[12]宋哲元在 8 月 3 日公开对外发表《我军抗战经过》，文中叙述了卢沟桥事变及平津作战经过后又自责"处置不当，实应受国家严重处分"，[13]说明宋哲元已认识到自己对平津作战失败负有责任。

"七七"事变发生时，宋哲元正在山东乐陵家乡，得知事变发生后并未返回部队。当中央已派出第 26 路军及庞炳勋、高桂滋部北上支援其作战，并于 7 月 9 日、10 日两次电催后，才于 11 日离开家乡。但作为华北最高军政长官，他既未返回华北军政中心的北平去筹划抗战，也未到中央令其开设指挥部的保定去指挥部队，却去天津与日军新任的司令官香月清司进行求和的接触、谈判。7 月 15 日、17 日，何应钦两次致电宋哲元，分析日本和谈阴谋及形势之严重，令其在北平、南苑、宛平集中兵力、构筑工事，作持久抵抗之准备，但宋哲元无动于衷。当他接受了香月清司的无理要求，将第 37 师撤出北平、禁止中国人反对日本侵略，而日军仍向苑平第 29 军进攻时，仍未采取任何有效的战备措施。宋哲元接到何应钦 15 日要其“切实注意计划”的电报后，曾令秦德纯拟制了一个防守北平的局部作战计划（其内容基本上是 7 月 28 日作战命令中第一路军部分），作为预先号令发给高级将领。但由于中央和地方实力派的矛盾，由于诸将领中存在着主战和主和两派，相互争执不下，而宋哲元又是主和的。在这种情况下计划根本无法执行，形同废纸（这种和、战不一的情况，在南京政府中也存在）。正因为如此，所以当日军发动进攻时，第 29 军并不清楚日军究竟有多少兵力，更谈不上了解日军的作战计划和主要突击方向，就连一般的判断都没有。平津之战展开以后，军部对 28 日南苑战斗的情况不了解。直到当日下午，骑兵第 9 师师长郑大章逃回城内才知道了南苑战斗已经失利。

28 日下午召开军事会议，决定留张自忠在北平与敌周旋，宋哲元到保定。但北平所留部队和天津的第 38 师、察哈尔省的第 143 师究竟应该如何作战，并没有明确决定，实际上是交由张全权处理。张于 29 日到冀察政务委员会就职后并未指挥部队作战。这天北苑和黄寺战斗正在进行。位于天津的第 38 师是听到南苑战斗并收复丰台的传闻后才于 29 日对日军发动攻击的。通县伪军反正也是在与第 29 军毫无联络的情况下发动的。在 28、29 两日平津地区展开大规模作战期间，位于察哈尔省及南口至张家口铁路沿线的第 143 师部队竟然没有任何行动。这些事实都说明当时第 29 军指挥方面的混乱程度。

我们从卢沟桥事变前后第 29 军的全部情况来看，平津之战迅速失败，与其说是军事上指挥不当，不如说是其领导人幻想苟和的结果。这种幻想苟和的思想贯串在卢沟桥事变以来的全过程。甚至 28 日军事会议的决定仍然是幻想苟和的一种表现。为什么在日军进攻、平津危急的情况下，宋等只率第 37 师后撤，而其余部队未动，让张自忠留北平与敌周旋呢？这实际上还是想满足日军最后通牒中所提的要求，幻想求得日军停止进攻，维持冀察原局面。他们不了解日军最后通牒中所提要求仅仅是发动全面战争一种形式。即使是完全承诺了日军的要求，日军对中国的侵略战争仍然是要进行下去的。这是从平津之战迅速失败中应总结的历史教训。

附表 2-4-1　平津作战中国军队战斗序列表（1937 年 7 月）

冀察绥靖公署主任、第 29 军军长宋哲元
第 29 军副军长秦德纯、佟麟阁　参谋长张樾亭

- 特务旅　旅长孙玉田
- 第 37 师　师长冯治安
  - 第 109 旅　旅长陈春荣
  - 第 110 旅　旅长何基沣
  - 第 111 旅　旅长刘自珍
  - 独立第 25 旅　旅长张凌云
- 第 38 师　师长张自忠
  - 第 112 旅　旅长黄维纲
  - 第 113 旅　旅长刘振三
  - 第 114 旅　旅长董会堂
  - 独立第 26 旅　旅长李九思
- 第 132 师　师长赵登禹
  - 第 1 旅　旅长刘景三
  - 第 2 旅　旅长王长海
  - 独立第 27 旅　旅长石振纲
  - 独立第 28 旅　旅长柴建瑞
- 第 143 师　师长刘汝明
  - 第 1 旅　旅长李金田
  - 第 2 旅　旅长李曾志
  - 独立第 40 旅　旅长刘汝明（兼）
  - 独立第 29 旅　旅长田温其
  - 保安旅
- 独立第 39 旅　旅长阮玄武
- 骑兵第 9 师　师长郑大章
  - 第 1 旅　旅长张德顺
  - 第 2 旅　旅长李殿林
- 骑兵第 13 旅　旅长姚景川
- 冀北保安队　司令石友三
  - 第 1 旅　旅长陈光然
  - 第 2 旅　旅长吴振声

注：第 143 师未参加平津之战，其他各师有的旅也未参战。

附表 2-4-2　平津作战日军战斗序列表（1937 年 7 月下旬）

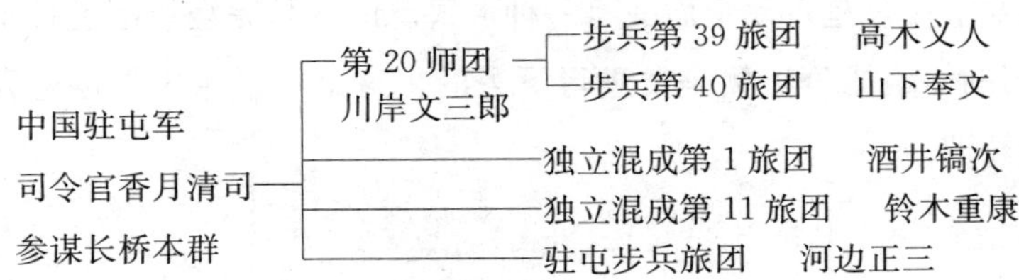

注 释：

〔1〕 〔日〕臼井胜美、稻叶正夫编《现代史资料(9)·日中战争》。东京1964年版,(二)第19页。

〔2〕 日本防卫厅防卫研究所战史室:《中国事变陆军作战史》。中华书局1979年中译本,第1卷第1分册第195页。

〔3〕 秦孝仪主编《中华民国重要史料初编——对日抗战时期》。台北国民党中央党史委员会1981年印,第二编《作战经过》第32页。

〔4〕 同〔3〕,第71页。

〔5〕 同〔1〕,第20页。

〔6〕 同〔1〕,第25页。

〔7〕 同〔2〕,第211页。

〔8〕 同〔2〕,第224页。

〔9〕 此命令的原件是日军在南苑从战死的第29军军官的公文包内发现的,由“中国驻屯旅团”步兵第2联队津久井广收藏,刊登于日本“中国驻屯旅团”步兵第1联队战友会编的《卢沟桥事变50周年专集》上。转引自彭明主编的《中国现代史资料选辑》第5册第66—70页。译文不太准确。有人说此命令为伪造,但所据理由很不充分。

〔10〕 见宋哲元《我军抗敌经过》。原载《卢沟桥》,桂林前导书局1937年9月版,第45—46页。

〔11〕 见《赵登禹、佟麟阁、冯洪国等烈士英勇殉国》。载1937年8月5日巴黎《救国时报》。

〔12〕 同〔3〕,第76页。

〔13〕 同〔10〕。

第五节 中日两国确立战时体制

一、平、津沦陷后的形势

第29军从北平撤退的消息传到南京后,蒋介石于7月29日上午和下午召开了两次特别会议,讨论了第29军从平、津撤退以后政府的方针,决定派徐永昌为保定行营主任，将平汉、津浦铁路北段划为第一战区。蒋介石自己兼任战区司令长官，统辖 5 个集团军：第 1 集团军总司令宋哲元，担任任丘县以东、惠（丰桥）保（定）线阵地防御；第 2 集团军总司令刘峙，担任平汉线方面作战；第 3 集团军总司令韩复榘，担任胶济路方面作战；白崇禧集团担任浦口以北、兖州以南、砀山以东至海州地区的防务；顾祝同第 5 集团军担任鲁西运河以西至黄河南岸的防务。令刘汝明所部和高桂滋所部合编为察省守备军团，以刘汝明为总指挥，负责收复绥东、察北；汤恩伯军向宣化、怀来集结为预备军。以上察省守备军团和预备军统归第 7 集团军总司令傅作义指挥。骑兵第 6 师归马占山指挥，集结于大同。骑兵第 3 师与骑兵第 7 师合编为骑兵军，何柱国为军长，使用于察北地区。

会后，蒋对新闻记者发表谈话说："在军事上说，宋（哲元）早应到保定，不宜驻在天津。余自始即如此主张。余身为全国军事最高长官兼负行政责任，所有平津军事失败问题，不与宋事，愿由余一身负之。余自信必能尽全力负全责，以挽救今后之危局。须知平、津情势今日如此转变，早为国人有识者预想所及。日人军事政治势力之侵袭压迫由来已久，故造成今日局面，绝非偶然。况军事上一时之挫折，不得认为失败，而且平津战事不能算为已经了结。日军蓄意侵略中国，不惜用尽种种之手段，则可知今日平、津之役，不过其侵略战争之开始，而决非其战争之结局。国民只有一致决心共赴国难。至宋个人责任问题，不必重视。"谈到今后对日方针时，蒋说："自卢沟桥事变发生，余在庐山谈话会曾切实宣告：此事将为我最后关头之界限，并列举解决此事之最低立场，计有四点，此中外所共闻，绝无可以变更。当时余言我不求战只在应战。今既临此最后关头，岂能复视平津之事为局部问题，任听日军之宰割，或更制造傀儡组织。政府有保卫领土主权与人民之责，惟有发动整个之计划，领导全国，一致奋斗，为捍卫国家而牺牲到底。此后决无局部解决之可能。国人须知我前次所举之四点立场，实为守此则存、逾此则亡之界限，无论现时我军并未如何失败，即使失败，亦必存与国同尽之决心，决无妥协与屈服之理。总之，我政府对日之限度，始终一贯，毫不变更，即不能丧失任何领土与主权是也。我国民处此祖国之存亡关头，其必能一致奋斗到底！余已决定对于此事之一切必要措置，惟望全国民众沉着谨慎，各尽其职，共存为国牺牲之决心，则最后之胜利必属于我也。"[1]

中国军队按照 29 日蒋召开的特别会议决定的部署，于 8 月上旬迅速进行调整。7 月 30 日，驻绥东地区的第 13 军汤恩伯部向张家口挺进。8 月 2 日，担任察南地区防御的傅作义、刘汝明、汤恩伯决定，将察南地区防御分为两个部分：汤部担任南口至赤城方面的防务，刘部担任张家口方面的防务。8 月 5 日，汤部第 13 军第 89 师主力进到居庸关和南口，骑兵第 1 军进到绥东地区。宋哲元部第 1 集团军整编后展开于津浦路北段地区。刘峙部第 2 集团军向保定、石家庄线集结，其中第 26 路军孙连仲部进到琉璃河、马头镇地区展开防御。

日本“中国驻屯军”在占领平、津后，于 8 月 1 日决定主力集中在平津地区，保住北宁铁路，一部占领长辛店及独流镇，防备中国军队的反攻，以等待国内师团到来后再向华北内地发展进攻。根据这一方针，日军以第 20 师团主力占领长辛店，掩护全军集中；驻屯旅团集结于丰台和南苑；独立混成第 11 旅团集结于西苑附近，向南口方面警戒；混成第 2 旅团占领独流镇附近，掩护全军集中；军直辖步兵第 77 联队保护北平。

二、日本政府放弃“不扩大”方针

1937 年 8 月 13 日，淞沪会战爆发，战火由华北蔓延到华中，战争由局部发展到全面。这是日本帝国主义扩大武装侵略中国政策的必然趋势。在日军即将占领北平、天津的 7 月 29 日，日本参谋本部制定出《对华作战计划》，就已准备将战争扩大到华中。其作战方针规定：“根据情况，以一部分兵力在青岛及上海附近作战”。[2] 8 月 9 日发生了“大山勇夫事件”。10 日，日本政府召开内阁会议，确定向上海派遣陆军部队。13 日，日本政府再次召开内阁会议，会后以内阁官房长官谈话的形式发表了在上海方面采取行动的声明。就在这一天，中、日两军在上海发生冲突，淞沪战役随即展开。

8 月 15 日，日本政府公布了《帝国政府声明》，污蔑中国“轻侮帝国，非法暴戾已极”，称扩大对华作战是“为了惩罚中国军队之暴戾，促使南京政府觉醒，于今不得不采取之断然措施”，明确提出了侵略中国的目的是要根本排除中国的抗日运动和消灭妨碍“日、满、华三国间融和提携”的“所由发生之根源”。这实质上是一篇日本发动全面侵华战争的宣言书。接着，日本政府于 17 日召开内阁会议，作出了放弃以前“不扩大”方针的决议：“一、放弃以前所采取的不扩大方针，筹划战时形势下所需要的各种准备对策。二、为了适应事态扩大的经费支出，在 9 月 3 日前后召集临时议会。”[3] 8 月 21 日，参谋本部决定，除已向华北派出的第 20、第 5、第 6、第 10 师团外，再增派第 16、第 108、第 109 师团。8 月 24 日，又增派第14师团至华北。同日，日本内阁通过动员案，并于8月31日组建成华北方面军。日本海军则于9月5日宣布封锁中国全部海岸。

日本政府为了使全国迅速转入战时体制，在上一届特别议会结束还不到1个月，便于9月3日又召开第72届帝国议会。在5日的议会上，近卫首相作了施政方针演说，提出："对中国军队断然采取行动，积极而全面地给以重大打击"，尽可能迅速地给中国军队以彻底的打击，使其丧失战斗意志；"中国方面如仍不觉醒，继续顽固抵抗，则日本长期战斗下去亦在所不辞"。[4]这次议会标志着日本决心不惜一切代价以全力侵略中国。在11月间，日本设立了作为战时最高统帅机构的"大本营"。至此，日本已完成了全国的战时体制。

三、中国大本营的设立和战略方针的确定

中国政府为了应付日本帝国主义的大举进攻、坚持长期抗战，在卢沟桥事变后不久即开始筹组指挥全国军队的最高统帅机构。军政部在7月下旬拟定了大本营组建及各战区划分的方案。平、津失陷后，大本营的组织机构已秘密地逐步形成，战争指导方案也在酝酿和讨论之中。

7月底，国民政府在南京筹备召开国防会议。会议除军事委员会主要领导人和部分地方高级将领外，还邀请中共代表参加。8月9日，中共代表周恩来、朱德、叶剑英前往南京出席国防会议。毛泽东针对当时日军正准备在华北扩大侵略战争的形势，向国防会议提出了《对国防问题的意见》，由周恩来等交给了国防会议。其主要内容为："甲、第一防线张家口、涿州、静海、青岛等处，重点在张家口，应集中第一次决战兵力。乙、第二防线保定、大同、马厂、潍县等处，应集中优势兵力，相机增援第一线，并准备第二线决战。丙、至太原、石家庄、沧州等处，仅能作第三防线，决不能只顾此线而不集中兵力于第一二线。丁、目前关键是第一防线。戊、总的战略方针暂时是攻势防御。应给进攻之敌以歼灭的反攻，决不能是单纯防御。将来准备转变到战略进攻，收复失地。己、正规战与游击战相配合……发动人民的武装自卫战，是保证军队作战胜利的中心一环。"[5]8月11日，中共代表团出席了国民政府军政部部长何应钦召集的会议，又向会议提交了《确立全国抗战之战略计划及作战原则案》。提案的要点是："1. 战略的基本方针是持久的防御战，但应抓住适当时机予以全线之反击，而根本地把日寇从中国

赶出去。2. 在战役上应以速决战为原则。3. 作战的基本原则是运动战，应在决定的地点，适当的时机，集中绝对优势的兵力与兵器，实行决然的突击，避免持久的阵地消耗战。4. 在必要的战略要点或政治经济中心，设立坚强之工事，并配置足够的兵力，以钳制敌人。5. 一切阵地的编成，避免单线的构筑，而应狭小其正面，伸长其纵深。在守备部队的作战要领，亦应采取积极的动作，一般的应反对单纯的死守的防御，只有积极的动作起来，才能完成守备的任务。6. ……在战役的指导上，应是外线作战，以求得歼灭敌人。7. 广大地开展游击战争。其战线应摆在敌人之前后左右，以分散敌人，迷惑敌人，疲倦敌人，肃清敌人耳目，破坏敌人之资财地带，以造成有利条件，有利时机，使主力在运动中歼灭敌人。只有在上述作战原则之下，才是保持持久战的有效方法和消灭敌人，取得抗战胜利的手段。”[6]周恩来、朱德还在会议上作了重要发言。

周恩来在发言中指出：中央方针系全局布置，加紧华北抗战甚为正确，依此坚强决心。进行整个部署，动员全国军民，方可得最后胜利。周恩来认为：主战场在华北方面。作战方针上应展开于黄河北岸抗战，否则交通运输有被敌截断之可能，所以第一、二战区要培养独立持久的能力。在华北由阵地战转为平原与山地之扩大运动战。正面防御不可依赖一线及数线之阵地。因我兵力不如敌人，突破一线则影响第二线。所以正面宜筑集团工事，这样虽突破一点而不影响其他，而由侧面扰乱之。其次用游击战术，交通大道则坚壁清野，在其侧面山地则不退，且组织民众，以军事人才指导。周恩来对国防会议的职能、中央机关的缺点、预备军的使用与军区划分、部队编制和政治工作等方面也发表了极为正确的谈话。

朱德在发言中指出：战略上需要持久防御，但在战术上应采攻势。正面兵力拥挤必受损失，必须伸至侧翼活动，因敌人作战不可离开道路。我则应离开道路以行运动战。敌必固守其后方阵线，故我宜尽量破坏其后方。游击战为抗战中之重要者。破坏敌人后方，牵制敌人，敌不能不以大兵力守其后方。朱德对战时政治工作、战区划分、预备军的动员与运用，也提出了自己的看法和主张。

叶剑英在发言中指出：战略上虽采内线，但战术上仍应取外线，随时包围敌人。所以集团防御战争、广大游击战争、广大民众之运动战应以此原则进行作战。叶剑英认为：日军战略展开，必先取得上海、青岛、天津、北平和张家口五点。我之重点应置于平绥线，可破坏敌人整个计划。叶剑英还对战争持久问题、武装民众问题、粮食供应问题等提出了自己的看法和意见。

出席会议的还有山西绥靖公署主任阎锡山、广东绥靖公署主任余汉谋、湖南省主席何键、第5路军副总司令白崇禧、川康绥靖公署主任刘湘、湖北省主席黄绍竑、云南省主席龙云、前第19路军军长蔡廷锴等。

这次国防会议是采取谈话会形式。山西省主席、第二战区司令长官阎锡山于8月2日抵南京参加会议。但因华北战局紧张，他未参加正式会议，于8月6日下午5时将意见发表后便急忙离南京赶回山西。他谈话的主要内容是：在政略上抵抗日本的侵略，在战略上实行持久战。在战术上求得第一次会战的胜利，以正世界视听，尔后再将军队疏散，实行持久战。在战斗时避敌火力，利用地形，使其飞机、战车、大炮失去作用。刘湘发言指出："要抗战才能救亡图存，才能深得民心；要攘外才能安内。日本人的军事力量虽然比较我国为优，但必须利用交通线，始能发展其所长。离开交通线，其军队调动难，给养补充更不容易。我等只要采取正规、游击两种战术，在交通线两侧与前后方，与敌周旋，即作持久战……由中日战争发展到国际战争，是可能的。抗战最后胜利，必属我国。"他还说："抗战，四川可出兵30万，供给壮丁500万，供给粮食若干万石。"[7] 12日，国民政府国防会议决定成立大本营，以军事委员会委员长蒋介石为陆、海、空军大元帅，行使三军最高统帅权。后因未对日宣战，成立大本营事未对外公开，实际上仍以军事委员会作为抗战最高统帅部。8月13日沪战爆发，中国外交部发表声明，指出："中国之领土主权，已受日本之侵略，国际盟约、九国公约、非战公约已为日本所破坏无余……中国责任所在，自应尽其能力，以维护其领土主权，并维护上述各种条约之尊严。中国决不放弃领土主权之任何部分。"[8]

15日，蒋介石下达了全国总动员令，并正式组成大本营，[9]将全国划分为4个战区(8月20日颁布时又增为5个战区)。国民政府于8月20日以大元帅蒋中正(即蒋介石)的名义下达了大本营训令第一、二号，颁布了《国军战争指导方案》(附后)和《国防作战指导计划》。

在《国军战争指导方案》中指出："为求我中华民族之永久生存及国家主权领土之完整，对于侵犯我国主权领土与企图毁灭我民族生存之敌国倭寇，决以武力解决之。"《方案》规定了大本营的组织系统。在作战指导方面提出："以达成持久战为基本主旨，因此将军令、军政、财政、经济、宣传、训练划为六部，分担任务。各部应本主旨，适切运用，紧密连系，俾获最后之胜利，为共同一致之最高原则。"《方案》将全军分为5个战区：河北省和山东省北部为第一战区，蒋介石兼司令长官；山西省、察哈尔省、绥远省为第二战区，阎锡山任司令长官；江苏省长江以南和浙江省为第三战区，冯玉祥任司令长官；福建省、广东省为第四战区，何应钦兼司令长官；江苏省长江以北和山东省南部为第五战区，蒋介石兼司令长官。《方案》中指出：“主战场之正面在第一战区，主战场之侧背在第二战区。”预期第一期作战到1937年10月下旬为止。对此期间内各战区、海军、空军、各预备军及直属部队、后方勤务部队的作战任务以及政略、财政、经济、宣传、民众组织训练都作了规定。

《国防作战指导计划》中有关作战指导方略、军队运用、战区划分等内容与《战争指导方案》完全一致，对各战区的作战任务又作了明确、具体的规定。由于当时的战场主要在华北和淞沪地区，所以对第一、第二、第三战区的作战任务规定得更为具体。

《国军战争指导方案》和《国防作战指导计划》确定了抗日战争的战略方针和作战原则，但由于日军进攻猛烈，战争发展迅速，形势变化很快，对各战区所规定的某些作战任务未付诸实施，因而失掉实际意义。

在举行国防会议期间，国民党于8月12日召开了临时常务委员会，决定设立国防最高会议，作为战时党、政、军的最高领导机构。蒋介石为这个会议的主席。按照其职责，他可以不按平时的程序处理一切事务。至此，中国也进入了战时体制。

四、国共两党统一战线的正式建立与红军改编

战争形势迅速发展，使国共两党的抗日民族统一战线也迅速建立起来。7月15日，中共中央向国民党递送了《中共中央为公布国共合作宣言》后，周恩来、秦邦宪、林伯渠在庐山与蒋介石、邵力子、张冲继续谈判。蒋介石宣布承认陕甘宁边区，但在红军改编方面尚有分歧，谈判陷于僵局。淞沪战役展开后，蒋介石于8月19日表示同意中共方面的主张，将红军改编为“国民革命军第八路军”，任命朱德为总指挥，彭德怀为副总指挥，并发表了红军改编的命令。9月22日，国民党公开发表了《中共中央为公布国共合作宣言》。23日，蒋介石发表了实际上承认中国共产党合法地位的谈话。他说：“此次中国共产党发表宣言，即为民族意识胜过一切之例证。宣言中所举诸项……皆为集中力量救亡御侮之必要条件，且均与本党三中全会之宣言及决议案相合……中国共产党人既捐弃成见，确

认国家独立与民族利益之重要，吾人惟望其真诚一致，实践其宣言所举之诸点，更望其在御侮救亡统一指挥之下，以贡献能力予国家，与全国同胞一致奋斗，以完成革命之使命。”〔10〕

《中共中央为公布国共合作宣言》的公布和蒋介石的谈话，标志着国共两党第二次合作和抗日民族统一战线的正式建立。毛泽东对国共两党抗日民族统一的建立作了高度的评价。他在9月29日发表的《国共合作成立后的迫切任务》一文中指出：“共产党的这个宣言和蒋介石氏的这个谈话，宣布了两党合作的成立，对于两党联合救国的伟大事业，建立了必要的基础……两党的统一战线是宣告成立了。这在中国革命史上开辟了一个新纪元。这将给予中国革命以广大的深刻的影响，将对于打倒日本帝国主义发生决定的作用。”〔11〕

中国共产党根据与国民党所订协议，于8月22日将在陕北的红军主力改编为国民革命军第八路军，下辖第115师、第120师、第129师。8月25日，中共中央军委任命朱德为第八路军总指挥，彭德怀为副总指挥，叶剑英为参谋长，左权为副参谋长，任弼时为政治部主任，邓小平为副主任。下辖各师的领导干部是：第115师师长林彪，副师长聂荣臻，参谋长周昆，政训处主任罗荣桓，副主任萧华；第120师师长贺龙，副师长肖克，参谋长周士弟，政训处主任关向应，副主任甘泗淇；第129师师长刘伯承，副师长徐向前，参谋长倪志亮，政训处主任张浩，副主任宋任穷。〔12〕整编完了后，八路军即东渡黄河，进入华北前线参加对日作战。

1937年10月，国民政府发令改编南方八省红军游击队为陆军新编第四军，叶挺任军长，项英任副军长，张云逸任参谋长，袁国平任政治部主任。共编4个支队：第1支队，司令陈毅，副司令傅秋涛；第2支队，司令张鼎丞，副司令粟裕；第3支队，司令张云逸（兼），副司令谭震林；第4支队，司令兼政委高敬亭。1938年5月，新四军挺进苏南，在大江南北开展抗日游击战争。

附录：大本营颁《国军战争指导方案》训令

（1937年8月20日）

大本营训令　令字第一号

兹颁《国军战争指导方案》，仰即遵照实施之，此令。

大元帅　蒋〇〇

民国二十六年八月二十日

国军战争指导方案

一、本大元帅受全体国民与全党同志之付托，统率海、陆、空军及指导全民为求我中华民族之永久生存及国家主权领土之完整，对于侵犯我国主权领土与企图毁灭我民族生存之敌国倭寇，决以武力解决之。

二、大本营之组织如系统表(见附表第一)。

三、大本营对于战争指导，以达成持久战为基本主旨，因此将军令、军政、财政、经济、宣传、训练划为六部，分担任务。各部应本主旨，适切运用，紧密联系，俾获最后之胜利，为共同一致之最高原则。

四、为统帅指挥之便利计，将全军区分为五个战区，主战场之正面在第一战区，主战场之侧背在第二战区。

五、国军对敌第一期作战预期至本年10月下旬为止。各部在此期间内应达成如后之任务，以确立我第二期对敌作战之基础。

甲，第一部

第一战区

迫近该当面之敌，实行柔性之攻击，以吸引其主力，俾我第二、第三战区之作战得从容展布，但如敌军企图真面目与我决战时，则应毅然尽全力以防制之。

第二战区

打破敌军惯用包围行动之企图，使其对我第一战区不敢放胆施行正面之攻击，同时牵制热河以东之敌军，使其对青岛、淞沪之作战不能转用兵力。

第三战区

迅将目下侵入淞沪之敌陆、海军及其空军陆上根据地扫荡扑灭，以准备敌军再来时之应战，同时对于浙江沿海敌可登陆之地区，迅速构成据点式阵地，阻敌登陆，或乘机歼灭

第四战区

除对敌海、空军之扰乱成战备态势外，应充分准备参加第一期之作战。

第五战区

本战区之特性，为对敌强行登陆之作战，故以立于主动地位，确占先制之利，根本打破敌军登陆之企图，此为作战指导上之第一要义。纵使敌军一部先行登陆，务必迅速围攻而歼灭之，不使后续兵团借此为安全登陆之掩护，此为作战指导上之第二要义。必要时在指定地区的范围内，扼要固守，

绝对限制敌军之进展，运用机动部队而歼灭之，以确保我国军南北战场连系之中枢。

海军

淞沪方面实行战争之同时，以闭塞吴淞口，击灭在吴淞口以内之敌舰，并绝对防制其通过江阴以西为主。以一部协力于各要塞及陆地部队之作战。

空军

空军应集中主力协同陆军先歼灭淞沪之敌（以敌舰及炮兵为主要目标），尔后任务另指定。

第一至第四预备军

除命令所指示者外，各依指定地区，迅速集中完毕后，根据各区前方会战之经验，各自实施（必要时可与中央各军事学校联络）适当之战时教育，并保有随时应战之机动性。

诸直属部队

与预备军同。

后方勤务部队

直接受第一部指导，适应各战区之要求，完成通讯交通诸设备，充实弹药器材各项补充。对积极运输之要领，务必分散配置，顾虑对空遮蔽，以免敌空军及炮兵之轰炸，且能不失时机补充前方，并考虑第二期作战之物资充足为要。

乙，第二部

政略内求社会内部之安定，以树立长期抗战之基础；外谋国际舆论之同情，使敌国受到孤立无援压迫。

丙，第三部

安定金融，整理税务，紧缩支出，筹发公债及募集外债。

丁，第四部

扩张产业，广辟资源，以极力讲求自给自足之方法。纵使国际间之交通被敌国遮断，我国军与民众战时生活上必需之资源，不因此而受重大之威胁。

戊，第五部

使民众晓然与抗战之重要，非努力抗战，即不能保我种族之生存，并使国际认识我国抗战系为保障世界和平，以期获得国际同情与援助。

己，第六部

以军事化之目的，组织及训练民众，使人人皆有为国牺牲决心与技能，并防止汉奸、间谍之暗中活动与蔓延。

六、为达成上项任务起见，如何策定方案、预定实施步骤，参谋总长督令第一部与各战区司令长官、海军司令、空军司令、各预备军司令长官、各直属部队长官等，分别详细核定候核，其余各部，即自行酌定。同时发表“大本营组织系统表”如附表第一，“国军战斗序列”如附表第二。

附表一　大本营组织系统表

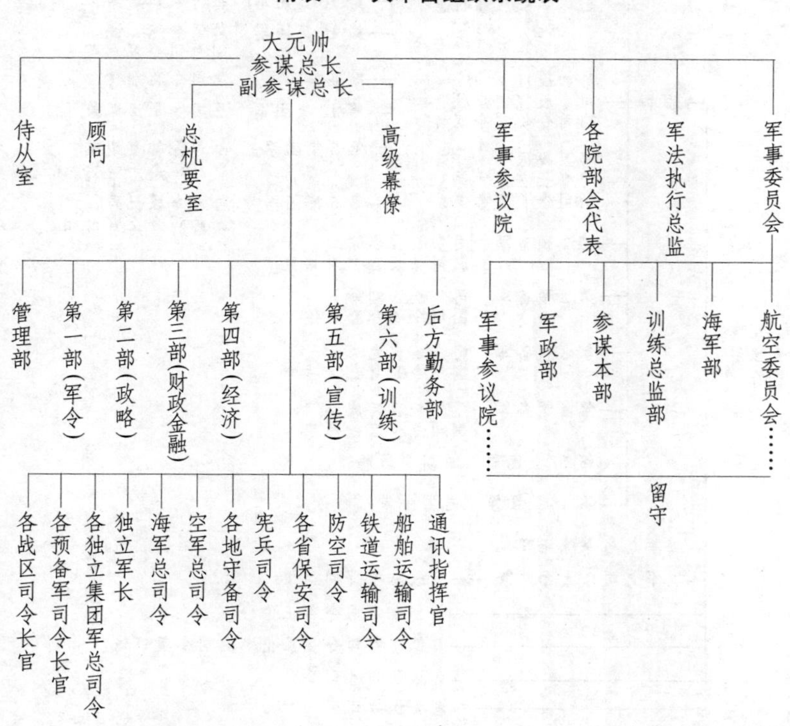

附记：1. ——为指挥线，……为指导线；

2. 本大元帅未正式就职以前，暂以军事委员长名义指挥之。

附表二　国军战斗序列表

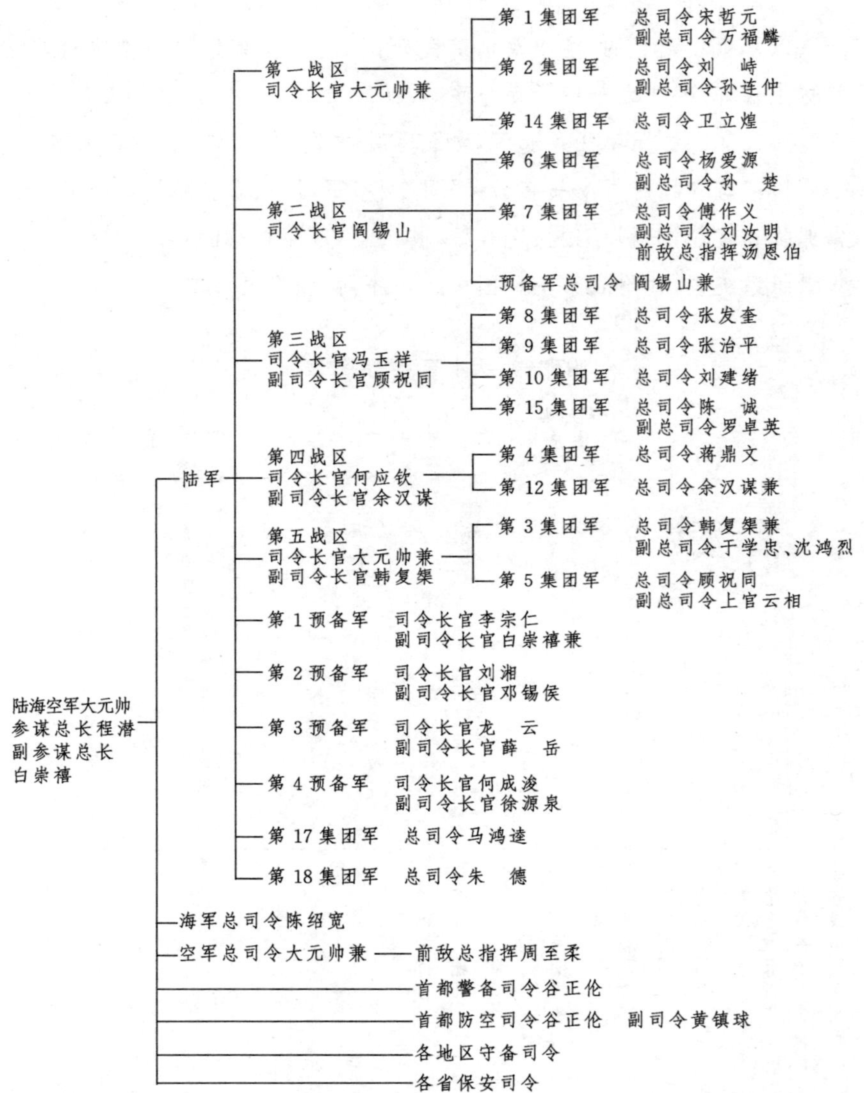

注　释：

〔1〕　原载《卢沟桥》。桂林前导书局 1937 年 9 月版，第 13—14 页。

〔2〕　〔日〕臼井胜美、稻叶正夫编《现代史资料(9)・日中战争》。东京 1964 年版，(二)第 25 页。

〔3〕《毛泽东军事文集》,军事科学出版社、中央文献出版社 1993 年版,第 2 卷第 34 页。

〔4〕 同〔2〕,第 306 页。

〔5〕 同〔3〕,第 22—23 页。

〔6〕《中央文件汇集》下册第 317 页。转引自军事科学院《军事学术》1985 年第 8 期第 14 页。

〔7〕 见邓议祥《我所知道的刘湘》。载《重庆文史资料》第 22 辑。

〔8〕 转引自虞奇《抗日战争简史》。台湾黎明文化事业公司,(上)第131 页。

〔9〕 大本营是国家战时体制,集军事、政治、经济等大权于一身,以实行国家总体战。中国大本营成立不久,国民政府即感到不宜对日宣战,所以该组织未能完善,亦未对外公开。至南京保卫战开始前、统帅部迁至武汉后,正式取消了大本营,而改组了军事委员会,扩大其职责,仍以军事委员会领导抗日战争。由于大本营存在时间短,所以鲜为人知,仅高级将领了解情况。下文附录的《大本营颁〈国军战争指导方案〉训令》是正式文件,下发到战区一级将领。

〔10〕 中国人民解放军政治学院党史教研室编印《中共党史参考资料》第 8 册第 24 页。

〔11〕 见《毛泽东选集》,第二卷第 263—264 页。

〔12〕 见《中国人民解放军战史》,军事科学出版社 1987 年版,第二卷第30 页。

第 三 章

华　北　作　战

第一节　华北地区军事形势

一、日军的战略企图及进攻华北的作战计划

日军仅使用少量兵力，在极短时间内就轻易地占领了华北的重要军事、政治、经济中心平津地区，日本大多数军政要人由此更加轻视中国的抗战能力与决心。1937年8月5日，日本参谋本部决定进行华北会战。其战略企图是：迅速对河北省内的中国军队以及中国的空军主力给予打击，随后占据华北要地，以期根本解决华北问题，并图谋调整中日关系。并决定“在会战结束以前，对华不进行任何外交交涉，并排除第三国干涉”，要“使南京政府在失败感下不得已而屈服，并由此造成结束战局的机会”。[1]由于日本关东军一再申请配合“中国驻屯军”在华北作战，进攻察哈尔和绥远，以乘机解决多年来尚未能解决的蒙疆问题，日军参谋本部于8月7日批准了关东军的要求，并指示“中国驻屯军”准备对察绥作战。“中国驻屯军”根据参谋本部的指示，于当日修订了第二期作战计划（第一期为平津地区作战）。其方针是：“一、为消灭侵入河北省的敌野战军，计划大致在集中完了后进行决战。决战时间预定在9月下旬或10月上旬。二、军使逐步集中的第5师团及铃木兵团，从平绥沿线地区开始作战，席卷察哈尔省，进入山西省北部及绥远地区。为此，须与关东军紧密协作。这一作战至少应在主力决战之前占领张家口附近。情况允许时，还将调第5师团主力迅速到河北作战地。三、在保定、沧州附近的会战后，向石家庄、德州之线追击。四、准备在第二期作战后，配合山东和长江下游的作战。”[2]日军还决定于8月12日左右以独立混成第11旅团消灭南口地区的中国守军，一举夺取八达岭，以掩护其第5师团向张家口方面进攻。

8月上、中旬，日本增派的第5、第6和第10师团先后到达平津地区，分别集结于丰台、廊房、天津附近。其编制情况为：

第5师团（板垣征四郎中将）

步兵第 9 旅团(国崎登少将)

步兵第 11、第 41 联队

步兵第 21 旅团(三浦敏事少将)

步兵第 21、第 42 联队

骑兵第 5 联队

野炮兵第 5 联队

工兵第 5 联队

辎重兵第 5 联队

通信队、卫生队及第 1、第 2、第 3、第 4 野战医院

第 6 师团(谷寿夫中将)

步兵第 11 旅团(坂井德太郎少将)

步兵第 13、第 47 联队

步兵第 36 旅团(牛岛满少将)

步兵第 23、第 45 联队

骑兵第 6 联队

野炮兵第 6 联队

工兵第 6 联队

辎重兵第 6 联队

通信队、卫生队及第 1、第 2、第 3、第 4 野战医院

第 10 师团(矶谷廉介中将)

步兵第 8 旅团(长濑武平少将)

步兵第 39、第 40 联队

步兵第 33 旅团(田嶋荣次郎少将)

步兵第 10、第 63 联队

骑兵第 10 联队

野炮兵第 10 联队

工兵第 10 联队

辎重兵第 10 联队

通信队、卫生队及第 1、第 2、第 3、第 4 野战医院

图 3-1-1　日军入侵华北经过示意图
（1937 年 8 月—1938 年春）

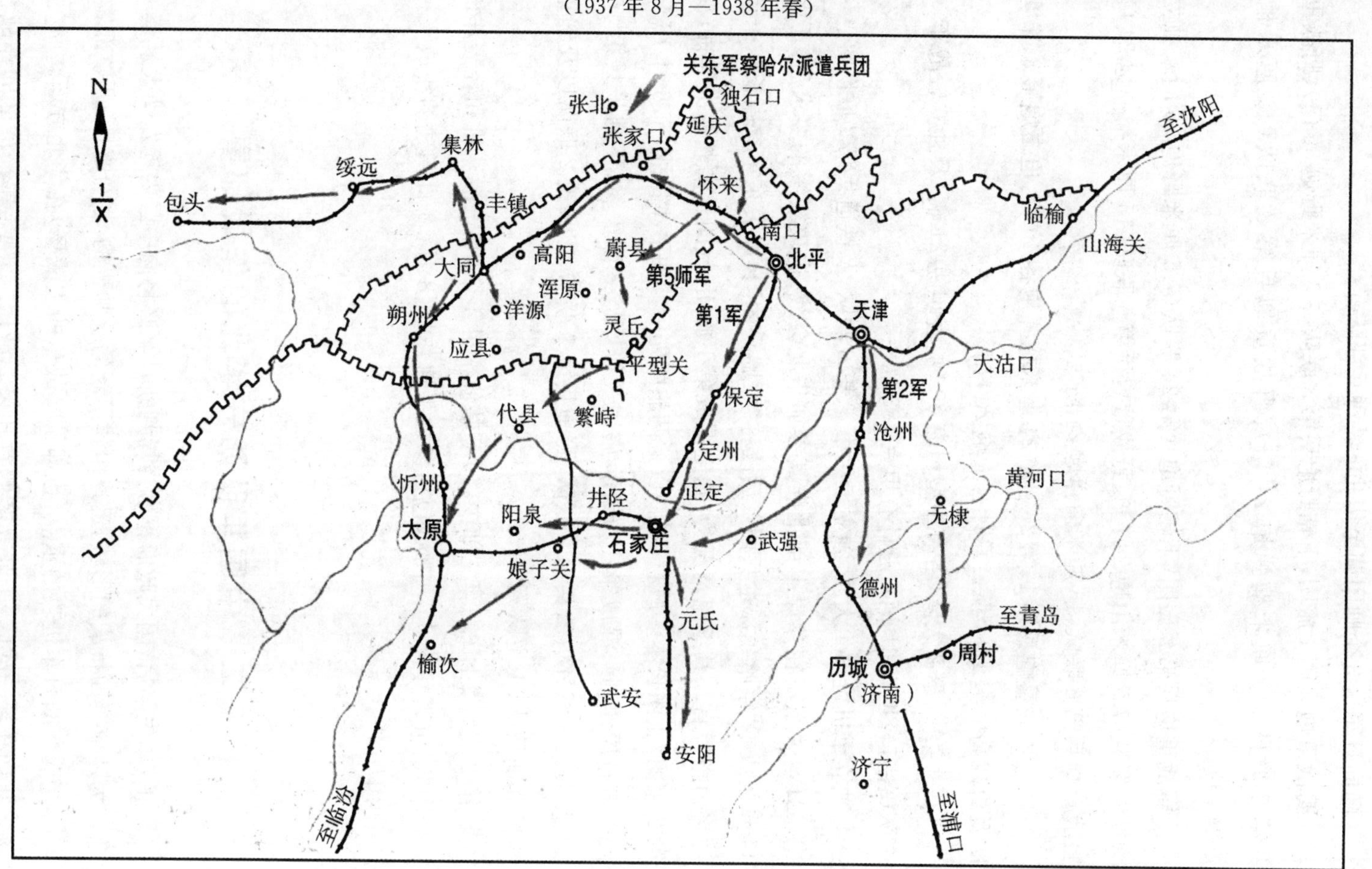

随同日军这3个师团调至华北的特种兵部队有：

野战重炮兵第1旅团，下辖野炮兵第3联队(7.5厘米野炮36门)、野战重炮兵第2联队(15厘米榴弹炮24门)、野战重炮兵第3联队(15厘米榴弹炮24门)。

野战重炮兵第2旅团，下辖野炮兵第24联队(7.5厘米野炮36门)、独立山炮第3联队(7.5厘米山炮24门)、野战重炮兵第5联队(15厘米榴弹炮24门)、野战重炮兵第6联队(15厘米榴弹炮24门)。

独立攻城重炮兵第1、第2大队(24厘米榴弹炮各4门)，迫击炮第3、第5大队及野战高射炮12个队。总计有火炮200门。

战车第1、第2大队(各有中型坦克39辆、轻坦克21辆)及独立轻战车3个中队(各有轻坦克21辆)，总计有坦克183辆。

独立重机枪第4大队，独立工兵第4、第6联队，及铁道兵第2联队等。

日本关东军在参谋本部批准其参加华北会战、进攻察绥的要求后，于8月14日组成了“察哈尔派遣兵团”(后改称“蒙疆兵团”)，以关东军参谋长东条英机中将为指挥官。其编组情况为：独立混成第1旅团，旅团长酒井镐次少将；混成第2旅团，旅团长本多政材少将(以上两旅团先后参加平津作战，于8月16日归还关东军原建制)；混成第15旅团，旅团长筱原诚一郎少将，下辖步兵第16联队、步兵第30联队、骑兵第2联队、野炮兵第2联队、工兵第2联队以及辎重兵中队和通信队、卫生队等。

第2飞行集团(安藤三郎少将)下辖侦察机4个中队、战斗机和轻轰炸机各2个中队、重轰炸机6个中队(包括参加平津作战、8月18日归建的集成飞行团6个中队)。

二、中国军队防守华北的作战部署

平、津失陷后，国民政府军事当局判断日军必将向中国内地发动大规模的进攻。为适应全面抗战的形势，迅速组建了新的统帅机构，划分战区，调整部署。

当时判断日军进攻的重点(也即抗日战争的主战场)在华北方面。而“主战场之正面在第一战区，主战场之侧背在第二战区”。规定第一战区的作战任务是："近迫该当面之敌，实行柔性之攻击，以吸引其主力，俾我第二、第三战区之作战，得从容展布。但如敌军企图（以）真面目与我决战时，则应毅然尽全力以防制之。"第二战区的作战任务是："打破敌军惯用包围行动之企图，使其对我第一战区不敢放胆施行正面之攻击，同时牵制热河以东之敌军，使其对青岛、淞沪之作战不能转用兵力。"[3] 中国统帅部对平绥铁路线十分重视，认为"平绥路为第二战区之生命线，亦中苏连络之生命线，更为我国军旋回作战之能实施与否之中枢线，应以南口附近为旋回之轴，以万全、张北、康保等地方为外翼。要固守南口、万全，国军作战方有生机；要攻略张北、赤城、沽源，国军方能展布。如南口、赤城、沽源之线始终为国军保有，则平、津方面之敌，决不敢冒险南下，故本战区之作战任务为：第一步，以该战区现有之兵力，最低限度必须固守南口、万全之线，以俟第一战区转移兵力之到达。第二步，第一战区转移兵力到达后，向赤城、沽源之线转移攻势。第三步，依战况之推移，对于山西东北方面，厚积兵力，以期永久固守。"[4] 为加强华北的防御力量，统帅部从 8 月上旬开始急向华北调集兵力，调整部署。

至 8 月中旬，各部队的部署已基本上就绪。第一战区方面，以津浦路北段为右地区，由第 1 集团军总司令宋哲元部防御，部署于静海、马厂、固安、霸县、雄县地区；以平汉路北段为左地区，由第 2 集团军总司令刘峙部防御，一部位于琉璃河、高碑店地区，主力位于房山、保定、徐水地区；第 14 集团军总司令卫立煌部为第 1 机动兵团，位于北平以西地区，准备策应平绥路上昌平、南口的作战。第二战区方面，以第 35 军、第 13 军等部组成第 7 集团军，由傅作义任总司令，汤恩伯任总指挥，部署于察哈尔地区，阻击沿平绥路东段前进的日军；第 6 集团军总司令杨爱源部，位于晋北地区，防御平绥路西段；阎锡山自兼总预备军总司令，位于太原地区。另外，第 8 路军（于 9 月 12 日改为第 18 集团军，划归第二战区）总指挥朱德部为第 2 机动兵团，部署于蔚县、涞源一带，准备策应平绥路上宣化及万全方面的作战，并负责袭击日军的后方。

华北防御作战第一、第二战区中国军队的战斗序列如附表 3 - 1 - 1、3 - 1 - 2。

附表 3-1-1　中国军队第一战区指挥系统表(1937 年 8 月初)

第一战区司令长官部司令长官蒋介石(兼)

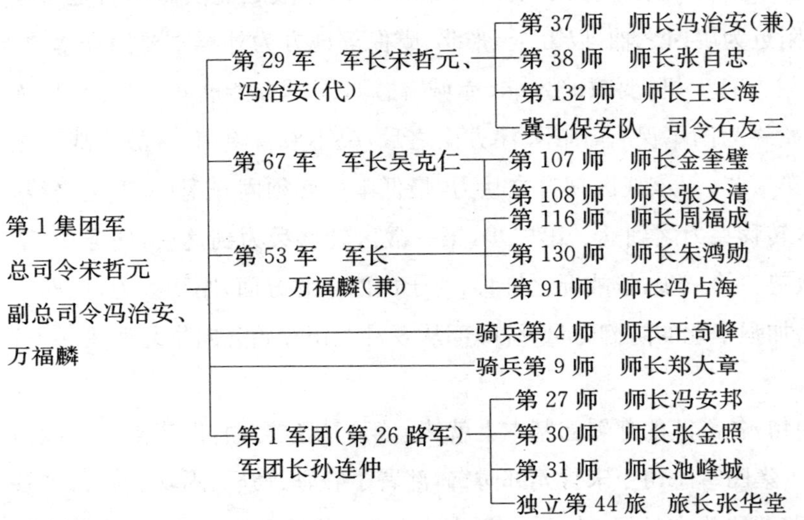

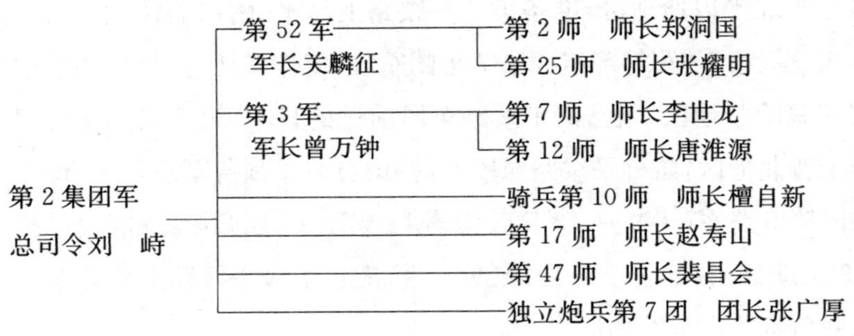

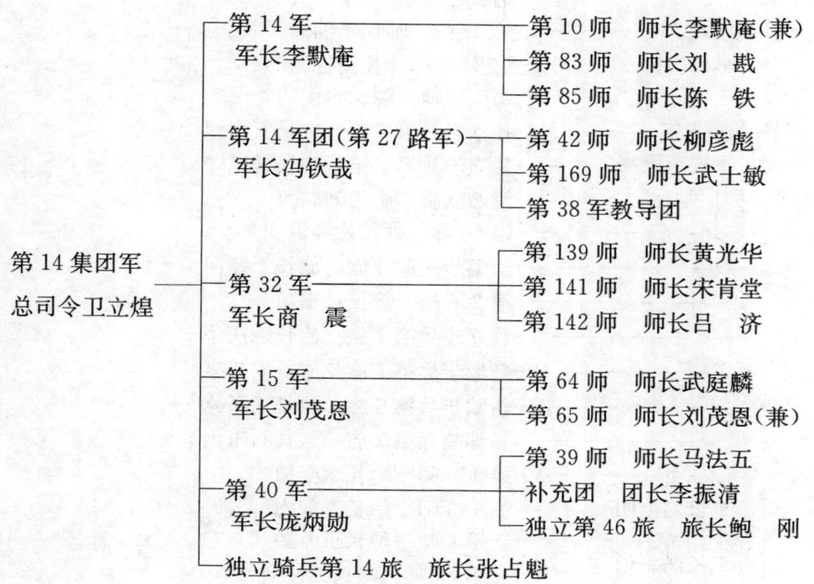

注:第29军于1937年9月6日扩编成第1集团军,下辖第59、第68、第77军以及第181师、骑3军。第59军军长张自忠,下辖第38师(黄维纲)、第180师(刘振三)。第68军军长刘汝明,下辖第119师(李金田)、第143师(李曾志)。第77军军长冯治安,下辖第37师(张凌云)、第132师(王长海)、第179师(何基沣)、第181师(石友三)、骑3军(郑大章)。

附表3-1-2　中国军队第二战区指挥系统表(1937年8月)

第二战区司令长官部司令长官阎锡山

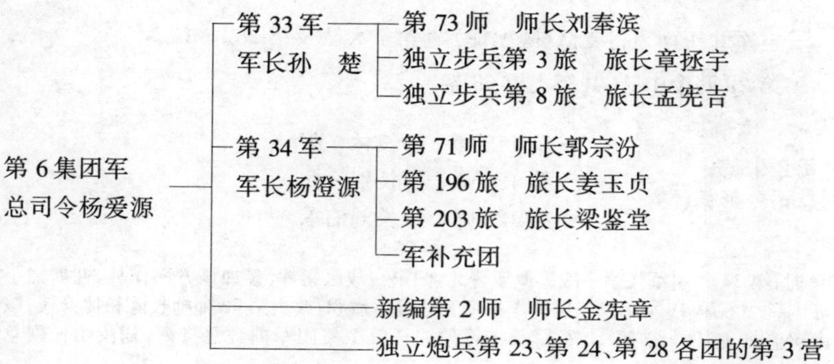

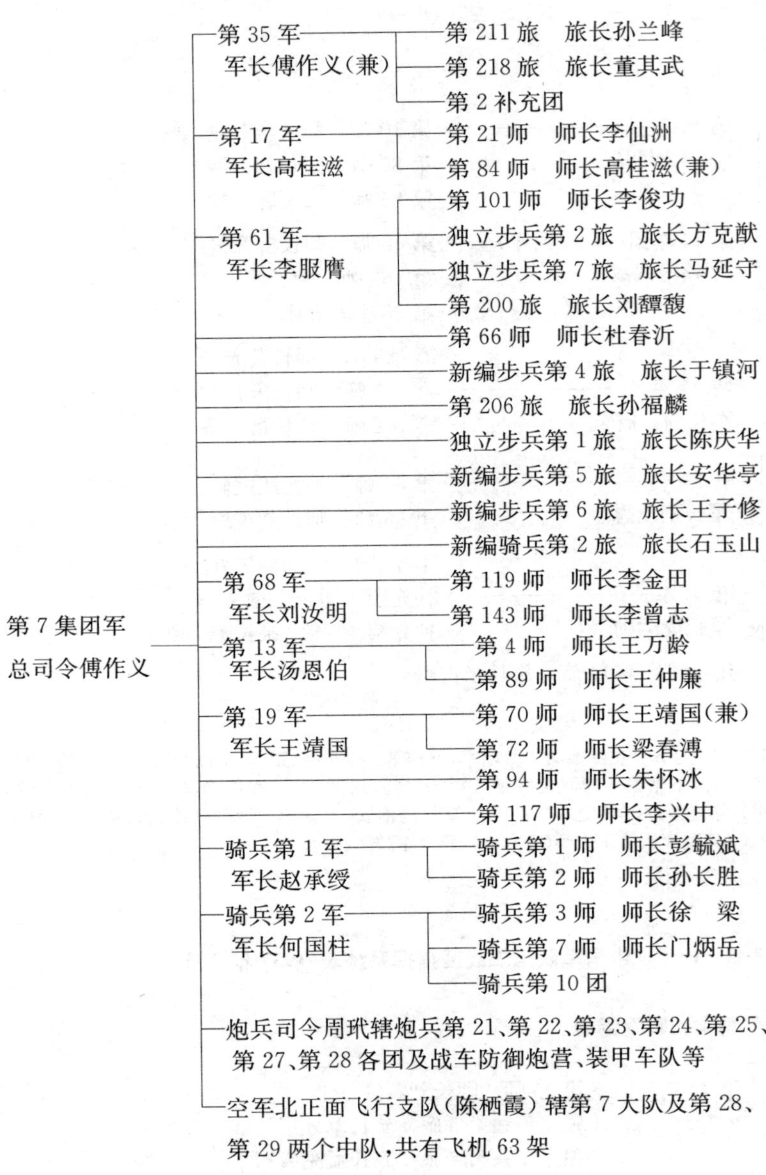

第18集团军　总司令朱德
副总司令彭德怀
- 第115师　师长林　彪
- 第120师　师长贺　龙
- 第129师　师长刘伯承

注:① 晋北危急时,第14集团军从第一战区调至晋北,归第二战区指挥,参加该方面作战,并增加了郝梦龄的第9军。② 第61军军长李服膺于平型关战役后撤职,改由第72师师长陈长捷升任,该师师长改由梁春溥充任。③ 第13军军长汤恩伯并任第7集团军前敌总指挥,刘汝明任副总指挥。

注　释：

〔1〕 日本防卫厅防卫研究所战史室:《中国事变陆军作战》。朝云新闻社 1983 年版,(1)第 231 页。

〔2〕 同〔1〕,第 236 页。

〔3〕 中国第二历史档案馆编《抗日战争正面战场》,江苏古籍出版社 1987 年版,第 12 页。

〔4〕 同〔3〕,第 4—5 页。

第二节　平绥路东段作战

一、南口地区争夺战

平绥铁路自北平经察南的张家口、晋北的大同,至绥远西部的包头,是联系华北与蒙疆的大动脉。平绥路东段的重镇南口,是北平通往西北地区的门户。那一带地形复杂,多高山峻岭,关隘重叠,是中国北方著名的天险之一。从南口经居庸关后,从宣化到张家口,是一个东西狭长的盆地,平绥铁路纵贯其中,并有公路相平行,形成连通西北、华北及东北的干线,而平绥路南口两侧为筑在高山上的内外长城。山上只有羊肠小道,所以南口有"绥察之前门,平津之后户,华北之咽喉,冀西之心腹"的说法。日军要进犯张家口、占领察哈尔省,然后分兵晋、绥,南口当然是它的必争之地。而中国军队要保卫察、晋、绥三省,就必须固守南口。所以南口的得失关系重大,南口作战成为保卫察、晋、绥的关键性战役。

为巩固平绥线,蒋介石于 7 月 30 日就电令位于绥东地区的汤恩伯所部第 13 军从速集中,准备向张家口挺进。31 日,蒋介石致电第 29 军第 143 师师长兼察哈尔省主席刘汝明,令炸毁青龙桥及八达岭一带铁路,勿为敌人利用,并星夜赶筑国防工事;当日,又致电第 35 军军长兼绥远省主席傅作义和太原绥靖公署主任阎锡山,令第 84 师高桂滋所部迅速向张家口集中,协助刘汝明固守察省。8

月 2 日，蒋令第 21 师与第 84 师合编为第 17 军，高桂滋兼军长，归汤恩伯指挥。当日拂晓，汤恩伯从集宁乘专车，于 14 时抵达张家口，在郭磊庄车站与刘汝明、高桂滋举行军事会议，商定了南口、张家口及独石口一带的防务配置。决定部署如下：

1. 西自洗马林，沿蠡恳台、神威台、常峪口，东迄关底止，副总指挥由第 143 师兼师长刘汝明担任，其主力控制于宣化、张家口。

2. 自龙虎关起，沿赤城至宁疆堡，由第 84 师师长高桂滋担任，其主力控制于雕鹗堡、赤城等地。

独石口由副总指挥刘汝明派骑兵部队警戒。

3. 自清安堡起，沿永宁、延庆至南口止，由第 13 军之第 89 师担任；第 4 师位置于沙城以北地区，为总预备队，策应各方。

以上各项决定，约定 8 月 5 日完成。[1]

8 月 3 日，汤恩伯根据郭磊庄决议，在他的集宁总部下达第一道防御配备令。其要点为：

1. 第 13 军以下花园、沙城为根据，前线在南口沿长城线以北，左亘宁疆堡，对河北、热河方向构成防御线。

2. 主决战方向保持于怀来—南口线，及怀来—延庆—永宁线。

3. 决战日期，伺敌向我进攻，发现其弱点时即行转移攻势。

4. 第 89 师为第一线部队，由右自南口沿长城线，左亘宁疆堡构筑坚固之防御阵地而固守之，师部驻康庄、怀来间。该师对石凤山、马黄峪、龙门口一带酌为警戒，并严密搜索敌情，随时注意该方面之变化；对居庸关、南口、永宁城、延庆、怀来、青龙桥一带，更须扼要坚固设防。

5. 第 4 师为总预备队，位置于沙城及下花园，并于夹河亘侯家堡、杨家山、黄羊山、清宁堡、黑岱山之线构成对东北之阵地。

6. 炮兵第 27 团开到怀来待命。

7. 各部队铁路运输，先行运兵，续运行李辎重，必要的弹药装具随部队行进。[2]

第 13 军部署于河北边境，其兵力、火力远不如日军，但全军将士决心力抗强敌。8 月 1 日，第 13 军约 2.8 万人自绥东开拔。出发前，大家把自己所有的东西全部抛掉了，“除了在战场所需要的武器之外，别的什么也不带，以示决心”。[3] 8 月 2 日，日本飞机开始轰炸南口、张家口一带及其间的交通要点。白天火车不能行驶，中国军队的运输只能改在夜间。8 月 5 日，王仲廉的第 89 师全部到达前线，旋即接替第 29 军刘汝明部在南口、延庆等地的防务。

第 89 师接防后立即侦察地形、构筑工事，决定利用南口一带多崇山峻岭、关隘重叠的复杂地形，配置纵深阵地，缩小南口正面防御阵地，固守两翼高山，将南口车站、龙虎台、大红门等地改为前进阵地，而将主阵地移至南口两翼山麓、山腹。〔4〕其具体设防地点是：第 265 旅第 529 团附工兵 1 个连，进驻南口至居庸关及右翼苏村口、唐峪口，左翼关公岭等地；第 530 团（欠 1 个营）担任得胜口防务；第 265 旅控制第 530 团的 1 个营，位置于青龙桥；第 267 旅（欠第 533 团）附骑兵连，守延庆、永宁城、靖宁堡等地；第 533 团控制在康庄附近，为总预备队。另派工兵 1 个连在右翼陈家堡子南之山口，对白羊城警戒，师部进驻康庄南之榆林堡；责成通信营营长骆东藩星夜完成通信联络。〔5〕王万龄的第 4 师在右翼布防，师部设在横岭城；汤恩伯前敌总指挥部设在怀来。部队一开进防地，马上着手修筑工事。但由于布防于高山深隘之中，山石坚硬，时间又紧，只能挖一些简单的壕沟掩体，或仅“堆石为垒，聊作遮蔽而已”。

高桂滋的第 84 师原定先期到达，在龙关、赤城、宁疆堡一带布防。但由于在张家口过境时遭日机轰炸，并遇种种自然障碍，8 月 7 日才全部到达南口战场其应布防地区。

阎锡山 7 月 31 日电令炮兵第 27 团调归汤恩伯指挥。自陕北赶到的第 17 军李仙洲第 21 师原定 8 月 12 日由汾阳上车，经同蒲、平绥路运往南口，由于敌机的轰炸，平绥线运输力减弱，其先头部队于 14 日到达怀来，后续部队于 8 月 19 日才到达。这时战况紧急，战场人员伤亡严重，第 21 师部队陆续到达后不得不逐次投入战斗。

自晋南驰援的朱怀冰第 94 师，预定 8 月 10 日开到南口战场，但直到 13 日部队才运到柴沟堡。幸亏其先头团 14 日晚赶到延庆，增强了得胜口的守备力量。朱怀冰师的作战地区是永宁、延庆、三道关、宁疆堡之间，兵力仅五六千人。

8 月 6 日，蒋介石致电汤恩伯：“最近敌必向我南口猛攻，此时兄部只有一心对当面之敌作战，不可再顾虑多伦、张北之敌。”8 日，蒋又致电汤：“察南布置应注重固守据点，对于长城各要口，应配备相当兵力防御，如遇敌主力来犯，则退守据点为最重要。此时除南口应死守不失外，其他如怀来、宣化、延庆、龙关、涿鹿、桑园堡尤为重要。”〔6〕

第 13 军于 8 月 7 日晨全部到达南口地区后，按照预定计划进入阵地，军指挥所设在怀来。8 月 8 日，中日两军即展开了前哨战。

日本"中国驻屯军"命令独立混成第 11 旅团 8 月 11 日攻击南口。在攻击之前，独立混成第 11 旅团从 8 月 4 日便开始派出小分队对南口镇实施战役侦察；8 日拂晓对得胜口、9 日对虎峪村实施武力搜索；从 10 日起，以兵力一部攻击南口车站及其东侧的龙虎台高地。由于龙虎台是南口的屏障，所以中日两军从 8 月 11 日开始，在这里进行了反复争夺。

8 月 11 日，日军独立混成第 11 旅团主力在飞机、大炮、坦克的支援下猛攻南口守军阵地，另以 1 个大队（坂田支队）向南口镇西侧地区的长城线助攻，并以一部在得胜口佯攻。南口中国守军第 89 师第 529 团坚守南口车站和龙虎台高地，虽伤亡惨重，但仍顽强抵抗。战至 13 日，日军攻占南口镇。接着，日军沿关沟向居庸关攻击前进。中国守军利用山地有利地形坚强阻击，日军受挫。在南口镇西侧向长城线实施助攻的日军坂田支队也在守军的顽强抵抗下顿兵于阵地之前。至 8 月 16 日，日军的进攻仍然毫无进展。

南口战斗展开以后，中国统帅部得悉日军主力即将发动向平汉路和津浦路的两线进攻，于是命令第一战区部队迅速完成此两线的防御准备，并命卫立煌率第 14 集团军北上增援南口地区的防御作战；同时令第 1 军团派一部兵力进至房山西北地区，掩护第 14 集团军前进。8 月 14 日，蒋介石致电傅作义："迅发所部，收复察北，以固绥围，一面援助汤军，以全公私，勿使其孤军受危、南口失陷。国家民族，实利赖之。"[7]

8 月 16 日，日本"中国驻屯军"令刚从日本进入华北、在昌平以南集结的第 5 师团加入战斗，并指挥独立混成第 11 旅团作战。首先以步兵第 42 联队第 1 大队在坂田支队左侧展开，增强向长城线上中国守军的攻击力量。在此之前，汤恩伯已令第 4 师一部在长城线上的横岭城占领阵地；16 日，又令新到达前线的第 94 师第 564 团与第 21 师第 122 团合编为吴绍周支队，在石峡附近沿长城线占领阵地。17 日，日军步兵第 42 联队第 1 大队夺取了长城线上的最高峰 1390 高地[8]。随之，日军第 5 师团主力逐次展开于长城线上 1390 高地至镇边城之间，向守军发动攻击，并将 1050 高地附近作为攻击的主要突击方向，企图以翼侧迂回战术突破长城线夺取怀来，以切断居庸关方面中国军队的退路。在此情况下，汤恩伯又令第 4 师第 12 旅加入横岭城附近地区的战斗。

第二战区司令长官阎锡山为策应平绥路东段的作战，曾命令刘汝明第 68 军和赵承绶骑兵军分向崇礼、张北、尚义、商都和化德一带伪蒙军攻击。但"察军对张北之攻击(令)仍迟迟未下。且其攻击部署,系临时收编之夏子明各部担任前线”,而刘汝明军的“基本之143师,仍分驻张垣、宣化、涿鹿一带,多未使用”。[9]到8月18日,因日军逐渐增加,察军退取守势;加之张家口地势北高南低,平绥路在此拐弯,向北突出,形成不利因素。只有另派或增加有力部队夺取张北,驱除日军,才可确保张家口、掩护平绥路。鉴于以上情况,18日傅作义召集幕僚研究,决定“先以全力歼灭张北之敌,并将骑兵推进至多伦,保持张垣安全。然后再转移兵力,增援南口”,并将此意电告阎锡山。但阎锡山复电:“即率大军增援南口。”傅作义经一再考虑,仍拟维持原计划,以应事机。阎锡山又派王靖国军长传达命令:“先解南口之危。”傅作义迫不得已,表示服从上命,遂停止了向张北方向的进攻,将全部兵力运往南口前线。[10]

日军第5师团加入作战,使中国守军第13军防线处于岌岌可危的境地。18日,傅作义率第72师及第100旅、第211旅和独立第7旅由柴沟堡增援南口地区作战。蒋介石急令卫立煌部迅速向周口店一带集中,并增援南口、怀来地区作战;另令位于平汉、津浦路的一部向平、津之间出击,以配合卫立煌军北进;令汤恩伯:“如万不得已,我军务要固守怀来等据点,勿使失陷。”接着又致电汤:“固守现有阵地,最后必须死守怀来,待援出击。”[11]

19日是南口作战最激烈的一天,双方在黄楼院、禾子涧、沙锅铺、850高地一带反复争夺。一日之间,中国军队伤亡1200余人。这天,在居庸关方面,日军也倾全力攻击,并突入居庸关南门,后被守军击退。

20日,傅作义到怀来前敌指挥部与汤恩伯等举行会议,讨论了战场形势与作战计划,商定“以第72师及独立第7旅担任出击已经突入黄楼院方面之敌,行有限攻击,于克服了锅顶山及南北西岭地区后,即仍固守该地,并即将增援之两部抽回,转用于张垣,以恢复张北”。[12]汤恩伯于19日接到卫立煌电报,说他的第10师、第83师及第85师已分头从涿县、周口店、涞水等地兼程北上,预计21日可到达马刨泉、镇边城、东斋堂和高窝铺一带,进击西路日军的侧背。汤于是决定利用援军到达这一有利时机,发动一次大规模的进攻,将日军赶出迂回线。决定第72师20日先期集结于横岭城附近,21日黄昏前推进到西北岭,21时进攻十道岭之敌,并占领十道岭;独立第7旅于20日先期集结于陈家堡附近,于21日黄昏前进入东大岭出击位置,在当天19时向十道岭东北方向进攻,协助第72师占领十道岭高地。第4、第21、第89、第84、第94各师及吴绍周支队除固守原阵地,再抽出一部分兵力打击各自当面日军,以达到牵制日军,恢复原阵地的目的。但18、19日张家口形势发生变化，由张北反攻的日本关东军察哈尔兵团攻陷外长城的神威台和汉诺堡。为解除张家口之危，傅作义率两个旅回援张家口。

由于连日激战，守军伤亡过重，汤恩伯被迫下令缩短战线，将得胜口、居庸关、镇边城一线阵地区分为3个固守区：得胜口、居庸关、青龙桥一带为第1固守区，由第89师及新到达的第21师第121、第124团防守；东、西大岭及黄楼院一带为第2固守区，由第21师一部及第4师第10旅防守；北石岭、东台、横岭城、镇边城一带为第3固守区，由第4师(欠第10旅)和第72师的1个旅防守。第94师和第84师仍担任永宁、延庆、龙关、赤城方面的防御任务。

日本"中国驻屯军"发现卫立煌率第14集团军北进增援南口后，即派第6师团第36旅团编成牛岛支队，进入门头沟以西地区堵击；令第20师团进入良乡西北山岳地带，向平汉路及其西侧的中国守军第26路军攻击。中国第14集团军的2个师于19日到达涿县一带，尔后兼程北进。第83师北进中于22日在千军台同日军牛岛支队遭遇，当即展开战斗。战至24日，第83师除留4个营兵力在千军台继续同日军作战外，主力继续北进，但进至沿河城时被永定河洪水所阻，便改道青白石向大村西侧前进。第10师于24日将日军牛岛支队另一部击溃于大村。

居庸关、横岭城、镇边城一带正面的情况：21日拂晓，日军向横岭城方面发动攻击，其主力一部向黄土洼及其以东高地猛攻。守军奋勇抵抗。战至中午，第4师伤亡很大，其中第19团第1营官兵伤亡殆尽。第72师第415团增援，固守灰岭子、长峪城一线阵地。22日，日军一部突入长峪城北沿守军阵地。第72师第416团增援反击，将所失阵地夺回。尔后日军向灰岭子第72师阵地正面攻击，并以一部向镇边城迂回，一部突入横岭城南方高地。23日，向镇边城迂回的日军与第72师第416团展开激战。日军将该团击溃后占领镇边城，并占领横岭城守军阵地后方的水头村。

23日夜间，汤恩伯下令再次调整部署、紧缩战线、固守据点：居庸关为第1固守点，归第21师及第89师守备；横岭城为第2固守点，归第72师及第4师守备；延庆为第3固守点，归第94师守备；怀来为第4固守点，归独立第7旅守备。汤严令：非有命令不得移动或放弃。蒋介石得到汤恩伯的退守各据点的报告后，于25日上午电告汤恩伯："我军既退守各据点，务令各级主官激励所部死守勿退。"[13]

图 3-2-1　平绥铁路东段沿线作战经过要图

(1937 年 8 月上旬—8 月下旬)

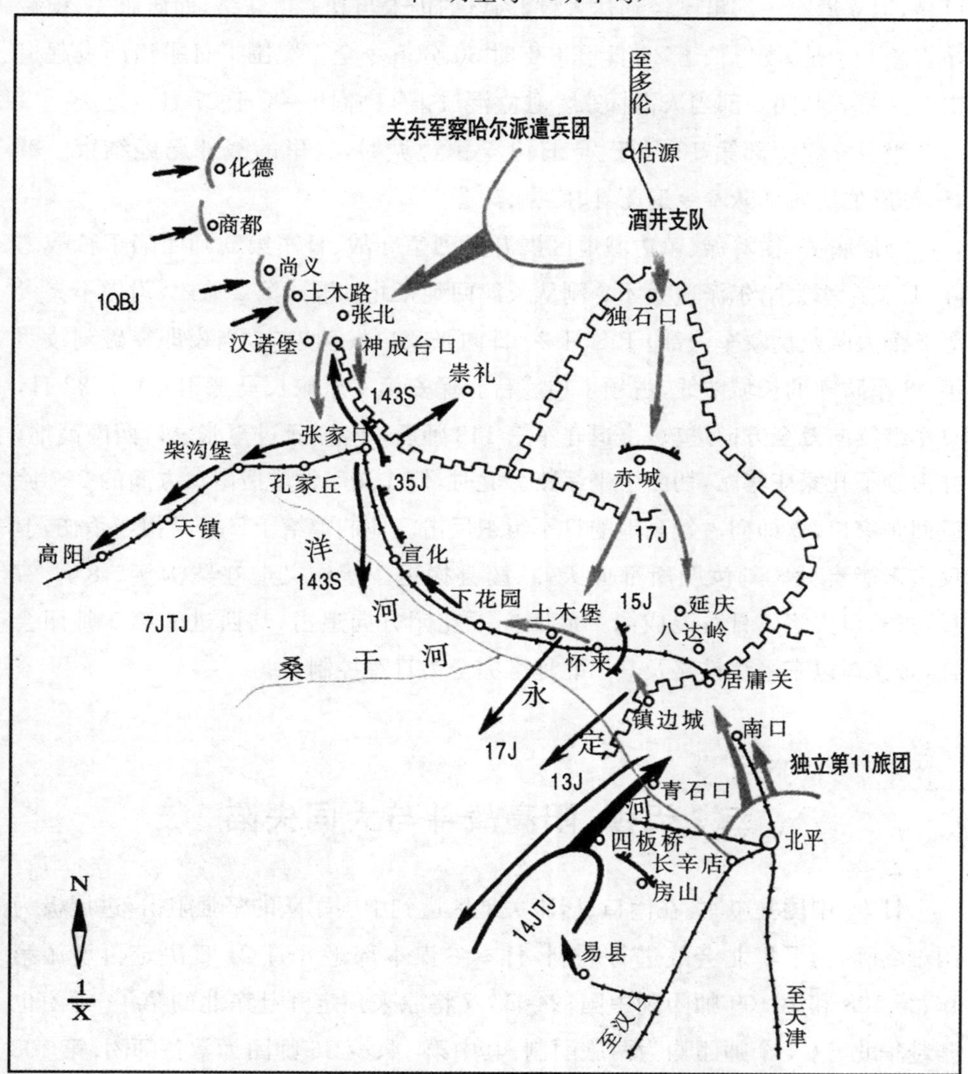

25 日，日军猛攻横岭城和居庸关。中日两军在这两点上展开激烈战斗。当日下午 3 时，日军坦克冲入居庸关。守军虽伤亡很大，但仍占据山岭有利地形与日军作战。当日占领水头村的日军攻击怀来城南之十八家。在该地防守的独立第 7 旅一部退守怀来。日军随即在飞机、炮兵支援下攻击怀来。这样，长城线上各点守军已处在日军前后夹击的态势下。

25 日晚间，汤恩伯将战况紧急电告蒋介石。蒋于 26 日上午复电汤："我军必须死守现地，切勿再退，否则，到处皆是死地，与其退而死，不如固守而死，况固守以待卫军联络,即是生路。此时惟一生机,惟力图与卫联络之一途而已。”[14]可是,卫立煌军一部虽已经到达大村,汤恩伯仍未与其取得联络,而居庸关、横岭城告急。于是,汤恩伯于 26 日下午 1 时 30 分下令全军突围。日军当即发起追击。其第 5 师团一部当天占怀来。独立混成第 11 旅团一部于 27 日占延庆。

当卫立煌所部第 10 师于 26 日进至镇边城时,这里的战斗已经结束。27 日,汤恩伯所属部队奉令退蔚县、广灵、涞源。

当居庸关、横岭城、镇边城地区展开激烈争夺战、日军第 5 师团陷于苦战之际,日关东军察哈尔派遣兵团令刚从天津回到张北的混成第 2 旅团(附堤不夹贵等 2 个大队及伪蒙军一部)于 8 月 20 日向张家口发动进攻,当夜即突破刘汝明第 68 军防守的长城防线,占领了神威台。保安第 1 旅旅长马玉田阵亡。22 日,日军继续向万全方向进攻,击退守军第 143 师后,于 24 日进至张家口西南高地,并占领了孔家庄车站,切断了平绥路。此时,傅作义率领增援南口方面的 2 个旅返回张家口,立即向占领高地的日军组织反击。他们曾给予日军以相当杀伤,但反击未能奏效。刘汝明所部向天镇、蔚县撤退。傅作义退守柴沟堡。8 月 27 日,张家口失陷。日军混成第 2 旅团向下花园方向追击,与西进的第 5 师团会合,张家口以东平绥铁路及其以北地区完全为日军控制。

二、天镇、阳高战斗与大同失陷

日本“中国驻屯军”在南口、居庸关地区遭到中国军队的坚强阻击,进展极为困难之际,为了华北会战进行顺利,日本参谋本部于 8 月 21 日决定再增派第 16、第 108 和第 109 师团到中国;24 日,又将原来预定开赴东北的第 14 师团也开赴华北(这 4 个师团均为两旅团制,其中第 14、第 16 师团为常备师团,第 108 和第 109 师团为特设师团)。同日,日本内阁会议通过了增兵动员令。日本陆军大臣杉山元说明增兵的原因是:迅速、彻底地给中国以沉重打击,以便早日使国民政府屈服、早日结束战争。8 月 31 日,日军“华北方面军”正式组成(日“华北方面军”战斗序列见附表 3-2-1)。寺内寿一大将任司令官,下辖第 1、第 2 两个军及直属部队,总计 8 个师团。连同关东军察哈尔派遣兵团的 4 个混成旅团及航空兵、炮兵等特种部队,侵入华北的日军共约 37 万人。“华北方面军”司令部组成后,于 9 月 4 日开始统帅日军作战,并作了方面军的作战部署:“方面军的目的在于以主力消灭保定、沧县的敌人，迅速进入易县、定兴、霸县、马厂附近准备攻击，同时以第5师团迅速进入蔚县附近，准备对保定平原的作战。”[15]

中国第二战区司令长官部判断日军占领南口、张家口一线后的作战行动有两种可能：第一，以一部兵力从蔚县向广灵佯攻，主力沿平绥路西进，夺取大同，切断我军晋、绥联络线；第二，以一部兵力向天镇实施牵制攻击，主力向广灵进攻，截断我军雁门后路。日军的主攻方向究竟是指向大同还是广灵？难于决断，因此中国军队采取了一个机动的作战方针：“本军以利用山地歼灭敌人之目的，以主力配置于天镇、阳高、广灵、灵丘、平型关各地区，以一部控制于大同、浑源、应县附近、以策应各方之战斗，相机转移攻势。”[16]如敌以主力进攻广灵时，在广灵地区的守军应固守待援，以总预备队主力应援该方面作战，位于东井集的部队向广灵敌侧背威胁，以使战斗成功；如敌以主力指向大同、进攻天镇时，天镇守军拼死待援，以大同附近之总预备队向天镇推进，位于浑源附近的兵力渡桑干河，向天镇右翼实施侧面攻击，牵制敌人，俟敌顿挫后，从天镇两翼夹击之。

根据上述作战方针，第二战区部队部署如下：

第13军汤恩伯所部第4、第89两师由于损失惨重，到安阳整补；其第94师开马黄峪，归卫立煌指挥。第68军刘汝明部在蔚县一带依山作战。第17军高桂滋部位于广灵布防，该军仍归汤恩伯指挥。

晋绥军各部：

1. 第6集团军第33军之独立第3旅布防灵丘，第73师布防广灵，第85师控制大营，第34军之第203旅布防东井集与浑源，第196旅控置[17]应县，第71师控置岱岳，新编第2师控置砂河。

2. 第7集团军第61军之第101师固守天镇，第200旅布防阳高，独立第7旅控制大同以东地区；第35军新编第6旅固守兴和，新编第5旅控制隆盛庄，第218旅固守集宁，第211旅控制归绥，独立第2旅和205旅控制大同、丰镇。

3. 预备军第72师拟控制应县，第209旅控制怀仁以北地区，第215旅控制雁门一带，独立第1旅控制平型关一带，第66师控制太原附近；骑兵军主力在商都、尚义、化德等处布防，一部守大庙、百灵庙。

4. 司令长官部行营进驻雁门关南之岭口。

按照这一部署，在华北战线的左翼可以形成一个由商都、兴和、天镇、蔚县到涿县的半圆形防线。可是，正当由南口、张家口一线撤退下来的部队调整部署之际，日军第5师团不惜战斗减员，不顾军需补充困难，按照方面军“迅速进入蔚县附近，准备对保定平原的作战”的命令，于9月6日即向蔚县方面发起进攻。

蔚县地区是第一、第二两战区部队作战的分界线和枢纽。原定在此防御的第68军刘汝明所部已奉命到津浦线方面，归于第1集团军，这里便形成了一个无兵防守的空隙地区，而预想已经从陕西关中地区出动东渡黄河的第8路军进入这一地区参战还为时尚早。于是，阎锡山以急电请求蒋介石派兵固守涞源，并要求第68军待第8路军到达接防以后再行转移归建。

日军第5师团于9月6日，从宣化、新保安、怀来附近分3个纵队开始向花稍营（今化稍营）、西合营一线进攻。其左纵队步兵第11联队前进途中在桑园附近为河水、烂泥所阻，师团长即令其以一部留于该地掩护师团主力左侧，其余并入中央纵队前进。中央纵队第9旅团和右纵队第21旅团于9月9日进抵花稍营与西合营一线。尔后，第5师团长即令中央纵队第9旅团攻击广灵附近的中国守军阵地。右纵队第21旅团从阳原附近向广灵之西实施迂回。此时，在蔚县担任防御的第68军部未与进攻的日军接触，即于9月10日擅自撤退。汤恩伯立即令第17军高桂滋部从广灵派一个团跑步前往蔚县填防。该团于11日跑步到达距蔚县七八里时，日军骑兵第5联队已进入蔚县县城。同日，日军第9旅团第41联队进占涞源以北的伊家堡和同沟。至此，日军第5师团已完成了方面军所赋予的“迅速进入蔚县附近”的任务。

保定行营主任徐永昌得知上述情况后，即令正在后撤的第68军暂留有力一部在水宿亘小四庄之线占领阵地，对桃花堡、西合营警戒；并令第3军曾万钟部派1个团自易县出发，赶往涞源布防。在广灵方面，汤恩伯将第84师配置于六棱山、火烧岭一带；第21师主力配置于豹峪、洗马庄一带，阻止日军进攻。

日本关东军察哈尔派遣兵团在占领张家口以后即向天镇方面进攻。阎锡山判断日本关东军主力将分3路从兴和、天镇、东井集进攻大同，他决定诱敌进入大同东面的聚乐堡“国防阵地”地区，集结强大兵团于南翼的浑源、东井集间和北翼的绥东丰镇、兴和间，发动南北钳击，并以骑兵集团向张家口挺进，实施“大同会战”，于是命令第61军在西湾堡、天镇、阳高地区阻止敌人前进。第61军军长李服膺接到在天镇、阳高方面固守的任务后，立即在该地布防。

9月3日，集结在永嘉堡的日军独立混成第15旅团一部，向位于砖窑村的第61军警戒阵地发动攻击，战至黄昏退去。4日，该旅团在30余架飞机和炮兵的支援下又向天镇城东的李家山、罗家山发动攻击。激战1日，形成对峙。6日，日本关东军向天镇守军发动全线攻击，攻占城东南的盘山。7日拂晓，守军除天镇城内第299团坚守城垣阻击敌人外，其余全被日军冲垮，向后撤退。

8日晨7时，6架日机轰炸阳高。同时，日军分南、北两路向镇宏堡、聚乐堡一线追击。此日，日军除混成第15旅团占领镇宏堡外，其余主力向聚乐堡攻击，并令军预备队第11联队也加入战斗。10日，日军围攻阳高城。守城部队第414团受到严重伤亡，城被日军攻陷。第61军军长李服膺即率部(除仍在坚守天镇的第299团外)撤退至聚乐堡以南的瓜园村休整。

防守天镇城的第299团曾在10日打退日军的两次进攻。11日，日军以飞机、大炮将天镇东北城角击毁。其步兵乘势猛冲，仍被守军击退。但是守军已连续苦战数日，城内粮弹均缺，遂突围。天镇城终被日军占领。在此情况下，阎锡山的"大同会战"计划已成泡影，便下令各部队向大同以南、桑干河南岸的山地转移。

阎锡山在下令部队转移时，曾留1个旅在大同城附近依城野战，2个旅占领大同以西山地阻敌西进。这实际上是一个放弃大同的部署，所以日军独立混成第1旅团于9月13日未经战斗便进入晋北重镇大同。

日军占领大同后，关东军的作战告一段落，接着部署攻占大同附近的地区。独立步兵第11联队于17日占丰镇，于24日占集宁。独立混成第1旅团于17日占领大同西南的尚希庄，于18日交防给混成第15旅团，尔后向绥远方面进攻。占领南壕堑的日军河村支队于9月19日占领兴和，接着向凉城方面进攻。24日，该支队在从右玉方面进攻的松井支队的协同下进占凉城。至此，察南、绥东和大同周围的晋北地区全部沦于敌手。

三、作战简析

平绥路东段的作战中，绝大多数的中国军队表现出英勇顽强的抗战精神，尤其是南口地区的争夺战更为突出。但经过半个多月的激烈战斗，南口、张家口等战略要地终于被日军攻占。中国军队的失利，有主、客观方面的因素。就作战指导方面而言，则主要原因有二：一是指挥不统一，难以协同作战；二是刘汝明指挥严重失当，贻误了战机。

卢沟桥事变爆发后，中国统帅部对敌情的判断从总体上说是比较准确的。早在7月中下旬，即已开始全国性的抗战部署。对平绥路东段的作战部署，从7

月下旬也已开始。蒋介石在南京还召见了汤恩伯，令其率部至南口地区布防。但平绥路东段地跨第一、第二两个战区和河北、察哈尔两省，参战部队又极为复杂，在这种情况下必须有一个权力高度集中的领导，实施统一的指挥，才能关照全局，掌握关节，正确、及时地指挥作战，使参战部队协调一致地行动，充分发挥整体力量，夺取战斗的胜利。但由于历史的原因，蒋介石不是从作战的需要出发来建立部队的指挥系统，而是更多地考虑派系和人事关系。7 月 31 日，蒋介石致电傅作义，询问："将来向冀察出击时，汤军等部可否由兄统率指挥，请兄密计之。"[18] 可 8 月 1 日蒋介石任命汤恩伯为第 7 集团军前敌总指挥，而汤对所辖部队并不明确。因此 8 月 2 日在张家口决定南口、张家口防御计划时，是汤和刘汝明及第 84 师师长高桂滋以协商方式解决的，并由汤请刘任副总指挥。8 月 3 日蒋介石致程潜关于修正战斗序列的手令中说："抽晋绥军 3 师至 4 师向冀、察两省进击。该路以傅作义为集团军总司令。一切以阎副委员长妥商决定。"[19] 可见这时傅作义的指挥权还在商讨之中。南口作战展开之后，蒋介石才要求傅作义"迅发所部，以复察北，以固张圉，一面援助汤军……勿使其孤军受危、南口失陷"。[20] 此后方明确傅作义为第 7 集团军总司令，刘汝明为副总司令。由此可见，第 7 集团军虽然名义上以傅作义为总司令，由他负责平绥路东段的作战，但实际上是 3 个指挥官各自指挥各自的部队、各自独当一面：汤恩伯负责河北南口地区的作战，刘汝明负责察哈尔张家口地区的作战，而傅作义则统率预备队。这样的指挥关系怎能保持密切的协同？如南口危急时，汤恩伯曾致电刘汝明，请将其驻在涿鹿、怀来的 1 个团向南口方向稍作移动，必要时请其增援，但刘汝明连电报也不回复。再如 8 月 23 日，第二战区派 1 个旅增援南口，汤恩伯令其派 1 个团接十八家防务，该团长竟托词拒绝，见南口危急，于 25 日返回山西。而且当平绥路东段激战之际，第一战区也并未按照大本营颁发的《国防作战指导计划》中规定的"为限制敌军之自由转移，兵力于平绥路及使我第二战区在平绥路方面作战之便利起见，应即派有力之一部近迫当面之敌，实行柔性之攻击，同时抽调在平汉路北端部队约三师归第二战区长官指挥，向怀来、万全之线以北转进"等任务执行。8 月 18 日蒋介石曾电告刘峙："南口危急……先使李默庵军星夜向南口西南方急进，夹击敌背，以解南口之危。"[21] 但刘部在由涿县北进途中遇到日军阻击和永定河水阻拦，即未能前进，[22] 致日军得以由镇边城迂回至第 13 军防御正面的后方。

刘汝明拥兵自重，不顾大局，为保持其既得的察哈尔省地盘，曾数次阻止赴南口抗战的部队通过张家口。7 月 25 日，第 13 军参谋长吴绍周至张家口洽谈南口防务问题，刘汝明说南口仅有日军骑兵骚扰，已被击退，日军没有大规模行动，并以未接中央命令为借口，不同意第 13 军过境去南口布防。7 月 31 日，第 13 军副参谋长苟吉堂再去张家口联系过境问题，刘汝明又以“恐大军过境，日方借以启衅”为由，阻止第 13 军通过张家口。第 13 军被迫在西湾堡、永嘉堡下车等候。[23] 直至蒋介石派鹿钟麟做说服调解工作，刘汝明才答应第 13 军过境去南口抗战，但要求部队不得在张家口停留，不能在宣化设军部。[24] 当第 13 军被允许通过时，日军已开始轰炸平绥路，运输困难。至 8 月 3 日，第 13 军方有约 3 个团的兵力到达南口，耽误了近 3 天的防御准备时间。以后在南口告急时，刘汝明又拒绝由陕北米脂驰援的第 86 师过境，致使第 86 师不能参战。

热河失陷，平津沦丧，察北落入日军之手，南口已三面受敌。守住张家口、解除后顾之忧，就成为坚守南口的必要条件。而守住张家口又必须占有张北、商都、尚义等外围屏障。中国统帅部和第一战区曾命令傅作义部和刘汝明部攻占各该地。预定 8 月 13 日夜同时发动袭击。当时日军在察北的兵力极为薄弱，主要是伪蒙军防守。傅作义部于 14 日占领了商都、尚义，全部完成了任务，而刘汝明则延迟一日方开始行动。当准备进攻张北时，刘汝明又中了伪蒙军李守信的缓兵之计，相信并同意他暂缓攻一日即反正的要求。而在此两天内，日军已调来大批援军，转取攻势。此时刘汝明仍不将其分驻于张家口以南的主力调至前线抗战，反而向傅作义请兵，以致傅不得不自率主力返援张家口。由于时机已误，南口方面既削弱了防御力量，张家口方面的反击又未能奏效，张家口终于在 8 月 27 日失陷。

平绥路东段的作战虽然失败了，但也有其一定的积极意义。当时中国共产党中央机关报《解放》周刊发表短评说：“不管南口阵地事实上的失却，然而这一页光荣的战史，将永远与长城各口抗战、淞沪两次战役鼎足而三，长久活在每一个中华儿女的心中。”又说：“我们不否认南口的失守，对整个抗战战局是增加了一个困难，也不否认察绥咽喉的放弃，是增加了黄河下游各省的危险。然而，南口抗战的英勇，全国民众对南口抗战的后援与拥护的热烈气象，给了我们证明，不管多大的困难，都是可以克服的。中华民族绝不会灭亡！”[25]

附表 3–2–1 日本“华北方面军”战斗序列表(1937 年 8 月 31 日)

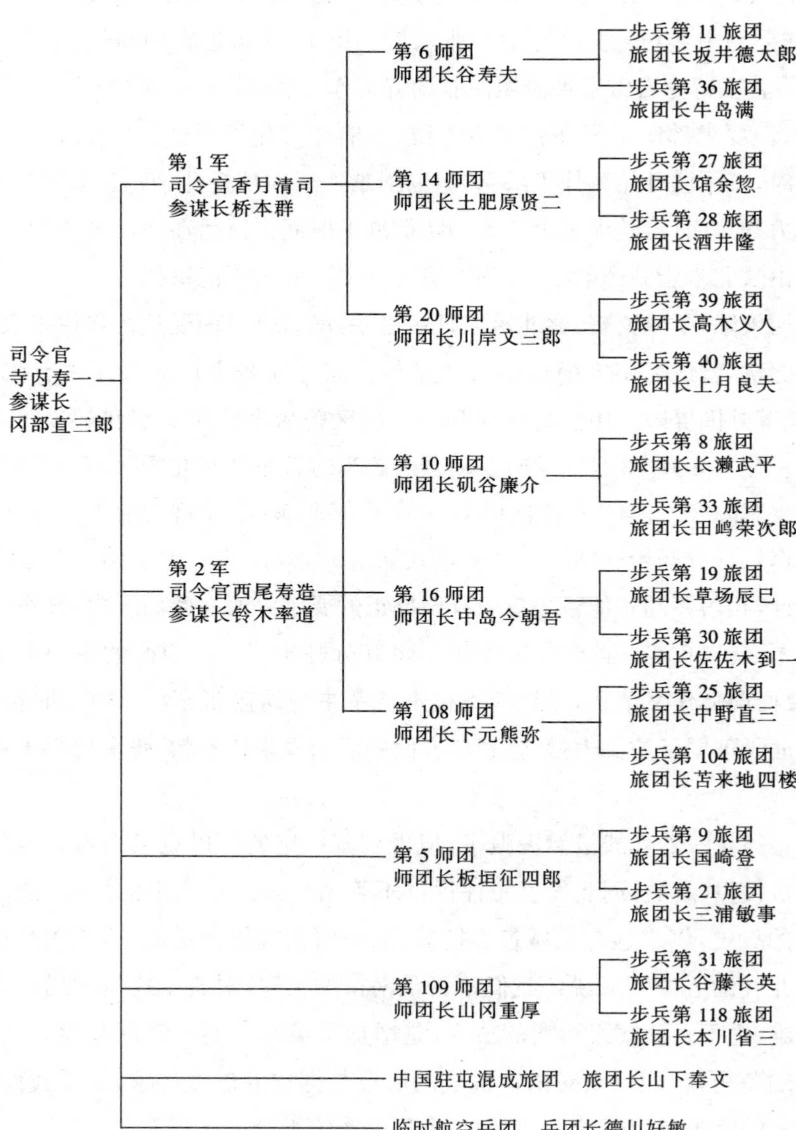

附表 3－2－2　参加平绥路东段作战的中国军队战斗序列表(1937 年 8 月)

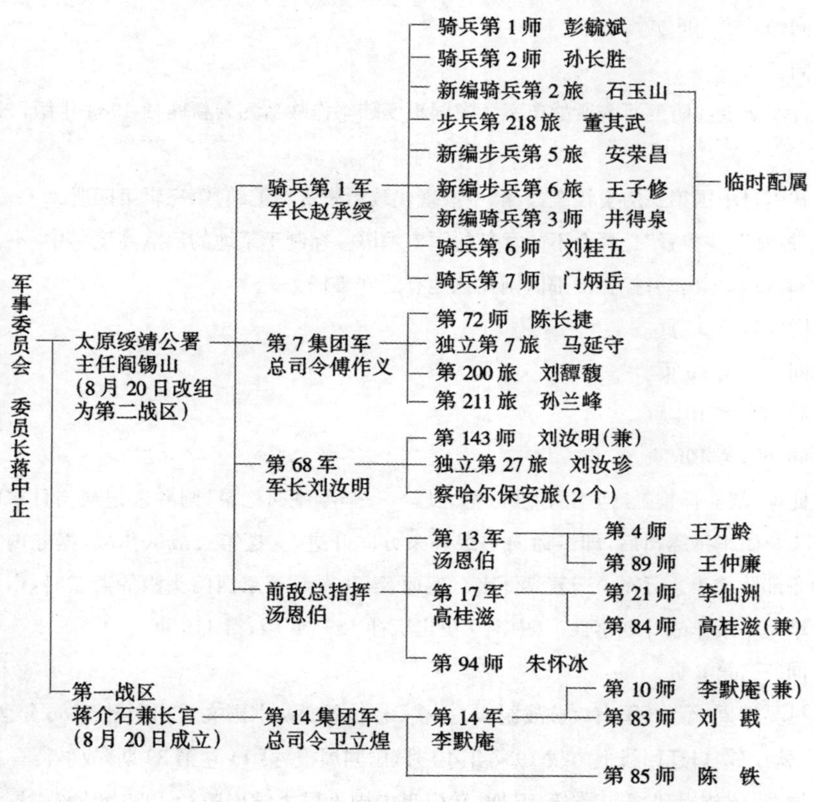

注　释:

〔1〕　苟吉堂:《中国陆军第三方面军抗战纪实》,第 9 页。原件存中国第二历史档案馆。

〔2〕　同〔1〕,第 11—12 页。

〔3〕　小方:《血战居庸关》。载 1937 年 9 月 29 日天津《大公报》。

〔4〕　王仲廉:《兵法与实战印证论略》。台湾新文化彩色印书馆 1987 年版,第 12 页。

〔5〕　同〔2〕,第 13 页。

〔6〕　秦孝仪主编《中华民国重要史料初编——对日抗战时期》,台北 1981 年版,第二编第 100、102 页。

〔7〕　同〔5〕,第 104 页。

〔8〕　此按日方资料记述,与当时中国军用地图的标高有出入。

〔9〕　见 1937 年《第 7 集团军傅作义部南口会战迄太原守城历次战斗详报》。原件存中国第二历史档案馆。

〔10〕　同〔8〕。

〔11〕 同〔5〕,第106页。

〔12〕 同〔1〕,第19页。

〔13〕 同〔5〕,第108页。

〔14〕 同〔5〕。

〔15〕 日本防卫厅防卫研究所战史室:《中国事变陆军作战》,朝云新闻社1983年版,(1)第312页。

〔16〕 转引自中国第二历史档案馆编《中国现代政治史资料汇编》第三辑第四册。

〔17〕 "控制"与"控置"是两个不同意义的军事术语。控制于某地的部队高度集中,不任当地兵备,随时按命令出动;控置的部队则在该地有防守等任务。

〔18〕 同〔6〕,第96页。

〔19〕 同〔6〕,第40页。

〔20〕 同〔6〕,第104页。

〔21〕 同〔6〕,第105页。

〔22〕 此据《战斗详报》。但李默庵《世纪之履——李默庵回忆录》则并未记载与日军作战,说:"第14集团军抵涿州后,即奉命向平绥怀来方向开进,支援第二战区作战,据守内长城。我即命令部队徒步急行军……直奔怀来。然而,当我军赶至京西门头沟的斋堂时,南口已经失陷。增援平绥作战计划落空。"(中国文史出版社1995年版,第119页)

〔23〕 同〔1〕,第6页。

〔24〕 见吴绍周《第13军南口抗战纪实》。载《七七事变》,中国文史出版社1986年版,第148页;见秋江《南口迂回线上》,载1937年10月《国闻周报》第14卷第39期《战事特写》。

〔25〕 原载《解放周刊》第1卷第15期,转引自中国人民大学出版社1989年版《中国现代史资料选辑》第五册(上)第89—90页。

第三节　平汉、津浦路北段作战

一、中日两军在河北省北部地区的作战计划

平汉铁路北起北平,南至汉口,是贯通华北、华中的大动脉。其北段的涿县(1913年涿州改涿县,习惯上仍称涿州)、保定,是河北的战略要地。当日军第5师团和察哈尔派遣兵团在平绥铁路东段展开进攻的时候,"华北方面军"也在积

极准备向平汉路涿县、保定地区发动进攻。其第1军的第20、第6、第14师团于8月下旬在北平地区集结后向南推进，先后占领了良乡、黄村以南的庞各庄、榆垡地区。当日军占领了平绥路东段地区、解除了西北侧后的中国军队对其主要作战方向的威胁后，日方面军司令部于9月4日制定了《会战指导方略》。其主要内容为：

（一）以消灭保定至沧州一线附近的中国军队为目的。为此，将会战的重点放在河北省中部的平汉铁路沿线，决战的时间为10月上旬。

（二）第1军在第14师团到达后，迅速从东南方向攻击近处中国军队的主力，并予以歼灭。

（三）在第1军歼灭中国军队先头兵团时，"华北方面军"的主力应尽速进入易州（今易县）、定兴、白沟河镇（今白沟）、霸县、马厂附近一线，准备尔后向保定、沧州攻击。

（四）第1军要以急袭的方式突破中国军队阵地，并以一部绕到中国军队阵地后方的交通要点，截断其退路；第1军主力在东面压制中国军队，并与第2军会合，在正定至沧州一线以北地区围歼中国军队主力。

（五）第2军在第16师团到达后进入马厂附近，准备攻击保定附近的中国军队。

（六）第5师团主力应从山西方面迅速到达河北蔚县及涞源附近，切断望都以南的平汉铁路线，同时开辟通向平汉路方面的补给线。

（七）航空兵团配合第1军作战，侦察中国部队的主力，搜索中国军队在保定、沧州附近的行动。[1]

日军第1军遵照方面军的作战计划，于9月11日下达了攻击命令。要旨是：（一）第20师团（配属独立机关枪第4大队、战车第1大队、野战重炮兵第3联队、野战高射炮2队）应于15日日落后开始行动，攻击当面之敌，在涿州北面地区消灭中国军队后迅速进入易州南面地区。（二）第14师团（包括战车第2大队、野战重炮兵第6联队、迫击炮第5大队等，缺步兵第50联队）应于14日日落后开始行动，进入涿州南面地区，切断第20师团正面中国军队的退路。（三）第6师团（包括独立轻装甲车第6中队、独立机关枪第9大队、野战重炮兵第2联队、迫击炮第3大队等，缺牛岛支队）应于14日日落后开始行动，攻击当面的中国军队，在固安南面地区将其消灭后进入定兴附近地区。（四）军预备队（步兵第50联队)位于良乡。

向涿县、保定地区进攻的日军主力第1军的右翼保障部队第5师团于9月11日到达蔚县地区;左翼保障部队的第2军第10师团也于11日占领了津浦铁路线上的马厂和青县,并以一部兵力于13日进驻青县以南的兴济镇。这样,在第1军向涿县、保定进攻之前,已像两只钳子伸向保定平原的两侧。而第1军3个师团在北平以南、永定河以北地区已集结休整了近1个月的时间。

中国军事委员会在平、津失陷后已调整了华北地区的军队部署,8月12日又划分河北省地区部队的防守地境,并令军、政部门赶筑防御阵地。

8月20日,成立第一战区司令长官部,由蒋介石兼任司令长官,统一指挥平汉、津浦两线作战。

军事委员会判断日军使用兵力于津浦线的可能性不大,认为当时南口作战正在进行,日军如得胜,可能以主力指向晋北,直逼太原,期自侧翼取得战略优势而不在正面进攻,日军如果在南口作战不利,则很可能沿第一战区正面进攻,而置主力于平汉线上。故为击破日军的前进,应以平汉、津浦两铁路线为纵轴,以防守部队沿两线作纵深、疏散、据点式、多层次配备,以机动部队置于侧翼,相机协力防守部队包围、歼灭进攻日军。第一线各部队应组织游击部队越过永定河,深入平汉线以东地区;组织民众破坏交通,以牵制敌军行动。并以强有力的机动部队侧击南口、万全方面的日军,以协助该方面守军。

军事委员会据以上方针,部署了第1、第2集团军在右、左两地区的防御任务。此后保定行营结合当面情况的实际变化,拟定战区北面(正面)作战的计划。其中有关平汉路作战的要点为:

(一)指导计划

本战区北(正)面,为阻止日军南下,并摧毁其攻击企图,应以必要兵力,坚强配置于津浦、平汉各阵地线,进行坚强之抵抗,以有力的机动部队,控制于易县以北山地,准备以后之攻击。

(二)指导要领

1. 各在其地区内,就现有城寨、村镇构筑据点,以必要之兵力守备;另以有力机动部队,控置于易县以北山地,相机攻击敌军之侧背。

2. 无论敌动向如何,须不断施行攻击,并力求多迂回敌之侧背。

3. 各级部队长应控制有力之预备队,相机施行大规模之逆袭。

4. 各部队应固守城寨及据点，非有命令不得后退。

5. 骑兵担任前方警戒，主力控置于适宜地点，依战况袭击敌人之侧背。

（三）兵团部署

1. 右地区（从略）。

2. 左地区指挥官：第2集团军总司令刘峙，辖第1军团、骑兵第10师、步兵第47师、第3军、第52军各部队。任务是：第1军团附骑兵第10师，在固安（不含）、琉璃河、房山、黑龙关之线，确实占领阵地，并以便衣队扰敌之侧背；步兵第47师在涿县附近，准备支援第1军团战斗；第3军在高碑店、涞水、易县一带地区构筑阵地，并准备尔后之作战；第52军在新安镇（今安新）、漕河头、满城、保定一带地区构筑工事，并准备尔后之作战。

上述计划下达后，各部队分别调整部署。

8月25日，日军攻占南口地区，各部队当面的敌情发生了变化，军事委员会所拟第一战区作战计划未能实施，战区的注意力转向晋北。为支援晋北、平汉线方面作战，空军一部于9月14日编组北正面支队。以原第6大队大队长陈栖霞任支队司令，下辖空军第7大队及第27、第28中队，司令部设于太原。洛阳、西安、南阳、绥德为基地，太原、太谷、临汾、汾阳、长治为前进机场，归由第二战区指挥。

第2集团军总司令刘峙于9月9日拟定了准备北进反攻北平的作战计划，但因第68军刘汝明所部自蔚县南撤，涞源告急，徐永昌指令第3军第12师的3个团开赴涞源、紫荆关防守，又得知日军将发起向保定方面的进攻，因此北进方案未能实施。该集团军随即作出以下防御作战部署：

（一）第26路军守房山、歇歇岗亘其西北高地一带，及周口店、长沟峪、鞍子山、黑龙关一带阵地，不准放弃。

（二）第47师在涿县、马官屯、长沟镇一带构筑工事。

（三）第3军除派一部向涞源应援外，大部仍在定兴一带构筑工事。

（四）骑兵第10师全部推进至柳河营、河西务附近，并警戒西杨村（不含）、长安城、马头镇一带。

（五）骑兵第14旅仍协同第3军在新城附近构筑工事。

（六）第52军仍在安新、漕河头、保定、满城一带构筑工事。

二、涿县、保定地区作战

（一）作战经过

9 月 14 日，日军第 1 军的 3 个师团齐头并进，向涿县、保定地区发起进攻。

日军第 14 师团在发起进攻之前派出 7 个侦察组，在 9 月 13 日夜间潜入守军阵地侦察，发现阵地上兵力很少，并有撤退征候。14 日，第 14 师团长决定不等到日落，而提前于上午 9 时开始攻击前进。11 时，该师团突过永定河线，并继续向前攻击。第 6 师团亦于同日 14 时 45 分开始渡河攻击。守军第 91 师的东、西杨村阵地被日军的飞机、大炮击毁，该师第 540 团遭受严重伤亡。东西魏村、朱各庄、杨各庄等地被日军占领。下午 3 时，第 91 师的援军在北相、谷庄一带与进攻的日军激战。在河西务至望海楼附近进攻的日军被守军第 47 师击退。骑兵第 10 师在长安城、大朱各庄、北村等地也与进攻的日军展开激战。

在日军大举攻击的情况下，第 2 集团军命第 26 路军除巩固原阵地外，以第 31 师主力（一部固守涿县）会合第 47 师从涿县东进，在望海楼和东、西苇坨之线越过大清河迎击当面日军。第 3 军（附骑兵第 14 旅）除以一部防守紫荆关、涞源及守备高碑店外，另一部迅即从定兴、高碑店东进，经东、西双铺附近渡过大清河，包围攻击西进的日军左侧背。

日军第 14 师团于 15 日拂晓进到拒马河沿岸，16 时开始西渡拒马河，当日夜间全部渡河完毕，尔后立即向松村店方面追击。第 6 师团在牛坨镇地区通过难以通行的低洼潮湿地带，17 日傍晚进到辛桥附近的拒马河左岸地区。第 20 师团于 15 日 11 时 40 分开始攻击房山以北第 26 路军的阵地。战至 16 日，日军攻占了房山南面的阵地。17 日，日军进入涿县西面地区。

第 2 集团军根据蒋介石电话指示，令第 47 师协同第 31 师第 1 团驱逐进占南良沟的日军，并以一部兵力守涿县与松村店之间阵地；令骑兵第 10 师在涿县东北地区搜索；令第 3 军迅速派兵一部由大清河与平汉线中间地区向柳河营、酱各庄方向前进，迎击当面日军。

这时，日本“华北方面军”命令第 1 军一举攻占保定。17 日，第 1 军以第 14 师团向石板山附近、第 6 师团向满城北面的大册河北岸各派出先遣队，并命令在千军台的牛岛支队主力到高碑店附近，作为军的预备队。18 日 21 时，“华北方面军”又命令第 1 军突破保定附近守军阵地后向正定追击；第 2 军的第 10 师团向德州进攻；其余部队向正定方向追击，切断平汉线上中国军队的退路；第 5 师团主力迅速经涞源进入保定方面。第 1 军司令官于 18 日令第 20 师团进入方顺桥附近；第 14 师团突破满城附近守军阵地后进入保定以西地区；第 6 师团沿平汉铁路进攻，消灭保定附近守军后向石家庄追击。

截至 9 月 18 日，中国第 2 集团军所属第 47 师、新 44 旅、第 30 师、第 31 师已被日军击溃，失掉了战斗力。第 27 师集结于涞水东北的新庄、魏村、横歧村一带。第 3 军第 7 师在新城东北与日军对峙。该军第 12 师的 3 个团转移至高碑店附近。集团军即令第 3 军在大清河右岸从大、小柴营起至陈各庄之线拒敌前进。第 26 路军自高碑店北、陈各庄至娄村镇一线拒敌。但这一命令实际上等于一张废纸。这时中、日两军已形成混战，而卫立煌指挥的第 14 集团军也从张圹镇南撤。这样，守军迅速趋于溃退。第 2 集团军急令第 52 军所属 3 个师加强安新、漕河、满城一线的防御。日关东军飞行第 16 联队的 15 架战斗机掩护第 12 联队 8 架重轰炸机于 9 月 21 日轰炸太原时，中国空军第 28 中队长陈其光率 7 架驱逐机迎击，将日本陆军视为“军宝”、号称“空战大王”的第 16 联队第 1 大队长三轮宽少佐所驾 95 式战斗机击伤，迫降于太原附近大盂的农田中，三轮宽被当地农民击毙。

21 日夜，日军第 14 师团突破守军满城北面阵地，于 22 日黄昏时追击到保定西南地区。第 6 师团于 22 日下午 3 时半突破漕河西的守军阵地，23 日上午 10 时进到保定外围。第 20 师团也向保定展开追击。

22 日晚，蒋介石电令第 2 集团军固守保定、满城各据点。集团军即令第 52 军务须固守保定、安新两城及其附近地区，第 3 军务须固守满城及其西北一带高地，第 47 师及河南省保安第 3 团归第 52 军关麟征军长指挥，第 3 军应协力反攻当面日军，第 27 师位于完县北方各高地，掩护军主力侧背并策应满城方面作战。

第 52 军以第 2 师、第 47 师各 1 个旅，第 17 师补充团，第 169 师第 4 团担任保定城防，第 17 师主力在保定以东沿阜河关、仙人桥占领阵地，第 47 师的另 1 个旅在保定城以西经赵家庄、五家、埋店、高昌村、小汲村之线占领阵地，第 25 师（仅 4 个营）及第 17 师的 1 个团为军预备队。

9 月 23 日，日军开始向保定及其两侧地区发起攻击。第 20 师团一部在当日进至保定南面的方顺桥附近，第 14 师团进入保定西南地区切断了保定守军的

图 3-3-1　平汉路北段涿县迄保定附近战斗经过要图
（1937 年 8 月 21 日—9 月 24 日）

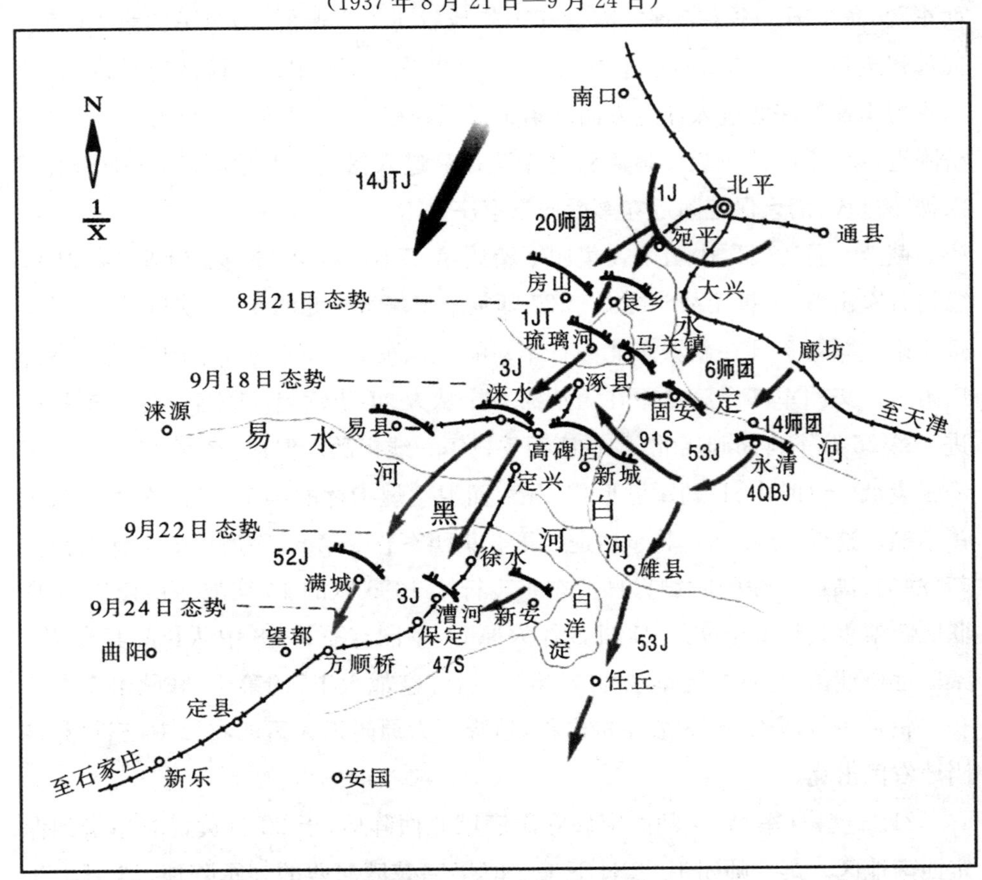

后路。第 6 师团对保定城垣攻击，但因炮兵未及时赶到，攻击未得逞。

24 日拂晓，日军第 6 师团对保定城发动攻击。先以炮兵实施了 1 小时轰击，在城墙上打开了 2 个突破口；上午 8 时，步兵第 11 旅团开始突击，11 时 40 分占领了城墙一角。这时，刘峙为增强第 52 军守城决心，电告关麟征："奉委座电令：郑、赵、裴各部须固守保定，无令不准撤退，务望排除万难，勉力撑持为要。"可是第 52 军各师在强敌攻击下纷纷自动后撤，保定遂于 24 日失守。第 3 军则根本未遵守固守满城及其西北高地的命令而自动后撤。

9 月 23 日晚，保定行营参谋长林蔚遵照蒋介石意旨，对第 2 集团军各部作了逐次撤退的部署。但当时各部撤退混乱，在日军飞机大肆轰炸下，部队仓皇失措，交通阻隔，互不联系。到 9 月 25 日，各军纷纷南渡滹沱河，退至石家庄附近。

这时蒋介石令参谋总长程潜兼代第一战区司令长官职务，刘峙升任第一战区副司令长官。保定行营及第2集团军总司令部撤销，并以第32军、第17师、第47师、独立第46旅编成第20集团军，以商震为集团军总司令，拟在正定附近滹沱河畔与日军作战。25日，程潜在获鹿同刘峙会商了今后的作战计划。

日军第1军司令官于23日决定以一部兵力迅速向南追击，主力在保定附近集结休整后向石家庄追击。23日，第20师团步兵第80联队第3大队占领望都。25日，日军主力从保定地区出发，27日到达新乐，然后在此暂停休整，准备向石家庄进攻。

（二）作战简析

涿县、保定地区的作战时间仅10余日，即以日军的胜利、中国军队的溃败而结束。

日军"华北方面军"在向华北内地进攻中，将平汉线作为主要突击方向，企图在保定地区消灭中国军队在华北地区的主力。为达此目的，首先在平绥路东段地区作战，同时以第2军第10师团进到津浦线的马厂与青县地区，保障了方面军主力第1军向涿县、保定地区进攻的翼侧安全。在第1军3个师团集中完毕、两翼保障部队进展顺利的条件下，方面军提前1个月命令第1军发动进攻。第1军在进攻时以全军3个师团集中向涿县、保定方向突击，迅速击败中国守军，接着包围保定，迫使守军溃败。这都反映了日军在战役指挥方面的长处。

中国第一战区第2集团军虽在平、津失陷后即在平汉线北段进行了防御准备，在作战中，有的部队作了英勇抵抗，但仍然迅速失败，其原因有以下几个方面：

1. 战区形同虚设，各集团军各自为战。平汉、津浦两线未能及时组织第1、第2集团军的协同动作，如津浦线守军首先失利，第2集团军未能及时派出兵力侧击和袭击日军后方及侧翼。反之，日军利用沿津浦线的发展，派出兵力侧击涿县、深县守军，对我平汉线北段作战产生极不利的影响。加以两集团军通信条件极差，情况不能及时交换，互不了解，形成各集团军各自为战局面。所以如此，是因为在战争初期蒋介石虽自兼第一战区司令长官，但未组成长官部，因而徒有虚名，不能密切掌握平汉、津浦两集团军的协同动作，致使敌军深入，对自己的翼侧毫无顾虑，平汉线守军的侧翼反而受到日军更大的威胁，守军的每道防线均不能作较长期防守。

2. 指挥官怯懦，未战先逃，影响士气。负责平汉线方面的最高指挥官第2集团军总司令刘峙懦弱无比，保定作战时未战先逃，对战事影响很大。国民政府监察院张华澜等人在1937年10月26日弹劾，指出："豫皖绥靖主任(原职)刘峙惧怯畏死，未经激战，遂下令总撤退，一溃至石家庄，致使全冀皆失，而豫晋两省，交受其祸……旬日之间，败退达千里。自古至今，丧师失地未有如是之速者矣。"[2]由于刘峙未战先逃，军心士气大受影响，致使形成溃退局面。

3. 虽有计划、准备，但因部队调动频繁而不能实施。平汉线虽事先拟有防御计划，也划分了三线阵地，预先构筑了半永久和野战工事，如防守得力，攻、防并用，可以逐线抗击，消灭入侵日军，达到迟滞、消耗敌人的目的。但作战上只争取正面防御，后方机动兵力过少，以致出现徒有阵地、无兵防守的局面，或出现正面过宽、防守力弱的形势。

平汉路方面只有孙连仲所部在永、固、房、涿及其附近地区依托既设阵地和日军进行了激战。其后，关麟征在保定附近率第52军及第169、第47两师作了短暂的坚决抵抗，敌我伤亡均重。日本《战史丛书》、《中国事变陆军作战》称涿州、保定会战为双方在平汉线上的第一次会战，战况激烈，日本参战兵力为88 500人，战死1448人，重伤4000人。[3]

三、津浦路北段作战

（一）战前情况

日军第2军占领津浦线上的马厂、青县以后，遵照方面军"迅速进入沧县以南，之后以主力准备向保定南侧前进"的命令，决定以第10师团迅速占领沧县，尔后以一小部追击东光以南地区的中国军队，同时以主力准备向西转进。但在9月18日晚得知保定中国守军退却，且滏阳河水涨及津浦沿线大面积水淹，因而改变部署。第10师团转向德州进攻。第2军所属第16师团于9月11日在塘沽登陆。第109师团(欠1个旅团)同日配属第2军。

在津浦线方面防御的第1集团军总司令宋哲元请假，由冯治安代理总司令指挥作战。从马厂、青县撤退后，第1集团军以第40军、第49军在姚官屯一带布防。原第29军各师退于沧县附近，改编为第59、第68、第77三个军。其中第68军刘汝明所部位于第二战区，正在向冀南撤退。石友三的河北保安第1、第2

旅改编为第181师。这时，蒋介石将在上海方面指挥作战的第三战区司令长官冯玉祥调到津浦线，将津浦线北段地区划为第六战区，以冯玉祥为战区司令长官，统辖第1、第3集团军等部，负责指挥津浦线方面的防御作战，长官部设于德州以北的桑园。原在固安、霸县、雄县的第53军划归第一战区。

第六战区各部队的战斗部署为：第181师沿娘娘河至兴济镇一线占领、掩护阵地，并破坏铁路、公路，阻塞运河航道，尔后撤至泊头附近总预备队位置；第59军及第132师占领李天木、辛庄、八里庄至铁路西孝子墓及黑龙港河西岸坦理镇、刘各庄一线阵地，并由第59军派出1个团占领韩村镇、常郭镇东侧阵地，掩护该军右侧背；第3军团（第40、第49师）占领马落坡、姚官屯、东西花园、赵官营至黑龙港河一线阵地；第67军接防大城、文安地区；第77军（欠第132师）位于泊头以南地区，为集团军总预备队；第27师在沧县以东地区集结待命。

冯玉祥之所以调任第六战区司令长官，主要原因是津浦路沿线各部队多为冯的旧部。蒋介石接受白崇禧的建议，为指挥便利才组建第六战区。但由于种种原因，冯的旧部并不愿接受冯的领导。9月15日冯玉祥履任之初，在济南令第3集团军总司令韩复榘派兵北上，以加强沧县地区的防御。韩以山东防务紧张为由，拒绝北调其部队。16日，冯玉祥至第1集团军司令部会见宋哲元，商讨作战问题。宋仅在专车上与冯会面，并以已请准病假为由，当天即乘专车去泰山“养病”。第1集团军副总司令冯治安以前方情况紧急为由，也不肯见冯。冯玉祥有令难行，这对第六战区的作战产生了极为不利的影响。

（二）作战经过

津浦路正面方面，日军第10师团9月18日起从马厂、青县间开始向第181师阵地进攻，当日中午攻占兴济镇；尔后继续攻击前进，击败守军的节节抵抗，于9月21日开始进攻第59军主阵地。激战两昼夜，突破了守军第一线阵地，于23日开始向姚官屯等地第3军团第二线阵地进攻。

日军先以航空兵机群对守军阵地、后方及两翼进行连续轰炸、扫射，炮兵则集中火力对守军阵地实施压制及破坏射击，然后再以坦克及装甲车掩护步兵攻击前进。守军阵地多被击毁，部队伤亡较大。当日上午，日军突破了姚官屯及东花园阵地。第3军团令第109师第654团、第653团分别向姚官屯和东花园。增援激战至17时，守军将突入姚官屯车站、姚官屯、东花园的日军逐出，恢复了阵地。

图 3-3-2　津浦路北段作战·沧县附近战斗经过要图
（1937 年 9 月 4 日—25 日）

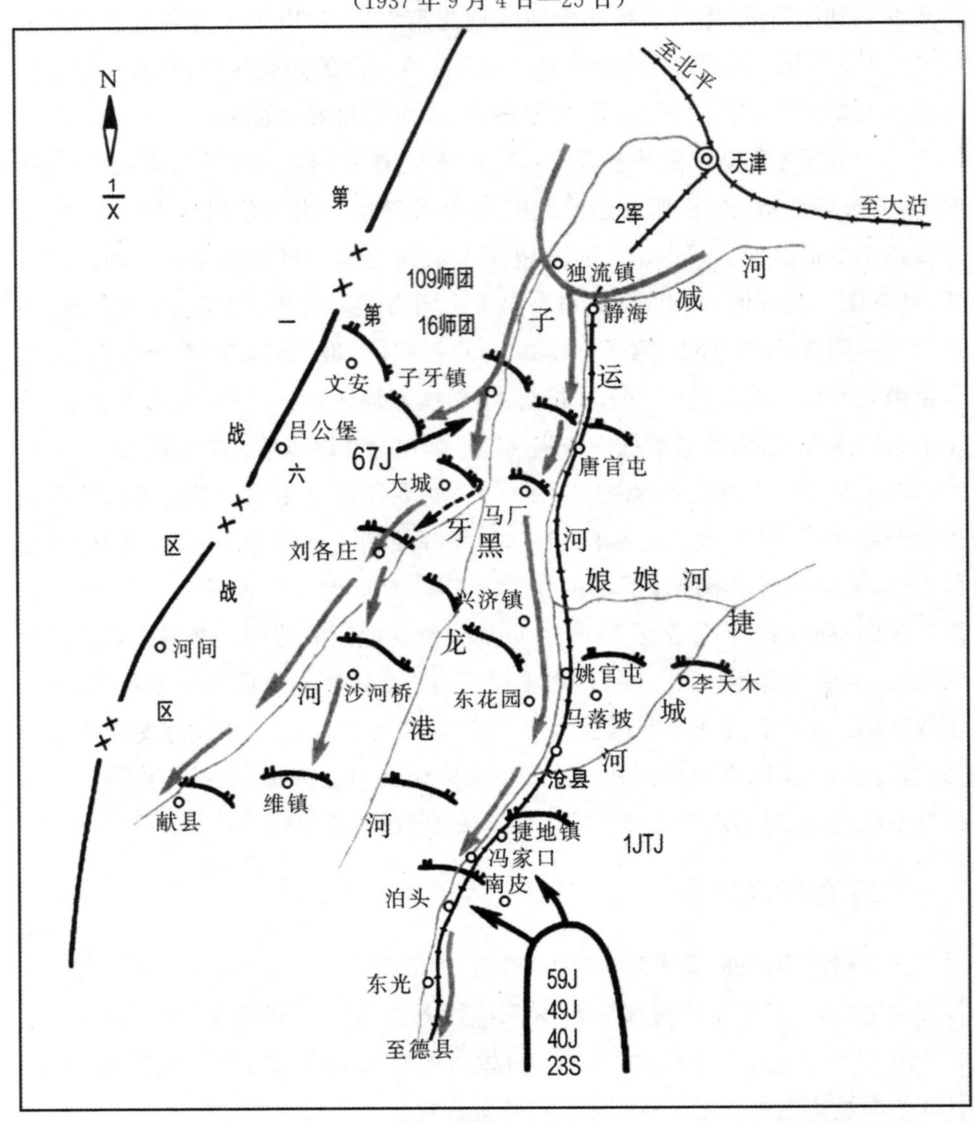

9 月 24 日拂晓前，日军主力在炮兵及航空兵火力支援下，沿铁路两侧地区向大姜庄、姚官屯、东西花园阵地猛攻。守军与突入的日军用刺刀拼杀，混战在一起。这时军事委员会电令第六战区：“姚官屯及东西花园之阵地，我军须固守，不可放松一步。”为固守阵地，冯玉祥除命第一线部队死守外，又命令第 59 军以 1 个旅的兵力策应马落坡、张辛庄，令砖河的集团军总预备队派 1 个旅策应一线作战。14 时，日军向第 109 师的阵地连续发动进攻。守军顽强苦战，但东花园终被突破，大姜庄、姚官屯亦相继失守。在姚官屯、东花园战斗吃紧之时，第 3 军团军团长曾令已进至沧县以东八里屯地区的李必蕃第 23 师迅速开至一线支援，但该师迟滞不前，致战机丧失。至 20 时，守军阵地全线动摇。第 49 军第 109 师一部固守沧县城，其余各部向捷城河岸撤退。由于是夜间，各部队与日军胶着混战，失去控制与联络。守军第 105 师第 313 旅沿黑龙港河南撤，完全失去了联系。25 日凌晨，姚官屯方向的日军追至沧县城郊，经数小时交战，守军撤退，沧县失陷。日军跟踪追击。为取得喘息时间，第 1 集团军代总司令冯治安下令将运河决口，造成沧南的泛滥，结果南撤的军队大半在泛区水中活动，根本无法守沧河南岸阵地，于是又纷纷向盐山、莲花池、南皮、冯家口一线撤退，形成混乱。

文安、大城方面，9 月 15 日，日军第 10 师团一部向郝庄、中赵扶守军阵地进攻。第 67 军在大城东北的姚马渡、北赵扶向进攻日军的侧背实施反击，将进至子牙河西岸及由子牙镇乘 20 余艘汽艇来援的日军击退至子牙河东岸。

这时日军第 16 师团已到达天津以南地区，于 17 日在津浦路西侧地区加入战斗。（早在 5 日晚，其第 30 旅团即已占领了南赵扶、姚马渡、白杨桥等地。）

9 月 21 日开始，日军第 10 师团和第 16 师团并肩沿津浦路两侧向守军阵地全线发动猛攻。经激战，日军第 16 师团于 22 日攻占大城。日军第 10 师团进至泊头镇以南地区。

9 月 25 日，军事委员会电令第六战区司令长官冯玉祥："各部队务于桑园、德县以北择地固守，并集结兵力，力图反攻。"冯玉祥奉令后，命盐山、南皮线上各部队进击日军侧背，以减轻东光、连镇一带第 77 军的压力。27 日，日军第 16 师团占领献县，第 10 师团分 3 个纵队从运河东西两侧及津浦铁路以东向德县进攻。10 月 1 日，第 40 军 1 个旅袭击泊头镇；第 49 军 2 个旅攻占冯家口、夏口，并跟踪日军，向东光方向进击，但东光方面的部队却先两日（9 月 29 日）放弃东光，沿运河南撤百余里。占领东光、连镇的日军于 10 月 1 日攻占桑园。10 月 3 日，日军向德县城进攻。第 81 师运其昌旅长率第 485 团抵抗，终因援军迟迟不到，于夜突围撤退。德县沦陷。

日军参谋本部于 9 月 25 日命令（"临命"第 542 号）"华北方面军"的作战地区（不包括航空部队的作战地区）为石家庄、德州一线以北地区；参谋次长另电告"华北方面军"司令官："在尚未判明苏联态度之前，必须考虑到今日过分向南方用兵将造成的抽调困难问题。因此，目前限制贵军的作战地区为石家庄、德州一线。”[4]至此，日军第16师团及第109师团转用于平汉线方面，第10师团停止整顿，津浦路北段作战基本结束。同时，第1集团军所部撤向冀南，转隶第一战区；第67军及第49军调至淞沪战场；第3军团（仅第40军）调至海州，转隶第五战区。第六战区撤销。

（三）作战简析

津浦线是日军进攻的次要方面，使用的兵力仅2个多师团，中国军队如指挥得当，攻、防兼用地逐次抵抗、消耗，完全可以取得很好的战绩，但以败退告终。失败的根本原因是将不用命及抗战不力。

蒋介石自任第一战区司令长官时，津浦线各将领多为原西北军系，对其怀有戒心，为保存实力，对其命令，有利者听之，无利者阳奉阴违。以后另立第六战区，以冯玉祥为司令长官，宋哲元、韩复榘出于私心，竟公开反对，对冯的命令置若罔闻。各部队中、下级军官和士兵虽作战英勇，但高级将领则以保存实力为主，作战时采取敷衍态度。冯玉祥就曾总结津浦线作战说：“在姚官屯之线，庞（炳勋）、刘（多荃）颇能苦战，此后与敌稍一接触，随即自行后退。长此以往，不仅全军覆灭，甚且国破家亡。”[5]又如李必蕃的第23师，当奉命支援庞炳勋沧县地区作战时，故意迟迟不前，致庞部不得不放弃阵地。最典型的是山东省主席兼第3集团军总司令韩复榘拥兵自重，抗不遵命。当平汉、津浦两线日军深入时，军事委员会曾命令他及时机动兵力，支援津浦线作战，以牵制日军对平绥、平汉线的进攻，韩却按兵不动，因而失去战机，影响战局。

此外，在阵地编成上，缺乏防御纵深和有力的机动部队，也是失败的直接原因之一。阵地正面过大，兵力分散，部队采取一线式配备，没有战术深度，防线处处薄弱，中间一点突破，全线随之崩溃。如在姚官屯附近的战斗中，第39师阵地被突破，第38、第105、第131师并没有被击破，却全部动摇。由于第37师、第178师及石友三部的第181师也是一线布防，不能及时机动增援，以致主阵地被迅速突破；尔后又逐次以1个师守冯家口、1个旅守泊头、1个旅守东光，再被日军各个击破。

应该肯定的是：在沿津浦线作战的广大中下级军官、士兵艰苦奋战，忠勇无比，伤亡官兵达六七万人。战斗的激烈程度是可以想见的。

附表 3-3-1　平汉铁路北段沿线作战中国军队指挥系统表

（1937 年 8—9 月）

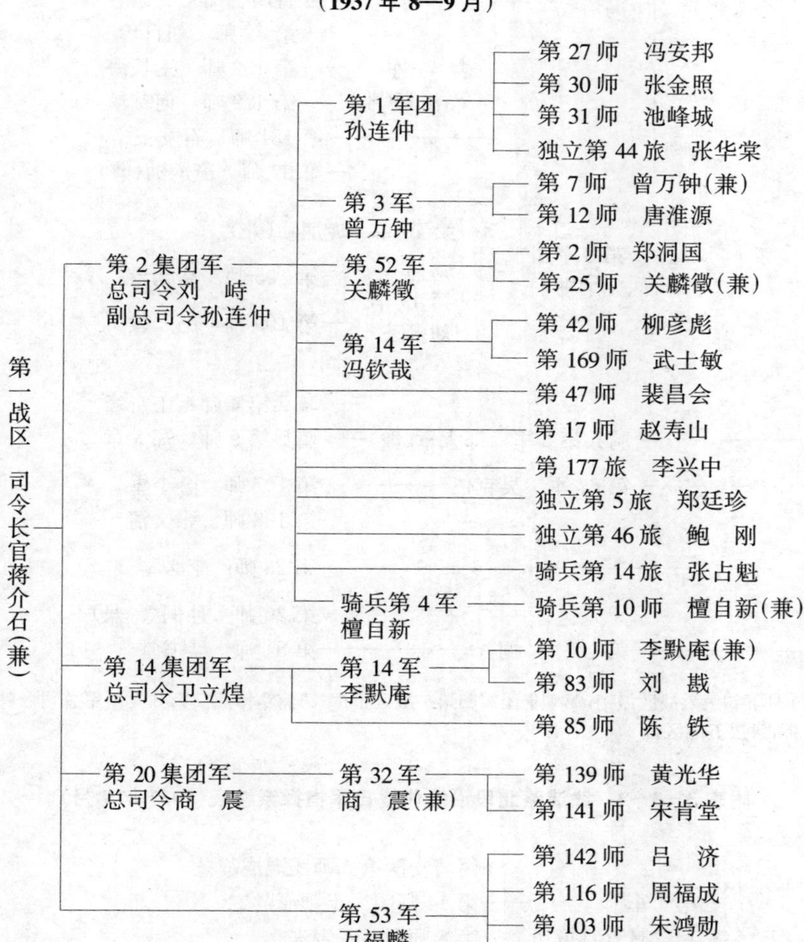

附表 3-3-2　津浦铁路北段沿线作战中国军队指挥系统表

（1937 年 9—10 月初）

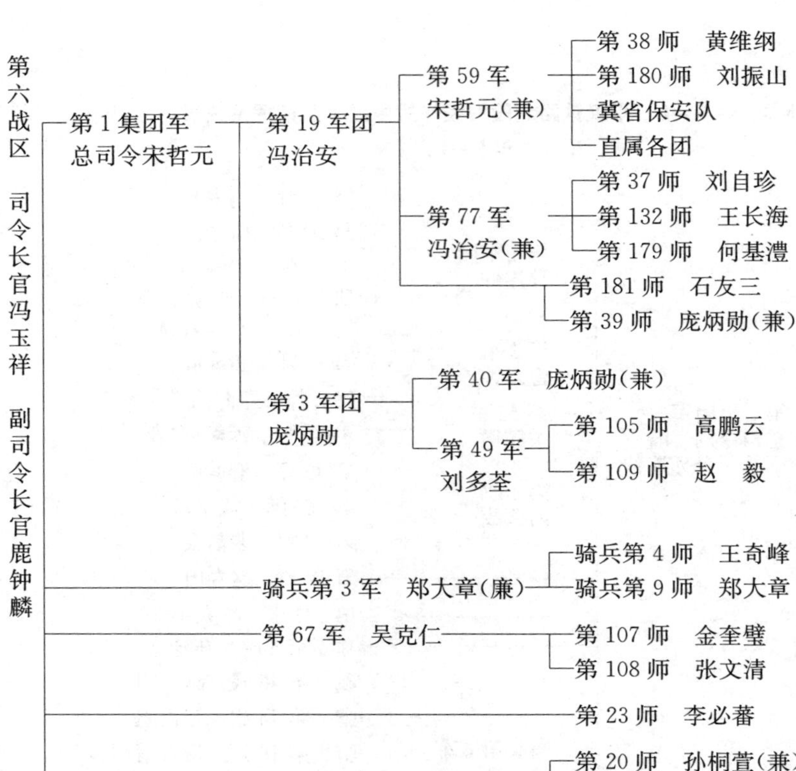

注：9 月下旬第六战区撤销，第 1 集团军归第一战区指挥；津浦路作战归第 3 集团军总司令韩复榘指挥，隶第五战区。

附表 3-3-3　津浦路北段沿线作战日军指挥系统表（1937 年 9 月）

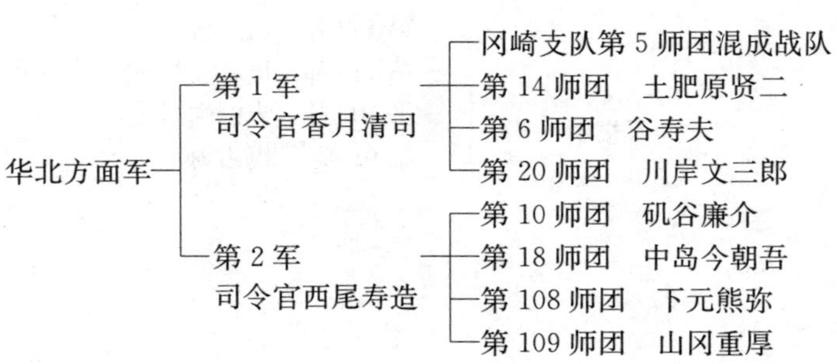

注　释：

〔1〕 转引自《日本帝国主义侵华资料长编》。四川人民出版社 1981 年版，(上)第 355—356 页。

〔2〕 转引自中国第二历史档案馆编《中国现代政治史资料汇编》第 3 辑第 29 册。

〔3〕 转引自张宏志《抗日战争的战略防御》。军事科学出版社 1985 年版，第 42 页。

〔4〕 本节所引日军作战命令，均出自日本防卫厅防卫研究所战史室《中国事变陆军作战》(1)。朝云新闻社 1983 年版。

〔5〕 见 1937 年 9 月 23 日冯玉祥致蒋介石电。此电文及本节所引中国军队的作战计划、命令，均出自各军《战斗详报》，均存于中国第二历史档案馆。

第四节　晋北作战与平型关作战

一、察南、雁北撤退

平绥铁路东段作战失败之际，阎锡山于 1937 年 9 月 11 日下令各军于桑干河南岸布防。其命令的要点是：(一) 第 34 军杨澄源部速将其第 196 旅、第 203 旅移驻桑干河南岸，右接新 2 师左翼，经后子口至瓮城口(含)间布防；第 19 军王靖国所部在瓮城口(不含)至应县间布防。(二) 第 61 军李服膺部驻瓮城口、北楼口，并在北楼口至小石口(不含)间布防。(三) 第 71 师郭宗汾部在应县南小石口至小峪口之间布防，师部驻繁峙。(四) 第 72 师陈长捷所部开回句桂山接防，在广武西约 10 公里处的八岔口至杨方口东的达达庄之间布防。9 月 13 日，阎锡山又令第 34 军留新编第 2 师在大王村掩护广灵守军侧后安全，第 196 旅和第 203 旅酌留 2 个营警戒后子口、瓮城口，该军军部及主力移防狼峪口至水峪口之间，构筑工事，作积极防御准备。同时发布如下调整部署的命令：

(一) 第 35 军应在青禾岭经项家山、阳方口、右板沟迄利民堡之线布防。

(二) 第 19 军在水峪口(含)经广武、八岔口、青禾岭(不含)之线布防。

(三) 第 72 师原防务由第 19 军接替，该师作为总预备队集结代县附近。

（四）第 71 师原防务由第 34 军接替，该师集结繁峙待命。

（五）第 61 军左翼阵地延伸至小石口西的狼峪（不含）、浑源东 20 公里，经恒山凌云口、黄沙口、康峪至北楼口（不含）之线，扼守坚固工事。汤恩伯指挥的第 17 军和第 73 师正在广灵与日军对战。第 34 军留在浑源北大王村、后子口、瓮城口之线的部队应与汤部取得联络。

（七）独立第 3 旅在灵丘方面作战，应将其兵力集中于重要方面，目前宜以伊家店至焦庄间为要点。预计第 18 集团军在两三日内可到达灵丘。

（八）第 18 集团军已到砂河以东，向灵丘急进。

在此之前的 9 月 12 日，空军司令周至柔电告阎锡山，由陈栖霞率领的空军 4 个中队北上，可于 15 日实施战斗。此时，空军为协同晋北和平汉线作战，于 14 日编组为北（正）面支队，设司令部于太原，以洛阳、西安、南阳机场为基地，以太原、临汾、长治为前进机场。其隶属部队有空军第 7 大队和第 29 大队（欠三分之一）。

9 月 14 日，阎锡山将各军作战地境划分如下：汤恩伯和刘茂恩所部之间为大西戈山、寒水村、王庄堡、麻地坪、清水沟、大草坪之线；刘茂恩和李服膺所部之间为砂河镇、长柴沟、康峪、小辛庄之线；李服膺和杨澄源所部之间为伏连坊、沙渠、北河种之线；杨澄源和王靖国所部之间为二磨坊、石门峪、张头铺之线；王靖国和傅作义所部之间为上马围、红河、军道坡、上沙楞河、一半村之线。线上各点属右方部队。15 日，阎又将部队区分为左、右两个地区。左地区部队为第 61 军、第 34 军、第 19 军、第 35 军，傅作义为总司令；右地区部队为第 33 军、第 17 军、第 15 军，杨凌源为总司令，孙楚为副总司令。第 18 集团军、第 71 师、第 72 师为预备军。〔1〕

原在绥东、察北地区的赵承绶骑兵军这时退至朔县、神池方面，门炳岳所部退至集宁方面，和马占山挺进军共同警戒绥东。

二、广灵、灵丘间的战斗

日军第 5 师团占领阳原和蔚县后，于 9 月 11 日以第 21 旅团向广灵进攻。该旅团除从蔚（县）广（灵）大道实施正面攻击外，还以一部从北面向火烧岭、南面由蔚县经后门峪实施迂回。汤恩伯令第 17 军的第 84 师在火烧岭一带、第 21 师主力在广灵城东的豹峪、洗马庄一带阻击日军。

9月12日晨，日军2000余人从南徐堡向火烧岭第84师阵地猛攻，并以一部向火烧岭以西地区迂回。汤恩伯即令第21师的1个旅在六棱山、乱岭关（广灵城西）布防。此时正面攻击广灵的日军亦向洗马庄第21师的阵地压迫。

13日，日军继续向火烧岭西面刘家沟一带的第84师阵地攻击。该师第499团与日军展开激战。同时，广灵城东的日军猛烈攻击洗马庄和西加坪第21师和第73师的阵地。西加坪与南方高地之间的战斗尤为激烈。在此地防守的第424团与日军奋勇肉搏，因伤亡甚重，阵地被日军突破。第423团在团长吕超然率领下对日军实施反冲击。吕团长奋不顾身，身先士卒而阵亡。同时，由蔚县经石门峪南进的日军也向刁泉（灵丘东北约40公里）一带独立第3旅的阵地攻击。激战终日，日军被该旅击退。14日，独立第3旅再次击退日军的进攻。但在广灵方面，守军则受到日军的严重压迫。第73师伤亡尤重。在此情况下，阎锡山命令汤恩伯和刘奉滨：如不得已时，可将第17军和第73师部队撤至广灵南面的牛角岭、直峪、上村关一线，东与独立第3旅、西与第15军防线衔接，"缩短防线，扼要固守"。当日，汤恩伯命令弃守广灵，第73师转移于井林、长城梁、郭卯尖地区，第84师转移于周图寺、香炉台、鳌峪地区，第21师转移于上白羊、石仙、岔口村之线。在大王村、后子口、瓮城口掩护和警戒的新编第2师等部队亦奉令经浑源南面的凌云口后撤。广灵城即被日军占领。

日军第5师团第21旅团于14日占领广灵后，当即派4个大队分别向浑源和灵丘追击。阎锡山于15日严令第73师师长刘奉滨在广灵南山坚守阵地，不得再退，否则以军法论处，并严令第17军在新的防御线固守。向灵丘方向追击的日军于15日猛攻直峪口（广灵南山口）。在此占领阵地的第73师在师长刘奉滨督战下与日军肉搏五六次，损失严重，刘师长也在指挥作战中负伤。该师被迫向后转移阵地于义泉岭北之东、西高地。阎锡山下令："如能将敌击退，着即赏洋两万元。"同日，灵丘东面独立第2旅阵地也受到日军攻击，但将日军击退。向浑源追击的日军于16日占领该城，并接着向城南的唐家庄、郝寨进攻，被在该地防守的第15军第64师击退。

当日军第5师团第21旅团向灵丘、大营方向进攻之际，日军第1军从9月14日起向保定地区展开进攻。18日，方面军司令部命令处于平汉线主攻方面右翼的第5师团留精锐部队一部于山西省北部，主力迅速经涞源进入保定方面作战。第5师团师团长板垣征四郎除令第9旅团于19日占领涞源外，亲率1个联队留在蔚县准备指挥主力向保定方面转移。这时因发现中国军队在内长城线上布防，所以决定以一部兵力进入大营镇附近，保障师团主力顺利转移。9 月 20 日，板垣命令在广灵的步兵第 21 旅团长指挥第 42 联队第 2 大队及野炮兵 1 个大队向灵丘进攻。在灵丘前线阻击日军的第 73 师被迫转移至龙泉寺、白咀子、1826 高地至大西沟一线。独立第 3 旅撤退至灵丘以南山地。灵丘城即被日军占领。至此，日军已迫近内长城附近。

三、第二战区的决战计划

当日军第 5 师团进攻广灵、灵丘，指向内长城线之际，阎锡山制订了一个把日军放进平型关以内加以围歼的决战计划。其方针是：诱敌深入至砂河以西地区，从恒山、五台山两方面发动钳击，并截断平型关要隘，歼灭敌军于滹沱河上游盆地里。据此，阎又按他的决战设想，再次调整军队部署：在平型关正面，以第 6 集团军总司令杨爱源（由孙楚副总司令负实际指挥之责）指挥第 33 军、第 17 军，布防于平型关、团城口南北线上，右起五台山东北，排列独立第 3 旅、第 73 师、独立第 8 旅，迄于平型关正面；北亘团城口，并列第 17 军的第 84 师和第 21 师。以上部队首先凭险阻敌，然后主动向南转移，隐入五台山，成为南机动兵团，待机出击。在北侧雁门山，以恒山、雁门山为屏障，除控制第 15 军于恒山外，以第 34 军在北娄口、大小石口、茹越口之间布防，重点置于茹越口。以第 19 军及第 34 军扼守五斗山、马兰口、虎峪口、水峪口至雁门关、阳方口间的一线阵地，重点置于代县、雁门关之间。第 35 军控制于阳明堡，对雁门关作重点策应。在砂河及繁峙城之间的决战地带，以独立第 200 旅残部在砂河镇东占领广大正面，对平型关方面侵入之敌逐次抵抗，诱敌向繁峙城深入。预备军在繁峙城的南北线上，以五台山的北台顶、繁峙城垣、恒山顶为支撑点，吸引敌军至主阵地前，以利于南、北机动兵团的夹击。第 35 军作为机动兵团在宁武集结，向代县东进，连同第 15 军为北机动兵团，由傅作义指挥，从繁峙北翼展开。待第 200 旅将敌诱至繁峙主阵地前时，南北机动兵团立即对敌发动围攻。第 33 军的第 85 师和第 73 师抄击平型关，截断敌人的后方联络。

阎锡山对以上计划部署十分得意，自诩为："布好口袋阵，让敌人进得来，出不去。"他派高参前往平型关、团城口、恒山，向孙楚、刘茂恩、高桂滋等传达指示；

又把屡违节制、不肯力战的李服膺军长从砂河召到行营拘押起来,[2] 传令各军,以肃号令。

当时已经到达山西前线的第 18 集团军副总司令彭德怀将阎锡山的上述决心报告了中共中央。毛泽东于 9 月 21 日给彭的电报中说:“阎锡山现在处于不打一仗则不能答复山西民众,要打一仗则毫无把握的矛盾中,他的这种矛盾是不能解决的。你估计放弃平型关,企图在砂河决战的决心是动摇的,这种估计是完全对的。他的部下全无决心,他的军队已失战斗力,也许在雁门关、平型关、砂河一带会被迫地举行决战,然而大势所趋,必难持久。”[3] 这种分析与预见,实践证明是完全正确的。

阎锡山的砂河决战计划,是把日军的主要突击方向判断在平型关。但是,在平型关方面指挥作战的第 6 集团军副总司令孙楚认为日军的主要突击方向不在平型关,而是在雁门关,当前向灵丘进攻的日军只不过是一支起牵制作用的游动部队。因此,他不同意把据灵丘的日军放进平型关内,而主张以第 17 军和第 33 军,以及已经进入平型关附近的第 18 集团军第 115 师扼守平型关、团城口,相机出击,配合雁门关方面主战场作战。第 6 集团军总司令杨爱源同意孙楚的意见,并亲自到岭口向阎锡山陈述。第 19 军军长王靖国也极力赞扬孙楚的见解。因此,阎锡山的决心发生动摇,即批准了孙楚的建议,以当时在平型关、团城口的部队固守这一地区,并将第 17 军的第 21 师向北翼延展,与恒山第 15 军相连接,掩护恒山东侧。孙楚遵照阎锡山新的指示向所属各部发出坚守平型关、团城口并相机出击的命令。然而第 17 军军长高桂滋对命令采取置之不理的态度,仍按照阎锡山的原定计划作将日军放进关内打的准备,打算在日军攻击时见机即退。

四、平型关大捷

9 月 21 日,日军第 5 师团第 21 旅团长三浦敏事少将率领第 21 联队第 3 大队和配属该旅团的第 11 联队第 1 大队从灵丘出发,以大营镇为目标,沿灵丘到平型关的公路追击向后撤退的第 73 师部队。22 日晨,该部日军在蔡家峪附近与正在破坏公路的新编第 11 团的 1 个营遭遇。该营与日军战斗半日,遭受严重伤亡后撤退。接着,该部日军又与第 84 师派往蔡家峪地区的掩护部队 1 个营遭遇。日军将该营击溃后即向平型关进攻。在平型关阵地前，日军与守军独立第8旅第623团前进阵地上警戒的1个连发生战斗。该连伤亡过半，被日军击溃。当日夜，日军猛攻东、西跑池南北侧各高地。守军第623团第2营第5、第6两个连坚守阵地，与日军战斗，经数番肉搏，阻止了日军的攻击。

进占浑源的第21旅团第21联队主力（欠第3大队）于21日经小道沟、西河村向大营西北地区进攻。22日，该部日军联队也加入了平型关方面的战斗。

23日晨，日军一部绕蔡家峪转攻团城口。第17军第502团迎击日军，阻止了日军的攻击。该团团长在指挥战斗中负重伤。日军随即以一部迂回东、西跑池南北高地。独立第8旅在此防御的2个连全部殉国，高地被日军占领。孙楚急令第17军以2个团及第73师一部、独8旅1个团向敌反击。各反击部队与日军激战，至下午1时将敌击退，收复东、西跑池及其附近高地。进攻团城口的日军也在当日16时停止了攻击。

同日，阎锡山计划用总预备队中的第71师附新编第2师共8个团的兵力从公路以北地区向东西跑池、小寨间迂回，侧击日军的右侧背；以第18集团军第115师从平型关东面的山地夹击日军，断敌后路；以第72师和第35军的2个旅为总预备队，由傅作义任出击总指挥。阎当时电告第18集团军总司令朱德："我决歼灭平型关之敌，增加8团兵力，明拂晓可到，希电林师夹击敌之侧背。"阎并电令第71师师长郭宗汾："该师即时集结，于晚间速向大营东北地区前进，归孙副总司令指挥。"还电令第72师师长陈长捷："该师迅速向砂河前进待命。"[4]这一出击计划原定在24日实施，但因部队行军疲劳而改为25日。

24日9时，傅作义、杨爱源与第18集团军第115师的联络参谋商定了25日拂晓出击的具体作战计划。策定作战指导如下：

（一）正面以第71师附新编第1师为主攻部队，第84师仍固守原阵地。

（二）第71师以1个团自团城口至2141.96高地间沿山麓向东攻击，再向南旋回，以蔡家峪、小寨为攻击目标；以2个团由2141.96高地至西河口间向东攻击，并掩护团城口正面攻击部队之左侧背，截断敌向浑源撤退之道，以王庄堡为攻击目标；以1个团为预备队，由团城口附近前进。

（三）独立第8旅以一部协同第71师攻击，以辛庄为攻击目标。

（四）第115师担任敌后各地之攻击，以东河南、蔡家峪为目标。

上述计划由第6集团军总司令部发布命令。同日19时，第7集团军总司令傅作义率幕僚进驻大营指挥。

24 日晨，日军继续向平型关、东跑池、1886.4 高地和讲堂村守军阵地猛攻。两军激战终日。第 73 师第 393 团击毁日军坦克数辆。在当日战斗中，仅第 17 军的伤亡即达千余人。

25 日，第 18 集团军第 115 师从平型关东北山地向日军侧后发起攻击，驰名中外的平型关战斗由此展开。

第 115 师作为第 18 集团军的先头部队，于 8 月 25 日向陕西省三原以北地区出发，经韩城东渡黄河，至山西省侯马镇乘火车沿同蒲路北上，经太原到原平下车。第 343 旅和独立团在师长林彪和旅长陈光率领下，经繁峙、大营，于 9 月 19 日抵平型关东南的上寨、下关地区集结。师直属队和第 344 旅在副师长聂荣臻和旅长徐海东率领下在侯马镇登车，途遇洪水骤涨而迟到；在原平下车后经五台、龙泉关、龙王堂到达下关，与先到的部队会合。该师按照阎锡山的命令，原准备在广灵、灵丘地区阻击日军，但因第 33 军和第 17 军部队迅速败退到平型关地区，因而在阎锡山总的作战意图下，决定隐蔽集结于平型关以东地区。23 日，该师接到于 25 日出击的计划后，决定在平型关东北山地从侧面伏击向平型关正面进攻的日军。计划以第 343 旅担任小寨村至老爷庙地区的主要伏击任务；以第 344 旅第 687 团在东河南至韩家湾一线阻敌援军；以师属独立团和骑兵营前出到灵丘至涞源间活动，打击敌交通运输；以第 688 团为师预备队。

9 月 23 日午前，第 115 师召开了连以上干部会议，进行战斗动员。夜晚，部队从上寨、下关地区进至距平型关东南 15 公里的冉庄隐蔽集结。24 日，营以上干部到前线侦察地形，并至连队进一步动员做好战前各项准备。24 日夜，第 115 师主力冒雨按照预定计划向战地开进，25 日拂晓前到达平型关东北公路右侧的山地设伏。

在团城口地区防守的部队连日遭日军的攻击，多次求援。当 18 集团军第 115 师准备在平型关侧后出击时，孙楚严令第 17 军坚持抵抗日军的攻击，以第 71 师由团城口出击，配合第 115 师歼灭日军。但是第 17 军军长高桂滋率所部于 24 日擅自放弃了团城口阵地，使日军占领了团城口、鹞子涧和东、西跑池一带长城线上约 2 公里的地段。第 71 师奉令准备越过东、西跑池线的第 84 师防御阵地，以关沟为目标，出击平型关敌后。该师部队于 25 日拂晓前通过涧头、迷回向前开进时，突然遭到已经占领团城口、鹞子涧的日军猛烈的炮火袭击，引起部

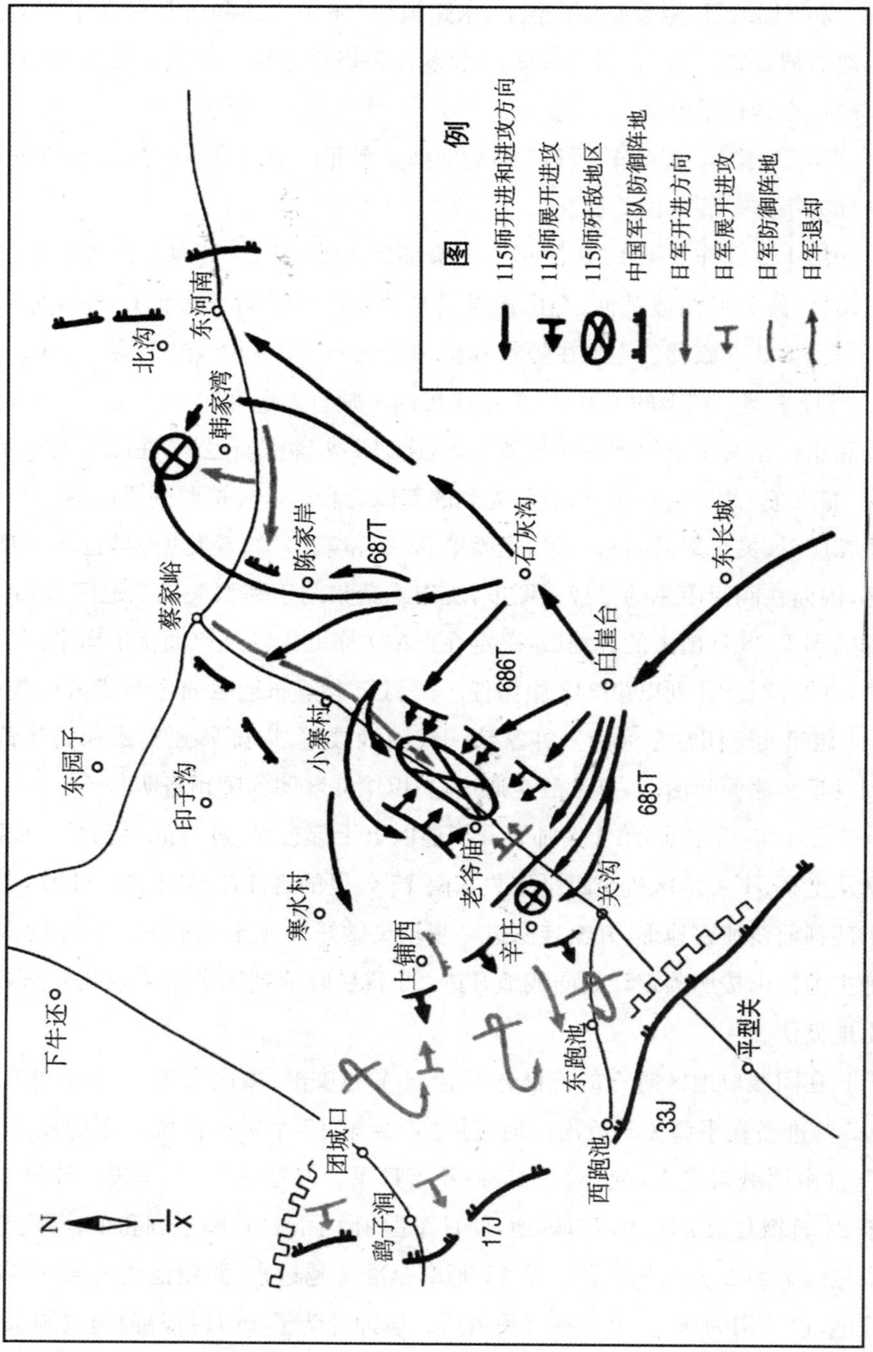

图 3-4-1 第 18 集团军第 115 师平型关战斗要图

（1937 年 9 月 25 日）

图 3-4-2　平型关作战经过要图
（1937 年 9 月 22 日—30 日）

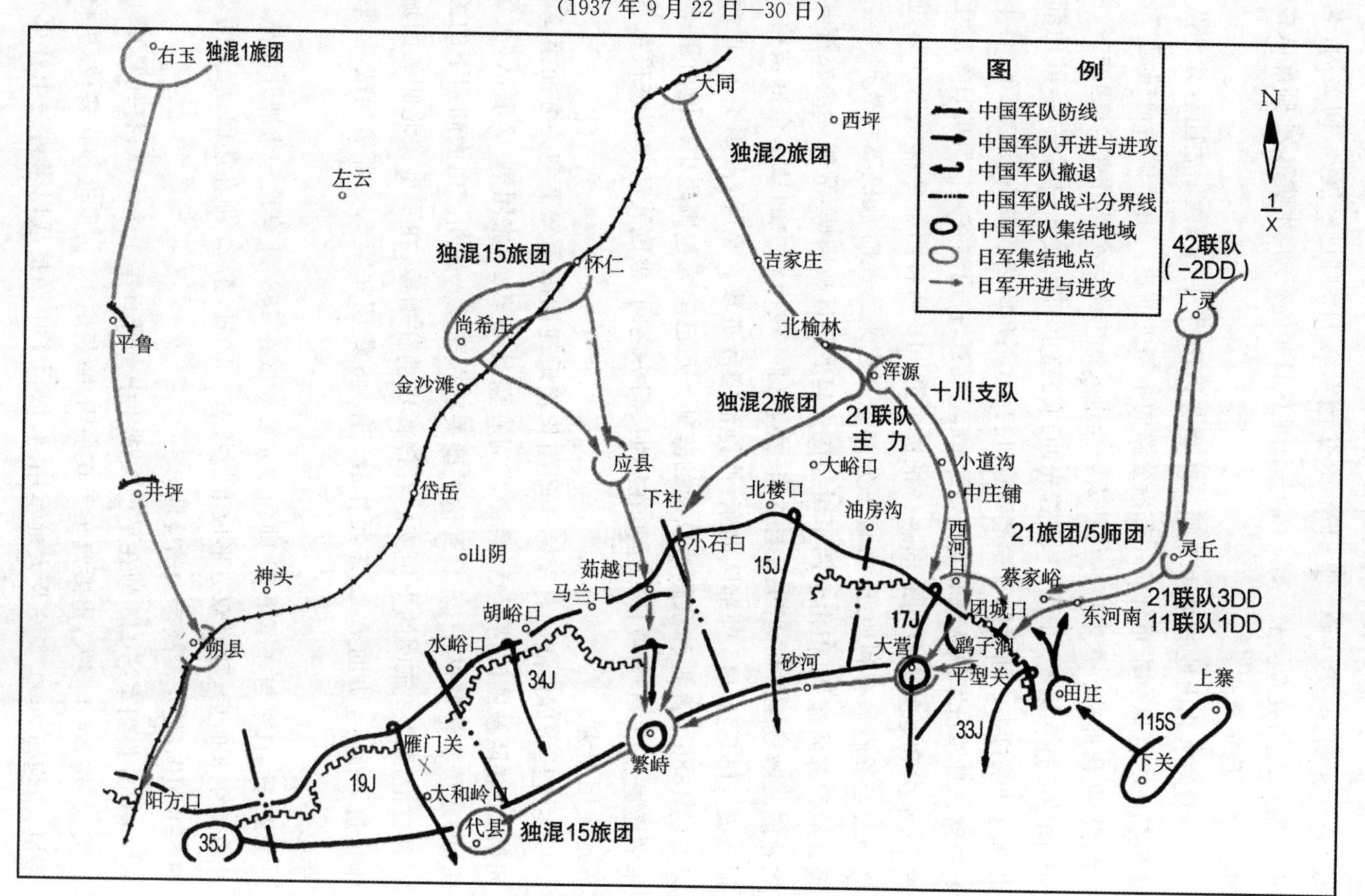

队一片混乱。拂晓后，日军居高临下，北从鹞子涧，南从东、西跑池，将第71师部队压迫在迷回、涧头一侧。此时第18集团军第115师已经展开，向关沟、老爷庙、小寨地区的敌人伏击，牵制了鹞子涧地区日军的行动，才使第71师部队在迷回、涧头间稳定下来。

平型关东北山地的第115师部队隐蔽设伏时，日军第21旅团后续部队第21联队第3大队和辎重部队一部沿公路向平型关前进。由于雨后道路泥泞，车行缓慢，队伍拥挤。伏击部队待敌人完全进入伏击圈后突然开火，发起冲击。第685团第5连和第686团第1连首先冲到公路上与敌展开白刃格斗，其他部队也迅速冲杀过去。骄横的日军遭到意外打击，不知所措。被击毁的汽车、马车充塞道路。日军行军纵队顿时混乱，兵力无法展开，进退维谷。慌乱的日军想凭借汽车、水沟和老爷庙有利地形进行抵抗。第115师各团第2梯队迅速越过公路夺占老爷庙等有利地形，将日军分割包围起来。此时敌机飞临战地上空支援其地面部队作战，但由于两军纠缠在一起展开近战肉搏，敌机无法发挥其作战效能。激战至午后，辛庄、老爷庙、小寨村一线山谷中的日军全部被第115师消灭。随后第115师部队向东、西跑池之敌进攻。至晚，占领了东、西跑池以北的1886.4高地和东跑池以南的阵地。敌已陷入包围之中。但由于第17军的撤退和第71师被日军压迫在迷回、涧头之间，被围残敌得以乘夜从晋军阵地突围而逃。

在蔚县指挥作战的日军第5师团长板垣征四郎得知平型关方面第21旅团第21联队被围的情况后，急令当时在蔚县的第21旅团第42联队(欠第2大队)增援。该联队于26日到达平型关后立即投入战斗。由大同南下的关东军独立混成第2旅团的十川支队经浑源也前往增援，在平型关北侧的团城口地区进入战斗，协助第21旅团作战。第18集团军第115师撤出战斗，转移阵地。

26日，日军与守军第71师和独立第8旅在1886.4高地一带展开激战。在当日下午4时后，敌对双方形成混战状态。27日，第71师在迷回、涧头间受到日军的包围，处于苦战待援的境地。

第18集团军第115师在平型关战斗中全歼日军1个大队，打死日军1000多人，打伤2000多人，击毁汽车100多辆，缴获炮1门、步枪300多枝、机枪20多挺、山炮弹3000多发及大批军用品，取得了中国抗战以来第一个歼灭战的胜利。

五、东跑池、鹞子涧战斗

占领大同地区的日本关东军闻知中日两军在平型关展开激战，决定从茹越口方面发动进攻，以协同第 5 师团进入代县附近，命令混成第 15 旅团和混成第 2 旅团迅速击破当面的中国军队，进入繁峙，独立混成第 1 旅团主力迅速进入朔县。混成第 15 旅团于 9 月 25 日从尚希庄出发，当日到达应县，26 日向茹越口发动攻击。该地守军第 34 军第 203 旅顽强抵抗，激战终日，敌攻击未逞。第 34 军为增强该地防务，命令第 196 旅派 1 个团移至铁角岭策应。日军混成第 2 旅团于 25 日从浑源出发，于 26 日攻击下社。该旅也受到当地守军的阻击，攻击未能成功。

阎锡山因受到第 18 集团军第 115 师在平型关战斗胜利的刺激和鼓舞，认为在平型关外作战大有可为，因而决心彻底放弃原来把日军放进关内在砂河会战的方针，于 26 日晚间向五台朱德总司令、大营傅作义总司令、砂河杨爱源总司令发出了如下命令："（一）平型关正面之敌连日与我激战，已被我击退，本日敌由浑源、灵丘增援甚众，其一部约 2000 余（人），炮 20 余门，向茹越口一带进攻，似有进入关内之企图。（二）6 集团军应联合 18 集团军及总预备军，迅速击破攻平型关之敌。7 集团军之杨澄源军应竭力抗拒茹越口一带之敌。其余各军固守阵地，以待我主力转移反攻该敌。（三）各集团军应本以上要旨妥筹部署，即行开始动作。"[5] 阎并令陈长捷部新组成的第 61 军速援平型关，傅作义负平型关方面指挥的全责。

第 61 军各部于 27 日到达平型关、团城口前线附近。傅作义急令其先头部队第 217 旅解救第 71 师在迷回、涧头之围。第 217 旅以第 434 团攻击包围涧头日军，并协同守涧头的第 71 师一部向迷回东进。包围迷回的日军增加兵力反扑。第 217 旅全部展开，继续进攻迷回。这时鹞子涧日军南下增援迷回，东、西跑池的日军也冲下山来向第 217 旅右侧攻击。第 61 军即令展开于齐城以东地区的第 208 旅进到第 217 旅右侧迎击西跑池之敌。接着第 217 旅和第 208 旅在 2 个炮兵营的支援下向敌发起攻击。包围迷回之日军分别向鹞子涧、东西跑池撤退。第 71 师迷回之围遂被解除。此后，两军在东跑池南形成相持状态。

28 日，占领迷回北山的第 217 旅第 434 团，在夺取迷回胜利的鼓舞下，未等主力行动便一举攻占鹞子涧，又占领 1886.6 高地。日军此时从团城口、关沟两面夹击鹞子涧。日军首先攻占 1886.6 高地，然后向鹞子涧全力攻击。双方在村内展开肉搏。最后，陈继贤团长以下全团（除一个通信排和部分伤员外）官兵壮烈牺牲。为此，旅长梁春溥受到戴罪立功的警告处分。

在鹞子涧激战的同时，攻占 1886.6 高地的日军一部与第 61 军第 208 旅展开争夺东、西跑池制高点的战斗。两军反复冲杀。团长刘崇一重伤后仍指挥战斗。经过激烈争夺后，守军将日军击退到东跑池山下，稳定了东、西跑池的防御阵地。在此期间，在平型关正面防御的独立第 8 旅抽调 2 个营增援东跑池。第 61 军也派在涧头的独立新 2 旅的一部向东跑池增援。两方面的增援部队到达时，日军已被第 208 旅击退至东跑池山下。

日军被阻在东跑池山下后改变攻击方向，越过 1886.6 高地东侧北进，会合从团城口南攻的部队占领鹞子涧，接着向六郎城攻击。防守该地的第 71 师部队退到迷回北山。日军向迷回北攻击，受到守军第 217 旅和第 71 师部队的阻击。日军便占领了六郎城西的 1635.9 高地。独立第 2 旅和第 71 师一部组织向该高地反攻，但被日军击退于半山。此后，中日两军就在此地混战。傅作义命令第 61 军坚持作战，等待第 35 军援兵的到来。

六、日军突入繁峙　内长城防线弃守

9 月 28 日，第二战区司令长官阎锡山从岭口来到大营指挥作战。他在大营与杨爱源、孙楚、傅作义等研究了一个在平型关外与日军决战的计划，要求第 73 师和第 71 师坚守平型关东翼和迷回原有阵地；第 61 军、第 35 军、第 33 军密切协同，向平型关外出击，围歼日军于蔡家峪以南地区；3 个军的主力出击以后，守备平型关与迷回地区的部队作为第二线兵团，向蔡家峪、东河南推进。并作出了各军出击的具体作战计划。

决战计划决定以后，傅作义急调第 35 军速到平型关前线参战。但是就在这天早晨，进攻茹越口的日军混成第 15 旅团将守军冲垮，占领了茹越口。在此防守的第 203 旅旅长梁鉴堂率 1 个营的预备队向日军反冲击，企图恢复山口，但因兵力太少，该营大部被日军杀伤，梁旅长也在重伤后阵亡。29 日，日军向铁甲岭守军阵地攻击。守军顽强抵抗。当日上午 11 时，铁甲岭阵地被日军突破。第

34 军向繁峙撤退。第 19 军军长王靖国仓促命令在雁门关右翼防御的独立第 2 旅抢占五斗山，侧击茹越口之敌。但该旅在五斗山立足未稳就被日军冲垮西退。日军随即展开追击，当日夜占领了繁峙县城。在城内的第 34 军军部退到峨口。这时正在东进的第 35 军先头部队第 218 旅已过繁峙城到达砂河，后续部队第 211 旅到达繁峙城南受敌袭击，独立第 7 旅被占领繁峙的日军隔于代县方面。

9 月 30 日深夜，阎锡山在砂河镇南一个小村庄里召集前方高级将领会议，研究作战方案时接连得到平型关前线的紧急报告，说敌人逐渐向平型关南翼白崖台、东长城村方向移动，似有进攻第 73 师阵地的动向。又接到了代县王靖国的紧急报告：从五斗山反攻铁甲岭、茹越口的方某所率旅溃回代县；正调雁门关以西的段树华第 72 师前来代县，并留马延守旅在代县。阎锡山被阻隔在繁峙以东，已为其退路彷徨。他深恐新辟的峨口至五台山土公路沦于敌手，无法退走，因此对与会的将领说："我看这种形势，已无法补救了，拖下去要更不好。星如(杨爱源字)、宜生(傅作义字)，就下令全线撤退吧！"[6]

散会以后，阎与杨爱源、傅作义、孙楚商议，决定内长城防线上的各军向五台山、云中山、芦芽山之线转移，集中主力于忻县、忻口间组织防御，保卫太原。当日夜，阎在第 35 军第 211 旅于峨口的掩护下退到台怀镇。

第 6 集团军总司令杨爱源转令各部队按下述部署行动：

(一) 独立第 3 旅(欠第 6 团)经上下孤庄、齐城村、后所村、东西连仲，向大柳树、白波头、石堂沟之线占领阵地，掩护军之转进；俟友军占领阵地后，撤守里南沟、土黄沟、长城岭、大地里之线。

(二) 第 211 旅经马家庄、小柏峪、口子上，向大湾村、麻地坪及其西方高地之线占领阵地，掩护军之转进；俟友军占领阵地后，向窦村镇附近集结待命。

(三) 第 218 旅(附炮兵 1 营，缺炮 5 门)经齐城村、大营镇、贾家井、东山底，向石炭里、寺子上北方高地之线占领阵地，掩护军之转进，俟友军占领阵地后，向窦村镇附近集结待命。

(四) 第 73 师由现阵地经马跑泉、东水沟、大柳树、北禅房，向神堂堡及其西北一带高地转进，占领阵地，构筑工事，尔后到台怀镇附近集结待命。

(五) 独立第 8 旅附新编第 11 团由现地经齐城村、大营镇、石河村、天岩村、茶房子、山羊会到狮子坪附近集结待命。

(六) 第 72 师由现地经齐城村、后所村、小店村、马家庄、小柏峪、口子上，向车厂、茶房子之线转进，占领阵地，尔后退据红庵村、罗圈、山羊会之线，构筑坚固阵地。

（七）第 17 军由现地经大营、马家庄、小柏峪、口子上、车厂、麻子山、军马厂到台沟集结待命。

（八）第 71 师附新编第 2 师由现地经涧头村、前所村、东西连仲、白波头、大寨口、神堂堡、口泉、罗圈、军马厂、台怀镇，向五台山附近集结待命。

（九）第 15 军由现地分下列三路线向延检寺、葫芦嘴、楼圪梁及其西方 5 公里之高地之线占领阵地：1.羊圈村、红水北岸、交河南岸、贾家井、东山底、簸箕窟道路；2.义兴寨、代堡、中庄寨道路；3.后河村、果园村、大宋峪道路。

（十）炮兵由刘振蘅副司令商请傅总司令，分属各师、旅，随同行动。炮兵第 24 团、第 27 团，除各以一部由高斌营长节制、归第 218 旅董其武旅长指挥、留置东山底附近高地占领阵地外，余部均赴窦村镇整理。

各部队遵令于 10 月 1 日凌晨 2 时开始行动，当天先后到达指定之线。

阎锡山在命令各军撤退转进的同时，还作了以下部署：

第 18 集团军第 115 师以五台山为根据地，向平型关外的灵丘、涞源活动。章拯宇独立第 3 旅警戒龙泉关，与河北第一战区相联系，为东翼。陈长捷第 61 军附李俊功第 101 师守备五台山，王靖国第 19 军附姜玉贞第 196 旅守备崞县、平原间，为正面；赵承绶骑兵军附马延守独立第 7 旅警戒宁武、轩岗间，和第 18 集团军贺龙第 120 师以五寨、神池为根据地，向雁门关外朔县、神头一带活动，为西翼。

以上部署的实施，形成五台山、云中山、芦芽山和其间的盆地互相呼应的一道前进地带，并以此作为忻口战役的决战线。

阎锡山设在雁门关上的第二战区行营由参谋长朱绶光率领，连同在押的原第 61 军军长李服膺（因守天镇不力，被撤职查办）均回太原。杨爱源的第 6 集团军总司令部亦退到太原。傅作义的第 7 集团军总司令部退至忻县，指挥转进到达的各部队在忻县、忻口地区集中部署。

在平型关战役进行的过程中，日本关东军独立混成第 1 旅团于 9 月 20 日在右玉附近集结，26 日向朔县转进，在平鲁、井坪镇曾与当地守军发生战斗，尔后在 28 日占领朔县，10 月 2 日占领宁武城。该日军旅团于 3 日接到向归、绥前进的命令，于是除留一部归“华北方面军”指挥外，主力集结朔县，准备北进绥远。

内长城防线上的中国守军撤退以后，日军第 5 师团长令第 21 旅团在大营镇附近集结，在涞源地区的步兵第9旅团（欠1个步兵大队）已于9月28日向保定转移，10月6日进到保定及高碑店附近，占领繁峙的独立混成第15旅团于30日占领代县。

中国空军北（正）面支队在平型关作战期间曾多次轰炸日军。9月19日，为支援地面部队作战，以30架飞机轰炸及扫射日军，炸毁日军大批重型装备。同日，在大同和太原上空的空战中还击落日机2架，击毙日集成飞行团侦察机中队长长平长一大尉。

七、平型关作战简析

在平型关作战中，第18集团军远道驰援，仓促进入战斗，以高昂的士气，凭险伏击，展开全国抗战以来的第一个歼灭战，打死日军板垣师团1000余人，并获得大量日军械弹、车辆，打破了"皇军"不可战胜的神话，长了人民抗战的意志，灭了日军侵略的威风。

平型关战斗是国共抗日统一战线结成后首次协同作战。取得如此战果，说明抗日统一战线极大地增强了全国抵抗外国侵略的力量。作为处理民族大业上的大政方针，统一战线的伟大作用已显示出来，并产生了深远的影响。

日军装备优良，训练有素，战斗时中国军队若只从正面迎击——硬顶，正是以己之短当敌之长，必定牺牲大而成功小。但相对来说，日军是深入中国作战，虽一往直前，但也暴露出了侧背；而且越是深入，后方联络线越长，到处都有弱点。中国军队如能避实击虚，选定有利于我、不利于敌的地形，正面防守、阻击敌人，同时派出有攻击精神的部队迂回包围，袭敌侧背，截断敌粮、弹的补给路线，或伏击敌后方部队，破坏敌后方交通，则敌在侧背感受威胁后其攻势必受顿挫；而且如果其弹药、燃料得不到补充，坦克、大炮反不如冷兵器有效。中国地域广大，回旋余地多，避敌所长，寻求敌人弱点，坚决予以打击，是取得胜利的良法。

附表 3-4-1　平型关作战中国军队指挥系统表（1937 年 9 月）

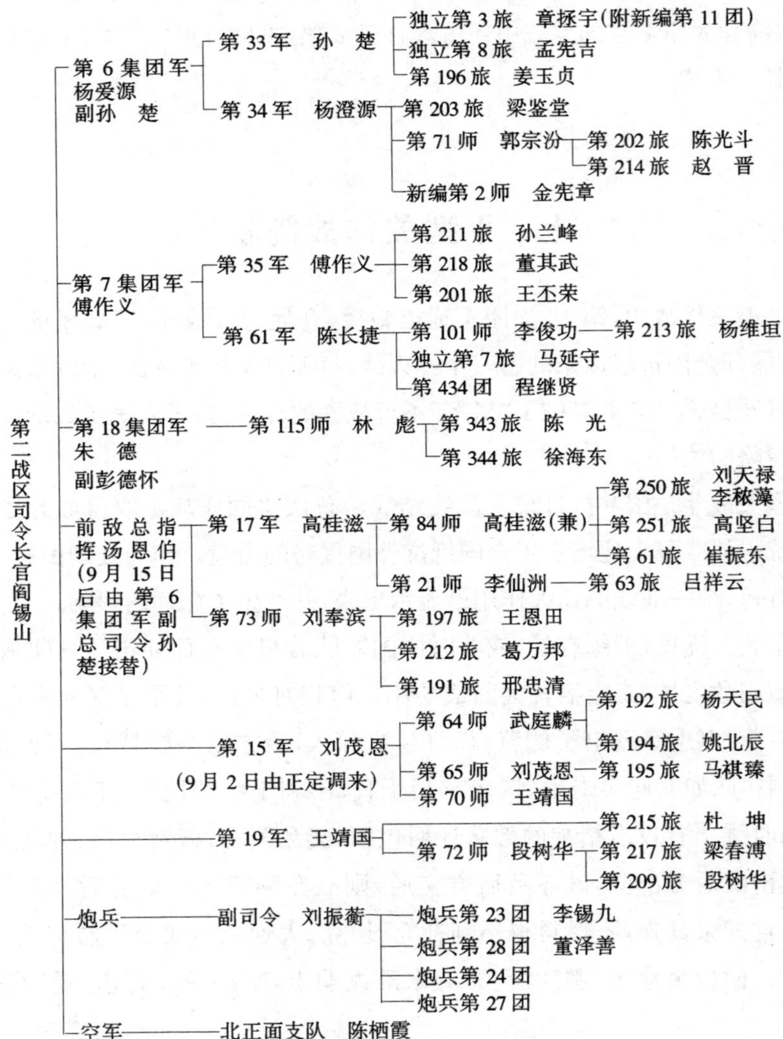

附表 3-4-2 平型关作战日军指挥系统表(1937 年 9 月)

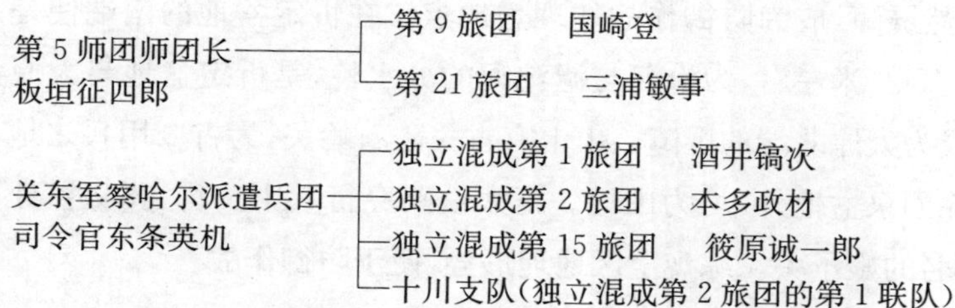

注:第 9 旅团调保定方面作战,未参加平型关战役。

注 释:

〔1〕 9 月 15 日,蒋介石批准汤恩伯赴开封、洛阳整补,汤指挥的部队归孙楚指挥。

〔2〕 李服膺于 10 月初被阎锡山处决。

〔3〕《毛泽东军事文集》。军事科学出版社、中央文献出版社 1993 年版,第二卷第 53 页。

〔4〕〔5〕 转引自《中国现代政治史资料汇编》第三辑第四册。

〔6〕 见《山西文史资料选辑》第 14 辑 163 页。

第五节 太原会战

太原是山西的省会,位于太原盆地的北端,同蒲铁路和正太铁路交会于此,是全省政治、军事、经济、文化的中心,也是华北重要的工业基地之一,自古即是军事要地,因此成为日军侵略华北的重要目标。太原会战涉及的地理范围为北起内长城线,南至太原盆地,西临黄河,东迄河北省境。这一地区山地丘陵居多,地形崎岖。北面恒山为东北、西南走向,山势峻拔,古称“北岳”;西面有吕梁山,山势雄伟,山脉连绵,主要山峰有芦芽山、管涔山、云中山、黑茶山,海拔均在 2000 米以上;南有系舟山,为太行山的余脉;东有太行山、五台山。五台山主峰北台叶斗峰,海拔 2894 米,是华北最高峰。在五台山、系舟山、云中山之间,是忻

(县)定(襄)盆地,地势平坦。而在此盆地的北端有一条东北、西南走向的山梁,海拔1200米左右,长约数十公里。云中河沿山梁北麓而流,梁与河构成了一堵南北之间的天然屏障,成为防御作战的理想地点。在忻定盆地的南端便是系舟山。此山海拔1800米左右,为汾河与滹沱河的分水岭,是忻定盆地与太原盆地的界山,自然成为太原北端的屏障。山上有古关隘石岭关,为古今用兵之地。太原盆地以东,除阳泉盆地外,均为山地。正太铁路穿行其中。晋、冀交界处即为太行山中间著名的娘子关。综观全区地理形势,便于防御作战。

一、会战前的一般形势

(一)日军的战略企图及进攻太原的作战指导

1937年10月1日,日本首相召开有外相、陆相和海相参加的四相会议,决定了《处理中国事变纲要》,提出了"结束战争方略和十月攻势"。这个纲要是在日军大举向华北地区发动进攻和在上海地区战争正在激烈进行之际起草的。日本政府认为,日军在华北和上海方面的战争正在胜利发展,因此在战争进行到一定程度的时候与南京政府谈判,迫使南京政府在日方所提的苛刻条件下停战。纲要的方针是:"通过军事行动和外交措施双管齐下,尽快使事变结束,使中国取消抗日政策和容共政策,在日华间建立真正明朗而永久的邦交,以期实现日、满、华和睦与共荣。""军事行动的目标是使中国迅速丧失战斗意志。具体手段是使用兵力,占据要地,以及与此有关的必要行动。""外交措施的目标是迅速促使中国重新考虑,将其诱向我方所期待的境地。"[1]纲要规定行使武力的主要地区在河北、察哈尔两省和上海方面,还没有进攻太原的企图。

但是,日本的"华北方面军"对上述纲要有不同的看法。方面军认为:在华北和上海方面发动十月攻势以后,南京的国民政府大概会有深刻的战败感。但是,这种战败感是否达到了挫伤抗战意志的程度,还有相当大的疑问。因此,必须进一步对政治上、战略上有重要意义的地方进行大规模作战,使中国政府和人民彻底感到失败;到这时如果中国还坚持抗战,日本便在华北建立伪政权,并在军事上进一步对中国政府压迫,实施空中攻击、海上封锁,迫使中国政府求和投降。

9月30日,"华北方面军"作出了《关于收拾事变策略的意见》。其要点是:

"要继续取得战果，在必要时期以兵力确保各个政治和战略要点，以贯彻我方的目的，助其具体实现。"他们认为中国政府有可能进行长期抵抗。就是现在的蒋介石政权失败了，继之而来的很可能是"以苏联势力为靠山的具有浓厚的共产色彩的势力掌握政权"，因此"在现在进行的河北省中部会战中，给敌人以决定性的打击后，即乘敌人的劣势迅速进入山西省内、河南北部、山东省内追击敌人；并且伺机向徐州方面作战，占据战略上特别是政略上的要点，挫伤南京政府的抗战意志"，[2]尔后建立统治整个中国的傀儡政权，并以这个伪政权作为日本谈判的对象。为此，首先在华北建立伪政权。在打倒蒋介石政权后，使这个伪政权成为统治全中国的伪政权。

日本关东军的看法也和"华北方面军"的看法相似，而且其方针更为明确。关东军在 10 月 11 日制定的《处理中国事变的具体方针纲要》中提出："以军事行动的成果和外交措施相配合，压迫中国屈服投降。为此，不惜长期作战。"关东军认为"解决事变的前提，是依靠我军的行动，使中国迅速抛弃战斗意志"。[3]在华北、内蒙古建立傀儡政权；随着形势的发展，再宣布同蒋介石政权断交，建立全国性的伪政权。

日军统帅部同意了"华北方面军"和关东军的意见。10 月 1 日，日军中央统帅部命令"华北方面军"以一部兵力进攻太原；并命令关东军以一部归"华北方面军"指挥，参加进攻太原的作战。"华北方面军"立即于当日晚下令第 5 师团，并指挥进入内长城以南的关东军向太原发动进攻。10 月 6 日，又命令第 1 军突破石家庄一带中国守军防线向南追击，以一部沿正太路进入井陉以西地区，策应第 5 师团作战；命令第 2 军从滏阳河左岸地区发动攻势，攻击石家庄地区中国守军主力的侧背。

（二）第二战区的太原会战计划

阎锡山于 10 月 1 日离台怀镇返太原，中途在五台县豆村短暂停留，与第 18 集团军总司令朱德会晤，商讨下一步对日军作战的问题。阎于 2 日回到太原，即着手保卫太原的作战部署。当日，蒋介石致电阎锡山，指出：山西抗战关系到全国战局，必须保持山西抗战阵地，坚持时间越长越好，最少要坚持一个半月。为此，中央即派第 14 集团军增援山西。

阎锡山决定缩短战线，集中兵力在忻县以北的忻口及其东、西两侧山地组织防御。鉴于集中从内长城线上撤退下来的部队到忻口地区和从石家庄运送第

14集团军入晋都需要时间，而入关的日军则将乘胜发动进攻，所以阎一方面命令由雁门关撤退下来的第19军军长王靖国指挥所部坚守崞县，第196旅坚守原平；一面要求第18集团军在日军的侧后展开袭击，以迟滞日军的进攻，掩护战区主力在忻口地区布防。阎还于10月2日将守天镇不力的原第61军军长李服膺枪决，以示坚决对日作战的决心。当日，阎还邀请中国共产党中央革命军事委员会副主席周恩来一起研究了保卫太原的问题。

10月4日，卫立煌到达太原。5日，周恩来、卫立煌和傅作义等讨论忻口防御作战计划。第二战区新任副司令长官黄绍竑5日夜从南京抵达太原。6日上午，阎锡山又召集周、黄、卫、傅，根据前一天所定作战方案作出了正式的作战计划，并下达各部队。计划的主要内容为：[4]

1. 忻口会战方针

(1) 本战区军以攻势防御之目的，以主力占领蔡家岗、灵山、界河铺、南怀化、大白水、卫家庄、1482高地迄阳方口既设阵地线，两翼依托五台及宁武各山脉，缩短战线，集中兵力，对侵入之敌，乘其立足未稳，迅速击灭之。

(2) 以一部占领五台山、罗圈沟、峨口至峪口之线；另以主力之一部占领中解村、阳明堡、虎头山、黑峪村之线，竭力阻止敌之前进。不得已时，撤据崞县、原平、轩岗一带，逐次消耗敌之实力，以掩护大军之集中。

2. 敌情判断

敌以主力由大营、繁峙，以一部由大同、雁门沿汽车路进攻，另以一部由阳方口附近实行牵制攻击，以使其主力攻击容易。

3. 指导要领

(1) 在阳明堡、虎头山一带之部队，应竭力阻止敌之前进，以掩护后方部队之集中及主力阵地之占领。

(2) 以第18集团军之林、贺各师，分由平型关及雁门关施行包抄，并截断敌后方连络线，以使主力之作战容易；并派有力之一部，由马兰口方面相机威胁敌之右侧背，形成优越之包围态势。

(3) 主阵地之部队，借前方之掩护，竭力充实战斗诸准备，在战斗间歇力阻止敌之进展，相机出击，并协同林、贺各师，包围敌人于原平以北地区而歼灭之。

4. 战斗前敌我态势(略)

5. 兵团部署

(1) 以第 18 集团军(欠 120 师)第 73 师(附炮兵 1 营)、第 101 师(附炮兵 1 营)及新编第 2 师为右翼军,归朱(德)总司令指挥,在五台山、罗圈沟、军马厂、翠岩峰、挂月峰迄峨口、峪口之线占领阵地。

(2) 以第 14 集团军第 9 军(欠第 47 师)、第 15 军、第 17 军、第 19 军及第 196 旅、炮兵第 27 团(欠第 4、第 6 连)为中央军,归卫(立煌)总司令指挥,在蔡家岗、灵山、界河铺、南怀化、大白水至 1482 高地之线占领阵地,以另一部在中解村、阳明堡、虎头山、黑峪村之线占领阵地。

(3) 以第 68 师、第 71 师、第 120 师及独立第 7 旅,炮第 23、24、28 团各团第 3 营为左翼军,归杨(爱源)总司令指挥,在黑峪村迄阳方口之线占领阵地。

(4) 以第 34 军(欠第 196 旅)、第 35 军、第 61 军(陈长捷)、第 66 师,及独立第 1 旅、第 3 旅为总预备军,归傅(作义)总司令指挥,位置于定襄、忻县一带,策应各方。

为了加强山西地区的防御,蒋介石令第 26 路军、第 3 军调归第二战区指挥,并令正在北上的四川军队第 22 集团军迅速进入山西参战。这时进入山西作战的还有陕西军队第 27 路军。

阎锡山重视了晋北方面的防御,但忽视了晋东方面。他将山西军队以及中央军主力大部部署在以忻口为中心的阵地及其两翼,而在晋东部署的兵力则十分薄弱。他认为:平汉路方面,中央军如能守住石家庄之线,日军就不能进入娘子关;即便石家庄失守,而在平汉路正面的军队能与日军保持接触,日军也不致威胁到山西的侧背。因此他仅命令第 27 路军冯钦哉所部 3 个师和第 3 军曾万钟所部 2 个师防守娘子关北至龙泉关,南至九龙关、马岭关一线 150 余公里的宽大正面。10 月 6 日,毛泽东致电周恩来等,要其转告国民政府军事当局:敌占石家庄后,将向西面进攻,“故龙泉关、娘子关两点须集结重兵,实行坚守,以使主力在太原以北取得胜利”,并指出这次作战的关键有三点,即除坚守娘子关、龙泉关外,还有“正面忻口地区之守备与出击(出击是主要的)”和“敌后方之破坏”。[5]这时,黄绍竑到晋东娘子关现地视察,感到晋东方面战线太宽,部队一线配置,无机动部队,这样的防御很难阻止日军的进攻。黄回太原后建议将第 26 路军孙连仲所部调娘子关方面作为预备队。阎同意了黄的建议,并命黄到晋东方面指挥作战。这样，晋东方面的防御力量有所增强。

二、忻口作战

（一）崞县、原平前哨战

日军第5师团长板垣接受了攻占太原的命令后便指挥所属第21旅团和关东军混成第2、第15旅团向太原发动进攻。日军首先在代县及其附近集结，然后以关东军向原平发动攻击。

10月4日，日军占领阳明堡，接着围攻崞县城，被守军第19军击退。10月5日，日军一部攻击阳方口独立第7旅阵地。经彻夜激战，阵地被日军突破，该旅于6日退守段家岭、瓦窑、焦家寨、轩岗一带。当日日军占领宁武城。是日14时，日军独立混成第2旅团逼进崞县北关外西桥一带，第19军2个团的阵地被毁，伤亡惨重。日军混成第15旅团同时攻击原平。在此地防守的第196旅与敌浴血搏斗，士气旺盛，日军连续冲击五六次，均被守军击退。

10月6日，阎锡山下达对日军出击的命令。其要点是：[6]

一、自昨日（5日）以来，知对我崞县19军及原平姜旅、轩岗马旅猛烈围攻中，其后续部队位置不明。娘子关、龙泉关一带有我第2集团军扼敌西进。

二、本战区军拟对侵入平型关、雁门关、阳方口之敌，乘其立足未稳迅速击破，并先歼灭围攻原平、崞县之敌。

三、右翼军以一部对平型关方面警戒，以主力进出代县、繁峙间截击敌人。

四、中央军由忻口通崞县公路两侧地区向原平、崞县之敌进攻。

五、左翼军速扫荡宁武、朔县之敌，并进出广武以北地区，遮断敌之后路联络。

六、骑兵何（柱国）军应协同左翼军扫荡朔县以北残敌，尔后进出岱岳（广武北25公里）附近地区，断敌后方联络。骑兵赵（承绶）军在平鲁、右玉、凉城以西地区活动，阻止绥远方面敌军南下，并相机进出大同附近，截断平绥铁路。

七、总预备军暂位置于太原以北地区，尔后随战况之进展再行推进。

八、各军作战地境如下：1. 右翼军与中央军：东冶镇，天池沟，张仙堡，代县馒头山。2. 中央军与左翼军：东峪村，盘道底，瓦屯，孙家坪，盘道梁。线上均属右方军。

九、预期于蒸（十日）晚开始动作。

右翼军总司令朱德和副总司令彭德怀于10月3日即命令第120师主力协同晋军独立第7旅利用神池、宁武西南山地迟滞日军进攻；并令宋（时轮）支队尽力破坏雁门关、岱岳镇、怀仁一带桥梁、道路、电线，袭击日军的小部队，令李（井泉）支队在利民堡、神池、八角堡地区之间尾袭南进之日军。10月6日，朱德、彭德怀接到了战区决定向崞县、原平之敌出击的计划后，便对各部队发出如下电令：[7]

我军以协同友军展开战局保卫山西之任务，部署如下：

一、115师以待机姿态，协同友军袭取平型关、大营镇，相机略取浑源、应县之目的，徐旅进至五台、台怀以东之麻子沟、白堂子附近地区，封锁消息，侦察平型关、大营镇敌情、地形。陈旅进至石咀、台怀镇间之白火庵、石佛镇地域，侦察砂河镇、龙泉村之敌情、地形。独立团暂在上寨、下关、冉庄，迅即补充棉衣、弹药后，进至浑源、大营镇、灵丘之间，向繁峙、应县、浑源积极活动，尽可能切断广武、山阴段公路，与宋支队东西呼应。

二、120师张旅主力，应即配合马旅夹击宁武以南之敌。得手后集结义开镇待机。宋支队背靠岱岳镇以西山地后，应即向岱岳镇、怀仁、山阴活动，破坏公路交通。王震率所部进至忻县以西后，即归还贺、萧指挥。

三、我129师及晋军61军，另行规定。

电令发出后，朱德、彭德怀随即于当日12时又电令第129师由同蒲路运至河边村转五台，准备协同第115师从台怀间向平型关、繁峙、浑源出击。

7日，日军独立混成第2旅团在飞机、大炮支援下猛攻崞县城西北隅。经6小时炮火轰击，城垣被摧毁，日军乘势登城。守军奋勇与日军肉搏，在街巷中反复冲杀。守军伤亡惨重，团长石焕然、刘良相相继阵亡，残部乃退出崞县城，转移于辛章村附近。日军即跟踪追击到辛章村附近，攻击原平之日军混成第15旅团与守军第196旅形成对峙状态。

由于崞县过早失守影响到原定向日军出击的作战计划,阎锡山于 10 月 8 日命令各军放弃 10 月 6 日发布的对日军出击的作战计划,全线改取守势。

10 月 10 日,阎锡山又命令:右翼军以一部由东冶镇经牛解村、苏龙口道路,乘中央军与敌激战之际进出阳明堡方面,断敌归路;中央军应于 11 日拂晓前以一部进出于原平东方 1605 高地至神山高地之线,并速向围攻原平之敌进攻,援助第 196 旅;左翼军应于 11 日以主力进出于王家庄(原平西偏北约 17 公里)、彭家塔之线,协助中央军进攻。并令总预备军以主力推进至部落镇附近。又命令杨爱源总司令速以一部联合轩岗附近第 18 集团第 120 师及骑 2 师肃清宁武城及阳方口残敌。

10 日,日军猛攻原平。守军第 196 旅伤亡极重。当日下午,卫立煌到忻口阵地视察,与第 9 军军长郝梦麟商谈有关防御作战问题,尔后返回忻县。11 日凌晨 2 时 20 分,卫立煌令郝军长派出有力部队驱逐侵入原平以南的日军,解第 196 旅之围。

11 日,日军继续猛攻原平,第 196 旅仅剩二三百人,但仍据守原平东北角,与敌肉搏。姜玉贞旅长在率残部与敌搏斗中壮烈殉国,部队伤亡殆尽,原平遂陷。崞县、原平的顽强防御,为第二战区主力部队的集结及部署争取了时间。

(二)中日两军的战斗部署

忻口是一个较大的村落,位于忻县城北 25 公里处,同蒲铁路贯通南北。村西北部为红土梁,梁北的云中河流经忻口北的界河铺后汇入滹沱河。滹沱河在此由南经灵山脚下折向东北。这样,忻口村被夹在红土梁与灵山之间,成为南北之间的天然屏障,易守难攻。忻口西南侧有一西南、东北向的山沟,名“红沟”。此沟的内两侧有预先构筑的国防阵地窑洞 30 多孔。忻口防御战的中央兵团指挥部就设在这里。

截至 10 月 11 日,中国第二战区忻口前线部队已全部进入指定位置,占领了阵地。第二战区作出进一步的调整部署:将中央军担任的 25 至 30 公里的正面防线再划分为 3 个作战地区,将中央军区分为 3 个兵团,分别防守 3 个作战地区。并令傅作义率总预备军加入中央军作战。仍由卫立煌任总指挥,傅作义任副总指挥。具体部署如下:

1. 右地区:东起龙王堂,西到界河铺,其间的南郭下、东西荣华、东西南贾为主要作战区域。右翼兵团负责本地区作战。

2. 中央地区：东起界河铺，西至新练庄，其中下王庄、弓家庄、旧河北等村与云中河南的界河铺、关子（官庄）、南怀化（河南）为主要作战地域。中央兵团负责本地区作战。

3. 左地区：东自新练庄，西至南峪，其中大白水、朦腾、南峪等村为主要作战地域。左翼兵团负责本地区作战。

卫立煌并就新作战地区重行部署如下：

1. 空军指挥官：北正面空军司令陈栖霞，辖各类飞机共4队。

2. 右翼兵团：辖第15军，由该军军长刘茂恩任指挥官，指挥部设在受禄村。

3. 中央兵团：辖第9军、第21师、炮兵第23团及第26团之一营、战防炮营装甲2队，由第9军军长郝梦龄任指挥官，第61军军长陈长捷任副指挥官，指挥部设在忻口西北高地后沟战备窑洞内。（先后增援的部队有第13军1个团、第19军9个团、第33军5个团、第35军8个团、第61军8个团。）

4. 左翼兵团：辖第14军15个团、第94师4个团、第33军3个团、第34军4个团，由第14军军长李默庵任指挥官，指挥所设在沙洼村。

5. 总预备队：为第17军、第34军第203旅残部，共约5个团兵力。[8]

12日，卫立煌又进一步明确所部部署和任务，即：

1. 飞行队着于明日（13日）起应逐日派机侦察原平以南之敌，以侦察原平、崞县、代县间敌后续部队之状况。

2. 右翼兵团应仍占领上社村、营房里、灵山之线，重点置于左后方，与中央兵团确取联系，并于下庄子、东新庄、东西岔村各要点配置警戒；另以一部向右前方对代县以南地区尽量活动，确实掩护军右侧之安全，并以一小部占领南神头、享子头以东高地，为尔后转移攻势的支撑点。

3. 中央兵团仍应占领三家庄以北界河铺、南怀化、新练庄之线，重点置于中央右后方，与左右两兵团确取联系，并于板市、下王庄各处占领前进阵地。

4. 左翼兵团仍应占领秦家庄、大白水、南峪之线，重点置于中央后方，与中央兵团确取联系，并于后城头及1482高地之线配置警戒，并以小部向神山以南地区活动，确实掩护军左侧之安全。

5. 炮兵应以一部置于红沟以北地区，主力于刘村、大唐林地区占领阵地，先制压敌炮兵，并阻止敌前进；尔后以主力指向左翼兵团正面之敌，直接协助该兵团。

总预备队之位置：第17军（欠第21师）仍于西冯村附近；独立第5旅仍于忻

图 3－5－1　忻口作战·中国军队防御部署要图
（1937 年 10 月 6 日）

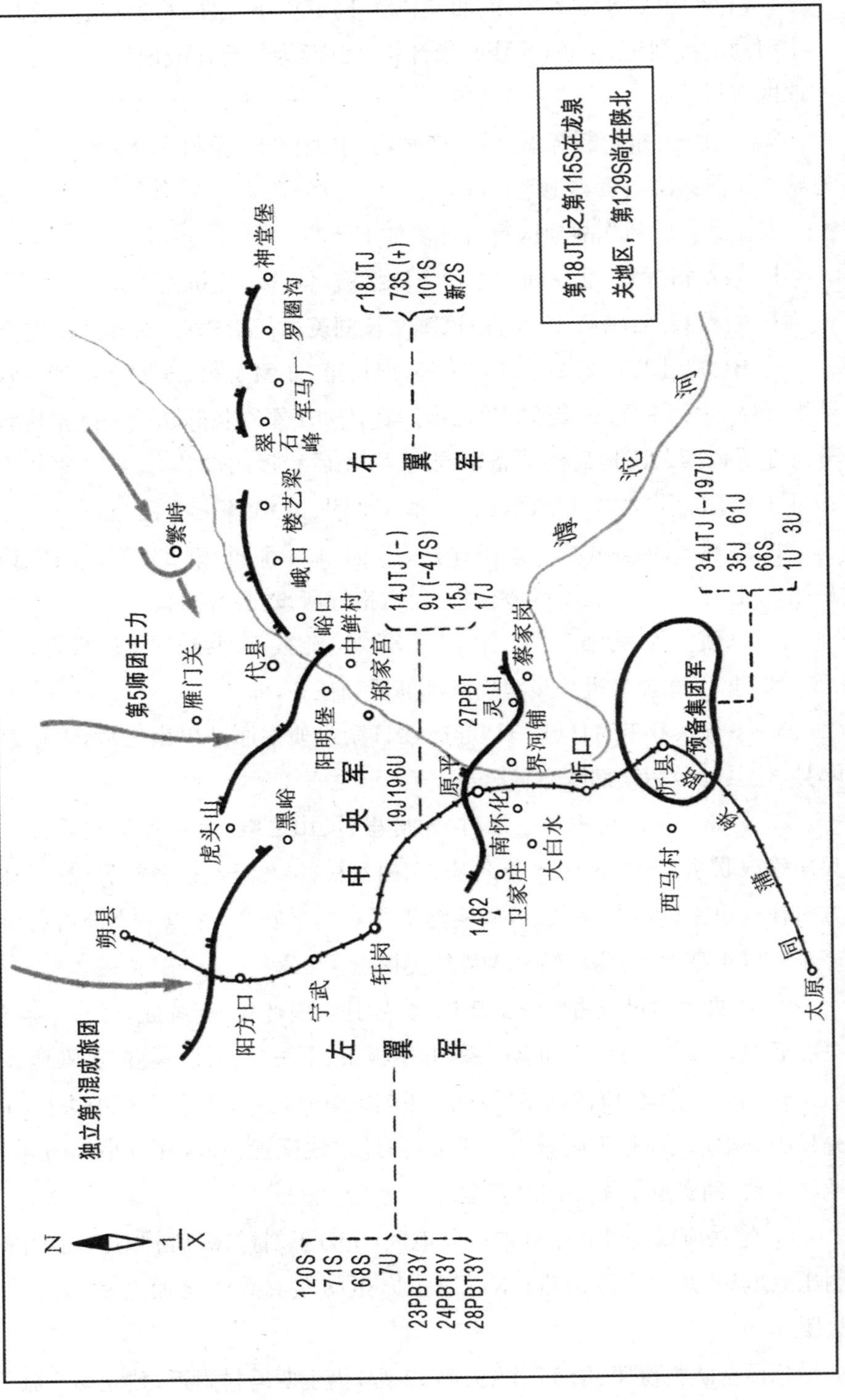

独立第1混成旅团
第5师团主力
朔县　阳方口　宁武　轩岗　虎头山　黑峪　雁门关　代县　阳明堡　繁峙　峪口　中鲜村　郑家宫　峨口　楼艺梁　翠石峰　军马厂　罗圈沟　神堂堡
左翼军　中央军　右翼军
120S　71S　68S　7U　23PBT3Y　24PBT3Y　28PBT3Y
19J196U
14JTJ(-)　9J(-47S)　15J　17J
18JTJ　73S(+)　101S　新2S
27PBT　灵山　蔡家岗　界河铺　原平　南怀化　1482　卫家庄　大白水　忻口　忻县　西马村　预备集团军
34JTJ(-197U)　35J　61J　66S　1U　3U
滹沱河
同蒲铁路　太原
第18JTJ之第115S在龙泉关地区，第129S尚在陕北
N　1/X

县附近，尔后赴关城镇归建。

各兵团的作战分界线规定为：

1. 右翼军与右翼兵团间为东冶镇、天池沟迄代县相连之线。

2. 右翼兵团与中央兵团之间为大有张村、寺家庄、南郭下亘原平以东滹沱河右岸相连之线。

3. 中央兵团与左翼兵团间为泉子沟、秦家庄、王家庄、小原平、班村、田家庄相连之线。

4. 左翼兵团与左翼军间为东峪、盘道底、山水村相连之线。

日军攻占原平以后，原用于平汉路的第 9 旅团的步兵第 11 联队已用火车运送到原平，当即以部分兵力有选择地对忻口守军防线袭击，实施战役侦察，并确定了攻击的时间与部署。

日军将攻击部队区分为左、右两翼。左翼第 21 旅团第 20 联队第 1 大队展开于东泥河、王家庄、弓家庄之线，准备向下王庄守军阵地攻击；第 2 大队展开于旧河北村两侧，这支攻击的主要突击部队准备向南怀化守军阵地攻击；第 3 大队位于永兴、石河地区，为旅团的预备队。第 42 联队 3 个大队一线配置，第 1 大队在中，第 2 大队在左，第 3 大队在右，展开于池上、新练庄，准备攻击南怀化以南高地。右翼独立混成第 15 旅团的和堤支队也展开于兰村、阎庄、卫村、水油沟和麻岗之线，准备对大白水、朦腾一线守军攻击。

担任第一线攻击任务的日军步兵于 12 日拂晓前进入进攻出发位置。此时中国守军也已进入防御阵地。一场大规模的攻、防战斗即将展开。

（三）守军反击失利

13 日拂晓，日军先以一部兵力向忻口前进阵地实施威力侦察。8 时许，日军主力在 20 余架飞机、数十辆坦克和猛烈炮火的掩护下，集中兵力向中央兵团南怀化阵地发起猛攻，企图从中间突破，一举攻下忻口守军主阵地。激战至 10 时许，南怀化沿云中河阵地被日军火力摧毁，守军伤亡殆尽。由于援军未能及时赶到，日军乘机渡河，突破南怀化阵地，并继续向纵深发展，攻占了 1300 高地。郝梦龄以第 21 师的第 125 团、第 124 团堵截反击，经奋战后，于 15 时左右夺回 1300 高地，将日军压迫于云中河南岸。此时，左翼兵团阎庄阵地亦有 3000 余日军突入，但第 10 师坚强反击，将日军击退。

卫立煌与傅作义判断：当面之敌在猛攻受挫后损失惨重，势必整顿态势，并求得增援后方可再行攻击。为乘机转移攻势、歼灭当面日军，卫立煌于13日12时致电阎锡山，请准以预备军一部从中央地区出击。阎锡山为使主力部队作战容易，又令左、右两翼军积极向敌后活动，破坏并阻止日军增援；同时，将左翼军的第68师（即独立第8旅）孟宪吉部与第71师郭宗汾部转隶中央军。

依据阎锡山的部署，傅作义即令第35军、第61军向界河铺推进，准备出击。同时，卫立煌与傅作义在忻县共同决定：

1. 以第9军（欠第47师）附第21师，在现阵地坚强抵抗敌之进攻。

2. 以第14集团军由大白水附近、第7集团军由忻口附近出击，协同夹击当面之敌。

卫立煌于当日13时下达命令：

1. 飞行队应于明（14日）晨开始活动，担任军攻击前进间之制空，掩护第一线兵团之攻击，并侦察崞县、原平及其西南之敌情。

2. 右翼兵团应以一部固守营房里至灵山原阵地，其余于明日（14日）拂晓向桃园、北郭下之敌攻击，与第7集团军密切联系，竭力胁威原平南北之敌增援部队，并控制一部于峙峪附近，依情况出原平以北地区，截敌退路。

3. 中央兵团须于本日晚歼灭侵入南怀化附近之敌，确保原阵地，为第7集团军出击之支援。

4. 左翼兵团应于明日拂晓以主力逐次向永兴村及其以北高地之敌包围攻击，一部与第7集团军协力击歼侵入南怀化之敌后，再向王家庄、安家庄一带之敌攻击。

5. 第71师着于本日黄昏前接替阎庄、水油沟迄山水一带第14军及第85师阵地之守备，并为该军出击之支援，尔后即归14军李军长指挥。

6. 炮兵队应于明日拂晓直前先行制压敌炮兵，尔后以主火力直接协同第7集团军及第14军，尔后随军进展，逐次向前方变换阵地。

7. 总预备队仍于原位置待命（见12日部署）。

8. 各兵团作战地境（线上属右方兵团）：

（1）右翼兵团与第7集团军：为寺家庄、南郭下沿滹沱河右岸桃园东端、大库狄东端、原平东端相连之线。

（2）第7集团军与左翼兵团：为新练庄、前城头、王家庄、上下原平、班村、文殊庄相连之线。

9. 军补给及卫生：应于明日起，于忻县兵站保有10个师3日份之粮秣，弹药集积于太原，须有能按第一线兵团所需数量随时追送之准备。第 4 医院设于忻县匡村，第 8 医院设于忻县新营房，并于播明、奇村镇各设患者收容所 1 个。

上项命令下达后，令第 19 军向忻县推进。

卫立煌又于 15 时许以电话指示右翼兵团刘茂恩："中央集团军决于 14 日向敌攻击，贵军除留相当部队固守营房里、龙王堂、灵山之线阵地，并派一部对北警戒外，应以有力部队集结适当地点，准备向桃园、北郭下进出，威胁日军侧背，待命前进。"同时以电话指示左翼兵团李默庵："第 14 军应自左翼刘庄、南峪方面向阎庄、卫家庄、1482 高地之线之敌攻击，进出楼板寨之线。"

刘茂恩基于以上指示，于 23 时作如下处置：

1. 着第 65 师和第 195 旅马祺臻旅长指挥所部及第 194 旅之第 388 团即向谈儿庄、大莫村一带前进。第 65 师炮兵营归第 194 旅旅长姚北辰指挥，于明日（14 日）协力夹击渡河之敌后，在谈儿庄附近占领阵地，以能射击东营村、大小库狄、栎园各附近为主。第 64 师师长武庭麟抽派 1 个团以上兵力，至西南贾村附近，于明日拂晓将渡河之敌夹击歼灭后，即于大莫村及东、西荣华附近待命。

2. 第 64 师炮兵营于明日晨协助战斗后，在西荣华附近占领阵地，以能射击桃园村、唐林岗各附近为主。

3. 各部队应准备徒涉场。

李默庵基于上项指示，下达如下处置：

1. 军以第 10 师应固守秦家庄、大白水之线，并推进警戒阵地于兰村、阎庄之线。

2. 第 83 师应于刘庄西附近集结，尔后向卫家庄、南庄方面之敌攻击，进出永兴村、北太常之线。

3. 第 85 师将现阵地交由第 71 师接替，限本日（13 日）24 时交接完毕，即派有力 1 旅之兵力，自朦腾村、南峪之线向水油沟、麻港村附近高地之线之敌攻击，先进出 1482 高地东西之线，尔后进出观上村、楼板寨之线。其余为军预备队，位置于沙凹附近。

4. 第 83 师与第 86 师作战地境为刘庄、水油沟东侧 1 公里茹家庄相连之线，线上属第 83 师。

13 日夜，总预备军参加反击的第 61 军之新编第 4 旅、第 35 军之第 218 旅及独立第 2、第 3 旅等，均已到达界河铺附近反击出发地位。各兵团的反击部队亦已准备完毕。14 日凌晨 2 时许，忻口守军开始全线出击。

主要反击方向的中央兵团方面，第 54 师、第 21 师及新编第 4 旅向南怀化日军反击。战斗开始后，日军援军迅速投入战斗，亦实施攻击。双方争夺极为激烈。第 218 旅击退日军连续 4 次冲击，旅长董其武负伤不下火线，坚持指挥战斗；第 21 师师长李仙洲、新 4 旅旅长于镇河亦在战斗中负伤。激战至暮，双方均无进展。

左翼兵团方面，第 101 师向阎庄以东之旧练庄日军反击，第 83 师及第 85 师第 253 旅向卫家庄、麻港日军反击。战斗开始后，第 10 师于拂晓攻占练庄；与此同时，卫家庄日军亦攻入该师大白水左翼阵地。李默庵当即抽调第 83 师 1 个团援堵。第 83 师主力及第 253 旅继续向卫庄、麻港攻击。激战至晚，双方无进展。

右翼兵团方面，当第 15 军抽调部队准备向桃园村日军反击之际，日军约 1 个联队亦由南郭下渡过滹沱河向灵山阵地进攻。守军顽强抗击。激战至夜，日军被压迫于滹沱河南岸至灵山脚下一线。

14 日 20 时许，卫立煌率独立第 5 旅至忻口督战。为便于指挥，调整了部署：令陈长捷指挥第 21 师、独立第 2 旅、独立第 3 旅（欠第 4 团）、新编第 4 旅，负责肃清南怀化之日军；令郝梦龄指挥第 54 师附独立第 3 旅之第 4 团、第 218 旅、第 217 旅，担任正面守备及向当面日军实施反击。

15 日拂晓，忻口正面守军第 217 旅及第 218 旅分别由下王庄左右两侧向东泥河及中泥河日军反击。经激战后，第 218 旅于 7 时许攻占中泥河。但第 217 旅未能攻克东泥河，被增援的日军击退。中泥河遂形成突出，正面受敌，第 218 旅被迫撤回。南怀化方面的日军于拂晓开始向守军 1300 高地发起攻击；守军顽强抵抗，并多次组织反冲击，经 7 次反复争夺，终将日军击退，双方形成对峙。

15 日晚，兵团长郝梦岭与军长陈长捷协商，决定于 16 日凌晨 2 时攻击当面之敌。其部署如下：

1. 第 54 师之第 162 旅（欠 1 个团）向官村左前方之敌攻击。
2. 第 21 师之第 63 旅向南怀化以北之敌攻击。
3. 独立第 5 旅由现地向南怀化东端之敌攻击。
4. 新编第 4 旅务强攻占领南怀化。
5. 第 54 师第 322 团为向导队，分属于第 63 旅、独立第 5 旅、新编第 4 旅。
6. 独立第 2 旅、第 3 旅协同右翼各部增援第 4 旅，向南怀化之敌攻击。
7. 第 21 师之第 61 旅由 1300 高地向新练庄东北之敌攻击。
8. 第 68 师由秦家庄、新练庄向前后城头协歼该敌。
9. 第 10 师派兵一部由兰村向后城头协攻。

10. 第217及第161旅攻击龙泉庄、下王庄以北之敌。

11. 第218旅攻占旧河北后，向南怀化敌背后攻击，第211旅孙兰峰旅长即赴下王庄接替董旅长之指挥。

12. 第211旅、第19军之第209旅于金山铺、跑池村集结，为预备队。

13. 以上各部队均于16日2时开始行动。

忻口正面日军不断增兵，在中央兵团正面即集中三四万兵力。因此阎锡山于15日电令第18集团军总司令朱德指挥五台山区的部队截断敌后交通，阻敌后续兵力；饬第73师刘奉滨部及第101师李俊功部之第201旅附第399团，迅速轻装赶到忻县，归入预备军序列。

在忻口正面向南怀化反击的5个旅（独5旅、独2旅、独3旅、新4旅及第63旅）于凌晨2时开始攻击，广大官兵英勇战斗。但由于阵地狭窄、地形复杂，天色又暗，战斗力难以充分发挥，双方混战多时，伤亡均重，且无进展。在前沿指挥的第9军军长郝梦龄与第54师师长刘家麒先后中弹牺牲。激战至天亮，双方均伤亡数千人，独5旅旅长郑廷珍壮烈殉国。由于日军拼死顽抗，火力又强，守军除将南怀化以南日军基本肃清外，收复南怀化阵地的意图未能实现。卫立煌指令第14集团军参谋长郭寄峤任第9军军长，第161旅旅长孔繁瀛任第54师师长，并指定第61军军长陈长捷统一指挥中央兵团继续作战。

卫立煌感到此次抗战兵力原非优势，战斗6日，伤亡及半，而日军以汽车300余辆运到援军1万余人；16日战况空前激烈，连失数将，损耗过巨，需增兵以挽战局。遂将此情况电呈军事委员会。旋即接蒋介石电示，告知已令现在潼关一带的第22集团军孙震部兼程驰援。阎锡山亦电告刚由晋冀边区相继抵达龙泉关（平型关南）附近的第94师朱怀冰部及第177师的第529旅由五台山、龙泉关一带星夜赶赴忻县兰台镇、二十里铺，归卫立煌指挥。

16日中午，日军汽车约400余辆满载步兵由团城口西进。卫立煌判断该敌至迟于17日晚将到达忻口前线，认为我军应于该敌未到达前击溃当面之敌，方为有利；但依我军目前状况，殆不可能。遂决定固守现阵地，待援军到达后再转移攻势。各兵团立即转攻为守。第217、第218两旅分别撤至忻口附近集结，第54师界河铺北岸之一部撤至界河铺以南占领预备阵地。

（四）阵地对峙战斗与忻口守军撤退

为增强忻口正面的防御，阎锡山在16日命令第19军迅速开赴金山铺，归卫立煌指挥。阎在电报中严饬该军军长王靖国："此次战事关系华北存亡，着该军军长戴罪立功，严督各旅拼死杀敌，以赎前愆。"[9]并电令第15军军长刘茂恩："灵山又被敌突破，仰速集结兵力拼死恢复，以免影响战局，并着严督所部死力抗敌，不得再有疏失。"[10]

16日夜，卫立煌针对当前战况，调整部署如下：

1. 以第94师师长朱怀冰担任独立支队长，立即占领营房里、隘路口及龙王堂两侧高地，主力置于龙王堂东端，应与右地区协调行动，作向原平东北附近地区挺进以直接威胁敌后方的准备。

2. 以第15军、第17军(欠第21师)编成右地区队，由第15军军长刘茂恩任总指挥，立即占领张家庄北侧亘西南贾村、灵山、界河铺(不含)阵地，并纵深配备，主要防御方向在灵山方面，与中央地区队紧密联系，坚拒敌人，并在东、西荣华设置前进阵地。

3. 以第19军、第35军、第61军、第9军，及第21师、炮兵第28团、战防炮2个连、装甲车1个队编成中央地区队，以第19军军长王靖国、第61军军长陈长捷分任正、副总指挥，应即就现地占领界河铺、官庄、秦家庄(不含)地区阵地，并纵深配备兵力，保持主要防御方向在中央方面，与左、右地区队协力，坚决消灭进犯敌军；在红沟、1300高地至刘庄(不含)地区构筑据点式预备阵地，并应派出兵力迅速歼灭侵入南怀化及以东的残敌。

4. 以第14军、第68师、第71师、第85师、炮兵第26团附第2师炮兵营、战防炮营(欠2个连)为左地区队，以第14军军长李默庵任总指挥，应立即就现地占领新练庄(不含)、秦家庄、大白水、卫村、南峪地区的村落及高地，保持主要防御方向在中央。该地区原有的旧练庄、兰村、卫家庄、麻峪等地前进据点仍应确保，并在是庄、小重村、杨胡村间利用村落迅速构筑据点工事。

5. 规定新的作战地境。(略)

6. 空军仍执行原任务。炮兵队应在井沟、刘庄中间地区占领阵地，以主要火力摧毁敌军炮兵阵地后，支援步兵阻止、歼灭敌人于阵地前方。

卫立煌还命令各部队注意利用高地、村落构成交叉火网，相互掩护，以侧击敌军；利用夜间多派小部队到阵地前方袭扰敌军阵地，并相机占领。

10月17日至19日，日军对南怀化东北高地和官庄高地又发动了数次猛攻，但均被守军击退。日军经过多日的全力进攻，不仅未能攻占忻口阵地，而且在守军的顽强抗击和英勇反击下遭受重创，伤亡及损耗极大，士气和战斗力有所下降，19 日后已无力发动全面性大规模的进攻，只能以小部队实施局部攻击。日军“华北方面军”为了加强第 5 师团的进攻能力，以“中国驻屯步兵旅团”第 2 联队为基干，配属以战车、工兵、骑兵分队组成萱岛支队，加入第 5 师团战斗序列，于 10 月 22 日到达原平。

10 月 24 日，日军第 5 师团长将萱岛支队投入战场，再次组织兵力向忻口地区守军阵地发动攻击。这次攻击，日军将重点指向官庄迤南和左翼之南峪、朦腾间阵地。在守军顽强抵抗下，日军攻击毫无进展。26 日，日军继续攻击。守军左翼第 83 师防守的朦腾村阵地于 14 时被日军突破。但向中央与右翼守军阵地攻击的日军被阻于守军阵地前，进展甚微，仅突破东、西荣华村阵地。27 日，日军从东、西荣花村突破口向守军贾村阵地猛攻。左翼朦腾村北方高地于中午被日军攻占。守军第 10 师一部反击，将该高地夺回。在争夺这一高地中，两军均有重大伤亡。这一天，整个忻口前线全线激战。日军后来改变战术，以飞机对守军阵地实施轮番轰炸、扫射，并施放催泪性和喷嚏性毒气，掩护其步兵向守军阵地逼进，但也均被守军击退。整个战线又转入了对峙与胶着状态。

由于上海方面战事的发展，日军将“华北方面军”的第 6、第 16 师团和由第 5 师团一部编成的国崎登支队调往上海作战，日军抽兵增援忻口已十分困难。而在忻口方面，日军兵力已处在无力发动进攻的状态，因此日军被迫将在平津地区担任守备的第 109 师团步兵第 136 联队的 2 个大队及独立混成第 1 旅团的机械化步兵联队派到忻口增援第 5 师团作战。

在第 14 集团军及第 7 集团军等部队于正面抗击日军的同时，第 18 集团军各部也根据第二战区会战计划和集团军总司令朱德的命令，在晋东北及晋西北地区展开广泛的袭击战，执行其威胁日军侧背及破坏日军后方交通线的作战任务。

第 120 师各部队于此期间(10 月间)，在晋东北收复了井坪、平鲁县城(今山西朔州市辖区)、宁武县城，攻占了同蒲路上的东榆林、马邑、大牛店等要点及雁门关等要地，并破坏了大批桥梁和铁路；在怀仁南的辛庄、雁门关南的黑石头沟、阳明堡南的王董堡等地 4 次伏击日军运输队，总计歼灭日军 1000 余人，击毁汽车 100 余辆，并切断了由大同经雁门关至忻口的日军后方补给线。

第 115 师各部队于此期间，在晋西北及冀西、察北地区收复了繁峙、浑源、涞源、广灵、灵丘、蔚县、曲阳、平山、唐县、完县等县城，攻占了平型关、紫荆关等要点，在平型关东北的小寨，在广灵、灵丘间的冯家沟截击、伏击，歼灭日军 200 余人，击毁汽车数十辆、马车百余辆，并多次袭击日军的兵站和据点，切断张家口至代县的后方交通线。

第129师第769团在忻口正面阵地与日军苦战，深受日机轰炸、扫射之苦。10月10日夜，突袭阳明堡日军前进机场，击毁飞机24架，使日军遭到沉重打击，极大地削弱了忻口当面日军和空中的支援力量，有力地配合了忻口守军的作战。

忻口前线守军与日军对峙了20余日，日军无法前进，其后方及交通运输线又受到第18集团军游击战的严重威胁，陷于被动的境地。但晋东守军防御失利，娘子关、平定、阳泉等地相继失守，部队正在向太原溃退，因此阎锡山于10月31日夜间决定忻口地区的守军全线后撤。11月1日，阎锡山致电卫立煌："我晋东军因受优势之敌压迫，正逐次向太原以东地区转移中，除已令傅总司令在太原布置城防，以固我资源重地外，希贵部在菜水坞、青龙镇、天门关之线占领阵地，俟敌接近，一举而歼灭之，并协助固守太原之傅（作义）军依城野战，以保卫太原。"[11]

11月2日10时，卫立煌遵照阎锡山的电令，下达转进命令：[12]

一、娘子关、平定、阳泉先后失陷，我晋东军受敌压迫，正逐次向太原以东地区转移中。

我第203旅已于曹村、芝郡村、匡村堡、东社村、外涧沟西南1098.4高地之线占领阵地。

又我66师之第206旅（欠1团）13式山炮1连，18式山炮2门已令于杨家坟、王家山、石岭关、宋川村之线占领阵地，统归总指挥王靖国指挥，掩护军之转进及阵地占领。

二、军以确保太原、防敌深入、协同友军将其歼灭之目的，拟于本日（2日）夜先向太原以北附近地区转进，占领既设阵地。

三、我飞行队应于明日拂晓，以全部掩护军之转进。

四、右地区队应于本日21时起，由现阵地开始分经玉会村、代郡村、南湖村、鸦儿坑、晋庄、城鹊日、赵庄、后李家山、水沟村道及其以东平行路，先向鄯都村、钱家坡一带附近地区行进，明晚续向川套裹、窑子上之线转进，占领阵地，以一部于黄代沟、赵庄之线占领前进阵地。原配属该地区炮兵一部着即归还28团之建制（但须日暮后始得移动）。

图3－5－2 忻口作战·中国军队转移攻势战斗经过要图

（1937年10月14日—16日）

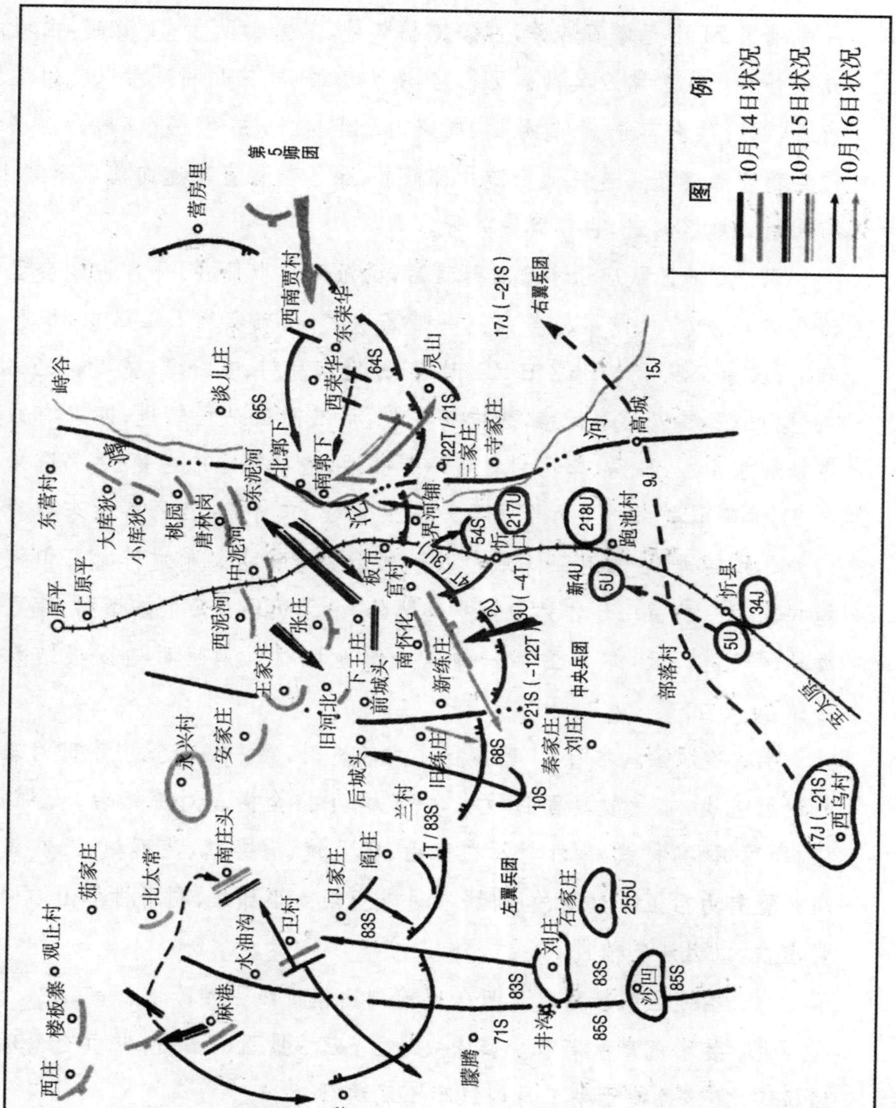

图例

10月14日状况

10月15日状况

10月16日状况

五、中央地区队应于本日日暮直后，酌派一部增加于203旅占领阵地，并另抽第21师迅增石岭关，占领掩护阵地，其余部队于21时起，由现阵地开始分经忻太公路及其两侧平行路，先向石岭关、宋川村一带以南附近地区行进，明晚续向窑子上、青龙镇、周家山之线转进，占领既设阵地。但该地区炮兵集团除着留一连任协力掩护部队外，余于黄昏直后速向前后李家山、黄花园附近地区转进，占领既设阵地。

六、左地区队应于本日日暮直后，酌派小部取捷径，先期占领会理村东侧小道亘合索村、陀罗村各南侧一带高地之线，确实连系203旅，掩护军之转进；其余部队于本日(2日)21时起，分经南高村、东分城、依堤村、五家咀、土墙山道及其以西平行路，先向田庄村、后交附近地区转进；即以有力一部占领邢家山、马狐沟、南冯村之线一带高地，掩护军阵地占领(占领阵地)，并与21师确取联系。主力于明晚续向卫象坡、东青善、西青善及东坡村迄天门关之线转进，占领纵深阵地。以一部于泥屯镇占领前进阵地。但该地区炮兵集团除酌留一连作协力掩护部队外，余于黄昏直后向东留村、宇文村附近地区转进。又，尔后酌抽一师以上于新城村以南附近地区集结为军预备队。

七、各地区队本日21时以前主力转进时，第一线应置一小部对当面之敌进行抗战，非受敌真面目攻击，拂晓前不得全撤。对凉楼台、代郡村、辛庄、邵落镇、高村镇、南坪村及白家山、鸦儿坑、府会镇、庄磨镇、三交镇两线应布置有力后卫。如受敌压时，应讲求变换为小部队，利用村落山地向敌侧背出击，以迟滞其前进。

八、各地区队转进限4日午以前到达指定线占领阵地。

九、装甲汽车队着暂配属中央地区，应尽量阻敌前进，并负充分破坏沿途桥梁之责，务使于半个月内汽车不能通行。

十、转进间作战地境如次：(一)右地区队与中央地区队间为玉会村、谷村、东张村、沟北、棘针沟、赵庄、寨子、水沟村相连之线。线上及以东属右地区队。(二)中央地区队与左地区队间：井沟、六石村、肖家峪、宋川村西侧1500高地、五家咀、土墙山、东坞村、新城村东端相连之线。线上及以东属中央地区队。

忻口地区前线各兵团遵照卫立煌命令，于2日黄昏后脱离阵地向后撤退，由于事先已有撤退的准备与部署，因此秩序尚好。日军于当夜发觉守军撤退，于3日拂晓发动追击，尔后从太原北方协同由晋东进入太原附近的日军会攻太原。

（五）忻口作战简析

忻口作战是全国抗战后国民政府军与第18集团军在战区统一部署、密切配合下所取得的正面坚守与敌后机动作战的一次成功的防御战役，严重地打击了日军锐气，增强了中国军民抗战必胜的信心和士气。中国军队在此役中坚守阵地共20余日，有力地阻止了日军南进，大量消耗了日军兵力，战略上起了分散日军、各个击破的作用，符合“持久”、“消耗”作战的战略总方针。守军官兵的作战英勇，高级干部身先士卒，军长郝梦龄、师长刘家麒、旅长郑廷珍先后牺牲，负伤的更倍其数。这一方面说明战况激烈的程度；另一方面说明诸烈士视死如归，表现了中华民族可死而不可侮的爱国精神，对抗日军民起了激励作用。毛泽东在1938年3月12日《在纪念孙总理逝世13周年及追悼抗敌阵亡将士大会的演说词》中对此作了高度评价，对光荣牺牲者真诚悼念。他说：“八个月来，陆空两面都作了英勇的奋战，全国实现了伟大的团结，几百万军队与无数人民都加入了火线，其中几十万人就在执行他们的神圣任务中光荣地、壮烈地牺牲了。这些人中间，许多是国民党人，许多是共产党人，许多是其他党派和无党派的人。我们真诚地追悼这些死者，表示永远纪念他们。从郝梦龄、佟麟阁、赵登禹、饶国华、刘家麒诸将领到每一个战士，无不给了全中国人民以崇高伟大的模范。中华民族决不是一群绵羊，而是富于民族自尊心与人类正义心的伟大民族……郝梦龄将军等的热血是不会白流的，日本强盗之被赶出中国谁能说不是必然的？”[13]

在日军飞机、大炮、化学武器、坦克、装甲车等装备的绝对优势条件下，守军能完成忻口作战任务，除依赖士气高涨、作战英勇外，主要原因是基本上采用了攻势防御的作战方针和做到了正规战与游击战的相互配合，坚守阵地，打击和消耗日军兵力。早在第一次国防会议前的1937年8月4日，毛泽东就在《对国防问题的意见》中提出：“应给进攻之敌以歼灭的反攻，决不能是单纯的防御”，要采用“攻势防御”的方针，并使“正规战与游击战相配合”。[14]忻口作战中，中央军和右翼军第18集团军密切配合，卫立煌军坚守正面阵地，第18集团军在敌后扰袭日军，破坏日军飞机场、炮兵阵地，大大削弱了日军的进攻力。正面各部队则攻、防并用。郝梦龄军转移攻势，虽牺牲重大，但日军损失也不小，且打击了日军进攻的锐气。每一阵地陷落之际都组织兵力加以反击。如在全线撤防前两日对突破到南郭下南方高地阵地之日军仍组织反击，歼灭突入的日军。何应钦在总结中述及忻口战役，也说："阵线稳固，且迭次出击，歼敌三四万人，造成华北各战斗中最有利的战局……我朱德部在敌后方袭击，迭次予敌重创。"[15]蒋介石于10月17日致电朱德、彭德怀："贵部林师及张旅，屡建奇功，强寇迭遭重创，深堪嘉慰。"[16]

三、正太路沿线作战

(一) 石家庄附近战斗

正太铁路系由河北省正定西入晋境到达太原的铁路，是由平汉铁路之石家庄西入娘子关，经寿阳、榆次而抵太原的晋、冀间惟一捷路，而石家庄正是进入晋东的枢纽。

当日军突破第二战区部队内长城防线、决定向太原进攻之际，在平汉路北段作战的第一战区部队正在向石家庄地区撤退。蒋介石为确保山西战略要地，调第14集团军入晋参战。新任第一战区司令长官的程潜即以第26路军和第20集团军沿滹沱河两岸布防。10月6日，蒋介石又调第26路军入晋增援。第一战区即再次调整部署如下：

1. 商震的第20集团军辖第32军、第53军、第17师、第47师及独立第46旅、骑兵第4军、独立炮兵第6旅一部、独立炮兵第7团，担负陈村(不含)以东沿滹沱河阵地的防守，为右翼军。

2. 冯钦哉第14军团辖第3军、第38军的教导团、独立炮兵第7团的1个营，担负陈村以西沿滹沱河阵地的防守，为左翼军。

3. 宋肯堂第141师辖鲍刚第46旅固守正定。

4. 黄光华第139师担负石家庄及以北地区的防御。

5. 吴克仁第67军辖第89、第107、第108师，担负新河及南宫之守备。

此时骑兵第3军在深泽，第53军在安平、饶阳地区防守。

在平汉路北段作战的日军攻占保定之后决定继续向石家庄进攻。9月28日，香月清司下令：

1. 第20师团由完县经唐县、曲阳、行唐进至灵寿以西地区，渡过滹沱河，攻占石家庄以西正太路之井陉车站，切断守军进出山区之通路，以一部兵力迂回至石家庄以西、以南地区，尔后攻占石家庄。

2. 第14师团由保定沿平汉路西侧进至石家庄以西地区，并准备沿平汉路向邢台追击。

3. 第6师团攻占正定、石家庄后进至石家庄以南地区，主力进至赵县附近，并以一部逼向宁晋、柏乡地区。

4. 第108师团沿第6师团进攻路线扩张战果，并进至束鹿附近。

香月清司除采用由东西两侧迂回包围战术外，还将重炮兵部队及渡河工兵部队配属给第6师团，使其主要负责攻坚；将全部战车部队及4个汽车中队配属给第14师团，使其主要负责追击。

日军第1军各部于10月1日起开始向石家庄进攻，3日到达曲阳、定县一线。这时得到在石家庄附近发生流行性霍乱病的情报，于是在这一线停留了数日，为部队接种霍乱疫苗，然后从6日开始，第14、第6、第20师团并列沿平汉路及其右侧展开，向石家庄进攻。7日，日军第201师团在灵寿地区的金山里与守军第27路军(第14军团)向慈峪镇游击的第505旅部队遭遇，展开战斗。第505旅遭到很大伤亡后撤退。日军第14师团进到正定西北，第6师团进到正定东北。8日，日军向正定发起攻击，守军第32军第14师英勇抵抗。日军第6师团以加农榴弹炮、山炮集中轰击正定城。在猛烈火力的轰击下，县城东、西、北三面城墙数处被毁。接着，日军在烟幕弹掩护下突入城内，与守城的第32军第141师展开巷战。此时，城内、城外战况均异常激烈，守军官兵前仆后继，英勇抗击，伤亡奇重。旅长唐永良、林作桢受重伤，团长王成桂、营长张任夫英勇牺牲。同日18时，各部队先后撤出正定，向铁桥附近集结，正定陷落，其以西的灵寿也失陷。

10月9日晨，第141师宋肯堂师长余部向正定城日军发起反击，未能奏效，撤至高迁村一带整顿。日军随后进迫，并向守军滹沱河右岸阵地炮击。12时，日军2000余人在大、小林济附近集结，另一部由正定城南向滹沱河左岸运动。守军警戒部队撤回右岸。是夜，第一战区为确保实力，将兵力转移至元氏、高迁、井陉一线的预备阵地，第53军向宁晋方面转移；第20集团军以一部留滹沱河右岸拒止敌人，主力移至元氏、高邑一线。程潜按照蒋介石意图，令冯钦哉率第27路军、第3军、第17师、第30师和第38军教导团向娘子关方面预定阵地转移。

在津浦路北段作战的日军第2军攻占沧县后，遵照“华北方面军”的命令，将第16师团和第109师团转用于平汉路方面，策应第1军进攻石家庄。10月4日，该两个师团从献县、武强分3路向石家庄以南平汉路以东地区前进。第109师团为北路，经深县、束鹿至赵县以东，尔后左转南下，经柏乡、任县向南和地区前进；第16师团率第30旅团为中路，经前磨头至宁晋，尔后左转南下，经隆尧、平乡向南和地区前进；第16师团的第19旅团为南路，沿滏阳河经衡水、新河向平乡地区前进。第109师团及第30旅团在前进途中，于6日、8日分别在深县以东的西五村及束鹿以南的百尺口，遭到第53军第130师的短时阻击，于9日进至深县、百尺口一线。

图3-5-3　正太路石家庄附近战斗经过要图
（1937年9月28日—10月10日）

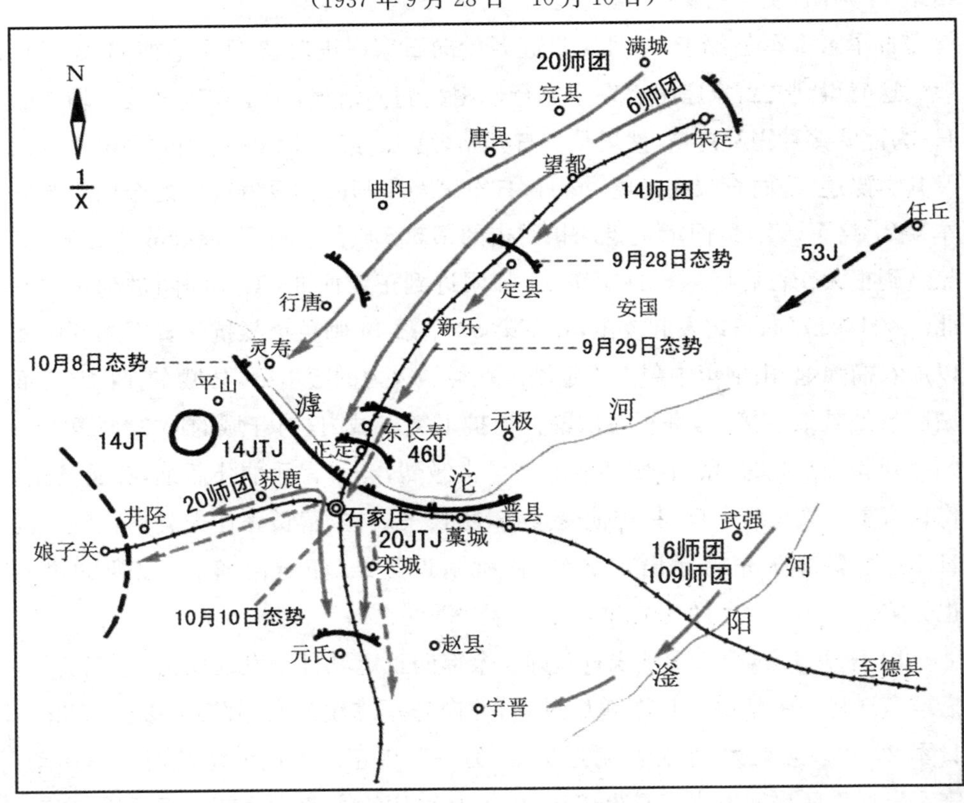

10月10日拂晓，平汉铁路正面的日军第1军主力分左右两翼强渡滹沱河，先以炮兵向滹沱河右岸南十里铺、陈村的第139师留置部队轰击，继又施放烟幕弹，从陈村、杜童村强渡滹沱河，向第139师左侧背迂回。其后，日军在炮火掩护下，渡河成功，全线发起进攻。守军三面受敌，终因寡不敌众，入夜向董保村、元氏转移。14时,日军第14师团占领了石家庄。

日军占领石家庄后继续向南追击,13日占元氏,14日占内丘,15日占邢台,17日占邯郸,18日到达漳河一线。日军“华北方面军”令第1军在邢台以北地区集结,准备向安阳进攻,但此时忻口方面的第5师团已陷入苦战的窘境,“华北方面军”被迫调第1军主力一部转用于正太线,以便迅速突破该线上中国守军的防御,进入榆次地区,协同在忻口地区作战的第5师团会攻太原。

日第2军于10月10日向第53军及骑兵第3军的阵地进攻,第109师团在辛集地区曾遭到第53军的抗击。当晚,第53军及骑3军向南撤退。日军于12日进到宁晋附近,接着于16日进占南和。此后,第109师团集结在邢台东北地区,和在宁晋地区集结的第16师团作为方面军的直辖部队。

这样,中国第一战区部队与日军仅进行了零星的战斗,便放弃了石家庄南北广大地区,退向冀南和豫北;而日军从容地集结休整,并无后顾之忧地派主力一部沿正太路向娘子关进攻,协同晋北作战的日军会攻太原。

(二)娘子关附近作战

娘子关位于晋、冀两省交界之处,是正太铁路上的重要关隘,为由东部进入太原的咽喉。日军如攻占娘子关,则不仅可以西进太原盆地、切断山西的南北交通,而且可以保障其沿平汉路南下翼侧的安全,所以娘子关为中日双方必争的战略要地。

当日军攻占正定、紧逼滹沱河北岸时,第一战区司令长官程潜令冯钦哉率第14军团、第3军、第17师、第30师及第38军教导团向娘子关方面预定阵地转移,掩护第二战区的右侧。

10月10日晚,第二战区副司令长官黄绍竑赴娘子关指挥,并策定作战计划如下:[17]

一、方针

为确保山西、将来收复华北失地容易、使我晋北作战军无后顾之忧起见,以第一战区由保定南移之部队进占娘子关一带山地,确实保守之,并相机进袭石家庄,威胁由平汉路南进之敌军。

二、指导要领

1. 开战之初,应于雪花山前进阵地配置强有力之部队,以迟滞敌之前进，并掩护主力部队迅速占领阵地。

2. 主力在北青掌、梁家垴、旧关、核桃园、乏驴岭、大台山之线占领阵地，总预备队分置于槐村铺、好汉地、娘子关附近，以应援各方之战斗。

3. 为防遏敌人由我阵地右翼迂回攻击，在西回村、张家垴、南垴沟、神仙洞、娘子关之线择要构筑预备阵地。

4. 如敌由核桃园方面进攻时，该处部队应竭力阻止其前进，娘子关之预备队由核桃园之右翼袭击其侧背，以期击破其攻击能力。

5. 为防万一计，在桥头村、城子岭、四穰镇、东道沟、上董寨之线构筑阵地，准备尔后之作战。

10 月 6 日，日军"华北方面军"指示第 1 军在进攻石家庄的同时，以一部兵力沿正太路向太原方向追击，用以策应第 5 师团的作战。因而，日军第 20 师团决定以第 39 旅团的第 77 联队，附山炮兵 2 个中队作为师团的右翼支队，沿正太路西进，紧跟向西转移的中国军队追击。其具体部署是：以第 77 联队第 1、第 2 两个大队，附山炮兵两个中队，迅速占领井陉，并向娘子关攻击，求得夺取娘子关。该联队的第 3 大队主力经井陉北的南陉向贾庄、东王舍中国守军佯攻，第 3 大队另一部于井陉南沿金珠、大尖山向南北障城地区袭扰、钳制守军，配合攻击娘子关的联队主力作战。另由第 78 联队派出以两个中队为骨干的钳击分队，在贾庄北方地区渡过滹沱河，向洪子店地区袭扰。

10 月 11 日中午，黄绍竑在井陉第 14 军团指挥部命令第 17 师以一部到南河头警戒，第 30 师以一部在南陉、上庄之线向北警戒，第 3 军向井陉靠近，主力集结在大、小梁家。由于布置已晚，第 30 师东、西王舍及小枣庄以西阵地均已遭日军攻击，其余部队也未及时按上述命令行动。因雨后路滑，并有敌军飞机轰炸，第 17 师于 17 时方抵达井陉东北附近。此时恰与日军先遣分队遭遇，该师迅速占领阵地。与此同时，第 3 军在金珠附近的警戒部队也与日军发生战斗。

12 日拂晓，日军在飞机炮火的支援下对守军阵地发起进攻，第 17 师正面阵地上的战斗尤其激烈。17 时，该师右翼刘家沟附近阵地被日军突破。守军第 49 旅向乏驴岭及旧关方向逐次后撤。18 时，井陉县城也被日军攻陷，娘子关受到严重威胁。

阎锡山为固守娘子关，急令正向太原输送途中的孙连仲第 26 路军（第 1 军团）回援娘子关。孙连仲当即率第 42 师和独立第 44 旅东返，当日 20 时抵阳泉。

黄绍竑命令：

1. 以第27师之一部占领北峪南北高地之线，其主力在娘子关附近阵地，支援第17师作战；师主力集结于娘子关附近，归黄副长官指挥。旧关为要道，在第3军来占领前，该师须派队切实占领。

2. 第31师(欠第92旅)集结于阳泉附近待命，第92旅随总部行动。

3. 第44旅速向六岭关推进，并相机占领之。

12日傍晚，日军突破第17师右翼刘家沟附近阵地之后向西进攻，又相继占领长生口、大小龙窝，于13日晨进至核桃园，逼近旧关。此时，冯钦哉以旧关防务空虚，于5时20分派工兵营、特务连驰赴旧关，阻止日军西进。该营及特务连刚到旧关即遭日军猛攻。日军的多次进攻被击退。14时，日军攻陷旧关，并继续向关沟前进。守军退到旧关以西高地继续抵抗。第27师师长冯安邦率驻程家庄的第100团以一部急赴旧关阻击西进的日军，主力于16时向旧关以南前进，威胁日军左侧。冯师长还令第79旅黄樵松部据守1000高地的部队秘密向前推进，以断日军退路，令师直属工兵营、骑兵连、辎重连接替第80旅第160团防务，分任通旧关的各道路之警戒。

正太路第17师正面日军在攻陷井陉后，于13日拂晓向雪花山守军阵地攻击，守军奋勇阻击，日军未能得逞。第17师师长赵寿山为保住雪花山阵地，决心趁夜转移攻势，令第51旅第102团第1营固守雪花山，补充团第2营固守乏驴岭，第101团第2营固守荆蒲关，其余为攻击部队，限于17时部署完毕，17时30分开始行动。22时，第49旅第98团团长陈际春率领补充团第1营及该团余部攻占刘家沟、长生口阵地。第101团第1营于24时攻进井陉南关车站。同时，第102团第2营亦进至李家河西。正当第17师攻击部队进展顺利之际，不意雪花山阵地被日军一部攻占。赵寿山师长立即增调攻击部队向雪花山反击。鏖战至拂晓，第17师伤亡逾千，阵地仍未恢复。赵师长乃率残部向乏驴岭撤退。他将残部约1000人编为7个营，在乏驴岭、北峪、荆蒲关一带守备。经查，第102团团长张世俊、第1营营长魏炳高由于指挥疏忽，贻误战机，丢失雪花山阵地，影响了整个战局，赵师长依战时军律，将张、魏二人就地正法。

日军两日来连续向第30师张金照部进攻，均未获进展。13日上午，日军大部南移，仅留小部于原地与第30师对峙。

当旧关、雪花山战况紧急之时，黄绍竑令第3军军长曾万钟主力向右转移，策应第17师作战；令第12师唐淮源率部由南、北障城向大、小梁家前进，经新关驰赴旧关；第 7 师（曾万钟兼师长）第 19 旅李世龙部进驻西青村、骆驼坛，为机动部队；第 21 旅沈元镇部仍占领九龙关、白城口、雁过口阵地拒止日军；第 3 军军部进驻马山村。13 日夜，第 35 旅及补充团到达新关；当日奉命在该地以东、以北地区设防的第 169 师此时也已在指定地区部署完毕。

（三）旧关反击战

1. 第一次反击

10 月 14 日，阎锡山根据娘子关附近的地形和正面日军的情况变更部署：第 3 军派 3 个团在九龙关、北孤台之线设防，其余在旧关西南集结，歼灭旧关之敌；第 94 师及第 177 师之第 529 旅占领黑山关、龙泉关一带阵地；第 26 路军（第 1 军团）派 1 个团扼守六岭关；第 27 师在娘子关集结，并以重兵进占葛丹阵地；第 30 师以 1 个旅进占桃林坪、小枣之线阵地；第 31 师速由阳泉至程家铺，为预备队。

当天 10 时，阎锡山复致电五台山第 18 集团军总司令朱德：着令在开进中的第 129 师（欠 10 个团）师长刘伯承率部迅速开赴阳泉，归副司令长官黄绍竑指挥。

14 日拂晓，孙连仲根据 13 日晚在苇泽关视察时得知的当面情况，命令第 27 师第 79 旅第 157 团向旧关日军反击；第 80 旅的 1 个团向新关推进，支援旧关方面作战，另以 1 个团位置于苇泽关，由第 42 军军长冯安邦直接指挥。

为阻日军西进并威胁日军左侧背，第 27 师师长冯安邦（兼）曾于 13 日 16 时令该师第 80 旅第 160 团向旧关及其以南地区前进。当该团到达新关时，该地已由第 3 军补充团占领，冯安邦即令第 160 团返程家庄原防。因孙连仲的上述命令，冯安邦再令该团向新关推进，于 14 日拂晓前部署完毕。第 79 旅旅长黄樵松当即命令第 158 团以第 1 营守备地都阵地，主力于 14 日拂晓由苇泽关向核桃园攻击。第 157 团派 1 个营于 14 日拂晓向大、小龙窝日军攻击。该营进展至与第 158 团会合后，即受第 158 团团长杨守道指挥，协力歼灭大、小龙窝至核桃园的日军。

当第 12 师第 35 旅及补充团在 13 日夜到达新关时，旧关日军（约 1000 余人，附炮 6—7 门）对新关发动攻击。第 35 旅官兵将其击退。14 日，日军再攻甘桃驿。第 35 旅奋勇反击。日军退据旧关东南高地。第 27 师出击部队曾一度袭占核桃园及大、小龙窝，但被日军击退。由旧关侵入关沟的日军千余人，于 9 时

图 3-5-4　娘子关作战·第一次旧关反击战经过要图
(1937 年 10 月 14 日—15 日)

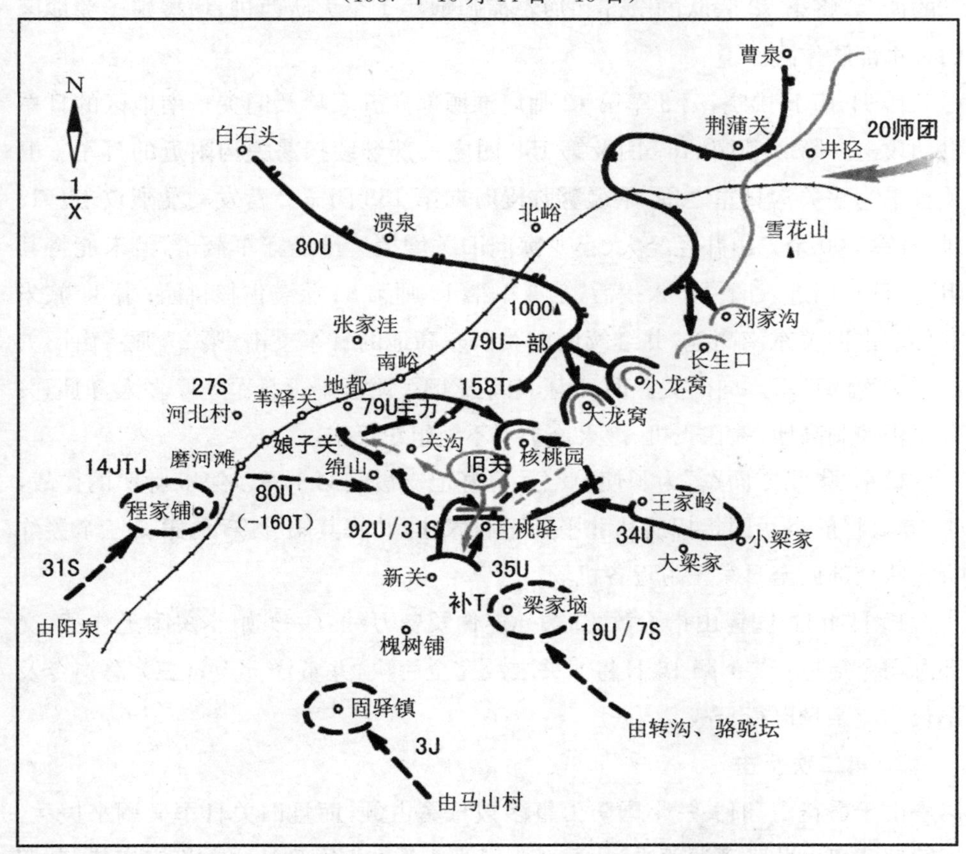

与地都守军发生战斗。此时，第 158 团杨守道团长决心以其第 3 营侧击关沟日军，以第 2 营向旧关日军压迫，并以火力截断旧关至关沟的交通。黄樵松亦令第 157 团的 1 个营在地都东南地区堵截逃敌。经两个多小时的围歼战斗，关沟日军大部被歼，残余日军多散伏于山崖草莽间。

15 时，旧关日军一部为解关沟日军之围，在炮火掩护下向第 158 团第 2 营阵地猛攻；第 2 营予以反击，使日军仍退回旧关。

在 12 日经洪子店西进的日军于 14 日在六岭关附近与第 44 旅遭遇，激战 4 小时后日军向东败退。第 44 旅进占六岭关后即与第 18 集团军在夏口及洪子店一带的部队取得联络。至此，守军右侧的威胁被解除。

日军第 20 师团第 39 旅团旅团长高木义人鉴于第 77 联队虽然攻占了雪花山与旧关，但在作战中部队受到很大损失，而且在旧关方面陷于苦战中，便于 14

日夜间派第78联队的步兵1个大队、山炮兵1个中队增援；旋又奉第1军司令官的命令，将第78联队的全部和加农榴弹炮兵1个大队西进，增援娘子关地区的日军部队作战。

10月15日拂晓，第3军第12师唐淮源部向五家岭及旧关东南地区的日军发动攻击。第27师第157团及第158团之一部继续扫荡关沟附近的日军。旧关日军为解关沟日军之围，乘晨雾弥漫时向第158团第2营发动猛烈攻击。15时，日军500余人由井陉经大、小龙窝向旧关增援。虽经守军截击，但未能将其阻止，日军仍进入旧关。入夜后，第3军第12师第34旅袭占核桃园；第35旅朱淮部攻占旧关东南高地，并继续向旧关以东高地的日军攻击；第27师将由旧关出援关沟的日军逐向旧关。两日内，守军于旧关附近歼灭日军500多人，但旧关日军仍控制高地，并在飞机、炮火掩护下不断组织反击。

日军"华北方面军"为了使航空兵更好地支援其第1军及第5师团的作战，于15日将航空兵团指挥所从北平迁至石家庄，并将其第5、第6、第9三个轰炸机大队全部调至石家庄附近各机场。

15日1时，阎锡山指示黄绍竑、孙连仲及曾万钟：(一)娘子关附近作战，交孙总司令指挥；(二)限16日将旧关之敌完全解决，并赏洋5万；(三)总司令及军长均应亲身严行督战。

2. 第二次反击

由于雪花山、旧关一带国防工事多被日军占领，而且旧关日军又调来援兵，后续部队仍由井陉源源西进，战局至为紧张。为在援军到达之前稳定态势，黄绍竑于15日19时下达命令：第3军为攻击主力，对旧关之敌攻击；第27师限今日(15日)将关沟之敌肃清，以主力在龙窝附近断敌后方联络，一部协同第3军会攻旧关；第27路军工兵营附辎重兵营、第17师、第21师第92旅(欠1个团)固守原阵地地都堵击敌人；第30师抽兵2个团，协同第17师坚守乏驴岭。

由于正太线上的战斗主要集中在旧关进行，所以日军增援的后续部队第78联队主力全部使用在旧关方面。15日夜，第78联队到达旧关地区，步兵第39旅团长高木义人进至井陉指挥作战。

16日拂晓，守军对旧关日军开始发动反击。日军也在炮火掩护下出击。双方激烈交战。昨夜袭占核桃园的第34旅，在日军猛烈炮火及日机连续轰炸下无法固守，被迫退回旧关东南高地。8时，第27师的第157团将关沟附近日军肃清。正午，日军将守军工兵营阵地突破。适奉命增援的第38军教导团赶到，与工兵营一起激战到 20 时，将突入的日军击退。双方激战终日，旧关仍在日军手中。当夜第 26 路军所辖第 30 师派队向井陉出击，亦未能奏效，于 17 日拂晓撤回。

3. 第三次反击

占领旧关的日军以其优势装备，利用守军原筑国防工事坚守。中国军队连日艰苦反击，但未能将其击退。为确保晋东门户、进出井陉、夺回石家庄、截断沿平汉路南下日军的退路，孙连仲决心击破当面之敌，再次组织向旧关反击。

16 日 20 时，根据黄绍竑的意图，孙连仲命第 3 军以一部封锁大小梁家、北洋沟、红土岭各要点，阻敌后续部队前进；命第 27 师以有力一部占领长生口及大、小龙窝附近，协同敌后的工兵营向旧关的日军反击。命各部队于 17 日拂晓开始反击，务求将敌包围歼灭。

图 3－5－5　娘子关作战・第二次旧关反击战经过要图
（1937 年 10 月 16 日）

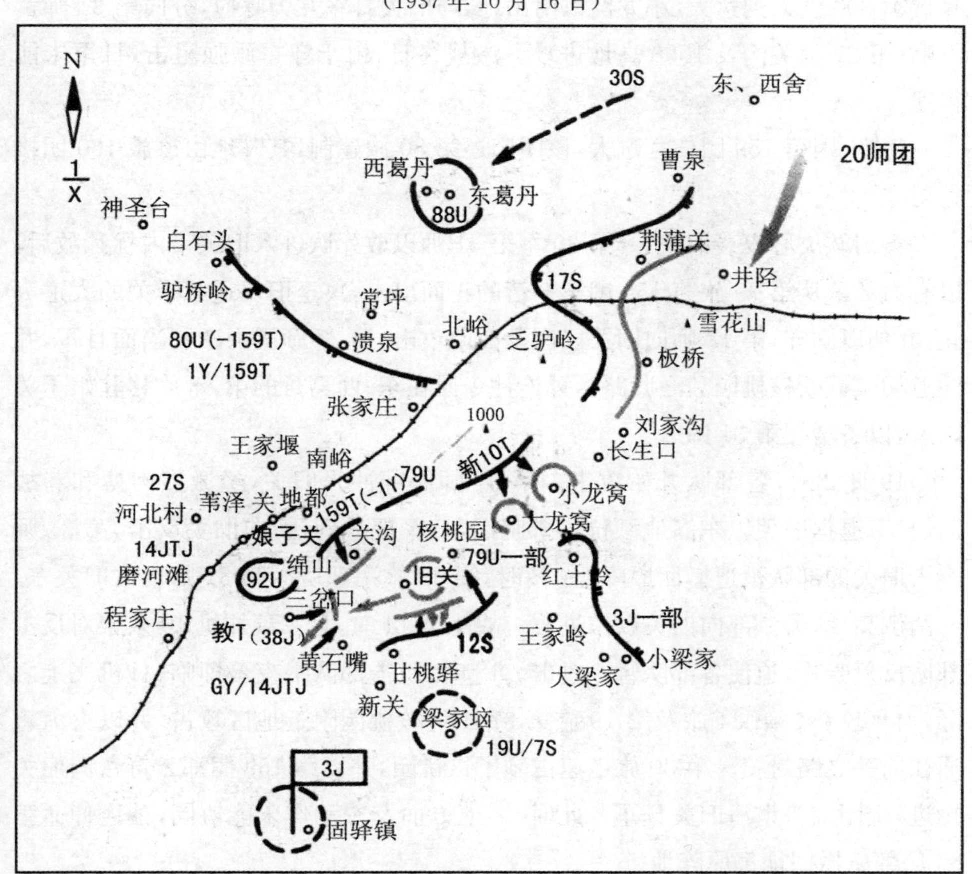

为策应各方面作战，孙连仲又令第 27 师第 30 旅第 160 团的主力集结于苇泽关附近，令第 31 师池峰城部集结于程家铺，为总预备队；令第 30 师主力转移东、西葛丹附近，第 42 军第 44 旅移阳泉待命。

10 月 17 日 2 时，第 38 军教导团首先向黄石嘴以西日军攻击，战斗约 1 小时后攻占日军阵地右翼，因日军顽抗，形成对峙。拂晓，第 3 军第 12 师第 35 旅从甘桃驿向旧关东南攻击，第 42 军第 27 师之一部向旧关之北攻击。9 时，日军凭借飞机支援，分向旧关以西及地都一带守军阵地进攻。双方激战至傍晚。入夜后，第 3 军第 34 旅及第 19 旅各 1 个团、第 35 旅之一部及第 27 师第 79 旅的 2 个连分向长生口、大小龙窝、核桃园及旧关一带袭击。激战竟夜，双方伤亡均甚重。守军无重大进展，于 18 日拂晓撤回。

18 日 2 时，第 31 师派 1 个团接替损失惨重的第 38 军教导团的阵地。拂晓，日援军 800 余人到达大、小龙窝以南山地，与旧关日军互为呼应，分向第 31 师黄石嘴、第 27 师关沟及 1000 高地进攻。激战终日，由于守军顽强阻击，日军未能得逞。

傍晚，因第 159 团伤亡过大，该团归还第 80 旅建制，其阵地由该旅 160 团接替防守。

黄绍竑决心夜袭旧关，令第 30 军第 31 师以敢死队进入旧关市内扰乱敌后，以有力部队从第 79 旅第 158 团第 2 营的正面出击，攻至旧关通苇泽关的大道为止，并加以固守；第 12 师向旧关以南及西南攻击；第 27 师竭力牵制当面日军，并注意切实截断核桃园敌之归路。孙连仲令原在东、西葛丹的第 88 旅移驻娘子关附近，以备增援第 31 师。

19 日 2 时，各部队开始攻击。第 31 师一部冲入旧关，经激烈肉搏和巷战后，日军退据旧关以东高地顽抗。拂晓后，日军援兵到达，向旧关反击，第 31 师突入旧关的部队被迫撤回原阵地。8 时，第 35 旅一部协同第 31 师攻占旧关东、西两侧高地，另一部向旧关以东进攻。战斗至 14 时，日军轰炸机 10 余架对反击部队反复轰炸，迫使各部队暂停攻击。18 时，反击部队乘夜幕即临、日机飞走之际，再兴攻势。第 34 旅及第 19 旅第 37 团将核桃园附近地区攻占，并以火力将通往旧关之路封锁。第 30 旅迅速占领了核桃园，并以第 159 团郑云奇营向旧关挺进，企图乘势肃清旧关日军。此时，因他方面友军动作未能协同，孙连仲命第 80 旅部队撤回地都原阵地。

第 17 师当面的日军自 13 日夜攻占雪花山后即转移兵力抵抗守军对旧关一

带的反击，仅有一部在雪花山一带与第 17 师乏驴岭守军对峙。日增援部队到达后，于 19 日 4 时向第 17 师阵地发动全面进攻。天明后，日军在轰炸机的援助下，攻击更加猛烈。激战到 13 时，乏驴岭守军官兵伤亡很大，南阵地被日军攻占。第 49 旅耿介志旅长率余部 50 多人退到北阵地，与该阵地守军协力战斗。15 时，荆蒲关阵地守军伤亡过重，只剩 30 余人，苦战到黄昏后，即向葛丹、常坪撤退。荆蒲关失守后，致使乏驴岭北阵地三面受敌。耿介志旅长在守军伤亡殆尽、弹药不继、援兵未至的情况下，不得已率余部 100 余人退到北峪、庄头附近，稍息后赴神灵台附近收容。

图 3-5-6　娘子关作战·第三次旧关反击战经过要图
（1937 年 10 月 17 日—19 日）

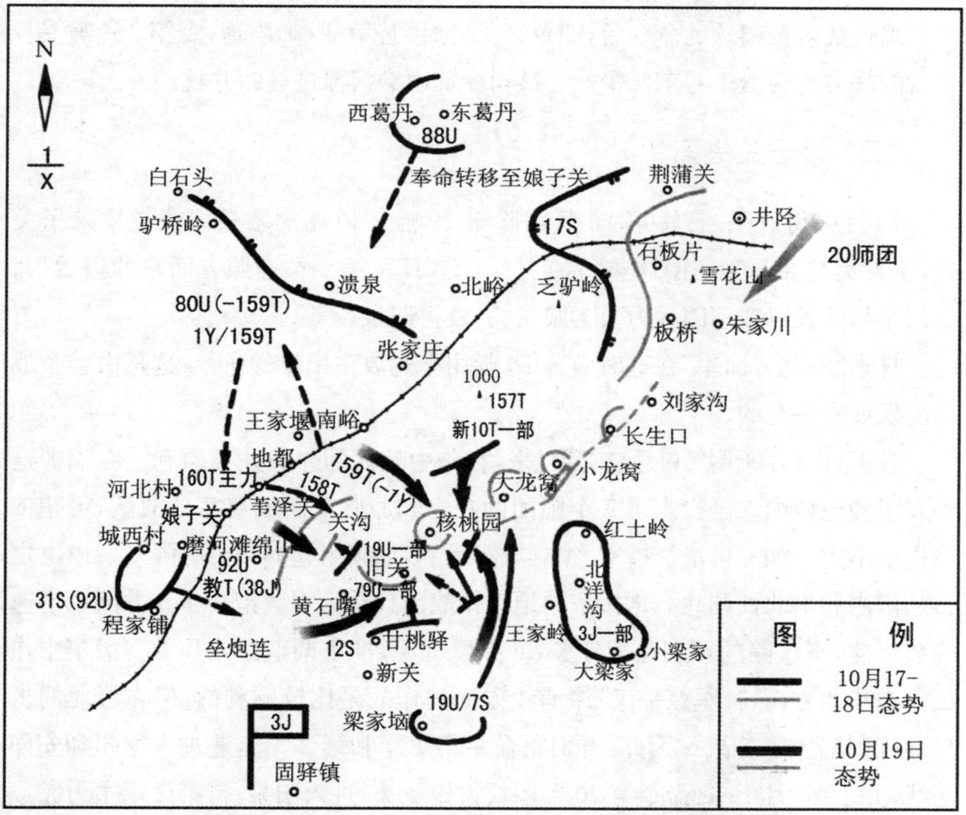

正当守军在旧关及乏驴岭一带与日军酣战之际，黄绍竑将部署作了调整：令第 26 路军（第 1 军团）、第 3 军、新编第 10 团归由孙连仲指挥，负责肃清旧关、核桃园、大小龙窝、长生口之敌及侧鱼镇一带之警戒任务；令第 17 师、第 38 军教导团及第 27 路军（14 军团）归由冯钦哉指挥，担负防守第 17 师现阵地与其以北亘

曹泉、胡寺、观音陀山之线，并注意洪子店方面的警戒；第30师交替完毕后，应集结于东、西葛丹附近，归还建制。

守军与敌连日交战，虽毙敌甚众，但日军援兵不断增加。守军伤亡减员5000余名。平汉铁路元氏方面日军大部虽已北撤，但其一部仍集结于百家庄附近，显有从正太路西进的企图。守军兵力已全数使用，无另外的控制部队，黄绍竑遂令第44旅即由阳泉向娘子关输送，到达娘子关以西的城西村附近集结待命。

19日14时，孙连仲接到黄绍竑的上述命令时乏驴岭已经失守，第17师已西撤。由于娘子关一带铁路线极为重要，孙连仲乃令第30师的第88旅连夜转向南峪、北峪一带阻敌西进。

冯钦哉接黄绍竑的命令后，即令第42师接替第30师阵地，令第169师留1个营的兵力于南冶里对东北警戒。其司令部由磨河滩进驻沙井村。

（四）娘子关失陷

10月中旬以来，日军第20师团除第39旅团以逐次增兵方法进攻娘子关外，主力集结在石家庄南休整。10月19日，日军第1军遵照方面军的指示，命令川岸师团长以全师团兵力攻击娘子关，攻占阳泉、平原。

日本“华北方面军”在这时向第20师团下达攻占阳泉的命令，这是由整个战局的发展所决定的。

日军自展开所谓“10月攻势”以来，在华中地区的作战并不顺利。在淞沪这一有限的地域内它已投入了5个师团的兵力和原驻上海的海军陆战队，可是依然进展不大。如不再增加援军，很难取得胜利，而新组建的兵力有限。所以决定再从国内和华北抽调兵力增援华中地区作战。日军大本营指示华北方面军迅速完成津浦、平汉路的预期作战任务，并夺取太原，准备调整部分兵力支援华中作战。在华北方面，日军在平汉、津浦线方面的作战是比较顺利的，但在晋北的忻口地区则陷入了苦战。因此，方面军命令第1军和第2军迅速进入德州和安阳一线，并于10月19日命令第20师团攻占娘子关，进入阳泉；待第1军主力完成平汉线方面的作战任务后，再抽调兵力投入正太线，以便配合晋北日军会攻太原。

10月20日，川岸师团长下达作战命令：师团决定分两个纵队向阳泉发动进攻，右纵队为步兵第39旅团，指挥野炮兵联队（欠第1大队）、山炮兵联队第1大队、加农炮兵大队(欠第 1 中队)、迫击炮兵 2 个中队,继续由娘子关正面攻击守军;左纵队为步兵第 40 旅团,指挥野炮兵第 1 大队、迫击炮 1 个中队,沿微水镇、侧鱼镇、石门口大道前进,进入右纵队正面的敌人背后,其余部队集结于井陉附近。师团部位于井陉。整个师团的行动从 21 日开始。

10 月 21 日,日军第 20 师团除原在攻击位置的第 39 旅团重新调整部署准备再次发动攻击外,师团主力从石家庄地区向西推进。川岸率师团直属队进到井陉指挥作战。

日军第 39 旅团一部于前 1 日(20 日)在飞机掩护下,向北峪、核桃园、大小龙窝及地都一带阵地进攻。经反复争夺,守军第 30 师及第 27 师伤亡惨重,阵地多被突破,仅固守阵地内的高地。

10 月 21 日,日军第 20 师团右纵队对娘子关守军正面继续发动攻击。占领北峪东北高地的日军继续向第 30 师第 88 旅阵地进攻,经战斗后,该旅退至张家洼、溃泉、驴桥岭之线。第 30 师师长张金照即令工兵营及第 89 旅派 1 个营协同第 88 旅守备。其他各部均有战斗,但双方均无进展。为挽回战局、歼灭入侵日军,孙连仲于 15 时下达向当面日军袭击的命令:第 3 军袭击旧关东南高地之敌并占领之;第 31 师袭击旧关及其西方高地之敌并占领之;第 27 师除袭 1000 高地附近之敌外,须与大、小龙窝友军切取联络,并占领核桃园;第 30 师袭击北峪、东西葛丹之敌,并占领之。

21 日夜,各部队遵令行动。战斗终夜,无大进展。第 27 师因正面日军大量增加,没有发动攻击。

22 日晨,日军陆、空军协同向第 27 师 1000 高地及第 30 师溃泉阵地展开猛烈进攻。第 30 师于 21 日出袭的第 178 团于 22 日 8 时被日军包围于北峪。该团苦战突围,绕左翼退回。同时,日军又将第 30 师溃泉阵地突破。该师力阻,加上第 169 师第 505 旅于常坪附近侧击,到 12 时,将该日军逐回北峪附近。

第 27 师第 79 旅及新编第 10 团已伤亡营以下官兵 600 余名,该旅旅长黄樵松遂令各团余部撤守地都附近阵地。日军继向第 3 军及第 31 师正面猛攻,被守军力战拒止。

因日军连日进攻,守军奋力御敌,伤亡惨重,并侦悉日军又增兵 400 余人(附炮 12 门),由东、西葛丹向守军左翼运动,有威胁守军侧背企图。同日 15 时 30 分,黄绍竑令第 26 路军即日缩短战线,占领绵山顶至苇泽关一带阵地,阻敌西进。孙连仲总司令接到黄副长官的电话命令后,于 20 时开始向神仙洞、绵山顶、苇泽关1853高地、宋家岩底之线变换阵地，并于22时致电阎锡山，告知第2集团军自房山、琉璃河起，累经激战，从未休息整补；西移娘子关后连战10余日，伤亡甚重，所存兵力不满6000名，阵地绵亘50余市里，兵力至感单薄，如任何一点被敌突破，即无法应付，请速调生力军增援。时正值从四川调来的第22集团军邓锡侯部刚到太原，阎锡山遂令该部第41军军长孙震率该军由正太路输送至阳泉，归黄绍竑指挥。

日军在右纵队继续攻击娘子关正面守军阵地的同时，其左纵队于21日由横口车站南下，22日晚大部到达南、北障城，一部进抵侧鱼镇。增援娘子关的第18集团军第129师刘伯承部，此时已由阳泉向垣村、马山村地区前进中。该师第386旅陈赓部的第778团袭击了日军第40旅团的侧翼部队，使其行动迟缓；23日晨，又在石门口阻击，歼灭日军200余人。长生口、旧关间的日军在空军的支援下向红土岭迄甘桃驿以东第3军曾万钟部阵地攻击。守军英勇抵抗。入夜后，第3军向大、小龙窝及核桃园南端高地一带的日军发动全线出击，给日军以杀伤。第3军经一昼夜战斗，伤团长1员，士兵伤亡约600名。

24日晨，日军在飞机支援下，向守军正面及右翼阵地发动全线攻击。右翼第3军红土岭及其以西阵地上战斗激烈。该军第7师第19旅阵地曾一度动摇，经独立团增援奋战，遏止了日军的攻势。又由于第129师第386旅在马山村、罗鼓寨对日军进行了袭击和伏击，歼敌100余人，日军的进攻势头更被减弱。此时，转隶孙连仲指挥的第41军第122师的第364旅已到达阳泉，奉命增加到右翼，在七家峪、马山村一带占领阵地；第122师的第366旅亦将于次日7时前到达东回镇，增强右翼的防御。日军对正面第26路军的阵地多次进攻，均被击退。

由于右翼阵地增加了第122师，侧翼又有第129师，因此正面第26路军多次击退日军的进攻。左翼第27路军方面，自20日以来除第7军第42师神仙洞附近的阵地常遭日军炮击外，并未发生战斗，所以黄绍竑认为娘子关防线已趋于稳定，乃于25日电令第27路军开赴忻口作战，遗防由第26路军派一部兵力警戒。

正当右翼部队调整换防、左翼防守兵力减少之际，日军于25日发动猛攻。第364旅向马山村前进途中，在观山村遭到日军袭击。该旅被迫退至槐树岭迄胡家峪之线防守。第3军阵地被日军突破，一部日军侵入至第3军军部所在地固驿镇附近，经独立团拼死抵抗，暂时遏止住日军的攻势。黄绍竑令第122师1个团和第3军一部夹击突入的日军，但未能奏效，第3军右翼的第7师阵地反而被日军突破,该师被迫转移至1314高地迄梁家垴之线。

26日,日军继续向守军阵地猛攻。第129师第386旅旅长陈赓率其第772团在日军后方的七亘村设伏,击毙日军补给部队300余人,缴获骡马300余匹及大量军用物资,但未能阻止日军的进攻势头。当日拂晓时,日军第40旅团已进至娘子关、新关侧后的柏木井附近,严重威胁娘子关。黄绍竑在得到阎锡山的同意后,下令守军主力后撤至巨城镇、移穰镇一线,并令转赴忻口增援的第14军留置3个团于巨城镇至东南上、下盘石间,以阻止由娘子关西进的日军,娘子关仅由第26路军所留少数兵力防守。日军乘势进攻,当日占领了娘子关。

(五)正太线守军溃退

日军占领娘子关后,第1军司令官香月清司立即命令第20师团发动追击,乘胜进入太原平原。香月考虑到第20师团连日作战,已经受到很大损失,发动追击后,如无后续部队跟进,恐陷入危险境地。所以,他又命令以第109师团步兵第31旅团(欠1个联队)和山炮兵大队、工兵中队为基干组成的昔阳支队,列入第20师团,加入正太路方面的作战;另将配属予第1军的第109师团进到元氏集结;后又增加第108师团,增派了榴弹炮兵1个联队、加农炮兵1个大队、迫击炮兵2个中队、工兵(架桥)1个中队,使用于太原方面。

第20师团师团长川岸文三郎遵照军司令官的命令,将右纵队改为右追击队,令其向阳泉、平定追击;将左纵队改为左追击队,令其经柏井驿向平定追击。师团本队经新关向平定前进。

27日,日军左追击队主力继续西侵,先头已到达桥头村;右追击队当夜攻击防守巨城镇的第17师,攻占该镇。另一部日军由娘子关沿正太路进逼移穰镇。经激战后,该镇亦告失陷。28日,占领移穰镇的日军向守军左翼乱柳村一带阵地猛攻,桥头村日军则向第30师上庄阵地进攻。经过约5小时的激战,守军全线阵地均被日军突破。守军只有残余400余人西撤。此时,军事委员会为解除晋东危急,令第一战区抽出兵力,立即向石家庄、娘子关迂回进击。但因不能及时行动,29日只好改令孙连仲部在寿阳以东地区占领阵地,以阻击日军西进。当时,川军孙震部已失联系;第26路军所余兵力仅有五六千人孤军苦战,其第27师有1个营仅余士兵6人,都未脱离战场。当日日军攻占平定。日军飞机、炮火占绝对优势,连日激战中守军奋力拼搏,伤亡很大。

31日,日军的昔阳支队由九龙关进占东冶头。11月1日,进到西周壁及南北界都一带，与第129师第386旅对峙。第129师师长刘伯承令第380旅旅长陈赓以一部于张庄镇对平定警戒，同时向东迂回至敌后实行袭击。11月2日，日军昔阳支队分为两路前进，一路向昔阳，一路向西南绕凤居镇向昔阳迂回。第129师主力于昔阳以东黄崖底地区设伏阻敌西进，击退日军3次进攻，毙伤日军第109师团第136联队300余人。守军原拟集结兵力由平定西南向北侧击敌人的计划因形势变化未能实施。

沿正太路西进的日军右追击队在10余架轰炸机的配合下，于31日10时向守军狼峪、簸箕掌一带阵地发动攻击。第27师第30旅的第159团及工兵营、辎重连正面阻击，第160团从狼峪以南向日军侧击。经该旅两个团的协力作战，将日军击退。16时，日军复以优势兵力进攻南落村及郭家庄阵地。入夜后，第30军逐次向西北转移，第3军向桦塔镇转移。20时，正太路南侧日军一部乘隙绕至张净镇，使第42军前后被夹击。黄绍竑即令第7军第109师驰援。该师尚未到达，第42军即被击溃。其第27师突出重围后奉命经大东庄向太原转移，其第44旅向芹泉镇以西转移。同时，在河底镇的第17师及甲鱼沟的第42师先后接到冯钦哉的命令，向太原转移。

11月1日零时30分，蒋介石以急电令第一战区程潜着汤恩伯速率所部参加晋东方面作战，攻击该敌侧背。汤恩伯率第13军立即经林县、辽县、和顺、昔阳向平定前进，准备攻击日军之侧背。

黄绍竑于11月1日移驻太安驿，令第26路军占领正太路附近各高地，阻敌西进，令第30师（仅剩300多人）及河北保安队固守寿阳城；并令第22集团军在上下龙泉镇、松塔镇一带占领阵地，拒敌西进。孙连仲奉命后即令第42军迅速收容，在寿阳以东、铁路以北占领阵地；第31军驰援马首村，协同第3军之一部占领侧面阵地；第30师附河北保安队2个连在寿阳城附近占领阵地，固守寿阳城。

11月2日拂晓，第30军第30师张金照部占领寿阳东方高地。该师以一部准备部署寿阳城防，被派出的部队刚至南门即遭日军夹击。同时，寿阳正面及马首村阵地均受日军的攻击。第30师、第31师及第3军之一部与日军激战后，分向卢家庄地区转移，于是寿阳城失守。第22集团军总司令邓锡侯感到上龙泉阵地孤立，若孙连仲所部被突破，则该集团军有被包围之虞，遂令第41军留置一部于上龙泉镇与日军保持接触，主力转移至铜官铺、下龙泉之线占领阵地。第7军第169师于当日奉命向太原转移。

当守军各部队于10月20日由娘子关转进时，第3军军长曾万钟因未接到命令，致该军被敌截断退路，次日方分途突围。该军第12师第34旅马昆部经正太路以北绕至寿阳，于11月2日协同第26路军作战；第35旅朱淮部经柏井驿、西回村南绕和顺至松塔镇，到11月2日协同第7师的2个团在松塔镇及东刘义、西刘义地区占领阵地。

11月2日，沿正太路西进的日军约2个联队已到达寿阳。3日，黄绍竑令当面各守军向太原转移。同时，阎锡山致电第18集团军总司令朱德，令该集团军以主力牵制晋东日军，破坏交通，迟滞日军西进，掩护战区部队作防守太原的部署。

当11月3日正太路正面部队开始转进之际，第22集团军始悉寿阳失守，其第41军尚在下龙泉、松塔镇、白云村一带；到4日晨，方知第26路军及第3军又向太原转移。孙震遂于9时令第45军第127师在长凝镇占领阵地，第41军第124师在阔郊镇占领阵地；令第41军第122师取捷径至阔郊镇西约10公里的立沟集结待命。当第22集团军各部移动之际，由昔阳向西进犯的日军先头部队进至松塔镇东南地区，并立即向第122师第364旅第727团阵地发动攻击。至11时，自芹泉镇南进的日军亦向第727团松塔镇东北地区阵地攻击。激战至13时，守军方脱离战斗，经白云村随主力向立沟转移。16时，孙震才接到黄绍竑关于3日12时转进的命令，即令第45军第127师第381旅旅长杨宗礼派1个营到西洛镇收容并阻日军西进，令其余部队向太原方面转移。当部队行进到榆次西北地区时，遭到日军阻击，除第127师师部及第379旅第757团进入北营阵地外，其余均被阻遏。6日晚，孙震乃令各部队向太常镇集结收容。

（六）作战简析

在太原会战时，第二战区对日军主攻的晋北方面所作的部署及时而周详。但对晋东方面，则认为国民政府已经确定为主战场的第一战区在石家庄防守，侧方的安全可以保障；即使石家庄失守，有第一战区的部队沿平汉路节节抵抗，对山西也不致突然发生威胁，因而对战略要地的娘子关地区没有部署兵力。战略全局上的不周密导致如下结果：由于第一战区在石家庄作战的失败和沿平汉路南撤过于迅速，更由于日军早在进攻石家庄时已部署了一部兵力沿正太路西进以策应晋北第5师团的作战，当第27路军冯钦哉部及第3军曾万钟等部受命在井陉、娘子关组织防御时，日军跟踪而至，守军在仓促进入阵地、立足未稳之际即遭到日军的攻击。更由于第27路军和第3军战斗力均不甚强，且阵地正面过宽，兵力薄弱，工事设备不足，致重要阵地旧关、雪花山迅速失守，这对以后的作战，影响至巨。

第26路军孙连仲部经过涿县作战，损失较大，尚未得到补充，兵力不足万人，又在娘子关作战中英勇奋战，坚守要隘10余日，使日军不得不逐次增加兵力：10月19日日军第1军令第20师团全力转向正太线，21日华北方面军又将第109师团转隶第1军加入正太线作战，接着又将第108师团转用于正太路。日军"华北方面军"的主要作战方向，因娘子关守军有力的战斗，由预定的沿平汉路南下被引向山西方面。从战略角度看，使日军改变作战方向对抗日大局是比较有利的。但在娘子关阵地的编成上缺乏一定的防御纵深，既没有第二、第三线阵地，又没有控置必需的机动部队，当日军迂回至娘子关侧后，守军仓促放弃娘子关主阵地后无法组成有效的第二、三防线进行逐次抵抗，以迟滞日军的进攻，反而形成溃退的被动局面，致日军得以于10月29日占领平定，30日占领阳泉，11月2日占领昔阳，影响了太原的防御部署。

在娘子关防线处于危急的10月中、下旬，第18集团军协同正面守军在敌后展开积极、广泛的袭击战，使日军左翼迂回纵队第40旅团屡遭打击、进展缓慢，与其正面进攻的右翼纵队第39旅团不能密切配合。这也是正面守军得以坚守10余日的重要因素之一。特别是在正面守军仓皇向太原撤退的11月上旬，第18集团军对追击西进的日军连续进行袭击、伏击，仅11月4日在昔阳以西广阳的一次伏击战中就歼灭日军第20师团1000余人，缴获骡马700余匹和大批军用物资；11月7日，又在广阳以东的封村设伏，毙伤日军250余人。连续不断的袭击和伏击，一定程度上打击了日军的骄狂气焰，使其不敢从此路西进，只得绕道上、下龙泉西进，从而迟滞了日军的追击行动，有力地支援了沿正太路两侧向太原撤退的中国军队。

四、太原陷落

（一）中日两军太原作战计划

娘子关方面守军的溃退，使日军沿正太路两侧迅速逼近太原，太原形势顿转严峻。阎锡山于11月1日令忻口方面的守军向菜水坞、青龙镇、天门关一线转移，协助防守太原。阎曾向蒋介石致电，陈述其决定撤军的理由："我东路军黄部退至寿阳以东附近地区后，连日被敌猛攻，仍不能支持，不得不准其逐次向西撤退。在此千钧一发时机，若不速令西路军卫部向南转进，一旦敌突至阳曲城下，不特该城防部队陷于孤立、难以固守，即卫部后方亦感莫大胁迫，攻守两难。为策万全计，已拟以依城野战之目的，令卫部于今(2日)晚向菜水坞、青龙镇、天门关之线转进，占领阵地，与敌决战。"〔18〕

11月2日晚，忻口方面的守军开始南撤。3日，第二战区制定了保卫太原城的作战计划。其内容为：〔19〕

1. 方针

本会战(旨)在利用太原四周既设阵地线，实行依城野战，以阻敌前进，消灭其兵力，待我后续兵团到达，再施行反攻夹击而聚歼之。

2. 指导要领

(1) 在殷家堡、西吴村、大吴村、黄陵村、北营、村窑子上、赵家坡、张河村、店儿上、菜水坞、横岭上、常峪村、西黄水、青龙镇、周家山既设阵地线上，竭力加固工事，尤其对南北铁路正面及周家山方面，更应坚固编成之。

(2) 如因北面作战影响，敌由黄寨镇方面向南进攻时，拟定作战要领如左(下)：

① 本阵地以持久防御之目的，在(于)阻绝敌之前进，逐渐消灭其力量，以待后续兵团之到达。

② 主战斗正面，东由小岗头，西至周家山，长约15公里，须以步兵2万、山炮兵2团、野炮兵1营、骑兵4连守备之。

③ 兵力部署，以主力配备铁道正面，以强有力之一部配置于周家山，以预备队分置于青龙镇、周家山后方地区。

④ 敌情判断——敌将以主力沿公路南攻，以强有力之一部攻周家山，以协助其主力之攻击。

⑤ 指导要领

甲，此阵地以持久战为主，为达成持久战之任务，各地区队应相机逆袭敌人，以消耗其兵力。

乙，后续兵团到达后，就应由思西村(周家山西北)地区出击，以期在黄寨附近地区包围敌军而击破之。

丙，在会沟至青龙镇东北地区，构成浓密之火网。

(3) 如因东路军作战影响，敌人由正太路方面沿铁路进攻太原时，拟定作战要领如左：

① 在殷家堡、黄陵村、北营、东西砖井之线，右翼依靠汾河，左翼依靠山地，竭力阻绝敌之前进，以待后续兵团到达而夹击之。

② 主战斗正面由殷家堡至赵家坡，长约16公里，须以步兵二万五千、山炮一团、野炮兵二营、骑兵二连守备之。

③ 兵力部署，以主力配备于铁道正面，以强有力之一部配备于赵家坡、河口村附近，以预备队分置于许坛村、五龙沟附近地区。

④ 敌情判断——敌将以主力向河口附近进攻，以有力之一部沿铁道进攻，以协助其主力之攻击。

⑤ 指导要领

甲，此阵地以持久战为主，为达成持久战之任务，各地区队应相机袭击敌人，以消耗其兵力。

乙，俟汤兵团大部到达子洪口附近时，主力应由砖井村附近出击，包围敌军而聚歼之。

(4) 为巩固北正面计，在风阁梁、欢咀村、郭家窑、陈家窑、拦岗村、岗北村构筑内部防御线，以期达到持久战之目的。

(5) 将太原城编成复廓要塞，以资作最后之战斗。

(6) 敌如由正太及黄寨两面同时进攻时，应在主战斗线东西以配备少数部队掩护侧背，其战斗计划临时再按情况拟定之。

3. 战斗前敌我态势(略)

4. 兵团部署

(1) 着第35军(第211旅、第218旅)，独立第1旅，第213旅，新编第3、第8、第9各团，第73师之一旅，及炮23团刘团长(倚衡)指挥之炮21团、炮22团(欠第2营营部及第3、6连)、炮25团第1营、炮垒大队，并由忻口开拔中之第71师，独立第7、第8旅等部，统归傅总司令(作义)指挥，布置太原城防。

(2) 以黄副司令长官指挥之各部，在北营、赵家坡、张河村、刘家河及孟家井、上庄一带占领既设阵地；以卫总司令(立煌)指挥之各部队，在菜水坞、青龙镇、天门关一带占领既设阵地，统归卫总司令指挥，在太原附近准备依城野战。

(3) 以达到黎城东阳关之汤恩伯军向榆次附近推进，俟敌攻太原时，在太原附近部队夹击而歼灭之。

(4) 太原近郊并城周重要工事，由新编第 6 旅、独立第 1 旅之步兵一部及骑兵连担任警戒。

3 日，阎锡山任命卫立煌为第二战区前敌总司令。除第 6 集团军和第 18 集团军外，战区部队全归卫指挥。

为作战指挥便利，阎锡山将第二战区各部队的隶属关系作了如下调整：

“1. 第 3 军编入第 2 集团军；

“2. 第 27 路(第 14 军团)、第 15 军、第 17 军、第 94 师编入第 14 集团军；

“3. 第 22 集团军所属仍旧；

“4. 新编第 2 师编入第 18 集团军；

“5. 晋绥军留太原之部队编入第 7 集团军；

“6. 其余晋军编入第 6 集团军；

“7. 骑兵军为一个单位；

“8. 炮兵除配属各部队者外，均归炮兵副司令刘振蘅统一指挥。”

4 日下午，阎锡山在太原召开军事会议，卫立煌、黄绍竑、孙连仲等参加。阎锡山计划以忻口方面退下来的部队据守太原北郊既设工事，并派一部守汾河西岸高山的工事；以娘子关撤退的孙连仲部据守太原以东的高山既设工事；以傅作义部死守太原城，并任命傅作义为太原守备司令。第二战区长官部指挥所移驻交城。

黄绍竑在会上提出不同意见。他认为忻口和娘子关两方面的部队正在败退，恐怕在还没有占领阵地的时候就被敌人压迫到太原城边来。原有的国防工事并不可靠，万一那些部队站不住脚，被敌人压迫下来，前方、后方许多人马都混杂在像锅底的太原城区，其后果不堪设想。黄还认为，太原城固然不宜轻易放弃，但也不应以野战来支持守城，而应以守城来支持野战部队的休息整顿。即使守城部队都作了牺牲，以换取大多数野战部队休息整顿的时间，也是值得的。他主张将娘子关方面的部队(能掌握的只有孙连仲部和一些续到的川军)撤至寿阳县铁路以南和榆次县以东的山地收容整理，并与第 18 集团军联络，从敌人侧后予以袭击；日军如向南进攻，则沿同蒲路东侧山地逐步撤向太谷、平遥。忻口方面的部队，除派一小部守北郊既设工事警戒外（必要时撤到汾河以西），其余皆撤到汾河以西的高山地区整顿，并监视敌人，必要时侧击敌军。这样布置，从忻口、娘子关撤退下来的部队既可休整，也可牵制敌人攻击太原城，太原城内部队也可支援城外部队。

卫立煌和孙连仲赞同黄绍竑的意见。但阎锡山说，军队已经行动，无法改变。会议后，阎锡山即离开太原赴交城。

6日，卫立煌下达了暂避决战、固守太原、主力南撤、待机回歼日军的作战计划。其主要内容如下：

1. 为暂避与敌决战，以一部固守太原城，主力即向太谷、交城之线整顿补充，待机回歼深入晋中之敌。

2. 各部队行动：

(1) 北路军

① 右兵团：第15军、第17军仍占领东城角村、吴家堡以东沿河之线，掩护主力通过后，再沿公路向交城以南转进。

② 中央兵团：经古交镇向交城以北地区转移。

③ 左兵团：除以第68师（即独立第8旅）、第71师、独立第7旅，由第71师郭宗汾师长区处，逐次进入太原城归傅总司令指挥外，其余部队即向交城转移，并在交城以东占领阵地，对东警戒。

④ 炮兵团：即赴交城外，其余晋绥军炮兵，仍按原序列行动之。

⑤ 总预备队：按第85师、独立第5旅、第177师之第529旅顺序，由第85师师长陈铁指挥，立即向交城以西地区转进。

(2) 东路军

① 第2集团军除以第27师在小店镇附近掩护北路军主力向西南转移后与第15军同时撤退外，其余即沿徐沟向太谷转移。

② 第27路军（即第14军团）附第19军，即由傅总司令核定入太原守备，由现地折东北方向，伺隙绕向太谷、交城间转移，与第2集团军联络。

③ 第22集团军，俟取得联络后，另行规定。

这个作战计划的下达，实际上改变了阎锡山“依城野战”的作战方针，而使守卫太原城的部队成为孤军独战，极大地增加了守城的困难。

日军“华北方面军”于11月3日命令第5师团归第1军司令官统一指挥攻

占太原。4 日，第 1 军司令官香月清司命令第 5 师团继续攻占太原，并以一部向汾阳附近追击；命令第 20 师团在昔阳支队占领榆次后，以一部全力攻占榆次西北地区，师团主力进到榆次后向介休追击；命令第 109 师团循昔阳支队前进路线向榆次前进。

（二）作战经过

第 7 集团军总司令傅作义兼任太原守备司令，指挥第 35 军的第 211 旅、第 218 旅、独立第 1 旅、第 213 旅、新编第 3 团、第 8 团、第 9 团、炮兵第 23 团并附炮兵第 21 团、炮兵第 22 团（欠第 2 营及第 3、第 6 两连）、炮兵第 25 团第 1 营、炮垒大队（统由炮 22 团团长刘倚衡指挥）。由忻口后撤的第 71 师，独立第 7 旅、第 8 旅也拨归傅作义指挥，担任防守太原的任务。当即部署城防为三道防线。第一道在城外，属前进阵地性质，利用既设永久和半永久工事坚决固守；第二道以防守城墙为主，利用永久工事，筑成复廓阵地并注意侧方火力点，编成火网，使无死角为敌利用，要求歼敌于城外；第三道防线为市区内各要点，能形成的复廓的，加筑外壕，形成无数的纵横交错的阵地，相互联系、支援，以阻止、歼灭侵入市区之敌。傅作义原早已内定为太原城防指挥官，故城防计划多采用其意见，并由其监督实施。只是由于战况发展迅速，不少工事尚未完工；且原定防守太原的部队大都增援晋北，忻口地区放弃后，在日军追击下仓促各就部署。兵力既已残缺不整，部署亦未完全就绪。

以第 35 军为主的太原守城部队先后于 11 月 4 日、5 日进入城内。傅作义下令封闭城门、构筑与加强城防工事，并部署了守城兵力：以第 35 军第 211、218 旅和正太护路军 1 个团守备东、北两面城墙，以独立第 1 旅守备西城，以第 213 旅守备南城，将炮兵大部分配给守城各旅，将未分配守城任务的部队编为预备队；并以第 35 军副军长曾延毅为太原城戒严司令，负责维持城内秩序。

进攻太原的日军，这时从东、北两个方向紧追撤退的中国军队。东线日军先头部队于 11 月 4 日已进至太原城东南约 17 公里的鸣谦镇，并占领了榆次，一部向介休方向追击。北线日军也于 4 日越过石岭关向南追击。5 日，东、北两线追击的日军已逼近太原城郊，并开始对太原守军发动进攻。在北郊派出的守军警戒部队迅速退入城内。日军第 5 师团所部当即占领了城东北的厚堂村、黄国梁坟和兵工厂。从城南郊攻击的日军第 20 师团所部在鸣李村附近与正在奉令北上的中国第 22 集团军第 41 军后续部队遭遇，发生战斗。尔后日军攻占了小店镇,与位于吴家堡一带的守军第 14 集团军所部隔汾河对战。日军第 20 师团并以一部兵力由榆次经同蒲路南进追击撤退的中国军队。此时,由忻口前线撤退下来的划归守城部队的第 71 师和独立第 7、第 8 旅到达彭村、西充地区,并准备入城。因日军攻击甚烈,通路被阻,仅独立第 8 旅的 1 个营渡过汾河进入城内,其余均沿汾河西岸南撤。

7 日晨,由晋东西进的日军第 109 师团第 31 旅团的先头部队进至太原城南约 15 公里的小店镇,一部进抵双塔寺,与城东的第 20 师团会合。此刻城西汾河各桥均被敌占领,太原城遂完全陷于被包围状态。同时,东、北两面敌以步、炮联合向城垣猛扑,日机不断向城内轰炸。守军城外部队受日军压迫,战斗至黄昏后撤入城内据守。城垣炮垒队的炮位多被日军炮火制压或轰毁。20 时,日军炮击更烈,市民四逃,警察、守仓库士兵以及通信机关人员多放弃职守,逃散一空。电话随修随断,消息梗阻。形势至为险恶。傅作义巡视各地,一面鼓励士气,一面策划方略,人心始稍稳定。惟守军伤亡很大,此时所剩兵力仅第 35 军 7 个营、新编第 3 团 4 个连,战斗官兵共计 2000 余人。

8 日晨,担任攻城的日军第 5 师团将步、炮全集太原城下,在东、北两面猛烈攻击。日机 13 架轮流轰炸,北城楼被焚,城内东部和北部到处起火,电话逐段被毁,火焰弥漫全城。至 9 时,城垣东北角及西北角被炮火轰毁,东、北两面城墙亦被轰开缺口十余处,城墙各掩蔽部及弹药洞多被轰塌。日军步兵在其飞机、大炮掩护下向城内猛冲。在城墙下埋伏的炮垒队亦被击散。预定歼敌计划概失效用。但守军东、北两城步兵奋勇截击,誓死不退,一面与入城日军拼杀,一面封锁城墙各口。双方伤亡殊重。至 16 时,城墙各口均被守军封锁,仅东北城角一处,千余日军入城,与守军激烈巷战。黄昏后,日军又向城内增加大量步兵,利用夜色隐蔽,夹杂混战,处处突袭。守军官兵伤亡甚多,西、南两处部队及预备队被日军击散。19 时,日军攻至总司令部。此时因守军兵力不敷分配,除总司令部官佐及特务连勉力抵抗外,别无部队可资应援。傅作义感到局势无法挽回,乃于 21 时下令撤退。守城各部队由大南门突围,经汾河桥冲至汾河西岸,向古交镇方面撤退。太原城沦陷。

正当日军第 5 师团向太原城攻击之际,由晋东向西进的日军第 20 师团在攻占太原以南榆次后,即沿同蒲路南下,于 11 月 8 日在太谷与第 13 军的 1 个营发生战斗;日军第 5 师团于 8 日夜攻占太原后,即以一部进出交城以北地区。

8 日,第 13 军汤恩伯部第 89 师第 265 旅第 529 团守备太谷的某营被日军攻陷。当日，日军一部从太谷南进，与第529团对峙，其主力沿同蒲路南下。9日，日军先头部队越过祁县。同时，从太原南进的日军攻占交城。

其时，北路军及东路军之一部均集结于汾阳附近地区，其余部队均已取得联络。卫立煌乃于9日20时在汾阳下达命令，令所属各部队在平遥、汾阳之线以南附近地区集结，准备尔后的作战。规定各兵团的行动及任务为：

图3-5-7　太原城保卫战经过示意图

（1937年11月6日—9日）

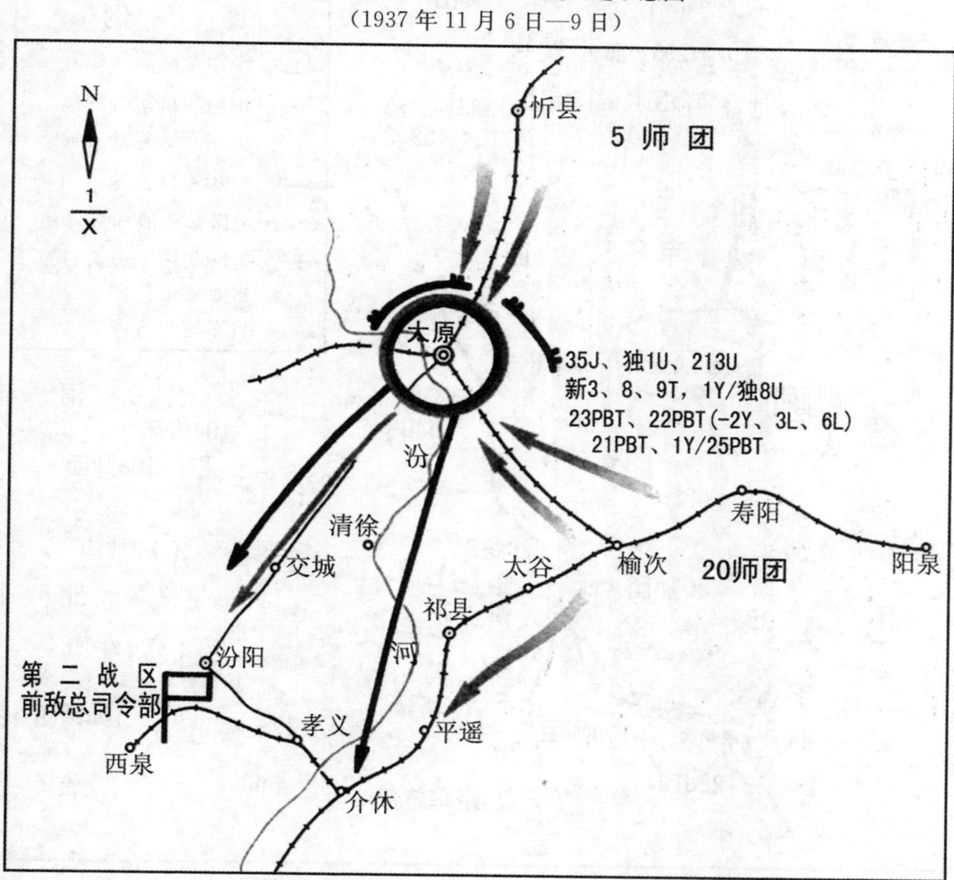

1．第13军，应以一部确实占领子洪镇，主力速进至子洪镇以南附近集结，并截击沿同蒲路南下敌军之侧背；

2．第2集团军，应即赴灵石以南仁义镇集结，其主力限于11日以前到达。

3．第17军（欠第21师）附第177师之第529旅，应于明日暮前接任汾阳及其附近警戒事宜，尔后如受敌压迫，不得已时向吴城镇南北山地转移，发动游击战，充分袭扰敌侧。

图 3-5-8　太原会战经过要图

（1937 年 10 月 1 日—11 月 12 日）

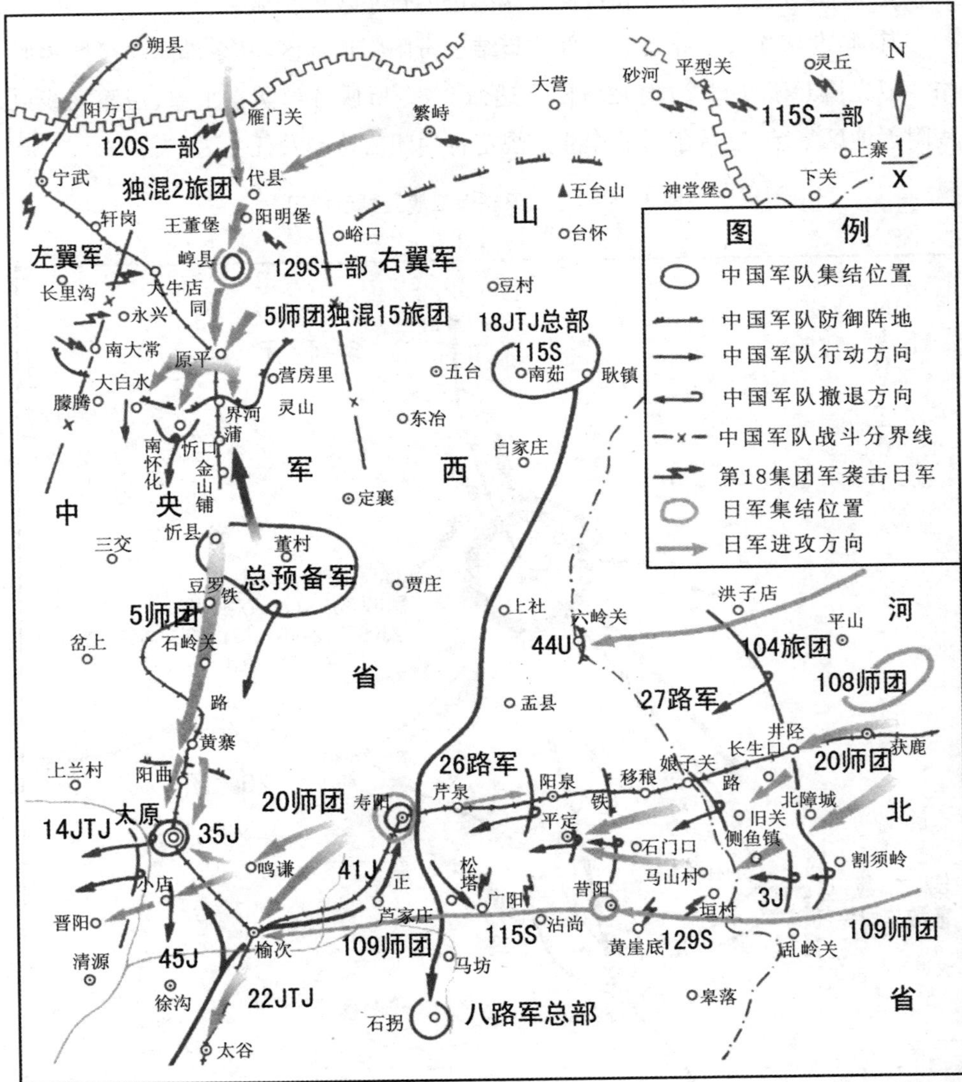

4. 第 14 集团军附第 94 师，应于明日晚，由现地经汾阳、兑九峪、石口镇向汾西、霍县之线集结待命，其主力限于 16 日前到达，但移动时须通报邻接部队，并派有力之后卫。

5. 第 19 军附第 71、第 68 师（欠已入太原城的 1 个营），独立第 3、第 7 旅及第 61 军，应以整编之有力部队，限于 12 日前确实占领兑九峪附近，拒止敌之前进，其余在隰县附近整补。

6. 第 27 路军附第 17 师，应立即经汾阳、兑九峪、辛庄、峪口村，限于 13 日以前到达南关村附近集结，并限后尾部队于明日晚通过汾阳。

7. 第 47 师，应即由现地驰赴兑九峪，对东北正面构筑据点工事，俟第 19 军到达移交后，限于 15 日到达汾西、霍县间待命。

8. 第 15 军，应于明日黄昏前经孝义取捷径，向霍县西南区集结待命，限 14 日以前到达。

9. 新编第 2 师及第 85 师，除所余战斗官兵完全编成为作战部队归本部直接指挥外，其余即赴侯马、曲沃整补。

10. 独立第 5 旅，应于明日将汾阳附近警备任务交由第 17 军接替后，即随第 27 路军（第 14 军团）经兑九峪、石口镇、隰县、蒲县，到达汾阳附近待命。

11. 第 22 集团军（在黎城、长治一带）及骑兵第 1、第 2 两军，仍服行以前任务。

12. 炮兵第 5 团附第 2 师山炮营，应赴霍县，并先于韩侯岭选择阵地，但第 2 师火炮营已赴隰县待命，其余以前配属各兵团之炮兵，由原来各兵团妥为区处。

13. 战车防御炮营，着即移驻隰县待命，原配属第 61 军之连，着即归建。

此时，第 3 军正沿白晋公路南撤，第 22 集团军的第 41 军正沿同蒲路向平遥撤退，第 45 军第 127 师大部已随北路军撤至赵城、洪洞一带收容，第 27 路军在大宁附近集结，第 17 军（欠第 21 师）及第 177 师第 529 旅由汾阳移至吴城镇，由太原城突围的第 35 军在中阳集结，第 101 师已于 12 日前到达东明谷附近，其余部队均于指定地区集结。第 18 集团军及骑兵第 1、第 2 两军仍在敌后游击。

日军攻占太原后，第 5 师团以摩托化部队向南追击至清徐后停止；第 20 师团向南追击，于 10 日占领平遥后停止；第 109 师团在太原东南榆次、昔阳地区集结；第 108 师团原在获鹿、井陉间集结，准备用于正太线（后改留平汉线方面）。11 月 12 日，“华北方面军”令第 20 师团及第 109 师团驻屯山西，第 5 师团调至保定、石家庄一带休整（仍直属“华北方面军”），令关东军于 15 日归还建制。

卫立煌根据敌情，决心以一部占领子洪镇、韩侯岭、兑九峪、吴城镇之线，阻敌南进，主力于汾阳以南地区整补，遂于 15 日在临汾下达如下命令：[20]

1. 骑兵第 1 军，应以一部于文水附近及汾阳东北地区活动，妨害敌由太隰公路及汾阳至离石大道进攻，其主力仍在广武镇（雁门关外）、静乐（忻县西 80 公里）间服行前任务。

2. 第 13 军，应确占子洪镇及其以南地区，与第 18 集团军及第 22 集团军切取联络，阻敌由白晋公路南下，以掩护本军右侧，并极力在太谷、平遥间游击。

3. 第 22 集团军，应以一部扼堵三岔沟、平道头、马跑泉以南各隘口，阻敌南下，并极力在平遥、介休间游击。主力限于 18 日以前集结沁源东、西一带地区。如敌由白晋公路南下，应随时协同第 13 军夹击之。

4. 第 2 集团军（欠第 3 军之第 12 师）附第 15 军及第 34 军，应确占韩侯岭东、西之线，拒止沿同蒲路南进之敌。

5. 第 19 军附第 61 军、第 68 师、第 71 师、第 73 师，及独立第 2、第 3、第 7 各旅，集结（于）石口镇，一部确占兑九峪、大麦郊各隘口，并领有双池镇、石口镇以南地区，阻止沿汾河公路南进之敌，并极力向孝义、汾阳以东之线游击。

6. 第 17 军（欠第 21 师）附第 177 师之第 529 旅及第 17 师，应确占吴城镇要点及其南、北之线，阻止由汾阳、军渡大道西进之敌。

7. 第 14 军附第 94 师，集结汾西附近。

8. 第 47 师向赵城集结。

以上各部队除第 22 集团军的第 45 军第 125 师系新到达战场外，其余多系由残部编并而成，番号虽多，实际兵力不过 7 个师而已。其他担任防守的部队，除第 3 军第 12 师唐淮源调往河南偃师及第 35 军留战场附近整补外，其余均赴临汾以南侯马、垣曲、永济、河津、平陆一带整补。到 1938 年 2 月，敌对双方仅有小部队互出游击，并未发生大规模的战斗。

中国空军北正面支队在太原会战期间曾对大同、繁峙、平型关、阳明堡、崞县、原平及平汉路沿线日军进行轰炸，以支援地面部队作战。据统计，连同太原会战开始前几天，共计进行了 12 次侦察、42 次轰炸，击落日机 3 架，击伤 1 架，还击毁日军大批重型装备。据报，仅 10 月 13 日一天就在原平、崞县炸毁日军坦克 24 辆。

附表 3-5-1　忻口作战中国军队第二战区指挥系统表(1937 年 10 月)

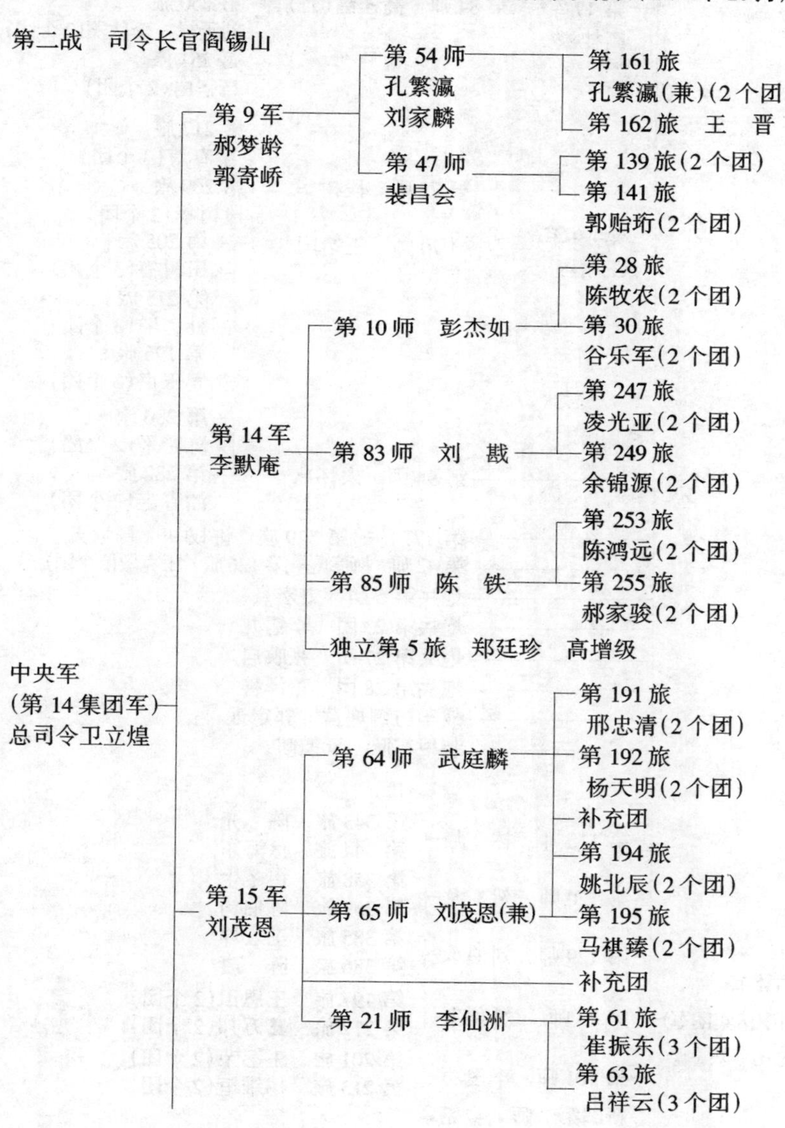

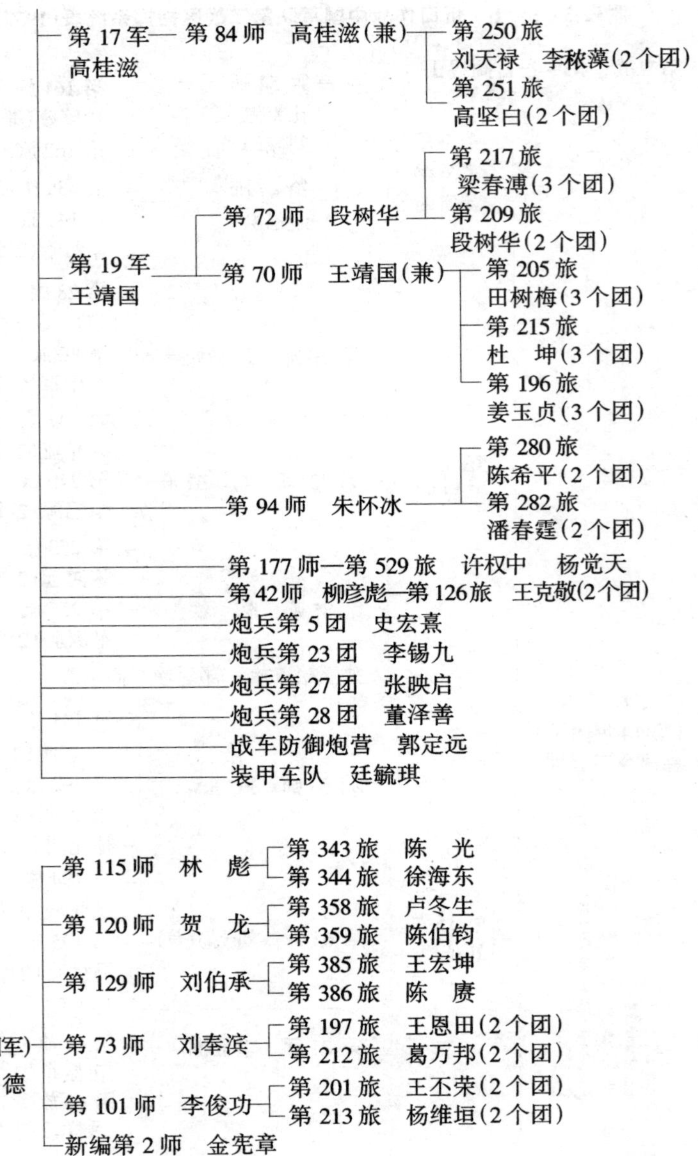
第17军
高桂滋
第84师 高桂滋(兼)
第250旅
刘天禄 李秾藻(2个团)
第251旅
高坚白(2个团)
第19军
王靖国
第72师 段树华
第217旅
梁春溥(3个团)
第209旅
段树华(2个团)
第70师 王靖国(兼)
第205旅
田树梅(3个团)
第215旅
杜 坤(3个团)
第196旅
姜玉贞(3个团)
第94师 朱怀冰
第280旅
陈希平(2个团)
第282旅
潘春霆(2个团)
第177师—第529旅 许权中 杨觉天
第42师 柳彦彪—第126旅 王克敬(2个团)
炮兵第5团 史宏熹
炮兵第23团 李锡九
炮兵第27团 张映启
炮兵第28团 董泽善
战车防御炮营 郭定远
装甲车队 廷毓琪
右翼军
(第18集团军)
总司令朱 德
第115师 林 彪
第343旅 陈 光
第344旅 徐海东
第120师 贺 龙
第358旅 卢冬生
第359旅 陈伯钧
第129师 刘伯承
第385旅 王宏坤
第386旅 陈 赓
第73师 刘奉滨
第197旅 王恩田(2个团)
第212旅 葛万邦(2个团)
第101师 李俊功
第201旅 王丕荣(2个团)
第213旅 杨维垣(2个团)
新编第2师 金宪章

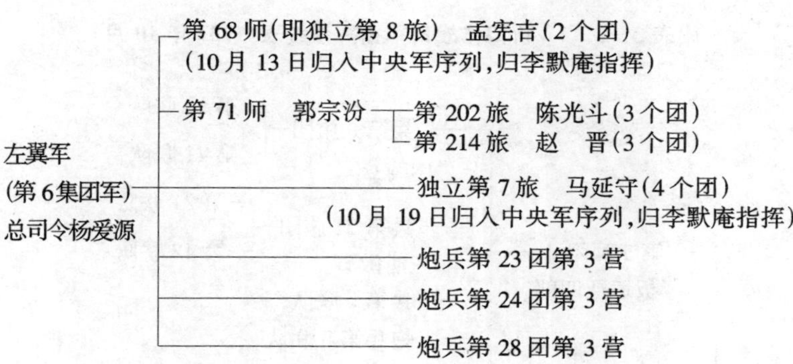

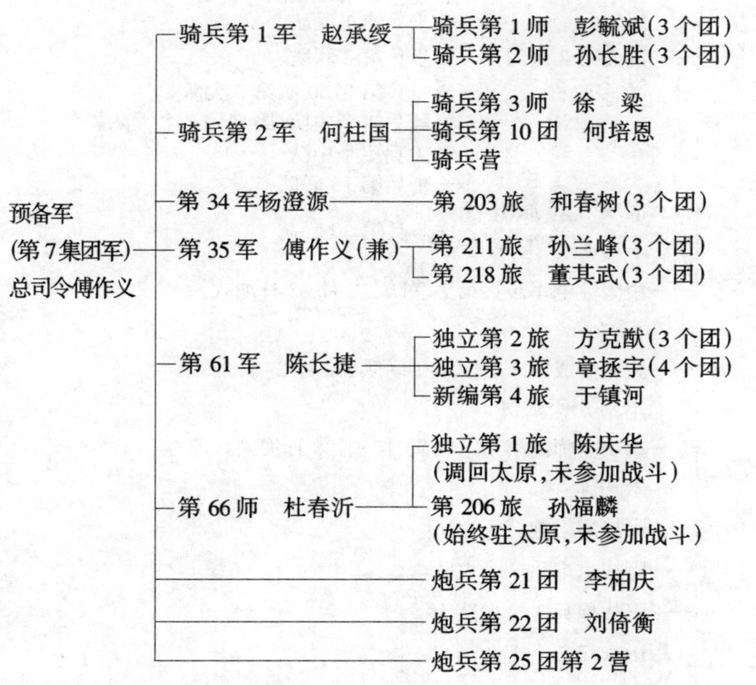

空军北正面支队　陈栖霞(10月12日归入中央军序列)

附表 3-5-2　忻口作战日军指挥系统表(1937 年 10 月)

- 指挥官 第 5 师团长 板垣征四郎
  - 第 5 师团 板垣征四郎
    - 步兵第 9 旅团 国崎登
      - 第 11 联队
      - 第 41 联队
    - 步兵第 21 旅团 三浦敏事
      - 第 21 联队
      - 第 42 联队
    - 骑兵第 5 联队
    - 野炮兵第 5 联队
    - 工兵第 5 联队
    - 辎重兵第 5 联队
  - 混成第 2 旅团 本多政材
    - 步兵第 1 联队
    - 步兵第 3 联队
    - 步兵第 57 联队第 3 大队
    - 骑兵 1 个中队、野炮兵 1 个大队、工兵 1 个中队
  - 混成第 15 旅团 筱原诚一郎
    - 步兵第 16 联队
    - 步兵第 30 联队
  - 中国驻屯军步兵第 2 联队(10 月 22 日加入) 萱岛高
  - 独立混成第 1 旅团第 1 联队(10 月 29 日加入) 长谷川美代次
  - 第 109 师团第 136 联队(10 月 28 日加入) 松井节
  - 野战高射炮 2 个大队
  - 野战重炮兵 2 个大队
  - 野战炮兵 1 个大队
  - 山炮兵 2 个大队
  - 战车 1 个大队

附表 3-5-3　正太路沿线作战中国军队指挥系统表（1937 年 10 月）

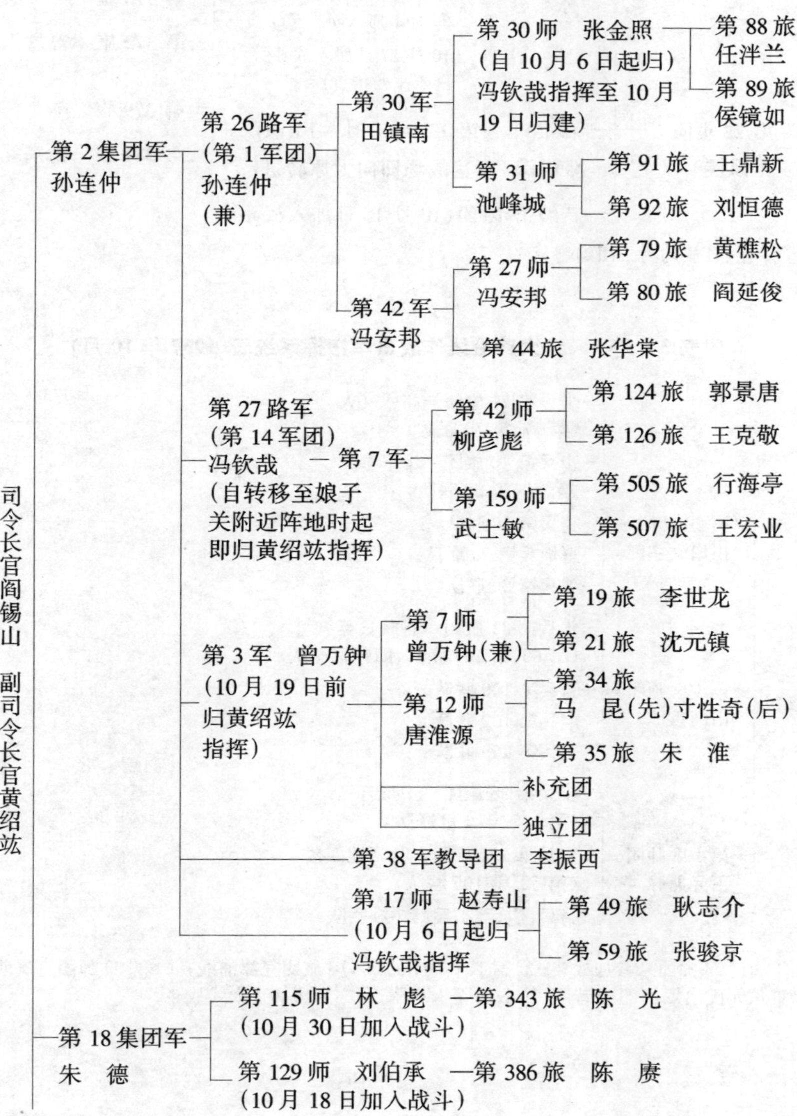

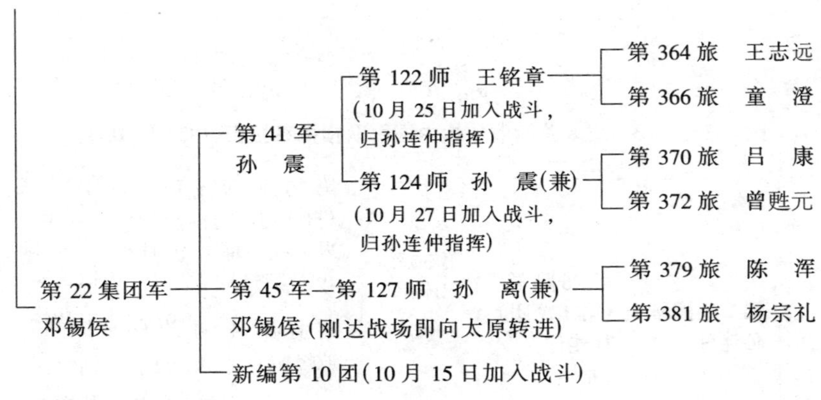

注:各旅均为二团编制。

附表3-5-4 正太路沿线作战日军指挥系统表(1937年10月)

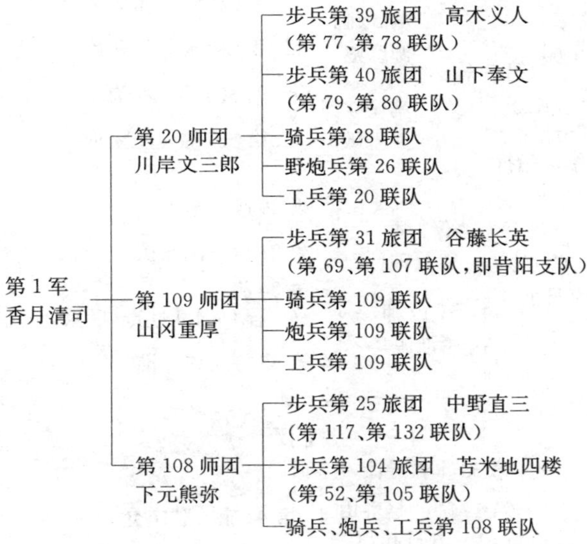

注：① 第108师团未参加战斗；② 第109师团的第118旅团在津浦线；③ 第109师团直属队，11月4日从元氏出发，9日至昔阳，16日进至榆林附近，亦未参加正太线战斗。

附表 3-5-5　太原作战中国军队指挥系统表（1937 年 11 月上旬）

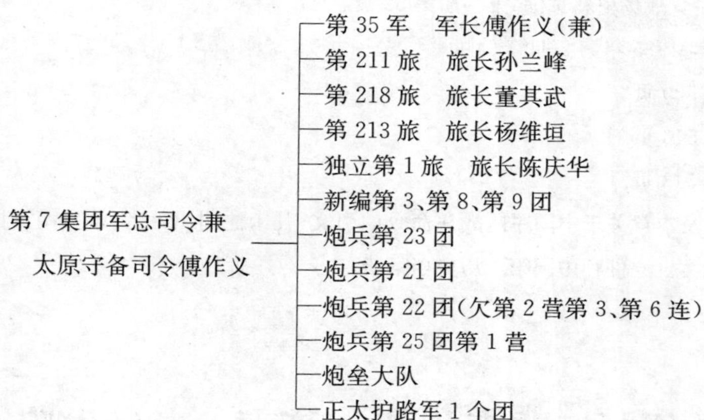

注：① 编入守城部队序列的第 71 师、独立第 7 旅、第 8 旅仅 1 个营进入城内，其余未入城参加战斗。
② 第 14 集团军一部在汾河西岸参加了与小店镇日军的战斗。第 22 集团军第 41 军后续部队与日军第 20 师团一部在鸣李村附近作战。第 13 军 1 个营在太谷与日军战斗。这些部队未列入太原守备部队序列内。

注　释：

〔1〕 日本外务省：《日本外交详表和主要文书（1840—1945）》。1969 年再版本，下卷第 370 页。

〔2〕〔3〕 日本防卫厅防卫研究所战史室：《中国事变陆军作战》。日本朝云新闻社 1983 年版，(1)第 353 页。

〔4〕 中国第二历史档案馆编《抗日战争正面战场》。江苏古籍出版社 1987 年版，第 477—478 页。

〔5〕 《毛泽东军事文集》。军事科学出版社、中央文献出版社 1993 年版，第二卷第 76—77 页。

〔6〕〔9〕〔10〕〔11〕〔12〕 转引自中国第二历史档案馆编印《中国现代政治史资料汇编》，第三辑第 30 册。

〔7〕 《朱德、彭德怀关于敌军和友军情况与八路军的战略部署致林彪等电》（1973 年 10 月 6 日），原件存中央档案馆。

〔8〕 据《民国档案》1988 年第 1 期《忻口战役始末》。

〔13〕 原载《解放》第 25 期。转引自《抗日战争国民党阵亡将领录》,解放军出版社 1987 年版,第 38 页。

〔14〕 同〔5〕,第 22 页。

〔15〕 何应钦:《八年抗战之经过》。转引自浙江省中国国民党历史研究组 1985 年编印的《抗日战争时期国民党战场史料选编》第一册第 52 页。

〔16〕 《民国档案》1985 年第 2 期第 34 页。

〔17〕 同〔4〕,第 520 页。

〔18〕 同〔4〕,第 546 页。

〔19〕 同〔4〕,第 543 页。

〔20〕 此处引文及本章关于中国军队战斗命令的引文,凡未注明出处者,均为南京国民政府军令部战史会档案。原件存中国第二历史档案馆。

第六节 绥远、冀南作战与济南、青岛失陷

一、日军进攻绥远及归绥、包头失陷

在日军"华北方面军"主力沿同蒲线、正太线向太原进攻的同时,关东军一部和伪蒙军 9 个师向绥远发动进攻。

为了侵占绥远,日军将关东军独立混成第 11 旅团改编为第 26 师团。1937 年 10 月 20 日,改编后的第 26 师团师团长后宫淳中将到达大同。关东军司令官命令后宫淳一并指挥独立混成第 1、第 2 旅团和临时飞行团,在伪蒙军 9 个师的协同下向绥远省发动进攻,并担负"华北方面军"作战地区以北,特别是平绥铁路西段的守备任务。

当时,中国第二战区部队大部调入山西作战,在绥远省境内仅有步兵新编第 5 旅、第 6 旅和骑兵第 6 师、第 7 师担任守备任务,兵力异常空虚。事实上阎锡山只顾在晋北、晋东对日军进攻抵抗,已顾不及绥远省的防务。因此,日军进入绥远以后如入无人之境,迅速将绥远省的大部占领。

伪蒙军一部于 9 月 26 日占领绥北陶林,30 日占领百灵庙。伪蒙军另一部沿平绥铁路西进。10 月 6 日,晋绥军骑兵第 6 师在旗下营地区对伪军进行了坚

强阻击。两军在此地形成对峙状态。这时，日军独立混成第1旅团从山西省朔县北进绥远，并于10日占领绥南凉城。

10月12日，后宫淳下令攻占绥远省会归绥(今呼和浩特)，以平绥支队(以步兵第3联队第1大队为主编成)和铁道第3联队一部从大同乘火车西进。独立混成第1旅团由凉城向归绥攻击。该旅团先遣队第1大队于10月11日进到归绥南面的西沟门，掩护旅团主力向归绥前进。12日，该旅团进入归绥。

日军平绥支队乘火车到达旗下营增援伪蒙军作战，将守军骑兵第6师击退，于14日也进入归绥。接着，日军沿铁路线和公路线向西追击。在绥的第二战区部队曾在莎拉齐、沙尔沁一线和磴口地区阻击日军，但受到优势日军的打击而撤退。17日，日军进占包头。

进入绥远省境内的伪蒙军，除一部进入归绥外，一部占领乌兰花和武川，并于21日占领固阳。伪蒙军另一部沿平绥铁路以南地区追击，占领包头后，前出到五原以东地区。至此，绥远省的大部被日军占领。

二、冀南地区作战

在平汉线上作战的第一战区部队撤退到漳河以南地区之后作了守备漳河的部署。以第20军团的第13军守备安阳附近地区，第52军位于水冶。第20集团军的第32军占领汲县及新乡既设阵地。第67军占领新乡以南既设阵地。第1集团军担任内黄、浚县、道口等地区的守备。骑兵第3军位于大名，向临漳、磁县方面的日军袭扰。

10月25日，蒋介石电令第67军调上海方面作战；第1集团军以一部兵力活动于津浦路与平汉路之间牵制日军，主力向石家庄方向反攻，以配合晋东娘子关地区第二战区部队的防御作战。27日，蒋介石又电令第一战区部队迅速向石家庄及娘子关方向反攻，以解娘子关地区守军之危。10月29日，第一战区下达攻击命令，其要点如下：

1. 我军以策应第二战区之作战，决心攻击漳河附近残余之敌而歼灭之；尔后逐次北进，规复正定、石家庄。

2. 第1集团军为右翼军，威胁敌之侧背，内黄、楚旺、浚县均须确实守备。刘汝明兵团(第68军、骑兵第3军)应保持重点于左，限于11月1日进出临漳、成安之线，向邯郸、磁县侧击。

3. 第 20 集团军（第 32 军、独立骑兵第 14 旅）为中央军，向安阳推进，接替既设阵地的守备，并于平乐镇、汤阴酌派部队驻守；骑兵部队应使用于安阳以东，任漳河警戒。

4. 第 20 军团为左翼军。其主力部队由古城经彭城镇向武安附近进出，协同右翼军侧击邯郸以南之敌。

5. 第 52 军及第 79 师为预备队，在左翼军之后，向古城附近推进。

这时，在冀南地区的日军有第 1 军第 14 师团的主力，位于邯郸。第 108 师团主力位于邯郸东北地区，该师团的第 104 旅团作为军直辖部队位于井陉附近，一部位于石家庄。蒋介石命令第一战区部队反攻石家庄的情报被日军获悉，因而日军于 11 月 3 日作了必要的作战部署，命令第 14 师团的第 27 旅团集结于临漳、磁县，准备向大名攻击。该师团的第 28 旅团于 4 日首先发动攻击，占领了安阳。在此集结、准备反攻的第一战区第 32 军向南撤退。

11 月 2 日，右翼军骑兵第 3 军向邯郸方面推进，是日晚抵肥乡附近，第 77 军第 132 师到达广平，第 37 师第 11 旅进抵曲周，第 68 军的 143 师到达广平以北的东、西贤店一带。6 日，第 77 军以骑兵第 21 旅及步兵第 28 旅对成安攻击，骑兵第 2 旅和 5 个连队激战后攻入城内，与日军发生巷战。第 28 旅第 682 团第 2 营也进至城关，同骑兵第 2 旅协力作战。由于攻入城中的兵力与日军相差悬殊，全数牺牲。是日 12 时，日军千余人携炮 10 门，由大姑庙方面向成安方向前进，第 682 团在道东堡、范豆庄一线迎击。日军不支后退。

11 月 7 日，日军转入反击，与第一战区部队激战。当日，第 77 军为扫清成安日军，第 37 师第 111 旅进至旧魏县，策应第 28 旅作战。此时，日军第 14 师团之第 27 旅团由邯郸赶到，激战竟日，守军退至大堤西、西乡义、柏寺营一线。日军第 27 旅团一部占领临漳，守军第 179 师第 28 旅移至八里庄、棘针寨之线。9 日，日军分 3 路向棘针寨、吴兴寨、刘家拐、德政集阵地猛攻。第 37 师第 111 旅被日军包围，经苦战后撤至西店集、王村集一线。是日晨，300 余名日军袭击守军东、西孟同阵地，被击退。日军继以猛烈炮火向守军阵地轰击。守军伤亡惨重。午后，日军第 27 旅团由北渚向大名方向运动，第 77 军骑兵乘夜袭击其侧背，于西韩村附近给日军以沉重打击。11 月 10 日，日军逼近大名；第 77 军第 37 师第 111 旅占领城关西北阵地，第 179 师占领城关东南阵地，与日军对峙。入夜，日军集中炮火向大名城猛轰，城墙西北角被炸毁。敌对双方援军均至，苦战竟日,双方伤亡惨重。第 179 师在城郊与日军血战,终因伤亡过重,于 11 日夜撤出大名,转至卫河右岸。

中央军方面:安阳于 11 月 4 日失守。5 日,其第 141 师转到七里店、五家圪塔、桑窑一线与日军对峙;第 139 师推进到宝莲寺附近,第 142 师部及第 6 旅移驻大盖族、庞各庄一带,第 5 旅到达大赉店。

左翼军第 52 军主力于 11 月 5 日到达张尔庄、青碗窑、五里河一带,一部到达九龙庙、新庄、马庄地区。旋接第一战区命令:以彭城镇附近为根据,攻击活动于邯郸、安阳间敌人的侧背。6 日,第 52 军进抵彭城镇后连日向漳河桥、双庙、磁县、马头镇、邯郸等地的日军袭击。12 日晚,第 25 师 1 个营夜袭邯郸以西日军飞机场,经 4 小时激战,焚毁日机 6 架,获汽油千余桶。13 日夜,第 2 师所部又攻打磁县城北飞机场、先禄车站、漳河铁桥等处。17 日,第一战区命令该军移至水冶镇,支援第 20 集团军作战,左翼军在安阳、大名附近的战斗结束。在这次作战中,第 52 军参战官兵 14 727 人,伤亡 2792 人,失踪 216 人;日军参战部队第 14 师团损失 1000 余人。

11 月 20 日,国民政府军事委员会电示第一战区新的战区范围:东界为兰封、郾城、泌阳,南界为光化、白河,西界为商南、渑池、沁源、太谷、阳曲。并指定以长治、陵川、晋城间之山地和南阳、南召、嵩县、内乡之山地为根据地,坚持持久作战。25 日军事委员会又电令第一战区部队以新乡为轴心,集中力量,坚持抗战;又电令第 1 集团军主力集结于道口附近。28 日,第一战区部队作了新的部署,将战区所属部队划分为左、右翼军及预备军。

日军于 12 月 10 日也进行了新的部署,13 日命令第 108 师团一部确保临清,主力守备高邑、邢台间地区;第 14 师团守备邯郸、安阳、大名间地区。

至此,中、日两军暂时对峙在淇河两岸及道口地区。

三、日军进攻山东及济南、青岛失陷

10 月 1 日,军事委员会电令第 3 集团军与第六战区各抽调部队在黄河南岸布防并构筑工事,第 3 集团军在长清以东,第六战区在长清以西。第 3 集团军以 2 个师的兵力向德县集结,阻敌南进。第 3 集团军总司令韩复榘奉命后采取敷衍态度,仅派出少数部队,且迟迟行动,及至德县已陷于敌手,韩复榘始令利用黄河涯据点布防，与日军对峙。12 日，日军进攻平原，韩以第 20 师一部固守平原，其余各部退至徒骇河南岸的禹城附近沿河设防。

禹城是鲁北地区的交通要冲，位于徒骇河边，有舟楫之利，津浦线纵贯其中，有公路北至德县，西接高邑，东连临邑、商河，南到黄河北岸，历来为兵家必争之地。其东北的临邑是鲁北公路交通中心。要阻敌南下，禹城、临邑是必须固守之地。10 月 14 日，沿津浦路南进的日军第 10 师团攻陷平原、张庄站、黎济寨，直逼徒骇河。其第 108 师团的 1 个旅团在协助第 10 师团占领德县、平原之后，转至津浦路东，占领陵县及凤凰店、马腰务、鸡鸣店等地。此时，日军第 16 师团已准备转运上海战场。

13 日，中国军队的部署为：

第 55 军第 29 师，集结于商河、临邑两县，任务是准备活动于张庄站以北、德县以南的中间地带，侧击沿津浦路南下的日军。

第 74 师(欠 2 个团)附第 20 师的第 117 团、第 81 师的第 481 团在禹城附近占领阵地，任务是阻止沿津浦路前进之敌。具体防御部署：第 81 师第 481 团为右地区，从二郎店至禹城东北的杨家庄，沿徒骇河南岸构筑阵地；第 20 师第 117 团为中央地区，从杨家庄以西至大于、张庄，沿徒骇河南岸构筑工事；第 74 师第 443 团为左地区，从大于、张庄以西至凹李庄，沿徒骇河南岸构筑阵地；第 74 师第 438 团为预备队，置于东、西金张庄及小石庄地区。

鲁北各县保安队编为游击队，在平原以北的东、西地区活动。

10 月 9 日，军事委员会曾派徐祖诒到济南视察，并向韩复榘说明中央意图。徐返回后报告说：宋哲元、韩复榘等原西北军系将领对冯玉祥缺乏信任，韩复榘与庞炳勋之间成见很深，庞炳勋与宋哲元两军之间也不协调，第六战区亟待调整。16 日，军事委员会令第 67 军改归第一战区指挥，第 3 集团军积极袭击德县、平原敌军之侧背。18 日，由于日军主力已转至平汉线，又令第 3 集团军牵制当面之敌，各游击队在敌侧背积极活动，破坏禹城以北的铁路。将第 59 军第 180 师暂归韩复榘指挥，担任平阴至张秋镇的守备；10 月 20 日，军事委员会决定津浦线作战均由第五战区负责指挥，第 1 集团军第 59 军归入第五战区，第 49 军调往上海，其余各部队归入第一战区序列。同日，蒋介石令第五战区应确保山东要地，以现在前方之部队担任守备东海县，青岛及胶东半岛海岸，并阻击津浦路南下日军，以后方部队集结于徐州、商丘一带地区，策应前方部队之作战。为顾及尔后状况之变化，应于鲁南一带山地构筑核心工事。根据上述命令，第 3 集团军令第 29 师、第 74 师及鲁北各游击队分别向陵县、德县、平原附近日军攻击。18 日夜，徒骇河南岸禹城的守军第 20 师 117 团、第 74 师第 439 团各一部渡河北进，在 19 日拂晓前到达十二里庙、毛家园、北丘一带，与驻守日军战斗半日，即向铁路两侧转进；当晚，袭击了平原以南的日军据点，并破坏铁路多处。20 日，日军以侵驻德县、平原的兵力前来增援，战斗激烈。中国空军在平原、张庄站、黎济寨等处实施轰炸，协助其步兵地面作战。至暮，守军撤回徒骇河南。24 日 7 时 30 分，第 29 师向凤凰店及其南北地区日军发起进攻。日军在飞机大炮配合下，凭借墙垣、工事顽抗。第 29 师将士前仆后继，营长宋好义指挥冲击时不幸牺牲，其他官兵伤亡 300 余人。黄昏后战场沉寂。25 日拂晓，第 29 师再度发起进攻，与日军激战竟日，将凤凰店街市东南角占领。此时，日援军 1000 余人赶到。第 29 师撤出战斗，向临邑方向转移。

在第 29 师向凤凰店一带进攻时，禹城方面第 74 师奉命渡河北进，配合第 29 师的进攻。李文田师长率第 443 团于 23 日暮渡河，击退十二里庙、张庄站一带日军后，于 24 日克复吴家庙、鸡鸣店，尔后沿铁路袭击日军据点多处，破坏该段铁路，然后于当日晚返回徒骇河南岸。25 日，黎济寨日军从大刘家庄偷渡，其已过河的百余名日军被围歼，未及渡河的退回黎济寨。各游击队也在盐山、南皮、宁津、吴桥、恩县、高唐、清平各县袭击敌军，破坏铁路。

10 月 26 日，军事委员会对第 3 集团军指示：津浦、平汉两路之敌转用于晋东、晋北后，残余仅数千人，我为在九国公约开会以前一新国际视听，并牵制敌人再转用兵力于晋省，该集团军应以主力击破当面之敌，进出沧县，以与平汉路进出石家庄之第 1 集团军互相策应。韩复榘收到上述命令后反复申诉困难，要求中央增调 3 个师（至少 1 个师）的兵力接替胶东海岸或津浦路南段防务，以使他能抽出力量进击当面日军，完成进出沧县、策应友军作战的任务。军事委员会立即命令韩先解决陵县方面的日军。第 29 师于 28 日到达临邑，占领沿城郊西部、北部两面阵地。11 月 4 日，军事委员会再电告韩复榘：第 1 集团军先头部队已进至南宫，主力已过鸡泽，即于日内向石家庄进出，盼贵部按预定计划从速策应。韩复榘对此令仍迟疑，至 7 日复电申诉 4 条意见："其一，盐山、乐陵边境敌军一部与我游击第 1 路、第 5 路等部对峙。其二，运河西侧武城附近及清河县境积水未消。其三，职部第 74 师、第 81 师在济南整补，第 20 师第 58 旅任津浦铁路济南至临城段警备。其四，除已派由济南向武城前进外，拟请令李司令长官派队接替津浦路济南以南防务，并莅济坐镇，职愿亲率所部 3 师或 4 师兵力，经武城、郑家口进出河间，与第 1 集团军协同前进。”

11 月 8 日，军事委员会电复韩复榘：桂（广西）军原在徐州部队已经他调，其后续部队集中前线尚需时日，司令长官李宗仁在南京尚有重要任务，一时难来前方，津浦方面尚非决战之时，望先派有力部队实行游击，与第 1 集团军行动互相呼应，并努力破坏铁路，牵制敌人。若能恢复德县，则于我国在国际上之活动，更为有利。

当晚，韩复榘决定先驱逐临邑、陵县附近之敌，再向德县推进。其部署要点如下：

令在临邑战斗的第 29 师竭力阻止当面之敌南进，以待后方部队增援；

令守禹城附近的第 20 师第 60 旅以一部渡徒骇河北进，袭击平原以南各据点之敌，协助第 29 师战斗；

令守备黄河南岸的第 20 师第 59 旅以第 118 团掩护配属的炮兵团第 1 营由青城渡河，其余由济阳渡河，向商河集结；

令第 12 军军长孙桐萱率第 20 师直属预备队，从泺口渡河，到商河指挥；

令部队限 15 日到达指定地点。

8 日，凤凰店、马腰务之日军开始向临邑警戒阵地进攻。守军与日军苦战竟日，守军伤亡很大。入夜，撤至主阵地。9 日拂晓，日军继续向临邑主阵地进攻。自 5 时 30 分开始，日炮兵向守军主阵地全线轰击达 1 小时之久，尔后日步兵在 3 架飞机掩护下向临邑猛攻。13 时，第 29 师师长曹福林到临邑以北的李庄督战。激战至暮，双方形成对峙。10 日晨，日军继续向守军主阵地进攻，守军官兵坚决抵抗。至 13 时，日军由陵县方向增来千余援兵，向守军右翼后樊家阵地以北地区包抄。守军第 85 旅第 169 团作延伸战线抵抗，陷于日军炮火包围之中，营长周继先壮烈殉国。15 时，守军预备队第 87 旅 1 个团到达王巧地，对日军反包围，混战至夜，形成对峙。日军第 2 军第 109 师团的第 118 旅团于 9 日从盐山附近开始行动，第 10 师团也从平原沿津浦铁路两侧向黄河急进。

11 日 5 时 30 分，临邑正面的日军又发动攻击。守军第 29 师英勇抵抗，营长马寿轩率部队数次出击，重伤不退。至夜，第 85 旅奉命退守临邑北郊，第 86 旅固守临邑城，第 87 旅移至临邑的东南郊。12 日，进入临邑地区的日军已达 5000 余人。其一部向临邑以南地区活动，主力向临邑城郊逼进，至 17 时，已接近城垣。11 月 13 日，由商河退守临邑北郊的第 29 师第 85 旅及临邑东南的第 87 旅乘拂晓薄雾向临邑以北地区反击，与数倍于己的日军展开白刃格斗，10 时许退至城东掩护守城部队。13时，临邑城墙多处被日军炮火轰塌。日军坦克在前冲击，步兵紧随其后，由缺口突入城中。双方展开巷战。守军因伤亡过重，从东关撤出。黄昏时分，第29师接到韩复榘命令："第29师即刻设法与敌脱离，经邢家渡向黄河南岸转进，渡河后乘火车输送至兖州集结整顿。"该师两个旅即南撤，临邑落入敌手。

日军第10师团一部于10日占领无棣、阳信，11日又陷惠民。12日，高唐、夏津失陷。奉命北进的第20师第59旅于11日进抵商河。13日晨，第81师也北进至钟店子附近。7时30分，两部与日军接触。第488团在清凉店与日军激战。16时，济阳城、夏口镇失陷。第3集团军总司令部命令第29、第81师向黄河南岸撤退。禹城方面，日军于13日起集中炮火向守军阵地轰击，并以主力向桥头堡、堤李桥进攻。至下午，日军的4次进攻均被守军第60旅第120团第2营击退，但守军已伤亡过半，连长张金蛟等壮烈殉国，班长傅千三带十余战士仍拼死抵抗。14日，堤李桥被占领，日军渡过徒骇河，与第120团在安仁街发生激战，营长刘支书以下牺牲者200余人。午后，第60旅奉命南撤，禹城陷落。15日，守军破坏泺口黄河大桥，徒骇河附近战斗结束。这一阶段战斗20余日，守军伤亡5400余人。

第3集团军所部退到黄河南岸后，日军第2军在津浦铁路以东地区集结。其第10师团主力集结在临邑及其东南；第118旅团主力集结在商河附近，并向黄河沿岸派出侦察分队，准备渡河进攻济南。

12月18日，日军参谋本部下令第2军攻击济南。第2军的第108师团已于10月间转入平汉线作战，已归第1军指挥，第16师团也于10月间决定调往上海方面作战，这时第2军仅有第10师团。因此，日"华北方面军"给第2军增加"中国驻屯旅团"一部，并令第5师团一部在德州集结。日军第2军以第10师团在曲堤以东地区、第118旅团在王判镇以东或以南地区分别渡河。23日20时，日军顺利渡过黄河，并追击撤退的中国军队。25日，第10师团进占龙山，第118旅团进占周村。从1938年1月1日起，日第2军其余部队通过临时架设的军用桥梁渡过黄河。接着，第2军所属各部向济宁、蒙阴一线追击。韩复榘所部不战而退，致使日军迅速前进。日第10师团于1937年12月26日占领济南，1938年1月1日占肥城、泰安，4日占兖州、曲阜，6日占邹县，11日占济宁。第118旅团1937年12月30日进入博山，1938年1月4日占蒙阴，5日占历山。配属第2军的"中国驻屯旅团"第2联队于1938年1月1日进入济南，担任警备任务。第5

师团一部(鲤城支队)于1月10日到达潍县,准备向青岛进攻。

1月4日,日"华北方面军"命令正在保定附近休整的第5师团配属给第2军,第118旅团和"中国驻屯旅团"第2联队调离山东地区归建,第10师团停止在济宁、邹县、凤凰山、历山、蒙阴一线。

日本海军于1月7日命令"中国方面舰队"占领青岛。10日,日本海军陆战队一部未受任何抵抗即占领了青岛。日军第5师团一部于19日进入青岛,担任青岛警备任务。第5师团于20日前完成了胶济路沿线的警备部署,并有一部集结于青岛。

中国第五战区司令长官李宗仁曾于1月6日致电韩复榘:"查运河为鲁省最后堡垒,汶上、济宁又为运河前方最要点,汶、济不支,运河不守,则非仅鲁省全陷,且陇海被断,徐、郑均危,北方大局将更不易收拾,务请于运河之线竭力支持,固守汶、济两点,以为运河屏障。"韩接到上述电令,仍命其第20师、第22师陆续向成武、曹县转移。

由于韩复榘不遵守命令,屡次擅自撤退,贻误战机,军事委员会下令免去他各项职务。后经军事法庭会审,于1月24日处决,改派于学忠为第3集团军总司令。

四、作战简析

归绥、包头、安阳、济南、青岛等城市失陷以后,华北地区的主要城市和交通线已大多被日军占领。中国军队撤退到了日军占领地的正面、翼侧和后方,继续抗击日军的进攻。

在绥远省境内的少数中国军队曾在归绥以东的旗下营地区阻击伪蒙军数日,有效地掩护了省军、政机关撤退,具有一定的意义;在包头以东集中的在绥军队对西进的日军也进行过阻击、抵抗,说明守军的作战还是积极的。但绥远地区被日军迅速占领有其必然性。当时第二战区部队绝大部分集中在山西作战,绥远境内只有少数部队,不可能有效地阻止日军进攻。将主要兵力集中在作战的主要方面,从这一通常的作战原则来看,当时第二战区部队也只能如此部署。

冀南地区中国第一战区部队对日军的反攻失利,有两个主要原因。第一,为时已晚。1937年10月26日娘子关已失,守军正在后撤。第一战区部队于29

日下达反攻命令，11 月 2 日才开始实施反攻。这时正太线上的守军已经溃退，因此反攻已失掉配合正太线守军作战的意义。第二，从保定、石家庄、沧县等地败退下来的部队精疲力竭，用这样的部队对乘胜南进的精锐日军举行反攻，事实上也很难取胜，——虽然第 77 军、第 52 军积极作战，并付出了重大伤亡。

鲁北地区中国军队作战的失败和济南、青岛的迅速失守，主要是韩复榘为保存实力屡不遵命所造成的结果。10 月 1 日，军事委员会令韩抽调部队在黄河南岸布防，韩却采取敷衍态度。26 日，军事委员会再次指示韩以主力进出沧县，策应第 1 集团军反攻石家庄，而韩仍拒不执行。1938 年 1 月 6 日，李宗仁电令韩坚守汶上、济宁，韩仍令其所部撤退。因此，日军未经大的战斗即渡过黄河占领济南和青岛。后来韩复榘被处决，罪有应得。另外一些原因是：参战部队派系复杂，一些非中央嫡系部队为保存实力而失掉战机。各部队素质不齐、通信条件落后，也影响作战的胜利。由于通信手段落后，在交战时常有命令、报告不能及时传递，甚至联络中断的事故发生。

第四章

华 东 战 局

第一节　淞沪会战

上海位于长江下游黄浦江与吴淞江汇合处，是中国最大的工商业城市，也是东方的金融贸易中心，又是溯长江进入中国腹地的枢纽和首都南京的门户，战略地位极为重要。日本垄断集团的首领人物池田成彬、小仓正恒等早就提出了所谓"长江观点"，认为只要控制了长江三角地区，就控制了中国的经济命脉，也就可以统治全中国。1932 年"一·二八"事变后，日军即在上海虹口，杨树浦一带驻有军队，并有舰艇常年在长江、黄浦江巡弋。1937 年 7 月，日本发动"七七"事变并占领平、津后，继续向察哈尔省进攻，并决定向上海增派军队，"使其成为作战基地"，以作好为下一步向华中地区进攻的准备。

中国政府既已决定"全部动员整个抗战"，当然不能允许日军以上海作为进攻华东的作战基地。为防患未然和配合华北地区的作战，牵制、分散日军的兵力，争取战争主动权，以利于长期抗战，决定开辟华东战场，派军扫荡上海日军及其在长江内河的舰艇，因而引起了淞沪会战。开始时双方兵力均不多，但为了达到各自的战略目的，双方都一再增加兵力，日军先后投入 20 余万人，中国军队投入 70 余万人，作战规模不断扩大，发展为一场历时 3 个月、空前激烈的大会战。

此役对中日战争的发展影响甚巨。

一、平津失守后的华东形势

（一）日本的战略决策及战争准备

早在 1936 年 8 月，日本参谋本部拟定的 1937 年《对华作战计划·用兵纲要》中对华东方面的作战就作出了相当详细的计划。主要有关内容为："以第 4 军（3 个师团）占领上海附近。但是这方面的中国军队增加了兵力，构筑了坚固的阵地网，因此考虑到作战规模将会扩大时，限定在这一狭小地区，对我战略态势显然不利。因此，计划调新编第10军（2个师团）从杭州湾登陆，从太湖南面前进，两军策应向南京作战，以实现占领和确保上海、杭州、南京三角地带。”[1]但由于考虑到“对苏关系紧张时，这样用兵难以将兵力向北方转用”，所以非到不得已时，不向华中方面派遣陆军，将战场局限于华北地区，仅以海军确保上海，作为用兵时的作战基地。

“七七”事变后，日本政府基本上本着上述用兵纲领，在1937年7月1日的首、外、陆、海、藏五相会议上决定向华北增派陆军，而令海军“作全面战争准备”。当日下午，日本首相、陆相、参谋总长及军令部总长[2]分别向日本天皇报告了“向华北派兵事宜”和“关于海军用兵事宜”，经天皇批准后执行。12日，“军令部向各部队首席参谋传达了中央对华作战计划的秘密方案”。其中“用兵方针”中关于华中方面的内容主要为：“海军除运送和护卫陆军并在天津方面协助陆军外，要准备全力对华作战”；“要确保上海及青岛，使其成为作战基地。同时在现地保护侨民，其他各区的侨民迁至上述两地。华中作战要调遣确保上海所必要的海军、陆军部队，并主要以海军航空兵扫荡华中敌空军力量”；“封锁扬子江下游、浙江沿岸及其他我兵力所在附近”；“初期，第3舰队担任对中国的作战，第2舰队专门担任运输和护卫陆军”，“第3舰队司令部要为专心从事华中作战进行编组”等。“七七”事变时，驻上海的日海军第3舰队司令官长谷川清中将正率其第1战队、第5水雷战队在台湾与陆军联合演习，事变次日停止演习，奉命率舰队返回上海。同时接到协助日大使馆、领事馆撤退在华侨民的命令。长谷川清了解了日本对华作战计划的秘密方案内容后，对用兵方针又提出了自己的意见和要求：“华中作战，应以必要兵力确保上海和攻占南京”，为此，“华中作战应派遣陆军5个师团”。当时因日本政府主要致力于华北方面的作战，所以对他的要求未作出最后决定。[3]

7月28日，在华日侨奉日本政府的命令，开始向上海、青岛两地集中。在此之前，日本驻长沙代理领事高井向南京日本大使馆代行大使职务的日高信六郎参事官报告：“湖南省主席何键的参谋对高井说，南京给何主席密令，如果在上海日华两军发生冲突，在长沙要用大炮轰击日本军舰。因此，在问题没发生前，我恳切请求你把停泊在长沙的日本军舰撤走。”[4]因而，此时长江沿岸日本侨民分别集中于汉口、上海。特别是在7月28日通县“冀东自治政府”保安队反正时杀死一批日本在乡军人等事件发生后，原在长江内的日海军第3舰队的第11战队加速了撤侨行动。至8月9日，长江沿岸的2923名日本侨民和原驻汉口日租界的日海军特别陆战队[5]300余人，在第11战队舰艇掩护下全部撤至上海。为利于在上海作战，将现在上海的老弱妇孺全部撤回日本，但将适战青壮年及在乡军人约10 000人留沪，准备必要时让他们参加上海作战。（居住于华南各地的日侨约11 650人也于8月间撤回日本，原在南京的日本大使馆外交人员及少数有关日本人于8月16日乘火车撤至青岛。）

（二）中国的战争准备及作战计划

1932年“一·二八”事变后，为防止日军再度由上海入侵，自1933年开始，国民政府即筹划在宁、沪、杭地区修建国防工事，由参谋本部派参谋勘察地形，并组织陆军大学第10期学员在嘉兴、乍浦一带实施战术演习，以研究、拟订设防计划。当时判断日军可能仍如“一·二八”时那样以主力在吴淞口一带登陆，另以一部兵力由杭州湾北侧登陆，包围上海；尔后分两路由太湖南北西进，攻击南京。因而将这一地区划分为京沪、沪杭和南京3个防御分区，以京沪分区为主要防御方向。在军事委员会内秘密设置警卫执行部，总揽全国国防工事的设计和构筑。训练总监唐生智主持此项工作，同时兼负警卫京沪杭地区之责。

京沪分区防御阵地以吴福线（苏州至福山）和锡澄线（无锡至江阴）为主阵地带；沪杭分区防御阵地以乍嘉线（乍浦经嘉善至苏州）和海嘉线（海盐经嘉兴至吴江）为主阵地带。为便于军队机动，还修筑了由苏州经吴江至嘉兴的苏嘉铁路（后为日军拆除）。南京分区防御阵地以外围阵地（大胜关经淳化镇至乌龙山）为主阵地带，另以城垣为核心构筑复廓阵地。

1936年2月，国民政府为准备对日作战，在京沪区成立了作战秘密指挥部。张治中为军事长官，负责京沪地区的准备工作。由于战备工作须秘密进行，张治中以中央军官学校教育长为公开身份，该指挥部对外称“中央军官学校高级教官室”。为指挥方便，指挥部当年秋从南京移驻苏州，改称“中央军官学校野营办事处”，负责制订这一地区的作战计划和主持构筑国防工事。更重要的任务是在上海一旦发生战争时，能快速反应，指挥分区的部队有计划地投入战斗。

当年底，参谋本部草拟了《民国26年（1937年）度国防作战计划》。1937年1月完成了甲、乙两份稿本，3月修订完毕，经参谋总长程潜等审定后送庐山，再由陈诚转送蒋介石审阅批准。抗战初期的作战部署和指导思想基本上是依照甲案进行的。计划中有关华东方面作战的主要内容为：

敌情判断：“长江下游太湖附近之地区，为我国最重要之经济、工业中心及首都所在地。敌今在上海已构成相当根据地,将以有力之部队,在本方面登陆,协同海军而进攻,期挫折我国抵抗之意志。”

作战方针:“国军以捍卫国土确保民族独立自由,并收复失地之目的,在山东半岛经海州—长江下游亘杭州湾迤南沿海岸,应根本扑灭敌军登陆之企图。”

作战指导要领:“长江下游地区之国军,于开战之初应先用全力占领上海,无论如何必须扑灭在上海之敌军,以为全部作战之核心。尔后直接沿江、海岸阻止敌之上陆,并对登陆成功之敌,决行攻击而歼之。不得已时,逐次后退占领预设阵地。最后须确保乍浦—嘉兴—无锡—江阴之线,以巩卫首都。对杭州湾、江阴之江面,实行封锁,阻绝敌舰之侵入。”“空军于作战之先,以主力扑灭长江内之敌舰,及沪、汉两地之根据地。”“海军以全力于战争初期迅速集中于长江,协力陆、空军扫荡敌舰。”

各兵团的任务及行动:第4方面军(辖第8、第9两个集团军及1个军)担任华东(江浙)地区的作战任务,预定两集团军。(1)“在开战初期,以主力进出上海附近,扫荡该地陆上之敌人,破灭其根据地”,尔后第8集团军“于吴淞—宝山—浏河—白茆口—福山—江阴沿岸”,第9集团军“于澉浦—乍浦—奉贤—川沙—黄浦江东岸之沿海岸”“直接拒止敌之登陆”。(2)“对登陆成功之敌,应乘机断行攻击而扑灭之”。(3)“不得已时,逐次占领要点,拒止敌之前进”,第8集团军“最后务固守无锡—江阴之线,以巩卫首都”,第9集团军“最后务固守乍浦—嘉兴—平望之线”。(4)第8集团军“应以一部住于南通附近,警戒长江北岸,阻绝其上陆之企图,并协助南岸部队之作战”;第9集团军“应以一部配备于镇海附近警戒杭州湾之南岸,阻绝敌军上陆之企图;控置一部于杭州附近,保持机动,使随时能应援镇海及沪杭方面之作战”。另外“控置一军于南京—浦口附近,对江正面,警备敌不意之袭击,并使能策应京沪、京杭两方面之作战”。

空军“第1集团以南京、广德、杭州等地为根据,协同海军轰炸芜湖迤东(芜湖在内)长江下游之敌舰及上海敌之根据地而破灭之。第2集团以南昌、武昌等地为根据,轰炸芜湖以西以迄武汉长江江面之敌舰,及汉口敌之根据地而破灭之。以上行动,务宜于开战之前,以决断机敏之手段,出敌不意,以空军主力实施之。预期两日内完成”。

“海军应避免与敌海军在沿海各地决战,保持我之实力,全部集中长江,协力陆、空军之作战。第1、2舰队,于宣战时借机敏之行动,迅速集中长江。在宣战同时,与我空军及要塞协力,扫荡江内之敌舰,尔后与要塞担任长江下游之警备,协力陆军之作战。第3舰队平时应警备山东半岛沿海岸，务于开战之先迅速集中长江，担任下游之警备，并协力陆军之作战。”

“南通、江阴、江宁各区要塞，受各该区野战军之指挥，于宣战同时出敌不意，与我海、空军协力，断然袭击敌舰而扑灭之，尔后对敌舰封锁江面，并为野战军阵地之依托，而支援野战军之作战。”〔6〕

“七七”事变后，上海形势日趋紧张，军事委员会任命张治中为京沪警备司令，司令部仍在苏州。张治中预定的作战方案，是以战术上“先发制人”为指导方针，与参谋本部拟制的国防作战计划基本相同。他决心在发生战争时“先以充分兵力进驻淞沪，向敌猛攻，予以重创”，争取“一举破敌”。〔7〕为贯彻其指导方针、确保战场主动权，张治中于7月30日致电军事委员会，要求自行掌握发动进攻的时机。电文为：“我在北方作战，固不宜破坏上海，自损资源。然若敌方有左（下）列征候之一，如：（1）敌决派陆军师团来沪，已开始登轮输送时；（2）敌派航空母舰来沪时；（3）敌在长江舰队来沪集合时；（4）敌在沪提出无理要求，甚至限期答复时，即可断定敌必发动无疑。则因我主力军还在苏、常以西，输送展开，在在需时，且上海保安团抵抗力薄弱，诸种关系，似宜立于主动地位，首先发动，较为有利。曾迭电具申意见，未蒙核示。兹预拟本军行动标准，谨电呈核，是否有当，敬祈示遵。”〔8〕军事委员会认为先发制人原则与国防作战计划有关华东方面作战的方针相同，完全正确；但上海作战对中日战争全局关系巨大，发动的时机不能由战场指挥官掌握，所以回电说：“卅电悉，应由我先发制敌，但时机应待命令。”〔9〕

由于发现“汉口以上日侨均已集中汉口，九江以下日侨集中上海”，杭州方面日侨也均已撤走，仅余2人，且日舰在长江及杭州湾方面活动频繁，因此在7月30日军事委员会各有关部门长官汇报会议上，根据国防作战计划的方针，“各长官商定（1）对上海陆战队之应付计划，（2）对汉口日租界之扫荡计划，（3）长江上下游各要塞之阻塞及对日舰之扫荡计划”，〔10〕并责成有关单位迅速拟出具体计划。海军部部长陈绍宽中断了在英、德等国的考察回到南京，制订海军作战计划，并下令海军部指挥下的第1舰队、第2舰队、练习舰队、海军测量队及巡防队所属“宁海”、“平海”等49艘舰艇集中长江，分泊南京下关和湖口江面，准备扫荡敌舰及封锁长江。

8月1日，张治中发布了《告淞沪将士书》和《告淞沪区民众书》，宣告已至“最后关头”，号召军民奋起抗战，同时进行准备。

8月7日，国民政府召开国防会议，军政部部长何应钦作了“七七”事变以来中央军事准备的报告，说明现在"准备全部动员，整个抗战"，"将一切军事准备，均由平时状态转移为战时状态"。准备工作比较重要的有以下几项："(1) 战斗序列草案之规定。将全国军队列入抗战序列者，第一线约 100 个师，预备军约 80 个师……依照序列，使用于河北者共约 50 个师，正源源向沧州、保定、石家庄一带集中。(2) 弹药之整备。将军政部年来存储之弹药(约可供全军作战 6 个月之需)，拟定计划，依作战之要求，分设弹药总库若干及分库若干，约计在长江及黄河以北囤积三分之二，江南囤积三分之一。现已按计划搬运完毕……"此外有粮秣购办、防空及新兵器分配、总动员筹划、交通通信整备、兵员补充、民众组织训练等，并报告了向华北派军增援等问题。[11]同时在会上批准了海军部的作战计划，决定扩大后勤机构，以适应战争的需要。8 月 10 日，行政院第 324 次会议通过了军事委员会为"保国防物资而作长期抗战军需供给之准备"而提出的《上海各工厂迁移内地工作案》，由军政部、资源委员会等有关单位派人组成监督委员会，于当夜由南京至上海召集有关工厂代表，组成上海工厂迁移联合委员会，开始着手向汉口迁移。[12]

(三) 虹桥事件及会战开始前的态势

军事委员会的国防作战计划和京沪警备司令部的作战指导方针虽然都确定"先发制敌"，企图一举攻歼上海日军，但在京沪警备司令部公开成立时，驻在警备区的中国军队仅有第 87 师、第 88 师及刚刚调至苏州的第 2 师补充旅(7 月 26 日改为独立第 2 旅)。上海市区内则仅有上海保安总团(2 个团)及警察总队(约 1 个团)。为加强上海警备力量和实施扫荡上海日军的作战，张治中将第 87、第 88 两个师分别集结于常熟、苏州、江阴及无锡的公路、铁路附近，并作好了汽车、火车运输的计划和准备，可随时迅速将军队前送上海，投入战斗；同时令独立第 2 旅的 1 个团化装为上海保安团，进驻虹口、龙华两机场，令另 1 个团化装为宪兵开驻松江。另外，又调江苏保安第 2 团接替浏河方面江防警戒，将原保安第 4 团集结至太仓附近，担任岳王市、梅李两区的防务。此时，上海四郊的第一期据点工事已经完成，军事委员会命令上海市市长俞鸿钧借设立特别市 10 周年纪念筑牌楼之便，掩护施工，在市中心区各要地构筑据点工事(主要为机枪、小炮掩体)。

1937 年 7 月下旬时，日军驻上海的海军第 3 舰队所属特别陆战队共 4 个大队分驻于江湾、杨树浦等地：虹口老靶子路海军陆战队司令部约 800 余人，江湾、天通庵日军营房约1000余人，沪东杨树浦公大纱厂约100人，沪西小沙渡中田纱厂约100人，戈登路分驻所约100人，北四川路日本小学、白保罗路日侨住宅区以及窦乐路日军医院等地共约500余人，以上连同日舰上陆战队，总计在沪兵力约4000余人。另有组织健全的在乡军人约3600人、由日本青壮年侨民组成的义勇队约3500人。配属有轻装甲车和坦克各20余辆、高射炮4门、各种口径的火炮32门。虹桥司令部、杨树浦纱厂、小沙渡纱厂及军营等处均筑有防御工事。特别是司令部，筑有钢筋水泥的永久工事，极为坚固。当时日军在日租界各要点又增设工事，在楼顶架设高射炮，对市中心区及南翔方面预设炮位，并日夜进行演习，还向各重要街道派出岗哨及巡逻兵，积极备战。

当日军通过上海租界英捕房军事探长潘连璧、于一星等侦知上海警察总队正加紧构筑市中心区据点工事和保安总团兵力有所加强时，日本海军驻华武官本田辅向中国外交部亚洲司司长高宗武提出抗议，认为在上海构筑工事是“敌对行为”，有违“一·二八”淞沪停战协定。7月28日，日海军驻华武官冲野亦男及日本驻上海总领事冈本季正分别至上海保安总团和上海市政府会见吉章简总团长及俞鸿钧市长，询问保安团增加兵力和构筑工事情况，并要求查看。均被中方拒绝。俞鸿钧以“保安队既非正规军队，停战协定内亦无限制我国建筑防御工事之条文”为理由，婉转答复，并指出：“姑无论我国建筑国防工事非他国所能过问，即使我国明告以在该地区域内有国防设备，亦不能认为‘敌对行为’；反之，日本之武装侵入我区域（如八字桥等停战协定规定日军应撤退之地段），实是‘敌对行为’之明证。”[13]

8月8日，日第3舰队司令官长谷川清按照其中央的指示，为确保上海这一作战基地做好一切战斗准备，进行了新的兵力部署，将分散的兵力相对集中于日租界和军营，以及有防御设施的东、西纱厂中。

为制造侵略借口，日军制造了虹桥机场事件。8月9日18时左右，日海军特别陆战队驻沪西的第1中队中队长大山勇夫中尉和斋藤与藏一等兵驾驶汽车至虹桥机场，竟要强行越过警戒线至机场内侦察，门卫制止不听，仍向机场内冲闯。守卫机场的航空委员会特务团第8连哨兵为保卫机场安全，当即开枪将二人打死。当晚20时前后，俞鸿钧通知冈本季正总领事时，日海军特别陆战队不承认有人外出。但长谷川清于21时30分即电令早就集结于佐世保待机的第8战队、第1水雷队、第1航空战队及佐世保镇守府第1特别陆战队、吴港镇守府第2特别陆战队等做好出发的准备，同时向海军部报告了上海的情况及自己的决定。10日晨，中日双方派员去虹桥机场进行了现地调查，确认是大山勇夫二人后，13时25分，长谷川清电令佐世保除第1航空战队外的其余部队立即向上海前进。11日到达上海，当日登陆完毕。12日夜，日海军军令部又将原配属于"华北派遣军"的第2航空战队转隶第3舰队司令官指挥，长谷川清当即下令命第1航空战队及第2航空战队立即开赴马鞍群岛前进基地(在上海东南乘泗列岛之的泗礁山)。

日海军军令部考虑到上海中国军队已有作战准备，必须有陆军部队参加才能发动进攻，因此在12日2时致电第3舰队："陆军……已决定出兵，派遣2个师团。但陆军攻击开始时间须在动员后的20天，因此希考虑尽量于此期间不扩大海军陆战队的战斗正面，等待陆军派兵。"[14]

为了拖延时间、等待陆军部队到达，日本驻上海总领事冈本和武官冲野于11日分别会见了俞鸿钧和淞沪警备司令杨虎，提出在正式交涉之前，为避免再度发生类似冲突事件，要求中国方面立即撤退保安团和拆除所有保安团的防御工事，并解释从佐世保增兵上海的目的是为了保护日侨。这种无理要求当然不可能为中国方面所接受，即以"上海系中国之地，无所谓撤退"等理由予以拒绝。冈本见威胁无效，当日下午又要求由中、英、美、法、德、意、日各国委员组成的淞沪停战共同委员会召开紧急会议，以所谓"中国保安团及正式军队进行战争准备、妨碍租界安全及违反停战协定"为理由，提请各国代表采取有效方法制裁中国。中方代表当即"依法据理驳复谓：'(1) 停战协定早为日方破坏。因日方军队时常侵入八字桥一带区域，该处地段按照协定，日方军队悉应撤退。(2) 日方既破坏停战协定，则根本无依据该协定作任何提议之权。(3) 日方每利用共同委员会为实施该国侵略政策之工具，于己有利时则提及之，于己不利时则漠视之，应请各国注意。(4) 日方对于虹桥事件，一方(面)同意以外交方式解决，一方(面)军舰云集、军队增加、军用品大量补充，此种举动影响各国侨民生命财产之安全，且对于我国威胁与危害。根据上项理由，应请大会对日方请求驳斥，并对日方之威胁行为报告各国。'……后中立国代表问：'双方军队能否隔开以免冲突危险?'(中方代表)当即驳称：'我方队伍在本国领土，采取自卫行动，并无不合。日方军队如能撤退，自无冲突危险。'至此，会议陷于僵局。厥后我方表示：中国军队当恪遵中央'人不犯我，我不犯人'之一贯政策，如日方不向我攻击，当决不向其攻击。"[15]会议遂在未得任何结果的情况下散会。

随着日军侵华战争局势的发展，上海战事已不可避免。虹桥事件只不过是一条点燃的导火索而已，中日双方在以外交手段进行交涉、应付的同时，实际上在紧张地进行着反侵略和侵略作战的动员与准备。

日本方面：海相米内在10日的内阁会议上说明上海情况后，要求动员陆军部队。陆相杉山答应派遣陆军。12日，参谋本部“根据陆军省、部的协议，制定了派遣兵力方案。其构想是：(1) 上海方面派遣部队，是以第11师团(欠一部)和第3师团为基干，编成1个军，8月15日为动员第一日。(2) 青岛方面派遣部队，预定是第11师团的一部和第14师团，其派遣时间伺机而定。(3) 运送：继续使用现在担任运送第二次动员部队的船只(预定16日完了)。(4) 动员规模：兵员约80万，马匹约87 000。”[16] 当夜召开了首、陆、海、外四相会议，一致同意向上海派遣陆军。

就在日本中央规划出兵上海的同时，上海日军也正进行紧急战备。根据日海军部及第3舰队司令官的命令，上海特别陆战队司令官大川内传七少将于12日17时下达了第2号非常警戒配备命令，命所属各部队立即进入阵地，准备战斗。其兵力区分及主要部署为：

(1) 八字桥警备部队：特别陆战队第3大队，附150毫米迫击炮4门、步兵炮2门，另配属轻坦克1辆、装甲车1辆、重机枪车3辆，防守八字桥至天通庵一线(主要防御地段的正面约1600米)。

(2) 北部警备部队：特别陆战队第1大队(欠第1中队)，附速射炮2门，配属轻坦克2辆、装甲车2辆、重机枪车3辆，防守沙泾港经持志大学、爱国女校至八字桥一线(主要防御地段的正面约2400米)。

(3) 东部警备部队：特别陆战队第5大队(原佐世保镇守府第1特别陆战队)，附山炮4门，配属轻坦克1辆、装甲车2辆、重机枪车3辆，防守公大纱厂及沪江大学经胡宅至天宝路一线。

(4) 西部警备部队：特别陆战队第1大队之第1中队，防守丰田纱厂。

(5) 中部警备部队：特别陆战队第6大队(原吴港镇守府第2特别陆战队)、特别陆战队第2大队，附150毫米迫击炮4门、速射炮2门、步兵炮2门，防守日军防区内陆海军武官室等各重要据点，并随时准备支援第一线部队。

(6) 虹口警备部队：第3陆战队(“出云”号舰上陆战队)，主要防守日本俱乐部；汉口特别陆战中队(由汉口撤沪)，附山炮4门，主要防守女子中学及欧阳路一带。

(7) 兵营地区警备部队：特别陆战队司令部大队，防守陆战队兵营及其附近。

(8) 预备队：特别陆战队第 4 大队(炮兵)、第 1 陆战队(第 11 舰队舰船陆战队),控置于海军司令部;第 4 大队(第 7 中队 150 毫米榴弹炮 4 门,第 8 中队 120 毫米榴弹炮 4 门,第 9 中队山炮 4 门、高射炮中队高射炮 4 门)分别在新公园(日义勇队靶场)、第 1 海军用地、陆战队兵营占领阵地,完成对预定各目标的射击准备。[17]

中国方面：

军事委员会于 11 日"决心围攻上海"。当晚处置如下:(1) 令张司令官治中率领第 87、第 88 两师于今晚向预定之围攻线挺进,准备对淞沪围攻。(2) 令蚌埠的第 56 师星夜开苏州,归张治中指挥。(3) 令嘉兴炮 2 旅即开炮兵 1 个团赴苏州归张治中指挥。(4) 令炮 10 团(新 15 榴弹炮)在京的 1 个营开赴苏州,归张治中指挥。[18]炮 10 团之 1 个营及炮 8 团原已在苏州、无锡一带。同时命令海军部按预定计划,立即撤除长江灯塔、航标及封锁江阴长江。原本计划扫荡日军在长江内的舰艇,由于情报早已泄漏和日军第 3 舰队战备需要等原因,长江内的日海军第 11 战队已于 8 月 9 日前集中于上海附近,故未实现。[19]

张治中接到命令后,于 11 日晚"以已准备之火车、汽车输送现有军队至上海,置重点于江湾、彭浦附近,准备对敌猛施攻击,进占敌军根据地而歼灭之。对各部之处置如下:(1) 现在上海地方部队,主力固守真茹、闸北、江湾市中心区、吴淞各要点,一部警戒沪西、沪南,掩护军队前进。(2) 87 师推进有力一部,确占吴淞,主力输送到达,前进展开于大场、江湾以北地区后,再推进至江湾市中心区,准备攻击;另以有力之一部控制罗店、浏河。(3) 88 师(欠 1 团)输送到达,前进展开于真茹、大场(不含)之线后,再推进至闸北、江湾(不含)准备反击。(4) 炮 10 团 1 营及 8 团进至真茹、大场占领阵地。(5) 钟旅(独立第 2 旅)在松江之 1 团,转苏嘉路至南翔待命。(6) 56 师输送到昆山后,进至太仓、支塘待命。(7) 88 师 527 团至南翔,为总预备队。(8) 职拟 12 日上午进至南翔。"[20]

12 日晚,各部队均按命令到达指定位置,展开并占领了进攻出发地位的阵地。张治中从战术要求出发,企图掌握先制之利,在日军尚未准备充分之前出其不意,攻其不备,于当日中午致电蒋介石、何应钦,说:"本军各部队在本日黄昏前可输送、展开完毕,可否于明(元)日(即 13 日)拂晓前开始攻击? 我空军明晨能否同时行动? ……乞示知。"[21]蒋介石从政略需要出发,认为有英、美、法、德、意各国代表参加的停战共同委员会当时正在开会,为避免在宣传上造成不利的国际影响，复电张治中："希等候命令，并须避免小部队之冲突为要。"[22]

陈绍宽奉命于11日夜令"甘露"、"瞰日"、"青天"号测量船和"绥宁"、"威宁"号炮艇驶赴江阴以下江面，将各航路标志彻底破坏。陈绍宽乘"宁海"号巡洋舰率领第1舰队主力"平海"、"海容"、"海筹"、"应瑞"、"逸仙"号等舰艇驶赴江阴，于12日将征用的招商局等各轮船公司的20艘商船和海军老式舰艇"通济"、"大同"等8艘[23]拆下舰炮等武器装备，沉于江底，封锁长江航道。后又将日本趸船8艘和新征用的"公平"、"万军"、"永吉"3艘商船沉于江阴封锁线；复从江苏、安徽、湖北等省征用大量石子及185艘民船、盐船，用以填补缝隙。日海军航空兵飞机轰炸江阴封锁线后，9月25日，守军再将当时最大的巡洋舰"海圻"、"海琛"、"海容"、"海筹"沉于封锁线后，构成一道辅助阻塞线。

（四）会战前夕双方兵力及军队概况

淞沪会战开始时参加作战的日本军队是日本海军第3舰队(1932年"一·二八"沪战时编成)，司令官为长谷川清中将，旗舰为"出云"号。当时长谷川清指挥的部队有：

第10战队：司令官下村正助少将，主要作战舰艇有"天龙"号等2艘巡洋舰、3艘驱逐舰。

第11战队：司令官谷本马太郎少将，该舰队为侵华需要而建立的，均为适应于长江作战的浅水舰艇，编有"八重山"号等1艘驱逐舰、1艘敷设舰、7艘炮艇。

第5水雷战队：司令官大熊正吉少将，主要作战舰艇有"夕张"号等1艘巡洋舰、5艘驱逐舰。

第8战队：司令官南云忠一少将，主要作战舰艇有"比良"号等1艘轻巡洋舰、3艘驱逐舰。

第1水雷战队：司令官吉田庸光少将，主要作战舰艇有"川内"号等1艘轻巡洋舰、6艘驱逐舰。

上海特别陆战队：司令官大川内传七少将，下辖5个大队(包括司令部大队)，并配属有佐世保镇守府第1特别陆战队和吴港镇守府第2特别陆战队。陆战队每大队540人，编制有步兵中队及工兵、通信、机枪小队，还配属有小型坦克、轻装甲车、山炮、野炮及高射炮等。

第3舰队司令官指挥下的海军航空兵有：

第1联合航空队：下辖木更津航空队和鹿屋航空队。各编有陆基攻击机和舰载战斗机。木更津航空队有“96”式陆基攻击机20架。鹿屋航空队有“98”式陆基攻击机18架、“95”式舰载战斗机14架。该联合航空队于1937年8月6日奉日本海军军令部的紧急命令，为参加上海作战进驻济州岛和台北。8月8日，鹿屋航空队由鹿儿岛基地转场至台北；木更津航空队因济州岛航空基地尚未完工，由千叶县木更津基地暂时转至九州大村机场。

第1航空战队：编有“凤翔”号、“龙骧”号和第12战队的“神威”号水上飞机母舰，共有战斗机21架、轰炸机12架、攻击机9架。

第2航空战队：编有“加贺”号等第22驱逐队，共有战斗机12架、轰炸机12架、攻击机18架。两战队各舰均泊马鞍群岛。

驻沪日军在会战开始时的兵力共有特别海军陆战队约5000人、在乡军人3600人。另有由日侨组成的义勇队约3000人，可担任后勤工作，必要时亦可参加战斗。有作战军舰约30艘、各种作战飞机100余架，其中主要机种为“96”式陆基攻击机、“96”式和“95”式舰载战斗机、轰炸机。陆基攻击机1936年造，为单翼，最大时速188海里，载5名乘员，装备机枪3挺，可携带800公斤炸弹，续航力为2365海里，主要用于进行战略性作战。深入至南京、杭州等地区进行轰炸的就是这种飞机。舰载轰炸机为双翼，最大时速167海里，载2名乘员，装备机枪3挺，可携带250公斤炸弹，续航力约600海里，主要用于战术性作战。舰载战斗机主要用于空战。〔24〕

会战开始时，中国军队参加作战的陆军部队主要是第9集团军（京沪警备司令部于8月12日撤销，所属部队改编为第9集团军，仍由张治中任总司令）。所属部队有：

第87师：师长王敬久，下辖第259旅（旅长刘安祺）、第261旅（旅长沈发藻）；

第88师：师长孙元良，下辖第262旅（旅长彭巩英）、第264旅（旅长黄梅兴）；

第56师：师长刘和鼎（第39军军长兼）；

独立第2旅：旅长钟松；

第57师第169旅；

上海保安总团：总团长吉章简；

上海警察总队：警察局长蔡劲军；

炮兵第 3 团、第 8 团、第 10 团。

第 87、第 88 师原为德国顾问训练的教导第 1、第 2 师，1936 年改编为调整师，武器装备齐全，官兵素质较好。师辖步兵 2 个旅，每旅 2 个步兵团，直属分队有骑兵连、炮兵营、工兵营、通信兵营、辎重兵营、卫生队、特务连等。全师人员 10 923 人，有步骑枪 3800 余枝、轻重机枪 328 梃、各式火炮与迫击炮 46 门、掷弹筒 243 具。第 88 师还装备有战车防御炮兵 1 个连(有 37 式苏罗通炮 6 门)。第 56 师为整理师，编制单位与调整师基本相同，但人员装备稍少，全师人员 8170 人，系由原安徽马祥斌部及北洋军吴新田部改编，战斗力较差。炮兵团各辖 2 营 6 连，每连装备有山炮或野炮 4 门。总计陆军兵力约 5 万人。[25]

8 月 13 日，军事委员会下令将苏浙边区公署改编为第 8 集团军，下辖第 61 师、第 55 师、第 57 师、第 62 师、独立第 45 旅、炮兵第 2 旅(欠第 3 团)。并划定第 8、第 9 两集团军的作战地境以苏州河至南站之线为界，以北为第 9 集团军，以南为第 8 集团军。

中国海军的主要作战部队共有 4 个舰队，另有练习舰队和电雷学校。名义上均属国民政府海军部领导，但由于历史原因，实际上只有第 1、第 2 舰队和练习舰队归海军部指挥，第 3 舰队(原东北海军，驻山东)、第 4 舰队(原广东海军，后改称“广东江防司令部”)及电雷学校(隶属军政部，驻江阴)由军事委员会直接指挥。参加淞沪会战的部队是海军部指挥的各舰队(第 1 舰队、第 2 舰队、练习舰队、巡防队、测量队)和军政部领导的电雷学校以及“海琛”、“海圻”两舰。[26]其中以第 1 舰队实力最强。此外还有第 1 独立陆战旅。旅长林秉周，辖第 1、第 2 两个团，共 4800 人，随同第 1、第 2 舰队。

参加淞沪会战的中国海军舰艇总计 70 余艘，排水量总共不过 4 万吨。而日本海军仅第 3 舰队就达 70 140 吨，且中国海军的舰艇质量、装备、火力都不及日本舰艇。真正能与日本海军正式进行海战的，不过是“平海”、“宁海”、“应瑞”、“逸仙”4 艘巡洋舰，合计才 9088 吨，尚不如日本 1 艘“出云”号的排水量，更不要说日本海军本身还有大量飞机协同作战。中国海军原来只有十几架水上飞机，抗战一开始，这十几架飞机又被军事委员会归并于航空委员会。所以在战斗力对比上，投入淞沪会战的中国海军远远劣于日本。

中国空军的情况：“七七”事变后蒋介石以空军主力 25 个中队支援华北方面的作战，以迟滞日军南下，仅以一部分担京、沪、杭沿海沿江的侦察与警戒及华中之防空。当时空军的部署为：以轰炸中队 6 个、驱逐中队 4 个编成天津、南苑两个支队，分别进驻华北各基地(以许昌、周家口、临沂为主)，并以驱逐、轰炸、侦察等15个中队支援之。

蒋介石曾计划在华北作战中以空军主力空袭天津、丰台等地日军，于8月8日发表《告空军将士书》，要求空军将士“及时奋发，以死报国”，但当淞沪会战开始时，军事委员会“不得不放弃华北正面作战计划，将空军全部兵力移用于京沪地区”。[27]淞沪会战开始时直接参加作战的共4个大队，飞机100余架，以南京、广德为基地，以曹娥、杭州、嘉兴、扬州、苏州、长兴等地为前进机场。会战之初，中国参战空军与日本参战的海军航空兵兵力大致相当。由于基地较近，补给容易，中国空军略占优势；但指挥不统一，协同不密切，在充分发挥战斗力方面不如日本海军航空队。

二、会战经过

关于淞沪会战的发起，《陈诚回忆录——抗日战争》说：“八月十三日，敌竟集结驻沪陆军及海军陆战队约万人，向我保安队进攻，淞沪会战序幕由此揭开”。因而大量有关著作均依此说。但《张治中回忆录》说：“大家都说这一次淞沪抗战为‘八一三’战役，实际上八月十三日并未开战，不过是两军对垒，步哨上有些接触，正式的开战是在八月十四日”；“十四日上午，我空军开始向黄浦江敌舰轰炸，我军于下午三时下达总攻击命令，下午四时，我们的炮兵就开始集中射击，步兵勇猛攻击前进”。《黄绍竑回忆录》也说：“八一三事变的发生，是出乎日本意料之外的，亦可以说日本是被动的，而我国是主动的。最高统帅的决策，是要以主动的姿态，先把上海的敌军根据地摧毁，然后再主动的向华北作战，即使不能将敌人根据地铲除，亦须吸引其兵力到这方面，以搅乱其既定的计划。”张发奎则说：“八月十三日究竟何方先在闸北开火？是我方”；“我们采取了主动权——日军在芦沟桥攻击我们，我们挑起了八一三事变”。《胡宗南回忆录》也说淞沪会战的“开始，中国中央军精锐第八十七师、第八十八师、第三十六师，在京沪警备总司令张治中指挥下，主动进攻，企图一举扫荡驻上海之日本海军陆战队，但因指挥不当，竟未能奏功”。可见日军虽然对华中作战已经作出了相当详细的计划，准备把上海作为下一步向华中地区进攻的作战基地。但在“七七”事变发动侵华战争的初期，确实将战场局限于华北地区，采用蚕食战略，逐步占领全中国。而中国统帅部为掌握作战主动权，以利于长期抗战，决定先发制敌，主动进攻驻上海之日海军陆战队。淞沪会战开始后，整个会战至11月12日方结束。根据作战的性质和形式，就中国军队方面而言，会战大致分为三个阶段：8月13日至9月11日为第一阶段，即攻势作战阶段；9月12日至11月4日为第二阶段，即守势作战阶段；11月5日至12日为第三阶段，即撤离淞沪阶段。

（一）会战初期双方的作战指导

1. 第三战区拟制作战指导计划

8月11日，英、法、美、意国驻华大使联合发出通知，要求不要使战争波及上海；13日，在上海的英、美、法3国总领事又向中日双方表示愿意从中进行斡旋，并提出了具体调停方案。所以大本营虽然于13日晚下达了向上海日军进攻的命令，但中国最高当局的决策者们对在上海作战仍存有疑虑，特别是基于双方军队战斗力的实际情况，对战争的必需规模、发展趋势以及在抗战中的地位与作用等并未考虑成熟，因而当最精锐的第87师、88师于14日发动总攻而进展甚微时，迅速扫荡上海日军的决心又有所动摇。14日，蒋介石先令侍从室主任钱大钧，后又亲自打电话给在庐山的陈诚，命其迅速去南京商讨上海战事。陈诚于15日夜到京后，蒋介石命其赴上海视察张治中部作战情况。19日陈诚与熊式辉共同至上海视察。18日晚返京后，蒋介石询问视察情形，熊说“不能打”，陈诚说“非能打不能打之问题，而是打不打的问题”。蒋介石征求他的看法，陈诚说：“敌对南口，在所必攻，同时亦为我所必守，是则华北战事扩大已无可避免。敌如在华北得势，必将利用其快速装备，沿平汉路南下，直赴武汉，于我不利。不如扩大淞沪战事以牵制之。”蒋介石从政略或国家战略的角度考虑，在思想上本来就侧重于在上海进行战争，以争取在华东地区有密切利益关系的西方国家的同情及支持，听了陈诚从军事战略角度提出的意见后立即表示“一定打”，同时接受了陈诚“若打，须向上海增兵”的建议，[28]并随即发表陈诚为第三战区前敌总指挥，重新部署了兵力，连夜制订出《第三战区作战指导计划》，以大本营“令字第4号”训令颁发。原文如下：[29]

一、指导方针

该战区应以扫荡上海敌军根据地，并粉碎在沿江、沿海登陆取包围行动之敌，以达成巩固首都及经济策源地，为作战指导之基本原则。

二、敌情判断

该区当面之敌，其企图可分为消极与积极两种行动。

敌取消极行动时，在上海方面，暂取守势，用海军输送有力一部，由浏河、杨林口、七丫各口，强行登陆；俟登陆成功，再由正面移转攻势，而进于浏河、太仓、昆山之线。

敌取积极行动时，其海军之行动将益扩大，除由前述各口登陆外，更将取大包围之态势，分由浒浦、浏海沙方面强行登陆，向我既设阵地（吴山—福山之线）侧背攻击，一面积极增派陆军，以期摧破我正面，威胁我首都。

三、军队区分

甲、淞沪围攻区

指挥官　张总司令治中

隶属部队：

第36师

第56师

第87师

第88师

第98师

教导总队之一部

第20旅

军政部学兵队

淞沪警备部

重炮兵第10团

炮兵第3团

炮兵第8团

炮兵第16团（在围攻期内暂归其指挥）

重迫击炮两营

战车防御炮2连

战车1营

太湖联防部队

乙、江南岸守备区

指挥官　第54军军长霍揆彰

隶属部队：

第 11 师(在围攻期内暂归甲区)

第 14 师

第 67 师(暂控置于南京附近)

炮兵第 16 团(在围攻期内暂归甲区)

丙、江北岸守备区

指挥官　第 111 师师长常恩多

第 111 师

江苏保安队第 1 团、第 8 团

丁、杭州湾北岸守备区

指挥官　张总司令发奎

隶属部队：

第 62 师

第 61 师

第 55 师

第 57 师

独立第 45 旅

炮兵第 2 团

戊、浙东守备区

指挥官　刘总司令建绪

隶属部队：

第 16 师

第 63 师

第 19 师

第 52 师

新编第 34 师

独立第 37 旅

暂编第 11 旅

暂编第 12 旅

暂编第 13 旅

四、作战地区

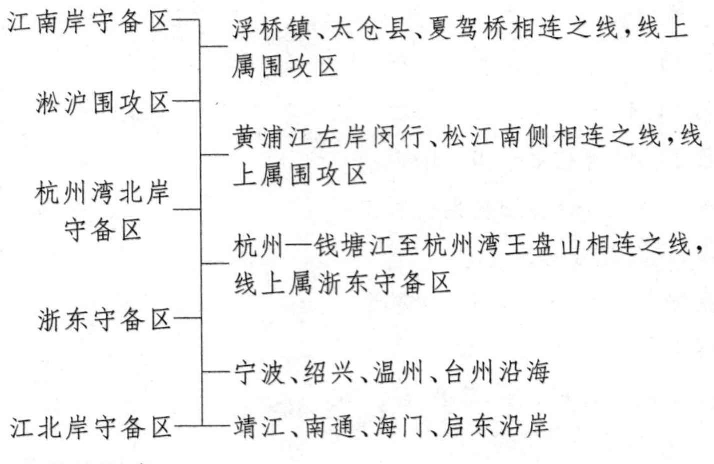

五、作战任务

甲、淞沪围攻区

就目前占领之要点，改修工事，并加强而确保之。尔后，本此要旨，逐步攻击，以缩小敌之防守范围，使其增援部队无法展布，以达扫数歼灭之目的。同时，加固真茹、大场、庙行、蕴藻浜至吴淞等处工事，以巩固围攻基础。

乙、江南岸守备区

以积极行动彻底歼灭敌军之登陆部队，为作战之主要任务。

第14师主力位置于常熟附近，以一部在鹿苑镇、福山镇、白茆口，向沿江警戒，并与浏河之56师取连络。

第67师暂控置于南京附近。

第11师位置于吴县、昆山附近，并派一部在江阴县，向江边警戒。

第14师、第11师对于国防工事阵地，务必认真查察，妥为考虑战术、战斗上之运用，并修补增强之。

丙、江北岸守备区

主力位置于南通附近，于靖江、海门、启东沿岸，各派一小部警戒之。

遇敌舰企图由江南岸强行登陆，或通过江面，如为射程所许，则制压之。

丁、杭州湾北岸守备区

以积极行动彻底歼灭敌登陆部队，为其作战之主要任务。主力位置于嘉兴、乍浦附近，以一部在沿海要点警戒。

并派步、炮兵各一部，在浦东沿江向敌侧背射击，以策应淞沪区之作战。

戊、浙东守备区

主力位置于杭州、萧山、宁波附近，除以一部直接警戒浙东沿海外，如敌军由杭州湾北岸地区登陆时，有援助该地区歼灭敌军之任务。

六、预备队之控置与运用

各地区指挥官应各控置适当兵力为预备队，俾随时得应邻近地区及其他需要而调遣之。

七、部队配置与工事构筑

各地区指挥官，无论施行攻击或防御任务，使各部队取纵深、横广之疏散、遮蔽配置。凡部队所到之处，即须注意构筑工事，以达步步为营之要求，而增加国军作战之韧强性。

八、空军行动

除续行其前任务外，对于企图登陆之敌，应尽力轰炸，尤以对敌之航空母舰，应不顾一切牺牲，强行炸沉之。

九、海军行动

敌舰进入长江下游，企图强行登陆，或转用兵力时，应尽全力攻击之，以协同陆军作战，纵有牺牲，亦在所不辞。

十、后方勤务部之任务

适应各地区作战之要求，完成通信、交通、卫生诸设备，充实弹药、器材诸补充。其集积运输，务必分散配置，顾虑对空遮蔽，以免敌空军及炮兵之轰炸，以达成补充圆满之任务。并应本此要旨各拟方案，附图具报。

十一、各地区团以上之配置，应以要图具报。

传达法：以书面派员送递。

命令受领者：冯玉祥、陈诚、张治中、张发奎、刘建绪、霍揆彰、缪澄流、周至柔、俞飞鹏。

通报受领者：何应钦。

2. 日本放弃“不扩大方针”　编组“上海派遣军”

8月13日，上海日军与中国军队交火。14日，日本内阁会议上决定了放弃“不扩大方针”，于15日凌晨1时10分发表了由陆相杉山起草的日本政府声明。其中最主要的有两点：一是“为膺惩中国军之暴戾，促使南京政府反省，今已不得不采取断然措施”，即决定断然以更大的武力来“膺惩”中国军队，强迫中国政府屈服；二是要求中国必须根绝“排外抗日运动”，“消除造成类似此次事件之根源，并取得日、满、华三国融和提携之实效”，即要求中国不仅不能抗日，而且必须承认伪满洲国，并和伪满傀儡政权一样绝对听从日本的统治或控制。这和过去的几次声明有极大的区别。如日本防卫厅战史研究室所说：“在此之前，7月11日的声明曾表示，希望中国方面迅速反省，以期事态的圆满解决。7月27日又声明表示，现在依然切望中国方面反省，将局面限定于最小范围，以期迅速求得圆满解决。但如今却提出，应‘取得日、满、华三国融和提携之实效’，即将处理事变的目的从解决局部事件，扩大为对日华关系全面、根本的调整处理。并且认为应以膺惩促其反省，方能达到目的。”这一提法，“被看作是表明不扩大方针已经消失，不惜进行全面战争的意见”。[30]

在日本内阁会议决定放弃“不扩大方针”的同时，日本陆军最高当局对第3、第11、第14师团等下达了第3次动员令。15日下达了编组“上海派遣军”和赋予其作战任务的“临参命第73号”命令。其主要内容为：(1) 将“上海派遣军”派到上海；(2) “上海派遣军”与海军协同消灭上海附近的敌人，占领上海及其北面地区的重要地带；(3) 中国驻屯司令官应将独立飞行第6中队以临时航空兵团派到上海附近，隶属于上海派遣军司令官。

“上海派遣军”的指挥系统如附表4-1-1。

8月18日，日军参谋总长根据《参谋本部和军令部的协定》、《陆海军关于华中作战的航空协定》作出以下规定：(1) “上海派遣军”司令官和第3舰队司令长官是协同关系，登陆的陆军部队和海军特别陆战队在战斗期间由先任指挥官统一指挥；(2) 以海军舰艇迅速将第3、第11师团送至目的地；(3) 登陆地点在浏河镇方面和吴淞方面，预期在敌前登陆；(4) 歼灭华中方面的敌航空力量主要以海军担任，为了该方面陆军部队的自卫，陆军应派遣一部飞行队。

此外，参谋本部还制订了《上海派遣军作战要点》。其内容如下：[31]

第一　方　　针

军以一个精锐兵团在浏河镇方面登陆，以主力在吴淞方面登陆，击败当面之敌人，尔后占领上海及其北面的重要地带。

第二　指导要点

(1) 军以第11师团主力从浏河镇方面登陆，以第3师团及军的直属部队在吴淞方面登陆，歼灭上海周围之敌。在吴淞方面登陆时，海军陆战队将予以掩护。

(2) 随着歼灭作战的进展，如情况需要，随时调部队于黄浦江上游方面，切断沪杭铁路。

(3) 在击败当面之敌后，应即占领上海及其北面重要地带，以掩护租界。

(4) 根据情况，开始以一部兵力在上海租界内登陆，增援海军陆战队。

(5) 登陆后，务必迅速占领和修整好上海附近的机场。

(二) 攻势作战

从1937年8月13日上海战事爆发至9月11日，中国军队主要采取攻势作战。由于战况的发展变化，以8月23日日援军在吴淞、张华浜等地登陆为转折，又可分为前后两期：前期，进攻上海市区虹口、杨树浦等地的日海军陆战队；后期，转入抗击日军登陆作战，主要与日陆军“上海派遣军”争夺市区以北沿江地带各要点。

1. 进攻日海军陆战队

8月13日下午，八字桥附近日军与第88师警戒分队交火时，中国军队第9集团军在上海的各部队处于以下位置：(1) 第87师主力在江湾两江女子体育学校沿虬江桥之线，一部在吴淞。(2) 第88师最前警戒部队与敌隔横浜对峙，主力在上海北站及鸿兴路东钱塘之线。(3) 炮10团第1营在暨南新村、大场间地区，炮3团在岭南山庄、江湾镇附近进入阵地，炮8团正向彭浦镇前进中。(4) 第57师第169旅中午已到龙华，正向徐家汇、虹桥路推进中。(5) 独立第2旅第658团在南翔集结，第659团向虹桥飞机场集结中。(6) 第56师主力已到达太仓，正向宝山、浏河、浒浦之线推进，用以警戒各口岸。(7) 上海警察总队在虬江码头、张华浜间警戒。(8) 保安总团在暨南新村集结。

由于日军向中国军队第88师射击，同时还向位于虬江桥、军工路的第87师部队射击，第9集团军总司令张治中致电军事委员会：“似此情形，行动势难延展，究应如何处置，祈迅赐电示。”[32] 军事委员会于当日夜指示：“(1) 令张司令官明拂晓攻击。(2) 令空军明日出动轰炸，令海军封锁江阴。(3) 令57师派1团附炮兵1营进至浦东，对浦西之汇山码头、公大纱厂射击。(4) 令18军(11师、14师、67师)转向苏州输送(该军正由武汉向石家庄运输中)。”[33]

14日上午，中国空军开始进攻(详后)，但第9集团军因准备稍不足，决定于

14 日“午后 5 时，对敌开始攻击”。张治中部署的主要内容为：“(1) 本军以彻底扫荡敌军之目的，主力在上海北站、宝山桥沿横浜至持志大学、沙泾港、铁路桥、金家宅、春江路之线，完成诸攻击准备，置重点于杨树浦港以西至虹口日司令部间。于空军轰炸后，在炮火掩护下，勇猛攻击，进占其根据地，压迫至苏州河及黄浦江而歼灭之。(2) 87 师置重点于右翼，向杨树浦之敌攻击，并以一部固守吴淞及警戒虬江以北。(3) 独立 2 旅以 1 团至大场，归(87 师)王师长(王敬久)指挥，以 1 团控于北新泾镇。(4) 88 师置重点于左翼，向虹口之敌攻击，并以一部对北站以南及苏州河北岸警戒。(5) 保安总团以 1 团归(88 师)孙师长(孙元良)指挥，主力集结于暨南新村。(6) 57 师(欠 1 旅)以一部于法华镇沿林肯路至虬江桥之线，对沪西之敌警戒。(7) 炮 3 团于江湾附近占领阵地，主(任)协同 87 师攻击。(8) 炮 8 团于彭浦附近占领阵地，主(任)破坏虹口敌营，并协同 88 师攻击。(9)炮 10 团 1 营于大场、暨南新村各附近占领阵地，主(任)敌坚固根据地之破坏。(10) 98 师已到之 1 团，集结南翔。”[34]

14 日 15 时，张治中下达总攻令。18 时炮兵开始集中射击，第 88 师及第 87 师即发起进攻。战斗极为激烈，第 88 师第 264 旅旅长黄梅兴在持志大学指挥作战时中炮阵亡，该旅伤亡官兵千余人，仅第 527 团即有 7 名连长阵亡。日没时，全线进展均不大。当晚张治中接蒋介石电令：“今晚不可进攻，另候后命。”[35] 进攻暂时停止。15 日、16 日奉令作攻击准备，未实施全线进攻。防守丰田纱厂的日海军特别陆战队第 1 中队乘机撤回司令部。为迫近日海军陆战队司令部，以作总攻准备，第 87 师及第 88 师仍组织突击部队向油漆公司、爱国女校方面的日军阵地进攻。16 日凌晨 1 时许开始攻击。日海军特别陆战队第 1 大队第 2 中队中队长贵志金吾被击毙。激战达 10 小时，突击部队多次突破日军阵地，第 87 师一度突入至日海军俱乐部。日海军上海特别陆战队司令官大川内传七急令其控置的战车坦克队、第 8 战队陆战队及第 1 水雷战队陆战队等增援，才阻止住中国军队的攻势。第 87、88 师占领了五州公墓、爱国女校及粤东中学等据点。当日，中国海军电雷学校 2 艘鱼雷快艇秘密驶至黄浦江，向停泊在日领署码头附近的日本“出云”号旗舰发射鱼雷，将其击伤。

日军第三舰队司令长谷川清于 16 日 11 时向海军中央部致电请援，说：“我陆战队数日来全体坚守战线，虽士气极为旺盛，但以寡敌众，连续奋战，持续一周实感极为困难。因此，一日也不能等待动员……”至19 时，又发紧急电报求援：“今(16 日)激战。我陆战队蒙受惨重损失。虽士气仍极旺盛，誓死维持战线，然而根据敌之兵力集中，预料今后每日将有激战。由于疲惫及兵力损耗，很难再维持 6 日，如果急派国内兵力有困难，请考虑先将旅顺待机的特别陆战队速派至该方面。”〔36〕日海军中央部接到上述两电后，急命海军陆战队在佐世保编组各约 500 名的 2 个大队于当日晚完成运输准备。当夜，长谷川清第三次急电求援，日海军中央部决定将原准备派往青岛、现正在旅顺待机的横须贺镇守府第 1 特别陆战队及吴港镇守府第 1 特别陆战队 2 个大队约 1400 人立即乘泊于旅顺的第 4 水雷战队舰只，运送至上海。

为了在日援军登陆前击歼上海的日海军陆战队，16 日晚，蒋介石又令第 9 集团军再次发起总攻。张治中的战斗部署大致为：“第 87 师对杨树浦，着重点于两翼。即一翼由东向西，一翼由西向东，使敌首尾不能相顾。兵力以第 87 师之 2 团任攻击，以夏楚中率(98 师)2 团巩固 87 师之主阵地。第 88 师总攻方向，一为由北向南，一为由西北向东南，使敌不能集中向我。兵力系以第 88 师之 3 团、钟旅(独 2 旅)之 2 团任攻击，借保安总队之 1 团守主阵地。”〔37〕

17 日 5 时，第 9 集团军“按预定部署全部开始总攻击，最初目的原求遇隙突入，不在攻坚，但因每一通路皆为敌军坚固障碍物阻塞，并以战车为活动堡垒，终致不得不对各点目标施行强攻。其各部激战终日之状况如次：(1) 88 师以主力由北分向日本坟山、八字桥、法学院、虹口公园攻击，往返争夺，伤亡甚重，仅法学院一处，已牺牲近一营之众。而攻日本坟山之部，于上午 11 时攻入，后因受敌侧防机关枪射击，未能退出，死伤尤多。日没前北正面受敌反攻，已被击退。(2) 87 师先对日俱乐部、日海军操场及沪江大学、公大纱厂攻击，迄 9 时许得王师长电话报告：已占领日俱乐部及日海军操场。惟经派员确查，据称日俱乐部旁之四层楼油漆公司尚为敌死守，我军正向其包围。对沪江大学、公大纱厂及引翔港镇方面，则激战终日，尚未得手。下午 5 时许，敌由海军操场南两次激烈反攻，均被击退。(3) 本日我炮兵射击甚为进步，命中颇佳。但因目标坚固，未得预期成果。如对日司令部一带各目标命中甚多，因无烧夷弹，终不能毁坏。”〔38〕

18 日，蒋介石已接到了英、美、法三国政府提出将上海作为中立区、中日双方军队撤出上海的建议，同时得知本日将由英国驻日代理大使德斯向日本政府提出该建议，因而在令陈诚去上海视察并发表“任命陈诚为第三战区前敌总指挥”的同时，再次命令张治中暂停进攻。〔39〕

日军由旅顺增援上海的 2 个特别陆战队大队于 18 日晨抵上海，与第 5 大队合并，编为东部支队，加强了东部地区的防守力量。从佐世保增援的 2 个大队于

图 4-1-1　淞沪会战攻势作战时期中国军队进攻日海军陆战队经过要图

（1937 年 8 月 13 日—22 日）

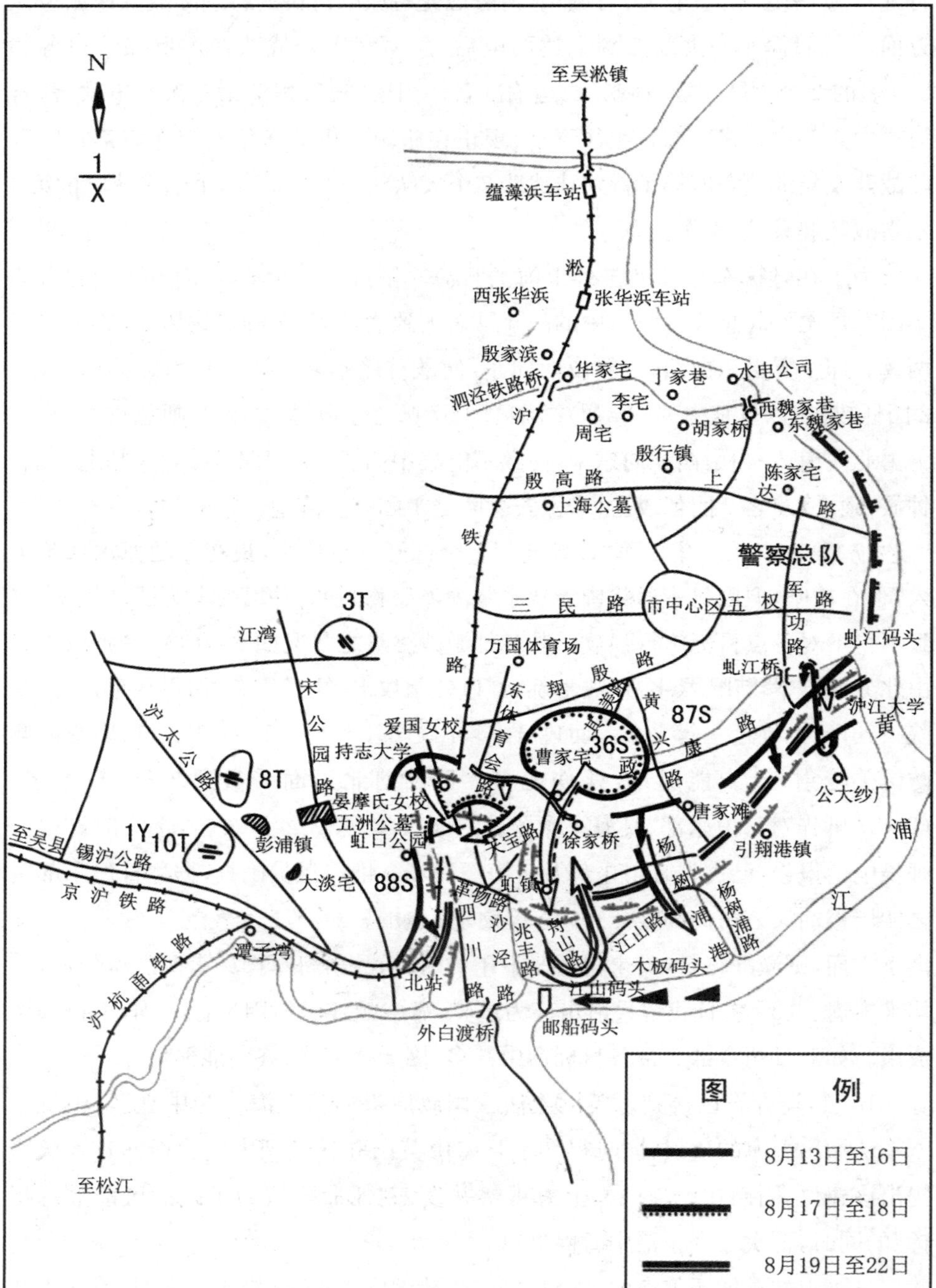

图　　例

8月13日至16日

8月17日至18日

8月19日至22日

19 日 22 时抵沪，以 1 个大队编入东部支队，1 个大队编入总预备队。

18 日，日本政府拒绝了英国关于将上海作为中立区的建议，因此蒋介石又下令第 9 集团军全线攻击。至 17 时左右，第 87 师的一部突入至杨树浦租界至岳州路附近。张治中决心利用这一有利态势扩张战果，将主攻方向由对日海军陆战队司令部转向敌阵地纵深内的汇山码头，实施中央突破，贯穿杨树浦租界至汇山码头，截断敌左、右翼的联络，尔后向东、西压迫，一举歼灭敌人。此时第 36 师已由西安到达上海，控置于吴家宅地区。张治中当即到江湾第 87 师司令部部署战斗：(1) 令第 36 师当夜加入沙泾港至保定路间正面，向汇山码头江边突破进攻。(2) 在日俱乐部正面的第 98 师之 292 旅，受第 36 师指挥。(3) 令第 98 师第 294 旅归第 67 师指挥，加入该师左翼，向沪江大学、公大纱厂攻击。(4) 令刚刚由南京开来的装甲团战车 2 个连及战防炮 1 个营配属给第 87 师。

第 36 师师长宋希濂令第 216 团及第 212 团分别由北丰路及公平路向汇山码头攻击前进。20 日至 22 日，双方军队逐屋争夺，伤亡均很重。第 38 师一度进至汇山码头，但由于日军陆上及舰上炮火猛烈，而其所占据的钢筋水泥楼房一时又难以突破，所以无法巩固既占领地区，被迫退回百老汇路北侧，官兵伤亡 2000 余人。配属给第 87 师的 2 个战车连也因缺乏步战协同全被击毁。

2. 抗击登陆日军

8 月 12 日，日本参谋本部下达了增援上海的陆军动员令。至 8 月 18 日，第 3 师团的半数和第 11 师团均已紧急动员完毕，决定分两批由海军舰艇向上海输送：第 3 师团一半兵力于 18、19 日由热田港出发；第 11 师团于 20、21 日由多渡津出发，至前进基地马鞍群岛集结；第 3 师团的另一半兵力于 28、29 日由宇品出发，直驶上海。

“上海派遣军”司令官松井石根于 22 日到达马鞍群岛，根据任务和了解的情况制定了作战计划：“(1) 与海军协同，以有力兵团在川沙镇方面，以主力在吴淞附近登陆，击败当面之敌，尔后占领上海及其北面的重要地带，保护帝国居民（实际保护上海这个作战基地）。(2) 23 日黎明起开始登陆，尔后以在川沙镇附近登陆之第 11 师团，迅速进入罗店镇，对嘉定进行攻击，并准备尔后向南翔及顾家宅附近前进；在吴淞附近登陆之第 3 师团应确保吴淞附近，并准备向大场镇附近前进。”企图控制京沪铁路，切断上海与南京的联系，包围上海的中国军队并进行侧背攻击。与此同时，他与海军商定了协同计划：“(1) 海军以主力协同陆军的登陆，以一部在杭州湾及扬子江上游七丫口（上海西北约 45 公里）佯攻。(2) 在第3师团登陆时，以海军特别陆战队作为登陆掩护队。”[40]

日军的这两个师团集结于马鞍群岛后，为便于登陆，换乘小型舰艇。第11师团先遣部队于23日零时进至川沙镇以北地区强行登陆。当时长江南岸守备区仅有第56师，而守备川沙口的部队仅有1个连，阻止不住日军的登陆。当天午后日军占领川沙镇，并有一部兵力进至罗店。

日军第3师团第3旅团先遣部队在驱逐舰护卫、引导及大力掩护下，于23日7时许在吴淞镇南约1.5公里的铁路轮渡码头及张华浜强行登陆。守备该处的保安总团及市警察总队虽然进行了英勇的抗击，但无法阻止日军登陆。当日下午，日军占领了江岸至铁路间的滩头阵地。

此时第18军的第11、第14、第67三个师已先后到达京沪地区：第11师在大场镇；第14师在常熟附近，担任梅李镇、福山间沿江警戒，并受命加强吴福线国防工事；第67师及军部在苏州、无锡地区。教导总队第2团亦已到沪，第51师及第6师则正向苏、沪输送。上述各部队均归张治中指挥。此后中国军队的主要作战任务由围攻日海军陆战队转为抗击在上海登陆的“上海派遣军”。

张治中得悉日陆军登陆情况后当即与陈诚联系，决定对日海军陆战队暂取守势，迅即调动部队反击登陆日军，并将自己的处置电报蒋介石。其具体部署为：“将虹口、杨树浦正面作战之第36、第87、第88师、独立20旅、保安总团、教导总队第2团各部，归王敬久指挥，派其为淞沪前敌指挥官，命对正面固守原阵地，而以教导总队第2团拒止张华浜之敌。由第87师调一旅支援吴淞，并抽出第98师，令向宝山、刘行、杨行、罗店之线前进，以该师师长夏楚中指挥该师及第11师，拒止上陆之敌。”各部队按命令行动。17时，第11师冒着日机的轰炸进至罗店，发现日军正构筑工事，遂以第33旅发动攻击。经短时激战，夺占罗店，杀敌百余，俘虏3名，并在日工兵上尉尸体上搜获作战地图，得知此地登陆部队为日军第43、第44联队及工兵第11联队，同时了解到日军的主攻方向为罗店、嘉定及浏河。教导总队第2团因张华浜登陆日军兵力甚多且已占领滩头阵地，无力将其击退，仅能暂时阻止其向西扩展。张治中又由第88师抽调1个团前进至蕴藻浜南岸设防。

陈诚虽然同意了张治中的部署，但他认为当前的主要威胁是新登陆的日军，而张治中用于抗登陆的兵力过少，不能集中兵力、形成重点，所以他也向蒋介石发出电报，提出自己的部署方案：“为击灭狮子林、川沙登陆并继续围攻淞沪之敌，拟定新部署如左(下)：(1) 淞沪围攻军由张总司令指挥，仍继续进行攻击，同时并在原攻击阵地作固守准备。(2) 第18军之第11、第14、第56师诸部由职指挥,任沿江已登陆之敌之歼灭。(3) 第11师、第67师、第98师、炮兵第16团为右翼军,归罗军长卓英指挥,对狮子林、川沙登陆之敌行歼灭战。(4) 第56师、第14师为左翼军,归刘军长和鼎指挥,协同右翼军攻击,并任浏河口以西沿江要点守备,阻击敌之登陆。(5) 第6师、第51师位置于南京、苏州间铁路两侧地区,为总预备队。(6) 职现在苏州部署中。请鉴核。分别电令遵照。"[41] 蒋介石同意陈诚的部署,考虑战场范围已经扩大,遂将使用于长江南岸守备的部队编组为第15集团军,任命陈诚为总司令,与张治中第9集团军分区各自指挥。两集团军作战地域分界线为南翔—蕴藻浜—吴淞镇南端之线,线上属第15集团军。[42]

8月24日,日军后续部队继续登陆,一部占领了吴淞炮台和宝山,主力向狮子林方向扩展。与此同时,为加强陆军火力,日参谋本部于本日下令增派独立重炮兵第2、第3大队及独立攻城重炮兵队,配属"上海派遣军"。

王敬久为便于指挥,将淞沪围攻军区分为左、右两翼及两个守备区:以第88师及独立第20旅为右翼军,对虹口方面之敌攻击;以第36师及第87师为左翼军,对杨树浦之敌攻击;上海警察总队及保安总团仍任虬江及吴淞地区之守备。当日,张华浜方面的战斗极为激烈。教导总队第2团伤亡甚大,第36、87师约调4个团的兵力进行反击,才稳住阵线。突入杨树浦方面进行巷战的各部队为避免遭敌夹击,于当夜撤出,沿租界路口改为防御。

罗卓英于23日到达太仓,得知罗店战斗情况后决心"以广正面攻击登陆之敌,压迫于江岸而歼灭之",于24日6时许,在嘉定司令部下达了作战命令。主要内容为:"(1) 第98师由杨家行,对杨家行—宝山线(含)以左地区之敌攻击。(2) 第11师由罗店,对新镇—月浦—狮子林线(含)以左地区之敌攻击。(3) 第67师为军预备队,并以有力之一部,由罗店、嘉定对罗店—聚源桥—东王庙线(含)以左地区之敌攻击,右与第11师、左与浏河56师部队取连络。"当日,第98师第294旅的一部驱逐了立足未稳的少数日军,占领了宝山城;第292旅进至月浦、新镇一带,构筑工事。第11师在罗店以北地区与日军展开激战。

25日、26日,第9集团军方面没有大规模的战斗,与日军基本上形成了对峙。第15集团军方面,25日仍在罗店以北地区激战。由于日军主力已逐渐在川沙口登陆,陈诚责成第18军在敌主力立足未稳之际予以歼灭。罗卓英于9时下令:"(1) 第98师以1团控置宝山及其附近,沿江警戒,主力转对狮子林之敌攻击。(2) 第 11 师以一部协助第 98 师攻击狮子林之敌,以主力扫荡狮子林以西川沙口以东地区之敌。(3) 第 14 师霍师长指挥第 40 旅及第 67 师 199 旅(欠 398 团)由浏河方面向川沙之敌攻击。(4) 第 67 师(欠 199 旅)攻占陆家村后,即连系第 11 师、14 师协同进展歼灭该敌。"战斗至 25 日晚,第 67 师的第 201 旅作战失利,失去联络,罗店情况不明。罗卓英判断罗店为日军攻占。蒋介石得知后,于当夜亲自越级下达命令,指挥第 18 军作战。其电令主要内容为:"(1) 今晚必须恢复罗店。占领罗店后,即在罗店附近构野战工事,一面在淑里桥、南长沟、封家村构筑据点工事。(2) 第 11 师、第 98 师今晚仍照预定目标攻击前进。(3) 第 14 师留 1 团在太仓,1 团在福山口构筑工事,主力今夜应向嘉定、罗店前进。(4) 第 61 师在大场、杨家行一带赶筑工事。"[43] 陈诚将第 61 师配属给第 18 军。26 日晨接到第 87 师报告,知罗店未失,仍在固守。至 26 日夜,第 18 军在宝山、狮子林炮台、月浦、新镇、罗店、曹王庙、浏河镇一线与敌激战。

由于陈诚已任第 15 集团军总司令,直接指挥第 18 军等部作战,淞沪战场已形成两个作战集团,而冯玉祥虽名为第三战区司令长官,但因历史原因难以真正指挥淞沪地区的部队。为便于协调及指挥各集团军作战,8 月 26 日,蒋介石任命顾祝同为第三战区副司令长官,负实际指挥淞沪会战之责。

8 月 27 日,第 9 集团军再次调整部署:"将正面兵力区分为三部:(1) 右翼军(指挥官孙元良,第 88 师,独立第 20 旅 1 团,保安总团 1 团,警察总队),于北站至沙泾港间原阵地围攻虹口,并以一部任沪西一带及谭子湾至北站间之警戒。(2) 中央军(指挥官宋希濂,第 36 师,独立 20 旅欠 1 团),于沙泾港东岸塘山路、华德路、引翔港镇北端至虬江口之线,围攻杨树浦之敌。(3) 左翼军〔指挥官王敬久,第 87 师,第 61 师(61 师由杭州湾北岸守备区调来,配属第 18 军作战,本日第三战区又将其转隶第 9 集团军。另以第 6 师之 18 旅归罗卓英指挥),保安总团欠 1 团〕,固守吴淞并围攻张华浜方面之敌,另以一部任虬江口至张华浜间之警戒。"[44]

由于受到中国军队的坚强抗击,日军登陆"作业并不顺利",直至 8 月 25 日中午,第 11 师团及第 3 师团的第 5 旅团方登陆完毕。又因遭到第 9 及第 15 集团军的有力反击,日军陷于苦战之中。至 27 日夜,日第 11 及第 3 师团均无进展,敌我双方仍在张华浜及罗店以北地区激战。为了加强航空兵的力量,以支援登陆作战,日海军除将刚编成的第 22 航空队及第 23 航空队使用于上海作战外,8 月 27 日又以"神威"号舰及第 28 驱逐队等编成第 3 航空战队参加上海作战。

在日陆、海、空联合进攻下，8 月 28 日，日第 3 师团攻占了殷行，第 11 师团攻占了罗店。

罗卓英鉴于 28 日战况不利，决心先夺回罗店据点，尔后再全线反击。他于 17 时下达战斗命令："第 98 师即派第 292 旅，急由新镇向罗店东北地区猛攻敌之侧背，主力集结于长浜站附近待命，对左翼另派游击队；第 11 师除以一部守备阵地、抑制当面之敌外，以主力沿罗（店）浏（河）公路向敌正面猛攻；第 67 师之 401 团，应于小堂子附近原阵地待机出击；第 14 师之两团及 67 师之一部，由西向东猛攻罗店，须侧重西北方面。另派有力之一部，由曹王庙攻敌侧背。"[45] 是晚各部队因已苦战终日，伤亡惨重，士兵体力疲惫，且部队整顿需时，行动迟缓，加以适逢大雨，道路泥泞，协同动作欠佳，进展不大。第 14 师（时已属第 54 军序列）于 29 日下午抵达嘉定城，兼师长霍揆彰与参谋长郭汝瑰研究作战方案，郭认为"我们虽然只有两个团（另两个团在防守江岸），但右侧方是我们的第 67 师，现在晚上，敌人不知道我们增援上来了，因此我们可乘日军立脚未稳之时，拿一个团正面进攻，另一个团迂回到敌背后，两团夹攻，67 师佯攻配合，定可夺回罗店"。霍揆彰赞同这一作战方案，遂决心以第 83 团向罗店西侧进攻，以第 79 团迂回至罗店侧背攻取罗店，以师特务营为预备队，师指挥所推进至施相公庙。第 83 团从西侧向小河桥猛冲，因无炮兵掩护，伤亡甚大而进展甚微。第 79 团进出至罗店西北侧小河边，搭架便桥，其第 3 营渡河突入至罗店日军清水司令部，获得战利品甚多。但因孤军深入，不敢前进，全营隐蔽于竹林中。适逢陈诚到施相公庙视察，认为指挥所靠敌过近，天明后日军轰炸必将受严重损失，令霍揆彰后撤。霍遂下令停止进攻，指挥所人员返回嘉定城，第 83 团撤至出发阵地。第 79 团在小河西的 2 个营奉令后即撤回，但突入罗店的第 3 营在天明后遭日军包围反击，全营伤亡过半，营长李伯钧亦阵亡。至 30 日，第 18 军位于宝山、狮子林炮台、月浦、新镇、施相公庙、曹王庙至浏河镇之线。此时，第 51 师、第 58 师、第 56 师等部队已到达常熟、太仓、嘉定一带。

日陆军登陆的同时，日海军也在增兵上海。29 日、30 日，佐世保镇守府第 4 特别陆战队及各特别陆战队之补充兵员均已到达上海。

由于吴淞镇的中国守军不时以火力袭击出入黄浦江的日舰艇，且对其第 3 师团形成侧背威胁，"上海派遣军"司令官松井石根决定令第 3 师团攻击吴淞镇；同时令第 11 师团派出一部兵力，由川沙口沿江岸东进，扫荡沿江中国军队各据点，至吴淞与第 3 师团会合，以打通两师团在陆上的联系。31 日，日第 3 师团派出第63联队乘坐舰船，在日海军航空兵及舰炮火力掩护下从江上攻击吴淞镇。中国守军第61师因准备不充分，稍战即溃。15时左右，日军占领了吴淞镇。张治中即与顾祝同联系，令集结刘行、广福的第6师增援吴淞、驱逐登陆之敌。蒋介石命独立第2旅与第61师合并，将第61师师长杨步飞撤职，任钟松为第61师师长。日第11师团派出的浅间支队（步兵第43联队2个大队，山炮1个中队，由联队长浅间义雄大佐指挥），此时正由川沙口沿江岸向狮子林炮台前进中。

日“上海派遣军”虽然登陆成功，并先后攻占了殷行、罗店及吴淞镇，但在中国第9集团军及第15集团军的坚强抗击下不仅行动困难，而且伤亡甚大，实际上仍处于被分割包围的不利地位，陷于苦战之中。松井石根于当日向日本政府请求增援。他向陆军大臣和参谋总长报告说：“军当面之敌是从平汉、津浦沿线调来，加上中央直系军的精锐部队，总计15个师，自29日起，以其主力开始向11师团的正面攻击。值得注意的是该方面使用了中国军中最精锐的陈诚指挥的第11师、第14师……我军兵力最小限度要5个师团，当前最重要的是紧急派遣待机中的第14师团及天谷支队神速到达。”长谷川清也向军令部请求“火速给上海派遣军增兵”。〔46〕日陆、海军最高当局认为上海形势严峻，决定华北日军停止在青岛作战的准备，将用于青岛的兵力转用于上海。8月31日晚，日参谋本部命令正在由青岛向大连输送的天谷支队（第11师团的第12联队，附山炮1大队）立即驶向上海，归“上海派遣军”司令官指挥。9月1日，日海军中央部也下达命令，将第2舰队的第4水雷战队、“长鲸”舰以及佐世保镇守府第2、第3特别陆战队归第3舰队司令官指挥，从旅顺立即开赴上海。

9月1日，企图打通第11师团及第3师团陆上联系的浅间支队在日海军火力支援下，猛攻狮子林炮台。防守该据点的第88师第588团1个营的阵地全部被轰毁，该炮台经反复争夺，终因寡不敌众，伤亡过多，于14时许被攻占。但日军再南进时，即遭第98师的坚强反击，攻击受挫，被阻止于杨家宅地区。

日本政府于9月2日在临时内阁会议上决定把所谓“华北事变”改称为“中国事变”，扩大对华战争。同日，日“上海派遣军”第3师团第29旅团及由华北青岛方面转来的天谷支队先后到达上海，在吴淞登陆。松井石根“为了击败包围罗店镇附近的第11师团之敌，迅速完成第11师团和军主力之间的陆路联络，遂令天谷支队沿吴淞镇—月浦镇—罗店公路地区前进，攻击罗店镇附近敌人之后侧背”。〔47〕

9月3日，日海军第2舰队的第4水雷战队、“长鲸”舰以及佐世保镇守府第

2、第 3 特别陆战队到达上海，两特别陆战队立即登陆，归大川内传七指挥，加入日海军上海特别陆战队行列。9 月 5 日，日海军宣布封锁中国东南海岸，切断中国海上与外界的交通。

日军新增兵力后加强了攻势。第 3 师团经 3 天猛攻，于 9 月 6 日攻占了宝山县城。防守该城的第 98 师 94 旅 583 团第 1 营，营长姚子青以下官兵全部壮烈牺牲。天谷支队由宝山两侧沿长江南岸向东攻击前进，与浅间支队会合打通了第 3 师团及第 11 师团登陆场的联络后，向月浦进攻，被第 98 师拒止于月浦以东地区。罗店日军仍在第 18 军包围态势之下。蒋介石曾于当日两次打电话给陈诚、罗卓英："罗店关系重要，必须限期攻下"；并电令淞沪作战各军："此次抗敌作战，为我民族死中求生惟一出路……凡贪生怕死、临阵畏怯……不尽其职责而致贻误战机者……当按照军律，衡情论罪，不稍宽假。"〔48〕但由于日军火力炽烈，且不断实施反击，第 18 军担任主攻罗店任务的第 11 师、第 14 师，第 67 师虽然勇猛攻击，反复争夺，始终未能攻下罗店。宝山失守及日军天谷支队与浅间支队在杨家宅地区会合后，第 14 师的侧背受敌威胁，加以连日苦战，部队伤亡甚众。罗卓英决心暂停进攻，令第 14 师转移至北塘口、顾家角、南长沟等地区构筑阵地，其余各师仍坚守原阵地。

中国统帅部判断日军"最近若不得逞，势必由国内不断增兵，在沿江沿海继续扩大战斗区域"；中国军队英勇奋战，虽给敌人以沉重打击，但在海、空军方面已处于劣势，且攻击武器（如坦克、重炮等）数量远不如日军，特别是在制空权逐渐为日军掌握之后，中国军队白昼行动困难，后勤供应尤为困难，许多士兵在第一线苦战，而终日难得一餐，弹药亦时常不足，影响战斗，并造成部队伤亡过大。因而决定逐渐转为守势，待机再转入反攻。9 月 6 日，制定了第三战区第二期作战指导计划。全文如下：〔49〕

一、敌情判断

敌增援部队，在浏河、川沙口、张华浜等处登陆，其主力必由罗店向南突进，以威胁我围攻部队之左侧背，形成大包围。同时张华浜方面之敌，亦必向江湾镇方面攻击，吸收我攻击部队之兵力于其包围圈内，并对围攻上海租界之我军形成小包围，以遂其迅速击破我军、完全占领上海之企图。甚或以此为其扩大侵略之根据地，再由其国内增加兵力，继续分向昆山、吴县及松江方面发展，以图威胁我首都。

二、指导要领

1. 本战区为保持经济重心，巩固首都，并有利于全局之持久作战起见，务就现已形成之包围态势，对于上海及各处上陆之敌，运用优势兵力断绝其连系，限制其发展，并努力转攻由狮子林及川沙口方面上陆之敌，打破其包围企图，而收各个击破之效。

2. 如各个围攻之目的不能达到，则依状况逐次于后方占领阵地，采取攻势防御，乘其海、陆火力不能协调之际（意为在敌舰炮射程之外），发扬我之精神与物质威力，一举而击灭之。

3. 于万不得已时，则退守后方既设阵地，作韧强之抵抗，以待后方部队之到达，再行决战，期获最后胜利。

三、各兵团之部署

第一步，努力限制敌之发展，并各个击破各方面上陆敌人。

（一）张发奎集团（浦东防守军）：

继续前任务（守备浦东，威胁浦江左岸之敌）。

（二）张治中集团（上海围攻军）：

1. 对租界内之敌，增强现在围攻线之工事将其封锁。

2. 对张华浜方面之敌，仍须努力攻击，将其歼灭；情况不许可时，亦须固守围攻线，以阻断其与租界敌人之连接。

3. 对吴淞、宝山、江湾方面，须固守据点，以防止敌人登陆。

4. 应使后方部队在北站，沿横滨—五卅公墓，沿芦泾浦—江湾—庙行—顾家宅，沿蕴藻浜南岸，向西对黑大黄宅之线构筑据点工事，于必要时，即在该线阻止当面敌人之发展。

（三）陈诚集团（江岸防守军）：

1. 以一部固守罗店、浏河两地及其以西地区，防止当面敌人之冲出，同时以有力部队，分由新镇及曹王庙、沈家园两方面攻击敌之两翼。

2. 在刘家行、嘉定、浏河之线构筑据点工事，必要时，即在该线阻止敌人之发展。

四、各集团作战地境如下：

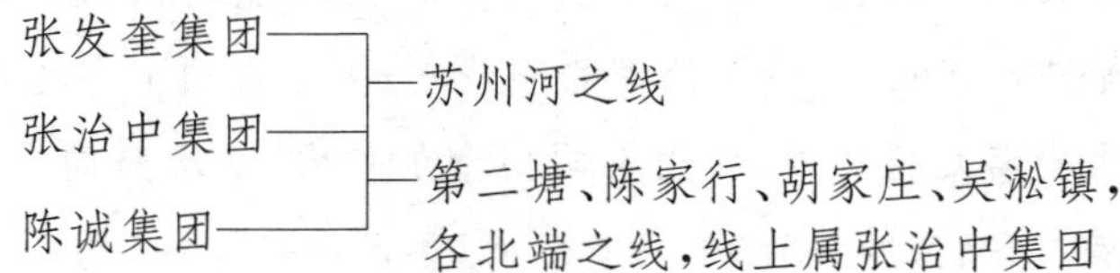

注意：

1. 前方部队之集结整顿，应适时行之。

2. 各集团之兵力，为现在所指挥之部队。

第二步，努力限制敌之发展，并利用地形与工事，以与敌为有利之决战。

（一）张发奎集团（称右翼军）：

1. 以有力之一部兵力（1旅以上）在浦东方面，继续前任务。

2. 以主力（1师以上）在浦江左岸，由公共租界经曹家渡、北新泾铺至张家宅之线（沿苏州河右岸）占领阵地，防止敌人向苏州河以南发展，并威胁苏州河以北地区之敌人左侧，以使在苏州河北岸之我军战斗容易。

（二）张治中集团（称中央军）：

在苏州河左岸范家宅附近，经江桥镇、南翔、马陆铺至嘉定南端之线占领阵地，以主力配置于南翔及其以北地区，利用地形、工事，以与当面之敌决战。

（三）陈诚集团（称左翼军）：

在嘉定、周家园、浏河至长江南岸之线占领阵地，以主力配置于嘉定、浏河中间地区，利用地形工事，以与当面之敌决战。

（四）各兵团之作战地境如下：

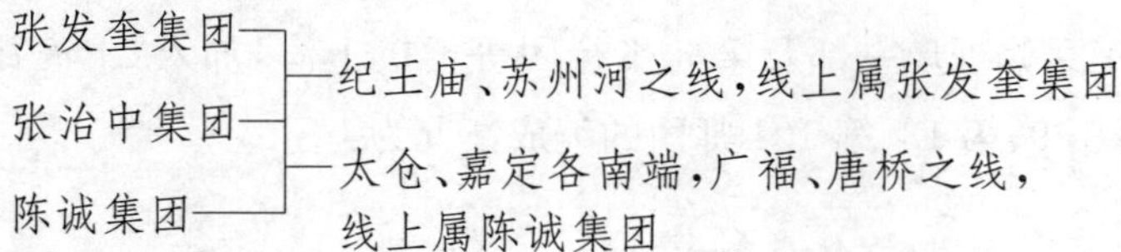

注意：

1. 前方部队之集结整顿，须不失时机，适当行之。

2. 后方增加部队到后之战斗序列，另定之。

大本营训令（令字第3号）

兹颁布第三战区第二期第二步作战指导计划，仰即遵照，并应迅速分行完成计划内指定之后方各据点工事，其实施日期另有命令。此令。

中华民国二十六年九月六日

大元帅　蒋中正

淞沪战场各集团军接奉命令后，各自逐级下达到各部队，并开始按计划指定的位置调整部署和修筑工事。

日本参谋部派员至上海进行现地视察，认为中国军队“在江河交错的地区，构筑数道坚固的阵地，对上海派遣军的攻击，进行反复顽强的抵抗，并继续从后方调来兵力，势不可侮”。参谋本部第3科部员西村敏雄少佐视察后报告说：“敌人的抵抗实在顽强，无论是被炮击还是被包围，绝不后退……派遣军后方接济不上，两个师团陷于严重的苦战中。”[50]

9月5日，视察参谋向参谋本部发出了应迅速向上海增援军队的报告。9月6日，军令部上报天皇：“上海陆上战斗，迟迟没有进展，必须增加陆军兵力。”天皇召见参谋总长，决定再向上海增加3个师团。由于动员需时，参谋本部下令先从华北方面将后备步兵10个大队、炮兵2个中队、工兵2个中队、野战重炮兵1个大队及高射炮1个队立即运送上海，补充“上海派遣军”；同时将台湾守备队紧急扩编为重藤支队（指挥官重藤千秋少将，以步兵5个大队、山炮兵1个中队为骨干），运送上海，隶属于被包围于罗店地区的第11师团。

经紧急动员后，9月11日日参谋本部下达命令，派第9师团、第13师团、第101师团、野战重炮兵第5旅团、独立野战重炮兵第15联队、独立工兵第12联队、攻城重炮兵第1联队第1大队、迫击炮第1大队、4个汽车运兵中队、4个陆上运兵队、2个水上运兵队、第5牵引车队、第1野战建筑队、攻城炮兵修理厂一部、攻城工兵修理厂一部及第3飞行团等增援上海，加入“上海派遣军”战斗序列。日军第9、第13、第101师团的编成情况为：

第9师团（吉住良辅中将）
　步兵第6旅团（秋山义允少将）
　　步兵第7联队
　　步兵第35联队
　步兵第18旅团（井出宣时少将）
　　步兵第19联队
　　步兵第36联队
　骑兵第9联队
　山炮兵第9联队
　工兵第9联队
　辎重兵第9联队

通信队，卫生队，第1、2、3、4野战医院

第13师团（荻洲立兵中将）

步兵第103旅团（山田栴二少将）

步兵第104联队

步兵第65联队

步兵第26旅团（沼田德重少将）

步兵第116联队

步兵第58联队

骑兵第17大队

山炮兵第19联队

工兵第13联队

辎重兵第13联队

通信队，卫生队，第1、2、3、4野战医院

第101师团（伊东政喜中将）

步兵第101旅团（伊藤正三郎少将）

步兵第101联队

步兵第149联队

步兵第102旅团（工藤义雄少将）

步兵第103联队

步兵第157联队

骑兵第101大队

野炮兵第101联队

工兵第101联队

辎重兵第101联队

通信队，卫生队，第1、2、3、4野战医院

此次增援上海的3个师团中，第13和第101师团为特设师团，大队长以上为现役军官，中队长以下军官、军士均为再次征召入伍的预备役军人，列兵全是新兵。在编制上与常备师团不同的是：常备师团骑兵为1个联队，特设师团骑兵为1个大队。从华北方面调来的后备步兵大队及炮兵等部队于9月7日开始在上海登陆（12日登陆完毕，此时松井石根已接到即将派重藤支队及3个师团

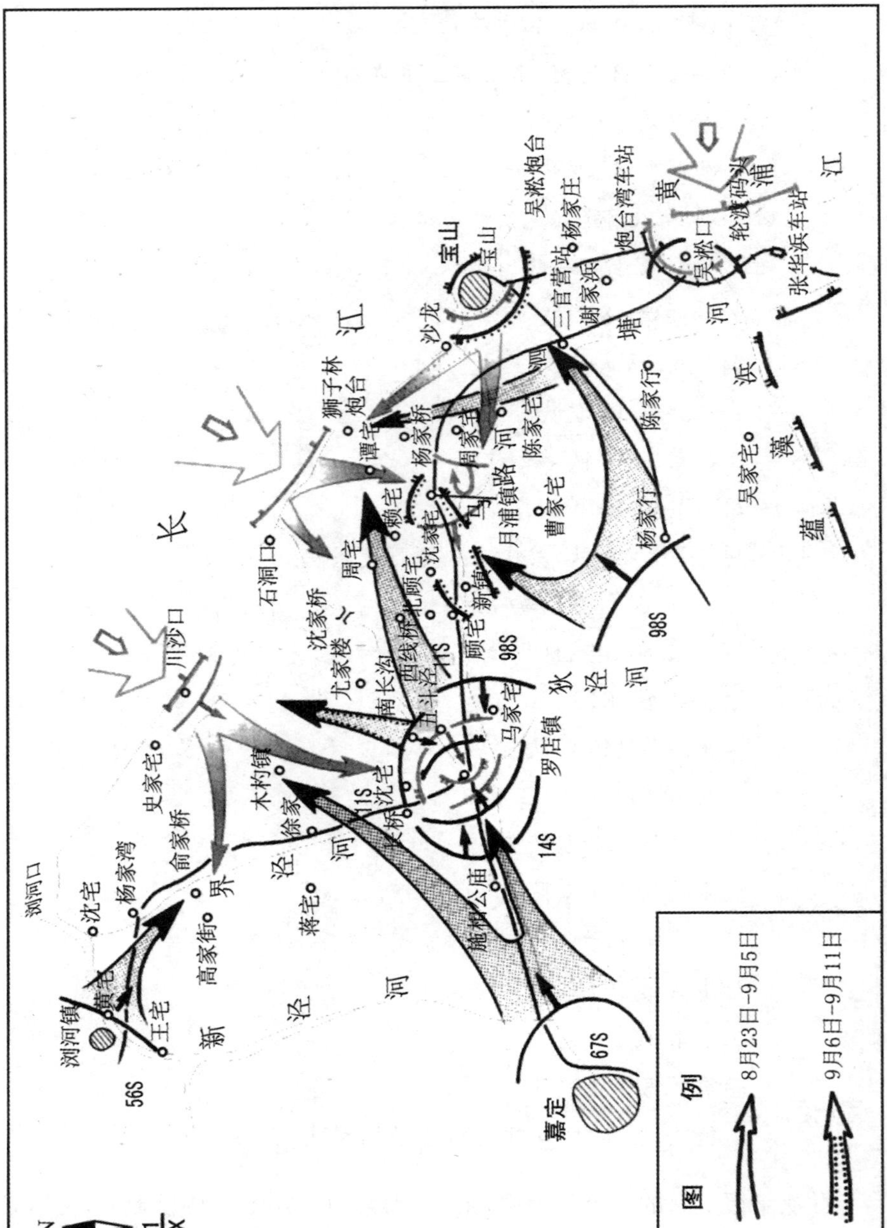

图 4－1－2　淞沪会战攻势作战时期中国军队抗击日“上海派遣军”登陆作战经过要图

（1937 年 8 月 23 日—9 月 11 日）

来上海增援的通知，遂即加强了攻势)。上海市区方面，日军为使公大机场不受中国军队火力的袭击、确保陆上飞行基地的安全，令第 8 师团第 5 旅团屋山旅团长亲自指挥 3 个大队由沪江大学附近向中国军队第 87 师进攻。至 11 日，推进至军工路一带；上海以北地区方面，天谷支队向中国军队第 98 师阵地猛烈攻击，10 日突破前沿阵地，11 日攻占了月浦。此时中国军队的第 1 军等部队虽然已到达淞沪加入第 15 集团军战斗序列，但因第 9 及第 15 集团军原来各部队经连日苦战，伤亡极大，且原阵地工事等已被日军火力摧毁，所以第三战区决定令部队稍为后撤至预备阵地组织防御。当晚下达命令："为整理淞沪嘉浏一带阵地，节约兵力，俾达韧强抗战之目的，着第 9、第 15 两集团军立即转移。"[51] 转移的位置即大本营颁布的第三战区第二期作战指导计划中各兵团部署的第二步位置。此后，日军的主攻方向转移至第 15 集团军方面，中国军队的作战也开始由攻势作战转变为阵地防御作战。

3. 航空作战概况

淞沪会战开始之前，日海军第 3 舰队司令部就已按照海军最高当局的意图拟定了航空作战计划，对兵力部署及部队行动等都作了详细规定。其中心指导思想就是企图在"开战第 1 天，集中全部航空兵力，急袭中国空军，取得先发制人的胜利"。8 月 13 日淞沪会战的战幕揭开之后，该舰队司令官长谷川清于当日 23 时发出了 14 日"以全兵力先发制敌，击破敌空军"的命令，规定第 2 航空战队空袭南京、广德、杭州机场；第 1 联合航空队之鹿屋队空袭南昌机场；第 8、第 10 战队及第 1 水雷战队的飞机空袭上海虹桥机场；第 1 航空战队及第 1 联合航空队的木更津队待命。8 月 14 日晨，中国东南海面有巨大的低气压流向北东方向移动，风速达到每秒 22 米，因而长谷川清于 14 日 5 时 30 分下令：在天气好转之前暂停空袭。[52]

8 月 13 日，上海日军与中国军队交战后，中国空军前敌总指挥周至柔即于当日 14 时下达了第 1 号空军作战命令，进行战备。主要内容有："(1) 上海之敌，约陆军 7000 人，凭借多年暗中建筑之工事及新近集中之大小兵舰约 30 艘，有侵占上海、危害我首都之企图……(2) 空军对多年来侵略之敌，有协助我陆军消灭盘据我上海之敌陆、空军及根据地之任务。(3) 各部队应于 14 日黄昏以前，秘密到达准备出击之位置，完成攻击一切准备。(4) 各部队之出击根据地如下：第 9 大队曹娥机场，第 4 大队笕桥，第 2 大队广德、长兴，暂编大队嘉兴，第 5 大队扬州，第 6 大队第 5 队苏州，第 4 队淮阴，第 7 大队第 16 队滁县，第 8 大队大校场(南京),第3大队第8队大校场,第17队句容。(5) 各部队于明日(14日)开始移动,以16点至18点到达根据地为标准。已驻在各根据地之部队,可就地休养准备。"当大本营决定14日进攻上海日军后,14日凌晨2时,不待准备完毕,即发出提前行动的第2号作战命令。主要内容为:"(1) 敌舰昨晚在吴淞口附近,向我市府炮击。其大部兵舰约10余艘,仍麇集崇明东方海面。在公大纱厂附近,敌有构筑机场、为其空军根据地之模样。(2) 本军奉命:① 毁灭公大纱厂敌之飞机及破坏其机场;② 轰炸向我射击及游弋海面之敌舰。(3) 第2大队由航校霍机(霍克战斗机)掩护,以一队轰炸公大纱厂附近敌构筑之机场及飞机,以两队轰炸吴淞口向我市府射击之敌舰;吴淞口若未发现敌舰,应向集结崇明附近之敌舰轰炸之。(4) 航校霍机6架,应掩护第2大队之轰炸。(5) 第2大队及霍克队,以8时40分钟到达目标为准……(6) 第5大队(欠28队)先集中扬州,携带500磅炸弹于本日(14日)午前7时准备完毕,向长江口处敌舰轰炸之,以午前9时到达目标为准。(7) 第3大队自本日(14日)晨起,采紧急警戒姿势,担任首都之防空。(8) 第6大队仍不断侦察海面,特须侦察敌航空母舰之行踪……(11) 14日开始轰炸后,应迅速准备连续轰炸,至敌舰毁灭为止。"[53]

14日7时许,独立第35队的5架寇蒂斯BT-32轰炸机从笕桥起飞,轰炸了公大纱厂日军军械库;8时40分,第2大队的诺斯罗甫-2E轻轰炸机21架从广德起飞,轰炸了公大机场及吴淞口海面日军"出云"号旗舰等舰艇;9时20分,第5大队的霍克驱逐机(战斗机)18架从扬州起飞,攻击、轰炸了南通附近江面上1艘日本军舰,将其击沉。14时至16时,第5大队、第2大队及第35队的飞机又轰炸了上海日海军陆战队司令部及其兵营,还轰炸了公大机场、汇山码头等处。下午,日军以舰炮组成防空火力网,将第5大队的驱逐机击落1架,击伤2架;第2大队的轰炸机遭日航空母舰起飞之飞机的偷袭,被击伤2架。

长谷川清本来预定"先发制敌",不料反为中国空军"制敌机先"。当其在"出云"舰被轰炸之后,不俟天气转好,即于11时40分下令,使用当时可出动的飞机"摧毁上海附近敌航空基地",令第8战队及第1水雷战队的飞机攻击虹桥机场,令第1联合航空队的鹿屋航空队攻击杭州、广德机场,令第2航空战队攻击杭州、苏州、虹桥;若不能发现目标,则攻击江湾镇及其以东的中国军队阵地。当时由于风浪太大,舰载飞机无法飞、降,仅"出云"、"川内"两大型舰上各有数架飞机起飞,与空袭的中国飞机进行了空战。中国飞机被击伤2架。

鹿屋航空队18架96式攻击机于14日14时15分从台北起飞,以9架空袭广德机场，以 9 架空袭杭州笕桥机场。

中国空军第 4 大队按原定使用于华北的作战计划，于 8 月 4 日到达周家口机场；13 日接到第 1 号作战命令，按规定于 14 日 13 时自周家口起飞，向笕桥转场。该队本有飞机 32 架，因当日大雨，机场泥泞，有的飞机起飞时发生事故，仅有 27 架飞至笕桥。全队分三群起飞，前两群刚刚着陆，笕桥即发出紧急警报，第 4 大队长高志航指挥各队加紧加油。未等全部加油完毕，日鹿屋航空队由新田少佐指挥的 9 架飞机就已进入杭州空域。高志航及第 21 分队长谭文首先起飞向日机发起攻击，当即击落 1 架。日机突然发现中国空军有备，迅速返航，并进入云层中以避攻击。第 4 大队已升空的飞机立即追击，第 22 队分队长郑少愚在曹娥江上空又击落日机 1 架。第 21 队队长李桂丹及队员柳哲生、王文骅共同击落日机 1 架，另 1 架日机虽勉强飞回台北，但损坏严重，已不能使用。[54] 空袭广德的 8 架日机与第 34 队的飞机遭遇，因能见度太低，双方未交战，日机匆忙投弹后返航。中、日空军第一次在空中交锋，中国空军以 0 比 4 战胜日航空兵，打击了日本的侵略气焰，因而后来定 8 月 14 日为中国空军节。

8 月 15 日，中国空军第 5、第 2、第 6 及第 7 大队均出动飞机，对日舰及陆战队司令部、兵营等地进行轰炸、袭击。日鹿屋空队 14 架飞机空袭了南昌机场。木更津航空队 20 架飞机轰炸南京机场，在苏州、南京上空遭中国空军的截击和追击，被击落 4 架，击伤 6 架，损失一半。日第 2 航空队出动了轰炸机 16 架、战斗机 29 架，分别轰炸绍兴、杭州各机场。在杭州上空被击落 7 架，击伤 3 架。当日合计损失飞机 20 架。日海军航空兵认为这是由于低估了中国空军的作战能力所造成。这一天，中国空军飞机在空战中受损及在机场被日机炸毁的共 9 架。另外，第 9 大队从许昌向曹娥机场转进时，有 6 架飞机因天暗找不到目标返至杭州机场降落时，被中国地面部队误认为日机而遭到炮火射击；降落时又与场中分散停场的飞机相撞。这些飞机系刚从美国购置的“雪腊克”超低空攻击机，尚未作战即损坏数架。

8 月 16 日，双方均进行了轰炸及激烈的空战。至当日晚，经 3 天的战斗，双方均已损失飞机 30 余架，而中国空军的飞机不少是在机场上被日机轰炸击毁的，日本航空兵的飞机则均为空战中被击落。就日本第 1 联合航空队的鹿屋及木更津两队而言，它们本来是“为对美迎击作战的攻击兵力而秘密进行准备和训练的”，现仅作战 3 天，“鹿屋航空队丧失了包括飞行队长在内的共 5 组、木更津航空队共 4 组的机组人员；可能作战的机数，鹿屋队由原来的 18 架减为 10 架，木更津队由20架减为8架”。日军最高当局认为:“今在对华作战中丧失了这支王牌兵力,实成问题”。为此,日海军“军令部派特使到台北基地,要求户濑司令官缓和攻击”,最后决定今后“尽力利用夜间攻击,避开敌战斗机”。[55]

在8月14日空战开始至9月初中国军队采取攻势作战期间,中国空军在空战中直接击落、并有记录可查的日机达60余架,至于受伤后坠毁于作战空域以外及不能再参加战斗的飞机,为数多于此。中国空军亦损失数十架。从双方损耗来说,这一时期日本多于中国。但日本有强大的飞机制造工业,每年可生产飞机1000—2000架,因此前线的损失可迅速补充,甚至增强;而中国当时的飞机制造工业尚处于起步阶段,作战飞机主要依赖进口。西方国家对中国的抗战持消极态度,日海军又封锁了中国的海岸,进口困难重重,作战损失难以及时补充,损失1架即少1架,越战越少,和日本无法相比。另外,在整个攻势作战期间,中国空军的主要作战目标是轰炸日舰与消灭日军飞机,与陆军的协同很不密切,各自为战,对中国军队的地面作战更缺乏有力、有效的支援。日本航空兵则是在第3舰队司令官——战场指挥官直接指挥下进行作战的,所以与地面部队的作战协同密切,支援有力。淞沪战场中国军队的伤亡,有近半数是在毫无空防能力的情况下被日军飞机轰炸造成的。日军飞机的轰炸,使中国军队行动困难,补给、机动均不能迅速及时,从而严重影响了作战。因而淞沪战场各军、师指挥官都一再要求空军支援。8月下旬,第9集团军总司令张治中曾致电统帅部,反映前线部队的强烈要求。军政部将张治中的电报转交空军前敌指挥部。周至柔于28日以公函形式通过军政部向部队说明:“连日以来,空军屡以驱逐机企图制压敌之轰炸机,然每次均与敌驱逐机遭遇,互有损伤。以我仅有之飞机长此以拼,日日消耗,将成无机之势。故决计施行夜间轰炸,虽有成效,亦不无损伤。此飞机数量之少,为我最大之隐忧。现拟每日乘良机出动,以助军威,主要企图,仍于夜间行之。”[56]实际上是开始避免空战,于是淞沪战场的制空权也就落于日军航空兵手中。

(三)守势作战

9月12日至11月4日,中国军队基本上处于守势作战地位。根据战况的发展,这一时期大致可分为3个阶段:9月12日至9月30日为第1阶段。此时日增援部队主力尚未到达,战斗主要在第15集团军作战地境内的罗店以南地区进行。双方均无显著进展,形成阵地对峙的胶着状态。10月1日至27日为第2

阶段，也是淞沪会战中战斗最为激烈的阶段。此时日军增援的3个师团全部到达上海，开始发起猛烈进攻、战斗主要在蕴藻浜南岸阵地，第三战区曾组织大规模的反突击，但未能成功，大场镇为日军占领。10月28日至11月4日为第3阶段。此时日军连续猛烈攻击，中国军队节节抵抗，退至苏州河南岸防守。

1. 罗店以南地区的战斗

松井石根于9月10日得知参谋本部即将派第9、第13、第101等3个师团增援上海，加入"上海派遣军"战斗序列后，立即制订了新的作战计划。方针是"以第3、第11及先行到达的第101师团等3个师团，攻击在南翔、大场镇一带的敌人"，预定将重藤支队配属第11师团，加强其攻击力量，在第101师团登陆之前，迅速击败当面罗店地区的中国军队，尔后移兵南下，经刘行，与由吴淞方向及从虹口西进及北上的第3、第101师团合击大场镇及南翔地区的中国军队。9月12日，由华北方面增援来的10个后备大队及炮兵等到达上海，松井石根立即令其担任后方警备任务，而将原负责掩护登陆场及保障各师团结合部的部队归还原建制，以加强第一线兵力。

9月14日，重藤支队从台湾来到上海，加入第11师团战斗序列。同日，占领月浦地区的天谷支队及浅间支队亦归还第11师团建制。第11师团兵力增强后，即按松井石根的命令向罗店以西、以南的中国军队发起进攻。但此时中国方面第1军等部队已经加入第15集团军战斗序列，兵力亦有所增强，日军第11师团无法突破第15集团军的阵地，使松井石根合击大场镇、南翔的企图破灭。松井石根被迫改变作战计划，令第11师团及第3师团各向当面之敌进攻，尽可能夺占罗店以南地区。

激战至15日晚，中国军队第9集团军仍防守北站、江湾、庙行、蕴藻浜南岸一线；第15集团军则正在蕴藻浜北岸顾十房、杨宅、顾宅、陆福桥、顾家角、淑里桥、五斗泾至浏河口一线与日军激战。9月16日，第15集团军总司令陈诚因所属部队增多，为便于指挥，重新区分了部队及作战地境，将全集团军分为3个作战军，自右向左分别为："第1区作战军指挥官胡宗南，副指挥官王东原，辖第1师、第78师、第16师一部、第15师、第32师、野炮兵第16团第3营。第2区作战军指挥官罗卓英，副指挥官霍揆彰，辖第11师、第14师、第67师、第98师、迫击炮第1营。第3区作战军指挥官刘和鼎，副指挥官俞济时，辖第51师、第58师、第56师、迫击炮第2营、战车防御炮1连(欠2门)。直属部队为：炮兵第16团(欠第3营)、高射炮兵第2连、第10连。作战地境：第1作战军与第2作战军之间为马陆镇、唐家宅、陆福桥、贾家桥、浦央桥之线，线上属左，第2作战军与第3作战军之间为唐宅、胡家湾、小徐宅、汤家宅、孟宅之线，线上属左。”[57]

日军第11师团及第3师团因受到第15集团军的坚强抵抗，至9月21日，第11师团未能从罗店前进一步，第3师团亦被阻于顾家宅以东约2公里附近。但第15集团军第1作战区之胡宗南第1军(第1师、第78师)伤亡惨重，旅以下军官减员80%左右，因此撤到昆山附近整补，由第8师接替防务。中日双方仍艰苦地进行着阵地战。

鉴于日军大量增兵上海，而中国军队亦正源源不断地调入淞沪地区，中国统帅部于是在9月21日对第三战区的部队进行了调整。蒋介石的命令为：“(1)司令长官由本委员长兼，副司令长官顾祝同。(2)左翼军总司令陈诚，右翼军总司令张发奎。(3)左翼军以第9集团军、第19集团军、第15集团军组成之。(4)右翼军以第8集团军、第10集团军组成之。(5)第9集团军总司令张治中，副总司令黄琪翔；第19集团军总司令薛岳，副总司令吴奇伟；第10集团军总司令刘建绪。”命令刚刚下达，因张治中辞职报告被批准，调任大本营管理部部长当日又追发一道电令，改变部署：“(1)第三战区黄浦江以西蕴藻浜以南地区划为中央军，朱绍良为总司令，以第18师及第9集团编成之。(2)第9集团军总司令，由中央军总司令朱绍良兼。(3)左翼军以第19、第15集团军编成之，右翼军仍以第8、第10集团编成之。”一日之内，既在指挥系统上增加了一个层次，又两次改变部署。有些资历较深的军官，即因此而晋职。如第87师师长王敬久升为第71军军长，第88师师长孙元良升为第72军军长，第36师师长宋希濂升为第78军军长等，其所编部队并未增加。

日本参谋本部决定将3个师团增援上海后，重新拟制了对华作战计划。8月20日，参谋总长晋见天皇，报告了兵力部署情况及作战计划：“现在在华使用的兵力，华北8个师团，上海5个师团，中央直辖1个师团，国内控制有预备对华作战的3个师团……现在对华已派出的陆军兵力，华北约37万，上海约19万。”对华作战计划的主要内容为：“作战方针：(1)大致以10月上旬为期，在华北与上海两方面发动攻击，务必给予重大打击，造成使敌人屈服的形势。(2)以上作战不能达到目的时，即使当时的形势有所变化，也要停止陆上兵力的积极作战，以各种其他办法挫伤敌人的持久作战意志，同时节约直接对华作战的兵力，将必要的部队调到满洲及华北待机，整顿对俄作战的准备，以备战争长期化。上述积极作战与持久作战，预定以10月底为界限。兵力区分、使用及任务：(1)对华决战时机：华北方面以华北方面军(3个师团基干)击败河北省中部之敌，依情况方面军的兵力可为9个师团；上海方面以上海派遣军(5个师团为基干)击败上海周围之敌。(2)对华持久作战时机：华北以1个军(大概以4个师团为基干)确保平津地方及察哈尔省东部，并谋求其安定；上海方面以1个军(大概以3个师团为基干)确保上海周围的重要战线，切断上海、南京间的联系，并谋求占领地区的安定。"[58]

9月22日，日军第101师团先遣队到达上海，又开始向左翼作战军的右翼发起猛烈的攻击。激战至9月24日，中国军队又有9个师(第8、第13、第57、第60、第77、第59、第90、第159及第160师)调至淞沪战场，全部加入战斗最为激烈的左翼作战军战斗序列。第98师及第14师在宝山、月浦、罗店地区作战时损失甚重。以第98师为例，全师官兵伤亡达4960人，阵亡团长1人，伤团长1人，阵亡营、连、排长200余人。共补充三四次，所补官兵都是从后方部队中抽调而来，随时补入连队，发给武器，立即参加战斗。有的刚上去即负伤，送入医院还不知自己所在部队的番号。再如第14师的第42旅，原有8000多人，仅剩下2000余人，而且多是伤员和后勤人员；全旅38挺重机枪，只有4挺能用，其余均被日军平射炮击毁。因而，已先后转移至太仓、嘉定地区整补。由于第11师、第87师、第59师等部队的阵地多被日军陆空火力摧毁，9月25日20时，陈诚再次调整部署："以江家宅、窦家弄、万桥、长浜站、蒋家宅亘罗店南端，经施相公庙、曹王庙至浏河为主阵地；以江家宅沿蕴藻浜至陈家行，沿杨泾河、广福、孙家宅至施相公庙为第2线阵地；以主阵地前方各部队原守阵地为有力之前进阵地。"[59] 26日各军方收到此命令。

战斗至9月30日，日军第11师团由罗店向西、向南各推进约3公里；第3师团进出至顾家宅附近。中国左翼作战军仍坚守在主阵地上。日军虽在武器装备上占绝对优势，但在中国军队的顽强抗击下伤亡亦重。据日本参谋本部的统计数字，仅9月1个月，"上海派遣军"的陆军2个师团就伤亡官兵10 988人。

日军第3舰队司令官长谷川清为了从战略上支援淞沪方面的作战和解除中国海军对其在长江下游的威胁，决定集中航空兵力轰炸中国首都南京及集结于江阴附近的中国舰队。9月10日，原在华北方面的第2联合航空队(有96式战斗机12架、96及94式轰炸机30架)，从大连基地转场上海，以公大机场(高尔夫球场改建)为基地，与第2航空战队、第22航空队等共同担负轰炸任务。从9月19日至25日，大规模轰炸南京11次。第1次使用了43架飞机，被中国空军击落4架，以后各次均在30架左右；9月22日、23日对江阴的中国舰队进行了6次轰炸，每次约10余架。由于中国海军缺乏有效的空中支援与掩护，仅以舰上的高射枪炮与敌机战斗，完全陷于被动地位。仅有的“平海”、“宁海”、“应瑞”、“逸仙”号巡洋舰4艘均负重伤，丧失战斗能力。南京方面，也因中国空军损失后不能及时补充，飞机数量急剧减少。此后华东地区的制空权基本上为日军掌握。

2. 蕴藻浜及大场镇地区的战斗

10月1日，日本首、外、陆、海四相决定有限度地扩大侵华战争，制定了《处理中国事变纲要》，规定“军事行动的目的，在于使中国迅速丧失战斗意志，应采取适当的手段，使用兵力，占据要地”，“陆地用兵的主要地区，大致为冀察和上海方面，对必要地区进行海战和空战”。纲要并认为，通过10月间的强大攻势作战，可以迫使中国政府屈膝求和。但是侵华日军最高当局的看法却与日本政府大不相同，前者认为“华北及上海方面的10月攻势，南京的国民政府大概会有深刻的战败感，但这种战败感是否达到了挫丧其抗战意志的程度，还有相当大的疑问。因此，必须进一步对政治上、战略上有重要意义的地方进行大规模作战，使中国政府和人民彻底感到战败了。这样还不足以使其放弃抗战的话，即在华北建立独立的政权，加强此独立政权，实行政治上的变革；另一方面空军攻击、海上封锁相辅进行，切断南京政权的粮道和财源，削弱其进行战争的能力，迫使其求和”。[60]日本政府和侵华日军当局在有限度及大规模扩大侵华战争的认识与战争指导（作战方针、作战方向、作战界限等）上的不同，对中日战争的发展有极大的影响。

松井石根鉴于淞沪战场全线均呈胶着状态，直趋嘉定、遮断南翔的企图已不可能实现，决定缩小包围圈，集中兵力实施中间突破，以罗店、大场公路为轴线，突破大场，包围沪西的中国军队。其9月29日的作战指导是：“（1）放弃攻占杨泾河西岸敌军阵地的企图，以主力左旋向南，由右向左按第9、第3、第101师团为第一线，对大场镇附近进行攻击。（2）第11师团进至杨泾河一线后，亦向左回旋，掩护主力右侧背。（3）第13师团作为第2线兵团保持于军主力右翼后方。（4）按上述部署兵力攻至大场镇地区后，继续向苏州河一线攻击前进；当主力南进时，第11师团亦应尽可能向南移动，面向西方，掩护军主力之侧背。”[61]

10月1日，日军第101、第9、第13师团先后到达上海，按照松井石根的计划陆续进入战斗。当日，中国守军第77师在刘行、万桥的阵地为日军突破。顾祝同于当夜下令左翼作战军向蕴藻浜北岸的陈家行、杨泾河西岸、浏河镇之线后撤。左翼作战军各部队在日军猛烈攻击下相互支援，逐次后退，至 3 日夜，撤至杨泾河西岸阵地。后撤过程中，掩护部队伤亡甚众。如第 11 师第 62 团的第 1 连据守东林寺据点，仅余负伤的排长（胡玉政）1 人、士兵 5 名，但仍坚守阵地，与突入据点内的日军肉搏，用铁锹、刺刀杀死日军中尉中队长宿田信义及士兵数名，最后全部牺牲。

10 月 4 日，日军第 9、第 3 师团已将进攻正面旋回至向南方向。松井石根进一步制定了攻击大场镇的作战计划。其方针是："主攻保持在第 3 师团右翼方面，即在顾家宅至大场镇公路以西地区。预定 10 月 6 日或 12 日前后开始总攻。击败大场镇附近敌人，迅速进入苏州河一线，消灭上海北面地区的敌人，尔后以约 1 个师团的兵力封锁上海西南面，以主力攻击南翔。"[62]

10 月 5 日至 8 日期间，日军第 9、第 3 师团不断向蕴藻浜地区进攻，企图占领蕴藻浜北岸，以作为总攻的进攻出发地位。此时日本海军航空兵基本上掌握了制空权，第 3 舰队与"上海派遣军"订立了协助陆军地面作战的协定，规定第 12、第 13 航空队直接支援第 3、第 9 师团的作战。因而，中国军队的防御作战更为艰苦。在日军陆、空火力猛烈袭击下，第一线的阵地不断被火力摧毁，各部队的伤亡也急剧增多，教导旅（属第 66 军）、第 77 师、第 59 师、第 90 师、第 67 师均分别撤至嘉定附近地区整补，另以新到部队接替防务。陈诚于 10 月 8 日对左翼作战军又作了新的调整："甲、右地区总指挥胡宗南，副总指挥黄杰，指挥第 1 军第 1 师，第 17 师、第 32 师及第 61 师、第 8 师、税警总团。乙、中央地区总指挥薛岳，副总指挥叶肇，指挥第 57 师、第 13 师、第 9 师，第 66 军、第 6 师、第 135 师。丙、左地区总指挥罗卓英，副总指挥刘和鼎，指挥第 44 师，第 60 师，第 51 师，第 56 师，第 28 师，第 11 师，第 14 师，第 67 师，第 98 师，独立第 34 旅，保安第 4 团，步兵炮团 1、2、3 营，战地情报防御炮 2 连，高射炮第 2、第 10 连。丁、炮兵总指挥刘翰东，指挥炮兵第 3 团之 1 营、炮兵第 4 团、炮兵第 16 团、独立炮兵第 10 团（欠 2 营）、教导总队炮兵营、炮校练习队之第 2 连。戊、总预备队总指挥吴奇伟，副总指挥王东原，指挥第 4 军第 69 师、第 90 师及第 15 师、第 77 师（多为整补中的部队）。"[63]

就在陈诚调整部署的当日，日军向蕴藻浜地区发动总攻，在海、空火力支援下，其主攻方向上的第 9 师团从陈家行以东突破了蕴藻浜北岸阵地，强渡蕴藻浜，占领了黑大黄宅附近约 1 公里的滩头阵地。在中国军队的顽强抵抗下，日军进展极为困难，第 9、第 3 师团只能采用对壕作业的方法，一米一米地向前推进。

税警总团、第16师、第8师损失较重。如第8师仅余官兵数百人，许多旅、团长负伤。10月14日，由第19师、第1师及新到的第20军的第134师、第133师接替，原部队撤至北新泾镇、江桥镇附近整补。

日军对蕴藻浜阵地的突破，使中央作战军的左侧背受到威胁，因而第三战区将新到达的第21集团军投入该方面，并于10月14日下达了第4号作战命令。命令内容如下：

(1) 本军应先行巩固现阵地，再图扑灭蕴藻浜南岸敌军，恢复刘行、罗店之原阵地。(2) 右翼军应巩固沿江、海岸一带地区之守备，打破敌上陆之企图，并利用浦东、黄浦江岸阵地，对虹口敌根据地及敌舰实行扰乱射击。松江附近阵地带及嘉、乍阵地战区工事之构筑，应迅速完成计划。(3) 中央作战军应先巩固蕴藻浜南岸之阵线，并迅速加强彭浦至大场及江湾至大场，至老人桥，至新泾桥，至陈家行一带预备阵地，再着主力由唐桥站以西地区转移攻势，扑灭蕴藻浜南岸之敌，向刘行以南地区进展。另以一部担任沪南、沪西一带之警戒与守备，及黄浦江西岸阵地之构筑。(4) 左翼作战军应先以一部担任江岸之守备，主力先巩固原阵线，并加强南翔至马陆镇，至登新桥，至沿新泾河，至浏河镇之预备阵地，再协同中央军转移攻势，向刘行、罗店一带地区进展。(5) 第11军团应以主力担任江岸之守备，一部构筑吴福阵地野战工事及昆支阵地，并积极设备太湖地区之防卫。(6) 扬子江两岸江防队，应严密江阴附近之封镇，并担任江岸之守备，另以一部构筑江阴要塞地带之野战工事。(7) 炮兵队应以主力于小南翔以东地区，一部于马陆镇附近占领阵地，须能以全火力指向唐桥站以西蕴藻浜南岸及广福以南地区，支援第21集团军及第19集团军之战斗。对敌炮兵之制压，应于短时间内行急袭射击。

作战地境：右翼作战军与中央作战军分界线同前；中央作战军与左翼作战军分界限为南翔汽车站至小南翔、唐家桥、陈家行、杨家宅、刘行南岸相连之线，线上属中央作战军。

第4号作战命令附军队区分如下：

(1) 右翼作战军 ① 第8集团军辖第62、第63、第55各师，独立第45旅，炮兵第2旅第2团，教导总队炮兵营；② 第10集团军辖第45、第52、第128各师，暂编第11、第12、第13旅，独立第37旅，宁波防守司令部。

(2) 中央作战军　① 第 9 集团军辖第 87、第 88、第 36、第 3、第 61、第 18 各师，税警总团，上海保安总团，炮兵第 2 旅第 3 团第 1 营，沪警备司令部；② 第 21 集团军辖第 1、第 78、第 171、第 173、第 174、第 175、第 19、第 32 各师；③ 直属第 28 师。

(3) 左翼作战军　① 第 19 集团军辖第 57、第 13、第 9、第 6、第 134、第 135、第 159、第 160 各师，教导旅；② 第 15 集团军辖第 44、第 60、第 51、第 58、第 56、第 11、第 67、第 14、第 98、第 59、第 90、第 15、第 77、第 8、第 16 各师，独第 34 旅，江苏保安第 4 团，炮兵第 16 团。

(4) 江防总司令部辖第 102、第 103、第 111、第 112、第 53 各师，海军司令部，江防司令部，江阴、镇江要塞司令部，江苏保安第 2 团，炮兵第 8 团 1 个营、第 10 团 1 个营。

(5) 第 11 军团辖第 33、第 40、第 76 各师及太湖警备指挥部。

(6) 炮兵指挥官刘翰东辖炮兵第 3 团 1 个营及炮兵第 4 团、炮兵第 10 团 1 个营、炮校练习队 2 连。〔64〕

第三战区将蕴藻浜南岸地区划归中央作战军后，朱绍良即按第 4 号命令的军队区分，将蕴藻浜南岸的部队统归第 21 集团军总司令廖磊指挥。经 15 日至 18 日激战，第 133、第 134 两师因损失惨重，后调至南翔地区整补，由第 173、第 174 两师接防。后两师系桂军系统第 48 军的主力部队，新由广西至徐州、海州地区再转来淞沪战场，士气极为昂扬，步兵轻武器装备较好，战斗力甚强，纪律亦佳，但对现代战争缺乏实战经验与认识，强调精神因素，对战术运用及工事构筑均较为忽视。如第 174 师的 1 个团在敌火力下接防，仍按一般情况，全团集中站队，由团长讲话后再进入阵地，因而在集中时遭到日航空兵的袭击，尚未进入阵地即损失兵力近半。

日军第 9 师团逐渐向南推进，与右翼掩护的第 11 师团之间出现了空隙。松井石根即将第 13 师团之一部由结合部投入战斗，以加强第一线的攻击能力。战斗更加激烈，其最前部队已推进至蕴藻浜以南约 5 公里处。如现在的战线再被突破，日军即可直趋大场，中国中央作战军即有被切断后路的危险。因而第三战区长官部与副参谋总长白崇禧等研究后，决心以新投入战场的桂系第 48 军为主力，对蕴藻浜南岸日军实施反击，10 月 18 日 21 时下达了转移攻势的第 5 号作战命令。主要内容为：

(1) 敌军主力仍继续向我蕴藻浜南岸阵地攻击。

(2) 本战区以击破蕴藻浜南岸敌军之目的，决由蕴藻浜两侧地区转移攻势。

(3) 中央作战军应以8个团编成攻击军，由谈家头、陈家行之线攻击前进，保持重点于左翼。第一攻击目标桥亭宅、顿悟寺之线；第二攻击目标赵家角、西六房之线。

左翼作战军应以4个团编成攻击军，由广福、新陆宅之线攻击前进，保持重点于右翼。第一攻击目标彭宅，第二攻击目标陆桥。

(4) 其他正面各师，除守备阵地外，应编成4个突击队，向敌阵地要点出击，策应攻击军之战斗，并调整阵线，加强工事。

(5) 炮兵队之火力运用，以火力支援攻击军之战斗。

(6) 各攻击军应迅速侦察敌阵地状态、地形及前进道路，并搜集通过小河川之架桥材料，于21日薄暮前完成一切攻击准备。

(7) 攻击开始时间另命之。

中央作战军接到战区命令后，于19日10时下达命令："以第21集团军新到达之部队，编成攻击军，协同左翼作战军转移攻势；第9集团军应以有力部队，于大场镇以北地区转移攻势，策应攻击军之作战，并特需注意攻击之同时，全线各军应行出击，以牵制敌军行动。"

左翼作战军接到战区命令后，于19日10时40分下达命令。由于各攻击军的行动统由第19集团军总司令薛岳指挥，所以陈诚为了使反击更为有力，比战区命令规定多增加了一路攻击军。其命令为："第21集团军以步兵6团为基干，编为第一路攻击军，归薛总司令指挥……第19集团军以第66军编为第二路攻击军，由孟家宅、马家宅正面攻击前进，保持重点于右翼，第一攻击目标为杨家宅、徐宅、唐桥头之线，第二攻击目标为田都、孙家头之线。第15集团军以第98师编为第三路攻击军，由广神福、费家宅正面攻击前进，保持重点于右翼，第一攻击目标为彭家宅、张家宅、倪家宅之线，第二攻击目标为老宅、张家宅之线。均归薛总司令指挥。"〔65〕

各集团军接到作战军的命令后即开始进行组织准备。第21集团军总司令廖磊以第48军第174师为第一攻击军之第一线师，以第173师为第二线师，均归第48军军长韦云淞指挥；第19集团军总司令薛岳以第66军第160师及第

159 师各一部组成第二攻击军，由旅长邓志才指挥；第 15 集团军总司令罗卓英以第 98 师第 292 旅为第三攻击军，由该旅旅长指挥。第一线其他各师各编成 1 至 8 个突击队，准备向当面之敌实施牵制性攻击。10 月 21 日 19 时，全线炮兵按照计划开始实施破坏射击。20 时，各路攻击军及突击队先后发起反击。主要反突击方向的第一路攻击军第 48 军所攻击的陈行、顿悟寺、桃园浜一线正是日军主力第 13 师团和第 9 师团主攻方向上的主要进攻地段，兵力、火力都特别集中，中国军队的有限炮兵根本无力制压日军各炮兵阵地及火力点，而第 48 军的山炮又因射程太近（仅 1200 米），到达淞沪战场后无法使用，多被廖磊派人运回桂林。加以攻击部队本身没有进行制压敌人火力点的部署，全凭血肉之躯在暴露的阵地之外向敌冲锋，所以官兵虽极勇敢，但无法突破敌人的阵地，反而伤亡奇重，旅长伤亡 4 人，团长伤亡 10 人，营以下军官及士兵伤亡过半，攻击顿挫。第二、第三路攻击军因缺乏必要的火力支援，亦未能到达命令所规定的攻击目标。至于正面各师的突击队，由于兵力不足或行动不够积极，均未有效地支援各攻击军。

激战至 22 日凌晨 2 时许，日军开始反击，各路攻击军先后退至小石桥、大场镇、走马塘、唐家桥之线。24 日、25 日，日军在航空兵火力支援及坦克引导下，继续猛攻第 21 集团军阵地。26 日，大场镇被日军攻占，防守该地的第 9 集团军第 18 师师长朱耀华悲、愤自杀。

大场镇的失守，使中央作战军的侧背受到严重威胁。第三战区决心放弃北站至江湾间阵地，向苏州河南岸转移。左翼作战军则仍与敌对峙于原线。26 日 23 时，第三战区下达了第 7 号作战命令，主要内容为：

> “（1）本军以达成持久抗战之目的，除以一部据守铁道沿线附近诸要点外，将南翔以东阵地逐次转移于吴淞江（即苏州河）南岸。（2）中央军应派队固守北站附近彭浦、真茹车站暨南新线真茹镇、倪家巷诸要点，极力妨害敌军之前进。其北站附近据点，着由第 88 师派兵 1 团担任之，于上海西站、丰田纱厂、北新泾、姚家渡之线，沿吴淞江南岸，与左翼军连系，迅速布置新阵地。另于杜家宅、钱家宅、七家村、花家宅之线，沿虬江南岸占领前进阵地。其原任沪南及沪西之守备部队，仍应严密警戒，增强工事。（3）左翼军应派队据守望桥浜、顾家港、陈家湾、洛阳桥、新泾桥西端诸要点，极力妨害敌军之前进，并于姚家渡（不含）、江桥镇、上行上、墙门头、小南翔、唐家桥之

线，连系蕴藻浜北岸原阵线占领阵地，另于石桥、林家木桥、刘家池、吴家坟、杨树园、孟家宅之线占领前进阵地。(4) 两军作战地境，现定如左(下)：黄渡镇南、吴淞江南岸、姚家渡、倪家巷、九王庙、洛河桥相连之线，线上属中央军。(5) 各军应将接近敌方各公路、铁道、桥梁尽数破坏。"[66]

中央作战军及左翼作战军接到命令后，除留置掩护部队仍在原阵地外，主力按照命令向苏州河南岸阵地撤退。由于日军加强了航空兵火力对地面战斗的直接支援，所以中国军队的损失甚大。蕴藻浜、大场镇战斗期间仅日海军航空兵支援其第3、第9、第101师团就达1663架次，投下炸弹5267个，约390吨。至28日，除第88师的1个营仍据守四行仓库、独立奋战外，其余中国军队全部转移完毕。顾祝同在下达第7号作战命令之前，曾以电话告知第88师师长孙元良，蒋介石想要第88师留在闸北，死守上海，征求他的意见。孙元良认为孤守闸北、任敌军屠杀，不值得，也不光荣，最后勉强同意留1个团死守闸北。所以第7号命令才规定"北站附近据点，着由第88师派兵一团担任之"。但孙元良仍不肯忠诚地执行命令，而仅令第524团中校团附谢晋元率该团第1营留守四行仓库。[67]谢晋元及营长杨瑞符率领该营在与中国军队完全隔绝的情况下英勇奋战至30日，方在英国军人劝导下退入租界。

3. 苏州河地区的战斗

中国军队退至苏州河南岸时战斗更为激烈。由于中央作战军正面已缩小，第三战区撤销了中央作战军，朱绍良调西北地区，将全正面划分为左、右两作战军，分别由陈诚和张发奎指挥。左翼作战军指挥第15、第19、第21三个集团军，将第9集团军划归右翼作战军。新、旧交替，不免影响指挥。

日"上海派遣军"第9、第3师团于28日进抵苏州河北岸时，松井石根为继续进攻苏州河南岸的中国军队，作了下述部署："主攻保持在北新泾至陈家桥公路两侧地区，第3、第9师团于11月2日前渡河，第101师团面对南翔方面的敌人，掩护军主力的右侧。为使重藤、永津两支队担任扬子江方面的作战，由第13师团接替该两支队的守备任务。"[68]

10月31日晨，日军炮兵及航空兵向苏州河南岸丰田纱厂、北新泾镇等处中国军队的阵地进行猛烈轰击。中午前后，日军第3师团的左翼部队在其炮兵掩护下开始强渡苏州河，在周家镇、刘家宅附近与防守该阵地的第88师、税警总团发生激烈的战斗(双方在刘家宅曾进行逐屋争夺的肉搏战)。11月1日，日军第

图 4-1-3　淞沪会战守势作战时期作战经过要图

(1937 年 9 月 21 日—11 月 4 日)

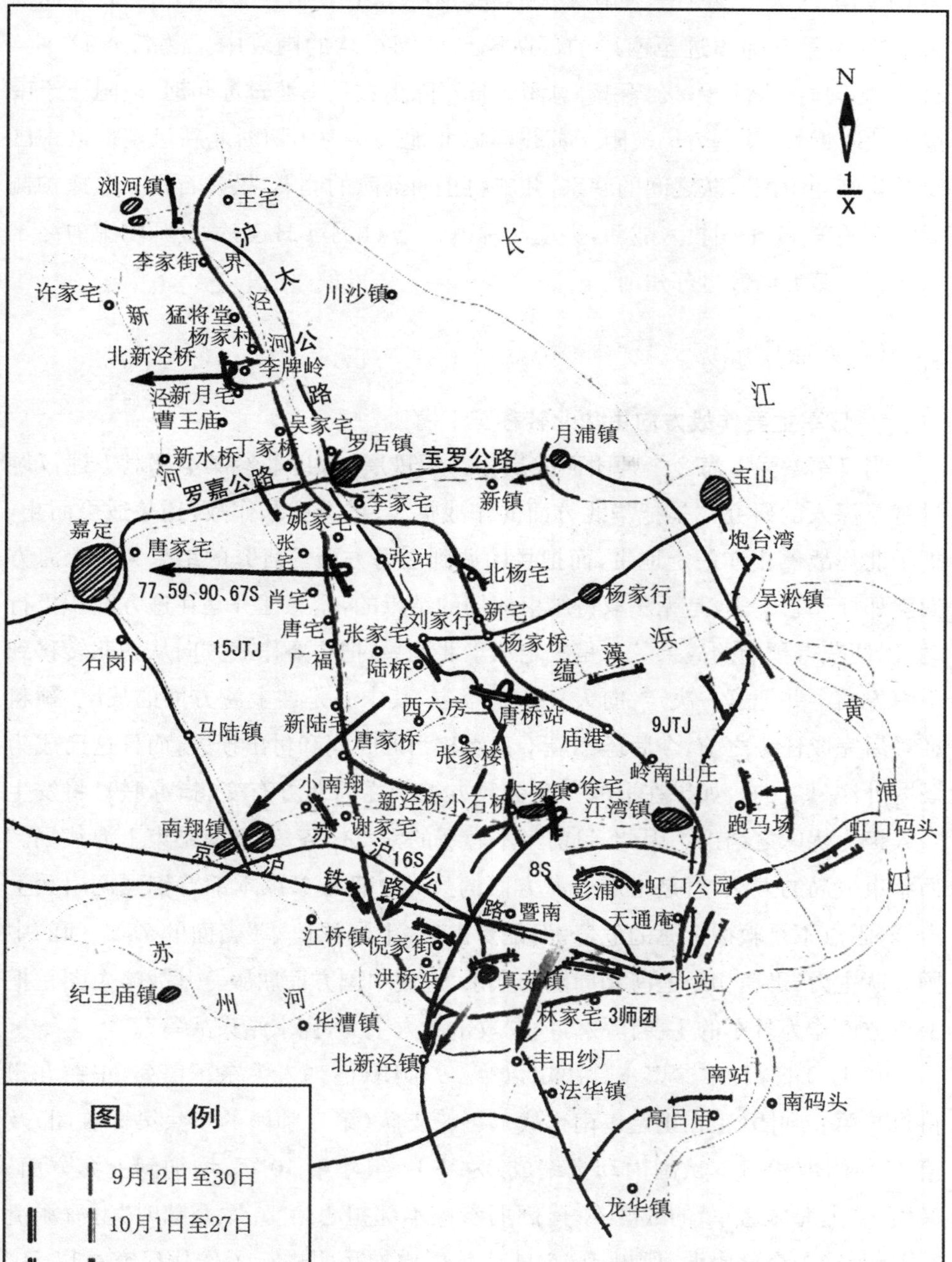

图　例

9月12日至30日

10月1日至27日

10月28日至11月4日

9 师团的右翼部队也开始强渡,一度占领姚家渡。第 171 师、第 54 师、第 87 师、第 61 师等部队坚强阻击,使其无法前进。不久,第 78 师等部队亦由上行方向前来增援,日第 9 师团进至南岸的部队陷于中国军队的围攻中。激战至 11 月 3 日,第 36 师投入战斗,接替税警总团。日军除少数兵力渡过苏州河、被阻止于南岸阵地附近外,其主力仍被阻于苏州河以北地区。为了切断北新泾镇地区中国军队与南翔中国军队之间的联系,并威胁正面部队的侧翼,松井石根又命掩护侧翼安全的第 11 师团投入战斗,进攻江桥镇。至 11 月 4 日夜,第 3 师团主力终于从北新泾镇方向渡过苏州河。

(四) 撤离淞沪战场

1. 日军主要作战方向由华北转移至上海

当日军增兵上海 2 个师团而战局仍毫无进展时,日本参谋本部对下述议题进行了深入的研究:"是把华北方面的作战扩大、进行山东作战,还是适可而止,把华北作战停止在一定地带,而把兵团调到上海方面?"研究的结果为:"上海方面就那样让它下去,是无法取得结束战局的结果的,紧急任务是在这方面积极行动,以便获得预期的战果。"于是决定从华北调兵,把主要作战方向从华北转移到上海方面。并把这一决定,向天皇作了报告,其中心是:"上海方面的战况,预料在最后完成任务之前,今后还不能不花费相当的时间和付出损失;而且这已成为国内外注目之的。如果在上海完全被我方控制之前北方有变(指苏联),将发生令人极为忧虑之结果。因此,目前刻不容缓的紧急任务,是迅速结束上海战局。"而结束战局的方法,就是增加上海方面的兵力。日本参谋本部特别强调出兵上海,着眼点不是救援上海的危急,而是要击破"上海派遣军"当面的 75 个师的中国军队主力,迅速切断上海和周围的联系,迫使中国方面屈服。其战略企图是把上海方面作为日军的主要作战方向,"攻击敌人主力,谋求结束战争"。[69]

10 月 9 日,日本参谋本部决定以第 18 师团(已列入关东军序列,正在九州待机)、第 6 师团(正在正定以南作战)、国崎支队(第 5 师团的步兵第 9 旅团)及第 114 师团(由日本从国内动员编成)为基干,组建第 10 军,增加到上海方面。又由于"上海派遣军"的战况不好,因而参谋本部担心第 10 军登陆时"上海派遣军"能否给予充分协助,所以于 16 日就是否增加兵团进行了作战研究。17 日,决定再从华北调出第 16 师团加入"上海派遣军"战斗序列,与第 10 军登陆作战进行配合。预定从白茆口登陆。

10月20日，正式下达了增兵上海的作战命令，并下达了第10军战斗序列编成的命令。与此同时，海军第3舰队分为第3、第4两个舰队，增加了“足柄”号等军舰。

日本参谋本部在下达了关于第10军的命令之后，立即与军令部共同制订了陆、海军协同作战的协定，并据以制订了第10军作战要领方案。主要内容为：[70]

方针

军应协同海军在杭州湾北岸登陆，并尽快向上海市西南方地区前进，与上海派遣军共同击灭上海周围之敌。

作战指导

(1) 第一期

向上海及黄浦江边前进。预定登陆日期为10月末或11月初。预定登陆地点为金山卫附近。

军以第18师团、第6师团(配属第5师团之国崎支队)为第一线，于金山卫东西海岸敌前登陆，继以第114师团及第1、第2后备步兵团与必要之军区部队等登陆，迅速向黄浦江一线急袭前进。

第18师团于金山卫东方海岸登陆，以一部向金山卫东北侧、以主力尽快向松江西南方黄浦江一线前进。

第6师团(配属国崎支队)于金山卫西方海岸登陆，以国崎支队向金山卫城西北侧、以第6师团经金山(洙泾)向松江西方地区前进，切断沪杭铁路。

第114师团由第18师团之后方登陆，由该师团右侧地区向闵江渡场附近前进。根据情况以主力向浦东地区前进，策应上海派遣军浦东部队作战。

第1、第2后备步兵团由第6师团后方登陆，以1个步兵团对乍浦方面、另1个步兵团对金山卫附近登陆点一带负责警备。

军直部队将山炮部队、工兵部队(渡河)……分别增加配属于各师团。

(2) 第二期

渡过黄浦江及向上海西南方向前进。稍作准备后，以一部由闵江方面、以主力由松江西南方渡过黄浦江，向上海西南地区前进，与上海派遣军共同击灭上海周围之敌。根据情况，以一部在浦东地区作战。

(3) 根据情况，以一支有力部队攻占乍浦，确保登陆点。

日军将第 10 军投入淞沪战场后，上海方面的日军为 2 个军 9 个师团，30 余万人，而华北方面的日军为 2 个军 7 个师团，20 余万人。很显然，中日战争的主战场已由华北转移到上海。

2. 日军登陆杭州湾

当日军攻占大场镇等地时，中国大本营已没有可以立即调至上海的增援部队。此时，不仅已将全军战斗序列中第一线兵团的主要部队多调至淞沪战场，而且也已将预备军中的主要部队调至淞沪战场，甚至连长江南岸守备区和杭州湾北岸守备区防备日军登陆的主要侧方保障部队也调至上海战场。因而统帅部主管作战的高级将领和前线高级指挥官如顾祝同、陈诚等，都建议按照持久消耗战的战略方针，迅速将上海战场的主力部队有计划地逐步撤退至吴福线及锡澄线两条国防工事线上进行整补。该建议最初已获得蒋介石的同意，并已开始实施，但至 10 月底时，蒋介石突然改变了决心，从政略角度出发，命令第三战区的部队继续在上海与日军主力进行阵地消耗战。从他的讲话中可以看出其指导思想。11 月 1 日晚，蒋介石在南翔附近的一个小学校中召集淞沪会战部队的师长以上将领开会，他说："九国公约会议将于 11 月 3 日在比利时首都开会，这次会议对国家命运关系甚大。我要求你们作更大努力，在上海战场再坚持一个时期，至少十天到两个星期，以便在国际上获得有力的同情和支持……"又说："上海是政府的一个很重要的经济基地，如果过早放弃，也会使政府的财政和物质受到很大的影响"，等等。[71] 于是中国军队在已处于强弩之末的情况下，继续在上海与又增加 10 余万新生力量的日军作更艰苦的战斗。

日军第 10 军司令官柳川平助接受任务后，根据参谋本部拟定的作战方案制定了作战计划。但他的指导思想和参谋本部的指导思想有极大的差别。主要表现在以下两点上：(1) 参谋本部将渡黄浦江作为第二期作战，第 10 军则作为第一期作战；(2) 参谋本部在第二期作战中规定军主力向上海南面和西面前进，而第 10 军则准备进入苏州河北面，大规模地包围中国军队主力。当"上海派遣军"攻占大场镇、进抵苏州河地区时，柳川平助于 11 月 2 日又将第二期作战改为"军进入松江附近后，乘敌准备未完，先进入平望镇、嘉兴一线，尔后在太湖及其以西地区水陆并进，进出至常州附近，深入到较远的距离，切断敌的退路，一举围歼上海方面的敌主力军"。

11 月 4 日夜，日军第 10 军在第 4 舰队护卫下乘坐约 100 艘大型船舰进入杭州湾。5 日拂晓，在舰炮与航空兵火力急袭掩护下，第 18 师团从金山卫以东金山嘴、漕泾一带，第 6 师团（配属国崎支队）从金山卫以西金丝娘桥、全公亭一带同时登陆。这一地区原部署有第 8 集团军防守，后因上海战况吃紧，先后调至浦东方面，以至金山卫左右几十公里的海岸线上仅有第 63 师之一部及少数地方武装担任警戒。当时面对登陆日军的中国军队只有 63 师的 2 个连，当然不可能抗击敌人的登陆。当日上午即有约 2 个联队的日军在金山卫两侧登陆。在上海市内徐家汇指挥作战的第 8 集团军总司令张发奎及副总司令黄琪翔急调第 62 师、独立第 45 旅及新到枫泾的第 78 师前往阻击，并令在青浦的第 67 军向松江转移。在各部队尚未到达之前，当夜日军第 18 师团已进至亭林镇、松隐镇之线，第 6 师团国崎支队已进至金山县城，主力正向沪杭铁路方向前进中。此时，蒋介石曾以电话征求陈诚对作战指导的意见，陈诚认为应迅速后撤，调整战线，但最后蒋介石决定让第一线各集团军再坚持 3 天。6 日午前，日军先头部队已进抵米市渡附近，黄昏时强渡黄浦江，击退正面少数守军后向松江方向前进。其左侧支队亦已进至广陈镇附近，与前来阻击的第 63 师的 1 个团及第 62 师的 1 个营发生战斗。7 日，第 62 师、第 79 师曾向金山县城及亭林镇日军进行反击，但很快被击退。黄琪翔鉴于日军主力已进至黄浦江南岸，决定将黄浦江南岸的部队全部转进至北岸，并急令第 108 师阻击渡江的日军。

11 月 7 日，日军杭州湾登陆成功后，为统一指挥，参谋本部下达“临参命”第 138 号令，将派遣军和第 10 军临时组成“华中方面军”，由松井石根任司令官（仍兼“上海派遣军”司令官），并赋予“以挫伤敌之战斗意志、获得结束战局的机会为目的，与海军协同，消灭上海附近敌人”的作战任务；同时规定“作战地域为苏州—嘉兴一线以东”。

3. 第三战区部队撤离淞沪战场

11 月 8 日，日第 10 军主力在得胜港、米市渡等处开始渡过黄浦江，其后续部队第 114 师团及军直属部队亦开始登陆向金山集中；“上海派遣军”为支援第 10 军作战，亦分别向当面的中国军队发动进攻。当晚，中国统帅部发现淞沪战场的中国军队已处于即将被包围的危险境地，蒋介石才急忙下令从上海撤退。第三战区副司令长官顾祝同按照蒋介石的指示，于当夜下达了撤退的命令。主要内容为：[72]

甲、右翼军除以一部占领独山、虎啸桥、太平桥、新埭、枫泾之既设阵地外，主力转进于珠家阁、沿青浦东侧冬水桥、章堰镇、虬江至吴淞江之线占领阵地。左翼军速以一部于虬江黄渡沿吴淞江北岸至姚家渡之线占领阵地。

乙、今(8日)夜各部队之行动:(1) 8师及87师于七宝镇、虹桥飞机场、顾家湾、潘家巷之线,占领收容阵地。(2) 36师、88师、第1军、102师及58师之一旅,由胡军团长(胡宗南此时已升军团长)部署转进,应以88师于凤凰山亘杨家铁桥之线,36师于观音堂亘新开河之线占领阵地。第1军、第102师先集结于青浦西北地区,58师之一旅到达青浦附近归还建制。(3) 教导总队附58师之一旅,即由西蒋上、刘家桥、诸翟、观音堂、重固道转进。除令58师之一旅于青浦附近归还建制外,经安亭至昆山附近候车运京(南京)。(4) 第55师除1旅(欠1团)会同上海警察总队、保安团固守上海南市外,主力应于泗泾镇、四安桥、张家浜、常蒡头之线占领前进阵地。(5) 51师即于青浦附近马桥、徐家浜、李大泾、冬水桥、铁店塘之线占领阵地。(6) 58师即于铁店塘、新开泾、孙家埭之线占领阵地。(7) 154师应转进于何家桥、天福桥至吴淞江南岸之线占领阵地。(8) 46师于徐家桥、徐家村、虬江之线占领阵地。(9) 45旅、107师、108师应固守松江及其以南沿黄浦江北岸之原阵地。(10) 26师经安亭至吴福线。(11) 炮兵部队即经青浦向安亭转进。如行动困难,可利用预为准备之船只,由水道输送。

丙、对9日夜之行动预为指示,并嘱各总司令适应情况适切部署:(1) 第1军经安亭到达吴县以西集结待命。(2) 106师经安亭到达真仪(今正仪)附近,归前敌总指挥(在日军登陆杭州湾后,陈诚不兼左翼作战军总司令,仍担任前敌总指挥,左翼作战军总司令,由薛岳接任)直接指挥。(3) 第8师、87师经安亭到达吴县以北地区集结待命。(4) 36师、88师、沪保安总团经安亭到达青阳港附近构筑阵地,归前敌总指挥直接指挥。(5) 55师(欠1团)经青浦、安亭到达昆山转进于嘉兴,归刘总司令(刘建绪)指挥。(6) 独45旅、107师、108师,应以由沪杭铁路向嘉善附近转进为主。不得已时,经青浦、安亭到达昆山附近待命,着由黄代总司令(黄琪翔)适应状况适宜处置之。(7) 61师经安亭、昆山到达无锡以北地区整理。(8) 青浦至吴淞江南岸本阵地应迅速占领。

丁、关于昆支阵地,即以税警总团、36师、88师、沪保安总团、32师、8师、13师、133师、40师及苏州河南岸各炮兵部队,由前敌总指挥部署占领之。

由于撤退的时机过晚，而命令下达的手段又极落后，命令到达右翼军总司令手中时已是11月9日。张发奎“接到命令时，已经错失了指定的撤退时机，部队已陷于极端紊乱状态，各级司令部亦已很难掌握其部队了”。[73]有的部队并未接到撤退命令，只是看到友军撤退因而也随之撤退。命令规定的逐次掩护、占领阵地，根本未遵守，形成各自溃退的局面。其实即使按照命令行动，也难以避免混乱，因为命令并未区分各军、师的转进道路，更未区分各部队转进的先后时间，均是向安亭方向撤退。几十万军队拥挤在有限的一两条公路上，加以上有飞机轰炸、下有日军追击，其争先恐后之状可想而知。

当时左翼作战军受到的压力较小，所以第三战区于8日夜下达撤退命令时，令左翼作战军各部队仍固守原阵地以掩护右翼作战军撤退。至10日12时30分，第三战区下达了左翼作战军撤退的训令（11日14时各集团军总司令方接到）。主要内容为：“左翼作战军向吴福阵地转进部署指示如左（下），希适应状况适宜处置之。(1) 收容阵地之占领：①第19集团军以66军占领安亭、方泰、外岗（不含）诸要点，掩护该集团军之转进。②第21集团军以有力部队占领外岗、嘉定诸要点，以第56师占领塘河、浏河附近诸要点，掩护第15集团军及该集团军之转进。(2) 昆支阵地之占领：第15集团军应以第44师第32师在青阳港、周墅镇、任阳镇之线，与第19集团军连系占领阵地。(3) 本阵地之占领：第15集团军之第60师占领古里村、梅李镇附近本阵地，其余集结于常熟城附近为预备队，并构筑本阵地第3阵地带工事。(4) 各集团军之转进定本夜（10日夜）开始。(5) 在转进期间，应由薛总司令适应状况随时指示各集团军之行动。(6) 转进道路之分配：第15集团军及第21集团军沿沪锡公路及西侧地区，惟太仓、昆山公路由第15集团军专用，浏河、太仓公路由第21集团军专用。至于各部队之行动，应预先协商规定。”

薛岳接到第三战区的作战训令后，立即下达了他任左翼作战军总司令后的第1号作战命令，规定了各集团军从11月11日至13日向吴福阵地转进的行动、路线及占领的地段等。11月11日20时，各部队按照命令开始逐次后撤。11月12日，前敌总指挥陈诚根据当时战局发展的情况，打电话告知各部队：“昆沪公路昆山以东南北两侧地区，交通刻下颇为拥挤”，并命令“王军长东原指挥之部队（第15、第16、第19师）应改经太仓向常熟方向转进，并须于本日（12日）晚派强有力之部队向嘉定城及葛隆镇北侧地区挺进，占领嘉定—朱家桥头—曹家村阵地，掩护该军右侧背。第53师、57师归（第2军）李军长韫珩指挥，应迅速

图 4－1－4　淞沪会战中国军队撤离淞沪战场时期作战经过要图

（1937 年 11 月 5 日—12 日）

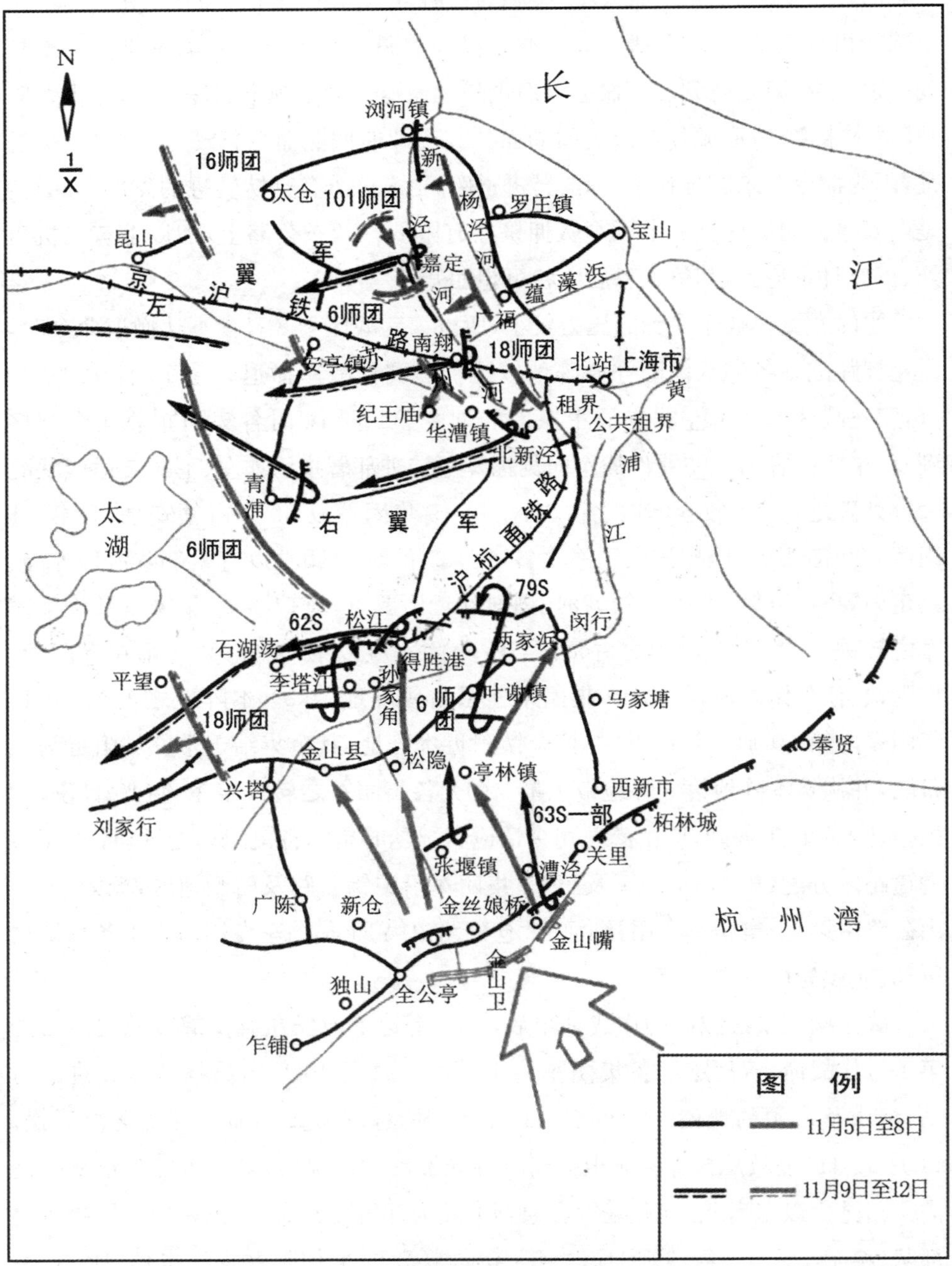

图　例

11月5日至8日

11月9日至12日

占领蓬阆镇—钱门塘镇—葛隆镇一带阵地，掩护左翼作战军诸部队向太仓转进及迟滞敌之前进。”[74]

当第三战区各部队开始后撤的时候，日海军陆战队及“上海派遣军”即乘势占领上海市区。至11月12日，上海地区全部为日军占领，原在沪西作战的中国军队也均撤离了淞沪地区。

4. 中国军队从淞沪战场向南京转移

（1）撤向吴福线

中国军队由上海撤退后，日军发动全线追击。为切断中国军队的西退道路，还部署从华北增援来沪、正在海运途中的第16师团由白茆口附近登陆，向常熟方向进攻。至11月13日，日军第10军第6师团已北进至安亭镇，第18师团及国崎支队已进至平望及嘉善附近，第114师团正在金山集结中；日军“上海派遣军”第11师团在南翔、第18师团在刘行、第101师团在嘉定正与中国军队掩护撤退的部队激战；日军第16师团及重藤支队已进至徐市镇、支塘镇一带。

日军“华中方面军”司令官松井石根本来判断从上海撤退的中国军队一定会在黄渡镇至嘉兴一线进行抵抗，后又根据日军进展的情况，判断中国军队不会停留在该线，而是再向西退，于是决心向大本营所规定的作战地境限制线追击。11月14日松井下达命令，主要内容为：“（1）方面军决定占领常熟、苏州、嘉兴一线，准备尔后的作战。（2）上海派遣军应占领福山、常熟、苏州一线，以约两个师团在昆山、太仓附近集结，作为余之直辖部队。（3）第10军须占领平望、嘉兴、海盐一线。”[75]

中国第三战区在日军占领安亭并向昆山进逼的情况下，又发现日军已在浒浦口、白茆口一带登陆，有切断支塘镇附近公路的可能，认为昆支阵地形势已趋不利，负责前线指挥的战区副司令长官顾祝同当即决心向吴福线阵地转移。预定部署右翼军坚守平、嘉本阵地，阻止日第10军西进；左翼军及右翼军被隔离于京、沪方面的部队逐次抵抗，交替掩护西退。11月13日晚，以第三战区第11号作战命令下达撤退命令：[76]

① 敌情如诸官所知。

② 我军以占领乍（浦）、平（湖）、嘉（善），及吴（县）、福（山）本阵地拒敌前进之目的，即向该本阵地转移。

③ 薛总司令岳，指挥税警总团、第51师、第38师、第6师、第46师之1

团、第44师、第76师之288旅、第171师、第174师、第176师、第173师，占领大墅镇—青阳港—支塘镇—白茆口之线，掩护主力军之转进及左翼军吴福阵地之占领。

④ 右翼军应坚固占领乍、平、嘉本阵地，拒止敌军前进。其在京沪方面部队，应照下列规定：

第55师到达平望附近归还建制。

第62师经嘉善路车运至嘉兴。

第59师、第90师速到唯亭、真仪上车，向嘉兴、盛泽输送。

第19师、第16师、第107师余部，徒步行军，经苏嘉公路向嘉兴转进。

第108师、第45旅到苏州附近集结后，经苏嘉公路向嘉兴转进。

第6师待昆山阵地奉命撤退后，速经苏嘉公路向嘉兴转进。

⑤ 左翼军应依照下列规定，向吴福本阵地转进：

甲、第一阵地带

第8师、第14师占领吴淞江南岸—甪直镇—南邵渡之线。

第154师、第159师、第160师占领吴淞江北岸—港田里—真仪镇—北道泾—傀儡湖之线及对吴淞江之警戒。

第44师、第76师之283旅、第32师、第98师占领巴城镇—陈塘墅—古里村（不含）之线。但第44师、第76师之288旅，须俟昆支阵地奉命撤退后，方开始转移。

第60师、第18师、第56师、独立第34旅、第40师、第76师（欠288旅）占领古里村（含）—梅里镇—浒浦镇之线及浒浦—耿经口—福山镇间之江防。

乙、第二阵地带

第107师，平望（不含）—北坎镇（不含）间地区。

第87师、第3师、第58师，北坎镇—同里镇—朱家浜—车坊镇—吴淞江南岸地区。

第57师，外跨塘—唯亭间地区。

第53师，沙湖—塘浦村—斜塘镇间地区。

第133师，相城镇—昆城湖间地区。

第67师、第11师，莫城镇—常熟城（含）间地区。

第171师、第173师、第174师、第176师，俟昆支阵地奉命撤退后，转进于常熟(不含)—萧家桥(不含)间地区。

第15师、第105师,萧家桥(含)—福山镇间地区。

第18师、第46师,西浒墅关附近地区。

⑥ 两翼军之作战地境为陆家港—平望镇—陶庄镇—姚家坝—章练旗—天马山镇—凤凰山镇相连之线,线上属右。

⑦ 江防部队仍担任福山(不含)以西江南岸及江北岸之守备。

⑧ 总预备队

第1师、第78师、第36师、第61师、第88师、第102师、沪保安总团,到达锡澄阵地担任野战工事之构筑。统归胡军团长宗南指挥。但36师、88师、沪保安总团须俟昆支阵地奉命撤退后,方开始转移。

第156师在苏州附近集结待命。

第9师、第51师,苏州(不含)吴江间地区集结待命。但51师须俟昆支阵地奉命撤退后,方开始转移。

第102师待66军接防部队到达后,即转移于无锡附近,归胡军团长宗南指挥。

⑨ 余现在苏州,尔后到达武进。前敌总指挥暂在吴县指挥,俟吴福主阵地部署完毕后,位置于宜兴。

兼第三战区司令长官　蒋中正

副司令长官　顾祝同

11月14日上午,各集团军分别下令西撤。因从淞沪战场撤退时就已相当混乱,加以日军飞机不停轰炸、扫射和日军的尾随追击,所以虽然命令规定得极为具体,但部队并未能按照规定有秩序地交替掩护转进,各部队"凌乱异常,伤亡极大,各级指挥官对部下多失掌握"。以第21集团军为例:15日黎明前,集团军司令部退至常熟,不知右翼第15集团军之"行止方向,失去联络,迄未查知所在",而"本集团军指挥之39军(附独立第34旅、苏保4团)及担任萧家桥至福山防务之73军,亦未知到达何处"。据陈诚说:薛岳撤退时,"泅水连越三河,力疲不支,几殆,赖获一浮木得免[77],可见撤退时的混乱情况。

日"上海派遣军"在淞沪会战中亦遭严重伤亡,虽追击企图旺盛,但正面追击行动却较为缓慢,所以中国军队得以脱离接触西撤。正是新从白茆口一带登陆的第16师团在华北作战时未受到损失,14日主力登陆后进展迅速,第一阵地带不复存在。15日，各集团军主力基本上均已撤至吴福阵地。但由于组织、准备工作太差，部队到达国防工事线后，“吴福线既设阵地线及工事无图可按，无钥开门，无人指示”，[78]以致耽误占领阵地及部署部队组织防御的时间。

（2）由吴福线向锡澄线转移

各集团军撤至吴福线阵地时，南京第一次高级幕僚会议刚刚开过，会议对南京的防御问题尚未作出最后决定。蒋介石仅说要守一守，而军令部第一厅厅长刘斐提出作象征性防守的建议为多数人同意。在此情况下，第三战区于11月16日制订了《淞沪抗战第三期作战计划》。主要内容为：[79]

第一　方针

为打破敌由杭州湾方面包围我军之企图，并巩固首都起见，京沪线方面应利用既设工事，节约兵力，抽调一部转用于沪杭线方面，阻止敌人之发展。同时抽调一部，巩卫首都；待后续兵团到达，以广德为中心，转移攻势，压迫敌于钱塘江附近而歼灭之。

第二　指导要领

① 京沪线方面，务以最小限之兵力，利用吴福线工事，阻止该方面之敌；不得已时，转进于锡澄、宜（兴）武（进）等阵地，节节抗战。

② 由京沪线抽调约两个师（除第7军），经宜兴、长兴进出吴兴，归张发奎指挥；同时以炮兵大部转用于沪杭方面，另抽较次之3至5个师，回任首都之巩卫，并预先构筑工事。

③ 沪杭线方面，应扼守崇德、石湾、南浔线及临平、吴兴线，最后应以刘建绪所部（第10集团军）退守杭州附近，第7军之徐、程两师（第170、179师）退守长兴附近，待川军到达后，一齐转移攻势。

④ 续到之川军6个师（第23集团军唐式遵部），车运者，由南京用汽车输送至广德附近；船运者，由芜湖、宣城，再用汽车输送至宁国附近集中，置重点于广德方面，攻击沪杭方面之敌。

⑤ 京沪方面不堪作战之部队及可抽出之资材，应即运后方。

日军接到其方面军司令官关于“占领常熟、苏州、嘉兴一线”的命令后，“上海派遣军”部署：“主攻方向保持在沪宁铁路北侧地区，击败当面之敌后，向太仓、昆山一线追击”。第10军则在召开幕僚会议后，认为“敌人仍处于混乱状态，如果抓住这一良好战机，断然进行追击，有20天的时间，可以占领南京”，因而决定在攻占嘉兴后，“以军主力独自果断地向南京追击”。[80]

在日军跟踪追击下，第三战区副司令长官顾祝同、前敌总指挥陈诚根据《第三期作战计划》的精神，命已退至苏州地区的第 9 和第 19 两集团军“于 17 日夜开始向锡澄线转进，惟仍以一部占领唯亭、外跨塘阵地掩护，斟酌情形待 20 日前后转进”。同时致函第 15 和第 21 两集团军总司令罗卓英、廖磊，告知“铁道正面我军之主力于 17 日夜间开始向锡澄线转进”，“望兄等督率各部，迟滞敌之前进，使由正面转进之我军，得有确实占领阵地时间之余裕”。左翼军总司令薛岳也依照顾、陈的指示，以与信函相同内容的训令，命第 15、第 21 两集团军“支持至 20 日晚撤退，并派一部沿常锡公路逐次拒止敌人之前进，掩护各部转进”。对各军、师的行动及到达位置等，均作了具体规定，并通知当转进至锡澄线以后，“即解除左翼军之战斗序列，尔后归战区司令长官及前敌总指挥直接指挥”。

此时，短期固守南京的方针正在南京第三次高级幕僚会议上决定。为争取时间掩护南京进行固守的准备，蒋介石以电话指示薛岳：“苏州、常熟、福山之线应固守，非有命令不得撤退。”薛岳遵令于 18 日 13 时将蒋介石的指示转达给各集团军，并附有固守吴福线的防御计划。但当日日军已突破常熟以北李家桥及常熟以南昆城湖西岸的吴福线阵地，正向虞山、莫城镇等吴福线后方据点进攻中；而且苏州方面的中国军队主力业已西撤，罗卓英、廖磊遂向薛岳报告：“奉钧部命令，自应遵照办理，但本日午后……44 师右翼即被敌突破，并已深入兴福街东侧，228 旅及 32 师本夜虽可到达增援，瘠充其恢复阵地，但因其兵力寡少，在现状况下颇有困难……目下战况，深感可虑。即令抽调 60 师，亦觉困难。此节应再请统筹此间局势，予以裁决。”至 19 日，日军第 10 军攻占嘉兴，第 9 师团占领苏州，第 11 师团攻占莫城镇，第 16 师团攻占常熟，并有一部乘 24 艘军舰于福山登陆。在此情况下，当日 14 时，薛岳致函罗卓英、廖磊：“我苏州方面部队已陆续撤退”，“本翼军决放弃固守吴福阵地之计划，逐段撤退，以掩护锡澄线阵地之占领”，“希望能继续迟滞敌人 3 日，至 22 日黄昏，不使敌人接近锡澄之前进阵地鸿山—安镇—向塘桥—乌龟山—闸山镇之线”。“两集团军转进后……萧之楚、刘和鼎两军（第 26、39 军）及 60 师留于锡澄线使用，其余 18 军各部转进至宜兴待命，第 21 集团军各部转进至武进附近待命”。信中最后还特别指出：这样部署，是“为顾虑澄锡线作战以后能掩护南京外围阵地之占领，关系甚大……务请注意照办”。[81]与此同时，蒋介石已命令先期由苏州地区退至无锡的第 36 师、第 88 师（均属总预备队序列）向南京转进，准备用以防守南京。11 月 19 日夜，尚在吴福线的部队开始西撤。至 21 日,各集团军主力均已到达指定位置。

根据当时的态势,中国统帅部判断日军"当以一部沿京沪线进逼,以主力循京杭国道(宁杭公路)绕攻南京。此路敌军到达长兴后,必分兵击广德、宣城,循江南铁路(宁芜铁路)袭取芜湖,断我后路,并与京沪、京杭三面夹击,作围攻首都之企图"。"为巩固吴兴(即湖州)方面之战局",统帅部令"新到之第 7 军先头部队在升山市至大钱镇线占领阵地,以川军之 5 个师(第 144、145、146、147、148 师)集结广德、泗安、安吉一带地区,以为策应"。[82] 同时令到达武进的第 21 集团军向宜兴、张渚镇转进。

日"华中方面军"突破吴福线阵地后,按照"在苏州、嘉兴一线准备以后的作战,同时企图攻占无锡及湖州"的方针,于 20 日下达命令,令"上海派遣军攻占无锡,第 10 军以一部准备攻击湖州,以精锐的一部准备协助上海派遣军攻击无锡"。[83] 日"上海派遣军"部署第 13 师团由常熟地区向位于锡澄阵地中间的青阳镇进攻,军主力第 18 师团、第 11 师团及第 9 师团向无锡进攻。日第 10 军没有遵照方面军的命令部署军队,仍本"以军主力独自果断地向南京追击"的方针,命第 6 师团在嘉善地区集结,命国崎支队、第 18 师团及第 114 师团等部全力向湖州进攻。23 日,日军在太湖南、北两侧开始进攻。至 25 日,日"上海派遣军"突破第 74 军、第 39 军阵地,占领了无锡;第 10 军突破了第 7 军的防线,占领了湖州。

无锡、湖州失守后,中国统帅部为使淞沪战场撤回的部队"脱离敌由京杭国道之大包围",令集结于宜兴、张渚等地的第 21 集团军、第 15 集团军以及总预备队等各部队迅速向孝丰、广德、宁国等地转进,并撤销了第 15、第 21 等集团军的番号(仍分别称"第 7 军团"及"第 16 军团")。同时命令"长兴之 144 师郭勋祺部及泗安之 148 师陈万仞部〔该两师原为潘文华第 23 军所部,归第 21 军军长唐式遵指挥(下辖第 145 师、第 146 师)〕,迅速协同第 7 军攻击该方面(湖州)之敌",[84] 企图夺回湖州。但在该命令下达的同日(25 日),日军第 10 军已将主力推进至湖州附近,并以其第 114 师团攻占了长兴。

(3) 江阴要塞战斗

日"上海派遣军"攻占无锡后,令第 16 师团及第 9 师团主力继续沿京沪路向常州追击,第 9 师团之一部在太湖水上机动;令第 13 师团及集成骑兵队(10 月 8 日由骑兵第 3、第 9、第 17 和第 101 四个大队组成,由森五六中佐指挥)封锁江阴要塞,并作好进攻准备;令第 11 师团及重藤支队集结于无锡,第 3 师团集结于太仓附近。日第10军攻占湖州、长兴后，令第114师团继续向宜兴、溧阳方向追击；令国崎支队及第18师团之一部向泗安、广德进攻，军主力集结于湖州附近。

日“上海派遣军”于26日发现中国军队有继续西退之征候时，为了为下一步进攻南京作准备，决定“以丹阳及金坛作为进攻南京的前进据点”，同时命令第13师团及集成骑兵队攻占江阴要塞。

江阴要塞有黄山、君山扼江面，东有狼山、福山为屏障，为南京水路之门户，江面甚窄，仅2公里多，水深流急。长江江中已沉船封锁。要塞各炮台原有火炮49门，淞沪会战开始时，增设88毫米高平两用半自动炮8门(甲炮)、150毫米加农炮4门(丙炮)，均为刚从德国运至的最新式火炮。当中国军队从上海撤退、南京第一次高级幕僚会议后第三战区决定对南京仅作象征性防守时，统帅部以蒋介石的名义电令要塞“暂守江阴，候令撤退”。军政部部长何应钦还补充指示：“将新炮准备拆到后方安装，铁驳一到即行起运。”但在第三次高级幕僚会议决定固守南京后，统帅部又电令要塞“固守江阴”。当日军突破锡澄线时，统帅部正式发布命令成立南京卫戍司令长官部，任命唐生智为司令长官，刘兴为副司令长官。此时要塞又接到“死守江阴”的电令。防守江阴要塞的部队有第103师、第112师、要塞所属步兵2个营及江防海军舰艇等，统由江防军总司令刘兴指挥。

11月26日19时，刘兴下达了作战命令。主要内容为：[85]

① 江防军以主力固守江阴要塞，以一部警备江岸，施行持久抵抗，以保长江航道。

② 112师以主力占领由夏港口、夏港镇、青山、江阴城南至金童桥间之主阵地带，拒止敌人。

③ 103师以主力占领金童桥(不含)经杨家港、凤凰山东麓至长山东麓间之主阵地带拒止敌人。

④ 57军率111师，以一部警备南通，拒止敌人上陆，以大部在靖江附近，协同要塞妨害敌舰活动，并拒止敌人上陆。

⑤ 要塞部队严整备战，构成江上火力阻塞线，制压敌舰之动作。尤须对于陆正面准备火力，支援陆军作战。

⑥ 江防部队须以鱼雷快艇袭击敌舰，妨害敌舰活动，保护要塞地区。

下达命令的当天，日军第13师团及集成骑兵队已进至南闸、云亭、后塍以南一线，日舰艇60余艘亦已进泊段家港以东江面。27日双方仅有炮战及日机轰炸，步兵未发生战斗。28日，日军攻占了江阴外围前哨阵地，迫近巫山、定山等主阵地前沿。29日，日军主力在海军航空兵火力掩护下以战车先导，开始向守军主阵地发起猛攻。守军在要塞炮火支援下进行了坚强的抗击，花山、定山等阵地曾失而复得。战斗中要塞炮击沉日舰1艘，击伤2艘，并击落日机1架。激战至12月1日，要塞火炮不少被炸毁，通信网络全被破坏，步兵阵地数处被敌突破。守军被迫逐次后退。至17时许，日军由西北关突入江阴城中，第112师师长霍守义负伤，部队多陷于混乱状态，刘兴遂依据大本营的意图下令突围：令要塞炮兵以火力掩护步兵向武进方向突围，至24时破坏要塞炮台，尔后渡江，从靖江向镇江要塞撤退；同时令江防舰艇运载总司令部人员由长江退南京。由于撤退仓促、计划不周，部队秩序相当混乱。又因突围部队大多遭日军阻击，所以多数部队未能按照命令行动。第112师师长霍守义及部分人员渡江经靖江去扬州，其第672团等则沿江岸退至镇江。第103师突围至江阴城西钱家村附近时，遭日军突然袭击，第613团团长罗熠斌阵亡，师长何知重、参谋长王雨膏、第615团团长周相魁脱离部队，由黄田渡江北逃去武汉；部队由副师长戴之奇率领绕道江边，亦退至镇江。[86]12月2日，日军占领江阴要塞。与此同时，第18师团占领丹阳，第9师团占领金坛。

（4）泗安战斗

唐式遵率部向浙江长兴前进途中得知长兴已被日军第10军占领，遂令第144师及第145师在长兴西南的南山亘金村一线及泗安附近占领阵地，掩护第7军撤退。26日，日军第114师团及第18师团分别向金村、南山的第144师阵地及泗安第145师阵地进攻。泗安地形平坦，无险可恃，且工事薄弱，在日军装甲车及坦克冲击下，阵地很快被突破。唐式遵严令第145师师长反击，收复阵地，而该师惟一未投入战斗的刘汝斋团竟拒不服从命令，不肯反击。师长饶国华抱恨自杀。当日，第七战区司令长官刘湘令“独立第13旅从右翼、第146师从左翼包围泗安敌人”，企图夺回失去的阵地。但命令刚下达，第七战区副司令长官陈诚令第19集团军及第7军向徽州方向，第21军、第23军向太平方向撤退的命令亦到达各军部。接到命令的各军、师立即按陈诚的命令开始转移。第146师师长刘兆黎因未接到陈诚的命令，仍按刘湘的命令于当夜率第438旅对刚占领泗安的日军进行突袭，歼灭日军数十人，俘获大批被服、文件，及2门野炮、数十枝步枪，夺回了泗安；当发现友军均已撤走，于27日晚亦向广德方向撤退。28日在界碑又与正向广德进攻的日军一部遭遇，击毁其装甲车5辆、汽车10余辆，然后经十字铺向旌德、太平方向追赶军主力。[87]日军第18师团于11月30日占领广德，其第114师团在中国军队第144师、第147师等部撤走后于28日占领宜兴，12月2日占领溧阳。至此日"华中方面军"各部队均已按预定计划占领了用于攻击南京的前进据点，中国第三战区和第七战区的军队也均已撤离锡澄线及宜兴、广德等地，淞沪会战结束，中国军队转入南京保卫战。

淞沪会战是中日战争中第一次规模最大、具有决战性质的战略性战役，历时3个多月，中日双方随着战局的发展均不断增加兵力。至会战结束时，日方已投入了30余万兵力，中方投入70余万兵力。在狭小的上海地区，双方兵力竟达百万以上。据日本参谋本部的统计，日军共伤亡4万余人(可能偏少)；据中国军事当局的统计，中国军队伤亡约25万余人。

三、会战简析

(一) 淞沪会战的意义

日本是一个国土狭小、资源缺乏的岛国，为了实现其征服亚洲并进而称霸世界的野心，先吞并中国，以掠夺中国丰富的资源，作为其武力扩张的物质基础，这成为日本的"根本国策"。但由于中国地广人众，列强利益又交错其间，以日本的军事实力还难以完全以军事占领的方式灭亡中国，所以在侵略中国的手段和步骤上是逐步"蚕食"还是一举"鲸吞"，争论激烈。前者的主张在日本统治集团中略占上风。日本侵略中国东北三省后，第二步战略企图就是侵占中国华北诸省。1936年8月7日，日本广田内阁在四相会议上提出的外交政策是："首先使华北迅速成为防共、亲日满的特殊地区，并且一面获得国防资源、扩充交通设备，一面使整个中国反对苏联、依靠日本"。为实现这一企图，日本参谋本部在同年11月制定的《对华作战计划》中确定了对华作战的初期目标为攻占华北要地及上海附近地区。其"用兵纲要"规定：对华北方面，除"中国驻屯军司令官所属部队外，还包括关东军司令官及朝鲜司令官派遣的部队，以及从国内派来的部队"，"以主力沿平汉路地区作战，击溃河北省南部方面之敌，并占领黄河以北各要地"；以一部兵力"在青岛或其他地点登陆，击溃敌人并占领山东省各要地"。"军队的行动，应神速机敏，在最短时期内给以闪电般打击"。对华东方面，虽然也制定了陆军协助海军"占领和确保上海、杭州、南京三角地带"的目标和计划，但由于当时日本对"大陆政策"的主要假想敌苏联怀有极大的顾虑，惟恐在"对苏关系紧张时，这样用兵难以将兵力向北方转用"，所以规定非到不得已时不向华中方向派遣陆军，将战场限于华北地区，仅以海军确保上海这一"作战基地"。从上述日军的战略构想来看，日军侵华作战的重心在于华北，它企图集中主要兵力速战速决，达到占领华北、迫使中国政府屈服的目的。

1937 年 7 月，日本"华北驻屯军"在卢沟桥发动了对华侵略战争。日本统治集团错误地认为只要击破华北中国部队，中国政府就会屈服，就会像其占领东北三省时一样，作为局部问题默认既成事实。但日本统治集团错误地估计了形势，国民政府军事委员会委员长蒋介石在日军占领北平的当天即向中外宣告："临此最后关头，岂能复视平津之事为局部问题，听任日军之宰割……惟有发动整个之计划，领导全国，一致奋战。"日军既已发动侵华战争，而中国又已决定全面抗战，为了保卫上海、拱卫首都和守卫长江，中国主动而有计划地清除长江内的日本军舰和上海的日本海军特别陆战队，开辟淞沪战场，向侵占上海的日海军陆战队进攻，是完全必要的，也是正确的。更为重要的是，淞沪战场迫使日军不得不向其本不愿意使用陆军的战略方向上增派陆军。随着战况的发展，其陆军兵力不断增加，并将主战场由华北转向华东。这不仅分散了日军的兵力，使其不能集中使用于地形开阔、利于机械化部队作战的华北战场，而且粉碎了日军速战速决、以局部战争侵占华北并迫使中国政府屈服的战略企图，陷于中国全面、持久抗战的"泥潭"之中而无法自拔，不得不按照中国的战略方针进行作战。从这个意义上来说，虽然日本是进攻的一方，但在战略上却已在主动中处于被动地位。因而淞沪会战的结果，在战役上中国军队是失败者，但在战略上日本军队是失败者。

不过在开辟淞沪战场的战略企图上，由于陈诚在去台湾后写的回忆录里，将他在淞沪会战开始时向蒋介石的建议"不如扩大淞沪战争以牵制之"的话，改为早在全面抗战之前的 1936 年 10 月在洛阳即已向蒋介石建议"敌军入寇，利于由北向南打，而我方为保持西北、西南基地，得在上海作战，诱敌自东而西仰攻"[88]，因而海峡两岸的许多有关著作，辗转相因，写为蒋介石开辟淞沪战场，是为了诱使日军将进攻方向从由北向南改为由东向西，以推迟日军攻占武汉的时间，免得截断国民政府自南京西迁之路等。其实日军发动"七七"事变时，仅欲占领华北，尚无进攻武汉的战略计划。蒋介石对此非常了解。他不怕"鲸吞"而惧"蚕食"，所以才开辟淞沪战场。据张发奎回忆："七七"事变的当月下旬，他在南京蒋介石官邸，参加有何应钦、顾祝同、陈诚、张治中等高级将领出席的聚会，大家一致认为“既然我们已经决心抵抗，我们必须积极主动在上海开辟第二战场”。目的是“把侵华日军分割开来；其次，鉴于上海是国际政治、经济中心，一旦爆发战事，就会招来国际干涉”。蒋介石自己说的更为具体，他在1938年5月5日，曾在《杂录》中写道：“敌军战略本以黄河北岸为限，如不能逼其过河，则不能打破其战略，果尔，则其固守北岸之兵力绰绰有余，是其先侵华北之毒计乃得完成，此于我最大之不利。我欲打破其安占华北之战略，一则逼其军队不得不用于江南，二则欲其军队分略黄河南岸，使其兵力不敷分配，更不能使其集中兵力安驻华北。中倭之战必先打破其侵占华北之政策，而后乃可毁灭其侵略全华之野心。总之，倭寇进占京沪，其外交政策已陷于不可自拔之境，而其进占鲁南，则其整个军略亦陷于不可收拾之地也。”[89]据此可见，当时蒋介石开辟淞沪战场的战略企图，在于分散日军兵力，粉碎其首先“蚕食”华北的侵略计划及期望招来国际干涉。

从政治上看，淞沪会战获得了全中国各界民众及各党各派的热烈拥护和支援，使中国达到空前的团结，振奋了中华民族争取独立、反抗侵略的伟大精神，并扩大了中国抗战的国际影响，为全面、持久抗战奠定了牢固的基础。而且，淞沪会战给国内外持“三月灭亡中国”和“抗战必亡”观点的人们以沉重打击，使日本陆、海、空军遭到从卢沟桥事变开战以来从未受到过的打击和损失。同时，淞沪会战也为沿海工业内迁、保存经济实力赢得了时间。淞沪会战中的中国广大官兵浴血奋战，不怕牺牲，顽强战斗，其革命精神和英勇业绩永远是中华民族反侵略战争史上的光辉篇章。

（二）会战失败的原因

1. 作战指导上的失误

国民政府统帅部的“最高战略指导方针”是“持久消耗战”。陈诚在1946年10月撰写的《八年抗战经过概要》中曾阐明策定这一战略方针的主要理由。他说：“我以军备不足，对有多年准备、而挟有现代化陆海空之敌，为求粉碎其速战速决之计划，以避免为其不断之攻击所歼灭，乃策定持久消耗之最高战略，一面不断消耗敌人，一面扩散战场、分化敌之优势。”[90]这一战略指导方针，从战争全局看是正确的，是符合中国抗战的实际的。但在如何达到这一战略要求的问题上，则有着不同的作战指导。淞沪会战采取的是专守防御，实质上是消极防御。蒋介石就曾说过：“在湘北战争（指第一次长沙会议）以前，我们的战略战术是取守势的"，"处处只是消极防御，陷于被动"。[91] 战略与战役指导上的单纯防御，导致"我国陆、海、空军的精华丧失殆尽"，并对以后战局的发展造成不利影响。淞沪会战中的消极防御，主要表现为下述三点。

（1）死守阵地，硬拼消耗

抗战之初，国民政府统帅部将战略上的持久寄托于战役上的持久，将消耗敌人建立在消耗自己的基础上，因而把阵地防御看做是抗战的基本作战形式。早在战前，蒋介石对庐山军官训练团谈及尔后对日作战的战法时就认为"处处设防"、"深沟高垒"和"固守不退"是"救国的要诀"。抗战开始后更是一再强调。如1937年8月8日在《告抗战全体将士》中说："我军能屹立如山，坚守阵地，有进无退，等到接近，冲锋肉搏……定可取得最后胜利。"8月18日，在《敌人战略政略的实况和我军抗战获胜的要道》中说："要多筑工事，层层布防，处处据守"，"敌人的利器是飞机、大炮、战车，我们的利器是深沟、高垒、厚壁"，"我们要固守阵地，这是我们抗战胜利的惟一要诀。"[92] 淞沪会战开始后，9月12日，蒋介石在致冯玉祥的电报中说："我军如不自动撤退，则敌军决不敢深入我军阵地，更无击退我军之勇气……只要我军官兵固守其原阵地……虽至最后之一兵一弹，必须在阵地中抗战到底，至死不渝，则最后胜利，必归于我也。"[93] 正是在这种作战思想指导下，中国军人在宝山、罗店、大场、蕴藻浜、苏州河等各次战斗中，都是在固定战线上同敌人进行单纯的阵地抗击战。日军在淞沪地区可充分发挥其陆、海、空的联合威力，所以其火力强度大大超过中国军队；而中国军队主要靠近战武器，且其杀伤力又低于日军，所以双方在阵地对抗时中国军队在日军优势火力下多处于被动挨打的地位，伤亡极大。如罗卓英在《作战·训练余话》中说，罗店"这地方一坦平阳，没有山岭，也没有特殊的设备可资利用。连个像样的战壕也来不及修筑，勉强建立了一点简单的工事，可以说是象征性的。在日寇重炮和坦克车的疯狂攻势下，只有拿我们的血肉和他们去拼了。"这样的战斗，当然消耗很大。孙元良在回忆录中说：中国军队在淞沪会战中"只好以数量的多（不是在短期内集中数量的优势）来补救质量以及其他的缺陷，以自己的消耗来换取敌军的消耗，达以持久的目的。"[94] 又由于参加淞沪抗战的部队大多不重视野战工事的构筑，一般仅筑一条堑壕，而且缺乏侧防掩体和纵深阵地，亦无掩蔽工事和伪装。加以淞沪地区地下水位极高，掘地不及1米即渗出水来，战士立于壕中水深齐膝，因而多不愿深挖。总之，守军的整个防御阵地缺乏一定的韧性和稳定性，难以充分发挥其应有的提高部队生存力、战斗力和迟滞、消耗敌人的作用。日军进攻时通常先实施1—2小时的火力准备，然后冲锋。中国军队在火力配系上既缺乏远射的炮兵火力，又没有与正面火力相配合的侧射、斜射火力；少量的重机关枪也只知在固定的暴露阵地上进行射击，而不知变换阵地，以致很快即被日军发现而加以制压、破坏。当日军发起冲锋时，守军部队已伤亡很大，防御的火力也大大减弱，所以阵地易被突破。日军每日清晨开始进攻，如不能突破，则下午再攻。中国军队通常于夜间后撤一二百米，利用淞沪地区河渠纵横的有利地形重新组织防御。守势作战前期，在罗店及蕴藻浜地区的战斗中，第15、第21集团军等部队，每个师一般能守六七天，后撤不到1公里，但人员伤亡已经过半，于是换一个师接防，再守六七天。只有原西北军的第32师因重视并善于构筑工事，伤亡较小，曾坚守防线9天。

淞沪会战，就是以这种硬拼消耗以达到战役持久的战术，以中国军队伤亡25万余人、陆海空军的精华丧失殆尽的惨痛代价消耗了日军4万余人。这种战役上的阵地持久战术对消耗敌人、争取时间虽然也能起到一定的作用，但在敌强我弱的形势下与日军争一时一地之得失，以血肉之躯去抗击敌人的钢铁火力，从长远看是不利于战略上的持久战的。蒋介石也曾说过“以攻为守”的话（如1937年3月12日说：“我军抗战之战术，必须以攻为守，以近为远，以积极进攻之行动，方能达到消极抗战、坚持到底之目的”[95]等），但在淞沪会战中的实际作战指导却是与持久消耗战略不相适应的死守阵地、硬拼消耗。造成这种矛盾的原因，恐怕由于“上海是必争之地”，受了“应不惜一切牺牲来确保这个地区”的思想影响。这与德国顾问法肯豪森的建议也有很大关系。早在1935年8月20日的《应付时局之建议》中，法肯豪森就认为“长江封锁（对）于中部防御最为重要，亦即为国防之最要点，防御务须向前推进……至上海附近”。“必华方寸土不肯轻弃，仿二十一二年淞沪及古北口等处成例，方能引起与长江流域有利害关系之列强取积极态度。中国苟不于起首时表示为生存而用全力奋斗之决心，列强断不起而干涉”。淞沪会战已转入守势作战时期，法肯豪森于1937年8月29日《呈蒋委员长报告》中还竭力强调“长期抵抗，宜永久依托上海”，并说“目前加入上海方面之部队，虽未能完全驱敌出境，然究能到处据守，使敌不能前进”。[96]

会战前期死守硬拼还有一定的重要意义，但至会战后期则已全无必要。如能适时转移至后方，以加大敌人后方连络补给距离和我方回旋余地，一方面由正面阻击，一方面由侧背反击，寻敌弱点实施速战速决歼灭战，则在战略、战役上都更有利。

（2）专守一线　兵力分散

强调固守正面宽广的一线阵地，在空间和时间上就均不能集中优势兵力。在缺乏强大预备队的情况下，为维持第一线阵地，逐次将后方部队补充于第一线，而一旦敌人突破防线，即全线动摇。这也是淞沪会战失败的重要因素之一。孙元良对此曾有非议。他不无挖苦地说："国军的兵力虽为日军的三倍，但从未能以多打少，攒击日军或形成包围，而是使用如小说上说的'车轮战法'；又好像《封神演义》里众神仙攻打三宵娘娘的黄河阵，神仙们是个别进阵去的，不是集体进入的。各神仙个别的在黄河阵里吃着混元金斗的亏。或先或后，削去了顶上的三花……在上海战场实行的办法，就是当前线某一阵地的部队消耗到不能支持了，然后将调到战场不久的新部队替换上去。"[97]当时的第4军第59师师长韩汉英对此作过一番相当中肯的检讨。他说："当第一期抗战开始，我们所采取的战略是消耗战和持久战。本来照这战略去和敌人作战，必然是可以充分发挥我们的力量的，但第一期抗战的结果，我们不用讳言，事实上是失败了……就防御战来谈罢……以为防御便不计利害的死守，这实为一个大大的错误。有了这一错误，于是便处处设营，处处防守，犯了兵家所忌的长蛇阵势，也不自知。例如淞沪之役，我们战线由闸北到江湾以迄浏河，迤逦数十里，配置二三十个师在阵地死守，一个师被打完了，跟着又补上第二个师；第二个师被打完了，又补上第三个师。这样，在士气方面虽然可以博得人们的喝彩，得到英雄的威名，然就作战上利害而言之，尤其在我国军事装备劣势条件之下，那是不行的。因为大凡作战，其阵地的布置，必须有重点。当时这样的摆长蛇阵，没有重点，故虽处处防守，而处处力量都感觉薄弱。结果一处被敌人击破，全线就同归于崩溃了。这是失败的一因。"[98]通过实践，蒋介石后来也认识了这一点。1938年11月26日，他在第一次南岳军事会议第二次讲话中说："一线式阵地之不能改正，乃我们官长指挥能力缺乏，而为我军自抗战以来战术上失败最大的一个耻辱。"[99]

（3）专注正面　忽视翼侧

淞沪会战开始后，为防止日军从海上迂回、在杭州湾登陆实施包围，国民政府统帅部在8月20日颁布的《国军战争指导方案》中曾规定："对于浙江沿海敌可登陆之地区，迅速构成据点式之阵地，阻止敌人登陆，或乘机歼灭之"，并成立了杭州湾北岸守备区，以张发奎任守备区总司令，部署有4个师又1个旅。但随着淞沪战场正面战线的吃紧，蒋介石置翼侧安全于不顾，先后将各师抽调至正面以加强防线，仅以第63师少量部队及地方团队防卫几十公里的海岸线。如此薄弱的兵力连警戒都不够,更不要说防止敌人登陆了。结果日第10军如入无人之境,轻易地由金山卫附近登陆,并迅速地占领了金山、松江等要点,使淞沪战场正面的中国军队陷于腹背受敌的危境,不得不全线撤退。蒋介石自己也认为这是"抗战以来我军最大的挫失"。他说:"上海开战以来,我忠勇战士在淞沪阵地正与敌人以绝大打击的时候,敌人以计不得逞,遂乘虚在杭州湾金山卫登陆,这是由(于)我们对侧背的疏忽,且太轻视敌军,所以将该方面布防部队全面抽调到正面来,以致整个计划受了打击,国家受了很大的损失,这是我统帅应负最大的责任,实在对不起国家。"[100]

2. 希冀国际干预而误战机

国家最高统帅在策定战略计划的时候,从政略上将国际形势和外力条件作为考虑的重要因素,是完全正确的。但必须立足于自身,不能将希望寄托于外部力量上。蒋介石在淞沪会战中由于寄希望于国际干预而贻误战机,最终形成溃退局面。且不说开辟淞沪战场的决策中就含有希望、甚至企图促使国际干预的因素在内,就是在会战进行中有些决定也不是依据战役战斗本身的需要,而是依据国际政治的需要而作出的。如攻势作战时期,正当张治中指挥部队向日海军陆战队实施猛攻时,由于中国政府8月18日收到了美、英、法三国政府提出的将上海作为"中立区"的建议,蒋介石就立即下令张治中停止攻击了,这既挫伤了广大官兵的进攻势头,又给予处于劣势的日军以喘息待援的时间。当日军攻占大场镇等地时,统帅部已无立即可调的增援部队,连长江南岸守备区和杭州湾守备的两翼侧防部队也都已调至正面战线上来,蒋介石已接受了顾祝同、陈诚等高级将领的建议,开始将淞沪战场的主力部队向吴福线和锡澄线国防工事线有计划地转移;但当获悉九国公约公议将在11月3日召开时,蒋介石不考虑战场的实际情况和需要,改变决心,下令停止转移,并至前线向师以上军官指示,要求他们"作更大努力,在上海战场再支持一个时期,至少十天到两星期,以便在国际上获得有力的同情和支持"。特别是当日军第10军在杭州湾登陆后,淞沪战场的中国军队已处于即将被包围的危境,蒋介石仍决定坚守不退,希冀九国公约会议"对日本采取一种如年前国际联盟对意侵阿比西尼亚一样的惩罚行动"。[101]副参谋总长白崇禧建议委员长下令后撤,"蒋先生坚持不允,前线官兵又苦撑两三日,实在疲惫不堪,白崇禧再度献言撤退,蒋仍不允。全线又勉强支持一二日,时我军阵容已乱,白氏知事急,乃向委员长报告说:前线指挥官已无法掌握部队,委员长不叫撤退也不行了,因为事实上前线已溃了。统帅部下令撤退,面子上似好看点罢了。委员长才于 11 月 8 日下令分两路:一向杭州、一向南京,全线撤退。"[102]顾祝同回忆:"松江、枫泾于 8 日失陷,沪杭路首被遮断,苏州河南岸我军只有向昆山、苏州一带后退……部队单位既多,沿途拥挤,加以日机轰炸扫射,死亡不少,秩序混乱,部队长大都失去掌握。"[103]白崇禧回忆:"当时因联络困难,下达命令较迟,各部队准备不周,撤退秩序甚为混乱,是以青浦、白鹤港之线不守,乃向吴福线之既设阵地撤退。当时以受敌机日夜跟踪之威胁,各部队撤退秩序更为紊乱。"[104]蒋介石则说:"在上海作战的实况,我亲眼看见……甚至退却时,部队未尽通过以前,即已将桥梁破坏,任令秩序纷扰,自相践踏拥挤。"又说:"苏州河退却之时,司令长官一跑,一切重要东西,都无人过问,司令部的重要文件、地图、重要计划,都被敌人拿去了。我们自己部队没有退,桥梁先已破坏了,马匹大炮都没法搬走。敌人看破了我们的弱点,所以敢于放胆的追。大家知道,我们上海的失败,不是作战的失败,乃是退却的失败。"[105]广大中国官兵英勇奋战达 3 个月的淞沪会战以"自相践踏"、"秩序混乱"的大溃败而告终。造成这种结果的重要原因,不能不归咎于统帅的贻误战机。1938 年 2 月 28 日,陈诚在武昌珞珈山将校研究班曾作过《沪战的经过与教训》的讲话,他认为失败的主要原因是"政略影响战略"。他说:"战略原是达成政略目的的一种手段,但是战争既启,就应该以战略为主,不能因政略牵制战略。因为战略获得胜利的时候,政略的环境就可以跟着好转;反过来说,如果战略失败,就是最初认为有利的政略,亦必跟着恶化。这次战略受政略的影响极大,乃是国家的不幸,并不是国家的错误,因为我国本身准备不足,要希望人家援助的关系。"[106]他说得很含蓄,已说出了淞沪会战损失过大,特别是最后的转移变为大溃败的主要原因及责任所在。

3. 战役准备不足 作战指挥失当

会战开始前,张治中计划以"先发制敌"的手段,"乘敌措手不及之时,一举将敌主力击溃,把上海一次整个拿下",结果却顿兵于坚固工事之下,未能达到预期的目的。对此,不少人归咎于发起进攻时间晚了一天和进攻过程中又两次暂停攻击。应当说这三件事对战役进程确有一定影响,但不是完不成预期任务的主要原因。因为当张治中 8 月 12 日调动部队作好战斗部署,准备于 13 日拂晓发起进攻时,日海军陆战队也已于 12 日夜作好了防御部署,日军不会出现"措手不及的情况"。而 14 日和 18 日的两次暂停进攻虽给日军一定的喘息时间,也并未因此改变战局的基本态势。未能消灭日海军陆战队的根本原因是什么呢?看一看当时几位高级将领的言论就不难得出结论。顾祝同说:"虽曾一度进出汇山码头，终因缺乏重炮，又兵力不充分，不能扩张战果，致未能达到预期目的。”[107]张发奎说：“经过数日的战斗，因为没有摧毁坚固防卫工事的火器，同时又缺乏街市战的熟练经验，我左翼的军队虽曾一度进出汇山码头，但终不能摧破敌人的整个防卫组织。”[108]张治中在战斗中曾向访问他的人说：“虹口、杨树浦一带工事坚固，进攻需相当时间，并需拼极大牺牲。因为日本在‘一·二八’以后，杨树浦、虹口已沿黄浦江一带筑成似要塞一样坚固(的工事)了。”[109]张还向军事委员会报告说：“最初目的原求遇隙突入，不在攻坚，但因每一通路皆为敌军坚固障碍物阻塞，并以战车为活动堡垒，终至不得不对各点目标施行强攻。”后又在回忆录中说：击灭日军，“一定要有空军和炮兵的配合，而自开战以后，因为这一个条件的缺乏，以致未能达到占领全沪的目的。”[110]这样看来，未能达到一举“占领全沪”目的的根本原因是由于日军防御工事坚固和中国军队缺乏攻坚的手段。那么，既然知道日军在“一·二八”后已加强了防御工事，且筑得像要塞一样坚固，为什么战前经过长时间的侦察准备而作战计划中未制定攻坚的措施呢？为什么只准备“遇隙突入”，而未考虑可能遇到障碍、工事呢？由此可见，会战的准备工作很不充分，有关部门对敌情、我情并不十分清楚，有的作战计划是建立在主观愿望的基础之上的。这从蒋介石8月13日临战之前给张治中的电报中也可以看出问题来。电报全文为：“张司令官文白兄：对倭寇兵营与其司令部之攻击，及其建筑物之破坏与进攻路线，障碍之扫除，巷战之准备，皆须详加研讨，精益求精，不可图一时之兴，以致临时挫折，或不能如期达成目的而自馁；又须准备猛攻不落时之如何处置，以备万一。倭寇钢筋水泥之坚强，确如要塞，十五生的(15厘米)重榴炮与五百磅之炸弹，究能破毁否？希再研讨，与攻击计划一并详复。中正手启。”[111]由此可见，最高统帅部一直到发起进攻的前一天还处于既不知彼、也不知己的情况下，此战焉得不殆？

适时使用战役预备队或后续兵团，在防御战役中采取攻势行动，是消灭敌人的重要手段，也是改变不利态势、从被动中争取主动、挫败敌人的攻势和稳定防御局势的具有决定意义的行动。但是，战役指挥的得当与否在很大程度上关系着成功与失败。当日军突破蕴藻浜防线后，为挽回颓势，统帅部及淞沪战场的指挥官们曾组织了一次规模较大的攻势作战，以新到的第48军主力担任主攻，于10月21日发起反击。但由于受固守一线阵地的战略思想的影响，没有将反击的目标指向敌军的薄弱环节或敌人的翼侧，而是采取主力对主力、反击方向对主攻方向的硬顶硬的战术，将第48军使用在日军正以4个师团的全力向蕴藻浜实行突破的正面上，以致遭到惨败。数万新生力量在不到一天的时间里就伤亡近半，不仅未能歼灭突破防线的敌人、稳定防线；相反地，随着第48军的败退，整个战线发生动摇，而日军跟踪包围了大场镇，致防御局势更为严峻。假如将主要兵力、兵器集中于第21集团军方向上，向日军的薄弱阵地发起攻势，则日军侧背受到威胁，减轻日军正面攻击对我方的压力，或者不至遭受这么大的损失，甚至也可能暂时稳住防线。

4. 后勤保障能力差　影响部队战斗力

人类自有战争以来，就有了为战争提供物质资源的后勤保障活动。古今中外，概莫能外。“后勤，是提供物质手段，有组织地保障部队的作战。用军事术语来说，就是建立武装部队并保持保障其需要，目的是使其具有最大的持续战斗力”[112]。陈诚在淞沪会战的所失中说：“大兵团在一个狭小的地区作阵地战，后方的支持关系最为重大，诸如给养弹药的补充，战地伤兵、难民的医护、收容与管理，都是后方极重要的作业。而淞沪会战中，前线官兵竟有几个月不发饷，几天得不到饮食的怪事，而伤病军民辗转道途，无法治疗，尤属触目皆是。大军转移的时候，沿途遗弃的粮秣、弹药、武器、汽油等，随处可见，这些现象充分暴露我们后方没有支持前方大兵团作战的能力。时任第三战区司令长官的冯玉祥说：“我们事前对于携带干粮毫无准备，饼干没有，罐头没有，那就不要说了，就连面包也没有。吃什么东西呢？还是吃大米饭。怎么做法？散兵线后头，近了不能做，远了做好送到前方全都凉了，凉饭一吃就病。今天的飞机，敌人全是低飞，除了轰炸就是用机关枪扫射，它看见你哪里一冒火它就来扫射，伙夫没有办法做饭，若打死几个那就更没办法了。实在说起来，前头的队伍，连官带兵有一多半是饿得不能打仗”[113]。这样的后勤保障，必然在一定程度上影响部队的士气、战斗力。毛泽东曾指出：“对于现代化军队，组织良好的后方勤务工作有极其重大的意义”[114]。“从战争的客观规律上讲，战争一旦失去后勤保障，战争的有生力量即军队，就失去了衣、食、住、行这些赖以生存的物质条件，也就失去了赖以‘保存自己消灭敌人’的战争物质手段。”“后勤保障对战争全局来说，不仅带有全局的性质，而且对战争全局的各个方面及各个阶段，都有着决定性的意义”[115]。

附表4-1-1　日军“上海派遣军”战斗序列表（1937年8月15日）

上海派遣军　司令官松井石根大将，参谋长饭沼守少将

第3师团（藤田进中将）

步兵第 5 旅团(片山理一郎少将)

步兵第 6 联队

步兵第 68 联队

步兵第 29 旅团(上野勘一郎少将)

步兵第 18 联队

步兵第 34 联队

骑兵第 3 联队

野炮兵第 3 联队

工兵第 3 联队

辎重兵第 3 联队

通信队,卫生队等

第 11 师团(山室宗武中将)

步兵第 22 旅团(黑岩义胜少将)

步兵第 43 联队

步兵第 44 联队

步兵第 10 旅团之步兵第 22 联队(旅团长天谷直次郎少将率步兵第 12 联队及山炮 1 大队,直属参谋总长)

骑兵第 11 联队

山炮兵第 11 联队

工兵第 11 联队

辎重兵第 11 联队

通信队,卫生队等

独立机关枪第 7 大队

战车第 5 大队

独立轻装甲车第 8 中队

独立重炮兵第 10 联队

迫击炮第 4 大队

野战高射炮第 6 队

独立工兵第 8 联队

独立飞行第 6 中队

独立攻城重炮兵第 5 大队

通信队,兵站等

附表 4-1-2　淞沪会战日军第 10 军战斗序列表(1937 年 10 月 20 日)

第10 军　司令官柳川平助中将,参谋长田边盛武少将
　第 6 师团(谷寿夫中将,该师团编制见第三章第一节)
　第 18 师团(牛岛贞雄中将)
　　步兵第 23 旅团(小野亀甫少将)
　　步兵第 55 联队
　　步兵第 56 联队
　　步兵第 35 旅团(平省三少将)
　　步兵第 116 联队
　　步兵第 124 联队
　　骑兵第 22 大队
　　野炮兵第 12 联队
　　工兵第 12 联队
　　辎重兵第 12 联队
　　通信队,卫生队,第 1、第 2、第 3、第 4 野战医院
　第 114 师团(末松茂治中将)
　　步兵第 127 旅团(秋山充三郎少将)
　　　步兵第 102 联队
　　　步兵第 66 联队
　　步兵第 128 旅团(奥保夫少将)
　　　步兵第 115 联队
　　　步兵第 150 联队
　　骑兵第 18 大队
　　野炮兵第 120 联队
　　工兵第 114 联队
　　辎重兵第 114 联队
　　通信队等
　　国崎支队(步兵第 9 旅团,国崎登少将)
　　　步兵第 41 联队
　　　独立山炮兵第 3 联队(欠第 2 大队)
　　　骑兵 1 个小队,工兵 2 个小队,辎重兵 1 个中队
　野战重炮兵第 6 旅团(澄田睐四郎少将)

野战重炮兵第 13 联队

野战重炮兵第 14 联队

配属部队主要有：

独立山炮兵第 2 联队

第 1 后备步兵团

第 2 后备步兵团

注：每团有 6 个大队，均为受过训练的补充兵。

附表 4－1－3　淞沪会战攻势作战末期中国军队指挥系统表（1937 年 9 月 6 日）

第三战区　司令长官蒋介石兼，副司令长官顾祝同，前敌总指挥陈　诚

张发奎集团（第 8 集团军）

第 28 军（陶　广）

第 62 师（陶　柳）

第 63 师（陈光中）

第 55 师（李松山）

独立第 45 旅（张銮基）

炮兵第 2 旅（蔡忠笏）

张治中集团（第 9 集团军）

右翼军（孙元良）

第 72 军第 88 师（孙元良兼）

上海保安总团（吉章简）

炮 3 团 1 个营

左翼军（正王敬久，副宋希濂兼）

第 78 军第 36 师（宋希濂兼）

第 71 军第 87 师（王敬久兼）

炮 3 团 1 个营，战防炮 2 个连

第 61 师（钟　松）

独立第 20 旅（陈勉吾）

陈诚集团（第 15 集团军）

右翼军（正胡宗南，副王东原）

第 1 军（胡宗南）

第 1 师（李铁军）

第 32 师（王修身）

第78师(李　文)

第16师(彭位仁)

第15师(王东原)

第159师(谭　邃)

第77师(罗　霖)

第8师(陶峙岳)

第57师(阮肇昌)

炮兵第16团1个营

中央军(正罗卓英,副霍揆彰)

第18军(罗卓英)

第11师(彭　善)

第67师(黄　维)

第60师(陈　沛)

第54军(霍揆彰)

第14师(陈　烈)

第98师(夏楚中)

第4军(吴奇伟)

第90师(欧　震)

第59师(韩汉英)

第66军(叶　肇)教导团

左翼军(正刘和鼎,副俞济时)

第39军(刘和鼎兼)

第56师(刘尚志)

第74军(俞济时兼)

第51师(王耀武)

迫击炮1个营,战防炮1个连

炮兵第16团(欠1个营)及高炮2个连

第6师(周　碞)

独立第37旅(陈德法)

注:当时调至后方整补、未参加战斗者不列入本表。

附表4-1-4　淞沪会战守势作战中期中国军队指挥系统表

(1937年10月15—26日)

第三战区司　令长官蒋介石兼,副司令长官顾祝同,前敌总指挥陈诚

右翼作战军　总司令张发奎

第8集团军　总司令张发奎兼

第28军(陶　广)

第62师(陶　柳)

第63师(陈光中)

第55师(李松山)

独立第45旅(张銮基)

炮兵第2旅(蔡忠笏)及教导总队炮兵营

第10集团军　总司令刘建绪

第45师(戴明权)

第52师(卢兴荣)

第126师(顾家齐)

暂编第11旅(周燮卿)

暂编第12旅(李国钧)

暂编第13旅(杨永清)

独立第37旅(陈德法)

宁波防守司令(王皞南)

中央作战军　总司令朱绍良

第9集团军　总司令朱绍良兼

第72军(孙元良)

第88师(孙元良兼)

上海保安总团(吉章简)

第78军(宋希濂)

第36师(宋希濂兼)

第71军(王敬久)

第87师(王敬久兼)

第8军(黄　杰)

第61师(钟　松)

税警总团(黄杰兼)

第31师(李玉堂)

第18师(朱耀华)

淞沪警备司令(杨　虎)

第21集团军　总司令廖　磊

第1军(胡宗南)

第1师(李铁军)

第78师(李　文)

第32师(王修身)

第48军(韦云淞)

第173师(贺维珍)

第174师(王赞斌)

第176师(区寿年)

第171师(杨俊昌)

第19师(李　觉)

第26师(刘雨卿)

第135师(苏祖馨)

左翼作战军　总司令陈　诚兼

第19集团军　总司令薛　岳

第69军(阮肇昌兼)

第57师(阮肇昌兼)

第25军(万耀煌兼)

第13师(万耀煌兼)

第2军(李延年)

第9师(李延年兼)

第66军(叶　肇)

第159师(谭　邃)

第160师(叶　肇兼)

教导旅之1个团

第20军(杨　森)

第133师(杨汉域)

第134师(杨汉忠)

第15集团军　总司令罗卓英

第44师(陈　永)

第60师(陈　沛)

第74军(俞济时)

第51师(王耀武)

第58师(俞济时兼)

独立第 34 旅(罗启疆)

第 39 军(刘和鼎)

第 56 师(刘尚志)

第18军(罗卓英兼)

第 11 师(彭　善)

第 67 师(黄　维)

第 90 师(欧　震)

第 15 师(王东原)

第 77 师(罗　霖)

第8军(陶峙岳)

第 16 师(彭松龄)

江苏保安第 4 团

炮兵第 16 团及高射炮 2 个连

江防　总司令刘　兴

第 102 师(柏辉章)

第 103 师(何知重)

第 111 师(常恩多)

第 112 师(霍守义)

第 53 师(李韫珩)

江苏保安第 2 团

江阴要塞　司令邵百昌

炮兵第 8 团及第 10 团各 1 个营

第11 军团(上官云相)

第 33 师(冯兴贤)

第 40 师(刘培绪)

第 76 师(王凌云)

太湖警备指挥部

炮兵　指挥官刘翰东

炮兵第 4 团、第 3 团 1 个营、第 10 团 1 个营及炮校练习营

注:至守势作战末期苏州河地区战斗时,又增加了第 98 师(夏楚中)、第 14 师(陈烈)、第 154 师(巫剑雄)、第 46 师(戴嗣夏)、第 105 师(高鹏云)、教导总队(桂永清)、第 79 师(陈安宝)、第 67 军(吴克仁)、第 170 师(徐启明)、第 172 师(程树芬)、第 33 师(冯兴贤)等。

注　释：

〔1〕 日本防卫厅防卫研究所战史室：《中国事变陆军作战》。日本朝云新闻社 1975 年版，(1)第 102—103 页。

〔2〕 日本军令部原称“海军军令部”。部长由海军大将或海军中将担任，直属于天皇，参与国家战略的策划。但按大本营条例，战时海军军令部部长隶属于参谋总长。1933 年 9 月，海军军令部改称“军令部”，部长改称“总长”。1937 年中日战争开始后，在 8 月 17 日日本制定新的大本营令中将参谋总长与军令部总长并列，直至日本战败。

〔3〕 本段引文均引自日本防卫厅防卫研究所战史室所编《中国事变陆军作战史》。中华书局 1979 年中译本，第 1 卷第 1 分册第 93 页、第 148 页、第 168 页、第 169 页。

〔4〕 同〔3〕，第 252 页。

〔5〕 日军将乘舰官兵组成的临时部队称为“陆战队”，将其中常驻某一地区、执行驻地及其附近地区警备任务的部队称为“特别陆战队”。1932 年“一・二八”淞沪抗战后，日本首先配置在上海的称“上海特别陆战队”。后来各镇守府均设置了特别陆战队。驻屯汉口的日军为上海特别陆战队之一部。

〔6〕 原件存中国第二历史档案馆。转引自中国第二历史档案馆编《民国档案》1987 年第 4 期。

〔7〕 《张治中回忆录》。中国文史出版社 1985 年版，第 115 页。

〔8〕 原件存中国第二历史档案馆。载中国第二历史档案馆编《抗日战争正面战场》，江苏古籍出版社 1987 年版，上册第 259 页。

〔9〕 同〔7〕，第 117 页。

〔10〕 《卢沟桥事件第 20 次会报记录》。转引自《民国档案》1987 年第 3 期。

〔11〕 同〔8〕，第 261—262 页。

〔12〕 1937 年 7 月 21 日，军政部部长何应钦根据军事委员会的指示，在其官邸召开了关于全国总动员的会议，研究资源、粮食、交通等统制问题。22 日以军政部名义致函资源委员会，令研究工厂内迁办法。24 日资源委员会召集会议，分 8 个组讨论。机器化学工业组通过了林继荣的建议。经动员、宣传，许多重要工业厂家都表示愿迁内地。8 月 8 日，完成并通过了《工厂迁移内地办法》及《工作大纲》。8 月 10 日，资源委员会报行政院会议通过。但当着手筹备时，淞沪会战开始，交通运输阻塞，迁移困难，监督委员会只得抱定“能救多少则救多少”的原则，冒险抢迁。在爱国工业家胡厥文等的协助下，8 月 27 日，冒着炮火迁出了第一批机器等设备。由于作战关系，正如全国总动员设计委员会秘书组所说：“上海工厂，仅 123 家(一说 148 家)迁至汉口。其他大部分工厂，同平、津一样，均沦入敌手。”有关工厂内迁的全部档案，均存中国第二历史档案馆。部分案卷刊于《民国档案》1987 年第 2 期及第 3 期。

〔13〕 同〔8〕，第 249 页。

〔14〕　日本防卫厅防卫研究所战史室:《日本海军在中国作战》。中华书局 1991 年中译本,第 192 页。

〔15〕　1937 年 8 月 12 日俞鸿钧致何应钦电。同〔8〕,第 256 页。

〔16〕　同〔4〕,第 2—3 页。

〔17〕　对《日本海军在中国作战》第三章第二节内容(第 195—198 页)概括而成。

〔18〕　1937 年 8 月 11 日《上海作战日记》。同〔8〕,第 263 页。

〔19〕　不少回忆录及书刊将中国海军未能按预定的国防作战计划消灭日军在长江中下游舰艇的责任推在汉奸黄浚身上,说封锁长江是 1937 年 8 月 6 日(实际上 7 日才开始开会)最高国防会议上决定的,列席参加这次会议的行政院秘书黄浚将此情报出卖给日本人,才使日军舰艇仓促逃出长江。黄浚出卖情报被枪毙,罪有应得。但日军在长江的第 11 战队向上海集结是早有计划的,也是日军任何一个舰队司令在当时形势下为了作战所必然采取的行动。从长江上、中游撤至上海,要航行数日。在此期间,军事委员会每日都接到各地军政机关关于日舰行动的报告,并非不了解情况,关键是军事委员会决策人物尚未定下拦截的决心。当时中国海军第 1、第 2 舰队及电雷学校共有 70 余艘舰艇集结在湖口、江阴待命,因无命令,只得眼看着日舰从自己炮口下驶走。日舰艇 8 月 9 日就已到达上海,军事委员会 11 日才下达于 12 日封锁江阴航道的命令,并通知了上海各国领事馆,13 日才下达于 14 日开始攻击日军的命令。所以将长江日舰安然撤走的责任推给一个汉奸,对军事委员会传出这一说法而言,不无掩盖事实、推脱责任之嫌。

〔20〕　同〔8〕,第 264 页。

〔21〕　同〔8〕,第 265 页。

〔22〕　同〔8〕,第 265 页。

〔23〕　下沉封江所征 20 艘民用轮船为“醒狮”、“嘉禾”、“新铭”、“同华”、“遇顺”、“广利”、“泰顺”、“回安”、“通利”、“安静”、“鲲兴”、“新平安”、“茂利二号”、“源长”、“母佑”、“华富”、“大麦”、“通和”、“瑞康”、“华铭”号,8 艘老式军事舰艇为“通济”、“大同”、“自强”、“德胜”、“威胜”、“武胜”、“展宇”、“宿宇”。

〔24〕　同〔17〕。

〔25〕　本段所举人员、武器编制数,依据王文宣的《最近十年军务纪要》第二篇(该书为 1943 年稿本)及张其昀的《抗日战史》有关部分。

〔26〕　“海琛”、“海圻”、“肇和”3 舰,原隶属东北海军(第 3 舰队),1933 年因反对第 3 舰队司令沈鸿烈而开赴广州,投归陈济棠。1935 年,又反对陈济棠而离开虎门。“肇和”号因主机损坏,不能驶走。“海圻”、“海琛”驶逃香港,蒋介石派人动员,驶回南京,但未令其返回第 3 舰队,也未令其隶属海军部,而划归军政部直接领导。

〔27〕　陈诚:《八年抗战经过概要》。载浙江省中国国民党历史研究组编《抗日战争时期

国民党战场史料选编》第一册第10—11页。

〔28〕 见《陈诚私人回忆录》。原件存中国第二历史档案馆。载《民国档案》1987年第1期。

〔29〕 同〔8〕,第6—11页。

〔30〕 日本防卫厅防卫研究所战史室:《大本营陆军部》。转引自《日本军国主义侵华资料长编》(上)第345页。

〔31〕 本段有关日军“上海派遣军”的引文引自日本防卫厅防卫研究所战史室《中国事变陆军作战史》。中华书局1979年中译本,第1卷第2分册第6—9页。

〔32〕 1937年8月13日张治中致蒋介石密电,原件存中国第二历史档案馆。

〔33〕 1937年8月13日《上海作战日记》,原件存中国第二历史档案馆。

〔34〕 见张治中致蒋介石、何应钦密电。同〔8〕,第287—288页。

〔35〕 同〔7〕,第123页。

〔36〕 同〔14〕,第205页。

〔37〕 钱大钧转报张治中总攻部署的签呈。同〔8〕,第289页。

〔38〕 张治中致蒋介石、何应钦密电。同〔8〕,第342页。

〔39〕 同〔7〕,第125页。

〔40〕 同〔31〕,第12页。

〔41〕 张治中及陈诚致蒋介石电。同〔8〕,第293—294页。

〔42〕 由于当时通信设备落后,上下之间的联系主要靠有线电话,而电线经常被日军航空兵炸断;又因张治中为指挥战斗经常往来于前方各部队中,所以蒋介石任命陈诚为第15集团军总司令的命令张治中没有及时接到,后来到第18军罗卓英处指挥战斗时才知道第18军的部队已不归其指挥、另组建了第15集团军。而蒋介石两天来寻找张治中讲话,也未找到,所以双方引起误会。这也是不久后张治中改变职务、不再任作战指挥官的原因之一。

〔43〕 罗卓英的战斗命令及蒋介石的电令,均引自《第18军战斗详报》。原件存中国第二历史档案馆。

〔44〕 见张治中致蒋介石、何应钦密电。同〔8〕,第296页。

〔45〕 同〔43〕。

〔46〕 同〔31〕,第27页。

〔47〕 同〔31〕,第13—14页。

〔48〕 同〔43〕。

〔49〕 同〔8〕,第299—302页。

〔50〕 同〔31〕,第27页。

〔51〕 同〔7〕,第134页。

〔52〕　同〔14〕,第 214 页。

〔53〕　转引自曾达池《空军抗敌纪实》。载中国人民政治协商会议全国委员会文史资料研究委员会编《八一三淞沪会战》。中国文史出版社 1987 年版,第 369—370 页。

〔54〕　刘俊:《空防与国防》。台湾文物供应社 1982 年版,第 242—244 页。日本防卫厅防卫研究所战史室《日本海军在中国作战》中译本第 215—216 页记载此次空战:“我方损失……下落不明者 2 架,由于中弹在基隆港被迫坠入水中者 1 架,由于损伤起落轮,着陆中度损坏者 1 架。”

〔55〕　同〔14〕,第 219 页。

〔56〕　见周至柔、毛邦初致军政部办公厅公函。同〔8〕,第 347 页。

〔57〕　同〔43〕。

〔58〕　同〔31〕,第 30—32 页。

〔59〕　同〔43〕。

〔60〕　同〔31〕,第 56—58 页。

〔61〕　同〔31〕,第 79 页,并参照日文原书写出。

〔62〕　同〔61〕。

〔63〕　同〔8〕,第 319 页。这里据原电稿改正了总预备队所指挥的部队。

〔64〕　同〔8〕,第 321—322 页。

〔65〕　原件存中国第二历史档案馆。见《中国现代政治史资料汇编》第三辑第 31 册。

〔66〕　同〔8〕,第 325—326 页。

〔67〕　孙元良:《亿万光年中的一瞬》。转引自《八一三淞沪抗战》,中国文史出版社 1987 年版,第 115—116 页。

〔68〕　同〔31〕,第 80 页。

〔69〕　同〔31〕,第 84 页。

〔70〕　同〔30〕,第 378—380 页。

〔71〕　宋希濂:《鹰犬将军》。中国文史出版社 1986 年版,第 121 页。

〔72〕　同〔8〕,第 328—330 页。

〔73〕　见《张发奎上将回忆录——蒋介石与我》,第 179 页,星克尔出版(香港)有限公司 2010 年版。

〔74〕　第三战区关于左翼作战军的撤退训令及陈诚电话指示,转引自《第 19 集团军战斗详报》。原件存中国第二历史档案馆。

〔75〕　同〔31〕,第 99 页。

〔76〕　转引自《第 21 集团军战斗详报》。原件存中国第二历史档案馆。

〔77〕　见《陈诚回忆录——抗日战争》,第 44 页。

〔78〕 转引自《第15集团军战斗详报》。原件存中国第二历史档案馆。又，11月20日蒋介石致顾祝同密电中亦有罗卓英的报告，见《抗日战争正面战场》(上)第333页。

〔79〕 同〔8〕，第331页。台湾蒋纬国主编的《抗日御侮》将此计划作为11月8日开始由上海撤退之计划，误。

〔80〕 同〔31〕，第99、107页。

〔81〕 转引自第15及21集团军《战斗详报》。

〔82〕 同〔8〕，第399、382页。

〔83〕 同〔31〕，第107页。

〔84〕 同〔8〕，第334页。

〔85〕 见《江阴要塞区自二十六年十一月二十六日至十二月一日间作战经过概要》。原件存中国第二历史档案馆。

〔86〕 同〔84〕。又见万式炯《第103师江阴抗战及撤退概述》、刘纪祥《江阴守城及撤退之经过》。载中国人民政治协商委员会议全国委员会文史资料研究委员会编《南京保卫战》，中国文史出版社1987年版，第84—86页、第98—100页。

〔87〕 据《第三战区作战经过概要·由嘉善至芜湖之作战》(存中国第二历史档案馆)、刘湘致蒋介石电报(载《抗日战争正面战场》第399页)、林华钧《金村南山阻击战》(载《四川文史资料选辑》第30辑)、骆周能《简记广德、泗安战役》(载《南京保卫战》)及《中国事变陆军作战史》第1卷第2分册内容综合写出。

〔88〕 《陈诚回忆录——抗日战争》，第23页。

〔89〕 《蒋介石日记》(手稿本)1938年末，转引自《找寻真实的蒋介石》，第245页。

〔90〕 同〔27〕。

〔91〕 蒋介石：《柳州会议训词》。载台湾中国文化大学中华学术院编《先总统蒋公全集》，第1206页。

〔92〕 同〔91〕，第1071、971页。

〔93〕 《蒋委员长文未侍参电》。原收入《蒋冯书简》，后来此电文又作为《蒋委员长通令各战区指示抗战手令》，载《中华民国重要史料初编——对日抗战时期》第二编第51页。

〔94〕 孙元良：《亿万光年的一瞬》。转引自李敖《蒋介石研究》第三集，华文出版社1988年版，第195页。

〔95〕 同〔93〕。

〔96〕 "建议"引自《民国档案》1991年第2期；"报告"引自《中华民国重要史料初编——对日抗战时期》第二编。

〔97〕 同〔94〕。

〔98〕 见《游击战的要点》。转引自《蒋介石研究》第三集第192页。

〔99〕 同〔93〕,第二编第 14 页。

〔100〕 同〔93〕,第二编第 177 页。

〔101〕 程思远:《政坛回忆》。广西人民出版社 1992 年版,第 111 页。

〔102〕 政协广西壮族自治区委员会文史资料研究委员会编《李宗仁回忆录》,第 696 页。

〔103〕 顾祝同:《墨三九十自述》。转引自《蒋介石研究》第三集第 113 页。

〔104〕 台湾中央研究院近代史研究所:《白崇禧先生访问录》。转引自《蒋介石研究》第三集第 115 页。

〔105〕 分别见 1938 年 1 月 1 日开封会议讲话、1938 年 3 月 8 日《对日抗战必能取得最后胜利》的讲演。载《总统蒋公思想言论总集》和《中华民国重要史料初编——对日抗战时期》第二编第 70 页。

〔106〕 同〔28〕。

〔107〕 同〔103〕。

〔108〕 同〔73〕。

〔109〕 此篇报道收入陈公博《炮火下的上海》一书中。转引自《蒋介石研究》第三集第 193 页。

〔110〕 《张治中回忆录》。中国文史出版社 1985 年版,第 124、133 页。

〔111〕 同〔93〕,第 51 页。

〔112〕 见[美]亨利·E·艾克尔斯《国防后勤学》,第 33 页,解放军出版社 1982 年版。见《陈诚回忆录——抗日战争》,第 48—49 页。

〔113〕 见《冯玉祥回忆录》(下)第 411 页,东方出版社 2011 年版。

〔114〕 见《毛泽东军事文选》,第 360 页,战士出版社 1981 年版。

〔115〕 军事科学院战争理论和战略研究部、姚有志主编《战争战略论》,第 507—508 页,解放军出版社 2005 年版。

第二节　南京保卫战

淞沪会战末期,日军从杭州湾登陆,对上海进行翼侧包围。中国第三战区为避免上海作战部队两面受敌和为巩固首都,下令该地中国军队向南京外围既设阵地转移。日军于 1937 年 11 月 12 日占领上海,即乘胜西进,企图一举攻占南京,以迫使中国政府屈服。南京保卫战由此开始。

一、日本大本营的成立及进攻南京的决策

“七七”事变中日战争开始以来，英、美等国虽然并未对中国的抗战进行实际的支援，但相互的贸易仍在进行，特别是德国仍与中国进行军火贸易，苏联在签订《中苏互不侵犯条约》后更积极支援中国武器装备等。日本政府为阻止中国与其他国家进行贸易和“确保作战行动的自由”，曾就是否对中国宣战问题进行过多次研讨。一部分侵华势力认为，由于未宣战占领地区的海关不能接收，邮政、金融以及行政等的管理均有不便，所以坚决主张“果断地宣战”。在淞沪会战激烈进行时，日本首相近卫文麿就提出了这一问题，但遭到陆、海军两位次官的反对，后者认为“宣战固然能阻止中国与第三国间的贸易，但日本从国外输入军需物资也将变成非常不自由，使得国防力量出现很大缺陷”，“作为陆、海军一致的意见，是以不宣战为好”。1937 年 11 月初，日本在内阁中成立了一个第四委员会，专门研究是否宣战的问题。最后结论是“宣战对日本方面不利”，决定仍维持不宣而战的局面。但不宣战就不可能名正言顺地按照 1893 年的天皇敕令成立“战时大本营”。而由于战局的不断扩大并有向长期化发展的可能，目前的领导体制已不适应战争的需要，政府与军方、陆军与海军之间往往发生矛盾，必须成立一个最高统帅机构，才能使军方与政府以及陆军与海军之间“经济保持紧密联结和协调，而使有关政治、军事求得一致，消除某些裂痕和矛盾”，达到“政界的战略一元化”。为此，11 月 16 日内阁会议决定：废除只适用于战时的《战时大本营令》，重新制订一个既适用于战时，也适用于“事变之际，按期需要可得设置大本营”的《大本营令》，规定“陆、海军大臣既作为国务大臣参加内阁，又作为统帅部之一员置身大本营，负责两者之间的紧密联系”。表面上还规定“大本营纯属统帅之府，国务则统属于政府，两者职能范围分界严明”，但“收拾时局问题等主要政务”“应先在大本营内陆、海军当局对其基本原则取得一致意见，然后移交政府”。实际上，中日战争的处理大权控制在军方手中。1937 年 11 月 18 日，以军令第 1 号命令公布了《大本营令》。大本营于 20 日设置完毕。

11 月 24 日召开了第一次大本营御前会议，通过了对中国的作战计划预案。其主要内容为：

1. 华北方面

华北方面军对残存在现占领地区的敌人及活动在靠近前线的敌人实行扫荡，力求安定这些地方。为此，目前在山西部署约 2 个师团，河北约 4 个师团，察哈尔方面约 1 个师团。

对山东地区，目前虽尚未计划立即使用武力，但考虑到适应今后的作战形势，正进行必要的准备。这方面需要使用的兵力，预定从华北或上海方面抽出少数兵团担当作战。

在以上华北地方，除山东等地区外，大规模的进攻作战告一段落。防止敌人诱我深入内地，徒然扩大无益的战线，停下来保持迎击敌人的态势。

2. 华中方面

华中方面军正利用在上海周围的胜利成果，不失时机地果敢进行追击。但当初给该军的任务是消灭上海附近之敌，并使该地从南京方面孤立出来，由于是出于这种要求编组的，所以不仅它的推进能力受到限制，而且很多辎重，甚至连炮兵这样的战列部队有不少还远在前线部队的后方，因此不能考虑一举即可到达南京。在此情况下，方面军应以其航空部队与海军航空兵协同，轰炸南京及其他要地，并不断表现出进击的气势，以资削弱敌人的战斗意志。

统帅部也在考虑根据今后情况，整顿好该方面军新的准备态势，使其攻击南京或其他地区。

3. 华南方面

在这一方面，情况允许时，计划将来以一部分航空兵力与海军同时争取切断粤汉、广九铁路。为使这一行动顺利进行，将从上海方面抽出约 1 个师团的兵力派到上述目的地附近，使之占领适当的飞行基地，目前正秘密准备现地侦察基地。

4. 准备长期战争和对苏警戒

为适应长期战争，期望不致错误估计对内外战斗力和补给能力的整备和加强……鉴于陆军战时对兵力之大半均出动到中国，不要给第三国，尤其是苏联以可乘之隙。为此，预定对满洲方面增加一部分国境守备兵力，并由国内再给增派 1 个师团。但应采取充分措施，不要因此给苏联以不必要的刺激。

日军攻占上海后，由于第 10 军并未遭到中国军队的坚强抗击，部队伤亡甚少，于是乘胜西进，不愿遵守参谋本部所规定的作战地域限制线，于 11 月 15 日夜决定“以军主力独立果断地向南京追击”。当参谋本部致电令其停止前进时，“华中方面军”向大本营提出意见，强烈要求“攻占南京”，认为“现在敌之抵抗在各阵地均极其微弱，很难断定有彻底保卫南京的意图。在此之际，军如停留在苏州、嘉兴一线，不仅会失去战机，而且将使敌人恢复斗志、重整战斗力量，其结果要彻底挫伤其战斗意志将很困难，从而事变的解决越发推迟……为此，利用目前的形势攻占南京，当在华中方面结束作战。”“为了要解决事变，攻占首都南京具有最大价值。”“方面军以现有的兵力不惜付出最大牺牲，估计最迟在两个月内可以达到目的。”“我们认为第 10 军随着后方的建立将可继续跃进，上海派遣军经过 10 天的休整即可向南京追击。”

对侵华日军当局与大本营存在的这一矛盾，参谋本部内部的意见也不统一。经两天讨论，大本营终于屈服于侵华日军当局的意图，11 月 24 日以“大陆第 5 号”命令“废除以‘临命’第 600 号指示的华中方面军作战地境”界限，并预告“华中方面军”参谋长：“本部有坚强决心攻占南京。”“华中方面军”当日即制定了《第二期作战计划大纲》，进行攻占南京的准备。12 月 1 日，大本营正式下达“大陆第 8 号”命令，命“华中方面军司令官与海军协同，攻占敌国首都南京”，同时下达了“华中方面军”战斗序列令（编成的指挥系统与 11 月 7 日“临参命”第 138 号下达的“华中方面军”的编组相同，即由“华中方面军”司令官指挥“上海派遣军”和第 10 军）。2 日，免去松井石根大将在“上海派遣军”的兼职，任命朝香宫鸠彦王中将继任“上海派遣军”司令官。[1]

二、中国政府对南京地区的抗战准备及作战指导

1932 年 1 月 28 日发生的上海事变促使国民政府在开始拟制国防计划的同时考虑首都的防守问题。参谋本部判断，一旦中日战争再度在沪爆发，日军必将在其航空兵掩护下，以陆军沿京沪铁路、海军溯长江向南京进攻。1932 年 12 月，在参谋本部内成立了城塞组，由参谋次长贺耀组兼任主任，在德国顾问指导下，开始整修长江沿岸的江阴、镇江、江宁等各要塞，并准备在南京以东构筑国防工事。但由于当时国民政府主要致力于“安内”，所以随着《淞沪停战协定》的生

效，拟订的防御计划未能贯彻执行，拟筑的国防工事未能完成。1935 年夏，华北事变发生，接着又出现一场使华北脱离中央的所谓“华北自治运动”，使国民政府对日本的蚕食侵略政策有了深一步的认识，开始积极地进行抗战的准备工作。1936 年 2 月令张治中负责在京沪间主要防御方向上构筑了吴福线和锡澄线两道国防工事线，组成南京外卫线防御阵地。在南京地区，则构筑了外围和复廓两道阵地：沿大胜关、牛首山、方山、淳化镇、青龙山、栖霞山至乌龙山要塞之线为内卫线的外围阵地；以南京城垣为内廓，环城以雨花台、孝陵卫、紫金山至幕府山要塞炮台之线为外廓。以上构成复廓阵地。在城内北极阁、清凉山等高地则筑成坚固的核心据点。

当淞沪战场日军大批增援部队由张华浜、川沙强行登陆后，面对日军由守势作战转为强大攻势作战的情况，中国大本营不得不认真考虑首都的防御问题。9 月 2 日，一方面责成军事委员会执行部与南京警备司令部迅速修整南京地区工事及制订防御计划；一方面责成第三战区派军修整、加强吴福线、锡澄线工事，以备淞沪作战部队在“万不得已时，则退守后方既设阵地，作韧强之抵抗”，以“巩固首都”。[2]

同日，蒋介石致何应钦的电令说：“首都附近各线阵地，应即编成。招募民夫，由教导总队派兵指导赶筑工事”；接着又电告南京警备司令谷正伦：“已电令第 53 师、第 77 师、第 121 师迅速开赴南京，归该司令指挥，加强首都附近之工事。预定 77 师担任常州、宜兴、长兴一带；53 师担任浦镇、滁州一带；121 师担任句容、天王寺一带。希妥为计划，并于到京后分别予以指示为要。”[3]警备司令部在执行部的领导下制订了南京防御阵地编成计划。主要内容为：(1) 以大胜关至龙潭之线原国防工事为主阵地，简称“南京东南主阵地”；(2) 以雨花台、紫金山、银孔(凤)山、杨坊山、红(土)山、幕府山、乌龙山、栖霞山之线为预备阵地，亦称“复廓阵地”；(3) 在长江北岸，以浦口为核心，由划子口沿点将台至江浦县西端为主阵地，与东南主阵地夹江形成环形要塞；(4) 预计使用兵力，江南阵地为 4 个完整军(12 个师)，其中主阵地带部署 3 个军，复廓阵地部署 1 个军(3 个师)，总兵力为 5 个军。[4]计划虽经执行部请求统帅部核定批准，但预定调用的部队均未落实，第 53 师、第 77 师未到南京，第 121 师及第 167 师到达南京后又立即调往他处。

9 月 1 日，蒋介石曾电令胡宗南第 1 军负责修整吴福线工事。9 月 3 日，又改令顾祝同指派部队负责修整原国防工事，并构筑步兵野战工事。电令说：“查吴福、澄锡与沪杭各线阵地编成，除原有国防永久工事外，步兵掩体、指挥所、瞭望所、交通壕、障碍物、阵地交通路等多未完成。兹规定吴福线及锡澄线工事，由冯司令长官、顾副司令长官指派部队担任，沪杭线由张总司令发奎指派该区部队担任，分别负责构筑，统限9月20日以前完成。”顾祝同认为兵力不足，回电说限期内可完成永久工事之修整，至于“步兵线野战诸工事，请钧座指定部队担任”。[5]蒋介石于9月10日致电第三战区司令长官冯玉祥，令第66军担任吴福线守备及负责构筑步兵野战工事，并亲自进行部署：“查吴福阵地，应增强之步兵工事，急需构筑完成。兹着由66军担任构筑并守备。其部署应如下：(1) 该军以1师担任吴江至阳澄湖以南阵地之守备，与步兵工事之构筑，其主力控制于吴县附近，并以步兵1团任殿山湖西南莘塔镇、周庄、陈墓及澄湖以西、同里镇以东、真义镇各据点之守备与步兵工事之构筑。(2) 该军以1师担任湘城镇经常熟至福山镇阵地之守备与步兵工事之构筑，其主力控制于杨(羊)尖镇附近，并以一部任梅李镇、浒浦镇各据点之守备与步兵工事之构筑。(3) 该军以教导旅任福山镇以西鹿苑镇、西塘桥、杨舍营、合兴街及其以北双桥西、新桥各据点之守备与步兵工事之构筑。(4) 其部署及步兵工事，限于9月20日以前完成，具报为要。(5) 所有吴福阵地未完成之永久、半永久工事，着由城塞组派员会同该军长迅速完成。”[6]由于蒋介石急于倾全力于淞沪会战，为便于直接指挥，9月12日调冯玉祥为第六战区司令长官，自己兼任第三战区司令长官。第66军于9月15日刚刚到达吴福线，很快又被调至淞沪战场投入战斗。直至9月24日，才由唐生智、顾祝同共同决定抽调第33师的3个团和第76师的4个团率领民工修整、构筑吴福线工事，预定27日开工，10月10日完成。但未部署守备部队。

日军在杭州湾登陆后，统帅部感到事态严重，开始重视南京的防守问题。11月中旬，蒋介石在南京连续召开了三次高级幕僚会议。第一次会议参加者有军政部部长何应钦、副参谋总长白崇禧、第1部(军令部)部长徐永昌和第1部第1厅(作战厅)厅长刘斐等。刘斐首先提出了自己的看法。他认为日军利用它在淞沪会战后的有利形势，必然以优势的海、陆空军和重装备沿长江和沪宁线、京杭国道等有利的水陆交通线西进。南京位于长江弯曲部，地形上背水，敌人可以由江面用海军封锁和炮击南京；从陆上也可以从芜湖截断我后方交通线，然后海、陆、空协同攻击，则南京将处于立体包围形势下，不易防守；而且中国参加淞沪会战的部队损失都很大，不经过相当时期的补充整训，也难以恢复战斗力。为贯彻持久抗战方针，应避免在南京进行决战。建议在南京作象征性的适当抵抗，然后立即主动撤退，使用兵力不超过13个团。[7]白崇禧首先表示支持，何应钦、徐永昌亦表示同意。在此之前，当统帅部决定淞沪部队后撤时，蒋介石曾电召陈诚到南京面商是否防守南京的问题。陈诚认为不应守，并从军事上陈说了不能守的诸多理由。[8]但他又认为：就纯军事角度而言，避免在南京决战是正确的；但就政治角度而言，首都为国际观瞻所系，还是要守一守的。所以这次会议未作最后决定，仅同意淞沪会战中损失较大的部队调后方整补。11 月 17 日，蒋介石又召开第二次会议，参加人员增加了训练总监唐生智、南京警备司令谷正伦及第 1 部副部长王俊等。在防守问题上，唐生智认为南京是首都，对国际视听影响很大，又是孙中山先生的陵墓所在；再者，为了掩护前方部队的休整和后方部队的集中，应阻止和延缓敌人的进攻，力主固守。蒋介石考虑到当时九国公约各国正在开会讨论日军侵华问题，德国驻华大使陶德曼代表德国政府也正在为中日战争的“和平”解决进行秘密调停；特别是在思想上受德国顾问的影响：总顾问法肯豪森早就向他提出过书面建议，认为“南京为全国首都，必应固守”，“故必华方寸土不肯轻弃……方能引起与长江流域有利害关系之列强取积极态度。中国苟不于起首时表示为生存而用全力奋斗之决心，列强断不起而干涉”。[9]唐生智的建议正符合蒋介石的思想，于是在次日晚的第三次会议上蒋介石明确表示同意唐生智的建议，决定“短期固守”，预期守 1 至 2 个月。

固守南京的方针确定之后，统帅部采取了一系列的战略、战役措施。最主要的有：

（一）成立首都卫戍司令长官部，以唐生智任司令长官（蒋介石原拟令顾祝同守南京并曾告知顾祝同，后因唐生智自告奋勇，遂令唐生智守南京），罗卓英、刘兴任副司令长官，周斓任参谋长，并颁定首都卫戍部队战斗序列如下：(1) 司令长官唐生智。(2) 第 72 军孙元良部（第 88 师）。(3) 第 78 军宋希濂部（第 36 师）。(4) 首都警备军谷正伦，甲、桂总队，乙、宪兵部队。* (5) 其他特种部队之一部。[10]唐生智于 11 月 19 日即组成司令长官部并开始视事。

（二）宣布国民政府迁都重庆，并将统帅部迁至武汉，作为尔后抗战的指挥中心。

（三）成立第七战区，以第 2 预备军司令长官刘湘改任战区司令长官，以原第三战区前敌总指挥陈诚任战区副司令长官，长官部设于武汉（11 月 19 日即成

---

* 首都警备军谷正伦部由桂永清教导总队和宪兵部队编成。但谷正伦以患病为由，辞去警备军军长职务，随宪兵司令部撤去湖南，由宪兵司令部参谋长萧山令升任宪兵副司令，率宪兵第 2 团、第 10 团和教导第 2 团留南京。

立，11 月 25 日正式公布命令）。同时令刘湘指挥所部第 2 纵队（第 21 军团及第 23 军团）东进，与第三战区（司令长官部已由常州转移至皖南休宁县屯溪镇）协同，支援南京方面的作战。

（四）赋予第三战区、第七战区及首都卫戍军当前任务："（1）第七战区除固守现地（广德、芜湖地区）外，其左翼须以有力部队留置于安吉、孝丰山地，相机攻击敌侧背，迟滞其前进。（2）第三战区依前令开始转进以后，须以有力部队分别留置于龙潭以南、广德以北各山地，迟滞敌之前进，掩护主力之行动，并破坏重要交通线。（3）各战区须与首都卫戍军相策应，对敌作战保持动作之自由。其损失过大之部队，应酌令其撤退于宁国、芜湖以西地区，积极整理补充、待命。（4）首都卫戍军除固守南京既设阵地外，应与第三战区部队密切协同，相互策应，击破敌之围攻军。"[11]

11 月 20 日，唐生智发布戒严令，南京地区进入战时状态。

三、会战经过

（一）南京的防御部署

中国大本营明令发表唐生智兼任南京卫戍司令长官及南京卫戍军战斗序列后，新成立的长官部即开始制订具体防守计划。当时卫戍军主力仅有第 88 师、第 36 师及教导总队，而且又都是由淞沪战场撤至南京补充整理但尚未完成的部队，兵力严重不足，因而不得不放弃东南主阵地带的既设国防工事，仅防守复廓阵地。其防守计划以固守附廓据点及城垣为目的，策定防御部署要旨如下：（1）以第 88 师任右地区雨花台及城南之守备。（2）以教导总队任中央地区紫金山及城垣东部之守备。（3）以第 36 师任左地区江山、幕府山及城北之守备。（4）以宪兵部队任清凉山附近之守备。（5）以旅长指挥教导总队之 1 团及乌龙山要塞部队，警戒长江封锁线。[12]

当日军突破锡澄线阵地时，蒋介石大本营留南京的作战组返回武汉统帅部，令第三战区副司令长官顾祝同收容从淞沪战场撤下的部队，率长官部暂去扬州，自己坐镇南京。为了加强南京的防守力量，从正向浙、皖、赣边区转移的第三战区部队中留下 9 个师，并从武汉第七战区部队中调来 2 个师。12 月初，第三战区的部队均已到达南京。12月4日，从武汉调来的第2军团先头1个团到达南京，8日全部抵达。罗卓英于12月5日晚到达南京就任卫戍军副司令长官，其第16军团由参谋长代行军团长职务。南京卫戍军指挥系统为：

南京卫戍军　司令长官唐生智
副司令长官罗卓英、刘　兴
第2军团　军团长徐源泉
第41师　师长丁治磐
第48师　师长徐继武
第66军　军长叶　肇
第159师　师长谭　邃
第160师　师长叶肇(兼)
第71军　军长王敬久
第87师　师长沈发藻
第72军　军长孙元良
第88师　师长孙元良(兼)
第74军　军长俞济时
第51师　师长王耀武
第58师　师长冯圣法
第78军　军长宋希濂
第36师　师长宋希濂(兼)
第83军　军长邓龙光
第154师　师长巫剑雄
第156师　师长李　江
教导总队　队长桂永清
第103师　师长戴之奇(代)
第112师　师长霍守义
宪兵部队(3个团)　宪兵副司令萧山令
江宁要塞部队　要塞司令邵百昌
炮兵第8团之1营
战车防御炮8门，轻战车10辆

防空司令部所属各高射炮队(大小炮 27 门)

城防通信营

本部特务队

总计兵力约 15 个师,10 余万人。

兵力增加后,决定恢复以东南主阵地带为第一道防御阵地,以加大阵地纵深、增强防御韧性。其具体部署为:(一) 第 72 军派出右侧支队至江宁镇附近,任右翼掩护。(二) 第 74 军任牛首山至淳化镇附近之守备,并向秣陵关、湖熟镇派出前进部队。(三) 第 66 军任淳化镇附近至伏牛山之守备,并向句容附近派有力之前进部队。(四) 第 83 军任伏牛山附近经拜经台至龙潭之守备,向下蜀派出前进部队。[13]

当徐源泉第 2 军团即将到达南京时,又改令第 83 军推进至镇江、丹阳附近,令第 2 军团接守第 83 军在龙潭一带的阵地。此时镇江除要塞部队外尚有第 71 军及第 103、第 112 师。要塞部队由第 71 军军长王敬久指挥。

(二) 守卫外围阵地的战斗

12 月 1 日,日"华中方面军"接到大本营第 8 号"大陆命"关于"攻占敌国首都南京"的命令。松井石根因淞沪会战中曾受到中国军队的坚强抗击,对进攻依托既设国防工事进行防御的南京守军较为慎重,当日仅向所属两军下达了当前任务:"上海派遣军 12 月 5 日主力开始行动,重点保持在丹阳、句容公路方面,击败当面之敌,进入磨盘山山脉,以一部从扬子江左(北)岸攻击敌之背后,同时切断津浦铁路及大运河;第 10 军 12 月 3 日主力开始行动,以一部从芜湖方面进入南京背后,以主力击败当面之敌,进入溧水附近,特别须对杭州方面进行警戒。"[14]到达上述攻击出发地位后,再根据当时情况进行攻击南京的具体部署。

日军"上海派遣军"遵照方面军的命令作如下部署:

第 16 师团沿丹阳、句容、汤山公路,第 9 师团沿金坛、天王寺、淳化镇公路并列向南京东部方向攻击前进;天谷支队(第 11 师团的步兵第 10 旅团,配属野战重炮兵和迫击炮兵各 1 个大队、后备炮兵和工兵各 1 个中队)沿丹阳、镇江公路进攻镇江,尔后渡江攻击扬州,切断大运河;第 13 师团以一部由江阴渡江攻击靖江,切断南通与扬州的联系,以主力沿常州、奔牛镇公路到镇江,在天谷支队后渡江,向滁县迂回攻击,切断津浦铁路。

日军第10军遵照方面军的命令，部署第114师团沿溧阳、溧水公路向南京南部方向攻击前进；第6师团沿广德、洪兰埠公路，在第114师团后，也向南京南部方向攻击前进；国崎支队沿广德、郎溪公路进占太平（当涂），尔后渡江迂回至浦口附近，切断南京守军北退之路；第18师团经宣城向芜湖进攻，切断南京守军西退之路。

从12月3日至6日，经过4天的战斗，日军正面的第18师团、第9师团突破守军第83军及第66军的警戒、前进阵地，占领了句容，进至句容以西的黄梅、土桥及湖熟镇一带，并有一部兵力由右翼深入到孟塘、大胡山附近；第114师团突破了守军第72军及第74军的警戒、前进阵地，占领了溧水，进至溧水以北之秣陵关、陆朗镇及江宁镇一带。这时，日军右翼的天谷支队和第13师团正向镇江、靖江进攻中，左翼的第6师团正向秣陵关前进中，国崎支队和第18师团正向当涂、宣城进攻中。

12月7日，日"华中方面军"下令，于当日开始向南京外围第一线防御阵地进攻；突破该阵地后，继续向南京城复廓阵地攻击；集中到达战场的全部炮兵火力，用以摧毁并夺取城垣。规定"上海派遣军"负责攻击东北面的中山门、太平门、中央门，第10军负责攻击西南面的通济门、中华门、水西门。城内两军作战地境分界线为共和门—公园路—中正街（今白下路）—汉中路。

12月6日下午，南京卫戍司令长官部发现日军迫近第一线阵地，特别是其第16师团一部已渗入至汤山镇（当时称汤水镇）左侧后的胡塘、大胡山附近，急令第36师速派1个步兵团进占麒麟门附近阵地，以掩护第66军侧背，并阻止该敌继续渗入；令在镇江的第71军、在镇江及东昌街一带的第83军迅速向南京转移，以增强南京的防守力量；规定第71军转移后，镇江要塞由第103师代师长戴之奇指挥；同时令第2军团（第10军）刚刚抵达南京栖霞山附近的第41师推进至龙潭、乌鸦山地区，以掩护第71军及第83军转进，并保持与镇江的联系。

由于南京已成围城，即将变为战场，蒋介石于当晚召集少将以上军官开会，告诫大家：南京是全国和世界关注的重心，不能轻易放弃；又说明自己不能偏处一隅，但责任逼自己必须离开，要求将领们服从唐生智司令长官的命令，负起坚守重任。还说即将调动部队前来策应等。他于7日晨5时45分乘飞机离开南京，飞赴江西，转武汉统帅部。

12月7日，日军在炮兵及航空兵强大火力支援下，开始向守军第一线主阵地带发起全面猛攻。南京卫戍司令长官部将从镇江刚刚撤回的第71军控置于第 74 军和第 66 军结合部后方的高桥门一带，同时令第 66 军以一部兵力从汤山镇由南向北、第 41 师以一部兵力从乌龙山由北向南、第 36 师预备 2 团配属战车连（欠 1 排）从麒麟门由西向东，对突入胡塘、大胡山附近之敌实施合击。但由于日军后续部队已从突破口投入战斗，第 66 军汤山镇阵地和第 41 师栖霞山阵地均遭日军猛烈攻击，因而三面合击的企图无法实现，转以第 36 师的预备 2 团在东流以西、以南一带抗击已占领复兴桥日军的进攻。

12 月 8 日，原在湖州地区的日军第 6 师团亦以强行军赶至秣陵镇以西地区，在第 114 师团左翼展开，参加了进攻南京外围阵地的作战。南京外围第一线阵地经过两日一夜的激烈战斗，各主要防御地段上的工事多已被日军炮兵及航空兵火力摧毁，守军伤亡惨重，如第 51 师防守淳化镇的第 301 团的代团长纪鸿儒身负重伤，连长伤亡 9 名，排以下伤亡 1400 余人，已完全丧失了战斗力。当日下午，日军在坦克引导下先后攻占了汤山镇、淳化镇等重要据点。与此同时，日军右翼第 13 师团的第 26 旅团（沼田支队）已击退第 57 军的第 111 师，占领靖江，天谷支队已攻入镇江，日军左翼国崎支队已进至当涂附近，第 18 师团攻占宣城后正向芜湖前进中。

南京卫戍司令长官部鉴于上述情况，为集中兵力固守南京，一方面下令命第一线阵地守军退守复廓阵地；一方面命镇江的第 103 师、第 112 师及其附近的第 82 军迅速撤至南京。8 日下午，第 2 军团的第 48 师已运抵南京，第 83 军的第 156 师也撤至南京，其第 154 师仍在撤退途中。16 时，南京卫戍司令长官部下达了“卫参作字第 28 号”命令，对复廓阵地的防守进行部署。其主要内容为：

“右侧支队固守板桥镇大（戴）山之线；第 74 军固守牛首山一带据点至河定桥之线；第 88 师固守雨花台；第 71 军之 87 师固守河定桥至孩子里〔江南（宁芜）铁路北〕之线，右与 88 师及 51 师、左与教导总队联系；教导总队固守紫金山；第 2 军团固守杨坊山、乌龙山之线及乌龙山要塞；第 36 师固守红山、幕府山一带；第 66 军至大水关附近集结整理待命；第 83 军之 156 及 36 师之 1 团（预备 2 团），在青龙山、龙王山线掩护撤退。”[15] 同时还令宪兵教导 2 团防守水西门至汉中门城垣阵地及城外上新河河堤阵地，令宪兵第 2 团防守城内清凉山，令宪兵第 10 团防守城内明故宫飞机场。

（三）守卫复廓阵地及城垣的战斗

南京外围第一线阵地被突破后，守军撤退仓促，缺乏有效的掩护措施，日军乘势尾随,跟踪追击,以致有些复廓阵地尚未占领稳固,即为日军突破。至 9 日拂晓,日“上海派遣军”第 16 师团进至麒麟门、沧波门一带;第 9 师团进至光华门外,占领了大校场及通光营房;第 10 军的第 114 师团进至雨花台南;第 6 师团进至雨花台西,其左翼一部占领大胜关。中国军队第 60 军退至大水关、燕子矶一带整顿;第 74 军退至水西门内外,改任城垣守备。

日军一方面进行攻城准备,如部署炮兵进入阵地,坦克集中于待机地域以及选定入城路线等;一方面用飞机向城中投撒日“华中方面军”司令官松井石根致中国守军的最后通牒,进行劝降。劝降书狂称:

“百万日军已席卷江南,南京城处于包围之中……故本司令官代表日军奉劝贵军,当和平开放南京城,然后按以下办法处置。

“对本劝告的答复,当于 12 月 10 日正午交至中山路句容道上的步哨线。若贵军派遣代表司令官的责任者时,本司令官亦准备派代表在该处与贵方签订有关南京城接收问题的必要协定。如果在上述指定时间内得不到任何答复,日军不得已将开始对南京的进攻。”

文末署名“大日本陆军总司令官松井石根”。[16]

唐生智对松井的最后通牒置之不理,并于当日下达了“卫参作字第 36 号”命令作为回答。内容为:

“(1) 本军目下占领复廓阵地为固守南京之最后战斗,各部队应以与阵地共存亡之决心尽力固守,决不许轻弃寸土、摇动全军,若有不遵命令擅自后移,定遵委座命令,按连坐法从严办理。(2) 各军所得船只,一律缴交运输司令部保管,不准私自扣留,着派第 78 军军长宋希濂负责指挥。沿江宪、警严禁部队散兵私自乘船渡江,违者即行拘捕严办。倘敢抗拒,以武力制止。”[17] 企图以“破釜沉舟”的精神背水死战。

9 日当天,突入至光华门外的日军第 9 师团部队,在高桥门阵地炮兵火力直接支援下猛攻光华门外工兵学校第 87 师第 260 旅防守阵地及教导总队防守阵地,10 时左右攻占了工兵学校。下午,坦克及炮兵火力曾 3 次攻击城门,并有少数日军突入城内。卫戍司令长官部急调控置于清凉山的宪兵教导 2 团预备队一部增援光华门,同时令第 87 师进行反击。第 87 师第 261 旅旅长陈颐鼎指挥该旅一部和第 259 旅一部分,由通济门和天堂村向敌军侧背实施合击,激战约数小时,经多次反复肉搏,终将迫近光华门的日军击退,恢复了工兵学校的阵地,暂时稳定了局势。但已突入城中的少数日军仍潜伏于光华门城门洞中。日第 10 军的国崎支队当晚占领了当涂。

12 月 10 日，日军见中国军队拒绝投降，遂向雨花台、通济门、光华门、紫金山第三峰等阵地发起全面进攻，战况较 9 日更为激烈。特别是城东南方面，因复廓阵地已基本丧失，日军直接进攻城垣，所以形势尤为严峻。卫戍司令长官部急令第 83 军的第 156 师增援光华门、通济门城垣的守备，并于城内各要点赶筑准备巷战的预备工事，同时将第 66 军由大水关、燕子矶调入城内，部署于中山门及玄武门内构筑工事，准备巷战；另以刚刚由镇江撤入南京城内的第 103 师及第 112 师由教导总队总队长桂永清指挥，负责中山门附近城垣及紫金山阵地的守备。当夜，第 156 师选派小分队坠城而下，将潜伏城门洞中的少数日军全部歼灭。雨花台方面，日军 2 个师团主力和步、炮、坦克及航空兵协同攻击，将第 88 师右翼第一线阵地全部摧毁。残部退守第二线阵地。当晚，日军第 18 师团占领了芜湖。

12 月 11 日，日军第 16 师团猛攻紫金山南北的中国军队阵地。紫金山及其以南地区，教导总队坚决抗击。激战终日，日军毫无进展，惟其右翼部队攻占了第 2 军团防守的杨坊山、银孔山阵地，进至尧化门附近。日"上海派遣军"为使其第 16 师团进攻容易及适时切断守军的东退道路，又从正在镇江等船渡江的第 13 师团中调山田支队（第 13 师团兵步第 103 旅团长山田指挥的步兵 3 个大队、山炮兵 1 个大队），从第 16 师团右翼加入战斗，向乌龙山、幕府山炮台进攻。日军第 10 军的第 114 师团及第 6 师团主力继续攻击雨花台。第 88 师的第二线阵地又被摧毁，守军被迫据守核心阵地。日军第 114 师团右翼部队开始攻击中华门，城门被炮火击毁。少数日军一度突入城内，但被第 88 师据守城垣的部队歼灭。日军第 6 师团左翼部队之一部沿长江东岸北进，在上新河击退宪兵教导 2 团的 1 个营，占领了水西门外的棉花堤阵地。日军国崎支队在当涂北慈湖附近渡过长江，沿西岸北进，向浦口运动。占领芜湖的日军第 18 师团因转用于杭州方面，不再参加进攻南京的作战。

武汉大本营对南京的战况极为关注，每日均有询问及指示的电报，当发现撤至南京部队的战斗力及士气已远不如淞沪作战，南京外围主阵地带仅防守两三天即告失守，而复廓阵地立足未稳即在主要方向上又被敌突破、迫逼城垣时，深感形势严峻；当得知当涂附近已有日军渡江时，更感局势危急。为避免南京守军被敌围歼，蒋介石于 11 日中午考虑令南京守军撤退，遂令时在江北的顾祝同以电话转告唐生智。顾要唐当晚渡江北上，令守军相机突围。唐生智由于自己曾力主固守，现在若突然先行撤走，怕今后责任难负，因而要求必须先向守军将领传达清楚最高统帅的意图后方能撤离。当晚，蒋介石致电唐生智："如情势不能久持时，可相机撤退，以图整理而期反攻。"[18]唐生智于当夜与罗卓英、刘兴两副司令长官及周斓参谋长研究后，决定于14日夜开始撤退，遂于12日凌晨2时许召集参谋人员制订撤退计划及命令。

12月12日自拂晓起，日军即集中炮兵及航空兵火力对复廓阵地及城垣发动猛攻。城南方面，战斗至10时前后，雨花台阵地被日军攻占。防守该地的第88师第264旅残部因中华门城门已经堵死，无法退入城中，遂在敌火力下作横向移动，沿护城河绕城北进，伤亡甚大(该旅于17时前后到达下关以南江边，乘坐该师先期自行留控的一批木船渡江撤至浦口)。日军占领雨花台后，居高临下，加强了对中华门的火力袭击。第88师第262旅部分官兵坚守城垣阵地，奋力阻击；第88师师长孙元良率师直属队及第262旅一部兵力擅自向下关退却，企图渡江北撤，在挹江门内被第36师师长宋希濂劝阻，仍返回中华门作战。城东方面，日军第16师团仍在孝陵卫西山及紫金山一带激战。"上海派遣军"因第9师团在光华门一带遭守军反击后顿兵城外，毫无进展，于11日命控制于苏州附近的机动部队第3师团迅速前进；于12日晨令第9师团停止进攻，进行整顿，令第3师团由第9师团左翼加入战斗，向城垣进攻。

中午前后，在日军猛烈炮火轰击下，中华门及其以西城垣数处倒塌，一部日军在炮火掩护下由缺口突入城内。第88师遂即撤走。当时中华门内大批居民为逃避炮击和日军，纷纷向城北部难民区逃跑，[19]与溃退的散兵拥挤在街道上，城中秩序开始陷于混乱。卫戍司令长官部为了有计划、有组织地实施撤退，于14时指示第36师负责维持城中及下关的秩序。指示的主要内容为："(1) 下关通浦口，为我军后方惟一交通路，应竭力维持秩序，严禁部队官兵及散兵游勇麇集，以确保要点。(2) 第74军在上新河镇(上新河)与敌激战，其后方交通应由汉西门(汉中门)与城中联系，禁止该军部队通过三汊河退入下关。(3) 着该部在挹江门至下关一带立即实行戒严，禁止一切活动。"[20]但此时日军第6师团一部已突入至中华门内，第16师团及第3师团已逼近中山门及光华门，第6师团左翼旅已逼近水西门。守军第2军团退至乌龙山，教导总队退至紫金山，第74军派人去三汊河架设浮桥，企图渡江撤退至浦口(被第36师制止)，南京守军已开始呈动摇态势。唐生智等决定改在当夜撤退。

蒋介石虽然致电唐生智，令其在不能持久时相机撤退，但总从政治方面考虑较多，希望能多守一段时间，因而在12日又以致函形式致电唐生智、罗卓英及刘兴，提出他自己的企望。全文如下："限即到。南京唐司令长官、刘、罗副司令长官：据报江浦附近已发现敌军，是敌希图对我四面合围，或威胁我后路，逼我撤退也。五日激战，京城屹立无恙，此全赖吾兄之指挥若定与牺牲精神有以致之。经此激战后，若敌不敢猛攻，则只要我城中无恙，我军仍以在京持久坚守为要。当不惜任何牺牲，以提高我国家与军队之地位与声誉，亦为我革命转败为胜惟一之枢机。如南京能多守一日，即民众多加一层光荣；如能再守半月以上，则内外形势必一大变，而我野战军亦可如期策应，不患敌军之合围矣。遥望京城，想念官兵死伤苦痛，无任系念！进退战守，生死荣辱，惟兄等熟图之。中正手启。十二申。"[21]此电文发出时，不仅唐生智等的撤退命令已经下达，当时南京的实际情况也已不可能再进行固守。

（四）混乱的突围行动

12月12日17时，卫戍司令长官部召集师以上将领开会，布置撤退行动。唐生智首先简要地说明当前战况，询问大家是否还能继续坚守。与会将领无一人发言。唐生智遂出示蒋介石命守军相机撤退的电令，即由参谋长周斓分发了参谋处已油印好的撤退命令及突围计划。命令及计划原文如下：[22]

卫戍作战命特字第一号（地名参看三十万分一图）命令

12月12日15时于首都铁道部卫戍司令部

一、敌情如贵官所知。

二、首都卫戍部队决于本日（12日）晚冲破当面之敌，向浙、皖边区转进。我第七战区各部队刻据守安吉柏垫（宁国东北）、孙家铺（宣城东南）、杨柳铺（宣城西南）之线，牵制当面之敌，并准备接应我首都各部队之转进。芜湖有我第76师、其南石炮镇有我第6师占领阵地，正与敌抗战中。

三、本日晚各部队行动开始时机、经过区域及集结地区，如另纸附表规定。

四、要塞炮及运动困难之各种火炮并弹药，应彻底自行炸毁，不使为敌利用。

五、通信兵团，除配属外部队者应随所属部队行动，其余固定而笨重之通信器材及城内外既设一切通信网，应协同地方通信机关彻底破坏之。

六、各部队突围后运动务避开公路，并须酌派部队破坏重要公路桥梁，阻止敌之运动为要。

七、各部队官兵应携带4日炒米及食盐。

八、予刻在卫戍司令部，尔后到浦镇。

右令。

计附表第一、第二两纸。

附表第一为“南京卫戍军突围计划”，其内容为：[23]

（一）74军由铁心桥、谷里村、陆郎桥以右地区突围，向祁门附近集结。

（二）71军、72军自飞机场东侧高桥门、淳化镇，溧水以右地区向敌突围，向黟县附近集结。

（三）教导总队、66军、103师、112师自紫金山北麓、麒麟门、土桥镇、天王寺以南地区向敌突围。教导部队向昌化附近集结，66军向休宁附近集结，103师、112师向于潜附近集结。

（四）83军于紫金山、麒麟门、土桥镇东北地区突围，向歙县附近集结。

以上各部队突击时机为12日晚11时后开始，但83军为13日晨6时。

（五）第2军团应极力固守乌龙山要塞，掩护封锁线，于不得已时渡江，向六合集结。

（六）36师、宪兵部队及直属诸队依次渡江（另有渡江计划表），先向花旗营、乌衣附近集结，但36师应掩护各部队渡江（后），然后渡江。

卫戍司令长官部突围计划的基本精神是大部由正面突围，一部随司令部由下关渡江。但在书面命令分发后，唐生智又下达了口头指示，规定第87师、第88师、第74军及教导总队（南京守军中的中央嫡系部队）“如不能全部突围，有轮渡时可过江，向滁州集结”。[24]这就大大降低了命令的严肃性，也为不执行命令制造了借口，以致计划中规定的由正面突围的部队，除广东部队第66军及第83军之大部按命令实施突围外，其余各军、师均未按命令执行。有口头指示为依据的部队，必然一起拥向敌人尚未到达的下关，以便迅速、安全地渡江北撤；许多未接到撤退命令的部队因发现友军撤退而撤退。虽接到命令而并不知道撤退计划详情的旅、团长们也都认为上级既然要军队撤退，在下关必然已准备好大量渡江工具，因而亦皆拥向下关。

自行决定由下关渡江的军、师长大多未按命令规定的时间开始撤退，而是在散会后立即部署部队撤退。有的单位在接到命令前即已撤走。如卫戍司令部第2军团负责固守乌龙山要塞以掩护其他部队撤退和突围，应最后撤退，但徐源泉于12日下午即率其第41师和第48师从周家沙和黄泥荡码头乘坐其预先控制于该处的民船最早渡至江北，经安徽去江西整顿。乌龙山要塞部队在徐源泉部撤走后，也于当晚毁炮撤去江北。有的将领只向所属部队打撤退电话，或回去安排一下撤退事宜就脱离部队，先行到达下关，随同卫戍司令部及第36师乘渡船先到江北。如第71军军长王敬久、该军第87师师长沈发藻等根本未回指挥所；教导总队队长桂永清回到富贵山地下室指挥所后告知幕僚撤退任务，即留参谋长邱清泉处理文件等，自己单独先去下关；其第2旅旅长胡启儒得知撤退消息较早，不等会议结束，即以奉命去下关与第36师联系为由，电话通知其第3团团长代行旅长职责，独自先去下关。

由于城中各部队多沿中山路向下关撤退，而挹江门左右两门洞已经堵塞，仅中间一门可以通行，各部争先抢过，互不相让，不少人因挤倒而被踩死。如教导总队第1旅第2团团长谢承瑞，在光华门阵地上曾英勇地抗击日军多次冲击，却在挹江门门洞内被拥挤的人群踩死。有的将领，如第83军第156师师长李江见城门无法挤过，就从门东侧用绑腿布悬吊下城出走。

下关情况更为混乱，各部队均已失去掌握，各自争先抢渡。由于船少人多，有的船因超载而沉没。大部官兵无船可乘，纷纷拆取门板等物制造木筏渡江，其中有些人因水势汹涌、不善驾驭而丧生。

因乌龙山要塞守军撤走，原停泊于草鞋峡、三台洞（燕子矶西南）的"文天祥"鱼雷快艇中队（4艘）也于12日夜驰去大通，12月13日拂晓，日军山田支队未经战斗即占领了乌龙山；日海军舰艇通过封锁线到达下关江面，日军第16师团一部亦乘舟艇进至八卦洲附近江面。大量正在渡江的中国军队官兵被日海军及第16师团的火力和舰艇的冲撞所杀伤。宪兵副司令萧山令即死于半渡之中。与此同时，日军各师已分由中山门、光华门、中华门、水西门等处进入南京城内；原在镇江的天谷支队已渡过长江，正向扬州前进中；国崎支队已至江浦，正向浦口前进中。已渡至江北的中国军队沿津浦路向徐州方向撤退。

12月14日，根据中国大本营的指示，唐生智在临淮关宣布南京卫戍司令长官部撤销，撤至江北的卫戍军部队改隶第三战区。南京保卫战基本结束。

从12月12日下午开始，南京卫戍军各部队撤退及突围的情况大致如下：

卫戍司令长官唐生智、副司令长官罗卓英、刘兴及长官部官兵，12日晚从下

图 4-2-1 南京保卫战作战经过要图
（1937 年 12 月 1 日—13 日）

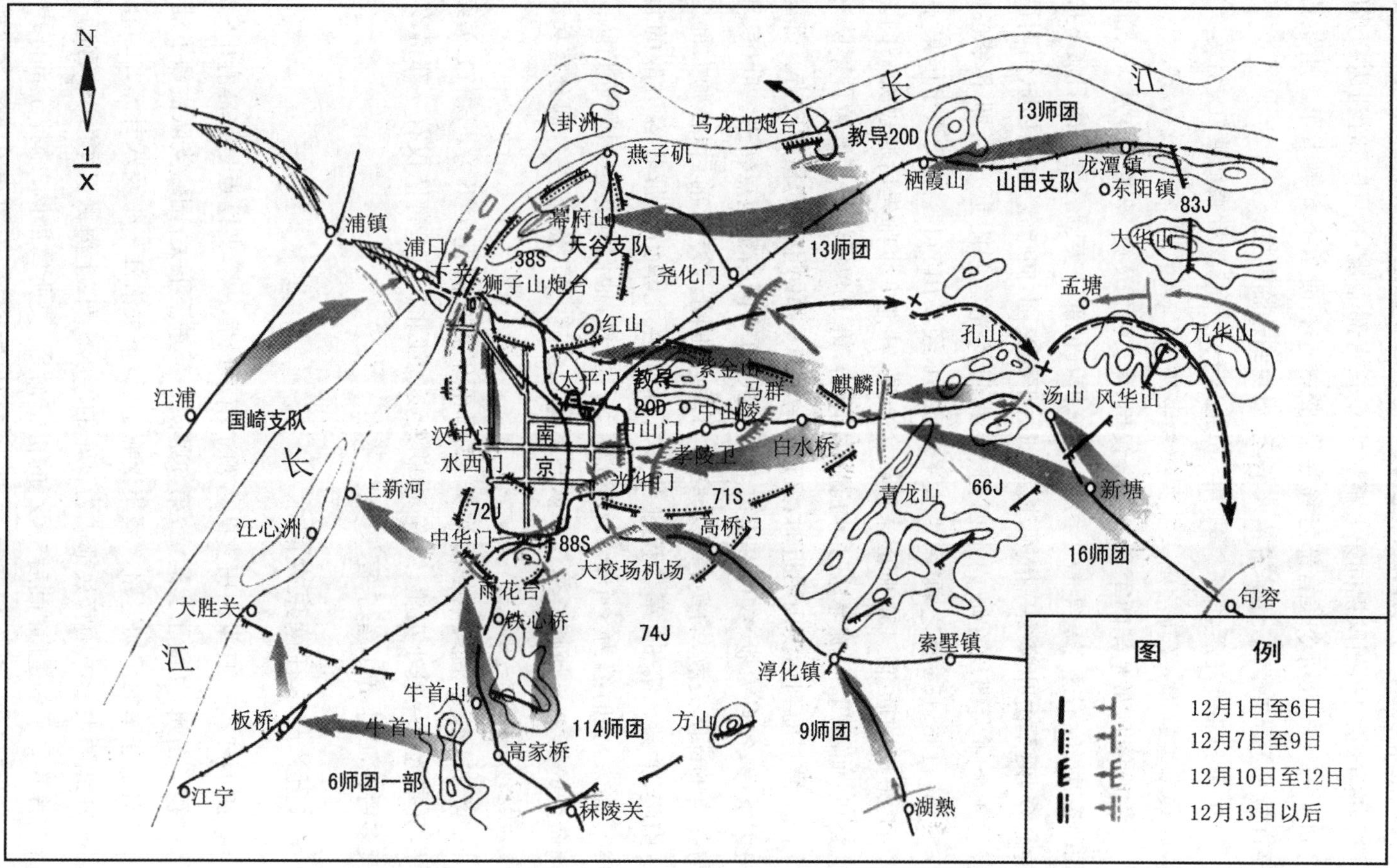

图例

12月1日至6日

12月7日至9日

12月10日至12日

12月13日以后

关煤炭港乘预备的小火轮渡江至浦口，得到日军已至江浦附近、正向浦口包围的情报，遂徒步向扬州顾祝同第三战区司令长官部靠拢；13 日 7 时到达扬州时，顾祝同及第三战区司令长官部已移驻临淮关，临行时留下 6 辆卡车。唐生智等主要官员及卫队乘汽车至滁州转火车，于当晚到达临淮关。

在司令部渡江后，第 78 军、第 36 师亦于煤炭港分批乘船渡江，至乌衣集结，尔后乘车去蚌埠，又转信阳去江西萍乡整顿。

在叶肇及邓龙光两军长参加会议后，第 66 军及第 83 军（均为广东部队）共同研究决定：不遵守唐生智令第 83 军掩护其他部队突围后再于次日晨 6 时突围的命令，两军由叶肇统一指挥，按计划由正面突围，向指定地点转进（当时两军所属的 4 个师大部均在城内水西门、玄武门及光华门附近），当即下令各师“按 160、159、156、154 师之顺序，由太平门突围，经汤山、句容向安徽宁国集中”。[25] 12 日 20 时前后，除 156 师因未接到命令外，其他 3 个师先后通过太平门。途经岔路口、仙鹤门、东流等地时，均遭日军阻击，第 159 师代师长罗策群率队冲击时阵亡。拂晓前到达汤山附近时，又遭日军第 16 师团主力的猛烈攻击。部队逐渐失去掌握，各自为战，数百人或数十人一队，分头向指定地点转进。叶肇、邓龙光与各自的部队失散，均换着便衣突过日军包围圈。20 日前后，各师大部分别到达南陵、歙县。第 66 军参谋处处长郭永镳在九华山一带收容失散的官兵约 1300 余人，临时编为 3 个营。1938 年 1 月上旬，他们到达宁国附近归队。未接到命令的第 156 师师长李江率队与教导总队等一同撤至下关，部分官兵渡过长江，辗转归队。

南京卫戍军的其他各部均于 12 日下午和夜间拥至下关。第 74 军组织较好，又掌握有一艘小火轮，约有 5000 人渡过江北。其余部队仅有一部得以渡江，大多留在江南，遭日军杀害。

（五）日军在南京大屠杀

12 月 14 日，日军山田支队占领了南京最后一个支撑点——幕府山；天谷支队占领了扬州，切断了大运河；第 6 师团一部进至下关；国崎支队占领了浦口，切断了南京守军的一切退路。麇集于燕子矶、下关沿江一带及八卦洲、江心洲中未撤至江北的大量中国官兵都成为日军的俘虏。日“上海派遣军”司令官朝香宫鸠彦王曾签署了一道嘱“阅后销毁”的机密命令，要所属部队“杀掉全部俘虏”。第 16 师团师团长中岛今朝吾在 12 月 13 日的阵中日记中记载说：“俘虏到处皆是，无论如何难以处理，采取大体上不保留俘虏之方针，就须将他们统统予以处置”。“仅佐佐木部队（佐佐木到一少将之第 30 旅团）即处理掉俘虏约 15 000 名，守卫太平门的一中队长处置了约 1300 名。约七八千名俘虏集结在仙鹤门附近，投降者还在陆续增加。解决这七八千名俘虏需要相当大的壕沟，但怎样也找不到，遂提出意见，预定把俘虏按一二百人分开之后，诱到适当地方处理之”。第 6 师团师团长谷寿夫更向士兵宣布“解除军纪三天”。根据大量人证、物证、旁证，远东国际军事法庭审判日本战犯结果，确认“在日军占领后，最初 6 个星期内，南京及其附近被屠杀的平民和俘虏，总数达 20 万人以上……这个数字还没有将被日军所焚烧的尸体、投入长江或以其他方法处理的尸体计算在内”。“在占领后的一个月中，南京市发生了 2 万次左右的强奸事件”等；中国军事法庭审判日本战犯的结论是：“会攻南京之日军各将领，共同纵兵，分头实施屠杀、强奸、抢劫、破坏财产之事实，已属众证确凿，无可掩饰”。总计被集体屠杀者“19 万人以上”，被分散屠杀者“15 万人以上，被害总数共 30 余万人。[26]

日军进入南京以后，就开始以集体屠杀的方式消灭放下武器的中国军队；13 日，第 6 师团枪杀了从水西门至下关途中俘虏的 1500 余人，第 114 师团刺杀了在雨花台俘虏的 1354 人；14 日，第 16 师团在中华门外枪杀了在中华门内俘虏的 1500 余人；在此前后，国崎支队在浦口和江心洲枪杀了俘虏的 3000 余人；17 日，山田支队竟在上元门以北江岸，将在幕府山及八卦洲一带俘虏的 14 777 人分两个场所一次性枪杀。由于这种屠杀是由日本“华中方面军”司令官松井石根示意、由“上海派遣军”及第 10 军司令官下令执行的，所以参加进攻南京的各部队都犯有集体枪杀放下武器军人的罪行。因此，被杀害的中国军人在感到死难临头的时候，无不深悔放下了武器、停止了抵抗，以致惨遭杀害。也有的军人不甘心俯首受杀而进行了反抗，如山田支队屠杀幕府山的俘虏时，有的俘虏大喊快跑，有的俘虏夺取押解日军的枪支进行反抗，曾打死日军官 1 人、士兵 8 人。可惜他们的觉悟已经晚了。

残暴的日军不仅杀害放下武器的俘虏，而且毫无人性地集体杀害手无寸铁、并未战斗的平民：12 月 14 日，在中山码头枪杀难民及非武装军警 7000 余人；16 日，又在中山码头屠杀难民 5000 余人；就在松井石根举行入城式的第 2 天——18 日夜间，在草鞋峡一次枪杀男女老幼及部分俘虏共 57 418 人。至于任意乱杀平民以及强奸、抢掠等罪行，更是罄竹难书。日本随军记者小俣行男在其《日本随军记者见闻录》中较详细地记录了关于南京大屠杀的采访见闻。其中有一段著者与《读卖新闻》上海分社联络员武田和畦崎的谈话:“俘虏有10万之多,刚进城的部队曾问军司令部这些俘虏怎么办?回答是‘适当处分’。这个命令是事实,山田旅团长(即在上元门屠杀万余名俘虏的山田支队长)……12月15日就处理俘虏一事,派本间少尉去师团,得到‘收拾掉’的命令。所谓‘适当处分’,就是如无法处理就予以处决。这是军队里一开始就确定了的方针。”“不仅残杀俘虏,还杀害无数平民百姓。联络员说他们看见路上躺满了百姓的尸体。问究竟杀了多少人?回答是这个数字既未发表,也无法统计,总之是满目死尸。留在市内没有住进难民区的百姓,都被一扫而光。”[27]当时在南京的外国记者都目睹和报道了日军的暴行。如美国《纽约时报》驻南京特派记者杜廷在报道中说:“日军占领后三天内……大规模的抢劫,奸淫妇女,屠杀普通居民,将居民从家中逐出,成批地处决俘虏,抓走成年男子,使南京成为一座恐怖的城市。”连倾向于日本的德国驻华官员在给其政府的报告中也认为:“犯罪的不是这个日本人或那个日本人,而是整个的日本皇军……它是一部正在开动的野兽机器。”[28]

(六)日军占领南京后的形势

日军第10军向南京进攻期间,原淞沪会战时中国军队第8集团军主力退至余杭、德清之线。但在乍浦、平湖、新丰地区仍派有前进部队,不仅对日第10军左侧背,而且对上海日军的安全亦构成威胁。因而日“华中方面军”决定进攻杭州,将警备上海的第101师团临时转隶第10军,令第10军司令官指挥该师团及第10军的1个师团进攻杭州。12月11日即下达了预先号令,柳川平助将进攻南京的第13师团从芜湖调回,令其在泗安、广德集结,同时令第101师团在湖州集结,第1后备兵团(由4个步兵补充大队编成)在嘉兴集结,进行作战准备。

日军占领南京后,“华中方面军”于15日对所属两军赋予以下任务:

“一,上海派遣军以一部在扬子江左(北)岸,占领扬州及滁县附近,切断江北大运河及津浦铁路;以主力在南京、南翔之间各主要地方部署兵力担任警备,同时须准备下期作战。司令部设在南京附近。

“二,第10军攻占杭州后,在芜湖、宁国、湖州、杭州、淞江之间各主要地方部署兵力担任警备,同时须准备下期作战。司令部设在杭州附近。

“三,各军须迅速整理、整顿军队和恢复战斗力,并谋作战地区的安定。

“方面军司令部12月17日移到南京。”[29]

12月20日,日军第13师团占领滁县。24日,日军第101师团及第18师团在中国军队第8集团军等退至钱塘江南岸后便占领了杭州。至此,日军“华中方面军”已占领了京、沪、杭地区,暂时停止大规模的进攻,转为整补军队,巩固占领地区,为进行下一步侵略战争作准备。

1937年底,日“华中方面军”各部队部署形势为:“华中方面军”司令部、“上海派遣军”司令部及两司令部的直属部队驻屯南京,第16师团驻屯南京地区,第3师团驻屯镇江地区,第9师团驻屯苏州地区,第101师团驻屯上海地区,第13师团驻屯滁县地区,天谷支队驻屯扬州地区,第10军司令部驻屯吴兴地区,第6师团驻屯芜湖地区,第1、第2后备兵团驻屯嘉兴地区。驻屯南京的国崎支队于12月31日受命返回华北归还原建制。此时侵华日军除东北地区的关东军外,在关内的主要兵力共15个步兵师团。1938年1月至2月,日军第16师团及第14师团由华中调至华北,布局调整为华北8个师团、华中6个师团、内蒙1个师团。海军有第3、第4两个舰队。海、陆军航空兵共8个大队、26个中队。

中国军队退出南京后,12月17日蒋介石发表了《我军退出南京告国民书》,向全世界宣布中国政府坚决抗战之决心。《告国民书》说:“中国持久抗战,其最后决胜之中心,不但不在南京,抑且不在各大都市,而实寄于全国之乡村与广大强固之民心。我全国同胞,诚能……人人敌忾,步步设防,则四千万平方公里国土以内,到处皆可造成有形无形之坚强堡垒,以制敌之死命。”同时提出:“目前形势无论如何转变,惟有向前迈进,万无中途屈服之理。此次抗战绵亘五月,敌方最初企图实欲不战而屈我,我方所以待敌者,始终为战而不屈,不屈则敌之目的终不得达,敌愈深入,将愈陷于被动之地位。敌之武力终有究时,最后胜利必属于我。”[30]这时虽然德国驻华大使陶德曼仍在秘密地进行着中日和谈的调停工作,但蒋介石已预感到调停成功的希望不大,顺应民心、军心,发表了这个文告。

平、津、沪、宁的失陷,并没有如日本所预期的那样迫使中国政府屈服,相反地更加激起了全国人民的爱国热情,促进了各阶层、各政党及各地方势力之间的团结,掀起了全中华民族的抗战高潮。

四、南京保卫战简析

在淞沪会战后主力部队遭受重大损失的困难情况下进行的南京保卫战,表示了中国政府抗战的决心,但就其结果而言,则不论在战役上还是战略上,都是失败的作战。

决定固守南京的政治因素，是因为南京是首都，"为国际观瞻所系，又是孙总理的陵墓所在，不能不守"，守的目的则在于"提高国家与军队之地位与声誉"，"能多守一日，即民众多加一层光荣"。决定固守南京的军事因素，则是为了"阻止敌人迅速向我军进逼，从而赢得时间"，"以掩护我前方部队之休整和后方部队之集中"。[31]事实上，政治、军事两个方面的目的均未真正达到，所以说在战役上失败了。

中国政府的抗日战争总战略是"持久消耗战"。其基本要求就是在敌强我弱而敌欲迅速击灭我军主力的情况下避免过早决战；我军依靠自身广阔的国土幅员和巨大的战争潜力，以空间换取时间，在逐次抗击中不断消耗敌人，同时又尽可能地保持和发展自己的军事实力，以获得持久抗战的最后胜利。蒋介石曾多次阐明这一战略的中心思想："敌人的战略是速战速决，我们的战略是以持久抗战消耗敌人的力量，争取最后的胜利"；[32]"我国此次抗战，其要旨在于始终保持我军之战斗力，而尽量消耗敌人的力量，使我军达到持久抵抗之目的"。[33]从中日两军的情况看，南京保卫战没有达到尽量消耗敌人、保存自己战斗力的战略要求，相反地，自己的军事力量消耗过大、损失过大，更不利于持久抗战，所以说在战略上也失败了。

南京保卫战的失败，固然是由主、客观多方面的因素造成的，但如仅就战略角度而言，则最主要的是继续淞沪会战的失误：政府统帅部在理论上已经认识到，并且在口头上一再宣称打持久消耗战、打攻势防御战，但主要决策将领囿于已经形成的军事思想和惯用战法，实际上执行的是单纯防御方针。例如当日军集中兵力进攻南京时，第七战区在杭州方向有第 10 集团军，在皖南地区有第 23、第 11、第 16、第 15 等集团军，最高统帅部连续下令命其一退再退，并未采取任何策应南京作战的积极措施，而令南京卫戍军困守围城、孤军奋战。假如组织一部兵力向日军后方实施运动攻势作战，则南京的形势必有一定程度的缓和。日军的后方相当空虚。以第 10 军为例，当其第 18 师团在誓节渡、郎溪、十字铺地区击退中国军队第 75 军、第 54 军于 7 日占领宣城后，全军 3 个师团、1 个旅团全部在第一线，在其漫长的后方交通线上仅在石湾塘、宣城各留置半个步兵大队，在吴兴、泗安、广德各留置 1 个步兵中队，如攻击其侧背，切断其联系，日军决不会置之不顾而仍以全力进攻南京。再以"上海派遣军"来说，其后方情况与第 10 军基本相同，虽然留置于沪宁铁路线上苏、锡、常、镇的兵力比第 10 军多，共约 1 个师团，但仍有广阔的活动余地。举例来说，南京失守后第 66 军和第 83 军突围失散，第 66 军参谋处处长郭永镳在句容九华山的墓东村收容溃散的官兵，从 12 月 14 日至 30 日，连续在附近广大地区活动了 17 天，收容了包括第 159 师第 475 旅负伤的旅长林伟俦在内的官兵 1300 余人，然后安然转移到宁国地区，没有遇到日军。由此可见，即使在太湖以西地区，仍然是大有打运动战、游击战的回旋余地的。如果说退至杭州、皖南的部队需要整补后才能作战，那么防守南京的部队不也大部是从淞沪战场退下来急需整补的吗？关键的问题是统帅部决策集团的多数将军还没有真正找到保证实现持久消耗战略的有效作战方法。

南京保卫战的失败，如仅就会战本身的作战指导方面而言，则主要有下述几种原因：

第一，指挥紊乱、计划不周和准备不足，是外围线作战阶段未能有效地利用吴福线和锡澄线既设国防工事迟滞、消耗敌人，以争取时间完善南京防御组织的主要原因。

吴福线阵地和锡澄线阵地是由若干各自独立的水泥碉堡及掩蔽部组成，预定临使用时再构筑交通壕予以联结。为保守军事机密，碉堡大多覆有土层，作为伪装。因而对不了解工事具体位置的人来说，很难在短时间内准确地找到整个阵地的位置。统帅部虽然在淞沪会战开始后多次责成第三战区派部队构筑各种野战工事，将阵地连接起来，甚至由最高统帅部亲自部署施工，但由于指挥体系紊乱、令出多门、互相推诿，加以部队刚刚到达就立即又被调至淞沪前线，所以尽管多次下令、多次规定期限，直到部队撤离上海，仍未真正开始施工。

按照一般战役指挥原则，既然战略是持久消耗战，淞沪会战一开始就应该在吴福线和锡澄线部署一定兵力，一面构筑、完善阵地工事，一面进行掩护淞沪战场部队转移及进入阵地准备；至少也应将阵地位置图准备好，发给进入阵地部队的军、师长。可惜由于高级指挥将领未能驾驭全局、掌握关节，互不负责，竟毫无准备，且将打开工事门锁的钥匙分交各地保长掌握。

上海以西太湖、长江间的昆山、苏州、常州地区是典型的水网地带，河渠纵横，密如蛛网，到处形成障碍。中国军队开始从淞沪战场撤退时，由于战区统帅部下决心较迟、命令下达费时又过多，加以命令中又未明示各部队之撤退道路及开始时间，以致各部队同时拥挤于几条公路上行进。特别是机关、兵站、炮兵等使用的大批车辆也和步兵同时同路撤退，造成道路阻塞、秩序混乱。日军航空兵又频繁地对公路进行轰炸、扫射，部队主要靠夜间行动，这就越发增加了秩序的混乱，迟滞了转进的速度。许多单位自由行动，失去掌握，以致有些高级指挥官无兵指挥。第三战区 11 月 13 日下达的向吴福线阵地撤退的命令虽然相当具体，但仅对已经提前撤走的右翼作战军规定了转进道路，对左翼作战军仍未规定转进道路，也未规定各集团军行动的先后顺序及时间。而且实际上在当时的混乱情况下，许多部队未接到命令；有的虽然接到了命令，但已时过境迁，已经无法严格、准确地按照命令行动。

撤退的各部队急于迅速脱离敌人，在进入宿营地及到达新阵地时均未派人预先进行侦察、区分，也未指定集结场所，全部停止于公路两侧等待；而在吴福线和锡澄线阵地上既找不到向导，也拿不到地图，甚至根本找不到阵地所在（阵地纵深仅 1000 米）；即使找到了阵地，由于掌握钥匙的保长多已逃走，仓促间也进不了工事。在这种情况下部队无法迅速部署、组织防御。日军除进行跟踪追击外，还经常以机械化部队实施超越追击；经过混乱撤退的部队，士气已远非淞沪战场战斗时可比，对翼侧威胁过于敏感，惟恐被围遭歼，日军突破一点，全线即呈动摇之势，所以准备了两三年的外围线防御阵地没有起到应有的迟滞和消耗敌人的作用。

第二，在防御战斗的组织、指挥上，既未形成全纵深抗击的部署，又缺乏快速应变的准备和能力，是南京过早失守的主要原因。

不论是从总的战略形势看，还是从攻守双方兵力、士气、装备等战斗力因素的对比看，南京失守并不意外，但失之过早。失之过早主要是指挥失当造成的。

南京卫戍军打的是阵地防御战。按照阵地防御战的一般原则，正确地选择及形成主要防御方向和防御重点，以建成稳定性强的防御体系，是防御战斗组织、指挥者的首要任务。但从卫戍司令部的防御组织及战役指导看，没有做到。就兵力部署而言，从大胜关至龙潭大约 50 公里的弧形外围主阵地带上，按照卫戍司令部防御命令的规定，左翼第 74 军和中央第 66 军各为 20 公里，右翼第 83 军 10 余公里，一线部队防守正面，每师约 10 公里，基本上是沿正面一线式平均配置的；就阵地编成而言，原来设计的就是以步兵营、连为单位，由第一阵地和预备阵地编成的一线式浅纵深阵地，其最大纵深（营阵地纵深）不过 1000 米左右。在主要防御地段上没有加强纵深以形成重点，在与复廓阵地之间约 10 公里的纵深地幅内，基本上也没有其他工事设施，整个防御阵地都不具备应有的弹性，不仅难以抗击攻者的连续冲击力量，而且当攻者一旦突破阵地时，就再也没有可供依托的阵地用以继续进行抗击或实施反突击。

以位于日军主攻方向上的第51师阵地为例，师受命防守的正面右起方山（含），左至淳化（含）；师的兵力部署是："以302团占领由方山（含）左迄宋墅（不含）之线"，"以301团占领由宋墅（含）经淳化镇迄上庄（不含）之线"，"以308团为预备队，位置于宋墅附近"。另外，第305团置于距第一线阵地约10公里的高桥门、河定桥（复廓阵地），以此为预备阵地（实际上并未修筑工事）。据该师战斗详报说："淳化附近之国防工事，均系距离甚远，而且目标显明之机枪掩体，欲构成坚固而纵深之阵地需工甚大，而担任外线作战之部队输送力量薄弱，爆破材料及障碍材料极感缺乏，虽经星夜赶筑，终以正面过宽（每团5公里，前沿阵地每连1200余米）、材料缺乏，阵地未能完成预期之坚固程度。"[34]在这样的兵力部署和阵地编成情况下，第51师能坚持抗击日军主力在陆、空及步炮协同下的猛攻达2日之久，已经相当不易了。

战场情况瞬息万变，为了保持防御的稳定性，要求防御一方必须具有快速应变能力：能迅速封闭突破口，能将深入之敌消灭于立足未稳之际，能及时填补敌人造成的阵地裂口，并能在敌人改变主攻方向时快速变更部署，组成新的防御方向等等。而达到要求的关键，则是掌握强有力的预备队。其编组原则，要有足够的兵力、火力（一般为总兵力的三分之一），并配属一定数量的装甲兵和炮兵，能独立执行阻击或反冲击等各项战术任务，同时还要有快速机动的能力。掌握了这样一支预备队，才能使整个防御体系保持弹性和后劲，当防御态势发生变化时，能迅速、及时地恢复原防御态势或增强前沿的力量。从南京保卫战的全过程看，卫戍司令部始终未建立起这样一支预备队，所有部队都分配了防守阵地的任务。因而，在情况发生突然变化时，无法采取及时、有效的措施，只能采取拆东墙补西墙的办法，仓促拼凑兵力应付。如12月6日，日军第16师团前锋部队的一部分兵力于中午前后由伏牛山北侧突入第66军侧后方的孟塘、太湖山一带，卫戍司令部于14时急令防守城北的第36师抽调1个团至麒麟门附近警戒待命，当夜又令12月5日刚到龙潭、栖霞山各1个团的第2军团第41师和担任伏牛山、汤山防御的第66军各抽调一部兵力，与第36师的1个团共同组织反冲击。等到第36师的补充第2团（新兵）从北固山到达麒麟门作好一切准备时已是7日上午。此时日军主力已投入战斗，第66军汤山阵地遭到猛烈攻击，陷于苦战；第41师龙潭阵地的1个团也受到日军第16师团右翼掩护部队的进攻，均已无力抽调兵力。以第36师的1个补充团当然也就无法完成消灭突入之敌的任务。又如12月9日拂晓，日军第9师因前锋部队一部兵力在击退防守红毛山阵地的教导总队第1旅的1个营后猛攻光华门，这时卫戍司令部感到情况紧急，但仓促间难以从其他阵地抽调兵力，只得令宪兵教导第2团派兵增援。该团分守上新河及清凉山两地，临时仅以团预备队——第9连的1个加强排乘6辆江南汽车公司的公共汽车往援。由于日军主力当时正在调整部署、作总攻城垣的最后准备，才由刚撤回的第87师后续部队实施反冲击，暂时稳定了光华门的态势。12月12日日军突破中华门，防守该阵地的第88师失去抗击能力，而卫戍司令部也完全丧失了阻止不利态势继续恶化的能力和手段，更谈不上恢复城垣阵地的原来态势了。

另外，根据一般军事原则，指挥机构制定的作战指导计划必须具有弹性，防止用一种计划去应付多变的情况：要在对情况作出科学预测的基础上以一案为主，作多手准备，特别是要从最困难的情况出发，制订出若干处理方案。但从卫戍司令部的计划和参加制订人员的回忆文章中均未反映出曾经做到这一点。全战役过程都是走一步看一步，处于被动状态。防守部队本身也大多如此。以第88师为例，该师的1个旅在雨花台，1个旅在中华门城垣，但两旅都将城门完全堵塞，不留任何通道，既没有增援外围阵地的打算，也没有在必要时将部队撤至城垣阵地的考虑。除挹江门外，在其他城门也都是如此。正是在上述情况下，防御阵地仅一点突破，即导致全线瓦解。最高统帅部曾估计仅南京城垣至少亦可“固守两周以上”，[35]可事实上从12月10日日军总攻城垣开始，仅2天多的时间南京就失守了。

第三，战略与战役指导背离战略方针及战役实际，致使作战指挥在关节问题上犯了错误，这是撤退变为溃逃、兵力损耗过大的主要原因。

国民政府统帅部的战略总方针是持久消耗战，中心思想是以空间换取时间，即“避免与敌决战”，“逐次抵抗，逐次退却”，“逐次消耗优势的敌军”，在我则“始终保持我军之战斗力”，以“掩护我们后方的准备工作，确立长期抗战的基础”。[36]其中具有决定性影响的主要关节是最大限度地消耗敌人和尽可能地保存自己的力量。消耗敌人，主要是战斗组织方面的问题；保存自己力量，则主要是转进，或者说是撤退组织方面的问题。

国民政府最高统帅蒋介石始终处于战略方针与战略企图的矛盾之中。会战之前力排众议，作出了短期固守的决策，并从主观愿望出发，预期防守1月至2月。当得知日军正在包围南京、守军有被围歼的危险时，从保存力量出发，立即下令撤退，但又不肯明确指示撤退。开始时仅让顾祝同口头转告，不得不直接下令时，又含糊其词，说“如情势不能持久时，可相机撤退”；电报发出后，次日又有动摇，再以信函形式要求卫戍司令及副司令“仍以持久坚守为要”，希望“能多守一天就多守一天”。统帅的决心犹豫、徘徊于撤与守之间，不可能不对部队产生影响。

南京卫戍司令长官唐生智对总的战略方针是清楚的，对防守南京的战役企图也是明确的。他自己说过，是为了“阻止敌人迅速向我军进逼，从而赢得时间，调整部队，以后再撤出南京”。[37]可是他的战役指导根本没有撤出南京的任何准备，既没有事先预定的撤退方案，也没有进行必需的工程、交通和后勤保障等工作，完全是长期坚守、死守的措施。如要求交通部部长俞鹏飞将下关原有的两艘大型轮渡撤往武汉，禁止任何军人、部队从下关渡江，通知浦口第1军和挹江门的第36师：凡从南京向长江北岸或由城内经挹江门去城外的部队和军人都要制止，如不听从可开枪射击。当撤退命令下达后，因第36师守挹江门部队及浦口第1军守江边的部队未能及时接到命令，仍阻止撤退，造成自相开枪射击、惨死多人的惨剧。装甲兵团战车第3连竟是在营副指挥下，从被挤倒、踩死的人身上冲出挹江门的。[38]

本来组织突围、撤退就比组织进攻或防御为难，因部队的士气已经低落，建制残缺不全，协同全部混乱，极易形成溃逃。而唐生智在下发撤退命令之后又考虑到第88师、第87师、第36师和教导总队是经过德国顾问多年训练出来的中央嫡系部队，也是今后继续抗战的骨干部队，惟恐突围危险、损失过大，回去要受蒋介石的责备，竟然不顾命令规定，口头指示他们也可以渡江北撤。这自然又增加了撤退的混乱，致使在激烈战斗中没有牺牲的近10万官兵毫无代价地惨死于混乱之中，或成为俘虏而遭敌人惨杀。此外担任掩护的部队不掩护，将领抛下部队自己先逃，使部队失去指挥，无法进行有组织的抗击和行动，也是撤退形成溃逃、结果反逃不了的诸多重要原因之一。对照一下后来欧洲战场上亚历山大指挥的敦刻尔克港撤退，就可以清楚地比较出两者之间的差别了。

五、国际形势与陶德曼调停

正当中日紧张地进行着淞沪及南京会战的期间，德国政府曾在中、日两国政府间进行过一次和谈斡旋。因德国政府主要是通过驻华大使陶德曼进行的，所以习惯上称之为“陶德曼调停”。它的出现，与国际形势有着密切的联系。随着中德、日德关系及中日战争的发展，“调停”以失败告终。

（一）中德关系的演变

“七七”事变以前，中、德两国政府主要领导人的许多政治观点相近，而在经济上又有很大的相互依赖性，于是两国政府的关系更为密切。德国为进行扩军备战，所需的重要战略物资，如制造穿甲弹及坦克装甲以及飞机所必须的钨、锑、钼等，70%以上来自中国；而中国国民政府为扩大、更新军事力量，也正需要德国的军火和军事人员，所以双方关系达到了极为亲密的程度。德国庞大的军事顾问团活动于国民政府各重要军事机构之中，负责训练及协助国民政府组建和装备新式军队。如最早参加淞沪会战的第 67、第 88 和第 36 等师，就是由德国顾问训练和全部装备德国先进武器的部队。在对待中日关系上，德国也明显地倾向于中国，不承认日本制造的傀儡满洲政权，更不希望日本对华的侵略行为迫使中国政府倾向苏联。德国国防部的冯·赖世瑙将军访华时，曾向蒋介石表示：德国政府愿意帮助中国“反抗日本霸权的斗争”。

1936 年，国际形势开始发生变化：由于日本对中国华北、蒙古的侵略，侵犯了英、美、苏在华的利益，日本与英、美、苏的关系开始趋于恶化，而德国因 3 月间进军非武装区莱茵区，也与英、法关系逐渐恶化。德、日之间出现了利益共同的一面。当时德国要争霸欧洲，“希特勒认为，如果德国同英、法冲突起来，光有意大利的援助是不够的”，“决定在远东找一个伙伴，日本也迫切地感到必须有一个强大的同盟者”，[39] 于是两国通过秘密谈判，于 1936 年 11 月 25 日签订了德日《反共产国际协定》。但在当时，中、日两国在德国的远东战略中都是不容忽视的因素，特别是对于战略物资钨、锑的需求上，德国离不开中国。1936 年 9 月，纳粹党代会通过了 4 年规划，规定 4 年内完成战略物资的储备计划。而中国正是完成这个计划必需依赖的主要国家。如仅从 1936 年 11 月至 1937 年 2 月，3 个多月的时间内德国就从中国进口钨、锑、钼等重要战略物资 1.8 万吨。因而希特勒在对中、日关系上虽然开始由倾向中国转为保持“中立”，但政府中的许多高级官员仍比较重视中德关系。

“七七”事变发生后，德国政府认为日本对中国的军事行动威胁了德国在远东的利益。德国与日本缔结《反共产国际协定》的战略企图就是利用日本牵制苏联，而日本进攻中国必然会减轻对苏联的压力，并可能促使中国与苏联接近；更何况中日冲突一旦升级，发展为全面战争，必然要损害德国在华的经济利益。所以当发现日军正从国内、朝鲜和中国东北调集军队进攻北平、天津，中国政府也派出刘峙、庞炳勋、孙连仲、万福麟等各军北上应援第29军时，德国政府于7月20日指示驻各国外交使节，在远东冲突中遵守“严格的中立”，并表示为了德国在远东的利益，希望事变“早日得到解决”。同一天，还特别指示驻日大使狄克逊：德国的地位不允许有任何单方面利于日本的表现。这是因为日本似乎既没有考虑到德国在华的经济利益，也没有考虑到日本的行动会削弱对苏联的压力，反而加强了对与德国有着良好经济关系的中国的压力。7月28日，日本要求德国停止对华的军火贸易，并撤出德国军事顾问团。德国外交次长魏茨泽克以不能逼迫蒋介石转向苏联为理由，拒绝了日本的要求，警告说：“不要期望德国会赞成日本的行动”，“日本的对华政策，很可能会驱使中国投入苏联的怀抱”。[40]两天以后，魏茨泽克会见日本驻德大使武者小路时再次表明德国不支持日本侵华。日本则威胁说：如果德国不停止向中国供应军火，日本将废止《反共产国际协定》。[41]8月13日，淞沪会战开始，战火烧至华中，中日战争的扩大已成事实。德国在新的形势下衡量了中日两国在世界战略中的地位与作用，重新确定其远东政策。8月16日，希特勒召见外交部部长纽赖特和军事部部长布洛姆保，指示说德国要坚持与日本合作，同时又要在目前的冲突中保持中立。还指示：只要中国支付外汇或相应地提供军工生产原料，已与中国签订合同的军火贸易就可以继续进行，当然对外界尽可能伪装，尽可能不要再接受中国方面的军事订货。——说明这时德国虽然已开始向日本倾斜，但还不肯放弃在华的经济利益，企图维持中日之间的平衡。当然更希望中日双方停战，这样可以完全保持德国在远东的战略和经济利益。

1937年9月13日，国联第18届会议开幕。在此前一天，中国代表顾维钧向国联秘书长提出正式申诉，请求国联援用国联章程条文，对日本采取必要的制止行动。英、美、法各国为了它们各自在中国及东南亚地区的利益，既反对日本进一步侵略中国，又不愿得罪日本，因此国联大会既未提出任何支援中国的意见，更未涉及制裁日本，仅于10月6日通过决议，由九国公约会议解决中日问题，并邀请日本参加。为了便于日本参加九国公约会议，特别将会议地址选在与中日战争毫无利害关系的比利时首都布鲁塞尔。但日本根本就不接受国联的决议，德国也担心布鲁塞尔会议可能导致英、美等大国集体干涉远东事务，这对德国在欧洲的侵略行动会造成不利的先例，所以日本和德国虽然接到了比利时的邀请,但都断然拒绝参加。

10月21日,日本外相广田弘毅会见德国驻日本大使狄克逊,表示日本愿意开始中日直接谈判,特别是"如果一个同中国具有友好关系的大国,如德国或意大利能够劝说南京政府寻求解决冲突办法的话"。[42]狄克逊当日立即将广田的谈话报告给德国政府,并说:如果德国出面调停,会受到日本欢迎。德国外交部国务部部长麦根逊于次日电令驻华大使陶德曼,令其转告中国政府:德国认为,"就目前形势来说,中日直接谈判较有希望。如果有机会的话,我们并且愿意作联系渠道"。于是,所谓的"陶德曼调停"就出台了。

(二)日中两国政府提出和接受德国调停的背景

正当中日战争激烈进行之际,日本政府何以请德国为中间人进行斡旋,而中国政府又为何肯于接受"调停"? 这必须从两国的历史背景中去寻找原因。

日本示意德国出面调停的基本因素有三个。一、企图通过中日直接接触以抵制九国公约会议,不让英、美等国插手中日战争;二、避开国际上对它的谴责和制裁,特别想避免过早和英、美直接对抗;三、也是最根本的一点,它急切谋求在有利形势和条件下尽快结束战争,以免陷入长期战争的泥淖中。日本在发动侵华战争时,曾错误地低估了中国政府和人民的抗战意志,更低估了中国军队的战斗力,"认为中国有两个多月的时间就会屈服"。[43]但是2个多月过去了,华北太原作战、华中淞沪作战都仍在激烈进行之中。在此期间,日本不得不一再增兵,侵华兵力多至16个师团、60余万人,不仅未能"摧毁中国的中央政权"以解决中国问题,而且战局态势愈来愈扩大。为了避免长期作战,在国联咨询委员会通过关于中日战争的两项报告后,日本于10月1日举行了由近卫首相、杉山陆相、米内海相、广田外相参加的内阁会议,"设想通过十月攻势的战果,找到结束战争的机会,与南京政府和平解决";决定了《处理中国事变纲要》,其"方针"是"在于使这次事变在军事行动取得成果与外交措施得宜的配合下,尽快结束",其"军事行动"是"在于使中国迅速丧失战斗意志",其"外交措施"则是配合军事打击,"对中国及第三国进行适当的谈判与工作","将中国诱导到我方所期待的境地"。[44]实质上仍然是在错误低估中国抗战意志的基础上,企图利用军事上的优势,再通过德国的外交调停,压中国政府屈服,以达其"速战速决"的战略目的。

中国政府之所以接受德国调停,基本因素有两个方面。一个方面是,德国的斡旋活动符合国民政府对日本的一贯方针。国民政府对日本的侵略行为向来是在一定限度内谋求妥协，力图避免或推迟中日战争的发生，以争取时间进行“安内”和提高国防能力，尔后再徐图“攘外”。“七七”事变后，蒋介石一面调兵遣将北上应援，进行抗战的部署，一面仍力求避免事态扩大。他在庐山发表谈话：“在和平根本绝望之前一秒钟，我们还是希望和平的，希望由和平的外交方法，谋求卢事的解决。”对日本的侵略要“应战”，但不是“求战”。[45] 8月7日国民政府国防联席会议的决议也决定在日本“未正式宣战以前，与彼交涉，仍不轻弃和平”。德国的出面斡旋，正适应国民政府的一贯方针。另一方面也有出于抗日战争战略需要的成分。“七七”事变中日战争开始后，国际、国内都有一股相当大的势力不愿中日战争发展扩大，希望以牺牲中国某些利益去满足日本一定程度的侵略愿望，来和平解决中日战争。特别是日本政府，从战争一开始就混淆国际视听，发表政府声明：“我方未放弃和平解决的希望，根据事件不扩大的方针，努力作局部地区的解决”，并将侵略中国的战争称之为“事变”等等，将扩大战争的责任推到中国身上。在这种情况下，中国政府一方面将日本的侵略公开诉之于国联，一方面接受德国的秘密外交斡旋。这样，在国际上可以孤立日本，争取同情；在国内，可以使一些希望和平解决的人们正视事实，加强抗战决心。

中国政府将日本的侵略问题诉之于国联，当然有希望国联制止日本侵略的意图，但并非将解决中日战争的希望完全寄托于国联。1937年10月24日，外交部部长王宠惠曾以密电致中国出席九国公约会议的代表，指示对会议应持的以下方针：(1) 在目前形势下，必须认识到“会议无成功希望”。(2) 应注意对各国要保持和缓态度，“即对德、意二国，亦须和缓周旋，勿令难堪，并须表示会议成功之愿望，我方求在九国公约规定之精神下谋现状之解决。此系我方应付之原则”。(3) 要使各国认识到“会议失败责任，应由日本担负”。(4) 我方应付会议之目的，在使各国于会议失败后，对日采取制裁办法。[46] 虽然制裁目的并未达到，但在孤立日本、争取国际同情方面起到了一定的作用。

（三）陶德曼调停的经过

1937年10月30日，陶德曼向中国政府外交部次长陈介传达了德国政府愿意居间调停的意向，并劝告中国政府不要对九国公约会议抱希望，应与日本直接谈判；同时还批评中国政府“与苏联缔结条约，是犯了一个严重的错误，因为这样使中国与日本达成协议就比较困难”，为使日本谅解，“修改中国对俄国的政策是必要的”。[47] 陈介表示必须知道日本的谈判条件才好考虑。11月2日，广田向狄克逊提出了同中国谈判的"和平条件"。其内容是:"(1) 内蒙古人民建立自治政府,其国际地位类似外蒙古。(2) 在华北,以满洲国国境至天津、北平以南划定非武装地区,由中国警察队担任维持治安。如立即缔结和约,华北行政权仍全部属于南京政府,惟希望委派一个亲日的首长。如和平现在不能成立,即有必要建立新政权,新政权在缔结和约后其机能将继续存在。在经济方面,事变前已在谈判的开发矿产事,在一定程度上要求满足日本的要求。(3) 上海非武装地区须扩大,设立国际警察队管制。(4) 要求中国停止抗日政策。这和 1935 年南京谈判时要求相同。(5) 共同防共。(6) 降低日本货进口税。(7) 尊重外国人在华权利。"[48]

11 月 3 日,狄克逊将日本的条件电告德国政府,并报告说:"如果南京政府现在不接受那些条件,日本确实决心无情地继续战争,直至中国最后崩溃为止。"他还向政府建议:"我们现在似可对南京施加压力,使它接受这些条件。请考虑可否令军事顾问们在向蒋报告战局时鼓吹和平谈判。"[49]这时德、意、日《防共协定》正准备签字(6 日在罗马签字),德国在中日战争的态度上又进一步向日本方面倾斜。

11 月 5 日,陶德曼会见行政院长兼军事委员会委员长蒋介石,转达了日本的条件。当时还有行政院副院长孔祥熙在座。蒋介石表示:如果愿意恢复战前状态,日本的条件可以讨论,否则"对日本方面的条件是难以考虑的";[50]同时向陶德曼解释说:"假如我同意那些要求,中国政府是会被舆论的浪潮冲倒的,中国会发生革命。"[51]陶德曼认为要求日本恢复战前状态是不现实的,如继续对日作战,共产党就会在中国得势,这对南京政府来说,无异于是"自杀"。他希望中国政府接受德国在第一次世界大战中的教训,尽快接受日本的条件,不要等到精疲力竭的时候。德国军事顾问团团长法肯豪森也向孔祥熙和副参谋总长白崇禧说:"战局严重","如果战争拖延下去,中国经济崩溃,共产主义就会在中国发生"。[52]但蒋介石拒绝接受。此时淞沪会战正进行至关键时刻,日本第 10 军已在杭州湾登陆,蒋介石询问前敌总指挥陈诚如何处置。陈诚建议后撤部队,调整战线。但蒋介石认为能战方能谈和,现在德国正在进行调停,淞沪战场上中国军队如果再多支持几天,在国际上、在中日谈判上都有利,所以没有接受陈诚的建议,不准撤退,指示一定要"再支持三日",[53]并于 11 月 7 日在回答记者时宣称:"在国际公约不发生效力,正义公理未能伸张之时,惟有对侵略我国之敌人,坚忍抗战,贯彻到底。"[54]11 月 8 日,狄克逊拜访广田,传达了第一次调停的结果:"(1) 中国表示假如日本不愿意恢复战前原状,只能答应进行谈判。对某些条件,当然可以讨论,但这也是恢复原状以后的事。和约的缔结,必须成为将来两国友好关系的基础。(2) 中国现在正在和布鲁塞尔会议上审议的各国进行合作,所以不能正式承认收到了日本的要求。"[55]

11月12日,日军攻占上海,19日攻占常熟、苏州,继续向西推进。24日布鲁塞尔会议草草收场,没有对日本采取任何具体制裁。至11月下旬,日军已迫近南京,日本企图利用其战场上的优势向中国政府进行迫降。广田告诉狄克逊:"日本希望在短期内开始和平谈判。"[56]德国的调停又重新活跃起来。

11月26日,陶德曼告知孔祥熙:德国愿居间调停中日战争。28日再次过访孔祥熙。29日访问外交部部长王宠惠,声明奉德国政府之命,向中国政府转达日本政府的议和意图,希望能直接向蒋介石面达。经蒋同意后,由外交部次长徐谟陪同,乘船从汉口去南京。

12月2日上午,蒋介石召集当时在南京的高级将领开会,讨论日本11月初提出的条件。出席者因为条件中没有提到赔款和要求中国承认伪满洲国,都认为可以考虑。徐永昌、顾祝同认为日本的条件可以作为谈判的基础。白崇禧、唐生智也都同意。最后蒋介石总结大家意见,认为对德国的调停不应加以拒绝。[57]当日下午,蒋介石约见陶德曼,表示:"(1) 中国同意以这些条件作为和平谈判的基础。(2) 华北的宗主权、领土权及行政权不得改变。(3) 德国在和平谈判方面从开始起要以调停者进行工作。(4) 在和平谈判中,不涉及中国与第三国缔结的各种协定。"[58]陶德曼表示:德国可以帮助两国进行联系和斡旋,但在谈判时不参加调停。

陶德曼向德国政府电告会见结果后,德外交部为避免误会,12月4日将交涉详情写成书面备忘录,于12月7日由狄克逊交广田。当狄克逊谈及按照原来的条件谈判时,广田说:"能否在最近取得伟大军事上的胜利以前所起草的基础上进行谈判有疑问,将在征求军部意见并进行研究后给予答复。"12月8日,日本召集首、陆、海、外四相会议,研究日本须采取的态度。当时在日本政府和军部中虽然有所谓"硬、软两派的差别,但无不企图对中国加以彻底的威压而使其屈服"。12月13日日军攻占南京,第二天召开了第二次政府、大本营联席会议,讨论对德国大使的复文案,参加会议的除四相外,还有贺屋藏相(财政)、末次内相、风见内阁官房长官以及陆、海军的军务局长等。经过4天的讨论,方达成决议。19日,根据决议制定了外务省方案,又在21日内阁会议上通过。22日由广田将复文交狄克逊。复文的基本条件是:"(1) 中国应放弃容共和抗日、满政策,对日、满两国的防共政策给予协助。(2) 在必要地区设置非武装地带,并在该地区内各个地方设置特殊机构。(3) 在日、满、华三国间,签订密切的经济协定。(4) 中国应向帝国作必要的赔款。"除已正式复文外,还带有"口头说明":[59]

(1) 中国应表现出有实行防共的诚意。(2) 中国在一定的期限以内,派遣讲和使节到日本所指定的地点。(3) 我方考虑大体上在本年内答复。(4) 现在蒋介石对向他秘密提出的这些原则已经表示了承认的意思,希望德国方面不要劝告日、华双方停战,而劝告日、华直接谈判。(5) 为了回答德国大使提出的问题,我方再加以考虑将秘密提出的这些原则改为更具体的条件。现抄附如下以供参考(极密)。

日本和谈判条件细目

(1) 中国正式承认满洲国。

(2) 中国放弃排日反满政策。

(3) 在华北和内蒙设置非武装地带。

(4) 华北在中国的主权之下,为实现日、满、华三国共存共荣,应设置适当的机构,赋予广泛的权限,特别应实现日、满、华的经济合作。

(5) 在内蒙古应设立防共自治政府,其国际地位与现在的外蒙古相似。

(6) 中国须确定防共政策,对日、满两国的防共政策予以协助。

(7) 在华中占领区,设置非武装地带,在上海市地区,日华合作负责维持治安和发展经济。

(8) 日、满、华三国在资源开发、关税、贸易、航空、通讯等方面应签订必要的协定。

(9) 中国应向帝国作必要的赔款。

附　　记

(1) 在华北、内蒙和华中的一定地区,为了起保证作用,应在必要期间内驻扎日军。

(2) 在日华间签订有关以上各项协定后,开始签订停战协定。

很显然,这些条件根本不是什么"谈和"条件,而是强迫中国政府投降的最后通牒。狄克逊当时即指出,这些条件远远超过了 11 月 2 日提出的条件,他认为中国政府是难以接受的。德国政府收到复文后,也考虑到由于中国民众的抗日情绪,中国政府不会接受这么苛刻的条件。为了尽可能使调停不失败,德国在 12 月 23 日电告陶德曼复文内容的同时,让他和顾问团向中国政府施加压力,要求中国认真考虑日本的条件，并尽快作出答复；还“着重地警告中国政府不要向俄国作任何进一步的亲善。如果中国政府这样做，我们就要重新考虑与中国的关系。”[60]另一方面，也电令狄克逊警告日本政府：继续进行战争会使中国共产化，这种结果是与《反共产国际协定》的精神相背的，“现在德国和日本以反对共产国际为目标的共同利益，要求必须在中国尽快地恢复秩序，即使这要以降低日本的和平条件为代价”。[61]

12 月 28 日，陶德曼将日本 12 月 22 日所提条件交孔祥熙。蒋介石于 29 日在汉口与于右任、张居正等商谈时表示：“日本所提条件，等于灭亡与征服，我国自无考虑余地……与其屈服而亡，不如战败而亡。”[62]31 日举行国防最高会议，改组了行政院人选。蒋介石辞去院长职务，专任军事委员会委员长，集中精力指挥抗战。孔祥熙继任行政院长，张群任副院长。决定对日本所提条件“暂不正式答复”。1938 年 1 月 4 日，蒋介石去开封部署徐州方面的作战。以后对德国的调停问题由孔、张负责处理。

孔祥熙对日本的条件既不拒绝，也不答复，采取拖延策略，同时将日本备忘录的内容向英、美、法、苏等国秘密透露，以探询各国的态度，争取它们的支持与援助。特别对苏联还告知了德国在调停中的建议，企图向斯大林暗示：苏联如不以武力支持中国，中国有可能被迫议和、加入反共阵营，以达到实现“欲使苏联参战的策略”。[63]1938 年 1 月 10 日，陶德曼问张群“有无对日本的答复”，张群回答“正在研究中”。当晚，狄克逊根据广田的要求，电告陶德曼，要求中国政府立即答复。同时德国总顾问法肯豪森也“坚定地劝告蒋介石接受日本的条件”。1 月 18 日上午，陶德曼向外交部次长徐谟转述了德国驻日大使狄克逊的来电，要求中国于 1 月 15 日前答复，否则日本保留自由行动的权利。当日下午，王宠惠向陶德曼送交了根据 12 日行政院会议的决定所作的复文。主要内容为：“经过适当的考虑后，我们觉得，改变了条件，范围太广泛了。因此，中国政府希望知道这些新出的条件的性质和内容，以便仔细研究，再作确切的决定。”[64]15 日，孔祥熙也向陶德曼作了内容相同的声明，实际上是拒绝了日本的和谈条件。

日本参谋本部早在进攻南京和通过德国进行调停的同时，就已经就战、和两手制定了《解决中国事变处理方针》，既准备“和”，更准备战；而且在战争上，还准备了以国民政府为对手和不以国民政府为对手的两种方案。但不论哪种方案，都是以控制整个中国为目的。

1 月 13 日，日本内阁议定：“15 日这天中国方面如果没有确实的答复，即不再期待与国民政府谈判，发表声明采取处理事态的第二项办法。”14日内阁会议正在进行中。16时半，狄克逊向广田面交了中国政府的复文。内阁会议的成员认为“再不能理睬这种拖延政策，应采取下一措施，按预定发表声明，不以国民政府为对手”。[65]但军方大本营表示反对。15日上午召开了大本营与政府的联席会议。陆、海军统帅部和参谋总长、次长认为“在全国既未下定决心，又无充分准备的情况下进入前途暗淡的长期战争，那将是极其严重而困难的”。但政府以“统帅部……不信任政府，政府只有辞职”[66]为要挟，大本营勉强同意。16日，广田召见狄克逊，对过去的调停表示感谢，并通告今后停止交涉。同一天，近卫首相发表了“不以国民政府为对手”的政府声明。德国外交部接到狄克逊的报告后立即指示陶德曼停止工作。18日，日本召回了驻华大使。19日，中国政府针对日本政府的声明发表声明：“中国政府于任何情形之下，必竭全力以维持中国领土主权与行政之完整，任何恢复和平办法，如不以此原则为基础，决非中国所能忍受；同时在日军占领区内，如有任何非法组织潜窃政权者，不论对内对外，当然绝对无效。”[67]20日，中国驻日大使许世英及旅日华侨数百人乘船离日返国，中日两国断绝了外交关系。至此，“陶德曼调停”以失败结束。

表4-2-1　日军攻占南京指挥系统表（1937年11—12月）

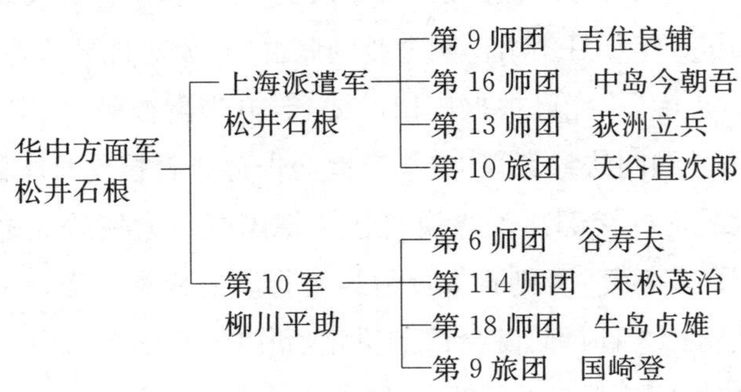

注　释：

〔1〕　本段引文均引自日本防卫厅防卫研究所战史室：《中国事变陆军作战史》。中华书局1979年中译本，第1卷第2分册第100—109页。

〔2〕　摘引自《第三战区第二期作战指导计划》。载中国第二历史档案馆编《抗日战争正面战场》，江苏古籍出版社1987年版，第300页。

〔3〕　同〔2〕，第395—396页。

〔4〕 程奎朗(原南京警备司令部参谋):《南京复廓阵地的构筑及守城战斗》。载中国人民政治协商会议全国委员会文史资料研究委员会主编《南京保卫战》,中国文史出版社 1987 年版,第 37 页。

〔5〕 同〔2〕,第 304 页、305 页。

〔6〕 同〔2〕,第 308 页。

〔7〕 刘斐:《抗战初期的南京保卫战》。引同〔4〕,第 8—9 页。

〔8〕 《陈诚私人回忆资料》。载第二历史档案馆编《民国档案》1987 年第 1 期。

〔9〕 《总顾问法肯豪森关于应付时局对策之建议》。载《民国档案》1991 年第 2 期。

〔10〕〔11〕 同〔2〕,第 400 页。

〔12〕 同〔2〕,第 406—407 页。

〔13〕 同〔2〕,第 407 页。

〔14〕 同〔1〕,第 109 页。

〔15〕 同〔2〕,第 411 页。

〔16〕 原文载南京日本商工会议所编《南京》(1941 年日文版)。摘引自谭道平《南京卫戍史话》,1946 年版。

〔17〕 摘引自《陆军第 78 师南京会战战斗详报》。同〔2〕,第 422 页。

〔18〕 摘引自《南京卫戍军战斗详报》。同〔2〕,第 413 页。

〔19〕 见《徐永昌日记》(台北中央研究院近代史研究所 1991 年影印本)1937 年 12 月 19 日记。当日本迫近南京时,南京金陵大学董事长杭立武等一些知名人士约请在宁的一些德、美、英籍教授、传教士及洋行代表等,在南京城内设立了一个"国际安全区"(实即难民区)。其范围为:东至中山路,南至汉中路,西至西康路,北至山西路,面积约为 5 平方公里。经协商,推请德国西门子公司代表拉贝为国际安全区委员长。委员会领导机构共有 15 人,其中德国人 3 名,美国人 7 名,英国人 4 名,丹麦人 1 名,另有工作人员若干。实际负责具体难民事务的是杭立武等人。该组织的成立得到南京卫戍司令长官的批准和南京市市长马超俊的大力协助,同时还绘出地图,转由上海外交使团交日"华中方面军"司令官。

〔20〕 见宋希濂《南京守城战》。引同〔4〕,第 237 页。

〔21〕 秦孝仪主编《中华民国重要史料初编——对日抗战时期》。台湾国民党中央党史委员会 1981 年印,第二编《作战经过》第 219—220 页。

〔22〕 同〔2〕,第 401 页。

〔23〕 同〔2〕,第 413 页。

〔24〕 同〔2〕,第 414 页。

〔25〕 同〔2〕,第 443 页。

〔26〕 转引自《南京大屠杀与日本战争罪责——高兴祖文集》第 107 页,第 77—78 页,南

京大学出版社2005年版。

〔27〕 转引自左禄主编《侵华日军大屠杀实录》第115页，解放军出版社1989年版。

〔28〕 这是德国驻南京大使馆发给德国外交部的一封密电。德国投降后盟军搜查德国外交部机密档案库时发现，被作为证据用于远东国际法庭。见《远东国际军事法庭判决书》第456页。

〔29〕 同〔1〕，第115页。

〔30〕 《蒋总统全集》。台湾中国文化大学出版社1984年版，第2册第2081—2082页。

〔31〕〔37〕 唐生智：《卫戍南京之经过》。引同〔4〕，第3页。

〔32〕 同〔30〕，第2册第2048页。

〔33〕 同〔30〕，第2册第2324页。

〔34〕 同〔2〕，第426页。

〔35〕 1937年11月22日蒋介石电报。转引自《抗战纪实》第1册，商务印书馆1946年版。

〔36〕 同〔30〕，第2324页、1059页、1090页。又见徐培根《抗战一周年之敌军战略检讨及将来》(载1938年7月7日《新华日报》)、何应钦《八年抗战与台湾光复》第34页。

〔38〕 见何嘉兆《战车3连卫戍南京纪实》。引同〔4〕，第221—222页。

〔39〕 〔苏联〕维戈兹基：《外交史》。三联书店1979年中译本，卷3第893页。

〔40〕〔47〕〔49〕〔51〕〔52〕〔56〕〔58〕〔60〕〔61〕 见《德国对外政策文件》，D辑1册。伦敦1949年版第476号。

〔41〕 同〔39〕，卷3，第895页。

〔42〕 〔英〕约翰·福斯特：《德国与远东危急(1931—1938)》。牛津1982年版第262页。

〔43〕 日本防卫厅防卫研究所战史室：《中国事变陆军作战史》。中华书局1979年中译本，第1卷第1分册第145页。

〔44〕 同〔1〕，第55—56页。

〔45〕 见1937年7月18日《中央日报》。

〔46〕 《王宠惠致出席九国公约会议代表密电》。国民政府外交部档案，原件存中国第二历史档案馆。

〔48〕 同〔1〕，第123—124页。

〔50〕 1937年12月1日，日本外相广田给参事官森岛的密电(日本驻北平大使馆极密合字第3033号档案)。转引自蔡德金、杨立铭《陶德曼调停初探》，载《民国档案》1987年第1期第104页。

〔53〕 同〔8〕。

〔54〕 见1937年11月9日《南京日报》。

〔55〕 同〔1〕，第134页。

〔57〕　程思远:《政坛回忆》。广西人民出版社 1983 年版,第 110—111 页。

〔59〕　日本外务省编《日本外交年表及主要文书》。东京 1978 年版,(下)第 380—381 页。

〔62〕　董显光:《蒋总统传》。台湾中华大典编印会 1967 年版,第 285 页。

〔63〕　1937 年 12 月 21 日《杨杰致蒋介石秘函》,载《民国档案》1985 年第 1 期。蒋介石在"七七"事变开始时即"竭力要把苏联拖入对日战争。苏联则最担心两面作战,在援助中国时,避免与日本发生直接冲突",所以"用尽各种手段仍毫无结果"。苏联驻华外交官 A.M.列多夫斯基的回忆录记述了多次交涉的过程。

〔64〕　同〔1〕,第 147 页。

〔65〕　同〔1〕,第 141—142 页。

〔66〕　同〔1〕,第 148 页。

〔67〕　见 1938 年 1 月 19 日《新华日报》及国内各大报。

第三节　徐州会战

徐州位于黄河、淮河之间,地据苏、鲁、豫、皖四省要冲,为津浦、陇海两铁路的重要枢纽,有向四面转用兵力的交通条件,是南京失守后中国军队在战略上保卫军事指挥中心武汉的重要屏障及前进基地,势在必守。日军为打通津浦线,沟通南北两战场,并进而切断陇海路,威胁平汉路侧方,以作为进攻武汉的准备,对徐州亦势在必得。因而双方于 1938 年 3 月中旬至 6 月中旬,在以徐州为中心的苏北、鲁南、皖北及豫东广大地区进行了一场大规模的会战——徐州会战。

会战开始之前,在津浦路南、北两段曾进行过"淮河阻击战"及"鲁南反击战"等多次战斗。这些战斗也可以称为徐州会战的序战。徐州会战有前、后期两个阶段:前期为台儿庄作战,后期为徐州突围及豫东作战。中国军队前期投入陆军 29 个师又 1 个旅,约 28.8 万人,后期增至 64 个师又 3 个旅,约 45 万人。另外空军飞机以少量架次给予支援。日军前期投入陆军 3 个师团,约 7.6 万人,逐次增加陆军兵力,后期达到 8 个师团又 3 个混成旅团,约 24 万人。另配属有临时航空兵团(下辖第 1、第 4 两个飞行团)及第 3 飞行团。

在台儿庄作战中,中国军队击败了日军两个精锐师团的主要部队,获得抗战以来正面战场第一次大捷,在抗日战争史上有重要地位。

一、南京失守后的形势

南京失守后,国内外形势均有变化及发展。德国驻华大使陶德曼关于中日和谈的调停已经失败;日本改变对华政策,宣布“今后不以国民政府为对手”。一向与国民政府关系密切的德国,因希特勒准备实施吞并奥地利和捷克的计划,预料必将引起与英、法、苏联的尖锐对抗,急需得到日本的支持,亦全面调整其远东政策,于 1938 年 2 月清洗了比较倾向与中国保持友好关系的国防部部长勃洛姆堡元帅、外交部部长牛赖特男爵和经济部部长沙赫特博士等,任命一贯主张与日本联盟的里宾特洛甫为外交部部长;2 月 20 日正式承认“满洲国”,并称:“中国是一个弱国”,“日本则是人类文化安定的因素”。[1]

英、美、法等国人民群众虽然同情与支持中国抗战,* 但英、美、法等国的政府不肯为中国而得罪日本,均持观望态度。美国总统罗斯福虽然曾于 1937 年 10 月 5 日在芝加哥发表了“隔离”演说[2],不指名地警告了日本,但演说的中心要点并非谴责日本的对华侵略,而是警告日本不得违背九国公约规定的各国在华“机会均等”及“中国门户开放的原则”。实质上仅仅告诫日本不要损害美国的在华利益,否则就要采取干涉手段。即使如此,罗斯福的言论仍受到美国国会议员的强烈反对。日本外务省的情报部部长河相达夫则立即反驳,发表声明说:“当今世界存在‘占有国’与‘非占有国’的斗争,严重地表明原料、资源分配的不公平。这种不公平如果不予纠正……‘占有国’对‘非占有国’拒绝让步,那么,解决的办法就只有诉诸战争。”[3] 罗斯福不得不退缩回去,于 10 月 12 日改口说:“必须不仅考虑到使我们今天置身于战斗之外,还要使我们在今后世世代代都置身于战争之外。”[4] 并继续供应日本战略物资。

在国际上,只有苏联为了利用中国“来对付日本人”、“紧紧束缚住日本的手脚”,以便“在德国一旦进攻苏联时,能避免两线作战”,[5] 积极援助中国政府抗战,尽量满足国民政府的要求。至 1938 年 1—2 月间,苏联援助国民政府的军火已有飞机约 200 架及装备 20 个步兵师的武器、弹药。仅 1937 年 12 月,一次就

---

* 如南京失守后,美国著名教育家杜威和物理家爱因斯坦、英国著名哲学家罗素、法国著名左翼作家罗曼罗兰联名发表宣言,吁请各国人民自动组织抵制日货,勿与日本合作,以免助长该国侵略政策,同时当以全力援助中国”等。

运给115毫米重炮80门、76毫米野炮100门、37毫米防坦克炮80门、轻重机枪900挺、驱逐机62架以及大批炮弹枪弹,并派遣志愿飞行员及军事顾问、教员等。[6]

在国内,中共中央政治局常委洛甫(张闻天)于1937年12月21日发表讲话:"我们是竭诚拥护现在蒋介石先生领导下的国民政府的",因为它"今天是个已经开始担任着国防任务的政府,已经开始代表着民族利益的政府,这是全中国人民自己的中央政府,也是我们共产党人的中央政府。"[7]

二、国民政府组织全面抗战

面临上述情况,国民政府于1938年1月20日召回驻日本大使许世英,在政略、战略上采取一系列措施,重新组织抗战。

1. 制定《抗战建国纲领》 进一步组织全国抗战

为进一步动员全国抗战力量,国民党决定召开临时全国代表大会,接受了共产党的部分建议,预拟了《大会宣言》和《抗战建国纲领》等文件,准备在大会上通过。《大会宣言》称:"此次抗战,为国家民族存亡之所系,人人皆当献其生命,以争取国家民族之生命",表示了全民族"抗战到底"的决心。《抗战建国纲领》有总则、外交、军事、政治、经济、民众运动、教育7个方面,共32条。主要内容是:在政治上,提出"组织国民参政机关,团结全国力量";"改善并健全民众之自卫组织,施以训练,加强其能力,并加速完成地方自治条件","改善各地政治机构","以适应战时需要"。在军事上,规定"加紧军队之政治训练,使全国官兵明了抗战建国之意义,一致为国效命";"训练全国壮丁,充实民众武力,补充抗战部队";"指导及援助各地武装人民,在各战区司令官指挥之下,与正规军队配合作战,以充分发挥保卫乡土、捍卫外侮之效能,并在敌人后方发动普遍的游击战,以破坏及牵制敌人之兵力"等。在民众运动方面,提出"发动全国民众,组织农工商各职业团体,改善而充实之,使有钱者出钱,有力者出力,为争取民族生存之抗战而动员";"在抗战期间,在不违反三民主义最高原则及法令范围内,对于言论、出版、集会、结社,当予以合法之充分保障"等。在外交上,规定"联合一切反对日本帝国主义侵略之势力,制止日本侵略","否认及取消日本在中国领土内以武力造成之一切政治组织及其对内对外之行为"等。[8]这一纲领中积极方面的内容虽然后来并未能真正落实，但当时对团结各党派、各阶层及发动全国人民继续抗战起了一定的积极作用。

2. 开始执行“持久消耗战”战略方针

早在 1935 年，蒋介石在四川就曾阐述过对日战争的指导方针。他说：“至和平绝望时期，举国力量从事持久消耗战，争取最后胜利。”[9] 1937 年 8 月 7 日，国民政府在南京召开最高国防会议，正式制定了“采取持久消耗战略”的方针。[10] 18 日，蒋介石在《告抗战全军将士书》中公开这一战略方针。他说：“倭寇要求速战速决，我们就要求持久战、消耗战。”[11] 以后又多次重申“要以持久战、消耗战打破敌人速战速决之企图”。[12] 但从实际情况看，由于国民政府最高军事当局对中日战争的严重局势估计不足，缺乏长期作战的思想基础和持久抗战的充分准备，又认为依赖国际干涉可以尽快结束战争，所以从“七七”抗战开始至南京失守期间，国民政府军队实际上是以阵地战消耗敌人，在战役上争取持久战，而在战略上则是幻想迅速结束战争。这在蒋介石的一些言论、命令中可以得到证明。抗战开始前，在庐山军官训练团谈将来对日战争时，就一再强调“步步为营，处处设防”、“深沟高垒”、“固守不退”等，并说这就是“救国要诀”。[13] 抗战开始后，8 月 10 日致徐永昌电令说：“前线各部队除构筑工事线外，须特别注重固守据点之战术。凡重要城市……预为固守三个月准备之计。”[14] 再从实际作战中，也可以得到证明。抗战开始以来的许多重要战役都是阵地防御作战。特别是淞沪会战，更是一个典型例子。军事委员会主编的《军事杂志》就曾载文承认“上海之战未能坚持持久战原则”。[15]

经过半年的抗战，国民政府最高军事当局已认识到国际干涉及和平谈判短期内均不可能实现，中日战争已形成持久之势，又接受了华北、沪、京作战的教训，开始转变战略指导，由单纯固守阵地、据点进行死拼的战役持久，改为不强调“一城一地之能否据守”，[16] 而以空间换取时间的战略持久。白崇禧就认为，在南京失守后“我们战略之应用，确已改变方针，不复与敌人在一点一线上之争夺”。[17] 蒋介石在《我军退出南京告国民书》中说：“中国持久抗战，其最后决胜之中心，不但不在南京，抑且不在各大城市，而实寄于全国之乡村与广大强固之民心。”[18] 李宗仁说：“我们抗战的战略重点，便是以空间换取时间。”[19] 何应钦则说：我军“深知敌强我弱之异势，乃策定以空间换时间之战略。”[20] 虽然后来的实践证明这一战略方针仍带有一定的片面性和消极性，但与前一阶段执行的方针相比，已大大前进了一步。

在上述思想基础上，军事委员会于1937年12月13日在武昌下达了“以确保武汉为核心”进行“持久抗战”的《作战计划》。其“指导要领”中要求“以面的抵抗，对敌之点或线的夺取，使不能达速战速决之目的，而消耗疲惫之。所有在各战区之军队，及行政、党务各机关，无论在任何情况下，绝对不准离开原战区，东击西应，奇正并用，以收长期抗战之效。”“现在我军战法，应于硬性之外参以柔性，务在交通要线上，纵深配置有力部队，使任正面阻击战斗。同时组织训练民众，使联合军队，共同施行游击，以牵制、扰乱、破坏敌之后方，前呼后应。敌攻我正面，则游击队由各方进击；如攻我游击队，则不与决战，使其前进迟滞。”[21]

3. 加强军事领导　改组军事委员会

为适应持久战之需要，1938年1月17日，国民政府改组了军事委员会，重新任命委员（1月15日任命阎锡山、冯玉祥、李宗仁、程潜、陈绍宽、李济深为委员，后又增加宋哲元、熊式辉、卫立煌、万福麟），同时规定参谋总长、副参谋总长、军令部部长、军政部部长、军训部部长、政治部部长及军事参议院院长为当然委员。参谋总长指挥各部、院、会、厅，辅助委员长策划全局及处理委员会日常工作。军事委员会改组后的编制及领导关系如附表4-3-1。

4. 整饬军纪　提高士气

面对日本的侵略，“所有前线的军队，不论陆军、空军和地方部队，都进行了英勇的抗战，表示了中华民族的英雄气概”；[22]但也有少数高级将领，或因胆小怕死，或为保存实力，不服从指挥，对敌望风而逃，以致在不到半年时间里就丧失国土62万平方公里。第五战区副司令长官、第3集团军总司令韩复榘的表现尤为恶劣。他受命防守津浦铁路北段，毫无抗战意志。山西战局紧张时，军事委员会令其向德州、沧州一带出击，以为牵制，他抗不从命，未战先退。南京失守后，北线局势开始严峻，他仍未加强黄河防务。1937年12月23日，日军第10师团由青城、济阳间渡过黄河，韩复榘于24日即率军南退，仅留第20师守卫济南。26日济南失守。31日，蒋介石电令其将主力“分布于泰安到临沂一带，泰山山脉地区之各县，万勿使倭唾手而得全鲁”，[23]他不但不依令增兵泰安，反而于次日（1938年1月1日）放弃大汶口，率军退至济宁；5日又由济宁率军退至曹县、单县、城武一带，并公然违反军事委员会“无论在任何情况下，绝对不准离开本战区”的命令，将该集团军的军需辎重及私人财物等由津浦铁路经陇海铁路转至平汉路，进入第一战区防地，停于漯河，准备全军退去该地。1月11日，蒋介石在开封召开第一、第五两战区高级军官会议，作了《抗战检讨与必胜要诀》的讲话。

在总结“挫败原因”时，指出政府军队的12个缺点，其中着重批评了高级将领，认为“军纪荡然为第一大罪恶”，说有些高级将领缺乏牺牲精神，“缺乏敌忾心”，“缺乏坚决自信”以及“命令不能贯彻”等，[24]于当日将韩复榘“免职查办”，送到武汉，以违抗命令、擅自撤退罪，依法处以死刑，1月24日执行。法办韩对于督促广大政府军队官兵作战及提高军队的抗战士气起到一定的作用。白崇禧曾说：“韩既正法，纲纪树立，各战区官兵为之振奋，全国舆论一致支持，韩之原部第3集团军在孙桐萱指挥下亦奋勇与敌作战。在此之前，黄河以北作战部队轻于进退，军委会之命令，各部队阳奉阴违，经此整肃，无不遵行。”[25]“1月20日，国民政府军事委员会明令嘉奖抗战牺牲的郝梦龄军长、佟麟阁副军长，并撤职查办、枪决处死41名作战不力的旅长以上将领……给保存实力、怠于作战的军官以极大震慑，前方士气为之一振。”[26]与此同时，利用日军暂未发动大规模进攻的间隙整军，对全国军队进行了武器装备及兵员的补充，以恢复、提高军队的战斗力。

三、日军进一步扩大侵略战争的措施

南京失守后，日本在南、北两战场暂时胜利的基础上重新制订了对华的政略、战略，决定进一步加强军事力量和扶植傀儡政权，企图军、政两手并用，迫使中国政府屈服。1937年12月24日，日本内阁会议决定的《处理中国事变纲要》提出：“帝国政府切望南京政府迅速放弃其抗日容共政策，与帝国合作”，“但南京政府仍然标榜长期抵抗”，“有鉴于此，今后不一定望期与南京政府谈判成功（当时正当陶德曼调停间），而继续寻求收拾时局之其他途径，并与军事行动互相配合，对事态的进展作好准备，以应付南京政府的长期抵抗。”[27]1938年1月11日，日本御前会议又制订了《处理中国事变的根本方针》，提出：“如现中国中央政府不来求和，则今后帝国不以此政府为解决事变的对手，将扶助中国新兴政权的成立，与其协商调整两国邦交，并协助新生的中国建设。对于中国现中央政府，帝国采取的政策是设法使其崩溃或使它归并于新兴中央政府。”[28]1月16日，经日本天皇裕仁批准，日本近卫内阁公开发表《不以国民政府为对手的政府声明》，宣称：“帝国政府在攻下南京后，仍然为给予中国国民政府以最后反省机会，一直等到现在。然而，国民政府不理解帝国政府的诚意，狂妄策动抗战……因此，帝国政府今后不再以国民政府为对手，期待能与帝国真诚合作的中国新政权的建立与发展，进而与这个新政权调整两国邦交，协助建设新兴的中国。”[29]与此同时，日本撤回驻华大使。两国交战，交战一方政府不仅不宣战，反而否认另一方政府的存在，这既反映了日本政府的狂妄，也对国民政府的抗战起了一定的刺激作用。日本政府为实现上述新的对华政略、战略，1938 年初建立了长期战争体制。但“当时日军的武器、弹药、器材等严重短缺，只有在增设兵团、休整部队、严肃军纪后，才能进行大规模作战”。[30]为此，日本政府采取了一系列政略、战略措施。

1. 实行总体战体制

1938 年 1 月 22 日，日本近卫首相在第 73 次议会上发表的施政演说中指出：为迫使中国政府屈服，以结束对华战争，必须建立国家总动员体制，也就是国家总体战体制。日军参谋本部于 1938 年 2 月草拟的《昭和军制建设纲要》解释说：总体战就是“倾国家的全力遂行战争”，“毫无保留地统一部署国家的全部力量，并始终指导和动用它来贯彻战争目的。使用的手段，分为武力、经济、政治和思想四个方面，它们互相联系，互相影响，但武力是决定性力量。”经激烈辩论，3 月 24 日最后通过了《国家总动员法》以及《飞机制造业法》、《电力管理法》等数十个与战争有关的法令，使国内生产首先保证满足军需，将许多民用工厂转变为军工工厂，并拨款 48 亿日元，作为临时军事预算。[31]

2. 进一步扩大军事力量

为了进行长期的对华战争，日本大本营计划于“1938 年补充军队的消耗和缺额”，在“上半年新成立约 11 个师团”，并储备 50 个师团基数的武器、弹药、器材，将军工生产提高到 120 个师团基数及 3500 架飞机。到“1940 年完成对华取攻势、对苏防守的准备”，建成“60 个正规师团、30 个暂编师团、250 个飞行中队”。

3. 制订 1938 年的战略方针

日军参谋本部认为：“在完成对华持久战略态势的同时，在作战指导上应采取纯消极持久战方针，把国力，特别是军力的消耗减少到最低限度。”[32] 1938 年 2 月 16 日，日本大本营御前会议制定对华战略方针，主要内容是：在完成长期战争实质性的准备前，“不扩大战局，不主动发动大规模战争，维持现占领地区的治安，致力于扶持新政权”；[33]至 1939 年，再“从三面向武汉实施分进合击”，准备使用“兵力 20 至 30 个师团”，“进行为期半年的作战”。[34]

4. 在占领区加速建立傀儡政权

继 1937 年 11 月 22 日将“察南自治政府”（1937 年 9 月 4 日在张家口成立）、“晋北自治政府”（1937 年 10 月 15 日在大同成立）、“蒙古联盟自治政府”（1937

年10月27日在归绥成立）三个伪政权合并，在张家口成立“蒙疆联合委员会”后，1937年12月14日，即南京失守的第二天，又急急忙忙地提前将“北平治安维持会”（1937年7月30日成立）、“天津地方治安维持会”（1937年8月1日成立）、“河南省自治政府”（1937年11月27日成立）和“山西省临时政府”（1937年12月10日成立）四个伪政权合并，在北平成立“中华民国临时政府”，1938年3月18日，再将“上海大道市政府”（1937年12月5日成立）、“南京自治委员会”（1938年1月1日成立）和“杭州治安维持会”（1938年1月1日成立）三个伪政权合并，在南京成立“中华民国维新政府”。据日本陆军省制订的《华中政务指导要纲》说，这样做是为了“促进蒋介石政权实质性的崩溃”。[35]日军进一步让各傀儡政权“建设必要的警察队和军队，暂定为一个省警察队2万，军队2个师”。[36]

5. 调整参加会战的日军指挥系统与部署

1938年2月14日，日本大本营下令撤销“华中方面军”、“上海派遣军”和第10军三个司令部，建立“华中派遣军”司令部，统一指挥华中地区的日军。同时调整了部署：将三个司令部的全体人员及司令官调回日本国内；因华北方面八路军进行的抗日游击战争不断开展，日军深感“后方部分地区治安不稳”，为加强华北兵力，1937年12月31日，将第9旅团归还华北第5师团建制；1938年1月15日和2月10日，又先后将第16师团和第114师团调往华北。

四、会战前第五战区的作战方案

1937年8月淞沪会战开始后，抗日战争已经发展为南、北两个战场。国民政府最高军事当局为防止日军由东南沿海登陆，占领徐州、切断南北两战场的联系，于20日以大本营第1号训令宣布成立第五战区，负责指挥鲁南、苏北地区的战事。司令长官由蒋介石兼，副司令长官为韩复榘。大本营赋予第五战区的作战任务及指导要义是：“本战区作战之特性，为对敌强行登陆之作战，故以立于主动地位，确占先制之利，根本打破敌军登陆之企图，此为作战指导上之第一要义。纵使敌军一部先行登陆，务必迅速围攻而歼灭之，不使后续兵团借此以为安全登陆之掩护。此为作战指导上之第二要义。必要时，在指定地区之范围内扼要固守，绝对限制敌军之进展，运用机动部队而歼灭之，以确保我国军南、北两战场作战连系之中枢。”[37]但在当日又发表了大本营第2号训令，撤销第五战区，辖区及部队改归第一战区。当淞沪会战局势趋于严峻之际，10 月 16 日又重建第五战区，任命李宗仁为司令长官，韩复榘为副司令长官，长官部设于徐州，管辖地区为津浦线两侧及山东省，下属部队有第 3 集团军、第 11 集团军、第 24 集团军、第 51 军以及位于鲁南、苏北、豫东、皖北各地的军事单位和海军陆战队等。

（一）战区成立时的作战计划

第五战区司令长官部遵循统帅部的意图，结合本战区当时的敌情、地形及任务，于 1937 年 12 月拟定了作战计划。其方针为：

(1) 第一时期(阻止敌之侵入)

一是守备黄河南岸之第一线兵团，直接守备黄河两岸，置重点于济南及其以西地区，分置有力之预备队于济南、泰安附近，并于黄河固守河岸，不得已时应确保直后方各要点，勿使敌扩大区域或威胁我主力之侧背。

二是守备海岸之第一线兵团，连接守备海岸各要点，阻止敌之登陆，并置有力之预备队于诸城、日照、东海间地区，以机动策应海岸直接守备部队，挫折敌登陆企图。敌已登陆时，亦须固守既设工事线，竭力阻止敌之发展。

三是第二线兵团位于徐州附近，添筑徐州附近国防工事，并准备利用津浦、陇海两线，应援第一线兵团之作战。

(2) 第二时期(兖州附近之会战)

一是黄河守备兵团，如受敌由长清及其以东正面压迫时，可向莱芜、泰安、肥城及新泰、大汶口地区逐次撤退，占领要点；并在该地区以北留置多数小部队，施行游击，迟滞敌之南进。

前节之目的业已达成，或敌由长清西北侧面压迫时，则平阴、东阿方面应竭力支持，掩护该兵团主力向南阳湖以北运河之线撤退，整顿态势，置重点于济宁附近，准备会战，同时对寿张、范县方面应予警戒。

二是济南以东之一部，不及向津浦路以西撤退者，可逐次向博山、泰安及新泰、泗水南北一带山地撤退，协助主力之会战，并向敌侧击。

三是日军主力于海岸上陆，或黄河守备兵团向泰安以南撤退时，海岸守备兵团之主力应逐次向日照、莒县、沂水之线撤退，左翼与新泰、泗水附近之友军连系，掩护战区右翼。其一部，当面如无敌情，仍固守东海附近海岸。

四是第一线兵团后撤时，第二线兵团即应以有力部队推进至邹县附近，间接支援黄河守备兵团之退却,直接阻止敌沿津浦线南下。余部仍控置于徐州附近。

五是兖州附近之会战,我以邹县、济宁两兵团及泗水、新泰附近之游击部队相互策应,以外线态势,保持重点于左,对南进之敌施以猛力反攻。

(3) 第三时期(徐州附近之会战)

一是兖州附近之会战,万一不利,敌由运河之线突入南阳湖以西平地时,或敌由海岸向西强压、越赣榆之线西进时,或敌由运河以西地区渡过黄河时,本战区所属各兵团应按如下行动:

运河沿线兵团,一部退至商丘固守,掩护战区之左翼;主力集结于微山湖西侧地区,准备向西南进出;

津浦路正面兵团,退至徐州西南萧县与津浦路间地区,准备向西北及东北进出;

新泰、泗水附近部队,退至峄县(今枣庄南)、费县间山地;日照、莒县、沂水附近部队,退至临沂附近;东海方面部队,退至陇海路以南沭阳、宿迁间地区,准备向北方进出。不得已时,可撤于运河西岸,阻敌之进出。

以控置于徐州一个师,配合地方军警团队,固守徐州城廓。

二是徐州之会战,以极少数部队据守核心,以战区全力之大部,按上述行动,发挥游击战之威力。

(4) 敌如由津浦南段北上时,则以新属于本战区之兵团,于浦口、滁县、明光等处逐次抵抗,求得时间之余裕,最后于临淮关以西淮河之线竭力拒止该敌,俟北方之会战成功后,再转移兵力击灭之。

(5) 战区司令长官部,于第一、第二两期作战时均位于徐州,第三期作战时,设战斗指挥所于宿县。

根据计划,12 月 7 日下达了作战命令。其主要内容为:[38]

(1) 战区为确保山东要地之目的,以现在前方部队直接守备东海、青岛及胶东半岛各海岸,沿黄河阻止由津浦北段南下之敌;以后方部队集结于徐州、商丘一带,准备策应。

(2) 各兵团之部署概要如下:

1) 第 3 军团(第 40 军并指挥炮兵第 6 团)右翼连接第三战区,守备由旧黄河口亘连云港仓口之海岸,置主力于东海、连云之间,阻止敌之登陆。

其司令部位于东海。

2）青岛守备队及第3舰队守备青岛，拒止敌之登陆；第51军右翼连接第3军团守备夹仓口至青岛间之海岸及胶济铁路东、北至羊角沟，拒止敌之登陆。以一师位于日照、莒县、诸城间，另以一师控置于胶县、高密。其烟台方面之守备，由羊角沟以东、胶东半岛所属各县之保安队及地方武力担任之，由第51军指挥。

3）第3集团军（第12军，第55军，炮兵第1、第2重迫击炮团，并指挥山东省保安司令部）右翼连接第51军，于青城至张秋镇之黄河南岸占领阵地。其配置：济阳以东一旅，济阳至长清一师，长清至平阴间一师，平阴以西一旅，其余为预备队，控置于济南、泰安、滋阳（今兖州）济宁、巨野、郓城之间；并派遣有力之支队及游击部队，于黄河以北广行搜索及袭击，以防敌之渡河。其司令部位于泰安，设指挥所于济南。

4）第11集团军（第31军、炮兵第15团）以一师位于商丘、砀山间，一师位于柳泉、利国驿间，一师位于徐州。

司令长官部现在徐州。

（二）南京失守后的作战指导及兵团部署

南京失守后，蒋介石于1月11日在开封将韩复榘免职，令第12军军长孙桐萱代理第3集团军总司令。在17日会议上，他向第一、第五两战区高级军官阐述了以武汉为防御核心的现阶段新作战方针："我的战略是什么？简单明了的讲起来，就是东面要保持津浦路，北面要保持道清路，来巩固武汉核心的基础。"[39]军事委员会制订了较具体的作战指导方案："国军主力控制武汉外围及豫皖边区，积极整补，由华北及江南抽出有力一部，加强鲁中及淮南，积极袭扰，诱敌主力于津浦铁路方面，以迟滞敌人之过江西进；并广泛发动华北游击战，牵制、消耗敌人，妨害其南渡黄河、直冲武汉。"[40]为贯彻这一方案、加强津浦线防守力量，军事委员会又从第一及第三战区增调第22、第24集团军等部队至第五战区。同时，重新划定作战地境：南与第三战区以长江为界，西以鹿邑、商丘、郓城、张秋镇、临清、阜城与第一战区分界。

当时第五战区兵力分布如下：

第3军团防守东海沿岸；

海军陆战队及第3舰队守备青岛；

第3集团军位于鲁西南地区，抗击沿津浦路南路南进的日军；

第11集团军配属第51军位于江淮地区，抗击沿津浦路北进的日军；

第24集团军位于苏北地区；

第27集团军位于安庆地区警戒江防；

第22集团军为预备队，位于苏、豫、鲁边区，以备策应。

第一战区的第68军位于豫东商丘、考城、兰封一带，防守陇海路并与第五战区鲁西南的第3集团军部队协同担任黄河以南之防守。

至1938年1月底，第五战区所属部队指挥系统如下：

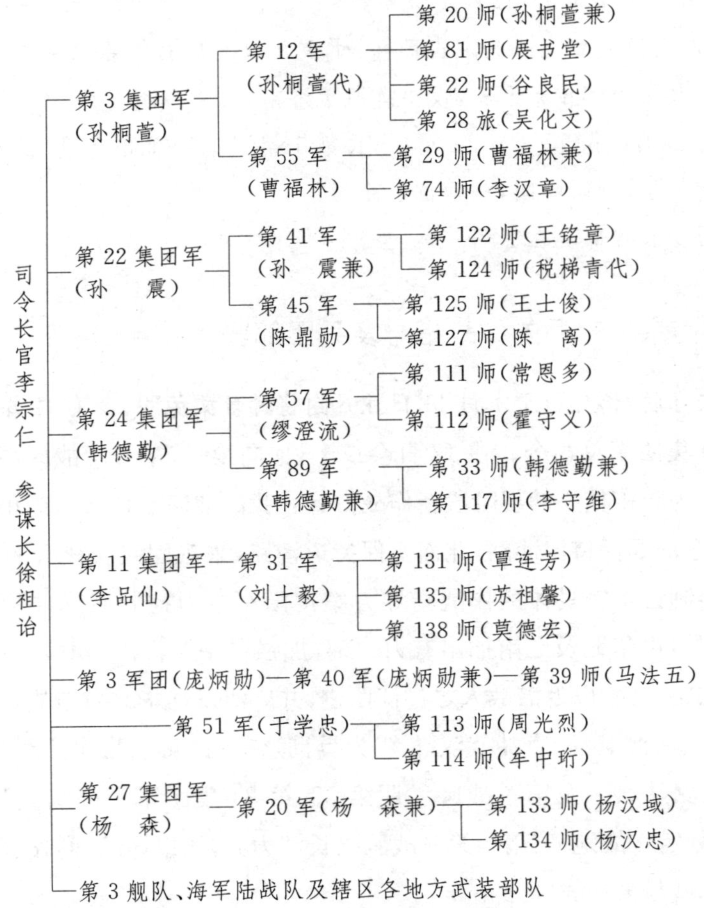

五、序战阶段津浦路南北段的战斗

（一）双方的作战计划及指导

日本参谋本部虽然制订了“对华消极持久作战”的战略方针，准备在整顿、补充及扩大军事实力后再发动大规模进攻，“尔后转为彻底的收缩态势”，并规定了占领地区的限制：“华北方面，黄河以北及山东大部；华中方面，芜湖、杭州以东的江南”。[41]但侵华日军“对胜利存在盲目的骄傲情绪”。特别是侵华日军的高级将领因迅速攻占南京及不战而取山东，认为以现有兵力即可战败中国军队、迫使国民政府屈服。同时不满参谋本部的决定。如“华中方面军”在攻占南京之后，仍根据进攻南京时得到的“可以一部在扬子江左（北）岸要地作战”的指示，占领了滁县、来安、六合、全椒及扬州等地，并企图以两个师团的兵力沿津浦路北进，以配合华北日军在山东的作战。日本大本营认为准备尚未充分，兵力本已不足，若再扩大战场，则兵力更形分散，对尔后作战不利，故未予批准。可是侵华日军当局置大本营的指令于不顾，“上海派遣军”仍命令第 13 师团向凤阳、蚌埠进攻。“华北方面军”自 1937 年“年底以来，曾多次向大本营提出为使华北、华中连结起来进行徐州作战以及对武汉之敌施加威压、从而占领黄河南岸据点（郑州、开封等）的重要性”；1938 年 2 月初，“从军自卫观点出发”，又提出了向徐州方向进攻的要求。日本大本营以前述相同的理由，复电指出：“不要被敌引诱导致战局扩大、兵力被牵制而妨害国家全面整理整顿……按大本营既定方针，绝对不能批准。”但日本第 2 军仍然下达了向大运河进攻的命令。[42]不论是华中方面军还是华北方面军，都企图以既成事实迫使大本营同意他们的行动。至 1938 年 2 月上旬，南线日军已攻占蚌埠，正企图北渡淮河；北线日军已攻占青岛、邹县，正在诸城、两下店附近与中国军队激战中。

此时，中国军队第 21 集团军已由江南转移至合肥地区，加入第五战区战斗序列。第五战区司令长官部依照军事委员会 1 月 23 日要求在南线采取守势的电令，结合日军第 13 师团正向蚌埠方向进攻、淮河阻击战已经开始的具体情况，于 1938 年 2 月 3 日下达了新的作战命令。主要内容为：

1. 战区决对津浦南段之敌，拒止于淮河以南地区，由其侧方连续予以打击，渐次驱除肃清之，同时巩固鲁南山地。对津浦北段及陇海东段取侧击之势，牵制敌之南下或西上，以拱卫徐州。与第一战区之作战地境为郾城、周家口、鹿邑、商丘、城武、郓城、张秋镇之线，线上属第一战区。

2. 野战军区分运用如下：

(1) 第 11 集团军为第 1 野战兵团，位于定远西方三十里铺至淮河南岸之间，向临淮、蚌埠之敌侧背威胁，以牵制其渡河。第 21 集团军为第 4 野战兵团，在合肥、张桥镇一带集结后，向含山、全椒前进，侧击津浦南段之敌。第 27 集团军（第 6 军团）及安徽保安第 3、第 4 团，归杨森军长指挥，为第 3 野战兵团，位于安庆以东，任安庆及其附近江面之守备，并在安庆、庐江、无为间地区游击。于学忠总司令指挥第 51 军、第 31 军为第 2 野战兵团，于淮河北岸布防，阻止敌之北犯。以上各部概归李品仙副司令长官指挥。

(2) 第 22 集团军为第 5 野战兵团，由滕县附近分途向北游击，相机规复邹县。

3. 按战区形势，划为四个游击区，应配备之基干部队及其任务如下：

(1) 第一游击区，以第 24 集团军之第 57 军（欠 112 师）及第 89 军为基干，位于淮阴及其以南地区，向津浦、陇海、江岸（长江）之敌游击；另以第 112 师任东海沿岸之守备。

(2) 第二游击区，以第 3 军团长庞炳勋指挥所部及海军陆战队为基干，位于鲁南山地，向津浦、胶济、陇海及鲁东南海岸之敌游击。

(3) 第三游击区，由第 3 集团军孙桐萱总司令指挥所部第 12 军及第 55 军，位于鲁西南地区，向运河、陇海之敌游击，相机规复济南，以为北进之根据。

(4) 第四游击区，以在皖北之保安队及在该区宋世科、孙伯文、季光恩等游击部队为基干，归李品仙副司令长官指挥，截断津浦南段，以阻止敌之增援。

4. 第 59 军即向宿县输送，集结该地待命。

为牵制北线日军、配合南线作战，军事委员会于 2 月 4 日下达了向“济宁以北采取攻势”的电令。第五战区于 2 月 6 日又下达了补充命令，主要内容为：“(1) 第 3 集团军以主力向济宁攻击，以一部由开河镇附近，迂回攻击汶上。

“(2) 第22集团军主力向邹县，一部迂回曲阜、邹县间攻击，另一部控置于临城、韩庄间。

“(3) 第3军团在临沂附近，配合该方面地方部队，各以一部夺取蒙阴、泗水后，向泰安、大汶口间及南驿、曲阜之敌威胁。对日照、莒县、沂水北方要点，派一部与海军陆战队联合扼守。”[43]

(二) 淮河阻击战

1938年1月中旬，日本“华中方面军”分布在以下各地：方面军司令部位于南京，第10军司令部及第18师团在杭州地区，第14师团在湖州地区，第6师团在芜湖地区；“上海派遣军”司令部及第16师团在南京地区，第3师团在镇江、常州、无锡地区，第9师团在苏州、昆山、太仓地区，第101师团在上海地区，第13师团在滁县、来安、全椒地区，第11师团之第10旅团在扬州地区。*

日军第13师团自1937年12月20日不战而占滁县及其附近地区后，不断向北推进。第五战区防守淮河以南地区的第11集团军第31军的主力控制于明光(今嘉山)附近，利用半塔集、自来桥、张八岭及藕塘等丘陵地带的有利地形阻止北进日军，并不时以小部队实施袭扰性反击。

1月15日，日军第13师团第26旅团由滁县沿津浦路向北进攻，中国守军以运动防御逐次退守池河西岸，日军于18日占领明光。1月26日，日“华中方面军”下令，命第13师团“歼灭凤阳、蚌埠附近之敌”，第13师团遂部署3路向北进攻；第26旅团长沼田德重率步兵4个大队、配属山炮2个大队，为东路，从明光渡池河，沿津浦路向蚌埠进攻；第13师团长荻洲立兵自率主力为中路，从滁县出发，在池河镇渡池河，由总铺、凤阳向蚌埠进攻；第65联队长两角业作率步兵3个大队、配属山炮1个大队，为西路，从全椒出发，在大桥镇附近渡池河，经定远、西三十里店、年家岗，迂回至高塘湖北端之上窑地区，掩护并准备策应东路军、中路军的作战。经激烈战斗后，三路日军先后突破池河防线，进至西岸。守军第31军按李宗仁的命令，将主力西撤至蚌埠西淮南铁路一带，待命侧击北进之敌，以一部兵力在淮河、池河之间进行逐次抗击。东路日军于28日渡过池河，2月1日攻占临淮关，2日占领蚌埠；中路日军于29日渡过池河，2日占领凤阳；

---

* 1月中旬后第16、第114师团调去华北，第10旅团(天谷支队)调南京接替16师团。不久又调回日本本土，归还第11师团建制，扬州由第3师团一部接管。

西路日军于 28 日渡过池河，2 日占领定远。

当日军强渡池河时，李宗仁为加强南线的防守力量，急调第 51 军由砀山南下增援。第 114 师首先到达，立即在蚌埠至五河间淮河北岸布防，并赶修工事。日军第 26 旅团于 1 日攻占临淮关，次日晨在主力进攻蚌埠的同时，派出 1 个大队，在飞机、炮兵火力掩护下，由淮河向南凸出处强渡淮河。激战 4 小时，被守军第 340 旅击退。蚌埠守军于 2 日退向淮河北岸，并炸毁了淮河大桥，但原停泊在南岸的数百艘民船未及撤走。2 月 3 日，攻占蚌埠的日军第 26 旅团又以约 2 个大队的兵力乘民船在蚌埠以东实施强渡。防守该段的第 342 旅英勇抗击，但仍有一部日军登上北岸。2 月 4 日晨，第 51 军的第 113 师车运到达，与第 114 师协同反击，将已登上北岸之敌击退。但当日日军第 26 旅团另一部兵力在蚌埠以西渡过淮河，攻占怀远，进抵涡河南岸；第 65 联队亦进至上窑。第 51 军调整部署：命第 113 师及安徽省保安第 2 团防守小蚌埠（在蚌埠北，为淮河北岸的小镇）至怀远、涡河北岸一带河岸阵地；第 114 师在其左翼，防守临淮关北岸至西门渡河岸阵地。军部位于固镇。

2 月 8 日，日机 20 余架轰炸小蚌埠，立即又以炮兵进行火力准备，将河岸防御工事全部摧毁。千余日军在炮火掩护下乘民船、汽艇实施强渡。守军顽强抗击，两次击退渡河日军。当晚 23 时，日军又进行夜间强渡，一度登上北岸，攻占了小蚌埠。第 113 师师长周光烈令第 337 旅反击，激战至 9 日 1 时，恢复了阵地。10 日拂晓，日军再次发动大规模的强渡进攻，10 时前后攻占了小蚌埠。第 113 师全力反击。双方反复争夺多次，小蚌埠终于为日军占领。

2 月 10 日，与侵占蚌埠日军发动进攻的同时，侵占临淮关的日军亦发动强渡进攻，6 时前后首先突破晏公庙沿岸阵地，不久占领梅园子、前坂子、新庄等地。第 114 师师长牟中珩令第 340 旅组织反击，"浴血肉搏"一整日，夺回新庄、梅园子等部分阵地。但至 11 日，日军后续部队渡过淮河，第 114 师伤亡 2000 余人，终因兵力、火力不足，无力恢复及守住沿河岸的阵地，被迫撤至沫河口、年家庙之线。由于沿岸阵地多处被突破，许多守军部队因军官阵亡而失去指挥。为集中力量、整顿部队，第 51 军军长于学忠下令全军于 11 日夜向淝河附近之何集、新马桥之线转移。

2 月 13 日，李宗仁将刚刚转隶五战区的张自忠之第 59 军调至固镇附近，接替了第 51 军的防地。第 51 军撤至西寺坡车站一带休整。第 59 军部署第 38 师（欠第 81 旅）防守固镇以西瓦疃集至杨店子之线，第 180 师防守杨店子至固镇东南徊小楼之线，军部位于任桥。此时日军第 13 师团主力的大部进至淮河以北。李宗仁命第 31 军由淮南铁路向上窑、凤阳，令新隶五战区的第 21 集团军第 7 军由合肥向明光、定远分别实施侧击；同时要求空军支援，轰炸蚌埠、临淮关之敌，迫使日军将已渡淮北的主力撤回淮南，以加强蚌埠及津浦铁路的防守。张自忠乘机于 15 日令第 180 师和第 38 师各组成一个加强团，向小蚌埠之敌实施反击。经战斗，收复小蚌埠，淮河以北的日军全部撤回淮河以南。

2 月 17 日后，津浦路北段形势趋紧，日军开始由济宁向运河以西的第 3 集团军进攻。20 日，李宗仁按蒋介石的指示，电令“张自忠即调赴临城待命”。津浦路南段仍由于学忠的第 51 军防守，暂时与日军隔淮河对峙。[44]

（三）鲁南反击战

1938 年 2 月上旬，当南线战场中日两军正在蚌埠地区淮河南岸进行激烈的渡河攻守战斗时，第五战区为防止北线日军乘机南下，遵照军事委员会的意图，采取以攻为守的战术，于 2 月 6 日命令第 3 集团军向济宁、第 22 集团军向邹县、第 3 军团向蒙阴发动攻势。各部分别进行了反击的准备。

第 3 集团军当时仍防守于鲁西南地区，总司令部位于曹县，第 12 军驻定陶、城武地区（其第 28 旅在东平、长清一带活动），第 55 军驻金乡（总司令部直属之刘耀庭部游击队在汶上以北的袁口、铁庙镇一带活动）。代总司令孙桐萱接受的任务主要是以主力攻占济宁，以一部攻占汶上，尔后向济宁、兖州间实施侧击，策应主力作战；目的是确保陇海铁路的安全和威胁沿津浦路南下日军的右侧翼，相机切断津浦铁路之交通。

日军于 1 月 4 日占领兖州、曲阜，6 日占领邹县，11 日攻占济宁。此时，济宁日军为第 2 军第 10 师团第 8 旅团的第 39 联队主力，约 1500 人，大部控制于南关，城中守卫部队约 400 余人；汶上日军为第 39 联队的第 3 大队，约 500 人。第 8 旅团主力与第 10 师团司令部位于兖州。孙桐萱于 2 月 10 日下令，命第 55 军由金乡向济宁南关之敌进攻；命第 12 军的第 22 师由定陶经巨野、嘉祥迂回至济宁以北的二十里铺附近，尔后向济宁北门进攻，协同第 55 军收复济宁城；命第 81 军对汶上之敌进行袭扰。规定 2 月 12 日拂晓前到达进攻出发地位，12 日开始进攻。

曹福林的第 55 军派出一部兵力前进至济宁西南安居镇附近运河西岸，进攻开始时仅以第 171 团及第 439 团各一部渡河，向济宁火车站及西关等地进行袭扰，并未以主力实施进攻，不久即为日军击退。

谷良民的第22师到达嘉祥以东的运河西岸后，部署以第64旅为主攻部队，第66旅为预备队，随师部控制于运河西岸。第64旅由大长沟通过运河木桥，于12日拂晓前到达进攻出发地位；第127团控制于二十里铺，掩护主力进攻，对汶上日军进行警戒；第128团及第129团秘密配置于济宁北关两侧，旅部推进至兴文镇。根据事先侦知的情况，本来预定天明后以小分队化装成居民潜入城内，然后发起进攻，里应外合，控制城门，歼灭城内日军。但日军已有觉察，当天未开东、西及北城门。第64旅旅长时同然急令北关的两团改为攀城强攻。12日22时左右开始用长梯多路同时攀城进攻，伤亡甚众。后在西北城角处击坍一段城墙，约有9个连从缺口突入。日军第39联队大佐队长沼田多稼藏将主力调入城中增援，首先以反冲击控制了城西北角的缺口，切断城内外中国军队的联系，然后向突入城中的部队发起围攻。双方在北大街及城西北隅关帝庙一带展开了激烈的肉搏巷战，逐屋争夺。突入的部队孤军奋战，弹药及人员均得不到补充，血战一日夜，至14日拂晓，9个连的勇士全部壮烈牺牲。在城北的第64旅残部，13日23时接到孙桐萱令其向运河西岸撤退的命令，在当地群众协助下，从北关外小道通过沼泽地转移至运河东岸，由第66旅接应，用民船渡过运河，到达西岸。掩护撤退的后卫营损失较大，营长战死；负责接应的第66旅旅长薛明亮亦中弹负伤。第3集团军实际参加进攻济宁战斗的不过1个旅的兵力。在人员不占真正优势、武器装备处于绝对劣势的情况下实施攻坚战斗，虽然广大爱国官兵拼死奋战，仍不可能实现军事委员会及第五战区的战略企图。〔45〕

展书堂的第81师于12日夜开始进攻汶上城，一度攻入北关，受日军猛烈火力袭击，伤亡甚众。由于济宁方面的第64旅已撤回运河西岸，第81师亦主动撤至开河镇附近，沿运河之线防守。

2月17日，日军第2军参谋长铃木率道少将按照军司令官的意图，指示第10师团师团长矶谷廉介，令第8旅团旅团长长濑武平少将指挥以步兵约4个半大队、山炮兵1个中队为基干的“长濑支队”，于20日开始向运河防线的中国军队发起进攻。经5日战斗，25日日军突破运河防线，26日攻占嘉祥。日军占嘉祥后留一部兵力防守，主力集结于济宁。第3集团军在逐次抗击后，撤至巨野、独山镇、大义集、孟家屯、相里集之线防守。

在第3集团军向济宁、汶上进攻的同时，第22集团军也开始向邹县之敌实施进攻。第22集团军于1938年1月上旬由陇海路的商丘、砀山地区转移至滕县、临城地区，以阻止因韩复榘擅自撤退而得以轻易、迅速进至邹县地区的日军。第45军的第125师在界河东西之线占领阵地，第127师随军部控制于滕县地区，第41军、第124师的第372旅担任滕县城防，第370旅配置于滕县西北的深井掩护第125师阵地左侧背，师部位于利国驿；第41军第122师为总预备队，随总司令部位于临城地区。当时邹县日军为第2军第10师团第33旅团的第63联队，有1个大队在两下店占领前哨阵地。

2月上旬，第22集团军接到向邹县之敌进攻的命令，孙震立即开始准备。[46]由于该部减员太多且装备低劣，无力组织大规模的进攻，因此令第125师的第737旅由界河进攻两下店，令第127旅的第575团挺进至邹县、曲阜间，在敌人后方进行游击袭扰。

2月14日，第737旅以第746团、配属地方抗日红枪会数百人担任主攻，以第745团占领铁路及郭山进行掩护。第746团命第3营对两下店实施夜袭。两次袭击均被击退。16日下午，又以第1、第2营实施强攻，以第3营为预备队。经激烈战斗，于傍晚冲入村中，占领了两座楼房。但在日军猛烈的火力袭击下伤亡过半，被迫于拂晓前突围，退至郭山。17日14时，两下店日军开始反击。在进行了反复争夺后，第737旅于18日退至香城、普阳山一线，与日军对峙。

奉命渗入敌人后方的第575团，在当地抗日武装及人民群众的积极配合、支援下，于2月11日进至曲阜以南的九龙山一带。14日，在邹县至曲阜公路两侧的小雪村、凫村附近，先后以伏击战消灭了两批日军，击毁汽车4辆，击毙日军第10师团少将军官1名、士兵30余人。15日，日军由曲阜、邹县对进合击。第575团东撤至距邹县约16公里的田黄镇，尔后返回滕县防地，归还建制。

庞炳勋的第3军团于1938年2月上旬从海州调至临沂，中旬集结、布防完毕。日军第5师团于1月4日攻占蒙阴、沂水，10日攻占潍县。同日日本海军登陆占领青岛。此时诸城亦为日军占领，第3军团未能实施攻势作战即构筑工事，向蒙阴、沂水、诸城方向警戒。

2月21日，日军第5师团依照军参谋长17日关于以1个支队配合第10师团的作战、向沂州方面前进的指示，派第21旅团的第21联队由潍县乘车南下进攻莒县。当时莒县地区仅有刘震东的第一游击队及沈鸿烈的海军陆战队，力量不足。第五战区遂电令第40军派军支援。庞炳勋乃令第115旅配属2门山炮往援。该旅于2月26日到达莒县附近，但莒县已于23日失守，刘震东牺牲，海军陆战队已转移至高里附近。这时日军以坂本顺少将的步兵第 21 旅团为基干组成的坂本支队正西进准备进攻临沂。坂本支队的编成为：步兵第 11 联队（欠 1 个大队），步兵第 21 联队，步兵第 42 联队的 1 个大队，野炮兵第 5 联队，山炮兵 1 个中队。

27 日，日军坂本支队向第 115 旅发起进攻。经两日战斗，第 115 旅虽然顽强抵抗，但人力、火力均处于劣势，且伤亡又大，不得已主动炸毁 2 门山炮后于 29 日下午后撤，3 月 2 日退回相公庄整顿。日军尾随第 115 旅追击前进，于 3 月 5 日攻占汤头。当其继续向白塔主阵地进攻时，遭到第 39 师防守部队的坚决抗击。庞炳勋组织了反击，由左、右两翼向敌人侧后迂回。日军被迫退回汤头，暂时形成对峙。

六、会战前期——台儿庄作战

日本“华中派遣军”及“华北方面军”虽然在南北两线的淮河及济宁等地遭到了中国军队的坚决阻击及反击，受到一定的挫折，但得意于上海的胜利及南京、山东的轻易占领，不正确地判断了战争的发展趋势，认为在国际上“由于德国承认满洲国”，英国已“修订了对外政策，在欧洲接近德、意而自求安定，在远东缓和支持中国政权的态度，采取保持本国权益第一主义”，“国际形势大局正朝着对我有利的方向发展”；特别是错误地低估了中华民族的抗战决心，认为“中国的一般政局是逐渐丧失长期抗战的自信，外则失去各国支援，内则出现各种内政问题（指地方与中央、共产党与国民党以及国民党内部派系之间的矛盾），现在正踏上崩溃之途”。对中国军队的看法则带有极大的片面性与盲目性，认为“在此次事变中，中国军队受到的损失，仅在华中方面就有 40 余万，连同华北方面合计约为 80 万左右；而且蒋介石多年苦心训练的、占中央军大部约六七个师，在华中方面受到彻底打击，大部分已丧失战斗能力”，[47]因而他们不同意日军大本营的判断和暂时“不扩大方针”。尤其是“华北方面军司令官寺内寿一大将，对中央意图不满”，坚持他“使华北、华中联接起来，进行徐州作战”的主张，并在 2 月下旬向到北平传达“战场不扩大方针”的参谋本部第二课（即作战课）课长一再强调他的意见。他积极支持第 2 军继续向南入侵的企图，并于 3 月初将第 2 军的作战计划及要求增兵的报告转报大本营，说：“追剿眼前之敌，决不是深入南进作战。为警备后方，希望增加兵力。”这时日本政府及大本营中主张立即扩大侵略战争的势力开始占上风。3月1日，参谋本部一贯主张慎重的河边虎四郎大佐被免去负责作战指导的作战课课长职务，而以主张急进的陆军省军事课高级课员稻田正纯中佐继任，并迅速批准了第2军的作战计划和增兵要求。3月8日，第2军司令官西尾寿造、派军参谋鹈泽中佐向第10师团师团长传达了司令官的希望（非正式命令）：“应占领滕县附近及确保大平邑”。3月13日又下达正式命令，命“第10师团击灭大运河以北之敌，第5师团以一部占领沂州（临沂）后，进入峄县附近，配合第10师团作战”，“在达到上述目的后，大致在滕县、沂州一线为以后作战作好准备”。[48]日军第2军的进攻行动，直接导致了滕县及临沂的战斗，从而揭开了台儿庄作战的序幕。

（一）滕县地区的战斗

为进行南进作战，日军第2军第10师团于2月间组成了以第33旅团为基干的濑谷支队（3月1日濑谷启少将替代田荣次郎少将，任第33旅团旅团长）。其编成及指挥系统如下：

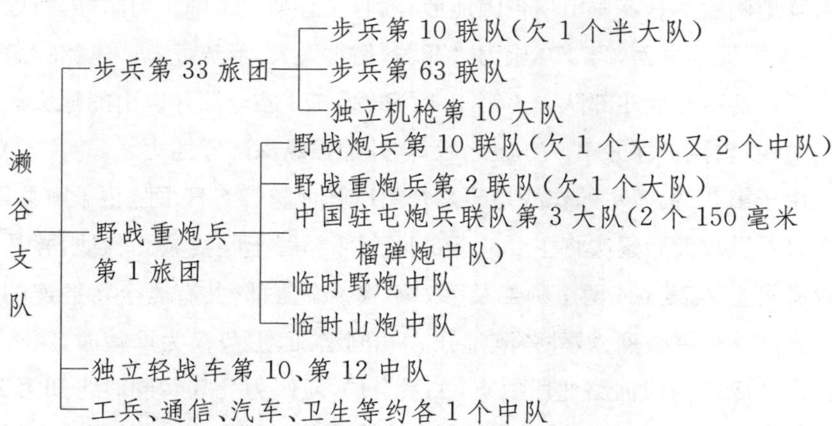

濑谷启于3月8日到达兖州接任支队长，当日晚20时接到第10师团“作甲第119号”命令，令其作好进攻准备，以便“在适当时机击灭津浦沿线之敌”。师团参谋长堤不夹贵大佐还同时下达了书面指示，要求该支队“以主力攻击时，须先进入界河附近，尔后按当时情况，期望能一举追至滕县南面地区”。3月13日，第10师团师团长接到第2军令其“击灭大运河以北之敌”的命令后，立即又向濑谷支队下达了应“追击到临城”的补充指示。[49]

第五战区第22集团军发现当面之敌从3月4日起不时以小分队向第125师阵地实施威力搜索，日军飞机也频繁进行空中侦察，判断日军将发起大规模进攻。为将敌军阻止于滕县以北地区，3月10日前后，孙震重新调整部署：将控制于临城地区的总预备队第122师师部及第364旅移驻滕县，将第124师师部亦由利国驿移驻滕县，并任命第122师师长王铭章为第41军前方总指挥，统一指挥第122师和第124师。王铭章将第122师的第364旅部署于滕县以北约8公里的沙河一带构筑阵地，加强正面防御的纵深；令第122师的第366旅进出至滕县东北约50公里的城前地区，掩护第45军第一线部队的右侧翼。这时第45军第125师的第375旅主力在界河东西之线，第373旅主力在普阳山，第127师主力在龙山地区。

3月14日拂晓，日军濑谷支队在飞机、战车掩护下，从两下店开始向中国军队的阵地进攻，很快突破了石墙、下看埠、白石山以及香城等前哨阵地，进至深井、界河、普阳山及龙山等主阵地带以北之线。第22集团军第一线各部依托既设工事顽强抗击。日军猛攻竟日，中国军队虽然伤亡甚众，但阵地屹然未动。

15日拂晓，日军除继续由正面进攻外，还加强了两翼的攻势，并企图迂回至主力阵地侧后。右翼龙山一带因地形有利，又有第127师主力防守，所以形势尚稳定；左翼深井方面，第370旅力量薄弱，伤亡太大，形势危急。王铭章急调滕县城中仅有的一支战斗部队——第124师的第372旅至深井以南的池头集建立第二道防线，以掩护深井第370旅之后背，并加强纵深防守能力。

由于第22集团军的作战指导是企图以阵地防御将日军阻止于滕县以北，所以在日军进攻前后逐次将主要战斗部队全部部署于滕县城北各地，滕县城关地区仅有第122、第124两个师部及第364旅1个旅部，共有4个特务连的战斗部队。当战斗进展激烈、城外各阵地伤亡急剧增加、形势极为严峻时，第五战区电令孙震："滕县为津浦路北段要点，关系全局，应竭力死守。"同时告知第20军团第85军正在驰援途中。孙震将情况及命令告知王铭章后，王铭章决定加强城防力量，固守待援，立即电令城前第366旅迅急回援滕县；令第364旅炸毁铁路大桥，留1个营防守北沙河，1个营防守城西洪町，其余撤入城内；令临城的第41军特务营赶赴滕县。

15日黄昏时，界河阵地已被突破，龙山被敌包围。由城前返回的第366旅仅先头1个营撤回滕县，主力在城头村附近与日军迂回主力部队遭遇，被迫向临城方向退走。至15日夜，滕县城关地区的部队虽然番号很多，但实际战斗部队仅有11个步兵连、1个迫击炮连,共约2000余人;此外还有师、旅部的4个特务连约500人,滕县地方武装约500人。总计约3000余人。由北沙河退入城中的第122师第364旅第727团团长张宣武受命为滕县城防司令,统一指挥城关各战斗部队。他部署由城前退回的第398旅的1个营防守东关,令第727团1个营防守东、北面城墙,令由临城赶来的第41军特务营防守西、南城墙;其余为预备队,控制于东门内。

日军濑谷支队进至滕县附近时将部队区分为两队。其支队主力进攻滕县,第63联队配属一部炮兵及战车,由辛庄、中顶山迂回至滕县以南,切断滕县中国军队的退路,并向临城攻击前进。

16日8时,濑谷支队留一部兵力继续进攻北沙河,主力迂回向滕县发起进攻。先对东关进行了约2小时的炮火准备,然后集中火力将东关外围土围墙轰开一个缺口,在猛烈机枪火力掩护下,以约2个小队的步兵向缺口处冲击。守军以密集的手榴弹火力封锁了缺口,并将敌击退。10时至16时,日军对东关连续发起了5次冲击,均被守军击退。但守军伤亡太多,曾3次从城中调预备队补充。日军经整顿后,于17时许又组织第6次冲击,突击部队改以三梯队实施波浪式冲击,同时还延伸火力向东门及城内实施拦阻射击,以阻止城内部队增援。经激烈肉搏,至黄昏时,日军突击部队第三波冲入东关,兵力约1个小队。当夜,守军再由城内增调1个连组织反冲击,将突入之敌大部歼灭,收复了东关。24时左右,防守深井、池头集的第370旅、第372旅残部及防守北沙河、洪町的第727团2个营先后由西门退入城中。此时滕县城北第45军各部均已在阵地被突破后分向微山湖及峄县等地溃退。

17日6时许,日军在飞机、炮兵火力掩护下再度向东关进攻,仍未有进展。下午将主攻方向改在南城,先以15厘米榴弹炮集中火力轰击城墙,致城墙上的守军大部牺牲。激战至15时30分,日军由坍塌处突上城墙,迅速向东、西城墙扩张战果。守军残部由西门退至西关车站。不久,东关及西城门楼均为日军占领,仅余城内、北门及东北城角的守军仍在继续抗击,王铭章在城中十字路口附近指挥巷战。但在日军强大火力制压下,守军逐渐失去指挥。王铭章企图至西关车站组织该地残部继续防守,在转移途中中弹牺牲。城中守军残部仍人自为战,逐屋抗击。18日中午,日军完全占领滕县城。[50]

当14日日军开始进攻时,第五战区司令长官李宗仁即致电蒋介石,请派军事委员会直接控制于豫东的汤恩伯第20军团第85军的第4师增援津浦路。经同意后即电告汤恩伯:“敌于津浦北正面增加兵力,大举反攻,以牵制我鲁南之作战,邓部(指第22集团军)兵少械劣,正面薄弱,两翼空虚,恐难拒敌,已电呈委座调贵军团85军驻商丘之一整师(指第4师),由火车输送至滕县附近,作第22集团军之总预备队。”汤恩伯一方面向蒋介石去电:“恳明定本军归辖系统,以明职责”;一方面电复李宗仁:“恳将本军团全部调津浦北段出击,避免分割零碎使用,以益战局而杜分散,或作无代价之消耗。”实际上不肯令所部转隶别人指挥。当夜21时,汤恩伯接蒋介石来电,令其“85军即晚准备由商丘乘车经徐州向临城输送,务于17日拂晓前到达临城集结完毕”的命令,蒋同意第52军也随后东调,虽然隶属于第五战区,但全军团仍待汤“到徐州指挥”。汤这才复电李宗仁,应允令第4师出发。15日11时,李宗仁又电告汤恩伯:“铁道正面敌已突破界河阵地,进入二十里铺附近”,速令第4师“先头一部开往滕县附近,增加22集团军正面之抗战”,同时要求第85军“主力集结临城东北地区待机出击”。

16日,当滕县以北第45军阵地相继失守、第41军第122师已被围困于滕县城中、前线形势已极恶化时,第五战区还在计划将进攻的日军消灭于滕县以北。当日16时下达作战命令,主要内容为:“(1)敌为牵制我鲁南之攻击,现集中济南以南之兵力,由铁路正面向我22集团军猛攻中。(2)战区为击攘沿津浦线南下之敌,从铁道东侧包围该敌,将其聚歼于邹县以南地区。(3)第22集团军应在现地极力拒止敌人,俟85军迂回成功后,转为攻势,以收前后夹击之效。(4)第85军除一部直接支援第22集团军巩固滕县城防外,主力由铁道以东地区向下看埠亘邹县间迂击敌人,到达邹县南方高地附近后,相机向南与22集团军夹击两下店以南之敌而聚歼之。在迂回运动间,须派出极有力之右侧支队警戒前进。(5)第3集团军(欠51军)应全线对当面之敌反攻,并以有力部队由济宁以北地区向兖州以北攻击前进,努力遮断敌之归路并阻止其增援。”第85军第4师先头部队在到达滕县以南的南沙河时,与向临城迂回的日军第63联队先头部队遭遇。汤恩伯抱定“避免临城决战”的方针,急令第85军以“第89师舒旅(第267旅)占领临城、官桥正面”,“主力向东西集山、凤凰庄一带集结”,没有派部队增援滕县。17日晨,日军第63联队开始向官桥进攻,并以一部兵力向官桥以南的临城迂回。经战斗后,第85军退至峄县(今枣庄南)地区,第22集团军总司令部退至利国驿,临城为日军占领。

18日,第20军团的第52军到达韩庄、利国驿地区,以第2师的第8旅占领沙沟,掩护主力在运河南岸布防。[51]

图 4-3-1 徐州会战·滕县地区战斗经过要图

（1938 年 3 月 14 日—18 日）

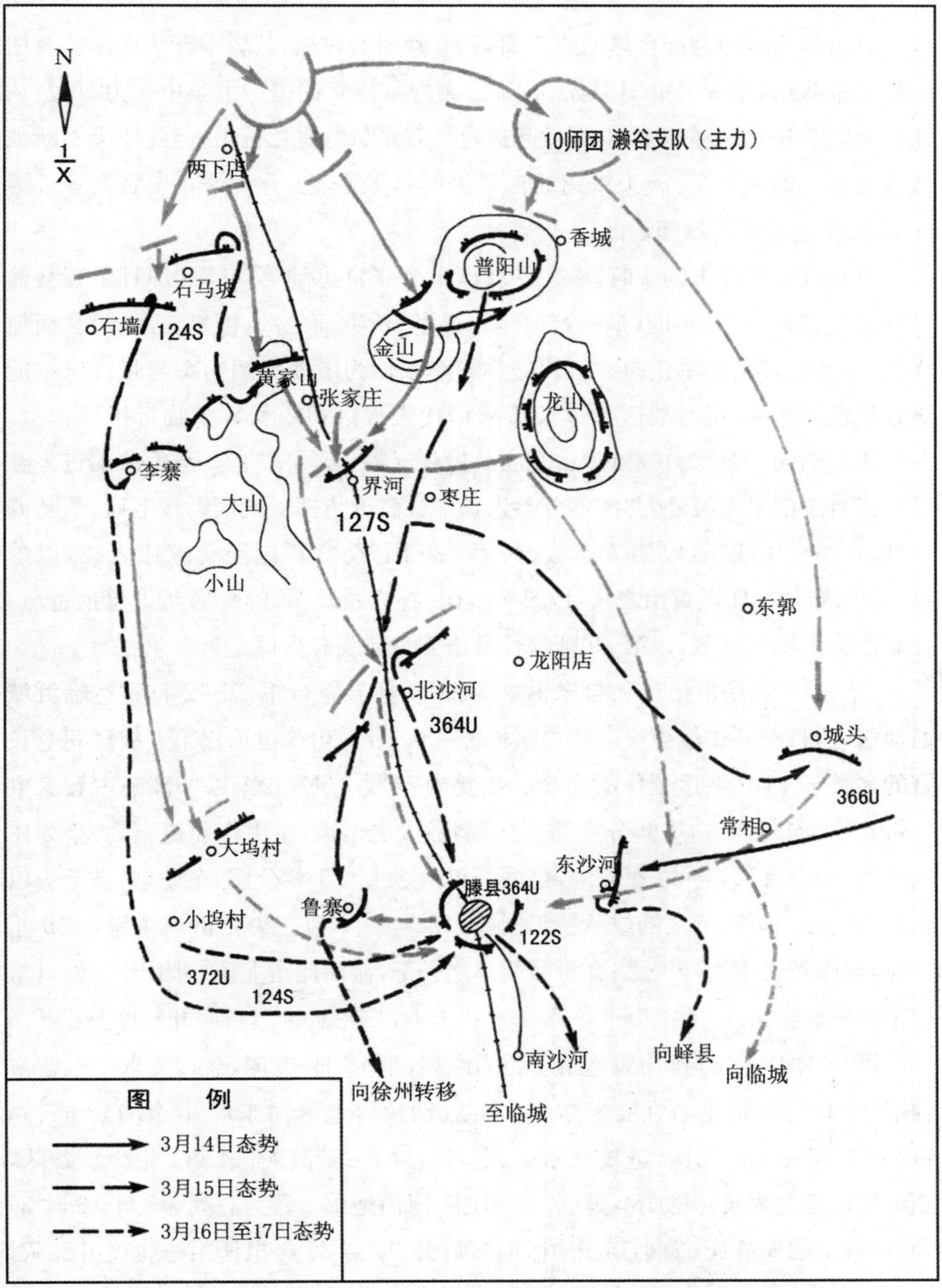

N
1/X
10师团 濑谷支队（主力）
两下店
香城
普阳山
石马城
石墙
124S
金山
黄家山
张家庄
龙山
李寨
界河
枣庄
大山
127S
小山
东郭
龙阳店
北沙河
364U
城头
366U
常相
大坞村
东沙河
鲁寨
滕县364U
小坞村
122S
372U
124S
南沙河
向峄县
向临城
向徐州转移
至临城

图 例

3月14日态势

3月15日态势

3月16日至17日态势

(二)临沂地区的战斗

日军第5师团为配合津浦路正面第10师团的作战,其坂本支队在休整及增配战车中队后,于3月9日开始在飞机、大炮及战车的掩护下集中兵力,重新从汤头向临沂东北地区的第40军发起进攻。守军虽然拼死抗击,但阵地仍不断被敌人突破。沂河以东、汤头以南的白塔、沙岭、太平、亭子头等处先后失守。第40军被压迫至临沂城郊地区。

早在日军刚攻占汤头时,李宗仁就已电令张自忠的第59军"即日由滕县输送到峄县转赴临沂,接庞(炳勋)任务,击破莒、沂方面之敌,恢复莒、沂两县而扼守之"。此时,第59军正向临沂转进中。李宗仁为了使庞炳勋军与张自忠军能更好地协同作战,特派战区参谋长徐祖诒代表战区司令长官去临沂指导作战。并致电庞炳勋,大意为:临沂为台儿庄及徐州屏障,必须坚决保卫,拒敌前进。除已令张自忠部来增援外,并派本部参谋长前往就近指挥。庞炳勋接电后,重新调整部署,缩短了战线,以第115旅(欠第229团)防守桃园至蒋家庄之线,以第116旅防守蒋家庄至黄山之线,以第229团、补充团及军、师直属队为总预备队,控制于临沂城关地区,以第89师师长马法五为前线总指挥。

3月11日,徐祖诒和张自忠率第59军从峄县急行军,于12日到达临沂城西地区,当日召开作战会议。两位军长统一认识后,由徐祖诒以第五战区司令长官的名义于13日下达了作战命令。主要内容为:"(1) 59军以一部确占石家屯一带高地,向葛沟、白塔间分途侧击,牵制敌人之增援;主力由船流至大、小姜庄间渡河,向南旋回,与40军呼应,包围歼灭敌之主力于相公庄、东庄屯、亭子头以南地区。在高里附近之陆战队暂归指挥。(2) 40军以主力由沂河东岸与59军呼应,包围敌之主力歼灭之;在沂河西岸之一部,渡河侧击尤家庄附近之敌。(3)两军作战地境(略)。(4) 以上各部着于13日晚准备完,14日拂晓开始攻击。"[52]

第59军以第38师附野炮第1营为左翼,于13日16时出发,先以1个营占领茶叶山,掩护师主力在石家屯、刘家湖、钓鱼台地区向东展开;第113旅、第112旅为第一攻击部队,进攻张家庄、白塔、沙岭一带敌人;第114旅为预备队,随师部位于刘家湖。第180师(欠第81旅)附山炮第1营为右翼,13日16时30分出发,至前安静庄、大小姜庄地区向东展开;以第26旅担任第一线攻击部队,进攻徐太平、亭子头一带的敌人;第39旅为预备队,随师部位于中安静附近。军部在进攻开始时位于朱潘村。

第40军的第39师以第115旅与第59军协同,向尤家庄之敌侧击,以第117旅向东、西旺一带之敌进攻。

14日4时,第59军各部强渡沂河,开始进攻,第39师在河西的部队亦同时向当面之敌进攻。第39师右翼第117旅进展顺利,击退当面之敌后进至东西旺庄、东西沙庄一线;左翼第115旅战斗终日,没有进展。第180师经激战后,于16时攻占亭子头,日军向北撤退。第180师跟踪追击,至15日,先后攻占徐太平、郭太平、大太平等六七个村庄。第38师进攻沙岭,遇到敌人的坚强抗击,激战两昼夜,仍无进展。16日拂晓前,日军增援兵力到达,转为反击,由沙岭从两个旅的结合部渡过沂河,向第38师后方"崖头、刘家湖、苗家庄、钓鱼台之线猛攻,并以飞机十余架轰炸",与第38师预备队第114旅激战于崖头、苗家庄地区,并攻占了船流、刘家湖。

张自忠根据当时的战况迅速采取措施,调整部署:令第38师以有力的1个团加强茶叶山的防守,作为军的主要支撑点;令军部骑兵营由石家屯东渡沂河,向葛沟、汤头间出击,袭扰敌之后方;令进至河东的部队全部撤回河西,阻击渡至河西的敌人。双方在刘家湖一带展开激烈的肉搏争夺战,"刘家湖失而复得者四次,崖头失而复得三次。茶叶山一度被敌占领,旋即夺回"。[53]至17日上午,第59军已伤亡6000余人,第一线作战部队的营长伤亡三分之一,连、排长已全部易人,[54]但该部队仍坚守阵地,顽强战斗。此时日军因伤亡甚众,亦已无力发动强攻。张自忠掌握战机,集中全力组织反击,于当日黄昏后,利用敌人得不到飞机支援而又不惯夜战的有利条件,向河西之敌发动进攻。激战竟夜,以逐屋争夺的肉搏战将渡至河西的日军击歼近半。在日军遗弃的尸体中发现有第11联队联队长长野佐一郎大佐、第3大队大队长牟田中佐及第9中队中队长等多名军官。又据在刘家湖所俘一等兵玉利陆夫说,这次沂河两岸战斗,第5师团坂本支队伤亡约3000余人。日军大部退向莒县,一部退至汤头。张自忠令第38师的第114旅向汤头方向追击,停止于汤头以南李家五湖一线。其余部队除一部沿沂河西岸、茶叶山一带警戒外,全部集结到刘家湖一带休整。沂河以东日军在其主力北撤后,亦向傅家池、草坡一带撤退,第39师进至书家庄(树沂庄)一线。

李宗仁根据庞炳勋18日24时所报关于临沂方面日军损失情况(报告日军"伤五千余,亡三千余"),判断日军暂时无力组织大规模的进攻,而19日峄县失守,津浦路正面形势紧张,于是于20日电令第59军留1个旅协同第40军防守临沂,主力转进"费县集结整顿后,乘虚向滕县南北地区,与由南阳镇附近渡河之第 3 集团军部队呼应，截击南下或北退之敌”。张自忠留第 114 旅归庞炳勋指挥，[55]自率军主力于 20 日晚开始向费县转移。22 日接到蒋介石电令，改令“以主力仍须与庞军团相协力肃清临沂当面残敌外，以约三至四个团经泗水进击曲阜方面，牵制敌人”，但此时军主力已离开临沂。

日军坂本支队退至汤头之线后重新集结，经短时间整顿及补充后，于 29 日又开始转为攻势。第 40 军兵力单薄，又未能得到补充，在敌进攻面前节节后退。至 22 日，撤至临沂城东桃园、蒋家山、石埠岭、黄山既设阵地；第 114 旅撤至临沂城北石埠头、古城、小官庄之线。日军跟踪追击。庞炳勋急电蒋介石：“职军苦战月余，伤亡甚众，官兵疲劳，临沂危急”，请发援兵。此时第 59 军已集结于费县。蒋介石于 23 日 9 时电令张自忠：“不必赴泗水、滕县，以整个军协力庞炳勋击灭临沂方面死灰复燃之敌。”第 59 军遂于 24 日返回临沂古城地区。

25 日，第 40 军桃园、三官庙左翼阵地被日军突破，退守九曲店一带。第 59 军急从第 38 师抽调 3 个团，于当日 20 时西渡沂河，向已占领桃园、三官庙之敌实施夜袭，收复了桃园，但三官庙未能攻下。26 日全天，沂河两岸均在激烈的反复争夺战斗之中。至黄昏时，第 59 军在桃园的 3 个团“出击受挫，复撤河西”；古城一带的部队在日军猛攻下，为“节约兵力”缩短战线，亦退至十里铺、前后岗头线。临沂形势又趋紧急。庞炳勋电告蒋介石：“职军伤亡殆尽，总计战斗兵现不满千人。”徐祖诒于 26 日 15 时亦电告李宗仁：“庞军兵力损失过巨……已失战斗力，张军实力虽剩半数，而士气较前甚差，非有生力援军，临沂难守，祈早决定。”李宗仁急调第 57 军第 111 师的第 333 旅及第 20 军团的骑兵团驰援。

27 日拂晓开始，日军将主要进攻方向指向沂河以西的张自忠部。至 28 日夜，张自忠向李宗仁电告：“战事激烈为前所未有……职军两日以来，伤亡两千人，连前此伤亡达万余人。职一息尚存，决与敌奋战到底。”29 日 7 时，第 333 旅到达临沂城东；下午，第 20 军团的骑兵团亦到达临沂城西。但此时日军第 2 军“因濑谷支队（台儿庄）方面的战况吃紧，命令第 5 师团救援濑谷支队。于是第 5 师团命令坂本支队暂时中止攻击沂州（临沂），去救援濑谷支队。坂本支队队长在临沂附近留下步兵约 2 个大队，主力从 29 日夜开始缩小战线，撤兵南下”。[56]临沂形势有所缓和。

3 月 30 日，临沂守军发现日军“向北退却”，当即“令 333 旅沿沂河，骑兵团向艾山、义堂集一带追击”。日军第 5 师团师团长板垣征四郎在坂本支队西进后于 3 月 31 日进至汤头，接着又进至临沂西北的义堂集，指挥坂本支队留下的两

图 4－3－2　徐州会战·临沂地区战斗经过要图
（1938 年 3 月 16 日—19 日）

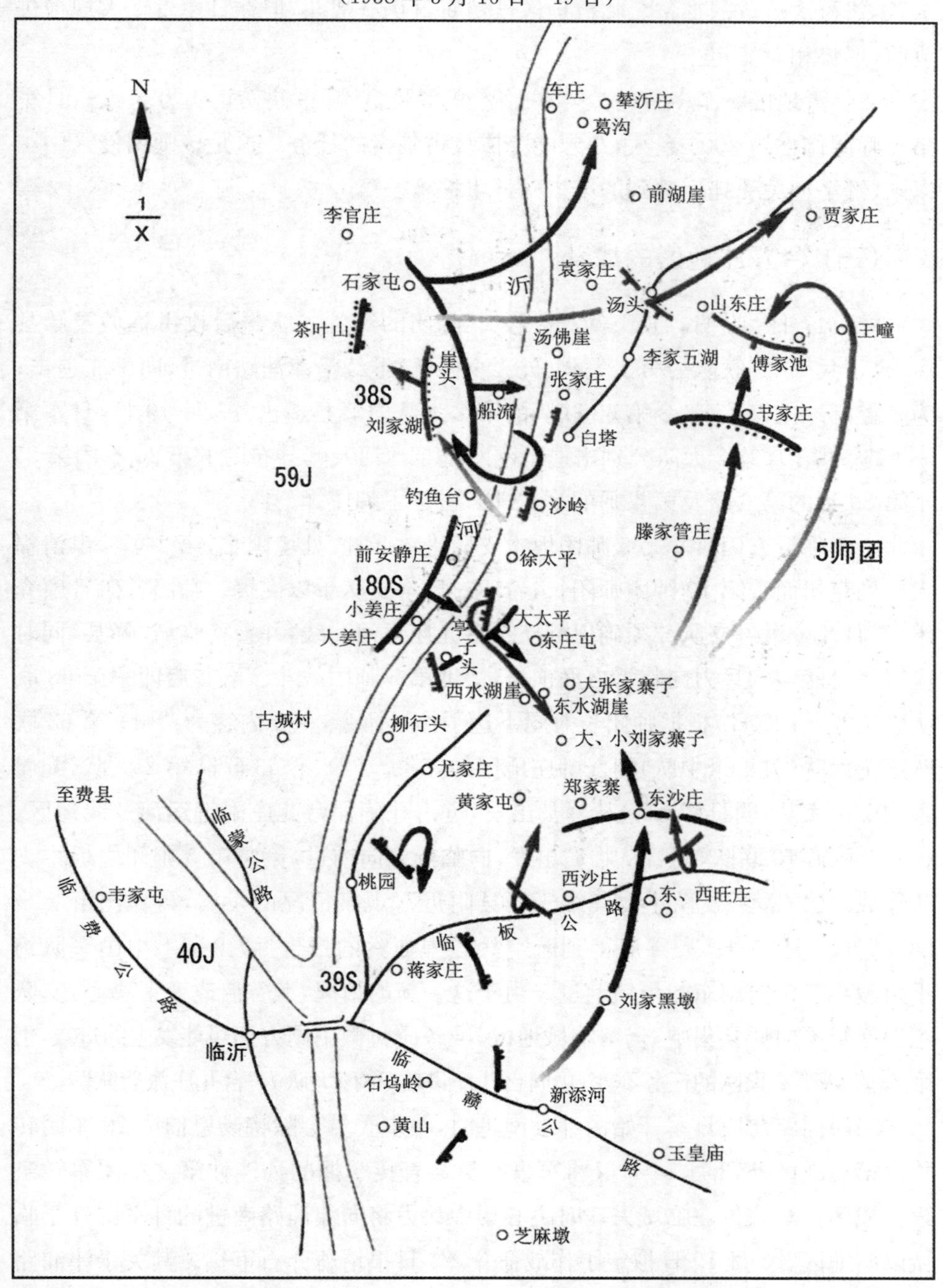

个大队，将追击的中国军队阻止于汤头及义堂集以南，然后重新调整部署，增调部队，作再次进攻的准备。临沂地区虽然每日仍有战斗，但在日军发动大规模进攻前，形势相对稳定。

在临沂地区1个多月的战斗中，第59军及第40军共伤亡1万余人。日军第5师团伤亡约3000余人，并未能完成攻占临沂的任务。这是该师团侵入中国以来，继平型关受挫后遭到的第二次严重挫折。

（三）台儿庄地区的战斗

3月17日、18日，日军第2军第10师团的濑谷支队先后攻占临城及滕县后，令步兵第63联队的第1大队（欠1个中队）继续沿津浦路南进，向韩庄追击；为了控制枣庄煤矿，又令第63联队的第2大队向峄县追击。3月19日，日军第63联队的第1、第2大队分别击退了刚刚赶至沙河及峄县布防的第20军团第85军第89师的第6旅及第4师的第23团，占领了韩庄、峄县。

由于临沂方面日军第5师团坂本支队进攻受挫、处境困难，第2军参谋清福大佐到兖州面告第10师团师团长，希望对坂本支队予以支援。师团长矶谷廉介于20日命令濑谷支队："须确保韩庄至台儿庄运河一线，并警备临城、峄县，同时应以尽可能多的兵力向临沂方面前进，协助第5师团战斗。"濑谷启即率第63联队进至峄县；22日，根据师团长意图下达了作战命令，主要内容为："(1) 第63联队第1大队（欠1个中队）担任韩庄地区的守备。(2) 第63联队第2大队，配属野炮1个大队，明日（23日）从峄县出发，进占并确保台儿庄附近运河一线地区。(3) 步兵第10联队，明日从临城出发，向临沂方向前进，策应第5师团之坂本支队作战。(4) 濑谷支队主力集结于峄县附近"，观察情况的发展，再作出下一步的处置。3月22日，濑谷启得到航空兵空中侦察的报告：微山湖上中国军队约千余艘小船正向湖东的夏镇前进。由于这一新的情况，濑谷启改变了决心，支队主力亦暂不向峄县集中，仍留临城地区，准备应付微山湖方面可能发生的进攻，但第63联队第2大队的任务不变，仍向台儿庄进攻（称该大队为"台儿庄派遣队"）。

当津浦路北段日军开始由邹县南进时，军事委员会除将汤恩伯第20军团转移于第五战区外，3月14日又将军事委员会直接掌握的孙连仲第2集团军转隶第五战区。李宗仁在临城失守时决心集中兵力将向津浦路南进的日军围歼于临城以南地区。3月19日拟定了作战命令，21日报请蒋介石审核。其关于津浦路正面作战的主要内容为："(1) 临城、峄县、韩庄间之敌约步兵三联队、骑兵1联队、炮兵1联队、坦克车五六十辆，自14日以来，在界河、滕县、南沙河及临、枣各地与我邓集团(指第22集团)及王军(指王仲廉第85军)激战,现分部南进,已达韩庄及峄县附近,其主力似尚在临城。(2) 战区以收复鲁中广大地区为目的,以一部在运河之线取攻势防御态势,以主力由峄县东南及东北山地,侧击南下之敌,聚歼于临枣支线与韩庄运河间地区。(3) 各部队之部署及任务如左:甲、汤军团新配属31师(欠110师),应集中主力于峄县东侧及枣庄西北方焦山头附近一带山地,于3月20日(后改为24日)拂晓全线开始攻击,务先击破峄、枣之敌,向临城、沙沟两地附近侧击,压迫敌于微山湖东岸而歼灭之。其一部集结于台儿庄北方地区,准备对峄县及其西北地区协力于主力作战。乙、孙集团军新配属110师(欠31团),应以一部在侯新闸以西运河南岸防御,待机渡河北进,主力控置于贾汪附近及荆山、茅村镇间"。蒋介石于当日21时复电,原则批准,但对其部署作了修正,指示:"(1) 汤军团进出运河后,以约两师对峄县方面佯攻,以三师由峄县以东梯次迂回求滕县以南亘峄县间敌之侧背攻击之。(2) 张轸师(指第110师)及独44旅归孙仿鲁(孙连仲)指挥,守备运河。(3) 孙仿鲁部两师集结徐州待机。(4) 张自忠军(略)。(5) 孙、曹(指孙桐萱、曹福林之第3集团军)出击部队,除以主力向邹县、两下店间地区挺进外,另以两团由汶上方面向肥城、大汶口挺进游击,限宥日(26日)到达,准予悬赏。万一敌有增援队由济宁出击时,除守势部队竭力阻止外,其出击部队仍须在铁路线上游击,不得撤回运河西岸。"

台儿庄战斗中国军队参战部队序列如下:

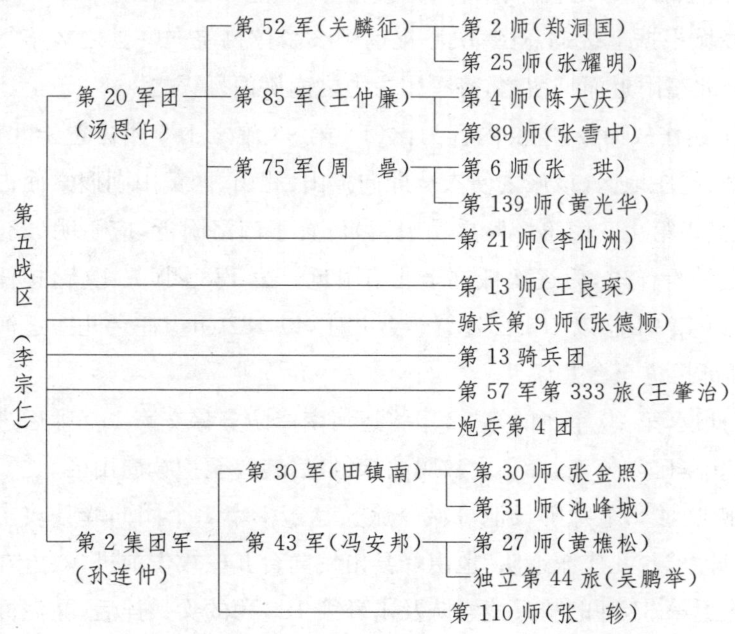

至3月22日夜，第20军团的关麟征第52军已将运河南岸防务交第110师，该军北向兰陵镇地区转进；王仲廉第85军已与韩庄、峄县之敌脱离接触，正向青山地区转移；配属第20军团的池峰城第31师进至台儿庄地区（第31师于24日仍归属第2集团军）；第110师及独立第44旅在运河南岸台儿庄至韩庄间防守，第2集团军的第27师在贾汪地区，总司令部及第30师在徐州附近的茅村地区。

第五战区这次攻势作战的主力是第20军团。池峰城第31师的任务是以佯攻或固守手段牵制住峄县日军，以便于第20军团从侧背攻击、歼灭敌人。早在第31师副师长屈伸于3月19日先行到达徐州受领任务时，李宗仁就已将这次战役的作战方针及指导要领告诉他。李宗仁说："鲁南突出冒进之敌约一个师，有进窥徐州之模样，你师到车辐山后，先接替台儿庄沿运河的防线，尔后向峄县之敌攻击前进。敌如出而迎战，你师应全力堵击，迨汤恩伯军团进击敌侧背，全力压迫敌人于微山湖畔聚而歼之；敌如固守待援，你师应尽力牵制，监视敌人，掩护关麟征军北上与王仲廉军协力包围攻击，歼灭枣庄之敌，再回师合击峄县之敌，将战线推进到兖州以北。为了协同方便，你师即暂归汤军团长指挥。"[57] 22日，汤恩伯在台儿庄也曾向池峰城告知上述作战企图，并表示："设峄县之敌凭借峄县山城固守，则军团之攻略不易得手。31师应诱敌脱离山城，则歼敌易举。"还说：你们与敌接触后一日之内军团即可回援，你师如能在台儿庄坚守三日即算完成任务。池峰城根据上级的意图，决心提前于23日"拂晓向峄县之敌施行佯攻，期诱敌于南、北洛附近而抑留之，待军团主力之南旋而歼灭之"。基于上述决心，22日15时下达作战命令，主要内容为："(1) 第93旅之185团位置于北洛，以一营进至前城、赵庄地区，该旅之便衣队即向獐山、北山、西黄山湖搜索而占领之。旅部率禹营（指第186团第3营禹功魁营）位置于南洛附近，应于明(23)日拂晓后向峄县之敌行佯攻，后逐次抵抗于北洛附近。第188团（欠1营）担任台儿庄之守备。(2) 第91旅以181团控置于台儿庄，以182团担任台儿庄运河南岸警戒。(3) 师部推进至台儿庄。"[58]

至3月22日夜，第20军团的第52军将运河南岸防务移交第110师后进至向庄地区。第85军已与韩庄、峄县之敌脱离接触，后转移至抱犊崮山区。

3月23日拂晓，第31师师长池峰城令旅长乜子彬率1个团向峄县攻击前进。与此同时，日军"台儿庄派遣队"也由峄县出发向台儿庄攻击前进，双方在獐山遭遇。日军击退第31师的骑兵搜索队及击歼第183团的尖兵连后，在泥沟又击退了第183团的前卫营,于当晚占领了北洛。濑谷启于战俘口中得知:峄县周围的部队是中国军队第20军团的4个师;第五战区司令长官李宗仁已命令汤恩伯在峄县东北及北方的山区集结,24日开始攻击,企图将韩庄、临城一带日军压迫、歼灭于微山湖东岸地区;汤恩伯现在向城。于是决定将支队主力集结于临城、峄县,准备与汤军作战,原定支援临沂的部队减为1个大队,对进攻台儿庄的兵力与任务则不变动。连夜下达命令:"(1) 支队以一部遣往沂州方向策应坂本支队,主力确保韩庄及台儿庄附近的大运河一线。(2) 沂州支队(以步兵第10联队第2大队为基干)24日从临城出发,向沂州方向前进,策应坂本支队作战。(3) 步兵第10联队(欠第2大队,配属炮兵等)以一部确保韩庄附近大运河线,主力于临城集结。(4) 步兵第63联队(欠1个大队,配属炮兵等)以一部确保台儿庄附近大运河线,主力集结于峄县。(5) 支队司令部及直属部队集结于枣庄附近。"[59]

24日,中国空军为支援第20军团进攻作战,拂晓后以轰炸机14架轰炸了韩庄、临城及枣庄的日军,但第20军团并未按预定的时间开始进攻。当晚,军团部及第85军仍在抱犊崮山区中,仅第52军到达了预定的进攻出发地位——郭里集、鹁鸽窝之线。当日,蒋介石至徐州视察,将随行的副参谋总长白崇禧、军令部次长林蔚及厅长刘斐等留第五战区协助李宗仁策划作战。同时令第31师改为防守台儿庄,并增调炮第7团的野炮1个营(有沈阳造仿克鲁75毫米野炮10门)、机械化野战重炮兵1个连(有德国造卜福斯的150毫米榴弹炮2门)及铁甲车第3中队配属第31师,以加强台儿庄的防守火力;还令第31师解除第20军团的配属任务,归还第2集团军建制,由孙连仲统一指挥台儿庄方面的作战。孙连仲于当日进至台儿庄运河南岸的韩家寺,将其第27师由贾汪推进至台儿庄附近,接替第31师河防部队,以加强台儿庄的防守力量。

同日,日军沂州支队开始东进,当晚宿营于枣庄,以约1个中队的兵力为先遣队,进至郭里集,占据了村东北角的大碉楼。"台儿庄派遣队"继续由北洛向台儿庄进攻,中午前后攻占南洛,黄昏时推进至台儿庄附近。台儿庄南靠运河北岸,四周有长约4公里的砖砌城墙,并建有大小碉堡多座,共有6个城门,城西南角的文昌阁为全城制高点。日军以猛烈的炮兵火力摧毁了东北城墙,一度突入城内;在第31师不断反击下,败退城外,遂在北郊一带构筑工事,防御第31师反击及等待援军,作再次进攻的准备。

25日拂晓时,进入郭里集的第52军第25师第75旅之一部与日军沂州支队的先遣中队互相发现。第52军部队立即将碉楼包围,并调来炮兵进行攻击。

经战斗后，该日军中队大部被歼，仅十余人突围逃至枣庄。枣庄日军沂州支队在第25师围攻其先遣中队时曾派出数百人进攻郭里集，企图救援，被第25师击退。第52军的第2师从鹁鸽窝向枣庄进攻，但被击退。汤恩伯率第85军主力仍在抱犊崮山区按兵不动，仅令派出1个旅与第52军协同作战，而该旅仅派出1个团、该团又仅派出几个排的兵力在枣庄外围进行了袭扰性攻击，然后又退回抱犊崮山区中。

位于枣庄附近的濑谷启于24日夜收到了"台儿庄派遣队"的请援电报。由于枣庄、郭里集方面受到第52军的攻击，濑谷支队只能抽调约2个步兵中队的兵力，配属2门重炮南下增援，支队主力准备"与郭里集附近之敌进行决战"，令第10联队(约1个半大队的兵力)从临城向枣庄以南运动。增援台儿庄派遣队的2个中队于黄昏前后到达台儿庄，立即遭到第31师的反击。"台儿庄派遣队"队长因两日来伤亡过多，而增援的仅2个中队，仍难完成攻占台儿庄的任务，26日凌晨又向濑谷启发出第二次请援电报："(1) 敌兵力为3个师(城内1、城东1、城西及包围我的1)，城内及火车站附近有列车炮。(2) 派遣队等待增援，27日开始攻击。(3) 战死20，战伤112，突入城内生死不明者15。"濑谷启在收到此电不久，又收到第10师团师团长矶谷廉介令其"采取果敢之攻势"的电令，当即决定由第63联队福荣真平大佐率仅有的第3大队赶赴台儿庄指挥攻坚。

3月27日，"台儿庄派遣队"得知第63联队已南下增援后，不俟援兵到达，即向台儿庄发起第二次猛烈的攻击，占领了城墙的东北角，一部突入城内。第31师的第186团立即组织反击，双方展开激烈的巷战，终将突入的日军压迫于城内的大庙附近。但第31师损失也大，4天的激战，伤亡约2800人。为利于以后的战斗，池峰城将全师缩编为3个团7个战斗营。这时，第2集团军的第27师已部署于台儿庄以东的黄林庄一带，第30师及独立44旅已部署于台儿庄以西的顿庄闸、万里闸一带，不断与第31师协同，向刘家湖、三里庄等地实施反击。当晚17时30分，福荣真平率第63联队直属队及第3大队到达刘家湖地区。台儿庄形势更趋严峻。

由于台儿庄战情紧急，而第20军团主力仍在枣庄东北山区，并未向枣、峄日军实施与其实力相适应的进攻，* 因此第五战区一面向第2集团军总司令孙连

---

* 第52军在郭里集围歼日军沂州支队一部及击退沂州支队的进攻后，判断日濑谷支队主力可能来攻，关麟征令第25师留一个加强营在郭里集一带，主力撤至东北山区。

仲下达限期歼敌的命令，一面向第 20 军团汤恩伯下达转用兵力于台儿庄的命令。给孙连仲的电令是："查台儿庄为徐州前方要地，又为汤军团后方联络要道，关系重要。据报该处附近敌人约一混成联队，我军兵力数倍于敌，早当解决，乃经几日战斗，台儿庄围子反被敌冲入一部，殊深诧异。着贵司令负责严督所部，限于 29 日前将该敌肃清，勿得延缓致误戎机为要。"给汤恩伯的电令是："该军团放弃攻击峄县、枣庄之计划，速以一部监视当面之敌，以主力向南转进，先歼灭台儿庄之敌。"此时，孙连仲因汤恩伯、关麟征等曾有过台儿庄一旦受到攻击，"一日内定可回援"及"坚持三日即算完成任务"等的许诺，因而直接向汤恩伯发出了求援电。大意为：连日受敌猛攻，第 31 师伤亡惨重，盼以全力攻击敌之侧背，支援台儿庄战斗。汤恩伯当即令："第 52 军应于本晚星夜由傅山、青山一带向南下之敌夹击，并与孙集团军切取联系；第 85 军应以一部占领云谷山、黄山、马山、神山一带，牵制齐村、枣庄、郭里集一带之敌，主力本晚集结神山、向水泉、猪山一带待命。"

3 月 28 日，福荣真平的第 63 联队集中兵力，在 1 个野炮大队、2 个野战重炮大队、1 个 150 毫米榴弹炮小队以及 30 余辆战车掩护下，与昨日突入台儿庄中的第 2 大队协同，对台儿庄发动了第三次猛攻。第 2 集团军除以第 31 师据守台儿庄阵地顽强抗击外，还令第 27 师、第 30 师及独立第 44 旅从东、西向敌人侧翼及后方进行反击。特别是中国空军，在台儿庄战场上首次以 9 架战斗机直接支援地面部队战斗，对广大官兵的抗战士气鼓舞很大。因而日军仅在炮火准备后刚开始进攻时占领了台儿庄的西北一角，尔后再无进展。但突入城中的日军乘机扩张战果。第 31 师将所有能够战斗的勤杂人员全部组织起来投入战斗。双方展开激烈的肉搏拉锯战，隔墙相击，逐屋争夺，阵地形成犬牙交错状态。

3 月 29 日，日军第 2 军司令官西尾寿造见第 63 联队攻击受阻，而中国军队第 20 军团又正向南进，第 63 联队有被围歼的危险，遂令第 5 师团的坂本支队暂时中止进攻临沂，急向台儿庄方面增援；同时令第 10 师团濑谷支队主力增加到台儿庄前线。

第五战区见台儿庄形势危急，而汤恩伯第 20 军团尚迟迟未到，因此在 28 日夜电令汤军团"迅速南下夹击"。29 日夜下达正式命令，赋予汤军团的任务为："甲、王军明 30 日应对峄县之敌佯攻，牵制该敌之南下，但应保持由东向西之原方向。乙、关军明 30 日应速向泥沟、北洛前进，到达该地后以一部向南洛，协助孙集团军解决台儿庄附近之敌，以主力极力破坏铁路、公路遮断峄县与台儿庄之连络，并与王军协同阻止峄县南下之敌。但王军应保持由东向西之原方向。丙、汤军团长应速向孙总司令密取联络。”

3 月 30 日晨，濑谷启率其第 10 联队及战车部队从峄县南下，当晚 21 时左右，先头部队到达台儿庄以西 6 公里之范口村，主力集结于獐山东侧各村中。第五战区发现濑谷支队已经南下，而孙连仲报称与第 20 军团“尚未取得联络”，当晚 20 时再次电令汤恩伯：“敌主力似南下……着贵军团长以一部监视峄县，亲率主力前进，协同孙军肃清台儿庄方面之敌，限 31 日拂晓前到达，勿得延误为要。”

台儿庄内日军得知濑谷支队主力南援的情况后，在航空兵及庄外日军的大力支援下，全力向外扩张，当晚推进至庄南头运河北岸。孙连仲派第 30 师的第 176 团入庄增援，与第 31 师部队据守西半部阵地，拼死抗击，遏止了日军的扩张势头。

3 月 31 日，日军濑谷支队仍与第 2 集团军部队激战于台儿庄内外，没有进展。第 10 师团师团长矶谷廉介又调该师驻济宁的第 39 联队第 1 大队，配属给第 10 联队，以加强濑谷支队的进攻能力。由于坂本支队主力转向台儿庄，临沂形势缓和，第五战区得到庞炳勋、张自忠“当面之敌已被击退”的报告后，下令将原准备调到临沂方面的第 59 军第 139 师“转移至台儿庄方面为预备队”，以稳定台儿庄方面的战局。

第 20 军团的先头部队于 30 日夜到达甘露附近，31 日开始向獐山以东的日军进攻，占领了兰城店、三佛楼等地。中午前后，在向城以东担任军团侧背警戒的骑兵团与由临沂西进的日军坂本支队先头部队发生战斗。第 85 军的第 89 师前往应援，在郃家庄附近被该支队主力击退。汤恩伯急调第 4 师至向城、爱曲地区组织阻击。根据当时情况，汤恩伯认为有被日军东西夹击的危险，为摆脱腹背受敌的不利境地，以“避免与敌胶着，且戒冒险决战”的理由，决心“转用兵力”，把所有兵力“一律由内线转移为外线”，竟放弃对獐山东侧日军的进攻，“乘夜与敌脱离”，在第 4 师掩护下，撤至洪山镇以东的鲁坊、南桥地区。

4 月 1 日，日军坂本支队与由鲁坊进至兰陵阻击的第 20 军团第 52 军在兰陵镇以北地区展开激战。当晚，坂本顺约留 1 个中队的步兵及 1 个骑兵队于向城、兰陵镇间地区，掩护其后方联络，主力向台儿庄以东的岔河镇方向前进。第五战区急令第 139 师至岔河镇占领阵地，归第 20 军团指挥，准备抗击该敌。汤恩伯率指挥所于当日进至四户。

孙连仲为歼灭台儿庄内之敌，决定由城外向日军占领的街区实施夜袭，以收出敌不意、攻其不备之效。当日 16 时下达了作战命令。主要内容为：令第 27 师挑选奋勇队 250 人，继以得力步兵 1 营跟随冲进台儿庄城内（该奋勇队如能爬进城垣、冲杀该敌，准赏洋5000元）；第 30 师（欠袁、吴两团）集结最优秀的兵力，在第 27 师开始攻城时向三里庄发动袭击；集团军炮兵队集中火力向刘家湖射击，以牵制敌人；台儿庄的第 31 师配合第 27 师部队向占领了城西北角之敌发动进攻。当日夜半前后，第 27 师奋勇队及第 157 团第 2 营从台儿庄东北角突入城中，攻占了东北隅及东南门，但终为敌所阻，遂占领部分街区，与敌巷战。31 日，在第 27 师第 157 团第 2 营进攻的同时，第 30 师第 175 团亦以第 3 营向占领西北角的日军发起进攻，经激烈肉搏后，终将敌人击退，并歼灭其一部。

4 月 2 日，由于第 20 军团昨日放弃对獐山以东日军的进攻，日军第 10 联队乘机南下，进至台儿庄以东地区，于 10 时 30 分开始向第 27 师彭村、上村、陶沟桥等处阵地进攻。激战至 19 时，第 27 师后撤至连庄、丁家窑、火石埠之线继续抗击。日军坂本支队当日亦进至陈瓦房、耿庄地区，与第 10 联队取得联系。其留置后方担任掩护的部队被第 52 军包围，刘庄第 25 师的第 145 团将其位于刘庄的一部歼灭。

由于日军第 10 联队及坂本支队均向台儿庄以东地区前进，第五战区急将刚刚调至碾庄、八义集一带的第 75 军及其第 6 师、第 13 师转至岔河镇地区，令由临沂方面调来的第 57 军第 111 师的第 333 旅进至鲁坊地区，均归第 20 军团军团长汤恩伯指挥，决心集中兵力将已进至台儿庄附近的日军围歼于邹、台地区。2 日 20 时，第五战区向各单位下达了作战命令。主要内容为：[60]

(1) 敌第 10 师团及第 5 师团之一旅，自经临沂、台儿庄诸战斗后，伤亡极大，现参加决战之兵力，至多不过 5 个联队，附山野炮 50 至 60 门，重炮 10 门，战车数十辆，其一部约 1000 人，在洪山镇北方秋湖附近被我军第 20 军团包围，其主力向台儿庄东侧陈瓦房、凤凰桥一带运动，续向第 2 集团军右翼迂回攻击中。

济南、大汶口、济宁、滕县间为第 10 师团之另一旅团分段守备中。

(2) 本战区以迅速合围歼灭敌人之目的，决于明(3)日开始全线总攻击，保持重点于第 20 军团之右翼，将敌包围于台儿庄北侧地区而歼灭之。

(3) 各兵团任务如下：

甲、第 20 军团以一部消灭洪山镇北方之敌，以主力于 3 日保持东南正面，向台儿庄附近之敌左侧背攻击，逐次向左迂回，务在台儿庄左侧地区将敌捕捉歼灭之。攻击开始时间，由该军团自定。因战况之进展，须随时遮断敌自峄县之退路，并对向城方面增援之敌严密警戒。

乙、第 2 集团军右翼与第 20 军团联系，于 3 日全线攻击，消灭台儿庄之敌；第 110 师准备以 1 旅由万里闸附近渡河，向北洛村附近敌之右侧佯攻。

丙、第 3 集团军前敌总司令曹福林指挥张测民支队 5 个团及游击总指挥李明扬所部，为堵击兵团，迅速南下向枣庄、临城合围。

(4) 军团区分：

右翼兵团

第 20 军团长汤恩伯，第 52 军，第 85 军，第 75 军，第 57 军之 333 旅，第 13 师，骑兵第 9 师，炮兵第 4 团。

左翼兵团

第 2 集团军总司令孙连仲，第 2 集团军第 119 师，炮兵第 10 团 2 个连，战车防御 3 个连，重迫击炮 2 个连。

(5) 第 110 师河防由第 22 集团军部队接替。

日军第 10 联队在 4 月 2 日的《战斗详报》中说："对中国军队第 27 师第 80 旅昨日以来的战斗加以检讨，无愧于蒋介石对他们的极大信任。他们据守散兵壕，全部顽强抵抗直至最后。他们在狭窄的散兵壕内，重叠相枕，力战而死之状，虽为敌人，观其壮烈之态，亦为之感叹。战斗中曾使翻译劝其投降，但无一人应者。战至尸山血海的精神，并非独为我军所特有。无视他人，自我陶醉，为我军计，对此应有所慎戒。本日作战，我军伤亡将校以下 66 名，敌遗尸约250 具。"

4 月 3 日，台儿庄内日军得知其第 10 联队及坂本支队均已增援至台儿庄以东地区，为配合作战，加强了在庄内的攻势，由东部街区向南部及西部街区猛攻，但遭到第 31 师的坚强抗击，除又夺占了东南门外，没有进展。第 10 联队继续向第 27 师阵地攻击，但亦遭到顽强的抗击。经一日苦战，日军占领了黄林庄附近第 26 师的部分主阵地，第 27 师退至石拉一线继续抗击。战斗于第 10 联队以东的坂本支队 4 月 3 日正在火石埠一带与第 75 军激战中。

第 2 集团军的 3 个师全天均在日军猛攻之下，竭力防守，但无力按战区的命令转为进攻。第 110 师派豫东红枪会组成的武术队于当夜潜渡运河，以大刀、梭镖袭击了韩庄车站，一度攻入站内；该师第328旅潜入河北的突击队亦对邹县之敌进行袭扰。第20军团的第75军一部正与日军坂本支队激战；第52军已消灭了坂本支队的掩护分队，正向底阁、杨楼一线前进，做进攻濑谷支队左侧背的准备。

4月4日，濑谷启发现中国军队有向其翼侧及后方包围的迹象，急令第10联队主力向支队部所在地杨庙靠拢，连夜北返至距台儿庄约4公里的鱼鳞集结；留约1个中队的兵力置于黄林庄地区，与台儿庄内第63联队第2大队相呼应。日军坂本支队进攻受挫，已被第75军及第85军包围于鸾墩、大顾珊、火石埠等地。

中国统帅部得到临城、枣庄一带的日军均已调至峄县以南增援的情报，即令第3集团军前敌总司令曹福林“速向临、枣推进，限4月5日到达”，企图切断日军的前后联系、合围台儿庄附近日军于峄县以南地区；同时派飞机27架，分两批轰炸了濑谷支队和坂本支队。第20军团将第13师控置于鲁坊、南桥地区，以防止临沂方面的日军增援。

此日，第75军及第85军一部全天与坂本支队作战，第52军仍在准备进攻，第2集团军仍与当面之敌苦战。

4月5日，日军坂本支队与后方的联系已完全被第20军团切断，弹药、粮秣均无法从临沂方面的第5师团获得，不得不从第10师团濑谷支队方面补给，已陷于困境。当晚19时37分，该支队下令准备退回临沂地区，并于20时30分致电濑谷启：“支队为攻占沂州，奉命返回，预定明(6日)日没后开始行动，7日拂晓前在三佛楼附近集结兵力。”此时，濑谷支队对台儿庄的攻击亦毫无进展，留置黄要庄的第10联队的1个中队在第27师的猛攻下已放弃纪庄等外围村庄，退缩至黄林庄。

因第20军团迄今尚未对进攻台儿庄日军的侧背进行有力的攻击，致台儿庄的形势日趋危急，因此蒋介石于5日12时致电汤恩伯：“台儿庄附近会战，我以10师之众对师半之敌，历时旬余，未获战果，刻军团居敌侧背，态势尤为有利，攻击竟不奏效，其将何以自解？应急严督所部于六、七两日奋勉图功，歼灭此敌，毋负厚望。”汤恩伯接到电令后积极部署进攻：令第75军“以一部巩固岔河镇东南、西南一带高地之据点，主力继续向萧汪、东庄、台儿庄攻击前进”；令第85军(附第665团，欠第4师)“向低石桥、燕子井、岔河山、刘家湖继续攻击前进”；令第52军(附骑兵第4团)“以有力之一部巩固洪山镇、兰陵镇、向城一带之据点，主力即刻开始经甘露寺、腰里徐，向泥沟、北洛之线攻击前进”。同时急电第31师师长池峰城：“明日(6日)决将台儿庄之敌击溃，与贵部会合。如不成功，甘当军令。”[61]当晚，第52军到达底阁、杨楼、陶沟之线，第85军的第89师在朱庄、黄洲之线向大顾珊之敌进攻中，第75军的第139师在岔河镇、西黄石山之线向萧汪之敌进攻中，第75军的第6师在戴庄、李家圩之线向辛庄之敌进攻中。

同日，第2集团军总司令接到第一战区司令长官程潜的电报：“本长官奉令特来徐州督战。台儿庄之敌限自鲁起至齐日止(6日至8日)，3日内务捕捉歼灭。树立首功者奖洋10万元，否则师长以上定予重惩。”[62]孙连仲接电报后立即“严令各部务于限期内将当面之敌肃清，免受军令制裁”。第110师于当晚从得胜口潜渡运河北进，准备于次日进攻獐山附近之敌。

4月6日晨，日军濑谷支队长发现第110师的部队已进至泥沟、獐山以西附近，第20军团第52军的部队已逼近至支队部所在地杨庙东北约7公里的张楼地，而坂本支队主力已被第85军及第75军从北、东、南三面包围于邢家楼、大顾珊地区，且又准备于今晚撤走。这样，“濑谷支队长认为独立维持台儿庄战局困难”，[63]决定退却，于15时30分电告矶谷廉介：“暂撤离台儿庄地区，部队向后方集结”；同时部署撤退，下令：“支队于本日日没后以全力向北转进”，令步兵第10联队第1大队及步兵第39联队第1大队提前于日没时即占领白山西村及獐山，令步兵第63联队主力(不包括台儿庄部队)于日没时向朱庄进攻，以掩护支队主力撤退，第10联队、台儿庄内第63联队第2大队及顿河闸、插花沟、黄林庄的各中队均于20时撤出第一线，向泥沟地区集结。在兖州的矶谷廉介接到濑谷启的电报后，立即命令参谋长电告濑谷启，令其终止后退。但濑谷启身陷险境，深知如果今夜不能迅速脱离台儿庄地区，等明日中国军队合围后就有被全歼的危险，因而抗命不从，继续指挥支队退却。由于仓促退逃，又是在中国军队的进攻下进行的，所以许多军需物资，如粮秣、弹药、被服以及日军尸体等均来不及带走，全部放火焚烧；有些重型机械化武器也因弹尽油竭、无法开动，不得不自行破坏，遗弃于战场。仅就台儿庄附近战场而言，该支队仅有的2门155毫米重炮及4辆履带牵引车以及8辆坦克均遗弃于战场(后被第200师运至湖南湘潭修理)，可见其溃逃时的狼狈之状。

台儿庄内的日军与第31师的部队隔墙相接、邻屋而战。日军想安全撤走，但守军以密集火力及手榴弹封锁，相当一部分日军在撤退的最后一刻被歼灭。至7日凌晨4时左右，台儿庄内的日军全被肃清。

4 月 7 日，日军濑谷支队主力退至官庄地区，后方掩护部队在獐山一带。坂本支队得悉濑谷支队北逃后，当夜亦在火力追击下加速撤逃。本欲向东北、经向城返回临沂，由于第 20 军团主力均在东北方向，根本无力突出重围，于是改向西北方向败退，向第 10 师团部队靠拢。

第五战区司令长官李宗仁得知日军北逃的情况后，于 13 时下达了追击命令："(1) 台儿庄附近经我孙、汤两军击溃之敌，现向峄县方向逃窜中。(2) 汤军以一部肃清战场，以主力由台、枣支路(不含)以东，沿夏庄、马山、九山、潭山以南地区向峄县追击前进。(3) 孙军指挥张轸师(第 110 师)由台、枣支路(含)向峄县追击前进。(4) 曹福林(堵击兵团)应于峄县以北地区截击敌人，勿使窜逸。(5) 敌如退据峄县城，孙、汤两军各以一部占领峄县东、西方高地，主力协同击灭城外敌之野战军后，围攻峄县城。(6) 敌如以峄县城为后卫阵地，孙、汤两军各以一部监视之，主力尾敌穷追。(7) 孙震军(第 22 集团军)应由新闸子渡运河，追击韩庄方面之敌。(8) 李仙洲师*应继续经向城向东，扫荡临沂以西之残敌，向临沂前进。到达后归张军长自忠指挥。(9) 予在铜山。"各部接令后，开始按命令追击。

4 月 8 日，濑谷支队主力集结于峄县地区，一部兵力占领獐山、白山西；坂本支队退至枣庄以南郭里集一带。第 2 军司令官西尾寿造令第 5 师团以步兵第 21 旅团为基干的坂本支队归第 10 师团长指挥。矶谷廉介命令两支队"在现驻地附近大力整顿兵力，搜集敌情，作好下一步进攻准备"。

在整个台儿庄战斗期间，第 3 集团军遵照第五战区的命令，以有力部队渗入到兖州以北地区进行游击作战，以配合台儿庄的战斗：3 月 23，第 12 军的第 81 师夜袭兖州，歼敌一部，并将兖州以北铁路破坏；3 月 26 日，第 55 军的第 29 师炸毁大汶口铁路多处，使日军列车脱轨；3 月 29 日，第 81 师又夜袭大汶口飞机场，炸毁敌机 8 架。

4 月 9 日至 11 日，追击的中国军队先后迫近峄县：左翼兵团进至峄县以南的白山西、泥沟一带，右翼兵团进至峄县以东的土山、马山一带，堵击兵团进至枣庄以北地区。此时日军濑谷、坂本两支队已集中兵力占领了白山西、獐山、九山、郭里集等各要点，一方面凭借工事进行防御，一方面以攻击行动破坏和迟滞中国

---

* 该师即第 92 军的第 21 师。该师原属第一战区，4 月 4 日受命转隶第五战区，6 日到达徐州附近，7 日受命归第 20 军团指挥。

图4-3-3　徐州会战·台儿庄地区战斗经过要图
（1938年3月23日—4月7日）

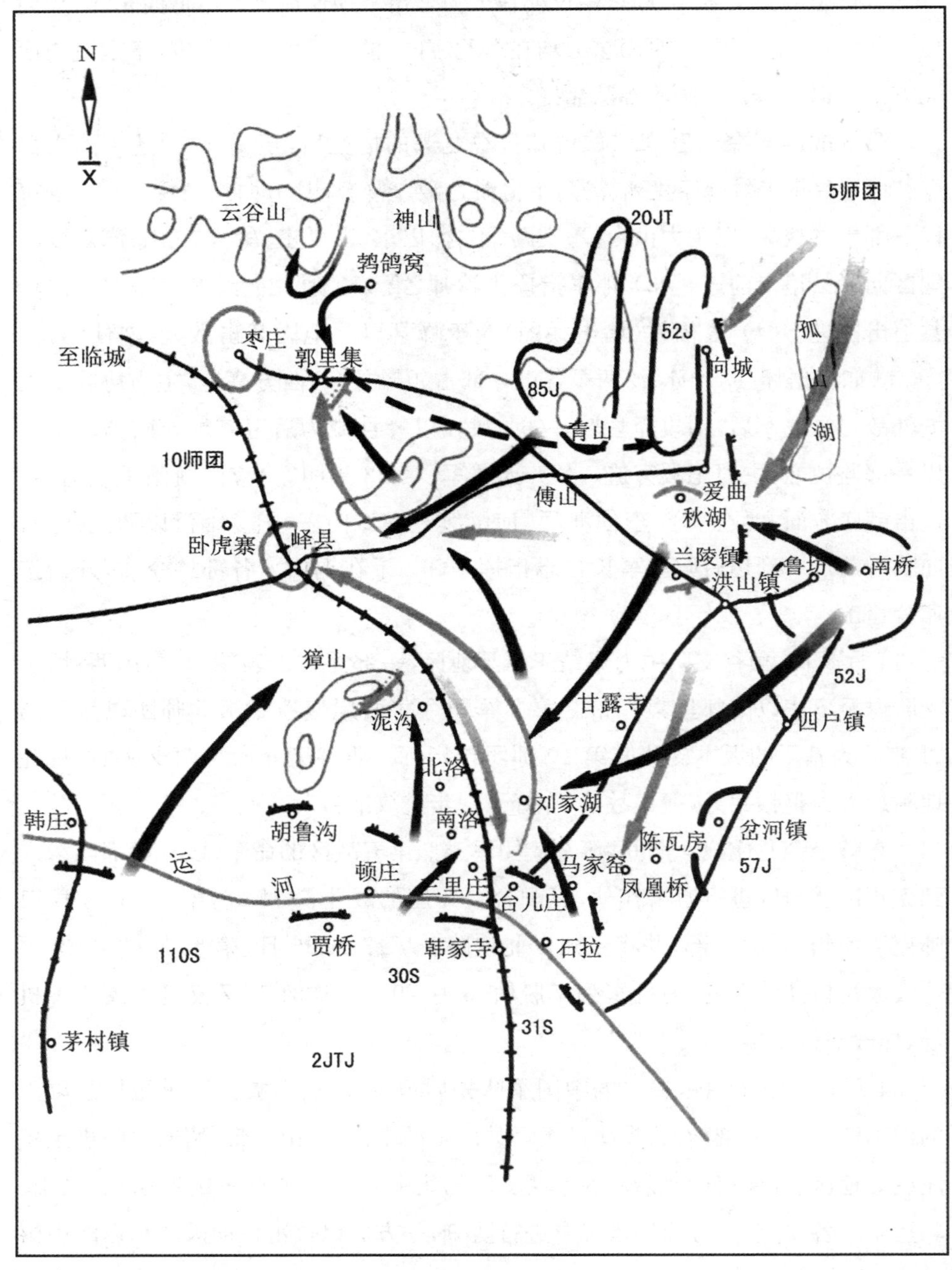

军队的进攻。因而第 2 集团军及第 20 军团虽然“连日猛攻，不惟进展甚缓，且颇多损失”。

中国统帅部对追击行动缓慢甚感焦虑。4 月 12 日，蒋介石致电李宗仁、白崇禧：“台庄之捷已逾 5 日，峄、枣、韩、临尚未攻下。踌躇审顾，焦虑至深。以乘胜之军更加主力部队追援绝溃惫之寇，不急限期歼灭，一旦敌援赶至，死灰复燃，是无异隳已成之功而自贻将来之患。万望激励将士努力进攻，一面分途堵击，务于一二日内将残寇全数歼除。庶敌兵再至，我更有以待之。”李宗仁、白崇禧身在前方指挥，对日军及所属各部情况知之较深：第 2 集团军经台儿庄苦战，人员伤亡惨重，且武器装备甚差，实无力对装备精良且又占领既设阵地的日军进行攻坚战斗；第 20 军团的武器装备虽然较好，军队实力亦强，但军团长汤恩伯一向“避免攻坚”，而事实上在当时具体情况下也确实不宜以攻坚战斗取胜。李宗仁、白崇禧遂于 4 月 13 日复电统帅部：“现敌改为守，凭借峄县附近山地为据点，以枣庄为犄角。我因阵线过广，处处薄弱，连日攻击，甚难成效，欲彻底消灭敌人，事实上恐难如愿。第二期抗战之方针，原在避免阵地战，以运动战消耗敌之兵力，而收‘集小胜为大胜’之功。拟在包围阵线上仅配置少数监视兵，将主力分别集结于便机动之位置，一面破坏敌后方交通，一面以小部队先游击，诱致敌人于阵地外求决战，无论敌何方增援，均可应付裕如。此为职等连日在前方实地观察，认为迅宜改用之战法原则。如蒙裁可，拟即相机实施。乞示。”4 月 15 日，蒋介石致电李宗仁、白崇禧：“所拟机动攻势案甚妥，应速实施。”

李宗仁、白崇禧欲歼灭峄、枣之敌，但感到兵力不足。恰于此时又得到来自天津方面的失实情报，错误地判断了日军的作战方针，于是致电统帅部参谋总长何应钦及其他决策人员，希望他们协助作出增兵第五战区的决策。电报内容为：“武昌何总长、徐部长次宸（军令部部长徐永昌）兄、熊次长哲明（军令部次长熊斌）兄、林次长蔚文（军令部次长林蔚）兄：(1)津息：台儿庄胜利已激起日方反战运动，致预定由国内增加 8 师亟早解决华北战局之计划打消，现在向鲁南之增兵，均由各战场抽调而来。(2)我如能把握台儿庄胜利之果而早日解决峄县之敌，则可扩大敌之反战运动，怂动国际力量之观听。确立我胜利基础，在此一举。拟请委座集中所有力量争此一着，务盼兄等主持一切，以期早观厥成，是所盼祷。”统帅部同意他们的看法，开始向第五战区增兵。但事实上日本大本营于 4 月 3 日就已决定集中兵力发动徐州会战。此时，“华北方面军”第 2 军基本上已调整部署完毕。4 月 18 日第 10 师团即开始转为进攻，徐州会战进入了后期——徐州突围阶段。[64]

在台儿庄地区战斗中，中国军队伤亡及失踪人员总计约1万余人，日军第10师团及第5师团伤亡约7000余人（不包括临沂地区战斗中的伤亡人数）。

七、会战后期——徐州突围

（一）双方的作战计划及指导

日本大本营本来因为准备不足而决定暂不扩大战场，但在台儿庄会战期间“看到在台儿庄方面有大量中国军队，特别是汤恩伯军团的出现，认为给蒋介石的主力一次大的打击，是挫伤敌人抗战意志的大好机会，因此决定进行徐州作战”。4月3日即向侵华日军传达了预先号令，并将华北、华中日军的参谋召回东京，进行了研究。4月7日正式下达了“大陆命”84号命令：

（1）大本营企图击破徐州附近之敌。

（2）华北方面军司令官，以有力之一部击破徐州附近之敌，占据兰封（今兰考）以东之陇海路以北地域。

（3）华中派遣军司令官，以一部兵力协助华北方面军击破上项徐州附近之敌，占据徐州（不含）以南津浦路及庐州（即合肥）附近地域。

（4）有关细节由参谋总长指示。

大本营参谋总长于同日下达了“大陆指”第106号的《徐州附近作战指导要领案》。其内容为：

第一　方针

华北方面军以有力之一部及与之相配合的华中派遣军的一部，击破徐州附近之敌，并占领津浦路及庐州附近。作战开始时间预定于4月下旬。

第二　要领

（1）华北方面军，以约4个师团向陇海路沿线发动攻势，击破敌人。为此，以主力由北方击破徐州附近之敌，另以约1个师团的兵力，由兰封东北向归德（即商丘）方向敌退路进攻。

（2）华中派遣军，以约2个师团（其一部担任后方警备）由南方策应华北方面军之作战。为此,应沿津浦路进击,尤应力求切断敌之退路。

(3) 华北方面军占领徐州(含)以北津浦路,将敌击破后,占据兰封以东之陇海路以北地区。

(4) 华中派遣军击破敌人后,占据徐州(不含)以南之津浦路及庐州附近。

(5) 两军作战要紧密联络。

(6) 本作战终了后,华北方面军约将3个师团配置于黄河以南;华中派遣军约以2个师团配置于徐州(不含)以南津浦路及庐州附近。

日军"华北方面军"根据大本营的命令及指导方案与"华中派遣军"联系后,于4月10日制订了徐州会战的指导方案。主要精神是将中国军队吸引于徐州附近及津浦路以东地区,在徐州西方及西南方切断退路,尔后攻占徐州、歼灭中国军队。为此,将会战分为三个阶段:第一阶段实施抑留作战,对由台儿庄追击北进的中国军队进行有限攻势作战,与之保持接触,将其抑留于韩庄、峄县、临沂之线;同时,"华中派遣军"以一部兵力由淮阴方面向西北方前进,占据要点,将中国军队牵制于徐州东南地区,以争取时间并掩护主力集中及进行包围徐州的部署。准备就绪后立即开始第一阶段作战。第二阶段实施包围作战,在发动大规模攻势的同时,以有力兵团从微山湖西侧,用迅速、突然的进攻,切断徐州以西及西南的退路;"华中派遣军"配合行动,将徐州完全包围,尔后攻占徐州,歼灭徐州附近的中国军队。预计在4月下旬开始第二阶段作战。第三阶段实施巩固占领区的作战,以第2军占领兰封以东陇海路,确保既占领区的安全。航空兵团在第一、二阶段以主力支援第2军的作战。在第三阶段,主要攻击中国军队后方要地及击灭中国空军,并以一部直接支援各兵团。

由于徐州会战的主要任务由第2军承担,所以"华北方面军"重新调整了战斗序列,先后将方面军直属的第16师团(1938年1月5日由"华中方面军"归还"华北方面军")、第114师团(欠1个大队,1938年2月10日由"华中方面军"转隶"华北方面军")、战车第2大队、野战重炮第3联队、野战重炮第6联队、后备兵1个大队以及独立工兵联队等配属于第2军。此前,已于3月15日将独立混成第5旅团(新编成不久)配属于第2军。至此,第2军已有4个师团、1个混成旅团及炮兵、战车等部队。

4月12日,"华北方面军"按照制订的作战指导方案下达了作战预令,并规定“第1军司令官应作好准备：以一部由兰封附近至范县之间渡黄河，切断兰封附近的陇海路，为第2军的作战创造有利条件”。

4月17日、18日，日军在济南召开了徐州会战作战会议，“华北方面军”、“华中派遣军”主要主持作战策划的作战课长、副参谋长及大本营直接指导两方面军作战的大本营派遣班负责人（作战部部长）参加了会议。经协商后，“华北方面军”及“华中派遣军”于4月23日和24日分别下达了作战命令，制订了作战计划。

“华北方面军”的“作命”甲第294号命令的主要内容为：“(1) 在徐州以北挫败敌人的进攻，但敌人正在兰封以东、陇海沿线及其以北增加兵力，有阻止我南进的企图。(2) 方面军必须在敌人战役布势完成前击破徐州方面之敌，占据兰封以东、陇海路以北地域。华中派遣军与方面军相策应，约以两个师团从蚌埠、怀远附近发起行动，由津浦路以南地区切断除州附近敌主力的退路。另以一部兵力于4月24日从东台北上，策应方面军作战。(3) 第2军在集结兵力的同时，务须尽快开始攻势行动，争取以徐州以西地区为主要决战地，对当面之敌进行攻击，并须占领徐州。(4) 第1军以有力之一部渡过黄河，首先迅速切断兰封、归德间的陇海路，并向归德方向挺进，与华中派遣军的一部密切协同，使第2军的作战得以顺利进行。掩护第1军渡河的部队由火车输送至济宁附近，立即由该处开始行动。另外，在兰封以西黄河沿岸，尽可能以佯攻牵制敌人。(5) 临时航空兵团，应以主力支援陇海路方面的作战，特别注意将攻击重点指向第2军的正面，与华中派遣军第3飞行团及海军航空队密切协同。”

华中派遣军的徐州会战计划主要内容为：

第一　方针

军与华北方面相策应，将徐州附近之敌人捕捉击歼于徐州以西地区。决战时间，概略预定在5月中旬。

第二　指导要点

军预定于5月5日前后开始前进，根据情况，亦准备可能在4月底前开始前进。

军以第9师团、第13师团并列作战，首先击破当面之敌，迅速向赵家集—蒙城一线附近进出，此时的重点保持于左翼师团。

进至赵家集—蒙城一线后，究应向归德、亳县方面还是向砀山、永城方面，或者向徐州方面前进，当视情况发展而决定。但不论何种情况，都必须以一部兵力占领宿县附近。

派遣军为保证军的主力作战，在军主力行动前，先派出下列部队：4月21日，令第101师团从现驻长江北岸，警备东台、通州的部队中抽调尽可能多的兵力，向阜宁方面逐次推进，俾军将来之作战有利；4月23日，令第6师团派出以步兵约4个大队为基干的部队，迅速沿和县—巢县—庐州大道地区作战，抑留庐州方面之敌，毂(彀)之作战容易。

为指挥徐州会战，"华北方面军"司令官寺内寿一的指挥所推进至济南；"华中派遣军"司令官畑俊六的指挥所推进至蚌埠。

台儿庄战斗胜利之后，受命追歼败退残敌的中国军队未能以战斗行动保证第五战区战役企图的实现，与日军濑谷支队、坂本大队相持于峄县以南、以西一带。中国统帅部判断敌军必将增援反攻。军令部主管作战的第一厅厅长刘斐根据当时部队的战斗力情况，主张鲁南的作战改为机动防御，除以一部分军队和敌保持接触外，主力集结于机动有利的地位，再相机打击敌人；建议缩小战场正面，后退至运河沿线布防，控制强大的预备兵团于徐州以西，用以应付各方面的情况。蒋介石勉强同意了机动防御及运动战制敌的方针，但在具体部署兵力方面不肯放弃现有各要点，并要求第一线作持久防御的部署。4月21日统帅部以蒋介石的名义，用训令的形式向第五战区下达命令。[65]"训令"如下：[66]

(1) 鲁南之敌，仍系板垣、矶谷两师团，济南敌援军万余，其半部已到兖、济、滕接防。

(2) 决依机动防御及运动战击灭敌人。

(3) 张自忠军并指挥李仙洲军，在临沂东南侧，主力置于沂河左岸牵制该敌，并向敌后方莒县、费县一带发动游击。

(4) 庞炳勋军调郯城马头整补，并掩护铁道。

(5) 孙连仲军附张轸师及周喦军，在刘庄、高皇庙、十字路楼北侧高地各附近之线占领纵深据点式阵地，持久抵抗；但须控制有力预备队于南、北洛附近，并以一部加强台儿庄阵地。

(6) 于学忠军附139师，以主力在常沟、红瓦屯之线占领纵深据点阵地，持久抵抗；以一部在作字沟、兰陵镇附近监视向城之敌，但须控制有力预备队于张楼东侧。该军统归孙连仲指挥。

(7) 孙震部任韩庄南方运河守备。

(8) 汤恩伯军(欠张轸师)在四户镇、大小良壁、岔河镇间整补。

(9) 卢汉军在台儿庄南侧集团。

(10) 第3、第9、第50、第92、第140师为总预备队,位置于砀山、商丘,但须以一师位置丰县。

第五战区的作战指导思想与统帅部收缩战线、控制强大机动兵力、实施机动防御的思想存在分歧。根据台儿庄战斗的经验,第五战区主张将主要力量投入第一线,在以正面吸引住敌人的同时,以强大兵团拊敌侧背,主动攻击,力求以攻势作战歼敌一部,从而达到防御的目的。这一思想与蒋介石的“积小胜为大胜”、“以攻为守”[67]的指导思想相吻合。4月23日,统帅部又制订了一个结合两种指导思想的折中方案——《徐州会战作战指导方案》。战略主要方向仍在鲁南,作战指导方面强调攻势歼敌,增加了不得已时实行机动防御的内容。

第一　方针

(1) 国军以确保徐州之目的,应对津浦铁道及沂河南下之敌切实阻止,并以有力部队威胁敌人侧背,俟迂回部队达到临沂、费县、滕县线上并集结相当兵力于徐州附近(后),然后以主力由南面转取攻势,歼灭敌军。至万不得已时,则用逐次抵抗,退守洪泽湖至微山湖中间地区。第二、第三战区,除以一部直接或间接支援徐州方面作战外,主力应积极进攻当面之敌,使敌不得放胆转用其兵力于津浦北段。

第二　指导要领

(2) 第五战区之部队,应以主力固守郯城以南经邳县至韩庄之线,并以四师以上兵力,由济宁至东平间地区突入敌后方,对峄县、郯城之敌攻击,并以集结之兵力加入南北夹击,以收歼灭当面之敌之效。至不得已时,我当面部队须利用逐次抵抗,退守洪泽湖、微山湖中前地区,待机转移攻势。迂回部队则专任敌后方之游击。

(3) 第一战区部队,主力积极向济南方向活动,破坏津浦铁路北段交通,并向敌军后方发动游击战,一部攻击当面之敌。第二战区部队应积极攻击当面之敌,牵制当面敌军之转移,并抽调一部向徐州附近集结。

(4) 第三战区应抽调一部控制于相当地点,作战略预备队,主力努力攻击当面之敌。

(5) 即以现在控制于后方之部队向徐州附近集结，准备将来之攻势转移。

此时，由各战区增调至第五战区的部队已有第46军、第60军、第22军的第50师、第69军及骑兵第9师、骑兵第13旅等。第五战区根据统帅部攻势歼敌的精神调整了部署，将所属部队按作战地区分为鲁南兵团、鲁西兵团、淮南兵团、淮北兵团及战区总预备队。重点是鲁南兵团。鲁南兵团的军队区分为：右翼军，军长樊松甫，辖第46军；中央军，军团长汤恩伯，辖第20军团（欠第110师）、第27军团（第92军仍属之）、第50师、第139师；左翼军，总司令孙连仲，辖第2集团军、第51军、第60军、第75军（欠1个师）、第110师、第93师；挺进军，军长石友三，辖第69军、骑兵第9师、骑兵第13旅（第69军进出郯城以北后归石军长指挥）；韩庄守备军，代总司令孙震，辖第22集团军（第51军之1团仍属之）。

4月25日，第五战区下达了"作命"第6号命令。其主要内容为：[68]

(1) 临沂、峄枣之敌合约两师团，其主力似已深入我四户镇、台儿庄间地区。

(2) 战区以消灭敌主力之目的，拟以鲁南兵团向左旋回攻击该敌，并与鲁西兵团相策应，围困之于峄县附近山地而逐次击破之。第一攻击目标为向城、傅山口、响连屯、獐山之线，攻击开始预定27日早。鲁西兵团（以孙、曹、刘三部编成，由李副司令长官品仙指挥之）以全力西出津浦线，阻止敌南下之增援及遮断其补给，并以有力之部队南下与鲁南兵团策应，夹击峄枣附近之敌。

(3) 挺进军应速集结于沭河、沂河间陇海（路）沿线地区，向郯城、临沂方面挺进，掩护兵团之右侧，阻止敌之增援，并切断其后方之交通。

(4) 右翼军应集结于运河以东、陇海线北侧地区，速进出于马头镇、后湖以北之线后向左旋回，即向向城、青山之线攻击前进。

(5) 中央军速夹击、驱逐正面之敌后，与右翼军联系，向傅山口、鹅山之线攻击前进。

(6) 左翼军集结主力于其右翼，与中央军联系，向响连屯、獐山之线攻击前进；其左翼应保持现在之线，施行佯攻。

……

(8) 韩庄守备军固守韩庄附近运河之线，阻止敌之突进。

(9) 战区总预备队(约三师及炮兵若干)分置于徐州、归德间,策应两兵团之作战。

统帅部对第五战区的部署及预定作战行动基本同意,但在集中使用兵力及控置机动兵力方面稍作了一些补充指示。蒋介石于4月26日致电李宗仁:"(1)部署适当,希坚决实施。(2)须着眼求敌主力包围于战场而歼灭之,勿为作战地境及到达线所限制,以免樊军扑一大空再回转攻击之烦。(3)外翼如有少数敌人,须由石军驱逐,勿分割樊军兵力。(4)马头镇及其以南之敌,须由张自忠及吴良琛部阻止之,攻击军应果决向敌侧背迈进。(5)须尽量由左翼于孙军抽出有力部队以供机动使用。"

在战略上,中日双方虽然完全不同(日军是进攻,是企图消灭徐州附近的中国军队,从而攻占徐州;中国军队是防御,是企图消灭进攻徐州的日军一部,从而保卫徐州)。但在战役上,双方的作战指导都是企图以攻势作战、以迂回包围行动歼灭对方。

(二) 徐州外围作战及弃守

台儿庄战斗后,中国追击部队与日军濑谷支队、坂本支队相持于峄县附近的期间,日军第2军得到了加强。西尾寿造将第114师团的约4个大队及第16师团的约1个大队等配属给第10师团,将独立混成第5旅团的约2个大队等配属给第5师团,并令第114师团接替了第10师团第8旅团的后方警备任务,从而使第一线的兵力大为增加。

4月10日,第10师团师团长矶谷廉介由兖州进至枣庄指挥作战。18日开始转为攻势,使用于攻击的部队为:以濑谷启步兵第33旅团为基干的濑谷支队,以长濑武平步兵第8旅团为基干的长濑支队和由第5师团转隶的、以坂本顺步兵第21旅团为基干的坂本支队。矶谷廉介的部署是:濑谷支队在右,沿枣台铁路向台儿庄进攻;长濑支队在中,先向兰陵镇、甘露沟,再向禹王山进攻;坂本支队在左,先向向城,再向四户镇进攻。3个支队并列攻击前进,我第2集团军及第52军、第60军等部队坚决抗击,不断反击。至4月底时,双方激战于兰城店、禹王山、泥沟一带,对当地的一些要点均进行多次的反复争夺。日军不仅难以进展,而且3个支部队基本上均陷于被围的困境,后方联系常被切断。日军第10师团师团长矶谷廉介为援救处境危急的濑谷支队,4月28日将刚刚由第2军增加配属的步兵第 16 师团的草场辰巳第 19 旅团(以步兵第 20 联队、野炮兵第 22 联队第 1 大队为基干)编为草场支队,令其由濑谷支队右翼投入战斗,向台儿庄地区进攻。但进至金陵寺、白山西附近即遭到第 110 师、第 30 师的顽强抗击,被迫转为守势。

临沂方面,日军在坂本支队西去台儿庄战场后,第 5 师团师团长板垣征四郎立即于 3 月 31 日进至汤头镇,尔后又至义堂集指挥作战。当时青岛及胶济铁路等后方警备占用了大量兵力,一时无力发动大规模的进攻。4 月中旬,因得到独立混成第 5 旅团第 17、第 20 两个大队及第 114 师团步兵第 150 联队第 1 大队的加强,遂用这些战斗力较差的部队接替警备后方,以战斗力较强的国崎支队进攻临沂。该支队是以第 5 师团的国崎登第 9 旅团为基干的一支部队,淞沪会战时由华北调去华中;占领南京后,1937 年 12 月 31 日受命归还第 5 师团建制;1938 年 1 月 14 日在青岛登陆归建,并担任青岛警备。下属有步兵第 41 联队(欠 4 个中队)、步兵第 42 联队(欠 1 个大队、2 个中队)、野炮兵第 5 联队的第 2 大队、第 3 大队及工兵第 5 联队等。国崎支队于 4 月 16 日开始向临沂外围阵地进攻,激战至 19 日夜,攻占临沂,24 日占领郯城、马头镇。但当继续前进时遭到我第 52 军及刚刚调来、位于涝沟的第 46 军的猛烈抗击及反击,不但毫无进展,而且被切断后方联络,弹药、粮秣缺乏,士兵伤亡极大。从进攻临沂始至 4 月底,"各中队伤亡累计达 60%—75%,联队实力还达不到 1 个大队"。

日军"华中派遣军"根据徐州会战计划派出两支先遣部队,以策应"华北方面军"的作战,并掩护本派遣军主力的开进及展开。第 6 师团第 11 旅团旅团长坂井德太郎率以步兵第 13 联队、骑兵第 6 联队、野炮兵第 6 联队的第 3 大队为基干的坂井支队于 4 月 23 日从芜湖出发,24 日在海军协助下从和县以东新河口渡江,占领了和县,26 日占领含山,30 日占领巢县;第 101 师团第 101 旅团旅团长佐藤正三郎率以步兵 5 个大队、野炮兵 1 个大队为基干的佐藤支队于 4 月 24 日从东台出发,26 日占领盐城,28 日占领新兴城。以上两支队均未受到有力的抵抗。

蒋介石当时尚未预见到敌对徐州将采取大规模的包围行动,认为淮南方面日军的进攻仅是策应鲁南作战,因而仍本着"以攻为守"的方针,决定在鲁南和淮南两战场同时采取攻势,以阻止日军的南北对进。他于 4 月 30 日向李宗仁发出训令:"(一)鲁南方面:1. 敌之攻势已顿挫。2. 决全线转攻势,与敌以更大之打击。3. 石友三军不攻郯城、不顾任何敌人之牵制,向敌后方挺进,并以 1 旅以上兵力向青岛攻击前进。4. 樊松甫军避开马关镇据点之攻击，向敌主力后方挺进袭击。5. 其余守势正面各军可增加第 50、第 140 两师，全线转移攻势。6. 转攻以后无论效果大小，抑或万一顿挫，均须适时抽出损害过重部队至运河后方构筑据点工事并整顿补充。7. 其他已到、未到控制部队不得使用。（二）淮南方面：1. 敌总兵力不过 4 万，我占绝对优势。惟敌立内线，如向我任何一点进攻，均感应付困难。2. 以打破敌策应鲁南企图，使陷于被动之目的，决制敌机，先采取攻势。3. 韩德勤部应集结兵力，迅速攻击突进之敌。4. 廖磊部先以一部佯攻，诱敌离开阵地而击破之。5. 徐源泉部到达合肥即向当面之敌进攻前进。6. 杨森所部主力应开前方，攻击巢湖以南之敌，酌留一部守备安庆及沿江要点。7. 已令罗树甲师开合肥，归徐源泉指挥，并令唐式遵抽调两团至安庆增防，归杨森指挥。（三）各方面攻击部署细部由战区决定，务须迅速开始为要。”

当统帅部的训令下达到第五战区时，由于日军的攻势加强，特别是第 5 师团与第 10 师团的进攻部队已连为一线，战场正面增大。为阻止日军攻势，中国军队向右延伸翼侧，卢汉的第 80 军、樊松甫的第 46 军、李延年的第 2 军、谭道源的第 22 军以及吴良琛的第 13 师等都已投入第一线战斗。由韩庄北的高皇庙经禹王山至郯城南的南北劳沟及捷庄一线，基本上正在进行着艰苦英勇的阵地战，势难按照训令“全线转为攻势”。鲁南方面，直至 5 月 10 日，双方仍处于胶着状态，其间日军第 2 军虽然又将军预备的片桐支队（第 9 联队长片桐护郎所率约步兵 2 个大队、野炮兵 1 个半大队的兵力）配属第 5 师团，增援国崎支队，并给国崎支队补充了 1100 余预备兵员，但在中国军队的坚强抗击下，仍无法前进一步。

日本大本营认为台儿庄的败退“有损于陆军的传统”，因此于 4 月 30 日任命东久迩宫为第 2 军司令官，接替了西尾寿造（徐州会战后又将第 10 师团师团长矶谷廉介编入预备役）。东久迩宫于 5 月 7 日到达兖州，立即下达了发动徐州会战的命令：除令第 10 师团、第 5 师团继续在鲁南进行抑留作战，并准备分向徐州以西、以东前进外，令“第 16 师团 5 月 9 日从济宁附近出发，击败当面之敌后，首先迅速进入砀山、唐寨方面”。该师团当日即渡过运河，进至郓城附近。

南线方面，“华中派遣军”的先遣支队佐藤支队于 5 月 7 日占领阜宁，坂井支队仍在巢县。但其主力第 9 师团及第 13 师团按照会战计划，于 5 月 5 日开始北进，当天突破防守北淝河北岸及涡河西岸的第 7 军阵地。第 9 师团沿北淝河西岸的淮蒙公路，于 9 日 8 时 30 分攻占了蒙城。蒙城守军为第 48 军第 173 师第 1038 团。该团于 7 日夜才冒雨从田家庵赶至蒙城，尔后在副师长周元率领下与日军苦战1日夜，终因准备不足及寡不敌众，蒙城被日军攻破。该团除部署于城外的1个连外，城内副师长周元以下700余人绝大多数战死，仅团长凌云上率士兵9人突出重围。

当鲁南陷于阵地苦战而淮北又突然出现敌2个师团的主力北进时，李宗仁开始感到形势严峻，认为敌“淮北方面所用兵力达两个师团，自必力求猛进，窥伺徐州。且淮北地形开阔，地域广大，阻止困难”；又考虑到“鲁南敌我已成胶着状态，彼此进展均困难”，两相比较，“淮北情况实较鲁南为紧急”，于是决心“集中兵力准备于固镇分设阵地，将敌击破，以解除徐州后顾之忧”，当即将冯治安第19军团、刘汝明第68军及罗奇第95军调归廖磊指挥，先阻止敌军北进，尔后再部署击破之。

统帅部得知日军第16师团于9日渡河西进的情况后，判断日军正向徐州采取包围行动，认为应乘敌兵力分散且离开据点的大好机会予以各个击破。李宗仁按照统帅部的意图，于5月10日下达了第7号作战命令。主要内容为“以先行击破淮北之敌、打破其向北进或西北进、截断陇海路之企图为目的，即向怀远、蒙城攻击前进”，令“31军之一部固守原阵地。31军主力连系77军及罗奇师分为数纵队由现在向怀远至蒙城间前进，求敌主力攻击之”；令区寿年“指挥区寿年师、程树芬师应由蒙城附近尾跟敌后以进行攻击，与主力相呼应”；“徐启明师应连系区支队左翼前进”。同时指令“后续兵团俞济时军、李汉魂军于5月15日前向永城附近集中”，归廖磊指挥。由于第五战区当时得到的报告说鲁西日军仅有1个旅团，所以在这个命令中未对鲁西方面采取积极措施，同时还准备把用于鲁西方面的第64军（李汉魂军）、第74军（俞济时军）调至淮北。蒋介石于当日晚电令李宗仁及第一战区长官程潜，改变了两个战区的作战地境，将鲁西划归第一战区，指示“第五战区应对鲁南残敌暂取战略守势，以优势兵力先行击灭超越淮河之敌；第一战区应集中新锐兵团，击破侵入鲁西之敌”。具体规定：“现调归（德）砀（山）之俞济时、黄杰、李汉魂各军，统归薛岳指挥，为鲁西方面攻势兵团，应指向该方面敌主力而击破之。其原在鲁西各部，酌量交孙桐萱、商震指挥，担任迟滞敌人，并固守沛县、鱼台、金乡、巨野、菏泽各据点，掩护攻势兵团之集中及展开。”〔69〕

蒋介石惟恐统帅部的命令不能贯彻，派侍从室主任林蔚及军令部作战厅厅长刘斐去徐州传达蒋的意图。实际上此时蒋介石与李宗仁对情况的判断已有分歧。蒋认为：“日寇自鲁南屡败，惊慌万状，近竟放弃晋绥、江浙既得地位，仅残置小部扼守要点苟延残喘，而调所有兵力指向陇海东段孤注一掷，以图幸逞，其总兵力合两淮、鲁豫至多不过15万，较之我军使用各战场兵力约为4倍以上之劣势，且敌之后方处处受我袭扰，补给不便，较之我之后方有良好交通者，其补给及兵力转用之难易相去甚远。目下敌不顾其兵力之不足、战略态势之不利，竟敢采用外线包围作战，其必遭我军之各个击破而自取败亡，殆无疑问。”而李宗仁身在前线指挥，对部队战斗力情况了解较深：假如每支部队在战斗、战术能力上都能保证完成战略、战役所赋予的任务，台儿庄胜利时就不会让战败之敌安全重新组织防线固守待援了，因此对能否迅速击破淮北2个师团之敌，抱有疑虑。

蒋介石为进一步贯彻他的意图，5月12日早，又以训令形式致电李宗仁：“(1) 国军决先击灭淮北及鲁西之敌。(2) 鲁南方面在敌抽调兵力转用鲁西之情况下，除应以有力部队增强右翼防敌包围外，须即刻设法抽出三四师兵力位置徐州，为该战区预备队，必要时用于蒙城方面之攻势。(3) 鲁南方面即决心取守势，于必要时可依运河逐次抵抗，至不得已时则固守徐州国防工事线，以获得攻势方面决胜之时间。(4) 总之，五战区第一任务在击灭蒙城方面之敌，使全盘态势有利，否则保有鲁南阵地亦属无益。希当机立断，速决实行，具报。”

李宗仁于当日晚制订了“第五战区作战计划”。但他仍认为统帅部对南北实行钳形包围之敌实施反包围的作战指导缺少万一反包围不能成功时如何迅速脱出敌人包围的措施。因而在计划中增加了当陇海路有被截断可能时各兵团如何转进的内容。其《计划》如下：[70]

一、敌情判断

敌对我鲁南改取攻势，主力由淮北、鲁西两方夹击，有截断我陇海交通、包围徐州之企图。

二、方针

(一) 战区拟乘敌兵分离之际集结兵力，击破淮北之敌，再转移兵力于其他方面，施行各个击破。

(二) 敌如将会师陇海线，我后方连络线有被敌遮断之虞时，则各以一部攻击永城及蒙城之敌，以主力转移到亳县、涡阳、阜阳以西地区，准备尔后之作战。

三、指导要领

(一) 敌如尚在分离之状态时，应取下述之指导：

1. 淮北兵团之全力与第一战区鲁西兵团之一部呼应，以有力之一部攻永城，主力向蒙城压迫，以截断敌之连络，击破该敌于淮河左岸地区。

2. 鲁南、苏北两兵团，应竭力阻止各该方面敌之发展，以取得时间之余裕。不得已时，鲁南兵团撤退至运河西岸，苏北兵团力图存在于运河以东、旧黄河以北地区，准备尔后之反攻。

3. 淮南兵团一部仍向淮河右岸压迫，主力拒止巢县之敌北进。

4. 淮北之敌如被我击破，追击至淮河之线时，应如何转移主力、各个击破他方之敌，均以当时之状况定之。

5. 预备兵团控制徐州附近，以适应各方之情况。

（二）淮北之敌，如我未能贯彻击破之方针，而与鲁西之敌将会合时，应采取下述指导：

1. 鲁南、淮北两兵团，应各以有力之一部，先占铜山、宿县两地，阻止敌之追击，掩护主力之西撤，其境界为夹沟—濉溪口—临涣集—涡阳—太和之线，线上属淮北兵团。

2. 两兵团各以有力之一部袭占或监视永城、蒙城，主力分多数纵队，各由蒙、永间及其附近各道西进，迅速通过敌之包围线，尔后在亳县、涡阳间线上各派掩护部队，主力向其以西地区集结，准备反攻。

3. 苏北兵团即在苏北、鲁东南地区游击。

4. 淮南兵团主力，竭力保持合肥，一部撤至凤台、阜阳，掩护战区之右侧。

5. 鲁南兵团向微山湖以西撤退时，务与第一战区鲁西两兵团连系。

6. 预备兵团之行动，视敌情况由兵团区处，或增援于最急要之方面。

（三）司令长官部，第一项指导间，仍在徐州；第二项指导间，移至周家口，设指挥所于亳县。

（四）军队区分

鲁西兵团：指挥官孙连仲总司令，率第46军、第60军、第51军、第75军、第2集团军主力、第22集团军残部、第50师、第13师、第132师、第110师、第140师。

淮北兵团：指挥官廖磊总司令，率第31军、第7军、第77军、第48军一部、第68军、第95师。

淮南兵团：指挥官李品仙副司令长官，率第48军主力、第10军、第20

军(附第23集团军之一旅)、第199师。

苏北兵团:指挥官韩德勤代总司令,率第57军、第89军、第8游击队。

预备兵团:指挥官汤恩伯军团长,率第2军、第92军、第59军、第4师。

第五战区作战计划下达后,部队的调整、集结尚未完毕,形势已发生极大变化:

淮北方面,日军的进展顺利。受命防守永城的罗奇第95师1个团尚未到达,日军第13师团就占领了永城,第9师团占领了百善。担任第9师团右侧翼掩护的第18旅团,14日占领南坪集。刘汝明部吉星文旅于当夜反击,但被击退。第13师团的快速挺进队(战车1个大队,轻装甲车1个中队,乘车步兵2个中队,工兵1个中队)14日15时进至汪阁以东地区,炸断了陇海铁路。"华中派遣军"为加强进攻力量,又增调镇江的第3师团沿蚌埠间铁路北进,15日在大营集与第31军激战。原在巢县的坂本支队(第6师团第11旅团)亦于5月11日北进,击退徐源泉部,于14日占领合肥。

鲁南方面,日军在鲁南兵团坚强抗击下进展较缓。第10师团由第114师团接替,14日集结临城,15日渡微山湖,准备由西北面进攻徐州;第5师团紧跟中国第60军等收缩阵地的部队,15日进至运河东岸。

鲁西方面,日军进展甚快。第16师团经激战,击退第3集团军第74师后,于14、15日攻占了鱼台、金乡。其快速突击队(战车1个大队,乘车步兵1个大队,野炮兵1个中队,工兵1个小队)于15日上午深入至黄口附近,炸毁一段陇海路,与"华中派遣军"第13师团的挺进支队会合。第1军第14师团派出掩护渡河的第28旅团,车运济宁,渡运河西进,与守卫郓城的第20集团军第23师激战后,于11日攻占郓城。第14师团主力于12日在濮城、杨集一带渡过黄河,又经2日激战,击退了第23师,于14日攻占曹州(今菏泽)。

日本大本营为加强华北方面军进行徐州会战的攻击力量,从关东军增调混成第3旅团和混成第13旅团至徐州,配属第2军。该两旅团15日亦已到达兖州,即将投入战斗。

总之,日本大本营以围歼徐州附近中国军队、占领徐州的会战计划*至5月5日基本上已接近完成,在战役上已形成了四面包围的态势。

---

* 以约6个师团部署于徐州以北,以约3个半师团部署于徐州以南,以连续攻击的行动将中国军队吸引、抑留于徐州地区,尔后以迅猛的迂回作战,南北对进,切断陇海路,再7路并进,对徐州作向心攻击。

5月16日，日军第9师团已进至萧县附近，正与赶往阻击的第139师激战中；日军第16师团亦接近谢场，徐州已直接受到威胁。李宗仁为避免在不利形势下进行决战，决定放弃徐州作战略转移，遂令张自忠指挥徐州西北的第59军、第92军的第21师及第27师增援第139师，在萧县、郝寨阻击敌人，掩护主力集结。同时下达了转进命令。主要内容为：

(1) 第2集团军、第22集团军及第51军、第60军、第48军、第22军、第75军之第6师、第93军之第132师和140师为鲁南兵团，以孙连仲为总指挥，于学忠为副总指挥，守备徐州，掩护大军转移。

(2) 第20军团(第110师、第4师)及第2、第68、第59、第92各军，与第95师为陇海兵团，以汤恩伯为总指挥，刘汝明为副总指挥，由徐州西南转进亳县、柘城、太康、鹿邑、淮阳、涡阳一带。

(3) 第21集团军、第31军及第77军为淮北兵团，以廖磊为总指挥，由宿县、固镇一带向太和、阜阳、颍上、凤台、寿县、正阳关之线转进。

(4) 第26、第27集团军为淮南兵团，以李品仙为总指挥，确保官亭、舒城、怀宁之线。

(5) 第24集团军为苏北兵团，以韩德勤为总指挥，仍确保淮阴、东海一带。

(6) 挺进军(第69军)应在费县附近鲁南山区经营根据地，进行游击作战。

张自忠奉令后，以第27师占领徐州东北的九里山阵地，以第59军(欠第180师)占领郝寨、夹河集一带阵地，以第92军(附第180师)占领萧县及霸王山一带阵地，掩护主力集结。

5月17日，宿县西南第77军在朱家口的阵地被日军第3师团突破，徐州西南第92军在霸王山一带的阵地被日军第13师团突破，防守萧县的第139师被日军第9师团包围，徐州西北第74军防守的丰县亦被日军攻占。当晚，第五战区司令长官部撤出徐州，移至宿县。

5月18日，在沛县的第3集团军遭渡过微山湖的日军第10师团围攻，已激战3日，当晚突围去商丘；宿县以南第77军军部所在地刘台被日军第3师团攻占，日军当夜又进攻宿县，拂晓时守备县城的第7军第171师撤走，宿县被占，第五战区司令长官部亦被冲散。但汤恩伯及廖磊部主力及长官部主要人员均由敌

图 4-3-4　徐州会战·徐州地区作战经过要图

（1938 年 4 月 21 日—5 月 19 日）

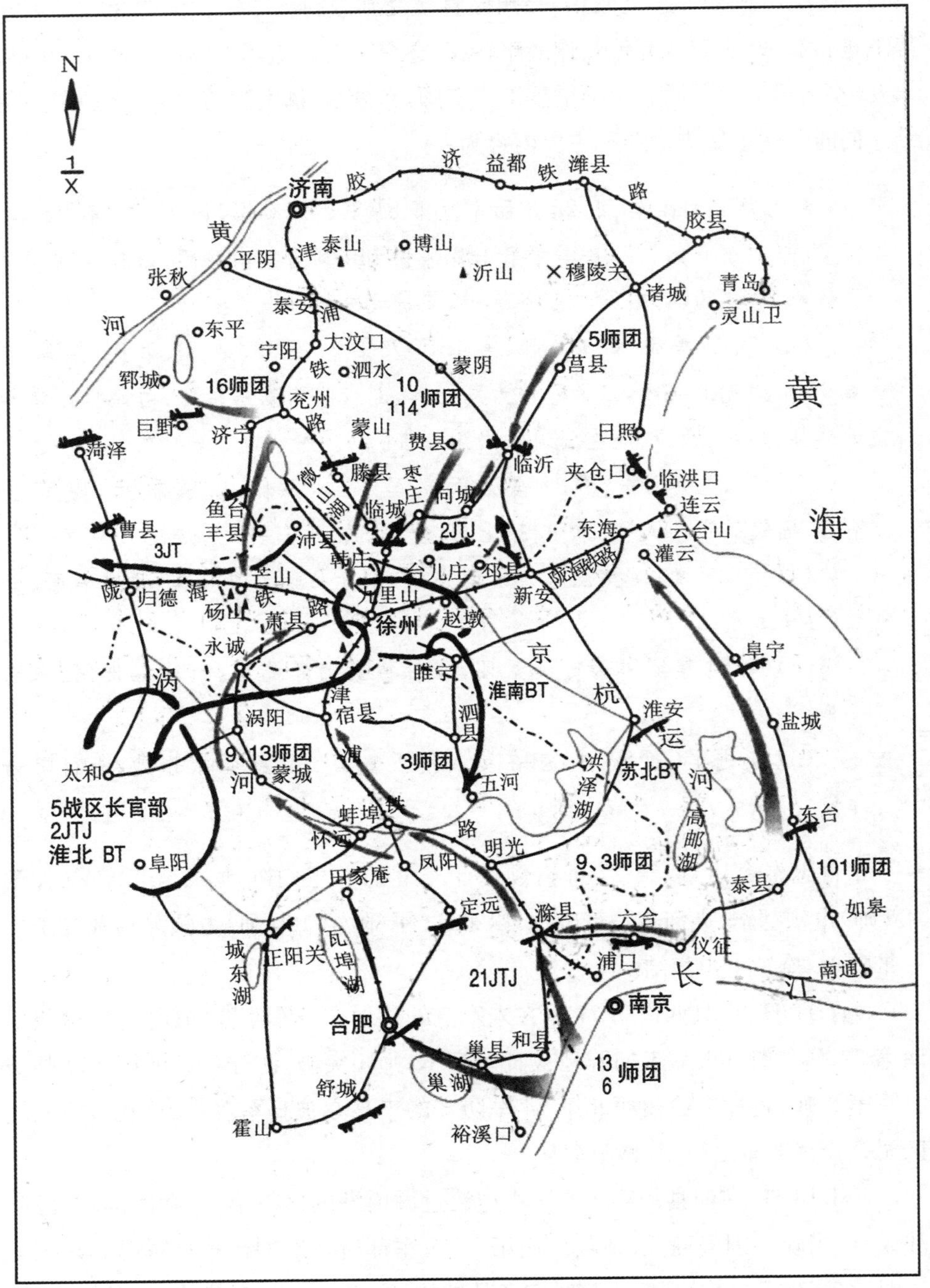

后的蒙城附近向西转进，脱离了日军第9师团的包围圈。此时，萧县、固镇桥等地均已被日军第9师团及第3师团攻占；郝寨、夹河集亦为日军攻占；徐州以北台儿庄一带的阵地，在第2集团军主力开始转移后为日军第114师团占领，该师团又进至贾汪一带。第22集团军转移时接到蒋介石手令："务速将徐州一带火车、机关车全部毁灭。"但未及实行即已退走。

19日10时前后，日军第13师团首先从霸王山附近进入徐州，徐州陷落。此时，日军第16师团已进至徐州东北的九里山，第10师团进至徐州以北郊区；第5师团主力进至徐州东南的双沟，其快速支队（"中国驻屯兵团"战车队，独立轻装甲1个中队，野炮兵1个中队，乘车步兵1个大队）正向宿县急进中；第1军的第14师团进至兰封（今兰考）东南的内黄附近。

徐州突围后，第五战区各兵团的行动为：

（1）鲁南兵团：第2集团军大部、第60军、第95师随第五战区司令长官部之后，向西南转移；第2集团军一部、第22集团军、第46军、第51军、第75军第140师和第132师、独立第44旅向泗县、灵璧间地区转进。

（2）陇海兵团：随司令长官部向亳县、涡阳附近及其以西地区转进。

（3）淮北兵团：向太和、阜阳及涡阳南岸地区转进。

（4）淮南兵团：仍在怀宁、舒城、北卢桥概略之线与日军对峙。

（5）苏北兵团（第24集团军）：仍在苏北淮阴、东海一带。

（6）挺进军（第69军）及海军陆战队：在鲁南、鲁中分别建立游击根据地，在胶济、津浦及台潍路沿线袭扰日军，进行游击作战。

第五战区的主力虽然已从徐州突围，与日军脱离了接触，但第一战区在豫东的薛岳兵团还正在为掩护第五战区主力转移及阻止日军西进而与日军作激烈战斗。与此同时，日海军第4舰队从青岛出发，于5月20日占领了连云港。

（三）豫东地区的战斗

日军占领徐州后，日本大本营认为徐州会战基本结束。为扩大战果，5月21日作了如下部署：

"（1）扩大徐州会战的战果，大略停止于兰封、归德（即商丘）、永城、蒙城联结线以东。

"（2）华中派遣军司令官应使参加徐州会战的部队继续沿津浦线地区进行扫荡，务必尽快向淮河（含）以南地区转进。第13师团可配置于蚌埠以西淮河之畔，预定将其转隶于第 2 军。

“(3) 华北方面军司令官应随着华中派遣军部队的转进，将第 2 军约 2 个师团为基干的部队，配置在徐州以南至淮河的沿津浦线地区。”

“华中派遣军”接到指示后即于当日下令，命第 3 师团集结符离集附近，第 5 师团集结蚌埠附近，第 13 师团向蒙城前进。“华北方面军”早在进入徐州的 19 日夜，即已下达向西扩张战果的追击命令，令第 2 军进占归德。“华中派遣军”指挥系统见附表 4－3－3。

中国第一战区司令长官程潜为将突出之日军第 14 师团歼灭于内黄、仪封、民权之间，命第 29 军团军团长李汉魂指挥第 74 军和第 64 军的第 155 师为东路军，从商丘西进；命第 27 军军长桂永清指挥第 71 军为西路军，从兰封东进，命第 3 集团军孙桐萱部及第 20 集团军商震部为北路军，在定陶、菏泽、东明、考城(今兰考东北固阳)附近切断日军退往黄河北岸的通路。[71] 同时命第 8 军军长黄杰指挥第 8 军、第 94 军的第 187 师及第 24 师等部坚守砀山、商丘，阻止由徐州沿陇海路西进的日军。

5 月 21 日，第一战区的部队开始向日军第 14 师团发动进攻。经激烈战斗，第 74 军的第 51 师及第 71 军第 88 师的 1 个旅收复了内黄，第 71 军的第 87 师收复了仪封。5 月 23 日，第 71 军及第 74 军又夺回了西毛姑寨、杨楼、和楼等村庄，给敌人以沉重打击。日军第 14 师团集中力量向杨固集、双塔集地区攻击，第 27 军阵地被突破，桂永清竟率领所属部队退向开封、杞县，令第 88 师接替第 106 师防守兰封。而第 88 师师长龙慕韩在桂永清退走后，亦于 23 日夜擅自弃城逃走，致使日军于 24 日不战而占领陇海路上的战略要地兰封。此时，据守砀山的第 8 军第 102 师在日军猛攻下，师长柏辉章也下令放弃阵地西逃。日军第 16 师团于 24 日占领砀山。

中国统帅部对兰封的失守大为震惊。蒋介石于 24 日令第一战区第 19 集团军总司令薛岳指挥俞济时第 74 军、李汉魂第 64 军、宋希濂第 71 军、桂永清第 27 军由东向西，命第 17 军团长胡宗南由西向东包围兰封、罗王寨、三义集、曲兴集一带的日军第 14 师团，于 25 日开始进攻。同时还告诫各军将领：“此次兰封会战，关系整个抗日战局，胡、李、俞、桂、宋各军，应遵照薛总司令所示任务，务于本月 25 日午后 6 时 30 分全线总攻，务须于明 26 日拂晓前将兰封、三义寨、兰封口、陈留口、曲兴集、罗王寨地区间之敌歼灭。如有畏缩不前、攻击不力者，按律严惩；如战役中建殊勋或歼敌俘获最多者，当特予奖给。希饬所部凛遵勿违为要。”[72]

5 月 25 日，薛岳指挥豫东兵团开始对日军第 14 师团发起猛攻。当晚，第 71 军即夺回了兰封车站。26 日，第 74 军夺回了罗王车站，第 71 军猛攻兰封外围日军阵地。27 日，第 64 军攻占罗王集，第 71 军在攻占兰封外围许多要点后收复了兰封。日军第 27 旅团的残部向三义寨逃去。罗王车站和兰封的收复，使陇海路恢复了通车，被隔断于商丘附近的 42 列满载物资的火车得以撤回郑州。日军第 14 师团主力收缩至三义寨附近，被豫东兵团所包围。但当日军于 28 日向第 27 军阵地反击时，桂永清又一次“独断命令各部队向杨固集、红庙间地区转移阵地，沿途抛弃无线电机及武器弹药，情形颇为混乱”。[73]

统帅部对豫东各部队未能在限定时间攻歼兰封附近之敌及第一战区的部署有所不满。5 月 28 日，蒋介石下达手令：“兰封附近之敌，最多不过五六千之数，而我以 12 师兵力围攻不克，不仅部队复杂，彼此推诿，溃败可虞；即使攻克，在战史上亦为一千古笑柄。务请毅然决心，速抽 6 师以上兵力在侧后方作预备队，而指定李铁军、李汉魂、俞济时三军负责扫清当面残敌。即使被突破数点，冲出包围圈外，我可与之野战，则较为得计。此时东路敌军必于两三日内向西急进，由周口直出许昌、郑州，则后方在在堪虞。若我军不早为计，则如此大兵群集于狭小区域，且左限黄河，歼灭甚易。务希当机立断，即于本晚实施，一面整理战线，一面抽调部队，以备万一。并以此意转薛伯灵（薛岳）、胡宗南，决心遵行，勿稍延误。”

第一战区以代电形式将蒋介石的手令内容及战区措施下发各军。其措施为：“(1) 查当面之敌，经我连日猛攻，势已穷促，日内必可彻底解决。兹为兼筹并顾、应付西进之敌计，着由伯灵兄于艳日（29 日）在东路军内抽出 87、88、155 及 61 四个师，由李军长汉魂指挥，星夜转移于杞县、太康，作总预备队，并连络黄杰、孙桐萱、刘汝明、李仙洲各部，相机击攘西犯之敌。(2) 攻曲兴集、三义集之各军师，着由薛总司令伯灵统一指挥，整理战线，并留置有力之一部，固守兰封附近国防工事，准备对东作战。”

日军第 10 师团及混成第 13 旅团，5 月 28 日正向亳州、涡阳进攻中。

第 16 师团及混成第 3 旅团于 26 日攻占虞城，同时向商丘外围阵地进攻。当夜，黄杰第 8 军退至商丘郊区一带。27 日，程潜电令黄杰：务须死守商丘，在兰封地区之敌被击歼前，不得放弃。但黄杰根本不执行战区司令长官的命令，竟于 28 日擅自率第 40、第 24 师退向柳河、开封，将第 187 师留防朱集车站和商丘。

29日拂晓，第187师师长彭林生也率该师退走。商丘为日军占领。

商丘的失守，严重地威胁了进攻日军第14师团的薛岳军的侧背，第一战区被迫再一次调整部署。5月29日晚下达命令，主要内容为："(1) 西犯商丘之敌，其一部已窜至小扒车站、观音堂各附近，我刘汝明部刻在亳州附近与敌对战中。(2) 我军决于本月(29日)夜调整战线，抽调5师以上兵力占领淮阳、太康、龙曲集、杞县、杨固集各要点，以待友军之到来，相机歼灭西犯之敌；对三义寨、曲兴集地区之敌(日军14师团)改取守势，待敌窜动，举全力以扑灭之。(3) 第102师、第187师即在睢县附近占领阵地，一部在宁陵，竭力迟滞敌之前进。尔后归李汉魂指挥。(4) 第71军本日夜以87师一部开淮阳，主力开太康；88师开龙曲集附近占领要点、构筑工事，对亳州、柘城方面敌情须严密搜索及警戒。(5)第61师开杨固集附近占领阵地，对东北严密搜索警戒；58师开杞县附近占领阵地，并派一部于邢口、柿园集附近，对睢县、柳河集方面严密搜索及警戒；第155师集结于孙寨附近。以上3师统归李军长汉魂指挥。(6) 俞军长济时指挥第20师、第51师、新编35师与桂永清之第27军(46师、106师)、胡宗南之17军团(第1师、36师、78师)，继续包围三义寨、曲兴集地区之敌。"

日军"华北方面军"因第1军的第14师团被围于兰封地区，陷于苦战，5月28日下令，命第2军尽力以更多的兵力不失时机地逐次向开封东南地区进攻。第2军当日命"第16师团(配属混成第3旅团)确保归德及其要点，主要从杞县方面击败当面之敌；第10师团在继续执行现在任务的同时，准备以有力一部紧急派往杞县方面。混成第13旅团占领涡阳后，即转隶于16师团"。接着，于30日又将第10师团的濑谷支队配属给第16师团，以加强其进攻能力。至5月31日，日军第10师团已攻占了涡阳、亳州，第16师团进至杞县东。此时，日军第1军司令官更换为梅津美治郎中将。

第一战区根据形势的发展，认为不仅由徐州西进的日军已加强了力量，而且黄河北岸的日军(混成第4旅团)正经封丘、贯台组织强渡，企图增援被困于兰封地区的第14师团；数日来，豫东方面的各军激烈作战，伤亡较大，已开始处于不利地位，于是决定令豫东、鲁西的作战军即向西转移。5月31日下达了《战区兵力转移部署方案》。主要内容为：

第一，方针

军以避免与西犯之敌决战，并保持尔后机动力之目的，即以主力向平汉线以西地区转移。

第二，指导要领

（一）开封及其以西之黄河南岸，仍以守备部队严密警戒，绝对阻止敌之渡河。

（二）军以潼关、洛阳及南阳各点为根据地，基此向西转移。

（三）但对于平汉路之郑（州）、许（昌）、郾（城）、驻（马店）各据点，同时以有力之一部确掌握之，以迟滞、消耗敌之兵力。

（四）平汉线以东，则依第一线战斗部队之行动与游击部队之扰袭，极力迟滞敌之西犯，以掩护主力军转移之安全。

（五）军主力之转移完毕，尔后即凭有利地形，对预期沿平汉线南犯之敌，形成准备阵地，相机联合友军侧击敌人。

第三，兵团部署

（六）河防部队

1. 开（封）郑（州）守备区〔32 军（欠 139 师）〕、37 军（34 师、36 师、新编 35 师）归商震指挥，担任祖粮寨迄黄河铁桥（不含）间之河防。开封附近应准备一部，协力孙桐萱军之一师固守据点，担任祖粮寨河防部队，尔后随野战军之逐次西移，亦同时西撤。

2. 汜（水）巩（县）守备区（53 军，新编 8 师）归万福麟指挥，担任黄河铁桥（含）迄井沟（含）间之河防，新 8 师应控置于汜水附近地区。

3. 洛（阳）渑（池）守备区〔70 军（欠 195 师）、45 师〕归彭进之指挥，担任井沟（不含）迄张茅镇（含）间之河防。

（七）据点守备部队

开封、郑州、许昌、郾城、驻马店、周家口、淮阳、商水各驻守部队，任主力军转移之掩护，以攻守兼施、刚柔并用为原则，基此迟滞、消耗敌之兵力。

（八）平汉线以东野战部队

罗奇师、刘汝明军、冯治安军、黄杰军之一部、沈克师、张占魁骑兵旅、马彪骑兵师之一旅，以上各部队应以有力一部与各当面之敌保持接触，依机会行动，以极力迟滞敌之西犯为主。

（九）游击部队

1. 石友三军仍服行原任务，依情况转移于鲁西。

2. 孙桐萱军一部由曹福林率领，以鲁西、豫东为根据地，与平汉线以东之野战部队切实连络，以扰袭行动使敌之西进困难。依情况尔后或转移于豫西地区。

3. 河以北各游击部队仍服行原任务，尔后相机向西行动，使道清西段之敌企图渡河困难。

（十）转移部队

1. 宋希濂军向密县转移。

2. 胡宗南军团（附36师、109师）向汜水、巩县转移。

3. 李汉魂军向禹县、郏县转移。

4. 桂永清军向洛阳转移。

5. 黄杰军向襄城、叶县转移。

6. 俞济时军向泌阳转移。

以上各部队依脱离敌人及情况缓急程度，对开始西进之先后，应行精确之规定，以期秩序整齐。

第四，后方机关（略）。

6月1日，薛岳又下达了转移命令，要求“各军所派出之战场掩护部队，须沉着应战，努力抵抗，迟滞敌军，确实掩护我主力转移之安全”，孙桐萱、商震两总司令所部“应俟我主力军转移完毕，于6月3日夜开始转移”。

日本大本营于5月29日决定追击行动停止在兰封、归德等地，并下达命令：“未经批准，不许越过兰封、归德、永城、蒙城、正阳关、六安一线进行作战。”但“华北方面军”根本不听大本营的命令，于6月2日将第14师团也配属给第2军，并下达了向兰封以西追击的命令：“(1) 敌主力有开始向京汉线以西后退模样。(2) 方面军决定首先向中牟、尉氏一线追击敌人。(3) 第2军司令官应一并指挥第14师团及其配属部队，向上项指定一线追击。另外，令一部迅速挺进，切断京汉线。”

6月3日，日军第16师团攻占杞县、通许、陈留，新编第35师师长王劲哉放弃兰封。4日，日军第14师团占领兰封后继续向开封进攻。5日夜，日军从西北角攻城。6日凌晨1时许，宋肯堂率防守开封的第141师（欠第4旅，附税警旅）退走，开封失守。此时日军第16师团已占领尉氏、扶沟，第10师团已占领柘城。薛岳致电商震：“宋师擅自撤出开封，即令固守中牟县城至中牟车站之线……非奉命令再敢擅自撤退者，决依法严办。”但事实上由于有些高级军官畏死或无能，豫东作战中擅自撤退及私自逃走者大有人在。如属主力军的第 29 军团第 187 师，“团长张鼎光于 2 日守杞县猪皮冈时，擅自撤退；该师参谋长张淑民屡次煽动退却，复敢弃职潜逃；旅长谢锡珍首先退出猪皮冈，未经报告师长，即便借口收容，擅自乘车南下；叶赓常旅长，当睢县之战时，突告失踪，事后闻已易服赴汉(口)”[74]等。

日军第 14 师团及第 16 师团的西进严重地威胁了第一战区司令长官部所在地郑州及平汉路的安全。当时第一战区虽然拥有近 30 个师的数十万军队，而且大多为中央嫡系的所谓主力部队，却抵抗不了日军 2 个多师团的西进。蒋介石决定决黄河堤，制造水障，以阻止日军西进。蒋介石的这一主张并非临时产生。早在 1937 年 7 月间，他的德国首席顾问法肯豪森就曾建议他“将黄河决堤”以阻止日军。[75]1938 年 4 月 13 日，正当台儿庄战场上中国军队追击部队攻击败退峄县附近的日军时，陈果夫曾致函蒋介石，准备在河南武陟县的沁河口附近决黄河北堤。但他是为了“恐敌以决堤制我”而建议采取的反措施。他说：“沁河附近之黄河北岸，地势低下，故在下游岸任何地点决堤，只须将沁河附近北堤决开，全部黄水即可北趋漳卫，则我大厄可解，而敌反居危地。”蒋介石批示：“电程长官核办。”[76]徐州失守后，姚琮等主张在河南铜瓦箱决堤，恢复清咸丰 5 年(1855 年)以前故道，使黄河水经徐州、淮阴以北入海。陈诚及其部属则建议在黄河南堤黑岗口等处决口。当日军于 6 月 1 日占领睢县，迫近兰封、杞县时，第一战区司令长官程潜即决定决堤，并通过侍从室主任林蔚向蒋介石请示，得到蒋的口头同意。但程潜等深知此举的后果严重，又以正式电文请示，经蒋以电文批准后才开始实施。[77]第一战区召集黄河水利委员会及有关河防的军政人员开会，研究决堤位置，最后选择中牟县赵口。遂令第 20 集团军商震负责，限 6 月 4 日夜 12 时掘堤放水，同时将第一战区司令长官部迁往洛阳。商震令万福麟第 53 军 1 个团施工。至 6 月 5 日上午，因地形关系仍未完工。蒋介石在电话中令商震“严厉督促实行”。商震带参谋处处长魏汝霖去监工，加派刘和鼎第 39 军 1 个团协助，并令工兵用炸药炸开堤内斜石基。下午 8 时放水，因缺口倾颓，水道阻塞，又未成功。6 月 6 日又重挖缺口，仍告失败。统帅部及第一战区对此“异常焦灼，日必三四次询问决口情形”。商震又令刚爆破黄河大铁桥的新 8 师增派 1 个团。该师师长蒋在珍观察后建议改在花园口决堤。蒋介石及程潜予以批准。6 月 7 日侦察，8 日以第 2 团、第 3 团及师直属工兵连执行掘堤任务，9 日 9 时完工放水。[78]当时正值大雨，决口愈冲愈大，水势漫延而下，12 日又与赵口被冲开的水

图 4-3-5　徐州会战·豫东作战经过要图
（1938 年 5 月 21 日—6 月 14 日）

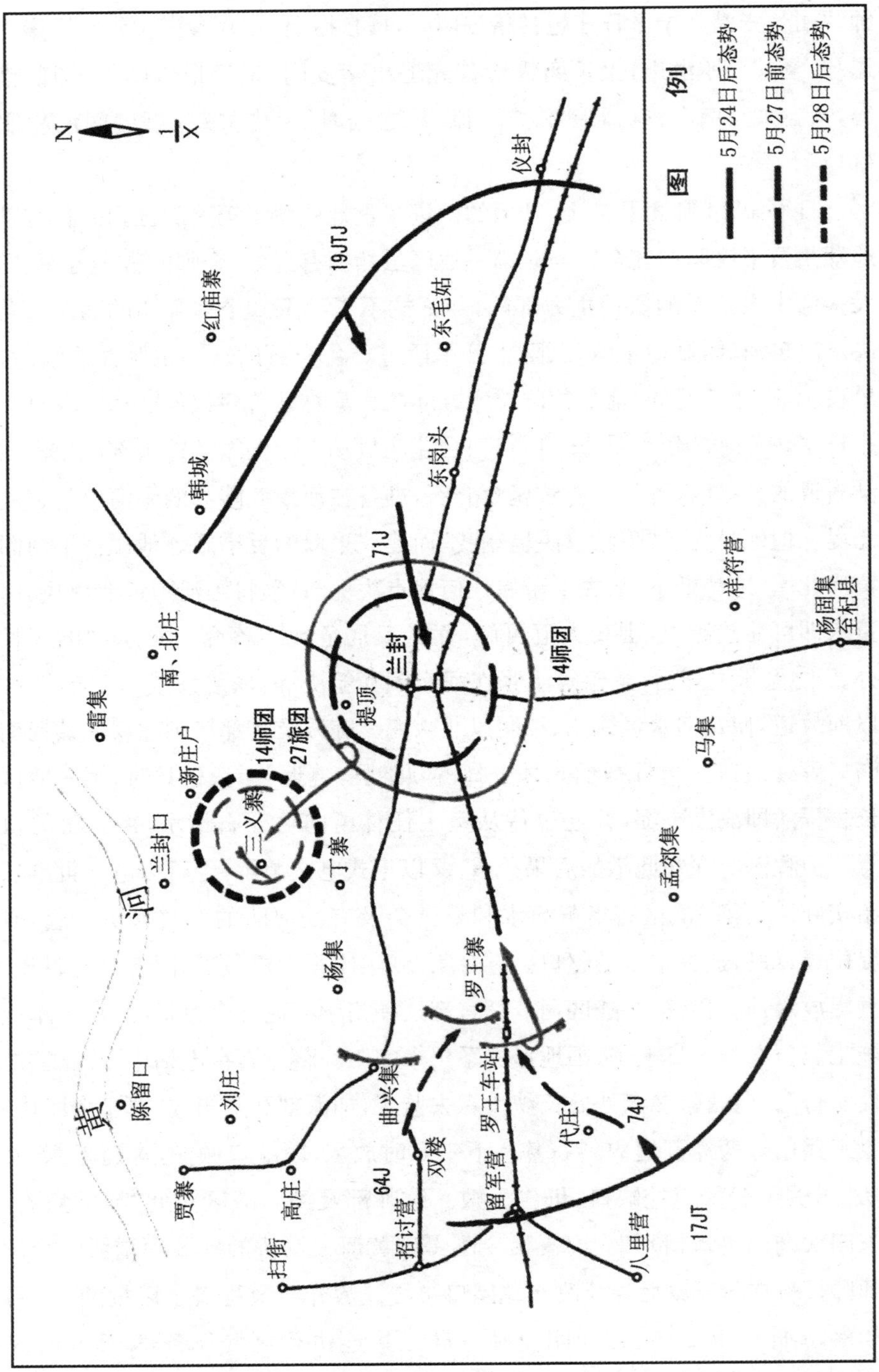

图　例
5月24日后态势
5月27日前态势
5月28日后态势

N
1/X

黄河
陈留口
兰封口
刘庄
贾寨
高庄
扫街
招讨营
64J
双楼
曲兴集
留军营
罗王车站
罗王寨
代庄
74J
八里营
17JT
杨集
丁寨
三义寨
14师团
27旅团
新庄户
雷集
南、北庄
提顶
兰封
71J
14师团
韩城
东岗头
红庙寨
东毛姑
19JTJ
仪封
孟郊集
马集
祥符营
杨固集
至杞县

流汇合，沿贾鲁河南流，使贾鲁河、涡河流域的乡村、城镇成一片汪洋。水流淹没了中牟、尉氏、扶沟、西华、商水一带，形成一条广阔的水障。急流的黄河水注入淮河时，淹没了淮河堤岸，7 月 13 日冲断了蚌埠淮河大铁桥，蚌埠至宿县一带，亦成泽国。

日军第 14 师团 6 月 7 日攻占中牟，派骑兵联队于 10 日炸毁郑州以南的京汉铁路；第 16 师团第 30 旅团旅团长筱原次郎所率的挺进队（步兵 3 个大队）于 6 月 12 日炸毁了新郑以南的京汉铁路。由于水障的形成，日军各部队均停止了追击。第 14 师团的一部被洪水围于中牟县城。日第 2 军组织了 1 个工兵联队、6 个工兵中队的救援队，用大批舟艇援救其被困部队。位于泛滥区中心的日军第 16 师团一部来不及撤走的车辆、火炮、战车等重武器均沉于水底，并冲走、淹死一批士兵。日军航空兵以飞机投食物、医药及救生设备共 61 吨半。位于泛滥区以东的日军也迅速后撤。被洪水隔于新郑以南的第 16 师团第 30 旅团的 5 个大队就地组织防御，也是靠空投解决军需物资，最后由日军第 2 军派出的船艇队将其撤回。6 月 15 日，大本营令关东军的混成第 3 旅团及混成第 13 旅团乘车返回东北。17 日第 2 军进行如下部署：(1) 第 14 师团在开封、兰封集结。(2) 第 16 师团在杞县、睢县、宁陵间集结。(3) 第 10 师团主力在夏邑、会亭集、永城附近集结。只要水害涉及不到，即应以一部兵力尽可能长期保持柘城、鹿邑、亳州、涡阳地区。

黄河决口，使日军“华北方面军”违背大本营指示越过限制的追击被挡住了，使日军进行武汉会战的进军路线也改变了，退至郑州一带的中国军队也免去被追击之苦了。可是应该由中国军队保护的几十万中国老百姓却因此而丧生，上千万人倾家荡产。国民政府十分清楚此举在政治、经济以及道德上的影响，所以在掘口放水的同时，第一战区司令长官就对外宣传：“敌占据开封后，继续西犯，连日在中牟附近血战。因我军誓死抵抗，且阵地坚固，敌终未得逞，遂在中牟以北，将黄河大堤掘口，以图冲毁我阵地，淹毙我大军。”蒋介石于 6 月 11 日又致电程潜，指令三点：第一，须向民众宣传是敌机炸毁了黄河堤。第二，须详察泛滥情况，利用为第一线的阵地障碍，并改善我之部署及防线。第三，第一线各部须同民众合作筑堤，导水向东南流入淮河，以确保平汉线交通。对千千万万无家可归、无饭可食的人民，则未提及如何处置。

整个徐州会战（包括豫东作战）至此结束。中国军队总计伤亡 10 余万人。日军总计伤亡约 3.2 万人，仅日军第 2 军 1 个军在 6 月 29 日于徐州开追悼会时，有姓名的战死人员即达 7451 人。

八、航空作战概况

(一) 日陆军、海军航空兵的作战概况

徐州会战开始前,日本大本营"大陆指"第 59 号命令中之"陆、海军航空协定"规定:"(1) 在华北方面的航空作战,主要由陆军担任之。(2) 在华南方面的航空作战,主要由海军担任之。(3) 在华中方面,消灭敌空军,由陆、海军协同担任之;陆海军各自作战直接需要航空作战时,分别由陆、海军各自航空部队担任之。目前预定使用兵力(根据情况发展可以变更)为:陆军航空兵侦察 2 个中队(18 架)、战斗 3 个中队(36 架)、轰炸 2 个中队(15 架),海军航空兵舰上战斗机 3 个中队(36 架)、舰上攻击机 1 个中队(12 架)、中型陆基攻击机 2 个中队(24 架)。"在台儿庄攻击失败、准备发动徐州会战时,陆军航空兵又增加侦察 8 个中队、战斗 3 个中队、轰炸 7 个中队,海军航空兵增加第 14 航察队、高雄航空队、第 2 航空战队及苍龙飞行队等。总计有作战飞机 250 余架。南京失守之后的一段时间内,由于中国空军尚未完成补充与重建,各战场的制空权基本上掌握在日军手中,日航空兵除直接支援其地面部队作战外,还经常对中国后方重要战略基地进行战略轰炸。但 1938 年 2 月 18 日在武汉上空遭中国空军痛击,被击落 11 架;25 日,日军 59 架飞机轰炸南昌,又被击落 8 架。此后日军暂时减少了战略攻击(3—4 月,仅在 3 月 11 日以 30 架飞机轰炸了西安),主要进行直接支援地面的战术攻击作战,如 2 月 8 日第 3 飞行团以 20 架飞机轰炸小蚌埠中国守军,支援其第 13 师团强渡淮河;3 月 17 日第 1 飞行团以 20 余架飞机轰炸滕县中国守军,支援其第 10 师团攻击滕县城等。至临沂及台儿庄战斗时,日军航空兵则极活跃,基本上每日都出动飞机支援第一线部队战斗。据日军统计,从 4 月初至 5 月末的 2 个月中,仅"华中派遣军"方面的航空兵,为支援其地面部队进行徐州会战,共出动飞机 1800 余架次,投掷炸弹 900 余吨。当日军飞机增加后,又开始了对武汉等地的战略轰炸,同时也增加了所谓航空击灭战的任务,即轰炸中国空军的基地和进行空战,以期消灭中国空军。但由于中国空军及苏联航空志愿队的英勇战斗,在整个徐州会战时期,日军不仅并未达到击灭中国空军的目的,反而被击落数十架飞机,这在一定程度上削弱了日军的空中支援能力。

(二) 中国空军的作战概况

淞沪会战中中国空军损失巨大。至南京保卫战后期,中国空军可用于作战的飞机不足 30 架。国民政府航空委员会西迁(先至衡阳,又至贵阳、成都,最后在重庆),并于 1938 年 3 月间进行了改组,设参事室、顾问室、主任办公室及军令、技术、总务、防空 4 个厅。飞行人员一部分调往武汉、南昌等地,一部分赴兰州地区接受苏联教官的短期训练。国民政府用苏联贷款购买的苏联飞机,从 1937 年 11 月底开始陆续运至中国,中国空军得到了新的补充。截至徐州会战开始前,中国空军作战飞机的总数已有 217 架(其中波利卡尔波夫E－15双翼战斗机 97 架,E－16 下单翼战斗机 62 架,图波列夫 SB－2 轻轰炸机 47 架,TB－3 重轰炸机及其他型号的飞机 11 架)。它们分别驻在南昌、武汉、西安、兰州、武威、酒泉、襄阳等地机场。另外,2 月 7 日中苏签订了《军事航空协定》,苏联支援中国抗战,来华参加作战的苏联航空志愿队也到了中国,与中国空军并肩作战。

徐州会战期间,中国空军的主要任务是进行以武汉为中心的空中防御,同时也对日军实施战略和战术攻击。

在空中防御作战方面:徐州会战期间,中国空军在武汉、归德、洛阳、长沙等地上空曾多次重创日军飞机。其中最重要的是武汉上空的三次作战。第一次,1938 年 2 月 18 日,正当淮河阻击战和鲁南两下店反击战进行激烈之际,日军轰炸机 12 架在 26 架战斗机掩护下(一说 15 架攻击机在 11 架战斗机掩护下)空袭当时抗战指挥中枢的武汉,驻汉口和孝感的中国空军第 4 大队大队长李桂丹率战斗机 29 架迎击,在汉口机场附近上空激战约 12 分钟,击落日机 11 架(一说 14 架,另一说 12 架),中国飞机也被击落 5 架,大队长李桂丹、中队长吕基淳及飞机员巴清正、王怡、李鹏翔 5 人殉国。第二次,4 月 29 日,正当徐州外围战斗在郯城以南激烈争夺之际,日轰炸机 24 架在 18 架战斗机掩护下再袭武汉。中国空军第 4 大队和苏联航空志愿队共起飞 67 架迎击,经 30 分钟空战,击落日机 21 架,日军飞行员战死 50 余人,跳伞被俘 2 人。中国飞行员陈怀民以负伤的座机撞击日机,壮烈牺牲,中国空军损失 12 架飞机。第三次,5 月 31 日,正当豫东中国军队开始向豫西作战略转移之时,日军轰炸机 18 架、战斗机 36 架再一次袭击武汉。中国空军与苏联航空志愿队并肩作战,共起飞 48 架,经 30 分钟激战,击落日机 14 架(一说 15 架),中国空军仅损失 2 架飞机,阵亡中、苏飞行员各 1 名。〔79〕

在战略攻击方面:中国空军曾对台北及日本本土进行过两次突袭,造成很大影响。1938年2月21日(一说23日)凌晨,中国空军驻汉口的苏联志愿队28架轰炸机飞越台湾海峡,7时许到达台北松山机场和新竹大电力厂上空进行俯冲轰炸。这一行动完全出乎日军意料之外,日方毫无防备。直至9时前后,日军飞机才飞到台北上空,但志愿队已完成轰炸任务,并在台北市低空环飞一周后飞回中国。这次突袭,炸毁日海军第一联合航空队鹿屋航空队飞机12架及仓库数座,并使新竹大电力厂遭到严重破坏。1938年5月20日,在中国军队安全撤出徐州包围圈,日军大肆宣扬徐州会战歼灭中国军队主力时,中国空军直属第14中队徐焕升及余彦博带领队员,驾驶2架马丁B-10重型轰炸机自宁波栎社机场起飞,到达日本九州上空,沿途经过熊本、久留米,福冈、佐世保、长崎等城市,散发了几十万张传单,于11时安然返回汉口基地。这是日本有史以来第一次受到其他国家飞机的袭击。[80]1937年8月15日,日海军第一联合航空队木更津航空队以20架96式陆基攻击机从济州岛起飞,袭击中国南京时,曾自诩为“第一次渡洋爆击”、世界最初的“战略航空作战”等,[81]万万没有料到中国空军轰炸机竟能跨过大海,远征到日本本土。全世界报纸都以大字标题报道了这一消息,许多国家的新闻媒介称之为中国空军的“人道远征”,说明此举在政治上、心理上起到重大作用。

在战术攻击方面:中国空军虽然因飞机数量太少,较少直接支援地面部队作战,但亦进行过许多积极行动。在徐州会战期间,曾多次轰炸南京、芜湖、广德、杭州、新乡、蚌埠等处日军机场。如1938年2月初,正当日军“华中方面军”第3飞行团以杭州为基地,支援其第13师团猛攻淮河北岸中国守军时,中国空军袭击了杭州机场,击毁敌机数架。在台儿庄地区战斗期间,还曾多次直接支援地面战斗,并于3月24日以轰炸机14架轰炸了韩庄、临城日军,4月4日以轰炸机和战斗机27架轰炸了台儿庄东北、西北敌人阵地,4月9日以9架飞机轰炸从峄县后退的日军,10日以飞机18架轰炸退至枣庄的日军等。在豫东地区战斗期间,还曾轰炸过三义寨、马牧集的日军,并阻滞了日军第1军对其第14师团的增援等。

九、徐州会战简析

(一)会战的影响

“七七”事变以来,日军长驱直入,虽在半年时间内侵占了平、津、华北及沪、宁等62万平方公里的中国土地，但在忻口、淞沪等许多战役中都遭到中国军队的坚强抗击，特别是在平型关战斗中曾被八路军打死1000余人，并未像日本陆相杉山元大将对日本天皇所夸“中国事变只需1个月就可解决”，[82]或像其参谋本部制订的《在华北使用兵力时对华战争指导纲要方案》所规定的“约三四个月时间”进行全面战争，摧毁中国中央政权，[83]一举解决中国问题。但日军从未实施过战役范围的退却行动，更未承认过战斗失败，一直以“战无不胜”的“皇军”自居。

台儿庄的战斗使日军第10师团、第5师团这两支号称精锐的部队在中国军队的包围攻击下仓皇退逃，连大批重型武器、军需物资和士兵尸体都不得不遗弃战场。对此，日本陆军仅说是“破坏了日军的传统”，日本第2军参谋冈本清福大佐只承认日军“一到台儿庄即陷入广大敌人包围之中……由于敌我力量悬殊，所以我支队撤退”，[84]都掩饰战败的事实。但经历台儿庄战斗的日本士兵则有亲身感受。如日军第10师团第33旅团第63联队第2大队的涩谷，仅就他个人所见到的该大队局部战况在日记中写道：“我方死伤益见惨重，全不分昼夜严加防守，各中队人数仅剩六七十人……大队部无法支持……牺牲数百人生命占领的场所又被敌方夺去，我队含着泪随大队部后撤，退却时向战死者暂时告别。”[85]作为第三方的美国人，则毫不客气地说台儿庄战斗“是日本建立现代化军队以来遭受的第一场引人注目的大惨败”。[86]当然，中国军队在台儿庄的胜利，仅仅是一次局部性的胜利，战役本身对中日战争的全局并不可能起决定性作用，但它沉重地打击了日军的侵略气焰，以实际战例证明日军并非不可战胜，从而鼓舞了国民政府及全国人民的抗战意志，增强了全中国人民抗战必胜的信心，并消除了一些人的对日恐怖心理，而这正是中国进行持久抗战所必须具备的重要条件之一。

另外，台儿庄的胜利不仅使日军开始重新估量中国的抗战力量，同时也改变了国际上对中日战争的看法。当时英、美、法、苏等许多国家的报纸都以大字标题刊登了中国台儿庄作战胜利的消息，并纷纷发表评论。据1938年4月9日伦敦路透社电讯说：“英军事当局，对于中国津浦线之战局极为注意。最初中国军获胜之消息传来，各方面尚不十分相信，但现已证明日军溃败之讯确为事实……英人心理，渐渐转变，都认为最后胜利当属于中国。”德国也报道说：“徐州方面中国抵抗力之强，殊出人意外”，“最慎重之观察者亦不能不承认日本必遭失败。”[87]这些社会舆论对提高中国在国际上的地位和争取外国政府的支援，有一定的积极导向作用。

日本大本营因兵力不足及准备不够充分，在占领南京、太原后本来决定暂时停止进行大规模的进攻，制订了所谓"战局不扩大"方针，并下达了计划，以争取时间建立总体战体制及扩大军事力量。但由于台儿庄的失败和侵华日军当局为挽回面子强烈要求扩大战局，并由于发现中国军队大量集结徐州等情况，被动地改变了既定战略方针，在兵力不足及准备并不充分的条件下决定提前进行徐州会战。当时日军尚未完成扩军计划，根本无法从国内增派军队，只好从本来就感兵力不足的侵华日军中调集部队。在华日军共约 15 个师团的兵力，调至徐州作战约 10 个师团，结果造成投入徐州会战的兵力既不足以完成围歼徐州附近五六十万中国军队的战略、战役任务，而留置后方的兵力更有捉襟见肘之忧，连守备同蒲、平汉、京沪、胶济、正太、津浦几条铁路干线上的要点都不够用。如第 1 军抽调了平汉路高邑、安阳地区的第 16 师团和新乡、焦作地区的第 14 师团去徐州作战，致使冀南、晋南守备空虚，不仅被迫放弃了长治地区，而且导致已经占领晋南黄河北岸的第 20 师团遭到中国第二战区部队昼夜攻击。这些中国部队大多是在日军进攻下已退至黄河以南、徐州会战开始后又乘虚渡河返回晋南的。日军第 20 师团被迫又放弃了蒲州(今永济西)、芮城、平陆等地，保持运城、河津、闻喜，并将主力退缩至曲沃、侯马、新绛地区固守。又由于第二战区部队破坏了铁路和以炮击控制了机场，日军第 20 师团的补给完全中断。当时日军无任何兵力可供调动增援，不得不以空投进行补给，但飞机不足，无法满足 1 个师团的需要，因此徐州会战时期日军第 20 师团不得不以抢掠民间粮食及以野菜、树叶、青草充饥。事实上不仅第 20 师团陷于困境，而且华北被日军占领的所有地区都呈现不稳。日军因兵力缺少，只能被动地进行防御，完全没有实施大规模出击的能力，更谈不上占领新区。

上述形势对中国军队，特别是对第 18 集团军(第八路军)深入敌后、开辟敌后战场、建立敌后根据地极为有利。毛泽东曾说过：日军"将华北兵力集中于徐州，华北占领地就出了大空隙，给予游击战争以放手发展的机会。"[88] 敌后战场的开辟及游击战的发展，反过来又牵制大量日军，对正面战场起到了相互支援和相互配合的作用。"整个游击战争，在敌人后方所起的削弱敌人、钳制敌人、妨碍敌人运输的作用和给予全国正规军和全国人民精神上的鼓励等等，都是战略上配合了正规战争"。[89] 国民政府军事委员会政治部主任陈诚在回答记者关于台儿庄战胜的原因时也说："山西境内我方有 20 万之游击队，遂使 5 师团之众只能据守同蒲路线，不敢远离铁道一步……故台儿庄之战胜在战略上观察，乃各战场我军努力之总和，不可视为一战区之胜利。”[90]这虽然是指台儿庄胜利，但对中国整个战争来说，从战略意义上观察，也是如此。正是由于正面和敌后两个战场、正规战与游击战两种作战紧密配合、相互支援，才更有利于中国的持久抗战。

徐州会战前期、后期两种不同的结局，使国民政府及统帅部多数决策官员和将领进一步认识到日军并非不可战胜，虽然短期内尚不可能，但中国的抗战最终必将胜利，从而进一步坚定了持久抗战的信心和决心。此外，决心还来自希特勒对中国施加的新压力：正当徐州会战紧张进行之际，4 月间德国宣布对中国禁运军火，5 月间又下令召回驻华军事代表团，而英、美等国仍无实际上的援助，国民政府及统帅部感到依赖国际外力战胜日本的希望暂时难以实现，认识到要靠自己进一步定下持久抗战的决心，因此开始真正实行“向国内退军”。[91] 1938 年 6 月 9 日，蒋介石发表声明，宣称当前战局的重点不在于一个城市、一个地区的防御成功与否，今后的战争将在山岳地带进行等，并于同日下令在武汉的政府各机关、中央党部、各大学及由沪迁来的工厂等向重庆、昆明转移，最后完成以西南为大后方的战略部署，彻底贯彻执行“以空间换取时间”的战略方针，表示“始终保持我军之战斗力，而尽量消耗敌人的力量，使我军达到持久抗战之目的”。[92]

（二）经验与教训

徐州会战之前，中国军队所采取的基本上是单纯的阵地防御战，自己往往处于被动地位，加以武器装备等不如日军，所以每战辄败。经过淞沪会战及南京保卫战，中国统帅部接受了以往的教训，开始改用攻势防御新方针，即将阵地战的守势与运动战的攻势及游击战的袭扰密切结合。在预选的战场地区，以一部兵力固守阵地，吸引和消耗敌人；以一部兵力游击敌后，破坏交通，袭扰据点，牵制敌人；以主力兵团迂回敌军侧背，实施强有力的攻击，从而变内线作战为外线作战，于被动中争取主动。台儿庄战斗、临沂战斗以及序战阶段的淮河阻击战斗，都是在这种作战指导下获得胜利的。

第五战区成立时制订的作战计划，本来分为三个阶段：第一阶段是第一线兵团阻止日军于黄河北岸，迟滞其南进速度，以争取时间并掩护第二线兵团的集结及部署。第二阶段是第一线兵团撤至莱芜、泰安山区一线防守，协同第二线兵团在兖州、济宁地区与日军会战。第三阶段是在徐州附近进行战役决战。决战的作战指导是“以极少数部队据守核心，以战区全力之大部”在津浦路两侧开展游击攻势作战，侧击敌人。但是由于韩复榘的不战而退，使这一符合持久消耗战战略的作战计划流产。在第五战区兵力远未集结之前，日军就深入济宁、邹县之线。为了遏制日军的前进势头，第五战区又采取了“以攻为守”的作战指导，发动鲁南反击战，令孙桐萱第 3 集团军反攻济宁、汶上，令孙震第 22 集团军反攻邹县、两下店。由于中国军队缺少攻坚必须的强大火力，对装备精良，有飞机、坦克支援，并占领据点的日军进行攻坚战，实在是力不能及，难以成功，很快即被日军击败。日军乘势进击，战局迅速发展至作战计划中第三阶段的形势。

台儿庄战斗，第五战区基本上是按照第三阶段计划，以攻势防御的思想指导作战的：令孙连仲第 2 集团军坚守阵地，从正面吸引和消耗敌人；令孙桐萱第 3 集团军向东、向南出击，切断津浦路并南下至枣庄地区敌人；令主力兵团——汤恩伯第 20 军团迂回至向城、兰陵及抱犊崮一带。这一方面切断日军矶谷第 10 师团与板垣第 5 师团的联系，一方面对进攻台儿庄的日军实施强有力的侧背攻击。担任阵地战的第 2 集团军，也不是全部投入防守，而是仅以池峰城第 31 师固守台儿庄，将黄樵松第 27 师及张金照第 30 师分别配置于城东、城西两侧，不断组织正面或侧翼的反击，使日军必须经常分兵应战，无法集中全力攻击台儿庄。正是在这种作战指导下，终于使进攻台儿庄的两支日军溃败而逃，获得了台儿庄大捷的胜利。

临沂战斗中，徐祖诒的作战指导与台儿庄的作战指导基本相同：令庞炳勋第 40 军依托城东、城北既设阵地进行固守，牵制敌人，令张自忠第 59 军前出至茶叶山、船流、诸葛城一线，由西向东对敌人侧背进行攻击；尔后第 40 军发起反击，在两军全力夹击下，使日军败退汤头，获得了临沂战斗的胜利。淮河阻击战时，也是由于第五战区令韦云淞第 31 军和周祖晃第 7 军与正面反击的张自忠第 59 军相配合，向敌人侧背凤阳、明光等地实施攻击，才使日军撤回淮河以南，从而取得成功。

但是部分高级指挥官缺乏全局观念，各兵团间战役协同不密切，使台儿庄战斗虽获得胜利而不能歼灭更多敌人。

第五战区的攻势防御，成败的关键是第 2 集团军能否在阵地战中吸引并抵住敌人的进攻、第 20 军团能否在运动战中及时向敌侧背予以坚强有力的进攻。第 2 集团军在极端困难的情况下英勇顽强地完成了上级赋予的任务，但第 20 军团未能按规定的时间及时进行侧击。3 月 22 日，汤恩伯依照战区指示下达了于 24 日拂晓发动进攻的命令，第 31 师遵令行动，与日军遭遇后逐次撤退至台儿庄抵抗。汤恩伯让自己的第 20 军团令第 52 军 24 日由集结地向城向进攻出发地位的郭里集、鹁鸽窝一线前进，将第 85 军控制在抱犊崮山区。25 日，第 52 军歼灭了郭里集的日军 1 个中队，第 2 师驱逐了枣庄外围日军 1 个警戒小队，此后并没有继续向峄、枣进攻日军；当发现日军第10联队向枣庄转移时，相反地仅留1个营多些的兵力“欺骗敌人”，主力则东撤山区，致日军第63联队主力顺利南下，加强了对台儿庄的攻势。尽管有过一旦台儿庄被攻立即支援的许诺，尽管孙连仲急电请援，汤恩伯均未采取行动。据战后写成的《战斗详报》，他的理由是：“本军团既已置于犯台（台儿庄）敌之侧背，当然有选定时机及地域的自由，以判断敌主力之行动为根据，而予以彻底之打击”，[93]完全忘记了自己仅仅是全局中的一个局部。李宗仁见汤恩伯始终按兵不动，3月28日夜不得不电令汤恩伯放弃攻击峄县、枣庄计划，迅即南下先歼灭台儿庄之敌。据说又由白崇禧敦请蒋介石亲自下令，[94]汤恩伯才“调整部署，从事对台儿庄之攻击准备，3月29日其两军分别在青山附近集结完毕”。[95]第52军先进至獐山以东地区，“3月31日下午，汤恩伯方率85军到达台儿庄东北之河南头、杨家油一带，经与52军军长关麟征研究后，决定第85军从4月1日起在52军左翼展开向台儿庄之敌攻击前进”。[96]虽然孙连仲各师在苦战中坚持住了阵地，但最好的战机已经失去，坂本支队已由临沂进至向城。汤恩伯认为“台儿庄与向城之间，只是鲁南山麓以外的小起伏地，并无险阻可以争取时间”，为了不做日军炮火下的“大群肉弹”和“保持行动的自由，掌握主动”，又“采取了断然处置”，把全军团“一律由内线转为外线”，[97]让坂本支队与濑谷支队会师于台儿庄以东地区。以后，第20军团各师确实向日军进行了英勇、坚强的进攻，不过这时已发展为第2集团军与日军第10师团濑谷支队的战斗，第20军团与日军第5师团的坂本支队战斗，与原来的攻势防御计划有所不同，敌人的兵力增加了1倍，于是仅能击溃敌人而不能包围歼灭敌人。当敌人按自己的退却计划撤逃至峄县、枣庄地区，既靠拢了主力，又占领了有利地形，依托工事改为守势作战时，再责备伤亡极大的追击部队作战不力、未能消灭败退残敌，就未免有苛求之嫌了。

有的评论者认为国民政府军队派系复杂，造成了各部队常常协同不好。这有一定道理。但从军事角度看，高级将领在作战指导上缺乏全局观念，当为重要因素。事实上，在同为中央嫡系的部队中也往往发生类似事情。如豫东战斗时，正当日军第14师团陷于第一战区主力部队包围之中、濒于被歼的关键时刻，担任阻击第16师团西进的第8军军长黄杰无视战区长官令其死守归德的命令，擅自率主力撤退，功亏一篑，不仅未能歼灭敌第14师团，反而形成全线大撤退。

另外，临沂战斗中也有缺乏全局观念，导致作战指导丧失战机的情况。日军猛攻临沂，第五战区速调第133旅及第13军骑兵团驰援，但此时日军坂本支队已停止进攻，奉命率主力增援台儿庄。作为第五战区的长官代表、坐镇临沂的参谋长徐祖诒也和张自忠、庞炳勋一样，局限于考虑临沂一地情况，对敌人主力并未战败而突然脱离战场的情况既不进行分析判断，更不进行侦察搜索，竟以不被攻击为满足，致电李宗仁："临沂之敌自昨晚攻击受挫，确已向沂河东岸汤头镇退却，现以新到之王旅及汤部骑兵相机追击，与敌保持接触。"[98]直至4月1日坂本支队主力出现于向城、已与第20军团作战时，张自忠军的《战斗详报》还说："敌之交战部队系板垣第5师团之大场42联队及铃木第6联队……等，兵力约七八千人"，"军之任务为确保临沂……对敌攻击，胜利殊无把握"，决心占领阵地防守，仍未觉察敌军主力去向。蒋介石致电批评张自忠："临沂之敌得自由转用于向城、兰陵镇方面，实该军之耻。"徐祖诒总结说："军以下各部队长均未能明了自身战斗间的责任，成机械式之行动，惟上级之命是从，故致误战机。"[99]话说得都很有道理，不过包括他们自己在内，在作战指导上都缺乏全局和发展的观念。

战役指导违背战略方针，是造成会战后期数十万大军仓促突围的基本原因。

台儿庄战斗胜利后，中国统帅部及第五战区许多高级指挥官对胜利缺乏深入细致的分析、总结，忽略了中日两军总的实力对比，更未对战局发展的可能前途进行合理的预测，因而或多或少地夸大了台儿庄胜利的作用。这样，适合自己想法的失实情报就易于接受，相信"台儿庄胜利已激起日方反战运动，致预定由国内增加8个师团亟早解决华北战局之计划打消"，因而李宗仁一面致电统帅部，一面请白崇禧回统帅部请示向第五战区增兵，"集中所有力量"，企图乘势进行一场"确定胜利基础的战略性战役决战"。最高统帅也同意这一意见，于是大批军队源源不断地调至徐州附近。这种作战指导不符合实际，更违背了持久消耗战的原则。而且不断将兵力投入第一线，不断向东延伸右翼，形成西起微山湖、东至郯城南，绵亘300余里的防御正面，又未控制强大有力的机动兵力及预备队并发展为实际上的专守防御，违背了攻势防御的原则。当日军从南北分7路向徐州作向心运动并切断了陇海路时，中国部队发觉已被包围，形势危急，被迫部署数十万大军仓促突围，实施战略转移。

（三）关于花园口决堤

当日军第14师团、第16师团沿陇海路向郑州方向进攻时，拥有数十万主力部队的第一战区竟报请蒋介石批准，炸开花园口黄河大堤，以制造水障来阻止日军的西进。海峡两岸都有一些人认为此举的军事作用显著，既保住了豫中、豫西及陕西等大片国土不被日军占领，又推迟了日军进攻武汉的时间表，等等。姑不论此举使豫、皖、苏3省40多个县市的地区沦为泽国，数十万人民葬身洪流，上千万人流离失所，并形成连年灾荒的黄泛区，给广大人民带来巨大而长期的灾难等政治、经济、道德方面的后果及影响，仅从军事角度看，上述说法也是值得商榷的。

从国民政府第一战区的角度而言，决堤造成水障，确实起了阻止日军第2军西进的作用，摆脱了被追击和与日军血战的严峻局面，并暂时保住了第一战区所在的豫中、豫西等地区；但就战略范围而言，水障既未能阻止日军进攻武汉，也没有推迟武汉会战的时间。日军第2军即使不受水障所阻，在日本大本营未决定进攻武汉、其国内新扩建的10个师团未派至中国和调整部署以前，该第2军也不可能单独地进攻武汉。而事实上，恰恰是在决堤放水期间，日本内阁、大本营在6月15日御前会议上决定进攻武汉。所不同的，仅仅是主攻方向不是由平汉路南下，而是沿长江西进。其实，日军进攻武汉的主攻方向本来就有两种选择。国民政府在《对武汉附近作战之意见》中也判断日军进攻武汉的路线有三种可能，而沿长江西进更能充分发挥日陆、海、空协同作战的优势。日军虽已占领了郑州，其大本营也未必选择由平汉路南下的方案。因为这时的形势和“七七”事变时已有所不同。此时，华北敌后战场已经开辟，各抗日根据地已经建立，广泛的游击战已经展开。仅以晋察冀军区第3分区1938年2月上旬的作战为例：先后攻占了新乐、定县、望都3县城及清风店、方顺桥等车站，并袭入满城和保定城关，使平汉路北段交通一度中断。日军如以平汉路为主攻方向，则不仅海军毫无用武之地，更重要的是要保障以平汉路为后方补给交通线的畅通，必需有大量兵力，这比保障长江畅通要困难得多。事实上，不沿平汉路南下进攻武汉，而沿长江及淮河西进进攻武汉的构想，早在花园口决堤之前，日军“在下令徐州作战时的上旬，大本营已经有了腹案”：令日军“以攻占汉口为目的，向南京—汉口—岳州间长江及其沿岸”准备作战，并从“5月以后已陆续给中国方面舰队增强了兵力”，以便协同陆军进攻武汉，并于6月3日又发布命令：“控制长江下游大部水域，保证其交通安全”，还令海军“攻击南京上游的安庆”，[100]作为进攻武汉的前进基地。

至于保住了豫中、豫西及陕西等大片国土，则更非决堤制造水障所造成。根本原因是日本兵力不足，无力攻取。当时日军的战略企图是“摧毁蒋政权的最后的统一中枢——武汉三镇”，以“促使中国军队投降”、[101]使国民政府屈服，而不是占领所有的地区。日军如企图占领豫中，水障是阻止不住的。假如日军增兵河北、南下进攻，第一战区的主力部队既挡不住西进的日军，恐亦很难挡住南下的日军。抗击日军的关键是高级将领的抗战意志、指挥能力和部队战斗力。1941 年,日军第 35 师团为策应长沙会战,以 5 个步兵大队、3 个骑兵大队于 10 月 2 日强渡黄泛区,10 月 4 日即攻占郑州;1944 年,第一战区虽经过 3 年的经营,日军发动所谓"1 号作战"的豫中会战,其第 12 军第 17 师团于 4 月 17 日由中牟强渡黄河,19 日即占领郑州,仅 30 多天就攻占了第一战区司令长官部所在地洛阳及豫中地区。这些都是有力的证明。所以,对国民政府花园口决堤的军事上的作用是不宜夸大的。

设更进一步探讨,如果不放水淹死数十万人民群众,不使上千万人民群众散逃他乡,而是将他们组织起来进行游击战争,对抗战必定更为有利。

附表 4-3-1　国民政府军事委员会系统表(1938 年 1 月)

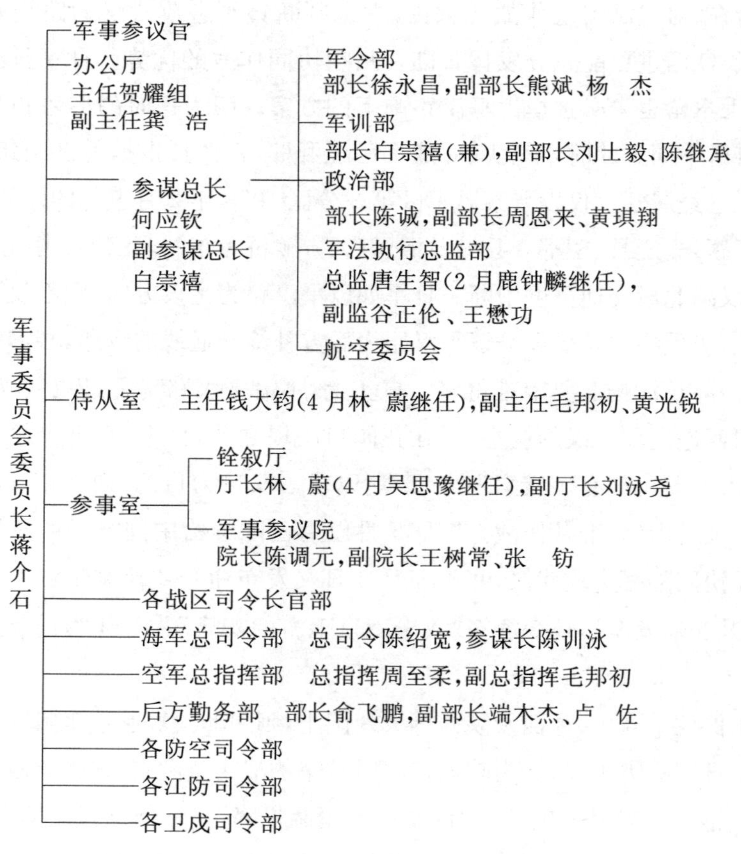

附表 4-3-2 徐州会战日军“华北方面军”指挥系统表(1938 年 3 月)

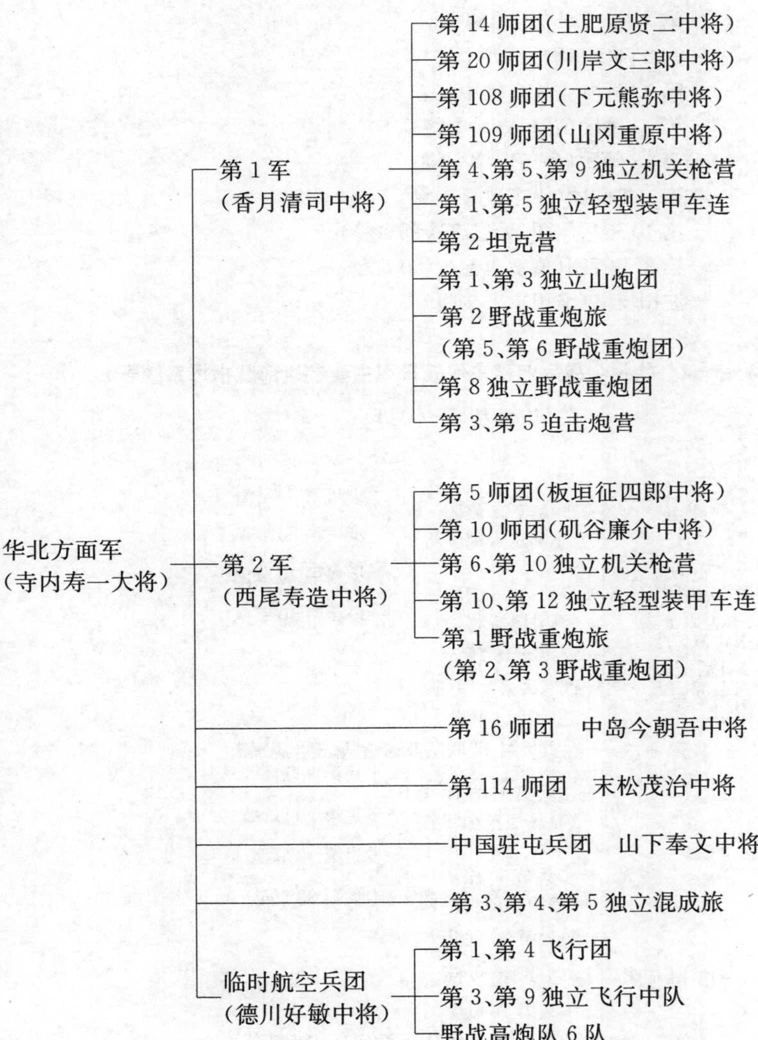

附表 4-3-3　徐州会战日军“华中派遣军”指挥系统表(1938 年 5 月)

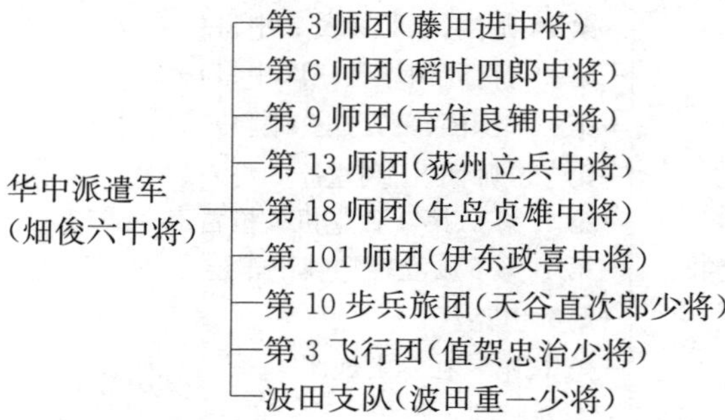

附表 4-3-4　徐州会战后期豫东作战日军主要参战部队指挥系统表

(1938 年 5—6 月)

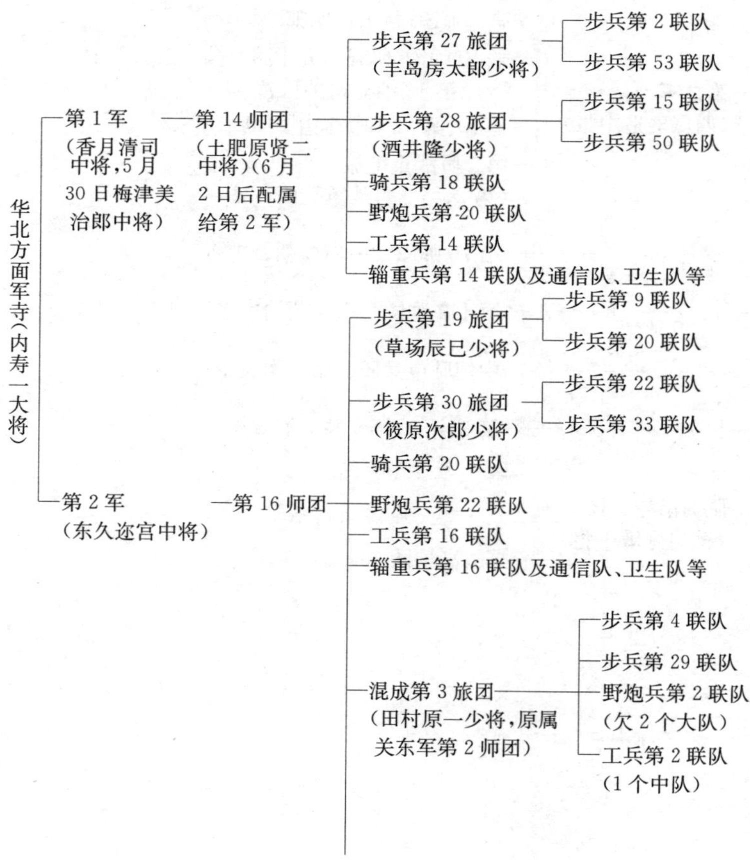

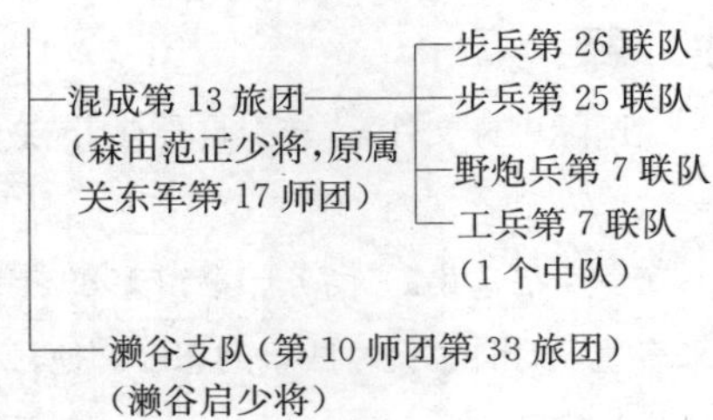

附表4-3-5　徐州会战后期豫东作战中国主要参战部队战斗序列表

（1938年5月）

第一战区司（令长官程潜
副司令长官卫立煌
参谋长晏勋甫）

- 第3集团军（孙桐萱）
  - 第12军（孙桐萱兼）
    - 第22师（谷良民）
    - 第20师（张测民）
    - 第81师（展书堂）
  - 第55军（曹福林）
    - 第29师（曹福林兼）
    - 第74师（李汉章）
- 第20集团军（商　震）
  - 第32军（商　震兼）
    - 第139师（李兆瑛）
    - 第141师（宋肯堂）
    - 第142师（傅立平）
  - 独第46旅
  - 骑第14旅
- 豫东兵团（薛　岳）
  - 第17军团（胡宗南）—第1军（胡宗南兼）
    - 第1师（李铁军）
    - 第78师（李　文）
  - 第29军团（李汉魂）—第64军（李汉魂兼）
    - 第155师（李汉魂兼）
    - 第156师（邓龙光）
  - 第71军（宋希濂）
    - 第36师（蒋伏生）
    - 第61师（钟松）
    - 第87师（沈发藻）
    - 第88师（龙慕韩）
  - 第74军（俞济时）
    - 第51师（王耀武）
    - 第58师（俞济时兼）
  - 第27军（桂永清）
    - 第46师（李良荣）
    - 第106师（沈　克）
    - 税警总团
- 第8军（黄　杰）
  - 第95师（罗　奇）
  - 第102师（柏辉章）
  - 第166师（郜子举）

注　释:

〔1〕《国际事务文件》。转引自吴首天《论希特勒的对华政策》,载《民国档案》1990年第2期。

〔2〕《罗斯福选集》。商务印书馆1989年中译本。第150—154页有全文。罗斯福用医学名词来表达他对日本侵略战争的态度。他号召用"检疫隔离"对待发动战争者,以抑制"世界的不法流行病"。

〔3〕日本防卫厅防卫研究所战史室:《中国事变陆军作战史》。中华书局1979年中译本,第一卷第二分册第36页。

〔4〕《罗斯福选集》。新华出版社,第156页。

〔5〕〔苏联〕瓦·崔可夫:《在华使命》。中译本1980年版,第36页。

〔6〕1937年12月21日杨杰致蒋介石密函稿,转引自《民国档案》1985年第1期。

〔7〕全文见《解放》第28期。转引自《中国现代史资料选辑》,中国人民大学出版社1989年版,第五册上第223页。

〔8〕原载1938年4月3日《新华日报》,转引自《中国现代史资料选辑》第4册第159—161页。

〔9〕吴相湘:《中国对日总体战略及若干重要会议》。载《八年对日抗战中之国民政府》第58页。

〔10〕吴相湘:《第二次中日战争史》。台北综合月刊社1973年版,(上)第383页。

〔11〕张其昀:《蒋总统全集》。台湾中国文化大学出版社1984年版,第971页。

〔12〕同〔11〕,第1072页。

〔13〕华美通讯社:《中国全面抗战大事记》。华美出版公司1938年版,(下)第16—17页。

〔14〕《中华民国重要史料初编——对日抗战时期》。台北1981年版,第二编第115—117页。

〔15〕陈天一:《抗战两年来各重要战役之批评》。载《军事杂志》第116期。

〔16〕同〔11〕,第3852页。

〔17〕《扫荡报抗战两周年纪念特辑》第38页。

〔18〕同〔11〕,第208页。

〔19〕政协广西壮族自治区委员会文史资料研究委员会编《李宗仁回忆录》,第711页。

〔20〕《八年抗战之经过》。转引自浙江省中国国民党历史研究组编印《抗日战争时期国民党战场史料选编》,第205页。

〔21〕中国第二历史档案馆编《抗日战争正面战场》。江苏古籍出版社1987年版,第18页。

〔22〕《毛泽东选集》。人民出版社1991年版,第二卷第352页。

〔23〕　蒋介石致李宗仁、韩复榘电，转引自《中华民国重要史料初编——对日抗战时期》第二编第248页。

〔24〕　同〔11〕，第983页。

〔25〕　《白崇禧回忆录》第126页。

〔26〕　转引自姜克夫《民国军史略稿》第三卷上册第135页。

〔27〕　日本外务省：《日本外交年表及主要文书》。东京1978年版，下册第381页。

〔28〕　同〔27〕，第385页。

〔29〕　同〔27〕，第386页。

〔30〕　日本防卫厅防卫研究所战史室：《中国事变陆军作战》。日本朝云新闻社1975年版，第496页。

〔31〕〔日〕掘场一雄：《日本对华战争指导史》。军事科学院中译本1988年版，第128—135页。

〔32〕　同〔31〕，第119页。

〔33〕　同〔31〕。

〔34〕　同〔31〕，第120页。

〔35〕　同〔30〕，第496页。译本未译此文件。

〔36〕　同〔31〕，第119页。

〔37〕　同〔21〕，第12—13页。

〔38〕〔40〕〔43〕〔60〕〔66〕〔69〕〔73〕〔76〕〔78〕　国民政府国防部史政局战史编纂委员会档案。原件存中国第二历史档案馆。

〔39〕　同〔14〕，第68页。

〔41〕　同〔31〕，第117页及第119—120页。

〔42〕　《中国事变陆军作战史》。中华书局1979年中译本，第二卷第一分册第26页。

〔44〕　据国民政府军令部战史会档案中第113师、第114师、第59军及第5战区的《战斗详报》、张自忠给熊斌的电报及曾参加此次战斗的刘衍智的回忆文章(载《徐州会战》第363页)整理写出。

〔45〕　关于济宁、汶上战斗，第3集团军的《战斗详报》及蒋纬国《抗日御侮》一书记载的情况与实际战况不尽相符。这里是根据直接参加这次战斗的第64旅副旅长刘青浦的回忆文章《收复济宁之战》及当时在济宁、汶上的当地老人的回忆，再结合《战斗详报》整理写出。

〔46〕　第22集团军为四川部队，总司令邓锡侯。1938年1月，川康绥靖主任刘湘逝世，邓奉命回川继任。第22集团军副总司令孙震代理总司令。下属2个军，均为乙种军。全集团军共有16个步兵团，无特种兵部队，总计约4万余人。装备陈旧，主要武器为四川造7.9毫米步枪及手榴弹，仅有少量四川造轻机枪及迫击炮。本来兵员就不足，1937年10月至12月在晋南战斗中损失惨重，减员过半，2个军的建制均不完整。调第五战区前，12月在山西离

石、赵城一带曾进行整编，每旅 2 个团合编为 1 个战斗团。调第五战区时，每军在番号上仍为 2 个师、4 个旅、8 个团，但实际只有 4 个团的兵力，全集团军总兵力不超过 2 万人。

〔47〕 见 1938 年 3 月 6 日日本“华中派遣军”司令部向大本营所作《从华中方面看中国的一般形势》的报告。同〔42〕，第 19—22 页。

〔48〕 同〔42〕，第 5、28、30 页。

〔49〕 同〔42〕，第 29 页。

〔50〕 此次战斗情况，是据亲身参加滕县保卫战的第 22 集团军第 41 军第 122 师第 364 旅第 727 团团长张宣武、第 124 师第 370 旅第 740 团副团长何煜荣、第 41 军参谋课长曾光达、第 125 师第 373 旅第 745 团团长姚超伦、第 750 团团长陈仕俊等回忆文章，结合当时李宗仁、蒋介石电报及第 22 集团军各师《战斗详报》、日本《陆军作战史》等，经相互核对分析，再整理写出。电报及《战斗详报》原稿现存中国第二历史档案馆，回忆文章载《徐州会战》（中国文史出版社 1985 年版）第二章《滕县保卫战》。

〔51〕 本节所引电报、命令及战斗行动，主要引自第 20 军团汤恩伯部参加鲁南会战各战役的《战斗详报》。原稿存中国第二历史档案馆。

〔52〕 同〔21〕，第 566 页。

〔53〕 同〔21〕，第 576 页。

〔54〕 第 59 军在临沂战斗中，19 日前已伤亡 6000 人以上。因其不属中央嫡系军队，为求援军，在会战中多夸大伤亡人数；当战斗结束后，又恐因部队减员太多被中央裁撤或缩编，所以又往往少报伤亡人数。3 月 19 日 14 时张自忠向第五战区上报全军伤亡人数为 3474 人。据参加临沂战斗的第 59 军第 3 师第 113 旅参谋长刘景岳、第 38 师第 112 旅副旅长于麟章回忆，第 59 军两次临沂作战共伤亡 1 万人以上。至 3 月底，第 38 师由战前的 1.5 万人减至 3000 多人。张自忠将该师集中编为 1 个旅，由军直接指挥，多余人员由黄维纲师长集中到后方整补。第 180 师尚有 6000 余人，暂维持原状。

〔55〕 1938 年 3 月 21 日庞炳勋给蒋介石的电报称第 59 军“留有 38 师 112 旅归职指挥”；《抗日御侮》及《日军侵华史》均记第 112 旅归庞炳勋。但参加该次战斗的第 112 旅副旅长于麟章、第 113 旅参谋长刘景岳及第 180 师作战参谋顾相贞等回忆文章中都讲庞炳勋实际上留的是第 114 旅。

〔56〕 同〔42〕，第 37 页。

〔57〕 摘引自第 31 师副师长屈伸回忆文章《台儿庄大战纪实》。载《徐州会战》，中国文史出版社 1985 年版，第 187 页。

〔58〕〔61〕 摘自国民政府军令部战史会档案《第 31 师战斗详报》。原件存中国第二历史档案馆。

〔59〕 同〔42〕，第 34 页。

〔62〕 转引自国民政府军令部战史会档案《第 2 集团军战斗详报》。原件存中国第二历

史档案馆。

〔63〕〔82〕〔日〕秦郁彦:《日中战史》河出书房1961年版第7章《军事作战概史》中的《台儿庄之战斗》一节。

〔64〕 台儿庄战斗一节,据第2集团军、第31师、第30师、第27师、第20军团《战斗详报》、第五战区与统帅部间的电报,以及曾参加战斗的李宗仁、李品仙、王仲廉、耿泽山等回忆文章核对、整理而成。

〔65〕 刘斐:《徐州会战概述》。载《徐州会战》第24页。

〔67〕 见1938年4月27日蒋介石致李宗仁电报。同〔21〕,第627页。

〔68〕 同〔21〕,第626页。

〔70〕 转引自《第五战区淮北兵团战斗详报》。国民政府军令部战史会档案,现存中国第二历史档案馆。

〔71〕 原文见1938年5月21日《第一战区司令长官部关于豫东作战的命令》。国民政府军令部战史会档案,原稿存中国第二历史档案馆。

〔72〕 兰封战斗所引电文均摘自《第17军团兰封会战战斗详报》。转引自《中国现代政治史资料汇编》第3辑第32册第6303件的第1—30页。

〔74〕 1938年6月15日李汉魂向程潜报告电文。同〔38〕。

〔75〕 唐纳德·S·苏顿:《在南京十年:德国的建议与军阀主义残余对于国民党军事训练及战略方面的影响》。载《军事历史研究》1989年第2期第176页。

〔77〕 第一战区司令长官部参谋长晏勋甫回忆文章,载《文史资料选辑》第54期第172页。

〔79〕 马毓福:《中国军事航空》。航空工业出版社1994年版,第485页。

〔80〕 刘直云:《空军东征九周年》。载《中国的空军》第103期第16—18页。又见日本防卫厅防卫研究所战史室《本土防空作战》第48、49页。

〔81〕 日本防卫厅防卫研究所战史室:《中国方面海军作战》(1)第345页。

〔83〕〔日〕臼井胜美、稻叶正夫:《现代史资料(9)日中战争》。东京1964年版,第18页。

〔84〕 1939年冈本清福大佐在军人会馆的讲话记录。载小林竜夫等《现代史资料(12)日中战争》,东京1973年版,第520页。

〔85〕 转引自曹聚仁、舒宗乔《中国抗战画史》第158页。

〔86〕〔美〕巴巴拉·塔奇曼:《史迪威与美国在华经验》。商务印书馆1985年版,(上)第260页。

〔87〕 转引自1938年4月12日《新华日报》社论《抗战新胜利对国际舆论的影响》。

〔88〕《毛泽东军事文集》。军事科学出版社、中央文献出版社1993年版,第二卷第334页。

〔89〕 同〔88〕,第242页。

〔90〕《陈诚同记者谈台儿庄会战经过》。载1938年4月13日《新华日报》。

〔91〕“向国内退军”,为克劳塞维茨《论战争》第2卷第6篇第25章的内容。正确的译文应为“向本国腹地退却”。其中心思想是:当强敌入侵时,不要过早地与敌主力会战,在逐次抵抗中进行主动退却,以疲惫削弱敌人,使其兵力不足、补给困难,选择有利地区及时机,再与敌人进行决战。台湾一些历史学家说早在1935年初,国民政府就已制定了“建设西南大后方”、“向国内退军”的计划。事实上当时仅有初步设想,不可能有计划。1934年蒋介石还批判以西南腹地作为民族复兴基地的观点是“皮相之谈”,“不知道日本侵略企图的真相之何在”;甚至说:“现在我们中国的军队,无论使(用)在哪一个地方,无不是在日本掌握之中,日本要你几时死,就可以几时死,要占什么地方,就可以占什么地方,还讲什么复兴民族的根据地是西南。”(《蒋总统全集》第878—879页)1935年8月11日,他在四川峨眉山训练团对四川、云南、贵州三省官员讲:“我敢说,我们本部18省,哪怕失去了15省,只要川、黔、滇三省能够巩固无恙,一定可以战胜任何强敌,恢复一切失地,复兴国家。”这时确有以西南为大后方的想法,但此时还不可能制订出退守西南、长期抗战的战略计划,因为当时四川等省还在军阀控制之下,并未真正统一于中央政府。国民政府的主要任务是首先要掌握西南各省。所谓“安内”,也包括了统一地方政权的内容。正如董显光在《蒋总统传》中所说:1934年至1935年,蒋介石及其夫人在西北、西南活动,目的是“一则加强各省对共产党的抵抗,二则剪除当地腐化军人势力,(因其)防阻该省归附中央”(第187页)。真正制定向本国腹地退却计划,是在“七七”抗战开始之后;而真正实施,则是在淞沪会战之后。

〔92〕同〔11〕,第3851页。

〔93〕《鲁南抗日于台儿庄——徐州会战各战役战斗详报》。国民政府军令部战史会档案,原件存中国第二历史档案馆。

〔94〕参见《李宗仁回忆录》第731页及程思远《政坛回忆》第121页。

〔95〕蒋纬国主编《抗日御侮》。台湾黎明文化事业公司1978年版,第5卷第142页。

〔96〕姚国俊(原第20军团第52军参谋长):《台儿庄一带作战记》。载《徐州会战》第214页。

〔97〕苟吉堂:《中国陆军第三方面军抗战纪实》。转引自《中华民国史资料丛稿·台儿庄战役资料选编》,中华书局1989年版,第180页。

〔98〕1938年3月30日李宗仁致蒋介石密电。同〔21〕,第600页。

〔99〕1938年5月《第五战区参谋长徐祖诒给军事委员会第一部的报告》。原件存中国第二历史档案馆。

〔100〕日本防卫厅防卫研究所战史室:《日本海军在中国作战》。中华书局1991年中译本,第294页。

〔101〕同〔42〕,第104、107页。

中國抗日戰爭正面戰場作戰記

一九九六年十二月

蕭克

(修订版)

主　编：郭汝瑰　黄玉章

副主编：田昭林　等

修　订：田昭林

江苏人民出版社

目　录

绪　论

第一章　从“九一八”事变到西安事变

第二章 “七七”事变和平津作战

第三章　华北作战

第四章 华东战局

第五章 武汉会战及广州失陷

第六章　相持阶段前期的作战

第七章 太平洋战争爆发后的中国抗战

第八章　走向最后的胜利

第 五 章

武汉会战及广州失陷

第一节 武汉会战前中日双方的部署

一、日军的战略企图及秘密和谈

武汉地处中国中部的江汉平原，东接苏、皖，西邻巴蜀，南连湘、粤，北毗豫、冀，平汉、粤汉铁路和长江、汉水交汇于此，使这座城市成为水陆交通的枢纽。1937 年 11 月国民政府的一些重要部门从南京迁至武汉，武汉更成为中国军事、政治、经济的中心，战略地位极为重要。在日军攻占了南京后，日本大本营即开始研究进攻武汉的问题。当时考虑的方针是：首先打通津浦线，沟通南、北两个战场，尔后攻占郑州，切断平汉路，再向武汉进攻，同时攻占广州，切断中国的海上补给线。但研究后认为在华兵力暂时不足，必须增建军队和作一段时间的休整，才有可能采取行动。因而一方面让侵华日军进行休整和调整部署，一方面积极进行增建部队的动员工作。1938 年 4 月初，日本大本营决定实施徐州会战时，同时也决定实施武汉会战，不仅令陆军在制订徐州会战计划时要“预想到会战以后的形势，要将武汉会战的实施也考虑进去”，[1] 而且令海军“以攻占汉口为目的，向南京—汉口—岳州间的长江及其沿岸准备作战”，并于 5 月间陆续给中国方面的舰队增强兵力。6 月 3 日，下令海军“控制长江下游大部水路，保证交通安全”，“可先攻占南京上游的安庆”，作为进攻武汉的前进基地。[2] 5 月底，日本大本营便拟定了当年秋季攻占汉口和广州的作战指导大纲，认为“攻占汉口是早日结束战争的最大机会”，“通过这一作战，可以做到以武力解决中国事变的大半”，“从历史上看，只要攻占了汉口、广州，就可以统治中国”，“只要控制了中原地区，实质上即是统治了全中国”。[3]

1938 年 6 月，日本研究和制订国家政策的智囊团“昭和研究会”提出了《关于处理中国事变的根本办法》，内称“我国推行大陆政策当前的目标，在于迅速解决中国事变”，“当前的战争目标”是“必须在军事行动方面确保很多的战果。为了彻底打击国民政府，使它在名义上、实质上都沦为一个地方政权，必须攻下汉口、广州以及其他敌人的抗战中枢。同时，随时将沿海岸线的军事的、经济的要地逐个占领，发挥海上封锁的效果。另一方面更必须对中国内地的重要都市和军事设施加强轰炸。”又说：中国“目前虽然已丧失了华北、华中的重要各省，然而只要国民政府还盘据在汉口，汉口就是主要以西北各省为其势力范围的共产军和主要控制着西南各省的国民党军之间的接合点和两党合作的楔子”，“所以首先为了摧毁抗日战争的最大因素——国共合作势力，攻下汉口是绝对必要的。因为占领了汉口，才能切断国共统治地区的联系，并可能产生两党的分裂。同时，攻下汉口，对新政府（指伪政权）说来，可以创造这样的可能性：把汉口以下的长江下游流域归入统治圈内。这样才可以谋求经济的独立，以及实现华中战区的复兴。相反的，对于国民政府来说，就意味着丧失了湖南、湖北的粮仓地带和中国内地惟一的大经济中心，不但会造成该政府经济自给的困难，并且会减弱现在惟一的大量武器的输入通道——粤汉路的军事、经济价值。这样一来，即使该政府逃到了四川或是云南，以保余命，但在这种山岳地带，也无法发挥比一个地方政权更大的作用了。”[4] 基于上述认识，1938 年 6 月 15 日日本御前会议决定当年秋季进行攻占武汉及广州的作战。

7 月 29 日至 8 月 11 日，在中国东北图们江下游地区发生了苏联军队与日本军队激战的“张鼓峰事件”。由于日本企图迅速结束侵华战争，所以对苏采取了不扩大方针，而对中国仍然决定实施攻占武汉和广州的作战。就在张鼓峰战斗最为激烈的 7 月 31 日至 8 月初，日本参谋本部根据御前会议的决定，拟订出《以秋季作战为中心的战争指导要点》。其方针是：“把灵活的作战指导和各种措施都统一在这个方案之下，由此抓住结束战争的时机。最近，更要统一和加强总动员和军需动员，以促进国力建设和充实军备。”其战略指导是：“（一）进行指导时，尽量缩短汉口作战和广州作战的时间间隔。（二）汉口作战的目的，在于摧毁蒋政权的最后的统一中枢——武汉三镇和完成徐州作战以来的继续事业——黄河和长江中间的压制圈。本次作战对敌方兵力打击愈大则愈有意义。因此，本次作战根据以下各点进行指导：1. 为了夺取武汉三镇，作战指导上应采取以下策略：对配置于该地防线上的敌方兵力尽力给予重大损害。2. 以后竭力限制战局的扩大，采取紧缩持久的态势，在汉口附近留下若干机动兵力，即：河南省黄泛区以西的地方，概予放弃；为了占领武汉三镇附近地区，预期北自武胜关、南迄岳州附近构成一条持久战线；在武汉以东的长江南岸，主旨限于控制沿江岸的各要点。3. 广州作战的目的，在于一面切断蒋政权的主要补给线，一面使第三国，特别是英国的援蒋意图受到挫折。因此，本次作战根据以下各点进行指导：(1)

采取急袭方式，果敢迅速攻占广州。(2) 以后在广州附近，切断粤汉线、珠江、西江的交通，采取紧缩持久的态势。4. 在原则上，除了汉口及广州作战外，不再进行扩大战局的作战。”其政略指导的主要内容是：“在攻击汉口以前，预料国民政府方面会提出和议；又在攻击广州之后，预料国民政府和某第三国会相继提出和议。对这两种动态，要努力因势利导，重新调整日华关系，及时结束这次事变。”“下一时期的军备对象确定为苏联，在国力、军备上的安排，暂时(大概到昭和16年为止)以陆主海从为原则。”“加强日、德、意合作，以便于结束这次事变，同时造成有利于我方对苏联的国际形势：1. 促进签订日、德、意同盟。2. 加强对德、意的贸易并授予德、意在中国的权利，策划经济合作。3.通过对南洋殖民地问题的处理，刺激国际形势，并加以因势利导。”“秘密研究准备处理英国在华的既得权益，抓住解决事变的关键：1. 除华北和上海外，作为处理英国在华既得权益的基本观点，一般以恢复原状为原则。2. 作为牵制英国的一种策略，关于华中的货币制度，采取日、英、华共同合作方式”等。[5]总之，日本的战略和政略都是以迅速结束战争为中心而制订的。

由于国民政府并未因日本发表“不以国民政府为对手的政府声明”而断绝与日本的联系，外交部亚洲司司长高宗武及其下属第一科(日本科)科长董遵守仍来往于香港、东京、汉口间暗中进行“和平”活动；而近卫内阁改组后新上台的外相又是与蒋介石和张群均有旧交的宇垣一成，所以当宇垣发表声明说“中国方面有根本变化时，可能考虑和平问题”时，张群首先致电祝贺宇垣上台，并提出求和试探，表示汪精卫或他本人可以出面与日本谈判。宇垣考虑汪、张二人是人所共知的亲日派，由他们出面反而不利于和谈，因而希望由孔祥熙出面。6月23日，孔祥熙派秘书乔辅三去香港，与日本总领事中村本一会谈。6月24日，日本五相会议决定了《今后指导中国事变的方针》:军事打击与政治诱降双管齐下，要求集中国力在本年内“达到战争的目的”，同时“不妨根据条件接受”和谈。[6]7月8日，五相会议又确定了诱使国民政府投降的具体条件：一是使国民政府合并于新兴的中国中央政权(指伪政权)，二是改变国民政府名称或改组旧国民政府，三是放弃抗日容共政策，采用亲日、满与反共政策，四是蒋介石下台。日本政府当即训令中村向乔辅三提出上述四条，以及与陶德曼调停时日本提出的基本相同的条件。7月12日五相会议还决定了《适应时局的对中国的谋略》。其方针是：“为使敌人丧失抗战能力并推翻中国现中央政府，使蒋介石垮台，应加强目前正在实行的计划”。其实施的纲要是：“1. 起用中国第一流人物，削弱中国现中央政府和中国民众的抗战意识，同时酝酿建立巩固的新兴政权的趋势。2. 促进对杂牌军的拉拢归顺工作，设法分化、削弱敌人的战斗力。3. 利用、操纵反蒋系统的实力派，使在敌人中间建立反蒋、反共、反战的政府……”[7] 7 月 15 日乔辅三回到汉口，孔祥熙与蒋介石密谈。18 日，乔向中村也提出了蒋介石的和谈方案：一是中国政府积极实现对日亲善，停止一切反日行动，希望日本也要为远东持久和平、为改善中日关系而积极努力；二是通过签订中、日、满三国条约，间接承认“满洲国”；三是承认内蒙古自治；四是华北特区划定甚难，但中国承认在平等互惠基础上开发华北经济；五是非武装地区问题，要待日本提出具体要求后解决；六是反共问题虽未充分讨论，但终须清算与共产党的关系，关于是否加入防共协定或缔结特别协定问题，须进一步研究确定；七是中国目前很穷，无力赔款。[8] 这一方案基本接受了日本的条件，仅重庆政府参加或合并于伪政权及蒋介石下台两条未能接受。为此，双方僵持不下，谈判陷于停顿。国民政府产生这种妥协的思想并不奇怪。毛泽东在 6 月初就指出：“估计到某种时机，敌之劝降手段又将出现，某些亡国论者又将蠕蠕而动……但是大势所趋，是降不了的，日本战争的坚决性和特殊的野蛮性，规定了这个问题的一方面。”[9] 正如毛泽东所预料的那样，日本内部对诱降方针产生分歧。由于日本军方坚决反对以国民政府为谈判对手，近卫首相在此压力下屈从军方意见，停止暗地的和谈活动。国民政府于 9 月 1 日撤回了谈判代表。

在此前后，国民党集团与日本还进行过多次所谓和平谈判，孔祥熙、蒋介石均曾通过贾存德（孔祥熙亲信、行政院代理秘书）、柳元龙（陈诚书记官）、杜石山（蒋介石在香港秘密办事处负责人）、萧振瀛（第一战区司令长官部总参议）、樊光（曾任国民政府外交部常务次长）等人，与日本萱野长知、秋山定辅（日本民间知名人士，孙中山友人，均曾支持、援助过中国革命和直接参加武昌起义）、和知鹰二（先后任日本驻华南、上海特务机关长）、石原莞尔（日本关东军副参谋长）、津田静枝（日本海军中将）、今井武夫（先后任日本参谋本部中国科科长、驻华日军总司令部高级参谋兼中国科科长）、板垣征四郎（驻南京日本“中国派遣军”总司令部参谋长和陆军部长）等人多次秘密谈判。军统局长戴笠甚至派特务冒充宋子文之弟宋子良等与板垣征四郎谈判（日本称为“桐工作”）。武汉会战之前，主要是国民党集团主动找日本谈判，武汉会战后，日本因兵力不足、财政困难等原因，急于与中国停战，则多为日本主动找中国谈判，企图以诱降手段保持其侵华战争中已取得的主要战果。[10]

如果因此便认为蒋介石抗战不坚决，希望屈服于日本，则未必完全符合实际。虽然由于长期实行“攘外必先安内”、对日采取不抵抗和一面抵抗一面交涉政策，在抗战初期国民党集团内部又有不少主和派的影响，蒋介石还有希望和平解决的思想，如陶德曼出面调停和议时，他开始并不抱任何希望，只不过借谈判争取时间防守首都。所以他在1937年11月29日日记中写道：“为缓兵之计，不得不如此耳。”但当与陶德曼长谈之后，12月2日的日记中就写道：“联俄本为威胁倭寇，如倭果有所觉悟则济矣。”〔11〕可见当时的思想还处于犹豫、矛盾之中。但随着战争的发展，蒋介石抗战到底的思想亦日趋坚定。这从蒋介石的公开和对内部讲话以及日记中可以得到证明。如1938年9月，萧振瀛与和知鹰二在香港谈判时，蒋介石9月5日的日记中写道：“敌将与武汉未陷落以前，求得一停战协定而罢兵乎？此则无异城下之盟也，如无国际变化向倭压迫，亦决无和议可言，即使敌国承认恢复卢沟桥事变前状态，亦决无实现之可能。国家存亡，革命成败，皆在于我国之坚忍不拔耳，切戒勿为和议之谈摇撼”〔12〕。当萧振瀛认为谈判有望，于10月26日来电报告“和局当已有望”，请何应钦准备去福州与和知鹰二会谈时，蒋介石在日记中写道：“敌寇野心并未减杀，而且有缓兵与诱惑之狡计”，“抗战至现阶段，决无抛弃立场、根本改变国策之理”〔13〕。不仅于10月30日命何应钦转令萧振瀛停止和谈，返回重庆，而且于31日正式公布早已拟好的《为国军退出武汉告全国人民书》：“我国在抗战之始，即决定持久抗战，故一时之进退变化，绝不能动摇我抗战之决心。唯其为全面战争，故战区之扩大，早在我国人所预料，任何城市之得失，绝不能影响于抗战之全局；亦正唯我之抗战为全面长期之战争，故必须力取主动而避免被动。敌我之利害与短长，正相悬殊；我唯能处处立主动地位，然后可以打击其速决之企图，消灭其宰割之妄念”。“自今伊始，必须更哀戚、更悲壮、更刻苦、更勇猛奋进，以致力于全面之战争与抗战根据地之充实，而造成最后之胜利”。〔14〕12月2日，蒋介石在日记中写：“既知持久抗战是民族唯一出路，为何复有徘徊迟疑！此心既决，毋再为群议（指主和派）所惑”〔15〕。

1939年7月7日，蒋介石发表抗战建国二周年纪念《告世界友邦书》说：“今日国际间一切无法律、无秩序之无政府状态，实由1931年之九一八日本强占我东北四省始作俑所造成”。“在敌人未彻底放弃其侵略政策以前，我国抗战，无论遭受如何牺牲与痛苦，决不有所反顾与中止”。11月18日，蒋介石在国民党五届六中全会上发表讲话，批判国民党内要求及早结束抗日战争的错误思想。他说：如果我们国家民族一天没有得到独立自由平等，抗战就一天不能停止，而我们的牺牲奋斗和努力，也一刻不容松懈，更丝毫不容有徘徊观望、半途而废的心理，幻想苟且和平！否则抗战失败，国家灭亡，我们作了中华民族千古的罪人！所以现在如有人以为敌人已无法进犯，他的侵略之技已穷，我们可以乘此机会与他讲和，或者以为友邦都不可靠，不如自己早些设法和平，这就是陷入与汪精卫同样错误危险的心理”。“一面坚持抗战，一面抓紧建国，再埋头苦干三五年，非获得彻底的胜利和成功，使敌人根本放弃其侵略政策，决不能停战言和”[16]。

据参加与日本谈判人员的说法，蒋介石掌控与日秘密谈和之目的，既有“籍机探寻日本真象”，又有“虚与委蛇以分化其国内主战及反战之势力”。[17]认为“谈判可以促成日本和平势力成立，俾与主战派对立”。同时可以“破坏日本组织统一伪政府企图”[18]。

二、国民政府的战略方针及保卫武汉的作战准备

南京失守前，国民政府迁至重庆，但其军事统帅部的军事委员会及许多重要部门则迁至武汉领导抗战。统帅部接受了淞沪会战及南京作战的经验教训，并吸取了南京国防会议上中共代表提出的部分建议，军事委员会于12月在武昌拟订了抗战的《第三期作战计划》。其主要内容为：[19]

第一　方针

国军以确保武汉为核心、持久抗战、争取最后胜利之目的，应以各战区为外廓，发动广大游击战，同时重新构成强韧阵地于湘东、赣西、皖西、豫南各山地，配置新锐兵力，待敌深入，在新阵地与之决战。

第二　指导要领

（一）各战区

1. 划定各战区范围，并选定根据地，以面的抵抗，对敌之点或线的夺取，使不能达速战速决之目的，而消耗疲惫之。所有在各区之军队及行政、党务各机关，无论在何情况下，绝对不准离开原战区，东击西应，奇正并用，以收长期抗战之效。

各战区根据地，应利用地形，构筑工事，集积粮秣弹药，讲求连络通信方

法，以备独立作战。

2. 现在我军战法，应于硬性之外，参以柔性，务在交通要线上，纵深配置有力部队，使任正面阻止战斗。同时组织训练民众，使联合军队，共同施行游击，以牵制、扰乱、破坏敌之后方。前呼后应，敌攻我正面，则游击队由各方进击；如攻我游击队，则不与决战，使其前进迟滞。

3. 为达迟滞敌军之目的，各战区之公路，现在即予破坏（在我第一线内30或100公里之后方者）。

4. 令各省将碉堡立即拆毁，以所得材料，为构筑工事之用，并将全国各地城垣同时拆除，因我现在既不能借之以拒敌，转资敌将来利用以御我，必使我游击、攻取均感困难也。

5. 对于预期在广东方面上陆之敌，责成余副司令长官，以两粤之力量击攘之。不得已时，应据守粤北山地，与中央连系，使我作战容易。

（二）决战地带

1. 决战地带选定如左（下）：

南段　莲花、萍乡沿湘赣边境之桐木、东门市、龙门厂、通城、羊楼司之线。

北段　太平镇、河口镇、新府集、武胜关之线。

中间　武汉附近构成要塞，其东部之湖沼地带则予开放。

本地带　应依机动防御要领指挥作战。敌如直趋武汉，则我利用湖沼之障碍及要塞之抗力，以限制敌活动，主力向其两翼转移攻势。敌如向阵地正面攻击，即就阵地与之抵抗。各战区亦须依游击活动，以与主力作战相呼应。

在此地带之各县县长，应以军人充任，俾得组织训练民众捍卫地方。

2. 前进阵地选定于赣江左岸清江亘九江之线，江北则沿鄂、皖、豫边之黄梅、□破炉（按：可能为今安徽黄梅东北的破凉亭）、立煌（今安徽金寨）、经扶（今河南新县）等线山地构成之。

3. 兵力决定如下表。（略）

4. 兵团部署：

甲、配置新锐兵力　为使决战地带战斗有利，应以新锐部队配置于重要各地。

乙、各省保安团队，多有曾训练堪任战斗者，应改编为正式作战部队。

丙、补充整理经战部队　为恢复精强能战部队之战斗力，应分调各师于表列(附表略)各地，整理补充，同时准备尔后之使用，以任该地附近之作战。

丁、各省尚可调集之部队，应调集决战。

5. 阵地之编成要领。(略)

6. 工事之构筑部队。(略)

(三) 长江及武汉之守备

1. 湖口以西、武汉以东之各要塞，应力事增强，并统一指挥，以江防总司令统兵守备之，并加封锁。

2. 武汉之守备，以 20 个团(5 师)担任之。

3. 设武汉卫戍总司令，任保护核心之全责。

以上使用部队及作战计划，另定专案。

(四) 交通通信兵站(略)

1938 年 1 月 11 日，蒋介石在开封召开的第一、第五战区团以上军官参加的军事会议上，曾对当时的战略构想及战术运用做过阐述。他说："我军的战略是什么呢？简单明了的讲起来，就是东面我们要保持津浦路，北面要保持道清路，来巩固武汉核心的基础。大家知道自从上海、南京失守，我们惟一的政治、外交、经济的中心应在武汉，武汉决不容再失，我们要维持国家的命脉，就一定要死守武汉，巩固武汉；但我们要巩固武汉，就要东守津浦，北守道清。如果津浦、道清两路失守，武汉就失去了屏障；屏障失了，武汉就受到威胁。所以津浦、道清两路，我们无论如何要抵死固守，决不容敌人进犯。我们如何才能够巩固这条道路呢？……一定不好呆着不动，坐以待敌，必须积极动作，对威胁我们的敌人采取攻势，必须严密监视敌人，时刻保持主动地位……或从正面冒死突进，或由侧面绕道截击，或迂回包抄围攻歼灭，或纵兵深入断敌归路……陷敌人于被动，使他顾此失彼，应付不暇。如此我们才能固守，才能够借津浦、道清两路来屏障武汉。武汉重心不致动摇，国家民族才有保障。这就是我们的战略。"[20]

1938 年 1 月 17 日，军事委员会为适应作战中心向华中地区转移的形势和新的战略方针的需要，重新调整了部署，将全国划分为 6 个战区和 1 个武汉卫戍总司令部。6 个战区分别是：第一战区程潜，辖平汉路及陇海路中段，所属部队主要为宋哲元等 2 个集团军及战区直属部队；第二战区阎锡山，辖山西、绥远及陕北，所属部队主要为卫立煌部南路军、傅作义部北路军、朱德部第18集团军及战区直属部队；第三战区顾祝同，辖江、浙，所属部队主要为刘建绪等4个集团军、新四军及战区直属部队；第四战区何应钦（兼），辖两广，所属部队主要为余汉谋1个集团军及战区直属部队；第五战区李宗仁，辖津浦路方面，所属部队为于学忠等6个集团军、庞炳勋1个兵团、张自忠1个军及海军陆战队；第八战区蒋介石（兼），辖甘、宁、青，所属部队为马鸿逵1个集团军、东北挺进军马占山部及战区直属部队。武汉卫戍总司令部的组织规模与战区相似，任命陈诚为总司令，负责全区的备战事宜。其下又设武汉警备司令部，以第186师师长郭忏任司令，负责武汉三镇的治安和备战事宜。由于当时津浦路中段及道清路仍在第五战区和第一战区控制下，武汉尚未受到直接的威胁，所以刚成立时直辖部队并不多，仅有第185师和由淞沪战场撤来的第54军（第14、第16、第55三个师）以及湖北保安团队等。后为指挥方便，将第55师与第185师合组为第94军，郭忏升任军长，仍兼警备司令；将湖北保安团队组建为第187师。不久，将第187师调长沙担任防务，武汉三镇仅有第94、第54两个军（4个师）的兵力。第94军担任武汉三镇市区的警备和治安，第54军担任武昌郊区的警备及野战工事的构筑。武汉外围地区尚有军事委员会直辖的一些部队正在整顿补充之中，尚未编入武汉卫戍总司令部的战斗序列之中，以后才将李延年等5个军转隶武汉卫戍总司令部。

为了增强武汉城防工事，在原有野战工事和半永久工事的基础上又加筑永久工事。军事委员会拟定了计划，将该计划交付地方政府和武汉警备司令部执行，并命卫戍总司令部加以督饬。武汉城防工事增筑计划的主要内容为：[21]

1. 方针　依战术上之见解，以原有之城防工事为基础，编成若干据点，以为作战部阵地编成之骨干，俾于仓猝之间，得据以拒止敌人。

2. 区域　遵照11月29日武汉行营会议，以东战场敌人为目标，在贺胜桥—豹子獬—葛店—阳逻（阳罗）—横店—巨龙冈—蔡甸线上构筑之，其工事种类、位置及数量如附表[使用4个师又3个团的兵力，构筑机关枪掩体172个、掩蔽部90个，步兵炮掩体60个、掩蔽部30个，野（山）炮掩体46个、观测所18个、掩蔽部28个，重炮掩体32个、观测所9个、掩蔽部24个]。（表略）

3. 工事性质　半永久工事。

4. 工事强度　以能抵抗15厘米榴弹炮及野炮全弹之土木工程为原则。

5. 材料　以木材为主要材料。如能购到钢筋洋灰砖石，则于重要地段构筑坚固工事。

6. 人员组织　为迅速确实起见，在武汉警备司令部指导之下设"城防组"，专司其事。

7. 工作部队　由省府令饬工事区域附近各县征集民工，编成工程队7个大队（每大队750人）担任之。

8. 员工伙食（略）

9. 交通运输　由湖北省汽车部队拨乘坐汽车2辆（侦察巡视用）、卡车10辆（运输材料用），由船舶总队拨差轮（官长往来用的轻型快艇）1只、拖轮2只、载重百吨之民船10只（运输材料），归城防组使用。

10. 道路增设及补修　由湖北省政府建设厅担任。

11. 电话线路之增修及补修　由武汉警卫通信连担任。

还规定12月底前将工事设计、阵地选定、工务所之设立及工作器具等之整备、民工征集编成等办理完毕。

蒋介石对武汉附近及外围地区工事的构筑极为重视，1938年1月29日及2月4日，两次令陈诚，将"武汉附近全部阵地之设计、配备与防御工事计划，及其工事完成（可分一、二、三期）日期，用图示详报"，并规定"武汉附近阵地野战工事，应照新式野战筑城构筑，限期完成"。2月3日还令何应钦及徐永昌对由淞沪、南京作战后撤退"已到商城、罗田、麻城、黄陂、田家镇、黄安、宋埠各部队，应限令构筑工事，并由军令部派员负责指导监筑"。他特别指出："马当（马垱）、湖口、九江、田家镇防务特别重要，其工事与炮位以及部队防务，应由军令部特别督促布置。"[22]以后又多次令军令部督促武汉外围各部队从速构筑阵地，并对重要据点、要塞等地，一再指示要构筑据点式堡垒群阵地。但到武汉会战开始时，不少部队并未认真按规定构筑工事。如当日海军向马当发动进攻时，冯玉祥向蒋介石报告说："武汉附近两岸工事，皆太薄弱，没有外壕，（是）线式阵地，不是堡垒群阵地……许多将领并不重视阵地。"[23]

军事委员会为加强长江中游的防务，除令第三战区在安徽贵池、江西马当间部署兵力外，还增筑要塞。早在抗战开始前，武汉就筑有凤凰山炮台，设置有8.8厘米平射炮，高射炮共4门。1938年初，又划马当、湖口、田家镇、黄鄂四地为要塞区，设立机构，修建炮台，构筑防御工事，并将从长江下游江阴、镇江、太湖等地撤回的要塞炮队组编为这 4 个要塞的炮队。要塞的炮均为在沪、京作战自沉或被毁海军军舰上拆下来的舰炮。马当要塞配备 12 厘米舰炮 12 门，湖口要塞配备 10.5 厘米舰炮 6 门，田家镇要塞配备 10.5 厘米舰炮 16 门，黄鄂要塞配备 7.5 厘米舰炮 10 门。

国民政府海军部已于 1938 年 1 月 1 日撤销。2 月 1 日成立的海军战时总司令部仅设参谋、军衡、舰械、军需 4 个处和秘书办公室、副官办公室，裁撤了第 3 舰队司令部、练习舰队司令部等 17 个单位。原海军部部长陈绍宽任总司令，陈季良任参谋长（仍兼第 1 舰队司令），曾以鼎仍任第 2 舰队司令。这时第 1 舰队仅有炮舰 8 艘、炮艇 6 艘及测量、运输等辅助舰船共 20 余艘；第 2 舰队仅有炮舰 6 艘、炮艇 9 艘及鱼雷艇等，亦共 20 余艘。陈绍宽以“永绥”炮舰为旗舰，位于汉口；陈季良设司令部于“民权”炮舰，负责武汉以东长江的防备。原第 3 舰队舰船沉于青岛海湾堵塞航道，司令沈鸿烈任山东省主席，率海军陆战为主的一部官兵在山东进行游击战。副司令谢刚哲率其余人员撤至武汉附近，改编为江防要塞守备司令部。下辖 3 个总队和 1 个炮兵大队，分别部署于各要塞区担任守备。武汉以东的江防，除由海军组编的要塞炮兵、要塞守备部队和第 1、第 2 舰队外，各要塞区及其附近尚部署有陆军部队，担任防守。为统一江防陆、海军和要塞的指挥，军事委员会设立了江防军总司令部，任命刘兴为江防军总司令，海军第 2 舰队司令曾以鼎为副总司令，并归武汉卫戍总司令指挥。

为了封锁长江、阻止日海军溯江进攻武汉，由江防总司令部主持，由江防委员会（江西省主席熊式辉兼主任委员）施工，在马当江中建立一条阻塞线。阻塞线以石块、水泥、铁丝网及木桩等建成，顶部低于水面约 2 米，形如暗礁，并在阻塞线的前后布水雷 800 余枚。同时将荻港以上、九江以下各种航道标志全部毁除。

徐州会战结束后，由于黄泛区的形成，日军沿平汉路直进和迂回武汉的可能性减少，军事委员会对军队的部署作了相应的调整，加强了长江方面的防御力量：抽调薛岳兵团到长江南岸赣北地区担任防务；将第 54 军调出，担任田家镇南岸及瑞昌防守。并划分江北和江南两个作战区，分别由万耀煌、周碞任指挥官。江北区辖第 6 军的第 93 师、第 16 军的第 28 师，江南区辖第 75 军的第 6、第 18 两师及黄鄂要塞部队。第 94 军仍执行武汉警备任务，另以第 37 军第 92 师归武汉卫戍总司令部直辖。此外，还命令第 31 集团军总司令汤恩伯将第 68 军拨隶第五战区，主力集结于南阳、襄樊地区，准备策应武汉地区的作战。

三、日军进攻武汉的作战指导及兵力

1938年5月19日日军占领徐州后，立即将进攻武汉及广州的准备提上日程。5月29日，日本大本营拟定了当年秋季攻占武汉的作战指导大纲。陆军部本来准备以1个军沿平汉路南下，1个军沿长江西进，共同钳击武汉。但华北地区的“共军”“扰乱我占领地区，其威势已不容轻视”，特别是“在徐州会战期间，由于调用了华北方面的兵力，占领地区内的警备力量减弱，中国方面扰乱活动更加激烈”；“山西省南部各守备队受到优势中国军队的攻击”，“同蒲线频繁遭到破坏”，被迫“撤出蒲州、运城、平陆”等地，“当时各守备队”在中国游击队困扰下“弹药、粮食均告缺乏，只能以猫狗及野草充饥”；河北方面，“共军游击活动更加活跃顽强”，日军被迫撤出涞源等地。[24]平汉路也迭遭破坏，很难再从华北调出兵力。由于这些原因，日本改为由“华中派遣军以主力沿淮河地区，另以一个军沿长江地区攻占汉口”，“华北方面军以一部在华中派遣军攻势开始前攻占郑州一带，将敌牵制于北方”。[25]

1938年6月12日，因黄河花园口决堤，淮河泛滥，主力沿淮河前进有困难，日军大本营又改变作战计划，决定主力沿长江进攻，一部沿大别山北麓进攻。为了统一指挥沿长江进攻的各师团，组建了第11军。根据6月15日御前会议的决定，6月18日以第119号“大陆命”下达了实施汉口作战的预先号令。其内容为：

“1. 大本营企图于初秋攻占汉口。

“2. 华中派遣军司令官应于长江及淮河口向前逐步占领前进阵地，准备尔后之作战。

“3. 华北方面军司令官应准备执行关于确保占领区域安定之现行任务，尤须尽力扫荡该地区内之残敌。

“4. 详细事项由参谋总长指示。”[26]

参谋总长为此命令下达了第161号“大陆指”指示：

“1. 华中派遣军应利用安庆作战之结果（日本海军中国方面舰队与陆军波田支队协同，已于6月13日占领安庆），协同海军伺机占领黄梅、九江一线。

“2. 华北方面军占据地区内(含开封)确保安定之要领，在于尽量使残敌归顺，无可能时则扫荡敌之主力。

“3. 华北方面军司令部应就策应华中派遣军向汉口作战，研究并准备一部兵力向郑州方向前进，牵制敌军之作战。”[27]

日军“华中派遣军”接到大本营的预令后，于 6 月 20 日派遣作战主任参谋去大本营联系作战问题，7 月 5 日返回。商谈的主要内容为：

“1. 以第 2、第 11 军从 9 月上旬开始攻占汉口附近的要地，目标固然是攻占要地，但也要消耗敌人的力量。

“2. 第 2 军的作战方向，由光州附近开始，向信阳攻击还是向汉口攻击，根据当时情况决定。但第 2 军的作战主要任务是牵制敌人，以利于第 11 军的汉口作战。

“3. 第 11 军为主作战部队，主力使用在长江右(南)岸。

“4. 为使政治、谋略工作紧密配合，在 9 月上旬以前不要开始作战。但到了 9 月上旬即使政治、谋略工作还不够充分，也应从六安、九江一线开始作战。

“5. 航空兵团的主力，编入华中派遣军指挥之下，即第 1 飞行团属第 2 军，第 4 飞行团(轰炸)由华中派遣军直辖。

“6. 汉口作战结束后，进行广东(广州)作战。那时华中派遣军为策应这一作战，预计有可能进入长沙附近。

“7. 专用于广东作战兵力，首先使用第 5、第 8 两个师团。”[28]

为了进行进攻武汉及广州的作战，日本征召新兵 24 万人，筹措战费 32.5 亿日元。在 1938 年 4 月至 6 月间又扩建了 10 个师团，即第 15、第 17、第 21、第 22、第 23、第 27、第 104、第 106、第 110、第 116 师团。这 10 个师团，除第 23 师团及第 104 师团调至中国东北海拉尔和张鼓峰(第 104 师团后又转至大连准备进攻广州)外，其余 8 个师团于 7 月中旬全部调至中国关内(其中第 27 师团为原“中国驻屯旅团”扩编而成，已在华北)。这时日本陆军总兵力为 34 个师团又 6 个混成旅团，共约 90 余万人，除日本国内留 2 个师团(近卫师团、第 11 师团)、朝鲜留 1 个师团(第 19 师团)、台湾留半个混成旅团外，其余全在中国(包括关东军 8 个师团)，兵力约为 82.5 万人，占其总兵力的 91.7%。

侵华日军根据其大本营的指示，将徐州会战后正在豫东、皖北地区的第 10、第 16、第 9、第 13、第 6 等师团转移南下，集结于合肥附近地区，又从华北及刚组建的师团中拨调部队，加强“华中派遣军”。此时集于华中地区的日军共有 14 个师团。直接参加进攻武汉的日军为9个师团的兵力,约25万余人(后不断补充)。

日本海军"中国方面舰队"参加进攻武汉的部队共有炮舰、驱逐舰、扫雷舰、炮艇、鱼雷艇、扫雷艇、滑行艇(小型快艇)以及各种辅助舰船总计约100余艘。

日本陆军航空兵及海军航空兵参加进攻武汉的部队,共有轰炸机、战斗机、攻击机、侦察机约400余架。

日军陆海军参加进攻武汉各部队的指挥系统如附表5-2-1至5-2-5。

四、中国保卫武汉的作战计划及兵力

南京失守后,国民政府军事委员会负责指挥作战的军令部就已对未来日军动向作出判断,并提出相应的作战意见,拟出《对武汉附近作战之意见》供统帅部参考。其内容为:[29]

1. 未来战况推移之预想

甲、敌情判断:

按目前敌之行动而判断,其最近之企图在先求打通津浦线已甚显然。惟敌人打通津浦线后当以郑州及武汉为其作战目标,且判断其侵袭郑州及武汉之路线约有三:

(1) 以一路沿陇海西进图取郑州,以切断平汉线之联络,同时安阳方面之敌沿平汉南下,以夹击黄河北岸之我军。

(2) 以一路由合肥经六安、潢川趋信阳,以图截断平汉线,再转而南下进逼武汉;或待陇海一路占领郑州后,再沿平汉线南下取信阳、武胜关,同时以一路由合肥、六安经商城、潢川,再转经麻城、黄安,与平汉路之敌会攻武汉。

(3) 以一路沿长江北岸经大别山脉南麓,由安庆、太湖、宿松、黄梅与海军协同而会攻武汉。

再,敌若兵力许可,则待浦信(合肥、六安线)及平汉两路作战得手后,更转移一部兵力沿京赣、浙赣两路直趋南昌、长沙或九江登陆,沿南浔路进攻南昌,以截断浙皖我军之后方联络线。

敌无论取上述判断中之任何一策而彼占领南昌后当向长沙、武汉前进，此时敌或以一路沿浙赣攻长沙，或由南昌往武宁越幕阜山脉而逼武汉；或两路并进，当视情况而定。惟根据敌之兵力及时间性之关系，并过去攻南京时之策略而论，则似由江南方面西进之一路公算甚少，盖浙、皖、赣边区地形复杂，利于守不宜于攻。敌果若由此方而来，则必须甚大之兵力与时间，在以速战速决为主义之敌军未必由此。又彼攻南京时亦仅能由江南方面包围，如江北一路兵力始终甚单，惟当时因我扬州、六合方面备而不周，故微弱之敌得略有进展而已。至由九江登陆而攻南昌，占领南昌后再转长沙、武汉前进，则仍需较大之兵力，且在未将浙皖方面之我军压迫之前，则不能不顾虑其侧背而冒(贸)然向武汉直入也。且该方面路迂而缓，费时必久，故判断敌之将来必先图略大江以北之地域而继以攻犯武汉也。

至闽粤方面，则判断敌为牵制扰乱之行动，惟对粤因欲阻我海上交通之关系，敌或有以一部实行登陆以图封锁我海口之企图，证以日来之情况或有可能。

乙、我军作战之预测：

根据上述之敌情判断，更按国军目前之配置，将来我军之作战，若处处得手自无容(庸)言，倘就不利方面一加考量，则我各战区在不得已情况下当成如下之局势，即第五战区在安庆方面之部队将沿江北岸，在合肥方面之部队或将沿浦信线向西移；在津浦路方面之部队，或沿陇海路西移，或由徐州、商丘西南转向亳州、淮阳而转移至平汉线郾城、信阳间。至江南方面，第3、第7两战区将形成浙、皖对东及沿江对北之两正面。

2. 目前应有之筹划

由前述之假想，我应未雨绸缪，预为适切之筹划。若就全盘言，将来之战况，果如我所不利之假想而推移，则此时由湘赣至幕阜山脉至豫鄂皖境内之大别山脉，尤以在大别山脉之东、北两正面应预为布置，盖该方面预想为将来之主战场也。

按现在丁炳权、刘膺古、徐源泉、孙连仲及关麟徵等部原配置对于各要地均已预有准备，且位置甚适当。刘膺古部可就现在位置积极准备将来对南(沿江)、北(麻城、黄安方面)两方面均可策应。又徐源泉部似以推进至双门关、经扶、大胜关一带为宜。敌若分由商城、潢川趋麻城、黄安时，则可凭险固守；若由潢川趋信阳时，则可侧击其背。此外信阳虽有布置，但武胜关为鄂北门户，敌若由西进攻信阳之同时，以一部由罗山南下，则武胜关之险难保，而鄂北门户已去，敌将直窥堂奥矣。此宜注意者也。

3. 为确保武汉应有之准备

（甲）关于作战指导者：

武汉已为我抗战之政治、经济及资源之中枢，故其得失关系至巨。惟武汉三镇之不易守，而武汉近郊尤以江北方面之无险可守，尽人皆知；更以中隔大江外杂湖沼，尤非可久战之地，故欲确保武汉则应东守宿松、太湖，北扼双门关、大胜关、武胜关诸险，依大别山脉以拒敌军，并与平汉段之积极行动相呼应。若敌悬军深入，则可临机予以各个击破，或在大别山预为隐伏，待其深入，出奇兵以腰击之，如此方可制胜，方可以确保武汉。否则据三镇而守，于近郊而战，则武汉对我政治、经济、资源上之重要性已失所保者，仅此一片焦土而已矣。且受敌之包围，则势如瓮中之鳖，困守南京之教训殷鉴不远，故欲确保武汉而始终保持武汉为我政治、经济、资源之中枢，则应战于武汉之远方。守武汉而不战于武汉是为上策。如 1914 年秋季欧战时东战场之作战，德国在该方面的兵力仅为一部，为确保其柏林首都，且初有退守外克塞尔河之计划，待兴登堡将军莅临后，不惟不采此消极之策，抑且作惊人之举，盖鉴于俄第一、第二两集团军为马祖尔湖所分离，乃决心转守为攻，集结优势兵力于南方而造成坦能堡之空前歼灭战。迨百余战，德军在东战场始终占于有利之地位，使西战场德军无后顾之忧，而柏林得以无恙也。但德军若依当初计划退守外克塞尔河，则东战场之资源既失，而首都之能否安全保障亦成疑问也。虽以衡目前之形势未必为当，但其以攻为守之精神则一也。而我万不得已而战于武汉近郊时，亦于武汉以北地区，如孝感、花园及广水、武胜关间配置重兵，使成犄角之势。敌若以主力趋武汉，则可依武汉之既设工事坚韧抵抗，以吸引敌之兵力，同时由孝感、武胜关间击其侧翼；敌若不直攻武汉而先攻武胜关、孝感时，则以武汉之守备部队出击，是为中策。如 1914 年马尔纳河（马恩河）会战，法军依其巴黎要塞为依托，待德军由巴黎东侧侵入时，仍由左翼转移攻势，击德军之右侧背，结果德军不支而退，亦属良好之战例。

（乙）关于战区问题者：

欲确保武汉，则黄梅、英山、罗田、麻城以至信阳各部作战之行动，均有直接的关系，且该地带部队之作战，亦即为武汉中枢外围之作战是也。故将来此方面各部队之作战指挥，必须与武汉守备部队统一于同一指挥官之下，方能收指挥灵活、协同一致之功。基此见解，拟将岳阳、通城、武安、德安之线以北及由襄樊、桐柏、长台关(信阳北)、息县、固始之线以南定为一预备战区，并将现在此地区内之部队，如刘膺古、徐源泉、孙连仲等部统归此预备战区司令长官指挥，俾可先行充分之准备，而收战时如臂使指协同一致之效果。

(丙) 关于地方行政者：

在全面战争原则下，所有地方之物力、人力以及全民之抗战精神，均应纳入抗战元素中，因此地方行政如教育、经济之设施，物资、交通之统制，公用机关之管理，轻重工业之指导，及人民服役之规定等，均应在战区司令长官指挥之下统一办理，以资迅捷而应非常，否则彼此牵制，动辄掣肘，未有不偾事者。

上述内容可概括为以下数点：

——日军下一攻略目标最大可能为武汉。

——武汉为我所必守。但守武汉必须利用武汉外围广大有利作战地带进行周旋。

——防卫武汉必须调整机构，将军事、行政集中在一个指挥机构之下，以统一步调。

——动员全国人力、物力，早作战争准备。

1938年5月20日，也就是日军占领徐州的第2天，军事委员会从上海方面得到情报，说日军可能分3路进攻武汉："华北军出信阳南下，华中军出六安、安庆西进，海军溯江而上"。28日，又得到情报，说日军在徐州作战结束后，"无休息整理意，海军业已发动轰击我沿江阵地。沪军部谓半个月内可抵汉"。29日，又得天津方面的情报(从日本特务机关得到的消息)，说日军"今后对华作战计划，以武汉为目标，即将开始其对武汉攻略之外线作战"。而此时第一战区在豫东的作战不顺利。6月1日，蒋介石在武汉召开最高军事会议，决定豫东守军向豫西山地作战略转移，并秘密决定决黄河堤制造水障，阻止日军西进。同时积极筹划和准备武汉会战。6月6日，蒋介石任命薛岳为武汉卫戍区第1兵团总司令，解除其第一战区前敌总指挥职务。至6月中旬，日军被阻于黄泛区以东。徐州会战完全结束之时，第一战区程潜所部主力已退至河南信阳以西，第五战区李宗仁所部退至鄂豫皖边境大别山一带，第三战区顾祝同所部仍驻九江以下长江南岸一带。国民政府军事委员会为适应当前战局形势，增强指挥机构及作战能力，再次调整战斗序列，组建第九战区，以陈诚为司令长官（仍兼武汉卫戍总司令），下辖第1、第2兵团，负责长江南岸的作战。第五战区负责长江北岸的作战。两战区协同作战，阻止日军西进。两战区的作战地境大致为沿长江之线，但沿江北岸的武穴、田家镇部分及武汉卫戍总司令部归第九战区统一指挥。

第九战区和第五战区根据军事委员会保卫武汉的意图，结合本战区的地理条件、兵力任务及敌情判断等具体情况，分别进行了部署。第九战区以第1兵团防守德安至南昌间南浔路及鄱阳湖西岸地区，阻止日军进攻南昌及迂回长沙；以第2兵团防守德安至九江和田家镇以及长江沿岸地区，阻止日军西攻岳阳，并将有力部队分别控置于武宁、通山、咸宁等附近地区，以备随时策应各方面之作战。第五战区将所部区分为右翼、中央、左翼、苏北及第二线5个兵团，以右翼兵团防守长江北岸、大别山南麓丘陵湖沼地区及纵深中的广济至浠水之线，以中央兵团防守太湖、潜山西北山地，以左翼兵团防守大别山北麓至淮河间地区，苏北兵团仍任敌后游击任务，第二线兵团控置于黄陂、麻城一带。

6月18日开始，日本海军溯江作战部队与第106师团一部协同，攻占荻港，遂即沿江向马当方面进攻。武汉会战的外围战斗已经展开。军事委员会于6月下旬拟出了当前抗战的作战指导方针："国军以各一部守备华南海岸及华东、华北现阵地，并积极发展游击战，妨害长江下游之航运，牵制消耗敌人。另以有力一部支援马当、湖口要塞，迫敌在鄱阳湖以东展开，妨害敌溯江向九江集中。国军主力集中武汉外围，利用鄱阳湖、大别山地障及长江两岸丘陵、湖沼，施行战略持久。特注意保持重点于外翼，争取机动之自由。预期在武汉外围与敌主力作战四个月，予敌以最大之消耗，粉碎其继续攻势之能力。"[30] 为了使武汉三镇的核心阵地能进行持久的作战，成为与友军协同实施攻势转移的支点，军事委员会还指令第九战区在武汉三镇及其近郊控制不少于5个步兵师的兵力，按统一的计划和部署，从事工事构筑，加强战备。同时指示第五战区：当前的主要任务在阻止日军的西进，应以有力的一部在皖南加强江防，集中兵力于东流、马当间，准备阻止日军登陆，直接协助江防军作战；并在浙、皖敌占区进行深入、广泛的游击作战，牵制日军，以利于武汉保卫战的实施。

参加武汉会战的中国军队，会战初期陆军大约有30个步兵师又1个旅、2个团、野战炮兵约3个团、要塞炮兵约2个团的兵力。以后陆续增加部队。至会战结束时，先后总计陆军约有124个师、骑兵2个旅、野战炮兵约7个团、要塞炮兵约3个团的兵力。其中仅14个师系后方增援部队，没有损耗，每师约1万人；其余部队都久经战斗，损耗甚大，虽经整补，仍缺员50%左右，每师平均约5000人。所以武汉会战中中国军队陆军的总兵力约为75万人。

中国海军参战舰艇有“中山”、“永绥”号等炮舰14艘，“宁”字、“胜”字号等炮艇15艘，“文天祥”、“史可法”、“岳飞”号等快艇10艘，以及布雷艇、运输等辅助舰船，共约40余艘。中国空军参战部队，6月中旬时共有作战飞机130架(其中轰炸机38架，驱逐机65架，侦察机27架)；苏联空军志愿队共有作战飞机90架[其中轰炸机26架，驱逐机(战斗机)64架]。两者总计220架。会战期间陆续补充104架，但补充架数不足补充损耗架数，会战结束时已不足100架。

注　释：

〔1〕 日本防卫厅防卫研究所战史室：《中国事变陆军作战》。日本朝云新闻社1983年版，(2)第44页。

〔2〕 日本防卫厅防卫研究所战史室：《日本海军在中国作战》。中华书局1991年中文译本，第294页。

〔3〕 同〔1〕，第86页。

〔4〕 日本木户日记研究会编《木户幸一关系文书》。东京大学出版会社1966年版，第324—327页。转引自复旦大学历史系日本史组编译《日本帝国主义对外侵略史料选编(1931—1945)》，上海人民出版社1975年版，第262—264页。

〔5〕〔日〕臼井胜美、稻叶正夫编《现代史资料·中日战争》。东京1964年版，(二)第269—270页。

〔6〕 日本外务省编《日本外交年表和主要文书(1840—1945)》。1987年版，下卷第389页。

〔7〕 同〔5〕，第189—390页。

〔8〕 日本外务省档案，微缩胶卷S487号。转引自中国社会科学院近代史研究所《日本侵华七十年史》，中国社会科学院出版社1992年版，第443页。

〔9〕《毛泽东军事文集》。军事科学出版社、中央文献出版社1993年版，第二卷第283页。

〔10〕 各次秘密谈判的经过及评析见杨天石《抗战与战后中国》，第90—294页，中国人民大学出版社2007年版。

〔11〕 转引自黄仁宇《从大历史角度解读蒋介石日记》,中国社会科学出版社 1998 年版。

〔12〕 见台北"国史馆"据蒋介石亲笔日记摘录而成的《困勉记》。

〔13〕 同〔12〕。

〔14〕 见秦孝仪主编《总统蒋公思想言论总集·书告》。

〔15〕 见台北"国史馆"藏《(蒋中正)事略稿本》,转引自杨天石《抗战与战后中国》,中国人民大学出版社 2007 年版。

〔16〕 见《抗战与国际形势——说明抗战到底的意义》。载《总统蒋公思想言论总集》卷 16,第 474－479 页。

〔17〕 见 1938 年 4 月 7 日《贾存德阳电》;《王梁甫致孔令侃函》,原件存中国第二历史档案馆。

〔18〕 见《孔令侃于香港转发胡鄂公报告电文》,转引自《杨天石《抗战与战后中国》。

〔19〕 国民政府国防部史政局战史编纂委员会档案(原件存中国第二历史档案馆)。载《抗日战争正面战场》,江苏古籍出版社 1987 年版,(上)第 18—20 页。蒋纬国主编的《抗日御侮》引用此《计划》时文字上有所改动。

〔20〕 秦孝仪主编《中华民国重要史料初编——对日抗战时期》。台北 1981 年版,第 68—69 页。

〔21〕 见《武汉城防增筑计划》。国民政府军令部战史会档案,存中国第二历史档案馆。

〔22〕 同〔11〕,第 294、295、294、300 页。

〔23〕 同〔11〕,第 316—317 页。

〔24〕 本段引文引自日本防卫厅防卫研究所战史室《华北治安战》。天津人民出版社 1982 年中译本,(上)第 73—76 页。

〔25〕 同〔1〕,第 2 卷第 1 分册第 110—112 页。

〔26〕 同〔1〕,第 441 页。

〔27〕 同〔1〕,第 442 页。

〔28〕 同〔1〕,第 117—118 页。

〔29〕 国民政府军令部战史会档案,原件存中国第二历史档案馆。载《抗日战争正面战场》,江苏古籍出版社 1987 年版,(上)第 646—650 页。

〔30〕 转引自蒋纬国主编《抗日御侮》。台湾黎明文化事业公司 1987 年版,第 5 卷第 213 页。

第二节 会战经过

徐州会战,中国军队失利,日军得以将南北两战场连接,对进一步侵华造成有利形势。为图早日结束对华战事，以应付可能发生的对苏、英、美的战争，日军实际上未作什么休整，继续深入华中作战，以为击败华中地区中国军队主力、占领中国腹心地区就可结束侵华战争。国民政府军事当局对此早有预测，因而在徐州会战之前就提出“保卫大武汉”的号召，陆续抽集兵力，调整部署，作出相应准备，并确定以持久、消耗敌人的战略，争取 4 至 6 个月时间。目的：一在于以空间换取时间，内、外战线结合，消耗、挫败敌人；二是及早内迁工厂、内运物资、整备军队、加紧生产，作长期抗战准备；三是争取国际上同情和支援，期待国际战场的开辟，以彻底战胜日军。军事委员会作战部署的重点在武汉外围地区，所以武汉保卫战的主要战斗、战役大都在武汉外围地区进行。作战历时 4 个多月，可分为序战、前方要地防守作战、主要阵地防守作战，以及武汉三镇放弃后阻击日军深入作战等几个阶段。

序战阶段自 1938 年 6 月初到 7 月 20 日。在此期间，日军由合肥南下的部队在其海军配合下攻占安庆、桐城，中国守军被迫退据潜山、太湖，暂时形成对峙。但自 6 月下旬起，日本海、陆军相互配合，以蚕食的方法逐步攻占马当、彭泽、湖口等沿江各要地，迫近九江，取得沿江西犯的有利形势。

前方要地防守作战阶段自 7 月下旬至 8 月下旬，前后约 1 个月。在江北方面，双方曾在太湖、宿松、潜山附近地域反复争夺。黄梅失守后，守军曾组织反击，未能恢复，双方对峙。北翼的守军采取纵深配备，分守霍山、六安及商城、潢川之线。日军占领了霍山、六安一线后，虽与守军在几个方向上对峙，但未作深入攻击。在江南沿江方向，日军利用已控制鄱阳湖的有利形势，于 7 月下旬在海、陆军配合及空军支援下进占姑塘，作为桥头堡，继而增加兵力，会同沿江进攻的另一部兵力合击九江，九江旋告不守。至此大江南北的重要据点多成为日军集结兵力、从事进攻准备的前进基地。

主要阵地防守作战阶段起自 8 月下旬。日军正式向汉口进军，但江南沿江方面日军被南浔路、德星路守军阻击和侧击，进展缓慢，双方长时相持，均稍有伤亡。到 8 月下旬日军增兵，猛攻瑞昌。攻占瑞昌后分兵多路，继续西进，均受到守军的阻击。9 月下旬沿江进攻的日军经激战后占领富池口要塞。在江北岸方面，守军企图恢复黄梅，未能得手。日军增加兵力，趁势进攻。9 月初旬武穴、广济相继失陷。守军多次组织反攻，未能恢复。于是日军在海、陆、空军协同下，猛攻田家镇要塞。9 月下旬该要塞失守。富池口、田家镇要塞陷落后，武汉门户洞开，形势严峻。北岸守军继续在蕲春、兰溪、黄冈一带逐次抗击日军；10 月下旬黄陂失陷后继续在阳新、辛潭铺一线抗击日军。到10月中旬，该线被日军突破，阳新、辛潭铺先后陷落。但在鄂赣边境作战的第九战区主力长期在南浔、星德、瑞武线上阻击和侧击日军，予以极大伤亡。瑞昌陷落后，日军沿瑞德公路继续南进，攻占了南浔路上的马回岭。9月下旬，日军第27师团一部及第10师团一部合力沿瑞武公路西犯，企图攻占武宁，以威胁德安。第108师团为协同其作战，以主力向西迂回。薛岳抽调3个军的兵力，将该师团一部歼灭于万家岭附近，日军伤亡惨重。时称"万家岭"大捷。

在北线豫鄂边区方向，自8月下旬起，日军第2军兵分两路进攻，南路经霍山指向商城，北路自六安指向固始。其南路在商城以东地域受到守军阻击，进展缓慢。9月中旬日军攻占商城，然后转向西南，企图越过大别山直扑武汉，守军凭险抵御，日军到10月中旬才越过大别山。其北路于9月下旬攻占罗山，迫近信阳，经守军反击，直到10月中旬方占领信阳。

10月25日，守军主动放弃武汉，武汉保卫战即告结束。第五战区留一部兵力于大别山区，其余撤向平汉线西大洪山和桐柏山区；第九战区留薛岳兵团于南浔线，主力沿粤汉线南撤。日军于26日、27日占领武汉三镇，11月12日占领岳阳，停止于岳阳、通城一线。

一、序战中的主要战斗

（一）舒城、安庆战斗

徐州会战后，军事委员会命令第五战区留置一部在苏北游击，以牵制日军；主力调往豫南整理，以一部留置皖中，对日军采取逐步抵抗的战略。据此，第五战区制定作战计划。其主要内容为：

1. 方针

（1）本战区以策应国军主力反攻之目的，一部留置于苏北任游击，主力集结皖西、豫南，准备尔后之作战。

（2）如敌由徐州以南向西或西南突进时，应确保豫鄂边区山地，以为侧击该敌之根据。

2. 指导要领

(1) 苏北各部队应常向津浦段或陇海东段地区之敌扰乱、侧击，以牵制敌之西进或西南进。

我主力反攻时应向西扩大游击战，广领淮北、淮南地域，配合民众武力向西反攻，以资声援。

被敌压迫时，应分散于洪泽、高邮、宝应各湖及其以东港湾分歧之地域，以为再起之根据。

(2) 战区主力应利用淮河上游以东各河流及在正阳关、六安、舒城、怀宁(即安庆)相连之线以东地区，逐次迟滞敌之前进。

撤退区域之前方应逐次留置小部队，配合地方武力担任游击，以牵制敌之西进。

(3) 敌主力由正阳关或六安向信阳突进时，我主力应保持怀宁、桐城、霍山、立煌(即金寨)、商城之线，准备向北侧击，以阻止西进之敌。

叶家集为该线前方要点，应长久保持之。

(4) 怀宁、桐城之线为掩护江防要地，应竭力保有之，万不得已时，向潜山、太湖、宿松之线转移，准备向南侧击沿江西进之敌。

(5) 国军主力反攻时，本战区之行动，应候另命。

3. 兵团部署

(1) 军队区分

甲、第1兵团

总司令　李兼总司令品仙

第26集团军(3师)

第27集团军(2师)

第31军之1师

乙、第2兵团　廖总司令磊

第19军团　(3师及第1扫荡队)

第31军主力(2师)

第48军(3师)

丙、第3兵团　韩代总司令德勤

第46军(3师)

第57军(2师)

第89军(2师及两淮税警队)

丁、直属部队

第7军(3师)

(2)各兵团行动及任务

甲、第1兵团以一部(杨部)控置于怀宁、桐城及其以东地区,迟滞敌之南进并防止敌之上陆,务长久保持怀、桐之线,不得已时退守潜山附近,准备向南侧击。以主力(徐部)集结于六、霍、桐、舒地区,阻敌西进,不得已时务确保潜、霍、黄山区,相机侧击西南进之敌,但李兼总司令应移驻潜山。

乙、第2兵团以31军及48军之各一部利用西淝河、大沙河、淮河上游及其以东、以西各河流,逐次抵抗,迟滞敌之西进,逐渐向商、叶撤退,主力集结于叶家集、立煌、霍山附近,准备向东或向北侧击。万不得已时,亦须确保霍、立、商、罗之山地,以为尔后作战之根据。

但在日军向皖中行动之前,第五战区的部署略有变更,即李品仙原属的第1兵团区分为左翼军、中央军及右翼军。即以第48军为左翼军,由该军副军长王赞斌指挥,以淠河亘正阳关、淮河右岸寿县附近为主抵抗地带,左与淮北兵团、右与中央军密切联系;以第26集团军徐源泉部(第10军2个师及第199师)为中央军,以舒城北、六安沿淠河一线为主要抵抗地带,右与第48军、左与第27集团军密切联系;第27集团军杨森部为右翼军,原只辖第20军2个师(第133、第134师),复由江南第三战区调来第21军(军长陈万仞,辖佟毅第145师、刘兆黎第146师)共4个师的兵力担任江防,以安庆、桐城、舒城之线为主要抵抗地带,并与长江南岸友军及第26集团军密切联系,必要时并须以一部兵力策应第26集团军。杨森感到正面过大、江防重要、兵力不敷,曾在6月8日径电蒋介石,请增派兵力。电文中说:"惟敌人如以大部分兵力由合肥南下,与由长江西上之敌会合攻占安庆,则江南我军之正面太大,愈难防守,马当封锁线亦容易被敌突破,再沿北岸西进九江,武汉将受最大威胁。职意欲求江南防线巩固,欲确保马当封锁线,必须确保安庆及巢湖西南地区,且以舒城、大关附近山地及庐江、盛家桥、白湖南侧山地至江岸间地区之地形尚属良好,若以相当兵力布守,再以一部配合地方武力,在巢湖东南地区游击,必能阻敌西进。惟正面甚大,职部现有兵力不敷分配,拟请钧座抽派两师兵力以用之……"[1]杨森所见,不无见地,但战事迫近,蒋介石仅通过李宗仁严令杨部固守安庆及桐城以北之大关等候援军,已来不及另作部署了。

1938年5月29日，日本大本营命令华中派遣军与海军“中国方面舰队”协同，攻取安庆、马当、湖口及九江，作为进攻武汉的前进基地。6月1日，畑俊六与及川古志郎协商后，决定由波田支队（台湾旅团）与海军第11战队、吴港第4、第5特别陆战队及第2联合航空队协同，从芜湖溯江进攻安庆、马当、湖口、九江；由第6师团与第3飞行团协同，从合肥进攻舒城、桐城、潜山、太湖、宿松、黄梅，策应溯江进攻部队作战。

日军第6师团以第11旅团附独立山炮兵第2联队及骑兵第6联队为先头部队，6月2日从合肥出发。此时日军第9师团一部亦由蒙城南下，经凤台于6月4日占领正阳关。原在合肥以西的第26集团军徐源泉部（3个师）自大蜀山不战而撤退至六安附近。日军第11旅团遂向舒城、桐城方向进攻第27集团军杨森部阵地。蒋介石曾致电李宗仁、李品仙，令其“严令徐部攻击由合肥向舒城转进之敌”，但徐源泉以山洪暴发为借口，行动极为迟缓，至12日方进至舒城附近。而日军早已于8日击退第21军的第145师等部，占领了舒城。

6月3日，日海军“中国方面舰队”接到军令部关于命其“协同陆军占领安庆附近”的正式命令（第120号“大海令”），命令他们在情况允许时“适时策应陆军进击，打通到九江附近的航道”。6月7日波田支队在第11水雷队护卫下由江苏镇江港启锚，海军溯江部队于6月9日从南京出发，两者在芜湖会合，10日开始西进。11日，日本海军当局通告驻汉口各国领事，宣称溯江进攻武汉的作战已经开始，芜湖至湖口间为作战区，要求各国军舰、商船立即撤出作战区。

6月12日中午，日军舰队进至安庆东南约20公里的铁板洲、将军庙一带停泊。15时，波田支队在北岸登陆，沿江堤向安庆前进，沿途未遇有力阻击，中国守军第21军第146师的第872团[2]及保安团仅进行一般抵抗即行退走。继波田支队之后，特别陆战队于南岸登陆，经短时战斗，占领了上窑沟炮台。当日傍晚，波田支队占领了飞机场。杨森因主力分散各地，失去掌握，且又处于腹背受敌的不利境地，遂放弃安庆，向潜山、太湖撤退。日军于13日占领安庆。日军第6师团第11旅的第47联队亦于当日占领了桐城。

舒城、安庆的陷落，使日军得以利用合（肥）安（庆）公路取得进攻武汉的更有利的出发地位。守军在淮南的总兵力有9个师之多，加上地方团队，兵力不能算少，但部署上分散，缺乏有力的指挥，特别是各部队作战意志甚差，借“逐步抵抗”之名，行一触即退之实，故仅十余日战斗，却失地数百里。其狼狈状况和军纪的败坏，由军令部第二厅致第一厅公函中可见一斑。该函称："抄安庆6月9日电：舒城于8日失守。我145师孟庆云旅及保安第5、第7两团及宋世科一团退七里河，均无激战。士兵乱发空枪，纪律废弛，敌来即退。又：41师丁治磐部、48师徐继武部、199师罗树甲部战斗力甚弱，自官亭撤退未放一枪，沿途拉夫，扰民则无所不至。"[3]

日本航空兵原以广德、芜湖为前进基地。每当其轰炸机或攻击机空袭武汉时，护卫的战斗机因续航力的关系，在武汉上空的空战时间限在15分种之内。日军早就期望占领安庆。安庆的失守不仅使日军航空兵获得了一个攻击武汉等地中国空军基地的绝好前进基地，而且使马当封锁线直接暴露于日军的面前，增加了江防的困难。

（二）潜山、太湖战斗

安庆失陷后蒋介石极为震怒，欲给杨森以"撤职留任"的处分，但为抚慰杨森和令他努力自效，以军令部部长徐永昌名义电告杨之办事处，由其转告杨森："据报安庆之敌只陆战队数百，未经力战，轻弃各城，贻笑友邦，殊属遗憾。委座对杨总司令森极器重，徒以御众关系，尚祈转致杨总司令努力前途，有以自见。最小限须固守潜山、石牌，以策马当封锁线之安全为要。至于舒、桐西方山地并太湖，如有余力，仍望兼顾，并请与徐克成(源泉)部切取联络。"[4]

日军第11旅团于6月13日占领桐城后，次日继续向潜山进攻。16日进至潜山东北约25公里处的源潭铺时，遭到守军第134师杨汉忠部的阻击。此时日军第3飞行团空中侦察得知：在潜山以东的皖水和潜山以西的潜水西岸均筑有系统的防御工事和炮兵阵地，遂在击退守军第134师后分3路进攻潜山：以第13联队和第47联队分别从源潭镇至潜山的公路南北实施迂回，以骑兵第6联队沿公路快速进击，又以独立山炮第2联队在潜山以东支援攻城作战。守军第134师按照命令向潜山、石牌一线撤退时，其周翰熙旅因日军骑兵在它之前占领了余家井，退路被切断，不得不改道绕行。适值山洪暴发，溺死多人。余部退至潜山城北七里岗一带阻击日军。日军在航空兵、炮兵火力支援下，仅遭到短时间的抵抗，即于17日上午占领了潜山县城。守军转移至潜水西岸阵地防守。

6月18日，日军强渡潜水。在守军坚强阻击、反击下，加以连日暴雨，河水暴涨，日军伤亡极大。但由于日军火力猛烈，守军伤亡亦重。日军终于在当日晚占领潜水西岸守军的阵地。19 日，日军骑兵第 6 联队向潜山以南进攻，与守军第 21 军第 145 师一部短时战斗后，当日 18 时占领石牌。此时第 26 集团军及第 31 军已进至太湖附近，第 7 军亦已进至广济、黄梅间。日军第 11 旅团连续作战，伤亡较大，不再孤军西进而事休整。双方暂时形成对峙。7 月 12 日，第 27 集团军因损失过大，部队失散亦多，奉命调至黄陂休整，太湖防务交由第 31 军接替。当作战紧张时，杨森部各单位一度失去联系，各自为战。其第 133 师第 397 旅第 794 团李介立部在桐城北大关、小关山地与日军作战时曾形成孤军被围形势，又得不到上级及时指示，乃将部队分散成若干小队逐次撤退，经潜山、浠水，然后到汉口集中。杨森误认为该团被围殉国，报请蒋介石褒奖，及至李团至汉后，传为笑谈。

其后，第 87 军刘膺古（辖第 198 师，第 199 师亦归建共 2 师）增援潜、太地区，会同第 10 军试图反攻潜山，但未奏效，直至 7 月底，双方仍成对峙状态。日军开始向江北进攻时，蒋介石手令杨森掘堤淹机场，6 月 24 日又电令各沿江将领广泛制造水障。其电文为："（一）乘江河湖长（涨）水之期，凡在我军作战有利方面，务处处构成泛滥，并望先行后报。（二）江北方面：在宿松以东江北岸地方，务尽量构成泛滥，以利我军作战为要。实行经过，望随时电告。（三）构成泛滥后，对敌汽艇勿庸顾虑，因较敌陆军易于击灭也。"[5]但因战机紧迫，各部又缺乏技术力量，此命令未能执行。

（三）马当、彭泽、湖口战斗

1. 马当战斗

马当（今马垱）地处江西彭泽县境，横踞江滨，与孤山成犄角之势。江中沙滩将长江江流一分为二。左水道甚狭窄，早已淤塞不通。右水道流经马当山下，为主要航道，江面为长江中游的最狭窄处，宽不及0.5公里，故形成要隘，因而在此设要塞，筑有一般工事。全面抗战开始后，为防日军西上，军事委员会成立长江阻塞委员会，负责阻塞工程的设计和施工，并由地方负责原料及后勤供应。经过两次施工，靠近南岸留一仅可通一只船的航道（靠航标引导通行），马当基本上成为较坚固的封锁线。对防卫武汉而言，防止敌海军西进，马当首当其冲，故在 1938 年 6 月中旬末，军事委员会任命刘兴为江防总司令，负责指挥马当、湖口、九江、田家镇诸要塞。其指挥系统及兵力配备如下：

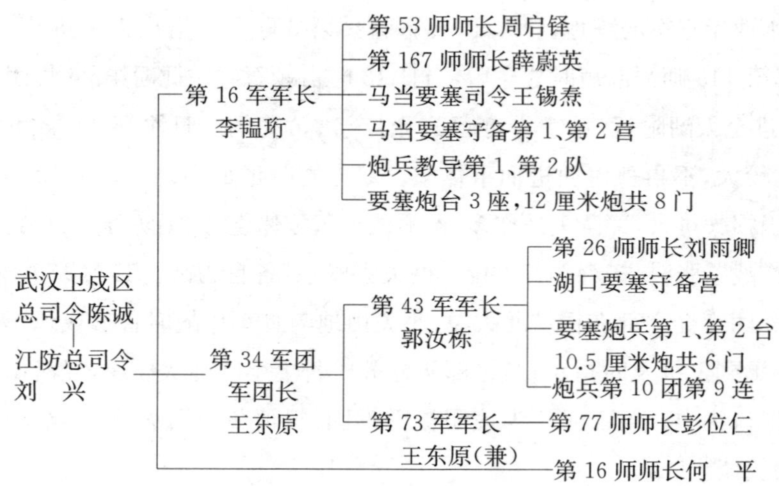

附记：(1)第 18 军的第 11 师在湖口战斗时，曾暂归第 34 军团指挥，战后即归第 18 军建制；(2)湖口战斗时，第 18 师、第 53 师均归第 34 军团指挥；(3)彭泽战斗时，第三战区的第 9 集团军总司令罗卓英曾指挥第 18 军向彭泽攻击。

日军沿江进犯之前，白崇禧曾以副总参谋长身份视察沿江防务。到马当时，他认为该地兵力不敷，当即指示调整部署，命第 167 师由湖口推进马当区，以 1 个旅配置在黄栗树，1 个旅配置在马路口；令第 53 师以 1 个旅推进至江北的华阳和望江，另 1 个旅分置在香山及下隅坂。马当要塞阻塞线增布水雷 700 枚，前后共布雷 1500 余枚。

1938 年 6 月 18 日，日军“华中派遣军”及海军军令部同时向波田支队及“中国方面舰队”下达了溯江西进，攻占马当、湖口及九江的命令。本来准备令已占领桐城、潜山地区的第 6 师团继续向太湖、黄梅进攻，以配合波田支队及海军第 11 战队的作战，但由于第 6 师团由合肥南下进程中大批人员染疟疾，减员 2000 余人，先遣第 11 旅团又不断遭到第 21 集团军第 31 军 135 师的反击，伤亡甚众，已无力继续进攻，因而被迫停止在潜山地区休整，直到 7 月下旬方投入战斗。

6 月 22 日，日军波田支队与海军的第 11 战队从安庆溯江西进，进攻马当，由于遭到中国空军的连续轰炸和两岸炮兵的不断射击，加以江中布满了水雷，所以进展极慢。22 日当天，特别陆战队乘坐的“利华”号炮舰就在茅林洲下游触雷沉没，并有 3 艘汽艇被岸上炮兵击沉。特别陆战队乘坐的另一艘“鹊”号舰也被击伤起火。经两日激战，日军仍无法打开江上通道，波田支队被迫放弃从江上进击的计划，改以一部兵力在茅林洲附近登陆，沿长江南岸向马当迂回进攻。24 日，经与守军第 53 师反复争夺后，占领了黄山、香山及香口。第 53 师第 313 团团长伍郎如负伤，全团伤亡甚众。就在这样的作战紧张时刻，第 18 军军长李韫珩不仅对当前情况不明，反而在后方大办“抗日军政大学”的结业典礼会餐，调各部队主官参加 24 日 8 时的典礼和会餐，第一线部队连以上的主官多于 23 日离队，有的连只留下 1 个排长。及至发现情况后又不及时从马当抽兵去增援第一线，反而派远在彭泽的第 167 师薛蔚英来增援，而薛又故意拖延，不走彭泽至太白湖的路线，而走崎岖的羊肠小路，部队未到而阵地全失。因此，战后第 18 军军长李韫珩受到军法制裁，第 167 师师长薛蔚英则更受到枪决处分，该师番号也被撤销。

25 日，第三战区第 60 师的第 180 旅曾协同第 53 师的一部一度夺回黄山。同日，日军由香口攻藏山矶，遭守军阻击，颇有伤亡，退守香口及其以东地区。但日军另一部以小艇载兵在牛首矶登陆，与沿江守军对峙。此时，要塞炮台击伤日舰 1 艘；中国空军驱逐机 13 架掩护轻轰炸机 7 架，也炸伤停泊东流江面的敌舰数艘，并炸伤安庆机场日机多架。

26 日拂晓，日军在娘娘庙、牛首矶登陆，大举进犯，并发射了大量催泪性毒气弹。援军第 167 师迟迟未到，要塞守兵在敌海、空军猛烈炮火轰击及优势兵力围攻下伤亡殆尽，被迫放弃要塞，马当遂告陷落。

2. 彭泽战斗

6 月中旬第九战区成立之后，陈诚令沿江马当、湖口各地部队统归第 19 集团军总司令罗卓英指挥。马当要塞失陷后，陈诚于 27 日令罗卓英、李韫珩必须收复马当要塞及香山阵地并确保之。其命令主要内容为：“香山、马当为皖、赣门户，其得失影响于今后作战之胜败甚巨。着罗总司令卓英督率第 16 军、第 49 军及 11 师、16 师等部，务速恢复香山、马当要塞阵地而确保之。攻克香山及马当要塞区者，各赏洋 5 万元。如有作战不力、畏缩不前者，即以军法从事。”[6] 第 16、第 49 军等各部队遵照命令向香山日军发起反击。28 日拂晓，第 49 军第 105 师的第 313 旅从香山东南面突破日军阵地，收复了香山，日军退至香口。当第 49 军继续向香口进攻时，恰值波田支队主力在香口登陆，日军兵力有所增强，又有空中飞机和江上军舰火力的支援，所以未能攻克。

由于日军溯江进攻的部队进展困难，日“华中派遣军”和“中国方面舰队”决定增加溯江进攻的兵力。“华中派遣军”令刚从日本调来的第 106 师团以主力驻守长江沿岸各要点担任警备，以一部兵力配合波田支队向九江进攻；“中国方面舰队”则调第 21 水雷队、第 2 炮舰队及第 15 航空队、第 3 航空战队加强第 11 战队。6月29日晨，日第11战队之爆破队打开了马当封锁线，波田支队在第11战队舰艇协同下，在马当、香口以全力向彭泽进攻。第106师团第111旅团在波田支队后跟进。10时许，日5艘炮舰驶至彭泽西南方的方湖，彭泽已陷于日军包围之中，守军第56师、第167师损失严重，彭泽遂告失守。第三战区派来应援的第16师进至马路口以北的欧阳林附近时，与波田支队之左翼队遭遇，发生战斗。日军增援到达，战况激烈，第16师损失较重，退至郭家桥一带高地防守。

3. 湖口战斗

湖口地当鄱阳湖通连长江处，系九江门户，如为日军占领，则其舰艇可直入鄱阳湖活动，威胁南浔路守军侧翼和第三战区后方。因而在马当、彭泽失守后，第九战区迅速调整部署，加强湖口的防御力量：命第43军军长郭汝栋为湖口守备区指挥官，归第34军团军团长王东原指挥。同时令王东原指挥第77师、第16师等部向娘娘庙、彭泽日军反击。第43军的第26师接替第77师湖口防务后，王东原即率第77师及第16师向娘娘庙进击。

7月1日，第77师前卫第460团于7时进至堂山，与由马当乘舰溯江西进、刚由娘娘庙西侧登陆的波田支队一部遭遇，经战斗后退守杨家山。日军跟踪追击，并令其配属之野战毒气第13中队（欠1个小队）向守军施放毒气，守军官兵100余人中毒。激战至暮，团长负伤，余部200余人退至流斯桥。7月2日，王东原指挥第77师主力和第16师向流斯桥以东地区进击，企图攻取彭泽，并从侧后攻击已进至流斯桥以东的日军。当日下午，第77师攻占陈家桥，第16师攻占龙山、双峰山，在进攻中曾予当面之敌——波田支队第2联队一部以重创，但自身亦死伤营长蒋立夫等700余人。此时，日军第106师团的第111旅团已在第21水雷队护卫下在马当登陆。

7月3日，第77师向宁家垅、廖家坡一带日军猛攻，击毙日军中岛大尉以下100余人，自身死伤团长陈乳奇以下400余人。第16师方面，由于日军第106师团的增援，没有进展。同日，日军波田支队集中兵力，在海军第11战队和第2联合航空队、第3航空战队和第15航空队掩护下攻占守军第26师龙潭山阵地，于当晚迫近至距湖口仅3公里处。第26师退守湖口城，形势严峻。军事委员会急令第26师师长刘雨卿死守湖口；令罗卓英速以第34军团王东原部并指挥第11师向湖口方面日军侧背攻击前进；又令第43军军长郭汝栋率主力进入湖口，指挥死守。

图5-2-1　武汉会战·序战阶段战斗经过要图
（1938年6月12日—7月4日）

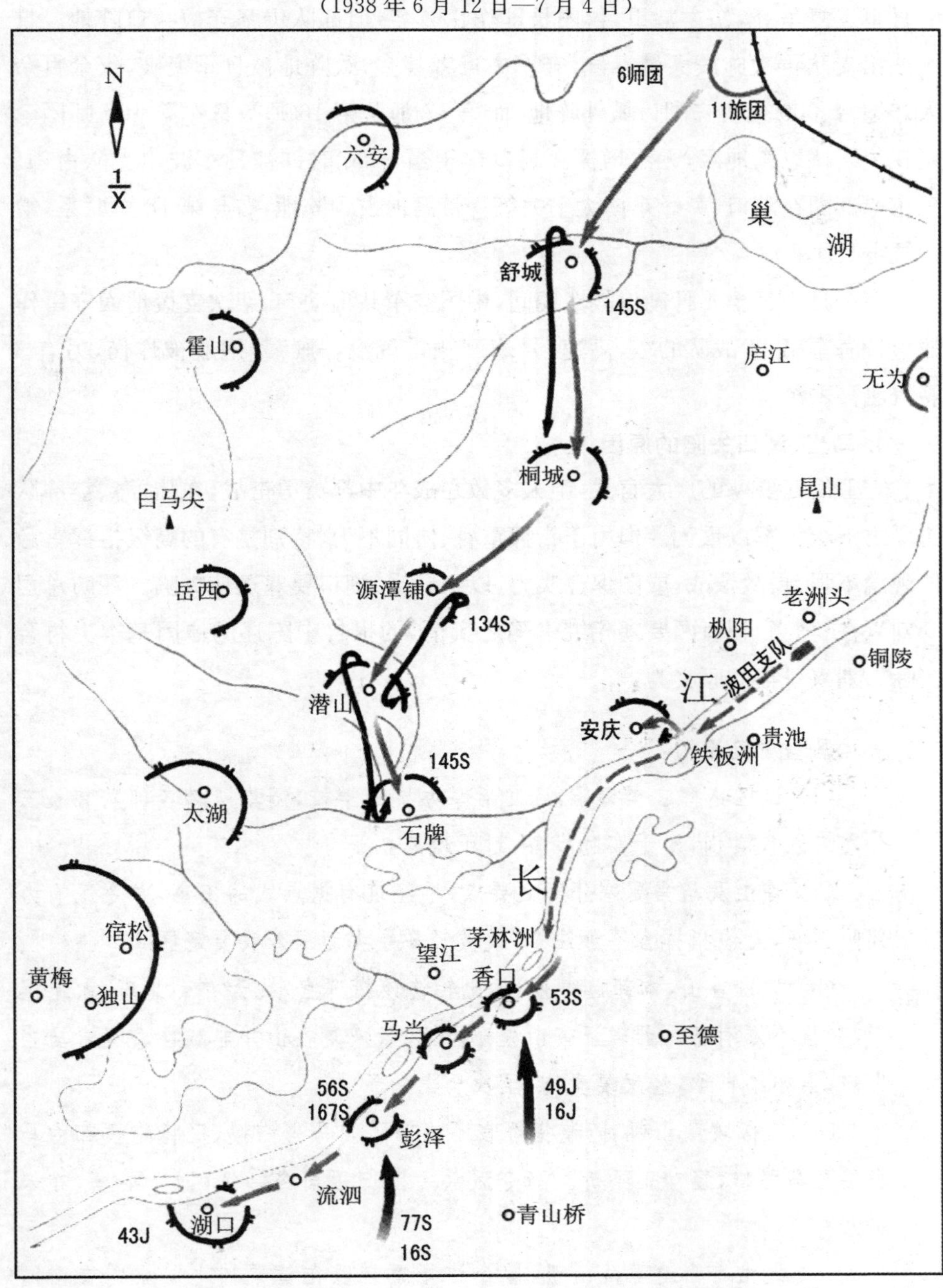

7月4日，日波田支队在飞机、舰艇支援下猛攻湖口。第26师与进攻要塞的日军反复争夺，伤亡甚重，仅团长即伤亡2名，但部队仍坚守梅兰口阵地。日军波田支队再次施放大量毒气，守军中毒者甚多，致阵地被日军突破，仅余百余人守炮台、300余人守湖口城外阵地，而第77师及第16师被日军第106师团牵制在流斯桥以东地区，无法增援。湖口遂于当日20时许被日军波田支队占领。王东原部即在湖口、彭泽东南太平关等一带高地占领阵地，右与第18军联系，继续抗击日军。

在7月1日至4日湖口战斗期间，中国空军共出动56架次支援地面守军作战。日海军第11战队的“三高速”号炮舰触雷沉没，“雁”号炮舰被炸伤，另有3艘汽艇被击沉。

4. 马当、湖口失陷的原因

守卫沿江要塞的广大官兵，绝大多数在战斗中都英勇奋战，在陆、海、空部队协同之下给日军以重创。但由于指挥重叠、协同不力，特别是有的高级指挥官敌情观念不强，畏敌怯战，或图保存实力，以致马当、湖口要塞迅速失陷。江防总司令刘兴在《马当、湖口两要塞相继失陷之实情》的报告中陈述的原因基本上符合实际。刘兴呈报的原文为：[7]

马当失陷原因：

(1) 该区指挥官李韫珩，到防后举办抗日学校，调集所辖各部队官长三分之二入校受训，对于实际战备，过于疏忽。

(2) 香山及马当要塞外廓之要点，早经筑有据点式的工事，并令派有力部队固守，乃该指挥官不加注意，致被轻易夺去而深入我要塞区。

(3) 敌占香山，本部已得报告，比转饬该指挥官，犹云并无此事，太不沉着，妄报不好消息。嗣确证香山失守，渠又云恢复香山并非难事。宥未马当失守，渠亦不自承，经反复责询，至次辰渠始承认。

(4) 当敌攻藏山矶时，该指挥官不将部队向马当增援，反将指挥部由马当移至马路口，经劝止不听。当令派兵1团归王司令指挥，固守要塞，亦未照办。

(5) 敌由香山迫至藏山矶，曾令该指挥官以在黄栗树之一旅向香山增援，以马路口之一旅向马当要塞夹击敌人；同时，深恐该指挥以为该区已划归罗总司令指挥，不听命令指导，请林主任蔚转报委座，并请径电该指挥官，亦未遵行。

(6) 马当要塞守备部队总计不过5营，且系混合编成，分子复杂，战斗力甚形薄弱，自敬辰起激战两昼夜，求免藏山矶阵线动摇，王司令一面将后方有枪士兵尽调前方，一面派李指挥官增援，而李终未应援。迄敌由娘娘庙登陆，一面迫近炮台，一面将藏山矶后路截断，致全被包围。

(7) 曾在望江53师李旅之一部，宥辰已撤回彭泽，径电李指挥官，即令该部驰援马当，并由王司令派汽车迎接。该部终未移动。

(8) 167师驻湖口之一旅，原限两日赶到马当，增厚兵力。该部7天始到：行动迟缓。

(9) 薛师武器，曾经德顾问检查，机枪迫炮全系废铁，步枪堪用者不及半数。

湖口失陷原因：

(1) 要塞直属守备部队甫经核准，正陆续组织，力量太弱。

(2) 守湖口野战部队原为77师，以彭泽失陷，该师奉令恢复，驻军彭泽；另由驻浔、湖间之26师推进至湖口，不意敌陷彭泽后，复以汽艇绕至上游登陆，致彭泽未克，而湖口已告紧张。26师正当半渡，其先头已与敌接触矣。

(3) 湖口危急时，奉命增援之77师、16师为敌牵制，迄未到达；且王东原与26师始终未取得联络。

(4) 配属湖口总台长指挥之长江要塞守备总队，湖口紧张时竟声言奉要塞守备司令谢刚哲电令，开往安全地点休息整理，致影响其他部队咸感不安。

(5) 湖口正面太宽，职曾申请以有力部队驻守。26师完全新兵，武器又劣，重机枪全无，轻机枪仅及半数，不能胜此重任，而终无其他部队。故开战三昼夜，湖口即告失陷。

(6) 湖口、马当两区要塞炮台，对江面设置，对野战军作战完全不能支援。

(7) 敌施放毒气，我部队毫无防毒设备及经验，致有惶惧失措，影响战斗。

二、防守前方要地的主要战斗

（一）九江战斗

日军占领马当、湖口后，第九战区判断日军今后的行动可能有二：一是当日军兵力大时（5个师团以上），以主力在星子附近登陆，攻取南昌、长沙，或趋岳阳，以切断粤汉铁路，包围武汉，并以一部兵力在姑塘、九江登陆，进行牵制；二是当兵力少时（3个师团以下），以主力在姑塘登陆，一部兵力于九江附近登陆，包围武汉，夺取瑞昌。但以目前日军在湖口地区集结的兵力看，采取第二种行动的可能性较大。因而第九战区将第1兵团部署于鄱阳湖西岸，以防日军采取第一种行动而向南昌、长沙迂回，并用以策应九江方面的作战；将第2兵团部署于星子、九江亘码头镇沿湖西岸、江南岸之线，以对付第二种行动。同时下达了如下作战命令：[8]

第一　方针

（1）以击破敌人于鄱阳湖西岸及富池口以东长江右岸登陆为目的，即由枥市经九江至田家镇间，沿湖及沿江直接配备，拒敌登陆；如敌已登陆，则迅速以控制兵团进而击灭之。

（2）无论状况如何变化，应立于外线，向长江或鄱阳湖方面压迫敌人，以确保我军机动之自由。

第二　各兵团之任务及行动

（3）第1兵团（总司令薛岳）阻止敌由鄱阳湖侵入。应以赣省保安团及第74军之一部，由枥市至星子（不含）间沿湖岸配备，担任警戒，并于各要点构筑工事。以第60军卢汉部控置于东乡、进贤；第66军叶肇部控制于南昌；第74军俞济时部主力控置于永修、德安间；鄱阳湖警备司令廖士翘部任湖南警戒及作战。

（4）第2兵团（总司令张发奎）为确保九江及田家镇要塞，以第25军王敬久部、第8军李玉堂部、第64军李汉魂部，直接配备于星子、姑塘、九江间沿湖及沿江地带；第2军李延年部配备于田家镇要塞，第54军霍揆彰部配置于码头镇、富池口要塞；第9集团军吴奇伟部控制于黄老六、马迴岭间，第3集团军孙桐萱部（欠第55军）控置于瑞昌、阳新间。

（5）第31集团军汤恩伯部向丰城、清江间集结；第30集团军王陵基部向高安、上高间集结；第32军团关麟徵部在咸宁、蒲圻间集结。

（6）第20集团军商震部在南昌、万载间构筑对东工事；第46军桂永清部在通城、临湘、城陵矶间构筑对北工事；197师守备长沙；武汉警备部队加强工事，完成战备。

（7）炮兵主力配置于星子、九江、田家镇间沿江地带。

（8）作战地境如左（如下）：

第三战区　为湖口、都昌、鄱阳、东乡之线，线上属第三战区。

第1兵团—┐　为曹门朱（星子南方）、七里龙（德安南方）、
第2兵团—┘　杨洲（箬溪南方）之线，线上属第1兵团。

第五战区　为长江、汉水之线，但田家镇及黄鄂要塞区与武汉警备区属第九战区，襄樊属第五战区。

第2兵团总司令张发奎根据上述命令，具体部署如次：

（1）以第25军王敬久部（辖第52师、第190师、第90师之1个旅，游动炮兵第2群——野炮1个团），防守星子至姑塘（不含）间既设阵地。

（2）第29军团李汉魂部（辖第8军的第3师、第15师、预备第2师、预备第11师，第64军第155师、第187师、预备第9师，赣保安2个团及游动炮兵第1群——野炮1营又2连、重炮2营又1连、高射炮3个连、工兵1个连（欠1个排），防守姑塘、九江、大树下（不含）沿湖两岸及长江南岸，占领既设阵地并置主力于九江东侧附近。

（3）第3集团军孙桐萱部（辖第12军第20、第22、第81三个师）防守茨花山亘大树下、倪湾铺（不含）江岸之线，扼守九瑞公路，并阻止敌登陆。

（4）第54军霍揆彰部（辖第14、第18师），防守倪湾铺、码头镇、富池口线江岸，确保要塞，阻敌登陆。

（5）第9集团军吴奇伟部（辖第4军的第59师、第90师1个旅、第60军、第70军、工兵1个连）为兵团预备队，控置于马回岭、瑞昌、八里坡（九江）附近，构筑预备阵地。

第29军团军团长李汉魂奉到守备九江附近任务后，即命第8军李玉堂

(辖第 15 师、第 3 师、预备第 11 师、重炮 2 个连、战防炮 1 个连)守备姑塘至硖矶(不含)沿湖岸之线;命第 64 军(李汉魂兼军长,辖第 155 师、第 187 师、预备第 9 师、保安 2 个团)守备巫陵矶、九江、徐家湾江岸之线;命游动炮兵群主力在八里坡以东,一部在猪桥铺占领阵地;命预备第 2 师为军团预备队,位于十里铺。

第 8 军以 3 个师并列,守备湖、江沿岸,但抽出第 15 师的 1 个旅为预备队,控置在十里铺;第 64 军也以 3 个师并列,守备长江沿岸,但抽出第 187 师的 1 个团为军预备队,位于十里铺。各部队各就署后即增修野战工事,并由海军布雷 760 枚以封锁江面。

日本为了指挥主攻方向各部队于 6 月 21 日在日本国内组建第 11 军司令部,驻东北的第 2 师团师团长冈村宁次任军司令官。该司令部于 7 月上旬到达中国南京,7 月 15 日开始指挥所部。19 日向沿江进攻的 3 个师团及波田支队下达了进攻九江、夺取前进阵地的作战命令:令第 101 师团推进至湖口附近,接替第 106 师团的守备任务,并随时准备支援第一线的作战;令波田支队、第 106 师团与海军协同,23 日开始向九江进攻,并做好向瑞昌、德安进攻的准备;令第 6 师团由潜江向太湖、宿松、黄梅进攻,以策应溯江部队的作战。

7 月 23 日夜半,波田支队由湖口乘船,在海军第 11 战队一部掩护下潜入鄱阳湖中鞋山附近,企图从姑塘登陆。守军预备第 11 师发现时,日军已进至滩头,虽奋力抗击,但在日海军舰炮齐射火力制压下伤亡甚众。拂晓后,日军飞机又飞临上空,猛烈轰炸守军阵地,据守滩头的张文美营全部牺牲。波田支队大部登岸,预备第 11 师已不能坚持,李玉堂令第 15 师派 1 个团增援,同时张发奎抽派第 70 军归李汉魂指挥,赶来增援。10 时,日军在突破预备第 11 师的第二线阵地后,向左、右扩张战果。向左旋回的部队与第 25 军第 190 师在壳山(姑塘西南方约 5 公里)交战;其主力向右旋回,击退守军第 15 师的 1 个团,占领猪桥铺、塔顶山(姑塘西南方约 7 公里)之线,与第 70 军的第 128 师遭遇,成为对峙状态。预备第 11 师残部撤回星子。

针对以上情况,23 日午,蒋介石令第三战区指挥罗卓英集团军集结兵力攻击彭泽、湖口之敌,以行牵制;令第九战区务必趁登陆之敌立足未稳迅速击灭。第九战区当即令第 2 兵团以第 70 军、第 190 师、第 4 军的 1 个旅于 23 日夜向敌反击;令第 3 师从守狮子山的 5 个营中抽出 3 个营向西集结;令第 4 军(欠 1 个旅)向九江急进。

24 日，第 190 师向壳山一带之敌攻击，无大进展；午后奉战区指示，以固守现有阵地为主，与敌成对峙状态。第 29 军团方面，第 19 师于 24 日晨占领塔顶山，第 128 师占领普泉山，但日波田支队很快在飞机、炮兵掩护下向该部猛攻，第 128 师阵地被突破，其左翼第 15 师也纷纷后退，形势不利。第 19 师第 57 旅旅部也被炸，旅长负重伤。但该旅的 1 个团增援双尖，将敌击退。李汉魂令预备第 2 师固守鸦雀山之线，侧击西进敌军；令第 4 军（欠 1 个旅）先于狮子山、螺丝山亘十里铺之线占领阵地，支援李军团的作战；以预备第 9 师固守九江，第 187 师固守九江以西江岸。

李汉魂遵照战区兵团指示，命令第 8 军附第 155 师从李家港、后八垄、毛家卷之线向普泉山、鸦雀山之线攻击前进，但各留一部于江、湖岸掩护侧背，并规定攻击开始时间为 24 日 15 时。另令第 70 军固守原阵地，等待友军到达后夹击敌人。又指示预备第 2 师仍在原阵地拒止敌人，并归还第 8 军建制。此外，命令炮兵群以主火力支援第 8 军攻击，一部阻止敌舰的西进。

24 日午后，日波田支队及第 106 师团主力已全部登陆。第 8 军与进据上霞寺、鸦雀山一带的日军遭遇。经激战，左翼第 15 师死伤甚重。当日晚，日波田支队及第 106 师团从东、南两个方向并列向九江迂回攻击；第 11 战队则沿长江由正面攻击九江，并进行封锁，同时以特别陆战队在九江城洋油厂及城西附近登陆。李玉堂令第 3 师推进到鸦雀山、崔家垅、相公庙之线，右翼第 155 师进占蔡家垄南北高地之线拒止日军，将第 15 师调为军预备队，第 70 军在双尖、挂考山间与日军相持至入暮，死伤颇重，左翼被围，援军又不至，遂乘夜向鸦雀山以南地区及太阳观撤退。

25 日 1 时，第九战区决定：(1) 李汉魂军团于玉峰顶、鸦雀山、下八里坡亘九江一带占领阵地，拒止敌人，尔后依情况逐次向狮子山、张家山亘赛湖之线构筑预备阵地。(2) 王敬久军应与李军团相策应。情况必要时，第 90 师的 1 个旅前往金官桥，归还建制；第 52 师退守东姑岭、万杉寺一带，以一部占领星子、玉筋山至鼓子寨间前进阵地，第 190 师接替吴城镇一带第 11 师湖防。

25 日 3 时许，敌军攻占鸦雀山东南端高地，续向太阳观方向突进。到拂晓为止，第 155 师仍扼守蔡家垄，第 3 师固守鸦雀山，与敌对峙。但到 7 时许，九江方面，日舰 20 艘、飞机五六十架猛轰九江守军阵地和市区，掩护其陆战队登陆。10 时，一部在洋油厂登陆，向砂子滩方向进攻第 3 师的左侧背。第 3 师以工兵营迎击，损伤甚重。14 时，日军在九江西北的小池口登陆，守军预备第 9 师及第

119 师虽竭力抗击，终以火力、兵力处于劣势，难以支持。同时，在洋油厂登陆的日军陆战队已进至八里坡，与第 15 师交战；从姑塘登陆的波田支队及第 106 师团已进至太阳观，续向妙智铺方向进攻中。

第九战区根据以上战况，认为为保守赣北、鄂东主要阵地，不宜再向九江投入兵力而徒增损失，决定令第 2 兵团调整部署，并放弃九江。第 2 兵团总司令张发奎于 25 日 22 时 10 分下达撤退命令（先以电话下达）。大要如下：(1) 第 4 军附第 155 师即于本日晚占领狮子山、张家山至赛湖之线阵地，阻敌南进，掩护撤退；(2) 第 29 军团（欠第 155 师）于本日（25 日）晚退守牛头山、金官桥、十里山亘城门湖之线；(3) 第 25 军于明日 1 时开始退守星子、东孤岭一带阵地；(4) 尔后第 4 军及第 29 军团即归吴总司令指挥。

守军各部队按照以上命令，于 25 日夜撤向新阵地。26 日 7 时许，日军完全占领九江。撤向九江以南新阵地的第 4 军、第 29 军团等各部此后即改由第 9 集团军吴奇伟总司令指挥，竭力阻止入侵九江的日军南进。

7 月 27 日至 30 日，守军均固守原阵地拒止敌人。至 31 日，因日军发动猛攻，守军退守东姑岭、牛头山、金官桥、钴林山亘城门湖之线，与日军对峙。

九江地扼鄂、赣门户，战略地位极为重要。守住九江，即可限制日军沿江西进，确保武汉安全；如被日军占领，则日军西可径取武汉，南可迂回南昌、长沙。因而军事委员会部署 10 万大军进行防守。但在日军 1 个新成立的师团和 1 个旅团以及部分海军进攻下，仅战斗 3 天，九江便告失守，这对保卫武汉的作战影响至巨。究其原因，除了在武器装备方面远逊于日军外，根本原因是高级指挥官指挥失当。主要表现在以下两点：一是准备不足。所有部队临战始进入阵地，敌情、地形不熟，有的甚至仓促应战。第二是兵力部署缺乏纵深配备。江、湖岸的防御多是一线部署，日军突破后，缺乏反击能力。

至于九江作战失利的直接原因及部分战况，张发奎有一详细报告给蒋介石。其主要内容为：[9]

(1) 交通线破坏过早，阵地未能预先完成。查九江附近公路，如九星、九瑞、瑞昌至阳新，瑞昌至德安，永修至箬溪以及南浔铁路北段早经彻底破坏，九江附近工事事先亦未构筑。此次于短期内决定固守，九江部队虽勉强集中，而交通困难，筑城材料运输不及，阵地无法立臻巩固。职到浔视察时，野战工事仅三分之一，因之不利长期固守。

图 5-2-2　武汉会战·九江及其以北太湖、黄梅战斗经过要图

（1938 年 7 月 23 日—8 月 4 日）

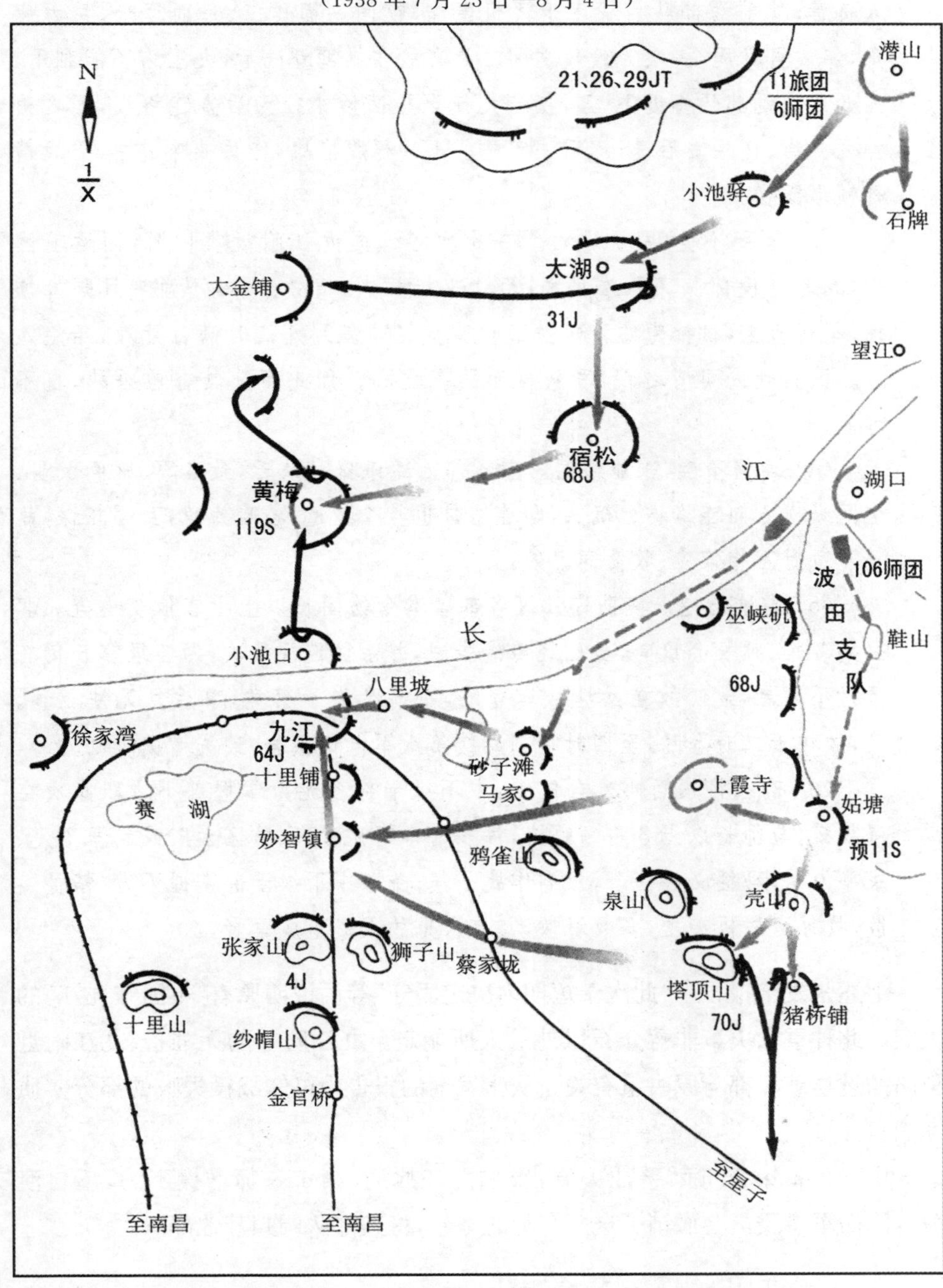

(2) 运输不良,兵站设施欠缺。九江方面兵站,事前殊欠准备,临时无人负责,使前线部队白昼困于飞机轰炸,夜间一面作工、一面运米,兵力疲惫,警戒自难周全,实为致败之因。故自敌在姑塘登陆后,九星路不能利用,在九江附近部队将近10万,仅恃九江至马回岭小径为后方连络线,因之粮弹之补给、伤兵之后送,均无法实施。士兵枵腹应战,伤兵呻吟道左,作战精神顿形颓丧。

(3) 军纪不良,民众逃亡。查此次各部向九江附近集中时,因运输困难,战时增设部队又骤难足额,沿途鸣枪拉夫、搜寻给养,不肖者且强奸掳掠,军行所至,村社为墟。职由阳新徒步经瑞昌到九江时满目荒凉,殆绝人迹。民众既失同情之心,军队自无敌忾之志。如此而欲其奋勇杀敌,自不可能。

(4) 连络不确,未能协同。查各部因通讯器材缺乏,致各军、师间及步、炮间纵横方向连络均欠确实,即连络员也甚少派遣,各自为政,互不相谋,故不能适时互相策应、收协同之效。

(5) 警戒疏忽。查防守江湖各部曾奉令饬团长以上主官值夜巡查。职召集各军、师长会议时,虽已经传谕告诫,并亲往巡视数次,乃各级官长仍有奉行不力者,致任敌在姑塘从容登陆,事前既失于察觉,事后复无法驱逐。又,敌在十二时登陆,至四时一刻始接第八军电话报告,致失增援时刻。

(6) 高级将领间缺乏自信心,中下级干部多无力掌握部下。职此次在浔数日,与师长以上各将领晤谈,每多借口新兵过多、防区太广或武器不足、战斗力弱,动摇必胜信念,影响作战士气;益以中下级干部掌握不力,精神涣散,故每逢敌机袭击,多数溃散,甚有未见敌人溃不成军者。

上述张发奎报告中“此次于短期内决定固守”等语说明原有“不固守九江”的决定。此种重大决策非蒋介石以外的人所能定。九江防守的无准备、九江附近公路的过早破坏都与原决策有关。从张发奎的报告中可知战役失败的部分实质性因素。

由于预备第11师“警戒失周,影响九江战局,第128师增援不力,反自溃散”,因而军事委员会撤销了这两个师的番号,将其部队调归其他部队。

(二) 九江以北太湖、黄梅战斗

江北地区第五战区的主要部署是以第3兵团配置在大别山北麓、第4兵团配置在大别山南麓以迎击敌人，而以第 2 军李延年部固守田家镇要塞。当日军向九江行动时，曾命令徐源泉集团军以一部向合安公路游击，牵制日军，但效果甚微。

第 4 兵团李品仙部在江北岸的具体部署是：

(1) 以第 68 军刘汝明部守备宿松、黄梅、小池口一带及大金铺亘双城驿的预备阵地；(2) 以王缵绪、廖磊、徐源泉等部配置在宿松、太湖、潜山西北方山麓，侧击西进之敌；(3) 第 48 军控置在广济，构筑预备阵地。

日军第 6 师团在波田支队及第 106 师团沿江进攻九江的次日（24 日），由潜山向太湖方向进攻。此时第 31 军已从淮北转移至太湖西侧附近，以主力配置于太湖以西大别山东麓，以一部配置于潜山至太湖、宿松的公路地区。日军第 6 师团先头第 11 旅团在前进途中不断遭到第 31 军的有力阻击。经过 3 天的连续战斗，日军方于 26 日中午占领太湖。同日，日海军特别陆战队亦由小池口附近登陆，占领了小池口。守军第 119 师第 69 团撤向黄梅。

日军占领太湖后跟踪第 31 军，向西进击，遭到第 31 军强有力的反击。在太湖以西、大别山以东地区，双方不断增加兵力，逐个山头、逐个村落反复争夺，经 3 昼夜激烈战斗，第 31 军在杀伤大量日军后撤向英山地区。据日军第 6 师团统计，在与第 31 军战斗的几天中日军共遭到大小约 290 次反击。太湖以西山区的村庄多成焦土，残垣断壁及林中树干上弹痕累累。

日军击退第 31 军后即乘势向宿松、黄梅进攻。防守宿松城的仅有第 119 师的第 693 团，兵力薄弱，遂于 8 月 2 日放弃。黄梅守军第 119 师主力亦于 8 月 4 日放弃。第 68 军撤向黄梅以西广济地区。日军第 6 师团因伤亡太大，黄梅、广济间又为泛滥水障阻隔，遂停止前进，在黄梅、太湖地区进行补充整顿。

（三）九江以南沙河、星子战斗

日军占领九江后，为了解除其侧背威胁和扩大战果以掩护其主力集结，为其战略展开准备条件，并未完全停止进攻，在进行总攻准备的同时，以一部兵力分向九江以南、以西继续推进。第 106 师团于 7 月 28 日沿南浔铁路两侧向沙河镇、南昌铺进攻，企图攻取德安。在沙河镇、纱帽山一带遭到守军第 8 军及第 64 军第 155 师的阻击。经激战后，守军退至钻林山、凤凰咀、南昌铺一线阵地坚守。日军遂发起猛攻，经过 7 天 7 夜的反复争夺，第 106 师团于 8 月 4 日突破了守军阵地，占领了南昌铺、凤凰咀阵地。8 月 5 日，守军第 3 师及第 155 师发起猛烈的反击,激战至第二天,不仅夺回了阵地,而且杀伤了大量日军。日军第 106 师团于当晚(6 日晚)组织进攻,很快即被守军击退。经整顿后,第 106 师团于 8 日再次组织进攻,仍被守军击退。9 日,守军第 8 军又发动反击,再次重创敌人。至此,日军第 106 师团因死伤惨重、损耗过大已无力组织进攻。冈村宁次被迫令该师团暂停进攻,在第 8 军和第 64 军钻林山、牛头山阵地以北转为防御。双方暂时形成对峙。

日军第 106 师团参加进攻的共 3 个联队、9 个大队(第 147 联队留芜湖,第 113 联队的第 3 大队留荻港),约 16 000 人,在这次战斗中伤亡达 8000 人,战死联队长 1 人(第 113 联队长田中圣道大佐)、大队长 3 人,重伤联队长 1 人(第 145 联队长市川洋造中佐)、大队长 2 人、联队副官 1 人,中队长及小队长则死伤过半。

由于第 106 师团已无力进攻,且南浔路正面守军坚强而庐山地形险要,无法迂回,冈村宁次遂于 8 月 12 日令 8 月初刚到九江以南的第 101 师团在海军一部兵力配合下进攻星子,一方面牵制守军以策应其进攻瑞昌部队的作战,一方面为尔后攻取德安作准备。由于星子靠近鄱阳湖入口处,系鄱阳湖沿岸仅次于湖口的要冲,不仅是进攻汉口的重要基地,而且是将来实施鄱阳湖作战的主要基地,所以日海军"中国方面舰队"早在 8 月 3 日就已下令进攻星子。8 月 5 日开始强行测量航道和扫雷。经过陆、海协同及疏通航道后,8 月 20 日第 101 师团的第 101 旅团(欠 1 个联队)由海会出发,海军舰艇由鞋山出发,分别从陆上、水上向星子攻击前进,在海军航空兵的支援下,突破了守军第 25 军第 52 师的防线,第 101 旅团于当日傍晚迫近至星子郊区,海军陆战队也同时登陆。又经过一夜的激战,守军于 21 日西撤,日军占领了星子。

(四)九江以西瑞昌战斗

九江失陷后,瑞昌成为阻敌西进的重要关隘。第九战区各部队的任务是固守现阵地,掩护主力开进,准备与敌在德安、瑞昌决战。战区命令第 3 集团军固守瑞昌及附近。第 3 集团军总司令孙桐萱遵照战区指示,以第 12 军的第 22 师守备青梁铺、茨花山、天子山、陈家山、牯牛岭迄赤湖西南岸之线,并于丁家山、望夫山、平顶山之线设置前进阵地,以第 81 师沿江配置于大树下、朱庄、火龙山、马阳山地区,第 20 师位于太仆山、牛皮陈之线,构筑预备阵地。第 3 集团军复破坏青龙寺以东江堤,引水入湖,造成泛滥,以加强防御。此时,第 32 军团关麟徵部正向阳新集结。

1938 年 8 月 9 日，日军多次将舰艇驶至徐家湾附近扫雷，日机亦屡向守军轰炸。第九战区除命第 3 集团军加强前进阵地的守备外，又命第 32 军团抽调第 92 军并附第 2 师由阳新东进增援。

8 月 10 日，日波田支队乘舰艇多艘由青龙寺决口处驶入官湖，攻占港口。当晚陆续增兵，又攻占望夫山、平顶山阵地。这一段战斗颇为激烈，阵地反复争夺，双方死伤均甚重。13 日，第 2 兵团总司令张发奎调整部署，令第 3 集团军的第 22 师固守马家垅、蜈蚣山现有阵地，第 81 师守备倪湾镇以东现有阵地，第 20 师守备天子山、陈家山、牯牛岭及预备阵地。令增援部队第 92 军附第 2 师作如下部署：第 95 师守备城门湖亘杨柳湖西南岸；第 21 师、第 2 师在瑞昌西北方高地构筑预备阵地，形成三线纵深防御，准备持久抵抗。另令炮兵第 1 群在通江岭以西地域占领阵地，阻止敌舰艇西进。

8 月 15 日，波田支队一部 400 余人在大树下登陆，守军退守朱庄，形成对峙。此后全线战争仅局部争夺和火力交锋，较为平稳。但中国空军连日出动，轰炸湖口、九江一带日舰，沉、伤其多艘，并击落日机 7 架。中国空军亦被毁飞机 1 架、伤 4 架，人员伤亡 10 余人。

8 月 21 日拂晓起，日军第 9 师团由于第 6 旅团增援而发动全线进攻。第 22 师当面的日军约 3000 人，在优势炮火及飞机 20 余架掩护下，向马家垅、蜈蚣山阵地猛攻，并有多艘汽艇驶入杨柳湖，袭扰后方。激战至暮，第 22 师退守天子山，与第 20 师协力防守陈家山、牯牛岭阵地。沿江日军在军舰约 10 艘支援下猛攻朱庄阵地，守军第 81 师的 1 个营在朱庄、大屋何逐次抵抗。至午，敌军施放毒气，攻陷大屋何。经第 81 师以 2 个营增援反击，予以恢复。

8 月 22 日拂晓起，第 12 军(第 20、第 22 师)防守的天子山、陈家山阵地遭受日军第 6 旅团的猛攻，但被守军击退，日军伤亡甚重。守军野战工事多被击毁，人员也伤亡至重，于此日夜以第 21 师接替第 22 师天子山附近阵地的防守，并调第 25 师自阳新来援。当日，波田支队复以窒息性毒气攻占我大屋何，守军第 81 师的 2 个营大部牺牲，生还者仅 8 人。日军占大屋何后，续向乌龟山攻击。第 14 师赶派 1 个营增援，固守阵地。

8 月 23 日拂晓起，日军第 6 旅团在飞机轰炸、大炮猛击，加以毒气袭击诸种手段掩护下猛攻我陈家山、牯牛岭阵地，守军损伤殆尽，遂告陷落。日军并乘势席卷了第 21 师所守的天子山阵地。同日，守军第 81 师一部及第 14 师 1 个营在

图 5－2－3　武汉会战·沙河及瑞昌战斗经过要图
（1938 年 7 月 28 日—8 月 24 日）

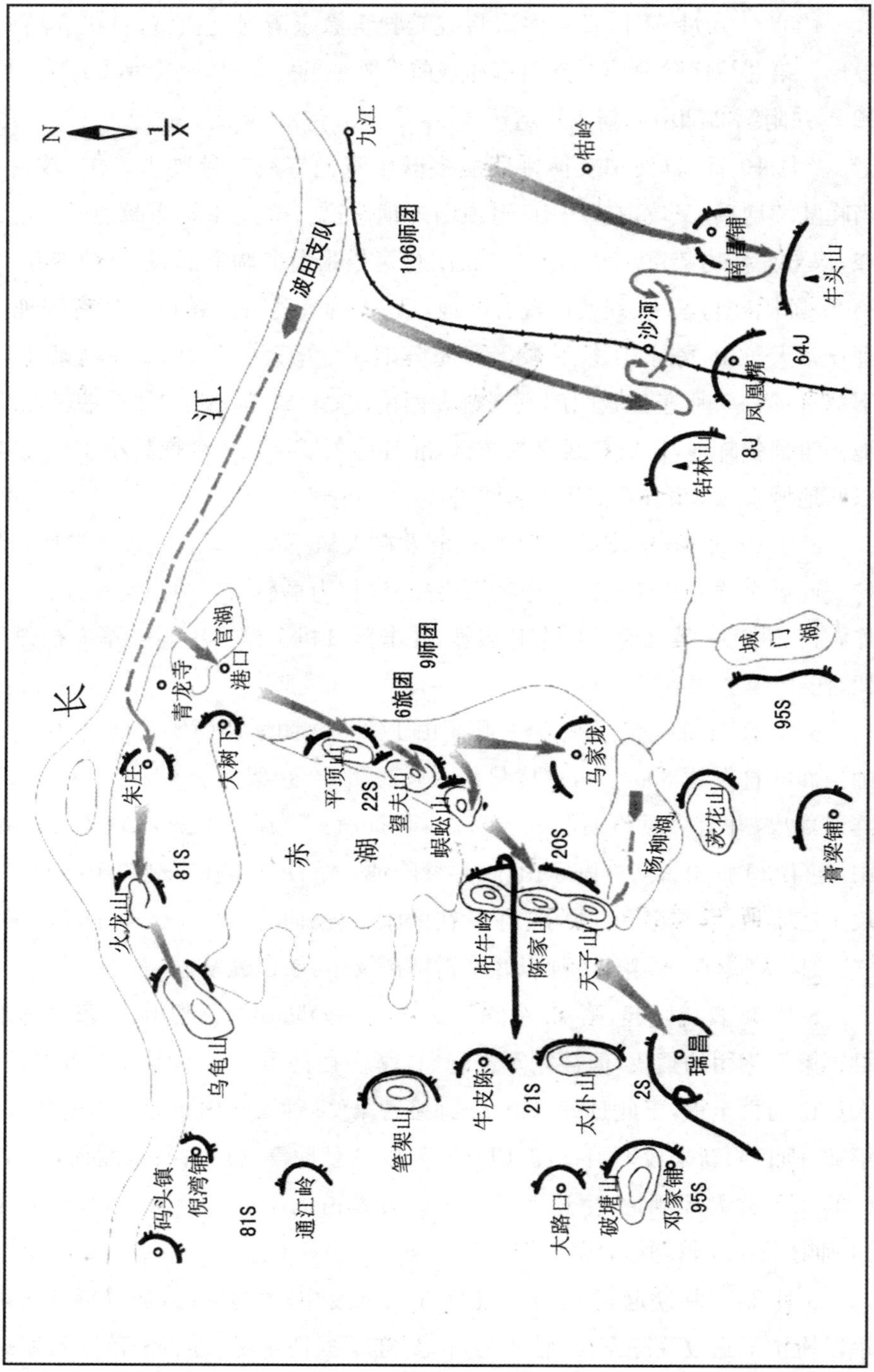

乌龟山、大龙山之间与敌人反复拼搏，牺牲很大。当日夜，守军调整部署：以第21师、第2师守备瑞昌、太仆山、牛皮陈、笔架山、大垅之线阵地，第95师守备邓家铺、破塘山之线阵地，该师原守杨柳湖亘城门湖西岸阵地，改由第30集团军接替；第81师改由第54军指挥，守备赤湖西岸及乌龟山阵地；第20师、第22师残部能作战的员兵并为1个营，归第92军指挥，守备瑞昌，其余由第3集团军总司令率领，后撤至武宁整补。

8月24日拂晓，日军第6旅团在更为优势的火力掩护下向瑞昌至乌龟山阵地攻击，10时许突破第21师太仆山阵地。守军团长苗瑞体率部反击受伤。13时日军陷瑞昌。第21师退守大路口、鸡爪山之线阵地，右与第85师、左与第2师相联系，继续抗拒日军。

三、武汉外围主要阵地的作战

（一）九江失守后的形势及双方的作战指导

1. 军事委员会保卫武汉的作战指导

九江失守后，军事委员会决定调整部署。蒋介石于九江失守当日（7月26日）分别致电第五战区白崇禧和第九战区陈诚。致白崇禧电报的内容为："商城白代长官、广济李（品仙）副长官：（1）敌已于有日（25日）陷九江及小池口、有沿长江两岸突进之企图。（2）广济阵地与田家镇要塞相联系，极为重要，应置重点于该地，集结兵力，纵深配备。（3）太湖、宿松、黄梅据点，仅以必要各一部守备，为攻势的支撑即可，应以主力机动使用，由北方向南侧击敌人。（4）刘汝明两师分散于黄梅、宿松、广济广大地域，处处薄弱，殊感危险，希适当集结使用于广济阵地为盼。（5）广济以东山地万一发生破绽，亦无关系，惟广济阵地必须固守。"[10]

致陈诚电报的内容为："德安陈长官：……（1）决在德安、瑞昌一带与敌决战，但张家山阵地须固守，掩护大军开进。（2）尔后部署大纲：薛岳兵团：（甲）王敬久军守星子以南湖岸及其西侧隘口。（乙）俞济时军守德安及马回岭。（丙）商震军位置德安、永修间，为预备队。（丁）叶肇军守南昌。张发奎兵团：（甲）王陵基集团军守马回岭（不含）、西岭、东岭、项家岭、高岭，重点在右。（乙）萧之楚军守高岭(不含)、赤山、茨花山。(丙)孙桐萱军守天子山、牯牛岭,但须以一师控制瑞昌。(丁)霍(揆新)、李(延年)两军守田家镇要塞,但霍军须固守码头镇。(戊)关麟徵军位置杨坊、箬溪间,为预备队。(己)薛、张两兵团作战地境变更为滩溪市、虬津街乌石门及其以北铁道西侧约一公里相连之线(线上属薛兵团)。(庚)李玉堂、吴奇伟、李汉魂等部于完成掩护任务后,适时调滩溪市、下城、武宁一带整顿,为总预备队。"[11]

8月11日军事委员会又调第2兵团总司令去武汉,电令"南浔方面自即日起由薛(岳)吴(奇伟)两总司令负责",自此南浔路方面即归第1兵团总司令薛岳指挥。由于日航空兵的基地和前进机场已接近武汉,因此大批机群多次轰炸武汉(仅7月19日1天,武汉民众就伤亡1000余人),且武汉会战迫在眉睫,因而国民党中央委员会于8月1日令其中央党部及国民政府各院、部、会驻武汉办事处限期迁往重庆。8月3日,武汉卫戍总司令部政治部又发表文告,劝导武汉民众疏散,撤离三镇。

第九战区当时判断日军将以一部兵力对南浔路方面采取守势,以主力由九江向瑞昌方面采取攻势,目的在侵占瑞昌、田家镇、富池口沿江要地,在海、空军配合下溯江西上,直取武汉,因而决定以一部兵力配置沿江各要点及南浔路,主力控置于德安、瑞昌以西及南昌附近地区,从翼侧攻击、深入日军。以第1兵团担任南浔路的正面防御,屏障南昌,侧击西进日军;第2兵团担负瑞昌一带作战任务,保卫武汉,并掩护南浔正面的左侧翼。据此,于8月5日拟订了《第九战区武汉会战作战计划》,其主要内容为:[12]

第一　方针

1. 本战区以保卫武汉要枢,达成长期抗战,争取最后胜利之目的,应以一部配置沿江各要地及南浔路线,尤须固守田家镇要塞;以主力控置于德安瑞昌以西附近地区,侧击深入之敌,将其击破而歼灭之。

2. 无论状况如何变化,我军务立于外线地位与敌作战,确保机动之自由。至万不得已时,以卫戍部队固守武汉。并除留置有力部队于沿江适当地点,随时夹击敌人、妨害其西进外,主力应转移于武汉外围一带夹击敌人而歼灭之。

第二　指导要领

3. 第一期作战指导(即目前至敌攻犯瑞昌或德安之作战指导)

(1) 目前之指导

甲、以现在九江西南附近与敌接触之各部继续猛拒敌人，以掩护后方部队之集中。如有机可乘时，应即反攻，进出九江。并选派精干部队向莲花洞、九江方面之敌施行突击。

乙、以有力之部队(赣保安团两团以上之兵力)保有庐山据点，实施游击，协助我在九江西南部队之作战。

丙、现在南昌、德安、瑞昌及阳新等处附近之各部，应即迅速构筑工事，加紧作战准备。而田家镇要塞须作固守两月以上、武汉卫戍部队须作固守两月半以上之准备。

(2) 敌以一部犯瑞昌，主力犯德安，同时一部于吴城镇方面登陆时：

甲、第一兵团以主力固守乌石门、德安东南之线，以有力之一部支援吴城镇拒止敌之登陆；如敌已登陆时，务努力击破之，以掩护我军右侧之安全，或另以一部拒止敌由星子方面的侵入。

乙、第二兵团应固守瑞昌以东既设阵地，另以有力部队由瑞昌南方地区向南犯德安之敌侧背攻击，协同第一兵团之作战。

(3) 敌以一部犯德安，以主力犯瑞昌，同时以陆战队在码头镇强行登陆时：

甲、第二兵团应以主力固守瑞昌以东既设阵地及码头镇、田家镇要塞，以控置于瑞昌南方地区之有力部队向北攻击西犯瑞昌之敌侧背。

乙、第一兵团除扼守乌石门、德安东西之线外，应以机动部队由德安西方地区向南犯德安之敌侧背攻击。

4. 第二期作战指导〔(针对)敌人占据瑞昌或德安后的进犯〕

(1) 敌以一部于德安方面对南取守势，以主力由瑞昌向西进犯，另一部沿江攻犯田家镇要塞时：

甲、第二兵团以有力一部，利用既设阵地及田家镇要塞坚强抵抗，阻止敌军及其舰队之西进。主力由右翼向北侧击敌人，必要时以控置于阳新附近之部队(关麟徵部)支援田家镇南岸要塞之作战，并以控置于咸宁附近之部队(卢汉部)向东推进，策应第二兵团主力方面之作战。

乙、第一兵团应以一部对德安施行佯攻，牵制该敌。以主力由德安西方地区北进，攻击敌之侧后。

(2) 敌以一部于瑞昌方面对西采取守势、以主力由德安南犯南昌时：

甲、第一兵团主力应扼守永修附近涂家埠东西之线，状况不得已时逐次向西移转，占领侧面阵地，侧击南犯之敌；以位置于丰城、清江之部队（汤恩伯部）由南昌西方地区向由德安南犯之敌侧背攻击。

乙、第二兵团以一部对瑞昌方面之敌佯攻，主力由瑞昌南方地区向东进出，攻击由德安南犯之敌侧后，协助第一兵团之作战。

5. 第三期作战指导

（敌占据田家镇后）以主力沿江进犯武汉，以有力一部经大冶向咸宁方面西犯时：

(1) 第二兵团利用阳新、大冶间山地，予敌以重创，阻止其西进至大冶后，以一部支援鄂城之作战主力，于大冶西方占领地，先歼西犯咸宁之敌，尔后向北转移，夹击西犯武汉之敌。

(2) 第一兵团除以一部于南浔正西牵制敌人外，主力由西方地区北进，攻击西犯之敌侧背，协助第二兵团之作战。

(3) 武汉卫戍部队利用武汉附近之既设阵地坚强抵抗，与外围各部队夹击敌人而聚歼之。

8月6日，中共中央军委主席毛泽东及书记洛甫（张闻天）等致电在武汉的周恩来、叶剑英等中共代表，指出有关保卫武汉的方针。电文说："保卫武汉，重在发动民众，军事则重在袭击敌人之侧后，迟滞敌进，争取时间，务须避免不利的决战，至事实上不可守时，不惜断然放弃之。因目前许多军队的战斗力远不如前，若再损失过大，将增加各将领对蒋（介石）之不满，投降派与割据派起而乘之，有影响蒋的地位及继续抗战之虞。在抗战过程中巩固蒋之地位，坚持抗战，坚决打击投降派，应是我们的总方针。而军队力量之保存，是执行此方针之基础。"[13]周恩来等据此向蒋介石等军事委员会主要领导人提出了保卫武汉的建议。

8月23日，军事委员会得到上海发回的情报，知日军第11军主力将在攻占瑞昌后溯江西进，并将经阳新进攻咸宁；其海军则竭力打通武穴方面水路，以掩护其陆军在武穴南北岸登陆。

8月24日瑞昌失陷。军事委员会根据当时的具体情况，决定令第一线部队竭力迟滞当面日军；自后方调集重兵至鄂南地区，以增强该方面的战斗力，实施纵深配备，阻遏日军的攻势。据此拟订了《保卫武汉作战计划》。其内容为：[14]

方针

国军以聚歼敌军于武汉附近之目的，应努力保持现在态势，消耗敌军兵力，最后须确保大别山、黄麻间主阵地，及德安、箬溪、辛谭铺、通山、汀泗桥各要地，先摧破敌包围之企图，尔后以集结之有力部队由南北两方沿江夹击突进之敌。

指导要领

甲、第五战区应以现在态势确保大别山主阵地，积极击破沿江及豫南进犯之敌。

（一）广济方面

1. 李延年、许绍宗、刘汝明、曹福林、萧之楚、覃联芳、韦云淞、张淦、张义纯、何知重等部，确保现阵地及田家镇要塞，积极击破当面之敌，并酌派部队在浠水(44 军)巴河(81 军)两线占领阵地。

2. 田家镇要塞沦陷后，应改用持久战要领，滞迟敌之西进；并利用浠、巴两线之阻止，转用约 5 师兵力于宋埠、黄陂间与武汉守备部队协同作战。

（二）豫南方面

1. 孙连仲、宋希濂、张自忠部固守黄麻以北大别山阵地；并控制冯治安、徐源泉部于麻城、宋埠间，策应各要路口作战。

2. 胡宗南及于学忠部取侧面攻势，与占领阵地部队相连系，努力击破该方面包围之敌。

3. 必要时，13 师可抽调使用于宣化店附近固守隘路。

4. 最后应确保大别山阵地及信阳，使武汉部队作战容易。

（三）尔后游击部署

1. 应指定 8 个师(按：蒋介石改为 12 个师)以上兵力，在大别山分区设立游击根据地，向安庆、舒桐、六合及豫东、皖北方面挺进游击，尤须积极袭击沿江西进之敌。

2. 苏北兵团应以有力部队向淮南游击，破坏交通。

乙、第九战区应极力维持现在态势，并须确保德安、箬溪、辛潭铺、通山、汀泗桥之要线，以维持全军后方，使尔后作战容易；尤须先击破经瑞武路及木石港西进之敌。

（一）南浔路星子方面，以吴奇伟指挥王敬久(52 师、190 师)、俞济时(51 师、58 师)、叶肇(159 师、160 师)、陈安宝(40 师、79 师)、欧震(59 师、90

师)各军及102师、139师,确保德安以北现阵地,为全军之右翼。

(二)薛岳亲自指挥王陵基(新13师、新14师、新15师、新16师)、黄维(11师、16师、60师)、李玉堂(3师、15师)等部及133师、141师、142师、91师、预6师,迅速击破沿瑞武公路两侧进犯之敌,确实控制箬溪、横路铺各隘路口,以阻止敌之迂回,并乘敌突入,向北侧击。

(三)阳新河以南,卢汉(184师、182师、183师)、汤恩伯部(23师、新35师、4师、110师)及14师应以现在态势阻敌西进;万福麟(预4师、130师、116师)、张刚(193师、82师)部应确保阳新河北岸及沿江半壁山等要点,并以黄国梁军(92师、30师)推进至三溪口,准备在辛潭铺、三溪口、下浮屠之线截击西进之敌。

(四)关麟徵(2师、25师、荣誉师)、李仙洲(95师、197师)、周祥初(43师)以主力控制于高桥、通山附近,一部于金牛、保安,准备在通山、李家铺、金牛、保安、鄂城前方高地线布置坚固阵地与敌决战,并保持重点于南翼。汤恩伯部转用后,及孙渡(新10师、新11师、新12师)、邓龙光(154师、156师)部到达时,均加入该线向敌反攻。情况许可时,上述各部更应向前推进作战。

(五)九战区尔后应以4个师以上兵力在九宫山建立游击根据地,常川向敌后方游击。

丙、武汉卫戍部队准备改守沿江要点及核心阵地,应以现有兵力之一部(13师)准备推进使用于五战区,3师、55师使用于九战区与敌决战。最后应固守核心阵地,使两战区野战部队得重新部署,向敌夹击。

丁、第一、二、三战区仍以现在部署积极向敌袭击,以牵制敌向武汉转用兵力。第三战区沿江要塞炮兵更应排除万难,妥为部署,俾发挥威力,截断敌舰长江连络线。

蒋介石对此计划亲手批示:“除王缵绪、卢汉二部暂时改为直属总部外,其余皆可如拟办理。”

当日军攻占瑞昌后,战斗即将发展至武汉核心地区,但日本海军溯江西进的部队因受沿岸炮火袭击和江上水雷困扰,进展极为缓慢。军事委员会根据当时战局,于9月上旬拟制了《武汉会战方针、目的及策略指导》的文件,经蒋介石批准后作为今后指导武汉会战的基本准则。其内容为:[15]

(1) 以目前形势观察,自力更生仍为我政略上最高原则,基于此而产生之作战指导方针,亦即持久战与消耗战。

(2) 敌企图之判断:依据其战术上至当之行动,有左(下)列三种:甲、挟其海陆空军之威力,溯江西上,直接夺取武汉。乙、采取锥形战术,沿江两岸,向武汉为窄正面之推进,企图攻略武汉。丙、将逐渐增加或转移兵力于德安、南昌及潢川、信阳作大包围。目前第一项行动已告失败,现在似以采取第二项之公算为大。

(3) 武汉固守之主要目的:甲、武汉为我政治、文化、经济、交通之中心点,不能轻易放弃,影响国际视听。乙、阻止敌利用舰艇及快速部队冒险溯江西上,以直接威胁、攫取武汉。丙、使我第五、九两战区之作战部队有转进部署之时间,不影响于两战区之作战指导。丁、为保持粤汉路交通动脉之主干,首应保守南北连络之枢纽武汉。

(4) 基于上述目的,固守时间愈久愈有利,方可充分获得时间之余裕,以支援第五、九两战区积极夹击围攻武汉之敌,歼灭其于湖沼地带。

(5) 武汉之守备,既为我第三期会战之轴心、利害变换线之据点,应增加强有力之部队两个师,方可达成任务。

(6) 武汉会战之策略与指导:甲、武汉会战之兵力消耗,以百分之六十为标准,其余百分之四十备作第四期作战之基础,预料其在攻略武汉后,敌当作较长时间之考虑,我可得恢复实力之机会。乙、第五、九两战区沿江部队须绝对固守,其部队配置及江防阻塞尤要注意周到,步步为营,节节抵抗,以短小空间换取长大时间。丙、第五、九两战区为顾虑今后之作战,第五战区以大别山、大洪山一带为根据地,第九战区以九宫山、幕阜山一带为根据地,取积极行动,夹击转攻武汉之敌,同时截断敌后方之连络线。丁、武汉会战指导,须江北与江南第五、第九两战区,除努力建设其根据地外,尤须注重襄阳与宜昌及南昌与长沙间之交通线。以后两战区之连络线应以宜昌为中心。戊、关于兵员之补充,第九战区预定为湖南长沙附近,第五战区则湖北襄樊附近地区,弹药武器补充亦以此为准而储备之。

(7) 将来兵力转移时,王陵基所部宜部署于鄱阳湖以东地区,归第三战区指挥。

2. 日军进攻武汉的作战指导

日军占领九江后,即以之作为溯江进攻部队和航空兵的前进基地,积极进行进攻武汉的准备。一方面以一部兵力扩大集结地域，并加紧向九江、合肥地区集中兵力；一方面以陆、海军航空兵的近400架飞机连续轰炸武汉、南昌、长沙等战略要点、空军基地和舰船、铁路、车辆，并寻找中国空军及苏联空军志愿队进行空战，企图夺取武汉地区的制空权，为其部队制造有利形势。日海军"中国方面舰队"为增强溯江进攻力量，又增加了第11炮艇队、第12炮艇队、滑行艇(每艇可乘步兵1个小队)队、上陆山炮队和"白鹰"、"冲岛"等8艘军舰，同时又增加第1根据地队和第1联合航空队的轰炸机30架。

为了使陆、海军的航空兵部队在作战中行动一致，"华中派遣军"司令官畑俊六和"中国方面舰队"司令长官及川古志郎于7月底协商，决定陆、海军航空兵共同打击中国空军和轰炸中国各战略要地；但陆军航空兵主要支援第11军和第2军的陆上作战，海军航空兵主要支援"中国方面舰队"及与其协同的陆军溯江进攻作战。

至8月中旬，日军第2军已有第10、第13两个师团集结于合肥地区，并在合肥开设了军指挥所，第11军已有4个师团、1个旅团集结于九江地区。其中第6师团在黄梅附近，第106师团在九江以南的沙河、南昌铺以南一带，波田支队在九江以西的乌龟山附近，第101师团在九江东南的星子以北地区，第9师团先头部队和冈村宁次的第11军指挥所也已到达九江。陆军航空兵团的3个飞行团分别位于合肥、安庆、南京等航空基地。海军航空兵陆基机队均已进至安庆、九江等前进机场，舰载机队和水上机队部署于长江中、下游。

为了保障进攻武汉的作战顺利实施，第2军司令官东久迩宫和第11军司令官冈村宁次根据"华中派遣军"司令部的指示，先后于8月16日和20日给所属各师团下达了使用毒气的命令。规定"特种烟"(窒息性毒气)的使用，以局部使用为原则，但根据情况，也可以有计划地大规模集中使用。事实上日军早已多次使用毒气，此命令下达后使用更加频繁。[16] 日军知道使用窒息性毒气有违国际公法，为全世界所反对，所以才改称为"特种烟"。又为了掩盖真相，日军命令中还要求在使用"特种烟"时与催泪性毒气及普通烟混合使用。

由于预定用于进攻武汉的兵力大部分已进入前进基地，日本大本营于8月22日下达了进攻武汉的第188号"大陆命"、第135号"大海令"命令和第250号"大陆指"指示。它们的主要内容为："华中派遣军"与"中国方面舰队"协同，进攻并占据汉口及其附近要地。攻占后应力求紧缩占据区。"华北方面军"应策应"华中派遣军"的作战，努力牵制中国军队。"华中派遣军进攻武汉的作战，不得超越信阳、岳州（岳阳）、南昌附近；华北方面军不得超越黄河及黄泛区进行作战”。[17]

日“华中派遣军”于接到大本营命令的当日 15 时，下达了进攻武汉的命令：一、令第 11 军在海军配合下，沿长江两岸进攻武汉。主力置于长江以南，从咸宁、贺胜桥地区切断粤汉铁路，由南面向武汉迂回；以一部向德安、永修进攻，相机攻占南昌。二、令第 2 军主力从大别山北麓经六安、固始、潢川、罗山进攻信阳，尔后沿平汉路及其以西地区南下，从北面、西面迂回，包围武汉；以一部从商城南下，横越大别山进出至麻城地区，由东北方向策应沿江进攻的部队作战。三、令航空兵团以主力支援第 11 军，以一部支援第 2 军；并预定 8 月 27 日开始进攻。与此同时，“中国方面舰队”亦向其所属部队下达了进攻武汉的“W”作战命令。

日军第 11 军、第 2 军及航空兵团依据“华中派遣军”的命令，各自制订了行动方案。第 11 军的方案是：第 6 师团与海军配合，沿长江北岸的广济、蕲春、浠水、上巴河、新洲，经靠山店攻占汉口；波田支队与海军配合，沿长江南岸，由瑞昌经阳新、白沙、大冶、鄂城、葛店、鲁港攻占武昌；第 9、第 27 师团并列由瑞昌、阳新地区西进，经三溪口、坳下、担山之线及其以南地区，攻占贺胜桥、咸宁、汀泗桥铁路沿线地区，切断粤汉铁路，以阻止中国军队向武汉增援或向南撤退；第 101 师团经庐山以东，第 106 师团经庐山以西，沿南浔路经德安、永修攻占南昌。

日航空兵团决定以驻合肥的第 1 飞行团直接支援第 2 军作战，驻九江对岸二套口的第 3 飞行团和驻南京的第 4 飞行团直接支援第 11 军作战。[18]

（二）广济和田家镇要塞战斗

1. 广济战斗

日军第 6 师团于 8 月 4 日占领黄梅后，第 4 兵团总司令李品仙对该地区的部队调整了部署：以第 68 军、第 48 军所防守的黄梅西北井边、大金铺、团山河、破山口、大河口、苦竹口、渡河桥一线阵地为守势地区；以第 31 军、第 7 军、第 10 军及第 67 军一部控制于隧口坝、马王庙、太湖河及太湖、潜山西北山地为攻势地区，随时准备向日军侧背反击，以切断其潜（山）太（湖）、怀（安）安（庆）间后方交通线。

日军第 11 军司令官冈村宁次于 8 月 22 日接到有关“华中派遣军”进攻武汉的命令后，于 23 日按照其制订的行动方案向第 6 师团下达了作战命令，赋予的当前任务是由黄梅攻占广济和江北岸的田家镇要塞。第6师团认为由安庆经潜山、太湖、宿松至黄梅的陆上补给线太长，由于中国军队的不断袭击，要保障其畅通，必须派出大量部队守备；若再向前进攻，则保障更为困难。因而改由小池口进行补给，以便于集中兵力执行进攻任务，遂于8月24日将潜山、太湖的日军转移至宿松、黄梅地区。

守军第199师及第7军一部分别于26日、27日收复了潜山和太湖。白崇禧曾分析日军轻易放弃潜、太之目的。他认为："敌放弃潜、太之企图：(1) 该地公路在我侧面，不断为我破坏，不能使用，且敌军前与31军在山地作战受创，不易进展，故放弃之，节省兵力，以宿松、黄梅为据点进攻广济，而以安庆、长江为补给；北以合肥、舒城为据点，进窥六安、商城，而以淮南铁道及巢湖诸水道为补给。(2) 敌兵力转用于沿江南北两岸，利用陆、海、空军联合作战之优越条件沿江西上，用蚕食政策取渐进之义。"[19]

中国军队在不断反击潜、太的同时，亦曾向黄梅反击，但迄无进展。8月26日，第84军以一部兵力袭占了金钟铺、黄土包。但在日军增兵反击后，27日拂晓，该两地又陷敌手。日军乘势进击，突破苦竹口第150师阵地，进陷多云山、白杨岭，随即席卷第189师左翼，攻占排子山、后山铺。守军退守红花砦、相冈岭。

基于上述情况，李品仙决心趁敌立足未稳，向当面之敌反攻。其部署为：(1) 第84军(欠第188师)附第176师及第68军的第31旅向黄梅攻击；(2) 第29集团军2个师恢复多云山、白杨岭一带阵地，尔后向黄家垴、英子山、左北砦进攻，切断宿黄公路，其余部队固守原阵地；(3) 炮兵第6团(欠1个营)向大河铺以东推进，协助第84军的攻击；(4) 新到的第26军及第68军(欠第31旅)、第138师在龟山、大金铺、团山河、笔架山、大河铺、排子山之线占领防御阵地；(5) 第86军为兵团预备队，于两路口、锯头山、龙山之线构筑后方阵地。

8月28日拂晓前，各部队按照兵团部署行动，第176师附第31旅进占王家湾、邢家大湾之线；第189师进占后山铺、作岭；第150师进占渡河桥，围敌200余人于白云山麓；第161师进占左北砦。同日，宿松之敌放弃该城，西入黄梅。第7军除以一部追击敌军外，其余进占宿松城。29日，守军续取攻势。第31旅的1个团进占张家大屋，续克青石桥。但入夜后遭日军围攻甚危急。第176师攻占魏家凉亭、桂家湾，颇有斩获。第189师进占石家咀、刘家湾，并击退日军夜间的进攻。第150师克复多云山。第131师进攻排子山、马家。

8月30日，日军第6师团在黄梅地区集结完毕，除原配属的独立机关枪大队和山炮大队外，又增加了 2 个装甲车中队，遵照军的命令开始向广济进攻：以第 36 旅团沿黄广公路及其北侧、第 11 旅团沿公路南侧并列向西攻击前进。8 时许，第 11 旅团突破胡六桥、桂家湾第 176 师防线。该师被迫留一部兵力保持接触，主力退守原阵地。31 日日军继续进攻，守军逐次抵抗。第 31 旅放弃车路口，向团山河主阵地撤退；第 176 师在牛头山、龙头砦一带极力抵抗后，于夜半撤退到朵云寨、塔儿寨主要阵地防守；第 189 师退守双城驿、放马厂、石佛庵主阵地。9 月 1 日至 2 日，日军逐次攻略笔架山、破山口、凤凰山，第 68 军退守团山河、蛇腰山。第 84 军(附第 176 师)在双城驿、塔儿寨一带与日军反复争夺，杀敌颇多，牺牲亦重，阵地终陷敌手。时第 31 军适由桐梓河调至，李品仙令该军接替金寨、后湖寨、鹅公垴、袁家坪阵地，另令第 103 师接替田家寨、笔架山阵地；令第 68 军缩短正面，固守团山河、蛇腰山，并负责恢复笔架寨原阵地；第 67 军及第 48 军向金钟铺、大河铺敌之侧背攻击。

9 月 3 日，第 162 师进占杨树岭、破山口，继而向英山咀进攻，第 161 师由苦竹口向大河铺前进，第 48 军配属的第 149 师向渡河桥、白杨岭推进，第 174 师在宿松西北方地区准备进攻黄梅。此时，日军以一小部兵力置于黄梅附近维护其补给线，主力则沿黄、广公路两侧地区继续进攻，9 月 4 日晨进占生金寨；激战至午，复陷后湖寨，续攻卓木尖。

李品仙见敌军向广济作锥形突击，决心从两翼夹击突进的日军：(1) 令第 31 军以主力固守现阵地，乘机向生金寨之敌反击；以有力一部于次日(5 日)拂晓开始，由鹅公垴向后湖寨敌之侧背攻击；(2) 令第 26 军以 1 个师守备原阵地，抽调 1 个师于 5 日晨由吴文贵附近向郑公塔以北地区团山河、狮子山、破山口一带敌之侧背攻击。

同日，第 162 师进占放马厂、英山咀；第 161 师进至望江坡。白崇禧命令第 48 军务必在 5 日拂晓前向金钟铺、魏家凉亭日军攻击。

第 31 军奉令后，以第 131 师的 1 个团于 5 日 1 时向鼓儿坡、小坡、生金寨日军攻击，3 时许攻占鼓儿坡及小坡高地，双方均有伤亡。拂晓后日军反击，该团被迫退回至王家寨原阵地。第 26 军奉令后，以第 44 师守备吴文贵以西原阵地；以第 32 师附山炮 1 排、战车防御炮 1 连于 5 日夜向狮子山、凤凰山日军侧背攻击。行动开始后颇有进展，击破第 6 师团的一部，攻占狮子山、凤凰山；但天明后，日军飞机轮番向守军阵地轰炸，继以炮火掩护其步兵反击凤凰山守军。激战至 5 日 14 时，第 32 师伤亡惨重，凤凰山重被日军占领。22 时，李品仙命该师撤回吴文贵待命，另派第44师的1个旅协同第86军反攻石门山，击退日军。同日，第189师主力守备鹅公垴、双合尖之线侧面阵地，抽出3个营兵力，于15时会同放马厂的第162师由袁家坪向双城驿出击，迄20时占领该地。

5日晨，日军第36旅团的第23联队附炮20余门，在8架飞机掩护下，沿黄广公路北侧地区突进，8时30分攻陷五峰山，11时攻卓木尖。守军第131师竭力反击，于15时夺回该地。16时，日军增援反扑，情况危急。同日，日军第45联队攻占笔架山，14时30分复攻陷石门山。第86军令第103师协同第121师反攻石门山，17时克复该地，但卢家凹又被攻陷。

9月6日零时，李品仙决心放弃广济，命令第86军以一部占领独山寨、灵山寨之线，掩护第68军及第86军主力向栗木桥、观沙河集结待命；命令第176师占领捉马寨、南山寨之线，掩护第31军于6日20时开始转移至观音庵、正磨尖集结待命；命令第84军于6日20时开始向老鼠坡、桐梓河集结待命。

日军第6师团在守军各部队连续的正面阻击和侧方反击下，经过8昼夜的苦战，方占领了距黄梅仅30多公里的广济，死伤甚众，已无力继续进攻，因而构筑工事，转为守势，在广济以西界岭南北高地与中国军队对峙，等待补充。

9月7日，白崇禧命令对当面日军实施全面反击。李品仙遵命作以下部署：(1)第26军派出有力一部向松阳桥之敌攻击；(2)第84军协同第29集团军向荆竹铺攻击；(3)第31军、第48军向黄梅出击；(4)第7军向西河口推进，协同第55军夹击当面敌人。

从9月8日开始，各军不断向日军阵地攻击。第26军一部曾袭击广济城，但日军在航空兵、炮兵猛烈火力支援下，依托阵地实施防御，并曾施放大量窒息性毒气，所以没有进展。

防守广济地区的中国军队，从番号上看虽然兵力甚多(有四五个军)，但由于装备、训练都远不如日军，而且部队因伤、病减员过多，实际兵力并不占绝对优势，所以虽奋勇力战，仅能将日军遏止于广济地区，未能将其击退而确保广济。从李品仙9月2日至7日的战报中可知部队的大致情况。该战报说："……各阵地失而复得，反复攻击者数次，在我军炮火因敌空军之轰炸及射程之短近，不能制压敌炮，加以工事不良，以至(致)我军伤亡惨重。截至本日止，84军损失已达二分的1个以上，176师伤亡亦占二分之一。附近刘军团之119师及31旅，据刘军团长报告，现每团仅剩二三百名，合共不过千余人。查该部原来人员不足额，兼之疟疾流行，病兵已占三分之一。84军病兵亦占四分之一以上。敌虽未能深入，该两军战斗员兵不足维持正面之阵线。”[20]

在作战指导上，战区和兵团指挥官虽然一再组织侧击、反击，但由于统帅部总的会战指导实质上是要求以阵地战为主的专守防御，所以使用于侧击的兵力仅为一部，而主力均固定在阵地上，因而导致自身消耗过大却仍难长期守住阵地。白崇禧于9月6日致蒋介石的密电中所作的分析较符合实际。该电说：“近自广济会战，时仅一周，而前方官兵伤亡极众。且在敌炮、空威胁之下，虽尽极大努力，而阵地终不克保。则以敌我装备悬殊，制空无权，阵地相持，良非上策。若部队脆弱，则辄三二日即不能成军。乃战术无灵，指挥棘手。职身临前方，深思对敌之策，惟有取机动姿势，求敌侧背相机攻袭，而不限以一城之死守。如此，则能常保持有用之力量，获得作战之自由。一年以来计划作战者，率以装备相等之战术因袭应用，原则未尝不合，胜利卒归泡影。尤以积兵愈多，损害更巨，实力消耗，远逾于敌。设非改变战法，不但胜利难求，且恐持久不易。”[21]

2. 田家镇要塞战斗

日军第6师团在广济休整7天，并补充了新兵3200人后，于9月15日以第11旅团为第1梯队，与长江内海军第11战队配合，开始向田家镇攻击前进。

田家镇要塞与其南岸的马头镇、富池口相呼应，形成长江屏障武汉的门户。1938年7月初，除原要塞守备部队外，军事委员会以第57师担任守备，旋任第2军军长李延年任田家镇要塞北岸（以下简称“田北”）守备区司令。李率第9师于7月中旬到达田家镇，以第57师担任对东南正面防守，以第9师担任对北、西正面防守。田北要塞原归第五战区序列，后改归第九战区第2兵团指挥。

9月7日广济失守，第26军原在铁石墩一带的部队北向松杨桥进攻，要塞的左侧遂失去屏护，形成孤立。9月14日，李延年见广济日军有南下趋势，经报请第2兵团总司令张发奎批准，变更了部署：(1) 第57师任马口、灵泉庵、桂家湾、梅家湾、左家咀以南地区的守备；(2) 第9师以一部任九华山、乌龟山、沙子垴、鸭掌庙及马口湖南岸的守备，以主力于得粟桥、潘家山、菩提坝街之线占领阵地，并于铁石墩、田家墩配置警戒部队；(3) 炮兵第16团的1个连及炮兵第6营在崔家山、梅家府、下大官庙一带占领阵地，与要塞炮台协力阻击敌舰，并于沙子垴以北选预备阵地；(4) 要塞核心守备队任要塞核心及西至马口之守备，阻击敌舰。

9月15日，日机数十架、日舰20余艘向要塞区轰击竟日，其陆战队一部在潘家湾、中庙、玻璃庵一带登陆，被守军击退。同日，日军第11旅团的第13联队及独立山炮兵第2联队攻占了第9师在铁石墩的警戒阵地。李延年当即电请第五战区派部队南下与第2军联系，夹击当面敌人，另命第57师派部队接替九牛山第9师防务。

9月16日，日海军陆战队在飞机、舰炮掩护下，先后试图在潘家湾、玻璃庵一带登陆。第57师各部队坚决阻击，敌均被击退。日第11旅团轮番猛攻第9师正面阵地。第9师攻守结合，派队向敌反击，但伤亡过众。与敌激战至午后16时，李延年决心缩小正面：(1) 第57师崔家山、九牛山主阵地改为前进阵地，师主力移至周家、苍谷垴、乌龟山、沙子垴、老鹳窠之线，为主阵地。要塞核心守备队及炮兵第16团归第57师师长施中诚指挥；独立炮兵第6营变换阵地于沙子垴附近，协助第9师及第57师作战。(2) 第9师守备乌龟山至老鹳窠部队，俟第57师接防后即归还建制。

第57师奉令后立即行动，并调回原防守武穴的1个团为师预备队，仅留置一部兵力在武穴。17日2时许，日海军陆战队在舰炮火力支援下登陆，猛攻武穴，留置的部队与敌巷战竟日，四面被围，死伤百余人。入夜，余部突围，武穴遂入敌手。守军在撤退前破坏了武穴以东的江堤，使江水灌入武山湖和黄泥湖，形成泛滥，以使日军地面部队行动受阻。同日拂晓，日第11旅团猛攻第9师正面的李福阵地。激战至7时许，该阵地被突破，守军转移至骆驼山、涂家湾、潘家湾之线，占领侧面阵地。

18日晨，日军猛攻骆驼山。10时许阵地被攻占，第9师退守香山、竹影山、潘家山之线。16时30分，日军续攻香山，守军全连牺牲，该山失陷。18时，日军续攻竹影山，被守军击退。同日，敌舰炮不断向第57师新庙一带前进阵地射击。骆驼山日军不断增加，11时起分多路(每路约300余人)向沙子垴、乌龟山阵地攻击，经阻击未能得逞。此时，为作战便利，军事委员会复令田家镇要塞北岸所有守军复归第五战区指挥，由李品仙负责。李令第26军萧之楚部攻击敌军侧背，直接支援要塞的作战。

19日晨，日军向第57师正面攻击，一部攻占胡家山、老鹳窠阵地，一部被阻于乌龟山、沙子垴阵地前。经该师组织反击，当日中午收复了胡家山阵地，并歼敌甚多。第26军在进攻日军的侧背发起猛攻，占领了四望山、铁石墩等地，切断了日军第11旅团与广济的联系。此时，第11旅团前有第57师阻止，后有第26军反击，已被包围于马口湖与黄泥湖中间地区，弹药、粮食等均已告乏。

日第6师团长今村胜治为解第11旅团之围，于20日晨急派第36旅团第45

联队一部增援，同时请求航空兵支援。日海军第2联合航空队的第12航空队在不利的气象条件下，于当日下午猛轰守军阵地，并向第11联队空投弹药、粮食及药品等军需物资。第45联队增援部队进至四望山附近时即被第103师阻止。今村胜治又抽调第23联队一部增援，但亦被第121师阻止于铁石墩附近。日第11旅团得知师团已派出增援部队后，派第13联队1个大队前往接应，同时以主力猛攻乌龟山、沙子垴阵地，并施放毒气。乌龟山守军2个连苦战至21日22时突围南撤，阵地被日军占领。但接应增援部队的日军大队受到第86军第103师的攻击，被阻于312高山，未能与增援部队会合。当日夜，李延年命第9师将柘咀上、竹影山、潘家山一带防地交第44师，转移至马口湖南岸，协同第57师防守要塞。

22日，日军第36旅团的增援部队于18时攻占四望山，2个连的守军全部牺牲。23日，日军又攻占铁石墩，继向第86军侧背攻击，突破第121师阵地，并进袭第103师司令部，占领了张家湾。

24日，富池口要塞失陷(日波田支队沿江西进，已于14日攻占码头镇)，日海军第11战队沿江上驶，田家镇要塞遭日飞机及日舰炮的猛烈轰击，工事及防守人员损失甚巨，局势已极为危殆。李延年从第9师抽调1个团至马口湖北的周家铺，归第198师指挥，构筑预备阵地。李品仙派第174师增援第26军，阻止日军第36旅团西进。第174师及第32师于25日进至四望山、铁石墩时，日第36旅团已攻占崔家山、九牛山阵地，第57师在桂家桥、荞麦塘一线阵地固守。

26日拂晓起，日军以舰炮、飞机连续向要塞区轰击约3小时，尔后其第36旅团及第11旅团派出接应的1个大队向苍谷垴、桂家湾阵地合击。第57师第339团伤亡甚众，仅余约1个营的兵力。第57师师长施中诚严令该营固守苍谷垴，另派部队接防后壁山、荞麦塘阵地。李延年鉴于第57师正面战况危急，一面增兵支援，一面缩短防御正面。李品仙命第26军积极策应，由北向南侧击。但该军行动缓慢，进展甚微。

经7天苦战，日军第36旅团在飞机支援下，于27日晨与第11旅团接应部队会合。今村胜治遂集中其所余的4000余人向守军黄泥湖至马口湖间主阵地带进攻，当日由新屋下附近突破防线，占领了星家山。防守该地的1个团，团长周又重负重伤，营长伤一、亡一，官兵突围撤出者仅40余人。同日，日海军第11战队的吴港第4、第5特别陆战队及上陆山炮队从上洲头登陆，沿江岸向田家镇要塞象山炮台进攻。守军第57师第341团的团长龙子玉阵亡。第57师被迫退守莲花心、玉屏山、陈细湾之线。李延年命新增加的第198师1个团加强第57师。该团以1个营进守阳城山。此时日军第6师团第11战队及其登陆部队已对田家镇要塞构成东、南、西三面包围态势。

9月28日，日军陆、海、空协同猛攻田家镇及要塞核心区。激战至下午，阳城山、玉屏山阵地相继为日第6师团攻占。日第11战队的一支陆战队在舰艇直接支援下从盘塘登陆，与其从上洲头登陆的特别陆战队迫近象山炮台，与守备部队形成混战。当晚，李品仙下令放弃要塞。李延年当即令第57师派一部兵力占领马口隘路，担任掩护。第2军主力于29日经杨公祠、马口闸退至铸铁炉，后又奉命至上巴河休整。日第6师团占领了田家镇，第11战队占领了象山炮台和宅山炮台。

田家镇要塞失守后，军事委员会令第4兵团调整部署，所属各部队分别向北侧蕲春、浠水、巴河各地转移，继续占领阵地，重新组织防御。同时留第7军等部于大别山区建立根据地，准备进行敌后游击战。

日军攻占田家镇要塞后，冈村宁次令驻芜湖的第116师团之第120联队及其配属的山炮大队进驻田家镇要塞，而令第11旅团及第36旅团增援的部队返回广济，与第6师团其他部队会合整顿，作下一步进攻汉口的准备。

3. 瑞昌以西沿江战斗

当日军第11军在九江地区集中兵力并向瑞昌方向进攻时，军事委员会为加强瑞昌以西山区的防御，将机动兵团第31集团军(辖第13、第85、第98军)从南昌以南的丰城、清江地区调至富池口、阳新以南及以东地区布防，并于8月23日令汤恩伯统一指挥原在瑞昌及富池口地区防守的第32军团(辖第52、第92军)及第54军。

日军攻占瑞昌后，波田支队和第9师团从8月27日开始分别沿长江、循瑞(昌)阳(新)公路向西攻击前进。此时，第54军防守码头镇、富池口要点及沿江阵地，第32军团防守瑞昌西侧高地亘码头镇东侧一线阵地。为掩护第32军团右侧背的安全，汤恩伯令第13军在瑞昌西南的大岭山附近占领阵地，以第98军控置于瑞(昌)武(宁)公路附近，为机动部队。日军第9师团与守军第32军团在杨家岭、虾蟆洞、郎君山、大垴山、洪山岩一带反复争夺，战况极为激烈，双方伤亡均大。战斗至9月12日，守军各部队仍扼守太阳寨、牛下排、三眼村、倪湾镇一线阵地。日军迄未能进。当日晨，日军集中兵力发动猛攻。9月14日，日波田支队主力突破守军阵地，进出至马鞍山附近，其一部约1个大队的兵力在海军舰艇及陆战队配合下攻占了码头镇，15日又占领了码头镇西南约10公里夹溪湖附近的老屋何。此时第9师团亦已攻占太阳寨，进至和尚垴、笔架山附近。形势渐趋严峻。

军事委员会根据当前形势，按照预定的策略指导方案，于9月16日下达了《武汉会战作战计划》：

(1) 国军以自力更生持久战为目的，消耗敌之兵源及物资，使敌陷于困境，促其崩溃而指导作战。

(2) 武汉核心之守备，以第185师、第43师、第92师分任汉口、武昌、汉阳之固守。其外围阵地，以第93师、第13师、第6师及孙桐萱部(第3集团军)防守。

(3) 第五战区以大别山、大洪山为作战根据地，以麻城、黄安为据点，以策应武汉核心之作战(详细部署由该战区自定)。

(4) 第九战区以幕阜山、九宫山为运动战根据地，以武宁、永修、通山、咸宁为据点，以策应武汉核心作战。

(5) 第九战区第1兵团以最大努力侧击敌人，迟滞其前进。万不得已须固守永修、武宁之线以北地区各要点。

(6) 第九战区第2兵团以主力会合在武宁、通山、咸宁之各部作战，以一部利用保安、金牛之山地节节抵抗，阻止敌之西进，务求得时间之余裕。

(7) 预定以李仙洲所部及荣誉师位置于通山附近，关麟征所部及第55师位置于咸宁附近，第3师、第15师位置于武宁附近，担任各该处阵地之构筑及守备。

(8) 以孙渡(58军)所部为第九战区总预备队。

9月16日，日波田支队逼近富池口，在舰艇、飞机掩护下，对富池口发动攻击。守军第54军的第18师奋勇抗击。经8天8夜激烈战斗，富池口要塞阵地工事大部被摧毁，守军伤亡殆尽。张发奎命令第18师师长李芳村再坚守3日，否则以军法论处。李芳村畏罪潜逃，富池口乃于24日被日军波田支队占领。守军第54军各部退至富河北岸继续抗击日军。与波田支队并列进攻的第9师团在守军第31集团军的坚强抗击下，伤亡惨重，进展甚微，被迫停止进攻，进行整顿。

经过20多天的激战，守军各部伤亡亦众，减员甚多。按照预定的计划，第

52军后调至咸宁整补,第92军后调至通山整补。又将第48军的第195师缩编为1个团,转隶第85军;将第13军的第89师缩编为4个营,归军部直接指挥。

为了加强先头部队的进攻力量,日军"华中派遣军"于9月30日将驻南京的第15师团的第60联队调归波田支队指挥,并增加配属独立轻装甲车第8中队、野战重炮兵第10联队以及迫击炮第4大队的第2中队。10月3日,日军溯长江及沿岸继续向西攻击前进。当时防守长江沿岸要点的为第98军及第6军的第93师。10月4日,第60联队与海军吴港第5特别陆战队协同,于上水口江岸登陆,攻占了半壁山,16日占领大冶炼铁厂,17日攻占石灰窑,19日攻占黄石港。守军第98军退据龙山,第93师退向金牛地区。波田支队主力在长江南岸地区与第53军激战,击退第53军后于10月18日攻占阳新,21日占领大冶。

在波田支队左侧、与波田支队并列向西进攻的第9师团经短期整顿,于9月25日集中兵力从木石港向守军阵地进攻;击退第184师后,于10月1日进至排市以北、以南的富河东岸。6日,在排市附近分数路渡过富河,继续西进,向第54军八相庙、大桥铺之线阵地进攻。激战至17日,日军突破守军防线,并攻占了辛潭铺、三溪口。守军第54军、第75军、第53军逐次退至金牛铺、刘仁八地区。

第2兵团根据战区的指示,重新进行了部署:

(1) 第31集团军(第92、第37、第54三个军)占领茅田河、燕庆、慈口一带,阻敌西进(第60军已后调通山);

(2) 第11军团(李延年指挥第2军辖第9师、第140师,第75军辖第6师、预备第4师)在太平岭、后络岭、山背箩北方高地之线占领阵地,拒止敌人;

(3) 第32军团(关麟徵指挥第98军、第6军)在黄龙山、牛鼻孔、三角尖、黄家大屋之线占领阵地,拒止敌人;

(4) 第53军编并为第116师,在大成山、老虎头之线警戒,暂归第32军团指挥;

(5) 第94军的第55师守备鄂城、葛店及沿江一带,第185师及宪兵、警察任武汉之守备。

图 5-2-4 武汉会战·外围主要阵地及赣北地区战斗经过要图
(1938 年 8 月下旬—10 月上旬)

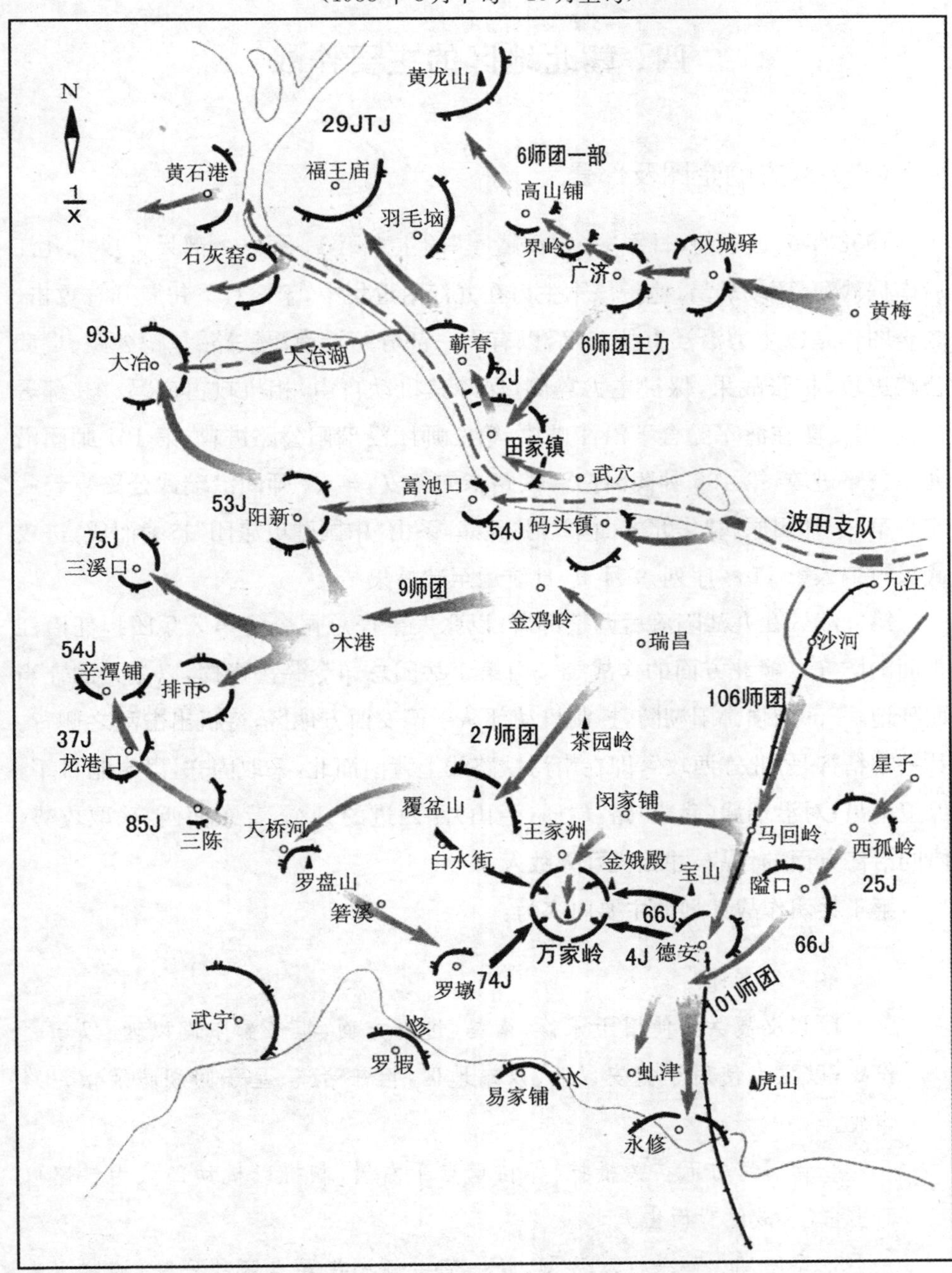

四、赣北地区的主要作战

（一）双方的企图及部署

1938年7月下旬，日军“华中派遣军”的主力第11军以一部兵力攻占九江后南据沙河，西攻瑞昌，掩护该军主力在九江附近集中，于8月下旬展开总攻击。其企图仍是以主力沿江直扑武汉，以有力一部分路沿南浔铁路、星德公路、瑞武公路进攻，扩张战果，保护主力翼侧，保障其机动自由，相机攻占南昌。其部署为：波田支队在海军配合下沿江进攻，第9师团沿瑞阳公路进攻，第101师团沿九星公路进攻，第106师团沿南浔铁路指向德安，第27师团沿瑞武公路直趋武宁。第27师团原属“华北方面军”，驻天津，系由“中国驻屯旅团”扩编而成，进攻武汉时编入第11军序列，9月10日航运至瑞昌集结。

第九战区在九江陷落后调整部署：以张发奎任总司令的第2兵团担任沿江正面的防守。赣北方面的作战统一由第1兵团总司令薛岳指挥，以主力固守当面阵地，一部加强鄱阳湖防，控制机动部队于德安西方地区，待机出击敌之侧背。其基本精神是“北守西攻”，即在南浔铁路线上背南面北，采取固守，以牵制日军，保卫南昌；对沿瑞武（武宁）路，瑞通（通山）路西进的日军，背东面西，采取攻势，协同沿江方面的作战，并相机歼灭敌人。

第1兵团作战计划的主要内容为：

第一　方针

1. 以必要兵力使用于永修、南昌、进贤方面，担任鄱阳湖以西、以南之作战；以主力使用于德安以北、以东地区，担任渚溪、星子间湖防及南浔路作战。

2. 南浔路方面持久抵抗，保持重点于左翼，相机以机动部队由铁路以西出击，求敌侧背而击灭之。

3. 鄱阳湖方面采机动防御，以一部占领湖岸要点阻敌登陆，控制主力乘敌登陆未毕，迅速攻击歼灭之。

第二　部署

1. 德星公路方面：

第25军（第52、第190师）占领渚溪、东孤岭、星子、汉阳峰之线阵地；

第68军（第159、第160师）控制于隘口附近，支援第25军之作战，并构筑隘口附近预备阵地。

2. 南浔路正面：

第70军（第19师）占领牛头山、邓家河之线阵地；

第8军（第3、第15师）占领邓家河（不含）、十里山、钻林山之线阵地；

第64军（第155、第187、预9师）控制于中岩、全部山之间地区，并构筑该线预备阵地；

第4军（第59、第90师）构筑车轮北端山、鸡公岭、皇天垴之线预备阵地，并以一部任鸡公岭警戒。

3. 永修方面：

第29军（第40、第79师）任涂家埠、吴城镇及小河渡、老虎山之线湖防，并控制一部于永修。

4. 南昌方面：

第18军（第11、第60师）任南昌、莲塘及牛行、乐化预备阵地之构筑。

5. 东乡、进贤方面：

第32军（第139、第141、第142师）任东乡、进贤及梁家渡、武溪市、樵市诸要点之守备。

6. 兵团预备队：

第74军（第51、第58师）控制于德安。

7. 左翼友军（第2兵团、第30集团军）方面：

第78军（新编第15、第16师）占领车轮中间山、陈家垅之线阵地；

第72军（新编第13、第14师）控制于青龙坂、岷山脚下。

（二）德星公路方面的战斗

日军第101师团的第101旅团于8月21日占领星子后继续沿德星公路向隘口进攻。22日，其右翼一部攻占玉筋山。23日，以野炮20余门及飞机、军舰连续轰击第52师东孤岭、鼓子寨之线的主阵地。24日晨，汽艇十余只载兵数百人在牛屎墩登陆，攻击第52师阵地的右侧背。守军坚决阻止。25日夜，第52

师师长冷欣率队反击，将该处日军包围歼灭。石田道一少佐以下官兵 200 余人被击毙。26 日夜，第 52 师因连日激战，伤亡过大，南调华龙山整理，遗防交由第 66 军的第 160 师接替，另以第 159 师占领隘口的预备阵地。此时日军又增加了 1 个步兵联队和 1 个炮兵联队，连日向第 160 师阵地攻击，被该师击退。31 日，日军数百人乘汽艇十余只在王爷庙登陆，被第 25 军击退。

9 月 1 日，日军在飞机、炮兵支援下攻击第 160 师的桃花尖阵地。守军与阵地共存亡，团长梁佐勋以下 3 个连官兵全部牺牲，阵地被日军占领。日军又以一部兵力向鼓子寨袭扰，企图威胁守军左侧背。第 9 集团军总司令吴奇伟趁其立足未稳转移攻势，令第 52 师接防东孤岭，第 160 师集中主力向日军左侧背攻击。20 日拂晓前，日军一部由杨王庙登陆，被守军击退。拂晓后，日军突破东孤岭阵地的一部，致使交接防延至 3 日 8 时才完毕。同日，日军 400 余人猛攻西港口阵地，被第 160 师击退。

9 月 2 日夜，南浔路正面守军因受左翼友军的影响，向乌石门东西之线撤退，第 159 师由隘口西进占领牛郎寨、龙南山之线阵地，掩护左侧。5 日，日军在空军、炮兵支援下猛攻东孤岭。该地失陷。守军组织反击，迄 17 时始夺回该阵地的南半部，伤亡甚重，致原定对鼓子岭方面的进攻计划无力实施。薛岳指示：应极力维持现态势，万不得已时应固守南狮岭、隘口、金轮峰之线预备阵地。

6 日、7 日，双方在东孤岭、西港口、鼓子寨一带以及龙南山方面激战，反复争夺，互有胜败。迄 8 日 3 时，守军第 25 军退守西孤岭，第 66 军仍保持烂泥塘阵地，第 9 集团军总部乃派第 187 师主力分别增援该两军，使固守现阵地。

9 日、10 日，日军续向西孤岭、西港口攻击，并以汽艇载兵在杨王庙、王爷庙等地登陆，均被守军击退。10 日晚，第 79 师及第 91 师的 1 个旅到达隘口，归军团长叶肇指挥。

11 日、12 日，日第 101 旅团主力续向西孤岭一带阵地攻击，另部千余兵力向袁家坂阵地攻击。守军阵地一度呈现动摇，军长王敬久到西孤岭督战，将日军击退。稍后，日军再次增兵猛攻，西孤岭失守。

13 日，叶肇鉴于马回岭方向日军迭向第 159 师龙南山阵地猛攻，左侧背受到威胁，且各军伤亡过众，在原阵地难以支持，遂于 8 时命令第 25 军退守刘家山、流星山、何家垅（不含）、金轮峰（不含）之间阵地，第 66 军的第 160 师守备金轮峰、炭山岩之线阵地，余作为机动部队控制在钱家坂附近。第 91 师的 1 个旅置于柏树垅、黄塘铺，归第 29 军团指挥。此时日军在守军连续阻击、反击下，伤亡惨重，其步兵第101联队长饭塚国五郎大佐被击毙，师团长伊东政喜中将也被炮弹炸伤，部队由第101旅团长佐藤正三郎指挥，已无力组织进攻。冈村宁次被迫下令停止进攻，双方转入对峙。日军休整至10月5日以后再以主力与瑞武公路日军第106师团会合，向德安左侧背迂回。薛岳乃令第9集团军调整部署，缩小正面，退据郑家埠、象山、青石桥、骆驼山、永丰桥之线阵地，抽出第66军至宝山西南地区为机动部队，留第79师占领垅树岭、乌石岭之线阵地，掩护调整部署。10月6日至11日，日军多次向第79师阵地进攻，均未得逞。11日夜，第79师撤至七宝山集结。这时，守军主力已在新阵地占领完毕。

（三）南浔路正面的战斗

日军第106师团被阻止于沙河铺附近以后进行休整补充，与守军形成对峙，双方仅有零星战斗。

当日军攻占瑞昌、第9师团由瑞昌向西南推进时，第106师团为配合第9师团作战，又开始发起进攻。

8月27日零时起，日军第106师团在航空兵及炮兵支援、掩护下，分别向守军第70军、第64军及第4军（第8军于13日后调整理，第4军接防）正面之雪里坡、长岭、十里山阵地发动攻击，但均被守军顽强击退。28日，日军再次向守军阵地进攻，战斗甚为激烈，不少阵地多次反复争夺。至9月2日，左翼第30集团军第72军陈家垅阵地被第9师团占领，第4军左侧背深受威胁，而当面第106师团亦有一部沿公路渗透至马回岭附近。因而薛岳下令留一部兵力逐次抵抗，主力主动撤出战斗，转移至德安以北乌石门东西之线占领阵地，继续迟滞日军。其撤退的部署是：(1) 第64军位于德安南九仙岭，第70军位于德安西王家山，为机动部队；(2) 第159师防守牛郎寨、龙南山之线阵地；(3) 第4军附第30集团军的一部先击破陈家山、大洼山东岭之敌，向小溪岭、纪家山、白云山、那山之线转进；(4) 第74军在黄老门附近击攘陈家山方面之敌，使第29军团的转移安全，然后撤至德安以北既设阵地防守。

9月3日晚，各部队均转移到预定阵地。4日，日军第106师团占领了马回岭。

4日，军事委员会从情报中得知日军在马回岭赶筑工事，判断日军不是对德安方向采取守势，就是待援军到后再转取攻势，于是电令第1兵团在南浔路正面加强袭击兵力，不断予敌军以打击，俾策应瑞昌以西及隘口以东守军作战，并使日军不致抽用兵力攻击守军。

李汉魂即遵军事委员会意图，组成3个支队，自9月6日至17日，分别向大塘角、马回岭、西岭等地日军不断攻击，消灭部分日军，但守军也有损失。军事委员会又指示：此种袭扰部队不必攻坚，应乘虚袭敌侧背，以达杀伤、侦察、扰乱之目的。此后，南浔路正面第106师团仅以火力向守军阵地轰击，9月下旬以来只有局部战斗，又形成对峙。

（四）瑞武公路方面的战斗

日军第27师团在瑞昌集结完毕后，冈村宁次为策应其第9师团的作战及夺取箬溪、武宁，以割断修水北岸上下游守军之联系，令第27师团由第九战区第1、第2兵团结合部向箬溪方向进攻。9月16日拂晓，第27师团在第3飞行团支援下，从瑞昌西南的公坑附近沿瑞（昌）武（宁）公路两侧地区向新13师、第18军的大岭山及黄丝洞山阵地进攻。激战至9时许，大岭山阵地被突破，守军退守长岭、牛角泉阵地。日军继续猛攻，相持至夜，第18军因伤亡较重，退守白石岩、茶园岭、斗笠山一线阵地。

18日，日军在攻占石马山警戒阵地后继续向白石岩、斗笠山主阵地攻击。当日，第18军等奉令改归第31集团军总司令汤恩伯指挥。18日起，第18军（附第110师及第141师）实施运动防御，逐次抵抗，逐次后撤。23日晚，退至白水街、麒麟峰、昆仑山、梅山、覆盆山、望月岩及马鞍山之线防守。

由于第18军的坚强抗击，日军第27师团进展缓慢，苦战8个日夜，伤亡甚大，而仅仅推进20公里。为加强其进攻力量，冈村宁次将第101师团留在九江的第102旅团（步兵第103联队，骑兵1个小队，野炮兵2个中队）配属给第27师团。24日，第九战区将新到的第16师配属给第18军，令第110师归还第13军建制，将第11师后调修水整补。此时瑞昌陷落。军事委员会根据当日决定的《保卫武汉作战计划》，电令薛岳亲自指挥第30集团军、第18军、第8军、第139师、第141师、第142师、第91师及预备第6师等阻击沿瑞武公路两侧进攻的日军。薛岳为阻遏日军的攻势，采取了攻势防御，除令第18军坚守正面阵地、令第30集团军的新13、新14师坚守沿瑞武路各要点外，又令第91师、第142师、第60师及预备第6师从德安方面分别经白水街、昆仑山，在瑞武路东侧向日军侧后方的长冈坪、马塞山及小坳地区进攻，并令第141师及第16师在瑞武路西侧向小坳地区进攻。

25 日以后，日军第 27 师团向守军的麒麟峰、覆盆山、马鞍山主阵地猛攻。守军奋勇阻击及反击，麒麟峰、覆盆山等处阵地的争夺战异常激烈，失而复得者数次。日军伤亡惨重。仅 25 日夜麒麟峰一地，日军即遗尸 300 余具，其汪田大尉等 4 人被俘。激战至 28 日，日军仍被阻于主阵地一线，陷于困境。

奉命配属第 27 师团的第 101 师团的第 102 旅团于 25 日从九江出发，28 日晚到达白水街以北地区，加入第 27 师团左翼，向白水街、麒麟峰、昆仑山阵地进攻。与此同时，受命反击的第 91 师及第 142 师也已进至日军后方的长冈坪和马塞山附近，向该地日军发起进攻。

29 日、30 日，日军集中全力向第 8 军阵地进攻，虽然攻占了覆盆山，但仍然无法突破守军防线。而其新投入战斗的第 102 旅团却遭到第 60 师的有力反击，伤亡很大，第 103 联队长谷川幸造大佐也被击毙。

日军第 27 师团在进攻受阻而后方又遭守军反击部队攻击的情况下，于 10 月 1 日改变主攻方向，以一部兵力与第 8 军保持接触，而以主力右旋，进攻大桥河，企图从右翼向守军左翼侧背迂回，当日占领了大桥河。此时，受命反击的第 142 师亦攻占了马塞山附近的李家山。

由于第 8 军在覆盆山一带与日军血战，此时第 1 兵团将有力的部队转用于瑞武路方面，所以南浔路与瑞武路之间守军的兵力薄弱，出现空隙。这一情况被日军从空中侦察得悉。冈村宁次遂命停止于马回岭地区的第 106 师团向西推进，企图由此空隙渗入，策应第 27 师团之作战，切断南浔路与瑞武路守军间的联系，为攻取德安创造有利条件。10 月 2 日，第 106 师团已进至万家岭地区。为集中兵力围歼深入至万家岭山区的日军，并防止其第 27 师团迂回至第 8 军阵地之后，薛岳令担任反击的第 142 师等部队向东转移，同时令第 8 军退守棺材山、张林公一带组织防御，继续抗击日军。

日军第 27 师团于 10 月 5 日占领箬溪，尔后即派步兵第 3 联队及 1 个山炮大队为先遣队，沿公路向龙港、星潭铺前进，主力则在箬溪、大桥河地区休整，并做进攻咸宁的准备。

（五）万家岭大捷

日军第 106 师团因伤亡过大，被阻于南浔路马回岭地区后进行休整，补充了 2700 余名新兵。冈村宁次为了加强该师团的战斗力，将“华中派遣军”从杭州地区调来，将第 11 军的第 22 师团的山炮兵第 52 联队配属给第 106 师团。当日军第27师团在瑞武路受阻、进展极为困难之际，冈村宁次令第106师团向南浔路、瑞武路之间的万家岭山区进攻，以策应第27师团的作战。

第九战区第1兵团防守南浔路的部队在阻遏了日军第106师团的进攻后，因南浔路正面沉寂，亦抓紧时机休整补充，并减少第一线防守部队，增加第二线控制部队，以利于以后的作战。

9月25日，第106师团留置其第111旅团一部于南浔路，主力由马回岭向万家岭方向进发，防守这一地区的为第1兵团的第4军等部。27日，日军先头部队进至闵家铺附近。28日，向竹桂坊、面前山一带推进时，第90师加以阻击，歼其一部。

军事委员会认为日第106师团乘虚突进，威胁甚大，令第1兵团集中兵力将其歼灭。薛岳为将突入的第106师团围歼于万家岭地区，决心从德星路、南浔路、瑞武路3个方面抽调第66军、第74军、第187师、第139师的1个旅、第91师、新编第13师、新编第15师的1个旅、第142师、第60师、预备第6师、第19师与第4军共同包围击歼之。

9月30日，第106师团先头部队已进至万家岭、肉身观一带，向第4军阵地发动猛攻。守军依托既设阵地坚强抗击。当日下午，第74军第58师的1个团增援到达，投入战斗，至当晚，将突进至阵地前沿的数百名日兵消灭。

10月1日至3日间，第4军附第58师向已占领万家岭、哔叽街一带的日军连续攻击；日军后方部队逐次到达，实施反击，并以飞机狂轰乱炸。双方死伤均重。迄4日，双方在小金山、万家岭、张古山、箭炉苏一带反复争夺。日军第106师团主力全部进至万家岭地区时，薛岳从三方面抽调的部队也已从四方向万家岭地区靠拢，基本上形成了包围态势。由于瑞武路方面日军第27师团已占领罗盘山，当天正向箬溪东进中，薛岳令瑞武路方面转来的李汉魂所率部队向柘林以北地区转移，阻击从罗盘山东进的第27师团，不使其与第106师团会合。5日，李汉魂作部署，令第91师、新编第13师及预备第6师为第一线阻击部队，防守右起杨家，亘城门山、洼山、蒋家坳、排楼下、螺墩，左至河浒之线阵地；令第142师(欠第725团)及第60师为预备队，控置于彭岗、上卢地区；令第725团防守箬溪以东之路马岭、龙腹渡一线警戒阵地，并掩护左侧背；令第187及第19师各1个旅及第139师1个团等为第二线防守部队，在墨赤山、乌龟山、田家、柘林之线构筑预备阵地。

10月5、6两日，日军第106师团在其海军第2联合航空队和陆军第3飞行团轮番、连续轰炸的掩护下，集中全力向长岭、背溪街、张古山、狮子岩等处阵地猛攻，但在守军第74军等部顽强抗击和不断反击下，日军仅攻占了张家山和长岭北端高地，其他均被击退。薛岳认为歼灭当面日军的时机已经成熟，因此在6日13时决心围歼突入万家岭之敌。其部署为：令吴奇伟指挥第66军、第4军、第74军向右堡山、万家岭、箭炉苏、长岭、雷鸣鼓刘一带之敌包围攻击，以李汉魂率所部固守现阵地，拒止敌人，并于7日14时起向敌佯攻，相机向左侧背转移攻势；第18军副军长陈沛指挥第60师、预备第6师及第142师的第725团竭力迟滞永武路之敌，掩护左侧背；炮兵1营又1连在棋田以北地区占领阵地，以主要火力压制敌炮兵，以一部协同友军向万家岭、田步苏攻击。攻击开始时间及详细部署由吴奇伟规定。吴奇伟于6日15时下达命令，主要内容为：(1) 各军展开于金娥殿、公母岭、小金山、张古山之线，于明日12时前完成进攻准备，16时开始总攻；(2) 第66军应置重点于右翼，向石堡山攻击，奏效后向左旋回，以哔叽街、箭炉苏、大金山为到达线，与第4军及第74军协力将万家岭、田步苏之敌包围歼灭；(3) 第4军应派兵一部向石头岭一带游击，并掩护第66军之右侧，军主力应确保现阵地；(4) 第74军向西北攻击，左与第139师第715团联系，防敌向南突进。

吴奇伟部署的态势是：第66军从北，第74军从南，第90师从东，第91师从西，四面围攻万家岭地区的日军。

10月7日，第66军以第195师及第160师的一部展开于金娥殿、公母岭之线，17时才完成攻击准备，即向石堡山攻击前进。第74军因连续遭日机侦察、轰炸，到21时，该军第51师始就攻击位置，开始攻击。日军自占领长岭北端及张古山最高点后，兵力陆续增加到2000余人，凭险顽抗。第51师经数度猛攻，始将长岭完全克复，并包围了张古山。

8日，第66军进占石堡山、老虎尖，以一部与第4军协力攻占狮子岩西北高地。第51师于拂晓前攻占张古山最高点。天明后，日军千余人在飞机支援下反扑，该地再陷敌手。第142师(欠1个团)于11时从城门山出击，攻占桶汉傅、周家之线。

为解第106师团之围，日军第27师团派出配属给它的第101师团的第102旅团从箬溪沿永(修)武(宁)公路及其北侧向柘林以北地区推进。第142师第725团在跑马岭、龙腹渡阻击，将日军阻于该阵地以西。

9日，战斗虽极激烈，但第66军和第4军的进攻并无进展，仅新编第13师一部攻占了青山堂、白杨堆。第142师担任游击任务的一部兵力袭击了日军在石马坑刘的炮兵阵地，颇有斩获。日军曾向第74军及第187师阵地攻击，均被击退。

当日15时，薛岳命令各攻击部队均选拔勇壮士兵200至500人组成奋勇队，担任先头突击。18时人员准备完毕，开始准备炮火。19时分别向箭炉苏、万家岭、田步苏、雷鸣鼓刘、杨家山北端两无名高地发起突击。各攻击部队主力紧随奋勇队之后发起进攻，冒着密集的火力，前赴后继，奋勇冲杀。经一夜血战，第106师团在万家岭附近的防御体系全被打破，许多工事被摧毁，工事内外及山坡上到处都是日军的尸体和伤兵。激战至10日晨，第66军收复了万家岭、田步苏。残敌千余人向北溃逃，遭到北面石堡山守军的截击，大部又逃向西边的雷鸣鼓刘，约300余人在溃逃中被歼灭。第4军收复了大金山西南高地和箭炉苏以东高地。第74军于拂晓前收复了张古山。天明后，日军集中千余人反击张古山，以500人攻长岭。13时左右，张古山、长岭间隘路被日军突入约200米。激战1小时，增援部队到达后方将其击退。拂晓前后，第91师和第142师还分别收复了杨家山东北无名村及杨家山北端高地。天明后，日军在航空兵直接支援下，从东、北两个方向发起反击，激战至暮，双方均无进展。

日军第27师团增援万家岭的第102旅团被阻于跑马岭、龙腹渡以西地区后，冈村宁次又令战车第5大队增援万家岭，归第102旅团长佐枝义重指挥。该旅团在冈材宁次严令下，于10日拂晓突破第725团的阵地，向预备第6师螺墩阵地进攻。当日下午，为肃清雷鸣鼓刘、石马坑刘及桶汉傅周围日军，薛岳令第66军攻占箭炉苏，再向长岭攻击，令第91师及第142师向哔叽街攻击，令第74军向长岭及张古山北端攻击，并命炮兵于18时向上述目标射击。各部队于19时开始攻击，要求不顾牺牲，必须完成任务。当日夜，第66军收复了箭炉苏。日军退据山顶顽抗。第142师亦于当夜24时收复了哔叽街。

11日，日军第106师团残部缩小了防御地域，退至雷鸣鼓刘、石马坑刘、桶汉傅、松树熊等不到5平方公里的地区内固守待援。此时日军与外界的陆上联系早已断绝，粮食、弹药全赖空投。仅11日当天，日海军第2联合航空队就出动了飞机24架次为其空投粮食。日军第106师团虽已遭到歼灭性打击、死伤惨重，但由于缩小了防御正面，又有飞机空投弹药，所以相对而言，其防御阵地前的火力并未减弱。

日"华中派遣军"鉴于第106师团被围多日，有被全歼的危险，而第11军又难以迅速增加救援兵力，于是于 11 日调驻屯苏州地区的第 17 师团的步兵团长(该师团为三联队制)铃木春松少将率其第 54 联队的第 1、第 3 大队，第 53 联队的第 3 大队及野炮兵第 23 联队增援第 106 师团。此前增援的第 102 旅团及战车第 5 大队于 11 日中午突进至杨家山附近。薛岳急令第 142 师开赴上卢增援，阻止其东进。

12 日，第 66 军、第 74 军等攻击部队继续向困守的日军进攻，但均未奏效，而东进增援的日军第 102 旅团则集中全力向守军阻击阵地进攻。薛岳遂变更部署，令第 4 军退守永丰桥、狮子岩之线，第 66 军退守乌龟山、柘林之线，第 19 师的第 51 旅占领修水南岸的沙田港、荡家铺之线，第 74 军、第 187 师(欠 1 个旅)、第 415 旅、新编第 13 师、第 60 师、预备第 6 师、第 142 师仍固守狮子岩、城门山、猪头山、河浒之线，并继续向被围日军实施重点进攻。

10 月 13 日以后，日军增援的第 17 师团之步兵团已到达武开路，与第 102 旅团会合，并肩向第 18 军副军长陈沛指挥的第 60 师、预备第 6 师等阻击部队阵地猛攻。为阻止其东进，守军又增调第 142 师、第 91 师及第 187 师投入战斗，进行反复、激烈的争夺。薛岳因进攻已无进展，而阻击部队及进攻部队的伤亡均极惨重，且第 66 军及第 4 军已转移至新的阵地，遂下令撤出战斗，全军退守永丰桥、郭背山、柘林之线。

万家岭战斗中，日军第 106 师团被歼 3000 余人，这是赣北地区主要作战中歼敌最多的一役。第 106 师团在连遭两次歼灭性打击之后已失去进攻能力，即在南浔路北段地区担任守备任务，进行休整补充，原定与第 101 师团进攻南昌的任务被迫取消。

万家岭战后，正当薛岳兵团重新部署之际，被阻于隘口以东的日军第 101 师团不断向德安以北隘口一带实施小规模的攻击，企图牵制薛岳兵团的行动。武汉撤守以后，薛岳兵团主力向修水以南转移，日军乘虚向德安发动进攻。当时担任德安城及附近地区防守的是第 32 军的第 139 师(附第 141 师的第 723 团)。10 月 27 日，日步兵、炮兵、航空兵协同，猛攻德安城北的义峰山。第 139 师第 716 团团长柴敬忠阵亡。阵地失守，日军攻入城内。第 723 团团长王启明率所部坚守城内东南城区，与日军进行巷战，逐屋争夺，寸土必争，并组织反击，一度将突入城内的日军击退，坚持战斗 3 昼夜方奉令撤出。此事颇为当时舆论所称颂。冯玉祥曾作诗赞之。

在整个赣北地区的作战中，第 1 兵团较好地完成第九战区所赋予的阻止日军向南扩展的任务，不仅打破了日军攻占武昌的企图，而且给日军第 11 军的第 106、第 101 师团以歼灭性打击，为武汉会战争取了时间。

五、大别山北麓的作战

（一）战前情况及双方的作战指导

大别山位于鄂豫皖的边境，其北麓的霍山、金寨、商城一线以南全为险峻的山区，以北则逐渐变为丘陵地带。自六安经固始、潢川、罗山至信阳的公路就处于这一丘陵地带之中。早在武汉会战刚刚开始的 6 月下旬，第五战区司令长官李宗仁就判断：日军“由平汉线进犯公算较少”，“必……溯江西犯”，主张“充分采用内线作战原则，迅速集中绝对优势兵力，先于太湖、宿松、英山、广济间狭隘地区，将溯江西进之敌聚而歼之，然后转移兵力，各个击破”，反对“处处设防，逐次使用兵力”。[22]所以第五战区兵力部署的重点在于沿江的右翼。经过黄梅、广济战斗之后，至日军第 2 军即将开始向大别山北麓进攻的 8 月 25 日，第五战区代理司令长官白崇禧仍然判断日军的主攻方向为沿长江两岸西进，大别山北麓为日军的次要方向。他在致蒋介石的密电中说：“敌军在桃溪镇、舒城等处增兵约万余人，并有小部分向六（安）、霍（山）西逼，抢修合六公路，召集伪维持会，研究进攻六、霍道路。宿（松）、黄（梅）敌之步兵、骑兵、战车、汽车不断由南向太湖运动。以此种种，表面上似系对我左翼有所企图，然敌进窥武汉，以沿长江两岸为最捷径，不但两岸兵力之转用容易，且利用优越之海空军，协同陆军沿江突进易收战果。故职截至今日止，对敌情判断仍然同前，即敌主力侧重南岸，遮断粤汉路，战略上利益较大。至北岸主力仍在黄（梅）广（济）方面，南北容易策应，黄广公路可用大兵，六安、商城迂回过远，霍山则地险粮缺，六霍方面不过支作战而已。”[23]与此判断相适应，第五战区左翼兵团（第 3 兵团）当时防守大别山北麓的部署是：霍山方面为第 77 军，六安方面为第 51 军，商城、固始方面为第 71 军，信阳方面为刚从南阳、驻马店到达的第 27 军团（第 59 军、骑兵旅）；第 2 集团军（第 30 军、第 42 军）控置于麻城、商城间。

日军第 2 军在 8 月 22 日接到“华中派遣军”的作战命令，令其以主力沿大别山北麓攻占信阳。再沿平汉路南下进攻武汉，以一部横越大别山策应军主力及第11军的作战。东久迩宫当即按照命令制订出第2军的行动方案:以第10师团、第3师团击溃当面六安、叶集、黎集一带的中国军队,沿六信公路经固始、潢川、罗山攻占信阳,切断平汉铁路,尔后沿平汉路及其以西的应山、安陆、云梦、汉川向汉口西南的长江北岸迂回,配合第6、第13、第16师团攻占武汉;第13、第16师团从六安、叶集攻占商城、新县地区,尔后转南经沙窝、小界岭及其两侧地区横越大别山,从黄土岗、麻城、宋埠进出至黄陂地区,协同第11军的第6师团攻占汉口。

此时日军第2军集结于合肥的部队仅有第10和第13两个师团,第3和第16师团尚未到达。按照'华中派遣军"规定的日期,于8月27日开始行动。

(二)六商公路及固潢公路方面的战斗

8月27日,日军第2军集结于合肥地区的2个师团按照计划分北、南两路开始西进。第10师团从合肥以西的官亭、江夏店地区出发,向六安进攻;第13师团从合肥以南的山南馆、双河地区出发,向霍山进攻。

第10师团击退三十里铺第57军的警戒部队后,于当晚从东、南、北三个方向包围了六安城。28日晨,日军开始进攻。守军第114师的第683团、第684团奋力抗击,并进行了激烈的巷战,终因死伤过多,被迫于当晚撤至淠河西岸。六安被日军占领。

第13师团在青山铺击退第7军的警戒部队后进至霍山以东圣人山、大河厂附近。28日,日军向该两地守军第37师的阵地进攻,激战终日,毫无进展。

29日,第10师团在六安以南的苏家埠、韩摆渡附近徒涉淠河,击退河岸警戒部队,向独山镇第113师阵地进攻。第13师团继续向圣人山、大河厂第37师阵地进攻。由于守军顽强抗击,日军进展缓慢。日军驻合肥的第1飞行团出动了51架飞机支援其地面部队作战,连续轰炸霍山城及圣人山等地的守军阵地。荻洲立兵还将第13师团各联队的山炮中队和配属的山炮兵第19联队集中使用。第37师阵地全被摧毁,人员伤亡极众,终于在当晚被突破阵地,霍山亦告失守。

这时第3兵团总司令孙连仲不在前线,由副总司令于学忠代理。由于情况突然严峻,为了阻遏日军的攻势,于学忠于29日调整部署:(1)第51军主力在独山镇、石婆店、白塔畈、八里滩、开顺街之线占领阵地,一部于杨柳店占领前进阵地,拒止敌人。(2)第71军以主力守备石门口、富金山、叶家集、下板桥、何家祠堂之线，一部守备固始。(3) 两军作战地境为开顺街、大固店之线，线上属第51 军。

8 月 30 日，第 10 师团攻陷独山镇及杨柳店，守军第 51 军在石婆店、大固店继续抵抗。同日，孙连仲总司令到达商城，于 9 月 1 日下达以下命令：(1) 第 77 军占领黑石渡至齐头山之侧面阵地。(2) 第 51 军占领自齐头(不含)至开顺街之侧面阵地。(3) 第 71 军以 1 个师占领富金山、下板桥之线，其余集结于武庙集、段家集以北地区，并与第 59 军联络；但守备固始的 1 个师待第 59 军到达后归还建制。(4) 第59 军迅速派 1 师进守固始，分一部进占南大桥，其余集结潢川附近。(5) 第 2 集团军以一部进驻商城；其余在小界岭、麻城间集结，为兵团预备队。

各军受令后，分别具体部署如次：

——第 77 军以第 132 师在黑石渡、齐头山之线占领主阵地，以一小部在两河口附近沿河警戒，并派队至淠河右岸游击。以第 37 师为预备队，位于流波畽附近。

——第 51 军以第 113 师占领麻埠、沙家湾之线主阵地；第 114 师占领沙家湾(不含)、八里滩之线主阵地，并在开顺街占领前进阵地。

——第 71 军以第 36 师、第 88 师占领富金山及 800 高地主阵地，派出警戒部队于史河东岸之叶家集、黎家集；第 61 师仍防守固始，俟第 59 军接防后至武庙集东北地区集结；第 87 师集结于武庙集。

9 月 1 日，日军第 10 师团先头部队骑兵、步兵各 1 个联队沿六安至叶家集公路的北侧西进，当日攻占了乌龙庙。第 13 师团则由霍山转向北进，协同其第 10 师团作战，攻占了白塔畈、熊店。2 日，第 10 师团攻占黎家集，第 13 师团攻占开顺街及叶集，与守军隔史河对峙。为加强第 13 师团的进攻力量，东久迩宫又给它配属了轻装甲车、炮兵和独立重机关枪各 1 个大队，并令刚刚到达合肥的第 16 师团按照预定方案加入战斗。

9 月 3 日，日军第 10 师团从黎集沿公路向固始进攻，当日攻占石佛寺。第 13 师团在炮兵、装甲车和航空兵的支援下，在八里滩附近强渡史河，攻占了第 71 军的警戒阵地新集子和石门口后，继续向富金山第 71 军主阵地进攻。4 日，日军第 10 师团从石佛寺沿公路攻击前进，强渡史河，激战后占领了第 61 师的警戒阵地南大桥。第 13 师团则集中力量猛攻富金山左翼阵地。守军以第 36 师的第 108 旅固守阵地，而以第 106 旅从阵地左侧、第 262 旅从阵地右侧实施反击。反复激战至暮,日军未能前进一步。双方伤亡均众。为支援第 71 军作战,于学忠抽调第 114 师向日军第 13 师团后方出击,一度攻占八里滩。

战斗至 6 日晚,日军第 10 师团突破固始东郊守军阵地。此时接防的第 27 军团先头部队已到达固始以西小河桥附近。由于没有联系,第 61 师放弃固始西撤。日军于当夜占领固始城。孙连仲为加强富金山的防御力量,令第 114 师于当夜接防石门口阵地,原守该地的第 88 师 1 个团归还建制。日军第 13 师团猛攻数日,仍被阻于富金山阵地之前。东久迩宫见其久攻不下且伤亡惨重,遂令第 10 师团派一部兵力向南进攻富金山西方的武庙集,企图切断富金山守军与后方商城的联络线,以支援第 13 师团。筱塚义男派第 33 旅团长濑谷启率 1 个步兵联队于 7 日从固始南下,被第 71 军派赴日军侧翼进行侦察、搜索的第 88 师第 523 团第 1 营营长梁筠发现。第 88 师遂在日军必经的坳口塘隘路设伏待敌,一举袭歼数百人。濑谷启退回固始。当日,日军第 10 师团一部占领了乌龙集(淮滨),第 27 军团主力已到达潢川地区,第 61 师撤至武庙集,第 2 集团军的第 30 军增援到达固始西南的樟柏岭、方家集附近。

9 月 8 日,潢川方面第 27 军团小河桥、蜇子集警戒阵地分别受到固始和乌龙集日军第 10 师团的攻击,守军退守独木桥和胡簇铺。富金山方面第 36 师阵地和第 114 师石门阵地,全日受到日军第 13 师团主力的猛攻,但均被击退。第 27 军团长张自忠为争取主动,决心对固始方面日军第 10 师团主力采取守势,而对乌龙集方面采取攻势,企图将该地第 10 师团的一部先歼灭。当即部署第 59 军的第 38 师(欠留守信阳的 1 个团)附骑兵第 2 旅在潢川以东三角店南北之线占领阵地,对固始方面防御;第 59 军的第 180 师(欠留守信阳的 1 个团)附山炮营,除以一部守备潢川城外,主力向乌龙集方向进攻。9 日,潢川方面第 27 军团的第 180 师与由蜇子集前进的日军遭遇,在陈营子附近激战至暮,双方均无进展;第 38 师胡簇铺前进阵地被突破,固始日军继续向第 38 师三角店主阵地和第 30 师樟柏岭阵地进攻。富金山方面,日军一部从第 36 师与第 114 师阵地的接合部突入;第 114 师以 1 个团实施反冲击,将其击退,但该团团长李超林壮烈牺牲。此时日军第 16 师团已进至六安以西,第 2 军所派工兵亦已将六安至叶家集间公路修好。第 13 师团无后顾之忧,于 9 日彻夜和 10 日全天,在飞机轮番轰炸、炮兵集中射击掩护下,集中全力连续向第 71 军及第 114 师阵地猛攻。第五战区急调广济方面的第 138 师加强第 51 军。

孙连仲鉴于日军连日猛攻富金山,势难久支,决心转移攻势,击灭富金山当面之敌，于10日进行部署：(1) 第51军以2个团于11日拂晓向开顺街攻击，另以2个团由石门口向富金山腹之敌攻击。第138师以主力向独山镇、石婆店之敌攻击。(2) 第71军800高地之守军于11日拂晓向当面之敌攻击，并以有力一部由顺河店出击。(3) 第30军第31师附独立第44旅于11日拂晓经茶棚店、四里冈向叶家集攻击；第30师于11日拂晓将当面之敌肃清后，向郭滩、新集子推进；第42军第27师(欠1个团)于11日拂晓向郭滩之敌攻击。(4) 第59军以3个团于11日拂晓攻击南大桥之敌。(余略)

9月11日2时起，日军猛攻富金山及800高地。天明后，日飞机20余架、炮20余门猛轰助战。9时，日军从富金山、石门口两师接合部再次突入。16时，富金山除最高峰外，山腰主阵地全被日军攻占。陈瑞河师长率第36师残部反击敌人，予敌以极大杀伤，惟战斗员兵仅余800余人，势已难支。800高地方面战况亦极激烈，第88师伤亡近千人。第61师从富金山右翼发起反击，于6时半攻占经石桥西北端高地，营长汤汉清阵亡。军长宋希濂以第61师的第366团占领800高地至庙高寺之线阵地，掩护第36师后调整理，富金山遂告失守。第114师石门口守军伤亡亦重，以一部于4时出击，进至王营附近被阻止。第118师的一部于3时从八里滩出击，占领了磨岐山。第2集团军之出击无大进展，第27军团三角店阵地被突破，日军突进至春和铺。

此时，白崇禧命令左翼兵团缩短战线，确保商城、方家集之线。孙连仲即遵令部署如次：(1) 第77军、第51军(附第138师)仍维持原态势，但第51军左翼应延伸至大湾、九个湾，与第71军联系。(2) 第71军占领庙高寺、花烟山亘龙湾之线。右自皂靴河右前方高地经大佛山至羊山为第二线。(3) 第30军以1个团占领武庙集以东高地，与龙湾之第88师联系，其余占领棋盘山、近水寺、樟柏岭、夏店子之线；第42军占领赵家棚、和风桥、张家湾、陈家湾之线。(4) 第27军团以1个师守备潢川城，1个师配置于潢川附近机动侧击敌人。

各部队遵命于12日占领新阵地。此时日军第16师团已从合肥进至叶集以西投入战斗，与第13师团及第10师团协同，继续向潢川及商城进攻。同日，第27军团留守信阳的2个团交第45军接防后归还建制。

9月13日，军团长张自忠令第180师附骑兵第13旅为城防军，以1个旅守潢川城，主力在城外机动；第38师附骑兵第2旅为野战军，位于潢川东南地区机动袭敌，军团部位于五里棚。日军第16师团在第13师团之北沿叶商公路进攻段家集第31师的右侧背。孙连仲遂令第30军退守方家集、赵家棚之线；第42

军守赵家棚(不含)、高围子之线，并破坏阵地前桥梁，阻塞公路。

9月14日，日军第16师团在17辆坦克支持下攻陷方家集，续攻峡口，激战竟日，双方伤亡均重。

9月15日，第30军第31师从二道河向峡口下正面之敌侧击，未能奏效。中午，峡口两侧高地俱告陷落，第30军伤亡逾3000人，形势危急。日军第13师团一部向上石桥第27师前进阵地攻击，被守军击退。日军第10师团主力沿固潢公路越白露河向毕桥进攻，第180师主力进行阻击，战况激烈。此时孙连仲接白崇禧电话指示："第17军团于20日集中信阳、罗山一带，第27军团及第2集团军为掩护集中，须确保潢川、商城，迟滞敌人。"后又指示："为避免决战，商城不必固守，应竭力牵制敌人，策应潢川之防御。"孙连仲遂以一部兵力在和风桥东西之线占领阵地，掩护主力向打船店、沙窝之线撤退，总司令部移驻白果树。

9月16日，日军第13、第16两师团以装甲车中队为先导，在第1飞行团直接支援下，并列多路向商城进攻。第16师团一部迂回至商城以北十里铺，与守军第30军发生激战。而孙连仲根据战区指示，令第30军撤离商城，向小界岭转移，商城遂为日军占领。

9月17日，第五战区下达命令调整部署：(1) 第2集团军应扼守小界岭东西之线阵地，拒止敌人；(2) 第51军附第138师转归廖磊总司令指挥，第77军调麻城，归战区直辖，遗防由第138师接替；(3) 第17军团(军团长胡宗南辖第1军、第16军、第45军)归第3兵团孙总司令指挥。

孙连仲当即部署其第2集团军的第30、第42军及第71军在两路口、小界岭、沙窝、白雀园一带占领阵地，依托有利地形，坚决阻遏日军横越大别山进攻武汉。

日军第2军命令第16师团从沙窝、小界岭，第13师团从大河埂、金家塝横越大别山，前出至武汉东北的麻城地区。第16师团于9月18日进至沙窝附近，第13师团于19日进至打船店附近，与守军第30军、第71军和第42军进行了激烈的攻防战。守军利用大别山的险峻地形，构筑了重叠多层、大纵深的防御工事，又不断组织反击，同时还经常出击敌后、攻击据点、破坏交通，实施伏击。日军的2个师团多次组织步兵、炮兵、坦克兵及航空兵联合进攻，但都未能突破守军的防线，而且遭到极大的伤亡。

经过前一阶段的战斗后，虽给予日军以沉重打击，但第2集团军及第71军等各部队伤亡亦大，每师兵力实际上已不足2个团，用以分守大别山各隘口阻敌深入，实感兵力不足。因而，9 月底军事委员会令第 26 集团军(第 10 军)调至麻城地区增援。10 月 6 日，日军第 13 师团从商麻公路以东向第 2 集团军第 30 军右翼迂回，在打船店东南山地与第 30 军激战。10 月 10 日，第 10 军的 2 个师分别向第 30 军的两翼增援，与当面日军第 13 师团激战。第 71 军在沙窝地区亦与当面日军第 16 师团激战。

10 月 12 日信阳失守，日军切断了平汉路。军事委员会即准备放弃武汉，14 日开始调整部署。21 日，广州又告失守，战局发生变化，军事委员会加速了撤退的行动。第 2 集团军的第 30、第 42 军按照第五战区的命令，经黄安、花园、安陆向枣阳撤退。第 71 军经宣化店向随县撤退。日军于 22 日接到第 3 飞行团的空中侦察报告，知大别山小界岭地区的中国军队正在撤退，第 13、第 16 师团遂于 23 日越过小界岭一线向武汉前进。直至中国军队放弃武汉后的 26 日方先后进至麻城。日军第 2 军以 2 个师团横越大别山、迂回武汉的战役企图，为第 2 集团军的坚强阻击所粉碎。在武汉会战中，这支日军没有起到预期的作用。

（三）潢信公路方面的战斗

9 月 16 日，当日军第 16、第 13 师团攻占商城时，进攻潢川的第 10 师团正在潢川外围的毕桥、邓店子和十里棚等地与第 27 军团的第 38、第 180 师及骑兵第 2、第 13 旅激战中。当日 19 时，第 27 军团部在五里棚被日军包围。张自忠率特务营突围至黄围子，决定令第 180 师确保潢川，第 38 师抽 1 个团防守光山；师主力在潢川、光山间机动，策应各方；军团部及骑兵旅等移驻光山。17 日，日军第 10 师团以主力分 3 路围攻潢川城，南路日军迂回城西南切断潢光公路。18 日攻击愈益猛烈，北城、南城相继被炮摧毁，日军突入城内，巷战至暮，北城守军伤亡殆尽。第 180 师残部奉命退向经扶，潢川为日军占领。与此同时，日军一部由潢川城北西进，一部乘汽艇百余只溯淮河向息县故城前进，会攻罗山。

当日军占领固始、开始向潢川进攻时，第五战区急调原在襄樊整补的第 22 集团军的第 45 军至罗山，归第 17 军团长胡宗南指挥，防守潢信公路及其两侧地区，阻止日军西进攻击信阳。此时第 45 军已到达罗山地区。当时胡宗南的部署是：以第 45 军防守罗山地区，第 16 军防守信阳以东地区，第 1 军位于信阳及其附近地区。第 45 军的部署是：第 125 师防守罗山以东约 15 公里的竹竿河一带，第 124 师及军部在罗山、信阳之间的栏杆铺附近。

9 月 18 日潢川失守。当天日军第 10 师团一部与守军第 125 师接触。胡宗南令第45军全部向罗山推进，另令第16军的第28师进至五里店构筑工事，掩护军团主力集中。

9月19日光山失守，第27军团退入经扶一带的孟家山。当夜，第125师退守罗山城东小里墩及以北子路河西岸，第124师以一部守罗山城，大部占领城东七里井一带阵地。20日，日军进攻七里井，袭占小罗山高地。息县故址处日军渡淮河南进，威胁守军侧背。第45军遂放弃罗山城。日军进占二里桥、小罗山之线。胡宗南令第28师进占罗山城西八里棚，支援第45军阻敌西进。该师遵令于21日晨占领八里棚南北之线。

25日，第1师的第1团与第124师协力攻克小罗山。此后，第1军主力及第167师相继加入战斗，与第45军相协力，纵深配备，逐次抵抗。迄9月底，第17军团仍在浉河畔与日军激战。

日军第10师团攻战罗山后，其部队伤亡已很大。以其第8旅团的第39联队为例：该联队从合肥出发时有2800余人，由于连续作战，中间虽曾进行补充，但这时仅剩800余人，因此当遇到第17军团的有力抗击时，该师团已无力突破守军阵地。东久迩宫为迅速攻占信阳，以便向武汉进攻，于9月29日调整部署：将已到达潢川的第3师团投入第一线战斗，担任主攻。为了加强其进攻能力，将第10师团的第8旅团及战车第7联队配属给它；同时将位于合肥的第1飞行团转场至潢川的野战机场，以加强空中支援；开通了六安至潢川的公路和蚌埠至潢川的航运，以提高军需补给量及补充速度，并重新制订了作战计划。其主要内容为：(1) 以第3师团主力为右路，从罗山以北沿淮河南岸西进，经高店、洋河，攻占平汉路上的彭家湾车站附近地区；另以骑兵第3联队，在师团主力北侧向明港以南的三官庙车站进攻，阻止郑州、许昌方向的中国军队沿平汉路南进增援，然后从北方进攻信阳。(2) 以第8旅团率步兵第40联队及战车、炮兵部队为中路，沿罗山至信阳的公路，从东方正面进攻信阳。(3) 以第10师团主力为左路，从罗山以南的蟒张、子路，向西南的青山、涩港进攻，占领平汉路上的柳林车站，阻止武汉方面的中国军队北上增援，尔后从南方进攻信阳。(4) 开始进攻的时间为9月30日。

由于罗山失守，信阳形势严峻，第五战区为加强信阳地区的防守和便于指挥，于10月4日将胡宗南的第17军团改编为豫南兵团，仍归第五战区指挥。下辖第1军、第16军、第45军及第43军。此时日军第10师团及第8旅团已开始行动。第五战区为牵制日军，令第27军团以一部进占光山，大部向潢罗公路前进，向西威胁日军右侧背，同时将第132师配属之，以加强其战斗力；另命第15军团的第13师进出至宣化店，向北威胁日军左侧背。

军事委员会考虑到信阳地区战略位置重要，恐胡宗南的兵力不足以阻止日军，为防止日军从平汉路迂回武汉，决定加强这方面的兵力。10月5日下令将罗卓英第19集团军编为第5(豫南)兵团，辖第17军团(第16军、第1军、第43军、第45军)、第15军团(第13师)、第3集团军(第12军)、第39军、第48军，负责平汉路及信阳方面的作战。其遗留的武汉卫戍总司令职务由郭忏继任。

3路日军按照计划于9月30日至10月4日间先后开始行动。至10月5日，第3师团击溃罗山以西守军第125师及第167师一部，渡过浉河，占领了顺河集、罗湾、王家湾；第8旅团击破第78师一部，占领了栏杆铺；第10师团攻占了涩港、青山店。

10月6日，第167师1个团袭击北路日军，收复罗湾、顺河店，击歼日军一部；但因兵力不足，日军反击后退守高店。日军跟踪追击，攻占高店。第五战区急令第17军团竭力迟滞日军的西进，并令第13师从宣化店向青山店前进，与第17军团夹击青山店、涩港日军。同日10时，第5兵团总司令罗卓英到达李家寨时适值日军炮击柳林车站，北上受阻。除第39军军长率大部已通过柳林外，其余均被阻于柳林以南。罗卓英乃令被阻的第20师一部及第56师第66旅、第34师之一部在李家寨以北地区占领阵地，向柳林搜索警戒。入夜，日军攻陷柳林车站，罗卓英总司令部移驻鸡公山。

10月7日，第13师于15时击退日军第10师团一部，收复青山店。第17军团的第124师及第167师在邢家凹方面处境危急，胡宗南命第1师在中山铺以东公路两侧占领阵地，掩护第124师及第167师撤退。罗卓英令第13师与第39军次日晨夹攻柳林日军；第五战区则令第17军团以主力向罗山、青山店间攻击，令第81师进出至九里关，令第31军进出至宣化店以北地区，攻击日军侧背。

10月8日，日军第10师团以一部兵力留置朱堂集、新集、柳林，掩护其侧背，主力沿平汉路向信阳前进；日军第8旅团及第3师团继续向信阳和长土台关进攻。战斗至11日，第13师收复了涩港、朱堂集。但日军第10师团主力已击退第78师，进至东双河以北地区；第8旅团已突破第1师中山铺及东郊阵地，迫近信阳；第3师团亦突破第125师防线，攻占了长台关。信阳已陷于日军三面包围之中。此时，胡宗南令第78师1个团防守信阳城，第17军团主力已撤至信阳以西地区集结。

图 5－2－5　武汉会战·大别山北麓作战经过要图
（1938 年 9 月 1 日—10 月 19 日）

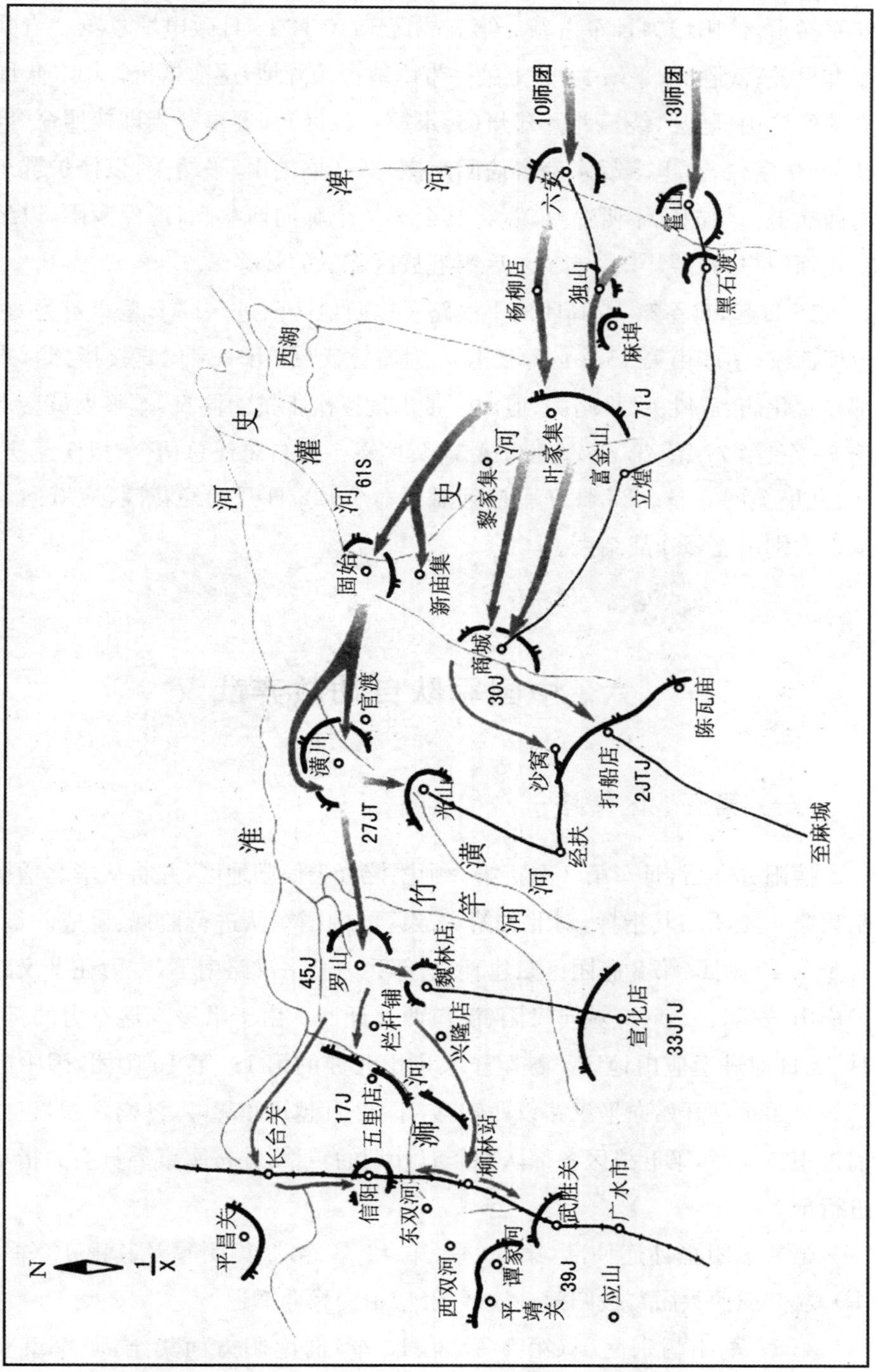

10月12日，日军第8旅团集中坦克及炮兵火力猛攻信阳城。激战至中午，守军撤出，信阳城为日军占领。第五战区于10月13日致电罗卓英："贵兵团应于九里关、武胜关、平靖关、黄土关一带山地占领阵地，逐次抵抗。第3集团军应立即经应山、随县，绕道北开郑州（转隶第一战区）。"罗卓英当即按照命令部署。此前，李宗仁曾"电令胡宗南自信阳南撤，据守桐柏山、平靖关，以掩护鄂东大军向西撤退。然胡氏不听命令，竟将其全军7个师向西移动，退保南阳，以致平汉路正面门户洞开"，[24]影响了尔后第五战区部队的转移。

15日起，日军第10师团沿平汉路及以西地区南进。17日罗卓英另有任务，返回武汉，遗职由第15军团军团长万耀煌暂代（旋由李宗仁直接指挥），指挥所部在宣化店、武胜关、平靖关、应山一带山地逐次抵抗。同日，军事委员会下令以第59军、第77军、第68军编为第33集团军。张自忠任总司令，担任经扶、宣化店、九里关的守备。23日守军接到撤退命令，25日开始经花园、应城向皂市撤退。大别山北麓作战结束。

六、中国军队自动放弃武汉

（一）第五战区转移

信阳失守后，日军第2军将第3师团控置于信阳地区，并将从华北增援来的骑兵第4旅团归其指挥，对北方第一战区的中国军队进行监视、警戒。10月17日令第10师团（第8旅团已归建）以一部兵力沿平汉路南下，主力在平汉路以西经应山、安陆、云梦、应城向汉阳、汉口西北迂回。由于沿途未遇有力的抵抗，10月23日即进至应山地区。被阻于大别山北麓的第13、第16师团，因中国守军第2集团军已开始向平汉路以西转移，于22日越过小界岭、沙窝之线，正向麻城前进中。此后，第五战区各部队即作有计划的转移，并按军事委员会的指示重新进行部署：

第2集团军孙连仲部（第30军、第42军、第3集团军及其第12军、第71军）改称"豫西兵团"，拨归第一战区，经应山向豫西撤退。

第17军团胡宗南部（第1军、第16军）向南阳方面集结，归军事委员会直辖。

第 21 集团军廖磊部(第 7 军)留商麻公路以东之大别山区游击;第 26 集团军徐源泉部(辖第 10 军)留商麻公路以西之大别山游击,与苏皖边区游击的第 24 集团军韩德勤部(辖第 57、第 89 军)及第 5 集团军于学忠部改称为"苏皖鄂边区兵团",由廖磊任总司令。第 11 集团军(曾改为"豫南兵团",恢复原番号)李品仙部(辖第 31 军、第 84 军、第 39 军)向洛阳店及马坪集结。第 3 集团军张自忠部(辖第 59 军、第 77 军、第 68 军)向坪坝集结。第 22 集团军孙震部(辖第 41 军、第 45 军及新增调未使用的第 36 军)任金口以西长江南岸的守备。

第五战区长官部奉命转移到随县。第 26 军萧之楚部退入铁路以西,再移钟祥。第 55 军曹福林部转移枣阳,归战区直辖。第 29 集团军王缵绪部(辖第 44 军、第 67 军)于黄陂失守后,经三汉港、云梦、应城向潜江转移。第 87 军刘膺古部经黄陂时遭日军截击,转孝感、应城、星市,向沔阳转移。

第五战区各部队遵照命令开始行动。由于平汉路方面南下日军已占领了应山、安陆等地,最后转移的部队如第 71 军等在花园附近受阻,不得不改变路线,寻找空隙突围。第 26 集团军总司令徐源泉却违抗命令,不肯留在大别山区,竟擅自率部向西撤退。后被撤职,受军法审判。

(二)长江沿岸及第九战区的战况

沿长江北岸西进的日军第 11 军第 6 师团因伤亡太大,在广济休整,本来准备 10 月 25 日补充 3000 名新兵后再行前进,但由于第 2 军发觉第五战区的部队已有撤退征候,而沿江进攻的波田支队又进展迅速,于是命令第 6 师团不等补充,于 10 月 17 日开始进攻。沿途未受有力抵抗,于 21 日占领浠水,尔后第 36 旅团的步兵第 23 联队全部乘车,与 1 个山炮联队、1 个野炮大队、1 个工兵中队和装甲车、坦克各 1 个中队组成机械化追击部队,在黄陂以东击退一小部第 3 集团军的撤退部队,后于 24 日晚占领了黄陂。

原在田家镇的日军第 116 师团的第 119 旅团于 10 月 17 日在第 6 师团左侧向西进攻,21 日攻占了长江北岸的兰溪,24 日乘船超越黄州,进至距武汉仅 35 公里的阳逻(今阳罗)附近。

沿长江南岸西进的波田支队在海军支援下击退第 93 军,于 21 日、22 日先后占领了大冶、鄂城,24 日进至距武昌仅 30 公里的葛店附近。

在波田支队南侧的第 9 师团突破第 53 军的防线,于 17 日占领三溪口,在继续西进时在黄龙山一带遭到第 11 军团和第 32 军团的坚强抗击,遂向北迂回至第32军团的北翼，于黄家大屋附近突破了第32军团的防线，24日进至贺胜桥以东地区。

第9师团南侧的第27师团从星潭铺向北迂回，与第9师团并列西进，于24日进至咸宁东北地区。

在万家岭被歼近半的第106师团退至九江以南，与第101师共同担任守备任务，进行整补。

总之，至10月24日，日军已逼近武汉，对武汉形成了东、北、南三面包围的态势。

（三）放弃武汉

由于中国军队已开始全面退却，第21军已攻占了广州，10月24日，日军“华中派遣军”司令官畑俊六于九江前方指挥所下达了进攻武汉市的作战命令：派遣军所属进攻武汉的部队应迅速、果断地进行攻击，以占领武汉三镇。

根据武汉外围战斗的形势及日军于10月12日在广东大亚湾登陆发动进攻广州的情况，中国军事委员会于10月16日已决定放弃武汉，并电告李宗仁及陈诚，对第五战区和第九战区的部队作了新的部署。为了各部队有计划撤退，将罗卓英从江北第五战区调回，使其负责指挥武汉外围的作战，掩护各部撤退。24日蒋介石正式下令放弃武汉，当晚离武昌飞往衡阳。

10月25日，日军第6师团的第23联队等，于当晚占领了汉口北郊的戴家山阵地；波田支队突破第55师的阵地，占领了葛店。当日夜，武汉中国守军各部均已按计划撤离市区。26日日军第23联队占领了汉口，波田支队占领了武昌。27日，配属波田支队的第15师团的第60联队占领了汉阳，第9师团攻占了贺胜桥，第27师团占领了桃林镇，并切断了粤汉铁路。但此时武汉守军已撤至湘北及鄂西地区。至此，中国军队保卫武汉的作战宣告结束。

（四）岳阳失陷

日军占领武汉后，为扩大其占领区及保障武汉的安全，日本大本营于10月26日给“华中派遣军”下达命令，要求其将占领地区保持在信阳、安陆、岳州（岳阳）一线之内。“华中派遣军”遂于27日决定：令第2军负责肃清安陆、应城以东地区的中国军队，令第11军进行追击，攻占岳州。日军第2军的第10师团于10月28日占领了安陆、花园等地。其第11军于10月29日拟订了分3路进攻岳

图 5-2-6　武汉会战·中国军队撤离武汉前后战斗经过要图

（1938 年 10 月中旬—11 月上旬）

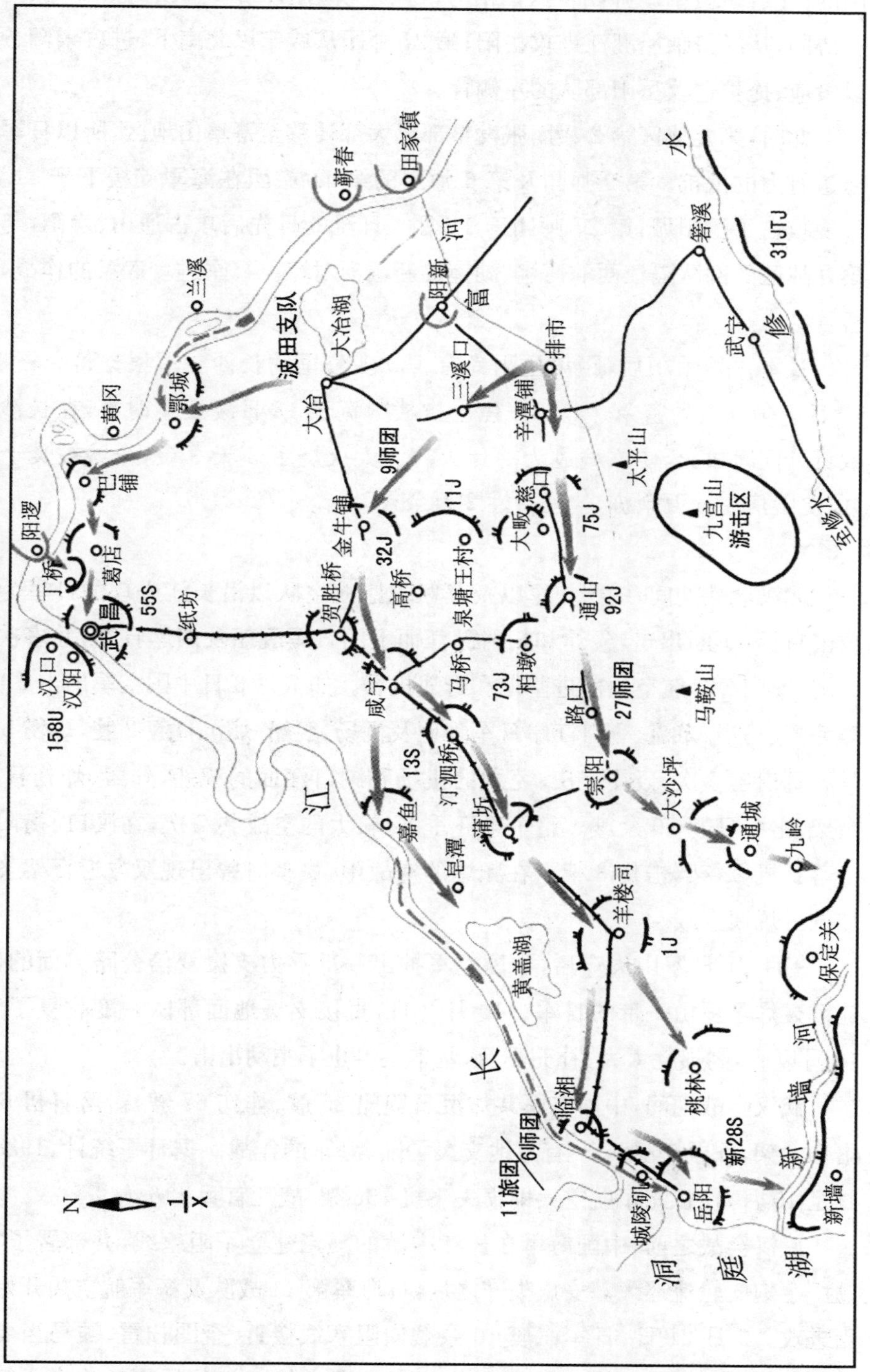

阳的作战计划:第9师团从武昌沿粤汉路进攻岳阳;第6师团的第11旅团与海军协同,从汉口乘船溯江进攻岳阳;第27师团从咸宁以北南下,进攻崇阳、通城,以策应、掩护进攻岳阳部队的左侧背。

此时,第九战区第2兵团张发奎部已大部转移至幕阜山地区,所以日军沿途未遭有力的抵抗。第9师团及第6师团的第11旅团在海军支援下于11月11日晚攻占了岳阳城;第27师团于11月4日至6日先后攻占通山、崇阳,与中国第九战区的部队隔江西的修水、湖南的新墙河对峙。日军进攻武汉的作战,至此暂告结束。

日军占领岳阳后,距离岳阳尚有130多公里的长沙驻军根据蒋介石11月12日上午9时的密令,为实行"焦土抗战",竟于13日凌晨2时半,在长沙城内数百处同时放火,使该城成为一片火海。大火烧了3天3夜,全城被焚十分之九,烧毁房屋5万余栋,烧死百姓2万余人。

武汉会战期间,中国空军以及苏联志愿航空队以沿长江进攻的日军为主要攻击目标,不断出击,轰炸和扫射溯江而上的日军舰船及两岸日军,并多次袭击芜湖、安庆等日航空兵前进基地和野战机场。如7月3日中国空军出击5次,轰炸芜湖、马当、东流、香口江岸日军阵地及机场、舰船,炸沉日舰2艘,炸伤5艘;7月8日出击5次,轰炸安庆、芜湖的机场和湖口江面的舰船,炸毁、炸伤日机20余架,击中日舰10余艘。整个第3季度,较大的空战共7次,在汉口、衡阳上空击落日机22架,击伤3架。在频繁的空战中,最多时曾出现双方近百架飞机参加的大规模空战。

9月21日罗山失守后,中国空军抽出一部兵力支援罗信公路方面的作战,连续轰炸了罗山一带的日军。10月2日,直接支援地面部队一度收复了光山。10月以后,因损耗太大、补充不及,基本上停止了主动出击。

武汉会战期间,中国空军共炸沉日舰船23艘,炸伤67艘,击落日机62架,击伤9架,炸毁16架,[25]有力地支援了陆、海军的作战。据日军统计,1938年5月至10月,仅日海军航空兵即损失飞机136架,战死官兵116人。[26]

武汉会战之前,中国海军在长江中游的马当建立了阻塞线,并部署了"宁"、"胜"字炮艇轮流巡弋。安庆失守之后,日海军第11战队及海军航空兵开始向马当进攻。6月21日,日军汽艇10余艘向阻塞线接近,企图扫雷,被马当要塞击沉3艘,其余逃回。6月24日,日机9架向巡弋的"咸宁"号炮艇攻击。艇上官兵英勇奋战，先后击落日机 2 架，但炮艇因伤重沉没，艇上官兵伤亡三分之二。为阻止日军进入鄱阳湖向南昌方向迂回，第 1 舰队的“义宁”、“长宁”、“崇宁”号炮艇 3 艘及武装汽轮多艘负责湖防，并在湖口、姑塘等处布设水雷。6 月 25 日，“义宁”号在湖口巡弋时遭到 9 架日机的轮流轰炸，中弹 30 余发。在此前后，“长宁”、“崇宁”亦遭日机轰炸，受伤甚重。由于缺乏空军掩护，这 3 艘炮艇不久先后在武穴、田家镇附近被日机炸沉。

7 月间日军开始向九江进攻时，中国海军总部派出鱼雷快艇袭击日舰。14 日，“文 93”号以鱼雷击伤日炮舰 1 艘，自身亦被击伤。与此同时，在吴城附近警戒的“海宁”号炮艇被日机炸沉，艇上官兵大部牺牲，少数生还者组成布雷队。

九江及湖口防线失守后，武汉防务趋于严峻。中国海军以田家镇作为保卫武汉的江防前卫防线。为加强纵深防守，在葛店组成后防线，派“中山”号等 8 艘船舰负责军事委员会的运输，并协同要塞设防。田家镇配置 105 毫米舰炮 8 门，以宅山、象山为阵地；葛店配置 75 毫米至 120 毫米舰炮 10 门，以黄家矶、白浒山为阵地。同时将九江至汉口的航道标志全部破除。划田家镇、半壁山间，蕲春、岚头矶间，黄石港、石灰窑间，黄冈、鄂城间为 4 个主要雷区，共布雷1500余枚。还组建了漂雷队，沿江东下，潜至日舰前方施放。在武穴附近，2 艘日舰被漂雷炸沉。海军总司令陈绍宽以“永绥”号为旗舰，驻汉口指挥防务。

8 月下旬，日军开始向田家镇防线进攻。9 月 20 日，日巡洋舰、驱逐舰各 2 艘、汽艇 11 艘及其他船只 6 艘，向田家镇要塞猛攻，被要塞守备部队击退。21 日，日汽艇 14 艘在舰队前扫雷，被炸沉 8 艘。22 日又有 4 艘被水雷炸沉。

田家镇要塞失守后，海军又在葛店江面增布水雷 1120 枚。日本扫雷汽艇被水雷炸沉 10 艘，被守备炮兵击沉 4 艘。日军遂集中航空兵，向长江内的中国海军舰艇及要塞猛烈轰炸。“中山”舰被炸沉，舰上官兵除个别幸存外全部牺牲。24 日，武汉、葛店同时放弃。陈绍宽率海军总部人员乘“永绥”舰转移至长沙。

武汉会战期间，中国海军先后击沉、击伤日军舰艇及运输船等共 50 余艘，击落日机 10 余架；中国海军的“中山”舰、“江贞”舰及 5 艘“宁”字炮艇、若干艘快艇被炸沉，“永绩”舰等多艘舰艇受重伤，将士伤亡 1000 多人。

武汉会战期间，日军悍然不顾 1925 年日内瓦协议和国际法，大量使用毒气。据日方记录，在进攻武汉过程中，日军共使用毒气 375 次，发射毒气弹 4 万发以上，[27] 充分暴露了日本军国主义的野蛮残忍。其实，日军使用毒气并非自武汉会战时始，早在1937年7月27日，日军参谋本部就在“临参命”第65号命令中命令将野战毒气部队第3、第5大队及第1野战化学实验部队派往华北战场。日本参谋总长闲院宫载仁于7月28日给“中国驻屯军”司令官香月清司下达命令，规定可“适时使用催泪性毒气”。8月31日，再增第1、第2野战毒气厂和野战毒气第13中队到华北。淞沪会战时，又将野战毒气第6中队、第7中队，可射毒气的迫击炮2个营和第2野战化学实验部队等配属给“上海派遣军”。会战初期，日航空兵曾对海宁、江阴要塞投过毒气弹；后期在进攻罗店、浏河、嘉定时也使用过毒气。

1938年4月，闲院宫载仁根据日军毒气部队在中国使用的总结，又下达了可使用喷嚏性毒气的命令。徐州会战时，配属了3个野战毒气大队，多次使用毒气。并在会战结束后，写出《毒瓦斯之使用战例》，作为实施毒气战的指导文件。至武汉会战时，日军不仅大量使用毒气，而且又增加使用更毒的窒息性毒气。此后，日军侵华部队中的毒气部队逐渐增加。至1942年已有8个联队，每联队1500人。毒气的使用，给中国军民带来了深重的灾难，有10万中国军民在日军毒气的侵袭下伤亡。历史将永远记着日本军国主义的这一暴行。

七、会战简析

武汉会战历时4个半月，以中国军队主动撤出武汉而告结束。就战役而言，日军占领了武汉三镇，并控制了中国的腹心地区，取得了胜利。但就战略而言，则日本并未能实现其战略企图。日本大本营认为“只要攻占汉口、广州，就能支配中国”，于是日本御前会议决定发动武汉会战，迅速攻占武汉，以迫使中国政府屈服。为此还规定“集中国家力量，以在本年内达到战争目的”、“结束对中国的战争”。但是，中国政府既未因武汉、广州的失守而屈服，日本的侵华战争也未因日军占领武汉、广州而结束。中国政府在武汉失守后声明说：“一时之进退变化，绝不能动摇我国抗战之决心”，“任何城市之得失，绝不能影响于抗战之全局”；表示将“更哀戚、更坚忍、更踏实、更刻苦、更猛勇奋进”，戮力于全面、持久的抗战。[28]而在日军已经占领的后方，大批的抗日人民武装成长起来，大片的国土又被收复。至武汉会战结束的1938年10月，仅八路军和新四军共作战1600余次，歼灭日军5.4万人，创建了晋察冀、晋绥、晋冀豫、晋西南、冀鲁边、冀鲁豫、山东、苏南、皖南、皖中、豫东等十余块抗日根据地。用日军自己的话说，日军占领的“所谓治安恢复地区，实际上仅限于主要交通线两侧数公里地区之内”。[29] 因而可以这样说：武汉会战，不仅使日军又遭到一次战略性的失败，而且成为日本由战略进攻走向战略保守的转折点。这主要表现在以下两个方面。

（一）“速战速决”的战略方针被彻底粉碎

由于中国军队的坚强抗击，日本动用了当时能够集结的最大兵力（用于进攻的编制人员约25万人，会战期间曾补充四五次人员，投入的总兵力当在30万人左右），发挥了陆、海、空装备上的绝对优势，苦战4个半月，不但没有歼灭中国军队的主力部队，没有使中国军队的抗战意志和战斗力有所减退，反而使日军的有生力量遭到了严重的打击。据日军发表的统计资料，第11军伤亡21 886人，第2军伤亡9600人，连同海军及陆海航空兵的伤亡人数，总计约3.55万人。国民政府军事委员会军令部根据各部队战斗详报统计的日军伤亡人数为25.6万人。很显然，日本发表的数字偏低，而军令部发表的数字则偏高。在日军战史资料、著作和日军被俘人员的交代中，日军各师团伤亡之人数并不相同，有的在半数以上，如第6、第106师团等；有的则较少，如第3、第16师团等。平均当在30%至40%之间，伤亡总数约10万人左右。武汉会战以后，本来就感兵力不足的日军，随着战线的延长，兵力益发感到不足，无力再组织像淞沪、徐州和武汉会战这样大规模的、以攻城略地为目标的战略进攻，而被迫转为战略保守。这就使中国的抗战由战略防御阶段发展为战略相持阶段，日本侵略军则陷入了它自身所最不愿意进行的持久战的泥淖之中，无法自拔，从而导致日本侵华政策的转变：由军事打击为主、政治诱降为辅，改为以政治诱降为主、军事打击为辅；由以主要兵力进行正面战场的作战，改为转移兵力进行敌后战场的“治安”作战。

（二）日本国力因损耗过巨而开始下降并“急剧表面化”

日本是一个岛国，战略物资缺乏，主要依赖输入，而当时日本的经济实力并不很强。据日军战史记载，“七七”事变时日本“储备的黄金，包括发行纸币的准备金，全部只不过十三亿五千万日元”；“而对日来说，对战争规模起着制约作用的，实际上还是它的黄金储备量。它意味着日本的正币储备量从最初就限定了这场战争(按:指侵华战争)的"。日本发动了战争,却又千方百计地"谋求早期解决",为了维持侵华战争,"昭和十二年(1937年)从海外输入的军需物资总额达到九亿六千万日元"。到翌年的6月,为了进行武汉会战,"连学校教练用的步枪都被收回",用于装备扩建的军队。更由于兵员的不断增加,国内劳力、粮食、能源均感不足。武汉会战结束后的1939年,日本军费的支出已达61.56亿日元,已远远超出了日本国家的储备量,从而使"日本国力穷困急剧表面化",已经失去了充分保障军队军事物资供应的能力,从而"加重了中央统帅部首脑的痛苦和压力",以致其参谋总长和陆相自称:"外强中干是我国今日的写照,时间一长就维持不住了"。[30]大致在武汉会战之后,日军的编制、装备和部队战斗力,总的来看比会战前有所下降。这也是日本不得不改变其政略和军事战略,企图"以华制华"、'以战养战"的重要原因。

武汉会战中中国广大官兵总体上是英勇顽强的,曾大量杀伤日军,并给日军2个师团以歼灭性打击。但由于最高决策者及有些高级将领作战指导上欠妥,以致在消耗敌人的同时过多地消耗了自己(阵亡将士人数,军事委员会统计为254 628人,日本《日军对华作战纪要丛书》第2册《初期陆军作战》(二)第303页,记述武汉会战江北日军第2军战死约2 300人,负伤7 300人,中国军队阵亡约53 000人,被俘约2 300人;江南日军第11军战死约4 506人,内有军官172人,负伤17 380人,内有军官536人,中国军队阵亡约143 493人,被俘约9 581人),主要原因是战役上单纯地进行阵地防御,与日军拼消耗。

在装备技术条件远远劣于敌人的情况下,就不宜以阵地战作为主要手段。中国幅员广大,日军可以回避我们的阵地设施,而日军的惯用战法就是迂回包围,所以更不能以阵地战作为主要手段。应以运动战为主,以阵地战、游击战为辅,三种战法密切配合运用。为了保卫武汉,正如毛泽东所说:"在战役作战上起其辅助作用的局部的阵地战,是可能和必要的。为着节节抵抗以求消耗敌人和争取余裕时间之目的,而采取半阵地性的所谓'运动性防御',更是属于运动战的必要部分。"[31]早在武汉会战开始前的两个月间,毛泽东在向国民党提出的战略计划中,就曾建议"为保卫武胜关及武汉而战",应"用正面之阵地战,配合两翼之运动战。两翼运动战必须确定至少二十万左右兵力,长期位于平汉以东……非万不得已,不退豫鄂西,方能配合正面及西面诸军,有力地保卫武胜关及武汉,即使武汉不守,亦使敌处于我之包围中。"最后还特别强调:"总的方针,在敌深入进攻条件下，必须部署足够力量于外线，方能配合内线主力作战，增加敌人困难，减少自己困难，造成有利于持久战之军事政治形势。”[32]

军事委员会及一些高级将领虽然对中共的建议有所认识，接受了部分内容，并将有的内容写进了作战计划之中，但到实际作战时，主要的仍然是只重视正面的阵地防御战，而忽略了两翼的运动战。在日军主力沿长江进攻武汉时，位于日军侧背的第三战区却按兵不动，既未向日军的后方及翼侧进行有力的攻击，也未对日军的后方联络线采取任何有效的袭扰和牵制行动。

即使从阵地防御的角度来看，在作战指导上也有不足与失误：兵力分散，以连绵不断的一线式阵地进行防御战斗，而且逐次使用兵力，缺乏有力的战略预备兵团；会战过程中，经常处于被动地位，处处追随在敌人行动之后，不少措施类似“挖肉补疮”；在指挥体系上，受人事关系影响过大，许多兵力调配不是以作战需要为依据，而是按派系及资历任官，职务与所属兵力不适应，造成“屋下架屋，床上叠床”的弊病；命令、报告的转达，自军事委员会至基本战略单位的师，要经过战区、兵团、集团军、军团、军 5 个层次才能到达，难免贻误战机。

当时任第九战区司令长官的陈诚，在其《私人回忆资料》中所写《武汉会战之教训》比较符合实际。他认为：“(1) 指导计划固应按各时期情况适宜变更，但如变更频繁，有使作战军不能追随之苦。此次会战中之最高指导即有此弊。(2) 指导计划须顾虑部队现状及实力，尤其在持久战之基本原则上，其始终目的何在，似应预先计及，否则处处追随敌人，对作战试探性之处置，必难贯彻始终。例如此次武汉撤退时机，原来决定在 8 月底，后改为 9 月 18 日，又改为 9 月底、双十节。直至 10 月 20 日，领袖尚在武汉。于是转战数月之残破部队不能不在金牛、保安线上竭力苦撑，以致以后转移未能按照计划实施，陷于溃退。(3) 无训练部队绝对不能作战。如此次王陵基部见敌即溃，致影响全局战斗之处，实不胜举。(4) 对装备优良之敌，以诱至山地决战有利。因一到山地，则敌之优点即难发挥，结果与我相等，而我再以旺盛的精神临之，必易成功。如万家岭之役是也。”[33]

陈诚去台湾后，在《陈诚回忆录》之《武汉会战的经验与教训》一节中说：“武汉会战从持久消耗战略上看，仍不能不说是成功的；但在战术战斗方面，缺点的地方还是很多，而且失败的情形，属于偶发的过失少，属于覆辙重蹈者多”。一是“中间指挥单位过多”。“武汉会战时，中间指挥单位不但没有减少，反倒更加多了……真是极叠床架屋之能事，欲其不误事机，又如何可能”。二是“备多力分”，“陷于被动”。我们的抗战“本质是以弱敌强不得已的被动战争，所以在战略上我们不能不取守势，然为争取主动，又不得不在战术上取攻势。这一辩证式的原则本极正确，可是轮到实行，就往往无所措手”。我们采取的是“多为之备的守势，其结果就是……备多力分”，以致“无往而不陷于被动”。“我们偶然也能捕捉到良好的战机，争取主动，造成几次局部的胜利，但这只是偶然的例外罢了”。三是无法“三军联合作战”。“因为我们没有海军，长江非但不是我们的‘天堑’，反而资为敌用，牵制了我们大量的江防部队，结果还是防不胜防，可笑之至。而沿江重镇，在敌海军炮火协同轰击之下，尤感不易守御”。又因空军“兵力悬殊，制空权始终操在敌人手里，所以在阵地上作战的士兵，终日在敌机威胁之下作战……士气也因此大受影响。因此我们得到一个教训，就是：三军联合作战是现代战争的一个特质，没有强大的海、空军配合的陆军，纵然精锐，也终归无济于事”。四是军队素质优劣影响战争胜负甚巨。“优势兵力，不能专就量言，质的关系尤为重要”。“武汉会战，光是九战区指挥的部队，最多时有70多个师；而敌人使用部队，据先后发现之番号计算，总计不过7个师团。其所以能以少击众，除装备关系外，就是因为素质优越”。“精兵主义是我们国防建设必须拳拳服膺的一大原则”。五是多数高级将领“缺乏协同精神”，“最大原因，就是自私”。“总之，自私害了我们的部队、社会、公私团体以至整个国家。抗战胜利后，在全面戡乱军事中，我们竟被共产党打垮，缺乏协同精神仍然是一个致命伤”。[34]这较其《私人回忆资料》中所指出之教训，在认识上更上一层楼。

另外，武汉会战时任国民政府苏联总顾问的亚·伊·切列潘诺夫（亦译契列帕诺夫）在其回忆录中也有关于武汉会战的看法，可作为参考。他说：

“武汉保卫战在我到达中国以前就开始了，自从7月21日日本占领九江后，武汉的战局形势就紧急，当时我们军事总顾问德纳特芬（后调回国，由切列潘诺夫接替）就向军事委员会统帅建议要调集机动部队，分别从江南、江北不断地袭击进攻武汉的日军，来牵制日军，这就是要对进攻武汉的日军积极安排反攻，以攻为守来保卫武汉。

“从整个形势来讲，日本军队是用‘突破法’，国军是用‘阻截法’，一个是积极的进攻，一个是消极的防守，遭受日军进攻的国军自然是要拼命抵抗，积极地在防卫，但是其余未受到攻击的国军自然是没有战斗，在那里消极等待。国军利用阻截式的利用工事作阵地防御是可以的,但不应该让未受到攻击的部队停留在那里不动,而应该积极行动起来,找机会,从侧翼、从后方随时突击日军、牵制日军,使其疲于奔命,无法集中兵力攻击国军阵地。

"疲乏不堪、退往后方的日军,游击部队不应让其获得充分的休息,应该找机会加以袭击,尤其是要积极破坏铁路、公路及土路,加深日军运输上的困难;对于日军的指挥中心也要造成威胁,予以困扰。所有这些方法都是分散日军的力量,延缓日军进攻的攻势。"[35]

他所看到的"整个形势"是极为客观的;他的作战指导思想虽然并不完全符合中国的实际情况,但关于反对消极防御、主张积极的"攻势防御"的见解是完全正确的。

附表 5-2-1　日军"华中派遣军"指挥系统表(1938 年 7 月 4 日)

华中派遣军　司令畑俊六大将,参谋长河边正三中将

第2 军

第 10 师团

第 13 师团

第 16 师团

第11 军

第 6 师团

第 101 师团

第 106 师团

波田支队(台湾旅团)

派遣军直辖部队

第 3 师团(7 月 15 日后转隶第 2 军)

第 9 师团(8 月 1 日后转隶第 11 军)

第 18 师团(9 月转隶第 21 军进攻广州)

第116 师团(驻屯南京、芜湖,为派遣军预备队;9 月 29 日后,以 1 个旅团加强第 11 军)

后来的增援部队(7 月 15 日后加强给华中派遣军)

第 27 师团(7 月 15 日后加入第 11 军序列)

第15 师团(接替第 18 师团上海、杭州之守备任务,9 月间以 1 个炮兵联队加强第 11 军第 106 师团)

航空兵团(8 月 2 日后支援第 11 军)

骑兵第 4 旅团(10 月 11 日后加强给第 2 军第 3 师团)

附表 5-2-2 日军第 11 军指挥系统表(1938 年 7 月)

第11 军　司令官冈村宁次中将、参谋长吉本贞一少将、副参谋长沼田多稼藏少将

第6 师团　师团长今村胜治(前)　稻叶四郎(后)

步兵第 11 旅团(辖步兵第 13、第 47 联队)

步兵第 36 旅团(辖步兵第 23、第 45 联队)

骑、炮、工、辎重兵各 1 个联队及通信、卫生队、野战医院

第101 师团　师团长伊东政喜中将

步兵第 101 旅团(辖步兵第 101、第 149 联队)

步兵第 102 旅团(辖步兵第 103、第 157 联队)

骑、炮、工、辎重兵各 1 个联队及通信、卫生队、野战医院

第106 师团　师团长松浦淳六郎中将

步兵第 111 旅团(辖步兵第 113、第 147 联队)

步兵第 136 旅团(辖步兵第 123、第 145 联队)

骑、炮、工、辎重兵各 1 个联队及通信、卫生队、野战医院

第27 师团　师团长本间雅晴中将

第 27 步兵团(辖中国驻屯步兵第 1、第 2、第 3 联队)

第 27 师团搜索队

骑、炮、工、辎重兵各 1 个联队及通信、卫生队、野战医院

第9 师团　师团长吉住良辅中将

步兵第 6 旅团(辖步兵第 7、第 35 联队)

步兵第 18 旅团(辖步兵第 19、第 36 联队)

骑、炮、工、辎重兵各 1 个联队及通信、卫生队、野战医院

波田支队　支队长波田重一少将(即参加淞沪会战、由台湾守备旅团组编的重藤支队,淞沪会战后调回台湾,1938 年 2 月 22 日又调到中国)

野战重炮兵第 6 旅团　旅团长澄田崃四郎少将

野战重炮兵第 13 联队(每大队 15 厘米榴弹炮 24 门)

野战重炮兵第 14 联队

直属部队　野战重炮兵第 10 联队,独立山炮兵第 2 联队(7.5 厘米山炮 36 门),迫击炮第 1、第 2 大队(每大队迫击炮 36 门),独立机枪第 7 大队(有九二式重机枪 24 挺),野战高射炮 9 个队,探照灯 1 个队,独立工兵第 3、第 12 联队,渡河设备及架桥设备各 1 个中队,后备步兵 2 个大队以及通信、运输、卫生等部队

附表 5－2－3　日军第 2 军指挥系统表(1938 年 7 月)

第 2 军　司令官东久迩宫稔彦中将,参谋长町尻量基少将

第3 师团　师团长藤田进中将

步兵第 5 旅团(辖步兵第 6、第 68 联队)

步兵第 29 旅团(辖步兵第 18、第 34 联队)

骑、炮、工、辎重兵各 1 个联队及通信、卫生队、野战医院

第10 师团　师团长筱塚义男中将

步兵第 8 旅团(辖步兵第 39、第 40 联队)

步兵第 33 旅团(辖步兵第 10、第 63 联队)

骑、炮、工、辎重兵各 1 个联队及通信、卫生队、野战医院

第13 师团　师团长荻洲立兵中将

步兵第 26 旅团(辖步兵第 53、第 116 联队)

步兵第 103 旅团(辖步兵第 65、第 104 联队)

骑、炮、工、辎重兵各 1 个联队及通信、卫生队、野战医院

第16 师团　师团长藤江惠辅中将

步兵第 19 旅团(辖步兵第 9、第 20 联队)

步兵第 30 旅团(辖步兵第 33、第 38 联队)

骑、炮、工、辎重兵各 1 个联队及通信、卫生队、野战医院

野战重炮兵第 5 旅团　旅团长内山英太郎少将

野战重炮兵第 11 联队

野战重炮兵第 12 联队

直属部队　独立山炮兵第 3 联队,野战高射炮 11 个队,探照灯 2 个队,独立工兵第 1、第 8 联队,架桥设备 3 个中队,渡河设备 1 个中队,后备步兵 4 个大队,后备工兵 5 个中队以及通信、运输、卫生队等

附表 5－2－4　日本航空兵团指挥系统表(1938 年 7 月)

航空兵团　司令官德川好敏中将,参谋长寺本熊寺少将

第1 飞行团　团长寺仓正三少将(位于合肥、安庆)

飞行第 77 战队(战斗机 2 个中队,24 架)

飞行第 81 战队(轻轰炸机 2 个中队,18 架)

独立飞行第 16 中队(侦察机 9 架)

第3 飞行团　团长菅原道大少将(位于安庆、彭泽)

飞行第45战队(轻轰炸机3个中队,27架)

飞行第75战队(轻轰炸机3个中队,27架)

独立飞行第17中队(侦察机9架)

独立飞行第10中队(战斗机12架)

第4飞行团　团长藤田朋少将(位于南京、上海、杭州)

飞行第64战队(欠3中队,战斗机3个中队,24架)

飞行第60战队(重轰炸机3个中队,18架)

飞行第98战队(重轰炸机3个中队,18架)

直属部队　第1、第2、第3野战飞行侦察队

地勤部队　航空地区司令部2个,机场大队7个,机场中队2个,野战机场修建队3个,航空通信队1个,航空情报队1个,高射炮队4个,兵站汽车中队8个,地面运兵队7个,野战飞机厂2个

附表5-2-5　日本海军"中国方面舰队""溯江作战部队"指挥系统(1938年6月)

中国方面舰队　司令长官及川古志郎大将(旗舰"出云"号)

第11战队　司令官近藤英次郎少将(旗舰"安宅"号)

第1水雷队

第11水雷队

第21水雷队

第2炮舰队

第11、第12炮艇队及2个滑行艇队(主要用于扫雷)

吴港第4、第5特别陆战队

第1根据地队　司令官园田滋少将

第2联合航空队　司令官原二四三少将

第12、第13航空队

"苍龙"号派遣队

第3航空战队　司令官寺田幸吉少将

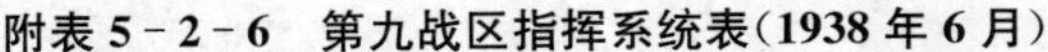

附表 5-2-6　第九战区指挥系统表(1938 年 6 月)

- 第九战区司令长官 陈　诚
  - 第 1 兵团 薛　岳
    - 第 20 集团军 商　震
      - 第 32 军商　震(兼)
        - 第 139 师李兆瑛
        - 第 141 师宋肯堂
        - 第 142 师傅立平
      - (第 32 军另配属税警旅蒋纪珂)
      - 第 18 军黄　维
        - 第 11 师彭　善
        - 第 16 师何　平
        - 第 60 师陈　沛
    - 第 9 集团军 吴奇伟
      - 第 4 军欧　震
        - 第 59 师张德能
        - 第 90 师陈荣机
      - 第 8 军李玉堂
        - 第 3 师赵锡田
        - 第 15 师汪之斌
        - 预 2 师陈明仁
        - 预 11 师蒋当翊
      - 第 29 军团 李汉魂
        - 第 64 军 李汉魂(兼)
          - 第 155 师陈公侠
          - 第 187 师孔可权
          - 预备第 9 师张言传
        - 第 70 军 李　觉
          - 第 19 师李　觉(兼)
        - 第 91 师冯占海
        - 预备第 6 师吉章简
      - 第 66 军叶　肇
        - 第 159 师谭　邃
        - 第 160 师华振中
      - 第 37 军团 王敬久
        - 第 25 军 王敬久(兼)
          - 第 52 师唐云山
          - 第 190 师梁华盛
        - 第 74 军 俞济时
          - 第 51 师王耀武
          - 第 58 师冯圣法
        - 第 29 军 陈安宝
          - 第 40 师李天霞
          - 第 79 师陈安宝(兼)
    - 第 167 师薛蔚英
    - 鄱阳湖警备司令曾戛初
  - 第 2 兵团 张发奎
    - 第 30 集团军 王陵基
      - 第 72 军王陵基(兼)
        - 新编第 13 师刘若弼
        - 新编第 14 师范南煊
      - 第 78 军张　再
        - 新编第 15 师郑国璋
        - 新编第 16 师陈良基
    - 第 3 集团军 孙桐萱(兼)
      - 第 12 军孙桐萱
        - 第 20 师张测民
        - 第 22 师时同然
        - 第 81 师展书堂

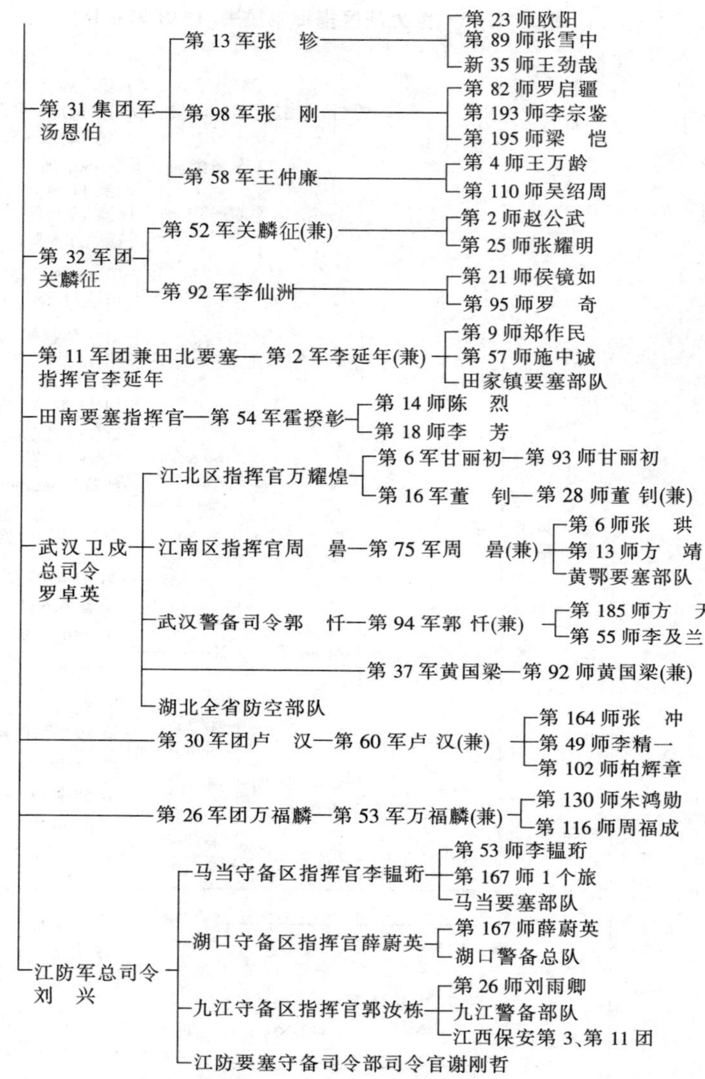

编者按：甲、作战序列中部队调进、调出，时有变更；乙、要塞守备部队谢刚哲部(系海军改编)防守黄州至鄂州沿江两岸各要塞。

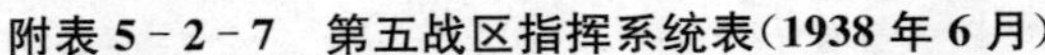

附表 5-2-7　第五战区指挥系统表(1938 年 6 月)

- 第五战区司令长官李宗仁(白崇禧代)
  - 第 3 兵团孙连仲
    - 第 2 集团军孙连仲(兼)
      - 第 30 军田家南
        - 第 30 师张金照
        - 第 31 师池峰城
      - 第 42 军冯安邦
        - 第 27 师黄樵松
        - 独立第 44 旅吴鹏举
    - 第 26 军萧之楚
      - 第 32 师王修身
      - 第 44 师陈　永
    - 第 55 军曹福林
      - 第 29 师曹福林(兼)
      - 第 29 师李汉章
    - 第 87 军刘膺古
      - 第 198 师王育瑛
  - 第 4 兵团李品仙
    - 第 29 集团军王缵绪
      - 第 44 军彭诚孚
        - 第 149 师王泽浚
        - 第 162 师张竭诚
      - 第 67 军许绍宗
        - 第 150 师廖　震
        - 第 161 师许绍宗(兼)
    - 第 11 集团军李品仙(兼)
      - 第 84 军覃联芳
        - 第 188 师刘　任
        - 第 189 师凌压西
      - 第 48 军张义纯
        - 第 173 师贺维珍
        - 第 174 师张光玮
        - 第 176 师区寿年
    - 第 28 军团刘汝明
      - 第 68 军刘汝明(兼)
        - 第 119 师李金田
        - 第 143 师李曾志
    - 第 86 军何知重
      - 第 103 师何绍周
      - 第 121 师牟庭芳
  - 第 26 集团军徐源泉
    - 第 10 军徐源泉(兼)
      - 第 41 师丁治磐
      - 第 48 师徐继武
    - 第 199 师罗树甲
  - 第 21 集团军廖　磊
    - 第 31 军韦云淞
      - 第 131 师林赐熙
      - 第 135 师苏祖馨
      - 第 138 师莫德宏
    - 第 7 军张　淦
      - 第 170 师黎行恕
      - 第 171 师漆道征
      - 第 172 师程树芬
  - 第 19 军团冯治安
    - 第 77 军冯治安(兼)
      - 第 37 师张凌云
      - 第 132 师王长海

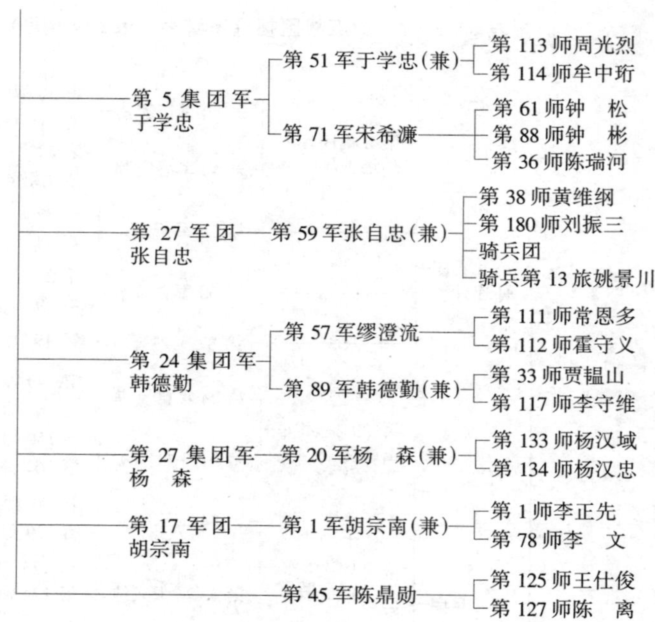

附表5-2-8　中国江防军指挥系统表(1938年6月)

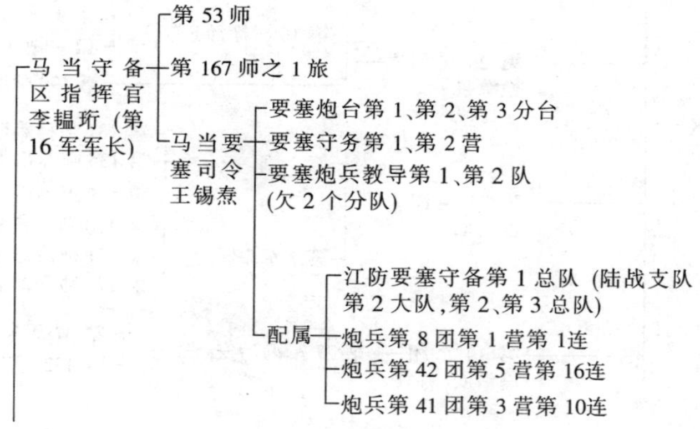

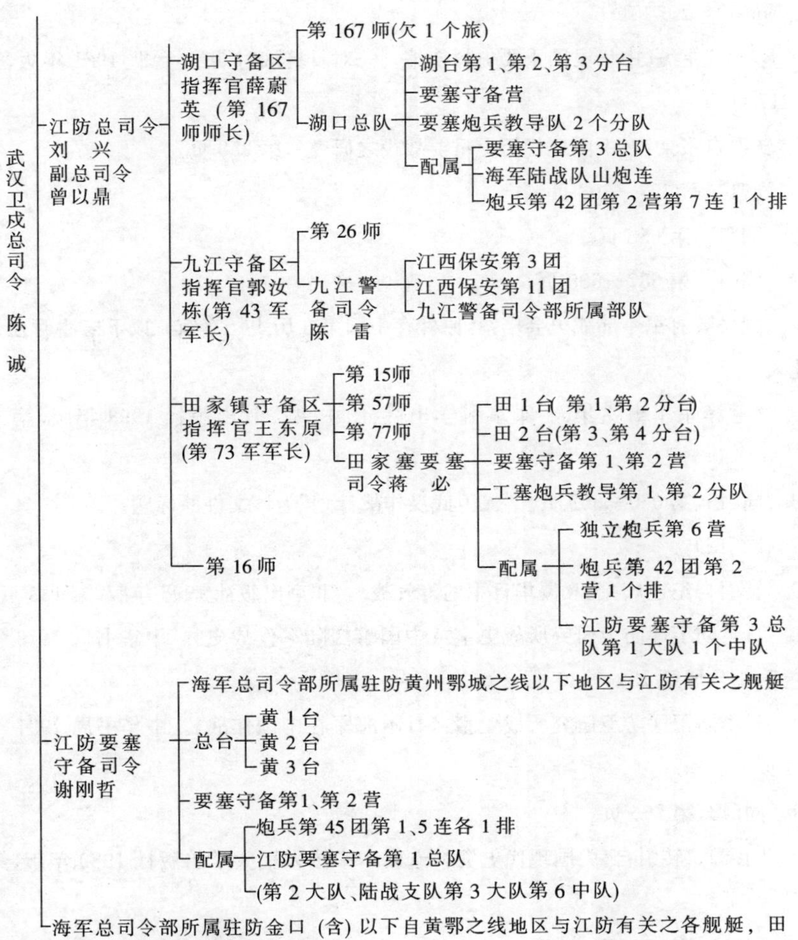

注：① 第73军，后调湖口地区守备；田家镇要塞分为南北地区，守备任务分由第54军及第2军担任。② 要塞守备第1、第2、第3总队系海军舰艇上的官兵编成。

注　释：

〔1〕 国民政府军令部战史会档案，原件存中国第二历史档案馆。载《抗日战争正面战场》，江苏古籍出版社1987年版，（上）第669页。

〔2〕 第21军原属江南第三战区序列，应第27集团军总司令杨森的请求，调江北布防。潜山、石牌战斗结束后，仍调还第三战区，所以第五战区指挥系统表（见附表5－2－7）上无第21军。

〔3〕〔4〕 同〔1〕，第672页。

〔5〕 同〔1〕,第 677 页。

〔6〕 同〔1〕,第 679 页。

〔7〕 秦孝仪主编《中华民国重要史料初编——对日抗战时期》。台北 1981 年版,第二编第 316—317 页。

〔8〕 转引自张秉钧《中国现代历史重要战役之研究》,第 258 页。

〔9〕 同〔1〕,第 697—698 页。

〔10〕 同〔1〕,第 688 页。

〔11〕 同〔1〕,第 687—688 页。

〔12〕 国民政府军令部战史会档案,原件存中国第二历史档案馆。以下未注明出处的引文均同此。

〔13〕《毛泽东军事文集》。军事科学出版社、中央文献出版社 1993 年版,第二卷第 359 页。

〔14〕 同〔1〕,第 660—662 页。"保卫武汉作战计划"为该文件原标题。

〔15〕 同〔12〕。

〔16〕 转引自纪道庆主编《侵华日军的毒气战》。北京出版社 1995 年版,第 133 页。

〔17〕 日本防卫厅防卫研究所战史室:《中国事变陆军作战史》。中华书局 1979 年中译本,第 2 卷第 1 分册第 139—140 页。

〔18〕 日本防卫厅防卫研究所战史室:《日本海军在中国作战》。中华书局 1991 年中译本,第 304 页。

〔19〕 同〔1〕,第 706 页。

〔20〕 同〔8〕。转引自《中国现代史资料选辑》,中国人民大学出版社 1989 年版,第五册第 477 页。

〔21〕 同〔1〕,第 724 页。

〔22〕 同〔1〕,第 675—676 页。

〔23〕 同〔1〕,第 705 页。

〔24〕 政协广西壮族自治区委员会文史资料研究委员会编《李宗仁回忆录》,(下)第 757 页。

〔25〕 何应钦:《日本侵华八年抗战史》,第 309 页。转引自高晓星、时平:《民国空军的航迹》,海潮出版社 1992 年版,第 301 页。

〔26〕 日本防卫厅防卫研究所战史室:《中国方面海军作战》,(二) 第 48 页。转引自《民国空军的航迹》第 301 页。

〔27〕 日本《朝日新闻》1984 年 10 月 6 日报道。

〔28〕 同〔7〕,第 354—355 页。

〔29〕 日本防卫厅防卫研究所战史室:《华北治安战》。天津人民出版社 1982 年中译本,(1)第 80 页。

〔30〕 日本防卫厅防卫研究所战史室:《中国事变陆军作战史》。中华书局 1979 年中译本,第 3 卷第 1 分册第 96—102 页。

〔31〕《毛泽东军事文集》。军事科学出版社、中央文献出版社 1993 年版,第二卷第 329 页。

〔32〕 同〔31〕,第 163—164 页。

〔33〕 原件存中国第二历史档案馆。

〔34〕 见《陈诚回忆录——抗日战争》,第 63－65 页,东方出版社 2009 年版。

〔35〕《苏俄在华军事顾问回忆录》。台北版,第 8 部《武汉战役总结》第 175—194 页。

第三节　日军突袭大亚湾与广州陷落

一、日军进攻广州的部署

广州是华南沿海最大的城市,也是华南政治、经济、军事、文化的中心。抗战爆发后,它成为中国与海外联系的重要通道之一。特别是在日军侵占了华北、华东各重要地域以后,广州更成为利用香港输入外援物资的主要枢纽。因而早在淞沪会战结束时,日本大本营就决定切断这一最大的外援路线,以便削弱国民政府继续抗战的意志,并做好了进攻作战(代号为“A 作战”)的准备和计划,预定于 1937 年 12 月 26 日在大亚湾登陆。但由于 12 月 12 日日军在南京长江上游炸沉美国炮舰“巴纳”号和击沉英国炮舰“莱的巴德”号引起纠纷,恐怕国际关系恶化,根据日海军“中国方面舰队”司令长官长谷川清的建议,于 12 月 22 日决定暂时停止对广州的作战。

日本大本营虽然暂停了对广州的进攻,但为了封锁中国的海上交通和为其海军获得作战基地,并没有停止对与英、美等国关系不大的中国港口的进攻。1938 年 5 月 10 日,日海军第 5 舰队及第 2 联合特别陆战队击退第 75 师守岛部队,攻占了厦门;5 月 20 日配合徐州会战,在连云港及其附近岛屿登陆,占领了连云港;6 月 21 日在南澳岛登陆,23 日占领了该岛及其附近的南澎湖列岛等岛屿。

1938年7月，日本参谋本部在《以秋季作战为中心的战争指导要点》中，同时制订了进攻武汉和进攻广州的战略指导，并要求“尽量缩短汉口作战和广州作战的时间间隔”；明确“广州作战的目的，在于一面切断蒋政权的主要补给线，一面使第三国，特别是英国的援蒋意图受到挫折”。在作战指导上，规定“采取急袭方式，果敢迅速地攻占广州；以后在广州附近切断粤汉线，珠江、西江，采取紧缩、持久的态势”。[1]

1938年8月10日，日、苏签订了停战协定，张鼓峰事件结束，日本解除了后顾之忧，进攻广州的问题又提上了日程。9月7日，大本营御前会议决定由陆、海军协同攻略广州，同时下令编组第21军司令部。9月19日，大本营下达了进攻广州的“大陆令”、“大海令”及陆、海军的战斗序列。

第21军的编成及指挥系统：

第21军　司令官古庄干郎中将，参谋长田中久一少将
第5师团　安藤利吉中将（由华北调来）
第18师团　久纳诚一中将（由华中调来）
第104师团　三宅雄中将（由东北调来）
第4飞行团　藤田朋少将
军直属部队有：野战重炮兵1个旅团、山炮兵2个联队、迫击炮5个大队、野战高射炮8个队、重机枪3个大队和轻装甲车3个中队

海军第5舰队的指挥系统：

第5舰队　司令长官盐泽幸一中将，参谋长田结穰少将
第9战队　重巡洋舰“妙高”号（旗舰）及轻巡洋舰“多摩”号等
第10战队　轻巡洋舰“天龙”号及“龙田”号等
第8战队　轻巡洋舰“鬼怒”号、“由良”号和“那珂”号等
第2水雷战队　轻巡洋舰“神通”号及第8、第12驱逐队
第5水雷战队　轻巡洋舰“长良”号及第16、第23驱逐队
第1航空战队　航空母舰“加贺”号（舰载机约40架），第29驱逐队
第2航空战队　航空母舰“龙骧”号（舰载机约70架），第30驱逐队
第14航空队　航空母舰“千岁”号，高雄航空队（陆基机12架）
第3驱逐队，第1炮舰队，共有飞机约40架

第 2 根据地队　第 11 扫雷队，第 4 炮舰队，港务部队等

第2 联合特别陆战队　横港、吴港、佐世保港各 1 个特别陆战队

日军第 21 军及第 5 舰队进行协商后，决定将进攻广州的作战分两个阶段进行。第一阶段从 10 月 12 日开始，以第 18 师团、第 104 师团主力及第 5 师团的第 9 旅团在大亚湾登陆，经平山（惠东）、平潭向惠州一带东江推进。第二阶段，俟第 5 师团主力到达后，突破东江防线，分路西进，向广州进攻，而以第 5 师团于 10 月 27 日在珠江口登陆，攻占虎门要塞后，由南向北配合主力进攻广州。

编入第 21 军序列的 3 个师团分别在大连、青岛、上海集结，并进行补充装备及实施登陆作战训练。为了解作战地区的地形情况，9 月 24 日派出作战参谋进行了海上侦察。10 月 2 日，第 21 军司令部进至澎湖列岛之马公岛。10 月 7 日，参加第一阶段作战的部队分乘 100 多艘运输舰船，先后到达马公岛附近海面，完成了作战准备，待命行动。

二、中国军队仓促防守

抗日战争爆发不久，军事委员会即以大本营的名义下达了建立第四战区的命令，以军政部部长何应钦兼任战区司令长官，负责闽、粤及南宁、梧州等沿海地区的防守任务，并保护海、陆军的补给线路。但由于广州地近香港，军事委员会主要决策者们认为：日军如进攻广州，将损害英国的利益，可能引起英国的干涉，由此判断日本不会贸然进攻广州，因而虽然作战计划中提到日本有进攻广州的可能，但始终未把广州作为重点防御地区，直到广州作战开始前，第四战区的机构尚没有建立，仅以第 12 集团军总司令余汉谋任战区副司令长官，负责广州方面的防务。此外，又从第四战区范围内的广西抽调大批兵力至华中作战，致使华南方面兵力极为单薄。武汉会战前期，又从广东抽调 4 个师加强武汉的防守，所以广州防备松懈，作战开始时主要兵力只有第 12 集团军的第 62 军（张达）、第 63 军（张瑞贵）、第 65 军（李振球），以及 2 个独立旅和虎门要塞部队，总计约 8 个师的兵力。当时的部署是：第 153 师守备宝安至虎门要塞一带，第 151 师驻惠阳，第 157 师主力在潮汕地区（另一部驻大亚湾附近），第 156 师驻增城，第 154 师驻从化，第 158 师驻广州东郊，第 152 师之第 454 旅驻海南岛，第 456 旅驻广

州市，独立第 20 旅驻广九路沿线之石龙附近，独立第 9 旅驻莲花山（海丰以北）附近。整个部署上兵力分散，而且戒备松弛。

1938 年 9 月 7 日，广东省省长吴铁城向蒋介石报告：得到情报，日军在进攻武汉期间“拟同时进犯华南。其登陆地点似将在大鹏湾，现敌已派前驻瑞士公使矢田到香港筹备南侵计划……”10 月 8 日，吴铁城又以急电报告蒋介石：“据香港英军情报机关消息，敌拟派四师团一混成旅团大举南犯，或在真日（11 日）前后发动。”[2]但蒋介石对此情报不以为然，认为是“谣言”，是日本的“反宣传”，认为广州地区不会发生大的战事。因而不仅未作任何加强广州方面的防务准备，而且向余汉谋要兵增援武汉。10 月 10 日，蒋介石致余汉谋的手令说：“无论如何，须加抽一师兵力向武汉增援。如能增此一师，即可确保武汉。否则武汉将失，粤亦不能幸保。只要武汉能守，则粤必无虑。切盼吾兄不顾一切，勉抽精兵一师，以保全大局。”[3]余汉谋接令后尚未派军北上，日军已发动了进攻广州的作战。

三、作战经过

1938 年 10 月 4 日，日军第 21 军下达了进攻广州的第一阶段作战的命令。主要内容为：第 9 旅团（配属工兵 1 个联队、山炮兵 1 个大队、坦克 1 个中队）从大亚湾东北角的盐灶背地区登陆，迅速北进攻占平山（惠东）、平潭，尔后进占东江南岸的横沥镇渡口，从东迂回策应第 18、第 104 师团进攻惠州及渡过东江。第 18 师团（配属山炮兵 1 个联队、迫击炮 1 个大队、机关枪 2 个大队、装甲车 2 个中队）从大亚湾西北角岩前港、澳头港一带登陆，迅速北进攻占淡水，前出至惠州附近东江一线地区，准备渡江。第 104 师团（配属第 18 师团的步兵 1 个联队、山炮兵 1 个联队、攻城重炮兵 1 个大队、野炮兵 1 个大队、迫击炮 1 个中队及机关枪 1 个大队）从大亚湾东岸玻璃厂地区登陆，迅速沿平海至惠州公路占领稔山，尔后向平潭集结，随时准备策应第 9 旅团及第 18 师团的作战；另外派一部兵力至吉隆附近对东南海岸警戒。

10 月 9 日下午，日军在第 5 舰队护航下从马公岛出发，于 11 日晚到达大亚湾口。当时守备大亚湾滩头阵地的中国军队仅有 1 个营，且对日军的行动毫未觉察。12 日凌晨 2 时许，日舰船全部驶入大亚湾，进至计划登陆的地区附近，既未遭到炮击，亦未发现障碍。天亮之前，各部在30余架飞机掩护下开始强行登陆。守军一触即溃。日军在击退了淡水附近的守军后，于当日夜占领了淡水及其东、西一带。

日本首相兼外相近卫文麿于日军登陆的当天(12日)照会各国大使，宣布日本在华南战事开始，要求各国避免一切援华行动。

余汉谋得知日军登陆后，急命第151师以一部固守平山、淡水、龙岗，在正面抵抗，其余各部在附近山地据险固守，即使日军突破正面防线，亦应截击日军侧背；另令独立第20旅附独立第2团用火车运往樟木头(地名)；第157师将潮汕、海丰及陆丰防务交保安第3旅及157师补充团接替后，赶赴横沥策应惠阳方面的作战。

13、14日，日军从淡水继续向北推进，14日晚进至惠阳附近。余汉谋急令第151师在平山一带的部队坚强抵抗；同时令第63军军长张瑞贵指挥第153师主力及独立第20旅占领横岗、双美髻一带阵地，拒止日军，掩护广九路；令第153师1个旅固守宝安至虎门的海岸。14日夜，日军第18师团的第23旅团冒雨攻击惠阳城。守军第151师(欠第434旅)依托城防工事顽强抵抗，激战竟夜。但日军依赖火力优势，终于在15日拂晓时突入城内。守军撤至柏塘附近继续抵抗。日军于7时许又攻占了惠州，并随之渡过了东江。

15日晨，余汉谋尚未得知惠阳、惠州失守，于9时下达了调整部署的命令：(1) 第157师主力向杨村集结待命；(2) 第153师以1个团归虎门要塞司令指挥，另以1个团固守宝安至新桥沿海要点，师主力集结樟木头，支援惠阳第151师之作战，并掩护广九路；(3) 独立第20旅附独立第2团集结于永汉、证果墟(增城东北)待命；(4) 第156师以1个团推进于罗浮山附近山地，准备袭击敌人，其余位置于增城、塘美地区，第154师位置于石桥附近待命；(5) 第158师位置于塘美车站、石牌车站之线；(6) 独立第9旅除以步兵1个团、炮兵1个营配置于莲花山附近外，其余集结于龙眼洞附近待命；(7) 第456旅固守广州。

当得知惠阳、惠州失守的情况后，余汉谋决心以已集中的兵力，利用广州、增城既设阵地与日军决战，立即又下达补充命令：(1) 第63军张军长指挥第151师及第153师各1个旅占领石龙至九子潭一带阵地；(2) 罗浮山第156师1个团固守山区，迟滞敌之前进；(3) 第156师(欠1个团)及第158师立即进入广、增间阵地；(4) 第154师、第157师(欠补充团)、独立第20旅附独立第2团、独立第9旅仍遵前令，迅速向指定地区集结待命。

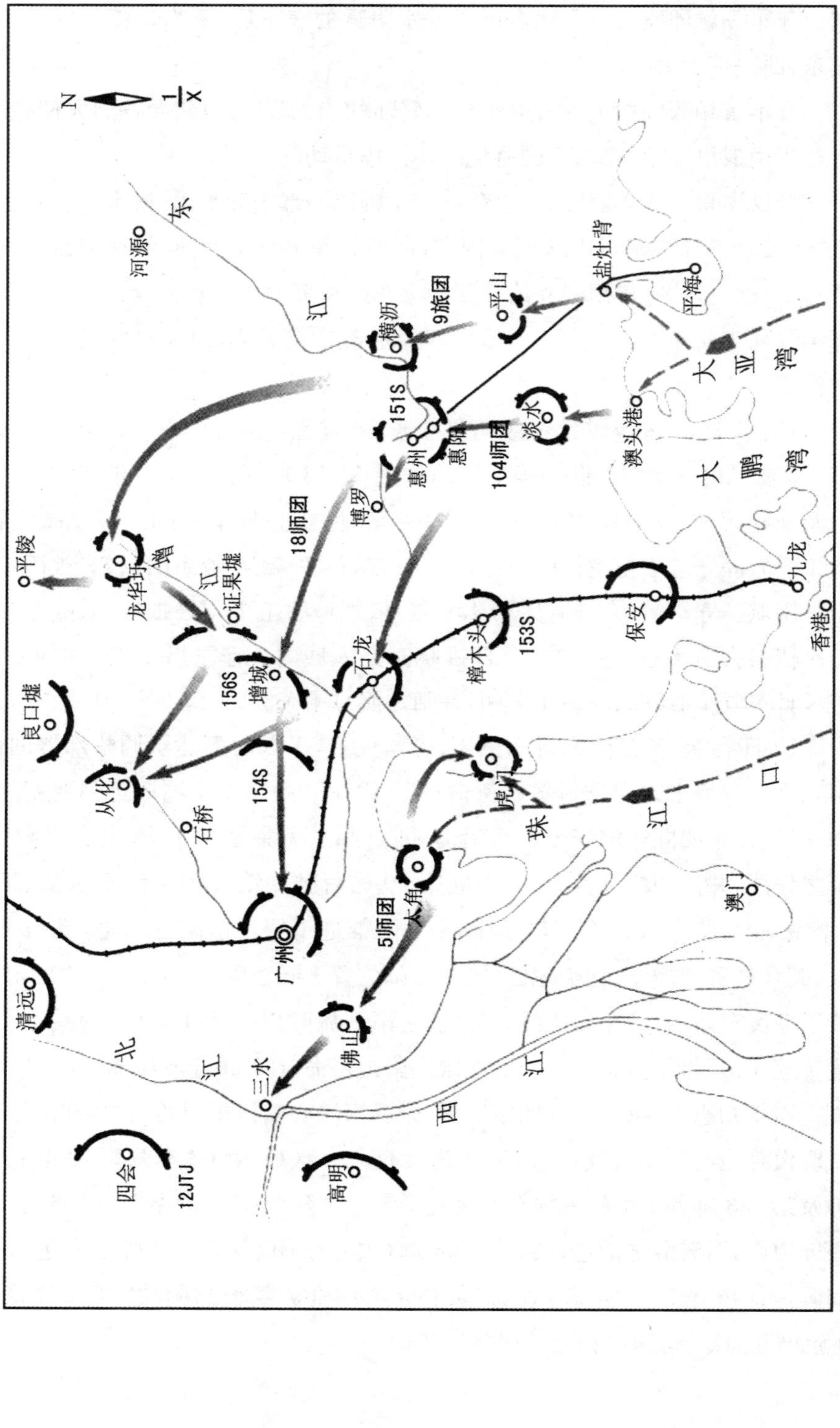

图 5-3-1　日军突袭大亚湾、广州失陷经过要图
（1938 年 10 月 12 日—10 月 26 日）

10 月 16 日傍晚，日军第 18 师团的第 23 旅团攻占了博罗，并继续前进，广州形势严峻。军事委员会得知广州地区情况后，急从武汉抽调在九江以南的第 64 军、第 66 军从南浔路运回支援广州。

10 月 18 日下午，日军第 18 师团的快速先遣队（由骑兵、步兵各 1 个大队，并装甲车 2 个中队组成）进至增城东南的福田，19 日上午击退守军第 156 师一部，渡过增江占领了增城。余汉谋急调第 154、第 157 师及独立第 20 旅前往增援并实施反击，但第 157 师以运输工具不足为由，未能及时到达，而独立第 20 旅团又以受到日军牵制为由，没有转进，因而效果甚微。随后，第 156 师阵地被第 18 师团主力突破。

10 月 20 日，第 18 师团在增城以西击退第 154 师后，沿增广公路两侧向广州急进。第 104 师团在第 18 师团之后亦攻占了广九路上的石龙。余汉谋率其司令部于当夜撤至清远，仅留警税团及少数宪警守备广州。日军第 18 师团于 21 日下午不战而占领广州。

日军后续部队第 5 师团主力在 20 日已全部到达大亚湾。日第 21 军因第一阶段的作战出乎意料的顺利，司令官古庄干郎遂决定令原计划在 10 月 27 日在珠江口登陆的第 5 师团提前于 22 日登陆。21 日夜，第 5 师团由第 5 舰队护航，从大亚湾出发，绕过香港，于 22 日晨进至珠江口内，在飞机、舰炮炽烈火力掩护下，于下午登上西岸大角岛，很快攻占薄州炮台，但遭到大角炮台守军 1 个营的坚强抵抗。激战一昼夜，至 23 日 7 时，因守军伤亡殆尽，大角岛失守。当日下午，日军又横渡珠江，与日海军第 2 联合特别陆战队协同，向东岸虎门炮台进攻。守军因连续两天被日军飞机、舰炮轰击，于当晚撤走，虎门要塞完全为日军占领。此时，日军第 9 旅团及第 104 师团已先后占领了平陵、从化等地。至 29 日，第 5 师团又占领了广州以南各地，日军已完全控制了广州及其附近地区。第 21 军遂转为守势：第 104 师团位于广州东北的从化、北面的源潭墟地区；第 18 师团位于广州以东的增城、东南的石龙地区；第 5 师团位于广州西南的佛山、西北的三水地区。中国第 12 集团军各部退至北江西岸及银盏凹亘忠信墟之线进行休整。此时蒋介石派来增援的第 64 军、第 66 军尚未到达。

四、广州失守的原因

广州失守的根本原因，是蒋介石及军事委员会在战略上的判断失误，致防守力量薄弱而又分散。但第 12 集团军各部互不协同及抗击不力，也是广州迅速陷落的重要原因之一。余汉谋所部的装备较好，步兵轻兵器及弹药充足，且有相当数量的炮兵及一部分装甲车和飞机协同作战，有大量机动车辆及内河舟楫。但这些部队除第 156 师一部坚守惠州 12 小时、第 156 师及第 154 师在博罗以西和增城以西作了较短时间的抗击和反击、虎门要塞守备部队 1 个营固守大角山炮台近 20 小时外，其余部队并未进行坚强有力的抗击。部队撤退时的损失却又相当严重。据日军统计，日军共缴获步枪 2371 枝、重机枪 214 挺、火炮 134 门、要塞炮 53 门、坦克及装甲车 21 辆、汽车 151 辆。旅长钟芳峻愤于上级的指挥错乱、友军的不相协调而致连连失败，自杀以殉。他是广州作战中死亡的最高将领。

对第 12 集团军的轻弃广州，中外各界人士反应强烈。国民政府驻美大使胡适于 10 月 23 日致电蒋介石说："广州不战而陷，国外感想甚恶。"〔4〕广州的失陷，不仅使日军尔后的南进作战建立了一个前进基地，而且使中国失去了一条重要的国际物资输入线，给持久抗战造成一定的困难。

注　释：

〔1〕〔日〕臼井胜美、稻叶正夫编《现代史资料(9)中日战争》。日本东京美铃书屋 1964 年版，(二) 第 269 页。

〔2〕转引自《抗日战争的正面战场》。河南人民出版社，第 155—156 页。

〔3〕中国第二历史档案馆编《抗日战争正面战场》。江苏古籍出版社 1987 年版，(上)第 760 页。

〔4〕转引自张蓬舟《近五十年中国与日本》，四川人民出版社 1987 年版，第 3 卷第 180 页。

第 六 章

相持阶段前期的作战

第一节 武汉失守后的形势

从卢沟桥事变到武汉会战结束，共15个半月的时间，这是日本战略进攻、中国战略防御和战略退却的阶段。总观这一阶段的作战，从战役上来说，日军屡屡取胜，表现出较强的战斗力和组织指挥力，大多数战斗都能攻克预定目标，达成战役企图。中国军队不仅在火力、机动能力、训练和后勤保障等方面明显处于劣势，而且在指挥和协同上也有许多缺陷，因而屡屡失利和退却。但是，从战略上来说，日军虽然占领了中国诸多中心城市、沿海港口和交通要道，其中包括南京、上海、武汉这样的政治中心、经济中心和交通枢纽，但未能达到速战速决的目的，反使自己陷入战争泥潭，暴露出战争潜力严重不足的弱点，不得不面对战争持久化的严酷现实，战争前景也变得模糊起来；而中国虽然撤守了大片领土，丢失了东半部最重要的点线，却赢得了宝贵的时间，打破了日军速战速决的狂妄计划，掩护沿海大批工厂内迁，掩护全国转入战时体制。总之，日军在战役上攻城掠地，在战略上却力不从心；中国在战役上屡屡失利，在战略上却初见胜算，因而证明持久消耗敌人、最后战而胜之的战略方针是正确的、可行的，增强了持久抗战的信心和力量。但战场上的力量对比，日方仍占上风。日方虽无力继续战略进攻，仅能实施战役性的有限攻势，而中国也还不足以进行战略反攻，仅能在抗击日军有限攻势时实施局部反击。在此情况下，双方进入了战略相持阶段，各自根据国际、国内形势调整政略、战略。

中国抗日战争转入战略相持阶段的前期，即1938年至1940年，是世界形势酝酿着更大动荡的时期，纳粹德国由对邻国的武装扩张发展到终于发动欧洲战争；日本在对中国继续作战和诱降的同时，逐步把目光转向东南亚和太平洋，以寻求新的出路；英、法、美的绥靖政策破产，第二次世界大战无可挽回地向全球规模发展；苏联从其自身安全考虑而力图避免直接卷入战争。所有这些，都对中国抗日战争产生着或积极或消极的影响。

一、国际形势的发展

日本法西斯进攻武汉期间，欧洲的德国法西斯在英、法等国绥靖政策纵容下，加紧了对外侵略的扩张步伐，在吞并了奥地利之后，针对英、法的弱点，进一步提出解决捷克斯洛伐克的苏台德问题。苏台德是捷克境内的德意志人聚居区，希特勒早已在此成立纳粹组织，制造骚乱，企图将该地区从捷克分离出去，并入德国。德国国防军也于1938年9月开到德、捷边境，随时准备入侵捷克。在德国的威胁下，英、法都不愿承担原先对捷克安全所承担的义务，认为满足希特勒某些要求即可维持欧洲和平局面。英国首相张伯伦自愿充当德、捷之间的调解人。9月29日，英、法、德、意四国政府首脑张伯伦、达拉第、希特勒、墨索里尼在德国慕尼黑举行会议，在捷克被排斥在会议之外的情况下，达成一项在国际关系史上臭名昭著的政治交易，于30日午夜签署《慕尼黑协定》，完全满足希特勒的要求，将捷克肢解。10月1日，德军进占苏台德区，到1939年3月，德军占领了整个捷克斯洛伐克。

日本看到希特勒的强硬政策频频得手，特别是看到英、法等国在德国咄咄逼人的威胁下无力东顾，且美国的战争准备还远未完成，一时还不愿卷入战争，所以它的侵略胃口也越来越大，也要抓住有利时机，以某种方式向英、美施压。日军占领广州、武汉之后，日本政府于1938年11月3日发表声明，提出除征服中国外，还要达到最后目标——“建设东亚新秩序”。声明说：“今凭陛下之盛威，帝国陆海军已攻略广东、武汉三镇，平定中国重要地区。国民政府仅为一地方政权而已。然而，如该政府坚持抗日容共政策，则帝国决不收兵，一直打到它崩溃为止。帝国所期求者在于建设和确保东亚永久安定的新秩序。这次征战之最终目的，亦在于此。此种新秩序的建设，应以日、满、华三国合作，在政治、经济、文化等各方面建立连环互助的关系为根本，希望在东亚确立国际正义，实现共同防共，创造新文化，实现经济结合。这就是有助于东亚之安定和促进世界进步的方法……帝国深信不疑，各国也将正确认识帝国的意图，适应东亚的新形势……这一声明，为帝国不动之方针与决心。”[1]

这个声明是说给中国听的，也是说给英、美听的，而且主要是说给英、美听的。这是日本第一次以政府公开声明的方式向世界宣布它的这一国策——建立起以日本为中心的东亚新秩序，排除以英、美为中心的东亚旧秩序，以实现其由来已久的大亚细亚主义。这是日本侵华战争开始时对欧美外交持慎重态度和传统的亲英政策的一大发展变化，也是日本已将目光转向东南亚和太平洋、即将实行南进的信号。

日本咄咄逼人的气势，使英、美感受到越来越大的威胁。它们认识到，日本发动战争的目的，不仅是要征服中国，而且是要把美、英势力最终赶出中国和东南亚，把亚太地区变成日本独占的势力范围。它们当然不能等闲视之。于是，美、英两国政府于 1938 年 12 月 30 日和 1939 年 1 月 19 日相继向日本提出强烈抗议，指出东亚新秩序违背九国公约，不符合门户开放原则，不承认日本以武力在中国造成的局势。[2]同时，美、英两国也重新估计了中国的抵抗能力以及中国抗战对阻止日本控制亚太地区的重大作用，认为中国在一年半的抵抗中，已成功地遏制住了日本的攻势，中国的战争潜力比原先预料的要大得多，这种潜力正在发挥。美国亚洲舰队司令亚内尔说："只是由于中国的抗战挡住了日本军团，它们才没有向加利福尼亚进军。"[3]美国公众和军界、外交界许多人士都主张加强对中国的援助，以增强中国的抵抗能力。在这种情况下，美国于 1938 年 12 月 15 日宣布给中国 2500 万美元的贷款。4 天后，即 12 月 19 日，英国宣布给中国 50 万英镑贷款用于购买卡车；1939 年 3 月 15 日又宣布给中国 500 万英镑贷款用作平准基金，以稳定中国法币。同年 7 月 26 日，美国又宣布废除《美日商约》，为对日本实行经济制裁铺平道路。美、英的援助虽然对中国的抗战还是杯水车薪，但毕竟转向积极，其在政治上、心理上所起的作用，对国民政府坚持抗战有着重要的意义，而且也使中国抗战逐步进入更有利的国际环境。

此时，中国政府的主要外援仍然是来自苏联。据统计，1938 年至 1939 年，苏联向中国提供 3 次易货贷款，总金额为 2.5 亿美元。武汉会战前后中国军队在战场上损耗的重武器等，基本上是由苏联援助的飞机、大炮、坦克、汽车和轻重机枪等补充的，并有 2000 多名航空志愿队员直接参加了中国的抗战。在武汉会战及其前后，有 200 余人为中国的抗日事业献出了生命。

除直接军事物资和军事人员的援助外，苏联远东军的存在，也是对日军的有力牵制。1938 年 7 月和 1939 年 5 月至 7 月，日本关东军曾在张鼓峰和诺门坎两次向苏军挑衅，结果都被苏军打败。日本慑于苏联在远东的威力，所以 1938 年后其关东军在中国东北一直保持 10 个师团左右的兵力却不能用于关内作战，这也减轻了中国关内各战场承受的压力，对中国的抗战起到积极的牵制日军的作用。当然,中国的抗日战争对苏联避免两面作战也起到极重要的作用。

二、日本侵华政略、战略的转变

经过15个月的作战,日军付出了几十万人伤亡的代价,并未达到征服中国的目的。到1938年10月,日本全部陆军34个师团,投入中国的有32个师团。其中24个师团,即占其全部陆军70%的兵力配置于华北、华中和华南地区。这24个师团要在约4000公里的正面战线上与中国军队对峙,要在100多万平方公里的占领区内应付中国游击兵团的袭击,还要在漫长的铁路、公路、水路交通线和这些交通线上的城市要点守备,其兵力的缺乏可想而知。另8个师团配置于东北,编入关东军序列,既用于对苏备战,也作为侵华战争的战略预备队。其后备兵员及动员能力远远不能适应战争的需要。在其财政支出100亿日元中,军费支出高达80亿日元,占80%,仍不敷用。其军需生产虽一再追加,仍难以为继。日本所预言的速战速决的神话并未出现,而他们不曾设想,也最不愿看到的战争长期化的局面却摆在了眼前。面对严酷的现实,他们不得不重新估计自己、估计中国,转变侵华方针。这种转变,有一个逐渐调整和实施的过程。这从1938年11月3日日本政府的声明及以后的一系列决策文件中陆续反映出来。1939年欧洲大战的爆发,一度使日本抱有迅速解决中国问题的希望,所以直到1940年秋德、日、意三国缔结军事同盟、日本决定实行南进政策后,才在1940年11月13日的御前会议上最终确定对华持久战体制,用日本的话说,叫做“长期大持久战”,或“大持久战方略”。新的政略、战略,归纳起来有以下几个方面:

1. 实行军、政两手并用而以政略进攻为主、军事打击为辅方针

日军占领广州、武汉后,日本大本营认为“从战略上看”,“帝国已经摧垮了抗日的中国政权,今后已进入实施政略进攻、取得美满结果的阶段”,“今后本军的重要任务,就是为即将诞生的中国新中央政权创造良好的条件,扶植其成长,以达到战争之目的”。“与其对沦为地方政权的蒋政权抓住不放、急于以武力求成,不如保持必要的战斗力,向建设新中国迈进”。“目前主要应确保占领地区的安全。然而,如对已被压缩的蒋政权放任不管,也将留下严重祸根而带来后患,故应适当进行促使其崩溃的各项工作。为支援此类工作,必要时应进行局部作战”。[4]与此相适应,11月3日,日本政府发表第二次近卫声明,改变了第一次近

卫声明“今后不以国民政府为对手”的立场，说：“如果国民政府抛弃以前的一贯政策，更换人事组织，取得新生的成果，参加新秩序的建设，我方并不予以拒绝。”12月22日，近卫第三次发表声明说：“日本政府本年虽一再声明，决定始终一贯地以武力扫荡抗日的国民政府。同时和中国同感忧虑、具有卓识的人士合作，为建设东亚新秩序而迈进。”明确提出了武力征服和政治谋略两手并用的方针。近卫第三次声明后，国民党副总裁汪精卫便从重庆出逃，经昆明、河内到上海、南京，甘作日本傀儡，组织伪政权，就是这种政治谋略的结果。

2. 停止战略进攻　转为战略保守

根据1938年11月29日御前会议决定的《陆军作战指导要纲》，日军参谋总长载仁亲王于12月2日向侵华日军“华北方面军”司令官杉山元、“华中派遣军”司令官畑俊六和第21军司令官安藤利吉发布“大陆命”第241号命令。关于侵华日军的总任务，命令说：“大本营的意图在于确保占领地区，促使其安定，以坚强的长期围攻的阵势，努力扑灭抗日的残余势力。”然后扼要规定了华北方面军、华中派遣军及第21军各自的任务，并将华中的“作战地区大概规定在以武汉为中心的安庆、信阳、岳阳、南昌之间”。[5]这个命令中不再提扩大占领区，也没有要攻取下一个大目标的意图，显然放弃了战略进攻的想法，而只将侵华日军的任务原则性地规定为“确保占领区”和“扑灭抗日的残余势力”。

1938年12月6日，日本陆军省和参谋本部发布的《昭和十三年秋季以后对华处理办法》，对大本营的意图作了更具体、明确的规定。其主要内容是：[6]

> 虽应利用攻占汉口、广州之余势，努力解决事变，但一定要迅速取得成果，预料尚有困难。为了对付长期作战，当将以前的对华处理办法明确修改，适应新的形势，作为处理秋季会战后的统一方针。
>
> 方针
>
> 以攻占汉口、广州，作为行使武力的一个时期。然后，主动地指导新中国的建设，特防止急躁。因此，目前最重要的是在其内部进行基本工作——恢复治安，并相应地推行其他各种政策。
>
> 虽然肃清抗日残余势力的工作，仍须继续进行，但主要有待于以坚强的军力为背景，进行谍报工作与政治工作。
>
> 要点
>
> 1. 如无特别重大的必要时，不企图扩大占领地区，而将占领地区划分

为以确保治安为主的治安地区与以消灭抗日势力为主的作战地区。

2. 治安地区大体包括从包头连接黄河下游、新黄河、庐州、芜湖、杭州一线以东的地区，希望使该地区逐步安定。当前应迅速确立治安安全地区如下，即使以后国际形势发生变化，预定确保该地域，并以此为进行各种国防建设的范围。

河北省北部，

包头以东的蒙疆地方，

正太线以北的山西省，特别是太原平原，

山东省的重要部分（胶济沿线地区），

上海、南京、杭州的三角地带。

为了在上列治安地区，特别是在其中的重要地区迅速达到恢复治安的目的，当固定地配备相当的兵力，并努力使其实现长期自给的局面。

除上述重要地区外，为联系起见，当确保主要交通线（津浦线、京汉线北段、同蒲线等）。

3. 除上述以外的占领地区，则为作战地区。在武汉及广州地方各配置一支部队，使之在政治和战略上成为压制抗日势力的根据地。敌人集中兵力来攻击，则及时予以反击，消耗其战斗力。但力戒扩大缺乏准备的战线，进行小接触。为此，根据敌我形势而配备的兵力，要限制在必要的最少限度内。

4. 在中国的兵力部署，根据前二项精神逐步整顿改编。或者与新设部队调防，调回国内，逐步作长期持久性的安排。预计昭和十四年间基本形势大体可以形成。

为了准备下次国际形势的转变，必须在各方面努力减少驻屯的兵力和驻地兵力的消耗。

5. 对于战略上特别是政治上的重要地点，继续顽强地进行空战，同时依靠海上封锁等努力切断（敌方）残余的对外联络线，特别是输入武器的路线。

……

以上两个文件对日本停止战略进攻转为战略保守后所采取的新的政略、战略，特别是军事战略作了较为全面的规定。侵华日军后来的行动基本上是按照上述原则执行的。文件中所说的“治安地区”，就是中国方面所说的“敌后战场”；“作战地区”，就是中国抗日战争的正面战场。由此也可看出中国正面战场与敌后战场在统一的对日抗战中的地位和作用。日军既已放弃战略进攻，“不企图扩大占领地区”，主要着眼点是转向确保占领区，“扑灭抗日的残余势力”，“摧毁敌人的抗战企图”，同时也要继续在正面战场上进行有限攻势的作战，并加强战略轰炸，对中国施加压力。

3. 实行“以华制华”、“以战养战”

“以华制华”，就是扶植亲日政权（即汉奸政权），从政治、文化等各方面笼络人心。这从日方连篇累牍的文件、声明中都可以看得出来。它所说的“主动指导新中国的建设”，首先就是指伪政权的建设。除扶植当时已存在的北平（名为“中华民国临时政府”，伪政权成立后改北平为北京）、南京（名为“中华民国维新政府”）、张家口（名为“蒙疆联合自治政府”）等地的伪政权外，其主要目标是成立以汪精卫为首的伪中央政权，将各地方伪政权统一起来，以取代国民政府；至少使国民政府地位下降，使其沦为地方政权。至于东北伪政权，因日本早已把它算作一个“国家”，故不在此列。

“以战养战”，即在其占领区内加强经济掠夺，以适应侵华战争长期化的需要，补充其国力的不足。这也就是以上文件中所说的“努力实现长期自给”的要求。据统计，驻华北、华中侵华日军在1939年的自给率分别达到36%和41%，1940年分别达到45%和75%，可见其掠夺之残酷。[7]

4. 调整兵力部署　建立长期作战和灵活体制

日本侵华，原想速战速决，未作长期打算。随着中国的坚韧抵抗，战争规模扩大，战线延长，日本逐次增加兵力，陆续建立了“华北方面军”、“华中派遣军”（开始是“上海派遣军”）、华南第21军等地区性指挥机构。这些地区性指挥机构仍各归日本大本营直接指挥。1938年以后，大本营深感这种指挥体制头绪繁杂，有诸多不便，不利于及时组织战场协同，延误时机，不适于长期作战，因而于1939年9月23日在南京设立“中国派遣军”总司令部，以西尾寿造大将为总司令官，以板垣征四郎中将为总参谋长，统一指挥侵华日军，并作为拟议中的汪精卫傀儡中央政权的监护（“中国派遣军”总司令部设立后，“华中派遣军”撤销）。

至1939年底，侵华日军基本上完成了对华作战新体制和与之相适应的兵力部署。“中国派遣军”所属部队共有25个师团、18个独立混成旅团、2个混成旅团、1个骑兵集团、1个飞行集团又1个独立飞行队和海军的“中国方面舰队”，总兵力约85万人。这些部队(不含海军)分成为4个战略集团。其各自的兵力及任务为:“华北方面军”有3个军司令部(第1军、第12军、驻蒙军)、9个师团(第27、第35、第110、第36、第37、第41、第21、第32、第26师团)、12个独立混成旅团(独立第1、第7、第8、第15、第3、第4、第9、第16、第5、第6、第10、第2混成旅团)和骑兵集团,负责确保已占据的华北地区的“安定”,恢复河北北部、山东、山西北部及蒙疆等重要地区的“治安”,并确保各主要交通线;第11军部署于武汉地区,辖有7个师团(第3、第6、第13、第33、第34、第39、第40师团)、2个独立混成旅团(第14、第18混成旅团),负责对中国军队的主力部队进行战役上的有限攻势作战,以达到其战略上的保守任务;第13军部署于苏、浙、皖地区,辖有4个师团(第15、第17、第22、第116师团)、4个独立混成旅团(第11、第12、第13、第17混成旅团),负责确保庐州、芜湖、杭州一线以东占据地区的“安定”,恢复京(南京)、沪、杭地区的“治安”及确保各主要交通线;第21军部署于广州、汕头及海南岛地区,辖有4个师团(第5、第18、第38、第104师团)和2个混成旅团(台湾、近卫旅团),负责切断中国的海外补给线路。“中国派遣军”直辖第3飞行集团,下属有7个侦察机中队、4个战斗机中队、3个重轰炸机中队和4个轻轰炸机中队,总计有作战飞机183架。日本海军“中国方面舰队”部署于中国沿海,辖有3个遣华舰队(第1、第2、第3遣华舰队),2个联合航空队(第2、第3联合航空队),汉口、海南岛、广东、厦门、青岛、上海6个特别根据地队,南京、九江、舟山3个基地队及横须贺、佐世保、上海3个特别陆战队等。共有舰载及陆基作战飞机145架。

从上述日军政略、战略的变化和兵力的部署中可以看出,日本军事打击的重点已经从正面战场转向敌后战场,加强了对华北及华中占领区八路军和新四军抗日部队的作战力量。

三、国民政府调整抗战方针

广州、武汉失守后,中国抗战也面临着新形势。如何看待前15个月抗战的得失?如何继续抗战以争取胜利?迫切需要作出回答和决策。1938年5月,毛泽东在《论持久战》中指出:中国将变为独立国还是沦为殖民地,不决定于第一阶段大城市之是否丧失,而决定于第二阶段全民族努力的程度。如能坚持抗战、坚持统一战线和坚持持久战，中国将在此阶段中获得转弱为强的力量。鉴于广州、武汉失守的形势，国民政府军事委员会于1938年11月1日至3日在长沙、25日至28日在南岳（衡山）相继召开军事会议。按蒋介石的说法，会议的目的“就是要求得出一个以后作战可操必胜的具体方案”。

1. 策定新的抗战指导方针

蒋介石在南岳军事会议上的讲话中把抗战全过程设想为两个时期：自“七七”事变到武汉失守为第一期抗战，此后为第二期抗战。他说：“在第一期战斗过程中，我们虽然失了许多土地，死伤了许多同胞，表面上我们是失败了；但从整个长期的战局上说，是完全成功。最大的成功是什么呢？就是我们争取胜利战略上一切布置的完成，亦就是我们已经依照预定的战略陷敌军于困敝失败、莫能自拔的地位……第二期抗战，就是我们转守为攻，转败为胜的时期。”“敌人兵力的使用……已经到了最大限度，今后他再不能有更多的兵力使用到中国来，而且他已经派到中国境内的这许多部队随战区扩大而力量分散，已疲惫不堪……所以敌人的侵略战争，今后只有一天天的随兵力之消耗减损而趋于失败。在另一方面，我们过去虽然遭受了挫失，但我们的挫失，客观上也只是到此限度为止；从今以后，由于作战经验的增加，战略布置的完成，以及军实的增强和敌我力量消长，士气盛衰对比，我们胜利的把握和信心一天一天提高起来。”〔8〕

会议根据第一期抗战的经验教训和当前敌我态势及其发展趋向，策定第二期抗战的指导方针为：“连续发动有限度之攻势与反击，以牵制消耗敌人。策应敌后方之游击部队，加强敌后方之控制与袭扰，化敌后方为前方，迫敌局于前线，阻止其全面统制与物资掠夺，粉碎其‘以华制华’‘以战养战’之企图。同时抽出部队，轮流整训，强化战力，准备总反攻。”〔9〕总的战略仍然是持久战，但第二期抗战指导方针较之第一期有了更为积极的内容，其侧重点不再是“以空间换取时间”，而是以有限攻势和反击，与广泛的敌后游击战相结合，牵制消耗敌人，打破敌人的企图，并准备反攻。

中共中央代表、军事委员会政治部副主任周恩来参加了长沙军事会议和南岳军事会议，八路军参谋长叶剑英也参加了南岳军事会议。他们都对新的战略方针发表了重要意见，强调游击战的战略作用。蒋介石采纳了这些意见。在南岳军事会议上，他还曾提出“游击战重于正规战”的原则，〔10〕并决定举办西南游击干部训练班，为大力开展游击战争培训骨干。

2. 重划战区　调整部署　简化指挥系统

根据武汉会战的敌我态势和新的作战方针，军事委员会重新划分战区和兵力配备。正面8个战区是：

第一战区，司令长官卫立煌，辖区为河南及皖北一部，兵力12个步兵师、1个骑兵师、1个步兵旅、1个骑兵旅及其他特种部队。

第二战区，司令长官阎锡山，辖区为山西及陕西一部，兵力32个步兵师、5个骑兵师、14个步兵旅、3个骑兵旅及其他特种部队。

第三战区，司令长官顾祝同，辖区为苏南、皖南、赣东及浙江、福建，兵力22个步兵师、2个步兵旅及特种部队。

第四战区，司令长官张发奎，辖区为广东、广西，兵力18个步兵师、2个步兵旅及特种部队。

第五战区，司令长官李宗仁，辖区为皖西、鄂北、豫南，兵力34个步兵师、1个骑兵师、1个骑兵旅及特种部队。

第八战区，司令长官朱绍良，辖区为甘肃、宁夏、青海，兵力6个步兵师、4个骑兵师、9个步兵旅、4个骑兵旅及特种部队。

第九战区，司令长官陈诚(薛岳代理)，辖区为赣西北、鄂南及湖南，兵力52个步兵师及特种部队、游击部队等。

第十战区，司令长官蒋鼎文，辖区陕西，兵力9个步兵师、1个骑兵师、1个步兵旅、1个骑兵旅。

新设的两个敌后战区是：

鲁苏战区，总司令于学忠，辖区为山东及苏北，兵力7个步兵师及游击部队。

冀察战区，总司令鹿钟麟，防区为河北、察哈尔，兵力5个步兵师、1个骑兵师、河北民军等。

另有9个步兵师、1个步兵旅担任川、滇、康大后方之警备；23个步兵师直属军事委员会，为战略机动部队。

以上中国军队全部兵力为242个师又40个旅(至1938年底)，海、空军及炮兵等未计。

为改进指挥，提高效率，使统帅部和战区命令能迅速下达，军事委员会认为原有的军事委员会、战区、兵团、集团军、军团、军到作为基本战略单位的师，共有7级指挥机构，层次太多，传达指挥不灵便，往往贻误战机，因此决定取消兵团和军团两级，以军为基本战略单位；同时还撤销师编成内的旅级机构，由师直接指挥团。此外，还撤消了军事委员会湘、桂、陕、甘各地行营。改设桂林、天水两个行营，分别指挥南北战场的作战。

3. 整建部队　增强战力

抗战以来，中国军队与优势日军作战迭经重大战役，兵员装备损失严重，多数部队因伤亡过重而缺额甚多，战斗力普遍下降，亟待整理补充，以利再战。蒋介石在南岳军事会议上说：会议的“最大目的，就是要整理军队、建立军队……确立第二期抗战胜利的基础。”“全国部队今后拟分三期轮流整训，限期完成。其办法即将全国现有部队之三分之一配备在游击区域——敌军的后方担任游击；以三分之一布置在前方，对敌抗战；而抽调三分之一到后方整训。等到第一批整训完成，仍调回前方作战，或担任游击。乃调换第二批到后方继续整训……每期整训期间，暂定为四个月，一年之内即须将全国军队一律整训完成。”[11]

根据南岳军事会议研讨情况，军事委员会制定了《国防军整理总方案》，提出了具体整训计划，并决定在全国征调 100 万新兵，经训练后补充部队。整训以军官为重心，要求加强政治教育，提高技术、战术，增强战斗意志。军队整理则要求精简机关，减少非战斗单位，充实作战部队，提高整体素质。但这项整军计划因主观的和客观的原因并没有如期完成，1939 年只完成两期。到 1941 年，经过整理的部队共有 74 个军计 198 个师，约占全国部队的三分之二。

4. 开办游击干部训练班

武汉失守前夕，八路军总司令朱德由延安飞抵武汉与蒋介石晤谈。他在汇报八路军华北敌后抗战的情况时就提出了国共合作举办游击干部训练班的建议。国民党高级将领如白崇禧等有感于八路军坚持敌后游击战的成就，曾说“中共可以打游击战，国军当亦能打游击”。[12] 在南岳军事会议期间，蒋介石正式决定举办游击干部训练班，要求中共派员讲授课程。中共方面经过研究，派出了以八路军（第 18 集团军）参谋长叶剑英为首的阵容强大的教授团到训练班执教。这是贯彻第二期抗战指导方针的一项重要措施。

训练班的正式名称为“西南游击干部训练班”，因地点设在著名的五岳之一的衡山，所以一般称之为“南岳游击干部训练班”。国民政府军事委员会起初任命第 31 集团军总司令汤恩伯为训练班主任、叶剑英为副主任，后来改由蒋介石亲自兼主任，白崇禧、陈诚兼副主任，汤恩伯为教育长，叶剑英为副教育长，周恩来则被聘为国际问题讲师，以示重视。

训练班于 1939 年 2 月 15 日正式开学。第一期学员 1046 人，来自军事委员会机关、中央军校、各战区及地方党政机关。其中有不少人是从黄埔军校、南京军校以及云南讲武堂、东北讲武堂毕业，又在军队服役多年的中、高级军官。训练班教学工作主要由叶剑英主持，每期 3 个月，内容包括军事教育和政治教育。军事教育主要讲授游击战的战略、战术和技术，政治教育主要讲授民众运动和游击战政治工作。叶剑英亲自讲授《游击战概论》，每周讲课两次。其他课程由教官分担。周恩来也向学员作了《中日战争之政略与战略问题》的长篇报告。除课堂教学外，叶剑英还经常带领学员到附近乡间实地演习游击战的战术技术以及宣传群众、组织群众的方法，提高学员从事游击战争的实际能力。不少学员毕业后怀着持久抗战必胜的信心投入抗日战争。[13]

南岳游击干部训练班共办了 3 期。

四、国共关系的新发展及对抗战的影响

从“七七”事变到武汉保卫战，是国共合作最好的时期。截至 1938 年 10 月，八路军、新四军已在敌后广大地区建立了晋察冀、晋冀豫、冀西南、晋西北、山东、皖南、皖东、苏南等抗日根据地，积极开展游击战争，有力地配合了正面作战。

武汉失守前后，国共两党都认识到抗日战争即将进入一个新阶段，先后分别召开中央全会，研讨新形势下所应取的政略和战略。

中共六届六中全会于 1938 年 9 月 29 日至 11 月 6 日在延安举行。毛泽东在会上作了《论新阶段》的政治报告。关于抗日战争的形势和前途，毛泽东指出："中日战争的长期性将表现于在敌则进攻，相持，退却；在我则防御，相持，反攻，这样三个阶段之中。由于敌强我弱……故出现了敌方进攻，我方防御的第一阶段。不说退却而说防御，是说以战略的运动防御即节节抵抗的姿态而表现其退却，不是一下子干脆退却。但又由于在敌则小国、退步、寡助，在我则大国、进步、多助这些特殊的条件，我之英勇抗战又使敌在进攻中受到分散的困难与消耗的损失，而不得不于一定时机结束其战略上的进攻，转入军事上保守其占领地而从政治上与经济封锁上向我进攻的阶段。此时敌虽消耗，但一时尚未消耗到使之转入失败的程度；我虽坚决抗战，与各方面向前进步，但一时也难进步到足以转入反攻驱敌出国的程度。依上诸因，一个双方相持的第二阶段或中间阶段，就形成了。由于第二阶段中敌之困难与我之进步俱日增，又配合着国际有利于我不

利于敌之形势，就能使敌强我弱敌优我劣的原来状态逐渐发生变化，进到在全局看来日益于敌不利而有利于我之局面，先到敌我平衡，再到我优敌劣，彼时，就可转入我之反攻、敌之退却的第三阶段了。”毛泽东认为，日本占领武汉之后，它可能用于中国方面的力量用得差不多了，其兵力不足与兵力分散的弱点将更形暴露，也就达到了其进攻阶段的最高度，相持局面就要到来了。[14]

中共六届六中全会经过充分讨论，通过了决议，发表了《告全国同胞、全体将士和国共两党同志书》。全会制定了巩固和扩大以国共两党为基础的抗日民族统一战线，以长期合作、支持长期抗战为基本方针。全会认为：全国人民和军队的任务应是坚持抗战、坚持持久战、艰苦奋斗、积蓄力量、停止敌之进攻、准备我之反攻；八路军、新四军的任务应是坚持和扩大敌后游击战争，粉碎日军的残酷进攻，巩固华北，发展华中、华南，建立更多的抗日根据地，缩小敌之占领区，并配合主力军作战。[15]毛泽东于11月5日、6日在全会上作了结论。关于国共分工，毛泽东指出：“抗日战争中国共两党的分工，就目前和一般的条件说来，国民党担任正面的正规战，共产党担任敌后的游击战，是必须的，恰当的，是互相需要、互相配合、互相协助的。”关于处理统一战线中的党派关系问题，毛泽东指出：“我们的方针是统一战线中的独立自主，既统一，又独立。”[16]

中国国民党五届五中全会于1939年1月21日至30日在重庆举行，主要议题是抗战和党务。蒋介石在会上作了《以事实证明敌国必败我国必胜》的开幕词和《唤醒党魂发扬党德与巩固党基》、《整顿党务之要点》的演讲。蒋介石在回顾了第一期抗战的得失和面临的新形势后表示：“我们一定要持久抗战，奋斗到底，不但使敌人过去‘速战速决’的目的不能达到，而且要使他现在‘速和速结’的狡谋成为粉碎。这就是我们今日惟一的方略，这就是敌之失败、也就是我国胜利的基础。”针对日本从政治上诱降的谋略，蒋介石指出：“我们目前如果妄想妥协，希求侥幸的和平，就无异自投罗网、自取灭亡。”[17]根据蒋介石的提议，五届五中全会决定设立国防最高委员会，为抗战期间党、政、军最高领导机关。蒋介石为委员长。全会还通过了党务问题决议案，发表了宣言。

国民党五届五中全会的主要方针仍是继续抗战和联共抗战，在提高抗战信心、打击悲观情绪，以及企图使国民党本身进步、发展与强化等方面作了相当的努力。这些都是五中全会主要的、积极的方面。[18]但蒋介石在会上一再宣称抗战到底的“底”就是恢复卢沟桥事变以前的状况，一再提出防共、限共、溶共的政策，对改革政治、实行民主民权避而不谈等等，则是五中全会的消极方面。会后，国民党中央连续秘密下发《防止异党活动办法》、《共党问题处置办法》等文件，对中国共产党厉行限制、防范和打击，并“加派有力部队，或忠实精干干部前往冀、鲁，俾加强本党在华北之武力，以限制共党之发展”。〔19〕这些均表明，在抗日战争战略相持阶段，国民党政府政策上的反共性增强了，由此引起一系列摩擦事件。1939 年 11 月，又在五届六中全会上决定武装限共。当年 12 月至 1940 年初在陕、晋，1941 年 1 月在皖南，1943 年 7 月在陕北，国民党三次对共产党领导的抗日武装和抗日根据地进行大规模的进攻。尤其是 1941 年 1 月那次，国民党以 7 个师约 8 万人的兵力突袭新四军，使新四军伤亡 7000 余人，制造了震惊中外的皖南事变。国民党、蒋介石坚持反共、限共政策，采取种种政治、军事行动，对抗日战争正面战场造成了很不利的影响。只是由于共产党采取了“有理、有利、有节”的方针进行斗争，特别是敌后战场仍在扩大、共产党领导的抗日武装已达 50 万人，才阻止了国共分裂的危险，维护了抗日民族统一战线，使抗战得以坚持到底。国民党的武力反共，丧失了人心，政治地位下降。皖南事变后不久，各民主党派在重庆成立了中国民主政团同盟，该组织成了共产党的同盟军。

注　释：

〔1〕 日本外务省编《日本外交年表并文书》。日本原书房 1965 年版，(下)第 401 页。

〔2〕 《美国对外关系文件集》(1938—1939)。波士顿 1939 年版，第 246—253 页。

〔3〕 [美]迈克尔·沙勒:《美国十字军在中国(1938—1945)》。商务印书馆 1982 年中译本，第 23 页。

〔4〕 日本防卫厅防卫研究所战史室:《中国事变陆军作战》。日本朝云新闻社 1983 年增印版，(2)第 282—283 页。

〔5〕 〔日〕臼井胜美、稻叶正夫编《现代史资料(9)日中战争》。日本东京美铃书屋 1964 年版，(二)第 402 页。

〔6〕 同〔4〕，第 553—554 页。

〔7〕 军事科学院军事历史研究部:《中国抗日战争史》。解放军出版社 1994 年版，中卷第 545 页。

〔8〕 张其昀编《先总统蒋公全集》。台北中国文化大学出版部 1984 年版，第 1171—1173 页。

〔9〕 秦孝仪主编《中华民国重要史料初编——对日抗战时期》。台北国民党中央党史委员会 1981 年印，第二编《作战经过》第 568 页。

〔10〕 见《周恩来传》。人民出版社，中央文献出版社 1989 年版，第 431—433 页。

〔11〕 同〔8〕，第 1195—1197 页。

〔12〕 《白崇禧回忆录》。解放军出版社 1987 年版，第 304 页。

〔13〕 《叶剑英传》。当代中国出版社 1995 年，第 270 页。

〔14〕 《毛泽东军事文集》。军事科学出版社、中央文献出版社 1993 年版，第二卷第 385—394 页。

〔15〕 中央档案馆编《中共中央文件选集》。中共中央党校出版社 1991 年版，第 11 册第 751—752 页。

〔16〕 《毛泽东选集》。人民出版社 1991 年第二版，第 540 页。

〔17〕 同〔8〕，第 1207—1218 页。

〔18〕 同〔15〕，第 12 册第 29 页。

〔19〕 《中国国民党史文献选编》。中共中央党校出版社 1985 年版，第 294—295 页。

第二节　南昌会战

一、会战前的一般形势

（一）双方态势

1938 年 10 月下旬中国军队有计划地撤出武汉后仍有近 90 个师的部队部署于武汉周围。武汉以西、以北，是李宗仁所部第五战区 6 个集团军 13 个军 34 个步兵师和 1 个骑兵师和 1 个骑兵旅，部署在皖西、豫南、鄂南和鄂西北广大地域；武汉以南、以东，是薛岳所部第九战区 8 个集团军 21 个军 52 个步兵师，部署在赣西北、鄂南和湖南要域。此外，两战区内还有若干特种部队和地方游击部队。以上部队对武汉构成包围态势。第九战区以东，则是顾祝同所部第三战区 4 个集团军 22 个步兵师和 2 个步兵旅，可与第九战区互为策应。

日军大本营和“华中派遣军”为巩固对武汉的占领、确保长江中下游航道，以第 11 军（司令官冈村宁次）驻守武汉，在其序列的共有 7 个师团、2 个独立混成旅团，比其他各区、各军具有更多的机动兵力，是对中国正面战场继续实施打击的主要力量。根据日军大本营的规定，其作战区域一般保持在以武汉为中心的安庆、信阳、岳阳、南昌间地区及邻近要点。南昌是江西省省会，是南浔铁路和浙赣铁路的交会点，是中国第九战区和第三战区后方联络线和补给线的枢纽，具有重要的战略地位。中国空军以南昌机场为基地，经常袭击九江附近在长江中航行的日海军舰艇，对九江及武汉日军的后方补给交通线威胁甚大，故日军要改善其在华中的态势，必然要进攻南昌，并占领之。

（二）日军进攻南昌的战役企图及作战准备

日“华中派遣军”在武汉作战中就企图攻占南昌，因第106师团沿南浔路向南攻击时在德安西北的万家岭遭到中国第九战区第1兵团的围歼，伤亡惨重，被迫停止前进；占领武汉后，为切断浙江、安徽、江西经浙赣路至大后方的交通线，解除对九江及长江航道的威胁，占领南昌机场以缩短其对中国南方进行战略轰炸的航程，决定一俟第11军各部经过休整补充后便首先实施南昌作战（代号为“仁号作战”）。

1939年1月31日，第11军发出“仁号作战”的会战指导策略，预定于3月上旬开始行动，一举攻占南昌，割断和粉碎浙赣沿线的中国军队。其兵力部署概要如下：

1. 2月下旬以前，第101师团主力、第106师团及必要的军直属部队集结于德安以南地区，第106师团主力在箬溪附近集结，做好必要的准备。其他交通线路的修补、战场侦测作业以及必要的作战物资的整备，概于2月中旬前结束。

2. 第101、第106师团担任主攻任务，在永修附近突破修水右岸的敌人阵地，以一部从南浔线方面，以主力从安义、奉新方向向赣江、瑞河一线追击，并消灭沿途之敌。

3. 第6师团主力大致在开始攻击的同一时间突破箬溪附近之敌阵地，从修水河两岸地区向三都附近挺进。

随着以上作战的进展，尽快以强有力的一部向奉新方向挺进，切断修水河畔敌军的后方。

4. 在直接攻占南昌时，以主力从南昌上游渡过赣江，从南面攻占。在此期间，要以一部确保奉新及南面要点。

5. 在以上作战期间，水路情况若允许，以1个支队（以第101师团的步兵3个大队为基干部队）从鄱阳湖方面向进贤方向前进，切断浙赣线。

6. 本作战的初期，将第6师团的一部（步兵的3个大队）作为军的直辖部队由军控制，根据情况决定使用。

7. 2月下旬末，把军的战斗司令部指挥所向德安推进。

……

为了隐匿意图，各兵团务必利用夜间进行部署。[1]

2月6日，日军“华中派遣军”向第11军下达《对南昌作战要领》，其中指示：“攻占南昌的目的，在于割断浙赣铁路、切断江南的安徽省及浙江省方面敌之主要联络线”；“第11军应从现在的对峙状态下，以急袭突破敌阵地，一举沿南浔一线地区攻占南昌，分割和粉碎浙赣线沿线之敌。同时要以一部从鄱阳湖方面前进，使之有利于主力作战”；“攻占南昌附近后，应即确保该地以南要线”。“华中派遣军”还和“中国方面舰队”商定了协同作战计划，并命令在湖北的第16师团和在杭州的第22师团在南昌作战开始前，先在汉水方面和钱塘江方面采取若干行动，以牵制和迷惑中国军队。南昌作战时间定为3月上旬，开始攻击时间由第11军司令部确定。

2月9日，第11军又和航空兵团和海军第2联合航空队商定了协同作战计划。冈村宁次为了保证进攻成功，在准备期间数次派作战主任参谋乘飞机侦察地形、守军的防御体系、工事状况及兵力配置、重武器的位置等，据此选定渡河（修水）点和进军路线、主要突击方向。为提高进攻的力度和速度，冈村宁次改变了以往将野战重炮兵和战车配属各师团分割使用的方法，在强渡修水时改由军集中使用、统一指挥；同时改变了将战车分布在步兵战斗队形直前、掩护和引导步兵攻击的传统战术，将战车编为战车集团，在第一线部队前方2天行程的距离上，在航空兵支援下，进行远程迂回，突破守军防线，为部队开路。炮兵由野战重炮兵第6旅团长澄田睐四郎指挥，共有各种火炮300余门。战车由战车第5大队大队长石井广吉指挥，坦克及装甲车共有135辆。

2月中旬，第101师团、第106师团和配属炮兵开始向德安以南地区集结，战车队在德安以北集结。下旬，第6师团开始向箬溪、武宁方面行动，井上支队开始打通鄱阳湖水路，第16师团、第9师团在湖北安陆汉水左岸和粤汉路北段开始佯动。第11军原定于3月10日“陆军纪念日”发动攻击，但自2月中旬起连续下了1个多月的雨，河水泛滥，道路难行，迟误了准备时间。直到3月9日，第11军才确定作战开始之日为3月20日。

（三）第九战区防守南昌的作战指导方案及兵力部署

1939 年 2 月，第九战区在长江以南的赣北、湖北地区与日军第 11 军形成对峙，各部队仍在进行补充整训。其部署为：罗卓英第 19 集团军在南昌北正面进行防御，以第 70、第 49、第 79、第 32 军及预备第 9 师在箬溪以东修水南岸至鄱阳湖西岸并列展开；王陵基第 30 集团军第 72 军在武宁地区担任防御；樊崧甫所部（湘鄂赣边区挺进军）第 8、第 73 军在武宁以北横路附近担任防御；汤恩伯第 31 集团军第 13、第 18、第 92、第 37、第 52 军担任鄂南、湘北守备；卢汉第 1 集团军第 58 军、第 60 军、新编第 3 军及战区直辖第 74 军，控制于长沙、浏阳、醴陵地区，为预备队。

2 月下旬，国民政府军事委员会军令部第 1 厅据各方情报，判明日军有攻占南昌企图，提出了对应意见。3 月 8 日，蒋介石致电第九战区司令长官薛岳："第九战区为确保南昌及其后方联络线，决即先发制敌，转取攻势，以摧破敌之企图。攻击准备应于 3 月 10 日前完毕，预定攻击开始日期为 3 月 15 日。"并对指导要领及部署作原则指示，要求第 19 集团军固守现阵地，拒止敌渡河攻击；湘鄂赣边挺进军指挥第 8、第 73 军由武宁指向德安、瑞昌，攻击敌之左侧背；第 30、第 27 集团军向武宁附近集结，第 1 集团军向修水、三都推进，准备尔后作战。[2] 薛岳于 3 月 9 日、10 日接连致电蒋介石，提出部队整训未毕，补给困难，准备不及，要求延至 3 月 24 日开始实施。[3] 蒋于 3 月 13 日复电，强调"惟因目的在先发制敌及牵制敌兵力之转用，故攻击开始日期不能迟于本月敬日（即 24 日）"。[4] 但当中国军队尚在准备采取攻势之际，日军即开始进攻，于是第九战区就地转入防御。

二、会战经过

（一）保卫南昌的作战

1. 南浔路沿线

3 月 12 日，日"华中派遣军"命令其直属的第 116 师团派出石原支队和村井支队（由第 119 旅团 5 个大队分编而成），在海军支援下，由湖北乘船出发，对鄱阳湖东岸进行搜索，保障水陆交通和主力部队左侧安全，至 15 日，未遇到中国军队的抵抗，遂结束搜索行动，在各要点配备了必要兵力。18 日，村井支队乘军舰从星子出发，在永修东北约 30 公里的吴城附近登陆，向中国守军进攻，遭到中国第 32 军等部的顽强抗击。苦战 4 天，仍未能突破守军阵地。23 日晨，日军在飞机和炮火掩护下，继续发动猛攻，并不断投射燃烧弹、化学弹。守军蒙受重大损失，于 24 日撤出吴城镇，向后转移。村井支队占领吴城后，继续实施打通赣江及修水的作战，排除中国方面敷设的水雷。

3 月 18 日，日军第 101、第 106 师团主力及其炮兵、战车队等依次向修水北岸推进，分别占领进攻出发地域。此后，炮兵即开始进行试射和火力侦察。3 月 20 日 16 时 30 分，日军第 11 军命令炮兵第 6 旅团长指挥所有炮兵向修水南岸守军第 49 军、第 79 军阵地猛烈射击，进行总攻开始前的炮火急袭，长达 3 个多小时，其中杂有大量毒剂弹。守军阵地多处被毁，第 76 师师长王凌云以下官兵多人中毒。19 时 30 分，第 106 师团由虬津开始强渡修水；20 日晚，第 101 师团也由涂家埠以北开始渡河。修水宽约 300 米，因连日阴雨，河水上涨约 3 米，虽给日军渡河增加困难，但守军阵地多处被淹，水上障碍物大部分被冲走。日军 2 个师团分别突破守军前沿，乘夜连续突击，到 21 日拂晓占领纵深 2 公里的滩头阵地，掩护其工兵架设浮桥。8 时许，日战车集团通过浮桥，从第 106 师团正面向东山守军进攻，尔后沿南浔路西侧向南昌迂回。22 日 21 时 30 分，日先头战车群前出至奉新，占领南门外潦河大桥。战车集团的突然进攻，使守城部队未能撤收配置在城郊的 38 门火炮即匆匆退走。日军于 23 日占领奉新。

与此同时，第 101 师团一部沿南浔路正面攻击，在炮火掩护下强渡修水后在涂家埠受到中国第 32 军顽强阻击，形成胶着。

日军开始总攻后，国民政府军事委员会桂林行营（主任白崇禧）于 3 月 21 日急令第九战区各部队固守阵地。23 日电令第三战区司令长官顾祝同速调第 102 师至南昌，加强南昌守备兵力，归第 19 集团军总司令罗卓英指挥；另调第 16 师、第 79 师至南昌东南之东乡、进贤，警戒鄱阳湖南岸，并策应南昌方面的作战，同时电令第 19 集团军以有力部队约 2 个师的兵力分路向敌后方的马回岭、瑞昌、九江、德安等要点袭击，破坏铁路、公路，断敌后方交通，阻止敌后续部队增援。

但因通信联络不畅及部队行动迟缓、协同不好等原因，以上计划未能实施，而战场情况已发生变化。同日，蒋介石已感到日军攻占南昌，志在必得，因此产生予敌以杀伤，然后放弃南昌的意图，特致电第九战区司令长官薛岳、第 19 集团军总司令罗卓英和江西省主席熊式辉："此次战事不在南昌之得失，而在予敌以最大之打击。即使南昌失守，我各军亦应不顾一切，皆照指定目标进击，并照此方针，决定以后作战方案。”[5]25 日，蒋介石再次致电白崇禧、薛岳、罗卓英、顾祝同，指示：“1. 罗集团主力应保持重点于湘赣公路方面，攻击敌右侧，向赣江方面压迫之，切戒以主力背赣江作战。（也就是要第 19 集团军主力转移到赣江以西机动位置，避免被敌逼至赣江边于不利态势下决战。）2.“南昌正面以必要一部固守之，必要时可在抚、赣两江间逐次抵抗，掩护赣南……”[6]

日军战车集团占领奉新后，由于燃料将尽，在飞机空投燃料后方转向东进，继续向南昌西南迂回，于 20 日到达南昌城西赣江大桥。第 11 军将预备队第 147 联队归还第 106 师团建制，以增强该师团的突击力量。第 106 师团于 23 日占领安义，其第 11 旅团进击高安，阻击中国第九战区向南昌增援，主力经奉新转向东进，25 日在南昌以西击破由第三战区增援的第 102 师，于 26 日进至赣江左岸生米街附近，当日渡过赣江，从南面迂回南昌，并切断了浙赣铁路。第 101 师团主力也经万埠、璜溪，于 26 日进至生米街，当晚渡过赣江，向南昌突击。其第 101 旅团沿南浔铁路经乐化、蛟桥，于 26 日到达南昌西北赣江北岸。

第 19 集团军发现日军迂回南昌后，急令第 32 军从南浔路上的涂家埠撤回南昌，会同第 102 师固守南昌。但第 32 军尚未全部撤回而日军战车集团及第 101 旅团已分别突进至南昌西面及北面的赣江桥。守军虽炸毁桥梁将其阻止于赣江以西、以北，但日军第 101 师团已从南面突进南昌。守军兵力单薄，火力又弱，经激烈巷战，伤亡甚众，奉命向进贤撤退。27 日，日军第 101 师团占领南昌。28 日，日军第 11 军奉命令第 101 师团确保南昌、第 106 师团主力回占奉新，准备向高安或奉新以西作战。4 月 2 日日军占领高安城。

2. 武宁方面

武宁位于修水河北岸、南浔铁路以西约 80 公里处，背靠幕阜山，地势险要，是中国第九战区赣北防线的左翼要点。第 30 集团军所属第 72、第 78 军与湘鄂赣边挺进军所属第 8、第 73 军部署于修水河两岸，统一由第 30 集团军总司令王陵基指挥。国民政府军事委员会为保卫南昌，曾计划派出有力部队从武宁向东，向虬津、德安间进击，袭扰沿南浔路南下之敌的后方和侧背，破坏敌之交通。日军第 11 军在判明中国军队的部署和企图后，也将武宁方面作为其南昌会战的重要一翼，派出第 6 师团向武宁行动，牵制、阻击中国军队，保障其主力的右侧背安全，以顺利夺取南昌。

3 月 20 日，日军在南浔路正面战斗打响的同时，其第 6 师团也由箬溪（虬津与武宁之间)沿修水北岸向西攻击,但遭中国第 73 军、第 8 军坚决抵抗,进度缓慢。21 日下午,第 6 师团一部在飞机、火炮掩护下,从箬溪以东强渡修水,主力向武宁进攻,其第 36 旅团向杨洲街进攻。防守武宁地区的第 30 集团军利用山地进行顽强抗击,使日军进展极为困难,至 28 日,方进至武宁以东约 4 公里的新宁镇一带。其第 36 旅团 24 日在杨洲街与守军第 19 师激战,于 27 日攻占靖安;因南昌战斗已经结束,而其师团主力被阻于武宁以东,于是迅速返回,转攻武宁。因第 73、第 8 军连日苦战,伤亡较大,第 30 集团军着第 72 军接替武宁东北防务。日军第 6 师团集中兵力猛攻,激战至 29 日,守军撤至修水南岸,日军进占武宁。又经过激烈战斗,至 4 月 5 日,日军第 36 旅团进至修水南岸。

在此期间,蒋介石曾一再致电白崇禧、薛岳,着武宁方面的第 30 集团及崇阳、通山方面的第 31 集团军(总司令汤恩伯)应不顾南昌方面战况之变化,断行反攻,绕袭敌军侧后,向南浔路上的马回岭、德安、永修及瑞昌挺进,断敌交通,阻敌增援。[7]但此计划未能实施。

(二)反攻南昌的作战

日军攻占南昌后,东沿鄱阳湖东南岸,南至向塘,西在高安、奉新、武宁一线与中国第三、第九战区保持对峙。国民政府军事委员会判断日军虽占领南昌,但消耗较大,尚未整补,守备兵力不足,决定乘日军立足未稳时举行反攻,同时令各战区发动“四月攻势”(亦称“春季攻势”),袭扰、牵制日军,防止其继续向西进犯长沙。军事委员会令第九战区和第三战区策划反攻南昌。使用兵力,预定为第九战区的第 1、第 19、第 30 集团军及第三战区的第 32 集团军,共约 10 个师,由第 19 集团军总司令罗卓英统一指挥。

4 月 17 日,蒋介石将自己的《攻略南昌计划》电告桂林行营主任白崇禧,并征求意见。作战方针是:“先以主力进攻南浔沿线之敌,确实断敌联络,再以一部直取南昌。攻击开始之时机,预定 4 月 24 日。”其兵力部署的主要内容是:令第 1 集团军(总司令高荫槐)、第 19 集团军及第 74 军(军长俞济时)分别经奉新、大城地区向修水至南昌间南浔铁路挺进,彻底破坏交通,断敌增援,并协力攻略南昌;令第 19 集团军第 49 军(军长刘多荃)逐次推进至高安,为总预备队;令第 32 集团军(总司令上官云相)以 3 个师的兵力由赣江以东进攻南昌,并组织 1 个团的部队,以奇袭手段袭取南昌;令第 30 集团军(总司令王陵基)进攻武宁。[8]

4 月 18 日,白崇禧复电蒋介石,对兵力部署提出自己的建议,稍有变动,强

图 6－2－1　南昌会战·防守南昌战斗经过要图

（1939 年 3 月 18 日—4 月 1 日）

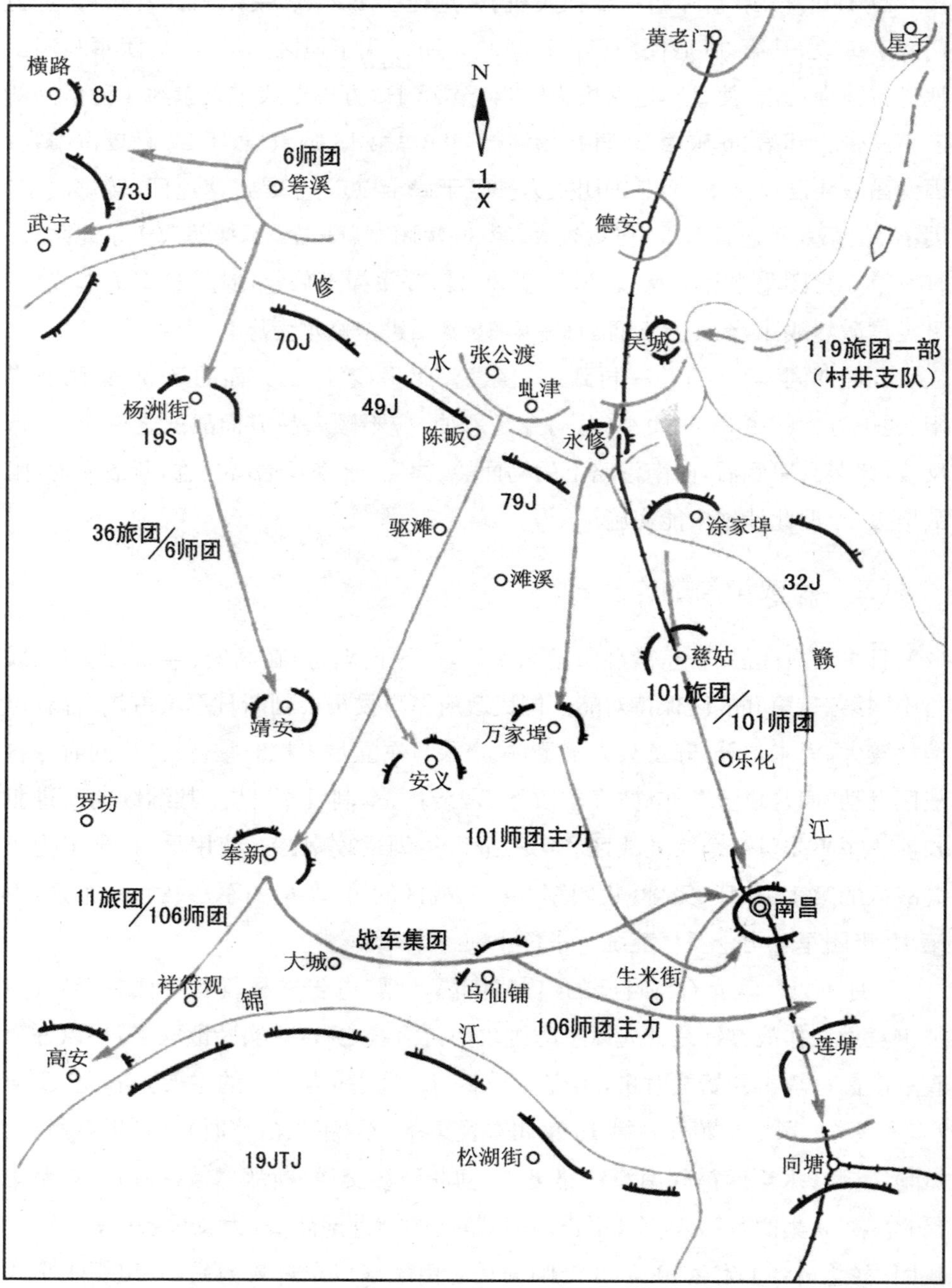

黄老门
星子
横路
8J
N
6师团
箬溪
1/X
73J
武宁
德安
修
70J
水
张公渡
吴城
119旅团一部
（村井支队）
杨洲街
19S
49J
虬津
陈畈
永修
79J
36旅团/6师团
驱滩
涂家埠
32J
滩溪
慈姑
赣
101旅团/101师团
靖安
万家埠
乐化
安义
罗坊
101师团主力
江
奉新
11旅团/106师团
南昌
战车集团
大城
祥符观
乌仙铺
生米街
锦
106师团主力
江
莲塘
高安
19JTJ
松湖街
向塘

调进行奇袭及“破坏、扰乱敌之交通及后方”，“切断敌之联络线”，并认为“攻击时间应提前，从速实施，至迟须在22日左右”。[9]

4月21日，第九战区的部队首先开始行动。第1集团军以第60军第184师和第58军新10师进攻奉新，以第58军新11师监视靖安日军；以第74军主力进攻高安，以第74军及第49军各一部北渡锦江，进攻大城、生米街。激战至26日，日军退守奉新、虬岭、万寿宫一带。第19集团军攻克大城、高安、生米街等据点。但尔后进展困难，攻击受阻。两个集团军的部队均未能按照计划挺进至南浔铁路。

第三战区的第32集团军以第29军第16师、第79师、预备第5师及预备第10师之一部于4月23日渡过抚河，进攻南昌。激战至26日，攻克市汊街。（南昌南），向南昌逼近。27日，日军集中第101师团主力实施反击，在猛烈炮火及航空兵火力支援下，与中国军队在南昌东南、正南郊区展开激战，反复争夺该地区内的各村庄据点。第79师师长段朗如因部队伤亡过大，于4月28日夜改变进攻部署，并发电报向军及集团军作了报告。第32集团军总司令以擅自更动计划为由，报第三战区批准，将其撤职查办。蒋介石急于攻下南昌，听到报告后，于5月1日下令，以贻误军机罪将段朗如“军前正法”，令第16师师长何平“戴罪图功”，令上官云相到前方督战，限于5月5日以前攻下南昌。

5月2日，第102师收复向塘，再克市汊街。第16师一度攻占沙潭埠，但在日军援军反击下，又被夺去。上官云相遂将第26师投入战斗。5月4日再度发起进攻。战至5日黄昏，预备第5师攻至城外围阵地，并破坏了铁丝网，但日军火力密集，该师伤亡很重，无力继续攻击。第26师第152团于5日拂晓突入新龙机场，击毁日飞机3架。第155团于5日9时突进至火车站，但均遭日军猛烈的火力袭击及反击而受阻。5月6日，日军第106师团主力在飞机、坦克支援下，从南昌及莲塘夹击城郊的第29军。激战至17时，第29军被包围，第26师师长刘雨卿负伤，军长陈安宝及第156团团长谢北亭牺牲。第29军参谋长徐志勋及刘雨卿根据战场实际情况，见已不可能完成攻占南昌的任务，为避免部队被歼，冒被蒋介石杀头的危险，决定向中洲尾、市汊街突围。预备第5师化装便衣潜入城中的1个团因无后续部队接应，被迫撤出。

蒋介石限期于5月5日攻下南昌的命令下达后，第九战区代司令长官薛岳认为：以南昌防御战后尚未得到补充而武器装备又远逊于敌人的部队，对武器装备占绝对优势而又依托防御工事的敌人进行攻坚作战，不可能按主观决定的时

图 6－2－2　南昌会战・反攻南昌战斗经过要图
（1939 年 4 月 21 日—5 月 9 日）

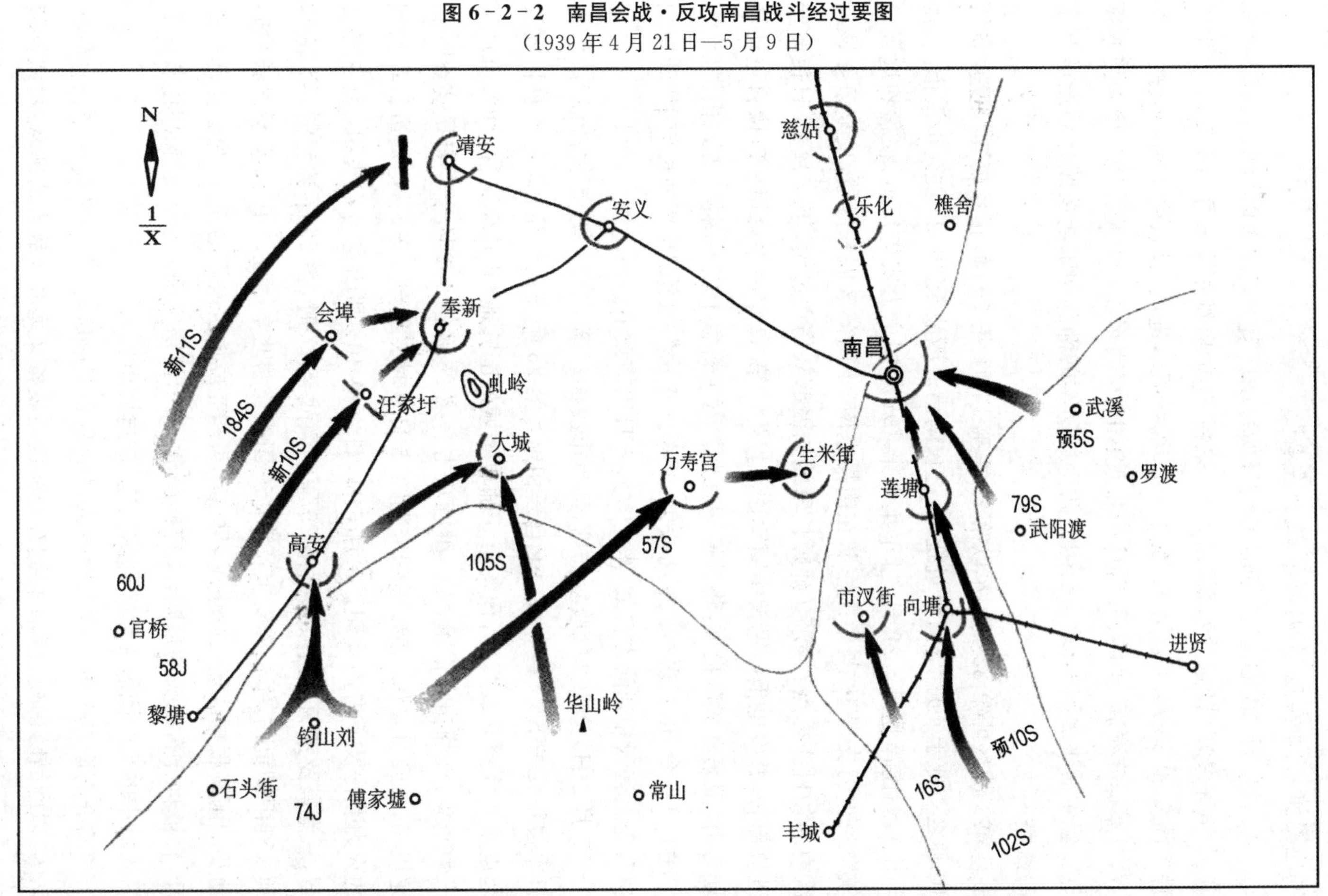

间攻下南昌。但他不敢直接向蒋介石提出不同意见，于5月3日致电陈诚陈述自己的看法。他说："查南昌、奉新方面之攻击，自4月漾日（23日）开始，已11天。因我军之装备等不及敌人，而敌人之重兵器、机械化部队与飞机等，能处处协力敌陆军之作战。因此攻击颇难摧毁敌之坚固阵地。现迭奉委座电令：我军作战之方略在消耗敌人，而不被敌人消耗，避实击虚，造成持久抗战之目的。故此次南昌之攻击，即在消耗敌人、避实击虚之原则下，预行设伏，采用奇袭方式，四面进攻，冀以最迅速敏活之手段，夺回南昌。现时已持久，攻坚既不可能，击虚又不可得，敌势虽蹙，但欲求5月5日前攻克南昌，事实上恐难达成任务。除严令各部排除万难、不顾一切继续猛攻外，拟恳与委座通电话时，将上述情形婉为陈明。"[10]陈诚于5月5日将薛岳的电报全文转报蒋介石。当时桂林行营主任白崇禧对限时攻克南昌的命令也认为不符实际，5月5日也致电蒋介石及何应钦，婉转地提出不同的建议。他说："我军对敌之攻击，必须出其不意，始能奏效。今南昌之敌既已有备，且我军兼旬攻击，亦已尽其努力。为顾虑士气与我最高战略原则计，拟请此后于南昌方面，以兵力三分之一继续围攻，三分之二分别整理。在外则仍宣传积极攻略……"[11]两封电报的用意，都是"以子之矛，攻子之盾"，以作战指导不符战略方针为理由，希望蒋介石改变限期攻克南昌的命令。蒋介石接到电报，又得到陈安宝军长牺牲及进攻部队伤亡惨重的报告，于5月9日下达停止进攻南昌的命令。日军此时亦因损失严重，无力反击，南昌会战结束。

三、会战简析

南昌会战，中国军队既未能在防御中守住南昌，也未能在反攻中夺回南昌。但它在军事、政治上的影响，却有积极的一面。南昌会战表明日军虽然占领了武汉三镇，但既未能迫使国民政府屈服，也未能击歼中国军队的主力，更没有摧毁中国广大军民的抗战意志。中国军队不仅继续进行抗战，而且还开始实施战役范围的反攻，这是"七七"事变以来的新发展，同时也证明国民政府军事委员会在战略指导上确有改单纯防御为攻势防御的意图。可惜的是，由于最高决定者和某些高级将领，或是理论与实践脱节，或是缺乏优良的战略战术素养，以致在作战指导和作战指挥上产生不少失误，在造成消耗敌人的同时，过多地消耗了自己，却未能实现自己的战役企图。

首先是作战指导与战略方针相抵牾。蒋介石在口头上一再声称“不复与敌人作一点一线之争夺”,“我军作战之方略在消耗敌人而不被敌人消耗,避实击虚,造成持久抗战之目的”等等,但是在反攻南昌的作战中,当奇袭未能成功、已形成以弱我向强敌进行阵地攻坚战时,不顾战场的实际情况,仍限令于5月5日前攻下南昌,以致不仅南昌未能按其主观愿望攻克,而且部队遭到大量不必要的伤亡。

其次是对敌情判断错误,防御阵地缺乏韧性。第九战区保卫南昌选定的主要防御方向为南浔铁路方面,而日军的主突方向则在修水以西,相差甚远。有些担任防御的军队(第79、第49军等)仅部署1个师在第一线,正面长达15公里,而军的主力却部署在第一线后方1日行程之处,这在当时的机动条件下不仅策应困难,而且也违反了以军为基本战略单位、军长应直接指挥战斗的原则,致一点被突破,即全线陷于被动,不能有效地遏止、迟滞敌人。

再次是有些高级将领在作战指挥上缺乏积极进取精神,执行命令不力。反攻南昌作战计划的主要内容是以主力进攻南浔路沿线之敌,彻底破坏交通,切断日军的增援及联络,以一部攻南昌。而担任这一主要任务的第1集团军和第74军为相隔甚远的几个日军独立据点所阻,无一点兵力进至南浔路上,对战役产生极不利的影响。

另外,日军在南昌会战中大量施放毒气,也是修水防线被迅速突破和中国军队在战斗中伤亡惨重的重要原因之一。日军在强渡修水前进行炮火准备时,使用了全部能够发射毒气弹的火炮进行急袭,仅19时20分至30分的最后10分钟中,即发射毒气弹3000余发。紧接着,日军野战毒气队又在12公里进攻正面上施放了中型毒气筒15 000个(其中第101师团正面施放了5000个,106师团正面施放了10 000个),修水河中国守军阵地的2公里纵深内完全为毒气所笼罩。守军伤亡极重,当时中毒的团以上军官即有第26师师长王凌云、旅长龚传文、团长唐际遏和第105师的团长于沚源等。部队缺乏防毒手段及措施,处于惊慌之中,指挥失灵,致战斗力接近丧失,日军得以顺利渡过修水河。[12]参加南昌会战的日军野战重炮兵第15联队联队长佐佐木孟久大佐,在其所著《十加部队的变迁》中说:“3月21日拂晓是阴天,有约3米/秒的风吹向敌方,这是使用特种弹的绝好天气。按照预定计划,从拂晓开始,进行试射、校正射效,以后转入炮火准备后,140门大炮的炮声盖住了修水河畔,实为壮烈。最后发射特种弹,亲眼目睹了浓浓的红云渗透至敌阵的情景。结束炮火准备后,前沿步兵放射特种筒,战斗进展很顺利。当炮兵按计划延伸射击后，步兵一齐进攻，突入敌阵……如入无人之境。”[13]与此同时，日军第6师团第11旅团在进攻武宁中国军队阵地时，也使用了大量含有窒息性毒气的特殊发烟筒12个，致守军官兵500人遭烈性毒气伤害，阵地被攻占。由于日军规定“对特种烟实施地区，务期歼灭华军，希图灭口”，所以据被俘的日军上等兵野上今朝雄笔供，在武宁中毒的中国官兵全部被日军刺杀。[14]以后在高安附近战斗及强渡锦江等作战时，均曾使用了大量的毒气弹和毒气筒。

附表6-2-1　南昌会战日军参战部队指挥系统表(1939年2月)

华中派遣军司令官　畑俊六

第11军司令官　冈村宁次

第101师团　伊东政喜

步兵第101旅团(步兵第101、第149联队)

步兵第102旅团(步兵第103、第157联队)

骑兵第101大队

野炮兵第101联队

工兵第101联队

辎重兵第101联队

第106师团　松浦淳六郎

步兵第111旅团(步兵第113、第147联队)

步兵第136旅团(步兵第123、第145联队)

骑兵第106联队

野炮兵第106联队

工兵第106联队

辎重兵第106联队

第6师团　稻叶四郎

步兵第11旅团(步兵第13、第47联队)

步兵第36旅团(步兵第23、第45联队)

骑兵第6联队

野炮兵第6联队

工兵第6联队

辎重兵第6联队

第116师团　清水喜重

步兵第119旅团(步兵第109、第120联队)

步兵第130旅团(步兵第132、第138联队)

骑兵第128大队

野炮兵第122联队

工兵第116联队

辎重兵第116联队

野战重炮兵第6旅团　澄田崃四郎

野战重炮兵第10联队(15厘米榴弹炮24门)

野战重炮兵第13联队(15厘米榴弹炮24门)

野战重炮兵第14联队(15厘米榴弹炮24门)

野战重炮兵第15联队(10厘米加农炮16门)

独立山炮兵第11联队(7.5厘米山炮12门)

攻城重炮兵第2大队(15厘米加农炮4门)

野炮兵第101联队(7.5厘米野炮34门,属第101师团,临时配属)

野炮兵第106联队(7.5厘米野炮32门,属第106师团,临时配属)

(注:强渡修河时,第101、第106师团各联队之山炮、速射炮、步兵炮及迫击炮8个中队,均由澄田崃四郎统一指挥。)

战车集团　石井广吉

第1战车群(战车第7联队,步兵、工兵各1个中队)

第2战车群(战车第5大队主力,步兵1个中队、工兵1个小队)

预备队(战车第5大队第2中队、独立轻战车第9中队、步兵3个中队、工兵1个分队)

附表6-2-2　南昌会战第九战区参战部队指挥系统表(1939年2月)

司令长官陈　诚

代司令长官薛　岳

第19集团军　总司令罗卓英

第32军　军长宋肯堂

第139师　师长李兆瑛

第141师　师长唐永良

第142师　师长傅立平

第49军　军长刘多荃

第105师　师长王铁汉

预备第9师　师长张言传

第79军　军长夏楚中

第76师　师长王凌云

第98师　师长王甲本

第118师　师长王　严

第70军　军长李　觉

第19师　师长李　觉(兼)

第107师　师长段　珩

第78军　军长夏首勋

新编第13师　师长刘若弼

新编第16师　师长吴守权

第30集团军　总司令王陵基

第72军　军长韩全朴

新编第14师　师长范南煊

新编第15师　师长邓国璋

第1集团军　总司令卢　汉

高荫槐(代)

第58军　军长孙　渡

新编第10师　师长鲁道源

新编第11师　师长梁德奎

第60军　军长安恩溥

第183师　师长杨宏光

第184师　师长张　冲

第74军　军长俞济时

第51师　师长王耀武

第57师　师长施中诚

第58师　师长冯圣法

预备第9师　师长顾家齐

湘鄂赣边区挺进军　总指挥樊松甫

第8军　军长李玉堂

第3师　师长赵锡田

第179师　师长丁炳权

第73军　军长彭位仁

第15师　师长汪之斌

第 77 师　师长柳际明

第 1 游击纵队司令　孔荷宠

第 32 集团军(属第三战区,参与南昌会战)　总司令上官云相

第29军　军长陈安宝

第 26 师　师长刘雨卿

第 79 师　师长段朗如

第 102 师　师长柏辉章

第 16 师　师长何　平

预备第 5 师　师长曾戛初

预备第 10 师　师长方先觉

注　释:

〔1〕 日本防卫厅防卫研究所战史室:《中国事变陆军作战》。日本朝云出版社 1983 年增印版,(2)第 351—352 页。

〔2〕 中国第二历史档案馆编《抗日战争正面战场》。江苏古籍出版社 1987 年版,(下)第 784 页。

〔3〕 同〔2〕,第 785—786 页。

〔4〕 同〔2〕,第 785 页。

〔5〕 同〔2〕,第 788 页。

〔6〕 同〔2〕,第 790 页。

〔7〕 同〔2〕,第 790—791 页。

〔8〕 同〔2〕,第 800 页。

〔9〕 同〔2〕,第 800—801 页。

〔10〕 同〔2〕,第 809 页。

〔11〕 同〔2〕,第 808 页。

〔12〕 纪道庄、李录:《侵华日军的毒气战》。北京出版社 1995 年版,第124 页。

〔13〕 〔日〕吉见义明:《化学战备忘录——日军在中国使用了毒气》。转引自《抗日战争研究》1996 年第 2 期第 202—203 页。

〔14〕 同〔12〕,第 125 页。

第三节　海南岛及汕头作战

一、海南岛作战

海南岛原属广东省，位于南海西南角，东临南海，西南隔东京湾、北部湾与法属印度支那（越南）相望，北隔琼州海峡与雷州半岛相对。全岛面积约 32 200 平方公里，与台湾面积大致相同，岛上有丰富的地下资源。

海南岛的作战是一次规模不大的行动，日本的战史中，把这次作战称为“几乎不流血的登陆”。但因其与日本的海洋政策即南进政策密切相关，因而日本海军对这次作战特别积极，“海军对占领海南岛所抱的远大企图，其构想堪与陆军对满洲所抱的企图相匹”。[1]又因海南岛靠近法属印度支那和东南亚，容易刺激英、法等国，因而日本政府对此次行动也十分关注。

早在 1938 年 4 月，日本海军就在台湾总督府设立海军武官府，研究南进政策及有关计划。同年 9 月，以台湾总督府名义拟定的《南方外地统治组织扩充强化方策》及《海南岛处理方针》等文件，就把占领海南岛和控制东沙群岛、西沙群岛、南沙群岛密切联系起来，同向西南太平洋侵略扩张、建设“新东亚”密切联系起来。在《海南岛处理方针》中提出：“鉴于海南岛在军事上和经济上的重要性……应着眼于帝国对外扩充统治的精神，确立对该岛的全部统治实权”，“要以统治台湾的经验，灵活运用于统治海南岛”，“确保开发海南岛资源，乃帝国国策所必要”，“确立对以海南岛为中心的东沙群岛、西沙群岛和新南群岛的坚强支配权，使之与台湾相结合，作为帝国南方政策的前进据点，以图强化遂行我国既定国策。”[2]广州作战后，“香港路线被切断，援蒋路线正在移向河内和缅甸路线。要切断这些路线，只能依靠航空攻击。然而对此两条路线的航空作战基地，目前只有台湾和三灶岛两基地。如能再在海南岛建设航空基地，则航空作战可进一步延伸到切断缅甸路线。”[3]为取得这样的基地，日本海军实施海南岛作战的意向更加强烈。其实早在“中国事变爆发前，日本官方及工商界即已非常关心此一天然资源宝库。海军也渴望得到此地埋藏的油田，而认为有必要早日占领此岛”，[4]因而积极同陆军协商进攻该岛。由于担心刺激英、法，所以必须得到日本政府同意。在1938年11月25日的五相会议上，海军大臣米内光政提出了攻占海南岛的议案，经1939年1月10日至11日五相会议讨论，仍未作出最后决定，于是海军便迫不及待地要求召开御前会议予以裁决。在1月13日下午的御前会议上，天皇没有提出异议和质问，即表示认可。

1月19日，日本大本营发出“大陆命”第265号命令，决定攻占海南岛要域，以“建立对华南进行航空作战及封锁作战的基地”。同日，参谋部总长载仁亲王就作战细节发出“大陆指”第372号指令，规定陆军以台湾混成旅团(因旅团长为波田重一，故又称“波田支队”；后新任旅团长为饭田祥二郎，故改称“饭田支队”)为基干，海军以第5舰队为基干(辖第8、第9、第10战队，第2、第5驱逐舰队，第1、第2、第14航空队，第2根据地队及陆战队、特别陆战队等，兵力包括重巡洋舰7艘、驱逐舰约20艘、舰载机约150架、中型攻击机12架、水上侦察机16架等，[5]预定于2月上中旬攻占海口及附近地区，海军可伺机占领榆林港附近。关于部队的运送、护卫、登陆与协同作战，由第21军司令官安藤利吉和第5舰队司令官近藤信竹协商作出计划；在占据地区内，陆上的警备由陆军负责，海上的警备由海军负责，海口飞机场、码头及港务机关的管理使用由陆、海军共同负责。登陆以后由大本营进行指道。[6]此次作战，陆军代号为“登”号作战，海军代号为“Y”作战。

作战前1个月，日军即已开始现地侦察，在海南海峡秘密测量水深及设置标志，同时在海南岛西北的涠州岛设置了临时野战机场。2月3日，护卫舰队集结于万山群岛泊地。同日，先遣部队进出海南海峡。2月8日晚，台湾混成旅团(辖2个步兵联队、1个炮兵联队、1个工兵联队)在第5舰队护卫下从万山群岛启航，向西南行约230海里，于9日22时在海口以西约20公里的澄迈湾抛锚。陆、海军作战部队指挥官和参谋人员乘第5舰队旗舰“鸟海”号重巡洋舰(排水量1万吨)在海口正北方的琼州海峡中停泊。10日2时30分，各部队趁夜暗在澄迈湾东北角开始登陆。中国方面正规部队在广州作战前已全部调出，琼崖守备司令部只有保安第5旅的保安第1团(约900人)、保安第2团(约700人)、独立自卫大队(约300人)、新编守备队(由壮丁编成，约1000余人)及秀英炮台守备队(约250人)等，共约3500人。登陆日军击破中国保安部队的微弱抵抗即占领登陆场，并继续向东进攻。天明后，中国守军以海口秀英炮台的要塞炮向日舰射击，不久炮台即被日机炸毁。日军于10日中午占领海口，14时占领琼山，接着又攻占海口以南约30公里的安定和东南约60公里的清澜港。琼崖守备司令王毅率余部潜入纵深山区。

由于海口登陆作战顺利，日海军护卫舰队指挥官决定将进攻三亚的作战提前2天实施。为了单独作战，将横须贺特别陆战队（约860人）、吴港特别陆战队（约730人）、佐世保特别陆战队（约860人）与各舰船人员编成的联合陆战队组编为陆战部队（共约3000人），于2月13日午夜横越琼州海峡，绕海南岛西侧，于14日拂晓到达海南岛南端的三亚港，未遇任何抵抗即登陆成功。当日占领三亚、榆林、崖县，尔后陆、海军南北对进，占领海南全岛。

2月12日，蒋介石在重庆接见外国记者时，把日军侵占海南岛称为“太平洋上的‘九一八’”，预料日本必将以海南岛为跳板，将战争扩大到太平洋，实现其更大的野心，不惜向英、美开战。

3月30日，日本政府宣布南沙群岛归日本所有。7月下旬，第21军以4个步兵大队、1个山炮大队为基干，编组了“海南岛派遣部队”以接替台湾混成旅团，担任海南岛占领任务，将台湾混成旅团调回广州。日本海军则大力经营海口航空基地和榆林海军基地，为扩大战争和开发海南岛国防资源作准备。

美、英、法、荷等国都对日本侵占海南岛和宣布领有南沙群岛提出了质问和抗议。日本外相有田八郎回答各国说：“攻占海南岛是出于加强华南沿岸的封锁，加速蒋政权崩溃的军事上的需要，并没领土野心。”[7]当然更讳言其南进的企图。

二、汕头作战

日本大本营为了进一步封锁中国、切断由汕头进入内地的外援路线，于1939年6月6日向驻广州的第21军及海军“中国方面舰队”下达了攻略汕头及潮州的作战命令。第21军司令官安藤利吉指令第104师团第137旅团旅团长后藤十郎率步兵第137联队、独立步兵第76大队，与配属的山炮兵2个大队、工兵2个中队、轻坦克1个小队及1个渡河中队组成后藤支队，与海军协同进攻汕头。海军参战部队为第5舰队司令官近藤信竹派出的第9战队，第5水雷舰队，第12、第21扫海队，第45驱逐队，第3联合航空队及佐世保第9特别陆战队等。

防守汕、潮地区的中国军队为第四战区的独立第9旅（旅长张兰荪），主力驻潮州，一部驻汕头。另有1个保安团和地方自卫队等。

后藤支队于6月14日从黄埔港乘舰艇，16日到达马公岛，与海军参战部队会合，一方面与海军指挥官商讨协同作战的细节，一方面进行换乘及登陆的训练。6月20日，日军从马公岛启航，21日凌晨进至汕头港外，当即以一部兵力在汕头港南岸的达濠岛登陆，主力则沿韩江支流西溪北进，8时半左右在汕头以东地区登陆，随即向汕头以北地区迂回。22日拂晓开始向汕头进攻。守军独立第9旅的部队仓促应战，稍事抵抗即行撤走。日军于当日上午占领汕头。25日，日军后藤支队向潮州进攻。独立第9旅在潮州西南郊的枫溪进行阻击，经激战，因不支而撤走。日军于27日上午占领了潮州。

注　释：

〔1〕〔日〕井本熊男：《作战日志ご缀る支那事变》。日本芙蓉书房1978年版，第328页。

〔2〕同〔1〕，第329页。

〔3〕〔4〕日本防卫厅防卫研究所战史室：《日本海军在中国作战》。中华书局1991年中译本，第313页。

〔5〕〔日〕外山三郎：《日本海军史》。解放军出版社1988年中译本，第111页。

〔6〕日本防卫厅防卫研究所战史室：《中国事变陆军作战》。日本朝云新闻社1983年增印版，第337—338页。参见《日本海军在中国作战》第315—316页。

〔7〕同〔1〕，第334页。

第四节　随、枣会战

一、会战前双方态势

日军占领武汉后，国民政府重新调整战区。调整后的第五战区范围包括皖西、豫南和鄂北，东与第三战区毗连，北与第一战区相邻，西扼川陕，南临长江，与第九战区相望。其位置居各战区中央，控制着长江上游入川门户；战区内东有大别山，西有荆山，北有桐柏山，中有大洪山，并有汉水（襄河）由西北向东南贯穿其间，进可威胁武汉，退可与日军周旋。战区所辖部队有第 11 集团军、第 21 集团军、第 22 集团军、第 29 集团军、第 33 集团军、江防军等 6 个集团军，有 13 个军、34 个步兵师、1 个骑兵师、1 个骑兵旅和 2 个游击纵队。第五战区司令长官李宗仁以江防军（司令郭忏）担任宜昌以下长江北岸、襄河以西及宜昌、当阳、江陵各要点防务；以第 29、第 33 集团军组成右集团军（由第 33 集团军总司令张自忠指挥）担任大洪山南麓、京（山）钟（祥）公路、襄河两岸防务，置重点于汉（阳）宜（城）公路方面；以第 11、第 22 集团军组成左集团军（由第 11 集团军总司令李品仙指挥），担任大洪山至桐柏之间防务，重点在襄（阳）花（园）公路随县至枣阳间地区；以第 21 集团军在大别山区开展游击战争，牵制日军，以为策应。但各部队因在前期作战中伤亡消耗较大，整补工作刚在进行，约有半数以上的师，员额、装备不足编制数的二分之一，战力堪虞。1939 年 4 月间，国民政府军事委员会将汤恩伯第 31 集团军（辖 6 个师）从鄂南的崇阳、通山等地北调，加强第五战区，接替第 22 集团军在随（县）枣（阳）间的防务，将第 22 集团军调至襄樊附近为总预备队；不久，又应第五战区之请，将原属第一战区的孙连仲第 2 集团军从临汝南调至桐柏山区，与第五战区协同作战。

日军第 11 军为确保武汉，占领周围要点，东至九江，北到信阳，西至钟祥、安陆，南为岳阳、南昌，沿铁路、水路和公路警戒，保持各点之间的联系；并依其大本营的指示，以上列各点之间为作战地区，与中国军队作战。但其四面都受到中国军队的包围，特别是北面受第五战区、南面受第九战区威胁较大，故 1939 年及以后，日军第 11 军的作战多是以第五、第九战区为对象。1939 年初，第 11 军辖 7 个师团（第 3、第 6、第 9、第 13、第 16、第 101、第 106 师团）和 1 个独立混成旅团（第 14 独立混成旅团）。3 月，新编成的第 33、第 34 师团奉命编入第 11 军序列，预定 6 月以后替换第 9、第 16 师团回国。这样，1939 年 4—5 月间，第 11 军便辖有 9 个师团、1 个混成旅团，临时增加了机动兵力，第 11 军司令官遂决定利用这一机会，继南昌会战给第九、第三战区以打击后，再给第五战区以打击。

二、日军的战役企图和兵力部署

还在南昌会战期间，日军“华中派遣军”便得知汤恩伯第 31 集团军将由江南调往江北和中国军队将于4月发动"春季攻势"的情报，随即通知第11军作必要的准备。第11军在攻占南昌、武宁，基本上解除了第九战区部队对九江及长江航道的威胁后，冈村宁次即决定先发制人，在第五战区发动攻势之前向随枣地区进行攻击。1939年4月17日拟定了《毛号作战会战指导策略》。其作战方针是："为了确保作战地区，加强安定和进一步挫伤敌军继续抗战的意志……军决定利用新兵团到来之机和敌军正在准备进攻的间隙，大致在5月初以前，秘密将江北各兵团及军直属部队的主力集结在应山、安陆附近，做好会战准备。"其作战企图与计划是："军决定以强有力的一部在主力发动攻势之前从大别山南麓地区突破敌军左翼，把敌人的主力牵制在这深长的东南面，主力概由安陆及其以东地区前进，向枣阳南侧地区及该地西北地区一线迂回突进。同时，以机动兵团向纵深的纰源以南地区迂回，切断向南阳方面的退路，在枣阳附近捕捉敌军的重点兵团，予以歼灭。"要求"完成作战目的后，迅速回到大概原来态势……但必须确保随县一带"。同时明确"此次作战的主要目标，是敌人的重点兵团第31集团军"。这份文件还对参与这次会战的主要部队第3、第13、第16师团和骑兵旅团在5月初以前的大致集结位置及以后的大致突击方向作了规定。[1]

由于这次作战超出了大本营规定的区域，所以要经过"华中派遣军"向大本营请示。大本营于4月18日以"大陆命"第289号命令批准了"华中派遣军""在4、5月间可在汉口西北正面，暂时实施越过现作战地区作战"。日军参谋本部同时指令"华中派遣军"在实施作战后"要尽快返回现作战地区内"。4月20日，"华中派遣军"根据大本营和参谋本部的批复，命令第11军："在4、5月间，可伺机在大概唐河以南地区将汉口西北正面之敌击败，粉碎其抗战企图，将敌消灭后应尽快返回大概连接信阳、随县、安陆一线以南地区。"

4月20日，第11军下达作战预先号令，并进行了兵力部署：令第3师团（为加强该师团进攻能力，配属1个步兵联队、2个野战重炮兵联队、1个工兵联队、1个山炮兵大队、1个迫击炮大队、1个机枪大队、1个战车大队和2个装甲车中队）于4月末集结于孟畈店地区，5月初发起进攻，突破中国军队防线后向随县以北高城镇、唐县镇（今唐镇）攻击前进，以牵制中国军队主力于枣阳东南方向，另以一部兵力向枣阳东北新集一带迂回。必要时以一部兵力由信阳向桐柏方向进击，以切断中国军队的退路。令第13师团和第16师团分别集结于钟祥县城及城东北黄家集附近，进攻开始后，两师团突破当面守军防线，并列向枣阳以南吴家店和枣阳以西双沟前进，切断枣阳与襄阳的联系。令骑兵第4旅团（为加强该旅团独立作战能力，配属 1 个骑兵联队和 1 个骑兵大队）集结于钟祥东南郑家集和天门以西的多宝湾地区，进攻开始后，俟第 16 师团进至樊城东南方集、大庙山一带时，迅速超越该师团，攻击双沟，并向新野、唐河迂回，以形成对枣阳地区的双重包围，遮断中国军队向南阳的退路。当第 3 师团进至唐县镇附近时，第 13、第 16 师团从白河以东向右迂回，进攻枣阳附近。作战目的达成后，第 3 师团确保枣阳地区，掩护其他部队返回原驻地。其他部队撤回后，第 3 师团留一部兵力占领随县，主力返回原驻地。此外，还令第 3 飞行团（2 个侦察机中队，1 个战斗机战队，2 个轻轰炸机战队）协同地面部队作战。这一计划的中心思想是以第 3 师团在右、骑兵第 4 旅团在左，以迂回行动对枣阳地区实施包围，尔后以第 13、第 16 师团北进，以围歼中国军队的第 31 集团军。

4 月 26 日，冈村宁次命令第 3 师团于 5 月 1 日开始进攻，其他师团于 5 月 2 日前作好攻击前的准备。

三、第五战区的作战方针和兵力部署

1939 年 4 月，第五战区根据军事委员会发动“4 月攻势”的命令，正向随县以南安陆、应城、天门及平汉路南段的信阳、广水、花园等地发动攻势时，侦知日军调动频繁，在应山、安陆附近集结较大兵力，有向战区腹地发动进攻的迹象，乃于 4 月 25 日下令停止“4 月攻势”，调整部署，作抗击日军进攻的准备，并将敌军集结情况向军事委员会作了报告，同时制订出新的作战计划。作战方针是：“战区决以长久保持桐柏、大洪两山地带，以攻为守，予敌以打击。”兵力部署的基本精神是：以一部兵力防守襄河，以主力配置于襄（阳）花（园）公路方面，伺机反攻；另以一部兵力配合游击部队攻扰平汉路。同时，请求军事委员会令第一战区的第 2 集团军（孙连仲部）南移桐柏、唐河，以巩固两战区的结合部，并保障第五战区侧背的安全。

4 月 28 日，军委会分别致电第五战区司令长官李宗仁和第一战区司令长官卫立煌，指出敌人向第五战区增加两个师团，“无论其为防为攻，我军应仍按预定计划进行。正面各部队更应利用气候、地形与民众等有利条件，分路出击，只要应用无孔不入之要领，继续不断予以打击，以粉碎其进攻之企图。”军事委员会要求第一、第五两战区确切协同，保持桐柏、大洪两山。[2]

军事委员会批准了李宗仁的作战计划，并同意将第2集团军南调。4月30日，李宗仁遂向第五战区各部队发出作战命令。其主要内容为：[3]

（一）不下三师团之敌，将以主力由淅河及其以北地区向西，有力之一部由钟祥附近北向，夹击我在襄河东岸之主力兵团。

襄河之敌，似仍属以骑兵为基干之部队，沿河防守。

我一、九、三各战区继续攻势顺利进展中，一战区并以孙集团主力在桐柏一带策应本战区之作战。

（二）战区决以主力行攻势防御，粉碎敌之企图，长久保持襄河东岸地区；一部渡河攻击，竭力牵制敌之兵力，俾我主力之作战容易。

我廖集团约两师，并指挥沈、黄两部（游击纵队），主力向花园、广水间；一部向信阳西进，策应我主力之作战。

（三）江防军除以26军主力推进沙洋、十里铺、沙市间地区外，其他部署及任务仍旧。

河防部队应各派有力部队渡河攻击，在襄河东岸获得据点后，应竭力扩张战果，向血口、沙港方面侧击。王、金两部应全部渡河，向应城、瓦庙集间攻击，并截断京钟路，以牵制敌主力之攻击。

（四）右集团军应竭力增强襄河东岸部队，以纵深配备，阻止敌之北上，掩护我左翼兵团之右翼。

河防部队除竭力防止敌由钟祥附近渡河外，应令其右翼军以有力之部队渡河攻击，向钟祥南方地区侧击，牵制敌之北进。

（五）左集团军以一部守备现在之线，竭力阻止敌之西进，主力控置左翼，相机向敌侧背之广水、应山、马坪间攻击；同时其右翼军亦应向平林市、马坪间攻击，与廖集团西进部队呼应夹击之。

不得已时，可引敌深入，于唐县镇、环潭镇东方地区击破敌之主力，以挫折其企图。

与桐柏方面友军，应径取联络，并以一部对该方面自行掩护其侧背。

（六）……

（七）22集团军为战区第二线兵团，以41军在唐白河及襄河两岸坚固工事，扼要防守，并准备策应右集团之作战。

45集团军集结指定地点，暂归李兼总司令品仙之区处，准备对洛阳店、平坝或黄家集、洋梓方面使用。

（八）炮兵除已明令配属各军者外，其炮 16 团及 20 团之各 1 营，仍由董指挥官统一指挥，直属本部。但在双沟之炮 16 团 1 营，应就近受 125 师长之区处。

（九）长官部仍在原地（枣阳）。

以上命令的中心思想是以主力左、右两集团军配置于大洪山、桐柏山之间襄河以东地区，先以守势阻止敌人，相机转入反攻，以求长期保持襄河东岸地区；战区两翼部队（廖集团和江防军）则应主动向敌之侧背出击，牵制敌人，策应主力作战，粉碎敌之进攻。命令发出后各部队正在调整部署、进行准备，第 2 集团军尚在兼程南下途中，但日军于 5 月 1 日便开始了进攻。

四、会战经过

1939 年 5 月 1 日，日军按照计划首先向第五战区左集团军的左翼发动进攻。其第 3 师团由应山附近出发，一举突破第 84 军第 173、第 174 师徐家河以东警戒阵地，继续向西北之郝家店、塔儿湾一线突进，当日占领郝家店。这时，汤恩伯第 31 集团军已在桐柏山西南之鹿头等地集结完毕，并以第 13 军的第 89、第 110 师占领高城镇附近的主阵地，与第 84 军协同作战。日军连续猛攻，并多次施放毒气。双方激烈争夺，阵地失而复得六七次。至 6 日，日军才在战车部队和优势炮火支援下先后突过塔儿湾、高城一线，但由于中国军队的奋力抗击，日军进展迟缓。

日军第 11 军在其第 3 师团突破第五战区左集团军阵地、将守军第 31 集团军牵制于襄花公路方面后，命其主力第 13、第 16 师团和骑兵第 4 旅团向第五战区左集团军发起进攻。在此之前，第五战区江防军和右集团军一部曾向钟祥以南旧口等日军后方要点袭击，破坏汉（口）宜（城）公路和京（山）钟（祥）公路，以求牵制日军主力，但因自己兵力不大，未能破坏日军的进攻计划。5 月 5 日，第 13、第 16 师团与骑兵第 4 旅团从京山、钟祥、黄家集附近出发，向大洪山西南麓至襄河左（东）岸间第 59 军的第 180 师、第 38 师和第 77 军的第 37 师猛烈进攻，迅速突破长寿店、流水沟及附近阵地。第 59、第 77 军节节抗击，逐次向北转移；原在襄河西岸的部队则渡河增援，侧击日军。但日军在强大炮火掩护下推进甚快，于8日攻占枣阳，将第五战区左、右两集团军割裂开来。右集团军的第122、第180师向樊城以北撤退，第37、第38、第132师沿襄河左岸布设新阵地，坚守桥头堡，拱卫襄阳。第五战区长官部则由枣阳迁往老河口。

日第11军鉴于已冲破第五战区的防御体系、对左集团军已构成夹击之势，便想进一步将左集团军，特别是第31集团军压缩于随县至枣阳、桐柏山与大洪山之间地区，包围而歼灭之。5月7日，第11军采取了如下部署：第3师团在突破高城镇、唐县镇中国军队主阵地后向枣阳方向追击；驻信阳的第3师团铃木支队迅速占领桐柏一带，切断中国军队向北的退路；第13师团进入滚河一线后，向枣阳东北方向迂回，截歼向西溃退的中国军队；第16师团进入滚河后向双沟方向突进，以一部在白河下游，面对襄阳，掩护第11军左侧背，并协助骑兵渡过白河；第4骑兵旅团要超越第16师团，尽快向白河右岸移动，向新野及其以北挺进，切断中国军队向北、向西的退路。第11军这一部署的主要目的，是想从两翼将第五战区左集团军，特别是第31集团军合围在枣阳东北山地，予以歼灭。

中国第五战区在查明日军企图后，命令左集团军主力避开正面敌军，以桐柏山为依托，占领侧面阵地，面对随枣盆地，侧击西进与北进之敌，不得已时可向唐河、新野转进；以第39军和第13军一部坚持大洪山与桐柏山区，分散配置，进行游击，袭扰敌人；以右集团军在襄河以东的部队竭力进击北进之敌，迟滞其行动。国民政府军事委员会也接连电令第五战区和第一战区：第五战区左集团军第13、第84军在枣阳以北占领阵地，协同右集团军侧击向西北推进之敌，不得已时可向南阳和老河口以西地区转移；第一战区第68军应协同第五战区第39军占领桐柏山、大洪山游击根据地，袭击日军；孙连仲第2集团军以主力集中新野、邓县间，一部留置南阳，策应第五战区作战；右集团军张自忠部在不得已时可转移到汉水两岸，担任河防，协同江防军阻敌渡河；江防军应派有力部队向汉宜路、京钟路之敌侧击，截断敌后方交通；位于大别山区的第21集团军应向西攻击信阳附近铁路线，牵制日军。[4]

5月9日，日骑兵第4旅团在张家集附近渡过滚河；10日拂晓渡过白河，当日下午攻占新野。第13师团一部由枣阳向东北突击，5月9日占领湖阳镇。第3师团铃木支队由信阳向西，5月10日占领桐柏。日军在攻占上述各地时虽遭到部分中国军队抵抗，但未发现中国军队主力，因此日军第11军判断第五战区左集团军主力仍留在唐县镇以北的山区内，遂令第3师团由唐县镇向西北吴山、

图 6-4-1　随、枣会战经过要图
（1939 年 5 月 1 日—24 日）

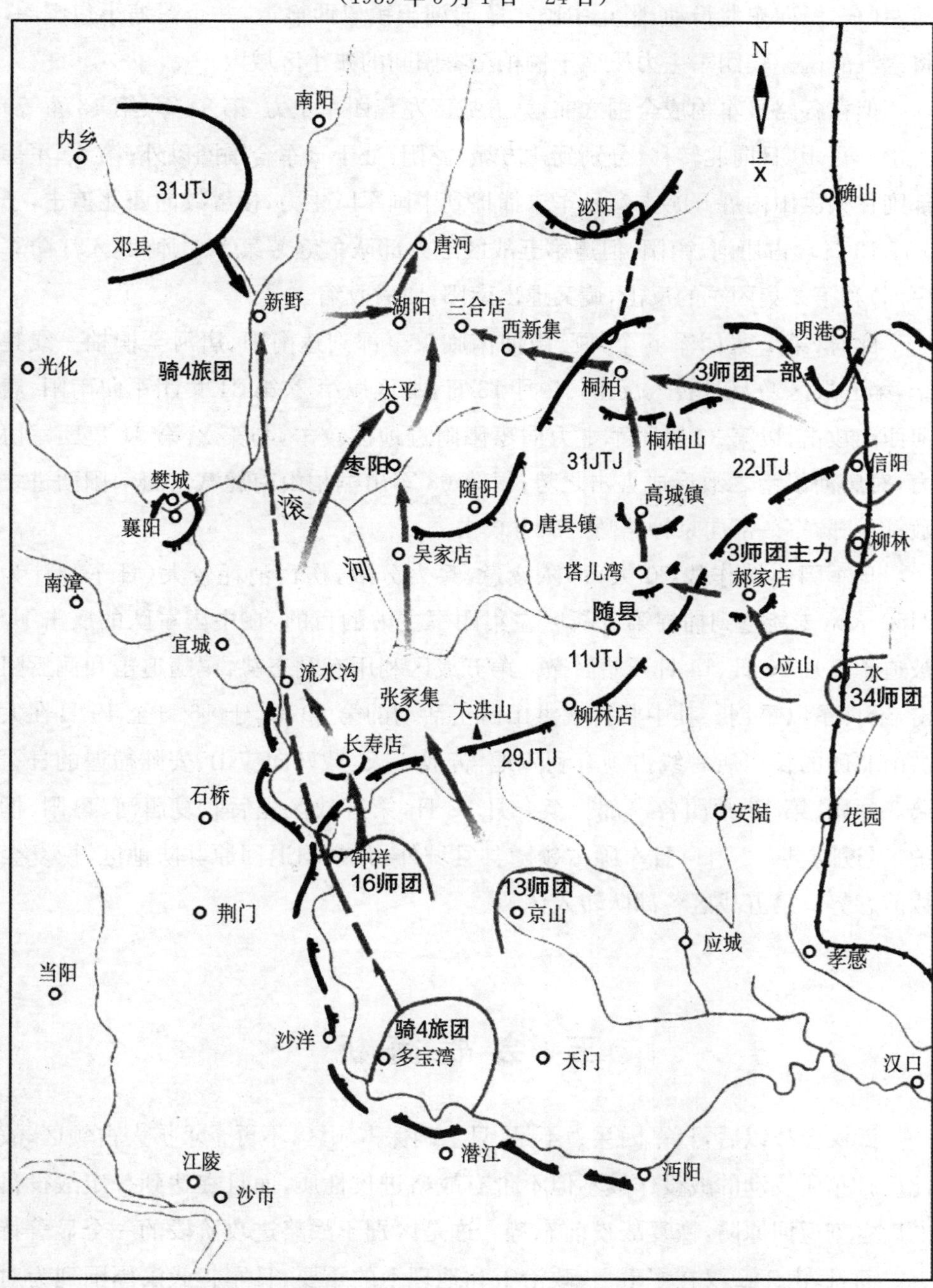

三合店方向追击，第13师团由枣阳、湖阳镇北向双河方面突进，第16师团沿唐河左（东）岸向东北行动，阻止中国军队向湖阳镇以西撤退，并企图缩小包围圈，将第五战区左集团军主力压缩于桐柏至枣阳间的狭小区域内。

但在各路日军构成合围之前，第五战区左集团军主力（第84军、第13军等）已于5月10日向北转移，分别到达方城、泌阳，处于日军合围圈以外；第39军等部则在大洪山内展开游击。日军未捕捉到中国军队主力，便继续向西北追击，于5月12日攻占唐河、南阳，但遭第五战区地方部队牟庭芳第121师（编入江防军序列）和第2集团军的反击，旋又退出南阳，向后收缩。

此时，第2集团军5个师已由河南临汝全部到达南阳、唐河至桐柏一线集结，第五战区乃及时转入反击。5月13日，战区以第2、第31集团军向南阳、唐河西南攻击；以第33集团军主力向枣阳附近地区攻击，与第2、第31集团军协力，对唐河以南之敌形成夹击之势；以第68军出桐柏山南麓截击由信阳西进之敌；以江防军一部向京钟路敌之后方攻击。

日军因连续作战20天，部队疲惫，兵力分散，伤亡消耗较大（日军统计为2450人），未能达到捕捉第五战区左集团军主力的目的，在中国军队的反击下，被迫于5月13日、14日开始后撤。第五战区利用有利态势，尾随追击和侧后阻击，给日军以重创。其中坚持大洪山游击活动的第39军，于16日至19日在大洪山北侧的长岗店一线占领有利阵地，苦战4天，截歼向应山、安陆撤退的日军第3师团、第13师团各一部。至5月22日，第五战区先后收复唐河、枣阳、桐柏，逼近随县。24日，日军除占领随县县城外，其余均退回原驻防地区，恢复会战前态势。第五战区各部队转入休整。

五、会战简析

武汉会战以后，日军因兵力不足，只求确保占领区，不再企求扩大占领区，故此后日军所发动的战役作战不但不带有战略进攻性质，而且在达到一定战役目的后立刻返回原防，恢复战役前态势。这是区别于战略进攻阶段的一个显著特点。而且，由于武汉在军事上、政治上和地理上的重要，日军将武汉周围列为对中国继续施加军事压力的作战地区，在这一地区保持有限的机动兵力，用于对正面战场作战。这些作战，既是为了打击中国的抗战力量和抗战意志，也是为了解除对武汉的威胁，巩固其对武汉的占领。这是战略相持阶段正面战场作战的又一个特点。随、枣会战就体现了这些特点。

第五战区于会战开始前及时发现日军在应山、安陆等地集结部队，有向鄂西北进攻的意图，便采取了相应部署，决心长久保持襄河以东地区；会战开始后，当判明日军有从两翼包围战区主力于随县、枣阳地区的企图后，及时将主力向北转移，以一部兵力坚持大洪山、桐柏山游击阵地，以右集团军保持在襄河以东机动位置，保持便于进退的渡河口，对意图向北突进的日军主力形成侧击态势。第一战区与第五战区协同较好，巩固了两战区的接合部，掩护了第五战区左侧背的安全和主力的转移；尔后两战区同时转入反击，加强了反击力度。这些较符合实际的作战指导，使日军未能达到捕捉、聚歼第五战区主力的目的，减少了中国方面的损失；相反，在日军返转后撤时，中国军队得以对其追击、侧击和截击，给予较大杀伤，增加了日军的损失。参战各部队在尚未完成整补、兵员装备缺额较大的情况下能奋力作战，取得如此战果，实属不易。只是第五战区虽注意到游击战对于正面作战的重要性，部署了第21集团军从大别山区向西，向信阳、广水等平汉路南段要点进击，右翼军与江防军一部向东，向钟祥、京山间公路要点进击，要求切断日军后方交通线，威胁武汉，以牵制日军，但使用兵力较少，行动不大胆、不坚决，未能动摇日军的战役决心，未能打乱其部署，未能取得预期效果。

附表6-4-1　随、枣会战日军主要参战部队指挥系统表(1939年4月)

第11军司令官　冈村宁次

　第3师团　山胁正隆

　　步兵第5旅团(步兵第6、第68联队)

　　步兵第29旅团(步兵第18、第34联队)

　　骑兵第3联队

　　炮兵第3联队

　　工兵第3联队

　　辎重兵第3联队

　第13师团　田中静一

　　步兵第26旅团(步兵第58、第116联队)

　　步兵第103旅团(步兵第56、第104联队)

　　骑兵第17联队

　　炮兵第19联队

工兵第 13 联队

辎重兵第 13 联队

第16 师团　藤江惠辅

步兵第 19 旅团(步兵第 9、第 20 联队)

步兵第 30 旅团(步兵第 33、第 38 联队)

骑兵第 20 联队

炮兵第 22 联队

工兵第 16 联队

辎重兵第 16 联队

骑兵第 4 旅团(第 25、第 26 联队)

野战重炮兵第 6 旅团(第 13、第 14、第 15 联队)

独立工兵第 3 联队

独立工兵第 12 联队

独立山炮兵第 3 联队

战车队

第 3 飞行团(部分)

附表 6－4－2　随、枣会战第五战区部队指挥系统表(1939 年 4 月)

司令长官　李宗仁

副司令长官　李品仙

参谋长　徐祖贻

江防军　司令郭　忏

第26 军　军长萧之楚

第 32 师　师长王修身

第 41 师　师长丁治磐

第 44 师　师长陈　永

第75 军　军长周　碞

第 6 师　师长张　祺

第 13 师　师长方　靖

预备第 4 师　师长傅正模

骑兵第 4 师

第44 军　军长廖　震

第 149 师　师长张竭诚

第 150 师　师长杨勤安
第94 军　军长郭　忏(兼)
第 55 师　师长李及兰
第 121 师　师长牟庭芳
第 185 师　师长方　天
游击第 7 纵队　司令曹　勖
第 128 师　师长王劲哉
右集团军　总司令张自忠
第33 集团军　总司令张自忠
第77 军　军长冯治安
第 37 师　师长吉星文
第 132 师　师长王长海
第59 军　军长张自忠(兼)
第 38 师　师长黄维纲
第 180 师　师长刘振三
第 137 旅　旅长姚景川
骑兵第 9 师　师长张德顺
骑兵第 13 旅
第55 军　军长曹福林
第 29 师　师长许长耀
第 74 师　师长李汉章
第45 军　军长陈鼎勋
第 122 师　师长王志远
第 127 师　师长陈　离
第29 集团军　总司令王缵绪
第 67 军　军长许绍棠
第 6 游击纵队　司令柏启元
左集团军　总司令李品仙(兼)
第11 集团军　总司令李品仙(兼)
第39 军　军长刘和鼎
第 34 师　师长公秉藩
第 56 师　师长汤邦桢
第84 军　军长覃连芳

第 173 师　师长锺　毅
第 174 师　师长张光玮
第 189 师　师长凌压西
第31 集团军　总司令汤恩伯
第13 军　军长张　轸
第 89 师　师长张雪中
第 110 师　师长吴绍周
第 193 师　师长马励武
独立第 1 旅　旅长李修彦
独立第 2 旅　旅长张连三
第85 军　军长王仲廉
第 4 师　师长石　觉
第 23 师　师长李楚瀛
第 91 师　师长王毓文
第 1 游击纵队　司令石毓灵
第 5 游击纵队　司令傅光咸
第 22 集团军　总司令孙　震
第41 军　军长孙　震(兼)
第 123 师　师长曾甦元
第 124 师　师长曾宪栋
第 125 师　师长王仕俊
第 179 师　师长何基沣
鄂豫皖边区游击　总司令廖　磊
第21 集团军　总司令廖　磊
第48 军　军长区寿年
第 138 师　师长莫德宏
第 176 师　师长区寿年(兼)
第7 军　军长张　淦
第 171 师　师长漆道征
第 172 师　师长程树芬
第 2 游击纵队　司令沈光武
第 3 游击纵队　司令黄瑞华
鄂东游击总指挥　程汝怀

第2集团军　总司令孙连仲

第30军　军长池峰城

第27师　师长黄樵松

第30师　师长张华棠

第31师　师长乜子彬

第68军　军长刘汝明

第119师　师长李金田

第143师　师长李曾志

注　释：

〔1〕　本节所引日军作战计划及命令，均引自日本防卫厅防卫研究所战史室《中国事变陆军作战》（日本朝云新闻社1983年版）中《向武汉西北枣阳地区大扫荡》一节。

〔2〕　中国第二历史档案馆编《抗日战争正面战场》。江苏古籍出版社1987年版，第824—825页。

〔3〕　同〔2〕，第826—828页。

〔4〕　同〔2〕，第837—839页。

第五节　第一次长沙会战

一、会战前双方态势

武汉会战后，日军前锋直抵岳阳，湖南成为遏制日军、屏障西南大后方的前哨地带；而且湖南向为中国中南部的鱼米之乡，又是坚持持久抗战仰赖的产粮基地和原料基地，其得失关系巨大。国民政府军事委员会在赣北、鄂南和湖南设立第九战区。该战区位于洞庭湖与鄱阳湖之间，北隔长江，与第五战区相望；东到鄱阳湖西岸，与第三战区相邻；南至两广，与第四战区毗连。1939年8月，第九战区沿洞庭湖北岸、新墙河、鄂省通城，直至赣北的武宁、靖安、奉新和锦江右岸约300公里的正面上，与日军形成对峙。军事委员会赋予第九战区的任务是保卫湘、赣，尤要确保长沙附近要域，以湘北、赣北为持久作战地区，尤以湘北为主。

第九战区的战斗序列内共有7个集团军20个军47个师。其第一线配置32个师，由西向东的大概位置是：第20集团军6个师，守备长江右岸及洞庭湖北岸；第15集团军8个师，守备新墙河南岸至汨罗江左（南）岸阵地；第27集团军4个师，在咸宁、崇阳至修水间游击；第30集团军4个师，守备蒲田桥以北至德安以西地区；湘鄂赣边区挺进军2个师、2个挺进纵队，在通山、大冶、阳新、瑞安、九江间地区担任游击；第1集团军4个师，在奉新至高安间守备，并向南浔路袭击；第19集团军4个师，在上高沿锦江一线布防。除以上32个师外，尚有15个师为战区总预备队，大部控制于长沙、衡山、衡阳、湘潭、株洲等地，一部位于长沙以东的浏阳、万载地区，一部位于兴安、全县后方。第九战区长官部设于长沙，陈诚为司令长官，薛岳为代理司令长官。

湖南处于抗日前线，故对群众抗日力量的宣传、组织和训练较为注重，工、农、商、学各界都有一些抗日自卫组织，可向中国军队提供多方面支援；战区内可能被敌机械化部队利用的道路，如粤汉铁路北段、湘赣铁路东段及湘赣公路、湘鄂公路等都已破坏，对赣江上游及湘江北段可能被敌利用的水道也采取了封锁措施。所有这些，都为第九战区提供了较好的战场条件。

日军占领武汉后，将武汉周围作为其对中国正面战场继续施加压力的作战地区，以对武汉形成包围态势的中国第五战区和第九战区为主要对象，但因兵力有限，只能逐次转用兵力，轮流实施战役进攻。1939年4月，日军大本营将新编成的第33、第34师团调往武汉，编入第11军战斗序列。随枣会战（日军称“襄东会战”）以后，日军大本营又于6、7月间先后将第9师团和第16师团从第11军战斗序列中调出，让其返回国内。这样，到1939年夏秋，在日军第11军编成内，仍有7个师团、1个独立混成旅团、1个骑兵旅团和直属炮兵、工兵、战车队等，仍为侵华日军编成规模最大的一个军。其中第3师团担任信阳、应山地区警备，第13师团、骑兵第4旅团在平汉铁路南段以西地区，第34师团在平汉路南段以东地区，第6师团在岳阳、蒲圻、新墙河以北地区，第33师团在咸宁、大冶、阳新地区，第101师团担任南昌地区警备，第106师团在武宁、奉新地区，独立混成第14旅团担任九江、瑞昌地区警备。武汉周围虽是侵华日军兵力密度最大的地区，但第11军面对着中国第一、第三、第五、第九战区的包围和威胁，仍感兵力单薄，每当需集中兵力发动局部攻势作战时，通常都只能使用一半兵力，因另一半兵力须担任其占领地区的警备任务；如果使用的兵力超过半数以上时，就必须临时放弃一些占领地，以免陷于被动。

随、枣会战以后，日军第 11 军认为已给中国第五战区以有力打击，随即着手进行长沙会战的准备，再给第九战区以有力打击。恰在这时，由重庆逃到越南河内、已在河内阴谋从事投敌活动半年的国民党原副总裁汪精卫（已于 1939 年 1 月 1 日被国民党中央开除党籍）转入公开活动。他于 5 月 6 日乘日轮由河内抵上海，5 月 31 日乘日本海军飞机由上海飞抵东京，先后与日本首相平沼麒一郎、陆军大臣板垣征四郎、海军大臣米内光政、外务大臣有田八郎、大藏大臣石渡庄太郎（以上即日本战时最高决策机构——五相会议成员）和枢密院议长、前首相近卫文麿举行会谈，加紧筹划成立伪中央政府的密谋。日本政府和日军大本营都企图以军事打击结合政治谋略，迅速解决中国问题。1939 年 9 月 1 日，德国进攻波兰，英、法向德国宣战，欧洲大战爆发。日本政府痛感国际局势正处于急剧变幻之际，更希望早日结束对华战争，以便抽出身来应付新的局势，于是“第 11 军决定乘加快在华中建立中央政权的势头，于 9 月下旬把敌第九战区军队消灭在湘赣北境地区，挫败敌军抗战企图”。[1]

二、日军的战役企图和部署

1939 年 8 月 15 日，日军第 11 军就已制订出《江南作战指导大纲》。其作战目的是：“为击败第九战区的粤汉路沿线敌中央直系军主力，乘蒋军衰退之形势进一步挫伤其继续战斗的意志，同时加强确保军作战地区内的安定。”其战役指导方针是：“一、军主力（约两个师团为基干）在隐蔽中作好准备，大概在 9 月下旬开始行动，将粤汉方面之敌军主力消灭在汨水河畔。在此期间，约以一个师团策应军主力，事先将高安附近之敌消灭后，转向修水河上游捕捉该方面敌军。二、实施本作战时以奇袭为主，尽量在短期内结束战斗，然后恢复大概原来态势。”其兵力使用是：“湘北方面的主力为第 6 师团，第 33、第 3、第 13 师团各一部（2 至 3 个大队），军直属队之独立机枪大队、战车队、山炮兵、迫击炮及独立工兵部队的主力。高安修水方面为第 106 师团主力，第 101 师团一部，军直属之野战重炮兵，迫击炮、独立工兵、独立轻战车、架桥与渡河部队各一部”。“为适应作战地区的地形与交通状况，各作战部队主要应使用轻火器和驮马”。并规定：“为了迷惑对方，当部队集中时，应对外宣传这次作战是以宜昌及福建为目标”。[2] 从其计划中可见日军发动此次战役（日军战史称此为“赣湘会战”）的企图只是在汨罗江沿岸、粤汉路两侧的丘陵地带打击中国第九战区主力，打完就走，并不想扩大占领区。

8 月 10 日前后，日海军开始在洞庭湖东侧侦察袭扰、探测航道；日空军也在战区上空侦察，窥探重要目标。8 月下旬，日军地面部队开始集结兵力，调动频繁。其中第 6 师团从通城、临湘一带向岳阳以南集结，第 33 师团从咸宁、崇阳向通城附近集结，第 13 师团奈良支队从钟祥地区向临湘以南集结，第 3 师团上村支队从应山经汉口向岳阳以南地区集结，第 101 师团的第 102 旅团、第 106 师团从南昌、武宁一带向奉新、靖安附近集结。

9 月 1 日，第 11 军发出进一步准备的命令，命右侧翼的上村支队在城陵矶附近进行登陆训练，准备战役打响后乘舰南下，在营田附近登陆，将第九战区主力割裂，阻止其后退和增援；正面右翼的第 6 师团于 9 月 18 日前向新开塘附近开进，准备强渡新墙河，向南突进；奈良支队于 9 月 17 日向桃林以南地区开进，准备协同第 6 师团向南突进；正面左翼的第 33 师团于 9 月 19 日在通城附近集结完毕，准备向通城东南进攻；左侧翼的第 106 师团及第 102 旅团于 9 月 13 日集结完毕，准备奇袭当面之敌，从奉新以西突破守军阵地的左翼，深入至守军防御正面之侧后，将守军歼灭于高安西北地区。第 11 军在检查各部队准备情况后，于 9 月 10 日确定：第 106 师团方面（赣北）于 9 月 15 日开始进攻，第 6 师团方面（湘北）和第 33 师团方面（鄂南）于 9 月 23 日开始进攻。第 11 军司令部战斗指挥所于 9 月 13 日从汉口前推至咸宁。

三、第九战区的作战方针和兵力部署

第九战区既是武汉会战后正面战场对日作战的主要方向之一，在战争全局上具有特别重要的地位，自然会引起国民政府军事当局的格外重视，不仅在此方向上部署了较其他战区更多的部队（约占全国野战部队的五分之一），而且对此方向作战的方针也早在 4 月份即已基本确定。4 月 15 日蒋介石曾致电薛岳、陈诚：“如敌进取长沙之动态已经暴露，则我军与其在长沙前方作强硬之抵抗，则不如作先放弃长沙，待敌初入长沙立足未定之时，即起而予其致命打击之反攻。”[3] 4 月 21 日，军事委员会又指示第九战区：“湘北方面之作战，应先立于不败之地，利用湘北有利地形及既设之数线阵地，逐次消耗敌人，换取时间。敌如突入第二线阵地（平江亘汨罗江线）时，我应以幕阜山为根据地，猛袭敌之侧背。万一敌进逼长沙，我应乘其消耗既大、立足未稳之际，以预伏置于长沙附近及其以东地区之部队内外夹击，予敌以致命打击。”[4] 5 月 16 日，军事委员会再次致电第九战区：“赣北方面，以游击战消耗牵制敌人，对该方面敌人予以反击，务希随时随地切实注意，妥为部署；高安方面，我军须纵深配备，并准备敌如进攻高安时，应自主的放弃高安，诱敌深入而侧击之。”[5]

第九战区为使防御具有韧性，达成军事委员会所赋予的任务，在湘北方面，沿新墙河、汨罗河、浏阳河构筑数道阵地，于幕阜山和湘江西岸构筑侧面阵地；在赣北方面，也指示各集团军在各自防区内构筑至少三线阵地，将部队纵深梯次配备，准备逐次抵抗；消耗日军后，适时转入反击，予以歼灭。并指示各线作战要领为：“第一线大体为现占阵地线，我应于此线极力消耗敌人。但在整训未完了前，敌如向我进犯，以现有第一线部队打击敌人为原则……第二线为中间阵地线，仍以第一线部队转进此线，担任作战为原则……第三线为最后阵地线，应于此线利用整训部队之增加，断然采取攻势，并应长时确保该线。”[6]

1939 年 9 月上旬，第九战区根据各方情报，发现日军主力正向湘北方面集结。第九战区鉴于湘北沿粤汉铁路及其以东地区均为起伏地形，适于大兵团运动，距长沙较近，便于突击；且欧洲大战方起，日本可能利用西方列强无暇东顾之机，迅速攻下长沙，给中国抗日势力以打击，为叛国投敌势力张目，这对日本推进其战略政略均属有利，第九战区因而判断“敌似在九月中旬开始南犯，将以主力由湘北直趋长沙，于赣北、鄂南施行策应作战”。第九战区据此而拟定的战役方针是：以主力“在湘北方面利用逐次抵抗，引诱敌于长沙以北地区，捕捉而歼灭之”，“赣北、鄂南方面，应击破敌策应作战之企图，以保障主力方面之成功”。[7]

第九战区电令各集团军适当调整部署，严阵以待。

四、会战经过

（一）赣北方面的战斗

赣北方面是日军为隐蔽主攻方向的行动而实施辅助进攻的方向，进攻兵力由第106师团主力及配属的第101师团派出的佐枝支队(第102旅团)组成。

9月14日夜,第106师团按照第11军的命令,由奉新以北集结地首先开始进攻,中井良太郎决定以第102旅团于9月15日从大城镇向其以西的莲花山及高安地区守军第32军、第58军结合部的第141师及新10师阵地作牵制性进攻,而以主力指向奉新以西中国守军最北侧的第60军第184师阵地。该师逐次抵抗,向潦河右(南)岸转移。16日,日军继续猛攻,中国第1集团军以第183师增援。17日,日军第106师团突破上富至伍桥一线守军阵地,转向南面的村前街突击,逼近了高安。薛岳令第74军由万载向上高推进,准备加入作战。18日,日军第102旅团及106师团由东、北两面夹击高安。第32军抗击1天,于19日奉命撤出,向高安以西和锦江右岸转移。日军虽攻占部分阵地,但未能达到大量歼灭中国军队的目的。

9月20日,日第11军命第106师团以一部面对上高,监视该方向的中国军队,以主力转向西北,经上富、甘坊进至修水、三都,切断中国第30集团军和湘鄂赣挺进军的后路。中国第74军、第32军趁日军第106师团主力转移时发起反击,19日收复村前街,22日克复高安。

日军第106师团在向修水、三都转进途中受到中国军队的层层阻击和侧击,行动困难。其一部于9月25日进至甘坊,立即受到第60、第74军的包围,陷入苦战,直到30日才突出重围,向后撤退;其另一部虽于10月初进至修水、三都,也受到中国军队围攻,处境危殆。日第11军急令第33师团从长寿街折回修水,接应第106师团。10月6日,第106师团在第33师团接应下,从三都、修水撤退。中国第1、第19、第30集团军所属各部随即转入追击。日军且战且退,至10月13日,退回靖安、奉新,据守不出。赣北作战至此结束,双方恢复原态势。

(二)湘北方面的战斗

湘北为日军主要进攻方向,进攻兵力由第6师团、奈良支队(第13师团第26旅团)、上村支队(第3师团第5旅团和部分海军组成)。其当面的中国军队为第九战区第15集团军所属3个军。其中第52军担任洞庭湖东岸磊石山、新墙河左(南)岸至长安桥一线守备(该军在新墙河北岸还保有若干前进阵地);第79军在第52军右翼,担任长安桥至麦市一线守备;第37军担任第二线(即汨罗江南岸)守备。

9月18日,日军第6师团及奈良支队开始向新墙河以北第52军前进阵地攻击，为渡河总攻扫清障碍。守军坚决抵抗。激战至22日，第52军除仍固守新墙河北比家山据点外，其余均撤回新墙河以南。薛岳鉴于日军向长沙进攻的意图已十分明显，遂于9月19日将位于浏阳附近的第70军和位于修水附近的第73军也拨归第15集团军指挥，以加强湘北的防御。第15集团军以第70军部署于汨罗江左(南)岸，增加第二线防御兵力；以第73军为总预备队，控制于平江附近。

9月23日拂晓，日军第6师团和奈良支队在强大炮火掩护下强渡新墙河，分别突破守军主阵地。上村支队则提前于9月22日晚在岳阳登舰启航，进入洞庭湖，利用夜暗，隐蔽向南航行80公里，于9月23日6时20分与其正面主力开始总攻的同时，在汨罗江口(汨罗江与湘江、横岭湖交汇处)的营田附近实施登陆。中国军队进行拦截，但兵力、火力都不足。上村支队在舰炮、飞机支援下登陆成功，随即溯汨罗江向东突击，企图切断汨罗江以北中国军队的退路，将第九战区战役布势割裂。

9月24日，第15集团军各部继续抵抗日军。第九战区鉴于正面主阵地已被突破，由营田登陆之敌又威胁侧后，遂令第15集团军以一部留于新墙河与汨罗江间占领中间阵地、迟滞日军，主力即刻向汨罗江以南转移，占领第二线阵地。25日，日军乘第52军向汨罗江左(南)岸转移之际跟踪追击，其一部且乘隙偷渡汨罗江，袭占新市。26日3时，日军在炮火、飞机支援下，向汨罗江左岸猛攻，守军凭既设阵地坚守，激战竟日，双方均遭受重大伤亡，形成对峙。

这时，军事委员会指示第九战区按原定方针，以6个师的兵力位置于长沙附近，乘敌突入长沙、分散疲惫之际与敌决战，侧击而歼灭之。第九战区据此调整部署：第73军占领金井、福临铺以东地区，对南进之敌形成侧击；第52军以一部留置于新市、浯口现阵地，牵制敌军，以主力占领长沙以东阵地，协同第73军夹击进至长沙附近之敌；第59师预伏于长沙东南地区，第11师配置于岳麓山至乔口地区；第77军一部留置于新市附近现阵地牵制敌军，主力转移至株洲附近；第4军主力占领湘潭及其前方据点；第79军确保幕阜山根据地；与敌正面接触的部队应极力诱敌至伏击区域，包围敌人于战场而歼灭之。9月27日，以上各部队调整部署完毕。

9月28日，日军第6师团由汨罗江向南突进，上村支队沿粤汉铁路南进，因不断受到守军的阻击和伏击，进展不快。奈良支队由瓮江转向平江，企图策应第33师团夹击中国第27集团军及第79军。29日，第6师团一部在金井方面遭守军伏击，陷于激战；其另一部由福临铺突过捞刀河后，受到守军第60师和第195师的有力阻击，前进不得。30日，奈良支队虽然进至平江以东与第33师团会合，但反受到中国第79军、第20军的夹击，有被围之虞。日军第11军见进攻部队处处陷入困境、战线延伸、补给困难，已无力再战，遂于9月29日下令撤退。

10月1日，进至长沙附近的日军第6师团一部停止攻击，撤回捞刀河以北。第15集团军发现后，立即命令第52、第73军转入追击，命令其他部队给撤退之敌以伏击、侧击和截击，以汨罗河左岸为第一步追击目标。第九战区也下令："湘北正面各部队以现态势立即向当面之敌猛烈追击，务于岳阳、崇阳以南地区捕捉之。"[8]各部奉令后积极行动，10月3日追至福临铺、金井，4日克复汨罗、新市。日军退至汨罗江以北。5日，位于营田附近的日舰受中国第54军新编第23师袭击，也退往岳阳。8日，日军全部退回新墙河以北。第52军第195师追过新墙河，恢复前进阵地，并先后乘夜袭击西塘、桃林的日军。至10月16日，双方恢复战前态势，湘北作战结束。

（三）鄂南方面

鄂南方面是日军正面主力的次要进攻方向，进攻兵力为日军第33师团，部署于崇阳、通城、通山地区，其任务是配合右翼主攻方向的第6师团、第26旅团围歼平江以北的守军，并策应左侧翼第106师团的作战。中国第九战区在此方向担任守备任务的部队第27集团军的第20军、第15集团军的第79军，其右侧为湘鄂赣边挺进军所属第8军，部署于通山、咸宁地区，用作策应。

9月21日，日军第33师团开始向第79军在通城以南的前进阵地攻击，23日突破第79军主阵地麦市，并继续向南进攻。第27集团军令第20军向第79军右翼靠拢，夹击日军。双方在福石岭展开激战。日军多次进攻，均被击退。

9月27日，日军第33师团主力绕开石福岭向西南突进，先后攻占龙门厂、朱溪厂，但又遭中国军队顽强阻击和侧击。10月1日，日军以一部守备龙门厂、朱溪厂，保持后方联络；其主力继续向西南突击，占领长寿街、献钟，但随即遭到中国第79军、第20军的连续攻击，行动困难。日军第11军命正向长沙突进的奈良支队回攻平江，并于9月30日在平江以东的献钟与第33师团会合。但这时日军在各方面均已处于不利态势，第11军已下令撤退，第33师团和奈良支队遂停止攻势。10月2日，奈良支队经平山、上塔市向通城撤退；第33师团奉命向赣北的修水、三都转进，接应第106师团，于10月11日退回通城，恢复战前态势。

图 6-5-1　第一次长沙会战经过要图
（1939 年 9 月 14 日—10 月 16 日）

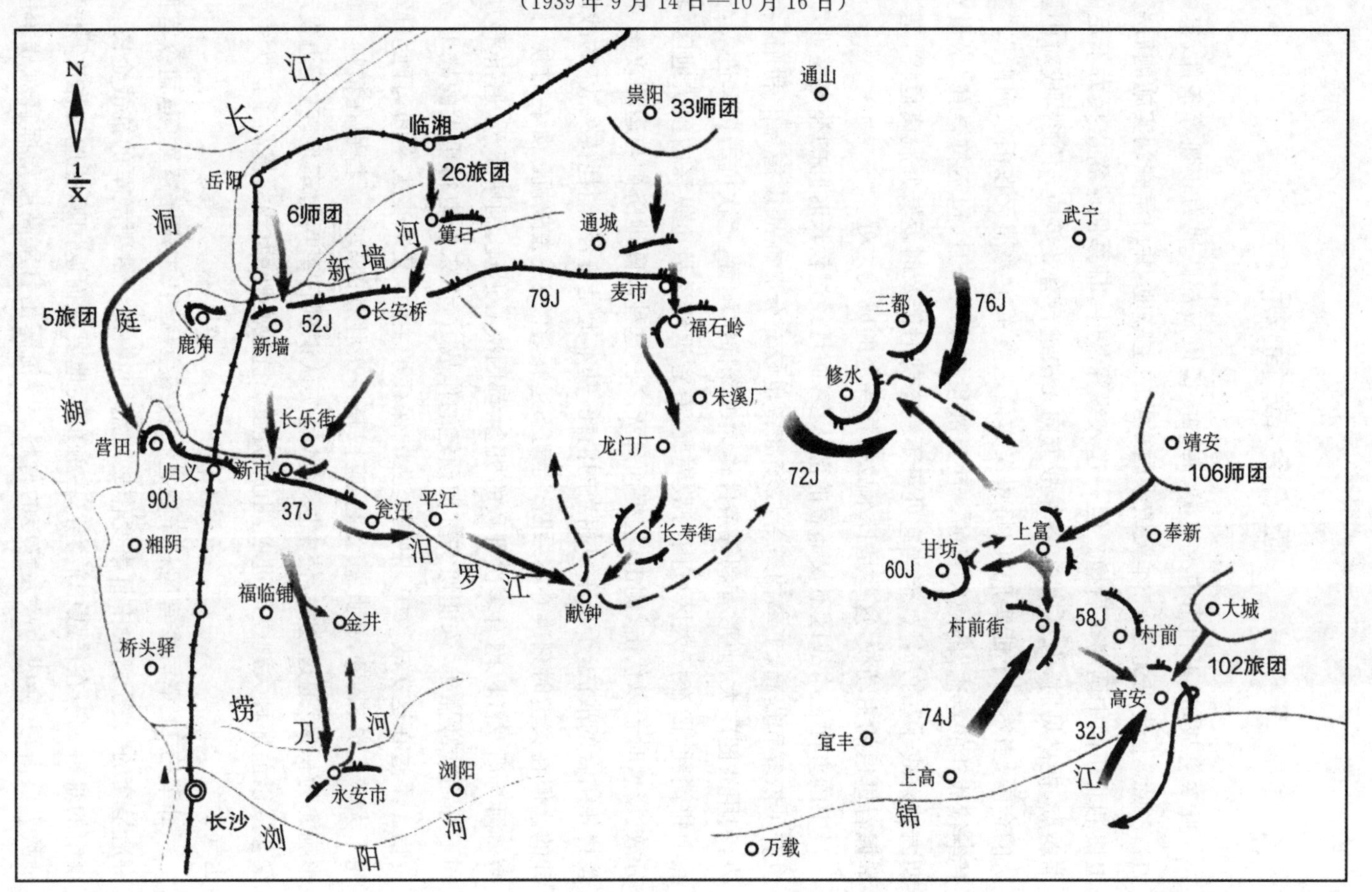

五、会战简析

此次会战，日军利用炮火支援、海空支援以及部队战力较强等条件，集中主力，在“点”上造成优势，一举突破中国军队的主阵地，并由洞庭湖实施侧后登陆，迫使湘北正面中国守军后撤。但一进入纵深战斗，日军便暴露出兵力不足的根本弱点，捉襟见肘，力不从心，各作战方向无法进行有效策应，不能构成对中国军队的合围，当然也不能实现其“将粤汉方面之敌军主力消灭在汨水河畔”、“挫伤其继续战斗的意志”的战役目的。而且战役持续一个月，也不符合其“尽量在短期内结束战斗”的方针。但当它处于不利态势时能及时返转并脱离危境，基本上掌握着进退的主动权，这些是日军战役指挥上的成功之处。

中国方面在本战区不仅部署的部队多，而且经过较长时间的补充整训，战力也有了恢复和提高，工事构筑等战场准备也较充分。在战役指导上利用兵力优势，利用战区广大、地形有利等条件作大纵深梯次配置，逐次抗击日军进攻，不在点上拼消耗，而在广大区域内与敌周旋，有意识地诱敌至纵深内预伏地区，乘敌分散、疲惫时予以伏击、侧击，捕捉而歼灭之。这种以阵地防御与运动攻击、游击袭扰相结合的战法，予日军以相当的消耗，基本上是符合“消耗持久战”的战略方针的。但在关键时刻决心不果断，行动不迅猛，往往失去战机。如在甘坊、修水、捞刀河与汨罗江以南有多次歼敌的机会，都因决心迟疑、围堵不严、追击不力、协同不好而让敌撤走，未能切实贯彻预定的作战方针，未能取得更大的战果，殊为可惜。不过在这次战役中，中国军队既保存了主力，又未丧失空间，且使日军消耗了大量人员、装备，在此意义上，应视是一次胜利的战役。特别在精神方面的影响尤为积极：通过会战，使中国军队确实认识到日军兵力不足，已无力发动武汉会战以前那种大规模的进攻，由此加强了抗战必胜的信心，提高了广大官兵的士气。

日军第 11 军司令官冈村宁次在会战结束后给“中国派遣军”总司令官西尾寿造呈交的《关于解决中日事变作战之意见》中说：“摧毁敌军的抗战企图，是至难中的难事……在作战中放弃已占领的要地要域而返回原驻地的作法，不啻鼓励敌人反击，并会成为敌人宣传的材料。”[9] 流露出日军高层指挥官对战争前途的焦虑和沮丧。

附表6-5-1　第一次长沙会战日军参战部队指挥系统表(1939年8月)

第11军　司令官冈村宁次

第6师团　稻叶四郎

第11旅团(步兵第13、第47联队)

第36旅团(步兵第33、第45联队)

骑兵第6联队一部

野炮兵第6联队主力

工兵第6联队

辎重兵第6联队主力

(第6师团以7个步兵中队、骑兵联队主力、野炮兵3个中队、辎重兵2个中队留守原防地,另配属机关枪1个大队、轻战车3个中队、山炮兵3个大队、迫击炮1个大队、架桥材料2个中队、辎重兵2个中队)

第33师团　甘粕重太郎

第33步兵团(步兵第213、第214、第215联队)

搜索第33联队主力

山炮兵第33联队主力

工兵第33联队主力

辎重兵第33联队

〔第33师团以步兵11个中队、搜索2个中队、山炮兵2个中队、工兵1个中队留守原防地,另配属机关枪1个大队、战车1个联队(欠1个中队)、轻战车1个中队、山炮兵1个大队、野战重炮兵1个大队又1个中队、独立工兵1个联队、辎重兵1个中队、汽车1个中队〕

第106师团　中井良太郎

第12旅团(步兵第113、第147联队)

第136旅团(步兵第123、第145旅团)

骑兵第106联队

野炮兵第106联队主力

工兵第106联队

辎重兵第106联队

(第106师团以步兵4个大队、野炮兵2个中队留守原防地,另配属第101师团第102旅团长佐枝义重所率4个步兵大队和1个野炮兵大队,另独立渡河工兵1个联队、迫击炮1个大队、汽车4个中队和辎重兵1个中队)

第3师团之第5旅团　上村干男

〔亦称“上村支队”，辖步兵4个大队、山炮兵1个大队、工兵1个联队、独立工兵（渡河）1个联队、辎重兵2个中队〕

第13师团之第26旅团　奈良晃

（亦称“奈良支队”，辖步兵3个大队、骑兵1个小队、山炮兵1个大队、工兵1个中队、辎重兵2个中队）

第3飞行团　菅原道大

独立飞行第17中队（侦察）

飞行第44战队（侦察）

飞行第59战队（战斗）

飞行第75战队（轻轰）

海军第13炮艇队　高间完

第4防备队

第11战队的陆战队及航空兵一部

附表6-5-2　第一次长沙会战第九战区参战部队指挥系统表（1939年9月）

第九战区　司令长官陈　诚

代司令长官薛　岳

第1集团军　总司令卢　汉

第58军　军长孙　渡

新编第10师　师长刘正富

新编第11师　师长鲁道源

第60军　军长安恩溥

第183师　师长杨宏光

第184师　师长万保邦

第15集团军　总司令关麟徵

第37军　军长陈　沛

第60师　师长梁仲江

第95师　师长罗　奇

第52军　军长张耀明

第2师　师长赵公武

第25师　师长张汉初

第195师　师长覃异之

第79军　军长夏楚中

第82师　师长罗启疆

第98师　师长王甲本

第140师　师长李　棠

第19集团军　总司令罗卓英

第32军　军长宋肯堂

第139师　师长李兆瑛

第141师　师长康永良

第49军　军长刘多荃

第105师　师长王铁汉

预备第9师　师长张言传

第20集团军　总司令商　震、霍揆彰

第53军　军长周福成

第116师　师长赵绍宗

第130师　师长朱鸿勋

第54军　军长陈　烈

第14师　师长阙汉骞

第50师　师长张　琼

新编第23师　师长盛逢尧

第87军　军长周祥初

第43师　师长金德洋

第198师　师长王育英

第27集团军　总司令杨　森

第20军　军长杨汉域

第133师　师长夏　炯

第134师　师长杨干才

第30集团军　总司令王陵基

第72军　军长韩全朴

新编第14师　师长陈良基

新编第15师　师长傅　翼

第78军　军长夏首勋

新编第13师　师长刘若弼

新编第16师　师长吴守权

湘鄂边区挺进军　司令樊松甫

第 8 军　军长李玉堂

第 3 师　师长赵锡田

第 197 师　师长丁炳权

第 1 挺进纵队　孔荷宠

第 3 挺进纵队　钟石磐

第 4 军　军长欧　震

第 59 师　师长张德能

第 90 师　师长陈荣机

第 102 师　师长柏辉章

第70 军　军长李　觉

第 19 师　师长唐伯寅

第 107 师　师长段　珩

第73 军　军长彭位仁

第 15 师　师长汪之斌

第 77 师　师长柳际明

第74 军　军长王耀武

第 51 师　师长李天霞

第 57 师　师长施中诚

第 58 师　师长陈式正

注　释:

〔1〕　日军防卫厅防卫研究所战史室:《中国事变陆军作战》。日本朝云新闻社 1983 年(增印)版,(2)第 378 页。

〔2〕　同〔1〕,第 380—381 页。

〔3〕　中国第二历史档案馆编《抗日战争正面战场》。江苏古籍出版社 1987 年版,(下)第 1030 页。

〔4〕〔5〕　转引自蒋纬国主编《抗日御侮》。台湾黎明文化事业公司 1978 年版,第 6 卷第 172 页。

〔6〕　同〔3〕,第 1034—1035 页。

〔7〕　同〔3〕,第 1028—1029 页。

〔8〕　同〔4〕,第 194 页。

〔9〕　〔日〕井本熊男:《作战日志ご缀る支那事变》。日本芙蓉书房 1978 年版,第 341 页。

第六节　桂南会战

一、日军的战役企图、作战指导和部署

抗战一开始，中国方面就同法国驻华使馆和法国驻越南总督府达成协议，开辟了由越南海防，河内经滇越铁路、桂越公路通往云南、广西的国际运输线，进口作战物资和各种设备。日军占领上海、厦门、广州、海南岛、汕头以后，滇越铁路和桂越公路更成为中国由海外运进军事物资的主要通道，每月约可入境2万吨。日本曾多次通过外交途径向法国提出交涉，要求法国封闭海防港和中越交通。法国迫于日本压力，采取了一些限运措施，但并未完全封锁这条通道。1939年4月间，日本海军提出“攻占南宁，切断通过该地的中国对外贸易路线，并开辟海军指向内陆的航空基地”。日本参谋本部则认为：“一旦进入南宁，以该地为基地，则交通四通八达，远可通往广东、湖南、贵州、云南。所以南宁至凉山的道路，形成了蒋政权联络西南的大动脉。为了直接切断它，首先必须夺取南宁。南宁一旦占领，无须置重兵于东京湾附近，即可完成作战目的。另一方面，占领该地后，可将飞机场向前推进，缩短由海南岛起飞的距离，可更有效地轰炸蒋政权在西南的两大补给路线——滇越铁路和滇缅公路，达到切断的目的，并可直接威胁法属印度支那。”[1] 1939年9月，欧洲战争爆发，英、法对德宣战，无力顾及远东，日军遂决定乘机发动桂南作战，占领中越交通线上的咽喉南宁和龙州，陈兵中越边境，以求断绝中国的海外补给，并便于尔后伺机侵入越南。

1939年10月14日，日军大本营正式发布“大陆命”第375号命令：

“1. 大本营企图彻底切断敌之西南补给路线。

“2. 中国派遣军总司令负责与海军协同行动，以一部迅速切断敌人沿南宁—龙州公路的补给路线。

“3. 上项作战部队的作战区域，大致为南宁、龙州以南。”[2]

同日，日军参谋总长载仁亲王发布“大陆指”第582号指示，规定作战时间为11月中旬。为保守秘密，此次作战，陆军代号为“和”号作战，海军代号为“N”号

作战。大本营认为:此次作战只能切断南宁至龙州的公路,还不能完全切断中越交通。为达到完全切断的目的,将在此次作战后,由大本营负责对法属印度支那进行工作。——实际上已隐含着向印支北部进军的意图。

10月19日,日军"中国派遣军"总司令西尾寿造大将向第21军司令官安藤利吉中将下达作战命令。命令说:第21军"应协同海军在钦州以南地区强行敌前登陆,首先迅速进入钦州及防城附近,然后攻占南宁附近各要地。攻占南宁附近要地后要占领该地,主要切断敌人通向南宁的联络补给干线,并使其成为海军向内陆进行航空作战的基地。"[3]

日军虽定下了作战的决心,但兵力不足,第21军编制内仅有第18、第104两个师团和台湾混成旅团,除用于广州周围及珠江三角洲地区守备外,还在准备进攻中国第四战区司令官部所在地韶关,已无机动兵力可用。于是,大本营决定将刚由华北调到东北的第5师团再由关东军调出,编入第21军序列;以新编成的第38师团从日本本土运到广州,也编入第21军序列,接替台湾混成旅团在佛山的防务;而以第5师团、台湾混成旅团和海军第5舰队、海军第3联合航空队组成桂南会战参战兵力。

关于进攻路线:如全由陆路进攻,则由广州附近至南宁约1000公里,且要通过粤、桂两省南部连绵起伏的大山,道路崎岖,不利大兵团行动,又极易遇到中国军队的阻击。故日军选择了由钦州湾登陆。这既利于陆、海军协同,又大大缩短了陆上距离。钦州至南宁不到200公里,可较快推进,又便于占领南宁后进行运输补给。

为隐蔽作战意图,第21军决定所有参战部队都在海南岛三亚地区集结。当时第5师团还远在黑龙江省齐齐哈尔准备对苏作战,*接到命令后,于10月下旬紧急车运至大连、旅顺,转乘轮船南下,于11月7日到达三亚。台湾混成旅团于11月9日由广州运抵三亚。第21军司令官安藤利吉也于10日到达三亚,完成集结,待命出动。

会战初期,日军参战兵力3万多人;随着中国军队反攻的增强,第21军又于1940年1月初将第18师团和近卫混成旅团投入作战,使参战陆军兵力达到7万人左右。另海军第5舰队有航空舰1艘、巡洋舰3艘、飞机约70架。

---

* 1939年6至8月间,日本关东军与苏联军队在诺门坎地区发生大规模武装冲突,被苏军打败。日本大本营急速向东北增兵,第5师团由华北调往东北,列入关东军序列。9月,日、苏间达成现地停战协定,故10月中旬第5师团得以调出。

二、第四战区的防御部署

中国军事委员会、桂林行营（主任白崇禧）和第四战区（司令长官张发奎）认为日军在华南的兵力有限，对日军由钦州湾登陆攻取南宁的行动都估计不足，缺乏必要的准备。1939 年 9 月第一次长沙会战后，军事委员会主要注意力仍在武汉—长沙方面，判断日军可能集中更大兵力再次进攻长沙，计划由第二、第三、第五、第九战区各向当面日军发动冬季攻势，牵制和打击日军，特别是牵制武汉方面的日军。桂林行营负责指挥长江以南第三、第四、第九战区的作战，为贯彻军事委员会意图，也在湘赣方面集结重兵，准备采取攻势，而令第四战区采取守势。第四战区所属 8 个军、18 个师大部集结于广东，在桂南只有第 16 集团军。为了加强冬季攻势中使用的兵力，张发奎又将原在鹤山、高明的第 64 军调走，第 16 集团军仅剩第 46 军、第 31 军共 6 个师，分布在由南宁至广东新会约 800 公里的正面、200 公里以上纵深的区域内。其中第 46 军部署于南宁至钦县、灵山、玉林、北海、廉江间地区，保护中越交通运输线；第 31 军部署于第 46 军左翼从桂平、电白向东一直延伸到阳江、新会地区。该两军多是新编成的部队，装备较差，训练不足，战斗力不强。

第四战区和第 16 集团军虽对日军进攻南宁的可能性有所估计，但认为日军从钦州湾登陆较困难，而且钦县至南宁的道路已被破坏，沿途多山，故从钦州湾登陆的可能性较小；而从雷州半岛的电白、吴川，或从北部湾的北海登陆较为容易，可能性较大。依此判断而制定了作战预案，在电白、北海、钦州湾各方向都部署了部队，构筑了阵地，设想了若干应付措施。但因兵力单薄、正面宽广、空隙较大，难以形成坚强防御。以此可见中国方面在会战初期必将陷入被动，不能阻止日军登陆和进攻。

中国方面初期参战兵力为 1 个集团军 2 个军 6 个师 24 个独立团，约 6 万人，后期增加到 4 个集团军 9 个军 25 个师，约 15 万人，另有空军第 2 路，飞机约 100 架。

三、会战经过

（一）日军登陆及攻占南宁

日军于1939年11月10日在海南岛三亚集结完毕，13日海军第5舰队50多艘战斗舰艇组成大编队，掩护70多艘运兵船从三亚（榆林）港启航，按照第5师团第9旅团、第21旅团、台湾混成旅团的顺序开进。15日8时10分，第9旅团在钦州湾的企沙开始登陆。当时正值暴风骤雨的天气，更增加了登陆作战的突然性。守军为第46军新编第19师第56团，兵力与火器都居于劣势，无法抗拒日军登陆，退守防城。16日晨6时，日军第21旅团在钦县以西的黄屋屯登陆；同日黄昏，台湾旅团在钦县以南的黎头咀登陆。日军登陆后，以第9旅团、第21旅团和台湾混成旅团分三路继续发展进攻，16日下午占领防城，17日上午占领钦县。守军第19师2个团节节抗击，且战且退。至19日，日军先后占领小董、大寺、大塘、百济。日军在大塘稍事集结整顿，于21日继续向南宁攻击前进。

中国第16集团军为阻止日军进攻，在有限兵力内紧急调整部署，以第135师、第170师担任南宁和邕江北岸守备，以第175师、新19师在邕钦路两侧袭击日军后方，破坏其运输补给线，以第131师、第188师在昆仑关以北集结为预备队。军事委员会也急调位于湖南衡山的第5军向南宁驰援。蒋介石致电白崇禧，严令第16集团军确保南宁，等待援军。

但中国方面调整部署尚未到位，日军已于11月22日傍晚快速推进至邕江南岸，并于23日拂晓在炮兵、航空兵掩护下实施强渡。守军第135师顽强抵抗。日军经20多次冲击，强渡邕江后以第9旅团第21旅团分别从西、从东南夹攻南宁。守军兵力单薄，挡不住优势日军的强大攻势，被迫北撤。日军于24日上午占领南宁。随后，安藤利吉令台湾混成旅团负责警戒邕钦公路，在钦县设立兵站基地。他将南宁方面的作战指挥权交给第5师团师团长今村均，自己率军司令部返回广州。

第5师团为巩固对南宁的占领，以第9旅团主力守备南宁，以第21旅团和骑兵第5联队继续向北推进，追击中国军队。南宁以北有两条主要公路，一条向东北经昆仑关通往宾阳，一条向北经高峰隘通往武鸣（南宁以北约20公里）。中

图 6－6－1　桂南会战·日军攻占南宁战斗经过要图
（1939 年 11 月 15 日—12 月 4 日）

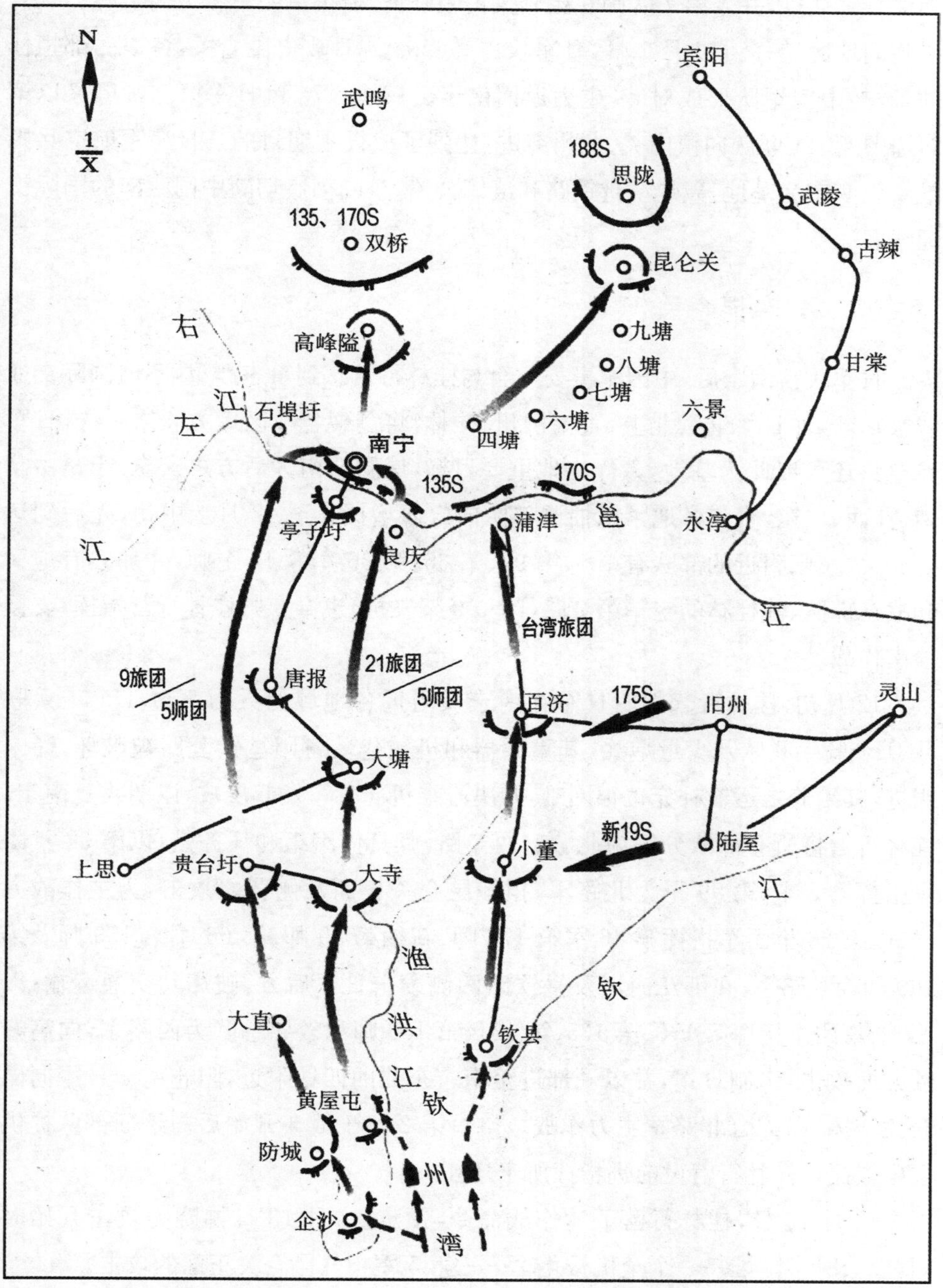

国第16集团军判断日军必将进占高峰隘和昆仑关，乃令各部与日军保持接触，迟滞日军北进，并令第188师在昆仑关占领阵地，掩护集团军主力向上林、宾阳、武鸣间地区转移。12月1日，日军攻占高峰隘，4日攻占昆仑关，各以一部担任守备，与中国军队形成对峙，主力返回南宁。12月17日，日军第5师团又以第21旅团第11联队向镇南关、龙州突进，达到了战役预期目的。日海军航空兵则准备以南宁为基地，轰炸滇越铁路和滇缅公路，企图彻底切断中国西南的国际交通线。

（二）争夺昆仑关

日军攻占南宁后，中国军事委员会与桂林行营感到事态严重，不但国际交通线被切断，如日军继续北上，直捣柳州、桂林，将割裂各战区后方联络干线，日军航空兵还可以此为基地，轰炸内地重要目标，威胁西南大后方之安全，于是由湖南、江西、广东、贵州各地紧急抽调部队向广西增援。至12月上中旬，先后到达昆仑关、宾阳附近的部队有第5、第99、第66、第36军等14个师，并加强有炮兵和战车部队，驻桂林的空军第2路（约100架飞机）也奉令归桂林行营指挥，支援桂南作战。

12月初，桂林行营判明日军在南宁及附近各地域的兵力不过4个步兵联队、1个骑兵联队及少量炮兵，其重兵器和机械化装备因邕钦公路被破坏，尚未跟进，其给养之运输补充也很困难，乃决心乘机向日军发起反攻，以期收复南宁。桂林行营将所有部队分编为北、东、西3路，其具体编组和任务是：以第38集团军指挥第5军、第99军为北路军，担任昆仑关正面及侧背之攻击，为主作战方向；以第26集团军指挥第46军第175师、新编第19师、第66军第159师及第160师为东路军，在郁江南岸及邕钦路两侧袭击日军后方，破坏其交通运输；以第16集团军指挥第170、第135、第131、第188师和教导总队为西路军，向高峰隘方面攻击，牵制日军，并以一部进至南宁东北的四塘附近，阻止南宁日军向昆仑关增援，以配合北路军主力作战。空军第2路于战斗开始后向地面部队提供空中支援。桂林行营设前进指挥所于迁江。

12月16日，桂林行营下达作战命令，预定12月18日拂晓为攻击开始时间，以当时中国惟一一个全机械化军——第5军担任昆仑关正面的攻击。

昆仑关在南宁东北50公里处，雄踞于蜿蜒起伏的宾（阳）（南）宁公路上，周围是连绵的山岭，地形险要，构成南宁的屏障。占领了昆仑关的是日军第5师团骑兵第5联队和步兵第21联队第3大队。12月17日20时,中国第5军荣誉第1师在炮兵和战车掩护下向昆仑关发起攻击,迅速突破前沿,向日军主阵地推进,与日军在各据点展开激烈争夺。同时新22师向日军侧后迂回,当夜攻占五塘、六塘,破坏了五塘附近的公路桥,切断了昆仑关日军的退路,并阻止南宁日军增援。

日军第5师团师团长今村均鉴于昆仑关遭到中国机械化部队的强大攻势,情况危殆,急令第21联队由南宁前往增援。第21联队主力突破沿途中国军队的阻击,与昆仑关日军会合,增强了守备力量,但其后尾第2大队一出南宁便受到中国军队的侧击,在六塘和七塘附近陷入包围。

19日,荣誉第1师继续猛攻昆仑关。中国空军也投入作战,向日军阵地轰炸扫射。战车部队曾一度突入昆仑关。日骑兵第5联队和步兵第21联队伤亡惨重,阵地多处被攻破。第5军第200师接替伤亡较大的荣誉第1师,继续猛攻,步、炮、战车协同,向日军不断冲击,至21日,终于将昆仑关、九塘、八塘附近的日军第21联队等分别包围。日军连日激战,后方被切断,得不到补给,粮弹极缺,只能靠日海军飞机直接向第一线空投补充;但因双方阵地十分接近,互相交错,又在中国军队炮火控制下,日军地面部队所能得到的空投物资很少。在多次战斗中,日军因无弹药,步兵只好拼刺刀。日迫击炮及野炮兵中队因炮弹已尽,惟恐被中国军队缴获,将炮埋于地下;又怕军旗为中国军队获得,已准备焚烧。有的士兵用竹子做成扎枪当武器,苦守待援。

与此同时,中国西路军第135师和170师一部于12月19日向高峰隘发起攻击,但未能突破日军阵地,日军增援部队反而绕到第135师侧后,形成对第135师的两面夹击,第135师遂向后撤退。第131、第188师和第170师一部则分别迂回到四塘、绥渌等地,切断了日军由南宁、龙州向北增援的道路。东路军第175师和新19师也各向大塘、小董、钦县袭击,破坏日军后方交通联络,策应昆仑关方面的作战。

12月20日,日军第5师团为解第21联队之围,又令第21旅团旅团长中村正雄指挥第42联队2个大队向昆仑关增援。中村支队上午10时从南宁出发,在五塘附近遭到中国军队伏击,苦战5小时,强行突破,继续北进,遭到中国军队越来越有力的拦截,进展迟缓;至22日拂晓,才勉强进到七塘;当晚再次向北突进,激战彻夜,才前进2公里。23日下午1时30分,第21联队向第5师团和第21旅团发出电报:"傍晚前旅团若来不到,第一线难以确保。"[4]但得到的答复仍

图 6-6-2　桂南会战·昆仑关争夺战斗经过要图
（1939 年 12 月 17 日—1940 年 1 月 11 日）

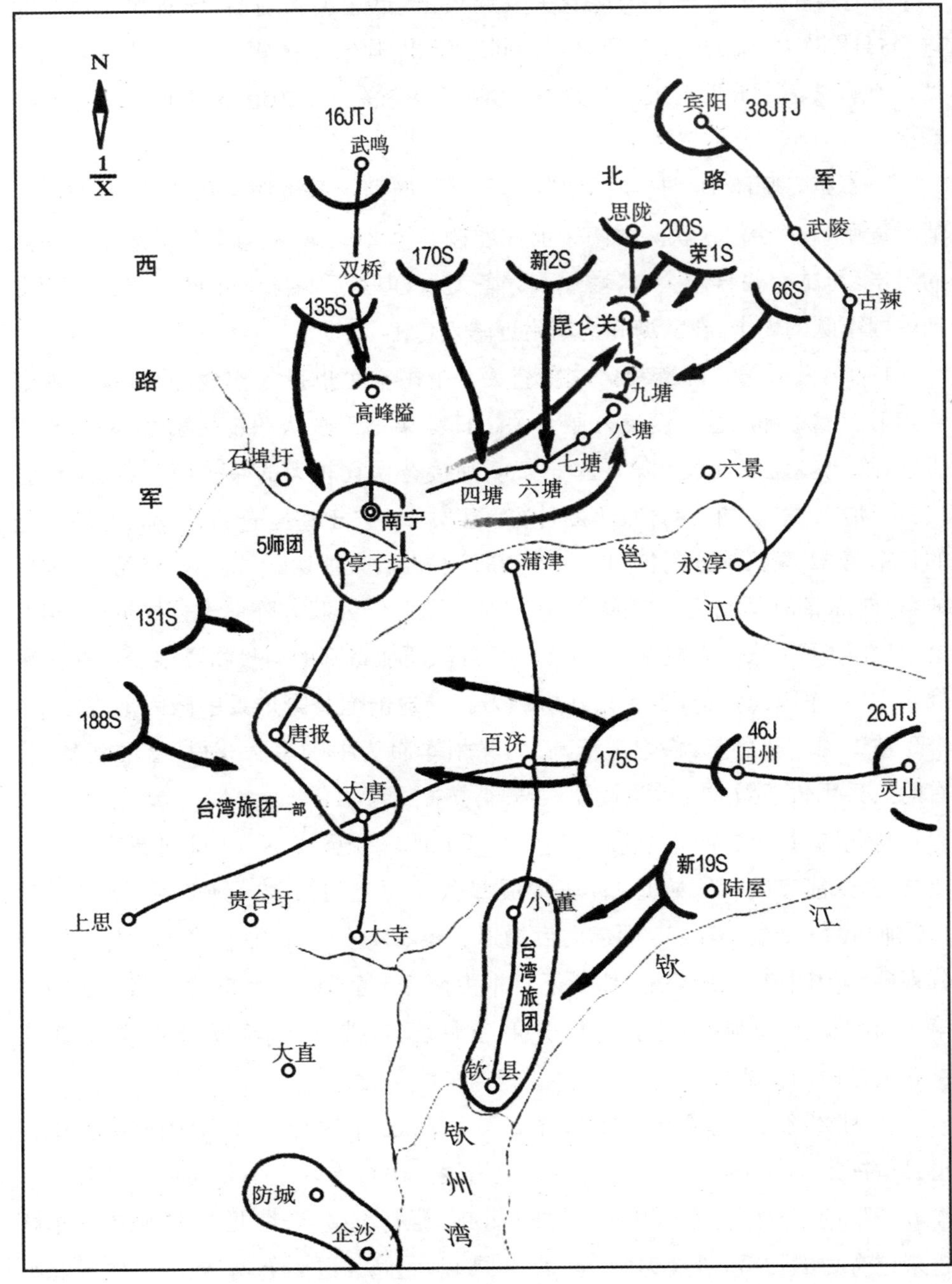

是：要死守待援，不得已时可撤出第一线阵地，确保九塘或八塘。[5] 24日晨，第21旅团在向九塘突进途中，旅团长中村正雄遭中国军队炮击，腹部被贯穿，延至25日凌晨死去，部队由第42联队联队长坂田元一指挥。至25日8时30分（即从南宁出发6天以后），才推进40公里左右，到达九塘。当夜，以一个中队的兵力乘夜暗向昆仑关增援，并带去几万发子弹，稍微加强了第一线守备力量。在此期间，第5师团还从第9旅团、“台湾混成旅团”各抽调一部兵力驰援昆仑关，沿途也遭到中国军队坚强阻击，进展困难。

12月25日至28日，中国军队稍事休整，调整部署，制定最后夺取昆仑关的计划。29日凌晨，第5军在炮兵、装甲车协同下再次发起强攻，第200师、荣誉第1师、新22师与第159师均投入进攻。困守多日的日军虽仍在顽抗，但不足以抗拒中国军队的强大攻势。至30日，大部阵地被中国军队所攻占。31日拂晓，第5军在炮火支援下向昆仑关发起最后冲击，至11时肃清全部日军，占领昆仑关，并继续向九塘、八塘攻击前进。1940年1月2日，第5军的荣誉第1师、新编22师和第66军的第159师对九塘、八塘实施围攻。4日，又以第200师加入进攻。但因日军增援部队“台湾混成旅团”和第9旅团各一部已进抵九塘集结，守备力量增强，中国军队连攻7日，未能奏效，双方形成对峙。1月11日，第38集团军命令第36军接替第5军防务，将第5军撤往后方休整补充。持续50多天的昆仑关激烈争夺战暂时平静下来。当时称之为“昆仑关大捷”。这场战斗对鼓舞民心士气起到了积极作用。

（三）翁源、英德和宾阳作战

1938年10月下旬，日军攻占广州时，因兵力有限，将占领区限制在广州及其周围的狭小地区内，未经大本营批准，不得超越占领区以外作战，也不得扩大占领区。但广州日军在中国第四战区第12集团军（总司令余汉谋）包围下，经常受到袭扰和威胁。第21军为改善态势，于1939年8、9月间向大本营建议对第四战区和第12集团军司令部所在地韶关发动一次攻势，歼灭第12集团军主力，将占领区扩大到翁源、英德附近。日军还想以此战鼓励和支持汪精卫建立华南傀儡政权。汪精卫于1939年7月下旬专程飞往广州，利用其在两广的影响，拉拢与蒋介石素有矛盾的粤系、桂系和滇系将领反蒋，瓦解抗日军队和国民政府，但没有得逞。11月15日，大本营批准了第21军的作战计划。但这时第21军正在进行南宁作战，已无机动兵力可用，于是大本营又将第38师团和近卫混成旅团从日本本土拨归第21军序列，遂行向韶关的进攻作战。

第21军待各部队集结完毕后，以第18师团（师团长久纳诚一）、第104师团（师团长滨本喜三郎）和近卫混成旅团（旅团长樱田武）组成向韶关进攻的兵力，预定12月26日开始行动。但12月18日南宁昆仑关方面战况趋紧，第5师团告急，第21军决定改变韶关方面作战计划，将作战区域由韶关缩小到翁源、英德，开始攻击的时间提前到12月24日，以便尽快抽出兵力向南宁方面增援。24日各部队发起攻击后，进展较快，第18师团于29日18时占领翁源，第104师团于30日16时30分占领英德，给了第12集团军以一定打击。第21军随即命令各部队停止追击，迅速回撤，匆匆结束了翁、英作战。

1940年1月1日（翁、英作战结束第二天），日军各部队即开始向广州回撤。近卫混成旅团和第18师团直接撤到黄埔港登船，运往钦州湾上陆，支援桂南作战。1月22日前后，近卫混成旅团到达七塘附近集结，第18师团到达南宁附近集结。

在此期间，中国方面也向桂南前线增调了第2、第6、第64军和新编第33师共8个师的部队。桂林行营曾计划待后续部队集结完成后，以克复南宁为目标，向日军展开新的攻势。但1月28日8时，日军即以台湾混成旅团、近卫混成旅团和第21旅团在四塘、五塘间地区展开，在第5师团指挥下向昆仑关及其两侧的中国军队正面发起进攻，以第18师团在昆仑关以东约20至30公里处向中国军队侧后迂回。日本大本营从关东军抽调2个飞行中队专门支援这次作战，连同海军第3联合航空队的飞机，共有100多架控制了战区的制空权。29日，日军第9旅团也加入对昆仑关正面的攻击，而以近卫混成旅团向东北行动，加大迂回兵力。

担任昆仑关正面防御的中国军队是第99军主力和第36军一部。该两军凭借有利地形和既设阵地奋勇抗击，阻止了日军的进攻，但昆仑关左翼防御兵力不足。1月30日，日军第18师团和近卫混成旅团已迂回到甘棠附近，有攻占甘棠、直趋宾阳之势。桂林行营和第四战区痛感甘棠方面日军对中国军队侧后威胁甚大，急令第46、第64、第66军各一部向甘棠及其以北地区集结，限2月1日到达，2月2日向日军发起反击。但各部队尚未到达指定位置而日军已于1月31日占领甘棠，并继续向北攻击。中国军队在开进途中与日军遭遇，仓促应战，不敌日军在大量飞机掩护下的进攻，向后撤退。2月1日，日军飞机对宾阳实施集中轰炸。第38集团军指挥机关遭到严重破坏，通讯联络一时中断，各部队行动陷于混乱。2月2日，日军第18师团和近卫混成旅团合攻宾阳。当日18时宾阳失陷。第18师团追击中国军队，直抵宾阳以北的邹墟。

在昆仑关正面，激烈的攻防作战一直在持续进行。但日军迂回到昆仑关翼侧占领宾阳之后，昆仑关防御已失去意义，守军且有被切断退路、遭受夹击和包围的危险。2月2日，第四战区命令分属第37、第38集团军的第99、第36、第2、第6、第66各军弃守昆仑关，主动向上林和大览方向撤退。2月3日，日军再次占领昆仑关，并继续追击，于4日占领上林。在高峰隘方面，日军第5师团一部也突破中国守军阵地，占领武鸣。中国军队主力在红水河以南占领第二线阵地，以确保柳州。广东方面，第12集团军则乘虚加强对日军的袭扰，策应桂南作战。

日军此次昆仑关、宾阳作战的目的，只在给中国军队以反击，巩固其对南宁的占领。达此目的后，为避免战线延长、兵力分散、补给困难，第21军司令官安藤利吉立即命令各部队收缩兵力，退出宾阳、上林、甘棠、武鸣、昆仑关等地，集结于南宁周围。2月8日，日军开始后撤。至2月13日，第5师团全部撤至南宁，在南宁市周围约10公里地域内构筑防御阵地；近卫混成旅团撤至邕江以南，台湾混成旅团撤至钦县、防城，确保后方交通运输线；第18师团于2月中旬撤回广东。

中国军队在日军后撤时尾随日军跟进，占领日军撤出的各地，与日军保持接触。

2月9日，日本大本营为适应华南作战需要，撤销第21军战斗序列，组成华南方面军，由安藤利吉任司令官，统一指挥广东、广西两方面的作战。直辖部队有第18、第38、第104、第106师团。在南宁另设第22军，由久纳诚一任司令官，下辖第5师团、近卫混成旅团和台湾混成旅团。也隶属于华南方面军序列。

此后，桂南方面中日双方军队再未发生大的作战。

1940年3月间，日军第22军和华南方面军虽曾建议集中3个师团的兵力向柳州、桂林进攻，给重庆国民政府以更大的军事压力，配合政治谋略，解决中国问题，但未获中国派遣军总司令的同意。

中国军队一面与日军保持接触，对日军后方交通线发动若干袭击，一面进行整训。

1940年5月，纳粹德国向法国发动大规模进攻，贝当政府投降，更无力顾及远东事务，日本遂乘机向法国施加压力，要求法国同意日本派兵进驻越南北部。几经谈判，法国终于被迫同意日方要求。9月，日本大本营从第22军序列中调出近卫旅团组成印度支那派遣军，进驻越南河内、海防谅山等战略要点，以便从越南直接截断中国西南国际交通线，并为向东南亚侵略扩张准备跳板，收一箭双雕之利。这样，日军占领南宁的意义减少，便逐步从南宁撤兵。至11月中旬全部撤退完毕，第22军序列也随之撤销。

中国军队乘日军撤退之机跟进，或予以袭击，收复龙州、凭祥、南宁、钦县、防城等地。

四、会战简析

桂南会战是抗战期间在广西境内进行的规模最大、持续时间最长的一次会战。日军投入2个师团、2个独立混成旅团的兵力（占其华南兵力的大半），另有海军舰队和航空兵的支援，是陆、海、空军联合下的两栖作战。大本营也专门派去海军陆战队和2个航空中队，可见对这次作战的重视。广西不仅有通往越南的国际交通线，而且也是通往西南大后方的交通枢纽和屏障，是第三、第四、第九各战区的后方基地；在武汉、广州失守，中国抗战的政治、军事、经济、文化重心已转向西南的情况下，广西已处于第一线，其地位更加重要。

然而军事委员会及桂林行营等高级军事领导机关对日军由此方向进攻的可能性都缺乏估计，部署的兵力既少且弱，以致在日军突然进攻时（日军隐蔽其战役企图和选择不良天候实施登陆，增加了突然性），既不能组织有效的抗登陆，也不能组织有力的纵深防御，使日军得以轻易登陆并占领南宁（据日军战史统计，这一阶段的作战，日军仅战死145人，负伤315人）；而中国援军则直到一个月之后才陆续开到集结位置，仓促组织反击。这种战略上的判断和部署失算，是中国方面在会战初期陷于被动和不利态势的主要原因。蒋介石在1940年2月24日柳州会议上总结桂南会战教训时也说："我当时判断敌人绝不攻南宁，因此将桂南部队调粤西江，而将西江部队移粤北，此当然我负责任，我很惭愧，故北海防务松懈。孙子所谓：'毋恃其不来，恃我有所备也。'失了此原则，故而判断错误，此为最大错误。"[6]

第二阶段的反攻，特别是昆仑关正面的反攻，是全战役中最积极、最有力的行动。中国方面调集15个师的援军，特别是将当时中国惟一的一个机械化军——第5军（辖3个师又加强1个战车团和重炮兵）投入桂南会战，且当时正在重建的空军也投入作战，表明中国政府军事当局对此方向作战的重视，也显示出武汉会战后中国方面整军已初见效果，战力有所恢复和加强。在20多天的攻坚作战中，中国军队浴血苦战，前赴后继，正面进攻与侧后袭击、阻击相结合，给了日军第21旅团以歼灭性打击，给了第5师团其他部队以重大杀伤，终于攻克日军坚固设防、顽强据守的昆仑关阵地。日军第一线部队多次惊呼"有全面崩溃的危险"，准备烧掉军旗，掩埋各种火炮，依靠空投补给，但杯水车薪，只得以野果、草根充饥，十分狼狈。日军也承认这是他们所遭遇的最猛烈的攻势。12月28日，日本大本营参谋次长泽田茂行视察南宁时，第21军"军司令部内充满着悲观气氛"。[7]白崇禧认为"抗战以来……若论攻坚胜利，则以昆仑关之役为首次。"[8]而且，此战与其他各战区的冬季攻势相呼应，也成为整个冬季攻势中最强有力的一役，不仅在军事上挫折了日军锐气，对其政治谋略也是一个沉重打击。许多日军将领都认为中国仍有相当坚强的抗战意志和战力，不消灭中国军队主力，政治谋略将无济于事。

以上都是桂南反攻的积极方面。其不足点是：用于昆仑关正面攻击的力量较强，而用于袭击日军侧后据点、破坏其交通运输线、阻绝其增援的力量不够，行动不坚决，致日军第5师团和台湾混成旅团仍可向昆仑关转用实力，增大了正面攻坚的困难和伤亡，且未达到克复南宁的目的。再者，当日军大部兵力都用于昆仑关之时，其钦州防城地区、邕钦公路和南宁的兵力都大大减少，如中国军队猛击其侧后，必能取得更大战果；特别是广东方面第12集团军未能乘广州日军第21军抽兵进攻桂南尔后又在桂南、粤北两个方面同时作战，兵力已捉襟见肘之际果敢行动、牵制日军，致使日军在翁、英作战后又从广东抽出较多兵力增援桂南，这都反映中国军队在战役中协同动作不严密，措置不力，各部队之间缺乏主动配合、互相策应的精神。

宾阳作战时，日军以第5师团主力向昆仑关正面进攻，吸引中国军队，而以新增援的第18师团和近卫混成旅团向昆仑关以东迂回至中国军队侧后。桂林行营和第四战区指挥者均未料到此着，只着重于昆仑关正面防御，而疏于保障翼侧安全，在甘棠、宾阳等要道、要点未作适当部署，也未在附近控制有力的预备队，授人以隙。日军果然乘虚而入，轻易占领甘棠、宾阳。第四战区仓促调整部署，但已来不及；正面部队仍在抗击日军进攻，但已失去意义，且后路被切断，有被围之虞，不得不撤退，全盘立时陷于被动混乱。其实，日军集中绝大部分兵力置于右翼（昆仑关及以东），其左翼（高峰隘及以西）兵力空虚。如直趋南宁，也可打乱日军部署，瓦解其攻势。可惜第四战区既疏于自身翼侧安全，又不敢大胆迂回对方侧后，作战思想消极呆板，应对失当，使第二阶段反攻已经取得的战场主动权丧失，又转变为被动。蒋介石在总结桂南会战经验教训的柳州会议上除自责判断错误外，还指出这次失败的主要原因是由于上级指挥官战斗意志薄弱，而且大家“骄横怠忽，竟至精神颓丧，决心毫无，乃至遭此失败的耻辱”。[9] 会议结束时，蒋介石宣布了此次会战的将领奖惩名单：第 35 集团军总司令邓龙光、第 46 军军长何宣、第 76 师师长王凌云各记功一次；桂林行营主任白崇禧以督率部队不力降级，1 月 28 日调来指挥作战的军事委员会政治部部长陈诚以指导无方降级，第 37 集团军总司令叶肇被扣押法办，第 38 集团军总司令徐庭瑶，第 36、第 66、第 99 军军长姚纯、陈骥、傅仲芳，第 36 军参谋长郭肃，第 49、第 160 师师长李精一、宋士台等撤职查办。这是“七七”事变以来历次战役中高级将领受处分最多的一次。

附表 6-6-1　桂南会战日军参战部队指挥系统表（1939 年 11 月）

第 21 军　司令官安藤吉利

第5 师团　今村均

第 9 旅团（步兵第 11、第 14 联队）

第 21 旅团（步兵第 21、第 42 联队）

骑兵第 5 联队

野炮兵第 5 联队

工兵第 5 联队

辎重兵第 5 联队

台湾混成旅团　盐田定七

台湾步兵第 1、第 2 联队

台湾山炮兵联队

台湾工兵联队

第18 师团　久纳诚一

步兵第 35 旅团（步兵第 114、第 124 联队）

步兵第 23 旅团（步兵第 55、第 56 联队）

骑兵第 22 大队

野炮兵第 12 联队

工兵第 12 联队

辎重兵第 12 联队

近卫混成旅团　樱田武

近卫步兵第 1、第 2 联队

近卫野炮兵大队

近卫骑兵中队

近卫工兵中队

海军第 5 舰队(第 2 航空战队,第 11 驱逐队等。11 月 15 日改称“第 2 遣华舰队”)

海军第 3 联合航空队(第 14、第 15 航空队)

陆军航空兵第 21 独立飞行队

附表 6 - 6 - 2　桂南会战第四战区参战部队指挥系统表(1939 年 12 月)

军事委员会桂林行营　主任白崇禧

第四战区　司令长官张发奎

第16 集团军　总司令夏　威

第 31 军　军长韦云淞

第 131 师　师长贺维珍

第 135 师　师长苏祖馨

第 188 师　师长魏　镇

第46 军　军长何　宣

第 170 师　师长黎行恕

第 175 师　师长冯　璜

新编第 19 师　师长黄　固

第38 集团军　总司令徐庭瑶

第5 军　军长杜聿明

第 200 师　师长戴安澜

新编第 22 师　师长邱清泉

荣誉第 1 师　师长郑洞国

第2 军　军长李延年

第 9 师　师长郑作民

第 76 师　师长王凌云

第6 军　军长甘丽初

第 49 师　师长李精一

第 93 师　师长吕国铨

预2师　师长陈明仁

第36军　军长姚　纯

第5师　师长刘采庭

第96师　师长余　韶

第99军　军长傅仲芳

第92师　师长梁汉明

第99师　师长高魁元

第118师　师长王　严

第37集团军　总司令叶　肇

第66军　军长叶　肇(兼)、陈　骥(代)

第159师　师长官　祎

第160师　师长宋士台

第35集团军　总司令邓龙光

第64军　军长邓龙光(兼)

第155师　师长张　驰

第156师　师长王德全

第43师　师长金德泽

新编第33师　师长张世希

空军第2路(支援)　司令官邢剷非

注　释:

〔1〕 日本防卫厅防卫研究所战史室:《中国事变陆军作战史》。中华书局1981年中译本,第三卷第一分册第39页。

〔2〕 同〔1〕,第41页。

〔3〕 同〔1〕,第42页。

〔4〕 同〔1〕,第56页。

〔5〕 同〔1〕,第57页。

〔6〕 中国第二历史档案馆编《抗日战争正面战场》。江苏古籍出版社1987年版,第908页。

〔7〕 同〔1〕,第64页。

〔8〕《白崇禧回忆录》。解放军出版社1987年版,第185页。

〔9〕 秦孝仪主编《总统蒋公思想言论总集》。台北国民党中央党史委员会1984年印,第17卷第48页。

第七节　1939 年冬季攻势

一、军委会的战略企图、方针和部署

武汉会战后，日本大本营为适应国际形势的发展和侵华战争的持久化，决定无重大必要，不再扩大占领地区，并将已占领的地区划分为“治安区”和“作战区”两种。华北和京沪杭为治安区，配备主要兵力，负责消灭游击部队等抗日力量，维持“安定”，确保各主要交通线；武汉为作战区，控置有力机动兵团，实施局部攻势，以不断的有限攻击，歼灭周围的中国军队主力，消耗其战斗力，打击其抗战意志；同时积极扶植伪政权和进行战略轰炸，企图迫使国民政府屈服。

1939 年 2 月间，蒋介石认为“国际形势对我愈趋有利”，日本“财政已濒绝境，经济将告崩溃，兵员伤亡，征补为难”，判断日军“在长江、珠江两岸均改取守势，抽调兵力，注重华北方面，实行所谓扫荡我游击队之计划，妄图巩固占领区域，造成华北军事根据地，以为应付对苏联战争之准备”，[1] 因而决定按照南岳会议制定的“在持久战略下采取转守为攻”的方针，在 4 月间发动一次大范围的反击，称之为“4 月攻势”。但因日军接连向南昌、随枣、长沙进行局部攻击，未能按计划实施。

1939 年 5 月中苏签订《中苏通商条约》，7 月 26 日美国废除《美日通商航海条约》，8 月 23 日德苏缔结互不侵犯条约。9 月 1 日，德军进攻波兰，第二次世界大战爆发，英、法于 3 日对德宣战。9 月 19 日，美国在东京公开表示坚决反对“东亚新秩序”。

一连串国际事态的发展，对国民政府产生了积极的影响。10 月 29 日，国民政府在南岳召开第二次军事会议。蒋介石在讲话中介绍了国际形势，认为“我国的抗战局势，已临到胜利的一个大转机，国际外交形势，亦随之一天一天好转”，“足以助成我抗战的胜利”。接着提出今后的抗战战略。他说：“此次湘北之战（指刚结束的第一次长沙会战），战略上起初本非采取攻势，而仅为防御的战略，后来乘势转进，竟获得此决定的胜利，可知敌力已疲，我们进攻的时机已到。”“我们的战略，应该是见到敌人的破绽、见到敌人厌战怕战不敢前进的时候，我们就应该采取攻势，决然攻击前进。所以我们今后的战略运用和官兵心理，一定要彻底转变过来，要开始反守为攻，转静为动，积极采取攻势。”[2]此时中国第一线部队的第二期整训已大体完成。军事委员会为给予日军以更大的消耗，策划发动冬季攻势，将第二期完成整训的部队分别用于加强第二、第三、第五、第九战区，作为主要攻势地区；第一、第四、第八、第十、鲁苏、冀察等战区，作为牵制、策应攻势地区。

1939 年 11 月中旬，军事委员会赋予各战区的任务是：

第一战区：攻击陇海路上的开封与道清路上之博爱，牵制日军。

第二战区：切实截断正太、同蒲两铁路之交通，并肃清晋南三角地带之日军。

第三战区：以主力约 11 个师截断长江交通，分向湖口、马当（今马垱）、东流、贵池、大通、铜陵、荻港间，伺隙进攻，一举突进江岸，占领、坚固阵地；并以轻重炮兵火力及敷设水雷，封锁长江。

第四战区：以一部相机攻略潮、汕，以主力扫荡广九路及南宁之日军。

第五战区：扫荡平汉路南段信阳、武汉间之日军，进取汉口；并向汉（阳）宜（城）公路之日军攻击，截断襄（阳）花（园）、汉宜公路。

第八战区：以一部协同第二战区作战，主力攻击归绥附近之日军。

第九战区：向粤汉路北段正面之日军攻击，重点指向蒲圻、咸宁一带，并向武昌挺进；同时攻击南昌及南浔铁路，进击瑞昌、九江之日军。

第十战区：仍任黄河河防，并依晋南三角地带攻击之进展（情况），准备以一部渡河扩张战果。

鲁苏战区：以广正面由东西两面向泰安、临城间及铜山、滁县间攻击，以策应沿江方面之作战。

冀察战区：以主力切断保定、邢台间及石家庄附近日军之交通；一部切断沧县、德县附近日军交通，以策应山西方面之作战。

进攻开始日期，第五、第九战区为 11 月下旬，其余各战区为 12 月上旬。

日军侦知中国军队将发起冬季攻势后，一方面加强各要点的防御，增强其兵力装备和工事，一方面组织出击，以进行牵制，同时各师团均组成机动部队，准备随时投入不利之地点；并将 12 月初已撤离南昌、安义，奉命准备回国、集结于九江候船的第 101、第 106 师团暂留该地，作为应付冬季攻势的战略性机动兵团。

二、作战经过

（一）第一战区

第一战区（司令长官卫立煌）各部队按计划于12月上旬在豫东和豫北两个方向发起攻击。在豫东方面，第3集团军以豫皖边区游击部队切断开封至兰封（今兰考）间的铁路、公路。第81师一部向兰封、主力向开封袭击，12月17日一度突入开封，烧毁日军第35师团所属部队一个指挥部和仓库；21日，骑兵第2军一度袭击商丘，焚毁日军机场的汽油仓库，并给由砀山增援的日骑兵第4旅团以打击。在豫北方面，新编第5军、第47军、第9军等部于12月6日攻至安阳附近，破坏了平汉路和道清路交通设施，使交通中断数日。1940年1月1日，第9军第47师一度攻入泌阳，歼日军第35师团一部。

（二）第二战区

晋南三角地区本是中国军队计划进攻的重点，由第二战区一部与第一战区第4、第5、第14集团军协同进攻，预定12月10日开始行动。但第一战区部队尚未开始行动，日军第37师团即首先向中国军队主要集结地中条山发起进攻，打乱了中国军队的部署，反使中国军队改取守势。在晋西、晋西北、晋东南各地，第二战区司令长官阎锡山发动了反共的“十二月事变”，以主力攻击以共产党员、进步青年为骨干、抗战最积极的新军、决死队等部队，因而战区主力发动冬季攻势的原计划就不可能付诸实施，仅第27、第40等军攻击了晋东的日军，并一度攻入黎城、涉县、潞城。

（三）第三战区

第三战区预定于12月中旬开始，分长江沿岸、南昌和杭州3个方向行动。在长江沿岸，战区以主力第18、第25、第86、第21、第58等5个军14个师的兵力，编为长江方面攻击军，又分为左、中、右3个兵团，从荻港至贵池约100公里的正面展开进攻。在此以前，日军第13军已发现第三战区在铜陵、大通以南约40公里的青阳附近集结兵力，判断中国军队可能向担任长江航道守备任务的第

116 师团进攻，于 12 月 12 日命令该师团争取先机，在大通地区主动采取攻势，以打破中国军队的企图；还从第 15 师团抽出 1 个山炮大队，从第 17 师团抽出 1 个步兵大队，用以加强第 116 师团；并令第 15 师团以一部迅速进入繁昌，牵制该方面中国军队，配合第 116 师团作战。但第 116 师团分散配置在 280 公里的长江沿岸，还未来得及调整部署，中国军队就于 12 月 16 日发起了进攻，并于 17 日在大通、荻港之间突破了第 116 师团左翼防线，到达江岸，炮击日舰，敷设水雷。但当日军第 101、第 106 师团刚从九江乘船而来增援第 116 师团时，中国军队即停止了进攻，撤回青阳等地区。此后第三战区改变战法，以小部队分向江岸进行宽广的正面渗透，不断袭扰日军。据日本海军第 1 遣华舰队统计，从 1940 年 2 月到 4 月，在第 116 师团守备地区内还发现水雷 38 个，日军船舶被炮击 23 次，但中国军队并未能切断或迟滞日军在长江的航运。

在南昌方面，第 32 集团军部队向南昌进击，于 12 月 12 日、18 日两次以游击小部队潜入市区进行袭扰，给日军第 34 师团以一定打击。

在杭州方面，第 10 集团军部队于 12 月 13 日分别袭扰杭州、富阳、余杭各城，给驻守日军以一定打击。1940 年 1 月 22 日，杭州日军第 22 师团向钱塘江以东反击；第 10 集团军放弃萧山，部队仓皇退走。战后蒋介石在《检讨冬季攻势各作战部队之功过》中说："冬季攻势本以截断长江敌之交通为主攻，当时第三战区以 14 个师及配属大量火炮攻击沿江防守 1 师团之敌军，并未受桂南以及其他战区任何战事之影响，但该战区正式交战仅三昼夜即告停止，致其任务未成。上下官兵不知奋发补过，而且弛懈偷安视为平常。军誉扫地，廉耻安在！……我军号令不严，士气颓靡，于此可见，岂尚有军纪与军誉之心存于其间乎？及其事后，仅撤军长郭勋祺一人了事，不知其影响所及岂止一军。未及而萧山失陷，望风溃退，不问责任，不究罪恶……此第三战区之功过成败不能不彻底追究者也。"[3]

（四）第四战区

第四战区的冬季攻势，主要是对南宁、昆仑关方面日军的反攻作战。这次反攻不仅是第四战区，也是所有各战区冬季攻势中最积极、战果最大的行动，已如前述。至于广东方面，中国军队尚未开始行动，日军第 21 军即指挥第 104 师团、第 18 师团和近卫混成旅团发起翁（源）英（德）作战，占领翁源、英德，并准备继续向北约 50 公里的第四战区司令长官部所在地韶关突进，只因中国军队在广西方面反攻猛烈，南宁、昆仑关日军告急，第 21 军才不得不停止翁英作战，向广西增援。广东方面又恢复原态势。

（五）第五战区

第五战区各部队各向当面日军发动了较为广泛的攻势。在平汉路南段，第2集团军所属第68、第92军的4个师及鄂豫边区游击总队向信阳及其南北地区日军第3师团频频发动进攻；第31集团军所属第13、第85军向广水、花园间进攻，威胁武汉，从1939年12月12日一直激战到1940年1月中旬，歼日军一部，击毁日军战车十余辆。在襄花路方面，第22集团军指挥第41、第45、第39军共6个师和第1游击纵队向随县、应山的日军第3师团攻击；在汉宜公路方面，第33集团军指挥第55、第59、第77军，第29集团军指挥第44、第67军，以及第75军、鄂中游击队等共15个师的兵力向钟祥、京山、皂市的日军第13师团进攻，切断了日军的交通联络线，包围了许多据点。战斗持续了约一个月，但都打成对峙，未能攻克。蒋介石在战后检讨说："第五战区在襄河东岸之战……所得战果虽比其他战区为优……然此次该战区发动全力而未能克复钟祥与信阳之任何一据点，实未达到其任务。"[4] 日军战史也说，在第五战区约40天的攻势作战期间，日军第一线部队由于配置分散，几乎一个个都成了孤岛，在中国军队重兵包围下孤军作战，缺粮少弹，伤亡很大，官兵忍受着困苦，尽力防守，依靠空中补给，才保全守备。

（六）第八战区

第八战区冬季攻势的计划是：以第35军的攻击日军骑兵集团司令部所在地包头，以第81军一部攻击安北，以骑兵第6军袭击绥包铁路，互相策应。12月中旬，日军骑兵集团发现第35军由包头以西的五原向东行动，有进攻包头意图，于是决定先发制人，主动出击，于12月20日派1个骑兵联队，附战车、炮兵等向西出动，迎击中国第35军。但日军出西门不久，第35军的便衣队就从北门潜入，袭击门卫，引入主力向日军骑兵集团司令部展开进攻。城内日军不多，日军一面进行巷战，一面向"华北方面军"所属驻蒙军告急。驻蒙军急令骑兵第13、第14联队分由固阳、安北驰援。第13骑兵联队半途中了埋伏，被歼大部；第14联队遭中国军队坚强阻击，亦受重创，其联队长小林一男被击毙。21日，驻萨拉齐的日军骑兵第1旅团另2个步兵大队赶到包头，骑兵集团20日派出的部队也返回城内，向中国军队进攻，双方展开激战。直到23日，第35军才从包头撤出战斗。

日驻蒙军为防止第35军再次进攻包头，决心对第35军根据地五原进行报复性“扫荡”。因五原在包头以西约200公里，超过了大本营规定的作战控制线，所以必须将作战计划报大本营批准。1940年1月24日，大本营应允可在五原附近进行作战，但命令其作战后迅速撤回作战控制线以内。1月28日，驻蒙军以第26师团和骑兵集团主力沿黄河两岸西进，2月初对五原形成合围，2月3日占领五原。这时第35军主力已转移到黄河河套的伊克昭盟和宁夏境内。日军继续向西追击，占领临河，但未捕捉到第35军。2月中旬，日军从伪蒙疆政权军队和警察中调来一批日本顾问和警官，与桑原荒一郎特务机关以及王英部伪蒙军一部守备五原，以日人水川伊夫任绥西警备司令官，其余撤回包头。

3月20日夜，中国第35军反攻五原，激战两天，全歼日军特务机关和伪蒙军，击毙水川伊夫中将、大桥大佐及桑原中佐。日驻蒙军再派第26师团和骑兵集团驰援，于26日突入五原，但中国军队依托五加河顽强抗击，日军不敢久留，27日后又撤回包头。第八战区冬季攻势至此结束。此次战役共击毙伪蒙军3000余人，受到军事委员会军令部嘉奖。

（七）第九战区

第九战区各部队自12月中旬开始各向当面日军展开攻势。其中第15集团军5个师于12月12日向粤汉路北段岳阳及以东地区攻击，第27集团军6个师对通山、崇阳、蒲圻攻击，包围了日军第6师团若干分散据点，日军第40师团一部于18日从崇阳向第6师团增援。双方激战，持续到24日。在赣北和南浔路方面，第30集团军4个师向武宁、奉新的日军第33师团进攻，第19集团军5个师向靖安、南昌的日军第34师团进攻，给日军一定打击，破坏了若干交通设施。

第十战区、冀察战区、鲁苏战区均无较大动作。整个冬季攻势至1940年1月底、2月间结束，共歼日军数万人（日军战史承认仅第11军即伤亡8000多人），使兵力、财力、物力已痛感困乏的日本更加剧了消耗。

三、作战简析

此次冬季攻势，从华北、华中到华南，在军事委员会的统一计划、统一号令下行动，具有相当规模的声势，改变了此前消极防御（单纯防御）的作战模式，加进了以攻为守的积极内容，更充实了持久战的战略方针，表现了中国坚持抗战的意志和争取胜利的信心。此次攻势还检验了中国第一、二期整军的效果，锻炼了部队，进一步暴露了日军顾此失彼、捉襟见肘的弱点，反映出双方力量的消长正在发生相反的变化。而且这次冬季攻势是在欧洲大战爆发之后、世界反法西斯斗争进入一个新阶段时展开的，显示出中国抗日战争在世界反法西斯斗争中的地位。

日军战史承认："这次冬季攻势的规模及其战斗意志远远超过我方的预想，尤其是第三、五、九战区的反攻极为激烈。""敌人的进攻意志极为顽强，其战斗力量不可轻视。在战术上，鼓励采取夜战，隐蔽中接近和包围我军据点，善于利用工事和以手榴弹进行近战。武器弹药充足，补给能力也很强。"还认为："这次冬季攻势，对于缺乏进攻作战积极性的日军来说，也是一次教训，使之有机会重新估计敌人的战斗力量。"

蒋介石在总结这次冬季攻势时强调："战略战术要主动。湘北会战（指第一次长沙会战）以前，战斗方式完全不同，以前取守势，现在取攻势……以前顾虑兵力，节省兵力，取消极，在延长时间。现在则不能再消极，因敌人已到粤汉、平汉以西地区，乃我们转守为攻时期。惟有积极牺牲，始有成功希望。以后须以全力取攻势。"[5]

这本来是中国转守为攻、转被动为主动的良好开端，但蒋介石及军事当局其他领导人并没有把这种势头保持下去，在后来的 6 年中，直到抗战结束，再没有发动过一次这样的攻势。蒋介石反复强调的"须以全力取攻势"成了一句空话，又退回到"取消极，在延长时间"的消极持久战略中去。

这次冬季攻势中也存有不少消极的因素，如有些战区根本没有按统一计划行动，只求苟安自保、我行我素；有些战区以优势兵力已构成对日军某些孤立且只有一两个小队守备的据点的严密包围，本来可以攻克，或因攻击决心不强，或因兵力使用不当，结果也未攻克。曾遭到中国第三、第五、第九战区同时攻击而陷于困境的日军第 11 军在当时的总结中不无讽刺地说："就此次攻势的结果看，敌用了约 71 个师的兵力却未收复尺寸土地"，而日军"各守备队以寡兵完全守住了阵地"。[6]

注　释：

〔1〕 秦孝仪主编《中华民国重要史料初编——对日抗战时期》第二编《作战经过》。台北国民党中央委员会党史委员会1981年印，(一)第183页。

〔2〕 同〔1〕，第193页。

〔3〕〔4〕 第二战区司令长官司令部民国29年3月1日机密日记。载中国第二历史档案馆编《抗日战争时期国民党军机密作战日记》，中国档案出版社1995年版，(上)第100页。

〔5〕 中国第二历史档案馆编《抗日战争正面战场》。江苏古籍出版社1987年版，第908—909页。

〔6〕 日本防卫厅防卫研究所战史室：《中国事变陆军作战史》。中华书局1981年中译本，第三卷第一分册第93页。

第八节　枣、宜会战

一、日军的战役企图、作战指导和部署

1939年底至1940年初，中国方面所发动的冬季攻势和对南宁昆仑关的反攻，使日军感到中国方面仍保持着很强的抗战意志和作战能力。日军认为只有给中国以更大的军事打击，歼灭中国军队主力，以此为基点，结合政治谋略，才能解决中国问题，才能从中国拔出脚来，对剧烈变动的国际形势作出有力的反应。因此，还在中国军队进行冬季攻势期间，负有机动作战任务的日军第11军就计划进行一次较大规模的报复性反击作战。这一计划得到"中国派遣军"总司令的支持，并与大本营进行了反复交涉。

第11军于1940年2月25日制定了《会战指导方策》。其作战目的是："拟在雨季到来之前，在汉水两岸地区将敌第五战区的主力击败，通过作战的胜利，进一步削弱蒋军，并为推动对华政治、谋略的进展作出贡献。"其会战指导方针是："在最短期间内作好准备，大概在5月上旬开始攻势。首先在白河以南捕捉汉水左岸之敌，接着在宜昌附近彻底消灭该河右岸之敌核心部队。"〔1〕4月7日，第11军又据此制定更为具体的作战计划大纲。这时冈村宁次已经调走，第11

军司令官由关东军第7师团长园部和一郎接任。4月10日，日大本营以“大陆命”第426号命令批准“中国派遣军总司令官为完成目前任务，可在5、6月间在华中、华南方面实施一次超越既定作战地区的作战。”[2]

日军认为，中国第五战区包围着武汉的部队约有50个师，其主力部署于鄂西北的汉水（其上游亦称襄河）两岸地区，进攻宜昌，可给第五战区以沉重打击。而且，宜昌又是进入四川的门户，距中国战时军事、政治领导中枢重庆只有480公里，具有极重要的战略地位，攻克宜昌，可给重庆及西南大后方以巨大威胁，有利于推进政治谋略。但攻克宜昌后是否保持对宜昌的长期占领，事先未作出决定。

为求达成上述任务，第11军决心将其所属7个师团、4个旅团*各以小部兵力留置现地担任守备，尽可能多抽出主力投入进攻作战。“中国派遣军”也从长江下游第13军所属的第15、第22师团各抽调1个支队（相当于旅团）配属给第11军。此外，还有第3飞行团、海军“中国方面舰队”第1遣华舰队及第2联合航空队协同作战。参战兵力近20万人。这样，枣宜会战就成了武汉会战以来日军在正面战场所发动的规模最大的一次战斗。

园部和一郎将进攻宜昌的作战分两个阶段进行：第一阶段打击枣阳地区的第五战区主力，第二阶段再渡过襄河攻略宜昌。第一阶段进攻计划的作战方针是：以机动神速的进攻，歼灭第五战区主力于随县、襄阳以北地区，尔后将汉水以西的中国军队向宜昌地区压缩并歼灭之。其兵力部署是：令第3师团（配属第40师团的3个步兵大队、1个山炮兵大队，第34师团的2个步兵大队）由信阳经明港至唐河左旋，进攻新野南白河地区与樊城附近，与第13师团会合，切断第五战区主力向北的退路；令第13师团（配属第15师团的4个步兵大队，第22师团的3个步兵大队、1个山炮兵大队）沿大洪山以西汉水东岸北进，迂回包围樊城一带第五战区主力，与第3师团协同作战；令第39师团（配属第6师团的3个步兵大队、1个山炮兵大队）于随县正面展开，当两翼师团形成包围后，从中路向枣阳进攻，与第3、第13师团协同，歼灭包围圈内第五战区的第11集团军。为了牵制和迷惑中国军队，江南各师团在进攻开始前对当面的中国军队发动攻击；在枣阳地区作战时，宣传此次作战结束后即返回原防，使中国军队放松第二阶段作

---

* 7个师团、4个旅团分别为第3、第46、第40、第33、第34、第13、第39师团，第14旅团、第18旅团、临时混成第101旅团及野战重炮兵第6旅团。其中4个师团和1个旅团在江南，3个师团和2个旅团及炮兵旅团在江北。

战的准备;并制造假命令,故意丢失。预定 5 月 1 日开始进攻。

预定第二阶段的兵力部署是:第 3 师团从襄阳、宜城之间汉水弯曲处附近渡河,向当阳前进,切断中国军队的退路;第 39 师团于宜城附近渡河,进入荆门;第 13 师团于沙洋镇附近渡河,经十里铺进出至河溶附近,尔后伺机攻占宜昌。

二、中国军队的战役企图、作战方针和部署

中国方面在 1940 年 3 月间就已获悉日军第 11 军有从信阳、武汉向鄂西北大举进攻的企图。4 月 10 日,蒋介石致电第五战区司令长官李宗仁等,指出:"对敌进犯沙、宜,应迅即预行部署,准备先发制敌……第五战区应乘敌进犯沙、宜企图渐趋明显以前,行先发制敌攻击。以汤恩伯、王缵绪两部主力,分由大洪山两侧地区向京(山)钟(祥)、汉(阳)宜(城)路之敌攻击,并由襄(阳)花(园)路、豫南及鄂东方面施行助攻,策应作战,打破敌西犯企图。其攻击开始时机,由战区密切注视敌情,适机断然实施,但须于四月中旬末完成攻击诸准备。"[3]

军事委员会判断日军西进企图不在于占领宜昌或襄、樊,而是要在襄河以东的枣阳一带寻歼第五战区主力,然后即行回撤,恢复战前态势,如同一年前的随、枣会战一样。基于这一判断,4 月 17 日蒋介石再次致电李宗仁等,进一步指出:

"一、我军应于敌军尚未进犯之前先发制敌。汤恩伯部以极小数部队,分数个单位,仍向襄花路正面对敌佯动与侦察敌情,其他主力即由现地出发,速向平靖关、武胜关方面空隙地区取捷径挺进,再由该地区向南,即(向)广水、应山或花园、安陆之敌进攻……压迫威胁敌军之后方根据地汉口,相机截断其后方之交通线。而以汤部之主力,即觅取敌军主力所前进之方向,尾击其侧背。若我军到达武胜关附近,而敌军仍在应山、花园或武胜关一带与我作战,则我军务取速战速决之积极行动。打击敌军以后(但不必与之真面目决战),即向平汉路以东之东北及东南方面分进,以后即在礼山、黄安、麻城、经扶一带监视平汉路南段敌军,使之不敢积极西犯。此为第一要着,希即照办具报。二、此次敌军如果西犯,其目的决不在夺取宜昌与襄、樊,而在打击我军以后,使其可安全退守。此乃必然之势。即使其有一部向襄河以西进攻,亦必佯动。故我军在襄河以西与江防部队,不妨抽出有力之一二军(莫树杰或张自忠部),速向大洪山附近移动潜伏,以待汤恩伯部之任务,作待机之势,专伺敌军西进或东退时而截击之……三、如果

各部队照常配备不动，以待敌军来攻，或待敌军安全后退，此为最愚拙之无策也。如果按一、二两项实施，则各部队应立即移动，并以迅速与秘密为最要……"[4]

这一电令明确要求第五战区不要消极待敌，而应以一部积极行动，争取先机，袭扰日军后方，牵制与破坏日军西进；而置主力于襄河以东至大洪山一带，伺机歼击西进或东退之日军主力。这也就是中国军队的战役指导方针。

第五战区根据军事委员会指示制定作战计划，决心以一部取广正面，分路挺进日军后方，积极施行扰袭，主力适宜控制于后方，相机先发制人，于枣阳以东或荆（门）、当（阳）以南地区与日军决战。具体部署是：

江防军司令郭忏指挥第26、第75、第94军，第128师和第6、第7游击纵队，依托襄河、东荆河右岸阵地，极力拒止日军渡河，消耗日军兵力，与右集团协力，在荆、当东南地区与日军决战。

右集团总司令张自忠指挥第29集团军、第33集团军、第55军，以一部固守襄河两岸阵地，巩固大洪山南侧各隘路口，以主力控制于长寿店以北，伺机击破进犯日军。

中央集团总司令黄琪翔指挥第11集团军、第45军、第127师和第1游击纵队，在高城至随县以西阻击日军；不得已时转移至唐县、环潭间，与预备兵团协同，从两翼包围、击破日军。

左集团军总司令孙连仲指挥第2集团军及鄂东游击队等部，对信阳行牵制攻击，并准备以有力部队向襄花路作战。

机动兵团总司令汤恩伯指挥第31集团军，集结于枣阳东北地区待机。

预备兵团总司令孙震指挥第22集团军，暂位置于双沟。

第21集团军兼大别山游击军总司令李品仙指挥所部对沿江日军据点和交通线进行袭击，并以有力部队对平汉路南段攻击，威胁日军后方。

三、会战经过

（一）枣阳地区的战斗

日军为隐蔽其战役企图、造成中国方面的错觉，于4月下旬在九江附近进行"扫荡"作战，并以海军向鄱阳湖、洞庭湖实施佯攻，以航空兵对湘、赣两省要点进行轰炸，作出要在第九战区有所动作的姿态，以转移中国方面的注意力。待其主力部队集结完毕后，按照预定计划，以捕捉并歼灭第五战区主力于唐河、白河以东迄枣阳一带为目标，采取两翼迂回、中间突破的战法，于1940年5月初发起了进攻。其右翼第3师团和第40师团石本支队于5月1日从信阳及其以北地区沿桐柏山北麓向西进攻。其右翼第13师团于5月2日从钟祥沿汉水东岸地区北上，直指枣阳。其中路第39师团和第6师团池田支队于5月4日从随县西进，向第五战区中央集团正面实施突击。这种战役部署，与一年前的随、枣会战如出一辙。

中国方面在查明日军行动和兵力后，蒋介石于5月5日致电李宗仁，指出各路日军"共只三师团强，且皆由其他方面拼凑而来，以配布于平汉、信南、襄花、京钟、汉宜各路之广大正面。其每路兵力，不过一旅团，最多至一师团。力量至属有限，并无积极甚大之企图，可以推见……我军正宜识透敌情，把握时机……不顾一切，奋勇猛进，必予敌以致命之打击。"[5]同日，第五战区针对日军态势调整部署：以第29集团军任大洪山游击作战，并侧击京钟、襄花两路日军；左集团孙连仲指挥第1游击纵队任桐柏山游击作战，并向西南侧击襄花路日军；江防军除原任务外，应以有力部队渡河东进，向皂市、濂山方向进击，威胁日军后方，策应右集团作战；右集团仍以一部固守襄河西岸，主力在襄河以东地区，与中央集团协同围歼由钟祥北上的日军；中央集团应于现阵地阻击、迟滞日军西进，不得已时应以确保襄、樊为目的，于枣阳以东逐次抵抗，尔后以一部在枣阳以北与右集团和大洪山游击军协同，攻击日军侧背，主力向唐河、白河以西转移；第2、第31集团军和第92军应于桐柏、泌阳以东地区围歼西进的日军，不得已时向唐河以西转移。

但各路日军突破第五战区第一线阵地后进展迅速，以每天30至40公里的速度向前突进。5月7日，第3师团占领唐河，第13师团北进至王集，第39师团进抵随阳店，对枣阳构成合围之势。但各路日军之间空隙较大，守军逐次抵抗后，在日军包围圈尚未合拢时及时转向外线。只有第84军第173师在枣阳附近掩护主力转移，撤退不及，遭日军围攻，损失较大，师长钟毅阵亡。5月8日，日军占领枣阳，宣称汉水左（东）岸作战之目的已经完成，其实并未实现捕捉第五战区主力的企图。

军事委员会判断日军必将向原阵地退却，主要退路只有襄花路，而该路雨后车辆不能运动，因而命令第五战区各部队应乘日军态势不利、补给缺乏、退却困

图 6-8-1　枣、宜会战·枣阳地区战斗经过要图
（1940 年 5 月 1 日—21 日）

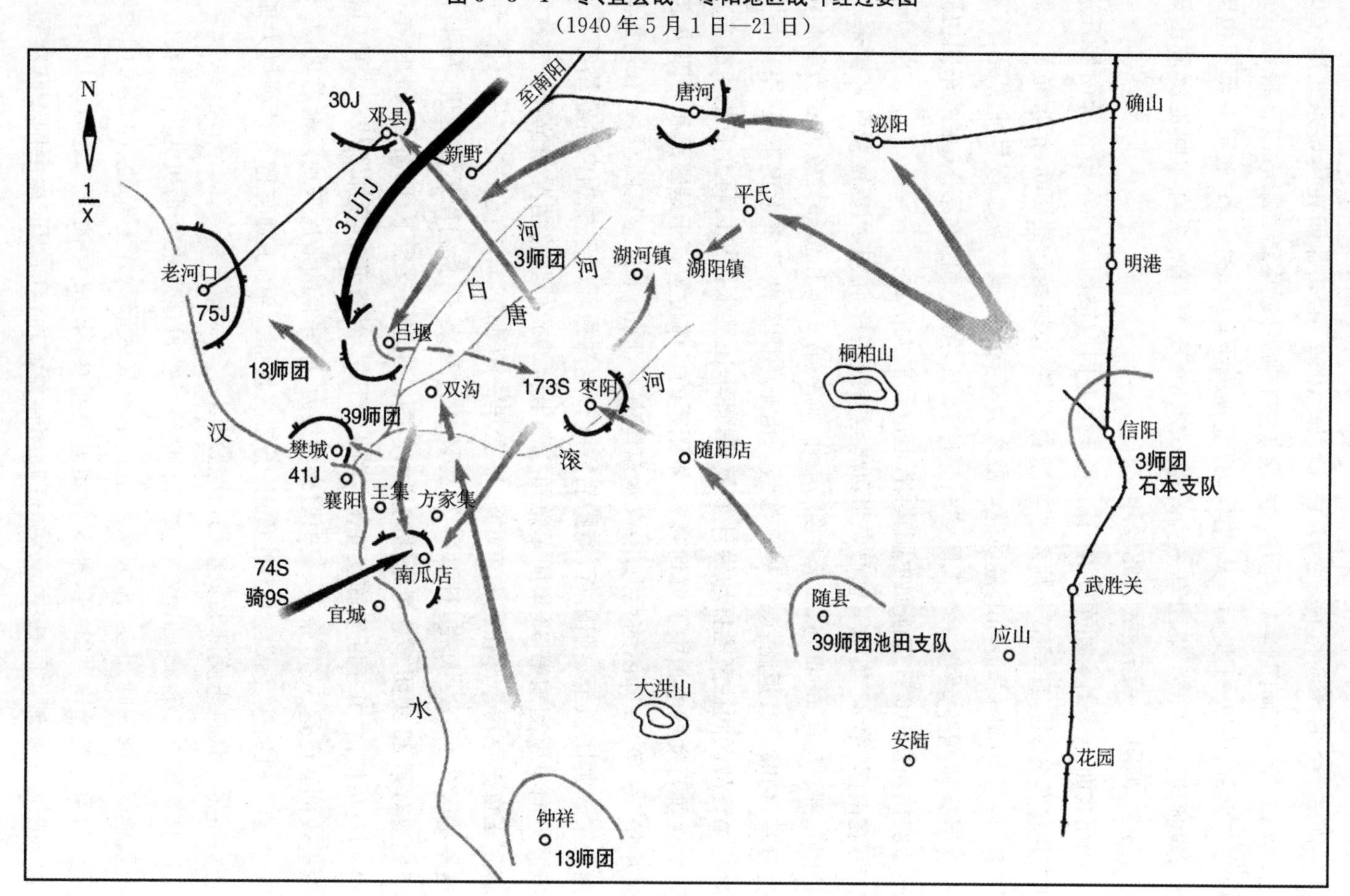

难之机，以全力将其捕捉、歼灭于战场附近，尔后向应城、花园之线追击。第五战区随即部署对日军的反攻。5月10日以后，日军第3师团在樊城东北地区集结，第13、第39师团则从枣阳南撤，准备在宜城附近集结。第五战区乘日军分散疲惫之机，以第31集团军从南阳地区急速南下，于5月12日将第3师团包围于樊城附近；以第33集团军主力东渡汉水，在枣阳西南至宜城间地区截击第13、第39师团。一场激战就此展开。

在北面，第31集团军从东、南、北3个方向向被围的日军第3师团展开进攻，并将其分割。日军第3师团携带粮弹不多，兵站线已被切断，情况危急。其第29旅团向师团求援的电报中说："敌之战斗意志极其旺盛。按目前情况看，平安返回甚难，望乞增援一个大队。"至5月15日，第3师团在第11军战车团协同下才突出重围，16日夜撤回枣阳集结，但遭到重大伤亡。

在南面，第33集团军总司令张自忠至前线指挥，在枣阳以南截歼日军第13师团一部。5月14日，张自忠率第74师、骑兵第9师和总部特务营在方家集侧击日军，切断了其退路，双方展开激战。由于中国军队保密意识不强，军事委员会与第五战区间往来电报均为日军截获；日军还从张自忠向蒋介石报告有关所率5个师行动的电报中了解到第33集团军的具体位置。于是园部和一郎决定：集中第13、第39师团的兵力，沿汉水东岸南下，反击张自忠集团军，令在新野以南的第3师团撤至枣阳附近，掩护后方。日本情报部门还根据电台联络呼号及电波方向早就测知第33集团军总司令部电台的向外联络情况和位置。这次了解到张自忠总司令部在宜城东北约10公里一带地方，日军便在航空兵配合下向这一地区合围。15日夜，日军第39师团从方家集、南营向南瓜店逼进，16日拂晓完成对第33集团军总司令部的战术包围。在炮火支援下，四面围攻。守军第74师英勇抗击，并不断实施反冲击，激战至下午，特务营亦参加了战斗。此时日军进攻部队已达5000余人，集中炮火和兵力，向守军的最后阵地发起总攻，并有20多架飞机助战。张自忠多处负伤，仍镇定指挥。第74师与特务营弹尽力孤，伤亡殆尽。张自忠胸部又负重伤，壮烈殉国。

日军第13、第39师团在宜城东北地区反扑得逞后再度乘机北上，与集结在枣阳地区的第3师团会合，大举反击。第五战区部队猝不及防，向白河以西转移。日军跟踪追击。21日，第3师团进至邓县，第13师团进至老河口以东，第39师团进至樊城。同日凌晨，第39师团在偷渡白河时遭西岸中国军队猛烈射击，联队长神崎哲次郎等300多人毙命。当日晚，第11军下令各师团停止追击，襄河以东枣阳地区作战至此结束。

（二）宜昌地区的战斗

日军第 11 军在汉水（襄河）以东作战中损失严重，作战时间 20 多天，超过预想时间一倍以上，官兵十分疲惫。停止追击后，迅速收缩部队，至枣阳附近进行休整，但并未立即撤回原防，而是就是否按原计划执行汉水以西的宜昌作战任务进行讨论。多数指挥官认为：如放弃原计划而反转，就意味着第一阶段作战遭到了挫折和失败，将会失掉该军统帅的权威和天皇的信任，因而不必顾虑部队的疲劳和减员，继续执行第二阶段作战计划。5 月 25 日，第 11 军下达了准备西渡汉水进攻宜昌的命令，以 6 个汽车中队紧急调运 1000 多吨军需品到前线，于 5 月 30 日完成了作战准备。“中国派遣军”又从第 13 军第 22 师团抽调 3 个步兵大队、1 个山炮兵大队（即松井支队）加强给第11 军。

5 月 31 日 19 时 30 分，第 39 师团开始进行炮火准备，向汉水西岸炮轰一个半小时，然后从宜城以北的王集强渡汉水。同日 24 时，第 3 师团在襄阳东南也开始渡河。两师团均未受到强烈抵抗，于拂晓前渡河完毕。第 11 军命令第 40 师团留置大洪山进行“扫荡”，保障后方，另以小川支队和仓桥支队担任流动兵站的警戒。

中国方面估计日军不会进攻宜昌，即使其有一部向襄河以西进攻，也只是佯动，因而在第一阶段作战时将担任河西守备的第 33 集团军和江防军主力大部调往河东，以致河西兵力空虚，根本没有研究在河西作战的计划，不仅远安、南漳等县没有设防，宜昌的防御兵力也很少。及至发现日军西渡汉水后，国民政府军事委员会于 6 月 1 日召开紧急会议，决定将第五战区部队区分为左、右两兵团。左兵团（襄河以东）由战区司令长官李宗仁指挥第 2、第 22、第 31 集团军和第 68 军，攻击襄花路、京钟路及汉宜路日军后方，断其补给联络，并以有力部队向襄阳、宜城间攻击渡河日军，策应右兵团作战；右兵团由军事委员会政治部部长陈诚指挥第 33、第 29 集团军和江防军，以确保宜昌为主要任务。同时还决定第 75、第 94 军火速从汉水以东赶回汉水以西归还江防军建制，正在四川整训的第 18 军紧急船运到宜昌担任守备。

但渡河日军乘虚而入，推进很快。6 月 1 日，第 3 师团轻取襄阳。3 日，突破中国第 33 集团军防御后，第 3 师团占领南漳，第 39 师团占领宜城。4 日夜，日军第 13 师团、池田支队、汉水支队又从钟祥以南的旧口、沙洋附近强渡汉水，与第3、第39师团对荆门、当阳形成南北夹击之势。陈诚6月3日到达宜昌后，命第33集团军逐次抵抗从南漳、宜城南下的日军，依情况向荆门、仙居之线转移，对东北构成正面，与江防军协同作战；江防军以一部在汉水以西拒止从旧口以南渡河的日军，以有力部队控制于当阳附近主阵地，与第33集团军协同，待日军深入后给予侧击；命第29集团军向钟祥出击，切断日军后方交通。

双方激战至6月8日，日军池田支队突破江防军第26军的阻击，占领沙市、荆州，尔后沿宜沙公路从东南面逼近宜昌。9日，日军第3、第39师团从东北面，第13师团从南面围攻当阳。激战一天，守军被击退。10日，日军向宜昌发起进攻。中国第18军两天前才到达宜昌，仓促部署防御，以第18师守城，以第199师配置于外围。日军以3个师团的兵力连续攻击，以战车部队突进，以上百架飞机疯狂扫射。守军兵力单薄，不敌日军的猛烈攻势。战至6月12日16时，日军攻占宜昌，守军撤往附近山区。

日军对占领宜昌后是否要予以确保，事先并没有明确规定。按照武汉会战后大本营所确定的一般方针，每次作战，即使是经大本营批准的超越作战控制区域的作战，也只是给中国军队一次沉重打击，摧毁中国的抗战意志，并不是要扩大占领区。因此，第11军在占领宜昌的当天就指示各师团："已达到此次作战目的，现决定立即整理部队，准备尔后之机动。"随后又命令各部队摧毁宜昌的军事设施，将无法携带的缴获物资予以销毁或抛进长江，准备返回。6月15日22时，正式下达了撤回汉水东岸的命令，规定第3、第39师团先行撤到当阳、荆门一线，占领阵地，防止中国军队截击和袭击，掩护第13师团撤退后再依次交替回撤。第13师团撤出宜昌的时间从16日午夜开始。[6]这样，日军占领宜昌4天以后又陆续撤出。第13师团排在最后，于6月17日凌晨1时开始回撤，当天上午7时撤到宜昌以东约10公里的土门垭。中国军队则乘日军撤退时，沿途予以反击。第18军尾追第13师团，于17日晨收复宜昌。

本次会战中，在第11军发出撤退命令的前后，日本方面从前线司令官们到大本营，对是否要确保占领宜昌又进行了激烈的争论。当时，纳粹德国正向西欧大举进攻。凑巧的是，恰在6月12日日军占领宜昌的同一天，德军占领巴黎，世界形势正发生着剧烈动荡。在这种形势下，日本军政当局更迫切希望尽快解决中国问题，以便腾出手来参与世界范围的角逐。日军统帅部和"中国派遣军"中的许多人主张：确保对宜昌的占领，可给重庆蒋政权以更大的威胁，有利于推进政治谋略，从而也就有利于及早解决中国问题，战略价值极大。这种主张终于占

图 6-8-2　枣、宜会战·宜昌地区战斗经过要图

（1940 年 5 月 31 日—6 月 17 日）

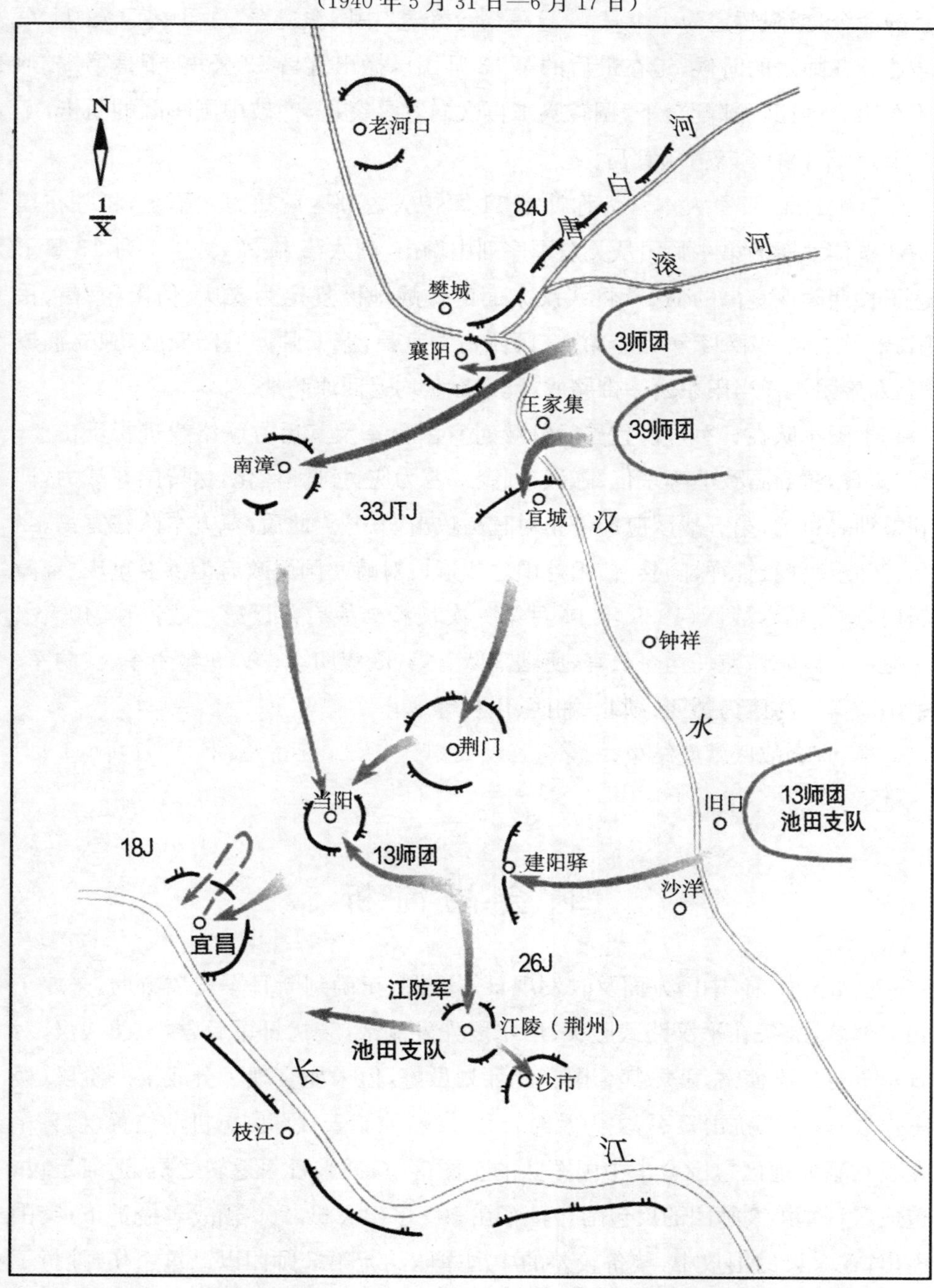

了上风，并得到天皇的认可。于是，日军参谋本部于6月16日发出暂时确保宜昌的命令，期限暂定为1个月。[7]这一命令经过“中国派遣军”总司令部、第11军转达到各师团的时候，走在最后的第13师团已撤出宜昌52公里，于是第13师团在第3师团一部配合下，调转头来再次向宜昌突进，冲破中国军队的阻击，于6月17日下午重新占领宜昌。

7月1日，日军大本营为弥补第11军扩大占领区后兵力之不足，将驻在黑龙江省佳木斯的第4师团从关东军序列中调出，列入第11军，并于7月13日下达了长期确保宜昌的命令，将武汉方面的作战地区规定为安庆、信阳、宜昌、岳阳、南昌之间。第11军命令第13师团占领宜昌，第4师团驻防安陆，独立混成第18旅团担任当阳东西一带警戒，其余部队均返回原防地。

中国军队在日军重占宜昌后继续对宜昌日军及其后方联络线进行反击。6月24日，蒋介石致电李宗仁、陈诚，训令：“兹为应付国际变化，保持国军战力，俾利整训之目的，第五战区应即停止对宜昌攻击……”[8]此后，双方军队在宜昌、当阳、江陵、荆门、钟祥、随县、信阳外围之线形成对峙。国民政府为拱卫重庆、屏障四川，重设第六战区（1939年10月第一次长沙会战后曾设第六战区，1940年4月撤销），以陈诚兼任司令长官，所辖部队有第33集团军、第29集团军、江防军、第18军等，防区为鄂西、湖北、湘西、川东等地。

枣、宜会战区就此结束。

四、会战简析

会战开始前，中国方面及时发现日军企图，正确判断日军进攻方向，采取了相应部署，准备在平汉路武胜关、广水段先发制敌，袭扰日军后方，威胁武汉，对日军进行战役侦察，破坏其企图。此计划虽好，但未能实现。会战第一阶段（襄东作战）以一部抗击日军，主力及时转移外线，控制于日军侧翼机动位置，使日军在襄东平原地区包围合击中国军队的企图落空，并乘日军返转之机，适时反攻，造成对日军第3师团的反包围。日军在100多架飞机、200辆战车掩护下，突围而出；在3天的围攻中，装备较差的中国军队给予第3师团以严重杀伤，挫折了其锐气。在南线，第33集团军截击日军的部署也是对的，但兵力不厚，通信联络失密，致遭日军第13、第39师团的反扑，损失较大，总司令张自忠壮烈牺牲。他的精忠报国之志，足以引为全民族的骄傲，并永垂青史。总之，中国方面对第一阶段作战的判断和部署大体是正确的，从战场形势看，并未完全受制于日军，还保持着一定的主动性。

第二阶段的作战却完全陷于被动。会战一开始，军事委员会和第五战区都估计此次会战不过是一年前随、枣会战的翻版，以为日军不至于以有限的兵力冒险向宜昌作远距离进攻，即使日军以一部西渡汉水，也仅是佯动，因而在全战役计划中根本未考虑河西作战，将河西主力放胆调到河东，连宜昌也无兵守备。第一阶段作战后，日军又从长江下游第 13 军调运 3 个步兵大队、1 个山炮大队以加强第 11 军，并以 6 个汽车中队向前线运送大批作战物资，中国方面竟未发现，仍然处于麻痹状态，仍在等待日军自行东返。日军经过整补，突然转而向西，长驱直入。军事委员会和第五战区措手不及，仓猝调整部署，全盘顿时错乱，根本组织不起有效的防御，战略重镇宜昌的陷落自不可免。这对尔后的抗战，在军事上和心理上更增加了困难。这完全是统帅机关对日军战略和战役企图判断错误所造成。如能在全战役计划中顾及日军西犯的可能，控制较强的战役预备队；退一步讲，如能在第一阶段作战结束到日军西渡汉水的 10 天空隙时间内判明日军动向，调整部署于先，当仍可保持一定的主动性，给日军以更大打击，而减少己方的损失。

各战区之间以及战区内各部队之间缺乏积极主动的策应，也是导致此次会战失利的重要原因(这一弊病在历次会战中反复出现)。日军为遂行此次会战，从长江以南和长江下游抽调了大批部队，也就是说，从第九、第三战区当面抽走了大批部队，这使日军在其占领区内本来就很分散、薄弱的守备力量更加分散，更加薄弱。第九、第三战区如能乘此机会向当面日军发起强有力的攻势，必能收到较冬季攻势更大的战果，威胁日军后方，给第五战区以有力的策应。但第九、第三战区虽有所行动，却远不够积极、有力。蒋介石曾于 5 月 3 日致电第九战区司令长官薛岳和第三战区司令长官顾祝同，要他们“乘敌移动，予以一大打击……第九战区应乘虚蹈隙，进袭当面之敌，使第五战区作战容易……第三战区应加强沿江兵力，积极邀击敌舰，截断长江。”[9]这一命令也未得到认真执行。同样，在第五战区内，军事委员会和第五战区也曾要求第 21、第 29、第 31 各集团军先发制敌，进攻日军后方，威胁汉口，确实截断平汉线，但这些训令发出后多未付诸实施，军事委员会和战区也未严格督查，因循了事。

附表6－8－1　枣、宜会战日军参战部队指挥系统表(1940年4—6月)

第11军　司令官园部和一郎

第3师团　山胁正隆

步兵第5旅团(步兵第6、第68联队)

步兵第29旅团(步兵第18、第34联队)

骑兵第3联队

野炮兵第3联队

工兵第3联队

辎重兵第3联队

第13师团　田中静一

步兵第103旅团(步兵第104、第65联队)

步兵第26旅团(步兵第116、第58联队)

骑兵第17大队

山炮兵第19联队

工兵第13联队

辎重兵第13联队

第39师团　村上启作

第39步兵团(步兵第231、第232、第233联队)

搜索第39联队

野炮兵第39联队

工兵第39联队

辎重兵第39联队

池田支队(以第6师团3个步兵大队及1个山炮兵大队为基干,支队长为步兵第11旅团长池田直三)

石本支队〔以第40师团3个步兵大队(5月初又增加1个大队)及1个山炮大队为基干,支队长为第40步兵团长石本贞直〕

第40师团　天谷直次郎(5月20日,天谷直次郎直接率2个步兵大队、1个山炮兵大队到达战场,到后一并指挥石本支队)

小川支队(以第34师团2个步兵大队为基干,支队长为第216联队长小川权之助)

吉田支队(以1个步兵大队及重炮、高射炮联队等为基干,支队长为吉田炮兵大佐,6月9日编组)

平野大队(独立第63大队,属独立混成第14旅团,5月17日到达战场)

古东大队（独立步兵第 61 大队，属独立混成第 14 旅团，5 月 23 日到达战场）

佐泽大队（独立步兵第 62 大队，属独立混成第 14 旅团，5 月 7 日配属给第 3 师团留守部队）

田中大队（步兵第 215 联队第 1 大队，属第 33 师团，5 月 19 日到达战场）

临时混成第 101 旅团（旅团长为第 27 步兵旅团长松山佑，在汉口附近担任警戒）

军直部队：

战车团（第 7、第 13 联队）

野战重炮兵第 6 旅团

仓桥支队（以第 15 师团 4 个步兵大队为基干）

松井支队（以第 22 师团 3 个步兵大队、1 个炮兵大队为基干，支队长为第 22 步兵旅团长松井贯一，6 月 8 日到达安陆后一并指挥仓桥支队）

协同部队：

第 3 飞行团

海军第 1 遣华舰队

海军第 2 联合航空队

附表 6－8－2　枣、宜会战第五战区参战部队指挥系统表（1940 年 4 月）

第五战区　司令长官李宗仁

左集团军（第 22 集团军）　总司令孙连仲

第33 军　池峰城

第 27 师　黄樵松

第 30 师　张华棠

第 31 师　乜子彬

独立第 44 旅　吴鹏举

第68 军　刘汝明

第 119 师　田温其

第 143 师　李曾志

独立第 27 旅

鄂豫边游击总指挥鲍　刚

中央集团军（第 11 集团军）　总司令黄琪翔

第 39 军　刘和鼎

第 56 师　厉鼎璋

第 84 军　莫树杰

第 173 师　钟　毅

第174师　张光炜
第189师　凌压西
右集团军　总司令张自忠
第33集团军　张自忠
第59军　黄维纲
第38师　李九思
第180师　刘振三
骑兵第9师　张德顺
独立第13旅　姚景川
第77军　冯治安
第37师　吉星文
第132师　王长海
第179师　何基沣
第55军　曹福林
第29师　许文耀
第74师　李益智
第29集团军　总司令王缵绪
第44军　廖　震
第149师　王泽浚
第150师　杨勤安
第67军　许绍宗
第161师　官焱森
第162师　余念慈
长江上游江防司令部　总司令郭　忏
第26军　萧之楚
第32师　王修身
第41师　丁治磐
第44师　陈　永
第75军　周　碞
第6师　张　珙
第13师　方　靖
预备第2师　傅正模
第94军　郭　忏(兼)

第 55 师　李及兰

第 121 师　牟庭芳

第 185 师　方　天

江防要塞　司令曾以鼎

第 128 师　王劲哉

鄂中游击纵队　曹　勖

第31集团军　总司令汤恩伯

第13军　张　轸

第 89 师　张雪中

第 101 师　吴绍周

第 193 师　赖汝雄

第85军　王仲廉

第 4 师　石　觉

第 23 师　李楚瀛

第 91 师　王毓文

第22集团军　总司令孙　震

第41军　孙　震(兼)

第 122 师　王志远

第 123 师　曾宪栋

第 124 师　曾甦元

第45军　陈鼎勋

第 125 师　王仕俊

第 127 师　陈　离

第21集团军(大别山游击军)　总司令李仙洲

第92军　李仙洲(兼)

第 21 师　侯镜如

第 142 师　傅立平

暂编第 14 师　廖运泽

注　释:

〔1〕 日本防卫厅防卫研究所战史室:《中国事变陆军作战史》。中华书局 1983 年中译本,第三卷第二分册第 3 页。

〔2〕 同〔1〕,第1页。

〔3〕 中国第二历史档案馆编《抗日战争正面战场》。江苏古籍出版社1987版,第931页。

〔4〕 同〔3〕,第934至935页。

〔5〕 同〔3〕,第944页。

〔6〕 同〔1〕,第24页。

〔7〕 同〔1〕,第25页。

〔8〕 同〔3〕,第968页。

〔9〕 同〔3〕,第942页。

第九节 上高会战

一、双方的战役企图及兵力部署

1941年2月14日,日军"中国派遣军"总司令部召开各方面军和各军司令官联席会议,确定以"灵活、短距离的截断作战"为1941年度的作战方针,就是说,既要根据当面情况积极灵活作战,又要节省兵力、减少消耗,不向中国军队作远距离、大纵深的作战,一般以进至中国军队师部所在位置(距前沿10至15公里)为界限。第11军据此向其所辖各师团、旅团提出的任务是:"要积极不断地依靠灵活、短距离截断进攻作战,消耗敌之战斗力量和确保压倒敌人的地位。"[1]

日军第11军自1939年3月攻占南昌后,以第33、第34师团等部队守备南浔铁路和南昌附近,与中国第九战区第19集团军各部队形成对峙,两年来无大的行动,而中国军队曾几次向南昌和南浔路发动袭击,使日军感到威胁。守备南昌的第34师团为求改善态势、巩固对南昌的占领,强烈要求对第19集团军进行一次打击。恰在这时,"中国派遣军"总司令部将独立混成第20旅团于1940年2月下旬由上海调到南昌,同时将第33师团于4月间由安义地区调往华北。于是,第11军便决定乘第20旅团已经调来、第33师团尚未调走的机会组织一次进攻作战。其计划是:以第33师团为右翼(北路),由安义向西南进攻;以独立混成第20旅团为左翼(南路),由南昌西南约15公里的望城冈沿锦江南岸向西进攻;以第34师团为中路,由南昌西山、万寿宫沿锦江北岸向西进攻。三路部队分进合击,压迫、包围中国第19集团军主力于上高地区。日军战史把这次作战称为“锦江作战”或“鄱阳作战”。

上高位于南昌西南约120公里的锦江上游北岸,扼湘赣公路(南昌至长沙)要冲,东临鄱阳平原,背靠九岭山与罗霄山,既便于东出南昌,也便于西进长沙,是一处战略要地。中国第19集团军司令部即设于此,因而成为日军进攻的主要目标。中国军队为阻碍日军机械化部队运动,已将赣东北境内的主要道路大部破坏。中日军队在此方向的对阵形势是:

日军:第33师团位于向坊街、宋埠、安义、乾州街、仁首街地区;第34师团位于南昌、莲塘及赣江以西的西山、万寿宫地区;独立混成第20旅团位于牛行、望城冈地区。

中国第19集团军:第49军位于罗金渡、梁家渡,跨抚河,至叶子山、市汊街一线(以上各点均在南昌以南);第70军位于市汊街(不含),跨锦江,至石岗、大城、奉新、靖安一线;第74军位于英冈岭、泗溪、棠浦一线;第30集团军的第78军位于武宁及棺材山、大桥河一线,第72军一部位于燕夏、横石潭、宝石关,主力控制于三都附近。

1941年3月初,第19集团军已侦知日军独立混成第20旅运抵南昌,并发现南昌及锦江南北各点日军集结,判明日军有于近期发动进攻之可能,即决定采取诱敌至预设战场而歼灭的方针,依托市汊街、锦江南岸、祥符观、米峰、来堡、塘里之第一线阵地和仙姑岭、老坑岭、龙团圩、华林寨、泉港之第二线阵地,节节抗击,迟滞与消耗日军;待诱其进至上高附近钩石岭、石岗、泗溪、棠浦、上富、九仙汤第三线阵地时以主力反击而歼灭之。

二、会战经过

3月15日凌晨战役打响。北路日军第33师团由安义向当面中国第70军发起进攻,在炮兵和航空兵掩护下,沿潦河盆地向西突进,当日中午占领奉新,16日进至棺材山、车坪附近,并继续向西追击。南路日军独立混成第20旅团于15日晨发起进攻后,当日午间在河嗄附近西渡赣江,尔后沿锦江南岸西进。至17日,先后占领曲江、独城等地,继续向灰埠攻击前进。中路为日军主力第34师团，继两翼发起进攻后，于16日开始行动，由西山、万寿宫沿湘赣公路和锦江北岸向西突击，当日占领祥符观、莲花山。17日晚，中国守军主动放弃高安。18日，第34师团突过高安，占领龙团圩。以上三路日军在开始进攻后的两三天内进展顺利，更增加了骄傲情绪。

三天以后战场形势逐渐发生变化。日军的企图是以三路作向心突击，即三路均以上高为目标，将两翼钳形内的中国军队（第70军、第74军和第19集团军司令部）都压缩至上高附近，合围而歼灭之。按照这一企图，北路第33师团应压迫中国第70军向南退却，但第70军且战且向西北退去，3月17日退至上富、甘坊、苦竹坳之间山地。第33师团跟踪追击，反而遭到中国第70军、第72军围攻。激战两日，第33师团受到重大伤亡，突围而出，于19日返回奉新，认为配合第34师团作战的任务已经完成，遂转入休整，准备调往华北。

南路独立混成第20旅团留下1个步兵大队（称"赣江支队"）占领曲江、泉港，掩护左翼；主力继续向西突进，3月20日占领灰埠，然后北渡锦江，与第34师团会合，以加强上高正面的突击力量。这时，中国第19集团军令位于南昌以南的第49军由市汉街等地西渡赣江，在泉港附近截击日军赣江支队，歼其大半；然后尾追独立混成第20旅团，击其侧背。

中路第34师团于3月18日占领高安后继续向西突击，遭到中国第74军越来越坚韧的抵抗，前进缓慢。21日起，第34师团在得到独立混成第20旅团加强后，以30多架飞机掩护轰炸，向官桥、泗溪第74军主阵地连续猛攻。第74军各部队英勇奋战，反复争夺，阵地多次易手。战至22日，日军一度突进到上高东北约1.5公里的三角山。第74军固守石拱桥、下陂桥、上添家之线，战斗极其惨烈，双方伤亡严重。

正当上高东正面鏖战激烈之时，第34师团右侧背因第33师团后撤而失去掩护，中国方面乘机以第78军攻击棺材山，牵制北路日军，以第70、第72军迅速南下。23至24日，第70军主力占领杨公圩、官桥街，第72军主力进至水口圩，第49军也渡至锦江北岸。诸军对第34师团和独立混成第20旅团构成合围，并逐渐压缩包围圈，与正面第74军协同，展开围攻。

置两翼侧背于不顾而一味恃强进攻的第34师团突然感到处境不妙：左右失去掩护，成了孤军，几百名伤员还未来得及后送，新的伤员还在不断增加，中国军队9个师的围攻越来越紧，情况十分危殆。大贺茂一面命令部队在飞机掩护下突围后撤，一面向武汉第11军告急求援。第11军对这次短距离截断作战事先

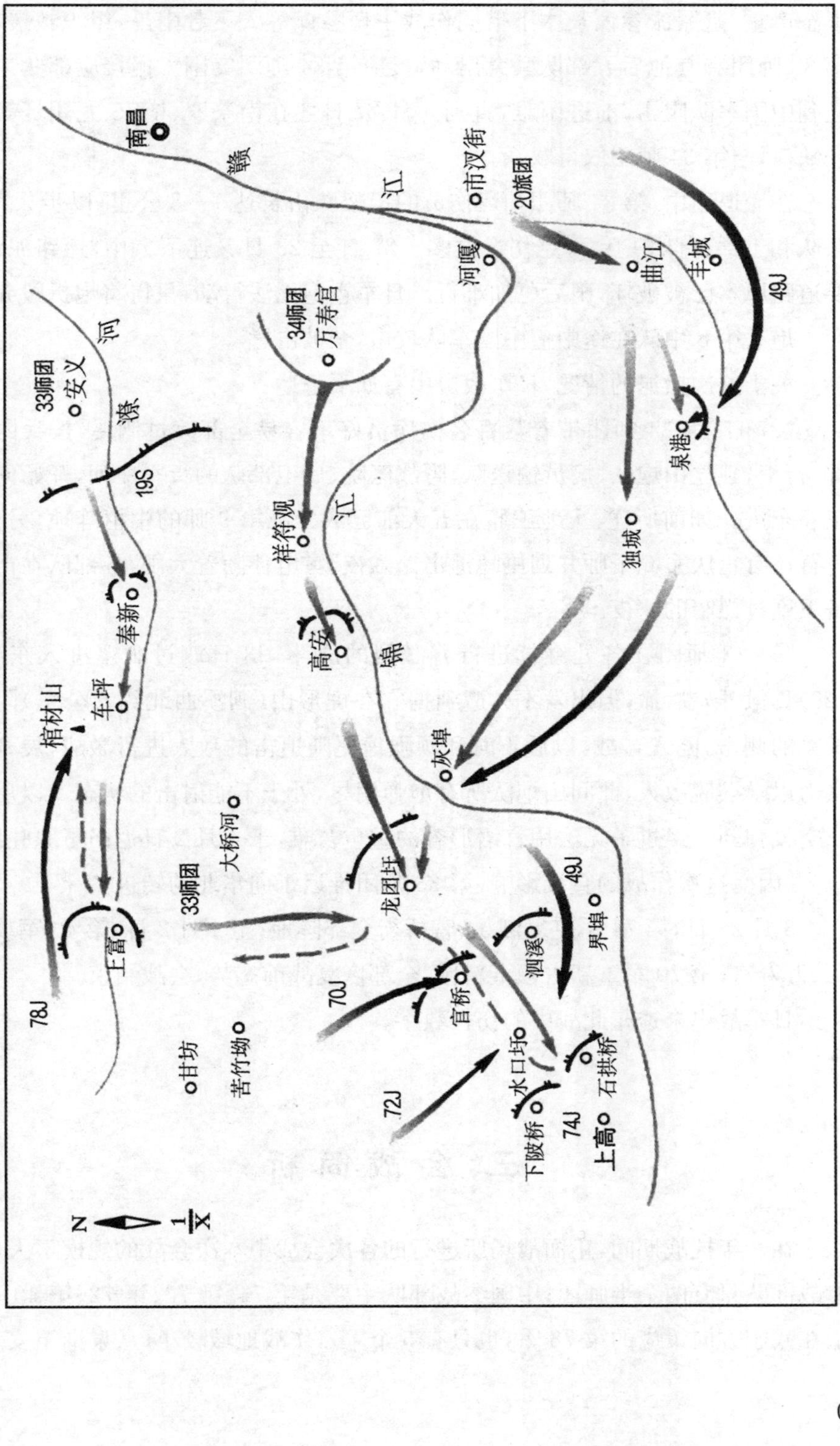

图 6－9－1　上高会战经过要图
（1941 年 3 月 15 日—4 月 2 日）

也未予特别重视，接到第 34 师团告急电报后才发现第 33、第 34 师团缺乏协同，事态严重，赶紧派参谋长木下偕同作战主任参谋等人飞赴南昌，组织救援，命令第 33 师团和其他后方部队紧急出动，接应第 34 师团突围。但接应部队途中也遭到中国军队阻击，前进困难，直到 3 月 27 日才在南茶罗、毕家、龙团圩等处打开缺口，与第 34 师团取得联系。

在撤退途中，第 34 师团抬运伤员的担架队伍长达 7—8 公里，以步兵第 217 联队和工兵部队护卫，可见伤员之多。27 日至 28 日又连下大雨，道路泥泞，主要道路原本已被破坏，雨后更加难行。日军重炮无法行动，只得将炮折毁弃掷路旁。炮兵第 8 中队在途中遭中国军队攻击，全被击毙。

关于这次撤退的情况，日军战史中有如下记述：

“27 日，第 34 师团带着数百名伤病员好不容易全部渡过泗溪，按兵团司令部、行李、独立山炮队、病员输送队、野战医院、后卫部队的行军序列，开始向土地王庙东进。如前所述，土地王庙在五天前已成为敌第 9 师的中枢阵地，另外，在侧背还有重庆军 6 个师并列尾随追击。入夜，雷电伴随着大雨，各部队在严加戒备下度过黑暗的一夜。

“第 33 师团在各处继续进行着激烈的战斗，28 日渡过泗溪进入东岸，翌(29)日虽开始后撤，但出发不久遭到据守在虎形山(泗溪西北约 5 公里)附近重庆军的侧击，陷入苦战，以后不时和顽强地尾随追击的敌人进行激战，展开全部兵力以求摆脱敌人，此间山炮队所有炮弹用尽，处于不能射击的状态。以后接到了空投弹药。经过了无法用言语形容的重重苦难，于 4 月 2 日返回了原驻地。

“因受这次作战的直接影响，第 33 师团推迟了向华北的转进。”[2]

3 月 28 日，第 74 军克复泗溪、官桥街全部阵地；至 4 月 2 日，第 49 军攻占西山、万寿宫，第 70 军重新占领奉新城，全部恢复战前态势，会战结束。

日军战史未透露此战中的伤亡数字。

三、会战简析

在八年抗战期间，正面战场所进行的各次会战中本次会战的规模不大(日军参战部队只有两个半师团；中国参战部队主要是第 74、第 70、第 72、第 49 军，加上在武宁方向策应的第 78 军，也只有 5 个军)，作战地域较小(从泉港至安义，南北约80公里;从南昌附近至上高以东,东西不过80公里左右,属于日军所谓的“短距离截断作战”),持续时间不长(从3月15日到4月2日,只有18天),但对中国军队来说,这是一次难得的、始终掌握着战场主动权而致胜的会战,在当时称为“上高大捷”。

这次会战之所以能够获胜,是因为针对当面敌情制定了正确的战役方针和作战计划。当面日军兵力不大,但十分骄狂,以其两个半师团还不到的兵力而欲寻歼中国第19集团军主力(特别是第74军)。当其刚刚集结时,中国方面即判明其企图,决定在第一、二线阵地节节抗击,迟滞和消耗日军,控制主力于机动位置;待日军进至第三线主阵地前已相当疲惫时,再集中兵力予以反击。战役打响后,日军本欲作向心合击,而中国第70军却反其道而行之,故意作离心退却,诱使北路日军更加向北,这不仅破坏了日军的合击企图,而且使中路日军的右侧背暴露;随后,又以第49军击破南路日军,暴露其左侧背,使日军只有分进,没有合击,反而造成中国军队包围日军的有利态势。这样,从战役第一步起,中国军队就立于主动地位。“致人而不致于人”,这是取胜的第一着。

中路日军主力突过第一、二线阵地后,更增加了骄狂心理,不顾侧翼暴露的危险,继续向中国第三线阵地进攻,无异自入口袋。中国第74军凭借既设阵地,以逸待劳,坚韧防御,抗击日军在数十架飞机掩护下的猛烈进攻达6天之久,争取了时间,使第70、第72、第49军能及时从两翼赶到战场,集中优势兵力对第34师团构成合围,按预定方针、在预定战场实现了预定计划。这是取胜的第二着。

战前将战区内的道路尽行破坏,给日军汽车、战车、重炮的运动造成障碍,使其优势装备不能充分发挥作用,并增加其运输补给困难,这也是会战中取胜的重要一着。

但中国方面以绝对优势兵力将孤军深入、疲惫已极、伤亡过半的日军第34师团四面包围,压缩于极狭小之范围内,从3月24日至27日连攻3天,仍未能将其全歼;27日以后,在兵力并不大的日军增援部队接应下,反任其拖着大批伤员突围而出,说明中国军队的攻击精神和攻击力量都太弱。正如中国军事当局在《上高会战之经过与检讨》中所说:“中路之敌既不顾两翼之有无依托,而孤挺进之时,已为我合围歼敌之好机。此时我74军全军迎击于前,70军尾击于后,49军(欠1师)侧击于右,72军围攻于左,战斗态势既形成于四面包围,而复以最大优势之兵力对此包围圈内后援已绝之三千残敌,期一举而尽歼之,非力所未逮。不图于包圈南北直径缩小至五公里之时,敌竟突围逃窜,卒未能达到歼灭之目的，不无遗憾耳。”[3]

附表 6-9-1　上高会战日军参战部队指挥系统表（1941 年 3 月）

第 11 军　司令官园部和一郎

第 33 师团　樱井省三

第33 步兵团（步兵第 214、第 215 联队，欠第 213 联队）

搜索第 33 联队

山炮兵第 33 联队

工兵第 33 联队

辎重兵第 33 联队

配属独立工兵第 3 联队一部

第 34 师团　大贺茂

第34 步兵团（步兵第 216、第 217 联队，欠第 218 联队）

搜索第 34 联队

野炮兵第 34 联队

工兵第 34 联队

辎重兵第 34 联队

配属独立山炮兵第 2 联队第 2 大队及独立山炮兵第 51 大队

独立混成第 20 旅团　池田直三

独立步兵第 102、第 103、第 104、第 105 大队

炮兵队、工兵队、通信队及配属独立工兵第 2 联队

荒木支队（第 33 师团之第 213 联队及山炮兵大队组成，支队长为荒木正二）

第 3 飞行团　远藤三郎

附表 6-9-2　上高会战第九战区参战部队指挥系统表（1941 年 3 月）

第 19 集团军　总司令罗卓英

第70 军　军长李　觉

第 19 师　师长唐伯寅

第 107 师　师长宋英仲

预备第 9 师　师长张言传

第74 军　军长王耀武

第 51 师　师长李天霞

第 57 师　师长余程万

第 58 师　师长廖岭奇

第49 军　军长刘多荃

第 26 师　师长刘广济

第 105 师　师长王铁汉

预备第 5 师　师长曾戛初

第 30 集团军　总司令王陵基

第 72 军　军长韩全朴

新编第 14 师　师长陈良基

新编第 15 师　师长傅　翼

第 78 军　军长夏首勋

新编第 13 师　师长刘若弼

新编第 16 师　师长刘守权

注　释:

〔1〕 日本防卫厅防卫研究所战史室:《中国事变陆军作战史》。中华书局 1983 年中译本,第三卷第二分册第 124 页。

〔2〕 同〔1〕,第 128 页。

〔3〕 中国第二历史档案馆编《抗日战争正面战场》。江苏古籍出版社 1987 年版,第 991 页。

第十节　中条山会战

一、双方的战役企图及兵力部署

1937 年 11 月日军占领太原以后,特别是 1938 年春占领同蒲铁路南段以后,在华北,抗日游击战争即进入主要地位,而正规战争则退居次要地位,中国第八路军(第 18 集团军)各部队深入日军占领区后方,广泛发动群众,建立抗日根据地,开展抗日游击战争,形成了辽阔的敌后战场,支撑着华北抗战,有力地配合着正面战场的作战。第二战区阎锡山所部大部退到同蒲路以西，消极避战；第一战区卫立煌所部一部分（平汉路方面）退到黄河南岸布防，一部分位于晋东南，其主力则控制于中条山地区，与日军形成对峙，并与八路军开辟的敌后战场相毗邻。

中条山位于山西省南部，紧靠晋、豫、陕三省边界地区和黄河大转弯（由北南流向转为西东流向）处北岸，东西约 170 公里，南北约 50 公里，东至太行山、太岳山，西接吕梁山，向西屏障潼关、西安，向南屏障洛阳，向北俯控同蒲路，是华北、中原和西北的战略枢纽地带。1941 年春，第一战区在黄河以北共有 11 个军，其中 4 个军配置于太行、太岳山区，7 个军配置于中条山区。这 7 个军的具体部署是：第 8 军（新 27 师、第 165 师）守备中条山西侧；第 5 集团军以第 3 军（第 7、第 12、第 34 师）、第 17 军（第 84、新 2 师）由左向右，并列守备垣曲、桑池之线以西地区（中条山西部）；第 14 集团军以第 43 军（第 70、暂第 47 师）、第 15 军（第 64、第 65 师）、第 98 军（第 42、第 169 师）并列守备中条山北侧；第 9 军（第 47、第 45、新第 24 师）守备中条山东侧。中条山守军总兵力共 16 个师，约 15 万人。日军则以第 36 师团（晋城附近）、第 37 师团（运城附近）、第 41 师团（临汾附近）和第 35 师团（豫北道清路上）等部配置于中条山周围，担任同蒲路南段和晋东南、豫北地区守备。

日军“华北方面军”的主要任务是确保其占领区的安定，主要作战对象是“中共军”*，即深入其后方的八路军（第 18 集团军）。1940 年秋，八路军发动的百团大战“给了华北方面军以极大打击”。[1]以后，日军更加震慑于“中共军”的强大威力，认为该军是“华北治安肃正的最大癌症”，[2]必须集中全力予以“剿灭”，所以“华北方面军的主要任务是剿共”。但中条山地区近 20 万“重庆军”的存在，“牵制着日军 3 个师团。首先将其消灭，日军即可自由行动，那时候可以全力对付中共军”，[3]因而决定发动中条山会战。

1940 年秋冬，日军对八路军百团大战进行报复性的“扫荡”以后，其第 1 军立即提出向中条山实施进攻，以求肃清第一战区在山西境内的部队、将日军警备线推进至黄河北岸的作战计划。“华北方面军”同意这一计划，并请求“中国派遣军”增加兵力。于是，“中国派遣军”决定从武汉第 11 军抽调第 33 师团、从上海第 13 军抽调第 17 师团拨归华北方面军序列。“华北方面军”则将第 33 师团配

* 日军将中国军队区分为重庆军（或中央军）、中共军及其他地方军。

属给第1军，将第17师团与担任苏北、皖北警备任务的第21师团换防，将第21师团配置于豫北温县、沁阳一带，投入中条山作战。除上述兵力外，第1军又从其辖区内抽调独立混成第9、第16旅团及骑兵第4旅团各一部参战，总兵力约10万人；日军大本营又从关东军调来飞行第32、第83战队，加强第3飞行集团，在运城、新乡两个机场展开，支援地面作战。

1941年4月10日，“华北方面军”司令官多田骏在1941年度“治安肃正作战”的报告中对发动中条山会战的目的作了如下的说明：“利用这次增兵之机，本军对晋南地区的中央军，努力以大兵力作战，除图谋一扫黄河以北的中央军势力外，主要是为了好集中力量对共产军根据地进行毁灭战。”[4]对作战企图作了如下规定：“当前任务在于消灭和扫荡盘踞在晋豫边区的中央军主力，消灭其在黄河以北的势力”，“扩大和利用这次会战的战果，借以确保华北安定，并加强对重庆政权的压力”。第1军决定“彻底集中兵力（甚至不顾警备地区的治安下降）”进行此次作战。其作战指导的一般要领是：“1. 置作战地区于张马—垣曲一线，将中条山分为东、西两个地区把作战重点始终保持在西部地区。为此，决定从42个大队中集中35个大队，俾能保持优势兵力，把敌人完全包围起来予以歼灭。2. 在正面利用既设阵地和黄河障碍，以挺进部队切断退路，从两侧迅速突入守军纵深，将敌完全包围。3. 为了确保包围圈，采取双重包围部署，以第36师团、独立混成第9旅团为内侧包围兵团，以第37、第41师团为外侧包围兵团，将中国守军切实包围。作战过程中，还要调整包围线，防止敌人逃脱，并要特别增强外侧包围部队的兵力。4. 要特别重视切断作战，为此要部署许多经过挑选的挺进队，走在敌人退却和逃脱的前面，占领黄河北岸重要地点，切断守军退路，防止其向黄河南岸逃脱。因此，另采取一切措施，隐蔽企图，在黄昏以后行动，快速袭击敌人。然后在包围圈内反复扫荡，将其全歼。”[5]

1941年4月下旬，日军作战部队全部到达集结位置，完成了战前准备。

中国第一战区主力自1938年春进入中条山地区到此次会战前，已长达3年，本有充裕的时间利用有利地形构筑坚固工事，整训部队，养精蓄锐，加强战备。但由于中国最高当局的错误决策以及上下之间、部队之间矛盾错综，指挥不灵，办事因循拖沓，不求实效等原因，原定一年的整训拖了两年半尚未完成，对内制造摩擦，对日疏于戒备，而且由于较长时间未遭日军大规模进攻，反而助长了侥幸苟安的心理。当日军向中条山地区增调兵力时，军事委员会军令部判断日军有进攻中条山区的企图，拟定了第一战区作战指导的三个参考方案：“第一案，主力向黄河南岸撤退，巩固河防；第二案，乘敌集中尚未完毕，制敌机先，以击破其攻势；第三案，采取机动战术，变内线为外线作战。”[6] 4 月 18 日，军事委员会总参谋长何应钦赶到洛阳，召集第一、第二、第五战区高级军官军事会议，研讨晋南三角地带的作战准备。何应钦指出：“中条山地位异常重要，如现三角地带一部为敌占领，则陇海路不独深感威胁，且洛阳恐亦难保，西安亦危。设洛阳西安不守，则第五战区侧背完全受敌威胁。”同时认为：“晋南之敌，似将逐次夺取我中条山各据点，企图彻底肃清黄河北岸之我军，然后与豫东之敌相呼应，进取洛阳、潼关，以威胁我五战区之侧背，或西向进窥长安。”在 20 日第二次会议上，何应钦基本上采用军令部第二案的精神，对晋南作战作出下列指示：“为确保中条山，（一）第一步，应相机各以一部由北向南（93 军），由东向西（27 军），与我中条山阵地右翼各部合力攻取高平、晋城、阳城、沁水间地区，以恢复 29 年（1940 年）4 月前之态势。（二）第二步，与晋西军及第二、第八战区协力，包围晋南三角地带日军而歼灭之。（三）最低限度亦须能确保中条山。”为此，要求第一战区晋南作战部队应速作准备，派高级参谋前往现地侦察地形、敌情，提供作为以后作战指导的参考；防守中条山的各部队应依山地之特性，以火力封锁各道路口；利用中条山纵深地带，多构筑斜交阵地，以备一点被突破时尚可依交叉火力扑灭之；对主阵地带工事，须随时日而增强之，等等。[7]

4 月 28 日，军事委员会军令部判断日军有由沁阳、济源及横岭关、皋落镇进攻垣曲之企图，遂于 5 月 2 日令第一战区加强中条山阵地工事，破坏、阻塞主阵地前的道路，以 1 个军向高平、博爱，另以 1 个军向闻喜、侯马、夏县采取攻势，以击破日军攻势；令第二战区晋西部队向同蒲路、第五战区汜东部队向陇海路各当面之敌进行牵制。第一战区于 5 月 3 日制定作战计划。其方针是：“为打破敌之进犯企图，制敌机先，积极实施游击，以粉碎敌之攻击准备及兵力集中。”其指导要领是：“（一）第 27 军以一部积极向新乡、博爱间道清铁路沿线游击，可能时力求打破敌对白晋公路之封锁。（二）第 24 集团军，以有力之一部分别对安阳、淇县及壶关一带游击。（三）第 9 军之冀察游击第 1 纵队，以有力部队进击温县以东，积极实施敌后游击；该军第 47 师控置于王屋、邵源间，修筑封门口一带工事。（四）第 14 集团军，以有力一部对高平及沁水、翼城方面积极实施游击，可能时力求突破阳城。（五）第 80 军配属之河北民军，以主力进出同蒲路、安邑、闻喜以西积极游击。（六）第 36 集团军，以一部加强中条山西段之游击。”[8] 但各军的出击部署尚未完成，日军已开始进攻。

二、会 战 经 过

会战开始前，日军为改善其态势，于 1941 年 3 月 6 日以第 36 师团主力和第 35 师团一部从壶关、高平、晋城等地会攻陵川，给中国第 27 军以打击，解除会战时其左侧背的威胁；3 月 10 日，又以第 37、第 41 师团和独立混成第 9 旅团各一部向绛县以东、翼城以南中国第 15 军进攻，夺占了松树掌、西堡、东西桑池等要点，以便会战时其部队展开。

1941 年 5 月 6 日至 7 日，日军航空兵首先发动攻击，轰炸西安、咸阳、潼关、郑州等地，并炸断陇海铁路。5 月 7 日傍晚，日军以 6 个师团另 2 个独立混成旅团的兵力向中条山地区中国军队发动全面进攻。其部署是：(一) 对中条山西部地区，第 41 师团和独立混成第 9 旅团分别从翼城、绛县并列南下，攻占垣曲，割断第 5 集团军与东部第 14 集团军的联系，并对第 5 集团军实施双重包围；第 36、第 37 师团分别从闻喜、运城并列东进，进行双重迂回包围，与第 41 师团和独立混成第 9 旅团会合后围歼第 5 集团军及第 80 军；独立混成第 16 旅团从平陆沿黄河北岸快速东进至济源，与东路的第 35、第 21 师团在邵源会合，切断第 5、第 14 集团军向黄河南岸的退路。(二)对中条山东部地区，第 35 师团和第 21 师团分别从温县、沁阳并列西进，经济源、王屋攻占邵源，与独立混成第 16 旅团会合，切断守军退路后由济源至邵源的公路线北上，进攻第 14 集团军；第 33 师团从阳城南下，协同第 35、第 21 师团对第 14 集团军进行南北夹击。

(一) 中条山西部的战斗

中条山西部是日军进攻的重点，共展开 3 个师团又 2 个独立混成旅团。中国守军为第 80 军及第 5 集团军所属第 3、第 17 军。日军在兵力、兵器上均处于优势(据日方统计，其进攻兵力与中国守军兵力之比为 1∶0.7)。

5 月 7 日薄暮前后，日军第 41 师团及独立混成第 9 旅团在航空兵掩护下在绛县以南的西桑池(第 5 集团军和第 14 集团军结合部)至横岭关一线展开，分多路向守军第 43、第 17 军突击，其进攻矛头由北向南，直指垣曲。守军奋力抵抗。至 8 日晨，日军首先突破据守皋落以西战力较弱的第 43 军阵地，随后，第 17 军阵地也被突破。日军乘势扩大进攻，于当日晚占领中条山中部、黄河北岸重镇垣曲，将中国军队分割为东、西两部。与此同时，日军第 36、第 37 师团及独立混成第 16 旅团在夏县至张店间展开，向守军第 3、第 80 军猛攻，主突方向为第 3 军与第 80 军之结合部。激战至次日，日军在张店附近突破第 80 军右翼阵地，切断了第 3、第 80 军的联系，并沿黄河左（北）岸向东突进，第 5 集团军被迫退守秦家岭、望原等第二线阵地。第 80 军退守台寨。

这样，在中条山西部，日军仅用 1 天时间即全面突入中国守军纵深地带。5 月 9 日 4 时，日军一部已迫近第 5 集团军总司令部所在地马村。司令部东移至漳南沟，当即收到第一战区司令长官卫立煌的电话：本部已派兵 2 团，在五福涧以北高地占领桥头堡阵地，并征集渡船十余只。不得已时，各军应逐次南移，在五福涧渡河。但日军独立混成第 16 旅团的先头部队已于 9 日上午进至五福涧。由河南岸派来的第 14 军 85 师 2 个团与日军激战至 10 日晨，被迫放弃桥头堡阵地，退回黄河南岸。此时退守台寨的第 80 军已与日军苦战 2 日，伤亡惨重。第 80 军奉命南渡，新编第 27 师掩护主力渡河，坚守阵地，力战不退。师长王竣、副师长梁希贤、参谋长陈文杞均壮烈殉国。

第 3、第 17 军被分割包围于中条山内，连日陷于苦战，后援无继，回旋余地不大，处境危殆。第一战区和第 5 集团军为保存力量，下令第 3 军向西北、第 17 军向西，以团为单位分散突围。因日军设有多层包围圈，突围途中每每与日军遭遇，各部队且战且走，利用夜暗摆脱日军，隐蔽西进，在夏县、安邑、闻喜一带突破日军封锁线，越过同蒲铁路，渡过汾河。至 5 月 19 日，第 3 军、第 17 军各有 4 个团到达吕梁山区的稷山、乡宁一带休整。突围未出的部队，一部分被日军消灭，一部分化整为零留于中条山内游击。第 3 军军长唐淮源因无法突出而自戕殉国，其第 12 师师长寸性奇于 15 日牺牲。

日军占领中条山西部地区后，由南向北，再由北向南，反复进行梳篦式“扫荡”，从 5 月中旬到 6 月上旬，留于山内的中国军队大部被歼。

（二）中条山北部的战斗

中条山北部守军为第 14 集团军所属第 93 军第 10 师、第 15 军和第 43 军，左与第 5 集团军相邻。5 月 7 日晚，日军第 33 师团从南岭至阳城一线向第 14 集团军正面突击，次日晨突破第 43 军阵地，继续向南突进，于 10 日进至煤坪。但右翼第 98 军则坚守阵地，顽强抗击，日军一再增兵，连续进攻，才于 13 日占领董封。第 14 集团军各部撤至横河镇东南地区，但这时西路日军已占领垣曲，东路日军已占领邵源，第 14 集团军腹背受敌，后退不得，补给中断。第一战区乃令该集团军向沁（水）翼（城）公路以北转移。该集团军以第 93 军第 10 师一部在阳城附近游击，以第 98 军一部在董封以南游击，以第 15 军一部在横河镇附近游击，各牵制当面日军，掩护主力沿董封、沁水东西地区，于 14 日开始分路向北突围。日军对突围部队层层拦截，并多次施放毒气弹，战斗异常激烈。至 20 日前后，第 93 军第 10 师和第 98 军、第 15 军各一部在太岳区八路军策应下，突破日军的包围和截击，进入沁水以北地区。第 14 集团军指挥部及各军担任游击的部队因受日军阻截，未能突围北进，辗转游击于中条山区达半月之久，直到 5 月底 6 月初才乘夜暗分批突过日军封锁线，或南渡黄河，或北进与主力会合。其间第 27 军曾由陵川西进，威胁晋城、阳城，策应第 14 集团军突围，但在遭日军第 36 师团和第 33 师团一部阻击后退回，未与第 14 集团军靠拢。

（三）中条山东部的战斗

中条山东部是指河南省北部道（口）清（化）铁路西段的地区，在此方向担任进攻的日军是华北方面军直辖的第 35 师团（配属骑兵第 4 旅团）和第 21 师团。守军是中国第一战区所属第 9 军。5 月 7 日，第 21 师团从沁阳、博爱出发，第 35 师团及骑兵第 4 旅团从温县出发，在飞机、战车、火炮支援下开始向西突击。激战至 8 日 8 时，日军第 35 师团突破第 54 师阵地占领孟县，尔后与第 21 师团合击济源。当夜日军攻占济源。第 9 军退守封门口既设阵地，留一部在大岭头侧击日军。由于西路日军第 41 师团已于 8 日晚攻占垣曲，独立混成第 16 旅团一部继续沿黄河北岸东进。卫立煌因河防空虚，急令第 9 军主力由关阳渡口撤至黄河南岸担任河防，留一部兵力迟滞日军，掩护第 14 集团军后方。10 日拂晓，第 9 军直属部队及第 54 师伤亡颇大，且只能乘日机轰炸间隙抢渡，所以军直属部队及 54 师直至当夜才渡过黄河。11 日，日军猛攻第 47 师阵地，渡口、船只已全被炸毁。第 47 师及新编第 24 师无法渡河，不得已退至王屋、邵源公路以北进行游击，并与第 14 集团军取得联系。当日，日军西路的独立混成第 16 旅团与东路的第 35 师团在邵源会合。至此，中条山通南岸的黄河渡口全被日军封锁，日军随即北向横河镇突进，与第 33 师团夹击第 14 集团军。未及撤到黄河南岸的第 9 军部队则转移到道清路西段和济源以北山区开展游击战争。

大规模行动告一段落之后，日军即在中条山区内反复搜索、扫荡残留的第一战区零散部队。直到 6 月 15 日，日军才宣布“中条山会战以赫赫战果胜利结

图 6-10-1　中条山会战经过要图
(1941年5月7日—6月初)

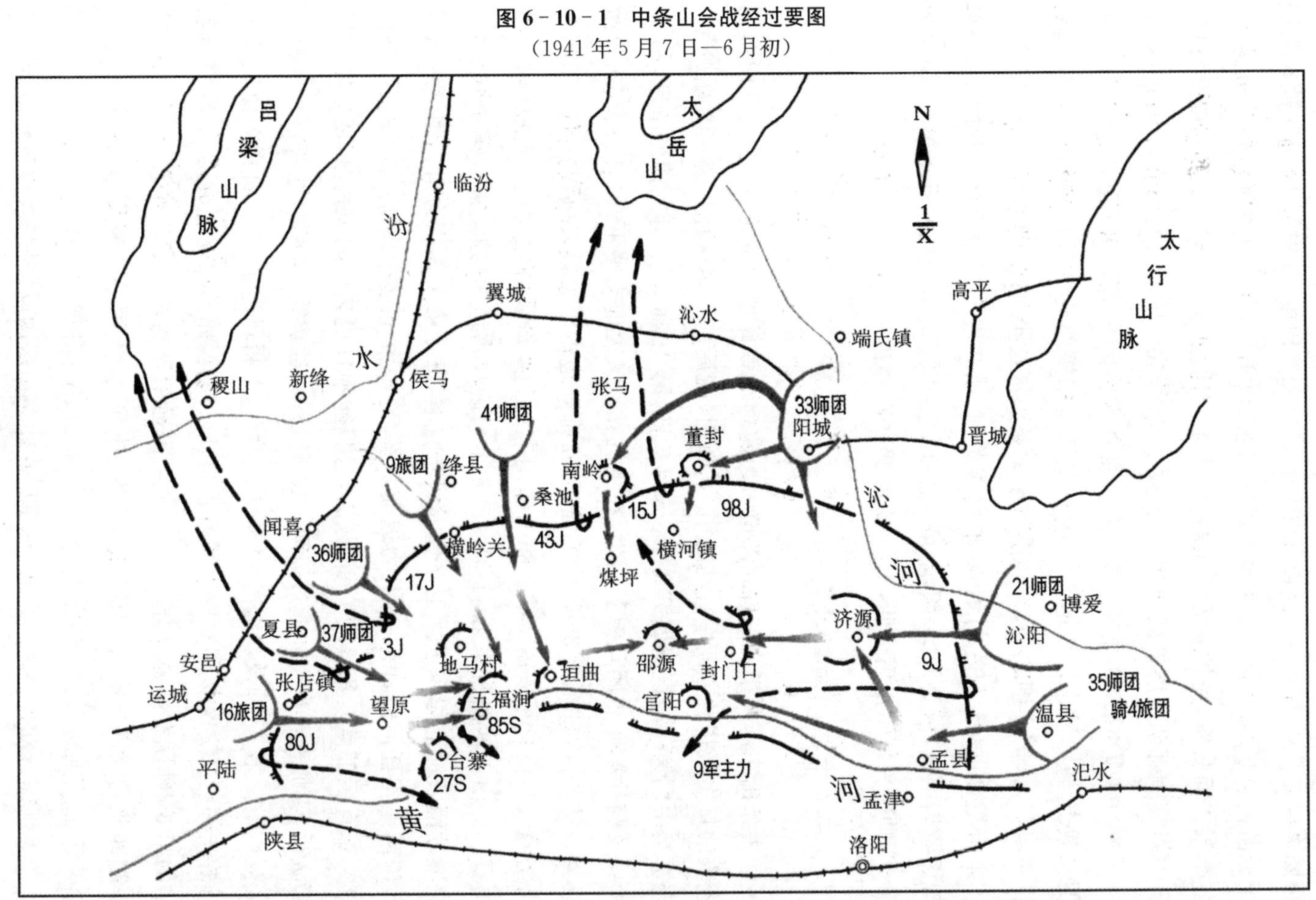

束”。据日方统计，中国军队被俘 3.5 万人，遗弃尸体 4.2 万具；日军仅战死 673 人，负伤 2292 人，“达到了消灭敌军主力的目的，收到事变以来罕见的战果”。[9]

但日军不可能扑灭中国人民的抗日力量。当第一战区的部队被肃清以后，第八路军的部队又逐渐深入中条山区，继续开展游击战争。日军“华北方面军”也不得不承认：“中条山会战以后，在新占据的地区内，以前的不安定势力即重庆军，被中共势力取而代之，逐渐浸透到各个方面，治安反而恶化了……作为蒋系中央军扰乱治安基地的中条山脉据点……实际上有名无实。拿它与共党系统相比，它的活动是极其差劲的……从此，华北的游击战便由中共军独占了。”[10]

三、会战简析

中条山是华北沦陷后中国正面战场在黄河以北所保有的惟一一块较大而突出的阵地，横跨晋南三角地区，是潼关、西安、洛阳和陇海路西段的天然屏障，扼华北、中原和西北的战略枢纽，与太行山、太岳山、吕梁山互为犄角，瞰制同蒲路和晋东南。第一战区在这里配置重兵，与敌后战场相靠拢、相呼应，进退有据，从战略上看是必要的、正确的。会战中数万名官兵流血牺牲，表现了爱国精神和民族正气。迫不得已时向敌后或黄河南岸转移的行动也应给予肯定。

本次会战是 1937 年 11 月太原保卫战之后日本对华北正面战场发动的仅有的一次大规模进攻。在此以前的 3 年多里，中条山区没有大的作战行动，中国军队本有充分时间进行战备，有良好地形可作依托，且可养精蓄锐，以逸待劳。而日军兵力有限，用于守备尚感不足，又刚刚经过八路军百团大战的打击，转而对八路军各根据地进行报复性“扫荡”，其部队更形疲惫；第 33、第 21 师团刚由华中调来，特别是第 33 师团在上高会战之后尚未整补即仓促投入作战。相对于日军来讲，中国军队的有利条件还是很多的。但从会战全过程来看，中国军队却处处被动挨打，毫无积极主动精神可言，有利条件荡然无存，甚至没有还手之力。这是为什么？第一战区在《会战要报》中列举了一些原因，诸如防广兵单，完全处于内线，形成被包围态势；万山崇崇，道路崎岖，交通困难，兵力机动和补给运输均感不便；无纵深兵力，也未控制机动兵团，一经接触，预备队即使用罄尽；武器装备落后，炮兵极度缺乏（日军拥有 75 毫米以上口径火炮 500 门，而中国军队平均每师只有 1 门），无力封锁山口道路，亦无力打破日军封锁。特别是日本空军威胁极大,交通线、渡河场、通信联络等均受其破坏与控制,且日军实施空降,打击中国军队纵深。作战第一天,师以上司令部多数被袭击阻击,致指挥通信时常中断。日军进攻中又大量使用毒气弹,使中国军队无法坚守,难以作长时间周旋。此外,各部队编制待遇不一律,饷糈显有丰窘,影响团结精神与作战意志者至深且大;官兵思想骄怠,警戒疏忽(晋南作战军因屡挫进犯之敌,每谓中条山有金汤之固,恃而无恐),为敌所乘,等等。[11]

国民政府军事委员会在一份总结中谈到中条山战役失利的原因是正面第43军不能坚韧抵抗,为日军锥形攻势突破,直趋垣曲,日军再以主力东西扫荡,将第14、第5集团军压迫于黄河北岸背水决战,使中国军队处于不利态势所致。[12]

以上所说,固然都是中条山会战招致败绩的种种原因,但还未触及更深层、更基本的原因,那就是高级军事领率机关在抗日战争战略相持阶段在政治上的衰退腐败、精神上的萎靡懈怠、指挥上的措置失当,盲目认为日军兵力不足,不会向中条山发动大规模进攻,只求侥幸苟安,消极观望,不思进取,所以在3年多的时间内不积极整军备战,不配合八路军作战,未作坚固的战场建设,没有周密的作战计划,这样当然不可能作坚韧的抵抗,更谈不上转入有计划的反攻,日军一旦发动进攻,便完全陷于被动,手足无措。此类情况不但在第一战区存在,在其他战区也普遍存在,只是中条山会战将它暴露得更为集中而已。突出的例子有二:第一,中条山区防线东西长170公里,而纵深不过50公里,背水(黄河)为阵,而对黄河各渡口毫不重视,未建立必要的桥头堡,更未修筑任何防御工事,以致战斗一开始,数日之间退路即全被切断。第二,中条山区各部队均无战备存粮。5月7日会战开始,第14集团军总司令刘茂恩于5月11日就向蒋介石致电说:“大军已绝食3日,四周皆有强敌,官兵枵腹血战,状至可悯,若不急筹办法,恐有溃散之虞。”[13]

蒋介石在谈到中条山会战的惨败时,也不得不承认这是“抗战史最大之耻辱”。[14]

附表6-10-1　中条山会战日军参战部队指挥系统表(1941年4月)

华北方面军　司令官多田骏

第1军　司令官筱塚义男

第33师团　樱井省三

第33步兵团(步兵第213、第214联队,第215联队留守江西安义)

搜索第33、山炮兵第33、工兵第33、辎重兵第33联队

第36师团　井关仞

第36步兵团(步兵第222、第223、第224联队)

搜索第36、山炮兵第36、工兵第36、辎重兵第36联队

第37师团　野佑一郎

第37步兵团(步兵第225、第226、第227联队)

搜索第37、野炮兵第37、工兵第37、辎重兵第37联队

第41师团　清水规矩

第41步兵团(步兵第237、第238、第239联队)

骑兵第41、山炮兵第41、工兵第41、辎重兵第41联队

独立混成第9旅团　池上贤吉

独立混成第36、第37、第38、第39、第40大队

独立混成第16旅团　若松平治

独立混成第82、第83、第84、第85、第86大队

方面军直辖部队

第35师团　原田熊吉

第35步兵团(步兵第219、第220、第221联队)

搜索第35、野炮兵第35、工兵第35、辎重兵第35联队

第21师团　田中久一

第21步兵团(步兵第62、第82、第83联队)

搜索第21、山炮兵第51、工兵第21、辎重兵第21联队

骑兵第4旅团　佐久间为人(配属于第35师团)

第3飞行集团　木下敏

第1飞行团(侦察第83战队、轻轰炸第90战队、独立战斗第10中队、独立侦察第83中队——协同在中条山西部的第36、第37、第41师团及独立混成第9、第16旅团作战)

第3飞行团(轻轰炸第32战队,侦察第44战队——协同在中条山东部的第21、第33、第35师团及骑兵第4旅团作战)

附表6-10-2　中条山会战第一战区参战部队指挥系统表(1941年4月)

第一战区　司令长官卫立煌

第5集团军　总司令曾万钟

第3军　唐淮源

第 7 师　李世龙
第 12 师　寸性奇
第 34 师　公秉藩
第17 军　高桂滋
第 84 师　高桂滋(兼)
新编第 21 师　金宪章
第一战区游击第 1 纵队　魏凤楼
第14 集团军　总司令刘茂恩
第43 军　赵世铃
第 70 师　陈庆华
暂编第 47 师　孙瑞昆
第15 军　武庭麟
第 64 师　姚北辰
第 65 师　邢清忠
第98 军　武士敏
第 42 师　王克敬
第 169 师　郭景唐
第 93 军之第 10 师　陈牧农
第一战区游击第 6 纵队　毕梅轩
第80 军　孔令恂
第 165 师　王治岐
新编第 27 师　王　峻
河北民军　乔明礼
游击第 4、第 8 纵队
第9 军　裴昌会
第 47 师　郭贻珩
第 54 师　王　晋
新编第 24 师　张东凯

注　释:

〔1〕 日本防卫厅防卫研究所战史室:《华北治安战》。天津人民出版社 1982 年中译本,(上)第 295 页。

〔2〕〔日〕井本熊男:《作战日志ご缀ゐ支那事变》。日本芙蓉书房 1978 年版,第 445 页。

〔3〕日本防卫厅防卫研究所战史室:《中国事变陆军作战史》。中华书局 1983 年中译本,第三卷第二分册第 132—133 页。

〔4〕〔日〕臼井胜美、稻叶正夫编《现代史资料(9)日中战争》。东京 1964 年版,(二)第 718。

〔5〕同〔3〕,第 133—134 页。

〔6〕转引自台湾国防部史政编译局编《抗日战史》第三册《华北地区作战》。1986 年版,第 342—343 页。

〔7〕此段各引文引自何应钦主持晋南会战准备之历次会议记录。载中国第二历史档案馆编《抗日战争正面战场》。江苏古籍出版社 1987 年版,第 995—1001 页。

〔8〕同〔6〕,第 343—344 页。

〔9〕同〔3〕,第 132 页。

〔10〕同〔3〕,第 135 页。

〔11〕同〔7〕,第 1024—1026 页。

〔12〕同〔7〕,第 992 页。

〔13〕同〔7〕,第 1006 页。

〔14〕见 1941 年 5 月 28 日《蒋介石对于晋南作战失败之检讨》。国民政府军令部战史会档案,现存中国第二历史档案馆。

第十一节　第二次长沙会战

一、日军的战役企图及兵力部署

1941 年初,世界形势继续蕴酿着巨大的变化,日本乘英、美忙于应付欧洲战争之机,积极谋求南进,与英、美之间的矛盾日益尖锐。美国也希望利用中国抗战拖住和消耗日本,因而加强了对中国的援助。日本强烈感到自己在远东进行的战争实际上是以中、苏、美、英为对象的,因而处理中国问题必须和解决南方问题、北方问题综合考虑,作长期打算。基于这种背景,日军参谋本部制定了《大东亚长期战争指导纲要》和《对华长期作战指导计划》。这两个文件在 1941 年 1 月

16日的大本营会议上获得批准，并在御前会议上得到天皇的裁决。

在《对华长期作战指导计划》中，日军大本营提出："不放松现在对中国的压力，在此期间应用一切办法，特别是利用国际形势的变化，力求解决中国事变。""作战以维持治安及占据地区肃正为主要目的，不再进行大规模进攻作战。如果需要，可以进行短时间的、以切断为目的的奇袭作战，但以不扩大占领区和返回原驻地为原则。""准备在1941年夏秋时期，发挥综合战力，给敌人以重大的压力，力求解决事变。"[1]"中国派遣军"(1941年3月1日畑俊六接替西尾寿造任总司令官)据此进行了积极的准备，确定在夏秋以第11军为主力实施长沙作战。

1941年6月22日，苏德战争爆发。在此之前，日本为解除南进的后顾之忧，曾采取措施调整对苏邦交，于4月13日签定了《苏日中立条约》；苏德战争爆发后，日本又于7月2日的御前会议上决定秘密进行对苏战争准备，一旦苏德战争的发展对日本有利，即使用武力解决北方问题。为此，大本营考虑要从第11军至少抽调2个师团到中国东北，加强对苏战备，同时继续准备南进，因而将长沙作战的问题暂时搁置起来。新任"中国派遣军"总司令畑俊六和新任第11军司令官阿南惟畿(4月接替园部和一郎)强烈反对大本营的这一考虑，认为彻底摧毁中国继续战斗的企图、解决中国问题才是日本的根本国策，而这时候突然减少派遣军的兵力，将使重庆政府获得生机。8月9日，大本营决定放弃对苏行使武力，不从中国派遣军抽调兵力。8月26日，大本营以"大陆命"第538号命令批准长沙作战计划(此次作战的代号为"加号作战")。但为了准备对南方作战，第11航空舰队和第3飞行集团于9月上旬陆续调走，减少了海军和空军的支援。

自8月中下旬起，日军第11军开始向湘北集结作战兵力。主要部队及集结位置是：

第3师团：配属4个山炮大队，8月下旬由湖北应山附近出发，9月16日前后集结于岳阳东南的小桥圳；

第4师团：配属山炮、迫击炮各1个大队，8月下旬由湖北应城、安陆地区出发，9月10日前后集结于岳阳东南的新开塘附近；

第6师团：配属2个山炮大队、1个迫击炮大队，原在岳阳、崇阳担任守备，9月中旬集结于岳阳以南的草鞋岭附近；

第40师团：配属1个山炮大队，9月上旬由湖北大冶、咸宁地区西移至桃林附近集结；

早渊支队：以第13师团4个步兵大队、2个山炮大队为基干组成，8月18日由宜昌以南的紫金岭出发，9月15日集结于岳阳以东的冷水铺附近；

荒木支队：以第33师团3个步兵大队、1个山炮大队为基干组成，由江西安义地区出发，9月上旬集结于桃林附近；

平野支队：以独立混成第14旅团1个步兵大队、1个山炮中队为基干组成，9月中旬由江西瑞昌移至岳阳城陵矶附近集结；

江藤支队：以独立混成第14旅团1个步兵大队为基干组成，9月中旬由江西瑞昌移至临湘附近集结；

战车第13联队：配属2个轻装甲车中队，9月中旬由武汉向岳阳集结；

野战重炮兵第14联队，9月中旬由武汉向岳阳附近集结；

第11军工兵队：以3个独立工兵联队、8个架桥材料中队为基干组成，9月上中旬由武汉向岳阳、临湘地区集结。

9月15日，第11军在岳阳设立司令部战斗指挥所，并召集各部队参谋长会议，检查发动攻势的准备情况。该军9月上旬最后确定的作战计划要点是：

一、作战目的：摧毁中国军队的抗战企图，给西部第九战区军队一大打击。

二、作战方针：军决定9月18日开始攻势，击败新墙河、汨水之间的中国军队；接着准备自长乐街附近进入汨水下游一线发动进攻，攻击该河左岸之中国第4军及第99军。在新市—栗桥（新市南约25公里）公路一线突破敌人阵地，以军的主力将敌包围在该公路以西湘江一带歼灭之；另以一部（第6、第40师团）击败蒲塘（平江正西偏南约10公里）方面山地内之敌。

攻击汨水左岸地区中国军队的开始时间预定在9月23日，9日底前达到作战目的。

第11军在集中后期，以一部兵力协同海军向洞庭湖西岸的常德佯攻。

为牵制中国第九战区军队，令警备在南浔沿线（南昌方面）的兵团适时发动攻击。[2]

第11军用于长沙方面进攻作战的地面部队总兵力为步兵45个大队，炮兵26个大队，另有若干海军及航空兵协同部队。其指挥系统如附表6-11-1。

二、第九战区的战役企图及兵力部署

第九战区自1939年秋第一次长沙会战后，继续在横跨湘、鄂、赣三省的长江以南地区与日军第11军形成宽正面对峙。1940年7月重设第六战区后，第九战区向西、向北与第六、第五战区的分界是石门桥（常德南约15公里）、连山湖南岸、大通湖北岸、洞庭湖北岸沿长江至武汉下游迄九江之线；向东与第三战区的分界为抚河、鄱阳湖口之线。这几个战区共同构成对武汉日军第11军的包围态势，正处于日军所谓“作战地区”的当面，故作战行动较为频繁。

第九战区根据本战区地形和日军部署，并总结第一次长沙会战、上高会战等作战经验，判断日军的进攻方向：在赣北方面，一是由德安、安义指向武宁、修水、铜鼓，一是由南昌指向高安、上高、万载，或由南昌指向新淦、吉安；在鄂南方面，可能由崇阳、通山、通城向南指向平江、浏阳；在湘北方面，则由沿粤汉铁路两侧地区向南直趋长沙。以上各方向中，湘北当为主要方向，其他则为策应方向或牵制方向。据此，第九战区乃将主力部署于湘北方面，并利用横亘于此方向纵深内的新墙河、汨罗江（汨水）、捞刀河、浏阳河等构筑多层阵地，加强防御的韧性，将机动部队控制于东侧幕阜山、连云山山地，以便侧击进攻日军。1941年3月17日，第九战区制定了反击作战计划。其方针是：

在赣北、鄂南方面，对非主攻方面之敌，力求将其夹击于崇仁、新淦以北，宜春、万载、铜鼓、修水以东及修水、长寿街、梅仙以北地区，予以各个击破；在湘北方面，“敌如以主力由杨林街、长乐街、福临铺道及粤汉铁路两侧地区向长沙进犯时，则诱敌于汨罗江以南、捞刀河两岸地区，反击而歼灭之”。[3] 其指导要领主要是应用诱敌深入、反击歼敌的战法。

本次会战前，第九战区所辖正规部队为3个集团军11个军30个师，另有若干游击纵队。其部署为：

第99军（战区直辖）：担任汉寿、沅江、青山一带洞庭湖湖防及湘阴、营田、归义间湘江、汨罗江守备。

第27集团军总司令部位于平江。其所属：

第4军：担任磊石山、鹿角、至公田间新墙河南岸守备，并以一部占领新墙河以北筻口、大云山前进阵地；

第58军:担任黄岸市、九岭、北港、赛公桥一线守备;

第20军:担任通城、铁柱港、斗米山、杨芳林各线守备。

第30集团军总司令部位于修水。其所属:

第78军:担任观音阁、潭埠之线守备;

第72军:以一部守备东坑岭、留咀桥之线,主力集结于三都南北地区。

第19集团军总司令部位于上高。其所属:

新编第3军:担任靖安、奉新一线守备;

第74军:集结于新余、分宜地区整训;

预备第5师:担任市汉街、温圳一线守备;

江西保安纵队:担任锦江南岸守备。

第37军(战区直辖):集结于长乐街、瓮江、福临铺间地区整训。

第26军(军事委员会直辖):集结于金井、浏阳、永安市一线整训;

第10军(军事委员会直辖):集结于衡山、渌口(株洲)地区整训。

湘鄂赣边区挺进军(辖7个纵队):主力部署于咸宁、瑞昌间地区担任游击。

第九战区司令长官部位于长沙。

9月上旬,日军第6师团为掩护主力集结,解除渡河地带的侧后威胁,向第4军新墙河北岸前进据点进行扫荡作战,9月18日发起全面进攻。战役打响后,军事委员会除将第26军、第10军拨归第九战区指挥外,又从第六战区调第79军、从第七战区调暂编第2军向第九战区增援。第九战区参战部队指挥系统如附表6-11-2。

三、会战经过

(一)大云山地区的战斗

大云山地区的战斗是本次会战的前奏,还不是会战的正式开始,但持续了10天,发展到相当大的规模。

大云山位于新墙河以北数公里处,海拔960米,是第九战区的重要前进阵地之一,山顶由第4军1个加强营守备,其西侧为第4军第102师第306团,东侧为第58军新编第11师的1个步兵营。会战前守军不断派出小部队向日军后方袭击,破坏其交通设施。

日军第 11 军为准备实施"加号作战",掩护其主力向新墙河以北集中并隐蔽展开、占领较大的渡河地带,命令原在岳阳地区担任守备的第 6 师团对大云山进行扫荡,解除这一侧后威胁。9 月 7 日晨,第 6 师团第 23、第 45 联队在航空兵支援下从忠坊向大云山北侧雁岭、詹家桥展开进攻,遭守军阻击后向东南侧迂回;其第 13 联队向大云山西侧进攻,与守军第 102 师发生激战。这时,第 27 集团军发现鄂南咸宁地区日军第 40 师团向湘北调动,判断是与第 6 师团换防,日军向大云山的进攻,是换防前的例行攻势。于是于 7 日 18 时命令第 4 军确保大云山,命令第 58 军派出部队协同第 4 军作战,并命令第 20 军准备从通城向西侧击日军,乘日军换防时给以打击。

9 月 8 日至 9 日,日军第 6 师团主力继续向大云山东侧猛攻,守军虽奋力抵抗,但因日军兵力、火力均处于优势,堵击无效,乃弃守大云山。10 日,第 6 师团主力认为已完成扫荡任务,撤离大云山,向桃林方向集结,其第 13 联队则在甘田、团山坡附近被中国第 102 师和第 59 师一部所阻,陷于苦战。同日,中国第 58 师收复大云山阵地,向大云山增援的第 37 军第 60 师亦已到达战场,第 27 集团军遂命新编第 10 师、第 59 师、第 60 师包围并歼灭当面日军,定于次日拂晓开始攻击。11 日,正当这 3 个师与第 13 联队激战时,由咸宁西进的日军第 40 师团重松支队(以 1 个步兵联队为基干组成)赶到甘田,接应第 13 联队向草鞋岭撤走。12 日至 14 日,中国军队继续向重松支队展开进攻,双方在甘田、团山坡的狭小区域内互相争夺,伤亡均重。此时第九战区仍未判明日军进攻长沙的企图,依然认为日军向杨林街以北的甘田进攻是掩护其撤退的动作。如薛岳 14 日致蒋介石电称:日军"扫荡我大云山后,南渡新墙河窜扰。经判断敌又师上高时第 33 师团以进为退之故伎"。[4]

15 日,日军又以刚从赣北开来的荒木支队增援,战斗极为激烈。这时,第九战区发现日军已有 4 个师团以上的兵力集结于湘北,方发现日军有即向长沙发动大规模进攻的迹象,遂令第 27 集团军主力向新墙河以南转移,大云山战斗至此结束。

关于大云山战斗,日军战史中有如下记述:在会战发起前,第 11 军"曾令第 6 师团扫荡了横亘于开阔地东侧的大云山(标高1000米),因兵少山大,不仅没有收到多大战果,反而于 9 月 10 日引出了重庆正规军 4 个师的大攻势。按照作战部署,那一带被指定为第 40 师团负责扫清的开阔地。该师团自 11 日逐次进入,突然与上述之重庆军不期遭遇，各部被迫陷入苦战。15 日夜，军才得悉这一情况，立即把荒木支队投入战斗，吃到了没有预料到的苦头。”[5]

（二）汨罗江两侧地区的战斗

9 月 17 日，由各地调往湘北的日军已全部集结完毕，进入进攻出发地位。由于接受了第一次长沙会战时兵力分散的教训，阿南惟畿将进攻部队并列部署于狭窄的正面，以期进行纵深突破。44 个大队及 322 门火炮和迫击炮展开于新墙河以北仅 20 公里宽的正面上。仅派独立混成第 14 旅团第 63 大队（平野支队）乘船溯湘江南下，进攻青山、营田，掩护其右侧翼，并策应正面主力作战。各部队进攻出发的具体位置是：第 14 旅团 63 大队位于岳阳附近，第 4 师团位于三港嘴北侧，第 26 旅团（早渊支队）位于青风驿附近，第 3 师团位于箽口附近，第 6 师团、独立混成第 14 旅团的步兵第 62 大队（江藤支队）位于草鞋岭附近，第 40 师团位于马家桥附近，第 33 步兵团（荒木支队）位于甘田附近。

第九战区在新墙河南岸的守军为第 4 军的第 59、第 102、第 90 师和第 60 师（由第 37 军配属），大都是经过大云山战斗、于 18 日拂晓前才从新墙河北岸撤回而仓促进入阵地的。第 58 军、第 20 军奉第 27 集团军的命令加入新墙河南岸布防，尚未到达指定位置。

9 月 18 日拂晓，日军发起全线攻击，在炮兵、航空兵火力支援和战车协同下强渡新墙河。第 4 军各师凭借既设阵地抗击日军。第 102 师正面抗击日军第 4、第 3、第 6 师团的集中攻击，战斗尤为激烈。数小时后，日军渡河成功，突破守军第一线阵地。第 4 军乃转入长湖东、西第二线阵地，继续抵抗。日军第 3、第 4 师团及早渊支队沿粤汉铁路两侧地区迅速向南突进，第 3 师团一部迂回至第 4 军侧后。日军平野支队也搭乘海军舰艇沿洞庭湖东侧前进至湘江口的青山附近登陆，与主力协同，向该方面守军第 99 军展开进攻。至 16 时，第 4 军第二线阵地又被日军突破。该军军长欧震鉴于日军兵力占优势，攻击猛烈，且有空中支援，正面阻击已不能奏效，遂令各师逐次掩护，向关王桥以东山地转移，占领有利阵地，以便于尔后机动或侧击日军。

同日 22 时 30 分，第九战区为加强湘北方面主战场力量，令第 72 军从修水、三都地区西进至通城附近，并指挥暂编第 54 师，准备担任该方面的反击作战；令第 20 军（缺暂编第 54 师）进至王安屋、朱公桥方面，协同第 58、第 4 军向西侧击渡河南进的日军。

19日，第20军由桃树港向朱公桥疾进，黄昏到达指定位置。第58军在高家桥附近与当面日军激战。第4军第59、第60、第90师阵地均遭到日军第40师团攻击，激战竟日，双方仍在对峙中。日军第4、第3、第6师团快速向南突进，傍晚分别到达汨罗江北岸的石头铺、长乐街附近；第6师团还以一部从磨刀石渡河，与南岸守军第37军在颜家铺、浯口一带交战。

这时，第九战区在汨罗江南岸担任守备的部队只有第37军（辖第95、第140师）和第99军（辖第92、第99、第197师）。9月18日，薛岳根据预定的在汨罗江两岸与日军决战、反击而歼灭日军的计划，命令第37军（欠第60师）守备浯口至骆公桥之线；第99军的第99师守备络公桥以西、营田至湘阴之线；第92师推进于三姐桥以北，占领阵地，统归第37军军长指挥，坚决阻击日军；第26军主力即由浏阳开赴金井附近；第72军改调平江，准备作战。随后，第九战区又命令第27集团军各军向汨罗江以北日军侧背的长乐街、磨刀石、归义、新市等地攻击，迟滞其南进；命令第26军由金井向瓮江推进；令在衡山、渌口的第10军即向高桥、金井一带开进。

9月20日，军事委员会电令第九战区固守湘江两岸及汨罗江南各既设阵地，加强抵抗，保持主力于外翼，力求攻击敌之侧背；令第三、第五战区乘虚向当面敌人攻击，以策应第九战区作战。同时令第六战区向荆州、宜昌地区日军积极袭击，相机收复宜昌。23日开始实施。军事委员会除明确将第10、第26军拨归第九战区指挥外，还命令从第六战区抽调第79军、从第七战区抽调暂编第2军增援第九战区。

但第九战区9月18日发给各集团军、各军的电报被日军特种情报部门窃收并破译后送交第11军。该军原定沿长（沙）岳（阳）公路突进至汨罗江南岸后将主力第3、第4师团使用于战场西部（即湘江方面），当获悉第九战区以4个师守备汨罗江既设阵地，而将主力置于战场东部的瓮江等地侧击日军的情报后，立即改变原定部署，令第3、第4师团逐次转向浯口、瓮江东侧地区，令第40师团、第6师团从东面山地迂回，对中国第37、第26、第10军形成合围态势，予以歼灭。

9月20日，日军第4、第3、第6师团及早渊支队从骆公桥、新市、磨刀石、浯口等渡河点强渡汨罗江，突破第37军前进阵地。守军向主阵地撤退。日军第40师团配属荒木支队，击退第4军侧击后，留江藤支队掩护补给线，主力转向新官桥、瓮江以东地区，预定经平江迂回南进。9月22日，日军在航空兵支援下向第37军主阵地攻击。双方激战3天。至24日，日军第3、第4师团突破守军主阵地，将第95师、第140师包围。第37军奉命向麻林市突围转移，伤亡甚重。

9月21日，日军第6师团从浯口向瓮江北侧转进，与刚刚到达战场的中国第26军遭遇。日军凭借优势兵力节节进逼，向第26军第44师右翼包围。第26军令第32师向浯口日军后方攻击，适与第3师团后续部队遭遇，激战至23日，第32师伤亡较大，被迫后退。第26军各师有被分割危险。第九战区令第26军以蒲塘为中心，各师靠拢，阻击日军。第26军立即调整部署，令第32、第41、第44师在蒲塘四周构成环形防御。24日，日军第40师团也加入对第26军的攻击。25日夜，日军从东正面和南正面突入第26军阵地。第26军又奉战区命令向金井东南地区转移，与由平江南下的第72军协力作战。

这时从衡阳、渌口北上的第10军（辖第3师、预备第10师、第190师）已到达战场，奉命在高桥、金井、福临铺一线占领阵地。9月24日，由浯口附近突围南进的第37军第140师转移到金井附近，日军第3师团沿长岳公路尾追而来，日军第6、第40师团也绕过第26军右翼进至金井附近，与第10军遭遇。24日上午，日军第3师团、第6师团在航空兵支援下，分别向第10军的预备第10师、第190师发起攻击。25日，日军第3师团占领福临铺。第4师团、早渊支队也已赶来，开始向第10军第3师展开进攻。战至26日，第10军各师阵地先后被日军突破，金井、栗桥失陷。该军一部向金井东北日军后方转进，主力奉命向捞刀河以南枭梨市转移，收容整顿。

在此期间，第27集团军所属第4、第20、第58军曾奉命向日军侧后攻击，但未能达到切断日军补给线、迟滞其南进的目的。

第九战区预定在汨罗江两岸（主要是汨罗江以南）与日军决战、击灭日军主力的企图不但没有实现，在此方向担任守备的各军反被日军各个击破，损失惨重。

（三）捞刀河和长沙附近的战斗

日军第4、第3、第6、第40师团、早渊支队与荒木支队在汨罗江以南击破中国第37、第26、第10军等部防御后乘势向南突进，于9月25日前后陆续进抵捞刀河北岸，迫近长沙。

这时，在捞刀河南北和长沙附近的第九战区各部队有：

第99军：除第197师位于湘江口南岸青山、芦林潭附近，与由该处登陆的日军平野支队处于对峙状态外，军主力（第99、第92师）位于捞刀河以北、粤汉铁路以西地区，由西向东侧击南下日军。

第 72 军：奉命由修水西移，已抵达平江以南，准备由东向西侧击日军。

第 26 军：由瓮江、蒲塘转移到石湾、更鼓台、文家场屋后稍事整顿，准备协同第 72 军侧击金井之日军。

第 74 军：奉命由江西分宜附近西移，其先头第 57 师已抵洞阳市，主力（第 51、第 58 师）位于浏阳附近。

第 79 军：奉命由第六战区常德、澧县向长沙增援，其先头第 98 师于 9 月 24 日到达岳麓山，主力（第 82 师、暂编第 6 师）尚在开进途中。

暂编第 2 军：奉命由第七战区前往长沙增援，正由广东向株洲车运中。

第 37 军：以第 95 师在麻林市西南地区占领阵地，准备协同第 74 军作战。

9 月 25 日，薛岳电令第 79 军应守备捞刀河南北地区，保卫长沙外围；暂编第 2 军先头部队暂编第 8 师限于 26 日到达椝梨市待命；第 74 军应以 2 个师兼程向黄花市前进，在夏家塘、春华山、赤石河、石灰咀之线占领阵地，迎击南进日军。

但第九战区这一电报又被日军特种情报部门窃收和破译。日军第 11 军认为：第 74 军是蒋介石中央系统中最精锐部队之一，自 1939 年 9 月第一次长沙会战起，曾与第 11 军多次较量，是第 11 军的老对手，在上高会战中又碰过它的钉子，这次一定要捕捉而消灭之。第 11 军司令官阿南立即调整部署，令第 3、第 4 师团向捞刀河以南突进；解除第 6 师团原定占领平江的任务，改向捞刀河谷推进，拦击第 74 军；令第 40 师团在扫荡金井附近地区后南下。

9 月 25 日晚，第九战区司令长官部从长沙撤往湘潭。

同日，第 74 军先头部队第 57 师到达捞刀河北岸的春华山附近时发现春华山已被日军占领，随即占领南岸天鹅山，与日军对峙。日军向天鹅山展开进攻，双方激战彻夜，至 26 日晨，日军被击退。第 57 师乘机反击，夺回春华山，掩护第 74 军主力集结，随后将春华山移交第 58 师，北向麻林迎击日军。27 日晨，日军第 3 师团主力在空军支援下向第 57 师正面连续猛攻，遭到第 57 师顽强抗击；日军又投入第 4 师团一部攻击第 57 师左翼。第 57 师伤亡近 3000 人，仍坚守不退。与此同时，第 58 师在春华山、夏家塘、伍家渡一线，第 51 师在伍家渡、杨家滩之线，以及协同第 74 军作战的第 37 军第 95 师在王家冲、杨公桥一线也与日军第 6、第 3、第 4 师团发生激战。守军各部队坚守捞刀河两岸阵地，阻击、侧击日军，或主动向日军进攻，给了日军以相当杀伤，但自己也受到严重损失，第 74

军全面陷于苦战。至9月27日夜，第九战区命令该军撤出战斗，东向洞阳市、横江至浏阳河南岸转移，准备侧击日军。日军强渡捞刀河以后直趋长沙，其第3、第6师团则由长沙以东向株洲方面突进。

第九战区以及军事委员会原来就没有估计到日军会攻入长沙，未作在长沙近郊和市区防御作战的准备，因此日军突过捞刀河后，长沙无兵可守，市民纷纷逃难，道路为之拥塞，秩序极为混乱。分别从第六、第七战区前来增援的第79军、暂编第2军只有先头第98师、暂编第8师第1旅到达长沙，该两军主力都还在开进途中。

9月27日晨5时，第98师在长沙以北三窑堂、白茅铺一线与日军早渊支队遭遇，展开激战。日军以航空兵火力支援，连续突击；战斗至晚，突破第98师第一线阵地，逼近长沙。28日，日军早渊支队再攻破第98师第293团阵地，突进长沙。刚刚到达岳麓山的第79军暂编第6师奉命进入长沙，与日军展开巷战。至9月30日，日军第4师团也到达长沙，其第3师团一部曾突入株洲，与暂编第2军先头部队发生战斗，暂编第2军随即撤出。日军第6师团集结于镇头市附近，第40师团集结于狮形山附近，荒木支队、江藤支队担任掩护后方交通线任务。至此，日军第11军认为已完全达到了预期作战目的，停止了攻势。

10月1日，日军第11军下达返转命令：着第40师团先行，第4、第3、第6师团并列。其中第40、第6师团居右，经永安市—麻峰咀—长乐街路线北返；第4师团居左，沿长沙—湘阴之线北返；第3师团居中，沿左右之间的道路北返。10月1日日没时开始返转。

薛岳侦知日军退却行动后，当即命令暂编第2军、第79军各向当面日军跟踪追击；命令位于捞刀河、汨罗江南北地区的第74军、第27集团军所属各军（第4、第20、第58军并指挥第72、第26军）和第99军各依现在位置截击、侧击日军，务使其不能安全渡过新墙河。蒋介石也发电报要求“第九战区应乘敌疲惫，果敢追击，乘机占领岳阳，并应积极破坏武岳铁路，分向各路退却敌人沿途袭击、伏击，猛烈打击，使其不能退守原防；并牵制防守，滞其向武汉方面转移，以利第三、第五、第六战区之作战”。[6]

各部队按以上命令，对撤退中的日军展开追击、截击和侧击，给予一定杀伤，但未能打乱其行动。至10月9日（日军战史记载为10月6日），日军全部退回新墙河以北，恢复战役前态势。第二次长沙会战至此结束。

会战期间，在鄂南、赣北的中日军队为配合湘北主战场的作战，曾互有攻防。

图 6-11-1　第二次长沙会战经过要图
（1940 年 9 月 7 日—10 月 9 日）

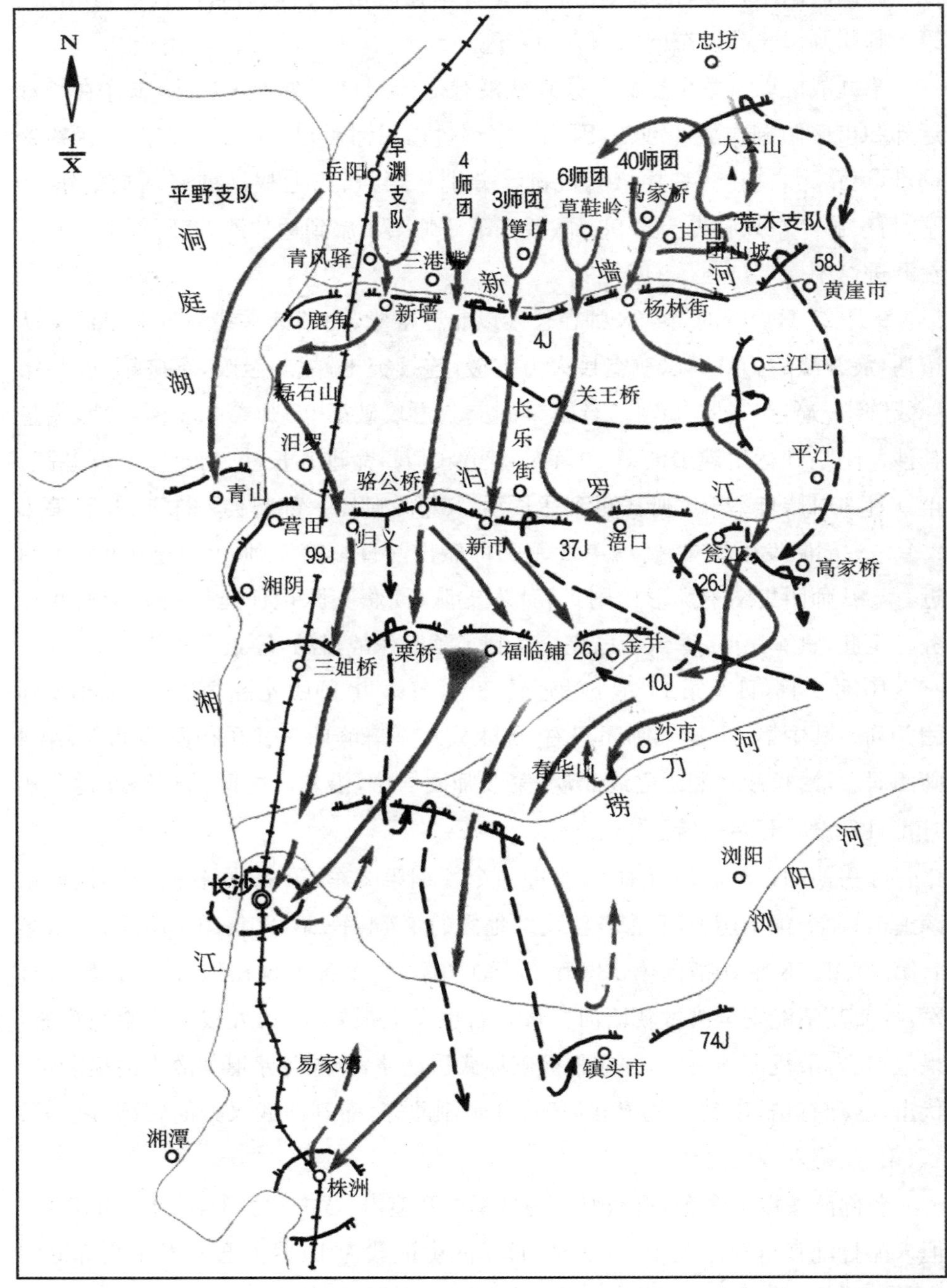

其中驻修水、三都附近的中国第72军发现原守备鄂南的日军第40师团西移，便向通山附近日军据点和交通线袭击，并进攻通山县城；湘鄂赣边区挺进军曾向咸宁附近日军据点进攻，一度攻克汀泗桥和羊楼司车站，摧毁了日军若干工事和通信、后勤设施。担任箬溪守备任务的日军独立混成第14旅团一部曾向武宁方面中国第78军部分阵地进攻，驻守南昌的日军第34师团曾向中国第19集团军锦江南岸若干阵地进攻。这些作战规模都很小，未能影响双方在主战场的行动。

（四）其他战区的策应作战

会战期间，遵照军事委员会9月20日及以后的一再电令，第三、第五、第六战区各向当面日军发动了范围广泛的袭扰活动，对日军若干据点和交通线形成一定威胁。特别是第六战区对宜昌的反攻作战发展到较大规模，使日军受到震撼。

第三战区奉命于9月23日开始全面袭击活动。其第100军（部署于鄱阳湖南侧，担任湖防）对南昌周边日军第34师团各据点频频发动攻击，前进至牛行、乐化和南昌近郊，夺占了楼前市、黄溪渡，打退日军多次反击；第23集团军（担任鄱阳湖东岸、湖口至安徽境内长江南岸防御）对日军第116师团所据守的湖口、彭泽、马当、贵池、繁昌等沿江要点多次袭击，曾突至江边布设水雷；第32集团军（担任宣城以东、太湖以西苏皖边界地区防御）曾向芜湖、溧水、武进、长兴附近日军第15师团各据点和交通线广泛袭击；第10集团军（担任钱塘江两岸至浙东沿海防御）曾向日军第22师团所据守的富阳、余杭、绍兴、曹娥、余姚、奉化、溪口附近各据点多次袭击，破坏了嘉兴间铁路；第25集团军（担任福建沿海和内陆防御）曾对厦门岛、南日岛和闽江口日军发动袭击，一度攻克南日岛。至10月20日，第三战区奉命停止攻势。

第五战区以破坏日军铁路、公路交通线为重点，于9月25日开始发起广泛袭击、游击行动。其第21集团军以大别山为基地，向广济至武汉间日军独立混成第14旅团和第40师团一部守备的长江北岸各据点以及日军第3师团一部守备的平汉铁路南段各据点袭击；左集团军（第31、第15集团军）从淮河南北地区向津浦铁路宿县以南各据点、陇海铁路徐州至开封间各据点、平汉铁路信阳南北各据点发动袭击，破坏铁路多处，并一度攻克宿县以南的板桥集；中央集团军（第2集团军）以桐柏山为基地，向平汉铁路花园至孝感间以及随县、应山附近各日军据点发动攻击，攻克独崇山、徐家店，并一度攻入随县县城；右集团军（第29集团军)以大洪山南北地区为基地,向京山、钟祥附近各据点发动攻击,破坏了京钟公路。至10月11日,第五战区奉命停止攻势。

第六战区是在1940年6月日军占领宜昌后设立的,辖区为鄂西北、湘西和川东地区,与第五战区的分界大致沿襄河(汉水)之线,以西为第六战区;与第九战区的分界大致沿常德以南的石门桥迄洞庭湖北岸之线,以西、以北属第六战区。所辖部队有长江上游江防军、第20集团军、第26集团军等共10个军27个师。当面日军有第13师团(守备宜昌、当阳)、第39师团(守备当阳以东、襄河以西)和独立混成第18旅团(掩护交通运输线)。1941年8月下旬,日军第13师团奉命抽出第26旅团组成早渊支队参加长沙作战,独立混成第18旅团调往襄河以西接替第4师团防务(第4师团也调出参加长沙作战),因而第六战区当面日军(特别是宜昌守军)大大减少。军事委员会于9月20日、21日、22日连续电令第六战区司令长官陈诚乘机克复宜昌,并限于23日开始发起攻势。这一重大行动既是策应第九战区作战,又是解除日军对重庆和西南后方的重大威胁。为加强第六战区进攻兵力,军事委员会命令将第五战区所辖第33集团军(2个军6个师)暂归第六战区指挥。

第六战区奉命后于9月23日确定部署、下达命令。大要是:以江防军(辖第2军、第94军、第8军第5师等7个师)主力攻击宜昌;以第26集团军(辖第32、第75、第39军)向当阳方面攻击,主力置于当阳以西,切断汉(口)宜(昌)公路,阻止日军第39师团向宜昌增援;以第33集团军(辖第59、第77军)向荆门方面攻击,与第26集团军协同,切断汉宜公路;以第20集团军(辖第53、第73、第87军)向白螺矶(岳阳东北)、沙市、江陵方面攻击,切断汉(口)京(山)公路西段,阻止日军向宜昌增援。各部攻击时间限于9月27日、28日开始。

但各部队事先缺乏准备,调整部署行动缓慢,直到9月30日才开始攻击。日军依托既设阵地固守顽抗,各攻击部队多与日军形成对峙,进展不大。至10月3日夜,江防军主力已完成对宜昌的包围。第六战区为迅速攻克宜昌,又令第26集团军第75军的第13师和第20集团军及第73军的第77师加入宜昌方面作战,严令各军各向当面日军奋力突击,攻克既定目标。但这时日军第11军已结束长沙方面的作战,开始向原防返转。

这时在宜昌周围和城内的日军只有第13师团的第56、第58、第104联队,诸队连日来受中国军队猛攻,伤亡颇重;守备荆门、当阳的日军第39师团也遭到中国军队围攻,不能向宜昌增援。至10月9日,宜昌东郊的慈云寺、东山寺各要点均被中国军队攻占，宜昌北面的据点也多处被突破。第 13 师团一面将伤员和非战斗勤务人员尽行投入作战，一面向武汉第 11 军告急。10 月 10 日晨，宜昌日军烧毁了军旗和秘密文件，师团长以下军官们准备好了自尽的场地和用具，并写好了绝命书，等待最后时刻的到来。但这时日军返转部队为解宜昌之危，紧急车运，其先头已抵荆门附近，第 11 军决定将早渊支队及第 13 师团第 103 旅团在宜昌以东的部队都归第 39 师团指挥，全力向宜昌突进。

10 月 10 日上午，中国第 32 军、第 2 军及第 75 军第 13 师等突击部队又攻占宜昌郊区多处据点，并从东面突入宜昌城，与日军展开巷战。日军以飞机 20 架向中国军队猛烈轰炸，并施放毒气。突击部队伤亡很大，乃撤至城外。午后，第六战区下令调整部署，准备再攻。军事委员会鉴于日军返转部队已接近宜昌，为避免陷于被动，于 10 月 11 日晨电令第六战区停止攻击，将部队有计划撤至城外，控制要点，进行休整。第六战区反攻宜昌的作战至此结束。

日军“华北方面军”（司令官冈村宁次）为策应第 11 军的长沙作战，10 月 2 日以第 35 师团自新乡以南强渡黄河，10 月 4 日却轻易击退第一战区第 3 集团军部队，占领中原重镇郑州。10 月 31 日，第 35 师团虽然撤出郑州，返回原防，却在黄河南岸京汉铁路黄河大桥西侧的霸王城要点建立了桥头堡阵地，以 2 个步兵大队、1 个炮兵大队驻守，这为后来打通大陆交通线作战创造了有利条件。

据日方统计，整个会战中中国军队遗弃尸体 5.4 万具，被俘4300人；日军伤 5184 人，亡 1670 人。这个统计显然夸大了日军的战果。不过，从中国军事当局的资料看，第 74 军的第 58 师伤亡 55%，第 57 师伤亡 40%；第 37 军的第 60 师伤亡 50%，第 140 师伤亡 30%；第 4 军的第 102 师伤亡 45%；第 10 军的第 3 师伤亡 35%，伤亡确实惨重。

四、会战简析

第二次长沙会战，对日军来说，是“在激烈动荡的国际局势中受到极严格制约的条件下作战的”，[7]其参谋本部要求尽早结束作战，以便准备对南方用兵，因而第 11 军攻占长沙仅 2 天便迅速返转，退回原防。中国军政当局曾借此宣扬日军是被中国军队击溃、中国又取得了第二次长沙大捷，以此鼓舞士气、民心，维护国际形象。从政治角度看，中国军政当局这样做是可以理解的。事实上从军事委员会有计划地组织第三、第五、第六、第九战区之间的战略协同和战役协同，特别是指示第六战区发起颇有声势的对宜昌的反攻作战，都属正确的决策，反映出在战争指导上的积极意图。日军也承认中国军队的抗战意志仍旧高昂，对宜昌日军的反攻在规模和斗志上都超出日军的预料。但中国方面在这次会战中的失利和失误也是十分明显的。第 27 集团军总司令杨森、第九战区司令长官薛岳在会战总结报告中曾列举种种问题，如：对敌情判断不当，友军彼此不信任，致乏协力，部队运动迟缓，师以下军官战术修养不够，指挥能力薄弱，部队纪律太坏，执行命令不彻底，训练不足，仍有呆守阵地的习惯，不知活用兵力、控制预备队，等等。[8]其实这些都是部队建设、部队教育方面由来已久且普遍存在的问题，不仅第九战区部队有，其他战区部队也有；不仅此次会战有，其他会战也有。而且这些问题多是针对下级而言，还未涉及高层。若就此次会战的高层组织指挥而言，至少还可看出以下几个主要问题：

1. 部署指挥不当而陷于被动

军事委员会和第九战区都曾明白指出武汉日军处于第三、第五、第六、第九战区的战略包围中，中国军队处于外线（对日军第 11 军来说），是有利态势。但战略上的外线并不等于战役上的外线，战略上的有利态势并不自然化为战役上的有利态势。对战役的组织指挥来说，最重要的是在战役上争取使自己处于外线的有利的态势，这是保持战役主动权的关键。

但第九战区的战役指导方针和实际部署并非如此，从而一次又一次陷于被动。

该方针中只提到在汨罗江以南捞刀河两岸地区对日军实施反击并歼灭之。这是出于以下估计：日军在突过新墙河、汨罗江后必受到很大杀伤和消耗，战力大减，因而选定在汨罗江以南与其决战是有利的。[9]这只从决战的地域上考虑，而且是一厢情愿，实际上本次会战中日军的兵力相当集中，强渡新墙河、汨罗江时并未受到重大损失，依然保持着强大的突击力。第九战区的设想与战役的实际发展不符，又没有应付意外情况的预案，这是陷于被动的原因之一。

再从兵力部署和使用来看，第九战区未将主力控制于外侧机动位置，无论在新墙河南岸还是在汨罗江南岸，守备部队都处于日军大兵团进攻的正面，侧面力量极弱，不可能对日军翼侧构成威胁；日军突破汨罗江后，第九战区仍按原计划将增援的生力军第 26 军、第 10 军、第 74 军全部摆在日军进攻的正面，企图阻止日军并和日军决战，而且是逐次投入，结果反被日军各个击破，徒增伤亡。待到日军突过捞刀河，第九战区已无预备队可用。这是陷于被动的又一原因。

第九战区在作战计划中强调“应运用诱敌歼灭战法”，结果成为一句空话。实际上不是第九战区诱使日军就范，而是日军的快速攻势迫使第九战区手忙脚乱、处处就范。第九战区组织指挥如此，则全战役陷于被动和不利就是必然的了。第九战区在会战总结中说：“战区保持主力兵团于敌后及敌之两翼，故能始终立于主动地位，诱敌至捞刀河南北地区而四面围歼之”等等，完全是不实之词。

2. 情报不灵而丧失战机

第 11 军是侵华日军中惟一以机动作战任务为主的野战军，武汉失守以来，日军向正面战场发动的多次进攻，除桂南会战、中条山会战外，都是由它发动的。中国军事情报工作部门对它的动向理应给予更敏锐、更密切的监视。第 11 军为准备此次会战，从 8 月中旬起即从鄂西、鄂南、赣北抽调部队，向湘北集中。如此大规模的部队调动，无论是军事委员会的战略情报部门，还是第三、第五、第六、第九战区的战役情报部门，抑或是与日军当面接触的各部队战术情报部门，在长达 1 个月的时间里都毫无察觉，直到日军要发动全面攻势前一两天，才发现日军已在湘北集结重兵，足见中国各级军事情报部门的麻痹和疏懈。而第九战区因情况不明，对会战无从进行、也来不及进行有针对性的准备，其第一线守备部队第 4 军、第 58 军甚至被日军吸引，胶着于大云山，后乘夜匆匆转回新墙河以南，喘息未定，日军已开始总攻。日军成功地隐蔽了战役企图，发挥了战役突然性，而第九战区在会战第一步就丧失了时机，仓促应付，在日军闪电式的攻击面前步步失策。

同样，第六战区对日军第 13 师团平渊支队和独立混成第 18 旅团的调走也毫无所知。待 1 个月之后，在湘北战场发现第 13 师团部队南调，再部署对宜昌反攻，为时已晚；开始反攻时，日军已结束长沙作战，平渊支队即将返转宜昌。倘能及早发现，早作预备，提前数日发起反攻，则宜昌必能克复。

反之，日军特种情报部门却多次破译第九战区电报，对第九战区部署行动了如指掌，所以能及时调整部署着着胜算。

3. 各战区策应乏力　未能发挥战略外线优势

如前所述，第三、第五、第六、第九战区对日军第 11 军构成包围，处于战略外线，态势有利。军事委员会有鉴于此，于 9 月 20 日及以后多次电令第三、第五、第六战区乘日军兵力集中于湘北、其他方面兵力减少之机发起反攻，特别要求攻其较敏感的要点，以策应第九战区作战；同时也令第九战区尽可能拖住日军，以利其他战区反攻。这一想法和要求都是积极的，也是可以办得到的，但实施情况和效果都不理想。第三、第五战区虽对日军进行了较广泛的袭扰活动，但除第三战区第100军对南昌外围据点的攻击兵力稍大外，其余兵力小而分散，没有一处打痛日军，根本不能发挥战略外线优势，起不到策应作用。

第六战区反攻宜昌的作战具有相当规模和威力，不仅是对第九战区最有力的策应，也是在8年抗战的正面战场上少有的积极行动，是值得称许的，但也因攻击宜昌的兵力不够集中、开始攻击的时间稍晚而功亏一篑。如第五战区能同时积极行动，主动配合，以较大兵力切实遮断汉（口）宜（昌）公路和京汉铁路南段、迟滞日军由湘北返转鄂西，或许能给第六战区再争取到几天时间，则克复宜昌是有可能的。

总之，各战区间的互相策应缺乏积极性、主动性，行动乏力，是一个老问题。此次会战中依然如故，因而失去一些难得的机会（特别是对宜昌的反攻），反让日军在郑州附近黄河南岸建立桥头堡，实在遗憾。

附表6-11-1　第二次长沙会战日军参战部队指挥系统表（1941年9月）

第11军　司令官阿南惟畿

　第3师团　丰嶋房太郎

　　步兵第5旅团（第6、第68联队）

　　步兵第29旅团（第18、第34联队）

　　骑兵第3、野炮兵第3、工兵第3、辎重兵第3联队

　第4师团　北野宪造

　　第4步兵团（第8、第37、第61联队）

　　骑兵第4、野炮兵第4、工兵第4、辎重兵第4联队

　第6师团　神田正种

　　步兵第11旅团（第13、第47联队）

　　步兵第36旅团（第23、第45联队）

　　骑兵第6、野炮兵第6、工兵第6、辎重兵第6联队

　第40师团　天谷直次郎

　　第40步兵团（第234、第235、第236联队）

　　骑兵第40、野炮兵第40、工兵第40、辎重兵第40联队

　第13师团　内山英太郎

　　步兵第103旅团（第104、第65联队）

步兵第 26 旅团(第 116、第 58 联队)

骑兵第 17 大队,山炮兵第 19、工兵第 13、辎重兵第 13 联队

早渊支队　支队长为第 26 旅团长早渊四郎

步兵第 11 联队、步兵第 58 联队第 1 大队、山炮兵第 19 联队

荒木支队　支队长为第 33 步兵团长荒木正二

步兵第 215 联队、山炮兵第 33 联队第 3 大队

江藤支队　支队长为独立混成 14 旅团步兵第 62 大队(大队长江藤大八)

独立步兵第 62 大队

平野支队　支队长为独立混成第 14 旅团步兵第 63 大队(大队长平野仪一)

独立步兵第 63 大队

战车第 13 联队

独立山炮兵第 2 联队(配属第 6 师团)

独立山炮兵第 3 联队(配属第 3 师团)

独立野战重炮兵第 14 联队(105 毫米榴弹炮)

独立野战重炮兵第 15 联队(100 毫米加农炮)

高射炮第 22 联队

独立山炮兵第 51、第 52 大队

迫击炮第 1、第 3 大队

独立工兵第 1、第 2、第 3 联队

第 1 飞行团(侦察 3 个中队,直协 1 个战队)

第 3 飞行团(侦察 1 个中队,战斗 1 个战队)

海军第 1 遣华舰队

海军第 105 水上运输司令部

附表 6－11－2　第二次长沙会战第九战区参战部队指挥系统表(1941 年 9 月)

第九战区　司令长官薛岳

副司令长官罗卓英、杨　森、王陵基

第 19 集团军　总司令罗卓英(兼)

新编第 3 军　杨宏光

第 183 师　李文彬

新编第 12 师　张兴仁

第74 军　王耀武

第 51 师　李天霞

第 57 师　余程万

第 58 师　廖龄奇

预备第 5 师　曾戛初

江西保安纵队　熊　滨

第27集团军　总司令杨　森(兼)

第4军　欧　震

第 59 师　张德能

第 90 师　陈　侃

第 102 师　柏辉章

第20军　杨汉域

第 133 师　夏　炯

第 134 师　杨干才

暂编第 54 师　孔荷宠

第58军　孙　渡

新编第 10 师　鲁道源

新编第 11 师　梁德奎

第30集团军　总司令王陵基(兼)

第72军　韩全朴

新编第 14 师　陈良基

新编第 15 师　傅　翼

第78军　夏首勋

新编第 13 师　刘若弼

新编第 16 师　吴守权

第10军　李玉堂

第 3 师　周庆祥

预备第 10 师　方先觉

第 190 师　朱　岳

第26军　萧之楚

第 32 师　王修身

第 41 师　丁治磐

第 44 师　陈　永

第37军　陈　沛

第 60 师　董　煜

第 95 师　罗　奇

第 140 师　李　棠

第99军　傅仲芳

第 92 师　梁汉民

第 99 师　高魁元

第 197 师　万倚吾

第79军　夏楚中

第 82 师　欧百川

第 98 师　王甲本

暂编第 6 师　赵季平

暂编第 2 军　邹　洪

暂编第 7 师　王作华

暂编第 8 师　张君嵩

湘鄂赣边区挺进军　总指挥李默庵

炮兵指挥官王若卿

工兵指挥官朱焕庭

注　释：

〔1〕　日本防卫厅防卫研究所战史室:《中国事变陆军作战史》。中华书局 1983 年中译本,第三卷第二分册第 101 页。

〔2〕　同〔1〕,第 159 页。

〔3〕　见《第九战区第二次长沙会战战斗详报》。载中国第二历史档案馆编《抗日战争正面战场》,江苏古籍出版社 1987 年版,第 1083—1084 页。

〔4〕　同〔3〕,第 1092 页。

〔5〕　同〔1〕,第 160—161 页。

〔6〕　转引自蒋纬国主编《抗日御侮》。台北黎明文化事业公司 1978 年版,第七卷第 136—137 页。

〔7〕　同〔1〕,第 164 页。

〔8〕　同〔3〕,第 1106—1120 页。

〔9〕　同〔3〕,第 1112 页。

第十二节　日军对中国沿海的封锁作战和对内地的航空作战

沿海封锁作战和对内地的航空作战，是战略相持阶段日军侵华战争的重要手段和组成部分。沿海封锁作战即攻占中国东南沿海的大小港口，切断中国与海外的所有进出通道，阻止一切援华抗战物资进入中国。这实际上是一种经济封锁战，意在以武力封闭中国，使中国因得不到海外援助而削弱甚至丧失持久抗战的能力。对内地的航空作战，是对中国西南、西北大后方的政治、军事、经济、交通等重要目标进行大规模的、持续的战略性轰炸，造成深度破坏，并在心理上造成一种威慑力，影响中国的士气和信心。日军统帅部对此寄予很大希望，企图以对其占领区（即敌后战场）的"治安战"（即反复残酷的扫荡）、对正面战场的进攻战、对沿海的封锁战和对大后方的航空战，全方位施加强大的军事压力，再结合政治谋略和外交谋略，摧毁中国继续抗战的意志和能力，达到征服中国的目的。

侵华日军的沿海封锁作战和对内地的航空作战主要集中于 1938 年 10 月（武汉会战以后）至 1941 年 12 月（太平洋战争爆发前）这一段时期内。

一、对沿海的封锁作战

日军从侵华战争开始就把对中国沿海港口的占领和封锁作为其战略的重要组成部分。1937 年 7 月占领塘沽，同年 11 月占领上海，1938 年 1 月占领青岛，同年 5 月占领厦门，同年 10 月占领广州。这样，在一年多一点时间里，日军就占领了华北、华东和华南的最大港口，封锁了中国主要海外通道。这是和它在陆地的大规模战略进攻同时进行的。

还在武汉会战进行期间，日军就估计到占领汉口、广州后，英、法仍将通过河内—南宁—桂林—衡阳路线（即桂越路）、河内—昆明—贵阳—长沙路线（即滇越路）、仰光—昆明—贵阳—长沙路线（即滇缅路），以及从苏联经新疆—兰州—西安路线继续进行援华。要压制中国，从军事、经济两方面切断这些联络线极为重要。1939 年 9 月日本在中国南京设立“中国派遣军”总司令部时，其大本营赋予“中国派遣军”总司令官的任务中，就把“尽最大努力切断敌之南方补给线”单独列为一条。所以，日军在停止战略进攻、转为战略保守以后，更加重视对中国的经济围困，把沿海封锁作战作为独立的（专项的）作战行动列入计划，在其全盘战略中占有日益重要的地位。

1939 年日军沿海作战的主要行动有：2 月中旬台湾混成旅团（又称饭田支队）和海军第 5 舰队攻占海南岛的作战；3 月下旬第 21 军第 1 独立步兵队为切断澳门—香山—新会公路而进行的西江沿岸作战；6 月下旬第 21 军后藤支队和海军第 5 舰队一部攻占汕头、潮州的作战；8 月中旬第 21 军第 18 师团一部攻占深圳、沙头角的作战；11 月中旬至 1940 年 2 月上旬，第 21 军主力和海军第 5 舰队为切断桂越国际通路而进行的南宁作战（桂南会战）。通过这些作战，日军不但进一步封锁了中国南方沿海，而且为后来的南进、入侵印度支那和香港建立了跳板。

1940 年日军的主要封锁行动有：乘纳粹德国向西欧大举进攻，英、法自顾不暇之机，胁迫英国同意于 7 月至 10 月封闭滇缅路 3 个月，并禁止由香港地区向中国输送军械、汽油等作战物资；9 月，又以第 5 师团侵入法属印度支那北部，编成印支派遣军，占领海防、河内、谅山等地，切断桂越路和滇越路。

1941 年是日军沿海封锁作战最为频繁的 1 年。在 1 月 18 日经裕仁天皇裁决的《对华长期作战指导计划》中，就提出要对中国“力求加强地面、海上及空中的封锁。切断法属印度支那通道，阻止缅甸通道，以海军封锁海面及以陆军兵力封锁海港作战并行，加强在经济上对中国进行压迫。”[1]大本营据此于 2 月 26 日下达“大陆命”第 488 号命令，规定“中国派遣军总司令官应对浙江省以北的中国沿海、华南方面军应对福建省以南的中国沿海，自现在起分别以一部兵力，随时进行以封锁为目的的作战。”[2]参谋本部与军令部为此又制定了《陆海军中央关于对华沿海封锁作战的协定》，“中国派遣军”总司令官则将封锁作战列为 1941 年各项任务之首，可见日军统帅部的重视。这一年的主要行动有：

香韶公路切断作战——香韶公路是以香港为基地，在其以东海岸卸货，然后运往粤北韶关的通路。日军“华南方面军”发现仍有不少物资由此路输入中国，便于 2 月 4 日以川口支队（第 18 师团以川口清健指挥的 4 个步兵大队为基干）

在大亚湾登陆，奔袭淡水，同时以末藤支队（第38师团以末藤知文指挥的3个步兵大队为基干）从深圳方面进行策应，完全封锁了大鹏湾和大亚湾，并截夺了大量物资。然后以川口支队留驻淡水，执行切断任务。

雷州方面切断作战——雷州半岛和广州湾海岸线很长，尽管日本陆军、海军不断监视，仍有不少援华物资从沿岸小湾小港秘密送上大陆。日“华南方面军”根据大本营命令，从近卫师团、第48师团、第38师团共抽调18个步兵大队，编为6个支队，于3月上旬，用了约1周时间在海军协同下对广州湾和雷州半岛约500公里正面可能登陆的各要点及其周围严密扫荡，夺走了正在运输中的物资。

汕尾方面切断作战——汕尾是汕头以西在碣石湾和红海湾之间的一个小半岛，经常有海外援华物资输入。3月下旬至4月上旬，日军以独立混成第19旅团和近卫师团各一部在汕尾登陆，进行扫荡，并留驻部队予以封锁。

福州作战——厦门被日军占领后，福州成为援华物资输入的主要港口。3月23日，日军参谋总长命令“华南方面军”使用第48师团及第18师团、近卫师团各一部实施福州作战，随后又下达了要暂时确保福州的命令。4月19日拂晓，第48师团主力和第18师团佗美支队（佗美浩指挥的4个步兵大队）在海军第二分遣华舰队协同下，在闽江口附近登陆，击退中国第25集团军所属部队和福建省保安部队，于21日占领福州，同时以近卫师团1个大队攻占了附近炮台，然后第48师团驻守福州，至9月3日退出。

浙东作战——浙东沿海的港口较多，其中以宁波、台州、温州较为重要。1941年3月，日军大本营命令“中国派遣军”使用驻在上海吴淞的第5师团进行浙东作战。这一作战的目的不仅是要切断援华物资输入孔道，更是为了夺取宁波以南象山半岛一带出产的飞机制造业原料萤石。为策应第5师团作战，命令第13军以第22师团主力和第15师团的赤鹿支队（以赤鹿理指挥的3个步兵大队为基干）向中国第10集团军司令部所在地诸暨进攻。4月19日，第22师团发起进攻，牵制中国军队；同日，第5师团在浙东沿海登陆，并于20日占领宁波、石浦、台州、温州。随后，第5师团以一部占领宁波，其余部队返回吴淞。10月，第5师团全部调出，准备参与太平洋作战，而将防务交由独立混成第20旅团接任，直到战争结束。

盐城作战——盐城位于江苏省北部，濒临黄海，是中国重要的产盐地，由中国新四军担任守备。日军为掠夺盐业资源，用以补充日本国内的不足，并阻止海盐流入中国内地，加强对中国内地的经济封锁，于1941年7月下旬至8月下旬，以独立混成第12旅团从东台、兴化向盐城、阜宁进行扫荡作战，以一部兵力占领盐城。

此外，还进行了若干小的封锁作战。

据日军战史统计，仅1941年上半年，用于沿海封锁作战的兵力就有64个大队，约相当于7个师团的兵力，作战后又用2个半师团的兵力留驻于一些要点担任守备，以保持持续的封锁效果。1941年秋季以后，为进行南进准备，才停止了封锁作战。

日军的沿海封锁作战确实给中国方面造成了相当困难，以致到1942年，中国的所有海上通道都被封闭，只剩下一条通往苏联的陆上通道。为冲破日军封锁，中国不得不开辟一条空中通道——由印度东北部飞越当时还属空中禁区的喜马拉雅山，到达中国昆明。这条空中通道后来以“驼峰运输线”而著称于世，在中国抗战最困难的年代，每月运进几千吨到1万吨美国援华物资，以应急需。日军的封锁未能完全切断中国与盟国的物质联系，更何况中国幅员辽阔，人口众多，以自然经济为主，这样一个一致奋起救亡图存的大国蕴藏持久抗战的巨大潜力，绝不是日军的封锁所能窒息的。历史证明了这一点。

二、对内地的航空作战

分属于陆军和海军的日军航空兵在其战略进攻阶段，以直接支援地面作战为主要任务；转入战略保守以后，日军大本营要求陆、海军航空部队互相协同，在全中国各要地果敢地进行战略、政略的航空作战，挫败中国继续战斗的意志，并破坏中国空军的重建。日军大本营在对华战争指导纲要和作战计划中反复地强调这一方针。这就是说，日军航空作战的重点由前线转向了中国的深远后方，由战役战术性行动转向了战略性行动。

1938年12月，侵华日军陆军航空部队主要有第1、第3、第4、第7飞行团，拥有各式飞机约260架；海军航空部队主要有第1、第2联合航空队，第1、第3、第14航空队和高雄航空队等，拥有各式飞机250多架。这是日本陆、海军航空兵力在华的最高额，后来部队的编组和序列虽屡有调整，但飞机总数没有大的增加。1941年底发动太平洋战争后，逐渐减少。

日军控制的机场甚多，但多半只能用于战斗机临时野战。可供重型轰炸机起降又最接近中国内地的前进机场，在华北是运城、包头，在华中是汉口。运城至兰州，及汉口至重庆的距离约为700—800公里，除重轰炸机和部分侦察机外，其他各种战斗机都因续航能力、飞行半径的限制，不能执行如此远距离的作战任务，因而日军对中国内地的航空作战，都是在没有战斗机掩护的条件下由重轰炸机和海军的中攻击机单独进行的。适合执行此种任务的飞机，陆军航空兵只有40多架，海军航空兵约有90架(1941年一度超过200架)；对稍近目标的攻击，则尚有约100架轻轰炸机及部分战斗机可以担任。

从1938年11月到1941年9月，日军对中国内地的航空作战有4个较为集中的阶段，每一阶段都是有计划、有重点的空中进攻战役。

第一阶段为1938年12月至1939年2月，主要目标是重庆和兰州。重庆是中国的战时首都，政治上和军事中枢机关所在地；兰州是苏联援华物资的必经大道，又是中国空军的重要基地。日军企图利用攻占广州、武汉后的声威，再给中国国民政府以沉重的一击，迫使其屈服。这一阶段日军以主要装备重轰炸机的一个飞行团由汉口起飞，对重庆进行了4次集中轰炸。因重庆天气不好，时有大雾，投弹难于命中目标；第一飞行团又转场到包头和运城，3次轰炸兰州，对兰州东、西机场和市区进行破坏，炸毁了苏联援助的部分飞机，但也遭到中国空军和防空炮火的反击。据中国方面宣布，中国击落日机十余架；日方则承认被击落5架，其余飞机虽全部中弹，但安全返航。此外，以轻型轰炸机为主要装备的日军第3飞行团还对长沙、常德、恩施、芷江等地进行了轰炸；海军高雄航空队和第3联合航空队(使用海南岛和南宁机场)还对桂林、贵阳、昆明、蒙自和滇越铁路大桥进行了轰炸。

第二阶段为1939年11月至12月。在此之前，因发生诺门坎事件，日军大本营一度将航空作战主要方向放在关东军方面，用于对苏战备。诺门坎事件解决后，日军重新调整力量，继续对中国内地实施航空作战。这次的重点目标仍是重庆和兰州。由于苏联援助中国的飞机多在兰州进行交接和训练，并从兰州起飞轰炸过运城机场等日军军事设施，所以这一阶段日军对兰州的轰炸较前更加猛烈，决心要切断苏联对华援助的西北路线，摧毁正在重建的中国航空力量。在约1个月的时间里，持续轰炸兰州黄河铁桥和东、西飞机场。特别在12月下旬，每天出动100多架次飞机，投放大量炸弹和燃烧弹，使兰州淹没在一片火海中。在轰炸兰州之前和同时，还轰炸了延安、西安、银川等地。

第三阶段为1940年5月18日至9月4日。这次的规模远远超过前两次，持续时间也长，日军称之为“101 号作战”。

5 月 2 日，日军大本营就命令“中国派遣军”总司令官西尾寿造立即实施空中进攻作战，以期在宜昌作战的同时对中国方面加以双重打击、收到更大的效果。西尾寿造随即与海军“中国方面舰队”司令官岛田繁太郎协商，5 月 15 日达成《陆海军关于 101 号作战协定》，预定自 5 月中旬起约作战 3 个月时间，参战兵力以陆军第 3 飞行集团第 60 战队的 54 架重轰炸机和海军第 1、第 2 联合航空队的 132 架中攻机为基干，攻击目标为重庆、成都及其附近的军事设施，以运城、汉口、孝感机场为陆、海军基本机场（可互相交替使用），第一期主要对重庆方面作战，第二期主要对成都方面作战。[3]

5 月 18、19 日，日海军航空队分别对重庆、成都、梁山、白市驿机场进行夜间袭击；从 5 月 20 日起把主要目标指向重庆，集中轰炸兵工厂、弹药库、中央政治和军事机关所在地等。陆军航空战队则于 6 月 5 日开始进攻。起初天气不好，日军空中进攻行动有所影响。6 月下旬天气一当晴朗，日军每天出动飞机均在 100 架次以上。日本陆、海军航空队 5、6 月份总计向重庆出击 30 次，出动飞机 1662 架次，投弹 1134 吨，给重庆市区造成严重破坏。6 月 5 日的一次轰炸中，重庆最大的一个防空隧道内因通风不好，空气缺氧，窒息而死者即达万人以上，成为 8 年抗战中触目惊心的大惨案之一。此外，还向成都、西安、梁山、白市驿出击 6 次。

7、8 月间，因连日阴雨，以运城为基本机场的陆军航空队多日不能起飞，只出击了 8 次；而以汉口、孝感为基本机场的海军航空队则出击了约 20 次，分别轰炸了重庆、成都、宝鸡、铜梁等地的军事设施。自 8 月 19 日起，日本海军以其新研制的零式飞机首次投入对重庆的攻击（以宜昌为中继机场）。该机种显示了优越的性能，成为第二次世界大战中著名的机种之一。

“111 号作战”至 9 月 4 日结束，历时 110 天，日本陆、海军航空队共出动飞机 4555 架次，投弹 27 107 枚（2957 吨）。其中对重庆出动 2023 架次，投弹 10 021 枚（1405 吨）。日军宣布击落、炸毁中国飞机 182 架，中国宣布击落、击伤日机 403 架（日军自称被击落 16 架）。

第四阶段为 1941 年 5 月初至 9 月初，日军称之为“102 号作战”。这次作战持续的时间更长。从 5 月 3 日到 7 月中旬，海军第 22 航空战队对重庆进行了 22 次攻击。7 月中旬第 11 航空战队进驻汉口、孝感，以 180 架一式陆上攻击机加入对重庆、成都等地的攻击，扩大了作战规模。从 8 月 2 日起，陆军航空兵第 3

飞行集团以第1、第3飞行团为主力发起进攻，主要目标指向长江上游的中国舰船、港口和自贡等产盐地，还袭击了天水、临洮等中国空军机场。8月26日，从关东军调来的第12、第98重轰炸机战队到达运城，除对兰州、延安、西安等地大肆轰炸外，也加入了对重庆的攻击。这样，日军对中国内地的航空作战，在1941年8月下旬达到最高潮，每日出动飞机超过200架次(战斗机不在此数)。9月1日，日军大本营下达进行南方作战的预备命令。9月2日，第11航空战队调离汉口。9月12日结束了此次作战。此后日军再未对中国内地实施过如此规模的空中战役。

三、简　　析

从1938年底到1941年秋的近3年里，日军大本营特别强调对中国沿海的封锁作战和对中国内地的航空作战，作为战略行动，将此列入全盘侵华战争的指导方针，企图以此弥补正面兵力的不足，充分发挥其海、空优势，对中国保持最大的军事压力，再结合政治诱降，以求得中国问题的迅速解决。此着不可谓不狠。中国当时还是单独对日作战，处于最困难时期，因此日军的封锁和对后方的大肆轰炸使中国难上加难。但是，从根本上说，日本所进行的战争是侵略战争，又是其力不胜任的战争，单纯依靠军力的优势，只能得逞于一时，却无法补救其战略、政略上的根本错误和根本不足，也绝不可能摧毁中国继续抗战的意志和能力。中国对日军的沿海封锁和空中攻势，虽还击乏力，军事设施、经济活动和人民生命财产蒙受巨大损失，但其持久抗战的潜力正日益发挥，其战略、政略上的优势正日益显露，终于熬过难关，迎来了与盟国共同抗击日本法西斯侵略的大好局面。

注　释：

〔1〕 日本防卫厅防卫研究所战史室:《中国事变陆军作战史》。中华书局1983年中译本，第三卷第二分册第101页。

〔2〕 同〔1〕，第111页。

〔3〕 同〔1〕，第32页。

第 七 章

太平洋战争爆发后的中国抗战

第一节　日本发动太平洋战争和中国战区的建立

一、日本的南进政策

北进、南进是日本帝国主义在第二次世界大战期间对外侵略扩张的基本国策，是其世界战略的主要内容。但无论是北进还是南进，都以占领中国为前提，中国战场的发展对日本世界战略的实施具有重要的制约作用。1931 年"九一八"事变后，日本企图夺取苏联远东地区，将其与中国的东北、内外蒙古联成一片，因而使日、苏矛盾日趋尖锐。1937 年日本发动全面侵华战争，企图以少量兵力在短期内迅速击败中国，以实施其北进政策。中国人民的顽强抗战使日本陷入了持久战的泥潭，日本不得不将准备用于北进的兵力投入中国战场，从而导致了日本北进政策的破产。在 1938 年的张鼓峰事件和 1939 年的诺门坎事件两次北进尝试一一受挫后，日本认识到不解决中国问题就谈不上北进。1939 年苏、德互不侵犯条约的签订，进一步动摇了日本的北进政策。随着日、美矛盾的加深，日本国策中北进政策逐渐降为次要地位，而南进政策却随之而上升为主要地位。

欧战爆发后，英、法等国的主要精力集中在欧洲，为日本夺取上述国家所控制的南洋地区提供了"良机"。1939 年 12 月 18 日，日本在《对华政策的方针纲要》中明确提出停止北进，准备南进。但是，日本南进要遇到同北进一样的难题，即难于从中国持久作战的泥潭中拔身，因而南进政策迟迟不能付诸行动。1940 年 4 月 8 日，德军侵入丹麦、挪威；5 月 10 日又侵入荷兰、比利时和卢森堡，并攻入法国；6 月，英法联军大败，英军自敦刻尔克撤退，法国贝当政府投降。此时英、法、荷等国无力在亚洲与日本对抗，日本内部的南进派乘机要求实施南进计划。

1940 年 6 月中旬，意大利对英、法宣战和德军开进巴黎后，日军参谋本部于 6 月 21 日至 25 日召开省、部、科长级官长会议，讨论南方作战问题，制订了《对南方战争指导计划方案》。其主要内容为：

“1. 以突然袭击开始战争。

“2. 以分化英、美为前提，对菲律宾只进行监视，尽可能不去触动它，只有在不得已时，才以武力解决。

“3. 首先攻占新加坡，接着尽速急袭并占领荷属东印度。为此可把航空基地推进到法属印度支那与泰国，以此作为进攻基地。

“4. 在适当的时候攻占香港。

“5. 如果可能，则使英、荷分开，也不去占领新加坡，而直接奇袭荷属东印度，占领并确保重要资源地区。

“6. 陆军投入的兵力，控制在几个师团以下。”[1]

7 月 3 日，日本陆军首脑开会，在上述方案基础上确定了以南进为目标的新政策，制订了《适应世界形势演变处理时局纲要》。这是一个一般政治性及原则性的文件，主要内容为：[2]

方针

帝国政府在世界形势的变化下，力求迅速解决中国事变，并应特别改善国内外形势，继续寻求良机，努力解决南方问题。

在中国事变的处理尚未完毕期间，对南方的政策，应考虑国内外各种情况再行确定。

对上述两种场合的战争准备，大抵应以 8 月末为目标促其实现。

要领

1. 关于中国事变的处理，应尽一切手段，特别是杜绝第三国援蒋活动，迫使重庆政权迅速屈服。

在外交上，政策的重点首先是德、意、苏，特别应加强与德、意的团结，谋求对苏联外交的迅速调整。

在世界形势的变化下，注意美国的动向，我方应尽量避免同美国发生摩擦。而因帝国执行必要的政策所带来的不可避免的恶化，也只好任之……

2. 关于南方使用武力问题，应在考虑国内外形势，特别是中国事变处理的情况，欧洲形势以及我方的战争准备等等，然后再决定其时间、范围和办法，目前应尽力将目标仅限于英国，只攻占香港及英属马来半岛。

目前的政策是尽力避免对美作战，但估计终有一天要使用武力，为此应做好充分的准备……

将南进作为日本的基本国策，这是日本海军多年来所希望的，所以陆军部的这一《处理时局纲要》得到海军当局的同意。为了推行这一政策，日本陆、海军设法搞垮他们认为“消极保守”的米内内阁，于7月22日组成了以近卫文麿为首相、东条英机为陆相、松冈洋右为外相的新内阁。

近卫内阁一上台，就将陆、海军提出的南进政策正式确立为基本国策和新政府的施政纲领。7月26日内阁会议通过了《基本国策纲要》。其基本方针是“以皇国为核心，建设以日、满、华为一环的大东亚新秩序”。大东亚新秩序也称为“大东亚共荣圈”。松冈洋右解释“共荣圈”的范围包括西伯利亚东部、内外蒙古、满洲、中国、东南亚各国、印度及大洋洲。27日召开的大本营和近卫内阁联席会议又批准了《适应世界形势演变处理时局纲要》。松冈洋右在会上解释说：“解决南方，实际上就是促进中国事变的解决。”[3]

为了推行其南进政策，日本政府于8月30日与早已投降德国的法国贝当政府签订了《松冈—亨利协定》。据这一协定，日军于9月23日分三路进驻法属印度支那(越南)北部。9月27日，日本又与德、意签订了《三国军事同盟条约》。根据该条约，日本承认并尊重德、意领导“建设欧洲新秩序”，德、意承认并尊重日本领导“建设大东亚新秩序”，三国中任何一国遭到未参加中日战争和欧洲战争的第三国攻击时，以一切手段相互援助；同时还规定，这个条约不影响三国各自与苏联的关系。这是一个重新瓜分世界的条约，其主要目标是针对美国。为了解除南进的后顾之忧，日本竭力改善与苏联的关系，并于1941年4月13日与苏联缔结了《日苏中立条约》。条约规定缔约国一方如与一个或几个第三国发生战争时，另一方须保持中立。双方还达成谅解。苏联声明尊重“满洲国”的领土完整及不可侵犯，日本声明尊重“蒙古人民共和国”(当时属中国领土)的领土完整及不可侵犯。这一条约对中国抗日战争是一大打击。

为了适应南进的战略需要，日本进一步强化了法西斯专政。在国内推行“新体制运动”，竭力发动各界支持战争，协调统帅部(大本营)与国务部门(内阁)的关系，解散了所有政党，实行军政一体化，并制订了《经济新体制确立纲要》，进一步加强了以军事工业为中心的经济统制。至此，日本的南进政策最终确立。

二、太平洋战争爆发前美、英对中国抗战的态度

中国国民政府对发动全面侵华战争的日本虽然进行了全面的抵抗，并在《国军作战指导计划》的方略中规定了“国军部队之运用，以达成持久战为作战指导之基本主旨”，但以蒋介石为代表的一些决策者们，内心仍有“以抵抗求妥协”的思想，企图通过强有力的抵抗，向日本表示抗战决心，从而促使在华有利益关系的美、英等国进行干预。如果日本同意恢复卢沟桥事变前的态势，国民政府就可以与日本达成妥协，以迅速结束战争。因而，国民政府除了向为避免两面作战而愿意支援中国抗战的苏联加紧寻求援助外，同时积极进行外交活动，促使西方国家，特别是美、英两国支持中国抗战并制裁日本。但美、英对中国抗战却采取了极为消极，甚至袒护日本的态度和政策。美国在“孤立主义”思想支配下，执行了所谓的“中立、不干涉政策”。美国国务卿赫尔在发表“关于国际基本原则”的声明、宣布与各国合作而不卷入任何同盟的同时，向日本驻美大使表示“美国对日、中两国都持友好态度”，并令美国驻华大使告知中国政府：“你们不要指望美国有重大的经济、政治或军事的援助。”英国执行的则是“绥靖主义”的政策，英国首相张伯伦明确地反对国际社会对日本进行制裁，他认为制裁可能导致日本对其殖民地印度和香港进行报复。他的方针是“与美国齐步前进，步伐一致，不前不后”。[4]

淞沪会战过程中，日军大量增兵，扩大侵略，直接威胁到美、英的在华利益，美国总统罗斯福于10月间在芝加哥发表了“防疫演说”，把侵略战争喻为瘟疫，暗示将进行抵制，但遭到孤立主义者们的强烈反对，美国因此又退回到“中立”的立场上去。而英国则一心要中国对日妥协。张伯伦曾试图以将上海的南市和闸北租借给日本来换取日本停止侵略战争。这当然不可能为中国所接受。

武汉会战之后，日本侵占了中国长江流域及南方的主要大城市，大有独占中国之势，直接损害了美、英的在华利益；特别是日本又提出“建立东亚新秩序”，这不仅完全否定了美国“门户开放、机会均等”的政策，而且影响到美国在东南亚的利益。这时，美国以罗斯福为代表的一些人逐渐认识到日本在亚洲太平洋地区的侵略已经构成对美国安全的威胁，而中国则是阻挡日本侵略的重要力量，“日本变得越可怕，中国就变得越重要”。[5]美国政府对日和对华的政策又开始发生

变化:一方面不承认"大东亚新秩序",并宣布日美通商航海条约到期不再续期;一方面给予中国以有限的经济援助。由于当时日本对太平洋的均势与稳定的威胁尚未成为现实,所以美国对中国的援助也还只是象征性的,其目的并不是支持中国打败日本,而仅是防止蒋介石政权屈服于日本,要使中国的抗日战争继续下去,以使日本无力南进。因而在经济上对日本仍然施行绥靖政策,继续供应重要的战略物资——石油和废钢铁。

武汉会战期间和以后一个时期,英国张伯伦等人仍坚信只要继续实行对日绥靖即可维护英国的利益。1938 年 5 月,英国竟与日本在东京非法签订了关于中国海关的协定,将征收的税款全部存于日本正金银行,并任用大批日本人为海关官员,致使日本得以用中国海关税款套取外汇,向欧美购买战争物资,用以侵略中国。同年 9 月,当中国驻英大使郭泰祺向英国声明,中国将在国联第 102 次行政会议上要求按国联盟约第 17 条对日本实施经济制裁时,英国外交大臣哈里法克斯竟向郭说:中国政府这样要求,"于中国自身没有一点好处,而对国联却可能有害"。同时向日本驻英大使吉田茂表示:英国政府不会赞成中国要求国联制裁日本。[6] 1938 年末,英国虽然在美国提议下允诺向中国提供少量贷款,但对日本仍持一贯的绥靖政策。1939 年 7 月,英驻日大使克莱琪与日本外务大臣有田八郎代表各方政府在东京签订了《有田—克莱琪协定》,其中规定英国在华北限制抗日活动,阻止抗日"嫌疑犯"进入英租界等,并将 4 名嫌疑犯由英租界引渡给天津伪政府。这实际上是变相地承认了伪政权。

日军经过 1939 年、1940 年的"治安肃正战"、"局部有限攻势作战"以及大规模的战略轰炸,不仅未能迫使中国屈服,而且在正面战场遭到冬季攻势的反击,在敌后战场遭到百团大战[7]的打击,显示了中国人民有决心、有信心、有能力坚持抗战。此时国际形势也发生了剧烈的变化:1940 年 4 月,德国军队席卷西欧,日本乘机南进的意向也已明确;9 月间,日军进军法属印度支那南部,并与德、意签订了三国军事同盟,矛头直接指向美国。局势的发展促使美国转变政策。罗斯福"私下里承认,他对他早期的反应感到惭愧"。[8] 1940 年,美国两次向中国政府提供贷款,同时禁止向日本出售钢铁。这时美国的全球战略是:在欧洲援助英国、反对德国,在远东援助中国、反对日本。罗斯福说:援助被侵略者,正是为了使美国不卷入这个战争,"如果我们能够竭尽全力去支援那些保卫自己、抵御轴心国进攻的国家,那么,美国因此而被卷入这次战争的可能性就小得多"。[9] 对援华问题,他认为"如果我不去做,就可能意味着远东爆发战争"。[10] 但他是为了不卷入战争而采取上述各种行动的，而他们的战略方针又是"先欧后亚"，因而当国内一些军政要员提出对日禁运石油时，他为尽量避免与日本发生直接冲突，没有同意这一建议。

德军横扫西欧、北欧的严酷现实，宣告了"绥靖政策"的彻底破产，但英国政府在远东仍不肯放弃其绥靖政策。它害怕触犯日本会使自己吃亏，幻想以妥协让步使日本不向南进，以保障其香港、缅甸等殖民地不被攻击。新上任的首相丘吉尔认为："在目前新形势下，我们不应该为了声望而招致日本的敌对"，[11]因而屈从日本的要求，不顾中国的反对，于 7 月间宣布封锁滇缅公路 3 个月，禁止通过缅甸向中国运送物资。丘吉尔为掩饰其屈从日本的本质，以 7—9 月是雨季、滇缅公路泥泞难行、运输量较小为理由，在下院报告中竟说这一协定是"公允的"，中日"双方均可自由接受"。[12]直到日、德、意三国军事同盟形成，已与英国形成对抗局势，而美国又已采取较为积极的援华政策后，为维护英国自身的生存和利益，才不得不调整其对华政策，如期开放滇缅公路，并追随美国宣布不承认南京的汪伪政府，继续支持重庆的国民政府。

1941 年 4 月，日、苏订立中立条约，日本北守、南进的战略已昭然若揭，美、日也开始在华盛顿进行谈判。在会议桌上，日本企图通过谈判阻止美国支援中国，以利于南进；美国则想通过谈判使日本脱离三国同盟，以阻止日本南进。由于日本要价太高，谈判陷于无休止的争吵。7 月 2 日，日本御前会议通过《适应世界形势的帝国国策纲要》，最后确立了南进政策。7 月 23 日，日军开始占领印度支那南部。这时美国才看清日本南进的企图已难逆转，便停止了与日本的谈判。7 月 24 日和 8 月 1 日，美国政府作出决定，冻结日本在美的资产，全面实行石油禁运。这一措施表明美国对日政策已从以绥靖为主转为以抗衡为主。8 月下旬以后，日、美虽然恢复了谈判，但只不过是逢场作戏而已。美国之所以要继续谈判，是为了延缓日本的南进，争取备战的时间；日本重新回到谈判桌上，也只不过是为了麻痹美国，将谈判作为对美开战的烟幕。

三、日本南进作战的准备

日本的南进政策确立之后，为便于进攻香港和法属印度支那，决定以中国华南为基地进行一系列战争准备。其主要内容为：

1. 将华南方面军改归大本营直辖

日本大本营于1940年7月23日下达了“大陆命”第438号命令：“华南方面军从中国派遣军战斗序列中解除，直属大本营。”同日还下达了“大陆命”第439号命令，对“中国派遣军”和“华南方面军”今后的基本任务作了规定。其方针是：“大本营力图迅速处理中国事变。为此要同心协力迅速摧毁敌人继续抗战的企图，同时适应形势的变化，加强对第三国的战略。”规定“中国派遣军”的基本任务是：“期望确保大概在西苏尼特王府、百灵庙、安北、黄河、黄泛区、庐州、芜湖、杭州一线以东地区及宁波附近地区的安定；特别要力求迅速恢复蒙疆地方、山西省北部、河北省及山东省的各重要地方和上海、南京、杭州之间地区的治安，确保从岳州到长江下游的交通，依靠武汉三镇及九江，摧毁敌人的抗战企图。其作战地区大概在安庆、信阳、宜昌、岳州、南昌之间。”“及时对整个中国进行空中进攻战，压制、扰乱敌人的战略中枢，同时阻止敌人空军的再建……加强对整个中国的谋略，以促进抗日势力的衰亡。”规定华南方面军的任务除“与海军协同、截断敌人的补给及联络线”外，主要是“对第三国（英、法、美）进行必要的作战准备”。[13]

2. 加强华南方面军的进攻作战能力

日本参谋总长等人根据德军突破马奇诺防线的经验，决定加强“华南方面军”的炮兵和航空兵。经日本天皇批准，大本营于7月25日下达“大陆命”第440号命令，将第1炮兵队（以攻城重炮兵为主）配属给“华南方面军”。计有重炮兵第1联队（24厘米榴弹炮8门），独立重炮兵第2、第3大队（15厘米加农炮8门），独立臼炮第2大队（15厘米臼炮12门），独立速射炮第1、第2、第5大队（37厘米炮18门），炮兵情报第5联队（测地、标定、音源各中队）和第3汽车牵引队等。

7月26日，大本营以“大陆命”第441号命令，将关东军的飞行第10战队第1中队（侦察）、飞行第14战队（重轰炸）、飞行第58战队（重轰炸）、飞行第98战队（重轰炸）配属给华南方面军。30日，再以“大陆命”第443号命令将“中国派遣军”的第1飞行团（第59战队、第90战队和第41、第91机场大队）配属给“华南方面军”。[14]

3. 策定南进作战的初步计划

为了掌握东南亚地区的军事及地理等情况，1940年日本参谋本部在情报部欧洲课内增设了一个南方班，专门搜集作战资料。6月间向菲律宾、荷属东印度群岛、马来、香港等地派遣参谋进行实地勘察。8月间，根据侦察所得情况，由参谋本部情报部部员濑岛龙三起草了一个《南方作战全面综合计划试行草案》，经参谋本部多次研究后，于10月下旬制订出南方作战的初步计划，规定在“中国事变尚未结束的情况下实施南方作战时，几个方面的兵力配备应该是：对苏11个师团，对华28个师团，对南方11个师团，加上其他合计53个师团”，并“指定以第5、近卫、第48、第18各师团作为11个对南方作战师团中的骨干”。10月12日以“大陆命”第467号命令，将第5师团从法属印度支那北部调到上海，作为大本营直辖师团，“以登陆作战为主，进行训练”。10月22日，又令近卫师团到汕头(后改为广东中山)集结，令台湾混成旅团到海南岛集结，改编为第48师团。同时将上述3个师团的马匹编制改为汽车编制，并指示“进行热带作战训练，特别是登陆作战的训练”。[15]

日本大本营本来预定至1940年8月准备完毕，后又推迟为年底准备完毕。由于敌后战场发动的“百团大战”和正面战场的坚决抗击，日军根本抽调不出进行南方作战所需要的兵力和物资，不得不将南进行动一再推迟。为了执行《处理中国事变纲要》所规定的“特别加强对中国的封锁”，日军将此与登陆作战训练结合起来，在1941年中，进行了一系列的对中国沿海各地的封锁作战。

四、日本发动太平洋战争

1941年6月，日美谈判已基本破裂，22日德苏战争爆发。日本于25日开始举行大本营与内阁的联席会议，连日讨论了加快南进步伐的问题，拟制了《适应世界形势的帝国国策纲要》。7月2日御前会议通过了这一国策纲要。它的方针是：“不论世界形势如何变化，帝国仍然坚持以建设大东亚共荣圈”为目的，“帝国仍旧努力于中国事变的处理，并为确立自存自卫基础，继续向南方扩展”。“为达到上述目的，坚决排除一切障碍”，“不辞对英美一战”。[16]

1941年9月8日，日本参谋总长杉山元向日本天皇报告了南方作战的全面设想。其作战目的是：“摧毁英美在东亚的主要根据地，占领必要的领域。同时攻占并确保荷属东印度，以确立自足自卫的态势，并利用此等战争成果，迫使中国屈服。”“使用兵力约10个师团(比预定的少1个师团)、2个飞行集团，开战前在印度支那、华南、台湾、南洋群岛及日本内地展开，大致在5个月内可完成主要作战行动。”攻占的顺序及范围，“计划先对香港、英属马来、英属婆罗洲以及菲律宾、爪哇等地,大致同时开始进攻并迅速占领之,然后再占领荷属东印度。""攻占香港的任务,由中国派遣军隶下第23军司令官以1个师团为基干的兵力承担;攻取菲律宾,以大约2个师团、1个飞行集团为基干的1个军的力量承担。担任攻取英属马来的兵力为大约5个师团、2个飞行集团(其中1个在菲律宾作战告一段落后由该方面调来使用)组成的1个军。该军的一部还需用于维持泰国的治安。对荷属东印度,拟由3个师团(其中2个师团在攻占香港和菲律宾后由各该方面调来)、1个飞行集团为基干的1个军担任。在以上作战期间,尚需以大约1个师团的兵力,协助印度支那部队警戒印度支那半岛上的中国军队,以确保该地区的安全。以上除攻占香港外,3个作战军及在法属印度支那的兵团,均由1个方面军司令官统率。对缅甸方面,在以上作战期间,只限于排除我对马来作战的障碍,轰炸并努力取得缅甸南部的空军基地。全面作战告一段落后,根据当时的形势,如有必要再正式攻取缅甸。""在作战中使用的兵力……在不影响满洲及中国作战的前提下,由该方面抽调转用。其余部分再由日本内地征召补充。"[17]

日本"中国派遣军"对南方作战,特别是对从中国方面调出部队表示反对。畑俊六于9月15日派总参谋长后宫回东京向大本营提出自己的意见:"我认为在没有解决中国事变以前,就向其他方面伸手或扩大战线,必犯致命的错误。如果想向南方伸手,就要先解决中国问题,然后再干。光是一个中国,日本的力量已经跟不上,不只现地军要依靠中国大陆以图生存,日本的总动员资源也要取自中国,这不是很严酷的事实吗?所以坚决反对南进。"[18]但新任首相东条英机和大本营没有采纳畑俊六的意见。

日本海军联合舰队司令官山本五十六对空中攻击的威力评价极高,"他认为对美开战应在开战之初给予美国舰队主力以重大打击,迫使其采取守势。他早在8月间就提出了使用航母特混舰队主力偷袭珍珠港的建议,但因这一计划危险性大,实行上困难很多,所以一直未能决定。10月19日,军令部总长永野决定采纳这一建议,遂与陆军协商,修改了原先预拟的南方作战计划。"[19]11月2日,大本营、内阁联席会议上决定了《帝国国策实施要领》,指出:"帝国为打开目前的危局,达到自存自卫的目的,建设大东亚新秩序,现决心对美、英、荷开战……发动武装进攻的时间定为12月初,陆、海军应完成作战准备。"[20]11月5日经御前会议通过、日本天皇批准,正式出台了《帝国对美、英、荷作战计划》。11月6日,大本营下达了成立南方军的命令。其指挥系统如附表7-1-1。

作战计划中，海军作战计划的主要内容为：[21]

1. 开战之初，以第1航空战队(6艘航空母舰为主力)袭击停泊在珍珠港内的美主力舰队。

2. 同时以第11航空战队(陆基航空兵)协同陆军，对菲律宾和马来半岛进行突然袭击，尔后在该战区遂行空战任务。

3. 第2舰队在菲律宾海域遂行作战任务，以夺取东亚海上制空权，保障海上输送陆军的安全。

4. 第3舰队为运输在菲律宾及南方要地登陆部队的船队护航，并掩护其登陆；南遣舰队协助在马来半岛登陆的部队作战。

5. 第2遣华舰队参加攻占香港的作战；第4舰队参加夺取关岛、威克岛和腊包尔的作战。

6. 第6舰队(潜艇部队)参加袭击珍珠港的作战，尔后继续袭击敌舰，削弱敌海上兵力。

7. 在第一阶段作战中，如美国主力舰队前来进攻，以除第3舰队和南遣舰队外的联合舰队大部分兵力迎击，将其歼灭。

日本海军参加南方作战部队的指挥系统如附表7-1-2。

作战计划中陆军作战的方针、目的、范围等基本上与杉山元的设想相同。其兵力部署为："第14军以2个师团为主力，在菲律宾作战；第15军以2个师团为主力，在泰国、缅甸作战；第16军以3个师团(其中2个师团在完成其他作战后调来)为主力，在荷属东印度作战；第25军以4个师团为主力，在马来半岛作战；南方军直属部队以1个师团、1个混成旅团和2个飞行集团为主力；中国派遣军所属之第23军以1个师团为主力，参加香港作战；大本营直属的南海支队以3个步兵大队为主力，参加关岛、俾斯麦群岛的作战。"[22]

1941年12月初，日本进行南方作战的准备工作全部完成。12月2日，日本天皇裕仁批准海军军令部总长永野的大海令第12号作战命令。命令通知各日本舰队司令，攻击开始时间定为12月8日(日本时间)。[23] 12月8日(夏威夷时间为7日)凌晨3时19分，日本联合舰队对美国驻珍珠港的太平洋舰队实施突然袭击，给予歼灭性打击；同日凌晨2时15分，日陆军第25军在马来半岛东部海岸敌前登陆成功，太平洋战争爆发。

五、中国战区的建立

太平洋战争爆发的当日(当地时间为12月7日),日本向美国、英国宣战,美国、英国、荷兰、加拿大、澳大利亚、新西兰、哥斯达黎加等20多个国家相继对日本宣战。9日,中国对日本宣战,同时也向德、意两国宣战。12月11日,德、意向美国宣战,美国、古巴、巴拿马、危地马拉、萨尔瓦多和哥斯达黎加等国也向德、意宣战。同日,日、德、意三国在柏林签订了《日、德、意联合作战协定》,规定三国"以一切可以采取的有力手段,将与美、英的战争坚持进行到胜利为止";三国间"如果没有相互完全谅解,不对美国及英国的任何一方休战或媾和"。[24] 1942年1月18日,三国又在柏林签订了《日、德、意军事协定》,规定了各自的作战地区和作战行动大纲等。日本的作战地区"大致为东经70°以东到美洲西海岸的海面及在这一海面的大陆和岛屿(澳洲、荷印、新西兰)等地区"以及"亚洲大陆"。日本的作战行动是:"消灭英、美、荷在大东亚的根据地,进攻并占领其领土;歼灭在太平洋及印度洋方面的美、英陆海空军兵力,确保西面太平洋的制海权"等。[25]至此,法西斯侵略阵线和反法西斯侵略阵线的营垒已经明朗化了。

日、德、意三个法西斯国家妄图瓜分世界的战争既已紧密地联结在一起,迫使东、西方反法西斯侵略的力量也联合起来。早在1941年6月,苏德战争爆发时中国共产党就曾提出"组织国际统一战线","同英美及其他国家一切反对德意日法西斯统治者的人们联合起来,反对共同的敌人"。[26]日本发动太平洋战争的第二天,中国共产党又发表宣言,呼吁"中国与英美及其他抗日诸友邦缔结军事同盟,实行配合作战,同时建立太平洋一切抗日民族的统一战线,坚持抗日战争至完全胜利"。[27]与此同时,中国国民政府提议召开由中、美、英、苏、荷代表参加的军事会议,共同商讨战争事宜。苏联及荷兰因欧洲战事紧张及两面作战等原因不愿参加。12月23日,中、美、英三国代表在重庆举行了东亚军事会议。美国代表为航空队队长勃兰特和马格鲁德两将军,英国代表为驻印度军总司令韦维尔将军,中国代表为军事委员会总参谋长何应钦。由蒋介石主持会议,宋美龄担任翻译。会议初步决定中英联合防卫滇缅路,签订了《共同防御滇缅路协定》,同时决定在重庆成立中、美、英三国军事会议,以加强对日作战的协同。至此,中、美、英正式结成三国军事同盟。

1941年12月22日至1942年1月14日，美、英两国首脑在华盛顿举行了"阿卡迪亚"会议，商讨国际反法西斯战争的战略问题。美国代表马歇尔认为中国抗战牵制了日军三分之二的主力部队，是抗击日本陆军的主要战场，坚持中国抗战，对太平洋战场具有决定性的意义，建议成立中国战区，统一指挥中国及泰国、越南等地的抗日军队。会议同意了他的意见。12月31日，罗斯福致电蒋介石，提议设立中国战区，由蒋介石任战区最高统帅，指挥中国军队及越南、泰国盟军。* 蒋介石表示同意，并于1942年1月3日正式宣告中国战区成立，接着在重庆设立了一个联合计划参谋部。不过美国提议的这个战区最高统帅，实际上是一个空头职务，因为越南和泰国都已在日军控制之下，根本没有可供指挥的盟军，而且英、美两国的参谋团会议也未让中国参加。但这一措施在客观上对中国抗战有一定的积极作用。

1942年1月1日，由中、美、英、苏四国领衔的26国在华盛顿签署了《联合国家宣言》，规定加盟各国"保证运用其军事与经济之全部资源，以对抗与之处于战争状态之'三国同盟'成员国及其附从国家"，并保证不与敌国缔结单独之停战协定或和约。[28] 联合国家的成立，标志着国际反法西斯统一战线的最后正式形成。从此，已坚持多年、并已进入战略相持的中国抗日战争，成为世界反法西斯战争的重要组成部分。中国军民有了盟军并肩战斗，而且中国的国际地位也得到了空前的提高，更加坚定了自己的抗战决心和获得最后胜利的信心。

附表7-1-1　日陆军参加南方作战部队指挥系统表(1941年11月)

南方军　司令官寺内寿一

　第14军　司令官本间雅晴

　　第16师团　森冈皋

　　第48师团　土桥勇逸

　　第65旅团　奈良晃

　　配属2个战车联队

　第15军　司令官饭田祥二郎

　　第33师团　樱井省三

　　第55师团(欠1个联队)　竹内宽

---

* 马歇尔原拟的报告中，中国战区还包括缅甸东北部，但英国坚决反对中国人指挥英国军队，因此罗斯福将缅甸东北部划归英国韦维尔指挥。

第16军　司令官今村均

第2师团　丸山政男

配属1个战车联队

第25军　司令官山下奉文

第5师团　松井太久郎

第18师团　牟田口廉也

近卫师团　西村涿磨

第56师团　渡边正夫

配属4个战车联队

南方军直属部队

第21师团　田中久一

独立混成第21旅团　山县栗花生

第21、第83独立飞行队

第1空降兵团

第55步兵团(属第55师团)1个联队

第3飞行集团　集团长菅原道大

第3、第7、第12飞行团

第15独立飞行队

第5飞行集团　集团长小畑英良

第4、第10飞行团

第10独立飞行队及第16战队、第11空运中队

中国派遣军第23军第38师团　佐野忠义

南海支队(直属大本营)　堀井富太郎

附表7-1-2　日海军参加南方作战部队指挥系统表(1941年11月)

联合舰队　司令官山本五十六

第1舰队　高须四郎

第2舰队　近藤信竹

第3舰队　高桥伊望

第4舰队　井上成美

第5舰队　细萱戍子郎

第6舰队　清水光美

第1航空战队　南云忠一

第 11 航空战队　塚原二四三

南遣舰队　小泽治三郎

中国方面舰队第 2 遣华舰队　新见政一

注:此表为开战前平时编制的战斗序列,不是南方作战的战斗编组。

注　释:

〔1〕 日本防卫厅防卫研究所战史室:《中国事变陆军作战史》。中华书局 1983 年中译本,第三卷第二分册第 62—63 页。

〔2〕 日本防卫厅防卫研究所战史室:《香港作战》。中华书局 1985 年中译本,第 16 页。又同〔1〕,第 63—64 页。

〔3〕 同〔1〕,第 74—75 页。

〔4〕 《艾登回忆录》。商务印书馆 1977 年中译本,第 960 页。

〔5〕 〔美〕迈克尔・谢勒:《20 世纪的美国与中国》。三联书店 1985 年中译本,第 66 页。

〔6〕 见《英国外交政策文件集》第 3 辑第 8 卷第 58—59 页。

〔7〕 百团大战:1940 年夏,八路军在华北地区对日伪军进行一次大规模破击、进攻战役,该战役以八路军参战兵力超过百团而得名。此役共作战 1824 次,毙伤日军 20 645 人、伪军 5155 人,俘日军 281 人、伪军 18 407 人,日军投降 47 人,伪军反正 1845 人,另破坏铁路 474 公里、公路 1500 公里、桥梁隧道 260 多处,缴获各种炮 53 门、各种枪 5800 余枝(挺)。八路军伤亡 1.7 万人。

〔8〕 〔美〕托马斯・帕特森:《美国外交政策史》,第二卷第 329 页。

〔9〕 〔美〕罗伯特・达莱克:《罗斯福与美国对外政策(1932—1945)》。商务印书馆 1994 年中译本,上册第 370 页。

〔10〕 同〔8〕,第 396 页。

〔11〕 〔英〕丘吉尔:《第二次世界大战》。伦敦 1947 年版,第 1 卷第 204 页。

〔12〕 《温斯顿・丘吉尔演讲全集》。纽约、伦敦 1974 年版,第 6 卷第6252 页。

〔13〕 本节引文均同〔1〕,第 69—70 页。

〔14〕 同〔1〕,第 71 页;同〔2〕,第 19 页。

〔15〕 同〔1〕,第 79 页。

〔16〕 同〔1〕,第 149 页。

〔17〕 同〔2〕,第 25—26 页。

〔18〕 同〔1〕,第 189 页。

〔19〕 见〔日〕桑田悦、前原透:《简明日本战史》。军事科学出版社 1989 年中译本,第

115 页。

〔20〕 日本外务省编《日本外交年表和主要文书(1840—1945)》。1969 年再版本,下卷第 554 页。

〔21〕 〔日〕外山三郎:《日本海军史》。解放军出版社 1988 年中译本,第 133—134 页。

〔22〕 同〔19〕,第 134 页。

〔23〕 〔美〕戴维·贝尔加米尼:《日本天皇的阴谋》。商务印书馆 1986 年中译本,中册第 1048 页。

〔24〕 同〔19〕,第 574 页。

〔25〕 日本参谋本部编印《杉山笔记》。东京 1967 年版,下卷第 6 页。

〔26〕《毛泽东选集》。人民出版社 1991 年第 2 版,第三卷第 806 页。

〔27〕 中央档案馆编《中共中央文件选集》。中共中央党校出版社 1991 年版,第 13 册第 249 页。

〔28〕《中国近代对外关系史资料选辑》。上海人民出版社 1977 年版,下卷第 2 分册第 167 页。

第二节　第三次长沙会战

一、会战前一般情况

太平洋战争爆发后,日军为加强南方作战的进攻能力,从中国战场抽调 5 个师团参加南方军的作战,另以驻上海的第 4 师团作为大本营的预备队。这时在中国战场上,除关东军外,日军尚有 21 个师团、20 个独立混成旅团和 1 个骑兵集团,约占日军陆军总兵力的五分之二。其作战方针是:“与帝国海军协同,保持现在之态势,同时扫灭美英在中国的势力,使用政略、谋策,努力对敌压迫,以使中国屈服。”〔1〕

1941 年 12 月 10 日,日本“中国派遣军”根据大本营 12 月 10 日的“大陆命”第 57 号命令,向侵华日军下达了“总作命”甲第 320 号命令。其主要内容与 1940 年 7 月 23 日大本营下达的“大陆命”第 439 号命令的内容大致相同(见本章第一节)。但由于形势的发展,侵华日军的基本任务有下列变化:

1. 原来赋予汉口地区日军的任务是“摧毁敌人的抗战企图”。由于兵力减少，现在降为“摧毁敌人的抗战力”。

2. 原来赋予华南方面军的任务是：“与海军协同截断敌人的补给及联络线”。由于攻占了香港，现在改为：“第 23 军*应确保广州附近、汕头附近及海南岛北部各要地的安定”。

3. 原来赋予陆军航空兵的任务是：“及时对整个中国进行空中进攻战，压制、扰乱敌人的战略中枢，同时阻止敌人空军的再建”，现在降为“主要应协助华北方面军及第 11 军作战，其次可临时协助第 13 军作战，并根据需要担任要地防空”。

4. 特别强调对中国的经济掠夺。命令指示：“加强对敌封锁的方针”，“重要资源的开发及军在现地谋求自给的问题，成为今后战争指导上极为重要的问题”。命令规定：“在必要的地点适当地构筑封锁线，禁止货物流通；在占领区的主要城市，须严厉取缔货物流到敌区；在主要通道及兵团间连接的空隙，要特别注意防止物资流到敌区；须确保占领区内的重要资源地区，使之便于开发、获取和运输；军应加强当地的自给自足措施，积极地获取和利用占据地区内外的资源”等，[2]以达到“以战养战”，使华北“成为培养、补充战斗力的基地”，“与日、满共同完成建设大东亚共荣圈的任务”。[3]

1941 年 12 月 8 日，日军“中国派遣军”第 23 军在南方军发动太平洋战争的同时，也从广州向香港发动进攻。中国国民政府军事委员会为了配合英军的作战，于对日宣战的当天(9 日)，也命令各战区对当面日军发动进攻，以牵制日军；同时还命令第四战区向日军第 23 军进攻，以策应香港英军，并令第 5 军、第 6 军和第 66 军分别由广西、四川向云南集结，准备进入缅甸直接支援英军防守缅甸。日军第 11 军发现中国军队第 2 军、第 4 军由长沙附近南下，遂决定先发制人，向汨水(汨罗江)方面采取攻势，以牵制中国军队南下，配合其第 23 军攻占香港的作战，认为这样“即使不能拖住敌人，也将给予其他重庆军队以严重威胁”。第三次长沙会战因而展开。

---

* 1941 年 7 月 5 日，“华南方面军”番号撤销，所属部队分别编入第 23 军和第 25 军。第 25 军进入越南、广州地区后改为第 23 军。

二、中日双方的作战指导及兵力部署

1941年12月12日，日军发现中国军队第4军和第2军由第九战区向南调动，日军第11军与第23军联系后，第11军司令官阿南惟畿决定向汨水一带中国军队进攻，以牵制第九战区部队的南下。预定以第3、第6、第40师团担任主攻，以第34师团及独立混成第14旅团由南昌向修水方向进行牵制性进攻。12月13日，日军第11军下达了作战预令："第九战区的兵力，正向广东及桂林方面转用。第23军已于12月12日夜攻占九龙，现正准备继续进攻香港。为策应第23军及南方军作战，立即进行进攻的准备。"同时命江北各部队严防中国军队的进攻。

12月15日，日军第11军确定12月22日前后开始进攻，计划在汨水两岸击歼守军第20军和第37军后结束作战。预定作战时间为两星期左右。其进攻的方案为：以第6、第3、第40师团并列由岳阳以南地区的麻塘、龙湾、筻口一线强渡新墙河，击歼第20军后继续向汨水南岸攻击前进，击溃第37军后结束作战，返回驻地。

日军预定使用的兵力为：第3、第6、第40师团，独立混成第9旅团*，独立第65、第95大队(外园支队)及军直属工兵队、野战重炮兵大队等。总计8个步兵联队(25个步兵大队)、2个骑兵联队、2个野战炮兵联队、2个山炮兵联队、1个野战重炮兵大队、2个独立山炮大队、3个工兵联队、3个辎重兵联队等，共约7万人。其指挥系统如附表7-2-1。

第二次长沙会战以后，中国第九战区司令长官薛岳召开军事会议，总结前两次长沙会战及上高会战的经验教训，提出"天炉战"的战法，即在日军进攻的地区内彻底破坏道路，实施空室清野，设置纵深伏击阵地，诱敌深入，以尾击、邀击、侧击、夹击，使这一地区成为一个"天然熔炉"，将日军围歼于内。会后制订了新的作战计划。其基本内容为：敌情判断："日军再向本战区进犯时，有两个可能：一是全力由湘北进犯，重点保持于左翼，索取我军右翼包围攻击；一是在主力由湘

---

* 原属"华北方面军"第1军，驻太原。因第11军的第4师团调整至上海为大本营预备队，独立混成第20旅团又调至宁波接替参加南方军的第5师团，第11军兵力不足，临时由"华北方面军"调整而编成。

北进犯，重点亦指向左翼，但各以一部分由南昌、武宁、通城进犯，以策应其湘北主力的作战。”作战方针：“战区以诱敌深入后进行决战之目的，在敌进攻时，以一部兵力由第一线开始逐次抵抗，随时保持我军于外线，俟敌进入我预定决战地区时，以全力开始总反攻，包围敌军而歼灭之。”指导要领：“预定在长沙外围与敌决战，决战时重点保持于长沙以东地区。湘北守军于敌人进攻时，首先应利用既设工事拒止敌人。尔后一面采取逐次抵抗以消耗、迟滞敌人，一面以主力向伍公市、沙市街以东外线转移，同时以一部向梅仙、平江以东外线转移，一部分别潜伏于汨罗江、捞刀河间各偏僻地区。当敌军大部队通过后，自动起来攻袭敌后并阻止其撤退。至总反攻时，待命以一部向西进攻，扼守汨罗江北岸，遮断敌军退路，以主力向捞刀河以北进攻，使围攻长沙之敌不得退过捞刀河北岸。赣中、赣北守军，于敌进攻时以一部守备原阵地，以主力向浏阳以东地区前进，于总反攻时待命由浏阳地区向长沙以东攻击。战区直辖各军，以一部及炮兵占领长沙、岳麓山核心阵地，构筑坚固工事而确保之。直辖各军主力于总反攻时，待命由株洲、普迹地区向长沙以南攻击。湘北各挺进部队，于敌开始进攻后，在新墙河以北扰乱敌后；俟敌主力渡过汨罗江后，转移至新墙河以南地区活动，尔后阻挠敌军的撤退。鄂南挺进部队于敌攻击开始后，集中力量向蒲圻—临湘线、崇阳—通城线不断攻袭破坏，扰敌后方。”日军如由南昌、武宁实施牵制性进攻时，则守军分别诱敌至上高东南、铜鼓东南和嘉义附近地区，“反攻而歼灭之”。[4]

12 月初旬以来，第九战区发觉日军调动频繁，向湘北、赣北集中兵力，其飞机不断侦察守军阵地，并抢修白螺机场及南昌机场，判断日军将再攻长沙，遂积极进行战备。至 20 日，日军进攻企图已极明显，军事委员会下令命第 73 军、第 79 军分别开至宁乡、益阳和渌口、株洲地区，归第九战区指挥；同时已南下至曲江的第 4 军返回至株洲、渌口集结待命，在广西宜山的第 74 军调驻衡阳。

薛岳决心彻底集中兵力于湘北方面，诱敌主力于“浏阳河、捞刀河间地区歼灭之”。为此，于 20 日 20 时下达了作战命令。其主要部署为：[5]

1. 罗副长官（卓英）率（19 集团军）指挥所人员，于明晨由现地（上高）出发，进驻浏阳，指挥第 26、第 79 两军及 194 师准备作战。其各该军、师之行动任务如次：

(1) 79 军于号（20 日）晚由衡阳火车输送至株洲下车，军部率一师进占渡头市至东山（不含）既设据点、工事，一师进驻株洲。限梗日（23 日）前全部到达。194 师于号夜由现地(清江)出发开醴陵,限感日(27 日)拂晓前到达。夏军(第 79 军)及郭师(第 194 师)俟敌进至浏阳河北岸时,待命自南向北反击。

(2) 第 26 军第一步确保浏阳现阵地,第二步俟敌进至浏阳河北岸时,待命自东向西反击。

2. 王副长官(凌云)率指挥所人员于明马(21 日)晨,由现地(修水)出发,进驻平江,指挥 78 军(附新 15 师)准备作战。78 军(附新 15 师)于号夜由现地(三都)出发。新 16 师限有日(25 日)前,新 13 师限世日(31 日)前,新 15 师限有日前,一律到达平江及其西南地区。第一步确保平江、江村市,第二步待敌向浏阳、长沙进犯时,待命协同 37 军自东北向西南侧击敌军。

3. 杨副长官(森)指挥第 58、第 20 两军准备作战。各该军之任务如次:

(1) 第 20 军之 133 师、134 师,第一步于敌强渡新墙河南犯时,应在既设阵地强烈抵抗,逐次消耗敌军兵力,务血战 10 日以上,争取战略运用之充分时间;第二步于达成第一步之任务后,待命转至关王桥、三江口侧面阵地,自东向西侧击、尾击向汨罗江北岸、南岸进击之敌。暂 54 师第一步固守通城方面既设阵地,第二步待命使用。

(2) 第 58 军第一步于敌渡新墙河时,应自东向西侧击敌军;第二步待命进入关王桥以北 20 军既设阵地侧击、尾击南犯之敌,协力 20 军之作战。

4. 第 37 军第一步应在汨罗江南岸既设阵地韧强抵抗,务血战 15 日以上,争取战略运用之充分时间;达成第一步之任务后,待命转至社港市、更鼓台、金井间山地。以上时期归(薛)岳指挥。第二步待命归王副长官指挥,布置敌向浏阳、长沙攻击时,协同第 78 军自东北向西南攻击向长沙南犯之敌。

5. 第 99 军第一步应确保三姐桥、归义、营田、湘阴既设据点、工事及洞庭湖南岸湖防;第二步待敌向长沙攻击时,以第 92 师、99 师待命,自西北向东南夹击向长沙进犯之敌。第 197 师仍在洞庭湖西南岸原防。

6. 第 10 军之 190 师于本号夜由现地(渌口)开长沙,任长沙外围据点之守备,第 3 师仍任长沙核心工事之守备,预第 10 师固守岳麓山及水陆洲既设据点、工事。该军第一步应固守长沙;第二步待敌进至浏阳河北岸、向长沙攻击 3 天以后,待命自西向东反击敌军。

7. 第 73 军部及第 77 师进驻宁乡,暂 5 师进驻益阳,策应长沙方面之作战。以上傅(第 99 军)、李(第 10 军)、彭(第 73 军)三军归(薛)岳指挥。

8. 罗集团赣北方面之警备，由罗副长官分令高（第1集团军高荫槐）、刘（第19集团军刘膺古）两副总司令负责，由罗副长官统其成。王集团武宁方面之警备由韩军长全权负责……

此外，还指令各挺进纵队分由各总司令及军长指挥，担任袭扰、破坏敌人后方及联络线等任务。

三、会战经过

（一）新墙河地区的战斗

1941年12月14日，阿南惟畿令参加进攻的日军开始向岳阳以南预定的地区集中。第6师团于20日在新开塘附近集结完毕，第40师团于21日在托坝附近集结完毕。由于中国游击部队的袭扰和破坏铁路，第3师团迟至25日才全部到达龙湾桥附近。为了掩护其主力部队集结和展开，第6、第40师团的先头部队自18日起即各以一部兵力向新墙河以北中国守军的前进阵地攻击。

中国第九战区第一线守备部队为第27集团军的第20军。沿新墙河南岸，由左至右为：第133师防守磊石山、鹿角、荣家湾、新墙之线，第134师防守潼溪街、杨林街及油港河南岸草鞋岭、方山洞之线。新墙河以北的篢口等地设有前进阵地及据点。暂编第54师位于幕府山以北，警备九岭、麦市、斗米山之线及通城等前进据点，以保障新墙河阵地的右侧背。在第134师和暂第54师之间的黄崖市地区集结有第58军。该军随时支援第20军的作战。

由于守军第134师右翼阵地突出于新墙河以北，日军为进占新墙河北岸渡河进攻出发地位，第40师团以第234、第235两联队于22日先期向油港河南岸守军阵地进攻。激战一昼夜，23日进至篢口。当日晚，阿南惟畿于岳阳指挥所下达了进攻命令。其主要内容为：

“1. 飞行第44战队协助我军攻击。

“2. 军企图以第6、第40师团，从12月24日夜开始攻击，在新墙东南地区击溃新墙河左岸地区之敌后，再击溃汨水左岸地区之敌。

“3. 第6师团应于24日夜发起攻击，在新墙西方地区突破敌线，捕捉该地以西之敌，进入三江口（关王桥西南 5 公里）附近。

“4. 第 40 师团应于 24 日夜发起攻击，在潼西（溪）街、东乡地区突破敌线后，捕捉该地以西之敌，进入关王桥附近。

“5. 第 3 师团应于 25 日拂晓，以一部炮击潼西街附近的敌阵地，协助第 40 师团攻击，主力转到第 6 师团的右侧，在新墙渡河，捕捉所在之敌，进入归义附近。”[6]

12 月 24 日，日军第 6 师团全部进至新墙河北岸，占领了渡河进攻出发地位。左翼第 40 师团首先发起进攻，在猛烈炮火掩护下，于当日 14 时在筻口附近强渡新墙河。徒涉过河时遭到守军第 134 师的坚强抗击。傍晚时渡过新墙河，突破守军罗袁坶阵地，向潼溪街攻击前进。第 27 集团军急令第 58 军的新 11 师由黄崖市向杨林街前进，由东向西侧击敌人，策应第 20 军的作战。第 134 师右翼方山洞附近的部队亦向南撤退，与主力靠拢，参加战斗。

日军右翼第 6 师团于 24 日傍晚开始进攻，当夜强渡新墙河后突破守军第 133 师阵地，攻占了新墙、七步塘等据点。第 133 师除留置一部兵力守备纵深内各据点外，主力向南岳庙、洪桥以南转移；第 134 师退守十步桥东西之线。

25 日晨，日军第 3 师团随第 6 师团之后徒涉过新墙河，从右翼投入战斗，沿粤汉路东侧攻击前进。此时，守军第 58 军的新 11 师由杨林街附近向日军第 40 师团右侧后攻击，第 58 军的新 10 师亦进至胡少保附近。激战至晚，日军进至黄沙街、大荆街、三江口、关王桥以北一带。守卫傅家冲、洪桥两据点的第 398 团第 2、第 3 营依托工事顽强抗击，曾数次击退日军的冲击，但终因兵力悬殊，第 2 营营长王超奎和第 3 营副营长吕海群及所属官兵全部壮烈牺牲。

26 日，日军以一部兵力围攻第 20 军阵地纵深内的各据点，抗击第 58 军之侧击。主力向汨罗江北岸地区突进，在攻占关王桥、三江口、大荆街及东沙街等主要据点后继续向南攻击前进。当日晚，日军右翼第 3 师团进至归义汨罗江北岸，中路第 6 师团进至新市汨罗江北岸，左翼第 40 师团进至长乐街。

27 日晨 2 时，薛岳令第 37 军加强汨罗江南岸的防守，阻止日军渡过汨罗江；令第 20 军、第 58 军向东南山区撤退，准备尔后反击。此时留置日军后方防守据点的各部队已大多突围撤走，与主力会合。

（二）汨罗江以南地区的战斗

第九战区防守汨罗江防线的部队为第 99 军（2 个师）及第 37 军。沿汨罗江南岸，由左至右为：第 99 军的第 99 师防守湘阴至营田以东之线，第 92 师防守归义东西之线，第 37 军的第 95 师防守新市、伍公市之线，第 60 师防守秀水堰、浯口、张家渡之线，第 140 师控制于金井地区，为军预备队。

12 月 27 日，日军第 3 师团的骑兵联队于 11 时左右首先由归义附近渡过汨罗江，突破守军第 92 师阵地，进至栗桥以北，掩护其主力渡江。第 6 师团及第 40 师团在击破第 37 军在汨罗江北的前进阵地及据点后，其先头部队于傍晚先后在兰市河和长乐附近强渡汨罗江，占领了滩头阵地，但在第 37 军的坚强阻击下，未能进展。

12 月 28 日，日军第 3 师团主力全部进至汨罗江南、沿粤汉铁路两侧，向南突进，18 时前后进至八里堰、金鸡山、大娘桥等地。守军第 99 师等退至牌楼一带。第 6 师团及第 40 师团遭到纵深阵地内依托既设工事和据点顽强防守的第 37 军的阻击，进展缓慢。

由于日军第 3 师团已经深入，左翼形势严峻，薛岳令第 37 军预备队第 140 师向铁路方面增援，归第 99 军指挥，阻击日军第 3 师团；令第 37 军军长率指挥所向前推进至米公源，就近直接指挥第 95 师和第 60 师的战斗；令位于陈家桥、三江口地区的第 20 军和位于长湖、新寨地区的第 58 军向长乐街、大荆街方向攻击日军的侧背，以牵制日军第 6 师团及第 40 师团主力，阻其南渡汨罗江。

阿南惟畿企图包围、歼灭汨罗江南岸的第 37 军，于 28 日晚令第 3 师团向左回旋，迂回至第 37 军后方的福临铺。该师团遂由大娘桥附近连夜兼程东进。

12 月 29 日，日军第 3 师团于凌晨进至新开市附近，向退至新开市的第 99 师发起攻击。此时守军第 140 师亦已到达李家堰以西，薛岳遂令第 140 师接替第 99 师防守新开市附近阵地，令第 99 师退守湘阴和营田。日军第 3 师团及第 40 师团主力当晚已全部进至汨罗江南，与守军第 37 军相持于童家堰、西山庙、秀水堰、清江口一线。

12 月 30 日，日军在航空兵及炮火掩护下全线发动猛攻。日军第 3 师团除留一部兵力仍在铁路附近继续攻击守军各据点外，主力在攻占新开市后向东南急进，当晚进至福临铺，先头进至麻林附近。日军第 6 师团及第 40 师团亦在攻占长岭、浯口等地后，于当晚分别进至福临铺和金井一带。

留于新墙河以南地区的第 20 军之一部，于 30 日夜突袭驻于新墙东南长胡镇的日军辎重兵第 40 联队，给予歼灭性打击，并将其联队长森川启宇击毙。

当薛岳得知日军第 3 师团已突进至第 37 军后方的情况后，立即令第 37 军向金井以东的山区撤退，转至外线待机实施反击。至此，汨罗江以南地区的战斗告一段落。

（三）长沙地区的战斗

日军第 11 军发动这次进攻的战役企图本为策应其第 23 军攻占香港和南方军的作战，以牵制中国第九战区的兵力，不使南下，所以原定的作战计划是进至汨罗江以南地区，给予守军第 37 军以重创后即撤回原防地，并无攻占长沙的目的。但阿南惟畿在作战之初即有乘势攻略长沙的意图，第 3 师团师团长亦有相同的想法，曾两次提出建议。当日军渡过新墙河、迅速进至汨罗江北岸时，阿南惟畿认为进攻开始以来进展顺利，又得到长沙守军暂编第 2 军南下、现市区兵力薄弱的情报，遂准备渡过汨罗江后继续南下，攻占长沙。军部参谋们认为本次作战目的主要在于策应香港作战，现香港已为日军占领（25 日攻占香港），应按原计划撤回原防，进攻长沙必须慎重。阿南惟畿没有采纳参谋们的意见，向“中国派遣军”发去请求进攻长沙的电报。27 日、28 日均未收到“中国派遣军”的批复。29 日，阿南接到航空兵的侦察报告，说“中国军已向长沙退却”，认为正是乘势攻占长沙的良好战机，遂独断决定改变原作战计划，向长沙追击，并分别向“中国派遣军”总司令部和大本营陆军部申诉理由，请求认批。当晚下达了进攻长沙的命令。其主要内容为：

“1. 敌有向长沙和金井方向退却之迹象。

“2. 军决定以主力向长沙方向追击。

“3. 第 3 师团应迅速由近路向长沙追击。

“4. 第 6 师团击溃麻石山、鸭婆山附近之敌后，应以主力追击榘梨市之敌，另以一部向长沙方面追击。

“5. 第 40 师团以一部留在浯口附近，主力进入麻峰嘴附近后，应向金井急进。

“6. 独立混成第 9 旅团应向关王桥急进，一并指挥泽支队在汨水以北掩护军左侧背的安全。”[7]

另将外园支队（以独立混成第 18 旅团独立步兵第 95 大队为主编成）调来参战。

日军第 3 师团接到进攻长沙的命令后立即发起追击，昼夜兼程前进。30 日夜到达枫林港，留骑兵联队向北警戒，主力渡过捞刀河，经碑楼铺、榘梨市，渡过浏阳河，经东山向长沙东南郊前进。第6师团在航空兵支援下进至榔梨市渡河点附近担任警戒，并作为第二梯队。第40师团进至金井一带，牵制东面山区的中国军队，掩护第3、第6师团的后方。独立混成第9旅团29日到达岳阳，立即向关王桥前进，以保障进攻主力的侧背安全。

12月30日晚，薛岳向蒋介石报告日军当前的动态，并说“我军已按照既定计划围歼此敌”。蒋介石为防止过早使用第二线部队，致电薛岳：“敌似有沿铁道线逐步推进攻占长沙之企图。该战区在长沙附近决战时，为防敌以一部向长沙牵制，先以主力强迫我第二线兵团决战，然后围攻长沙，我应以第二线兵团距离于战场较远地区，保持外线有利态势，以确保机动之自由，使敌先攻长沙，乘其攻击顿挫，同时集举各方全力，一举向敌围击。以主动地位把握决战为要。”[8]

第九战区当即向各部队下达如下命令：[9]

1. 战区决定以各兵团向长沙外围之敌军，行求心攻击聚歼之。

2. 杨副长官指挥第58军，由长乐街经栗山港、青山市向安沙，第20军由清江口经福临铺向石子铺索敌攻击。攻击到达线第一次为三姐桥、安沙，第二次为傅家冲、周婆塘之线。

3. 王副长官指挥第37军（缺第140师）由瓮江经脱甲店、上沙市向望仙桥，第78军由三角塘、更鼓台经金井、春华山向长桥索敌攻击。攻击到达线第一次为春华山、东林市，第二次为大湾港、长桥之线。

4. 罗副长官指挥第26军主力由洞阳市经永安市向榔梨市，一部由江花桥经永安市协助军主力索敌攻击。第79军（附194师）主力由金潭向黄花市以南，一部由渡头向柞山桥索敌攻击。攻击到达线第一次为东林市、柞山桥、大托铺之线，第二次为榔梨市、东山、金盆岭之线。

5. 第10军固守长沙及水陆洲，第73军固守岳麓山，俟各兵团到达第二次攻击到达线时，即断行反攻。

6. 第99军（附140师）以第197师固守湘江西岸及洞庭湖南岸原防；第92师由三姐桥经桥头驿、第140师由栗桥经官桥向捞刀河之敌攻击。攻击到达线第一次为桥头驿、官桥之线，第二次为捞刀河市附近。第99师固守双狮洞、湘阴、营田，并以一部由明月山、双狮洞向栗桥、福临铺侧击敌军，截断敌补给线。

开始攻击之时间，另行规定。

为了坚定歼敌决心，打好这场“天炉战”，薛岳在下达作战命令之前首先下达了严格作战纪律的命令，规定“各集团军总司令、军长、师长务确实掌握部队，亲往前线指挥，俾能适时捕拿战机，歼灭敌人”；本人“如战死，即以罗副长官（罗卓英）代行职务，按预定之计划围歼敌人；总司令，军、师、团、营、连长如战死，即以副主官或次级资深主官代行职务；各总司令，军、师、团、营、连长倘有作战不力、贻误战机者，即按革命军连坐法议处，决不姑宽”。[10]

12月31日，日军第3师团到达榘梨市，正准备渡过浏阳河，第6师团进至麻林以南，第40师团亦进至上沙市以南，其先头已接近永安。因日军“已进入预定包围圈中”，第九战区令各集团军于1942年1月1日子夜开始攻击，限1月4日到达第一次攻击到达线。

防守长沙市区的部队为第10军。12月30日，军长李玉堂制定了保卫长沙的作战计划。其兵力部署及任务是：“第3师（附警备司令部所指挥之各武装团队）以主力占领长沙城垣，以1团控置于城东南角，拒止敌人进犯，并以便衣队（约1连）在安沙、沙坪附近预行潜伏，搜索敌情；预10师占领自水陆洲、猴子石、金盆岭、黄土岭、林子冲、左家塘、半边山之线，主力控置于黄土岭附近，拒止敌人进犯，并派便衣队在东山附近预行潜伏，阻止敌人；第190师占领左家塘、杨家山、鞍子山、湖迹渡、复兴市附近、新河正街之线，拒止敌人，并派便衣队（约1连）在枫林港预行潜伏，搜索敌情。”[11]

1942年1月1日8时，日军第3师团于榘梨市南的磨盘洲附近全部渡过浏阳河，以第18联队和第68联队并列向长沙城东南郊区前进，11时许，向阿弥岭南北之线的预第10师阵地发起进攻。激战到16时，阵地被日军突破，预第10师退守半边山、左家塘一带的既设阵地。18时左右，阵地再被突破，守军第29团第1营伤亡殆尽。日军继续进攻，遭到守军坚强抵抗，被阻于军储库、邬家山阵地前。

此时，日军第11军情报部门破译了薛岳令各集团军向长沙附近集结、准备围歼日军的电报，阿南惟畿急令第3师团加紧进攻，企图在第九战区形成包围以前攻占长沙。第3师团当即将师团直属的第6联队第2大队由第68联队左翼投入战斗。日军增强力量后，于21时攻占军储库、邬家山附近阵地，第2大队大队长加藤素一率一部兵力乘势突入至白沙岭。22时，预第10师在岳麓山重炮兵支援下组织反冲击，收复了军储库、邬家山阵地，并包围了白沙岭日军第2大队。从1日夜至2日凌晨，双方在长沙东门、南门外地区展开激烈争夺战，反复肉搏，阵地多次失而复得，第29团团长陈新善、团附曾友文等阵亡，但终于守住了阵地，击退了疯狂进攻的日军。在第28团英勇攻击下，被围于白沙岭的日军除1名列兵池山至于2日凌晨2时逃走外，加藤素一和其副官桥本光义以下全部被歼，获得日军作战命令、阵中日记等文件甚多，从中得知日军弹药粮秣携行数量甚少、战力不强，以及其进攻计划、各师团位置等重要情况。此时处于外线的各集团军正从三面向长沙推进中。第九战区立即将此敌情通报各部队，并令各集团军按预定计划快速向长沙日军合围。

1月2日，日军第3师团继续组织进攻，将攻击重点由南门方向移向东门，集中炮火，并令工兵第3联队逐次爆破守军的堡垒群，猛攻第190师四方塘、南元宫一线阵地。守军顽强抗击（有些阵地曾多次反复争夺），以手榴弹和刺刀进行白刃格斗，日军的多次进攻被击退。守备南门外修械所高地的预第10师葛先才团（第28团），战至仅剩58人，终于保住了阵地。第30团还以一部兵力秘密机动至南门外侧击日军第68联队，将其第7中队击歼大半，中队长丸山信一以下所有军官全被打死。

经过2天的激烈战斗，日军第3师团伤亡惨重，且因后方交通被切断，补充困难，而携带的弹药又将近用完，所以已无力组织强有力的攻击，将全部兵力投入第一线，亦毫无进展，被迫改为守势作战。

此时，守军第4军已由广东车运到达株洲，第19、第27、第30集团军亦按照计划正向长沙合围中。2日晚，蒋介石致电第10军："此次长沙会战之成败，全视我第10军之能否长期固守长沙，以待友军围歼敌人……敌人悬军深入，后方断绝，同时我主力正向敌人四面围击，我第10军如能抱定与长沙共存亡之决心，必能摧破强敌，获得无上光荣。"[12]用以鼓励士气。

阿南惟畿见第3师团攻击顿挫，而第九战区外线兵团正向长沙地区逼近，形势严峻，但仍企图在守军外线兵团到达前攻下长沙，遂于2日夜令在枭梨市的第6师团从第3师团右翼投入战斗，同时令在金井地区的第40师团迅速进至春华山一带，对东部山区警戒，保障进攻两师团的后方安全。第6师团留第45联队守备枭梨市及附近渡口，其余连夜进至长沙东北郊。

1月3日拂晓，日军第6师团及第3师团同时发动攻击，第6师团进攻北门至东门间阵地，第3师团进攻东门至南门间阵地。激战终日，日军除第6师团第23联队的第12中队曾一度由城北向西突至湘江岸边外，其余部队全被击退。第3师团第68联队的第2大队在向东瓜山阵地冲击时遭到守军预10师的密集火力和以手榴弹和白刃战进行的反击，在 6 时 30 分前后该大队被击退，大队长横田庄三郎以下被打死、打伤百余人。当日晚，薛岳为加强长沙防守和反击力量，令第 73 军的暂第 5 师接替第 77 师荣湾市一带的防务，而令第 77 师渡过湘江至长沙城内，归李玉堂指挥，为第 10 军的预备队，控制于南门口附近。

围攻长沙城的日军第 11 军部队粮弹将尽，死伤惨重，攻势屡遭顿挫，且处于被中国军队包围状态下，处境危殆。在不得已的情况下，乃于 3 日夜间决定撤退。其撤退命令的要点如下：[13]

1. 我军将敌军牵制在长沙方面，已达到策应华南我第 23 军之目的，并且扫荡了长沙市内大部地区。

大坪、青木飞行战队，密切地配合了本次作战。

2. 我军自今停止扫荡长沙，于 1 月 4 日夜开始反转，应击溃残敌，先向汨水一线前进。

3. 军主力应于榔梨市附近渡浏阳河，在其北岸等待集结，经过下列路线撤退：

第 31 师团：麻林市—福临铺—伍公市（新市东 6 公里）道路。

第 6 师团：麻林市—栗桥（福村铺西 8 公里）—新市道路。

作战地界如下（线上及其西方属于第 6 师团）：

榔梨市—牌楼铺—平鹿嘴（枫林港东侧）—黄土坎（麻林市西侧）。

第 3、第 6 师团的反转开始时间为 4 日日落后。

4. 第 40 师团以一部留在金井附近，以掩护军的侧背，主力即时开始行动，向春华山前进，击溃其所在之敌，以利于军主力反转。

5. 独立混成第 9 旅团向麻林市前进，以利于军主力反转。

6. 外园支队到达岳州后，应迅速向界头市附近前进，击溃从西方干扰军主力反转之敌。

1 月 4 日，日军在撤退之前又对长沙进行了一次猛烈攻击，用以隐蔽其撤退企图。但所有的进攻，均被守军击退。第 3 师团及第 6 师团于当晚乘夜暗脱离战场，由长沙市郊分别向东山、榔梨市撤退。至此，长沙地区战斗结束，会战转入追击战斗阶段。

图 7－2－1　第三次长沙会战经过要图(一)

(1941 年 12 月 18 日—1942 年 1 月 4 日)

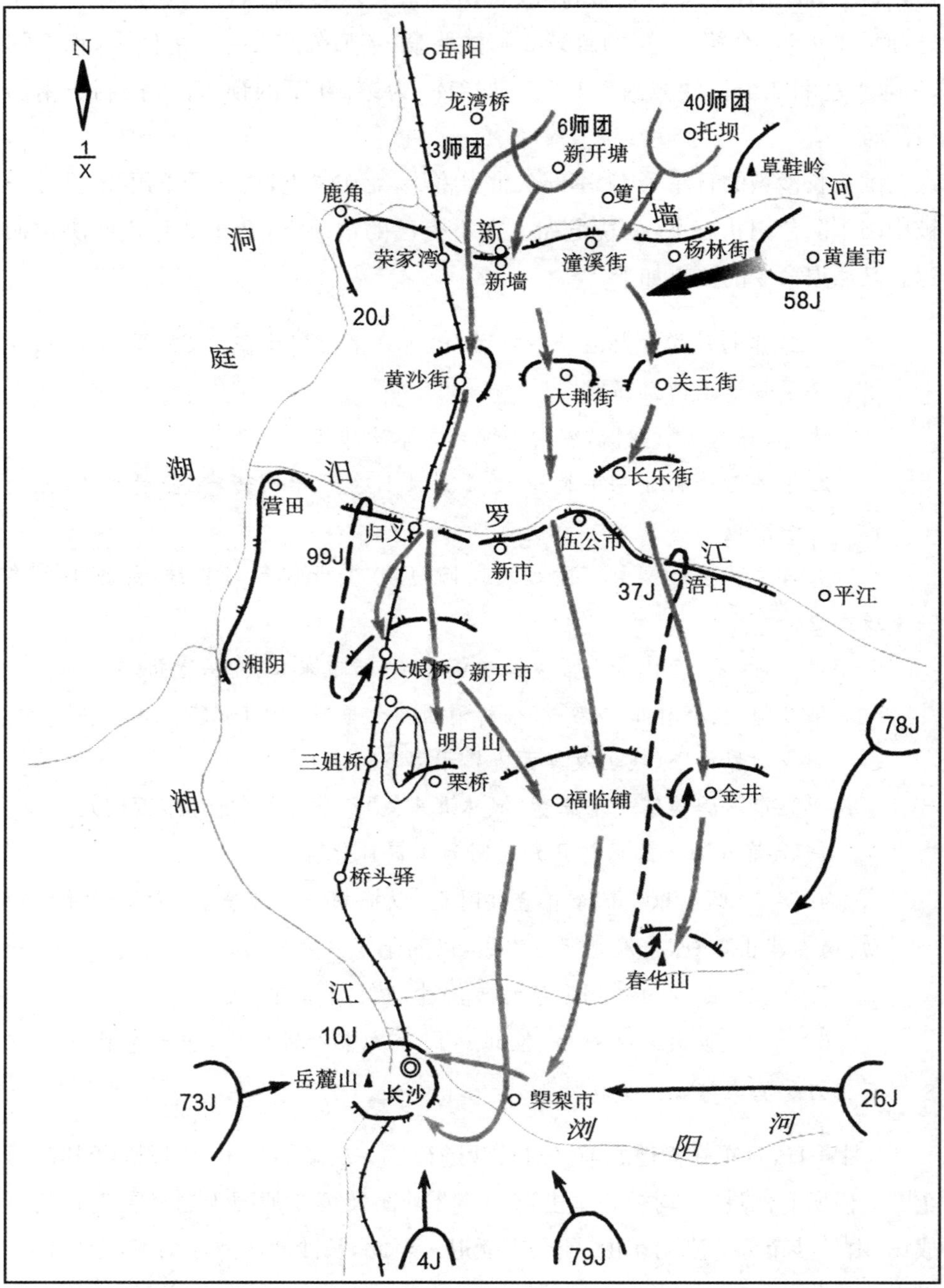

图 7-2-2　第三次长沙会战经过要图(二)
(1942 年 1 月 4 日—1 月 6 日)

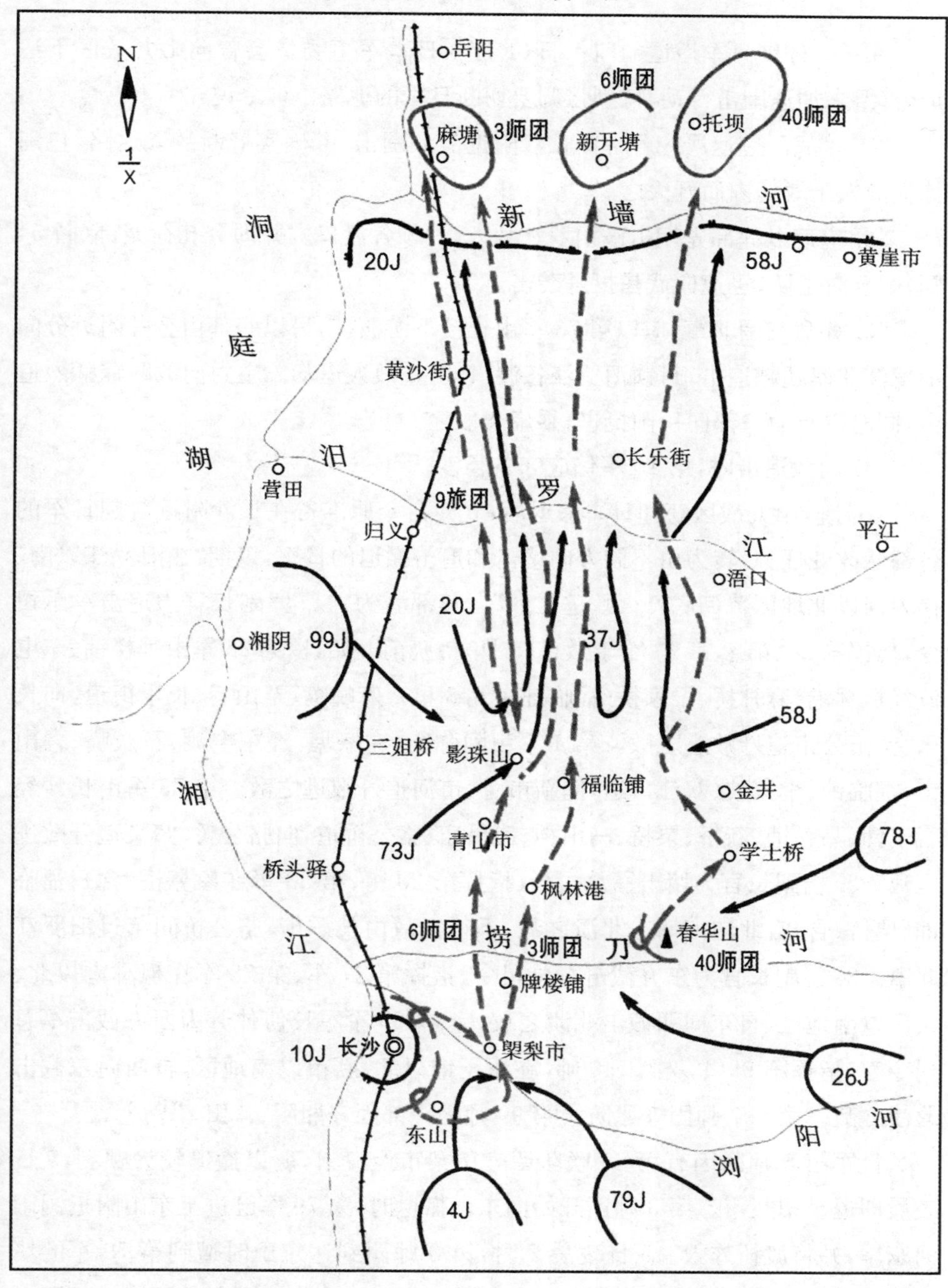

（四）追击战斗

在长沙外围日军撤退的前1日（1月3日），军事委员会曾向第九战区下达训令，要求加速围击行动，特别强调要切断日军的退路。训令说：

“1. 该战区应速严令各部向长沙附近敌人围击，务确实截断敌人退路，包围捕捉敌人于战场内而歼灭之。

“2. 应速以一部先期击破汨罗江敌人，占领各渡口。并即令孔荷宠部（暂54师）配合游击队，迅速向武昌挺进袭击。

“3. 如敌突围北窜，应以第73军由长沙下游渡江，另以一部由金井附近分向汨罗江北岸超越追击，封锁汨罗江各渡口，阻止敌人退却。主力向敌跟踪猛烈追击，同时以有力一部向岳阳挺进，乘虚袭取之。

“4. 向敌追击时，第10军仍应守备长沙。”[14]

4日晚，第九战区获知日军撤退后，立即命令原准备在长沙附近合围日军的各部队改变任务，转为由不同方向堵击和追击撤退的日军，以期“在汨罗江以南、捞刀河以北地区”“彻底歼灭败逃之敌”。其部署为：“1. 罗副长官为追击军总司令，指挥第26、第4、第73军于微日（5日）拂晓前开始，以第26军由牌楼铺、东屯渡经枫林港、麻林桥、梁家桥（福临铺东北8里）、麻峰嘴、栗山巷、长乐街道，向长乐街、伍公市追歼败逃之敌。第4军由阿弥街、左家塘，经东屯渡、石灰嘴、青山市、福临铺、李家坡、双江口道，向新市、兰市河追歼败逃之敌。第73军由长沙经石子铺、马鞍铺、新桥、栗桥、马山神、武昌庙、骆公桥道，向骆公桥、归义追歼败逃之敌。2. 杨副长官为堵击军总司令，指挥第20军、第58军在象鼻桥（含）、福临铺、栗桥（含）自北向南堵击北溃之敌，不得任敌由长乐街、骆公桥间窜过汨罗江北窜。3. 王副长官为东方截击军总司令，指挥第37军、第78军在枫林港以北、长乐以南地区，自东向西截击北溃之敌。4. 第99军军长傅仲芳为西方截击军总司令官，指挥第99军及第140师，在石子铺以北、新市以南地区，自西向东截击北溃之敌。第197师固守原防。第99师之一部固守湘阴、营田。”[15]

日军第6师团因有第45联队留守榘梨市及渡口，所以撤退较为顺利，5日凌晨即退至榘梨市。第3师团开始向东山撤退时，第79军已进至东山附近浏阳河东岸，并将渡桥炸毁。5日凌晨2时，第3师团到达东山时遭到第79军的堵击。此时第4军一部亦由长沙城南向榘梨市迂回，遂从侧面向日军第3师团实施侧击。在第79军和第4军的夹击下，日军第3师团陷于混乱，死伤甚众，被迫沿浏阳河南岸向磨盘洲退却，企图仍从来时渡河点徒涉过河，但遭到北岸第79军密集火力的堵击，死伤及溺死者达500余人，因而再次改向第6师团所在的榔梨市退却。6日凌晨退至浏阳河北岸，与第6师团会合。此时，第4军、第79军及第26军也跟踪追至榔梨市附近，向日军发起进攻。日军两个师团并列向北退却，中国军队紧紧追击。该两军于7日凌晨退到捞刀河北岸、枫林港地区。

日军第40师团由金井向春华山前进时，沿途遭到第37军的多次阻击与侧击，其第236联队伤亡惨重，第2大队长水泽辉雄、第5中队长三宅善识及第6中队长关田生吉等均被打死。到达春华山地区时，又遭到第78军的攻击。7日夜脱离与第78军的战斗，经罗家冲向学士桥退却。

1月8日，日军第3、第6师团由捞刀河北岸继续北退，沿途不断遭中国军队截击、侧击。进至青山市、福临铺、影珠山地区时，遭到第73、第20、第58、第37军的拦截阻击和第4、第26、第78军的追击，第3、第6师团被包围于该地区。

为了接应第3、第6师团的撤退，阿南惟畿令独立混成第9旅团南下解围。8日晚，该旅团对影珠山发动进攻。在该地担任堵击的第20军第58军立即进行反击。经彻夜激战，将该旅团击溃，并将其1个大队包围于影珠山附近。战斗至9日10时，该大队除1名军曹逃脱外，大队长山崎茂以下全部官兵被歼。

1月10日，第6师团企图向北突围，其第13联队被第20军和第58军分割包围于冯家堋附近，遭到猛烈的围攻。虽然第1飞行团出动全部飞机支援，第13联队仍无法突出重围。联队长友成敏惟恐被歼后文件落入中国军队之手，下令将文件全部焚毁。

阿南惟畿得到第6师团被分割包围的报告后，立即令第3师团、第40师团及第9旅团分别从麻林市东、象鼻桥和影珠山以北向福临铺和其以北地区推进，一方面解第6师团之围，一方面集中兵力向北突围撤退。

1月11日，日军第6师团及第3师团陆续突出拦截线，第40师团亦从春华山东侧北撤。第99军、第37军再在麻石山、麻峰嘴等地进行截击。日军一面抵抗、一面撤退。至12日，日军退至汨罗江北岸才得以收容、整顿。第20军、第58军、第73军、第4军、第37军和第78军尾追至汨罗江南岸后，第78军于13日从浯口渡过汨罗江，向长乐街以北实施超越追击。

1月15日，日军退至新墙河北原防地，第20军、第58军、第78军等中国军队一面寻歼汨罗江以南的残留日军，一面向新墙河以北日军阵地实施袭击。至16日，基本上恢复了会战开始前的态势。第11军指挥所也撤回汉口。

此次会战，据国民政府军委会及第九战区发表的战绩说：日军伤亡 56 944 人，俘虏日军中队长松野荣吉以下官兵 139 人，缴获步骑枪 1138 枝、轻重机枪 115 挺、山炮 11 门、无线电台 9 架及其他军用品；中国军队伤亡官兵 29 217 名。[16]而据日方战史上引用的公开统计数字，日军战死 1591 人（内军官 108 人），战伤 4412 人（内军官 241 人），打死军马 1120 匹，打伤 646 匹。

会战开始时，日军为了配合主力作战，根据阿南惟畿的命令，赣北方面第 34 师团第 218 联队的第 1 大队及独立混成第 14 旅团的独立第 65 大队于 1941 年 12 月 25 日、26 日，分由安义、箬溪向西进攻新 3 军及第 72 军的阵地，先后占领高安、武宁，但在第 19 军及第 30 集团军之一部奋勇阻击及反击下，于 1942 年 1 月 5 日至 6 日间，日军先后撤回原防地，恢复了原态势。

会战期间，第九战区位于敌后的各挺进纵队亦积极展开游击战，活动于临湘、蒲圻、咸宁、崇阳间广大地区，袭击日军后方勤务机关和破坏交通、通信，给日军行动造成困难。

会战期间，日军第 1 飞行团动用了侦察第 44 战队、战斗第 54 战队和独立第 18 中队的 50 余架飞机支援其地面部队作战，给中国军队造成一定的伤亡。此时中国空军尚未恢复实力，作战飞机数量尚少。当日军败退途中被围困于福临铺地区时，中国空军第 2 大队从成都起飞 9 架轰炸机，至长乐街轰炸，以切断日军退路，配合围歼作战。返航途中遭到日军第 54 战队 8 架战斗机的攻击。第 2 大队边战边退，击落日 97 式战斗机 1 架，击伤 2 架。第 2 大队亦损失轰炸机 2 架，但创下了以轰炸机击落战斗机的成功战例。

四、会战简析

第三次长沙会战是太平洋战争爆发后日军在中国战场发动的一次规模较大的战役。这时日本的南方军正以破竹之势在太平洋战场上取得节节胜利：第 14 军于 1942 年 1 月 2 日攻占美军防守的菲律宾首府马尼拉，第 25 军于 1 月 11 日攻占英军防守的马来亚首府吉隆坡，第 16 军同日攻占了荷军防守的东印度群岛的婆罗洲。但日军第 11 军在长沙却遭到惨败。以往日军作战，不论胜败，总是设法将阵亡官兵的尸体抢回带走，或焚烧后带回骨灰；情况特别危急时，也尽量将尸体掩埋。而此次会战，从长沙城郊到汨罗江畔，日军遗弃了大量尸体，由此可见其败逃仓皇。中国军队长沙会战的胜利，对国内外都产生了积极的影响，不仅进一步坚定了全国军民抗战必胜的信心，对提高反法西斯战争盟军的士气，对支援美、英在太平洋战场作战也有一定的作用。

中国军队在此次会战中获得胜利的主要原因是第九战区的作战指导正确。针对日军贯用"钻隙战术"悬军深入、速战速决、后续力量极为薄弱、后方联络线过长等特点，"始终按照天炉战要领指导作战"。据第九战区《第三次长沙会战战斗详报》所记，天炉战的具体内容是："挺进兵团"在敌人后方进行游击战，"任敌原占地区内主要交通、通信之破坏及敌援军之阻击"；"警备兵团""任第一线（即绪战地第一网形阵地带）之作战，敌进犯时迟滞消耗敌军，尔后转为尾击兵团"；"尾击兵团""待敌通过第一线阵地后，衔尾猛攻，参加决战，力制（止）敌军筑路，截击敌辎重，断敌补给，击敌后援"；"诱击兵团""占领绪战地第二、第三网形阵地带，迟滞消耗敌军，尔后转为侧击兵团"；"侧击兵团""位置于决战地左（右）前方，适时侧击敌军"；"守备兵团""先担任决战地之守备，俟敌攻势顿挫，断行反击"；"预备兵团""占领决战地后方要点，必要时参加决战，扩张战果；或依情况占领预备阵地，收容决战地部队，转移作战"。[17]

这实质上是利用多层次工事，以运动防御逐次抵抗，诱敌深入；以坚强的阵地防御战阻敌于预设地域，尔后集中兵力以外线进攻的运动战围歼敌人。它的中心思想与毛泽东一再指出的"运用运动战、阵地战、游击战三种方式互相配合，必能使敌军处于极困难地位"[18]的精神是基本符合的。由于挺进兵团和尾击兵团的战斗不仅使日军的后方弹药、粮食以及医药等军需物资供应不上，使其在当地筹掠粮草的企图也因不能分散兵力而无法实施。据日军战史记载，当日军被围于浏阳河以北、福临铺地区时，从 1 日至 4 日，日军有不少联队每个士兵仅有子弹 10 发至 15 发，每个分队仅有手榴弹一两枚，不得不以刺刀进行白刃战。日军战史也不得不承认"作战始终是在极为困难的情况下进行的"，中国军队"引诱日军一直深入到长沙，集中长沙城内外的 30 万大军将日军包围。尔后，日军第一线部队几经苦战，付出了高于香港作战两倍多的牺牲，于 1 月 15 日撤回到原驻防地。这次作战，动摇了一部分官兵的必胜信念。"[19]

第九战区防守新墙河南和汨罗江南的第一、二线部队能够依托既设阵地逐次抵抗，给予日军以一定程度的迟滞和损耗；守备长沙的部队能够坚守核心阵地，以不怕牺牲的顽强抗击，将日军主力抑留于预定决战地区四昼夜，争取了外线部队合围日军的必要时间，这也是此次会战获胜的重要原因。

第九战区和多数担任堵击、截击以及追击兵团的指挥官在作战指导上忽略了控制渡河点，则是这次会战虽然获胜而并未能按照计划全歼日军或歼灭更多日军、却使其得以大部退回原驻地的重要原因之一。如果担任堵、截和侧击的部队都像第79军预先控制了东山及磨盘洲等浏阳河渡河点，并炸毁了日军架设的军桥，使日军遭受重大损失而仍无法渡河的话，则被歼日军必将更多；如果担任追击的部队能事先考虑到追击路线，部署一定兵力，控制较多的渡河点，则可以迅速渡河紧追敌后，不使日军轻易摆脱，也必能给予日军以更大打击。相反，"如暂5师由岳麓山追击溃败之敌，渡湘江、浏阳河、捞刀河时，只有一个渡河点，且未能预先准备，以致行进迟滞，遭受敌机轰炸而受损害"。[20]

附表 7-2-1　第三次长沙会战日军参战部队指挥系统表（1941年12月）

第11军　司令官阿南惟畿
- 第3师团　丰岛房太郎
  - 第29旅团　石川忠夫
    - 步兵第18联队（欠3个中队）
    - 野炮兵第3联队（欠第1大队）
  - 第68联队（欠第3大队）
    - 独立山炮兵第52大队
    - 骑兵第3联队1个中队
    - 步兵第34联队的第2大队
  - 工兵第3联队
  - 辎重兵第3联队
  - 步兵第6联队的第2大队
- 第6师团　神田正种
  - 第6步兵团（步兵第13、第23、第45联队）
    - 野炮兵第6联队（第1、第3、第7中队）
    - 独立山炮兵第2联队
    - 工兵第6联队
    - 辎重兵第6联队
- 第40师团　青木成一
  - 步兵第234联队
  - 步兵第235联队
  - 步兵第236联队（第1、第2大队）

第 40 骑兵队

山炮兵第 40 联队

独立山炮兵第 51 大队

工兵第 40 联队

辎重兵第 40 联队

独立混成第 9 旅团　池上贤吉

独立步兵第 38、第 40 大队及炮兵 1 个中队

独立步兵第 65 大队(属独立混成第 14 旅团)

独立步兵第 95 大队〔属独立混成第 18 旅团(即外园支队)〕

步兵第 218 联队第 1 大队(属第 34 师团)

军直属工兵队、输送队及野战重炮兵第 15 联队第 1 大队

第 1 飞行团　秋山丰次

飞行第 44 直协、侦察战队

独立飞行第 18、第 83 侦察中队

战斗飞行第 54 战队

独立飞行第 87 轰炸中队

附表 7-2-2　第三次长沙会战第九战区参战部队指挥系统表(1941 年 12 月)

第九战区　司令长官薛　岳

第19 集团军　总司令罗卓英

预备第 5 师　曾戛初

赣保纵队　熊　滨

第 2 挺进纵队　康景濂

第27 集团军　总司令杨　森

第 20 军　杨汉域(第 133、第 134 师)

第 58 军　孙　渡(新 10、第 11 师)

暂 54 师　孔荷宠

第 6、第 7 挺进纵队

第30 集团军　总司令王陵基

第 78 军　夏守勋(新 13、第 16 师)

第 72 军　韩全朴(新 15、第 34 师)

湘鄂赣边区挺进军　王劲修(第 4、第 5、第 8 纵队)

第 4 军　欧　震(第 59、第 90、第 102 师)

第10军　李玉堂(第3、第190、预10师)

第26军　萧之楚(第33、第41、第44师)

第37军　陈　沛(第60、第95、第140师)

第73军　彭位仁(第15、第77、暂5师)

第79军　夏楚中(第98、第194、暂6师)

第99军　傅仲芳(第92、第99、第197师)

第74军　王耀武(第51、第57、第58师)

新20师

第3、第4挺进支队

注　释:

〔1〕〔日〕服部卓四郎:《大东亚战争史》。军事译文出版社1978年中译本,(1)第183页。

〔2〕日本防卫厅防卫研究所战史室:《中国事变陆军作战史》。中华书局1983年中译本,第三卷第二分册第222—224页。

〔3〕日本防卫厅防卫研究所战史室:《华北治安战》。天津人民出版社1982年中译本,(下)第101—102页。

〔4〕见赵子立(原第九战区司令长官部参谋处处长,曾主持拟订第九战区作战计划)等关于第三次长沙会战的《会战兵力部署及战斗经过》。载《湖南四大会战》,中国文史出版社1995年版。

〔5〕转引自第九战区罗卓英指挥所1941年12月21日机密作战日记。载中国第二历史档案馆编《抗日战争正面战场》,江苏古籍出版社1987年版,第1123—1125页。

〔6〕日本防卫厅防卫研究所战史室:《长沙作战》。中华书局1985年中译本,第147页。

〔7〕同〔6〕,第161页。

〔8〕中国第二历史档案馆编《抗日战争正面战场》。江苏古籍出版社1987年版,第1146页。

〔9〕原件存中国第二历史档案馆。

〔10〕同〔8〕,第1145—1146页。

〔11〕同〔8〕,第1128—1129页。

〔12〕同〔8〕,第1149页。

〔13〕同〔6〕,第183页。

〔14〕同〔8〕,第1155页。

〔15〕 同〔8〕,第1154页。

〔16〕 见国民政府国防部史政局编《第三次长沙会战史稿》。原件存中国第二历史档案馆。

〔17〕 同〔8〕,第1173—1174页。

〔18〕 见《与合众社记者的谈话》。载《毛泽东军事文集》,军事科学出版社、中央文献出版社1993年版,第二卷第170页。

〔19〕 同〔2〕,第219页。

〔20〕 同〔8〕,第117页。

第三节　中国远征军入缅援英作战

一、战前一般形势

(一) 缅甸的战略地位及日军入侵缅甸

缅甸位于中南半岛西部,东北与中国相邻,东南与老挝、泰国交界,西北同印度接壤,西南濒临孟加拉湾和安达曼海。南北最长距离为1920公里,东西最大宽度为960公里,面积约67万平方公里。除南部濒临印度洋的部分地带外,东部、北部及西部国境都是山岳、高原地带。地势北高南低,中央部分为平原。缅甸有三条大山脉,均为南北走向。西部为阿拉干山脉,中部为高黎贡山脉,东部为怒山余脉。三条山脉之间,有伊洛瓦底江和萨尔温江,两江均发源于中国云南省。两江之间还有一条锡当河。英国于1824年、1852年和1885年三侵缅甸,使其沦为英国殖民地。缅甸与中国云南间筑有滇缅公路,是中国为适应抗战需要而开辟的一条重要国际交通干线,它东起昆明,西至缅甸境内的腊戍,与仰光—曼德勒铁路连结。

日本发动太平洋战争前,为了切断滇缅路这条中国主要国际通道,曾采取了多种政治、外交措施,但均未成功。其海军航空部队以河内机场为基地,多次深入至云南上空,并轰炸萨尔温江的惠通桥、湄公河的功果桥,未能封锁住这条路线，因而在制订南进作战计划时，一方面为了切断滇缅路，一方面为了确保侵占的香港、马尼拉、新加坡各重要战略要点及荷属东印度群岛的重要战略资源地，准备侵入缅甸，认为“缅甸作为南方重要地区的北翼据点，不仅具有必须确保的战略地位，而且还具有对中国方面来说切断援蒋公路，对印度方面来说促进其脱离英国的重大战略意义”。[1]但因兵力不敷分配，所以在南方军的作战计划中决定：“在第一期及第二期作战期间，相机夺取缅甸南部之航空基地。第三期作战，确保占领地域，在情况许可范围内，实施处理缅甸之作战。”计划中命令第15军占领泰国后“自该方面实施对华封锁，且需准备尔后对缅甸之作战”。[2]

日军第15军占领泰国后即开始作进攻缅甸的准备。由于缅泰边境山岭险峻、沟深林密，因此首先进行道路改修；其次将参加作战的第一线师团及军直属部队中的车辆部队改编为驮马部队。这时发现缅甸境内中英联军兵力有所增加，日军第15军司令官认为有迅速夺取缅甸南部空军基地的必要，因而于1942年1月下旬决定迅速进攻缅甸南部，占领萨尔温江之要线，准备尔后攻略仰光。其部署是：以冲支队（由第55师团第112联队一部组成）在主力之前，先由干乍那武里向土瓦方面作战，以牵制英军；第55师团主力突破湄索附近之泰缅国境，占领毛淡棉附近；以第33师团主力随第55师团之后，向巴安方面前进。

冲支队于1月4日出发，19日占领土瓦。第55师团于20日通过泰缅国境，22日占领可伽列，31日攻占毛淡棉。第33师团于2月4日占领巴安。当地守军英军第17师向锡当河转进。

日军大本营于1月22日命令南方军司令官：“应与海军协同，攻略缅甸要域。”同时指出：“缅甸作战之目的，在击破驻缅甸之英军，占领并确保缅甸要地，并加强对华封锁。因此，应速以第15军向毛淡棉附近之萨尔温江之线出击，于整饬作战准备后，迅以主力沿毛淡棉—勃固道路前进，占领缅甸中部之要地。”南方军于2月9日命令第15军：“应努力继续作战，以击灭敌军，向仰光方面进出，且应尽量在北方获得立足点，以准备向瓦城附近之作战。”[3]

第15军遵照南方军命令，于2月11日开始对仰光发动进攻。其第33师团在当日夜渡过萨尔温江，22日进至锡当河畔；第55师团于22日占领打端。3月3日，日军渡过锡当河。第55师团于6日在勃固地区与英军第7装甲旅交战，并于7日将英军击退。第33师团于7日夜逼近仰光，与英军激战，于8日进入仰光。

日军第15军攻占仰光后完成了缅甸南部作战任务；占领了仰光港口和机场

及毛淡棉航空基地，为尔后攻占缅北与滇西创造了有利条件。

（二）中、英建立军事同盟及中国远征军入缅

中、英早在1940年就开始酝酿结盟。是年9月，日军侵入越南，加紧了对东南亚侵略的步伐，不仅严重威胁中国国际交通线滇缅公路的安全，且把矛头直接指向缅甸、马来亚、新加坡等英国殖民地。英国为了摆脱困境，一改原来对日妥协政策，于10月间重新开放封锁已3个月的滇缅公路，酝酿与中国建立军事同盟。为了保持惟一的国际通道滇缅路的畅通，中国政府也迫切希望与英国在军事上合作。1941年2月，英方邀请"中、缅、印、马军事考察团"赴缅甸、印度、马来亚三国作了为期三月的考察，编成30万言的《中国缅印马军事考察团报告书》，其中最主要的是根据缅甸、马来亚地理条件、交通情况及日本可能采取的战略行动而拟订的中、英、缅共同防御计划草案。它包括敌情判断和中、英共同防御意见两部分。考察团认为："日本对中国的国际交通线滇缅路，将不是从中国境内切断，而是配合其对亚洲的政略、战略整体规划；一旦日军与英国开战，势必先击败英军进而侵占马来亚和缅甸。这样，日军既击败了英军、夺占了英国殖民地，又可以封锁中国，获得一箭双雕的效果。"[4]但是英国当局不同意考察团的看法，认为日本如要切断滇缅路，不会穿越缅甸，最大可能是从中缅边境或中老边境切断该线，因而拒绝中国军队入缅与英军共同防守。中国军事委员会则积极进行入缅的准备。1941年下半年间将正在贵州安顺、盘县整训的第5军调至云南昆明，担任该地区的防务；将正在贵州兴仁、兴义整训的第6军调至云南开远附近，并令其第93师的第277团（刘观隆支队）进驻车里、佛里地区，对越、缅方向警戒。不久又在云南重新组建了第66军。军事委员会准备将来令在云南的这3个军先行入缅；还在昆明设立了军事委员会驻滇参谋团，积极筹划入缅和负责协调中、英共同作战等事宜。

1941年12月10日，英国驻华武官丹尼斯请求中国派军入缅布防。军事委员会于11日向第5军、第6军先下达了动员令。16日，第5军将防务交第71军后开赴祥云、大理、保山地区集结；第6军向保山、芒市（潞西）集结，编组为"中国远征军第一路军"，卫立煌任司令长官，杜聿明任副长官（由于卫立煌并未到职，由杜聿明代理），准备入缅援英。与此同时，令第6军的第93师开赶车里，令刘观隆支队准备首先进入缅甸景栋、孟洋地区。

12月23日，中、美、英三国在重庆召开联合军事会议。中方由蒋介石主持

会议,英国印缅军总司令韦维尔、美国军事代表团团长马格鲁德及陆军航空队队长勃兰特参加。中方向韦维尔表示:"中英两国不可有一国失败,因此如果贵国需要,我国可派遣 8 万人入缅作战。"[5] 但韦维尔以运输不便为借口予以拒绝。中国军事委员会遂下达了暂时不入缅的命令,正准备进入缅境的远征军停留在滇缅路附近。1 月 19 日,当日军攻占泰缅边境缅甸一侧的土瓦时,驻缅英军司令胡敦即请求中国第 6 军第 93 师派出一部兵力前往景栋布防。22 日,胡敦又打电报给韦维尔,请求同意中国第 6 军第 93 师全部入缅,以担负泰缅边境的守备。23 日丘吉尔打电报给韦维尔:"我对你拒绝中国帮助防守缅甸和滇缅路的理由,依然困惑不解。"[6] 韦维尔这才同意第 93 师入缅警戒泰缅边境,但仍然拒绝第 5 军和第 6 军其余部队入缅。24 日,第 6 军刘观隆支队由英方用汽车运至景栋接防,第 93 师主力开赴滚欣、兰河守备。

1942 年 1 月 31 日,日军击退英印军第 16 步兵旅,占领了毛淡棉。英方于 2 月 3 日向中国求援,请求中国军队入缅。至 2 月 26 日仰光情况危急时,英方更迭次请求中国军队迅速入缅,协助英军作战。

中国军事委员会应英方请求,令停止于滇缅公路上的远征军按第 6 军、第 5 军的顺序陆续进入缅境,先向畹町、腊戍集中后,再由英方派车接运,并预定以第 6 军用于雷列姆、东枝、毛奇(茂奇)* 亘景栋地区,第 5 军用于飘背(标贝)、彬文那(彬马那)、东吁地区,受英缅军总司令胡敦的指挥。

第 6 军先遣第 49 师从保山出发,沿滇缅路经腊戍、雷列姆进至孟畔地区,接替英军防务,英军陆续转移至缅甸西部。第 5 军到达畹町后,不俟第 6 军后续部队输送完毕,即先遣第 200 师附骑兵团、工兵团等部推进至东吁阻击日军,并掩护当地英军撤退及远征军主力集中。3 月 8 日,第 200 师先头部队到达东吁,占领了阵地。但第 5 军主力尚在滇缅路运输途中,而炮兵及战车部队更远在中国境内。

---

* 编者注:本书中对以往沿用的印、缅地名旧译名,凡有把握时直接采用规范译名(如本页的"滚欣"原写作"昆欣",第 1112 页的"锡当河"原写作"锡唐河");有时为慎重起见,将规范译名括注于第一次出现的沿用译名后。规范译名参中国地图出版社 1998 年版《最新世界地图集》。

二、中英联军的作战指导及兵力部署

1942年2月26日，中国军事委员会驻滇参谋团的驻英军代表侯腾从腊戍飞返昆明，向蒋介石报告了缅甸情况及英驻缅军总司令胡敦对中英联军部署的具体意见。其主要内容是：[7]

1. 第6军以暂55师位置于罗衣考地区（毛奇北方），49师位置于孟畔地区，93师位置于景东（景栋）地区，任缅泰国境之守备（正面约300余英里），军直属队位置于雷列姆，军部位置于棠吉。

2. 第5军以1师位置于棠吉，为第6军预备队，1师位置于同古（即东吁，下同），1师位置于羊力宾（同古南方75英里），任缅第1师与印17师撤退时之掩护，军部与直属队位置于同古以北地区。

3. 胡敦司令拟即令第5军派兵两团先至同古。

4. 他希附近之梅克提拉与飘背两地，第5军不含，仍归英方驻防。

5. 胡敦司令不同意派遣连络参谋分驻英师部或旅部，经再三交涉，只允在缅第1师派1员。

6. 第6军与缅第1师之作战地境为同古—毛奇公路以北之线，第5军无地境。

2月27日，蒋介石下达命令。主要内容为：[8]

一、敌为夺取缅甸，威胁中印国际路线，将企图占领仰光，并继续向缅北曼德勒方面进犯。

二、我以摧破敌人企图之目的，第5、6两军应即全部入缅，协同英军作战。

三、关于入缅部队之指挥系统及输送程序、集中位置，综合规定如下：

1. 第5、6两军暂归杜军长统一指挥，杜军长受胡敦司令指挥。

2. 第5军应不待第6军输送完毕，即开始输送。

3. 第5军之200师，应于3月1日由现地开始输送，急行入缅，在平满纳、同古间地区占领阵地，掩护该军主力集中。第5军主力应继200师之后续行入缅，集中于杂泽（即他希）南北地区，准备协同英军迎击进犯之敌。

4. 第6军应以93师及刘支队任景东(景栋)方面之守备,以49师任猛畔(孟畔)方面之守备,以暂55师为军预备队,控置于大靠、可乌特、外汪间地区,军部及直属队位置于雷列姆附近。

四、中英两军之作战地境应协定为思戛村、敏乌里、巴尼托特、密雅内特相连之线,线以东属中国军。曼德勒以南至同古间之铁道,应协定归第5军守备。

五、第66军之新第38师及宪兵第20团第1营,在第5军之后输送入缅,任第5、6两军后方连络线之维持。第66军主力即移驻保山附近,构筑边境国防工事,并准备必要时入缅作战。

同时即令侯腾返腊戌,通知胡敦协商要点如下:[9]

1. 曼德勒以南至东吁间的铁路,应归第5军,以北则由中、英军共用。

2. 在第5军作战地带之飘背,应归第5军防守,但密铁拉可划归英军。

3. 每一英军之师、旅部,我应派员连络;中、英作战地境线,如思戛村、敏乌里、巴尼托特、密雅内特相连之线,线以东归中国军。

4. 胡敦将军答复照办后,第5军始能入缅……

3月1日蒋介石从昆明飞腊戌,于3日召集第5、第6两军军长等训话,指示作战要点。要点精神是估计日军将于3月10日(日本陆军节)以前占领仰光,作战指导要视敌情而定,根据日军兵力和远征军集中情况进行作战部署和行动;以不轻进、不轻退为要诀,在前方全般形势有利于出击、反攻或捕捉战机时,应决心采取积极行动。

从以上中、英两方作战指导部署和协调来看,两方作战指导思想并不统一,协调亦不一致。主要表现在英军为照顾其切身利益,在兵力部署上力求有利于在战况不利时向印度的撤退,且将远征军主力作为掩护其撤退时使用;远征军则以求敌决战保存实力,不轻进轻退,争取协同英军击破敌人。这种指导思想上的径庭,在以后作战进程中带来不少困难与挫折。

为了中、英军队便于协调行动和保持密切联系,在腊戌设立了中、英军事联席会议,每日开会一次,互通情况。

至3月16日,英军在缅甸的英缅军第1师、英印军第17师及装甲第7旅已合编为第1军团,军团长为史林(斯列姆),归新任英统一缅军总司令亚历山大指挥。中缅印美军司令兼中国战区参谋长史迪威亦已到达缅甸,奉蒋介石之命负责指挥中国远征军。

此时，英印军第17师及装甲第7旅已退至沙耶瓦底附近地区，其一部尚在岱枝与日军保持接触，该师的第48旅已从勃固地区退出，与岱枝的英军取得联络。所有此方面的部队将再转移到明塔林南侧之线占领阵地。英缅第1师第1、2两旅，在彪关南方的乔克塔加，其一部在南侧的良礼彬附近与敌保持接触，该师第13旅在毛奇。所有该师各部队均将取道东吁北上，经彬文那转赴卑谬。

中国远征军第5军骑兵团(归第200师指挥)在彪关附近，准备掩护印缅第1师主力撤退，并担任东吁前方的警戒；第200师在黎远暂、东吁间地区，主力在东吁构筑工事；军直属工兵团及战车防御炮营在东吁；军部及直属部队在新泽，其直属第1、第2补充团在飘背；新编第22师及第96师于23日后在曼德勒东北区集结。

第6军暂编第55师的第1团在垒固、保勤间地区，主力在雷列姆以东的南桑为该军预备队；第49师在孟畔地区；第93师在景栋地区；刘支队在孟勇、芒林、大其力等地，占领泰越边境国境线布防；军部及直属队在雷列姆。

第66军(远征军总预备队)的新编第38师位于腊戍，主力仍在保山。

从中英联军总的态势看，英第1军团部署在卑谬及其以北伊洛瓦底江两岸地区，担任右翼正面之防御；中国远征军第5军部署于东吁及其以北铁路两侧地区，担任中路正面之防御；第6军一部部署于垒固一带，主力部署于东枝、景栋地区，掩护第5军左侧背及防止泰军从东面进攻；第66军部署于腊戍及保山地区，为远征军之机动部队。

中国远征军指挥系统及英缅军第1军团编制如附表7-3-1、7-3-2。

三、日军的作战指导及兵力部署

日军南方军总司令官于3月7日命令第15军司令官："除继续实行现地任务外，并须依据下列各项击灭瓦城(曼德勒)方面之敌：1. 应主动捕捉战机，以大胆果敢之作战，对瓦城方面之敌，尤其对于中国军，应强迫决战，努力于短期内击灭之。本作战应于5月底以前完成之。2. 为实施前项作战起见，一俟在仰光地方实施攻击准备后，不必等待增援兵团之集结，应即开始行动，务须于瓦城附近或其以南地区求敌决战，以击灭之。3. 当追击时，应远至中缅国境，果敢施行，且应扫荡在缅敌军。4. 在上述作战期间，应占领仁安羌附近之油田地带及勃生；若情况许可，更应以一部迅速占领阿恰布机场。”此外，南方军决定将第 18 师团和第 56 师团配属第 15 军指挥。[10]

日军第 15 军于 3 月 8 日攻占仰光，于 3 月 15 日决定了缅甸北部的作战计划。其方针是：“以瓦城为中心，预定于 5 月底以前捕捉歼灭中英联军之主力；嗣即在缅甸境内肃清残敌。”[11]

第 15 军在研究缅北作战计划时感到第 5 飞行集团仅以占领的仰光附近的机场配合曼德勒作战是不够的，必须迅速攻占东吁机场，而且东吁为北进线上的军事要地，因此于 3 月 12 日命令：“第 55 师团击破正面的敌人以后，首先应迅速向东吁附近前进，在确保该地附近机场的同时，整修仰光至东吁的道路，并准备以后向曼德勒方向跃进。”

第 55 师团遵照军的命令，于 14 日从代库出发，逐步开始了以攻击东吁为目标的北进。

第 33 师团主力于 3 月 8 日攻占仰光后即担负了仰光地区的警备任务。在此期间，该师团后续部队陆续到达。3 月 18 日，第 15 军司令官命令该师团：“在完成北进准备后，应立即开始前进，沿伊洛瓦底江河谷前出到仁安羌北侧地区后，准备尔后的作战。”于是，第 33 师团即抓紧时间休整，恢复体力，补充装备，准备北进。

在此期间，南方军从第 3 飞行集团中抽调第 7 飞行团、第 12 飞行团、第 15 独立飞行队、第 27 飞行队，编入第 5 飞行集团，配合第 15 军在缅甸作战。

侵缅日军指挥系统如附表 7－3－3。

四、作战经过

（一）东吁防御战斗

中国远征军第 5 军第 200 师的先头部队于 3 月 8 日（仰光失守的当天）到达东吁，当即按照亚历山大的要求逐次接替英军防务。原在东吁地区防守的是英缅军第 1 师，此时尚有一部在彪关河以南良礼彬一带。师长戴安澜的防御部署是：以东吁为主阵地，前进阵地设于鄂克春，将军骑兵团（附步兵 1 个连）推进至彪关河，在该河以北占领掩护阵地，并以机踏车排前出至大桥附近担任警戒、搜索。

3月14日从代库出发的日军第55师团于15日夜向良礼彬的英军发起进攻。但英军在发现日军前进时即已向北退避，日军遂转为追击，跟踪北进。18日英军通过大桥附近警戒阵地后，日军第55师团第143联队的先头部队亦进至大桥以南，但受到警戒分队的突然袭击，被迫后退。入夜，日军以小部队继续攻击，警戒分队逐次向掩护阵地撤退。19日10时，日军占领彪关。

20日晨，日军第143联队步、骑兵约500—600人向彪关河北骑兵团掩护阵地攻击。守军集中火力实施突袭，将其击退。16时左右，日军集中全力发起猛攻，经激战后骑兵团因伤亡过重，被迫逐次向北转移，仅留步兵、骑兵各1个连继续据守阵地阻击日军，以掩护团主力转移。骑兵团撤至东吁以北休整，并担任维持后方交通。21日，日军击退骑兵团留置的2个连后进至鄂克春前进阵地前。

当日军接近东吁时，蒋介石于20日上午以“手令”形式指示在腊戍的军委会驻滇参谋团：“派1师至东定吉（一译唐得文伊）、阿兰庙（阿兰谬）间地区，作为普罗美方面英军总预备队，专备反攻”，“我军在同古（东吁）、平满纳方面阵地之兵力，应以现有者为限，我军决战地区必在曼德勒附近之要旨切不可忽略”，“同古必须死守，英军在普罗美未撤退以前，我军决不能先撤同古阵地”，同时还指示“对史参谋长之命令应绝对遵守”。[12]

3月21日，史迪威根据蒋介石的意图下达作战命令：[13]

1. 由仰光北进之敌第33师团，截至3月19日止，其先头已在沙耶瓦底北侧地区，与英军一部战斗中；由勃固北进之敌第55师团，截至现在止，其先头已在彪关附近，与我第5军骑兵团战斗中。

第6军方面泰国境内之敌大部分为泰军，其先头部队在泰缅国境各要道与我第6军警戒部队对峙中，其主力似集结于清来（清莱）迄南邦之线。另有敌军第16师团，似集结于清迈附近。

2. 英军预定在卑谬南方地区拒止由仰光北进之敌，其在东吁及毛奇方面之部队将陆续转用于卑谬地区。

3. 我军决在东吁附近拒止由勃固北进之敌，并与英军协同作战。其兵力部署如次：

(1) 第200师及第5军直属部队，暨第6军的暂编第55师主力，归杜军长指挥，担任东吁方面的作战，暂编第 55 师应即由现地向飘背附近输送。

(2) 第 5 军的新编第 22 师即由曼德勒开东敦枝附近，归军直接指挥，准备支援卑谬方面的作战。

(3) 第 6 军方面，就现在部署，准备拒止由泰国方面来攻之敌；但毛奇方面，仍应依参谋团原定计划，派暂编第 55 师的一部接替缅第 13 旅之防务，并在该方面确实占领要点、构筑工事，拒止来犯敌人，以掩护东吁正面我军的左侧背。

(4) 第 96 师为总预备队，即开曼德勒附近，归余直接指挥。

4. 余现在腊戌，今晚进驻眉苗(眉谬)。尔后一切报告均向眉苗及腊戌参谋团投送。

22 日拂晓，日军第 55 师团步兵第 112 联队开始向守军鄂克春附近前进阵地攻击，但受守军坚强抗击，攻击受挫。

21 日起，日军第 5 飞行集团以战斗机 102 架、轰炸机 77 架连续轮番攻击、轰炸马圭英军空军基地，击毁 28 架，击伤 29 架，致使这一地区英军空军基本上丧失了作战能力。日军夺得了缅南地区的制空权后，中英联军几乎在毫无空军支援的条件下作战。

23 日，日军在炮兵、战车兵及航空兵的直接支援下，集中力量再次发动猛攻。守军英勇奋战，顽强抗击，日军的攻击再次受挫。日军自称是自入缅以来“第一次与强敌遭遇”，“使进攻受挫”，“使指挥陷于混乱和苦战”。[14]

24 日，日军第 112 联队在正面进攻，第 143 联队在当地人带领下，于 14 时进至东吁城西北约 6 公里的克永冈机场。当时守护机场的仅有少量英军及第 5 军工兵团一部，兵力既少，又疏于戒备，遂轻易被日军占领。第 200 师后方联络线完全被切断，陷于三面被围的形势，遂紧缩正面，主动放弃前进阵地，兵力集中至东吁城厢主阵地，积极加强工事，调整部署，组织固守。

日军企图从东吁西南方向实施主攻，将守军压迫于锡当河畔予以歼灭，因此以第 112 联队为右翼，以第 143 联队为左翼，并令骑兵联队附步兵 1 个中队沿锡当河谷进攻。25 日下午，日军发动全线攻击，第 112 联队突破前沿阵地占领了西北角，但遇到坚强的抵抗，没有进展。26 日，日军继续攻击，并以有力部队从西北角突破口向纵深突进。激战至傍晚，日军攻占了铁路以西的市区，守军仍坚守铁路以东的主要市区。

当日，蒋介石致电参谋团及远征军："侵缅之敌似有以主力向东吁、曼德勒进攻之企图。我军目前应以第5军之第200师、新22师及军直，在东吁、彬文那间与敌作第一次会战。如会战不利，应行持久抵抗，以逐次消耗敌人，务期在此期间迅速将第66军全部及第96、暂55师集中于曼德勒、柴泽间地区，俟第二次会战准备完成，以期一举击破深入之敌。"

第5军根据蒋的指示，于当晚下达了转移攻势的命令："军以击破当面敌人、收复仰光为目的，即以到达之部队施行反包围攻击，将敌压迫于喀巴温河右岸而歼灭之。部署第200师为固守兵团，固守东吁城，吸引日军。以新编第22师，配属骑、战、炮、工、战防炮等为攻击兵团，即先遣一部为掩护部队，主力于27日15时完成攻击准备。先驱逐敌之前进部队，28日开始攻击，在仰曼铁路以西地区，求当面敌之左翼而攻击之。以军补充兵第2团及第1团之1营附装甲车辆为右侧支队，由东吁右侧山地推进，向敌左侧背攻击，并相机以一部深入敌后，遮断其后方连络线。以第96师、暂编第55师及军直属部队为预备队。第96师火车输送至黎达誓附近集结，作机动使用。其余部队在杂泽、彬文那等要点占领阵地，维持后方交通，对卑谬方面警戒。"[15]

同日，日机90架沿铁路轰炸，彬文那全城大火，车站被毁，中国增援部队受阻。日军乘汽车及徒步南下推进。

27日，日军陆、空协同，继续攻击东吁阵地，15时后竟施放催泪性毒气弹数百发。幸守军防护得法，沉着应战，日军未能得逞。当日夜间新编第22师遵命行动，全部到达南阳车站附近，28日拂晓向占领该车站的日军发动进攻。由于日军依托工事及高大建筑物死守，攻击进展缓慢。

28日，日军第55师团配属的野战重炮兵第3联队已经到达，与第4飞行团第8飞行队轰炸机密切配合，以密集、猛烈的炮火和轮番的轰炸掩护第55师团主力猛攻东吁，并施放糜烂性毒气。守军第200师伤亡甚众，但仍坚强抵抗，阵地屹立不动。

从新加坡调至缅甸的日军第56师团先头部队于3月24日抵达仰光。由于第55师团进攻受阻，第15军令该师团立即向东吁前进。该师团以搜索联队配属乘车步兵、机关枪和野炮兵各1个中队及1个工兵小队乘坐45辆汽车为先遣，于28日中午到达第55师团位置。

与此同时，史迪威令第5军集中主力于耶达谢附近，与第200师协同击歼进攻东吁的日军；同时令第6军暂编第55师主力至彬文那集结，在该地构筑工事。

图 7-3-1　中国远征军入缅援英作战・东吁防御战斗经过要图

（1942 年 3 月 18 日—30 日）

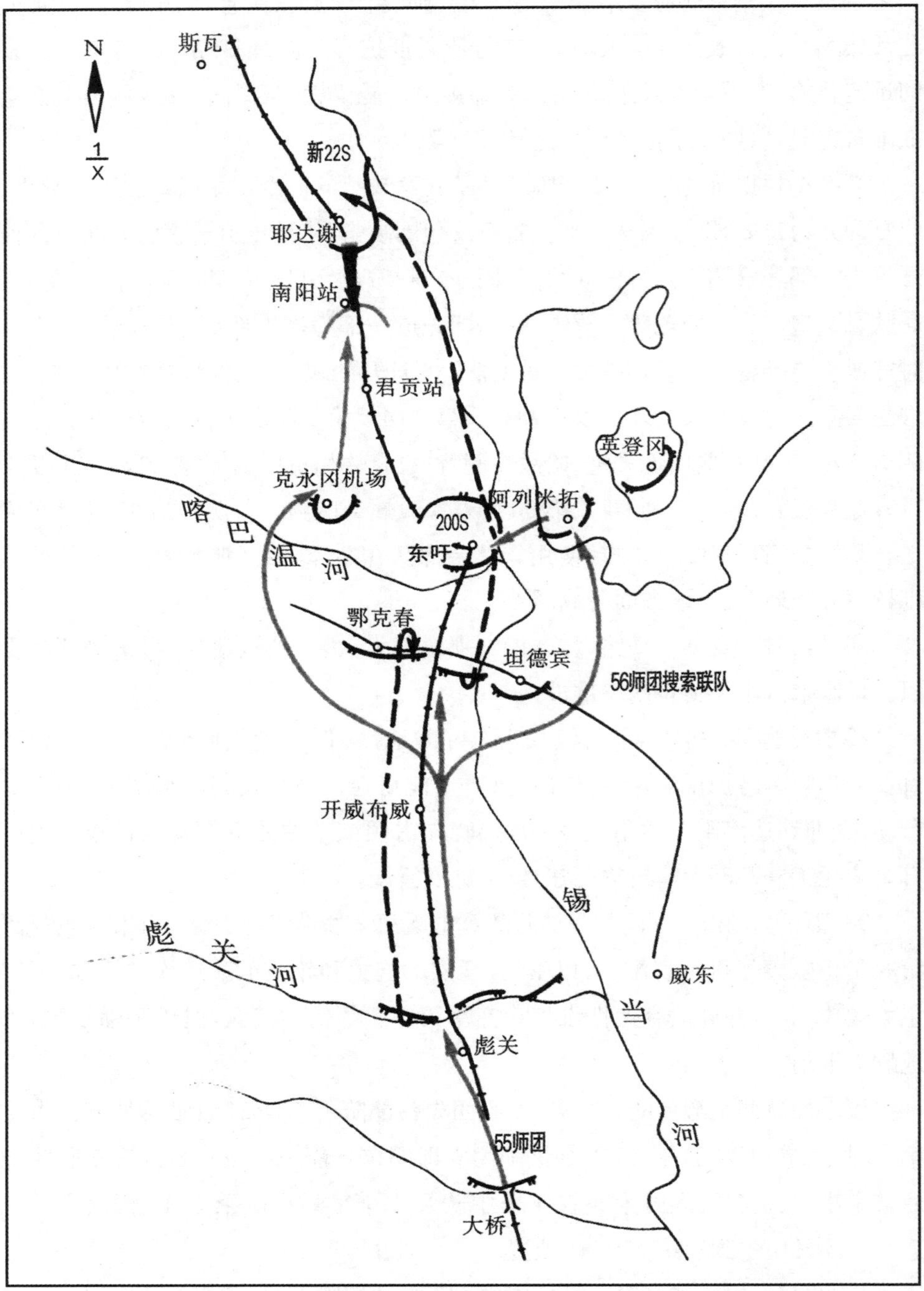

日军第56师团搜索联队于28日渡过锡当河,沿东岸北进,袭击了阿列米扬附近高地上的第200师司令部,于29日进出至东吁东端锡当河上的东吁桥附近。

29日拂晓,新编第22师继续攻击,激战至10时许,突破日军阵地,占领了南阳车站。东吁第200师则在日军优势兵力、火力和陆、空联合猛攻下陷于苦战。新编第22师虽然攻占了南阳车站,但前进迟缓。为速解东吁之危,第5军急调预备队第96师增援东吁。不料彬文那车站被日军轰炸,火车出轨,该师受阻,无法前进。第5军决定放弃东吁。

30日凌晨,日军第56师团搜索联队经3小时激战,突破守军桥头堡阵地进至市区东端。此时第55师团进攻东吁的战斗仍在激烈进行,但日军仍未能突破守军阵地。实际上第200师主力已在29日深夜遵照军的命令撤出了东吁,在新22师接应下,正向耶达谢转移中,留在市区作战的仅为一部分掩护部队。在师主力转移后,掩护部队亦主动、安全地撤离东吁。

东吁保卫战是缅甸作战中中英联军进行阵地防御战斗坚持时间最长的一次战斗,也是阵地防御战斗实施敌前撤退的一次成功的战例。进攻东吁的日军第55师团在其记录中说:“当面的敌人是重庆军第200师,其战斗意志始终旺盛。尤其是担任撤退掩护任务的部队,直至最后仍固守阵地,拼死抵抗。虽说是敌人,也确实十分英勇,军司令官饭田中将及其部下对其勇敢均表称赞。”[16]

(二)斯瓦河沿岸阻击战斗

中国远征军第200师撤出东吁后,新编第22师也从南阳车站附近后撤至耶达谢东西之线。右翼伊洛瓦底江两侧的英军在日军第33师团进攻下,也在4月1日放弃卑谬,退至阿兰谬地区。

日军第15军于4月1日“决定击溃当面之敌后,首先前出乐可(垒固)、央米丁、仁安羌之线”,2日将指挥所推进至东吁,3日制订了《曼德勒会战计划》。其方针是:“军以有力兵团切断腊戍方面敌之退路,以主力沿东吁至曼德勒大道和伊洛瓦底江地区北进,重点保持在右翼。由两翼包围敌之主力,并将其压向曼德勒以西的伊洛瓦底江予以歼灭。”[17]

4月5日,蒋介石在眉谬召集第5、第6军高级将领开会,决定集中力量在彬文那附近与日军决战;并让史迪威转告亚历山大,请英军务必坚守阿兰谬,以协助远征军在彬文那歼灭日军。接着又任命罗卓英为远征军司令长官,在史迪威之下统一指挥远征军，但彬文那会战仍由杜聿明负责指挥。为此，杜拟制了《彬文那会战之计划草案》。其方针是："军以决战之目的，即以阻击兵团逐次阻击消耗进犯之敌后，次以固守兵团吸引其于彬文那附近地区，待其胶着时，再以机动兵团转取攻势，将敌夹击包围于彬文那附近地区而歼灭之。"令新 22 师为阻击兵团，扼守斯瓦河北岸，构筑纵深据点工事，拒止敌人，掩护主力集结、部署、转移攻势。

4 月 6 日，日军第 55 师团第 143 联队在野战重炮兵第 3 联队协同下向耶达谢新 22 军阵地进攻。战斗至 7 日上午，日军突破守军右翼第 66 团阵地。新 22 师逐次向斯瓦撤退，此后即采取运动防御，逐次转换阵地，节节抗击敌人，以迟滞其行动，利用空间争取时间，掩护主力行动，在日军第 55 师团优势兵力进攻下，经在沙加耶、莫拉、叶尼、沙瓦地、挨劳各阵地阻击后，于 4 月 16 日在第 96 师掩护下，转移至彬文那以西的亚印格附近。参加会战的各部队已按照计划到达指定位置，正作发起会战的准备。但此时，右翼英军早在 4 月 7 日即撤离阿兰谬，日军第 33 师团正在仁安羌地区包围英军；左翼中国第 6 军暂第 55 师也已于 4 月 7 日撤离毛奇，日军第 56 师团正向垒固前进。第 5 军已处于三面受敌的危境，势难再按计划进行彬文那会战。军事委员会参谋团团长林蔚建议第 5 军跳出日军包围圈，退守曼德勒及其东北地区，尔后增加兵力，重新部署作战。[18]史迪威及罗卓英都同意这一意见，遂于 4 月 18 日下达了放弃彬文那会战的命令，命"第 5 军主力应先向密铁拉、瓢背间逐次集结，并以一部于彬文那附近地区行持久抵抗，掩护军主力作战"。[19]第 5 军遂令第 200 师先期北辙，控制密铁拉和瓢背一线，掩护军主力转移；新 22 师徒步向瓢背集结；第 96 师依托彬文那既设工事阻击南线日军，尔后转为迟滞作战，掩护军主力行动。此时日军第 18 师团增援到达，与第 55 师团共同向北攻击前进。19 日，第 96 师放弃彬文那，20 日至 22 日在耶真以北 642 高地和基当甘，与日军第 18 师团激战三日两夜，予日军以沉重打击，尔后转移至央米丁地区。

（三）仁安羌解围战斗

日军攻占东吁后，第 55、第 18 师团沿东吁至曼德勒轴线继续向彬文那进攻，第 56 师团从右翼沿东吁至腊戍公路向垒固进攻，第 33 师团从左翼沿伊洛瓦底江两岸向仁安羌进攻。

日军第 33 师团于 3 月 25 日从礼勃坦、兴实达一线出发，一路势如破竹，仅遭轻微抵抗就连续攻占瑞当、卑谬、阿兰谬、新榜卫，于 4 月 14 日占领了东敦枝和因河南岸的敏贡，迫近了英军第 1 军团部所在地马圭。当日下午，亚历山大面告中国远征军代表侯腾：仁安羌方面英军情况紧急，要求远征军迅速援助。15 日下午 3 时，刚到达曼德勒不久的第 66 军新编第 38 师师长孙立人接到罗卓英的命令，派遣第 112 和第 113 团分别开赴纳特曼和巧克巴党（皎勃东），策应英军作战。

16 日午夜，日军第 214 联队（附山炮兵第 3 大队及 1 个工兵小队，称"作间部队"）从撤退英军的右侧超越英军，先期进至仁安羌以东 5 公里处。此时除英缅军第 1 军团及英印军第 17 师等部队早已退至巧克巴党外，英缅军第 1 师及装甲第 7 旅的一部尚未从马圭撤至仁安羌。日军第 214 联队遂向仁安羌东北急进，占领了公路交叉点附近屯冈阵地，并以 1 个大队北进至宾河（平墙河）以北，在此二处切断了英军北撤的退路。17 日，日军第 33 步兵团（兵团司令部、第 213 联队、山炮兵第 33 联队、工兵第 33 联队主力、独立速射炮第 5 中队，称"荒木部队"）占领马圭，撤退的英军被包围于仁安羌以北地区。17 日，被围英军向屯冈日军阵地进攻，企图突围；已撤过宾河的英军向进至宾河以北的日军进攻，企图接应被围英军。两者均被日军击退。此时，日军第 33 师团第 215 联队正乘船溯伊洛瓦底江向仁安羌急进中。

中国远征军新编第 38 师第 113 团于 16 日下午抵达巧克巴党。17 日上午，英缅军第 1 军团长史林至第 113 团团部，当面将其手签的命令交刘放吾团长，命令全文为："致 113 团团长刘上校：请将贵团开至平墙地区。在该处，你将与安提斯准将会合，他将以所有坦克配合你。你的任务是攻击并消灭平墙以北 2 里处敌军。"[20]刘放吾以无线电与师长孙立人联系，孙立人又与罗卓英联系。此后，远征军长官部下令："立刻派 113 团由齐（学启）副师长率领，火速驰援英军。该师长并仍负卫戍曼德勒之责。"孙立人不同意由副师长率部往援而自己"坐守空城"，遂只令第 113 团连夜先行出发，让齐学启留守曼德拉，自己至指挥部请求亲自指挥作战。[21]

刘放吾接到命令后，立即率部向宾河前进，并派副团长曾琪随同英军战车队队长先行侦察地形及敌情。该团于 17 日午后到达宾河以北，英军配属轻型坦克 12 辆、炮 3 门，于当晚完成了攻击准备。18 日凌晨，第 113 团第 2 营在左，第 1 营在右，第 3 营为预备队，在英军坦克、炮兵掩护下向日军阵地展开攻击。激战至 16 时，日军伤亡惨重，被迫放弃阵地，纷纷涉水退至宾河以南。

为与第 113 团作战配合，被围的英军亦于 18 日凌晨展开突围战斗，但苦战一日，毫无进展。16 时 30 分，英缅军第 1 师师长史考特致电史林求援。史林记述当时情况说："更多日军由东边的伊洛瓦底江上增援，我军情势更劣。下午 4 时半，史考特来电说他的人马已因不断的战斗、行军及缺乏饮水而精疲力竭。他估计还能挺过一夜，但若次日还不能获得饮水，他的军队将因虚脱而不能战斗。他要求准许放弃运输工具及武器，于当晚轻装突围。"[22]史林遂要求第 113 团继续攻击，以速解英军之围。此时孙立人已赶至前线，经现地侦察后，认为宾河南岸日军居高临下，攻击行动完全暴露，仅以 1 团兵力实施昼间攻击，不仅难以达到解围目的，反易遭不意之损害。经与史林一再解释、协商，获得谅解，决定次日拂晓攻击。

当晚，孙立人与史林共同研究攻击部署。孙立人因右翼方面全系石山，侧背临河，万一攻击顿挫，危险较大，主张以左翼（东翼）为主攻。但史林以被围英军在仁安羌东北地区，如果主攻在左翼，则被围英军易于蒙受炮火损害，且解围后之撤退亦殊多不便，坚请将主攻改在右翼。于是决定将主攻指向日军左翼。18 时下达了攻击命令。其主要内容为："1. 当面之敌情无变化，仍坚守宾河左（南）岸高地一带阵地，英军第 1 师仍在仁安羌东北地区被敌包围，已弹尽粮绝，危急万分。2. 师以击溃当面敌人、救出英军之目的，于明（19 日）拂晓 5 时 30 分继续攻击。3. 第 113 团于明 5 时 30 分即向油田区之敌攻击，重点指向敌之左翼。4. 英军炮兵队（火炮 3 门）以一部火力协助第 113 团之左第一线，攻击宾河左岸之敌，以主火力支援其右第一线主力之进攻。5. 英军战车队以全力沿公路进攻，协同我主力之进攻。"[23]

19 日凌晨 4 时 30 分，第 113 团渡过宾河，5 时 30 分展开全线进攻。右翼部队迅速攻占日军第一线阵地。日军为挽回颓势，亦及时增援并组织反击。双方反复冲杀，战况极为激烈。第 3 营营长张琦壮烈牺牲。激战至 14 时，攻占了油田区。左翼部队亦攻占了日军主要据点 501 高地。15 时与被围英军取得联系。当日上午 7 时，被围的英缅师亦曾发动攻击，企图与解围的中国军队配合突围，但很快即被日军压制下去。"军队在精疲力竭之际，又受到猛烈攻击，死伤又增"，"尽管军官不断安抚，英缅军已经完全崩溃"。[24]第 113 团击退日军第 214 联队及第 213 联队一部后，救出了英缅军第 1 师 7000 余人和美国教士、新闻记者以及被日军俘虏的英军等 500 余人，从日军手中夺回的 100 多辆汽车和 1000 余头马匹等亦交还英军。他们在第 113 团掩护下，安全地从左翼撤至宾河北岸。

图 7-3-2　中国远征军入缅援英作战·仁安羌解围战斗经过要图
（1942 年 4 月 17 日—20 日）

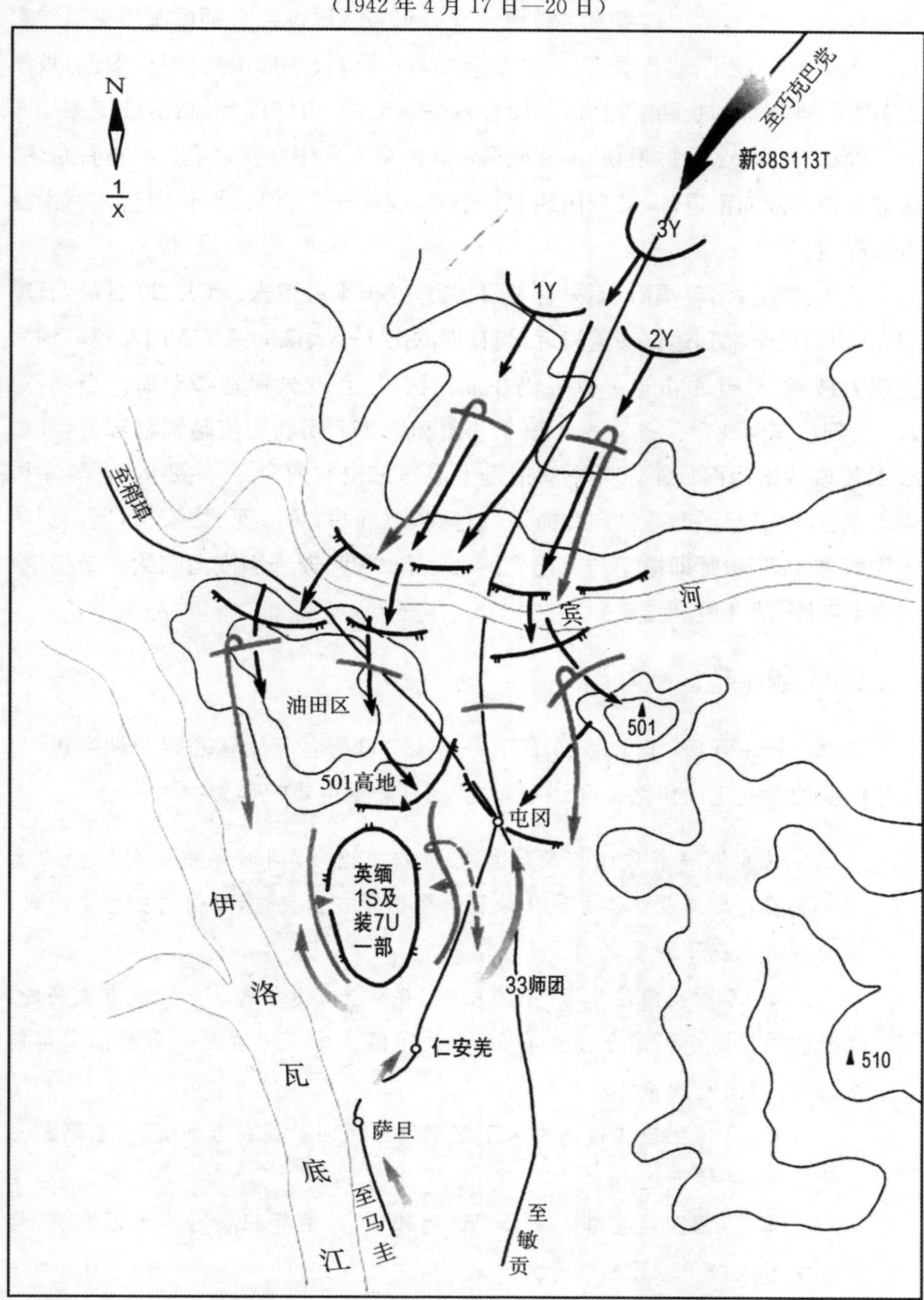

“三天的苦熬，已使他们狼狈不堪，一路对着中国军队，个个竖起大拇指高呼‘中国万岁’”。[25] 4 月 20 日，罗卓英致电蒋介石报告战况说：“孙师原派巧克巴党之 113 团，筱日扫荡平河（即宾河）以北敌人后，进而救援在彦南扬（即仁安羌）被围之英军。现据孙师长皓未报称：刘团经两昼夜激战，占彦南扬，救出被围英缅军第 1 师 7000 余人（情形狼狈，不复成军），并由敌人手中夺获之英方辎重百余辆，悉数交还。敌向南退却，其死伤约 500 余名，我亦伤亡百余。* 该团暂在彦南扬占领阵地。”[26]

第 113 团救出英军后，因只有 1 团兵力，并未乘胜追击。4 月 20 日晨，日军第 33 师团已全部到达仁安羌附近，当日即派出 1 个大队向第 113 团左翼阵地实施威力搜索，被守军击退。双方仍在油田区以南 10 公里地带对峙。当晚，第 112 团到达宾河北岸。孙立人令第 113 团和第 112 团利用夜暗调整部署，准备 21 日拂晓攻击当面日军。英军罗伯逊上尉送来史林的命令，主要内容是：中国第 5 军已改变原计划，业已向北撤退，以掩护东面军（第 6 军）之安全，因而影响本正面之作战，贵师即退至巧克巴党待命。新 38 师遂于当夜向归约一带撤退。仁安羌解围，战斗胜利结束。

（四）缅东地区战斗

日军占领东吁后，于 4 月 20 日下令追击，“部署各兵团猛烈果敢地突进，将敌压向曼德勒附近的伊洛瓦底江歼灭之”。其命令主要内容为：[27]

1. 决定以一个兵团切断腊戌方面敌之退路，同时以主力部队沿央米丁—曼德勒公路及伊洛瓦底江地区向曼德勒方面突进，包围敌主力之两翼，压向伊洛瓦底江歼灭之。

2. 第 56 师团应沿乐可（垒固）—莱卡—腊戌道路地区向腊戌方面突进，切断敌军退路。预定令独立第 56 步兵团沿央米丁—敏丹—南曲依道路前进，回归师团长的指挥。

3. 第 18 师团应在进入央米丁东侧地区后向曼德勒方面突进，切断敌主力的退路，并捕歼之。

4. 第 55 师团应在进入央米丁西侧地区后，向曼德勒西南地区突进，将敌军主力压向伊洛瓦底江歼灭之。

---

* 据孙立人回忆录，本次作战第 113 团参战人员 1121 人，阵亡 204 人，伤 318 人。

5. 第33师团应经敏建附近向曼德勒方面突进，捕歼敌主力。

另外，应以一部急进八莫，切断八莫及杰沙附近敌之退路。

东吁失守、第200师北撤后，东吁经毛奇、垒固、雷列姆至腊戍的公路立即处于日军威胁之下。当时防守这一公路的仅有第6军暂55师的第1团，位于毛奇、垒固地区。

日军第56师团根据军的命令，令参加进攻东吁的搜索联队为先遣队，于4月6日进攻毛奇。守军1个连撤守克马俾。8日，第6军为适应战况，并掩护远征军主力在彬文那会战左翼方面的安全，令暂55师第2团推进到垒固，第3团暂留杂泽、东枝构筑工事；同时电令第93师第279团速开和榜集结，另令现在景栋、孟畔的第93师及第49师分别对当面的日军、泰军实施牵制性攻击。

4月9日，日军攻占克马俾，守军退守土冲河北岸。11日，日军突破土冲河防线占领土墙，暂55师第1团再退保勒一线。12日，暂55师师部推进到垒固，并急调第2、第3团向垒固以南约32公里处高地一线占领阵地。14日，第6军军指挥所亦进至垒固，同时令第49师的第146团在垒固以北坑皮克附近占领预备阵地。在守军调整部署尚未完毕之际，日军先遣队于15日开始分两路向第1团阵地进攻，但遭到守军的坚强抵抗，攻击顿挫。日军遂将第113联队投入战斗。守军寡不敌众，被迫向垒固转移。日军跟踪追击，在垒固以南与尚未占领阵地的第2、第3团遭遇，发生激战。日军第148联队由左翼加入战斗，并超越守军，前出至距垒固约10公里之恩奎当。激战中暂55师被击溃，与军失去联系。日军于20日攻占垒固，并击退了坑皮克的第146团。第6军军部退至雷列姆，军参谋长林森木率第146团余部防守和榜。

4月21日，日军分两路进攻雷列姆和东枝。远征军急令第5军以第200师增援东枝。

4月22日，日军搜索联队攻占和榜，守军退守孟榜。23日，日军增加第113联队一部兵力，包围并击溃了守军，占领了孟榜，24日进占雷列姆。第6军军部退至莱卡，在日军追击下，于26日退孟休，收容残部。

第5军于4月21日从密铁拉出发，乘汽车向东枝前进。先头骑兵团进至东枝西侧时，东枝已被日军步兵第113联队的第2大队占领。当天骑兵团首先向东枝日军发起攻击。24日拂晓，第200师投入战斗。战斗至25日，将日军击溃，收复了东枝。

当第200师进攻东枝时，第5军于24日夜接到史迪威、罗卓英的命令："东枝攻克后，即返曼德勒，准备会战。"但同时又收到参谋团的指示："督率所部于攻克东枝后，继向雷列姆北进之敌尾击，断敌退路，以解腊戍之围。"命令与指示矛盾，第5军无所适从。攻占东枝后，又接史、罗命令："除以第200师向雷列姆方向攻击外，军部及军直应即回师西南，经密铁拉向畔楼（曼德勒南侧）集结。"旋接参谋团电示："应遵远征军司令长官部之命令行动。"[28]第5军奉令西移。26日东枝再度为日军占领。

当日军攻占孟瑙并迅速向腊戍迂回时，蒋介石于25日紧急电令罗卓英："新编第28师主力可速运腊戍和雷列姆方面。当先以保守腊戍为主，并尽可能求该方面之敌而击灭之。"[29]但是史迪威、罗卓英仍坚持要进行曼德勒会战，没有以主力增援腊戍。当时守卫腊戍的仅有新38师一部，因而日军第56师团于28日攻占昔卜，29日轻易地占领了腊戍，切断了中国远征军回国的主要通道，造成尔后作战的严重困难。原在腊戍的军事委员会参谋团已于22日撤离腊戍，转至保山。

（五）撤出缅甸

早在雷列姆被日军占领、腊戍已受到严重威胁时，蒋介石于当日（24日）电示远征军："腊戍应有紧急处置，万一腊戍不守，则第5军、第66军应以密支那、八莫为后方。"[30]25日又致以"先以保守腊戍为主"的电令。远征军长官部如果此时能根据战局的变化，采取保卫腊戍等适应缅甸战局发展的措施，以确保退回国境的后路，则尔后的发展必当有所不同。但是史迪威和罗卓英却作出了只对英军有利而对中国远征军极为不利的决定：将主力集结于曼德勒准备会战。在4月25日中英联合军事会议上，亚历山大告诉史迪威："他们必须撤过伊洛瓦底江，然后前往印度，不然的话，他们的军队就会陷入正向曼德勒推进的一支日本突击部队的包围。"[31]并于当日即开始由曼德勒地区西渡伊洛瓦底江向印度撤退。按照正常情况，远征军应当改变曼德勒会战的计划，可是史迪威和罗卓英仍将正向腊戍方向前进的第5军调回曼德勒，似乎专为掩护英军安全撤退而作此决定。

4月28日，东路日军第56师团已迫至腊戍外围，西路日军第33师团追击英军已迫近望濑。中路日军第18师团和第55师团虽受到第96师的节节抗击，但于24日攻占央米丁，25日攻占瓢背，26日攻占密铁拉；27日又击退第22师的抵抗，占领斗楼、辛盖，也已逼近曼德勒。这时，史迪威和罗卓英才放弃曼德勒会战计划，于28日17时下达了部队向北转移的命令，部署第6军、第66军(欠新38师)及第200师进攻腊戌方面的日军，以一部固守腊戌；尔后第6军向车里、佛海地区转移，第66军向八莫、畹町地区转移，第5军附新38师西渡伊洛瓦底江，沿铁路经八莫向密支那转移。但是为时已晚，战机全失，各路日军的多支先遣支队已超越远征军突进至前方，切断了远征军的主要退路，远征军各部队在日军截击、追击下，陷于互失联系、各自行动的困境、危境。

4月30日，日军第15军收到大本营的电报："大本营希望不失时机，更加扩大第15军的战果，确立积极向重庆进攻的姿态。为更有利于以后的措施，力争在国境内歼灭敌军，同时以有力的兵团越过国境，向龙陵、腾越附近怒江一线追击。"[32]

日军第56师团虽然接到了军的"攻占腊戌后继续以主力沿滇缅公路向怒江一线攻击"的命令，但认为当面守军新28师和新29师战斗力不强，不会组织坚强的抗击，因而决定仅以步兵第148联队附战车第14联队主力按命令规定向怒江追击，而以主力沿腊戌、新维、木姐、南坎、八莫、密支那道路向密支那方向突进，以切断远征军另一条主要退路。第15军同意第56师团的决心和处置，并告知"对自曼德勒方面向北退却之敌，军决定以第55师团及第33师团向密支那、塔曼提(密支那西方约240公里)一线追击，以期与贵师团之切断退路相配合捕歼敌人。"[33]

日军第56师团的第148联队(松本部队)于4月30日由腊戌出发，在先遣队之后前进，沿途未遇抵抗，于5月2日即进至畹町附近。此时日军第56混成步兵团(也称"坂口支队"，有机械化装备，刚从爪哇调回归建)亦到达畹町，因此改变部署：第148联队向八莫前进，第56混成步兵团继续向怒江前进。该团沿途击退新39师，经芒市(潞西市)、龙陵，于5月5日到达怒江西岸惠通桥附近。刚刚增援到达的2个工兵连当即将桥炸毁，接着增援的第36师陆续到达。中日两军遂隔怒江对峙。

日军第56师团主力以搜索联队(配属速射炮、野战重炮各1个中队，山炮、工兵各1个小队)为先遣队，4月30日从腊戌出发，沿途击退新29师在新维、贵街的坚强抵抗，5月3日攻占畹町，是夜复占八莫，8日再占密支那。中国远征军撤回国境的另一条主要通道被完全切断。

4月30日，远征军长官部从瑞保撤至甘勃卢，集结于曼德勒地区的远征军各部均于当夜前转移至伊洛瓦底江西岸。5 月 1 日，曼德勒为日军占领。由于形势急转直下，东路日军已突进至远征军主力左侧后。5 月 6 日，长官部得知畹町、龙陵等地已经失守（当时因部队尚在移动之中，通信不畅，尚不知八莫失守及日军已抵怒江），认为再按原定计划撤退，将极为困难，因而史迪威和罗卓英决定将沿铁路两侧向密支那撤退的第 5 军等部队改为向印度撤退，因此连续两次电令第 5 军。但杜聿明不愿退入印度，仍希望率部返回国内。经向蒋介石请示，蒋同意仍由密支那方向撤至腾冲。第 5 军遂按原计划向密支那方向转移。远征军司令部于 7 日开始从曼西撤退。史迪威带中、美少数人徒步西行，于 24 日抵达印度丁苏基，改乘飞机去新德里；罗卓英率长官部人员一面收容一面前进，于 23 日抵达印度因帕尔。

第 5 军于 5 月 7 日从温托出发时，派新 38 师的第 113 团至杰沙占领阵地，向八莫方向警戒，掩护第 5 军主力撤退。5 月 10 日，日军第 56 师团主力进至八莫后，派出一部兵力向西进攻，企图切断曼德勒至密支那的铁路，在杰沙遭到第 113 团的阻击，战况激烈，终于遏止了日军的攻势。但此时得知密支那、八莫等地已为日军占领，经上述地区回国的路线已被切断。杜聿明感到形势严峻。为迅速摆脱敌人，令所部从曼密铁路以西地区向孟关、大洛之线转进。12 日，第 5 军各部抵达曼西，13 日破坏了重型装备，开始进入山区徒步转进。此后，各师即失去掌握，各自行动。

新 38 师决定脱离第 5 军，按史迪威、罗卓英的命令，于 13 日从曼西向印度因帕尔转进。第 5 军军部及新 22 师徒步在原始森林的“野人山”山区向胡冈河谷的太洛等地前进。时逢雨季，道路淹没，部队粮尽药绝，官兵以树皮野草裹腹，一度迷失方向，绝粮 8 日，赖空投地图方于 5 月 31 日到达清加林长姆特。奉命改道进入印度，在美空军空投粮、药的支援下，经新平洋，于 7 月 25 日抵达印度的莱多。沿途因饥、病死亡 2000 余人。

第 5 军第 96 师和炮兵、工兵各一部，经孟拱、孟关、葡萄返回滇西，6 月 14 日到达葡萄，尔后即进入“野人山”山区，经受困境和第 22 师情况相同，辗转 2 月多，方翻越高黎贡山，于 8 月 17 日到达剑川。

第 5 军第 200 师 4 月 25 日在东枝地区结束战斗后奉命向北转进，在八莫、南坎间撤退。5 月 10 日，与第 5 军补训处会合，并收容第 6 军 2 个营和新第 28 师一部。在穿越昔卜、摩谷公路封锁线时，遭到日军伏击。师长戴安澜在战斗中身负重伤，26 日晚在缅北茅邦村殉国。此次战斗，参谋主任董干、第 599 团团长

图 7-3-3　中国远征军入缅援英作战·全般作战经过要图
（1942 年 3 月 17 日—5 月 15 日）

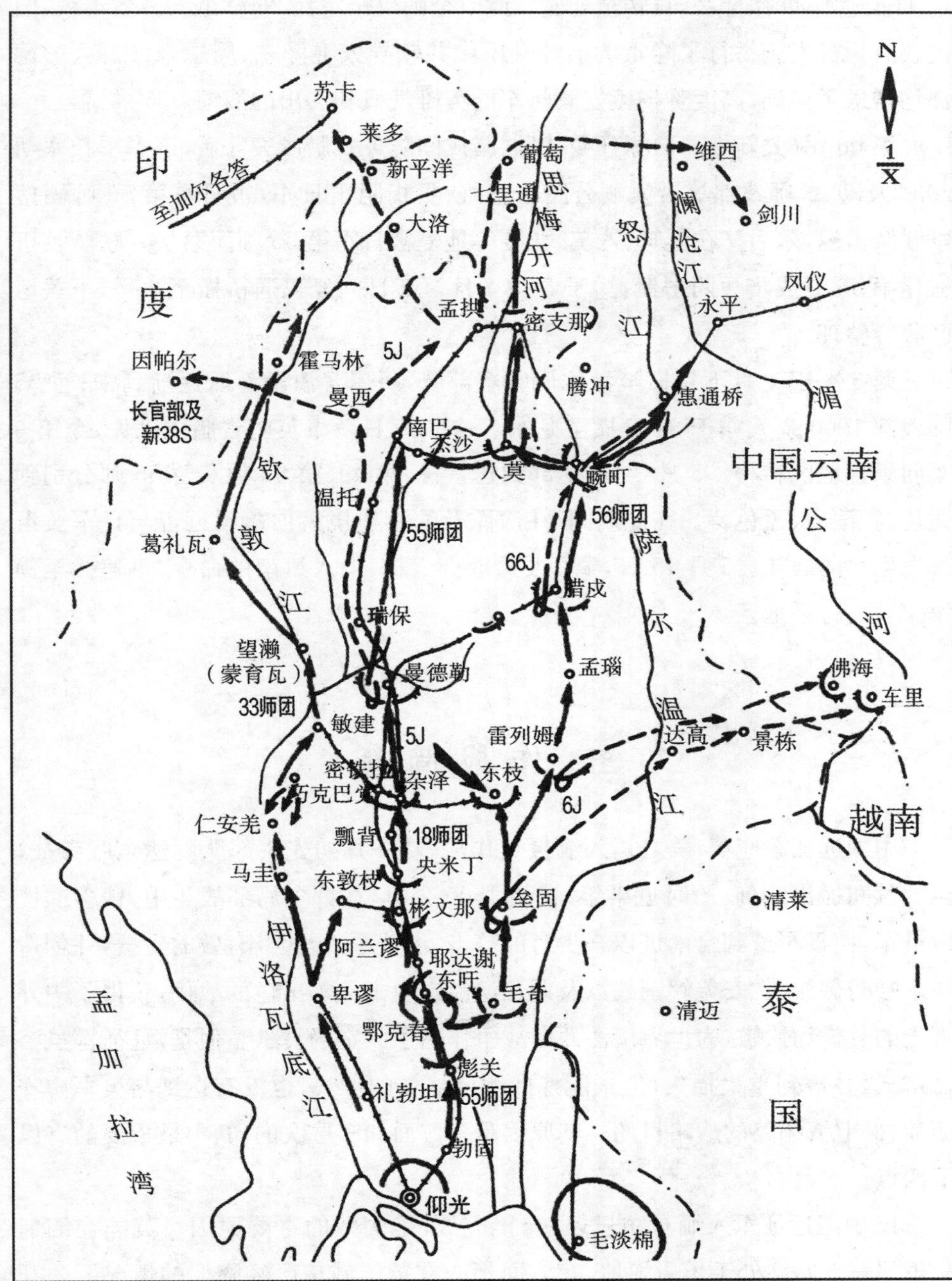

刘树人、第600团团长刘吉汉均失踪。由师步兵指挥官郑庭笈率领该师于6月17日抵达腾冲附近，29日转至云龙。此时全师仅余官兵2600余人。当年秋，国民政府为戴安澜举行了隆重的追悼会。中共领导人毛泽东、周恩来、朱德、彭德怀均赠送了挽词，高度赞扬戴安澜将军的英雄气概和突出的战绩。

第66军(欠新38师)原任曼德勒、腊戍间防务。腊戍失守后，该军军长率新29师及新28师残部等沿滇缅公路在新维、贵街阻击日军，被日军第56师团搜索联队击退，尔后又在畹町、八莫、龙陵等地复被日军第56师团第148联队及机械化第56混成步兵团击溃，遂于5月4日至5日间经惠通桥撤至永平、下关地区收容整理。

第6军于4月下旬撤至孟休后收容部队，所属各溃散部队逐渐到来；暂55师残部1000余人亦于29日撤至龙东。4月30日罗卓英电告腊戍已失，令第6军向景栋地区转移。5月8日，军部到达景栋，第49、第93师及暂55师分别到达达高、滚欣、孟色特。在此期间，在滚欣及缅泰边境孟伯落附近曾与日军及泰军发生小的战斗。5月15日，奉军委会放弃景栋、退入滇南的命令，迅速撤至佛海、车里、打洛地区。

五、作战简析

中国远征军应英、美之请入缅援英作战，从3月初先头部队到达东吁参战，至8月间撤出缅甸，历时近半年，转战1500公里，在许多局部战斗中，曾多次挫败日军，使日军遭到自南进以来少有的打击，给英军以及时、有效的支援，并创造了东吁防御战、仁安羌解围战以及斯瓦河沿岸阻击战等出色的战例，获得了中外人士的赞誉和钦敬，为世界反法西斯战争作出了一定的贡献。但是，远征军虽浴血奋战，并遭到重大损失，但未能挽回缅甸战场的颓势，也没有达到与英军协守缅甸、保卫滇缅路的战略目的。其原因是多方面和多层次的，其中最重要的有以下四点。

1. 中国远征军入缅布防过迟，仓猝应战，是失败的主要原因。英国在缅甸战争问题上始终处于矛盾境地，一方面担心在英国威信已经降低的情况下公开承认没有中国增援就守不住缅甸，这样英国的威信将进一步下降；另一方面，面对德国在欧洲的强大攻势，无论从战略上还是从实力上，都不能对抗日本在东方的挑战，因此希望借助中国的力量来遏止日本南进，保持帝国主义在亚洲的力量均势。英国的利己政策使它在对待中国出兵缅甸问题上踌躇不决、出尔反尔，不敢正面否认中国出兵的重要性，只是强调时机未到，不同意中国军队先行入缅。直到 1942 年 2 月仰光告急，中国远征军才开始陆续入缅。第 5 军先遣师第 200 师一部于 3 月 8 日到达东吁时，该军主力尚在滇缅路运输途中，炮兵及战车部队亦正从昆明向缅境赶运中。而当天日军第 33 师团已攻占仰光。远征军还未能迅速集中优势兵力于战场，就面对从勃固北进的强敌，以致作战一开始就陷于被动。以后兵力逐次投入使用，无法发挥全力，从而影响整个战役。

2. 中英联军缺乏协同，致贻误战机。远征军入缅之初受英军总司令胡敦指挥，但联军对缅境作战并无完整计划，亦无明确目的，仅有地境划分与部署的建议：将缅甸大部正面划给远征军，英军则集中在伊洛瓦底江地区，以印度为后方(便于在战况不利时向印度境内转移)，而以第 5 军在仰曼路方面掩护其撤退。在联军协同联络方面，英方为便于其单方行动的方便，一再拒绝中方要求派遣联络员到英军师、旅的要求。在作战进程中，英军不顾第 5 军右侧的安全，节节败退，甚至放弃阿兰谬，向仁安羌转进的重要行动亦不通知第 5 军。为了右侧翼的安全，中国远征军被迫放弃彬文那会战，坐失击破当面日军的良机。

3. 联军指挥系统紊乱，层次多，不统一，影响全面作战。中国远征军初受英军司令胡敦、后改亚历山大指挥，他们都未实施其统一指挥责任。远征军长官部成立后，中国战区参谋长史迪威全权指挥在缅远征军。1942 年 4 月蒋介石第二次赴缅督战时，对在缅将领明确宣布了五个指挥关系。其中三个是：① 史迪威全权指挥中国军队在缅作战。② 司令官罗卓英受史迪威的指挥，第 5、第 6 军军长和在缅军官都受罗卓英的指挥。③ 对英一切问题，由史迪威接头。此外，军事委员会选派驻滇参谋团入缅就近协调作战。名谓协调，实际亦参与指挥。此种指挥系统，层次繁多，指挥失灵。在保卫缅甸的大前提下，中、英各方均怀有各自目的：英方以保卫缅甸为次，以利用中国远征军掩护其撤入印境为主；中方则既要协同英军击退入缅敌人，又要尽可能减少伤亡，保存部队，所以蒋介石在战略上着重严密防守、部队纵深配置，也不是积极协助英方。这样，在全役作战过程中中、英两军各自行动，情况通报失时，史迪威与参谋团并未起到协调中、英两方的作用。在指挥层次本已复杂的情况下，蒋介石还亲自遥控指挥，迭次电、函指示驻滇参谋团。参谋团负调协责任，但亦参与直接指挥，造成前线指挥员无所适从。如 4 月 24 日，第 200 师将攻克东枝时，远征军长官部电令第 5 军“攻克东枝后，即返曼德勒，准备会战”。同时，驻腊戍参谋团又电令第5军“督率所部于攻克东枝后，继向雷列姆北进之敌尾击”。两电相左。经向双方请示，最终还是由蒋介石授意，命长官部采取折中办法，令第200师继向雷列姆，令军主力返回曼德勒，同时令参谋团指示按长官部命令行事，以维持双方的“面子”。这种指挥方式既难适应作战需要，又复造成兵力分散，且又枉费宝贵时间，焉得不影响作战？

4. 作战指导失误，忽视翼侧、后方安全，影响全局。缅甸东境本已完全暴露在侵占泰、越日军的威胁之下，而且此地地形复杂，仅有垒（垒固）、腊（腊戍）公路贯通纵深。整个东境仅有1个军的兵力。该军既要拒止泰方来攻之敌，又要扼守垒固要点、配合正面作战，显然力不胜任。如此部署，使远征军左翼薄弱。当正面放弃彬文那会战时，本应调整部署（可从国内抽调兵力），加强东境防务，确保远征军后方通路的安全，阻击日军第56师团的东进。可是军事当局仍未引起重视，未能阻止日军沿垒腊公路长驱直入、深入滇西边境、切断所有主要退路，造成远征军的迅速失败。当垒固失守、腊戍告急，第5军东进增援、攻克东枝，有可能挽回不利局势时，又因长官部（实际是史迪威）与参谋团的指导思想各异，造成兵力分散使用，以致第200师既未能起到阻止日军、稳定战局的作用，反而陷入困境；第5军主力亦徒劳往返、浪费时间，未能发挥战力，且从此转入完全被动挨打的局面。至此，中国远征军入缅作战的败局已无可挽回。

附表7-3-1　中国远征军指挥系统表（1942年3—4月）

中国战区总司令蒋介石　参谋长史迪威

　中国远征军第一路司令长官罗卓英（4月3日前为卫立煌，但由杜聿明代理）

　　第5军　杜聿明

　　　第96师　余韶（第286、第287、第288团）

　　　第200师　戴安澜（第598、第599、第600团）

　　　第22师　廖耀湘（第64、第65、第66团）

　　　新兵训练处　黄　翔（补充第1、第2团）

　　　军直属装甲兵团、炮兵团、骑兵团各1个

　　第6军　甘丽初

　　　第49师　彭璧生（第143、第146、第147团）

　　　第93师　吕国铨（第277、第278、第279团）

暂55师　陈勉吾(第1、第2、第3团)

第66军　张　轸

新28师　刘伯龙(第82、第83、第85团)

新29师　马维骥(第85、第86、第87团)

新38师　孙立人(第112、第113、第114团)

长官部直属炮兵第18团第1营,战防炮第1营,野战重炮兵第2旅第13团第1营,独立工兵第24营,宪兵第24团1个营

注:各军的一般直属部队未列入。

附表7-3-2　英缅军第1军团编制表(1942年3月)

英缅军第1军团　军团长史　林(又译斯立丹、斯列姆)

英缅军第1师　史考特

第1、第2、第13步兵旅

英印军第17师　史密斯

第16、第46步兵旅(后改第48步兵旅)、澳军第63旅英装甲兵第7旅(战车约150辆)

附表7-3-3　侵缅日军指挥系统表(1942年3月)

第15军　司令官饭田祥二郎

第33师团　樱井省三

第33步兵团　荒木正二

第213、第214、第215联队

山炮兵第33、工兵第33、辎重兵第33联队

第55师团　竹内宽

第55步兵团　堀井富太郎

第112、第143、第144联队

骑兵第55、山炮第55、工兵第55、辎重兵第55联队

第56师团　渡边正夫

第56步兵团　坂口静夫

第113、第146、第148联队

搜索第56、野炮兵第56、工兵第56、辎重兵第56联队

第18师团　牟田口廉也

第23旅团　佗美浩

第55、第56联队

第35旅团　川口清健

第114、第124联队

骑兵第22大队,山炮第18联队,工兵第12联队,辎重兵第12联队

注　释:

〔1〕〔日〕服部卓四郎:《大东亚战争全史》。军事译文出版社1987年中译本,第2册第1页。

〔2〕同〔1〕,第3页。

〔3〕同〔1〕,第51页。

〔4〕《英日关系的疏远(1919—1952)》。英国剑桥大学1982年版,第109页。

〔5〕1942年1月4日《新华日报》。

〔6〕〔英〕丘吉尔:《第二次世界大战回忆录》。商务印书馆1957年中译本,第4册第192页。

〔7〕中国第二历史档案馆编《抗日战争正面战场》。江苏古籍出版社1987年版,第1400页。

〔8〕同〔7〕,第1400—1401页。

〔9〕转引自蒋纬国主编《抗日御侮》。台湾黎明文化事业公司1978年版,第8卷第179页。

〔10〕同〔1〕,第53页。

〔11〕同〔10〕。

〔12〕同〔7〕,第1402页。

〔13〕同〔7〕,第1391—1392页。

〔14〕日本防卫厅防卫研究所战史室:《缅甸作战》。中华书局1987年版,(上)第61页。

〔15〕同〔9〕,第195页。

〔16〕同〔14〕,第64页。

〔17〕同〔14〕,第77—78页。

〔18〕见《林蔚报告书》(国民党军令部战史会档案)。载中国第二历史档案馆编印的《中国现代政治史资料汇编》第3辑第41册。

〔19〕同〔9〕,第206页。

〔20〕转引自刘伟民《刘放吾将军与缅甸仁安羌大捷》。美国洛杉矶1994年印,第24—25页。

〔21〕见《孙立人回忆录》。转引刘伟民文,同〔20〕,第126页。

〔22〕［英］史林:《反败为胜》(Defeat into Victory),第68页。引同〔20〕。

〔23〕台湾国民党"国防部"史政编译局编《抗日战史》。1990年版,第69册。

〔24〕同〔22〕,第70页。

〔25〕英随军记者Jack Belden记。见孙克刚《缅甸荡寇志》,时代图书公司1946年版,第9页。

〔26〕同〔7〕,第1419页。

〔27〕同〔14〕,第100页。

〔28〕上述4则电令同〔23〕,第9册第280页。

〔29〕秦孝仪主编《中华民国重要史料初编——对日抗战时期》。台湾国民党中央党史委员会1981年印,第二编《作战经过》第299页。

〔30〕见同〔18〕。

〔31〕〔英〕约翰·科斯特洛:《太平洋战争》。东方出版社中译本,(上)第292页。

〔32〕同〔14〕,第117—118页。

〔33〕同〔14〕,第133页。

第四节　浙赣会战

一、战前一般情况

日本从1941年12月8日发动太平洋战争至1942年3月底,其南方军占领了东南亚广大地区和西太平洋、南中国海的全部美、英的空军和海军基地,重创了美国太平洋舰队和英国远东舰队,夺取了这些地区的制空权和制海权,并杀伤和俘虏盟军30余万人。日本统治集团为这一暂时胜利欣喜若狂。他们认为第一阶段的战略进攻已经取得了决定性胜利。但是这场战争进一步暴露了日本国小人少、战争潜力严重不足的弱点。日本大本营分析当时战略形势时也不得不承认由于发动太平洋战争,日军在中国战场上的作战能力已经下降,诱逼蒋介石投降的谋略活动一再失败,在策应攻占香港和南方军作战的第三次长沙会战中遭到沉重打击。因此为加强中国战场的作战能力,日军在完成南进第一阶段作战任务时,从南方军调第3飞行师团加强"中国派遣军",并在中国战场组建了7

个新的师团(第58、第59、第60、第68、第69、第70、第71师团)。这些师团是由原在中国战场的独立混成旅团和从日本征来新兵组成的3个后备步兵大队编成的。采用两旅团制,旅团的下属部队仅有4个独立步兵大队,没有联队一级。

1942年4月初,日军"中国派遣军"为"推动治安工作"的开展,决定对靠近南京的广德、宁国附近地区的中国部队发动进攻。预定使用兵力为第13军的第22、第116师团主力,第17师团1个旅团和从第11军各部队抽调组成的1个旅团。4月20日下达了作战命令,定于4月25日起开始攻击。日军称此次作战为"第19号作战"。

抗日战争进入相持阶段以来,国民政府军事委员会又组建了许多预备师和新编师,并对原有各部队分批、分期抽调至后方整训、补充。1940年以后的军队编制,通常为1个军下辖2个正规师和1个预备师,直辖有骑兵、炮兵、工兵、辎重兵、特务营各1个;每师下辖3个正规团和1个补充团,直辖炮兵、辎重兵各1个营,骑兵、战车防御炮、工兵、化学兵、通信及特务连各1个。每师编制人数约1万人。为了提高进攻能力,并将其第1、第2、第5和第74军装备为4个攻击军,每军下辖3个师,直辖炮兵、特务、工兵、辎重和补充团各1个,战车防御炮、重迫击炮、搜索、通信营各1个,另外还有1个汽车大队、1个特务队等。太平洋战争爆发前共有37个集团军、108个军、3个骑兵军、257个步兵师、10个骑兵师、27个独立旅以及特种兵等,总兵力约480万人。

国民政府的军队虽然很多,但是"蒋介石的战略是撤退到内地,按兵不动。他已经如愿以偿地挫败了日本人的锐气。他没有求胜的计划,他只求生存,只求在持久力上超过敌人。他猜测美国人迟早会被拉进这场战争,到那时,他将是牵制了100多万日军的有功之臣。"在这种情况下,他当然不肯积极主动地向日军实施攻势作战,不愿"在军事上竭尽全力,把他将来用于对付共产党的力量一点一点地消耗掉"。[1]太平洋战争爆发之后,蒋介石更是"十分满意于坐等观望事态的发展"。第三次长沙会战胜利之后,国民政府与军队上下都极为乐观,认为抗战胜券已经在握。国民政府甚至已着手任命各省主席,物色各级官员,准备接收事宜,一派坐等胜利的气氛,继续抗战的意志和态度逐渐松懈和消极。

二、日军的战略企图、作战指导及兵力部署

1942年4月18日，由杜立特率领的美国特别飞行中队16架B-25中型轰炸机从由第16特混舰队护航的“大黄蜂”号航空母舰上起飞，轰炸了日本东京、名古屋、大阪、神户等地后，飞至中国浙江的衢州等地机场降落。这次突然轰炸引起日本朝野和本土陆、海军的极大震惊，对本国的空防能力产生怀疑：16架轰炸机在无战斗机护航的情况下，居然能在大白天在日本的主要城市上空飞来飞去而1架都不被击落，开始感到本土已不安全。* 日本大本营为防止中、美空军利用中国浙江一带的机场对日本本土实施“穿梭式轰炸”，当日即决定摧毁中国浙赣线上的空军基地和前进机场。

1942年4月21日，日本大本营通知“中国派遣军”“中止第13军的作战(第19号作战)，准备浙江作战”。当时第13军已经下达了定于4月25日开始的第19号作战命令，因而“中国派遣军”总司令官畑俊六向杉山元建议：“目前19号作战已准备完毕，一旦中止，将造成统帅上的困难，仍望按原计划执行。”22日，杉山元答复说：“根据全面形势，必须立即摧毁浙江机场群。为此，立即中止第13军的第19号作战，迅速转入摧毁机场群作战。”[2] 4月30日，大本营下达了“大陆命”第621号命令：“中国派遣军总司令官应尽快开始作战，主要是击溃浙江省方面之敌，摧毁其主要航空基地，粉碎敌利用该地区轰炸帝国本土之企图。”同时下达了“大陆指”第1139号指示：“预定以地面兵力攻占的敌主要航空基地，主要有丽水、衢州、玉山附近的敌机场群及其各种设施；对于其他机场群，则根据我航空兵部队情况，及时控制或破坏。”“攻占上述丽水、衢州、玉山附近敌机场群后，在一定时期予以确保。在形势不允许确保时，可将机场及其他各种军事设施和主要交通线等予以彻底破坏后，返回原驻地。”使用兵力，“以第13军的主力和从第11军及华北方面军抽调的部分部队组成，以40余个步兵大队为骨干。”[3]

畑俊六和第13军司令官泽田茂对大本营的作战企图及兵力部署颇有意见，认为破坏机场后再撤回来，很快即可修复利用，而且仅以击溃敌军为目的也太消

---

* 自从1938年5月20日，中国空军2架轰炸机由宁波起飞，在日本长崎、福冈等地投撒传单、实施“纸片轰炸”后，日本已加强了对本土的空防。

极。于是决定改变作战目的及部署，增大使用兵力，扩大作战规模："以歼灭第三战区之敌为主要目的，占领飞行基地为次要目的"，"以约 80 余个步兵大队为骨干"，以第 13 军使用 58 个大队"从杭州方面向东部第三战区进攻"，以第 11 军使用 27 个大队"攻击西部第三战区军，以策应第 13 军"(6 月中旬华北方面又将 2 个大队增调给第 13 军，总计使用兵力达 87 个大队，约为大本营原定方案的两倍)。虽然派遣军没有足以固守预定占领区的兵力，但为了使该地区的机场群不再为中国空军使用，要固守新占领的金华地区，"并在该地附近部署部分打击兵力，以便随时可以发动新的进攻"；又由于"作战地区并不仅限于浙江省，远至江西省，甚至企图打通浙赣线，作战名称也从原定的'浙江作战'改为'浙赣作战'"。[4]

为了迅速开始进攻，"中国派遣军"令第 13 军不必等待"华北方面军"增援部队集结，5 月 15 日开始行动；令第 11 军于 5 月末开始行动。

第 13 军于 5 月 11 日 17 时下达作战命令。其主要内容为：[5]

1. 我军决定于 5 月 X 日对正面之敌开始发起进攻，首先为了捕捉并歼灭安华街、义乌和长乐附近之敌，约在 X+3 日傍晚向诸暨、嵊县西南方地区前进。

2. 第 116 师团、第 15 师团和河野混成旅团必须在 5 月 X+1 日拂晓突破正面之敌阵地，向建德、诸暨南方地区和陈蔡市北方地区前进。

3. 第 22 师团必须于 5 月 X 日拂晓突破正面之敌阵地，主要通过沿曹娥江地区向长乐东北方地区前进。

4. 第 70 师团必须于 5 月 X－1 日日落后开始行动，从奉化方面向新昌南方地区前进。

5. 第 32 师团必须于 5 月 X+1 日以后，以部分兵力通过富春江右岸地区，主力则通过左岸地区，基本上沿第 116 师团的后方前进。

12 日，第 13 军下令确定 X 日为 15 日。

各师团遵照军的命令行动。截至 13 日，属于第一线兵团的 4 个师团和 1 个混成旅团已全部展开在从余杭附近至奉化附近约 150 公里之间，在此线集结后，准备发起进攻。各师团集结的位置是：第 70 师团在宁波、奉化，第 22 师团在上虞、绍兴，河野旅团在绍兴，第 15 师团在萧山，第 116 师团在余杭。由华北调来的第 32 师团，已有三分之一的兵力在杭州集结。小薗江混成旅团在杭州。

三、第三战区的作战指导及兵力部署

1942年4月下旬，军事委员会发现第三战区当面日军自本月中旬以来调动极为频繁，判断日军有可能向金华、兰溪、衢州地区发动进攻，于是从第九战区调第74军、第26军两个主力军及装备精良的预备第5师加强第三战区，作为其机动部队。第三战区司令长官顾祝同命副长官上官云相进驻淳安，指挥驻钱塘江北岸各部队；命第10集团军总司令王敬久指挥钱塘江南岸各部队及金华、兰溪守军。后又根据军事委员会的电令，另行组建第25集团军，以李觉为总司令，进驻缙云，指挥浙南各军。第三战区还根据掌握的敌情，制订了一个预计在金华地区与日军决战的保卫金、兰、衢的作战指导方案，报请军事委员会核准备案。该方案的主要内容是："战区为打击进犯敌人，确保金、兰、衢要地之目的，先以有力部队在勾嵊山、安华、玉沙溪及东阳、义乌、浦江、建德各线既设阵地，予敌严重打击，尔后固守金、兰及切断敌后，诱致敌人于金、兰要点前，以主力由金华东北、西北地区，合力围击而歼灭之。务期以全力在此决战，粉碎敌人的任何企图。"[6]

军事委员会5月17日复电，不同意第三战区在金华地区决战的方针，指示应在衢州地区决战。复电说："务将王耀武军（第74军）、丁治磐军（第26军）、王铁汉军（第49军）三军集结衢州附近，切勿控置于金、兰一带被敌逐次消耗。我军方针决在衢州附近决战，不可变更。"[7]

第三战区依照军事委员会的指示，于5月22日重新制定了保卫衢州作战的指导方案，并立即实施（此时日军已开始进攻）。其主要内容为：[8]

1. 敌情判断：敌大举进攻衢州时可能以主力沿浙赣路，各以一部沿嵊县、东阳、永康道及富春江西岸，另以有力一部经余杭、分水、到淳安后经寿昌趋龙游、衢州，或经遂安、开化趋玉山，合力略取之。南昌方面必以有力部队同时进犯赣东，或更以一部由温州登陆，出丽水威胁衢州右侧北。

2. 方针

战区为击灭进犯敌人，确保衢州，以利尔后总反攻之目的，先以有力部队，逐次在长乐、安华、桐庐及东阳、义乌、浦江、建德各线既设阵地，极力迟滞、消耗敌人，坚守金、兰及切断敌后，猛烈围击敌寇，严重打击敌人。尔后再诱致敌人于衢州要点前，配合伏击、截击、尾击部队，以主力分由衢州南北山地合力围击而歼灭之。

敌如逃窜时，应勇猛追击，压迫敌于金华江南岸而聚歼之，一举恢复钱（钱塘江）南失地。

3. 指导要领

（1）为确保衢州，预定四阶段作战：

第一阶段：为嵊县、诸暨、新登第一线及胡村、安华、桐庐、分水附近各既设阵地之作战。本阶段主（要）应以第一线守备部队逐次迟滞、消耗敌人，判明其企图，尔后应留有力部队于沿公路、铁路及富春江方面，分区分路区分任务、区分目标，伏击敌后，阻其增援。第一线部队主力则适时转进，速作第二阶段作战准备。

第二阶段：为金、兰附近之作战。本阶段应严重打击敌人，金、兰、建、寿守备部队仍应先在孝顺、墩头各附近既设阵地韧强抵抗，诱致敌人于金、兰要点前，与先期设伏部队之截击，金、兰外围部队之围击，竭力粉碎敌之企图。此时浙西方面应组有力挺进部队攻袭杭州，以收策应牵制之效。

第三阶段：为衢州附近之决战。以第86军（欠第79师）并指挥暂13师，集中战区炮兵，死守衢州既设阵地。我决战之主力则控置衢州南北山地较远地带。切戒为敌吸引或过早使用，务使敌人被诱至于衢州要点前，依陆、空军协同，步炮配合，拒止敌人于阵地前，乘其攻势顿挫疲极时，始以主力进击南北山地，合力围击、夹击、伏击、尾击、截击而歼灭之。此时敌后设伏部队，应发挥效力于最高度。浙西挺进部队应乘虚袭占杭州，至少亦须截断沪杭交通，促成衢州战役的全胜。

第四阶段：为追击作战。敌攻衢州遭惨重打击后必迅速逃逸，我应不失时机，勇猛追击。此时敌后留置部队应彻底破坏敌后交通、通信，总预备队应以一部行超越追击，断其归路；其他部队则勇猛追击，相机包围或压迫敌于金华江南岸而聚歼之。

如敌一部在温州登陆西犯，应勿使突过青田、丽水。

（2）南昌方面，如敌以有力部队在猛扑金、兰、衢的同时渡抚河来犯，应节节抵抗及节节设伏，与第九战区友军的尾击密切配合，诱致敌人于鹰潭既设阵地前，合力围击而歼灭之。鹰潭须始终确保。

（3）如敌使用主力于衢江南岸，总预备队及衢江北岸部队应适时转用于衢江南岸，形成铁锤；如敌使用主力于衢江北岸，其抽调转用办法相同。如此南北夹击，协力击灭进犯之敌。

(4) 在敌进犯全期，战区其他方面部队应积极活动，策应本会战，挺进杭州。截断沪杭交通尤应努力实行。

(5) 如敌攻占金、兰后暂时就地整补，不即攻衢州，等其整补完毕再攻衢州；或稳扎稳打、步步为营、逐次推进时，我敌后游击伏击部队应以全力袭扰，使其无法整补或稳步前进而陷于脱节，再视情况转移攻势。

4. 兵团区分及任务

(1) 第70军：辖第70军、闽江江防司令部、闽保纵队，担任闽海守备及福州、漳州、泉州各地之确保。

(2) 第25集团军：辖温州守备区、台州守备区、三象地区、四明山、会稽山游击队和暂9军、待命配属的第88军，担任浙东沿海守备，嵊县及富春江以南的敌后游击特应对东阳至永康及萧山、诸暨至金华公路、铁路两侧地区作伏击、袭击诸准备，阻其增援，策应我主力作战，乘胜协同友军恢复钱南失地，并于5月起负责指挥。

(3) 第10集团军：辖第88军(欠暂32师，该军衢州决战时待命改归第25集团军指挥)、第79师(并指挥挺进第1纵队)、第63师和衢州决战时归该集团军指挥的第74军、第86军(欠第79师，附暂13师)担任保卫金、兰及衢江以南之作战，应尽全力设伏阻敌增援，协同第32集团军击灭犯衢之敌，乘胜协同友军一举恢复钱南失地。

(4) 第32集团军：辖第1游击区(辖第28军，欠第192师、第1游击纵队、独立33旅)、第25军(欠第52师、第40师)、第24军、钱北军*、忠义救国军及境内地方武装，担任沿富春江、桐江、兰江、衢江以西地区之作战，应全力在上述各江及新安江两岸设伏埋雷，阻敌增援，确保淳安。另以有力部队挺进杭州，协同第10集团军击灭犯衢之敌，乘胜协同友军一举收复浙西失地。

(5) 第23集团军：辖第2游击区(辖新7师、挺进第2纵队、江苏保安第9旅)、第50军(欠新7师)、第21军(欠第146师、第147师)，担任苏南、

---

* 抽调第40师、第146师、第192师和从第9战区调来的预5师组成，由第28军副军长陶柳指挥。该军组建时归第10集团军指挥，5月24日改归第32集团军指挥，担任富春江北岸作战。

皖南之守备，并尽可能抽调部队，以供战区其他方面之用。第147师开贵溪，尔后归第100军指挥。

(6) 第100军（欠第63师，并指挥第147师、鄱阳湖警备司令部）担任赣东方面之守备，确保鹰潭。状况许可时，应抽出一部参加衢州战役。

(7) 战区直辖部队：第49军（欠暂13师）控置在衢州西北石梁市、源川口一带，对杜泽、上方方向应特别注意搜索警戒。空军美志愿队，特种兵配属另定。

浙赣会战第三战区参战部队指挥系统如附表7-4-2。

四、会战经过

(一) 金华、兰溪地区战斗

1942年5月14日至17日，展开在奉化、上虞、绍兴、萧山、富阳的日军第13军第一线部队先后发起进攻。其主攻方向在浙赣路东段。

日军第70师团于5月14日夜从奉化、溪口地区开始行动，经尖山镇、安文镇向永康方向进攻；第22师团于5月15日晨从上虞沿曹娥江南下，经三界、嵊县向东阳方向进攻；河野旅团于5月15日傍晚从绍兴经枫桥镇向义乌方向进攻；第15师团于5月15日夜从萧山附近渡过浦阳江，沿西岸南下经诸暨向浦江方向进攻；第116师团指挥原田旅团于5月16日晨从富阳西北方沿富阳江西岸向建德方向进攻；第33师团于5月17日14时从富阳出发，在第116师团后方前进。

各路日军在进攻途中遭到守军暂9军、第88军和预5师等部队不同程度的节节抵抗，至17日分别进至大市聚、长乐、诸暨以东、以西和新登附近地区。第13军侦知在安华街、长乐、义乌间集结有第三战区有力兵团，判断第三战区的企图为守卫金华和兰溪，遂决定将进攻重点仍保持在左翼，一举捕捉并歼灭安华、长乐、义乌附近的中国军队。于18日凌晨1时下达了甲第73号作战命令。其主要内容为：[9]

1. 本军将重点保持在左翼，以期一举捕捉并歼灭安华街、长乐、义乌附近敌军主力。

2. 第15师团必须于5月19日傍晚向安华街附近之敌阵地突击，一面随地击溃敌军，一面以主力迅速进入义乌西南地区。

3. 河野旅团须于5月19日拂晓突破陈蔡市附近阵地，一面随地击溃敌军，一面进入东阳西南地区。

4. 第22师团须于5月19日拂晓突破长乐附近阵地，进入东阳南方地区。

5. 第70师团一面随地击溃敌军，一面迅速向横店东南地区前进，切断向东南及南方撤退的敌军退路；迅速将1个步兵大队派至诸暨，由军直辖。

6. 第32师团仍须沿第116师团的后方前进，以部分兵力沿富春江右(东)岸地区前进，配合第116师团的战斗。

命令下达后，当日晨泽田茂率军战斗指挥所人员乘大型机艇从杭州溯浦阳江向临浦前进，在义桥附近触雷，机艇沉没，指挥所人员死伤数十人，指挥所遂停留于义桥。当日中午侦知当面守军暂9军等开始向东阳东南地区撤退，于17时又补充下达指示，令第15师团、第70师团、河野旅团向金华以东地区追击；令第22师团进出武义东北，切断守军退路。

战斗至5月24日，守军暂9军在长乐、东阳附近各既设阵地，第88军在安华、义乌及浦江各既设阵地给予日军以一定的打击，后分别向东(阳)永(康)公路两侧和金华以北地区转进，对进攻日军实施侧击、伏击，进行牵制；守军预5师在兰溪、芝厦南北之线以坚强的阻击战迟滞日军后，向建德东南转移。日军第70师团由永康转向西北，进至孝顺以西地区；第22师团于21日占东阳，22日占永康，后向西转进至武义西北；河野旅团进至金华东南；第15师团于22日占孝顺，后进至孝顺以西地区。日军各部队均已到达金华、兰溪外围地区，形成三面包围的态势。

5月24日，日第13军发现金华城内有大火，又根据飞行队及各部队的报告，判断金华附近守军已开始撤退。为迫使其进行决战，第13军决定将进攻重点移至右翼，以一部兵力进攻金、兰，以主力向衢州追击。当日下午下达了甲第88号作战命令。主要内容是：令第70师团“立即攻克金华和兰溪，然后在该地附近集结兵力”；令第15师团“派部分兵力监视兰溪之敌，主力向衢县西侧地区追击”；令第32师团由右翼展开，与第116师团“一面随时击溃敌军，一面向衢县西方地区追击”；令河野旅团及第 22 师团“立即开始行动，向衢县追击”。[10]

同日，第 10 集团军判断当面日军将以主力由岭下朱、孝顺、曹宅及浦江、兰溪大道进攻金、兰，另各以有力部队从武义、汤溪大道及兰江以西地区直趋汤溪、龙游，企图切断金、兰后方联络线，当即令暂 9 军转至东阳、永康、金华公路两侧地区侧击牵制日军。第 40 师兼程由更楼镇（白沙西南）开龙游、湖镇间地区，统一指挥暂 13 师在汤溪、龙游一带占领阵地，对东警戒。新 30 师由集团军直接掌握。第 88 军速派有力部队占领金华江北岸，掩护金、兰后方。此时第 79 师、第 63 师已归第 88 军统一指挥，该军军长何绍周已抵金华北山指挥。集团军总部亦移到龙游三叠岩。

25 日，日军第 22 师团进至古方，26 日逼近汤溪，与第 40 师、暂 13 师展开激战；日军第 116 师团攻占寿昌后与第 32 师团并列继续南下。26 日，其先头部队已进到衢江北岸的航埠附近。第 40 师及暂第 13 师被迫向龙游转进，经苦战，龙游被日军攻陷，金、兰后方已受到严重威胁。第 10 集团军已令第 40 师转至大洲镇防守，暂 13 师转至灵山镇防守，掩护集团军右翼安全。在日军第 22 师团后跟进的小薗江旅团（由华北方面军第 26 师团及第 37 师团各 3 个步兵大队组成，24 日到达诸暨）已进至武义附近。

金华方面：日军第 70 师团及第 22 师团、河野旅团一部在 20 余架飞机掩护下，于 25 日拂晓开始向第 79 师外围阵地进攻，并以一部向竹马馆迂回，进攻第 79 师右侧背。26 日全线竟日激战，日机数十架在阵地上空轮番轰炸，并在金华东关附近投掷喷嚏性毒气弹多枚，掩护其步兵冲击。至黄昏时，守军第 79 师防守外围阵地的第 235 团和挺进第 1 纵队被迫向金华西北阵地转移。27 日至 28 日，战况愈趋激烈，日机在城垣上空轮番轰炸，守军核心阵地工事全被摧毁。为挽救败局，第 79 师曾从王牌、项牌右侧向日军实施反击，亦未奏效。日军于 28 日晨突入城内，与守军展开巷战。第 79 师官兵与日军激战达 4 小时之久，终因阵地大部落入日军之手、伤亡过重，只得于黄昏向北山、大盘山突围，金华遂被日军攻占。

兰溪方面：日军第 15 师团第 60 联队在飞机 30 余架掩护下，25 日拂晓向百坎尖、高圣尖、石廓山之线守军第 63 师外围阵地展开进攻。第 63 师官兵坚强抵抗。26 日，沿兰江东岸南下的日军第 15 师团一部协同正面日军围攻兰溪城，27 日竟日猛攻，第 63 师外围阵地全被攻占，兰溪城陷入混战。28 日守军第 63 师不得已陆续向城东白石塘一带突围，于是兰溪被日军攻占。日军第 15 师团师团长酒井直次中将于 28 日上午在距兰溪 1.5 公里处被地雷炸成重伤，旋即毙命。日军战史称："现任师团长阵亡，自陆军创建以来还是首次。"

5 月 29 日，日军进攻金、兰的第 70 师团留守金、兰，第 15 师团向龙游地区前进；第 13 军其他各师团已进至龙游南北之线集结，准备进攻衢州。中国第 88 军指挥的第 79 师、第 63 师及新 21 师、挺进第 1 纵队亦均已到达预定地域，继续以侧击、伏击遮断日军增援及补给路线，策应衢州战斗。原在汤溪、龙游地区防守的暂第 13 师及第 40 师分别转移至灵山镇、大洲镇附近。第三战区长官司令部已移至福建建阳，在崇安境内武夷山上的武夷宫设立战区指挥所。

（二）衢州地区战斗

第三战区第 88 军的第 63 师等部在金华、兰溪一带抗击日军时，战区对衢州地区的防务，在原计划基础上作了适当的调整：令第 10 集团军指挥第 86 军、第 49 军、第 74 军担任衢州及其以南地区的作战，指挥所位于后溪街；令第 32 集团军指挥第 25 军、第 26 军担任衢州以北地区的作战，指挥所位于常山（旋又移至华埠）。其作战方针是：以 1 个军固守衢州，诱敌胶着于衢州外围，尔后以 4 个军实施南北夹击，包围日军而歼灭之。其具体部署为：第 86 军并指挥第 40 师固守衢州城郊及其以南的大洲镇；第 74 军位于大洲镇东南的溪口、湖山、湖南地区；第 49 军位于衢州以西的招贤、航埠地区，其暂 13 师位于北界、灵山一带，掩护第 74 军右侧翼；第 26 军位于衢州西北的峡口、芳村地区；第 25 军（欠第 40 师、第 52 师，指挥第 145 师、第 146 师）位于峡口以北的大同、上方地区。

以上 5 个军，5 月底以前均已先后到达了预定的地区，进行战备。

5 月 30 日，日军第 13 军侦知第三战区在衢州附近集结兵力，判断第三战区军"企图进行顽强抵抗"，于是设想"将第 15 师团转移到衢江南岸地区，保持重点于左翼，由衢州两侧地区突破并分割敌阵地，一举歼敌于战场"。同时"将小薗江旅团对丽水方面的作战推迟到衢州进攻战以后再开始，而将该旅团调至龙游附近（该旅团 5 月 30 日已在永康、武义间集结），防备北方的第 26 军及南方号称精锐部队的第 74 军的侧击"。据此设想，第 13 军于 5 月 30 日在金华指挥所下达了甲字第 103 号作战命令。其要点如下：[11]

第 32 师团应于 6 月 1 日开始行动，黄昏以前进入上源、泰山埠一线，从 6 月 3 日拂晓开始攻击当面的敌阵地，尤应以一部沿大源岭（衢州西北 22

公里)、芳村集地区,向常山方向挺进,断敌退路。

第116师团应于6月1日黄昏前进入天震岗(衢州北9公里)、大康一线,从6月3日拂晓攻击当面敌军阵地。

河野旅团应于6月1日开始行动,黄昏以前进入下山溪左岸高地,从6月3日拂晓攻击当面敌阵地。为使第15师团转进,应于5月31日12时后打开连结龙游、曹家一线以东道路。

第15师团应速向龙游南方地区转进,6月1日由雨井、树底附近出发,黄昏以前进入下山溪左岸高地,自6月3日拂晓攻击当面敌阵地。

第22师团应于6月1日开始行动,黄昏以前进入厌山、白西坑一线,自6月3日拂晓攻击当面阵地。

小茴江旅团应于汤溪,主力集结龙游,应特别警戒遂昌、宣平方向。

军指挥所6月1日虽由此地出发,黄昏以前抵龙游(第70师团担任后方警备)。

6月1日,日军各部队均已到达规定的进攻出发地位,第13军战斗指挥所也由金华推进至龙游。6月2日,第13军令小茴江旅团派出1个支队(以1个步兵大队、1个山炮中队为基干组成),进至灵山镇附近,对南方警戒,掩护军的左翼侧;令第70师团以一部兵力担任龙游警备,并确保至金华的后方交通线。与此同时,其他第一线各部队均派出一部兵力驱逐守军的警戒部队及攻击守军的前进阵地。至当日晚,相继进至守军主阵地带前沿阵地之前。

6月3日拂晓,日军第32师团、第116师团在衢江以北,河野旅团、第15师团、第22师团在衢江以南对衢州发起全线攻击。当时负责衢州城郊防守的第86军兵力部署为:第67师附第16师的第46团主力及1个独立炮兵团,防守衢州城东南樟树潭、西伯陇及飞机场等处据点群阵地;第16师(欠第64团)附1个山炮营,防守衢州城西北茂坞、九里山一带据点群阵地;第16师第46团第2营防守衢州城核心阵地;第86军军部及直属队位于衢州城内南部。

衢江以南守军第一线的第58师、第40师及第67师分别与日军第22师团、第15师团及河野旅团激战终日,第58师撤至黄坛口一带,第40师及第67师先后撤至乌溪江西岸防守。至傍晚时,日军各部队均进至乌溪江东岸,其第15师团一部突进至乌溪江西岸,迫使第40师再退至棠埭坞。

衢江以北守军第16师茂坞、孔家山等处阵地全被日军第32师团攻占,部队大部溃散及伤亡，师长曹振铎率残部退入城中与其第64团会合。日军第32师团一部进抵距衢州城北门仅2公里、衢江北岸龚家埠一带；其主力继续进攻石梁市附近阵地。守军第105师退至西镇。

负责固守衢州城郊的第86军军长莫与硕见形势严峻，竟以收容第16师溃散部队为借口擅离职守，出城向江山方向逃去，军直属部队亦大多随之离去（本会战后，莫与硕和其参谋长胡炎被判有期徒刑5年，曹振铎亦以作战不力而被撤职）。衢州防守战斗由副军长陈颐鼎接替指挥。

第三战区认为衢州主力战斗已经开始、决战时机成熟，于当日晚下令各部转移攻势。其命令的主要内容为：[12]

(1) 战区决心确保衢州阵地，消耗疲惫敌人，着控置在衢州南北之主力，于明日(4日)拂晓前完成出击准备，以衢州阵地为轴，夹击歼灭敌人。攻势转移时机另定。

(2) 各集团军的任务如下：

第25集团军，除原有任务外，暂32师即日开始行动，切断东阳江水道并牵制敌人；暂9军主力应努力向汤溪、龙游敌后挺进，切断龙游以东敌水陆交通。

第10集团军，应严令第88军切断敌后方联络，督饬衢州守军死守阵地，并即推进第74军，预定以衢州阵地为轴，由大洲镇及其以西地区转移攻势，压迫敌于衢江南岸歼灭之。为策衢州阵地南翼之安全，应以第49军的第26师主力占领岭底背亘西山之线，尔后迅以第74军派队接替，使该师归还为战区预备队。

第32集团军，应严令富春江左岸各部队努力切断敌后联络，巩固淳安、寿昌要点，并确实掌握石梁市。以第26军分由石梁市、外宅村、杜泽、峡口市、叶村市、后徐镇等处出击，置重点于石梁市一带地区，攻击敌侧背，压迫敌于衢江北岸而歼灭之。由杜泽以东进出之部队，应先期出击，使重点方面之决战容易奏功。

第49军（欠暂13师）除第105师之1个团应固守常山港北岸、柘溪村至石梁市（不含）之线外，该师主力迅速进出常山港，集结航埠以北地区；第26师主力暂归第10集团军指挥，占领岭底背亘西山之线，俟交防第74军后，仍归还该军，控置后溪街及江山港以北地区，保持机动。又该军对江山港、常山港与衢江合流处以西地区应负责警戒，保障衢州阵地西侧之安全。

日军第 11 军为策应第 13 军在浙江的作战，于 5 月 31 日夜从南昌附近渡过抚河，向第三战区西部第 100 军防线发动进攻。6 月 3 日，当日军第 13 军开始对衢州发动总攻时，第 11 军占领了进贤，并逼近临川。军事委员会决定改变原来的作战计划，于 4 日电令第三战区“避免在衢州决战”。电文主要内容为：

(1) 国军以保存实力、机动打击敌人之目的，决避免在衢州附近决战。

(2) 第 86 军主力应依衢州既设阵地，持久抵抗，竭力打击、消耗敌人。

(3) 衢州附近我主力各军应向衢州及其以西铁道两侧地区妥为分散配置，准备尔后侧击沿铁道两侧突击之敌。特须注意，我的企图、行动须绝对保密。

(4) 第 100 军应竭力持久抵抗，打击消耗敌人。

(5) 在敌后各军应积极游击。

(6) 破坏铁道及疏散物资应即实施。

第三战区遵令部署如下：[13]

(1) 第 10 集团军

第 86 军应竭力利用既设阵地，消耗敌人，以一部死守衢州，主力待命由江山港、常山港间地区向峡口、保安街间转进，在该地及仙霞岭附近构筑阵地，并迅速整补。

第 74 军指挥暂 13 师应与敌保持接触，利用灵山镇、大洲镇、黄坛口以南山地，阻止、打击窜犯之敌，并对沿铁道两侧突进之敌作好侧击的准备。该军第 57 师迅速占领江山城及其以东地区，重点保持在江山港以东，掩护第 49 军向后转进。

总部尔后在二十八都指挥。

(2) 第 32 集团军

第 26 军应以一部与敌保持接触，主力迅速转移到芳村镇及常山城附近占领阵地，俟第 25 军主力到达芳村镇、常山城时，该军即逐步转移到玉山控置，以一部沿常山至玉山道路择要扼守。

第 25 军除留置第 146 师在上方镇、大同镇及寿昌一带地区积极活动外，应派出一部进出杜泽、外宅、石梁市各隘路口袭扰敌人，策应衢州守军作战。该军长率第108师、第145师向芳村镇、常山城转移。如敌突进常山城，该军主力应利用常山到华埠间山地择要扼守，以一部掌握衢州以北山地，待机侧击突进之敌。

该总部俟第26军、第25军概就玉山、常山位置时，应移至上饶指挥。

(3) 第49军(欠暂13师，并指挥第40师)即归第10集团军指挥，联系第74军，占领仰于坪、东山、前河街沿江山港西岸、常山港南岸到招贤镇之线，与常山港北岸我第26军切取联系，对敌由常(山)以东向江山以北之窜扰应特慎警戒。

由于3日夜降大雨，江水暴涨，至4日晨，衢江以南日军，除第15师团徒步部队已徒涉至乌溪江西岸外，其余部队全被阻于东岸。4日晚，第22师团一部徒步部队亦进至西岸；河野旅团少数步兵曾在铁路桥(已炸毁)处以橡皮舟潜渡乌溪江，但在守军第67师阻击、反击下，已渡者全被歼灭。衢江以北日军，第32师团于傍晚进至东镇(衢州西南9公里)附近，一部渡至常山港南岸，切断了衢州至常山的联络线；第116师团进至衢江北岸附近。

守军各军根据第三战区的命令，均在进行反击的准备。第74军一部在向北推进途中与南下的日军第15师团主力遭遇，发生激战。由于接到“避免决战”的命令，第74军主动撤至黄坛口以南山地防守；第40师在日军第15师团一部攻击下，退至江山港北岸，改归第49军指挥；第105师与日军第32师团激战后，撤至常山港南岸招贤附近防守。

6月5日，日军第15师团在航空兵掩护下，集中兵力猛攻衢州南郊阵地，激战至午后，突破六马桥阵地，守军第67师退守衢州南关；日军第22师团一个联队渡过乌溪江，于傍晚进至江山港南岸，其主力仍在陆续渡江中；日军第32师团当日攻占西镇，进至常山港以南地区。此时，衢州城已处于四面包围之中。

当日下午，泽田茂得到情报：后溪街附近有中国军队有力部队集结。为支援及保障第15师团攻破衢州，令第15师团攻占衢州城，令第32师团和第22师团分别向后溪街和江山方向进攻。

6月6日又下大雨，双方冒雨激战。日军河野旅团于拂晓后通过刚刚修好的临时铁路桥，进至乌溪江以西，立即向衢州城西及城北门逼进；第15师团主力从铁路附近猛攻南门及南城墙，其一部兵力与河野旅团一部于8时许攻占衢州飞机场及航空学校。

第三战区根据当时敌情及军事委员会指示精神，对6月4日下达的“避免在衢州决战”的命令又下达了部队转移的补充指示：[14]

(1) 第10集团军：

第74军并指挥暂13师、第40师，主力迅速转移到江山附近占领阵地、打击敌人，掩护第49军、第26军向后转移。

第49军应由原阵地转移到峡口到八都之线占领阵地，并留置一部于石门市要点。

第86军突围后开二十八都集结待命。

(2) 第32集团军：

第26军以1个师守常山，主力应迅速转移到玉山附近占领阵地，与八都方面第49军切取联系；其在常之1个师，俟第25军到达交防后迅速转移到上饶控置。

第25军除留第146师在寿昌续行前任务外，主力迅速转移到常山附近，接替第26军的守备任务。

衢州城外各军接到战区指示后交互掩护，逐渐脱离接触，向指定的位置转移。城内守军因通信器材已全被日军的飞机、大炮所击毁，与战区及集团军均失去联系，仍依托城防工事继续苦战。血战至晚，日军第15师团攻占南门及新开门，河野旅团攻占东北门、北门及西北角城墙。此时，船民齐大年从信安江(一名信安溪、西溪)游水进入城中，带来王敬久关于守军向枫林港突围的指示。副军长、第67师师长陈颐鼎与第16师师长曹振铎商议后，以第64团第2营担任掩护，丢弃了重伤员及一切重武器、骡马车辆等，利用夜暗天雨突围西撤。在第64团第2营官兵英勇顽强的抗击下，已经占领了城门及城墙的日军始终未能进入城内，亦未能阻止住突围的部队。激战至7日拂晓，第64团团长谢士炎率领第2营残部100余人从东门突围(第2营营长宋汉武已牺牲)，绕道向清明镇转进。衢州为日军占领。

(三) 上饶、广丰地区战斗

第三战区按军事委员会意图，避免在衢州决战，保存军力，机动打击敌人，逐步向衢州以西铁路两侧地区转进。

日军第13军于6月6日即将攻占衢州城时下达了甲第114号追击命令：

“1. 我军由于各兵团及飞行队之英勇奋战，已将衢州附近之敌歼灭。

“2. 我军应不失时机，一举向上饶附近追击。

“3. 第 32 师团经常山附近向玉山方向追击。

“4. 第 22 师团经江山及八都镇附近，向上饶方向追击。

“5. 对衢州附近进行扫荡后，第 15 师团向广丰方向追击。”[15]

但由于连续大雨，江河泛滥，衢州附近平原尽被水淹没，日军龙游前进机场停放的飞机，3 架被水冲走，其余机舱进水，均已不能使用；加以各师团的重武器及车辆等仍被阻于乌溪江北岸，而刚刚修好的临时铁路桥又被冲毁，因而日军第 13 军决定暂缓实施追击，于攻占衢州的当天中午下达了甲第 115 号命令，令第 15 师团及河野旅团在衢州附近集结，待命行动；令第 116 师团准备渡过衢江担任衢州附近的警备，并将原配属第 116 师团的原田旅团改归军部直辖；命第 32 师团（已进至江山以东地区）及第 22 师团（已进至前河街以东地区）暂停追击，在原地集结待命。

6 月 9 日，雨已停止，水位下降。日军第 13 军得到第 32 师团的报告，说常山已无中国军队主力部队，仅以小部队已于中午占领常山。泽田茂遂决定继续追击，于 16 时下达命令。主要内容为：

“1. 敌情已通报。宿雨初晴，河水减退。

“2. 军预定向广丰附近继续追击。

“3. 第 32 师团在攻克常山后，应首先攻克玉山。

“4. 第 15 师团应迅速向江山港左岸地区转进，随时击溃敌军，首先进至潭石市（江山西南 11 公里）附近。

“5. 第 22 师团随时击溃敌军，进至江山西南地区。”[16]

6 月 10 日，第三战区令第 10 集团军在江山地区、第 32 集团军在玉山地区组织防御，令第 25 集团军的第 88 军、暂第 9 军担任敌后的袭扰及破坏交通线的任务。在各集团军调整部署之际，日军第 22 师团首先发动追击，沿江山港南岸及铁路两侧向西急进。第 32 师团及第 15 师团亦于 11 日开始西进。日军沿途仅遇第 74 军第 57 师的轻微抵抗，即于 11 日中午占领江山，第 32 师团、第 15 师团亦相继进至江山附近。守军向江山以南地区转移。

第三战区为了掩护由浙赣入闽的通道和控制浙赣路中段，防止日军打通浙赣线，决定集中兵力防守峡口、广丰、上饶地区，于 11 日再次调整部署：令第 10 集团军以一部兵力留置江山以南地区，以逐次抵抗、消耗敌人，主力于本日黄昏前迅速南移，占领峡口、广丰至洋口东西一线阵地，并确实掌握广丰及信江其他渡口；令第 32 集团军以第 26 军一部防守玉山，军主力于黄昏前开始转移，占领洋口（不含）、上饶至江村一线信江南岸阵地，并确实掌握上饶各渡口，第 25 军活动于江山至玉山间铁路以北地区，截击、伏击西进日军；令第 100 军的第 19 师推进至沙溪附近，担任铁路沿线守备，归第 32 集团军指挥。

6 月 12 日，第三战区各部队尚未调整完毕，日军即发起进攻，当日中午第 32 师团占领玉山。6 月 13 日，第三战区各部队仍在按照命令向指定位置转移之中。当晚，日军第 32 师团进至沙溪（守军第 19 师尚未到达），第 15 师团在江山以西的坛石市集结待命，第 22 师团进至广丰以北地区。

6 月 14 日，日第 22、第 32 师团继续西进。当日晨，第 22 师团未遇大的抵抗即占领了广丰，守军暂 13 师的 1 个团退向信江南岸。日军乘势向西急进，中午前后，在未遇任何抵抗的情况下又占领了原第三战区长官司令部所在地上饶（广信）。此时日军第 13 军战斗指挥所、第 1 飞行团战斗指挥所均已推进至衢州，衢州机场经修复已可使用，第 15 师团新任师团长山内正文开始指挥作战。守军第 26 军的第 41 师在信江南岸占领阵地，击退了跟踪追击的日军，将其阻止于信江北岸。日军第 22 师团在八都附近击退第 32 师的阻击后，亦进至信江以东地区。此时第 19 师刚刚到达铅山以东的江村附近。

日军占领上饶后，为确保已占领地区，暂取守势。第 13 军于 15 日 9 时命令各部队分别固守下列地区，并担任交通线的警备任务：河野旅团，江山附近；第 32 师团，玉山附近；第 22 师团，广信（上饶）附近；第 15 师团，广丰附近。当日傍晚，各师团已在指定位置集结。另外，第 116 师团除部分兵力在龙游附近外，主力正向衢州附近集结。小薗江旅团准备 16 日从龙游附近出发向丽水前进。

6 月 15 日，第三战区遵照军事委员会 14 日命其乘敌深入分散、积极反攻歼敌的电令，下达了反攻的命令。其主要内容为：[17]

> 战区待各部队略事整顿、恢复疲劳后，立即勇猛反攻，先将突入广丰、上饶之敌分别予以包围歼灭，乘胜合力进击玉山，再俟机略取江山，并应确保常山。
>
> 峡口、广丰、上饶、河口之守备，应先求巩固，对各渡河场所及诸道路要点，均应严密戒备，防敌对我更进一步的压迫；凡通铅山、崇安间及二十八都、浦城间诸道路，均应严密封锁、扼守，并择要破坏阻绝之。

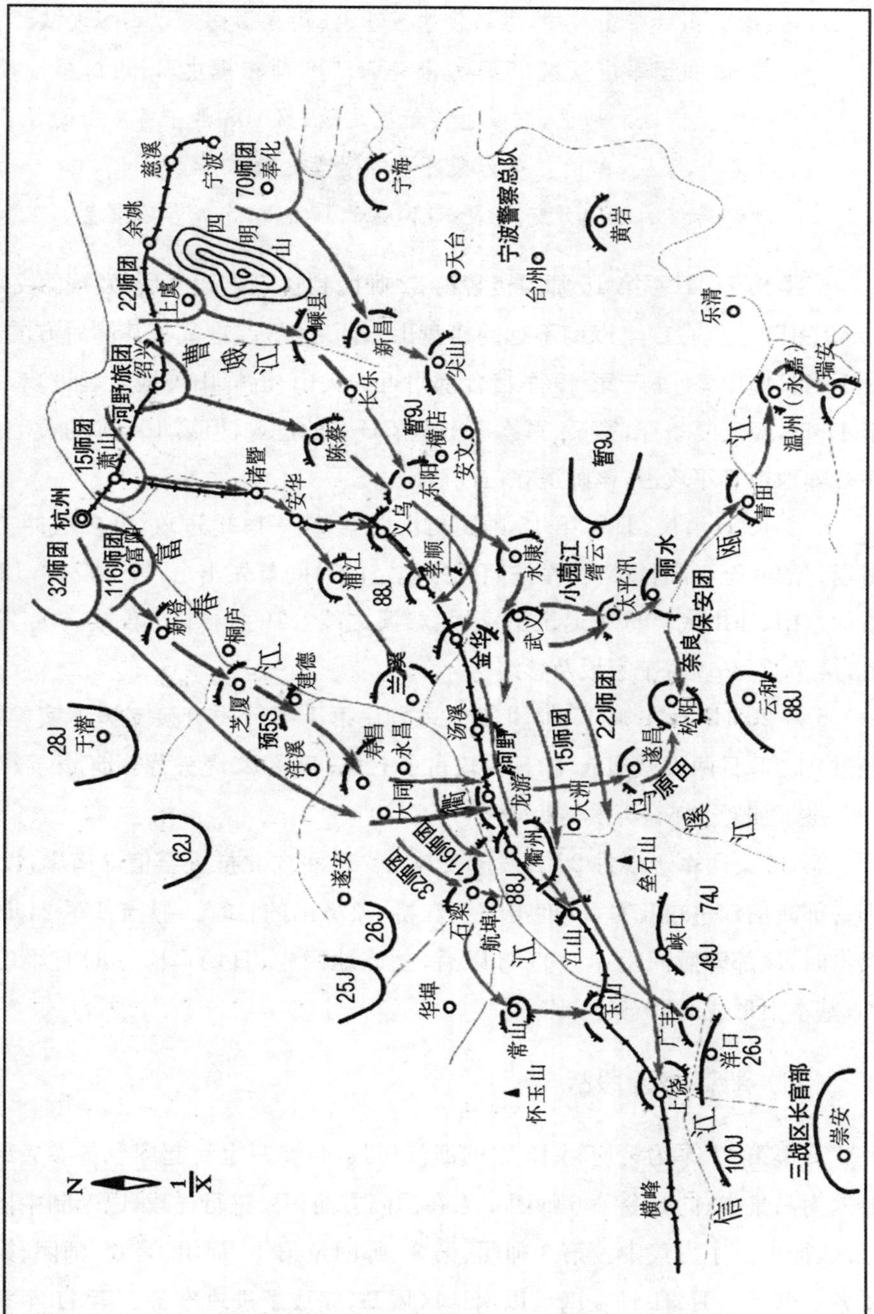

图 7－4－1　浙赣会战·浙赣路东段战斗经过要图
（1942 年 5 月 14 日—8 月 3 日）

第10集团军应以第49军主力攻击广丰之敌，另以有力部队控置于棋盘山、管家山一带山地中，准备侧击玉山、江山方面向广丰增援之敌。

第32集团军应以第25军军长率第108师相机攻取江山，尔后控置在八都街及上饶以北地区，以收直接策应之效；第108师守备常山的任务由第145师接替，第26军的任务为聚歼上饶附近之敌。

攻势转移的时间另定，但各部队应于17日前完成各项准备。

6月16日，日军第15师团接替第22师团到达广丰地区后，发现第74军及第49军阵地就在广丰以南不远的棋盘山东西之线，严重威胁其侧后方的安全，遂于当日向第74军与第49军接合部附近的尖山、五峰山阵地发起进攻。激战至17日，经反复争夺，第74军终于击退了日军的进攻，但第105师的黄毛山、徐茅岭阵地被日军攻占，该师退守信江西岸。

6月18日清晨，日军第15师团再次向第74军阵地进攻，其多次冲击均被击退。战斗至16时，第74军按照战区规定的时间首先出击，转为反攻，18时攻占徐家山、庙山底。日军退至王家坂、杉溪之线。19日拂晓，第49军亦发起反攻，第74军又攻占王家坂及杉溪。

6月20日，日军第15师团集中兵力在第1飞行团直接支援下实施反击。经过21、22日两天激烈战斗，日军攻占了七都、五峰山、虎头背等地，第74军、第49军退至此线之南，再次转为守势。

第32集团军于6月20日发起反攻，第26军向北推进至信江南岸，以第44师一部渡信江进攻日军，一度击退三江桥、象鼻山的日军。但当日军21日开始反击时，该部即撤回南岸。23日以后，上饶地区中、日两军除不时有小的战斗外，基本上形成对峙态势。

（四）浙赣路西段战斗

日军第11军为策应第13军的浙江作战，自5月上旬起即令各参战部队开始向南昌集中；同时令第6师团主力在岳阳方面积极进行佯攻，以牵制中国第九战区，掩护其主力集中。第3师团、第34师团及第40师团、第68师团、第6师团各一部于5月31日在南昌以南地区展开，完成了进攻准备。第11军司令官阿南惟畿率其战斗指挥所于同日到达南昌，下令于当夜开始攻击。

第三战区防守浙赣路西段的为第100军（欠第63师，附第147师），军部位于鹰潭。防守进贤地区的为该军第 75 师，师部位于进贤以东的将军岭；防守抚河以西市汊街地区的为第九战区所属江西保安第 9 团。

日军于 31 日 22 时开始行动，分 3 路进攻进贤及临川。第 34 师团从谢埠附近乘工兵舟秘密渡过抚河后沿浙赣路东进。守军第 75 师第 223 团一触即溃，日军尚未进攻进贤，该团即于 2 日夜东撤。日军于 3 日拂晓占领进贤。日军第 3 师团从沙埠潭附近渡过沙埠潭河，在抚河及沙埠河之间南下，2 日拂晓进至三江口附近，再渡过抚河，沿东岸南进，于 3 日午到达临川以北的云山。今井支队及井手支队从万舍街附近并列南下，击退当面的保安第 1 团和第 9 团后分别到达集贤峰及三江口，3 日下午到达临川以西的展坪以北高地。4 日晨，第 3 师团由云山向临川进攻，当日击退保安团守备部队及赶来增援的第 79 军一部兵力，占领了临川。此时第九战区策应第三战区的第 79 军主力已进至宜黄水西岸地区，迫近临川。阿南惟畿急令第 34 师团由进贤南下，与第 3 师团等向临川以西第九战区的第 79 军等部进攻，而以第 34 师团步兵团团长岩永汪率所部 3 个步兵大队组成的岩永支队（归军部直接指挥）继续沿浙赣路向东进攻。

岩永支队于 5 日击退第 75 师后占领了将军岭，6 日傍晚以一部兵力袭占东乡。第 75 师集中兵力组织反击，7 日收复东乡。9 日，第 75 师的第 225 团在东乡以东王尾山、马子岭之线阻击东进日军。经战斗后，日军进至白塔河西岸。守军炸毁铁路桥，与日军隔河对峙。11 日，岩永支队强渡白塔河，攻占了邓家埠（今余江县城）。此时，浙赣路中段日军攻占常山、江山，玉山、上饶一带，兵力空虚，第三战区已将第 100 军的第 19 师调去沙溪、铅山，防守鹰潭地区的部队主要为第 147 师。

日军岩永支队攻占邓家埠的当日，日军第 3 师团等部正在南城（建昌）与第九战区第 79 军激战中。阿南惟畿认为南城于 12 日即可攻下，遂决定在攻占南城后将军主力转用于浙赣路方面。11 日晚下达命令，命“第 34 师团于 12 日从抚州（临川）附近出发，再次调往浙赣线方面，攻击正面之敌，策应第 13 军；岩永支队归还 34 师团原建制”，同时命“第 3 师团截至 15 日在金溪附近集结，准备对鹰潭方面作战”。[18]

日军第 34 师团根据军的命令，部署岩永支队从邓家埠方向进攻鹰潭，配属师团的独立步兵第 61 大队（古东支队）由金溪进攻鹰潭；师团主力 12 日由临川出发，向鹰潭、贵溪之间前进。6 月 15 日，日军第 34 师团在第 29 独立飞行队密切配合下分路进攻鹰潭。守军第 100 军在日军步、炮、航空兵联合猛攻下，部队

图7－4－2　浙赣会战·浙赣路西段战斗经过要图
（1942年5月31日—7月1日）

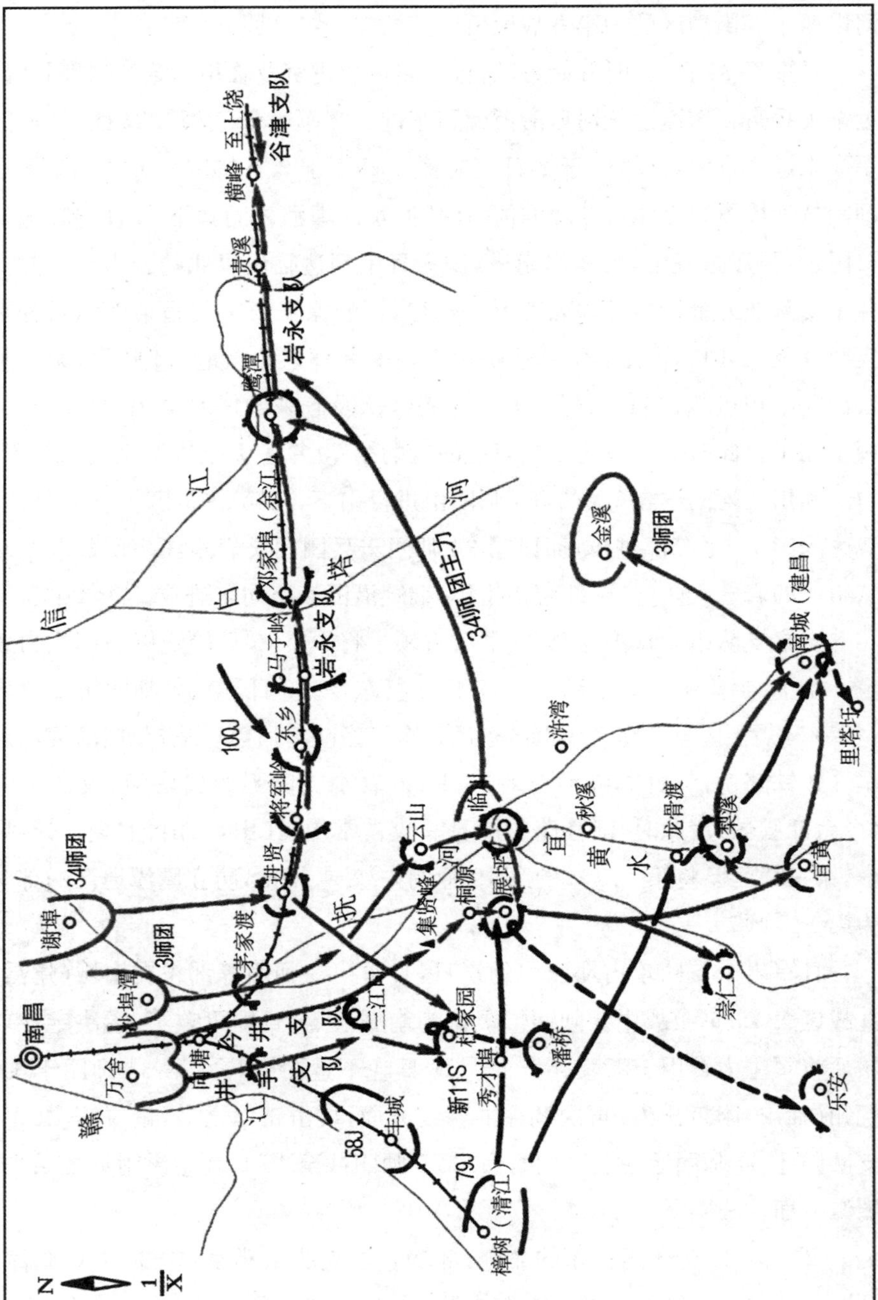

失去控制，陷于混乱，16 日晨纷纷溃退。日军于当日占领鹰潭。第 100 军军部退至贵溪东南约 35 公里的文坊收容部队。

6 月 18 日，日军大本营指示："中国派遣军司令官根据需要可实施南昌以东浙赣线全线作战。"中国派遣军"于 6 月 24 日命令第 13、第 11 两军，各以部分兵力于 6 月 30 日开始行动，共同配合，实施打通浙赣线作战"。至此，日军大本营原来预定的由第 13 军主攻、第 11 军仅仅策应的浙江作战正式发展为第 13 军和第 11 军东西对进、夹击第三战区、打通浙赣路的"浙赣会战"。第 13 军于 25 日命令第 22 师团"进攻横峰，与第 11 军的进攻相配合打通浙赣线，歼灭沿线残敌，摧毁敌军设施"。第 11 军则令第 34 师团完成这一任务。[19]

日军第 22 师团编成谷津支队（以该师团步兵团团长谷津爱三郎所属 2 个步兵大队为基干），于 6 月 30 日晨从上饶附近出发，沿浙赣路西进。第 34 师团的岩永支队于 6 月 30 日从贵溪附近出发。2 个支队沿途仅遇轻微抵抗，于 7 月 1 日 10 时许在横峰会合，完成了打通浙赣线的任务。7 月 5 日，这 2 个支队同时撤离横峰，分别返回上饶和贵溪。

第 100 军在文坊收容部队并稍事整顿后，第三战区令其归第 32 集团军指挥，并令其第 19 师归建。第 32 集团军于 7 月 1 日令第 100 军担任铅山、茅家岭至洋口（不含）一线信江南岸的防御，并以一部控置于贵溪以东铁牛关附近，掩护入闽的隘路。该军遂成为信江南岸防御部署的最左翼。

（五）临川地区战斗

日军开始向浙赣路东段发动进攻后，中国军事委员会判断日军第 11 军有在浙赣线西段发动进攻以策应其第 13 军作战的可能，5 月 16 日令第九战区将第 79 军、第 4 军从湖南东调至抚河、赣江间地区，以加强赣东方面的守备力量。但薛岳并未立即执行。当日军第 11 军在谢埠、沙埠潭等进攻出发地位展开时，军事委员会于 5 月 31 日拂晓直接电令第 79 军："着该军克日兼程驰往临川，参加赣东会战。"并令暂归第三战区司令长官指挥。该军于当日 13 时以暂 6 师为第一梯队，由株洲出发，经萍乡、宜春、分宜、清江向临川急进。军主力亦随暂 6 师后分 2 个梯队跟进。当时第 58 军防守丰城及拖船埠至樟树镇间地区。第 79 军在第 58 军掩护下渡过赣江。6 月 3 日下午，暂 6 师经杜家园进至展坪，与日军今井支队遭遇。经激战后，阻止住日军的进攻，双方相峙于展坪附近。此时第 79 军主力已进至新干，遂在暂 6 师掩护下冒雨向临川急进。迄 4 日夜，第 98 师的先头部队第294团从上顿渡过宜黄水，进入临川城西部，与突入临川城东部的日军第3师团进行激烈巷战。战斗至5日拂晓，日军在6架飞机直接支援下向第294团发动猛攻。该团因伤亡过众而主力又未到达，被迫退至城南七里店一带防守。此时第79军军部及第98师主力已到达龙骨渡附近，第194师到达东馆附近。

日军第13军发现第九战区的第79军等部已进至临川地区，为解除右侧翼威胁，立即令第34师团主力在进贤转向南进，企图从新余西渡过抚河，与刚到南昌的竹原支队及第3师团等在抚河以西地区围歼第79军。

6月6日，日军第3师团及今井支队分别从临川、桐源向展坪暂6师阵地及第98师长里店阵地进攻；第34师团及竹原支队亦从三江口、仙姑山并列向水口庙、杜家园等第4军新编第11师阵地进攻。激战终日，第98师退守秋溪，暂6师及新11师被日军包围。暂6师伤亡惨重，残部于当夜突围去乐安；新11师于7日晚方突围至港头嘴、潘桥一带。6月7日，日军第3师团攻占宜黄、崇仁，第34师团及竹原支队亦进至崇仁以北地区，抚河西岸形势严峻。第79军遂令第194师退守南城，第98师退守梨溪。

6月9日，日军第3师团从宜黄向梨溪第79军进攻，第79军向南城转移，日军跟踪追击。6月10日，第79军军长夏楚中令第194师附江西保安第2团固守南城，军部及第98师撤至南城西南约30公里的里塔圩附近。暂6师突围后仅余1000余人，亦从乐安再撤至南丰。

日军第3师团分两路由西、南两个方向包围南城，展开猛攻。激战至11日晚，日军已迫近城垣。一部日军向城东迂回，其先头分队与位于东门外第194师指挥所的警戒分队战斗。第149师师长郭礼伯竟放弃指挥，率领特务连向东逃走，经万年桥逃至黎水东岸。守城各团发现师长及指挥所已带头逃走，便各自突围退走。但防守北门外的第582团突围后在盱江西岸又被日军包围，仅少数官兵泅水脱险，大部被歼(战后统计，归队官兵仅200余人，牺牲人数达1500余人)。南城于6月12日晨为日军占领。第79军转移至洋墩、硝石一带集结整顿。

日军攻占南城后，认为在抚河以西打击第79军的目的已经达到，遂命第34师团向临川以东集结，准备转用于浙赣路方面；同时令第3师团进至南城以东的金溪地区。临川、南城以及宜黄、崇仁、三江口等各要点的据守部队仅有今井、竹原及井手支队，抚河以西地区日军兵力十分薄弱。

第九战区见日军主力东移，东调的第4军亦已于13日到达新干一带，遂决定以第 4 军担任主攻，第 58 军在第 4 军左翼担任助攻，向崇仁、宜黄及临川等地实施反攻。第 4 军以第 59 师、第 90 师为第一线部队，第 102 师为预备队，从新干东南向崇仁、宜黄进攻；第 58 军以新 10 师、新 11 师从樟树镇以南向临川进攻；第 79 军因损耗过大，战斗力微弱，仅以一部兵力实施佯动，牵制南城日军。

6 月 14 日，第 4 军及第 58 军开始行动，经过 15、16 日两天战斗，第 4 军先后收复了崇仁、宜黄，第 58 军先头部队进至三桥、高坪之线，第 79 军一部向北推进至洪门街附近。

日军第 11 军见第九战区在抚河以西发动反攻，遂决定再次向抚河以西发动攻势，企图"捕捉并歼灭新到来的第 4 军"。从 6 月 19 日开始，命今井支队在临川附近，第 3 师团在浒湾附近，竹原支队在南城附近，分别秘密集结兵力，待机进攻。

6 月 20 日，第 4 军及第 58 军均已先后进出至长冈、上顿渡、展坪、桐源、五虎山、三角山、大臣岭之线。但由于当面日军阵地坚固、火力猛烈，多次攻击均无进展。后侦知日军在浒湾附近积极架设军桥，南城日军又向梨溪方向行动，第九战区判断"南城、浒湾之敌企图击我第 4 军之侧后"，遂电告第 4 军，并指示其要"稳扎稳打，万勿疏忽"。第 4 军接电后，于 24 日夜除令右翼第 59 师留一部兵力于东馆以北对浒湾警戒外，主力向西转移，在油顿圩、神岭山之线转为守势。

日军乘第 4 军调整部署之机，于 25 日夜发动进攻：第 3 师团由浒湾渡过抚河，击退守军第 59 师警戒部队向南突进；今井支队由临川沿宜黄水南进，击退第 90 师的部队，攻占秋溪等地；竹原支队由南城向西突进，击退第 102 师一部后向宜黄前进。迄至 27 日，三部日军分别进至油顿圩、神岭山东北侧地区、龙骨渡以北地区和李三阪附近。

第 4 军为避免被包围，于 28 日夜匆匆西撤，29 日凌晨转移至以宜黄附近地区组织防御。日军乘第 4 军立足未稳，于 29 日晨在航空兵支援下发动猛攻。激战至下午，日军突破第 4 军防线，占领了谭坊、棠阴等处阵地，第 4 军已陷于被围歼的危境。第九战区急令第 4 军向宜黄以南乐安附近山地突围。战斗至 30 日，第 4 军各师在异常艰难的情况下分别突围，到达凤冈圩、崇二都、崇五都各附近地区，突围途中迭遭日军连续截击，伤亡惨重。日军再次占领宜黄、崇仁。

在第 4 军被围攻期间，第九战区曾令第 58 军及第 79 军向日军实施侧击，以策应、支援第 4 军。该两军虽曾派出一部兵力进行佯动，但并不积极，亦未向日军实施有力的攻击。

图 7-4-3 浙赣会战·临川地区战斗经过要图
（1942 年 6 月 14 日—7 月 7 日）

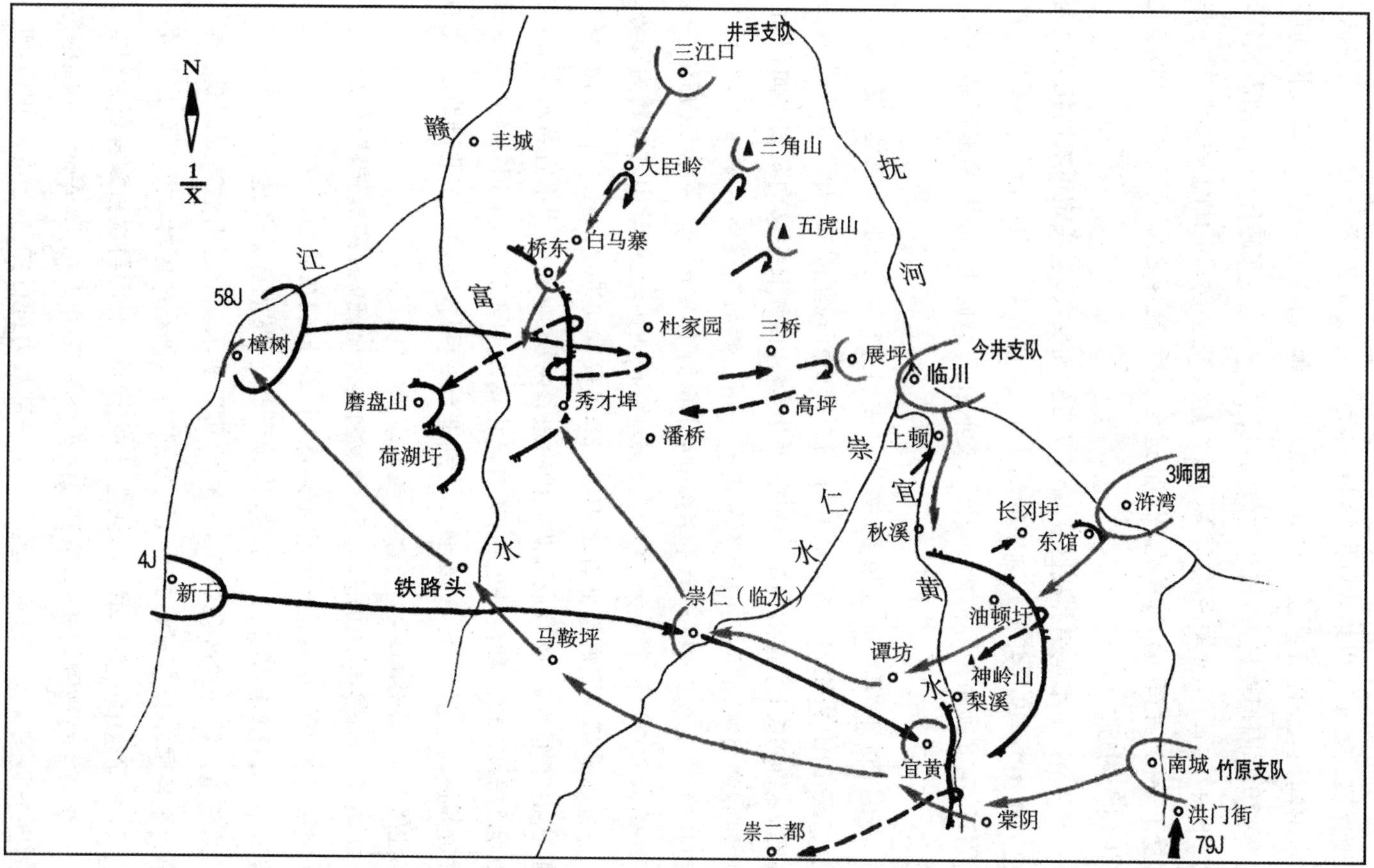

日军击溃第 4 军后，7 月初在崇仁集结整顿。此时日军第 11 军司令官已换为塚田攻。他准备以第 3 师团竹原支队及井手支队围攻退至秀才埠南北之线的第 58 军。7 月 4 日晚，日军第 3 师团从崇仁附近出发，向杜家园、秀才埠的新 10 师进攻；5 日拂晓，日军竹原支队从马鞍坪附近出发，经富水河谷向樟树进攻；5 日 13 时，井手支队从三江口出发，向大臣岭、白马寨进攻，以切断第 58 军的退路。今井支队则于 4 日由宜黄出发，向南城前进。

第九战区得知日军向第 58 军发动围攻后，薛岳立即以电话令第 58 军向富水西岸荷湖圩西南山地撤退。6 日凌晨，第 58 军在日军紧逼的情况下相互掩护，逐次向富水西岸转移。新 11 师在转移途中遭日军第 3 师团的截击，苦战 3 小时，方脱离战场。至 7 日凌晨，第 58 军新 11 师、新 10 师先后转移至磨盘山、荷湖圩、狮子山附近，脱离了日军包围圈。日军竹原支队占领了樟树。

日军在给予第 58 军以沉重打击后，认为在临川地区的作战任务已经完成，第 11 军遂开始作撤回原驻地的准备。7 月 8 日，今井支队放弃南城，向临川集结，第 3 师团也逐渐向临川集结，竹原支队集结于瓘山，井手支队集结于三江口。当日军北撤时，第 58 军及保安纵队等当即发动追击。但蒋介石“以敌已开始向南昌撤退，为整理战力，乃命停止攻击”。[20]第九战区遵令集结部队，任日军安全退走。7 月 18 日和 20 日，第 3 师团一部和今井支队撤向南昌。7 月 25 日，第 3 师团留塘支队（1 个大队）在临川掩护，主力撤向南昌。8 月 22 日，塘支队放弃临川，撤回南昌。24 日松山支队（即井手支队）放弃三江口，撤回南昌。至此，临川地区的战斗结束。

（六）丽水、温州、松阳战斗

丽水建有机场，是中国东南地区的重要空军基地之一。早在会战开始前，日本大本营就指示此次会战预定以地面兵力攻占的中国主要航空基地之一是丽水。原计划使用小薗江混成旅团完成这一任务。小薗江旅团是由“华北方面军”第 37 师团（驻运城）和第 26 师团（驻大同）抽调部队组成的，以第 26 步兵团团长小薗江邦雄任支队长，所属部队有独立步兵第 13 联队（3 个大队）、步兵第 226 联队（3 个大队）、辎重兵第 26 联队及山炮兵 1 个大队、工兵 1 个中队，总计约 5000 人。5 月中旬到达杭州，23 日进至诸暨，24 日接到第 13 军甲第 89 号命令，命其“攻克丽水及该地机场”。该旅团按照命令于 30 日到达永康、武义附近集结，准备向丽水进攻。但由于第 13 军发现第三战区主力部队正向衢州附近集中，为集中本军兵力，决定将小薗江旅团向丽水进攻的时间推迟至攻占衢州之后，遂于 30 日下令，命该旅团暂不执行原来的命令，将该旅团调至龙游附近作为军预备队，“以防备北方的第 26 军和号称精锐的南方的第 74 军的侧击”。

日军攻占上饶后，认为第三战区主力部队已遭沉重打击，且大部收缩于浙、赣、闽边境地区，于是决定立即进攻丽水。6 月 15 日，第 13 军命令小薗江旅团：“6 月 16 日从龙游附近出发，完成 13 军作战命甲第 89 号规定之任务。”同时密示该旅团“攻克丽水后准备进攻温州”。

当时负责防守温州、丽水等浙东南地区的为第 25 集团军的暂 9 军。由于浙赣路方面战事紧张，暂 9 军指挥的 5 个师(第 88 军 2 个师临时归其指挥)中有 3 个师(新 30 师、暂 34 师、暂 35 师)部署于武义以西、浙赣路南侧的银坛、灵山镇、寺安岭地域；1 个师(暂 32 师)部署于武义东北、浙赣路南侧的倍磊街附近，仅有暂 33 师分守温州、云和等地。整个浙东南地区只有浙江保安纵队 3 个团分散守备各城镇要点。守备丽水的是保安第 3 团的部队。

日军小薗江旅团根据空中侦察的情况，决定避开有中国军队防守的、经缙云至丽水的公路，由武义附近进入南方山地，从小路进袭丽水。

6 月 22 日，日军小薗江旅团从武义以两个纵队分由苦竹、桐琴市循山区小路南进。主力右纵队在岭下场击退保安第 4 团一部抵抗后，当日进至安凤附近的溪下村。23 日因北路险阻，须以工兵开路，故全天 20 小时仅前进 6 公里。当晚在太平汛与由丽水北上迎击的保安第 3 团 1 个大队遭遇。稍一接触，该大队即退回丽水。日军留 1 个大队于太平汛，主力于 24 日傍晚进至丽水，保安第 3 团退守瓯江南岸，小薗江旅团右纵队占领了丽水。

日军左纵队由桐琴市南下，在麻田击退保安第 4 团 1 个连的抵抗后，于当晚进至马源以南的一个山村，发现有大批鸡、鸭、猪、油等物资，误以桐油炸鸡肉，食后全队中毒，上吐下泻，完全丧失了行动能力。36 小时之后方与旅团恢复联系，在留置于太平汛大队的接应下，于 25 日到达丽水。

在日军小薗江旅团开始从武义南进时，第 25 集团军曾令暂 9 军以暂 32 师从倍磊街向永康及桐琴市急进，以丽水保安第 3 团派 1 个大队北上，南北夹击日军。但保安大队一触即溃，而暂 32 师直至日军已占领丽水后还未追上日军。

日军小薗江旅团攻占丽水后，根据第 13 军的密令，立即着手准备进攻温州。7 月 2 日，第 13 军下达了进攻温州的命令。其主要内容有：“7 月上旬由丽水开始行动，一举攻占温州附近”，“在海军进攻瑞安时，应以部分兵力与之配合。攻占温州附近后，摧毁秘密运输线及英、美潜艇辅助设施，没收或销毁军用物资，完成任务后立即返回，在丽水附近集结。作战期间为3周左右。第1飞行团以部分兵力配合小薗江旅团作战”。“在丽水出发时，将1个步兵大队和1个山炮中队骨干留在丽水附近，由第70师团长指挥。第70师团长以3个步兵大队固守丽水附近，以1个步兵大队固守永康附近，以保证小薗江旅团的后方安全，并接替小薗江旅团破坏丽水机场的任务”。7月7日，小薗江旅团开始行动，以主力（右纵队）沿丽水、温州公路（瓯江北岸公路），一部兵力（步兵第226联队，左纵队）沿丽水至梅溪的道路向温州前进。由于沿途没有有力的部队防守，仅赖地方自卫队阻击，所以日军进展极为顺利。暂9军急令位于大港头的新30师派出1个团驰援锦水，企图稳定局势、争取时间、部署军队。新30师第90团以急行军东进，8日上午进至莲花山，但此时日军右纵队早已到达海口市，仅将其掩护分队击退。第90团遂在莲花山停止警戒。此时，日军左纵队已连续击退沿途阻击的地方部队，通过了海溪、大门口。当日晚，左纵队到达良川，右纵队到达船寮市，并以一部兵力从海口市南渡，进至城门。

7月9日，日军左右两纵队分别经小源、石溪于当日下午进至青田。青田守军暂33师第3团寡不敌众，被迫撤至瓯江南岸，青田为日军占领。日军进入青田后，复以一部兵力渡过瓯江，占领了石郭。守军第3团连夜退向仁庄村，原在油竹村的暂33师指挥所亦迅速转移至泽雅。温州、瑞安、乐清地区仅有暂33师的第1团防守。

当日夜，日军两纵队合为一路继续沿江东进。10日夜，在林福以东渡至瓯江南岸，再分两路向温州前进。与此同时，日海军陆战队一部乘坐汽艇，在飞机掩护下企图在瑞安东南的东山村强行登陆，被守军暂33师第1团的部队击退。

7月11日，小薗江旅团的两个纵队分别进至白塔地、郭溪附近，遭到暂33师第1团第2营的阻击。此时日海军陆战队100余人亦在瓯江口以南的寺前街一带强行登陆，击退防守的第2营部队之一部，向温州急进。防守温州城的仅有暂33师师部及第1团（欠第1、第2营），兵力薄弱，寡不敌众，于当日下午向瞿溪以西山地转移，温州遂为日军占领。

7月12日，位于飞龙江口附近海面上的日本海军部队遭到陆上火力的袭击，向小薗江旅团求援。小薗江旅团派出一部兵力组成瑞安支队向瑞安进攻。该支队在白象市击溃暂33师第1团第1营的伏击，继续前进，于13日晨进至瑞安，又击退当地自卫大队，于下午占领瑞安。

日军于7月9日夜自青田向温州进攻时在青田留有小部兵力掩护后方，俟日军占领温州后该部撤出温州。转移至仁庄村的暂33师第3团于14日返回青田，切断了温州与丽水间日军的联系。

小茴江旅团从丽水向温州进攻时，第70师团按照第13军的命令，将奈良支队派至丽水接防。奈良支队是从"华北方面军"第41师团（驻德州）抽调部队组成的，以步兵第237联队联队长奈良正彦任支队长，所属部队有第237联队2个步兵大队和第238联队1个步兵大队、1个炮兵大队、1个工兵中队。该支队于7月8日到达丽水。小茴江旅团留置的1个步兵大队和1个炮兵中队亦归其指挥。

日军攻占温州后，暂33师立即反攻瑞安，并不断袭扰温州。7月21日，新30师及暂32师协同保安第3、第4团进攻丽水外围的碧湖镇，对丽水已产生威胁。7月23日，第88军从敌后经壶镇、缙云转至赤石附近，与防守松阳、遂昌地区的暂9军会合，已对丽水、龙游构成严重威胁。7月25日，第13军令其刚刚集结于龙游的原田旅团（配属独立第88大队）及丽水的奈良支队分由龙游、丽水对进，合击松阳地区的中国军队，尔后固守该地，"以保障其主力侧后方的安全"。

原田混成旅团是由驻徐州的第17师团中抽调部队组成的，以第17步兵团团长原田次郎为旅团长，所属部队有步兵第53、第54、第81联队各1个大队，野炮兵1个大队和工兵1个中队。按第13军的规定，自7月31日起，奈良支队归该旅团指挥。

7月29日凌晨，原田旅团由龙游出发，经溪口市以西的灵山市南进，30日在北界击退暂34师阻击部队后于8月1日进至遂昌以北，却遭到守军暂34师约1个团兵力的坚强阻击。激战数小时，日军突破阵地，占领遂昌。当日其主力进至金岸市。

8月2日，日军继续南进。守军暂9军令暂35师在石龟山、大徐村等地进行阻击。日军一再受阻，主力多次展开进攻，方于傍晚到达松阳西北5公里处的坛口附近。同日凌晨，奈良支队从丽水出发西进，守军暂32、暂33师及保安第3、第4团沿途予以堵击、侧击和追击，战斗相当激烈。当日傍晚，该支队进至碧湖镇以西约6公里处的裕溪镇。

第三战区第25集团军于8月2日下达命令，命保安第4团从松阳南进，迎击裕溪的日军；命保安第2、第5团尾随追击，令第88军的新21师从赤石推进至松阳东南的石仓源，准备侧击。接着又命令暂34师回师攻击遂昌。

8月3日拂晓，日军原田旅团及奈良支队分由坛口及裕溪向松阳进攻。10时许，守军已全部南撤，日军占领松阳。与此同时，暂34师亦重据遂昌，暂35师仍坚守松阳以西的源口，松阳战斗至此结束。

8月15日，小茵江旅团放弃温州，转至丽水集结。奈良支队于17日返回丽水。8月27日，丽水、松阳两地日军分别撤至武义、永康集结。浙东南地区又全部为第25集团军收复。

（七）日军撤退时的追击战斗

日军发动此次会战的战略企图本来是“歼灭浙江省方面的敌军，摧毁其抗战企图，同时攻占其主要飞行基地，以粉碎来自该方面的英、美、中航空势力轰炸帝国本土之意图”，所以最初规定至7月中旬撤军。但在会战进行期间，日军参谋次长田边盛武至杭州通知第13军：“在这次作战中，中央最期待的物资是萤石（冶金助熔剂）和铁路器材”；至占领上饶之后，日本大本营又给第13军增加了“破坏并没收敌方军事设施和军需资源，以削弱敌方物资的抗战能力”的任务。[21]为了掠夺和运走铁路器材及各种物资，因而又决定延期，将主力撤退的时间定为8月中旬。

7月28日，日本大本营指示“中国派遣军”：“击溃浙江之敌，摧毁衢县、玉山、丽水等地敌主要空军基地，确信足以粉碎敌军利用上述机场轰炸我本土之企图。据此应于8月中旬末分别恢复原有态势。但敌军势力若在浙赣沿线有所抬头，如修复衢州机场等，我军务需不失时机地予以扼制。为此我军必须保持有利态势，事关重大，故金华附近仍需固守。”同日，大本营下达了结束浙江作战并固守金华的命令。第13军遵照大本营和“中国派遣军”总司令部的命令和指示，于8月12日下达撤退命令。其要点如下：[22]

> 一、军主力于8月X日开始返还，随时保持反击态势，一举在衢县附近集结兵力。
>
> 二、第22师团、第15师团于8月X日21时分别从广信、广丰开始返还，同时并进，于X后5日在衢县附近集结。
>
> 三、河野旅团固守石门市附近，直到8月X日，以利于第15师团返还。然后与第15师团同时并进，于X后5日在衢县南方地区集结。
>
> 四、第32师团于8月X日日落后从玉山附近开始返还，先行于第22

师团，X后5日在衢县北方地区集结。

五、小茴江旅团于8月15日从温州附近开始返还，逐步到丽水附近集结。

六、原田旅团仍然固守松阳附近地区。

8月16日，第13军命令，规定X日为8月的19日。

第13军各部按照军的意图进行撤退准备。为掩蔽撤退，各师团首先在周围地区进行了反击作战。

由于日军实施反击，中国军事委员会及第三战区尚未发觉日军主力即将回撤的企图。为保存实力，蒋介石于8月中旬指示第三战区"将战区重心西移"。[23]第三战区遵照指示精神调整了部署。调整后的态势为：第10集团军司令部、第74军、第86军、暂9军（欠暂33师）、第63师、新30师等部南移至福建省浦城、永吉、建阳地区休整；第49军、预5师、第26军、第25军防守浙赣路以南峡口、五都、洋口、河口、汪二渡东西之线，第100军（欠第63师）防守资溪、上清宫、金溪地区，以确保浙、赣入闽的各通路；第25集团军（司令部位于龙泉东南的坊下）指挥第88军（欠新30师）、暂33师及浙江各保安团位于松阳、青田、温州以南地区，攻袭松阳、丽水、温州的日军；第32集团军（司令部位于福建崇安）的第28军（欠预5师）及第1游击总队活动于浙赣路以北新登、建德、寿昌一带；第23集团军（司令部位于安徽歙县以西的潜口）的第21军集结于浙赣路以北漆工镇、三丫桥地区，其第50军位于石埭和球川。紧接着，军事委员会又将第74军、第86军及暂9军西开衡阳，归军事委员会直辖。

8月19日晚，日军第32、第15、第22师团分别从玉山、广丰、上饶同时向衢州撤退，第34师团从贵溪向南昌撤退。

第三战区发觉日军撤退后，于8月20日下令各部跟踪追击。当日第26军收复上饶、玉山，第25军收复贵溪，第49军收复广丰。随着日军的撤退，第100军的第75师收复鹰潭，第49军收复江山，第21军的第145师收复常山。迄24日，日军除原田旅团、小茴江支队、第70师团、第116师团及河野旅团仍分别控置松阳、丽水、衢州及江山以南的石门市各附近地区外，第13军主力均集结于衢州地区；第11军除松山支队（即井手支队）刚刚撤离三江口、竹源支队尚在进贤外，其他部队均已撤至南昌。当日，第三战区正式下达追击命令。其主要内容为：

“1. 第25集团军应相机攻略松阳、丽水，尔后向永康、武义之线进出。

“2. 第10集团军第49军协同第21军应猛烈尾追，相机攻占衢州，尔后进出金华、兰溪之线。

“3. 第32集团军应派有力一部向进贤、李家渡追击。

“4. 第23集团军以第21军协同第49军攻略衢州，尔后进出金华、兰溪之线；衢北军应派有力一部渡江协攻兰溪。”[24]

第三战区各部队接到命令后，并未采取积极的攻击行动，仅派出小部兵力与撤退日军保持接触。

8月25日，日军第13军下达了从衢州向金华地区撤退的命令。其主要内容为：

“第32师团于26日拂晓，22师团于26日入夜，从衢州出发，分别沿衢江两侧东进，29日至兰溪、金华附近集结。

“第116师团、第15师团及河野旅团，于8月27日21日从衢州附近开始返还，沿衢江两岸地区在28日到达龙游南北一线，再于30日进至金、兰地区。

“原田及小薗江旅团于8月27日从松阳、丽水附近开始返还，9月1日前后向武义、永康附近前进。”[25]

8月29日，日军第13军主力均已到达金华、兰溪、武义地区，第11军的竹原支队也已返回南昌。根据大本营的指令，第13军决定留第22师团并配属7个步兵大队固守诸暨、浦江、兰溪、金华、武义、义乌、嵊县地区，一方面可以此为前进基地，“保持对第三战区再进攻的态势”，一旦发现修复机场，可从此发动进攻；一方面，也是更重要的方面，可以对这一地区掠夺重要的战略物资——萤石。据日军获得的资料，该地区萤石的蕴藏量约为350万吨，仅武义一地即占90%，且是远东少有的优质萤石。为此，令军主力掩护第22师团接替这一地区的警备任务，加强防御设施。9月10日全部接替完毕。其他部队9月底前均回到原驻地。

在日军第22师团接替警备、部署兵力期间，第三战区判断日军必将撤离金、兰地区返回原防，因而于9月4日令第21军协同第49军攻略金、兰地区，并向诸暨、萧山、绍兴追击。后发现日军固守不退，军事委员会即下令停止攻击行动。浙赣会战由此结束。

五、会战简析

日本大本营发动这次会战的目的主要是破坏浙江省境内的机场和打击驻浙江的中国军队。但在破坏机场、打击中国军队的同时，更侧重于“没收与破坏铁路设施和器材以及其他培养战力的各种军事、政治、经济设施和资材”。[26]实际上就是要抢掠物资，以达到“以战养战”的目的，并掳劫青壮年以弥补其人力的严重匮缺。就战役的过程和结果来看，日军虽然遭到了一定的损失，中将师团长1人被炸死，伤亡官兵17 148人(包括因病住院而致减员的11 812人)，但基本上实现了预定的目的。而第三战区未能实现“在衢州附近决战”，“以主力分由衢州南北山地，合力围击而歼灭之”的目的，没有像第三次长沙会战那样痛创日军，自身却遭到巨大的人员、物资损失；军队伤亡惨重，有的军师遭到歼灭性打击，丧失战斗力(日军记载第三战区阵亡40 188人，被俘10 847人)。更重要的是作战地区人民遭受了沉重的灾难和巨大的损失。仅以衢州一地为例：日军在“环城三四十里内，一日可以往还者，莫不遍及，米盐牛畜、日常用品扫地以尽。有不满其欲，则全村焚毁，杀人如麻”；“城郊各处，大火连续，经月不熄。参天树木及握把小株，炮轰斧斫，无一幸免”。“当时有‘十无’之谣，谓市无人，田无谷，山无木，村无屋，食无粮，着无衣，病无药，死无棺，家无丁男，室无贞妇”。“士兵死亡，约万余人；民众被杀害者，二万余人；被掳而失踪者，三万余人；房屋被焚者，十余万架；耕牛被杀者，万七千余头；猪被杀者，十一万九千余只；米粟被劫者，九万七千余石”。[27]由此可以推想整个作战地区损失之巨与灾难之重。据日军记载，这次会战从浙江掠走的物资，不说武器装备，仅上缴的一般物资就有火车机车23辆，车厢185节，汽车129辆，民船1282艘，铜、铁、铝材1025吨，石油15 590桶，桐油94 000桶，粮食7675吨，木材4000立方米，被服合钱400万日元。[28]还将玉山以西浙赣铁路的铁轨、道木连同道钉全部拆运至其后方。总的数量，当然不止此数。此外，蕴藏大量战略资源的金华、兰溪、武义等广大地区沦于敌手。因而，浙赣会战是一次失败的会战。

保存实力、消极抗战的战略指导思想是会战失败的根本原因。

太平洋战争爆发之初，国民政府的决策者们认为依赖美国，胜利在望，曾一度表现积极，以攻势作战获得了第三次长沙会战的胜利。但在此次会战之前，太平洋战场上日军连连胜利而盟军则节节败退，特别是美、英的世界战略是“先欧后亚”，对国民政府的有效援助极为微少，因而蒋介石等人保存实力、坐观事态发展的消极抗战思想上升到主导地位。

当发现日军第 13 军向浙江进攻时，蒋介石虽然加强了第三战区的防守兵力，准备在衢州地区再实施一次第三次长沙会战式的围歼反击战；但当第 88 军和暂 9 军在金华、兰溪地区坚决抗战而颇有伤亡时，为保存实力，蒋介石出尔反尔，在战斗发展至紧急关头下达了避免衢州决战的命令，认为日军必如以前各次进攻一样，在到达目的地后即返回原防，因此采取了单纯的守势作战，事实上是放弃了浙赣路，将主力撤至福建仙霞岭、武夷山南北地区，没有采取攻势作战以歼灭、消耗日军的任何措施。结果适得其反：为保存实力而陷于被动挨打的不利境地，许多重要战略据点基本上是不战而被日军占领，部队大量伤亡多是在突围溃退时发生的。此次浙赣线战争，“始则严令在衢州城决战，嗣以敌方兵力厚集，乃临时改变方略，不令决战，放弃衢州城防，然其时敌已逼近衢州，且通常山、玉山之后路，已被敌人截断。守城部队与炮兵不易撤退，而顾长官不即下令撤防，以致守城部队已被敌包围之外，又遭洪水之困。及致冒死突围损失难计，因之全军心理与战斗精神为之低落。而此项损失竟过于决战之牺牲。经此次教训，凡决心决战，准备完成待敌逼近时，即再不可变更初衷也”。[29] 而且正是由于这种保存实力、消极避战的行为，才使日军能在浙赣路从容地占领 2 个多月，并抢掠物资，杀害人民；才使日军能在浙赣路畅通的条件下，日以继夜地向后方运送抢掠的物资。就连日军也说：“自 6 月下旬以来，直到 8 月中旬，我军从广信、广丰附近返还，在这一期间，该方面的中国军基本上未见积极活动”，“在 6 月下旬我军打通浙赣线作战中，该方面中国军毫无作为，一味退避，我方未损一兵一卒，完成了打通任务”，“此后，动向更趋消极，只是考虑到我军回转”。[30]

当日军第 11 军撤退、江西保安纵队和第 58 军企图乘势向日军的后卫掩护部队实施追击时，蒋介石认为日军既已向南昌撤退，何必再自找伤亡，为“整理战力”，竟下令不许追击；当发现日军第 13 军不从金、兰撤退，而是要长期占领该地区时，第三战区部署了进攻，蒋介石又下令停止攻击。将这一切与此前的长沙会战相比，战略指导思想发生了明显的变化。此次会战失败的原因，也正在于此。

指挥不统一和逐次使用兵力的战役指导，是赣东作战失败的主要原因。

5 月间，日军第 11 军为策应第 13 军从南昌发动进攻时，军事委员会令第九战区将第 79 军及第 4 军从湖南调到赣东地区，划归第三战区指挥，顾祝同曾考虑将这 2 个军与第 100 军一并交付一位集团军副总司令统一指挥参加赣江以东地区的战斗，但薛岳拒不执行，仍令该军只听从他的指挥，以致以抚河为界，第九战区和第三战区仍各自指挥。因而当日军沿浙赣路向东进攻时，第三战区只有第 100 军的第 57 师防守鹰潭以西地区，无力阻止日军的进攻，日军仅以 1 个支队（3 个大队）的兵力就轻易地占领了东乡、邓家埠等战略要点，而且得以集中兵力（24 个大队）围攻刚到临川地区的第 79 军，使这个军遭到歼灭性打击。

军事委员会在 5 月 16 日就命令第九战区将第 79 军和第 4 军从湖南调至赣江以东地区，以加强这一地区的防守力量，而薛岳未执行。直至 5 月 31 日军事委员会直接电令第 79 军驰赴临川，该军才开始东进，但仓促应战，被围受创。当第 79 军一再败退、南城也为日军攻占后，第 4 军才于 6 月 13 日调至赣江东岸投入战斗。当时命令上是让第 4 军与第 58 军共同进攻临川，但实际上只有第 4 军进行了攻击作战，第 58 军仅以一部兵力佯动，主力仍防守赣江之线，防止日军西渡赣江。结果第 4 军遭日军包围，经苦战方得以突围后撤。日军击溃第 79 军和第 4 军后，7 月初再集中兵力围攻第 58 军。该军也经苦战才脱离战场。

第九战区使用于赣东地区的部队共 3 个军，兵力不算太少，但由于逐次投入战斗，以致被日军各个击破。如果在作战之初形成统一的指挥，3 个军的兵力能集中使用，则赣东战斗的局势必将有所不同。

附表 7-4-1　浙赣会战日军参战部队指挥系统表（1942 年 5 月）

中国派遣军　总司令官畑俊六
- 第 13 军　司令官泽田茂
  - 第 15 师团　酒井直次（5 月 28 日被炸死）
    山内正文（6 月 10 日到职）
    - 步兵团　石川浩三郎
      - 步兵第 51、第 60 联队，第 67 联队 2 个大队
    - 野炮兵第 21、工兵第 15、辎重兵第 15 联队
  - 第 22 师团　大城户三治
    - 步兵团　谷津爱三郎
      - 步兵第 84、第 85、第 86 联队
    - 山炮兵第 15、工兵第 15、辎重兵第 15 联队
  - 第 32 师团　井出铁藏
    - 步兵第 210、第 212 联队
    - 野炮兵第 32、工兵第 32、辎重兵第 32 联队
    - 配属步兵第 140 联队（属第 110 师团）
  - 第 70 师团　内田孝行（由独立混成第 20 旅团扩编而成）

步兵第61旅团　野副昌德
独立步兵第103、第104、第105大队
步兵第62旅团　山崎三子次郎
独立步兵第121、第122、第123、第124大队
工兵队，辎重队，通信队
第116师团　武内俊二郎
步兵第130旅团　鹈泽尚信
步兵第133、第138联队
重火器大队（步兵1个中队，机关枪、步兵炮、联队炮各1个中队）
山炮大队
工兵第116、辎重第116联队
配属山炮兵、迫击炮各1个大队
河野混成旅团　河野毅
（由第3、第34、第39师团各抽1个步兵大队，由第40师团抽调2个步兵大队、1个山炮兵大队及第3师团1个工兵中队组成）
小茴江混成旅团　小茴江邦雄
（由第26、第37师团各抽1个联队及辎重兵1个联队、山炮兵1个大队组成）
原田混成旅团　原田次郎
（由第17师团抽调3个步兵大队、野炮兵1个大队、工兵1个中队、辎重兵1个中队组成）
配属独立第88大队（独立混成第17旅团）
奈良支队　奈良正彦
（由第41师团抽调2个步兵大队、山炮兵1个大队、步兵炮1个队、工兵1个中队组成）
战车第12联队　森泽尾龟
铁道部队　高崎祐政
铁道第4联队2个大队，第2铁道材料厂
支援：
第1飞行团　今西六郎
飞行第44、第65、第90战队，独立飞行第83中队
第11军　司令官阿南惟畿
塚田攻（7月后）
第3师团　高桥多贺二
步兵第5旅团　塘真策
步兵第6、第68联队
步兵第29旅团　岸川健一
步兵第18、第34联队
野炮兵第3、工兵第3、辎重兵第3联队
配属独立山炮兵第2联队
第34师团　大贺茂
步兵团长　岩永汪
步兵第216、第217、第218联队

搜索第 34、野炮兵第 34、工兵第 34、辎重兵第 34 联队
配属独立步兵第 61 大队(第 68 师团)、独立山炮兵第 52 大队、山炮兵第 19 联队第 2 大队(13 师团)
竹原支队　竹原三郎
(由第 6 师团抽调 4 个步兵大队、3 个野炮兵中队组成)
今井支队　今井龟次郎
(由第 40 师团抽调 4 个步兵大队、2 个山炮中队组成)
平野支队　平野仪一
(第 68 师团抽调的独立步兵第 63 大队)
井手支队(后为松山支队)　井手笃太郎(8 月后松山圭助)
(第 68 师团独立步兵第 64 大队)
独立工兵第 2 联队、第 8 联队、第 55 大队、第 52 野战筑路队、辎重兵 3 个联队、汽车 5 个中队
支援:
第 29 独立飞行队(第 87、第 90 中队)

附表 7-4-2　浙赣会战第三战区参战部队指挥系统表(1942 年 5 月)

第三战区　司令长官顾祝同
第 10 集团军　总司令王敬久
第 49 军　王铁汉
第 26 师(王克俊)　第 105 师(应鸿伦)　暂 13 师(史克勤,一说罗哲东)
第 79 师(段霖茂)
第 63 师(赵锡田)
第 32 集团军　总司令上官云相
第 25 军　张文清
第 40 师(方日英)　第 52 师(刘秉哲)　第 108 师(戎纪五)
第 28 军　陶　广
第 192 师(胡　达、王　堉)　第 62 师(陶　柳、刘薰浩)
第 23 集团军　总司令唐式遵
第 21 军　刘雨卿
第 146 师(石昭益、戴传薪)　第 147 师(徐元勋、章安平)　第 148 师(潘左、廖敬安)
第 50 军　范子英
第 144 师(刘儒齐、柏　良)　第 145 师(孟浩然)　新 7 师(田钟毅、黄伯光)
第 25 集团军　总司令李　觉
第 88 军　何绍周
新 21 师(罗君彤)　新 30 师(贾广文)　新 32 师(黄　权)
暂编第 9 军　冯圣法
暂 33 师(萧冀勉)　暂 34 师(彭巩英,一说朱奇)　暂 35 师(劳冠英)
第 26 军　丁治磐
第 32 师(蒋修仁、王修身)　第 41 师(董继陶)　第 44 师(于兆龙)
第 86 军　莫与硕(衢州战后由方日英代)

第67师(陈颐鼎)　第16师(曹振铎)

第74军　王耀武

第51师(李天霞)　第57师(余程万)　第58师(张灵甫)

第100军　刘广济(韩文英代)

第19师(唐伯寅)　第75师(韩文英,一说朱惠荣)

预备第5师　曾戛初

附表7-4-3　浙赣会战第九战区参战部队指挥系统表(1942年5—6月)

第九战区　司令长官薛　岳

第79军　夏楚中

第98师(王甲本,一说向敏思)　第194师(郭礼伯)　暂6师(赵季平)

第4军　欧　震

第59师(张德能,一说林贤察)　第90师(陈　侃)　第102师(柏辉章)

第58军　孙　渡

新10师(鲁道源)　新11师(梁得奎)

注　释:

〔1〕〔美〕布赖恩·克罗泽:《蒋介石》。内蒙古人民出版社1995年中译本,第212页。

〔2〕日本防卫厅防卫研究所战史室:《昭和十七、十八(1942、1943)年的中国派遣军》。中华书局1984年中译本,(上)第69页。

〔3〕同〔2〕,第77、70页。

〔4〕同〔2〕,第73—76页。

〔5〕同〔2〕,第79页。

〔6〕《第三战区抗五字第四号保卫金、兰、衢战役指导腹案》。原件存中国第二历史档案馆。

〔7〕《第三战区浙赣会战部署概要》。原件存中国第二历史档案馆。

〔8〕〔12〕〔13〕〔14〕〔17〕〔24〕同〔7〕。

〔9〕同〔2〕,第85—86页。

〔10〕同〔2〕,第94页。

〔11〕同〔2〕,第110页。

〔15〕同〔2〕,第120页。

〔16〕同〔2〕,第132—133页。

〔18〕同〔2〕,第178页。

〔19〕同〔2〕,第146—147页。

〔20〕见台湾国民党"国防部"史政编译局编《抗日战史》。台北1989年版,第8册第95页。

〔21〕同〔2〕,第139、88页。

〔22〕同〔2〕,第159页。

〔23〕同〔2〕,第33页。

〔25〕 同〔2〕,第 162 页。

〔26〕 同〔2〕,第 139、155 页。

〔27〕 徐映璞:《壬午(1942)衢州抗战记》。载《闽浙赣抗战》,中国文史出版社 1995 年版。

〔28〕 同〔2〕,第 171、187 页。

〔29〕 转引自黄仁宇《从大历史角度解读蒋介石日记》,第 301 页,中国社会科学出版社 1998 年版。

〔30〕 同〔2〕,第 153 页。

第五节　监利、华容地区作战及鄂西会战

一、监利、华容地区作战

(一) 战前情况

长江和汉水之间三角地带的沔阳、潜江、监利、新堤(今洪湖)四县处于武汉、岳阳、沙市之间,是一望千里、平坦肥沃的水田地带,湖泊水网密布,大道多是水渠两侧的堤坝。在洪湖与东荆河之间地区驻有第五战区的第 128 师,在白露湖与长江间地区驻有第六战区的第 118 师(原为第 8 军荣誉第 1 师,1943 年 2 月才以第 87 军的第 118 师接防),另外还有第六战区的挺进第 1、第 2、第 3 纵队。为防御日军进攻,在各堤坝会合点及交通枢纽筑有大量堡垒。

自 1940 年 5 月日军占领宜昌以来,由于这一地区中国军队的存在,武汉、宜昌间长江航道从未通航,日军运输受阻。在宜昌附近掠夺的各种物资无法东运供其作战。消灭这一地区的中国军队,是日军蓄谋已久的作战企图。同时,日军第 11 军还希望通过这次作战,改变各师团在 1941 年 12 月进攻长沙遭到失败后对中国军队产生的畏战情绪。1942 年 5 月 5 日,日军第 58 师团曾从沔阳对第 128 师发动了一次攻击,仅战斗 2 天,因浙赣会战已经展开,日军第 11 军需转用兵力于南昌方面,遂停止了进攻。而第 128 师认为是反击的胜利,进而增加和加固堡垒,并加强了抗日宣传及破袭活动。

1942 年 5 月,日军攻占缅甸,太平洋战争第一阶段进攻作战亦基本结束,日

本大本营企图以攻占重庆作为结束中国战争的手段。参谋本部拟制了“五十一号作战”准备纲要（8月30日改为“五号作战”）：作战目的是在于消灭中国军队之主力，占领四川主要地区，摧毁中国抗战根据地，促使重庆国民党政权屈服或崩溃。计划于1943年春，以1个方面军（12个师团2个混成旅团）从山西南部由西安前进至四川广元；另以1个军（5个师团）由宜昌前进至万县，攻占重庆、成都。应“中国派遣军”总司令官的请求，调南方军总参谋长冢田攻为“中国派遣军”第11军司令官，执行进攻重庆的任务。1942年7月1日，冢田攻飞抵汉口，接替了原司令官阿南惟畿。正当第11军积极准备进攻重庆时，因日军连续在塞班岛和瓜达尔卡纳尔战役中失利，大本营于9月初下令中止执行“五号作战”计划。为此，“中国派遣军”总司令部派宫野高级参谋专程赴汉口，向冢田攻传达大本营的意图，并带去派遣军总参谋长河边正三致冢田攻的信件，进一步说明中止“五号作战”的背景情况。但冢田攻对此持有异议，并写出《关于今后作战指导的建议》，于11月7日派该军参谋长木下勇去南京，呈给河边正三。《建议》的主要内容有两点：一是请再增加若干师团，给予华中方面一两个敌方最精锐地区以猛烈打击；二是对西北方面的作战（西安作战），将严重刺激苏联，在目前形势下应极其慎重。报告之后，还附以冢田攻的亲笔信，要求继续执行“五号作战”计划的华中部分，仍将侵华战争扩大至四川东部地区，进攻重庆。因此，“中国派遣军”总司令部在南京召开各军司令官会议，进一步讨论执行大本营中止“五号作战”计划的命令。12月18日中午，冢田攻在参加南京会议后，与本军高级参谋藤原武乘飞机返回汉口。途经安徽西部太湖县境上空时，被驻守大别山区的中国军队第五战区第21集团军第48军第138师高炮部队击落（据时任第48军参谋沈本南说：日机飞很低，被第138师山头警戒部队用轻重机枪击落），坠在弥陀区田家乡荆竹冲附近地区，由驻军及民众将飞机残骸及11人的尸体掩埋于沙河滩中。日机数度侦察后，第11军第68师团出动搜索部队，于25日击退第138师警戒部队后，将飞机残骸及尸体运至太湖县城，经安庆运回日本。冢田攻死后，由横山勇于12月23日接任司令官。

横山勇决心集中兵力，“采取用牛刀杀鸡的方式使部队体验一下必胜的作战实践，以此来振奋目前业已消沉下去的士气”，并决定在中国军队欢度春节、戒备松弛时发动进攻。他对制订作战计划的参谋等指出此次作战的注意事项：(1)隐蔽作战企图，实行欺骗佯动。(2)兵力要数倍于敌。(3)要实施穿插、突破及分割包围战术。参谋们据此拟制了作战计划：[1]

1. 作战目的

歼灭三角地带之敌，并占领扬子江南岸要地，改善和加强军的战略态势。

2. 方针

军佯装进攻第九战区，首先捕捉并歼灭盘据在扬子江左岸（东岸及北岸）地区之敌，同时堵住该地区敌人向扬子江对岸逃跑的退路，继而挥师东进，摧毁峰口附近敌军根据地。

接着以一部兵力占领沙市对岸及石首、华容等江南要地，完全确保江北的安定，为今后作战确立有利态势。

3. 使用兵力（略）

4. 指导要领

（1）最初利用一部分部队进行欺骗、佯动，同时主力方面分三期进行作战。

第一期，捕捉和歼灭扬子江左岸地区之敌（第六战区挺进纵队及第118师），时间约一周。

第二期，摧毁峰口附近敌（第128师）根据地，时间约一周。

第三期，以一部分兵力占领江南要地，时间约两周。

（2）作战指导概要

第一期

① 第13师团集结于沙市东南方地区；第40师团（不包括仁科支队——步兵第235联队主力和军直辖部分）集结于岳州附近；塘支队（由第3师团抽调部队组成）集结于沙洋镇附近，同时努力宣传向第九战区（长沙）方面进攻，尽力让敌人产生错觉。

② 第13师团经过扬子江东岸地区向新厂方面突进。

第40师团渡过扬子江，从监利附近以主力向新厂方面突进，同时以另一部兵力向白露湖南方地区突进。塘支队经过白露湖东侧地区向该湖南侧地区突进。

依此捕捉并歼灭扬子江左岸（东岸及北岸）之敌，同时封锁三角地带内敌人向扬子江南岸地区逃跑的退路。

③ 此间要注意对峰口方面之敌不要过分刺激。

④ 此外，大体在上述期间中要另外进行以下局部性攻击，如前所述，进

行欺骗和佯动。

第34师团主力——在南昌西方地区进行；

独立混成第17旅团一部——在岳州南方地区进行；

两角支队——在百里洲进行。

第二期

塘支队从西北方，第13师团（主力）从西方，第40师团从西南方，仁科支队从东南方分进合击峰口附近。同时第58师团在峰口以北构成封锁线，压缩包围圈，歼灭该地之敌。

此间以第13师团之一部兵力继续在新厂附近扬子江北岸地区扫荡。

第三期

在继续平定新占领地区、确立警备态势的同时，第13师团之一部及第40师团主力分别占领沙市对岸及石首、华容附近等江南要地。

在占领江南要地作战中，塘支队在上述二师团中间地带作战，予以配合。

5. 在新占领地区大体以白露湖为中心划分三个部分，由第13、第40及第58师团分别占领之（所以让第40师团占领监利、石首、华容地区，是因为曾经计划于本年夏季让第40师团与独立混成第17旅团交替警备地区，该地区的警备任务，将由第40师团担任）。

此时，在三角地带中国军队的具体位置是：第128师，以峰口为中心的地区；第118师，以新厂为中心的地区；第六战区挺进军，在郝穴、白露湖附近。

（二）作战经过

1. 洪湖以西地区战斗

参加第一阶段作战的日军从2月上旬开始向指定地区集中，至13日分别集结完毕，接着投入了进攻的准备。日军第11军战斗指挥所推进至蒲圻。

1943年2月13日晚，日军第40师团首先开始行动，分两路渡江：右纵队（师团司令部、步兵第234联队、山炮兵第40联队为基干）从临湘附近渡江；左纵队[步兵旅团司令部、步兵第236联队（欠第3大队）、独立山炮兵第2联队、师团骑兵队为基干]从道人矶附近渡江。14日（除夕）23时全部渡江完毕，集结后向监利方向前进。

2 月 15 日(正月初一),第六战区第 44 军派至江北活动的第 149 师第 445 团正在聂家河一带村镇过年,突遭日军左纵队的袭击,仓促应战,迅速退走。日军于当夜进至监利附近,未遇抵抗,于 16 日凌晨占领监利城。位于朱家河一带的挺进军第 3 纵队发现日军右纵队后,立即组织防御,阻击日军,从凌晨 1 时许战斗至 5 时前后撤走。日军占领朱家河,当日进至上车湾附近。

2 月 16 日晨,挺进军第 1、第 2 纵队占领蒋家桥、曹家坊、陈家台既设阵地,抗击日军右纵队第 234 联队第 1 大队由堤头方向的进攻。战斗竟日,日军未能突破守军阵地。入夜后,守军得知沙市方面日军亦以多路向南进攻,判断日军将向这一地区发动全面进攻,遂化整为零,分为若干小分队转向日军后方活动。

当日傍晚,日军第 13 师团由沙市以南分三路向南进攻:右纵队[步兵旅团司令部、步兵第 65 联队(欠第 1 大队)、山炮兵 1 个大队为基干]从资富寺出发,向郝穴、新厂进攻;左纵队(师团司令部、步兵第 104 联队、步兵第 65 联队 2 个中队、山炮兵 1 个大队为基干)从资富寺出发,向普济观进攻;左侧藤仓大队(步兵第 65 联队第 1 大队)从角庙出发,经张金河向沙岗方向进攻。

2 月 17 日晨,日军第 13 师团、第 40 师团向新厂作向心攻击。守军第 118 师及挺进军一部占领既设阵地,分别在黄老潭、碗子口、横沟阻击由东向西进攻的日军第 40 师团;在焦子渊、泥巴坨、普济观阻击由北向南进攻的日军第 13 师团。当日晨,日军第 65 联队在郝穴击退守军警戒分队,又经 4 小时激烈战斗,在飞机支援下于 11 时突破守军焦子渊阵地。守军其他阵地均坚守至傍晚。当日军第 116 联队攻占普济观,第 104 联队由泥巴坨突破守军阵地,强渡过沙沟河。特别是日军第 13 师团舟艇部队(第 65 联队第 8 中队)由沙市沿江南下偷袭占领了新厂后,第 118 师一部突围至日军后方,主力在石首附近南渡长江,归还第 87 军建制。第 445 团亦退回南岸。2 月 18 日,日军第 13 师团和第 40 师团会合后,以一部兵力守备长江北岸,封锁交通,主力转用于峰口方面。

在日军进攻期间,南昌、岳阳、枝江的日军均向当面中国军队佯攻,进行牵制。

2. 峰口地区战斗

2 月 18 日晚,日军第 11 军进行了围攻峰口地区第 128 师的部署:除令第 40 师团从东、南方向,第 13 师团从西方包围峰口外,又令第 58 师团从北方包围。规定从 21 日开始,第 40 师团及第 13 师团分别从新堤、新河、北口、周老嘴逐渐缩小包围圈,预定至 24 日进至吴家宝子、小沙口、谢仁口、小潭子一线;同时令第

58 师团于当日从仙桃镇出发，在黄昏时进至以白庙为中心的沿东荆河北岸东西一线，切断渡东荆河北退的各通道。

第 128 师下属 6 个旅，共 1 万余人，武器、装备较差，部队成员也较复杂。特别是由于有一旅长通敌叛变，日军完全掌握了该军的情况，致使作战处处陷于被动。但即使这样，日军在缩小包围圈时也都遭到守军在堡垒群阵地上的坚强抵抗。

日军连续四天四夜从三个方面对第 128 师进行压缩。2 月 24 日，日军各部队大体都已到达距峰口约 10 至 15 公里的预定包围连线，此时第 128 师已弄清日军的企图。不少部队在抗击日军攻击后，即向日军的两侧或后方转移，进入交通不便的湖荡之中。2 月 25 日，日军向被包围地区喊话诱降时，第 128 师部队早已转入湖荡待机行动。因此，峰口镇—洪湖核心地区未发生大的战斗即为日军占领。

2 月 25 日晨，第 128 师一部在戴市附近与日军发生遭遇战。晚上日军再次与第 128 师这一部分部队遭遇，日军骑兵队紧追不舍，第 128 师师长王劲哉被俘。由于内奸策应、主将被俘，部分官兵思想混乱，白露湖东南余家埠以东约有 1000 余人缴械投降，但更多的官兵则转入敌后。

3. 长江南岸战斗

王劲哉师长被俘后，第 128 师除师参谋长率领的 1500 余人继续与日军对战外，其余失败的官兵有的仍散布在湖区等待时机集结。日军一方面组织扫荡队对第 128 师所部四出追踪搜剿，另一方面以主力一部向长江南岸发动进攻，企图在长江南岸占领滩头阵地，以控制此段长江，并为尔后作战创造有利条件。

日军第 11 军为确保江北新占领区的平定，并占领江南要域，于 3 月 2 日下令第 40 师团主力渡过长江向华容方面突进：塘支队渡过长江占领藕池口—江波渡一线；独立混成第 17 旅团以一部兵力（2 个大队）从岳阳对岸攻击江南岸中国军队，配合第 40 师团作战；第 13 师团的樱井支队（步兵第 65 联队）渡过长江，占领从太平口附近经弥陀寺附近至马家嘴附近一线。命令师团炮兵队支援樱井支队作战。

中国第九战区此时在洞庭湖以西地区担任防御任务的部队有江防军（辖第 86、第 18、第 32 军）、第 10 集团军（辖第 94、第 87 军）、第 29 集团军（辖第 73、第 44 军）。各军战斗分界线：从石牌要塞到宜都（含）为江防军，宜都到甘家厂属第 10 集团军，甘家厂到洞庭湖以西地区属第 29 集团军。

图 7－5－1 监利、华容地区作战经过要图
（1943 年 2 月 13 日—3 月 30 日）

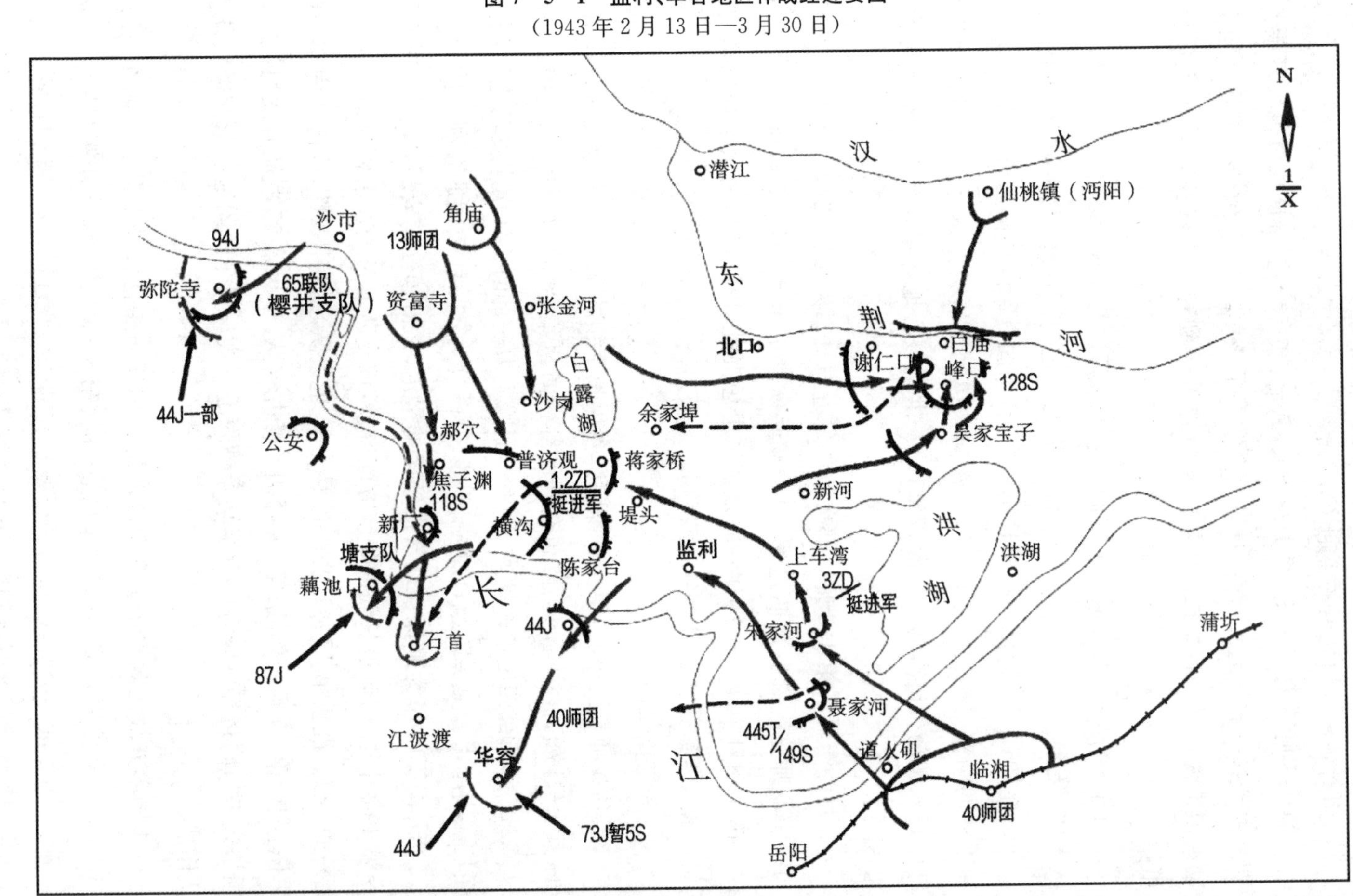

3月8日，进攻江南的日军同时展开渡江作战。

日军第40师团主力从3月8日夜至9日，分别在新岭子附近、黄公庙对岸、调弦口东北等地渡过长江，向华容进攻。第29集团军第44军对进攻日军阻击，但在日军进攻下于10日后撤。日军当即占领华容。同日，日军第40师团另一部进占江波、石首和藕池口。

日军第13师团樱井支队于3月8日22时从窑头铺和新关庙附近分南北两处渡江。渡江后，南北两支部队击败了第10集团军第94军所部后，于9日晚间进入布河、董岳观地区。第10集团军所部即撤退至明山岭、沙口、虎渡河之线。

3月14日，第87军以一部向藕池口日军反击。17日，第44军所部向华容日军反击，一部向弥陀寺日军反击。两军曾迫近华容和藕池口。第73军暂第5师也加入了反击华容日军的作战，并一度突入华容城内。日军固守华容、弥陀寺各要点。中国军队的反击作战虽有进展，但日军顽强抵抗。中国军队遂于30日停止反击，转入守势，在华容东南之禹山、蔡家铺、鲢(鲇)鱼须、茅草街、高河场、横堤市、陡湖堤、邱家槽坊一线监视当面日军。

日军占领华容、石首和沙市对岸地区以后，取得了长江南岸滩头阵地，为即将实施的鄂西作战创造了有利条件，并在作战中发挥了前进基地的重要作用。

二、鄂西会战

（一）双方的作战指导及兵力部署

1. 日军方面

太平洋战争爆发以来，日军船舶损失严重，运输兵员、军需品、物资原料的船舶严重不足。在中国战场上，内河航运船舶也越来越少；而且宜昌到岳阳段长江为中国军队控制，日军在攻占宜昌后掠夺的大量船舶又不能使用，仅停舶在宜昌附近的内河航运轮船就有11艘(空船总排水量近2万吨)。日军第11军虽于1943年3月间实施了洪湖地区及长江南岸滩头阵地作战，但仍有一段长江为中国军队所控制，且此处有中国第六战区两个集团军防守。日军第11军为消灭中国军队和打通长江航路，经大本营批准，发动了鄂西作战(日军称之为“江南歼灭战”)。

此次会战的特点是：日军采用逐次蚕食的方针，分别对南县、安乡，公安、枝江和宜昌以西等3个地区依次实施3次包围攻势，企图分区歼灭中国第六战区的野战部队，致使会战逐次在3个有限的空间展开。这是和过去的会战不同的地方。

1943年4月间，日军第11军制订了作战计划。主要内容为：[2]

1. 作战目的

加强扬子江运输能力，使宜昌附近的船舶在下游通航，同时歼灭由洞庭湖至宜昌对岸的扬子江右岸地区敌野战军。

2. 方针

作战区域大致分三部分，各区集中优势兵力逐个消灭各该区之敌。

在此期间，使在宜昌的船舶向汉口通航。

3. 使用兵力

参加作战的兵力：第3、第13、第39师团，独立混成第17旅团，野沟支队（由第58师团调出），野地支队（第39步兵旅团），小柴支队（由第40师团调出），户田支队（由第40师团调出），针谷支队（由第34师团调出）和军直辖部队。另有飞行第44战队配合作战。

4. 集中

第3师团、独立混成第17旅团和户田、小柴、针谷支队，于4月16日开始至5月4日在石首附近扬子江两岸、华容及其与石首之间地区和岳阳东北集中。第13师团、第39师团主力和野沟、野地支队，于5月10日至18日左右，在白洋、董市之间（宜昌以东地区）集中。

5. 指导要领

分3个作战地区（目标）逐次各个歼灭各该地区之敌，预定按下列步骤进行。

第一期，以第3师团，独立混成第17旅团，小柴、户田、针谷支队，于5月5日至11日歼灭安乡、南县地区之敌。

第二期，以第3、第13师团和野沟支队，于5月12日至18日南北夹击枝江、公安间的敌人，并歼灭该地区之敌。

第三期，以第3、第13师团，第39师团主力和野地支队，于5月19日至29日歼灭宜昌西方地区之敌。

第四期，于5月31日至6月10日，以一部分兵力留在扬子江右岸地区，军的主力撤退到扬子江左岸地区。

在此期间，船舶部队协同海军开放扬子江，首先使在宜昌的约2万吨船舶向沙市下航，继而向汉口下航。

根据以上计划，参加第一期作战的日军各部从4月16日开始集中，至5月4日，分别在指定地点集中完毕，并完成作战准备。5月3日，第11军作战指挥所进到沙市。

2. 中国第六战区方面

1943年3月，日军第11军占领华容、石首、弥陀寺等江南滩头阵地，第六战区反击无效，转为守势，后遵军事委员会的命令重新调整部署：东自洞庭湖西的万林河口，沿长江南岸向左至石牌要塞附近，再至江北，转向东北方向，由南津关经横店至宜城附近冯水，左右依托洞庭湖及汉水，正面凭持洞庭湖西的湖沼地带、长江及荆山山系的险峻地形，以石牌要塞为顶点，西向东南汉水下游，构成V字形阵地。

这时，第六战区共辖第29、第10、第26、第33集团军，连同上游的江防军及其他警备部队等，共有11个军（30个师）、3个挺进纵队及2个独立旅。军事委员会直属的第32军亦位于战区内。战区司令长官部位于恩施，孙连仲代理长官。

防守长江南岸阵地的部队是第29、第10集团军及江防军。它们分段防御的位置为：第29集团军防守万林河口至茅草街一线，第10集团军防守茅草街（不含）经百弓嘴、公安、松滋、枝江至宜都一线；江防军防守宜都以西茶店子、黄家坝至石牌一线。第26、第33集团军则分守江北南津关至魏家岗（不含）和魏家岗至汉水转斗湾一线。

第六战区的主要任务是屏蔽川东，保卫重庆。根据当面敌情，战区制订的作战方针是："战区以巩固陪都之目的，应确保常德、恩施、巴东、兴山、歇马河（兴山东北约65公里）、南漳各要点，置兵力重点于江南各地。第一线兵团依纵深据点行韧强抵抗，消耗敌之战力，最后于郑家驿（桃源以西约10公里）、慈利（澧水上游）、五峰（渔阳关以西）、招徕河、秭归、兴山之线以东，马良坪、安家集（南漳东南约12公里）、宜城之线以南山地，依第二线兵团之机动，与第一线兵团适时将深入之敌歼灭之。"[3]

1943年5月上旬，日军在江南滩头阵地的兵力逐渐增强，调动频繁。第六战区判断日军将有所行动，最大可能是：以一部兵力由沙市或松滋渡江南进，策应江、湖三角地带日军主力进攻澧县、常德。据此制订了作战指导方案，向所属各集团军提出如下任务：[4]

1. 第29集团军应着第一线守备部队固守现阵地；其后方控置兵团，除以一部固守津市、澧县外，其余应适时进出澧水南岸，连系第10集团军部队，击灭窜入该方面之敌。

2. 第10集团军对松滋、宜都间之敌，应以有力之一部，依江岸既设阵地拒止之，尽量抽集兵力适时向澧水以北地区进出，连系第29集团军，对窜入该方面之敌击灭之。

3. 江防军应抽出一部，适时向聂家河（宜都西南）方面进出，实施机动作战。

4. 第26集团军以主力向龙泉铺（宜昌东北约7公里）、双莲寺（当阳西南约6公里），第33集团军以4个师之兵力向当阳攻击，以策应江南方面主力之作战。

（二）会战经过

1. 安乡、南县地区战斗

日军参加第一期作战的各部队于1943年4月中旬开始集中，迄5月4日已分别在进攻出发地位集结完毕。5月5日拂晓按预定计划开始行动：第3师团由藕池口附近向百弓嘴第10集团军第87军新23师阵地进攻；独立混成第17旅团由藕池口东向茅草街第29集团军第73军第15师阵地进攻；小柴支队由石首向团山寺第15师阵地进攻；户田支队由华容附近向三汊河第73军暂5师阵地进攻。守军当即进行了坚强的抵抗，双方激战于碑湾、茅草街、徐家铺、团山寺、黄台山、官垱等处。日军第17旅团步兵第90大队大队长舛尾芳治中佐被击毙，第40师团第234联队第2大队大队长安村修三少佐重伤。当晚，日军占领了长岭嘴、紫金渡、麻壕口等地。

5月6日晨，守军第77师与第15师协力反击，与日军激战于梅田湖、芝麻坪、三汊河、黄石嘴、八股头之线，反复争夺，血战竟日，第15师第45团团长陈涉藩、营长李亚安均在反击战斗中英勇牺牲。两日激战，第15师伤亡已达四分之三，第77师亦死伤逾半，形势严峻，安乡、南县已处于半被包围的危境。为了先行击灭从藕池口方面企图深入之敌，第六战区代长官孙连仲已按照预定的计划电令第29、第10集团军坚守和组织反击，同时电令江防军抽出第86军的第67师及第18军2个团策应第10、第29集团军的作战。但于6日21时接蒋介石指令："1.查三峡要塞扼四川门户，为国军作战之枢轴，无论战况如何变化，应以充分兵力坚固守备。2.江防军不得向宜都下游使用。3.南县、津市、公安、松滋方面，应以现有兵力与敌周旋，并掩护产米区。4.特须注意保持重点于左翼松滋、宜都方面，以获得机动之自由。"[5]孙连仲只得速告江防军，收回前令。

由于日军集中兵力进攻第六战区沿江防线的右翼，而第六战区又不能抽调沿江防线左翼部队策应，因而在伤亡过重的情况下无力遏止日军的攻势。混战至7日晚，日军主突方向上的安乡首先为日军第17旅团及第3师团一部攻占。第73军与集团军及战区失去联系。第六战区为挽回颓势，8日曾组织第29集团军及第10集团军集中力量实施反击，但由于通信不畅，不少部队又失去掌握，在调整部署尚未完毕之际，日军又集中兵力向南县进攻。暂5师在日军夹击下苦战终日，伤亡极大，当夜突围至沅江地区收容，日军于9日又占领了南县。至此，第六战区第29集团军的第73军已丧失战斗力，转移至常德附近收容整顿。第44军仍防守津市、澧县。

2. 枝江、公安地区战斗

日军第11军在第一期作战结束后，留置一部兵力于安乡、南县一带，并向津市、澧县第44军方面实施佯攻，以牵制第29集团军不使向北转用，而令其主力第3师团于5月8日开始向东港一带集结，同时令野沟支队及第13师团于9日、10日由荆门一带向枝江、洋溪对岸紫金岭（宜都东北13公里）附近集结，开始准备第二期作战，企图捕捉、围歼枝江、公安间的第10集团军。

5月9日，日军第11军下达了第二期作战的命令，规定12日开始行动。其部署是：以第3师团分两路向新河市和公安攻击；第13师团切断松滋河西岸地区中国军队退路，迅速进入闸口附近，经大堰垱北侧至官山坡一线，策应第3师团作战；野沟支队向新河市方向前进，策应第3师团作战；独立混成第17旅团留一部于大中堰、如东铺，警戒津市方面，主力进入公安方面，配合第3师团作战；针谷支队经太平运河沿岸向公安方面前进；户田、小柴支队在三仙湖和安乡地区扫荡；松本支队（第65联队第2大队）从弥陀寺附近向公安方面前进。

12日晨，日军第3师团首先由东港向第10集团军第87军第11师白洋堤、汪家嘴阵地进攻。当日傍晚，日军第13师团亦在猛烈炮火掩护下强渡长江，在枝江镇、石牌之间与守军第94军第55师展开激战。当夜20时，日军第3师团在飞机支援下突破白洋堤阵地，并乘势向西急进。与此同时，日军野沟支队从董市西南强渡至长江南岸，攻占了洋溪。日军三路并进，守军被迫后撤。

激战至13日晚，日军第3师团攻占孟溪寺、杉木铺，第10集团军右翼的第87军受到严重打击，尤以第118师伤亡最大。该师第352团薛团长在战斗中牺牲。其余各师在日军猛攻下，全部撤至西斋、大堰垱以西地区。此时，第10集团军左翼的第94军在日军第13师团及野沟支队猛攻下节节败退，第55师与军和集团军均失去联系，第10集团军已处于南北交迫的危境之中，情况日趋紧急。

由于第43师放弃公安西撤，日军第3师团一部于14日占领公安。在日军南北夹击下，第10集团军各部队于15日午均已西退至暖水街和刘家场、茶园寺以西。此时第10集团军在番号上虽仍有5个师又1个团，但实际兵力仅三分之一强，战斗力又极脆弱。5月17日日军第3师团包围了松滋，18日拂晓占领了松滋。

3. 清江、石牌地区战斗

日军重创第10集团军、完成第二期作战后，即向北转用兵力，企图再次从南北两个方向以钳形攻势捕歼第六战区江防军主力于石牌、清江之间。

日军第11军于5月17日晚下达准备转入第三阶段作战的命令：令第3师团于5月19日在茶园寺附近集结；令第13师团于5月20日进入全福冲附近和渔洋关附近一线；令野沟支队在枝江南方地区集结；令独立混成第17旅团于5月19日从公安附近出发，占领大堰垱西南方高地一带，佯装进攻常德，同时在军主力对宜昌西方地区作战时，在其后方担任掩护。第三阶段发起攻击的时间预定在5月21日晨。

根据以上命令，第3师团于19日到达茶园寺及其西北地区集结。其他部队也按时在指定地点集结。新参加第三阶段作战的第39师团于20日在宜昌东南的云池附近集结；野地支队集结在宜昌。各师团集结后迅速进行作战准备。

日军第三阶段作战的计划是："以参加第二期作战的各部队，结合第39师团由扬子江畔发起的攻击，首先歼灭长阳周边之敌；继之，结合野地支队向宜昌西方地区突进，捕捉歼灭该地区之敌。"[6]为此，于5月19日作了部署：第3师团于5月21日凌晨发起攻击，进入长阳附近，并准备北进，一部在宜昌以西策应野沟支队作战；第13师团进入全福冲、渔洋关之后，继续进入都镇湾(都正湾)附近，并准备北进；野沟支队于5月22日凌晨发起攻击，进入宜都西侧地区；第39师团于5月21日夜渡江后准备北进；野地支队从宜昌对岸向西突进，切断军主力方面中国军队的退路。

第六战区代司令长官孙连仲根据日军行动，判断其将向江防军方面继续进攻，遂于17日22时下达命令：令第10集团军在现地实施持久战，置重点于左翼，确保聂家河、仁和坪、子良坪之线；令江防军确保石牌要塞，右翼与第10集团军切取联络；同时令第67师脱离第10集团军的指挥，归还江防军第86军原建制。

5月19日，第六战区司令长官陈诚已返回恩施长官部，开始指挥作战。军事委员会为应鄂西之急，令第79军及第74军驰援常德。此时仅第79军先遣暂6师到达常德，其余各部刚分别进至临澧和宁乡附近地区。

5月19日凌晨，日军第13师团及独立混成第17旅团首先开始行动。第13师团分两路从暖水街、刘家场向皮家冲、三溪口守军第43师及第121师阵地进攻，迅速突破第一线阵地，于20日进至子良坪、仁和坪一线。第17旅团由公安出发，在王家厂击退新23师警戒部队，进至以西高地一带，以一部与樊家大山守军新23师一部对峙，主力佯作进攻常德之态，掩护其进攻部队展开和保障其南翼侧的安全。直至5月底，该部日军没有离开这一地区。

21日晨，日军第3师团、第13师团分由茶园寺、仁和坪和牯牛岭附近向当面守军暂35师、第121师及第118师王家畈、曾家坪等处阵地进攻。迄22日晚，第3师团渡过渔洋河，占领了聂家河、磨市；第13师团进至渔洋河南岸，占领了渔洋关。与此同时，驻枝江的野沟支队与国民党投降日军被改编为汪精卫伪军的第29师协同，攻占了宜都。守军第67师部队绕道撤至磨市以北。第39师团从云池附近渡过长江，在未遇任何有力抵抗的情况下进至汪家棚地区。

23日拂晓起，除占领宜都的日军野沟支队及伪军仍留原地警备外，日军第39师团、第3师团和第13师团均集中全力，分由汪家棚、磨市、渔洋关附近地区向第10集团军及江防军正面展开全线攻击。战况激烈。守军（特别是第10集团军）减员甚多，战斗力严重下降，虽经奋力阻击，终因力不从心，被迫逐次转移。24日，日军第39师团进抵西流溪，第3师团攻占长阳，第13师团攻占都镇湾。各部均到达清江南北两岸地区时，日军控制于宜昌地区的野地大队也由宜昌长江南岸桥头堡地区向西进攻，企图切断守军北撤的退路。此时战场的中心已移至清江、石牌间地区，江防军成为整个会战的焦点。此时第79军已到达常德，第

74军进至桃源，由河南新野调来的第30军的先头部队已至椰树店，主力在续进中。

25日晨，日军各部队继续向江防军猛攻。第39师团攻占偏岩，第3师团攻占津洋口。守军第13师退向白果坪集结收容。日军野地支队经激战突破第18师月亮岩阵地后，被阻于雨台山阵地之前。

陈诚研究了当前的情况后认为：日军使用于清江两岸及攻击石牌的总兵力约6万人，而江防军仅6个师，第10集团军的部队尚待收容整理，无法与敌决战，于是决心按照1940年预定的“待敌深入至山岳地带后再行截击敌之归路而求歼灭”的腹案，拟定战区作战指导，待第27师、第74军到达后再以第32军（欠第141师）第27师、第79军等向清江两岸对我江防军攻击之敌南北夹击而歼灭之。预定决战日期为5月31日至6月2日间。预定决战线为资丘、木桥溪、曹家畈、石牌之线。[7]据此制定了作战计划。其主要内容为：[8]

（1）战区决心确保石牌要塞，俟第30、74军到达后，即以第30军、第32军、第74军各军主力及第79军全部，在清江两岸对向我江防军攻击之敌，行南北夹击而歼灭之。

（2）决战时期，预定为5月31日至6月2日间。

（3）战区部署：

① 第74军（辖第51、58师，欠57师）在太浮山、石门附近集结待命。

② 第79军即由石门向渔洋关、五峰间地区前进，驱逐渔洋关以南之敌，向长阳之敌攻击。

③ 第29集团军之第161师原出击部队转向西奈、刘家场方面攻击，第73军已整编完毕之部队开石门固守。

④ 第10集团军应确保五峰、资丘两要点，并侧击、尾击清江南岸之敌。不必拘于作战地境，对于第79军之攻击，务努力策应之。

⑤ 江防军应确保木桥溪、曹家畈、平善坝之线，并指定第11师固守石牌。

⑥ 第26集团军应向龙泉铺、双莲寺及其以南之敌攻击，设法袭占宜昌，并速以一部控置于南沱。

⑦ 第33集团军仍应积极攻击当阳，并以有力一部钻隙突入，袭扰鸦雀岭、古老背、白洋，策应江防军之战斗。

就在第六战区计划反击的当天(25 日),日军第 11 军也再作部署:准备向石牌—木桥溪一线追击江防军,捕歼于宜昌西方山地。令第 3 师团经牵牛岭西麓向抱桐树附近追击;令第 13 师团歼灭洲家口之敌后,向木桥溪方向追击;令第 39 师团一并指挥野地支队向大朱家坪附近追击。在上述期间,使宜昌附近的船舶下航。

5 月 26 日、27 日,日军依然连续发起猛攻。江防军方面战况激烈,第 139、第 67、第 5、第 18 师阵地正面尤为剧烈,日军付出极大伤亡的代价才能推进几十米。由于日军炮火的轰击和航空兵的轮番轰炸,守军阵地多被摧毁,人员伤亡也极大。27 日夜,江防军总司令吴奇伟下令向三汊河、木桥溪、曹家畈亘石牌之线撤退。

27 日,日军控制下的船舶约 50 余艘(16 000 余吨)从宜昌附近出发,经沙市、监利驶向武汉。

28 日、29 日,守军均按命令撤向规定的阵地,日军继续进攻。

4. 追击战斗

日军经连续 25 天的战斗,基本上完成了预定的作战任务。第 11 军决定恢复原来的警备态势,于 5 月 29 日下令参战主力于 5 月 31 日、掩护部队于 6 月 2 日开始撤退。31 日夜,日军各部队分别沿清江、渔洋河及澧水两岸,东向宜昌、宜都、枝江及藕池口实行广正面的转进。

第六战区发现日军有撤退的征候,于 31 日下达了追击命令:令江防军(附第 30 军)就现态势向当面日军追击;令第 10 集团军(附第 79 军)以主力沿渔洋河两岸,以一部沿清江北岸向枝江、红花套方向追击;令第 74 军驱逐王家厂、暖水街一带日军,续向公安、磨盘洲挺进;同时令第 26、第 33 集团军向当面日军攻击,以策应江南地区的追击战斗。规定追击开始时间为 6 月 1 日拂晓。6 月 1 日拂晓,第六战区各部队遵照命令的规定,先后发动全面追击。

日军久战疲惫,且囿于以往的经验,认为中国军队的追击行动发起迟缓,战斗不力,所以在撤退之初警戒疏忽。在中国军队跟踪紧追及超越追击下,6 月 2 日,其第 13 师团担任收容、掩护的后卫部队——第104 联队的第 2 大队被第 10 集团军新 23、第 55、第 98 和第 121 师各一部包围于磨市;第 13 师团第 65 联队(樱井部队)及第 39 师团的第 233 联队(吉武部队)被第 79 军主力及第 118 师、第 51 师包围于宜都。其第 2 大队在追击部队围攻下伤亡惨重,大队长皆塚义昌被击毙。

图 7－5－2　鄂西会战经过要图

（1943 年 5 月 5 日—5 月 29 日）

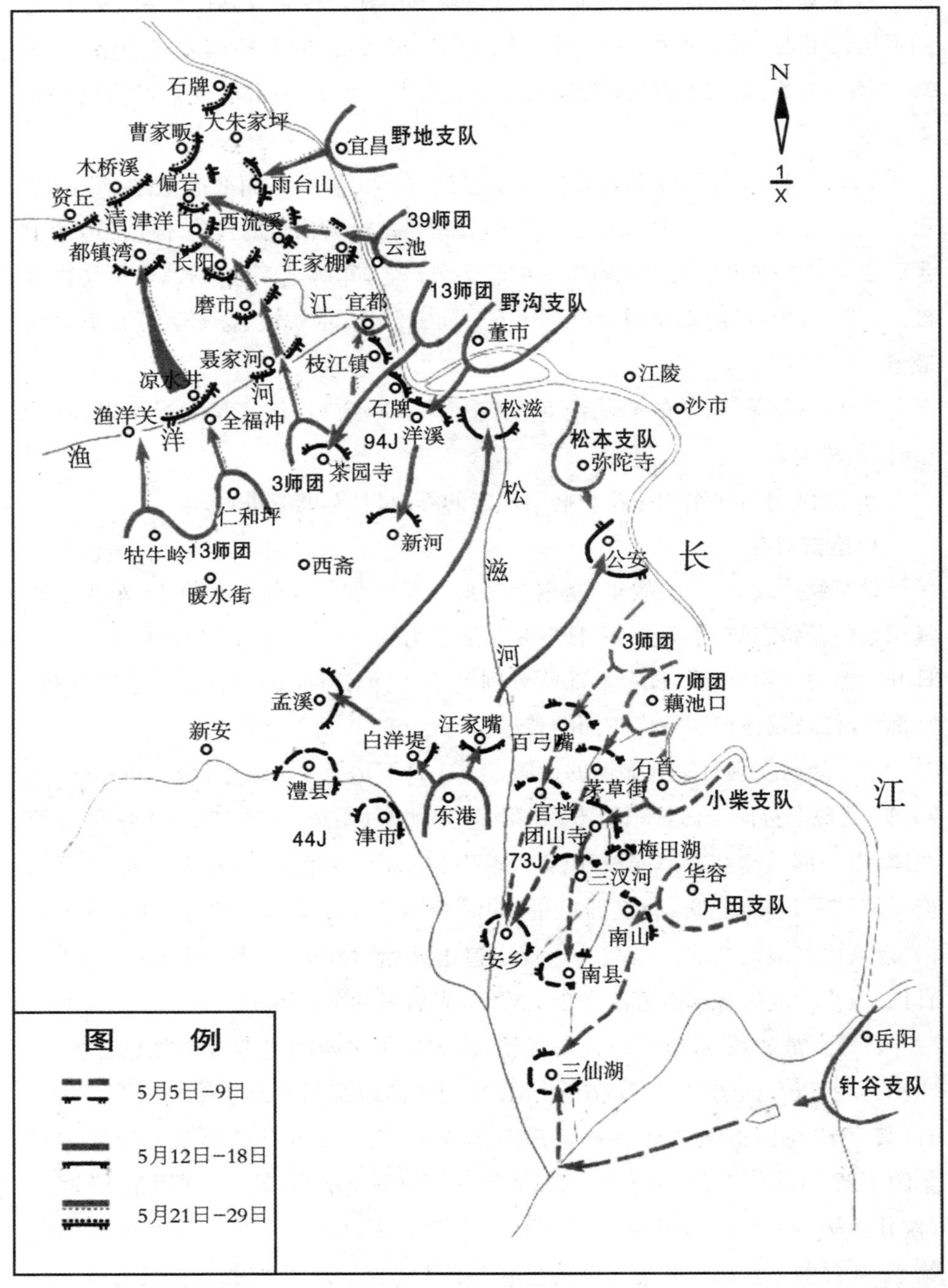

日军第11军得悉其第13师团等被围困的报告后，6月3日决定令第13师团停止撤退，以全力反击追击的中国军队，同时令独立混成第17旅团立即从公安出发攻击枝江附近的中国军队。日军第13师团将已经渡过长江的部队全部调回宜都，沿渔洋河南侧向磨市方向攻击前进。经5日、6日两天战斗，日军救出了被包围的第2大队，又攻占了聂家河、枝江、洋溪、滥泥冲等地。渔洋河下游南岸大部为日军占领。独立混成第17旅团在进至磨盘洲西南约10公里的裴李桥附近时，与第74军遭遇，战斗激烈，该旅团遭到重创，其独立步兵第88大队大队长小野寺实、独立步兵第87大队大队长浅沼吉太郎于6日、7日先后被击毙。该旅团是这次会战中损失最大的一支部队，5个大队长就战死3个。

6月9日，日军再次组织撤退。迄6月12日，各部队都先后返回原驻地。第六战区部队收复了所有曾一度被日军侵占的地方，双方恢复了会战开始前的态势，鄂西会战结束。

会战进行期间，中日双方都有较多的飞机助战。日本陆军在汉口、荆门等地集中了飞行第25、第90、第33、第44战队，共有作战飞机248架。中国空军动用了第1、第2、第4、第11大队，美国第14航空队也参加作战，共有作战飞机165架(轰炸机44架，驱逐机121架)。自5月19日至6月6日，中国空军共出击53批，使用驱逐机336架次、轰炸机88架次，合计击落日机31架，炸毁6架，炸沉、炸伤日舰船23艘，击毙日军官兵156人，击伤238人。[9]虽然从数量上中国空军还不如日军多，但日军"在绝对制空权下行动"的日子已经一去不返了。日军不得不承认"航空优势敌我易位的征兆已经开始出现"。[10]

(三) 会战简析

鄂西会战历时月余，第六战区以10个军的兵力抗击了日军约5个师团兵力的进攻，按照预定计划，先凭借长江、山地等有利地形和依托坚固的既设工事阵地实施守势作战，尔后转取攻势作战，追击撤退的日军，恢复了所失阵地。在战斗中，广大官兵英勇奋战，不怕牺牲，给予日军以一定的打击。当时曾称之为"鄂西大捷"，广为传诵。但认真分析一下，实际上并非是一次大捷的会战。

就战役企图而言，日军虽未能完全达到其"歼灭由洞庭湖至宜昌对岸的扬子江右岸地区敌野战军"的目的，但严重打击了第六战区的防守部队，达到了使"宜昌附近船舶在下游通航"的目的；而且整个会战的行动都是按预定的时间、空间进行的，始终掌握着战场上的主动权，因而可以认为基本上实现了战役企图。第六战区虽然在防御战斗，特别是在追击战斗中给予日军以相当的杀伤，但既未能粉碎日军的战役企图，也未能“依第二线兵团之机动，与第一线兵团适时将深入之敌歼灭之”。给日军造成的损耗，更远较自身的损耗为少。据80年代末期台湾国民党国防部的统计，第六战区部队在这次会战中战死23 550人，负伤18 295人，失踪7270人，俘虏日军88人；[11]日军统计第11军在这次会战中战死771人，负伤2746人[12]，俘虏第六战区部队4729人。[13]台湾国民党当局所编抗日战史虽仍吹嘘获得了胜利，但也说：“虽得规复失地，惟败敌早已逃逸，甚少能予以致命打击。所谓胜利，并未歼敌有生战力。”[14]

导致会战失败的众多原因中，国民政府统帅部和高级将领缺乏抗战的积极主动精神、指导思想消极被动是根本的一条。

首先，就战略指导来说，“持久消耗战略”是正确的，但如何落实这一战略，则有不同的方法。在日军实施“以战养战”的政策形势下，如不积极主动地寻敌攻击，坐等胜利，日军是决不会自行消耗而失败的。可是国民政府军事委员会在日军抽调一部到太平洋战场，正面战场上的兵力不仅数量有所减少，而且质量也有所下降的情况下从未主动寻敌攻击，一直是坐等日军来攻时再进行“招架”。特别是当了解了日军在正面战场上实施的是“有限攻势”、“短促出击”的战略方针后，认为日军出击后反正很快即仍然返回原驻地，于是将抗战的重点完全转移到在日军撤退的时候再实施追击的方面来。如果日军不来攻，那就“各守边界”，“和平相处”，保存实力以待战后使用。会战前不久，日军击溃了第128师、第118师及3个挺进纵队，占领了长江以北洪湖三角地带后又进而占领了长江以南的华容、石首、藕池口等地。很明显，这是日军第11军为了进攻江南而采取的消除后顾之忧并抢占前进基地的行动。如果军事委员会和第六战区确有借助长江天险来确保江南阵地的话，对日军仅有少量部队、且又背水为阵的桥头堡阵地，无论如何也不应让其安稳地存在。然而军事委员会和第六战区却“浅尝辄止”，对华容等地试攻了几次，见日军不退就放弃攻击、坐视不理了。因而日军能以此为前进基地，在极为有利的态势下发动鄂西会战。会战开始前守军就已经输了一着。

其次，就战役指导来说，依托有利地形和既设阵地逐次抵抗，俟敌疲惫、开始撤退时转移攻势、追歼敌人，这一后发制人的战役指导是正确的，而且已为实践所证明。但是，众所周知，任何计划都必须与客观实际相符合，才能获取胜利。如果不能针对变化了的客观形势，积极主动地改变计划，则必将陷于被动。这次会战，日军采取了与以往不同的作战指导：不是一往直前地深入，而是根据敌情、地形，将整个会战划分为 3 个阶段，在 3 个不同时间和 3 个不同的有限空间里形成局部优势，实施钳形攻势，以各个击破方式逐次击歼防守江南岸地区的 3 个集团军。日军投入的兵力不过 7 万人左右，而中国第六战区 3 个集团军的兵力则约为 12 万人。在总兵力上日军不占优势，但它先以约 3 个师团近 5 万人的兵力攻击第 29 集团军 2 个军的 4 万人，加以火力较强，遂形成局部的绝对优势；尔后以约 6 万人攻击第 10 集团军 2 个军，最后再以 7 万人攻击江防军 2 个军。第六战区和军事委员会发觉日军的企图后，并未采取任何有效的措施，仍抱住预定的计划不变，以致日军攻击第 29 集团军时，第二线兵团既绝对不许使用，第一线兵团部队也不许调整作相对集中，江防军和第 10 集团军主力只能“旁观”；当日军转用兵力攻击第 10 集团军时，第 29 集团军已大部后撤、收容整顿，而江防军则仍然只能坐视；俟日军集中全力攻击江防军时，第 10 集团军也已“尚待收容整顿”。等第六战区的第二线兵团到达战场时，日军已经完成任务开始撤退了。追击之初，形势好转，包围了日军后卫一部，并予以沉重打击。此时如果能以积极进取的精神指导作战，尚有歼敌一部、取得较好战果的可能。然而当日军仅以第 13 师团和第 17 旅团实施反击时，兵力远远超过反击日军、且有 2 个生力军在内的第六战区的追击部队与日军稍一接触，感到战斗激烈，便消极退避，让日军相当从容地解围而去。日军高兴地说：“以后（指第 17 旅团遭遇战后）几乎没有与敌人遭遇”，“分别顺利地撤退到石首附近，向原驻地返还”。

作战指挥消极被动的重要表现是各级指挥官保守消极，以形式上的奉命行事为准则。许多第一线指挥官不是根据当前、当面的敌情、我情等因素下决心、定处置，而是事事向上请示，听命于远在后方、与当前形势完全脱节的上级。蒋介石又特别习惯于越级指挥、为下级越俎代庖，更加助长了消极被动的情绪。会战开始之初，日军攻势凶猛，第 73 军伤亡极大，阵地一失再失，此时在调整部署时本应集中有力的机动部队，以便相机实施反击，可蒋介石不但不许使用江防军，更使人难以理解的是竟不以击歼敌人有生力量为目标，而令孙连仲“掩护产粮区”。孙连仲也竟遵照执行，将有限的兵力分散部署于南县、安乡等地抢运粮食，致使本来就被动的局面更加被动。结果粮食没保护住，军队却被打垮了。

附表 7-5-1　鄂西会战日军参战部队指挥系统表(1943 年 4—5 月)

第 11 军　司令官横山勇

第 3 师团　山本三男

步兵第 6 联队(欠 1 个大队),第 34 联队(欠 1 个大队),第 68 联队(欠 1 个大队),骑兵第 3 联队,野炮兵第 3 联队,工兵第 3 联队,辎重兵第 3 联队

配属部队:

独立步兵第 62 大队(第 68 师团抽调),第 64 大队(第 68 师团抽调),独立山炮第 51、第 52 大队及由第 58 师团抽调之工兵、辎重兵各 1 个中队

第 13 师团　赤鹿理

步兵第 65 联队,第 104、第 116 联队(各欠 1 个大队),山炮兵第 19 联队,工兵第 13 联队,辎重兵第 13 联队及 1 个骑兵队

第 39 师团　澄田睐四郎

步兵第 232、第 233 联队

工兵第 39 联队

独立混成第 17 旅团　高品彪

独立步兵第 87、第 88、第 89、第 90、第 91 大队

旅团炮兵队,工兵队,通信队

野沟支队　野沟式彦(步兵第 51 旅团,属第 58 师团)

独立步兵第 94、第 96、第 108 大队

野地支队　野地嘉平(第 39 步兵团,属第 39 师团)

步兵第 68 联队(欠 1 个大队,从第 3 师团抽调),步兵第 231 联队(从第 39 师团抽调)

长野部队　长野荣二(从第 34 师团抽调)

步兵第 217 联队(欠 2 个大队),第 218 联队 1 个大队,

炮兵 1 个大队,独立步兵第 96 大队

小柴支队　小柴俊男(从第 40 师团抽调)

步兵第 236 联队(欠 2 个大队),第 234 联队 1 个大队,

独立山炮兵第 2 联队 1 个大队,工兵第 40 联队(欠 1 个中队)

户田支队　户田义直(从第 40 师团抽调)

步兵第 234 联队(欠 1 个大队),工兵 1 个中队

针谷支队　针谷逸郎(由第 34 师团抽调)

步兵第 218 联队 1 个大队、第 216 联队 1 个大队,工兵 1 个中队

军直属部队:

独立步兵第 63 大队(从第 68 师团抽调)

独立步兵第 115 大队(从第 68 师团抽调)

野战重炮兵第 14 联队

独立重炮兵第 15 联队

飞行第 44 战队

附表 7－5－2　鄂西会战第六战区主要参战部队指挥系统表(1943 年 5 月)

第六战区　司令长官陈　诚(5 月 19 日前孙连仲代)

副司令长官王缵绪、吴奇伟

江防军　总司令吴奇伟(兼)　副总司令曾以鼎、李及兰

第 18 军　方　天

第 11 师　胡　琏

第 18 师　覃道善

暂 34 师　吴啸亚

第 30 军　池峰城

第 27 师　许文耀

第 30 师　王　振

第 32 师　乜子彬

第 32 军　宋肯堂

第 5 师　刘云瀚

第 139 师　孙定超

第 141 师　林作桢

第 86 军　方日英

第 13 师　曹金轮

第 67 师　罗贤达(代)

第 10 集团军　总司令王敬久　副总司令彭　善

第 87 军　高卓东

第 43 师　李士林

第 118 师　王　严

第 23 师　盛逢尧

第 94 军　牟庭芳

第 55 师　吴光朝

第 121 师　戴之奇

暂35师　劳冠英

第79军　王甲本

第98师　向敏思

第194师　龚传文

暂6师　赵季平

第185师　石祖黄

第29集团军　总司令王缵绪(兼)

第44军　王泽浚

第150师　许国璋

第161师　何葆恒(代)

第162师　孙　黼

第73军　汪之斌

第15师　梁祇六

第77师　韩　浚

暂5师　郭汝瑰

第74军　王耀武

注:①第79军原在益阳、汉寿一带,5月16日到达常德,归第六战区直辖,5月30日归第10集团军指挥。②第30军原在新野,5月21日调归第六战区序列,转令归江防军指挥。③第32军原归军事委员会直辖,控置在秭归、恩施、万县、梁山地区,5月20日归第六战区指挥,转令江防军指挥。④第74军原在衡山整训,5月28日到达石门,归战区直辖。⑤第185师原属第26集团军的第66军于5月下旬到达江南,归第10集团军指挥。

注　释:

〔1〕 日本防卫厅防卫研究所战史室:《昭和十七、十八(1942、1943)年的中国派遣军》。中华书局1984年中译本,(下)第22—24页。

〔2〕 同〔1〕,第65—67页。

〔3〕 转引自台湾国民党当局史政编译局编《抗日战史》,1988年版,第6册第98页。

〔4〕 同〔3〕,第98—101页。

〔5〕 同〔3〕,第111页。

〔6〕 同〔1〕,第90页。

〔7〕 见《陈诚私人回忆资料》。载《民国档案》1987年第2期第27页。

〔8〕 同〔3〕,第164—165页。

〔9〕 转引自高晓星、时平《民国空军的航迹》。海潮出版社1992年版,第352—354页。

〔10〕 同〔1〕,第 107 页。

〔11〕 同〔3〕,第 101—102 页。

〔12〕 台湾国民党当局所编抗日战史称日军死伤 3500 余人,而过去夸大说日军仅弃尸即万余。《陈诚回忆录——抗日战争》记“毙敌三万余人”,中国军队伤亡及失踪 19725 人。

〔13〕 同〔1〕,第 107—108 页。

〔14〕 同〔3〕,第 227 页。

第六节　常德会战

一、战前一般情况

鄂西会战之后,国际形势对日本越来越不利:苏德战场上苏军正在全线发起反攻,已推进至斯摩棱斯克和第聂伯河一带;美英联军在突尼斯击败德意联军和在西西里登陆后,墨索里尼被迫下台,意国继之投降;美军在阿留申群岛、新乔治亚岛登陆后,正在新几内亚等地进击日军。日军不仅在太平洋战场上节节败退,其海军及航空兵也遭到毁灭性的打击。日军大本营“从战争全局要求出发,不允许中国派遣军进行任何进攻作战”,〔1〕所以日军第 11 军在鄂西会战结束后的 4 个月内没有向周边的第五、第六、第九战区进攻,而这 3 个战区的部队也没有对日军进攻,双方形成“和平”相峙。

国民政府为了与盟军协同打通中印公路,先后从第六、第九战区陆续抽调 7 个军转用于云南及印度,准备反攻缅甸。日军为牵制中国军队不再向印、滇转用,以策应其南方军的作战,再次组织进攻。由于常德是湖南西部的政治、军事、经济中心,又是第六战区的主要战略基地,附近集结有大量主力部队,日军为了达到既可牵制中国向滇、缅转用兵力,又可打击主力部队,以削弱中国军队的抗战意志,所以决定以常德为进攻目标,常德会战由此发生。

二、日军的作战指导及兵力部署

日军"中国派遣军"司令官畑俊六一向主张"必须割断重庆同英、美的关系"，并认为"除了付诸武力，别无其他方法可寻"。为了贯彻他的主张，"鄂西会战后"曾向大本营建议在1943年末或1944年春进攻四川。大本营虽然承认进攻四川意义重大，但由于东南方面的战局日趋不利，而中国华北方面的"治安"形势也极严峻，兵力不敷应用，而限于国力，组建新的部队更为困难，因而拒绝了畑俊六的建议，要求"中国派遣军"把本年后半期的作战重点放在加强占领区的稳定方面。

日军"中国派遣军"总部根据大本营的指示精神，围绕当前的战争全局形势，特别是缅甸方面盟军的反攻、中国军队的策应和美国驻华空军的加强趋势，并针对派遣军自给情况以及华北八路军的状况等进行了分析和研究，于8月28日制订了《昭和十八年秋季以后中国派遣军作战指导大纲》。其作战方针是："派遣军努力确保和平定现有占领地区，特别是在华北方面，本年秋季以第11军及第13军主力分别进行常德作战和广德作战。来年春季，以华北方面军及第11军进行打通京汉线作战。"[2]

日本大本营考虑了中国战场的情况，在不给派遣军增加兵力的条件下同意进攻常德。9月27日下达命令："中国派遣军总司令官为执行现任务，可在华中方面临时越过作战地区进行作战。"派遣军总部于接到命令后的次日(28日)即下达了作战命令。主要内容为：

"1. 第11军司令官于11月上旬发起此次作战，进攻常德附近，摧毁敌人的战力。作战目的一经完成，即恢复原来态势。关于其时机，另行下令。

"2. 作战方针

"进攻敌人政略、战略要冲常德附近，追索敌中央军予以痛击，以促使敌之继续抗战企图逐步衰亡；同时牵制敌人向缅甸方面调动兵力，以策应南方军作战。

"3. 作战要领

"(1) 第11军主力(加上由其他方面转用来的部队，共35个步兵大队)由董市及石首附近向前推进，击败各地之敌，攻占常德附近。

"(2) 继而追索常德方面集结的反攻之敌，予以歼灭。

"(3) 作战目的一经实现，即视当时敌在缅甸反攻等形势，适时开始返还，击灭残敌,恢复原来态势。”[3]

日军第11军按照总部的命令,拟订了进攻常德的作战计划,并于10月6日召集各参战部队的参谋长进行图上作业。计划将整个会战划分为3个阶段进行。其主要内容为:[4]

1. 方针:军首先以一部歼灭安乡附近之敌,以主力消灭王家厂周边地区之敌,继而攻占常德,同时追索该方面集结反攻之敌,予以歼灭。作战目的一经完成,即按另行下达之命令开始返还,击灭残敌,恢复原态势。

2. 使用兵力(略)

3. 军主力发起攻势时间为11月2日。

4. 集中与展开:军主力在占领扬子江右岸(西岸及南岸)要域的第13师团(宛市—黄金口—周家场一线的沙市、郝穴对岸地区)及第40师团(藕池口、石首、华容地区)各一部掩护下,于10月31日分别集中以下地区:

第39师团(包括古贺支队)于荆州以西地区(不含荆州);

第13师团于荆州及其东南地区;

第3师团于郝穴及其以西地区;

第116师团于石首以北地区;

第68师团于监利及其以西地区;

佐佐木支队于第3师团的后方地区;

官胁支队于第13师团的后方地区;

柄田支队根据到达时间另定。

集中扬子江左岸地区的第一线兵团,集中后即进入右岸地区,并分别与各自作战地区内的警备部队交替警备,同时完成展开。集中与展开,一律在夜间进行,要保密隐蔽,尽可能减少敌人空袭造成的损害。

5. 作战阶段划分:第一期消灭王家厂周边地区及安乡附近之敌。第二期攻占常德并消灭该方面集结反攻之敌。第三期返还。

6. 各阶段兵力运用

第一期:

(1) 第68师团(包括配属的户田部队)从鲢(鲇)鱼须附近九都大河一线发起攻击,消灭南县、安乡、三仙湖市附近之敌。

(2) 第13师团从沙市西南地区发起攻击,先歼灭暖水街附近之敌,继之扫荡该地区以西之敌。

(3) 第3师团从公安以东地区发起攻击,先歼灭王家厂附近之敌,接着扫荡该地西南地区之敌。

(4) 第116师团从杨林市附近发起攻击,歼灭红庙(津市东南7公里)附近之敌。最初以一部兵力保障第68师团顺利向安乡突进。

(5) 佐佐木支队从公安东北地区继第3师团和第13师团的中间地带向前推进,进入王家厂西南地区。

(6) 为保密计,禁止地面部队向澧水南岸地区行动。

第二期:

(1) 第68师团从鱼口附近渡过洞庭湖,攻占汉寿(龙阳),继之在军主力于常德附近战斗期间,师团在常德南方地区歼灭南逃之敌,或歼灭来自长沙方面增援之敌军部队。

(2) 第13师团在新门市附近发起攻击,歼灭所在之敌,经慈利附近进入黄石市附近;以后在军主力于常德附近战斗期间,追索漆家河周边地区之敌,予以歼灭,掩护军主力右(西)侧背。

(3) 第3师团在王家厂南方地区发起攻击,歼灭所在之敌,经新安、石门附近进入漆家河、田家河附近,以后再经桃源附近进入常德南方地区,追索南逃之敌或南方来援之敌,捕捉歼灭之。

(4) 第116师团在澧县附近发起攻击,歼灭所在之敌,并且经临澧附近进入陬市、河洑附近,继而攻占常德。

(5) 佐佐木支队(在王家厂附近配属给官胁支队1个大队)经慈利附近进入龙潭河附近,在军主力于常德附近作战时,掩护其右侧。

第三期:

根据另项命令行之。大致从常德、漆家河之间地区开始返还,经石门、澧县之间地区,恢复原态势。在作战全过程中:

(1) 第39师团(配属古贺支队)确保宜都西南地区要线,官胁支队确保暖水街附近要线,以掩护军主力的右侧背,并保障军主力顺利返还。

(2) 关于柄田支队,根据其到达战场时机,再另行决定。

7. 兵站:主要道路已经全部破坏,鉴于以往的经验,这种情况即使设立了兵站,由于需要修补道路,也不能适应作战发展需要。加之本次作战地区是产粮区,易于从敌人那里获取粮食。由于这些理由,可以不设立兵站。惟弹药一项，须在澧水一线及常德补充。

8. 军战斗指挥所于10月末推进至观音寺（沙市南10公里处）。

9月末，与中国军对峙的日军部队，在第六战区当面为第39师团、第13师团、第40师团之一部，第九战区当面为第40师团主力、独立17旅团、第68师团、第34师团，第五战区当面为第58师团、第39师团、第6师团。至10月上旬，皖南、赣北、武汉、信阳、岳阳等地的日军继续由水、陆向江陵、沙市、石首地区输送，同时监利、沙市间泊集汽艇300余艘、民船1000余只，宜昌、当阳、沙洋间汽车运输频繁。武汉地区集中飞机约50余架。至10月31日，参战日军分别在各个指定地区集中，接着渡过长江，与右岸的警备部队交替警备，并集结在攻击出发位置。11月1日作战准备完毕。

三、军委会、第六战区的防御作战计划及兵力部署

鄂西会战后第六战区共有第33集团军、第26集团军、江防军、第10集团军、第29集团军，计12个军、35个步兵师，防守着由监利附近至石牌，再折向汉水的V字形防线，正面长达270公里，兵力相当薄弱。由于鄂西会战并未能收复石首、华容等地，所以不但使日军仍然占领着良好的西进桥头阵地，而且使防守长江南岸的第29、第10集团军失去了长江天险之利，只能利用沿松滋河以东由南向北流向的九都大河、太平运河、松滋河等河汊障碍建立第一线防地。战区长官部仅掌握驻浏阳的第100军为总预备兵团。虽然另有第74军驻于常德、桃源附近，但该军系军事委员会直属部队，暂归第六战区督训。

1943年9月间，当面日军的活动突然频繁起来。第六战区判断日军有可能再度发动进攻，遂在鄂西会战前制订的防御计划基础上，重新研究修订。修订后计划的作战方针是："1. 战区以巩固陪都之目的，配置重点于石牌、庙河两要塞，先以第一线兵团依纵深据点工事逐次予敌以打击，最后固守常德、石门、渔洋关、资丘、石牌、庙河、兴山、歇马河、南漳各要点，再由第二线兵团之机动，协同第一线兵团转移攻势，击灭进攻之敌。2. 敌如以小部队向我某一方面行局部攻击时，则主要以第一线兵团击溃之。"

10月下旬，军事委员会据各方面的情报，"判断日军将抽集其兵力再向江、

湖三角地带进犯，以消耗牵制我兵力，并达掠夺物资之目的。先压迫我第10、第29集团军于暖水街、聂家河以西山地，再向左（南）旋回进趋石门、澧县，如战况顺利，则渡澧水，犯常德。"[5]基于上述判断，于10月28日电令第六、第九、第五战区进行以下部署：[6]

1. 第六战区10集团军（王敬久辖66军、79军）、29集团军（王缵绪辖44军、73军）以各集团军之各一部，于河沼地带阻击敌人，而以各军之主力，利用津、澧河流及暖水街一带之山地，以侧击、伏击方法击破进犯之敌。

2. 以74军（王耀武辖51师、57师、58师，驻常德、桃源）之57师固守常德，军主力位置于太浮山附近，准备机动。

3. 直接支援

(1) 以100军（施中诚辖19师、63师，驻浏阳）准备推进至益阳待命。

(2) 以中、美空军即向沙市、监利、石首、华容之敌及沙市、岳阳间敌舰轰炸。

4. 间接支援

(1) 以26、33两集团军，各以2—3个师向当面敌之弱点深入攻击。

(2) 第九战区以2个师兵力向岳阳以东地区敌之弱点深入攻击。

(3) 第五战区以2个师兵力向京山、皂市袭击。

(4) 各策应部队应于11月4日以前，移于第1线附近，待命开始攻击。

第六战区接军事委员会的电令后，决心以一部兵力占领既设阵地，逐次抵抗，消耗日军；以主力向澧水及沅江两岸集中，待机全面反击而歼灭日军。第六战区遵照军事委员会的电令精神，结合战区修订的计划，重新进行了部署：

"以29集团军之44军，任滥泥沟、南县、甘家厂（不含）之线及津、澧守备；10集团军之79军主力、66军一部，任甘家厂、公安、新江口（不含）、宜都线之守备；江防军之30军，任茶店子亘平善坝及石牌要塞之守备；26集团军之75军，任三游洞、毡帽山、阎王口之线守备；33集团军之77军主力、59军一部，任大木岭、栗溪、转斗湾之线守备（以上第一线兵团）。主力分别控置于石门、暖水街、聂家河、三斗坪、窑湾溪、兴山、报信坡、刘侯集、安家集、建始各附近（以上第二线兵团），准备歼灭侵入之敌"。[7]

四、会战经过

（一）滨湖地区及暖水街附近战斗

1943年11月2日傍晚，日军第11军从长江南岸的宛市、弥陀寺、藕池口、石首、华容一线，自右（北）以第39、第13、第3、第116、第68师团并列向第10、第29集团军新江口、米积台、章田市、百弓嘴亘洞庭洞西北畔的滥泥沟之线发起进攻，主攻方向为王家厂，助攻方向为安乡。守军第一线部队（第66军的第185师，第79军的暂6师、第98师，第44军的第150、第162师）当即凭借既设阵地奋起迎击。

战斗至3日晨，守军第一线阵地先后多处被突破。日军左翼第68师团配属的户田部队占领了南县。由于第九战区第99军的第92师不战而退，该部又占领三仙湖，进抵洞庭洞北岸。日军主力方面第13、第3师团渡过太平运河、雾气河，迫近松滋河，守军退守狮子口、公安、甘家厂、松滋河两岸之线。

第六战区代司令长官孙连仲指示："第29及第10集团军之第一线部队依既设阵地，逐次坚强抵抗，予敌严重打击，对安乡尽可能保有之，至万不得已时，可留一小部于敌后尾击、侧击，主力退守汇口、孟家溪、街河市、斯家厂、洋溪之线继续坚强抵抗。29集团军特应指定44军以1个师坚守津、澧，73军以一个师坚守石门，主力在石门西北新关、永盛桥间集结。一面请准以军委会直辖之74军归战区直接指挥，以57师即日进入常德城，准备固守，主力向太浮山西南桃源、漆家河、鹿田坪、羊毛滩间地区集结，保持机动。"[8] 此时，军事委员会亦分别电令第五、第九战区各派2个师向钟祥及汉宜公路、岳阳及其以东日军攻击，以策应第六战区的作战。

11月4日，原在第3师团后方跟进的佐佐木支队从第13、第3师团之间加入战斗。当日中午攻占公安。迄6日晨，日军攻占茶园寺、王家桥、新河市、东岳庙、甘家厂、三汊垴、新码头、安乡、鱼口等地，日军第13师团紧随后撤守军，于当日傍晚突入暖水街东端。守军第10集团军退守聂家河、王家畈、两河口、暖水街、闸口、王家厂、九王庙之线主阵地；第29集团军退守永镇河、红庙、龙山、涂家湖之线。滨湖地区大部为日军占领。在此期间，暂6师一部防守新河市的巷战、第98师留置张家厂1个连的防守战、第150师一部防守青石碑的战斗至为激烈。特别是坚守张家厂的1个连孤军奋战达4日之久,给进攻该地区的佐佐木支队以相当杀伤。

第六战区除令第10、第29集团军占领主阵地外,令"江防军即抽调86军13师向津洋口附近集结,准备策应第10集团军之作战;令第18军推进至木桥溪、高昌堰、白果坪间地区集结,形成外线态势,迎合战机"。[9]

11月7日,日军右翼第39师团攻占了第10集团军主阵地前的萧家店、刘家场。为解除其右侧背之威胁,派出小池大队(第231联队第3大队)于当日占领了枝城、宜都。日军主力方面第13师团仍在暖水街与暂6师激战中,第3师团突破第10集团军主阵地右翼的九王庙,守军第98师退守龙凤垭,第116师团正向第29集团军红庙阵地进攻中。日军左翼第68师团仍在安乡、鱼口附近集结,向第九战区方向警戒。第10集团军的第66军为策应第79军,曾派出一部兵力向突至刘家场的日军古贺支队反击,无功而退。

当日16时,第六战区电告第10集团军:"查暖水街、马踏溪、干溪滩三角地带为战区战略要地,得失关系重大,该军若能固守三日,着重奖赏。"第10集团军遂令暂6师以主力固守暖水街西北附近阵地,另以有力部队确保马踏溪、干溪滩,并抽调第194师主力控置于马踏溪西北、西南地区,准备机动。

11月8日,日军宫胁支队到达暖水街,接替该地守备,第13师团集中全力向马踏溪、干溪滩进攻。干溪滩守军第98师部队未能守住阵地,于14时退守蒋家坪,当晚又退向芭蕉坪以西地区;第194师竟仅留1个团于古源头担任掩护,主力放弃闸口、王家厂主阵地,从和尚洞撤向河口地区。至此,暖水街形成孤立,而其右侧门户洞开,日军可自由从这里向西进出。

当日8时,第六战区接到军事委员会的电令,命第10集团军即刻集中主力,击破向暖水街突进的日军;令第26、第33集团军各以约1个师的兵力,分向宜昌、当阳、荆门各附近寻求日军弱点攻击,策应第10集团军。孙连仲于中午电令第10、第29集团军,限于9日拂晓开始反攻当面日军,令第10集团军固守暖水街附近的暂6师务必坚持至最后一人;令在马踏溪、闸口间的部队向日军侧背攻击(实际上此两处守军已经撤退,而战区尚不知道),另以2个团从颜家垭、刘家场(已失)间出击,挺进于阿弥桥、分水桥截击日军后方。

11月9日拂晓,第10集团军尚未发动反击,日军第39师团已向左翼第185师丁家大山、王家畈阵地发起猛攻;日军古贺支队则由刘家场突破了第185师右邻第199师两河口附近阵地，突进至十三条岭附近；日军第13师团亦由暖水街左右后方的马踏溪、干溪滩附近向西突进。第10集团军无法实施反击，因为除暂6师主力仍在暖水街西北的油榨口一带与日军苦战外，其他部队都退至子良坪、河口、陵坡、马溪沟之线。

同日，江防军及第33、第26集团军曾向荆门、当阳以北日军实施牵制性进攻；第九战区第30、第27集团军亦曾向羊司、临湘方面日军攻击，但均未影响日军第11军的攻势。

由于第10集团军的西撤，困守暖水街附近的暂6师主力陷于孤立。为避免被歼，第10集团军总司令王敬久于9日夜令该师向子良坪突围。10日晨开始行动，沿途遭到层层截击，损失重大；转移至子良坪后，又遭到由暖水街以南西进的第13师团的猛攻，该师被迫于11日再退扁担湾。

日军占领子良坪东西之线、切断第10集团军与第29集团军的联系后留置第39师团、宫胁支队、古贺支队于暖水街一带，对第10集团军进行牵制性作战，以掩护其主力后方。其主力第13、第3师团及佐佐木支队则于12日趋新门市、龙洞峪、胡家珊以南地区集结，准备向常德进攻。

（二）澧水以南地区战斗

日军第11军攻占子良坪等地后，即开始进行第二期作战的部署。主要内容为：[10]

1. 第13师团于13日从新门市附近出发，攻占慈利，进入黄石市附近，进攻常德西方地区之敌。

2. 第3师团于13日从元岭寺附近出发，首先在澧水以北地区急袭进入新安、石门附近以北的第73军主力，尔后经漆家河、田家河附近，进入常德西南方地区。

3. 佐佐木支队于13日从新堰附近出发，抽出一个大队配属给第13师团，以主力与13师团协同击歼石门北方地区之敌；尔后经慈利附近进至龙潭河（黄石市西8公里），确保该地附近要点，掩护军主力右侧。

4. 第116师团于15日（出发），主力从澧县北方地区出发，一部从合丸台附近出发，经临澧附近向陬市附近突进，击歼该地附近之敌后，准备攻击常德。

图 7－6－1　常德会战·滨湖地区及澧水南北地区战斗要图
（1943 年 11 月 2 日—11 月 22 日）

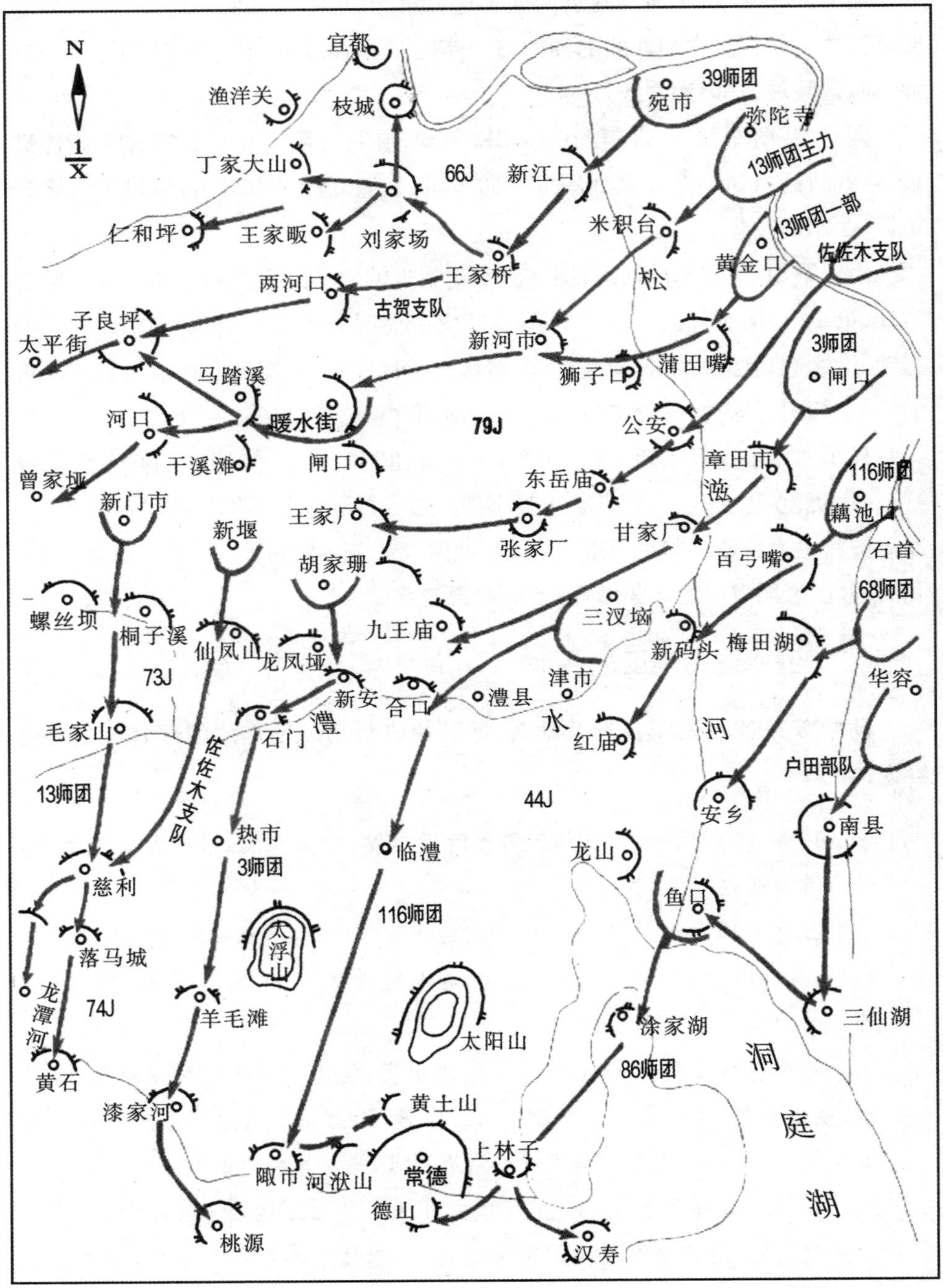

5. 第68师团于16日黄昏后(出发),主力从鱼口附近出发,渡过洞庭洞,击歼汉寿附近之敌;尔后进入常德南方地区,追索并歼灭南逃或增援之敌。

6. 柄南支队(11月上旬末到达战场)确保新安附近要线,掩护军之右侧背。

第六战区根据日军的行动,已判断其将转向澧水以南地区进攻。此时守军的兵力部署态势为:第29集团军的第73军,防守(左起)螺丝坝、桐子溪、仙凤山、龙凤垭、新安、合口之线阵地拒止南进日军;第44军防守澧县、津市、新洲、龙山之线阵地,利用澧水、七里湖、白涛湖等天然地障,屏蔽东侧。

11月13日凌晨,日军第13师团首先开始行动,从新门市附近向渫水之线前进,在数架飞机支援下,猛攻第73军左翼第15师阵地。其左翼第65联队突破守军阵地,由桐子溪西侧渡过渫水。守军因态势不利,被迫向南撤退。日军第13师团各部顺利渡过渫水,至14日傍晚,进至分水岭、毛家山一线。日军佐佐木支队及第3师团于13日晚开始行动,14日晨向守军第77师仙凤山、龙凤垭阵地发起猛攻,迅速突破守军阵地。第77师向南撤退。日军跟踪追击,占领了新安,并从新安附近渡过澧水。在石门以北遭到暂5师的坚强阻击。经激战后,暂5师伤亡颇重,日军一部于当夜突入石门。

第六战区深感形势严峻,于当日(14日)下令调整部署:"44军坚守津、澧,续行前任务,以约1个团的兵力守备临澧。""不得已时于青化驿……临澧间逐次抵抗,尔后确保踏水桥、大龙站、斋杨桥、王花桥之线阵地;73军以一部坚守石门,主力转移澧水南岸,逐次抵抗,最后确保太浮山、观国山之线阵地;74军归王兼总司令(王缵绪)指挥,以57师坚守常德,主力控置慈利、白鹤山、鸡公岩、燕子桥间地区,机动侧击敌人;第10集团军全线出击,威胁敌之右侧背;江防军向宜昌西岸之敌相机攻击。"[11]

当第六战区调整部署的指示到达部队时,新安已告失守,守军第77师及暂5师正在石门附近陷于苦战之中。战斗至15日晨,石门已告失守,暂5师伤亡已逾三分之二,第77师在日军压迫下,正向石门东的红土坡转移。此时第73军与各师的电话均已中断,左翼方面日军第13师团已迫近三合山,右翼方面日军第3师团也正向石门以南突进中。第73军军长汪之斌遂下令向澧水以南撤退。由于仓皇转移,又屡遭日军尾随追击及超越追击,部队陷于混乱,暂5师师长彭士量于突围途中牺牲，第 15 师及第 77 师在混战中大部溃散及伤亡，迄 16 日夜，仅少数人分途向西南突出重围。第 73 军指挥所转抵岩泊渡(慈利西南)逐次收容所部。第 73 军军长汪之斌因作战失利，后被战区撤职，由第 29 集团军副总司令彭位仁兼任该军军长。

11 月 15 日晚，日军第 116 师团按照计划从澧县以北地区及合丸台向澧县及龙山进攻。原防守澧县、津市的第 44 军第 161 师在日军第 3 师团等开始攻击第 73 军阵地的 13 日，就奉第 29 集团军的命令撤至澧水南岸。14 日接到第六战区下达的“44 军仍坚守澧、津”的命令后，王缵绪令原担任澧水河防的第 150 师派 2 个营分守津市、澧县及原澧水南岸阵地；令第 150 师主力撤向太浮山；令第 161 师留一部兵力于赵家岗、铜山掩护，主力撤向太阳山；令 162 师留 1 个营防守龙山、新洲、渡口，主力撤向牯牛岭(太阳山西北麓)附近。日军第 116 师团进至澧县外围时，侦察得知澧县、合口均已没有守军，遂改变计划，不攻澧县而转至合口渡过澧水向南急进。

16 日上午，日军第 116 师团主力击退赵家岗、铜山守军后继续向南猛插。第 161 师主力尚未到达太阳山，即被日军追及，被迫向西转移，退向羊毛滩。第 150 师师长许国璋在部队后方收容部队，亦遭日军截击，被迫仅率 2 个连向陬市退去。17 日，由合丸台出发的日军第 116 师团第 120 联队攻占龙山，守军退守青化驿。

奉第六战区命令划归第 29 集团军指挥的第 74 军于 15 日夜到达指定地区，16 日在慈利以南占领羊角山、落马城、白鹤山一线阵地，派出一部兵力到慈利以北赤松山一带占领前进阵地。

11 月 17 日晨，已占领分水岭、毛家山的日军第 13 师团分 3 路向慈利进攻。守军警戒阵地各部队在完成一定阻击任务后，先后退回主阵地，惟防守赤松山的第 58 师 1 个营坚守不退，激战终日。入夜后，日军占领慈利，该营亦全部壮烈牺牲。

11 月 18 日，日军第 13 师团猛攻第 74 军主阵地。此时奉军事委员会命令归第 74 军军长王耀武指挥的第 100 军先头第 19 师已到达漆家河，主力正向桃源前进中。王耀武当即令第 19 师在漆家河、五峰山等地占领阵地，准备掩护其他部队转移；并令其第 63 师的第 188 团留置德山，归第 57 师指挥，掩护常德东南方。当日日军佐佐木支队进至慈利，日军第 3 师团进至太浮山、夏家港以北之线。19 日，日军绕越夏家港，突入至羊毛滩第 161 师阵地前。夏家港守军独立团陷入日军包围之中，战况极为激烈。11 月 19 日，军事委员会判断情况，深感常德附近兵力单薄，遂急令第 10 军（第 3、第 190、预 10 师）即日由衡山向常德以南地区前进；又为威胁、截击日军后方起见，令第 18 军即日以第 11 师、第 18 师由三斗坪附近向津市、澧县进出。同日，日军分多路对守军部队实施分割包围，双方陷于混战之中，守军的所有电话线均被破坏，指挥联络完全中断。激战至 20 日，第 44 军特务营亦投入战斗，展开肉搏战。独立团及第 161 师在包围中苦战至夜，始撤退至漆家河东北黄龙观一带。这时第 161 师仅剩 4 个营，独立团剩 300 余人，军特务营亦伤亡极重。

日军第 116 师团则于 18 日占领临澧，20 日进至漆家河以东地区；日军第 68 师团于 17 日夜从鱼口渡洞庭湖（原定 16 日出发，因风浪大，推迟至 17 日夜），18 日凌晨偷袭涂家湖、大和障，击退第 162 师一部守军，20 日进至上林子（常德东南）附近。

至此，日军已从西、北、东三面对常德形成包围态势。

11 月 18 日，蒋介石致电孙连仲等："当面渡犯之敌，将因补给困难，攻势挫减。王副总司令耀武指挥第 74、100 两军，务于太浮山、慈利一带将敌击破，期收决战之胜利。"19 日再电孙连仲等："当面敌人补给之困难日增；我第 10 集团军正向敌之右侧背奋力压迫中。我第 74 军、第 44 军、第 100 军应尽全力在常德西北地区与敌决战，保卫常德，而与之共存亡。功过赏罚，绝不姑息。"[12] 实际上此时第 10 集团军的反击均被日军掩护侧背的部队阻止于远离战场的澧水以北；日军也未因补给困难而影响其进攻势头，第 13 师团正集中全力向第 74 军阵地猛攻。

20 日，佐佐木支队亦投入战斗，强渡岩泊渡，猛攻马峰田阵地。战斗激烈。日军第 13 师团的第 65 联队各大队在激战中失去联系，联队部于当夜被守军第 51 师一部包围，联队长伊藤义彦及军旗手均被手榴弹炸伤，士兵伤亡甚重，至 21 日 16 时，方在其第 3 大队接应下脱围而出。但日军第 3 师团经激战，击退守军第 19 师，占领漆家河，并于当日 18 时在仅遇轻微抵抗的情况下占领了桃源，切断了第 74 军主力与其防守常德的第 57 师的联系。当日黄昏后，第 74 军因伤亡重大，开始向西转移，逐次退守岩泊渡。

22 日，日军第 13 师团进至黄石市，佐佐木支队进至龙潭河，第 116 师团主力进至陬市。退至陬市的第 150 师师长许国璋负伤休克，与所属部队失去联系（日军进攻陬市时，卫士将其护送至沅江南岸，又遇日军进占桃源的第 3 师团部队,遂自杀殉国)。同时,日军第109联队攻占常德北方外围前进据点黄土山,其第120联队攻占常德西方外围前进据点河洑山。日军第68师团占领了汉寿,配属的户田部队占领了常德南方外围前进据点德山。此时,作战重心已由澧水以南地区移至以常德市为中心的附近地区。

(三)常德附近战斗

11月23日,日军第116师团分两路向常德市区进攻。第109联队从黄土山向沙港攻击途中遭到守军第170团的层层阻击。当晚,其联队长布上照一大佐及作战参谋田原弘夫中尉战死,攻击受阻。其120联队在由河洑山进攻河洑市的战斗中亦受阻。

日军第11军本预定以第116师团担任攻占常德的任务,但由于进攻一开始就遭到守军的坚强抗击,部队伤亡甚大,布上照一又被打死,因而决定由军直接指挥攻城作战。当日晚重新作了部署:"1. 第116师团从北方及西方全力攻击。2. 第3师团以1个联队基干〔步兵第6联队(欠1个大队),配属1个野炮兵大队〕从南方进行攻击(军直辖)。3. 第68师团以1个大队基干(独立步兵第65大队)从东方进行攻击(军直辖)。4. 攻击常德的起始时间预定在25日夜。"[13]

11月24日,常德基本上已被包围,守军北、南两方面的增援部队虽尚未到达常德附近地区,但军事委员会认为反击决战的时机已到,因此于10时向第六、第九战区发出训令。其主要内容为:

"……(二) 无论常德状况有无变化,决以第六、第九战区协力包围敌人于沅江江畔而歼灭之。(三) 第九战区:甲、第10军(即隶第九战区)、第99军主力、暂54师,归李副总司令玉堂指挥,速进攻洞庭湖南岸亘沅江右岸之敌。特须以重点指向德山方面,支援常德57师之作战。乙、杨森、王陵基两集团应加强出击兵力,积极攻袭敌人。(四) 第六战区:甲、王耀武指挥第100军、第74军,以一部扫荡桃源之敌,以主力进出陬市,攻击犯常德敌之右侧背。但57师仍固守常德。乙、王敬久集团并指挥第18军及185师,以一部扫荡子良坪、仁和坪一带残敌,另一部进出公安、津、澧,确实遮断敌后方,以主力渡过澧水,向羊毛滩、临澧方向,求敌侧背而攻击之。丙、王缵绪集团之44军应仍在太浮山、太阳山一带攻袭犯常德敌之后方,73军迅速夺回慈利。"[14]

当第六、第九战区遵照军事委员会的指示开始向包围常德的日军采取包围态势行动时,日军担任攻击的部队也正向指定的攻击方向接近,作进攻常德的准备。

此时第57师对常德的防御部署为：第169团为右地区队，占领岩凸、牌路边、新堤、七里桥、夏家冈（不含）之线阵地；第170团（欠第3营）为左地区队，占领夏家冈、沙港、半铺市、白马庙、长安桥、落路口之线阵地；第171团（欠第3营）为城垣守备队；第170团第3营为师预备队，位于城内。原任德山守备队的第188团在22日日军攻占德山后，已撤退至泥窝潭（桃源西南约30公里）；原任河洑守备队的第171团第3营在22日日军攻占河洑后，转移至南湖铺、黑家垱阵地。

11月25日，日军全线进攻开始前，在城北的日军第116师团第109联队提前于上午向夏家冈阵地攻击，遭到守军的痛击，其第3大队大队长岛村长平被击毙。在城南，第3师团第6联队的联队长中畑护一大佐侦察地形时被中国空军飞机打死，其第3大队大队长梁场市朗左卫门也被守军火力击伤。但是日军飞机20余架轮番向外围阵地轰炸扫射；在其掩护下，已攻占河洑的日军第16师团第120联队绕过南湖铺、黑家垱阵地，于中午径向长安桥、白马庙附近阵地前进。在夏家冈进攻受挫的日军第116师团第109联队也向左迂回至常德城东，突破新堤及其以南阵地，进抵北门外街和三里港之线。日军第68师团的独立步兵第65大队亦乘势从九龙山进抵岩桥附近。至此，不待日军规定的进攻发起时间，争夺常德外围阵地的战斗即全线展开。激战至黄昏后，守军阵地多被摧毁，右地区队第169团的郭嘉章营长、左地区队第170团的邓鸿钧营长先后于新堤、长安街附近牺牲。入夜后，日军已逼近西门、东门、北门。常德防守战斗的第一天，守军即面临极为严峻的局面。

军事委员会的作战指导思想虽然是企图将日军吸引至常德附近，尔后转移攻势，以强大的外线兵团将其围歼于常德与洞庭湖间地区。但在日军以半数以上兵力实施阻援的情况下，第79、第66、第18军此时尚远在澧水以北，第74、第100军亦被阻于岩泊渡、龙潜河、盘龙山以西，而第九战区北援的第10、第99军目前尚在资水以南，均难济当前之急。因而第57师师长余程万决心转移阵地、缩小正面，令外围阵地各部队全部退入城内防守城垣。其新的部署为：第169团（欠第3营）防守东门城垣，第171团防守北门至大西门城垣，第170团防守上、下南门城垣；第169团第3营为师预备队，控置于师指挥所附近的文昌庙。

25日夜，日军参加攻城的部队全部投入战斗。城南的第3师团第6联队在猛烈炮火掩护下强渡沅江，其第10中队长以下多人死伤于半渡之中。迄至16

日凌晨,该联队终于渡过沅江,逼近南门。

26日、27日两天,日军投掷、发射毒气弹,并在航空兵及炮兵支援下,先后对各城门发起数十次冲锋。均被守军击退。日军伤亡惨重,第120联队第3大队大队长葛野旷被打死,大队军官非死即伤;第133联队第3大队大队长胁尾也被打死。但守军伤亡亦众。为充实第一线兵力,守军将运输、担架等后勤人员合编为战斗部队,并从炮兵中抽调300人加入步兵战斗。

28日,北门附近城防工事全被摧毁,守军伤亡殆尽。日军第133联队虽然也伤亡极重(第1大队代理大队长及第4中队中队长以下近百名被打死),但还是从北门突入一部。守军在三板桥、法院、体育场间继续抗击入城日军,并将师部杂役、政工等人员及第29分监监护队的一个班、常德警察队40余人编队投入战斗。

29日,日军第234联队于黎明时突入东门。此时日军又将进攻南门的日军转至北门,进入城中。守军拼死抗击,以手榴弹和刺刀与日军展开逐屋争夺的拉锯战。日军进展极微,日军第11军司令官横山勇竟下令“烧毁常德市街,迅速取得战果”。[15]

由于日军纵火及日机轰炸,常德城内一片火海。当夜,大、小西门亦为日军突破。余程万师长致电战区报告说:“弹尽,援绝,人无,城已破。职率副师长、(炮兵)指挥官、师附、政治部主任、参谋主任等固守中央银行,各团长划分区域,扼守一屋作最后抵抗。”[16]军事委员会于当日致电第九战区,先按惯例夸大其词地说什么“敌第3师团已被击溃”,“敌第13师团主力仍在九溪一带被围歼中”(实际是第九战区各部队被日军第3、第13师团等阻止于常德以北、以西,距离尚远,难以解救常德)。电文的中心内容是:“第九战区应以速解常德围为主眼,着即将第10军主力保持主力于左翼,向德山及其以西地区突进为要。”“切忌以第10军参加对于沧港、石门桥一带港汊纷歧地区行正面攻击、迟滞前进为要。”[17]

第10军早在25日即已渡过资水北上来援,从右至左按190、第3和预10师的顺序展开,26日发起攻击,但在日军阻击下,29日仍被阻于兴隆街、赵家桥之线;29日接到战区速解常德之围、向德山突进的命令后,30日拂晓起,以预10师向阻击的日军发起猛攻;以第3师第8团牵制当面日军,师主力乘机钻隙向德山急进。当日进至德山。12月1日黄昏,留第9团守德山,第7团经南站向常德突进,遭到日军的阻击及侧击,又退回德山。此时,预10师师长孙明瑾在激烈的战斗中身中4弹，已壮烈牺牲。第190师亦伤亡甚众。

12月1日，常德城内巷战益形炽烈，守军仅凭少数残破碉堡奋力支撑。日军以随伴步兵炮直接瞄准射击，逐个击毁各碉堡。守军乃依托断垣残壁拼死抗击。尽管战区一再通知其援军已至常德附近、已占德山，但浴血苦撑的守军直至2日晚亦未见援军到来，而核心阵地愈缩愈小，各团仅存一两个班、排，全师不过数百人，弹药也即将告罄。迄2日深夜，援军仍未到来，余程万深感大局已难挽回，于3日凌晨2时召集少数几个能到达的团长开会，决定突围。于是翻越南城墙，乘小船渡过沅江突出重围，于12月7日在毛湾（德山西南约4公里）附近与第58军新11师会合。担任掩护师突围的第169团柴意新团长及留城内掩护的人员全部牺牲。经过12昼夜的血战后，常德于12月3日晨被日军占领。

此时，常德外线各兵团在日军阻击下进展困难，仍停留在澧水以北，夏家港、漆家河以西和沅江以南。其具体位置为：第10集团军，第66军的第185师在石门以北，军主力因损耗重大，退守仁和坪以西；第79军的暂6师在临澧以西，军主力仍在五通市以西。第29集团军，第44军的第161师在兴化港，第162、第150师残部仍在太阳山、太浮山；第73军在热水坑以西。王耀武指挥的第74军（欠第57师，配属第19师）在漆家河、河洑以西；第100军当日占领桃源；江防军第18军在澧水以北。第九战区来援的第10军第3师在德山被日军围攻中，军主力在兴隆街、赵家桥一带。

军事委员会于2日与常德失去联系，于3日电令第六、第九战区："无论常德状况有无变化，决依既定计划围攻敌人。第九战区速肃清沅江南岸之敌，并准备以有力部队进出沅江北岸，策应第六战区之作战。第六战区之第74军、第100军、第79军，应以必要一部肃清各当面之敌，以主力围攻常德附近之敌。以上各军暂由王副总司令耀武指挥。18军继续南下截击敌人。"[18]

第六、第九战区接到命令后，转令所部加紧对常德日军的围攻。自12月5日起，各部队对当面日军发起进攻。迄9日，第18军收复新安、合口，渡过澧水，进至临澧以北；第79军仍在五通市以西，但其暂6师在临澧附近遭日军围攻，退至盘龙桥。第73军仍在热水坑以西，第74军仍在漆家河附近，第100军收复河洑、陬市，第66军仍在仁和坪以西。第九战区的第10军于7日攻占石门桥，但德山已于5日为日军攻占，第3师第9团团长张惠民阵亡，师长周庆祥率残部向西南突围而出。第九战区为加强增援常德的兵力，临时调第58军3个团、第72军3个团及暂2军的暂7师，合编为"欧震兵团"。该兵团于11月下旬分由分宜、修水、衡山向常德以南前进，12 月 6 日在第 10 军左翼加入战斗，9 日进占德山，后发现常德日军开始向北撤退，当即向常德急进，于当夜收复了常德城。

（四）追击战斗

日军发动常德会战时，原预定“作战目的一经完成即恢复原态势”，但由于驻华美国空军于 11 月 25 日轰炸了台湾新竹，加以太平洋战场日军舰船损失严重，日本大本营与“中国派遣军”研究了打通大陆交通线、联络印度支那铁路，“以确保南方交通”和“摧毁美国驻华空军基地”的作战问题。畑俊六认为“有必要确保常德”，遂在攻占常德的当天电告第 11 军：“从常德返还时机暂时待命”，并派参谋传达了派遣军的意图。第 11 军“由于兵力所限及其他原因，对确保常德缺乏信心，不希望确保常德”。派遣军于 6 日同意了第 11 军的意见，“命令在适当时机开始从常德返还”。第 11 军遂于 7 日令各部队“迅速在沅江以北整顿态势，准备返还”。9 日下达于 11 日返还的命令，要求 12 日到达石门、合口、澧县附近澧水南岸一线。当日各部即开始调整部署，适当集结。11 日夜开始后撤。各部撤退路线：第 13 师团由五通市、热水坑、羊毛滩一带向石门、新安附近；第 3 师团由马头山、河洑附近向新安、合口附近；第 116 师团由太阳山南麓石板滩、渣口城附近向澧县附近；第 68 师团由缸市附近向津市附近的澧水南岸一带。12 日全部到达指定位置，第 13 师团进至澧水北岸。

原已进至澧水以南、临澧以北的第 18 军，在日军向北撤退时又从东洋渡转移至澧水以北河口附近。

12 月 9 日，军事委员会即令第六战区及第九战区：“常德之敌已动摇退却，仰捕捉好机截击猛追，以收歼敌之效”，规定“两战区之追击目标，为长江沿岸之线”。但各部队行动迟缓不力，致日军在未受大的追击情况下到达澧水之线。13 日，第六战区重新下达追击命令。其主要内容为：“1. 第 29 集团军：(1) 44 军进出新洲、津市、澧县(不含)间，肃清该地残敌后，应迅速向石首(不含)、黄家渡场(郝穴西岸)之线追击，恢复原阵地。(2) 王副总司令(王耀武)指挥 74 及 100 军肃清当面之敌后，即在常德、临澧间集结待命。(3) 73 军肃清热水坑、太浮山一带残敌后，在原地待命。2. 第10 集团军：(1) 79 军进出澧县、新安间肃清该地区残敌后，即在澧县、新安、大堰垱间地区集结待命。(2) 18 军俟 79 军进出澧县、新安后，即紧接向黄家渡场(不含)、宛市之线追击。(3) 66 军(附 13 师)除 185 师攻占石门后归制外，主力扫荡当面之敌，迅向宛市、宜都之线追击，恢复原阵

图 7－6－2　常德会战·常德附近战斗经过要图
（1943 年 11 月 23 日—12 月 3 日）

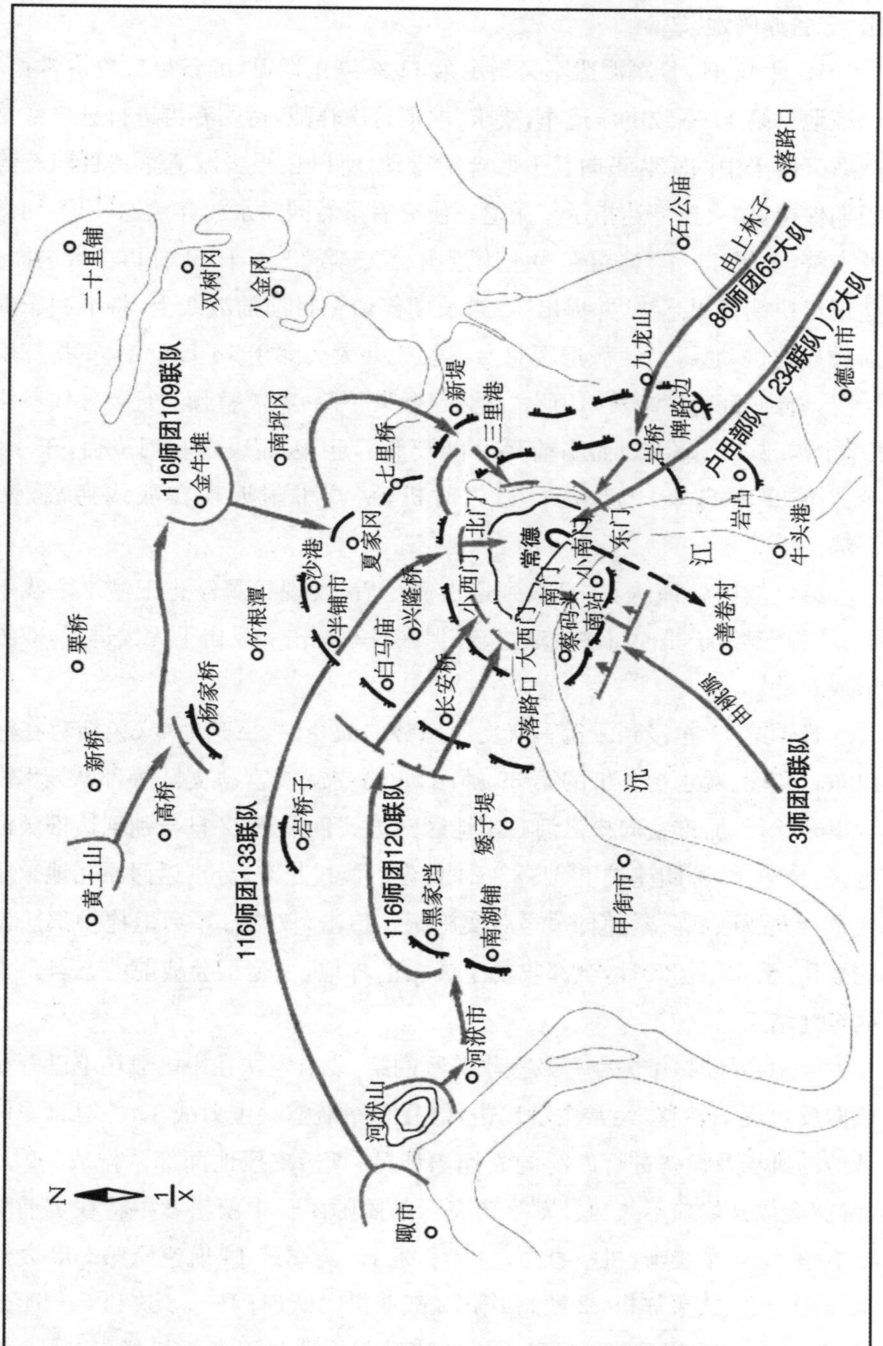

地。3. 江防军仍以一部协同66军收复宜都、枝江。4. 26及33集团军停止攻击，守备原阵地。”

12月13日，日军派遣军又指示第11军停止撤退，准备再次攻占常德，并确保该地。第11军致电派遣军，要求“取消这次作战，待明春再进行进攻常德的作战”；又由于中国军队正向其采取合围行动，所以还报告派遣军：“目前态势不宜长期保持，望火速下达指示。”派遣军研究后虽然同意了放弃常德，但不同意恢复原态势，要第11军“停留在澧水附近山区”。第11军于14日再次致电派遣军，建议尽快恢复原态势，并提出“如果长期停留在目前的战线上，将不利于保持今后作战的机动兵力”。派遣军总参谋长松井太久郎于16日至11军指挥所了解情况，看到部队已“减员一万”，“战力已显著下降，急需整顿”，且要守住澧水之线“至少需要3个师团”，而当前兵力也严重不足，因而决定收回成命，于18日下令：“第11军自今日起，选择适当时机，从澧水附近现在战线撤离，恢复原态势。”〔19〕

第六战区各部队13日接到追击命令后，发现日军停止于澧水之线不再撤退，转为守势，于是向日军发起进攻，但在日军抗击和反击下无大进展，双方暂时形成对峙。

日军第11军接到派遣军恢复原态势的命令后，下达命令（包括对在渔洋河以东仁和坪、暖水街一带的第39师团、古贺支队及宫胁支队等部队）：“军于19日夜开始行动，准备向松滋河右岸地区转进。”日军于22日分别到达松滋河右岸地区，在第13师团掩护下，于23、24日先后渡过长江，分别返回原驻地。第六战区及第九战区部队紧随日军之后实施跟踪追击，仅与日军后卫掩护部队发生小的战斗，至12月25日，全部收复了失去的阵地，恢复了会战前的态势。常德会战至此结束。

常德会战时，中国空军及援华美军的第14航空队在中国战场上已开始由防御向反攻逐渐转移，经常主动出击，寻找日军航空兵主力战斗，并对日军航空兵基地的机场及设备进行广泛的轰炸，有时还直接支援地面部队作战。9月9日（常德会战开始前不久），日军第3飞行师团师团长中菌盛孝中将在黄埔附近上空遭中、美空军袭击，机坠身亡。11月25日，美军第14航空队第308轰炸机大队（有B-25式轰炸机12架）和第23战斗机大队（有P-38式和P-51式战斗机15架）从桂林起飞，在江西遂川加油后轰炸了台湾新竹机场，炸毁地面飞机30余架，击落升空飞机4架，从而引起日本大本营、“中国派遣军”和第11军在是否长期占领常德问题上的矛盾。常德会战期间，日军第3飞行师团以第44、第25、第90和第16战队参战。中国方面使用了第2、第4、第11大队以及中美混合团参战，美军第14航空队亦参加了战斗，总计使用飞机约200架，共出动216批，使用战斗机1467架次、轰炸机280架次，重点是打击常德、石首、藕池口、华容等地的日军地面部队。11月25日在常德阵亡的日军第6联队联队长中畑护一就是由中国空军2架P-40战斗机击毙的。据统计，在空战中共击落日机25架，击伤19架，炸毁地面飞机12架。[20]

五、会战简析

第六战区根据其拱卫陪都安全的任务，根据敌强我弱的实际情况和战区地幅东部为河沼地区、西部为山区，不利于大兵团机动的特点等，按惯用方针制订了第一线兵团利用有利地形以逐次抵抗消耗敌人，最后吸引日军于澧水、沅江之间，俟增援部队到达后，依常德守军之抑留与外线兵团协同，向心攻击，将日军压迫于洞庭湖畔而歼灭之的计划。就计划本身而言，应当说是符合客观的。第57师固守孤城12昼夜，广大官兵艰苦奋战，勇猛冲杀，直至城破后仍浴血拼搏，寸土必争，巷战达4昼夜；全师8000余人，除极少数人在完全无望的情况下突出重围外，绝大多数官兵，特别是主动承担掩护师长突围的柴意新团长所部200余人战斗至最后一人，宁死不屈，全部牺牲，确实最大限度地尽到了固守常德，吸引、抑留日军的责任，并给予日军以严重的打击。然而，综观会战的整个过程，日军能按照其预定计划长驱而入，复扬长而去；而第六战区伤亡4万之众（据军事委员会统计），牺牲3位师长，作战计划却未能贯彻实施，主要原因有二。

其一，许多高级指挥官缺乏积极进取精神，作战不力，致战斗行动不能保证作战指导的落实。

第六战区第一线阵地及纵深均为河湖交错、池沼密布的天然障碍地带，易守难攻，而且战区已经经营多年。如果各级指挥官以第57师保卫常德的精神，用机动防御逐次抗击日军，则本应可以迟滞其前进速度，并给予相当大的损耗；但由于多数指挥官一触即退，致日军发起进攻后短短5天时间就深入至暖水街、王家厂及澧水之线，而且极少损耗和伤亡。最初还计划在撤退时留置一部兵力袭扰、破坏日军后方。但事实上日军后方没有遭到任何袭击和破坏。作战一个多月，日军后方仅有的一条补给线畅通无阻。另外，第六战区和军事委员会部署的第33、第26集团军及第五、第九战区的策应作战也并未积极、坚决地执行，因而丝毫也没有对日军第11军进攻常德起到任何有效的影响。正是由于这种原因，即使是部队形成了有利的态势，也难以发挥其作用。如初在石门附近的第73军、第10集团军，后期在常德附近的第10军、第74军、第100军都已形成战术上极为有利的钳形态势，但均未能获得优越态势应有的效果。追击时期更为消极，完全无法与第三次长沙会战等战役相比。许多军、师的《战斗详报》多自溢美，而实际上日军在未受任何损失的情况下仅用3天时间就从澧水一线撤至松滋河畔。由此可见，没有各级指挥官，特别是高级指挥官积极进取的战斗精神作保证，再好的作战指导也难以使战役企图变为现实。

其二，逐次使用兵力，未能形成绝对优势的打击力量。

第六战区作战计划的构想甚好，但本战区控制的机动兵力根本不足，必须依靠其他战区的部队。军事委员会先后从第九战区抽调第100、第10、第99军及欧震兵团，用以形成决战主力。但由于上述第一个原因的关系，会战发展迅速，而驰援的部队行动迟缓，形成逐次投入战斗，未能在第57师在常德吸引住日军的有利时刻及时、同时到达战场；无法适时集中可期必胜的优势兵力，在预期的决战地域给予敌人以致命的一击，却基本上形成了被日军各个击破的局面。第99军及欧震兵团到达常德时常德早已失守，形势已经变化，徒劳往返，未起作用。这也是此次会战自身损耗甚大而并未能实现战区作战企图的重要因素之一。

附表7-6-1　常德会战日军参战部队指挥系统表(1943年10月)

第11军　司令官横山勇

第3师团　山本三男

步兵第6联队(2个大队)，第34、第68联队(各欠1个大队)，野炮兵第3联队(2个大队)，工兵第3联队(3个中队)及辎重兵第3联队(2个中队)

第13师团　赤鹿理

步兵第65、第104联队(各3个大队)，第116联队(欠2个大队)，山炮兵第19联队(主力)、工兵第13联队(主力)，辎重兵第13联队(主力)

第39师团　澄田赉四郎

步兵第233联队、第231联队第3大队、第232联队第2大队，野炮兵第39联队(3个中队)，工兵第39联队，辎重第39联队

第 68 师团　佐久间为人

步兵第 57 旅团　清水正雄

独立步兵第 61、第 62、第 63 大队

步兵第 58 旅团　太田贞吉

独立第 65、第 115、第 116 大队

师团炮兵队、工兵队、辎重兵队

配属：

户田部队（由第 40 师团抽调）

步兵第 234 联队（欠 1 个大队）

独立山炮兵第 2 联队第 2 大队及工兵 1 个中队

第 116 师团　岩永汪

步兵第 109、第 120、第 133 联队（各欠 1 个大队），野炮兵第 122 联队，工兵第 116 联队，骑兵第 120 大队配属独立山炮兵第 2 联队（欠 1 个大队）

古贺支队（由第 58 师团抽调）古贺龙太郎

独立步兵第 94、第 96、第 108 大队及工兵 1 个小队

佐佐木支队（由第 34 师团抽调）

步兵第 216 联队（欠 1 个大队），第 217、第 218 联队各 1 个大队，山炮兵 1 个中队，工兵 1 个小队

宫胁支队（由独立混成第 17 旅团抽调）

独立步兵第 88 大队，第 216 联队第 1 大队

柄田支队（由第 65 师团抽调）

步兵 3 个大队

附表 7－6－2　常德会战中国参战部队指挥系统表（1943 年 10 月）

军事委员会

第六战区　司令长官陈　诚（孙连仲代理）

第 10 集团军　总司令王敬久

第 66 军　军长方　靖

第 185 师（李仲辛代）　第 199 师（周天健）

第 79 军　军长王甲本

第 98 师（向敏思）　第 194 师（龚传文）　暂 6 师（赵季平）

第 29 集团军　总司令王缵绪

第 44 军　军长王泽浚

第149师(何保恒)　第150师(许国璋)　第161师(熊执中)　第162师(孙鏻)

第73军　军长汪之斌

第77师(郭汝瑰,韩　浚代)　第15师(梁祗六)　暂5师(彭士量)

江防军　总司令吴奇伟

第18军　军长罗广文

第11师(胡　琏)　第18师(覃道善)　第55师(武泉远)

第74军　军长王耀武

第51师(周志道)　第57师(余程万)　第58师(张灵甫)

第100军　军长施中诚

第19师(唐伯寅)　第63师(赵锡田)

第九战区　司令长官薛　岳

李玉堂兵团

第99军　军长梁汉明

第92师(艾　叆)　第197师(胡大任)　暂54师(饶少伟)

第10军　军长方先觉

第3师(周庆祥)　第190师(朱　岳)　预10师(孙明瑾)

欧震兵团

第58军(第35团)　军长鲁道元

第72军(3个团)　军长傅　翼

暂7师(王作华)

注:第九战区第99军及欧震兵团实际上未对本会战起任何作用。

注　释:

〔1〕　日本防卫厅防卫研究所战史室:《昭和十七、十八(1942、1943)年的中国派遣军》。中华书局1984年中译本,第126页。

〔2〕　同〔1〕,第109—110页。

〔3〕　同〔1〕,第126—127页。

〔4〕　同〔1〕,第130—133页。

〔5〕　国民政府军事委员会军令部1944年2月制《常德会战之检讨》。转引自中国第二历史档案馆,编《抗日战争正面战场》,江苏古籍出版社1987年版,第1207页。

〔6〕　同〔6〕第1207—1208页。

〔7〕〔8〕〔9〕〔11〕〔16〕　第六战区1943年12月制《第六战区常德会战战斗要报》之《常德

会战前敌我态势要报》，原件存中国第二历史档案馆。

〔10〕　同〔1〕，第 114 页。

〔12〕　同〔15〕，第 1180—1181 页。

〔13〕　同〔1〕，第 157—158 页。

〔14〕　同〔5〕，第 1181—1182 页。

〔15〕　同〔1〕，第 170 页。

〔17〕　同〔5〕，第 1182 页。

〔18〕　同〔5〕，第 1194 页。

〔19〕　本段内有关日军的引文均同〔1〕，第 179—190 页。

〔20〕《中国空军抗战史》。载《中国的空军》第 9 页。转引自高晓星、时平著《民国空军的航迹》第 359 页。

第八章

走向最后的胜利

第一节　1943 年国际国内形势

一、轴心国瓦解　同盟国转入战略反攻

1943 年是世界反法西斯战争发生根本性转折的一年，盟军在欧洲、非洲和太平洋战场的许多重大战役中都获得了决定性的胜利。

在欧洲的苏德战场上，斯大林格勒（今伏尔加格勒）会战于 2 月 2 日结束，苏军获得了辉煌的胜利，歼灭德军第 6 集团军，罗马尼亚第 3、第 4 集团军，意大利第 8 集团军。德军及其仆从军在会战中共损失 150 万人。德军从此丧失了战略主动权，而苏军从此掌握了战略主动权，整个战场开始转入反攻。毛泽东在给《解放日报》所写社论《第二次世界大战的转折点》中指出：斯大林格勒会战，不但是苏德战争的转折点，也是世界反法西斯战争的转折点。[1]苏军在 8 月 23 日结束的库尔斯克会战中又击溃德军 30 个精锐师，打破了德军企图重新夺取战略主动权的计划。此后，德军不得不放弃进攻战略，转取防御战略，直至战争结束。8 月以后，苏军发动了总反攻，除第聂伯河会战外，还进行了斯摩棱斯克等许多进攻战役，都获得了胜利。到 1943 年底，苏军在反攻作战中，中段推进了 500 公里，南段推进了 1300 公里，收复了一半左右的德军侵占区。据苏军称，共击溃德军 218 个师，击毁坦克 7000 辆、大炮 50 000 门、飞机 14 000 多架，从而有力地支援了盟军在地中海地域对德、意军的进攻，奠定了夺取世界反法西斯战争最后胜利的基础。

在北非、地中海战场上，阿拉曼战役于 1 月 23 日结束，英军占领了利比亚首府的黎波里。在会战过程中，英军以其海、空军的优势，夺取了战场的制空权和制海权，击败了德意非洲军团，迫使 4 个意大利师投降，共歼灭德意联军 5.5 万人，击毁坦克 350 辆。这次战役是北非战局的转折点，丘吉尔称之为“命运的关键”。他说：“在阿拉曼战役以前，我们是战无不败；在阿拉曼战役以后，我们是战无不胜。”[2]1942 年 11 月在北非登陆的英美联军于 1943 年 3、4 月间和英第 8 集团军向突尼斯的德意联军非洲军团发起进攻，5 月 7 日攻占了突尼斯城和比塞

大港,13 日,25 万德意联军在阿尔林率领下宣布投降。至此,德、意在北非的军队全部被盟军肃清,从根本上改变了地中海的形势,并为登陆意大利西西里岛创造了良好的条件。7 月 10 日,英美联军发起了西西里登陆战役。8 月 17 日战役结束,英美联军完全占领了西西里岛,德、意军共损失 16.7 万人,其中德军 3.7 万人。5 万多名德军撤至意大利本土。在战役进行过程中,7 月 25 日墨索里尼被赶下台,巴多格里奥继任总理,旋派代表与盟军密谈,9 月 3 日双方签署了停战协定,9 月 8 日公开宣布停战宣言。驻意德军包围了罗马,巴多格里奥内阁逃至盟军占领区,并于 10 月 13 日对德宣战。为了歼灭驻意德军,英美联军于 9 月间开始了对意大利南部的进攻,11 月初,将德军击退至古斯塔夫防线,形成对峙。墨索里尼的垮台和意大利退出轴心国并对德宣战,标志着法西斯轴心国的解体和国际反法西斯联盟的一大胜利。

在太平洋战场上,日军在中途岛战役中遭到沉重打击,失去战略主动权;在瓜达尔卡纳尔岛战役中企图重新夺取战略主动权又遭惨败,于 1943 年 1 月从瓜达尔卡纳尔岛撤退后,被迫停止了战略进攻,转而采取防御战略。此时,美军不仅稳定了夏威夷岛与中途岛海域的局势,解除了日军对澳大利亚和美、澳间交通线的威胁,而且夺取了前进基地,为尔后的反攻创造了有利的条件。经过一段时间的休整、补充和准备后,从 5 月起,美军及美澳联军逐次由北、中、南及西南太平洋各个方向上开始了逐岛进攻作战,在北太平洋进行了阿留申群岛登陆战役,在南太平洋进行了新乔治亚群岛和布根维尔岛登陆战役,在中太平洋进行了吉尔伯特群岛登陆战役,在西南太平洋进行了新几内亚反攻作战,都取得了不同程度的胜利。至年底时,日军死亡 2.8 万余人,损失舰艇 50 余艘、飞机 963 架,日本海军联合舰队司令官山本五十六大将也在布根维尔岛附近上空被美军战斗机将座机击落而亡。至此,日军建立的俾斯麦群岛防线主要堡垒腊包尔,完全处于美军海、空军控制下,美军正准备向日领地马绍尔群岛进攻,以突破日本太平洋的弧形防线。总之,1943 年的国际形势,是世界反法西斯同盟国由战略防御转入战略反攻的大转折时期。

二、中国的抗战提高了中国的国际地位

随着国际形势的发展,中国抗战对世界反法西斯战争的重大作用愈来愈为

世界所承认和重视。中国作为反法西斯阵线的主要盟国之一，美、英等国就不能不考虑对华关系，不能不考虑与中国在反法西斯战争中所起作用相适应的国际地位问题。因而，在1942年10月9日，美、英两国政府通知中国，表示愿意废除领事裁判权及其他不平等的特权（香港九龙租借在外）。经过3个月的谈判，1943年1月11日，中国和美国、英国分别在华盛顿和重庆签订了中美、中英平等新约。中国的国际地位有所提高，在名义上与美、英、苏并列跻入“四强”行列。[3]

这对于艰苦抗战5年半的中国人民是一个很好的鼓舞，使人们看到了自己奋斗得来的成果，看到了民族解放的光明前景，从而更加坚定了夺取最后胜利的决心和信心。

中国国际地位的提高，是中国坚持抗战获得的。日本发动全面侵华战争之初，不仅日本人没有想到中国能坚持长期抗战，认为有一两个月的时间就可迫使国民政府屈服，就是美、英等国也没有料到中国如此之坚强。他们认为中国自鸦片战争以来，每次发生外来侵略战争，都以中国的失败和屈辱求和而告结束，这次当不例外。所以他们虽然不甘心日本独占中国，更不愿日本称霸亚洲，但并不积极支持中国抗战，基本上采取绥靖政策。他们没有看到抗日战争时期的中国，和以往历史上的中国已有极大的区别：有了中国共产党及其领导的人民军队，这时的中国人民经过中国共产党和国家的广泛宣传，民族意识空前觉醒；更由于中国共产党倡导的抗日民族统一战线，使中华民族形成了以国共合作为基础的强大民族凝聚力，这是日本帝国主义无法征服的伟大力量。正如日本有识之士所说的：“日军是与这些燃起抗日怒火的整个中华民族为敌的，并不像过去那样，只是以被人民憎恶的地方军阀，或本质上不过是中国头号军阀的蒋政权为敌的。政府、军部和政党根本没有觉察到和以前本质上不同的这种情况，竟妄想用两个月的时间就能取胜。”[4]英国的一些有识之士意识到了抗日战争时期的中国和以往的中国有所不同这一点，十分钦佩地说：“作为侵略者，在苏醒了的中国强大力量面前，世界上任何一支军队必将碰得头破血流。”[5]

中华民族的英勇抗战，一扫中国以往积弱不振和任人欺凌的懦怯形象，获得了美、英等国的钦佩和赞扬。1942年2月，罗斯福在给蒋介石的一封电报中说：“中国军队对贵国遭受野蛮侵略所进行的英勇抵抗，已赢得美国和一切热爱自由民族的最高赞誉。中国人民，武装起来和没有武装的都一样，在十分不利的情况下，对于在装备上占极大优势的敌人，进行了差不多5年的坚决抗击所表现出来的顽强，乃是对其他联合国家军队和全体人民的鼓舞”。[6]英国的丘吉尔和苏联的斯大林在德军狂轰滥炸伦敦和德军兵临莫斯科城下时，为鼓舞人民都曾提出过“效法中国”的口号。[7]由此可见：没有中华民族的坚持抗战，就不可能赢得世界各国的尊敬，当然也谈不到中国国际地位的提高。

美、英决定废除不平等的旧约以提高中国的国际地位，决不是单纯从尊敬中国抗战的坚决与英勇出发的，还有其战略上的需要。其根本目的就是要中国继续抗日。美国国务院远东司司长密尔顿说的非常清楚：“采取这一步骤可使中国更积极地在中国境内对付敌人，并可确定最充分利用中国的地理位置、人力及作战的总潜力”。[8]罗斯福认为维持中国的抗日，具有美国国防第一线的作用。[9]从这里不难看出，不论美、英等国放弃不平等旧约出于何种目的，但其最主要的因素是中国人民的抗战。中国国际地位的提高，“首先是中华民族广大人民的成功”。[10]

国际形势的发展给同盟国提出了一系列的新问题，美、英、苏等主要盟国迫切需要举行首脑会议，以便商讨、制订下一阶段的战略计划，研究、决定战后国际上许多重要问题。1943 年 10 月 19 日至 30 日召开了三国外长参加的莫斯科会议，为三国首脑会议作准备。会议最后通过了加速结束战争和建立战后安全体制的《普遍安全宣言》。在美国国务卿赫尔的建议下，中国驻苏大使傅秉常也与三国外长一起在宣言上签了字，成为四国宣言。11 月 22 日至 26 日，在埃及召开了主要盟国政府首脑的开罗会议，美国总统罗斯福、英国首相丘吉尔和中国政府首脑蒋介石参加了会议。会上签订了《中、美、英三国开罗宣言》，会后带至德黑兰，征求苏联政府首脑斯大林同意后，于 12 月 1 日公布于世。开罗宣言规定：三国作战之目的在于制止及惩罚日本的侵略，把侵占中国的领土东北四省、台湾、澎湖列岛等归还中国；剥夺日本于第一次世界大战开始后在太平洋所夺占的一切岛屿，使朝鲜独立，并坚持日本无条件投降。开罗宣言不仅使中国恢复领土主权完整得到了国际保证，而且也反映了中国在反法西斯战争中的重要作用和地位得到了国际的公开承认。

三、日本转变侵华战略

受国际形势发展的影响，1943 年日本也处于侵华战略大转折的时期。主要表现以下两点：一是“中止了曾经全力以赴的‘5号作战’（即四川作战）准备。过去企图以对重庆实行武力解决作为结束战争的一种手段，现在却把它放弃了，而且还从驻华军中抽调出2个师团派遣到东南方面去”。[11]二是进一步利用和加强汪伪政权，使其对美、英宣战；并改变过去一直在暗中进行的政治诱降工作，决定“不进行一切以重庆为对手的和平工作”。[12]

早在1942年春，日本首相、参谋总长和司令部总长在联合上奏天皇的报告中就提出：乘日军在太平洋战场横扫英、美、澳和攻占仰光之机，如对中国政府的“致命处施加强大压力”，则可能使重庆政权“发生动摇”而屈服。[13]日本大本营陆军部根据这一构想，制订了进攻四川的初步作战腹案，又经与“中国派遣军”联系，预定在南方作战第一期基本结束后，即“有效地利用大东亚战争的战果，伺机对四川平原地区发动进攻战”。计划中的作战目的是“歼灭敌中央军主力，同时占领四川省要地，借以摧毁敌方抗战根据地，迫使重庆政权屈服或崩溃”，作战方针是“以主力从西安方面、以部分兵力从武汉方面发动进攻”，“作战指导应与对重庆采取的政治手段和谋略工作密切配合”，使用兵力为15个师团和2个混成旅团。规定1942年9月开始着手准备，1943年“春季以后发动作战”。[14]

就在日军积极准备期间，国际形势发生了重大变化，日本南方军在中途岛和瓜达尔卡纳尔岛战役中连遭惨败，被迫由战略进攻转为战略防御。日本不仅不可能从太平洋战场抽调部队至中国战场以凑足兵力实施四川作战，而且还要从中国战场抽调部队增援太平洋战场，于是被迫停止四川作战。1942年12月10日，日本参谋总长在上奏中说明了停止四川作战的理由：“原来曾考虑中国派遣军在全面形势允许的情况下，为了迫使重庆政权迅速屈服，发动四川进攻作战是有利的，从而制定了有关的各项计划，加强了部分设施等，进行了必要的作战准备。但鉴于目前帝国内外形势，尤其是苏德战局的发展、南太平洋方面战况，以及国力，特别是船舶等情况，看来在昭和十八年(1943)实行此项作战，无论从战争指导，或从作战的见地来看，目前都是不可能的。因此，准备下达指示中止此项作战的准备工作。”“关于今后的对华作战指导”，“就全军情况而言，在一定期间内不仅不能向中国增加兵力和资材，相反，还需要进一步将部分兵团、部队抽调到南太平洋和其他方面。因此，目前在上述范围内，根据中国派遣军的现有任务进行作战，尤其要努力加强占领区内的治安。”“在南太平洋作战告一段落之前，极力减少对华消耗战。”[15]

根据当时国际形势的发展，日本决策集团认为“重庆的抗战力在逐渐衰减，但其确信英美会获得最后胜利，将仍然不放弃继续抗战的意志”，“同蒋政权全面和平已成为不可能”。特别考虑到“过去，重庆政权是以在内地存在这一事实本身而发挥影响，而如今它将以策应英美反攻、作为反攻战线一个支撑点而发挥作用。目前如不在各方面采取根本性对策，就会使事态严重化”。[16]为此，“作战指导的首脑部门”极感焦虑。因而，日本大本营在下达了中止四川作战准备的命令后，12 月 18 日在与政府联席会议上讨论了对华政策问题，21 日在御前会议上通过了《为完成大东亚战争对华处理根本方案》，即所谓“对华新政策”。该方案的方针是：“帝国以国民政府（指汪伪政权）参战为打开日华间当前局面的一大转机，根据日华提携之根本方针，专心致力于加强国民政府政治力量，并力图消灭重庆借以抗战的口实，与新生中国成为一体，真正为完成战争而向前迈进。”[17]实质上是企图通过大力扶植和加强汪精卫伪政权，并使其参战以提高其地位，同时也使“日本在中国驻军具有了共同对敌的意义”。[18]把政治、经济事务和“治安地区”的警备任务交由汪伪政权负责，以便抽出更多的日军专用于作战，并便于抽调部队转用于太平洋战场。日本“中国派遣军”司令官畑俊六在其 12 月 26 日的日记中对此曾写道：“由于现在重庆方面已死心塌地依存于英美，决心进行彻底的抗日，我们过去所推行的各种政策都已经落空，剩下惟一的办法，就是强化当今的国民政府（汪伪）了。其成功与否，颇令人怀疑。”31 日日记中又写道：“此次之大转变……尽管中央方面知道国府（汪伪）无力，但舍此无其他良策可寻。因此就目前而言，还不能在军、政两方面都寄希望于国府，只是尝试性的孤注一掷。”[19]

汪精卫得知日本御前会议的决定后，向东条英机表示今后的打算：建立国民兵役制度，加强训练现有的伪军，以使日本的后方责任可以减轻，同时加强经济方面的协力等。1943 年 1 月 6 日，日本大本营破译了“美特密”第 7 号电报，得知美国即将废除在华的治外法权，立即与政府召开紧急会议，决定让汪伪国民政府于 1943 年 1 月 9 日对英、美宣战，同时与汪伪签订了《交还租界撤废治外法权协定书》。日本在表面上抬高汪伪政权的地位，强化以华制华，正反映了它的处境江河日下。在这种情况下，日军及汪伪政权采取各种手段大量收降国民政府的军队：继国民党苏鲁皖边游击军副总指挥李长江率第 1、第 2、第 3、第 5、第 6、第 7 纵队和孙良诚率所部投降后，1943 年 1 月吴化文部，3 月厉文礼部，4 月孙殿英部，5 月庞炳勋、杜淑部，6 月荣子恒部，7 月张步云、刘桂堂部等大批国民党军投降，被汪伪政权编为伪军。仅南京汪伪政权所属正规伪军（不包括华北伪军)即达25万人。但是伪政权不得人心,伪军士气涣散,日本企图加强以华制华的"对华新政策"不可能真正实行。以华北为例,1943年8月日军的《战斗详报》就承认:"由于共军的策动逐渐活跃,加以战局的影响","华北政权下的军警畏惧中共,没有代替日军的实力"。[20]

注　释:

〔1〕 见1942年10月12日《解放日报》社论。

〔2〕 〔英〕丘吉尔:《第二次世界大战回忆录》。商务印书馆1975年中译本,第四卷下部第三分册第888页。

〔3〕 中美、中英平等新约签订后的4年间,中国相继与比利时、挪威、瑞典、荷兰、法国、瑞士、丹麦、葡萄牙等国签订相似条约。在此之前,苏联宣布放弃沙俄在华特权;德奥在第一次世界大战中战败而被取消了在华特权;1941年12月中国在对日、德、意宣战后,又宣布废止了中日、中意间一切条约。

〔4〕 〔日〕井上清:《日本军国主义》。商务印书馆1985年中译本,第3册第276页。

〔5〕 〔英〕詹姆斯·贝兰特:《不可征服的人们——一个外国人眼中的中国抗战》。求实出版社1988年中译本,第336—337页。

〔6〕 见《罗斯福选集》。商务印书馆1982年中译本,第345页。

〔7〕 傅启学:《中国外交史》。台湾商务印书馆1983年版,第625页。

〔8〕 《中美外交关系文件》。台湾联合报社1962年版,第10页。

〔9〕 〔美〕迈克尔·沙勒:《美国十字军在中国(1938—1945)》。商务印书馆1982年中译本,第31页。

〔10〕 《中国共产党与废除不平等条约》。载《中共党史教学参考资料》第1册第11页。

〔11〕 日本防卫厅防卫研究所战史室:《昭和十七、十八(1942、1943)年的中国派遣军》。中华书局1984年中译本,(下)第1页。

〔12〕 日本外务省:《外交年表并文书》。东京1978年版,第581页。

〔13〕 〔日〕服部卓四郎:《大东亚战争全史》。商务印书馆1984年中译本,第2卷第528页。

〔14〕 同〔11〕,(上)第34页、31页。

〔15〕 同〔11〕,(上)第49—50页。

〔16〕 同〔11〕,第2、3页。

〔17〕 同〔11〕,第4页。

〔18〕 〔日〕重光葵:《日本侵华内幕》。解放军出版社1987年中译本,第335页。

〔19〕 同〔11〕,第6—7页。

〔20〕 日本防卫厅防卫研究所战史室:《华北治安战》。天津人民出版社1982年中译本,(下)第337、341页。

第二节 缅北、滇西反攻作战

一、反攻缅甸战略决策的形成

日军攻占缅甸,对盟军的总体战略产生了重大影响。它使印度暴露于日军的直接威胁之下,而如果日军从缅甸攻占印度,则可直趋中东,控制印度洋,与德、意在战略行动上直接配合。这不仅中断了盟军战略物资的运输线,而且必将增大盟军在北非和欧洲战场上的压力。丘吉尔对此极为不安。他认为如果日军攻入印度,并控制了印度洋,则"将造成我们在整个中东的崩溃"。[1]缅甸的失陷,也使滇缅公路中断,经过5年抗战消耗的中国失去西南陆上国际通道后,仅靠运量有限的"驼峰"航空运输线输进军事物资,进一步加重了中国战场作战的困难,从而干扰了美国利用中国抗战牵制日军和在中国建立进攻日本本土作战基地的战略。因此,中、美、英三国虽然因战略立足点不同,对收复缅甸作战的重视程度也有所不同,但从各自的利益出发,自缅甸沦陷,即开始考虑反攻缅甸的问题。

1942年4月间,缅甸作战尚未结束,中国战区参谋长史迪威就预感到作战必将失败,拟制了一个《在印组织训练中国军队计划书》。其中心思想是:利用美国运至印度的中国租借物资,在印度组训2个军,用它由印度反攻缅甸,再由滇西出兵相助,以收复缅甸,打通中印公,路。4月16日派人将计划书送呈蒋介石。5月初,蒋介石表示原则上同意。同时,美国陆军部也批准了这一计划。

1942年5月25日,史迪威在印度新德里公开宣告收复缅甸的决心,并电告马歇尔,请求美国至少应派1个师参加反攻缅甸。他指出:"我坚信中国在战略上具有决定性重要意义,因此,我认为美国不向这一战区派遣部队是犯了严重错误。"[2]26日,美国陆军部作战署也制订《以收复缅甸为目标的维持中国抗战计划》。惟英国尚无反攻缅甸的意向,对此计划反应极为淡漠。7月19日,史迪威在重庆向蒋介石呈交《反攻缅甸计划》。其要点：由英国出兵 3 个师，美国出兵 1 个师，中国出兵 2 个师，自印度阿萨姆省入缅，向曼德勒出击；另由中国出兵 20 个师，由滇西出击腊戍，与由印入缅的上述中英美联军在曼德勒会师，并攻取雷列姆，然后会攻仰光；在盟军从陆路发动进攻的同时，英军重新在孟加拉湾确立制海权，收复安达曼群岛，派部队在仰光登陆。此计划统称为"两路进攻，南北夹击"作战计划。蒋介石于 8 月 1 日批准他的反攻缅甸计划，并提出三点要求："1. 美国至少有 1 师兵力参加作战。2. 美国空军与空运力量须大量增加。3. 陆上部队出击时，英国海、空军须在孟加拉湾之安达曼岛开始攻击，并在仰光登陆。"此即蒋介石所说的"南北缅水陆同时夹击"战略。

史迪威自 1942 年 5 月 17 日从缅甸退至印度至 10 月 18 日，就反攻缅甸计划与英国印缅军总司令韦维尔 5 次会商。由于英国无意在近期反攻缅甸，且不欢迎中国军队入缅作战，会谈毫无进展；后经美英联合参谋长委员会的干预，韦维尔提出以收复缅北为目标、英军仅作策应的"雷芬斯（Ravenous）"方案［即开罗会议上的"泰山（Tarzan）计划"］，同时将史迪威的收复全缅方案定名为"安纳吉姆（Anakim）"。当美、英两国三军参谋长和丘吉尔于 7 月下旬在伦敦讨论欧洲开辟第二战场时，也对"安纳吉姆"计划进行过简单的研讨。此后，历次重要国际军事会议都讨论了反攻缅甸的问题。

1943 年 1 月 14 日至 23 日，罗斯福、丘吉尔和他们的参谋长们在卡萨布兰卡举行会议，讨论今后反法西斯战争的总体战略。反攻缅甸也是重要议题之一。这时盟军对德、意、日的作战形势虽已大为好转，但太平洋战场方面的美军正在瓜达尔卡纳尔岛和新几内亚的丛林里与日军进行着艰苦而又费时的争夺战，美军死伤甚重。在这种情况下，美国的军事决策者认为利用中国巨大的人力资源对付日本是最经济的办法，一致要求实施"安纳吉姆"计划。美国海军参谋长金说："在欧洲战场，从地理位置和人力资源方面来看，俄国处于最有利的地位对付德国；在太平洋，中国对日本有类似的关系。我们的基本政策应是为俄国和中国的人力资源提供必要的装备，使他们能够作战。"反攻缅甸，打通中印陆上交通线，正是"朝着这个方向采取的一个重要步骤"。[3]但是英国方面以无法提供在缅甸南部进行两栖作战的舰船为理由，坚决反对。为此，美国陆军参谋长马歇尔带有不无威胁的口气说："目前在南太平洋的军事行动在民用船只、军舰和护航诸方面付出的代价极高。形势也可能发生突然的逆转，并导致丧失制海权"，"除非实施反攻缅甸战役，否则他感到在太平洋上随时都可能出现使美国不得不遗憾地取消对欧洲战场的承诺的新形势。”[4]马歇尔把反攻缅甸与美国能否积极参与对德作战联系起来。英国在这种压力下只好让步。又经协商，会议同意实施“安纳吉姆”计划，并作出三点决定：一、备战时间暂以1943年11月15日左右为目标；二、具体反攻日期，俟1943年夏间(7月前)再定；三、如英海军舰船不足，美国设法拨补。

会议结束后，罗斯福派美空军司令阿诺德、陆军后勤司令布里·萨默维尔和英美联合参谋长委员会英方代表约翰·迪尔去中国，向中国通报会议精神，并与蒋介石商讨反攻缅甸的问题。1943年2月9日，中、美、英三方在加尔各答召开了高级军事会议，研讨反攻缅甸的具体计划。中方代表为何应钦、宋子文等，英方代表为韦维尔，美方代表为阿诺德等。史迪威以双重身分参加了会议。三方一致同意实施“安纳吉姆”计划。决定：一、1943年11月至1944年5月间为作战期。二、陆军以占领曼德勒为目标，英军3个师由加里瓦出击；中国驻印军由莱多向胡冈河谷出击，滇西远征军向腊戍进攻。三、英海军封锁仰光。四、英军攻取阿恰布(实兑)、兰里岛。五、12月陆军出战，1944年1月占领仰光。[5]这就是反攻缅甸、收复全缅的“安纳吉姆”计划的最后定案。

1943年5月12日，罗斯福、丘吉尔和他们的军事助手在华盛顿举行代号为“三叉戟”的高级军事会议。中国方面代表宋子文和史迪威、陈纳德参加了会议。中方提出实施“安纳吉姆”计划，英方断然拒绝。丘吉尔宁愿绕过缅甸，进攻苏门答腊的尖端和马来亚的槟榔岛，[6]也不愿进攻缅甸。美国太平洋海军司令尼米兹也认为没有必要夺回缅甸。但马歇尔和陆军方面则坚决支持史迪威的立刻反攻缅甸的计划。由于中国坚持原议，英方又坚持反对，美国转而采取折中态度，于5月20日作出以收复北缅为目标的“茶碟计划”。其主要内容是：一、尽先集中可用物资于阿萨姆-缅甸区域，以建立及增强通达中国之地面设备，期于秋初达到每月1万吨之运输量，同时扩大阿萨姆航空设备，使达到下列目的：甲，加紧对日空战；乙，增强(维持)美国驻华空军；丙，支持对华空军补给物资。二、积极准备自印度莱多、因帕尔和中国云南入缅之中国军队作战计划，以打通滇缅路为目标；陆、空有力攻势将于1943年雨季结束后开始。三、水陆夹击阿恰布、兰里岛。四、打击日军在缅交通线。[7]这个计划所规定的进攻目标、路线和兵力部署，同韦维尔最早向史迪威提出收复缅北的计划内容如此一致，显然是美国迁就英方的主张、无视中国意见的结果。这将使中国军队承担着反攻缅甸的主要任务，而英军反被置于策应、协助中国军队作战的“客军”地位。“安纳吉姆”计划遂被搁置一边，后来在历次会议上都是一再提出、一再被搁置，终遭扼杀。

3个月后，“四分仪”会议于8月19至24日在加拿大的魁北克举行。罗斯福、丘吉尔各率庞大的幕僚队伍赴会，而中国竟未被邀请，只在会议行将结束时邀宋子文与会。经协商后，在对日战略上达成一致意见，作出两项决定：一是打败德国后12个月内必须击败日本，二是美国向太平洋吉尔伯特群岛和马绍尔群岛进攻。对反攻缅甸的问题，美、英也达成了妥协：仅以夺取密支那、实兑和兰里岛为作战目标；至于在缅南水陆夹击的两栖作战，视缅北战局进展情况再作决定。同时决定成立东南亚战区统帅部，统一指挥反攻缅甸的作战。以蒙巴顿为总司令，史迪威为副总司令。这种妥协，使英国长期以来企图缩小“安纳吉姆”计划的努力成为现实。由于会议内容与中国有直接关系，会后罗斯福和丘吉尔致电蒋介石，说明建立东南亚盟军统帅部的必要性及远东太平洋的战略，表示派蒙巴顿去重庆当面向蒋陈述会议的精神，共同商讨反攻缅甸的具体计划。1943年10月9日，蒋介石在黄山与东南亚战区盟军总司令蒙巴顿、中国战区参谋长史迪威等研究反攻缅甸的具体问题。中国方面出席会议的还有何应钦、宋美龄、商震、刘斐等人。蒙巴顿传达了魁北克会议关于反攻缅甸的决定，说明以攻克缅北地区为主，军事行动以中国驻印军和远征军为主，以英印军为辅，由英、美、印组织有热带丛林作战经验的士兵2万人组成突击队，破坏缅南日军的交通线，攻击日军后方指挥、后勤机构，以策应缅北作战。萨默威尔向蒋介石保证逐步增加空运量，到达每月1万吨。蒋介石在会上一再强调反攻作战的成败关键全在海上，必须有绝对优势的海、空军才能获得胜利，希望英国组织强大舰队控制缅甸和新加坡间海面，打击日军增援力量，南北夹击，决不能让中国军队孤军深入缅北，再蹈前车之辙。[6]蒙巴顿答应尽快准备进攻缅南。蒋在会后指示何应钦：云南中国远征军的动用一定要谨慎从事，英、美不控制孟加拉湾、不从缅南配合，不单独进攻。

1943年11月23日至26日，中、美、英三国政府首脑在开罗举行最高军事会议。这是第二次世界大战中惟一一次有中国政府首脑参加的盟国战略会议。会议开始后，首先由蒙巴顿报告反攻缅甸作战的“锦标保持人”计划。计划仅以攻占孟拱(今译为“莫冈”)、密支那、八莫为作战目标，既未规定攻占孟拱、密支那、八莫后的作战行动，也未提及缅南两栖作战、水陆夹击，甚至也未赋予进攻部队以攻取曼德勒的作战任务。这同蒋介石10月19日在重庆接见蒙巴顿和萨默威尔时的指示及蒙巴顿当时的应承相左。蒋介石当即指出：缅甸、华北、东北都是日军生死攸关、必然拼命死守的战略要地，而缅甸则是亚洲战局的钥匙；反攻缅甸就必须：(1) 南北缅水陆同时夹击；(2) 安达曼岛必须夺取；(3) 曼德勒尤应攻占，而且必须维持对华每月 1 万吨空运量。美国参谋长们竭力主张接受蒋介石关于南北缅水陆夹击和夺取安达曼岛的计划。丘吉尔坚决不接受。罗斯福热烈支持他的参谋长们的意见，不顾丘吉尔的反对，答应了蒋介石的要求，向蒋介石保证：美国可以拨出登陆艇，几个月内在孟加拉湾进行一次大规模的两栖作战，海军在南缅与陆军在北缅同时作战，南北夹击。罗斯福并同意蒋介石提出的装备中国 90 个师的计划以及向中国贷款 10 亿美元的请求。

罗斯福、丘吉尔、斯大林于 11 月 28 日至 12 月 1 日在德黑兰开会。丘吉尔获得斯大林关于在打败希特勒后对日作战的承诺后，更加强烈地主张取消水陆夹攻缅甸的计划，迫使罗斯福放弃了美国三军参谋长一致决定的战略，更一笔勾销了他本人对蒋介石的亲口承诺。丘吉尔于 12 月 7 日致电蒋介石：取消孟加拉湾两栖作战的“海盗”计划。一再被搁置的反攻缅甸、收复全缅的“安纳吉姆”计划终于被扼杀了。

与此同时，蒙巴顿将其拟定的反攻缅北作战计划交给了中国战区统帅部。计划的主要内容为：[9]

1. 阿拉勘方面

第 15 军团(印 5 师、7 师、81 师欠 1 个旅)在吉大港集中，预定 1 月 15 日进出于瞒倒及布堤当之线。本方面作战目的，为掩护吉大港及加尔各答之安全，相机占领阿恰布(实兑)。另以 81 师之一旅向 Palewa(帕里瓦)进出，掩护军团之侧翼。吉大港北方控置 26 师及 81 师之 1 旅为预备队〔空军准备(空运)〕。

2. 因帕尔方面

第 4 军团(英 17 师、20 师、23 师)在因帕尔附近集中，预定 1 月 15 日进出于钦敦江西岸，2 月 15 日以一师由尤瓦附近渡河。另外，远程突击队于 2 月 15 日以一队进出于于高、保克、巴可库、敏扬等处曼德勒后方，截断敌人交通；一队(由马隆出发)于 2 月底进出于温托、靠岭地区，截断因道后方交通，3 月中旬向因道攻击，协力降落旅占领因道飞机场；一队(由莱多附近出发)于 3 月 15 日分向孟拱及因道攻击，协力中国新 1 军占领孟拱，并协力降落部队占领因道飞机场；3 月 15 日以降落伞部队一旅，协同突击队占领因道飞机场，然后以空运 1 师(第 50 师)占领因道，与莱多南下之中国军会师。

3. 莱多方面

中国新1军于3月15日进出于孟拱、密支那地区，4月间以主力占领八莫，1师向卡萨与英军会师。中国方面远征军于3月中旬进出于腾冲、龙陵，4月间向八莫、腊戍攻击，预定4月间中英军到达腊戍、八莫、卡萨之线。

4. 美军突击队

预定于4月间以滑翔机在八莫、卡萨南侧地区降落美军突击队3000人，向腊戍、苗谋等地区进攻，协力中国远征军作战。

以后盟军反攻缅甸的作战，基本上是按照这一计划实施的。但由于日军发动了因帕尔作战，缅北方面基本上形成中国驻印军单独进攻局面，而蒋介石又不肯过早使用远征军，所以反攻缅甸的作战在时间上有所推迟。

二、中国驻印军、远征军的组建及整训

(一) 驻印军的编成与训练

中国远征军入缅援英作战失败之后，史迪威、罗卓英远征军司令长官部600余人及孙立人的新38师4000人于1942年5月下旬先后退至印度的因帕尔。杜聿明率第5军军部及新22师4500余人亦于8月间撤至印度的迪布鲁加尔。

6月15日，史迪威晋见蒋介石，再次提出《在印组织训练中国军队计划书》中所提建议。蒋介石同意史迪威的建议，指令他负责与英方谈判的有关问题。6月24日，蒋介石指令史迪威任这支训练部队的司令，罗卓英为副司令，同时还答应空运5万部队去印度训练。7月16日，史迪威和罗卓英分别被正式任命为中国驻印度军队的正、副总指挥。史迪威经与印度政府及韦维尔反复协商，韦维尔同意将曾关押过2万意军战俘的兰姆伽兵营划为中国军队的训练基地。美国由于不愿向缅、印地区派兵，因而全力支持史迪威的训练计划。英、美最后达成协议，由英国租借物资为中国军队提供膳食、薪饷，美国则提供武器装备及负责训练。

8月初，在印的中国军队先后进入兰姆伽营地，共约9000余人，番号仍为“中国远征军第1路司令长官部”，下属新22师和新38师。此时杜聿明已奉调回国。8月3日，蒋介石命史迪威负责组建中国驻印军，仍由史迪威和罗卓英分

任正、副总指挥。自9月起，逐日向印度空运官兵450至600人。由于美方体检时淘汰较多，至年底仅有3.2万人运至印度。

10月底，蒋介石再调罗卓英回国，并撤销副总指挥部，将驻印军改编为新编第1军，下辖仍为新22师和新38师，任郑洞国为军长。1944年初，蒋介石又命新30师空运至兰姆伽，编入新1军接受装备和训练。同年4月，又调第14师和第50师入印，亦属新1军建制。8月(攻占密支那后)，重设副总指挥部，由郑洞国任副总指挥，同时将5个师分编为2个军，孙立人升任新1军军长，廖耀湘升任新6军军长。新1军下辖新30、新38师；新6军下辖第14、第50师和新22师(其指挥系统如附表8-2-2)。10月间，史迪威因与蒋介石有矛盾，被调返美，魏德迈接任中国战区参谋长兼驻华美军司令，索尔登任中国驻印军总指挥。

中国驻印军以师为战略单位，每师辖3个步兵团及师直属的师部连、特务连、搜索连(由乘马骑兵及乘坐自行车、摩托车的便衣侦察排组成)、炮兵指挥组(由指挥连和1个汽车牵引的10.5厘米榴弹炮营、2个骡马驮载的7.5厘米山炮营组成)、工兵营、通信营、辎重营、教导营、军械保养连、卫生队和野战医院。

步兵团辖3个步兵营及直属的团部连、特务排、搜索排、迫击炮连(8.2厘米轻迫击炮12门)、战防炮连(3.7厘米战防炮8门、5.7厘米战防炮4门)、通信连、汽车连、兽力输送连、卫生队。

步兵营辖营部连、战防排、通信排及3个步兵连、1个重机枪连。

全师编制官兵1.5万人，各种车辆300余辆，骡马千余匹；拥有10.5厘米榴弹炮12门、7.5厘米山炮24门、5.7厘米战防炮12门、3.7厘米战防炮24门、8.2厘米轻迫击炮36门、6.0厘米迫击炮162门、重机枪108挺、轻机枪360挺、火焰喷射器85具、携带式火箭发射筒108具、冲锋枪和卡宾枪400余枝。师的火力、通信能力和机动性，比较第一次在缅甸作战时都有明显的增强。

中国驻印军的直属部队有教导第3团，独立步兵第1团，炮兵第4、第5、第12团，重炮第11团，工兵第10、第12团，辎汽第6团，兽力辎重团，特务营，独立宪兵第2营，独立通信兵第3营，独立工兵第1营，高射机枪营及战车指挥组(战车第1、第2营，每营装备轻战车84辆、5.7厘米战防炮12门)，战车训练班(战车第3、第4、第5、第6、第7营)等。

兰姆伽训练中心于1942年8月26日举行正式开训典礼，至1944年1月训练结束，受训结业军官2626人、士兵29 667人。军官接受战术和作战技术以及参谋业务等训练，士兵接受各种技术兵器的使用及战斗动作训练，特别重视丛林战和炮兵战术及射击等科目。官兵体质、战术素养和战斗技能都有明显提高。

（二）远征军的重建与整训

中国远征军入缅援英作战失败之后，除新编第 22 师和新编第 38 师等撤至印度外，主力均转移至滇西。为加强边防，军事委员会从国内陆续抽调兵力来滇。1943 年初，计有第 11 集团军 8 个师和第 20 集团军 4 个师先后调至怒江东岸及澜沧江下游车里等地区。1943 年 2 月加尔各答会议上中、美、英三方一致同意实施反攻缅甸的"安纳吉姆"计划，会后军事委员会决定重建远征军，任命陈诚为司令长官，黄琪翔为副司令长官，长官部设于楚雄（1943 年 11 月，因陈诚有病，由卫立煌代理司令长官）。

3 月 10 日，陈诚与史迪威在重庆洽商远征军的训练问题，决定在昆明设立训练基地，调集各部队干部分批轮训，然后空运至印度兰姆伽熟悉新式武器性能及使用方法。23 日，蒋介石核定军政部呈送的云南练兵计划，命有关受训的部队向云南集中。按计划应有 11 个军 32 个师参加训练，预计按新编制组成 24 个新式攻击师、2 个旧式攻击师和 6 个调整师，总人数为 41 万人。但至 1944 年滇西反攻开始时，陆续调入远征军序列的兵力共有步兵 13 个师、炮兵 14 个营（其指挥系统如附表 8－6－3）。

为了使部队适应改装美械的需要，建立远征军长官部的同时，在昆明建立了"军委会驻滇干部训练团"，蒋介石兼任团长，龙云、陈诚兼任副团长。由龙云代理团长。杜聿明、关麟徵、黄杰轮流任教育长（后由梁华盛专任）。训练团的地址在昆明北教场营房。先后举办了步兵、炮兵、工兵、通信、战术及参谋业务等训练班，受训学员主要是部队副团长以下军官。一般以 6 至 8 周为 1 期。1943 年、1944 年两年中，先后约有 1 万人接受了训练。团长以上军官则先到昆明干训团报到，尔后分批空运兰姆伽接受训练。训练团的教官主要为史迪威所派的美军各兵科专业军官、技术人员及技术士兵，先后共有 1450 余人。

远征军以军为战略单位，统一编制，逐步换发了美械装备。军下辖 3 个师或 2 个师，直属部队有炮兵团*、辎重团、工兵营、通信营、战防炮营以及特务营、搜索营（均为徒步步兵）、野战医院。

---

* 军直属部队在编制上有炮兵团，但当时只有第 2 军原有炮兵团，其余各军均系新编成的美式 7.5 厘米山炮营。战防炮营的编制为 3.7 厘米战防炮 24 门。因炮缺，各军均未配齐，有的只装配 12 门，第 54 军战炮营仅装配 3.7 厘米战防炮 4 门，余用 8.2 厘米迫击炮代。汽车也缺。

师的编制：辖3个团及直属山炮营（但未组建，直到中印公路打通后，方于1945年春夏之交陆续组建）、辎重营（因无骡马和汽车，仍保持原有的1个人力输送连）、特务连、搜索连（系徒步步兵）、工兵连、卫生队、野战医院（由美军派驻手术组）。

步兵团的编制：辖3个步兵营及直属特务排、搜索排、迫击炮连（8.2厘米迫击炮6门）、战防炮连（3.7厘米战防炮4门，因炮及吉普车未到，一直未组建）、通信连、输送连、卫生队。

步兵营辖战防排（配备战防枪3枝、火箭筒3具、火焰喷射器3具）、机枪连（美制比灵机枪8挺）、3个步兵连。

步兵连辖3个步兵排及1个"60炮"排，配备轻机枪9挺、冲锋枪18枝、卡宾枪5枝、60炮2门、掷弹筒9具。全连编制为官兵170余人。

远征军师的编制人数约1.3万人，但缺额均较多，所属的15个师中，大多数的师只有7000至8000人，个别师在9000至万人之间，少数的师在6000人以下。如第54军第198师为5600人，第36师为7200人，军直属部队为4700人。全军仅17 500人。驻在滇西的远征军虽然于1943年夏季进行过人员补充和干部训练，并在这年10月前后已开始补充或更换美制武器，但是直到1944年5月12日开始渡江时，各部队的武器却仍缺额甚多；特别是各级炮兵部队，均因无炮而未建立，一些技术装备，如携带式无线电话机、火箭筒、火焰喷射器等，临渡江前才发到部队。[10]更有甚者，是远征军的战备和训练还很不充分。当时怒江和高黎贡山横亘在前，日军在崇山峻岭和茂密的原始森林中用两年时间建筑了一道道坚固阵地，而远征军却没有针对此种敌情地形对各部队施以山地战、森林战和攻坚战的战术、战斗演练，以致后来投入实战的部队官兵都对战场的环境感到陌生，一时难以适应，对日军的战法一无所知，指挥失当，徒增伤亡；虽然打败了日军，中国军队却付出了沉重的代价，也稽延了滇西反攻作战的胜利进程。

三、驻缅日军的作战指导及兵力部署

日军在瓜达尔卡纳尔岛战役中惨败后转为战略防御。1943年2月，日军大本营制订了《1943年度帝国陆军西南方面作战指导计划》，其防御重点为各重要资源地及缅甸。为确保缅甸，该计划还规定准备对印度东北方实行一次进攻作战，以达到以攻为守的目的。为此于1943年3月27日在南方军下又设立了“缅甸方面军”，以河边正三为司令官，统一指挥缅甸方面的作战。当时驻缅日军共4个师团：方面军直辖的第55师团，担任西南沿海方面的作战；第15军下辖3个师团，其中第18师团担任缅北作战，第33师团担任缅中作战，第56师团担任云南作战。

河边正三根据滇西中国军队正集结兵力、印度英军和中国驻印军也急剧增强兵力的情况，判断雨季结束后盟军可能发起反攻，但痛感兵力薄弱，认为必须配置9至10个师团方可守住缅甸。日本大本营和南方军虽然支持这一见解，但因太平洋战场形势紧急，暂时无法向缅甸增兵。延至6月间，大本营方下令调第15师团及第31师团增援缅甸。但第15师团被南方军暂留于泰国，仅第31师团于9月间到达缅北瑞波（瑞保）附近，加入第15军序列。因而大本营又增调独立混成第24旅团归方面军直辖，进驻丹那沙林一带。

广大缅北及缅中的防务主要由第15军担任。第15军司令官牟田口廉也认为该军防线正面达1000余公里，以守势作战完成防御任务势不可能，建议先发制人、以攻为守，在盟军反攻之前，摧毁盟军的反攻基地。日军大本营及南方军经研究后，同意牟田口廉也的建议，并认为是可行的，决定在盟军尚未完成反攻准备之前，急袭主要反攻基地因帕尔。尔后将防线推进至因帕尔以西的山区。为解除后顾之忧，必须保持怒江和缅北的防线不变动。9月初，大本营令缅甸方面军作好在10月后进攻因帕尔的准备。

日军第15军受领进攻因帕尔的任务后，拟制出作战计划。其作战指导的主要内容为：“1. 第56师团及18师团之一部于10月上中旬之间，击歼位于怒江两岸的中国远征军一部，夺取其反攻据点。尔后即由第56师团担任防守，阻止重庆军的反攻。2. 第18师团以孟拱为据点，对胡冈河谷方面采取守势作战，防止中、美军的反攻。3. 第31师团进攻科希马，据以阻止阿萨姆方面英印军的援军；与此同时，第33师团和第15师团从南北奇袭，并歼灭因帕尔盆地英印军。”[11]

经准备后，日军第56师团及第18师团一部于10月13日开始向怒江以西的中国远征军前进据点进攻，15日攻占固东街、冷水沟，16日攻占桥头街等各据点。月底时，完全占领了怒江以西的远征军各据点。11月16日，日军一部从七道河、打黑渡强渡怒江，于17日夜又返回西岸。尔后第18师团即返回密支那，第56师团防守怒江西岸，与远征军隔江对峙。

日军向怒江进攻时，中国驻印军新38师第112团也正向缅北的日军据点进攻,以掩护修筑中印公路和抢占反攻前进据点。10 月 29 日,驻印军攻占宁边、新平洋(欣贝延)、拉家苏各要点,打开了胡冈河谷的北大门。日军第 15 军令第 18 师团在胡冈河谷组织防御性进攻,尽量争取时间,以掩护主力进攻因帕尔。

为适应作战需要,1944 年 1 月缅甸日军对指挥系统进行了一次调整:新建第 28 军,下辖第 54、第 55 师团及新来增援的第 2 师团;第 15 军辖第 15、第 31、第 33 师团;第 56 师团及独立混成第 24 旅团归方面军直辖。

1944 年 3 月,日军发动因帕尔作战。此时中国驻印军反攻缅北已取得重大进展,日军混成第 24 旅团奉命增援缅北。4 月间为应付当前的战局,日军再次调整序列:增编第 33 军,其下辖第 18、第 53、第 56 师团,专任缅北及云南方面的作战。至此,日"缅甸方面军"共有 3 个军,计 9 个陆军师团、1 个混成旅团,另有 1 个第 5 飞行师团配合作战。其具体部署为:第 15 军(附印度国民军约 7000 人)位于曼德勒西北地区,专任进攻因帕尔的任务;第 28 军位于缅西南及沿海地区,负责进攻实兑(阿恰布)的任务;第 33 军位于缅北,专负阻击中国驻印军和远征军的任务。

四、中国驻印军反攻缅北作战

为开通中印公路,印缅战区后勤司令惠勒指挥美军第 45、第 3022 工程团,第 849、第 843 航空工程营及中国工兵第 10、第 12 团于 1942 年 12 月开始修筑中印公路。为掩护筑路,1943 年 3 月,史迪威派新 38 师的第 114 团接替英印军边防军北阿萨姆旅第 1 团防守印缅边界的唐家卡、卡拉卡及拍察海等据点;5 月间,又以第 112 团接替第 114 团防务。印缅边界缅甸方面的新平洋等地为日军第 18 师团第 56 联队第 2 大队驻守的据点。

1943 年 10 月间,缅北雨季即将结束。蒋介石于 10 月 19 日召集何应钦等与蒙巴顿、史迪威等在重庆举行会议,研究并决定了反攻缅北的作战指导。中国驻印军据以制订了《中华民国驻印军缅北作战计划》。主要内容为:[12]

第一,方针

(一)军以协同友军歼灭敌人之目的,于 1943 年 12 月中旬先向缅北进攻,夺取孟拱、密支那要点,然后经八莫向曼德勒前进,将敌压迫于曼德勒附近地区，包围而歼灭之。

第二，指导要领

（二）军应于攻势开始前，集中于利杜（莱多）附近地区，俟利新（利杜至新平洋）公路完成后，即向新平洋附近跃进。

（三）军集中时，应派有力部队占领新平洋以北各山路口，掩护集中及筑路。跃进时应增强掩护队兵力，推进至孟关东西之线，担任掩护及搜索敌情。

（四）军集中后，应分遣有力一部至葡萄附近，扫荡该地区以南及孙布拉蚌附近之敌，并与滇西兵团联络。

（五）军应先发动攻势，将敌兵力吸引于缅北方面，使友军由缅南登陆容易。

（六）军攻势作战应分期实施，第一目标为孟拱、密支那之线，第二目标为卡萨（杰沙）、八莫之线，第三目标为曼德勒。

（七）军攻击前进时，应与左右友军密切连系，并对通敌各溪流小径严防敌之渗入及扰乱，确保军侧背之安全。

（八）敌如以重兵来犯，军应利用地形极力拒止而抑留之，俟友军攻势得手，再勇猛前进，期与友军包围敌人而歼灭之。

（九）敌如以少数兵力拒止我军，或企图脱离战场时，军应迅速南下，作参加曼德勒会战之准备。

（十）要请美空军对缅北各要点尽量予以轰炸摧毁，并配属有力空军，协助本军作战。

（十一）军作战地域内之游击队应不断扰乱敌之后方，策应军之攻击。

第三，搜索及防空防毒（略）

第四，兵团部署

（十七）左侧支队，兵力约步兵两团，山炮一营，由利杜空运至葡萄，扫荡该地区以南及孙布拉蚌之敌后，即向密支那前进。

（十八）右纵队以步兵一团、山炮一营为基干，由泰洛（大洛）经隆京（隆肯）向孟拱西侧地区前进，并酌派一部掩护右侧背之安全。

（十九）左纵队（军主力）沿东京路，由新平洋向孟拱前进。

（二十）军直属部队随左纵队前进。

……

防守缅北的日军第 18 师团判断雨季一过，中国驻印军将反攻缅北；又认为“中国驻印军主力在进入新平洋附近隘路口之前，还有充分时间给师团主力以可乘之机”，决心“乘敌军主力前出到印缅国境山地之机，予以各个击破”，遂派“步兵第 56 联队及山炮第 2 大队疾进大龙河”，[13] 另令沿胡康谷地快速前进中的师团主力各部队迅速向孟关附近集结，预定于 12 月 15 日开始攻势。其师团战斗指挥所则由密支那推进至甘马因。而在此之前，第 18 师团的搜索联队已推进到拉家苏、瓦南关附近，第 56 联队第 2 大队主力则推进到新平洋、宁边、于邦地区。

中国驻印军参谋长兼缅北前线指挥官柏特诺对缅北日军的动态和企图一无所知，错误地判断日军第 18 师团和第 56 师团主力仍在滇西腾冲、龙陵一带监视远征军，遂于 10 月 10 日“以掩护筑路及在新平洋建筑飞机场、设立前进基础之目的”，电令驻守唐家卡等地的第 112 团“由现地出发，向新平洋及大龙河、塔奈河攻击前进，务于 11 月 1 日前，确实占领下老村、宁边、于邦、新平洋、瓦南关、大洛各要地”。[14] 第 112 团受命后，即以第 3 营为右纵队，从卡拉卡向大洛，第 2 营为左纵队，由唐家卡向下老村、第 1 营及团直属部队为中央纵队，由唐家卡向新平洋、宁边、于邦攻击前进。14 日分别由现地出发。29 日，中央纵队一举攻占新平洋，30 日又攻占宁干瑟坎，11 月 2 日占领宁边。但在第 1 营攻击于邦时遭到日军顽抗，屡攻不克。22 日，日军第 56 联队主力和第 55 联队第 1 大队附炮兵大队驰援到达，将第 1 营包围于于邦外围。当夜，日军突袭第 112 团指挥所，混战中美军联络官艾吉逊少校失踪。第 1 营被围后，坚守阵地，日军多次进攻，均被击退。

右纵队于 11 月 5 日至 10 日间相继攻占瓦南关、拉家苏后，被日军第 55 联队主力包围。左纵队于 11 月 10 日攻占下老村后，亦遭日军围攻。至此，反攻缅北的序幕揭开，胡冈河谷的作战即将全面展开。

（一）胡冈河谷战斗

史迪威在制订缅北作战计划之前已预定在雨季结束后提前反攻缅北，乘日军主力尚在密支那以南地区、尚未向胡冈河谷转移之机，即以强有力之一部夺取新平洋及大龙河、塔奈河沿岸要地，控制胡冈河谷北口，以阻止日军主力之进出，掩护驻印军主力展开；同时以新平洋为前进基地，并在该地修建机场，以利于尔后在胡冈河谷的作战。

胡冈河谷位于那加山之南、坚布山以北、库芒山之西、三盘山以东，是大洛盆地和新平洋盆地的总称(日军称“富昆溪谷”)。大洛盆地的面积约 190 平方公里,新平洋盆地的面积约 1540 平方公里,有大龙、塔奈、大宛、大洛四条大河和无数的溪流纵横交错其间,区内原始森林遮天蔽日,地面泥泞潮湿,瘴气弥漫,毒虫孳生,每到雨季则山洪暴发,平原低地尽成泽国;旱季,河水较浅,有些河段可以徒涉。新平洋就位于那加山南侧的克耶班山与隆考班山所形成的峡谷的南口,也就是胡冈河谷的北端隘口,西濒大哇河(与大卡河同为塔奈河的支流),南临塔奈河。大龙河则由北向南从新平洋以东的宁边、下老村、于邦流过,在太白家附近与塔奈河汇合。新平洋是印缅边境上缅甸一侧的山中小镇,居民多为克钦族。由此向北经塔家铺、南亚腊、朗克普、朋绍关、郎图、彭洋,仅有一条蜿蜒于那加山的峭壁悬崖间的羊肠小径达于印度莱多;向南经太白家至孟关有通牛车的土路,再往南穿过坚布山隘经孟拱河谷以达甘马因和孟拱,有一条可行驶汽车的公路。由于新平洋地处缅北要冲,为印缅边境的战略要地。

1943 年 11 月下旬,日军第 56 联队主力、第 55 联队一部和山炮第 2 大队集结在于邦和宁边地区,围攻中国驻印军第 112 团第 1 营;其第 55 联队主力和搜索联队则在拉家苏、达卡库地区包围了第 112 团第 3 营。但多次攻击均被击退,日军从战斗中认识到“中国军队的战力已达到不可与昔日相比的精强程度”。[15]日军第 18 师团师团长田中新一“判断中国军新 38 师虽已前出到大龙河畔,但其他主力仍在新平洋以北隘路内,所以仍按既定计划,坚决以师团主力自宁边方面向新平洋附近隘路口采取攻势”,“遂令沿胡冈河谷快速前进中的师团主力各部队,迅速向孟关附近集结”,[16]并将师团战斗指挥所由甘马因推进到新班。但日军“缅甸方面军”从缅战全局着眼,为保障主要方向上的作战,不准第 18 师团采取攻势作战,令其以攻势防御尽可能长时间地将中国驻印军阻止于孟关以北地区,因此第 18 师团在塔奈河北岸组织攻势防御。

中国驻印军进攻缅北的战略目标是在下一个缅甸的雨季到来之前,将当面的日军第 18 师团包围在胡冈河谷之内,予以彻底歼灭,迅速夺取孟拱、密支那,打开对华交通线路。当新 38 师第 112 团于 1943 年 10 月 29 日攻占新平洋后,史迪威即决定乘日军第 18 师团主力尚在密支那附近之机,迅速调集新 38 师、新 22 师及炮兵、战车等特种兵部队于新平洋附近集结,预定于 12 月 1 日对大龙河、塔奈河沿岸日军展开攻击,予以各个击破,然后占领孟关东西之线,用迂回包围战术将日军主力包围于胡冈河谷南端而歼灭之,一举夺取孟拱、密支那。这原是一项出其不意、制敌机先、十分适当、能稳操胜券的决策,却因史迪威远在重庆，正忙于准备开罗会议和筹组桂林训练中心（即第二批 30 个师的组训中心），未能直接指挥。而代行其指挥权的柏特诺不但对日军在胡冈河谷地的力量估计极为错误，而且竟然拒绝了孙立人提出调新 38 师主力和炮兵以增强进攻实力的建议，也没有去前线弄清情况，仅凭联络官的密电报告进行指挥，以致史迪威的上述决策未能及时付诸实施，整整延误了 1 个月，使日军第 18 师团能及时向拉家苏、于邦、宁边各要地大举增援，反而将第 112 团已攻占上述各地的部队置于日军的重围和猛烈进攻之下。史迪威赴埃及开会，经莱多时，孙立人向其报告了日军在缅北胡冈河谷的兵力部署及第 112 团在缅北被围月余得不到增援的情况，并指出柏特诺不察实情、盲目指挥的严重错误，建议将其撤换，以安军心。史迪威虽知柏特诺指挥错误，却仍予保护；同时又接受孙立人的建议，同意向前线增兵，展开全面进攻。

开罗会议之后，史迪威于 1943 年 12 月 8 日到达莱多，经开会研究后，决定令孙立人率新 38 师主力先行出发，解于邦、拉家苏第 112 团部队之围，并掩护修建新平洋机场和铺设公路输油管。其余部队加紧备战，待命出发。

12 月 21 日，孙立人、史迪威率新 38 师到达宁干瑟坎。经准备后，24 日凌晨第 114 团在美空军支援下对包围于邦的日军发起进攻，激战 5 日，于 28 日攻占于邦，日军第 56 联队第 2 大队大部被歼，残部退守太白家。第 113 团也将攻围宁边的日军击退，包围下老村的日军亦行退走。此时，新 38 师已全部到达大龙河北岸，新 22 师先头第 65 团到达新平洋附近。日军退至大龙河南岸后，以太白家为中心组织防御。

这次作战虽系局部性小规模战斗，但因是正式反攻缅北的第一次战斗，能够一举击败号称“精锐”的日军第 18 师团部队，对树立官兵胜利的信心起到积极作用。

12 月 28 日，驻印军令新 22 师第 65 团为右纵队，经拉家苏（为第 112 团第 3 营解围）进攻大洛，同时派第 2 营出康道担任右侧警戒；令新 38 师为左纵队，进攻太白家、甘家。右纵队第 65 团团长傅宗良采取“围魏救赵”战术，直趋日军据点大洛，1944 年 1 月 21 日突袭，将回援大洛的日军第 55 联队第 3 大队包围于百贼河地区，予以歼灭性打击，同时也解了拉家苏之围。左纵队于 1944 年 2 月 1 日攻占太白家。左、右两纵队遂紧随撤退日军之后向孟关前进。

在向太白家一带日军进攻期间，史迪威与蒙巴顿已商妥：将英军远程突击队（对外称“英印第 3 师”）及美军第 5307 团划归史迪威指挥。1944 年 1 月间，驻印军总部及部分直属部队推进至新平洋。为实施孟关作战，史迪威派琼斯上校及联络参谋王楚英去因帕尔与英第 14 集团军司令斯利姆联系，要求将第 5307 团于 2 月初调至新平洋，并请按原预定计划派远程突击队空降缅北因多至孟拱地区，破坏日军后方交通线和补给系统，以支援孟关作战。

孟关是缅北的战略要点，位于胡冈河谷要冲。日军第 18 师团在这一地区集结有 7 个步兵大队、2 个炮兵大队、1 个重炮兵大队和 1 个战防炮大队，并构筑有较坚固的防御工事。攻占太白家、大洛后，驻印军战斗指挥所于 2 月 5 日推进至太白家。史迪威决定不等滇西远征军横渡怒江进行策应，也不指望英军信守从因帕尔进攻缅北的诺言，决心独自指挥新 22 师、新 38 师和美军第 5307 团，采取正面牵制、两翼迂回战术，以钳形攻势包围日军第 18 师团于孟关至瓦鲁班地区而歼灭之，力争在雨季之前攻下孟拱、密支那及八莫，随即下达了第 9 号命令：以新 22 师为右纵队，由康道渡河向孟关及其南方的瓦鲁班攻击前进；以新 38 师为左纵队，自孟关以东作远距离迂回，向孟关南方的秦诺、瓦鲁班进攻，切实遮断日军后路，阻其逃逸。新 22 师受命后即以主力由康道渡河，命第 64 团直取拉征卡，第 66 团与由大洛穿越宛达克山区前来的第 65 团(欠 1 营)会攻腰班卡，以第 65 团之 1 营为右侧支队，自大洛经大树班向隆肯迂回，确保军右侧的安全。2 月 23 日，新 22 师先后击溃日军据守腰班卡的第 56 联队主力及在拉征卡的第 2 大队。确实占领各该地后，根据史迪威的第 10 号作战命令，以第 64 团自拉征卡沿公路追击日军南下，直趋孟关，竭力抑留日军；第 65 团及第 66 团(各欠 1 营)自宛达克山东麓沿公路以西秘密南下，向瓦鲁班、秦诺推进，在该地与左纵队会师，切实断绝日军退路，就地击灭之；第 66 团第 1 营配合战车第 1 营为特遣支队，由布朗上校指挥，自拉征卡出发，沿塔奈河西岸公路东侧向瓦鲁班攻击前进。

新 38 师以第 112 团为左翼队，以第 113 团为右翼队(第 114 团留置太白家)，于 2 月 18 日分别从安拉卡、丹般家出发，向孟关以南作深远迂回，相继攻克大林卡、马高等 30 多处日军第 55 联队的据点。第 113 团于 3 月 4 日攻占瓦鲁班东侧的卫树卡；孙立人率 112 团同时攻占于卡，迫近瓦鲁班以南的秦诺。

2 月 22 日，史迪威为捕捉日军第 18 师团，特派美军第 5307 团于 24 日由太白家出发，沿第 113 团路线向南迂回，进攻瓦鲁班。3 月 4 日进至瓦鲁班附近。当时该地仅有少数日军后勤分队。美军一部突入村内。第 18 师团师团长田中新一见退路已被切断，极为惊恐，急令第 56 联队组织反击。美军在第 113 团接应下，退至卫树卡收容整顿。孙立人指挥第 113、第 112 团分向瓦鲁班及秦诺进攻。激战一日，于9日占领该地区。在此之前，特遣支队已于3月3日攻占孟关东南的宁库卡，新22师一部在战车第1营支援下，于5日攻占孟关。日军第18师团经瓦鲁班南逃至坚布山隘(瓦鲁班南30公里)。

这次战斗，击毙日军18师团作战主任参谋官以下1000余人，还缴获了第18师团的关防(官印)。虽未能将其全歼，但也给予极其沉重的打击，使田中新一深感"师团前途趋向暗淡"。

3月15日，新22师及战车营乘势攻克坚布山的北方隘口丁高瑟坎后，史迪威决定立即再作远距离迂回，以捕捉日军主力，令新22师沿公路由正面进攻，令新38师以1团(附第5037团第1营)从坚布山以东向沙杜渣南方迂回，攻取拉班，令新38师主力及第5307团主力经太克里向英高塘迂回前进，对坚布山日军构成第二道包围圈。

新22师以第65团和第66团沿公路轮番进攻。第66团于19日攻占坚布山，第65团于28日攻占高鲁阳。第64团翻越隘路以西的崇山峻岭，向沙杜渣迂回，于29日攻占该地。新38师第113团及"加拉哈德"第1营于28日攻占拉班后，倒转作战正面，向北攻击沙杜渣，与第64团胜利会师。此战共缴获火炮15门、步机枪1000余枝，俘获日军62人，打开了孟拱河谷的北方大门，完全肃清胡冈河谷内的日军，胜利地结束了胡冈河谷的作战。日军第18师团已很疲劳，且严重缺员，"第一线中队包括中队长在内，一般不足30人，甚至只有十数人者。这些人几乎都是半病员状态……补给正处于中断状态"。[17]

早在新22师攻克孟关之日，英军远程突击队的4个旅(第14、第77、第111旅及西非第3旅)相继空降于伊洛瓦底江边的杰沙附近，随即切断了通往孟拱的交通补给线；接着，该队第16旅从塔曼堤(德曼迪)渡钦敦江，推进到南马，依因道支湖建立基地，对孟拱铁路大举破坏，迫使第18师团只能利用八莫、密支那进行补给。日军为扫荡远程突击队，增调独立混成第24旅团和第53师团加入第33军(军长本多政村中将)的战斗序列，策应第18师团作战。3月8日，日军第15军发动了进攻因帕尔、科希马的"乌号作战"。英军希望中国驻印军能迅速夺取孟拱和密支那，希望中国远征军能迅速渡江进攻滇西日军，以支援英军在因帕尔的作战。3月20日，驻印军副总指挥官贺恩将罗斯福的要求以163号备忘录形式交蒋介石，要求中国远征军尽早开始反攻，推进至腾冲、龙陵地区，以策应驻印军及英军的作战。3月27日，史迪威飞往重庆晋见蒋介石，获准由滇西空运第14、第50师赴印，自4月1日至8日便全部空运到莱多，进行装备。至于远征军的出击，则责成卫立煌加紧准备，预期5月上旬发动进攻。

（二）孟拱河谷战斗

孟拱河谷，是指坚布山南端的沙杜渣至孟拱间的一段谷地，南北长达120余公里，东西宽约10至20公里不等。孟拱河谷的两旁大都是壁立千尺的山崖，陡峭难登，每逢雨季山洪暴发，谷中平地便为泽国。孟拱河和其支流因道河、南英河水流湍急，不但无法徒涉、难以架桥，而且舟渡也不易进行。因而中国驻印军希望抢在雨季之前攻占孟拱、密支那和八莫，于是在4月间展开了进攻孟拱和奇袭密支那的战斗。

日军第18师团于3月29日从沙杜渣退至纳木河、瓦康、丁克林之线以南地区时，美军第5307团已袭占英开塘，切断其后方联络线。第18师团集中残存的所有兵力对美军第5307团发动攻击。该团不支撤退，行经潘卡附近，突被日军包围，经新38师第112团第1营星夜驰援，得以脱险，遂经山兴阳、拉巴卡撤至太克里休整。

日军第18师团残部此时获得暂时喘息，并得到1000多名新兵和装备的补充，战力有所改善。同时第56师团第146联队自滇西畹町急驰来援；另有重炮第3联队独立第21炮兵大队、第2师团第4联队、独立第24旅团的2个大队也陆续赶来增援。“缅甸方面军”为阻止远程突击队与中国驻印军会师，确保第18师团的后方要地孟拱、甘马因的安全，令第53师团向孟拱、甘马因急进，以粉碎远程突击队对该地的进攻，并令独立第24旅团加紧对和平、南昆的攻击。

田中新一在获得补充和增援后，即以第55联队、第146联队主力和第114联队第3大队附独立炮兵第21大队为右地区队，由步兵团团长相田俊二指挥，据守南高江东岸拉瓦、大龙阳等各要地；以补充后的第56联队及第146联队一部附重炮第3联队为左地区队，由他亲自指挥，在瓦康至索卡道之间布防，作持久抵抗，并在英开塘、马拉高、索卡道3处各置有力一部，期能固守。

4月4日，史迪威在沙杜渣战斗指挥所作出“奇袭密支那，向甘马因、孟拱全速前进”的决策，于4月5日令新22师仍附战车营、重炮团为右兵团，沿公路向甘马因攻击前进；令新38师为左兵团，沿南高江东岸、库芒山西侧向甘马因以南和孟拱迂回，切断日军的后路；令第5307团将防务交新38师，接替后移至太克里集结整补；令第50师第150团即向太克里集结，该师第149团随新22师前进；令新30师第88师即向太克里集结。

图 8-2-1　中国驻印军缅北反攻作战·胡冈河谷、孟拱河谷及密支那战斗经过要图
（1943 年 10 月 14 日—1944 年 8 月 4 日）

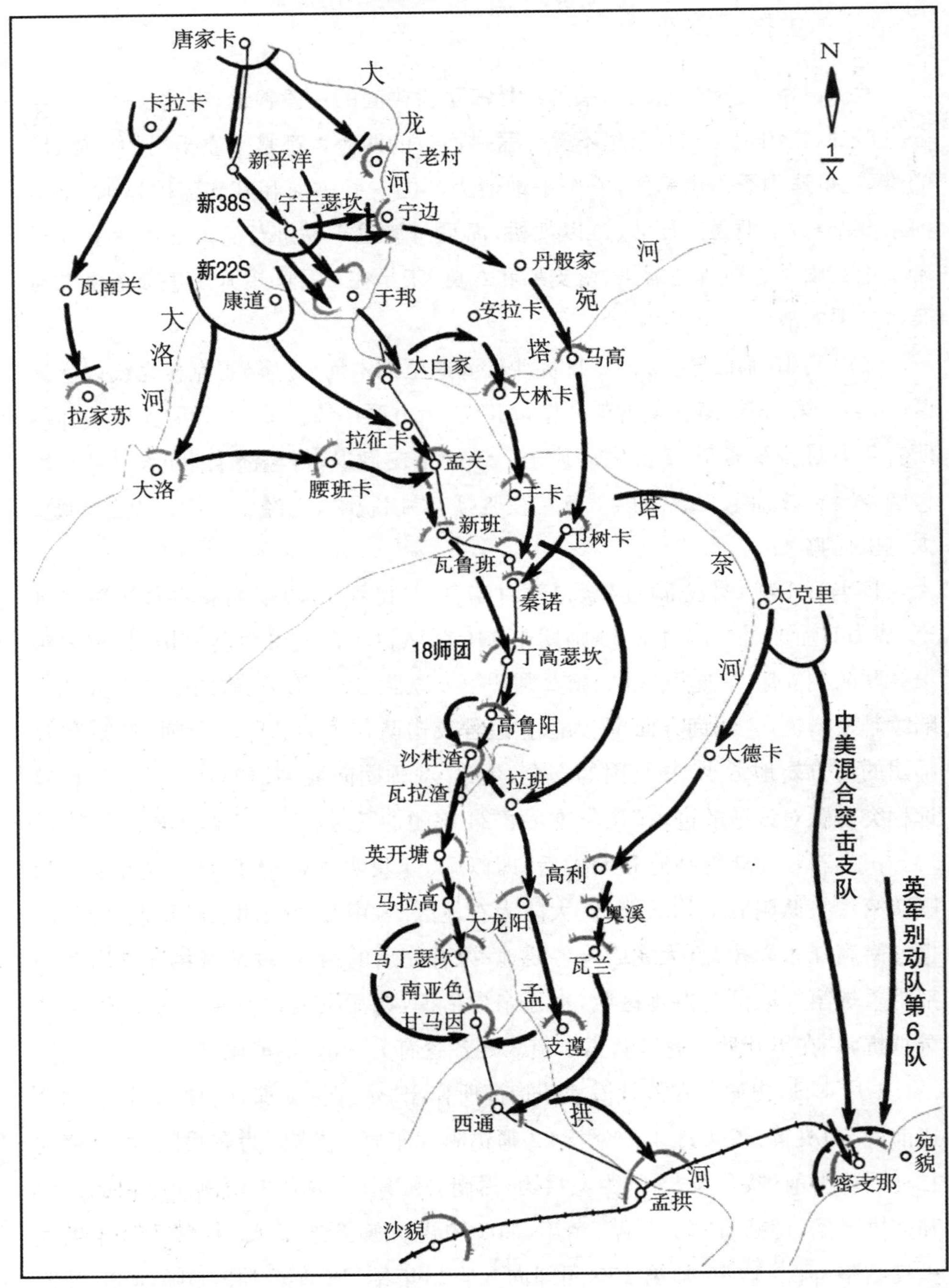

4月10日，新22师在空军和炮兵支援下，经过激战，于14日攻占瓦康。18日攻占瓦拉渣。5月3日攻克英开塘。日军残部退守马拉高、索卡道，又得到独立第24旅团2个大队及第53师团来援，仍图固守，以阻止中国军队夺取甘马因和孟拱。

左兵团新38师于4月11日开始分向甘马因以南及孟拱攻击前进，至5月12日，已相继攻克高利、曼平、奥溪、瓦兰各地。日军残部退据大龙阳、青道康一带。此时，雨季已至，终日大雨滂沱，进攻部队作战活动大受限制。但是，滇西远征军已于5月11日夜横渡怒江，对日军第56师团发动攻势作战；奇袭密支那的中美混合突击支队也已逼近密支那。史迪威为求迅速夺取孟拱、密支那，以收互相策应之效，仍令新22师、新38师奋力进攻、加速前进。5月下旬，新22师攻克马拉高，进抵马丁瑟坎。

孙立人判断日军第一线伤亡损失严重，其后方必定空虚，决心以第112团钻隙迂回，夺取甘马因、孟拱间的要地西通，另以第113团迂回夺取甘马因东面的支遵，使新22师对甘马因进攻容易；同时派第114团间道奔袭，夺取孟拱，以求速胜。经史迪威批准，5月21日第112团从瓦兰以东偷渡蒙吉河，从拉芒卡和丹邦卡间钻隙前进，于26日上午秘密行抵孟拱河东岸，当晚潜渡西岸，袭占西通，全歼日军第12辎重联队、野战重炮第21大队1中队和仓库守护队，击毙日军700多人，缴获15厘米榴弹炮4门、步枪359枝、满载军需品的卡车45辆、骡马320匹、仓库11座、修理厂1座，完全切断了日军甘马因至孟拱间的交通联络。

第113团于5月29日从大龙阳出发，攻占青道康后，6月9日又攻占甘马因东岸的支遵，甘马因遂陷于孤立。

新22师于5月30日向马丁瑟坎攻击，日军被迫向甘马因撤退。此时驻印军总指挥部为加强第一线攻击能力，将第50师的第149团配属给新22师。6月10日，新22师以第64团及第149团沿公路由正面向甘马因进攻，以第65团经南亚色、昆卡道由左侧向甘马因进攻。本来还命令新38师的第113团由支遵渡河进攻甘马因，但驻印军总指挥部为策应中美混合突击支队对密支那的作战，决心不俟攻下甘马因，即将新38师主力转用于进攻孟拱，仅留第112团及第113团的第3营与新22师协同进攻甘马因。第64团于出发的当日（10日）即攻占昆卡道。6月12日，乘胜追击渡过因道河，直逼甘马因西部；第149团（欠第3营）则占领甘马因西郊及1公里处的516高地，以火力控制市内；第65团先后攻克昆卡道、大桐，进占甘马因西南侧的林家塘、卡太康，与第 112 团取得联系。此时，第 112 团已于长清河南岸歼灭日军第 2 师团第 4 联队第 1 大队大队长增永少佐以下 100 余人后，渡过该河，进抵北岸，甘马因的日军第 18 师团与第 53 师团第 119 联队的残部已被完全包围。6 月 15 日下午，第 65 团由卡太康攻入甘马因城内，控制了西南角。16 日晨，留于支遵的第 113 团第 3 营获得空投的橡皮艇及摩托车后即强渡南高江，一举攻占城东的 673 高地，与第 65 团第 3 营并肩向据守城北的日军猛攻。其时，第 64 团也从西郊攻入城内。日军残部向南溃退。第 65 团跟踪追击，于 18 日占领和平、南马等地。此时，英军第 77 旅在孟拱南方 12 公里处南克塘被日军独立第 24 旅团包围，情况十分危殆，旅长卡尔弗特派中国驻印军总部驻在该旅的联络参谋王楚英偕英军情报官迪克，率战士 6 名乘夜突围而出，找到第 114 团团长李鸿求援。经师长同意后，第 114 团于当夜强渡孟拱河，以主力清除孟拱外围日军据点，准备攻城；以第 1 营冒雨夜袭南克塘外围的日军，击毙其第 61 大队大队长河边中佐以下官兵 300 余人，该旅团退向沙貌（孟拱以西 24 公里），英军之围遂解。第 114 团便在友团的策应下全力攻城。据守孟拱的日军为第 53 师团第 128、第 151 的 2 个步兵联队和 1 个炮兵联队，以及第 146、第 4、第 114 联队的残部。第 114 团经过激战，于 25 日完全攻占孟拱，日军残部退向沙貌、道平一带。此战拔掉了日军在孟拱河谷最后的一个据点，打开了通往密支那和八莫以及曼德勒的道路，宣告反攻缅北第一阶段的作战已基本结束，剩下的只有一个密支那正在攻取中。

孟拱之战，第 114 团打死日军炮兵联队联队长高见量太郎大佐以下军官 81 人、士兵 4000 余人。新 38 师在孟拱河谷作战中共计打死日军大佐以下官兵达 6808 人，生俘原藤大尉以下官兵 108 人，缴获各种火炮 77 门，步枪、机枪 2658 枝，卡车 167 辆，乘车 12 辆。孙立人在攻克孟拱后即令第 113 团从孟拱向密支那攻击前进。

（三）围攻密支那战斗

密支那为缅北重镇，位于伊洛瓦底江西岸，地处缅甸纵贯铁路的终点，成为水陆交通枢纽，南连八莫，西通孟拱，北达孙布拉蚌和葡萄；东面通到甘拜迪的公路再向东延百里，便到腾冲。伊洛瓦底江经密支那城东折而向南，流向八莫。周围多山，标高皆在 500 至 1000 米左右。城区西北是一个地形略有起伏的小平原（纵横各达 11 公里），遍地是丛林。铁路自南向北穿城而过，从日军兵营和射击场折向西行。在西、北各有飞机场一座,西飞机场仍可使用,北飞机场及拟建中的东飞机场则需再加整建方能使用。

缅甸日军十分重视密支那的战略地位,从1943年夏季开始即以第18师团第114联队驻守密支那及其附近地区。密支那战斗开始前,日军防守密支那的兵力为:第114联队第1大队的1个步兵中队、1个步兵小队、机枪中队的1个小队、大队炮1个分队,第2大队的1个步兵中队,联队炮中队的半部(野炮1门、速射炮2门),通信队主力,机场守备队及宪兵队,共约1200余人。其第1大队主力配属给第56师团;第2大队主力部署于瓦扎一带,对西警戒;第3大队部署于潘丁附近。

4月21日,史迪威命令梅里尔准将在太克里(孟关东南约50公里,位于库芒山西麓、塔奈河东岸)编成奇袭密支那的中美混合突击支队:第1纵队由第5307团第3营及新30师第88团组成,归金尼逊上校指挥;第2纵队由第5307团第1营及第50师第150团、骡马辎重团第3连、新22师山炮第3连组成,归亨特上校指挥;第3纵队由第5307团第2营及英军别动队第6队组成,归麦吉(亦称马基)上校指挥。

尽快攻占密支那、开通对华交通路线,一直是中国驻印军进攻缅甸的战略目标。4月上旬,史迪威即决定奇袭密支那,但由于蒙巴顿反对攻占密支那,因而史迪威对英军保密。

中美混合突击支队(以下简称"中美突击队"或"中美联军")于4月29日自太克里出发,原定于5月12日到达密支那占领机场,因途中在沙劳卡阳、雷班、丁克高路等处与日军第114联队的第2大队相遇,经激战方将其击溃,行军进程因此延缓。5月16日夜,第2纵队进抵密支那西郊南圭河后,即以美军第1营控制巴马地渡口,切断密支那通往孟拱的公路,于17日凌晨袭占西机场,守护机场的日军向火车站退去。第150团确实控制机场及其周围要点,并清理了飞行跑道,竖起风幡,即电告史迪威机场已可空降。已在各地机场整装待发的新30师第89团、第14团及炮兵、工兵各部队,自当日下午3时起,陆续空运到密支那。18日上午,史迪威偕梅里尔飞至密支那视察部队,仍由梅里尔指挥密支那的作战(4月29日中美突击队由太克里出发时,梅里尔突发心脏病被送往莱多美军第20医院救治,其指挥职务由亨特上校代理)。此时,纵队也到达了密支那北郊遮巴德附近。在此之前,第3纵队已进至北机场附近和锡塔普尔,切断了密支那与瓦扎间的交通,因遭到日军的突袭,第3纵队一度陷于混乱,经整顿后,移向遮巴德与第 1 纵队会合。

日军得知中美突击队袭占西机场、控制了跑马地，并袭占了锡塔普尔后，即以第 1 中队突袭锡塔普尔的第 3 纵队，夺回该地，恢复与瓦扎第 2 大队的联系。日军虽然兵力单薄，却占有地形优势，且在密支那已经营防御两年之久。第 18 师团官兵又多系日本九州矿工，素善挖掘坑道工事，其防御设备不但坚固隐蔽、交通联络方便（坑道相连、交通壕纵横互通），而且火网编成严密，隐秘的侧防火力急袭点遍布各处。但是日军第 18 师团在胡冈、孟拱的惨败以及第 15 军对因帕尔的进攻失利，也使其士气大受影响。此次中美突击队对密支那的奇袭，使日军颇感震惊。迄 5 月 18 日夜，到达密支那的中美突击队有第 5307 团 3 个营和英军别动队第 6 队，新 30 师第 88、第 89 两个团以及第 50 师第 150 团，共计 4 个步兵团、1 个山炮连（7.5 厘米山炮 4 门）、1 个重迫击炮连（10.5 厘米炮 8 门），无论在士气上还是在兵力和火力上，对密支那的日军都具有压倒的优势。但是梅里尔求胜心切，且被初战小胜所迷惑，滋生了轻敌心理，又过于自负，未能采纳中、美指挥官的合理建议。他对经历了 20 天长途艰苦行军和战斗已十分疲惫的中美突击队没有进行必要的调整，仍保持原来的行军编组，让第 1、第 3 两个纵队分散在距西机场约 9 公里之遥的遮巴德附近，使中美突击队由于兵力分散而优势大减，更没有进行详细的敌情、地形的侦察和作好攻坚战的准备；尤其是没有采取有力措施，切实切断日军的增援、补给路线，以致日军第 114 联队第 2、第 3 两个大队得以从瓦扎和孟拱河谷战场先后进入密支那增援，也使第 56 师团步兵团团长水上源藏所率领的增援部队第 113 联队 1 个大队、野炮兵 1 个中队及工兵第 56 联队主力等，得以于 5 月 30 日顺利地自密支那附近的宛貌（韦茂）渡过伊洛瓦底江，进入密支那，从而使密支那日军的兵力猛增 2 倍多，达到 4000 余人；加之中美突击队虽有强大的空中支援，却缺乏紧密的陆、空联络和协调行动，地面炮火也不充分，步、炮之间也不够协调，终于导致密支那的奇袭战演变成为旷日持久、屡攻不克、伤亡惨重的攻坚战（自 5 月 17 日至 8 月 3 日中美突击队共伤亡 6000 余人），完全失去了奇袭作战的意义，没有收到预期的效果。

梅里尔于 18 日晨令第 1、第 3 纵队对北机场和锡塔普尔进攻。虽占领了北机场，却因在瓦扎的日军第 114 联队第 2 大队来袭，激战竟日，卒被日军突破了战线，进入密支那市区，并在战斗中迫使第 1、第 3 纵队退守遮巴德一带，北机场得而复失。密支那北部中美突击队的进攻首次受挫，日军便乘机利用铁路向孟拱开出了满载军需物资的最后一列火车。

与此同时，梅里尔令刚刚到达的第 89 团第 2、第 3 营在西机场西南至跑马地一带构筑工事，以该团第 1 营守备机场；令第 150 团以 1 个营从新卡坡向东攻夺八角亭，以第 2、第 3 营向火车修理厂方向市区进攻。19 日夜，该团击溃火车修理厂的日军后，一举攻占了火车站；但因地形不熟、疏于戒备，又未乘胜追歼残敌、扩张战果，在遭日军反击时酿成混战，第 3 营营长郭文干于混战中牺牲，火车站得而复失，官兵被困在车站附近，激战两日，补给中断，弹尽粮绝。梅里尔未及时派兵增援，以致该部功败垂成，迫使其只得与日军进行肉搏后冲出重围，退回跑马地、河套一带收容整顿。而梅里尔竟推卸责任，指摘该团团长指挥无能、作战不力，建议史迪威予以撤职、遣送回国。这使中国官兵大为不满，群起抵制。梅里尔一气之下旧病复发，被送往后方救治。麦克姆准将暂代其指挥职务。这时，第 14 师副师长许颖少将率第 42 团来到密支那。

5 月 23 日，史迪威偕新 1 军军长郑洞国、新 30 师师长胡素、第 50 师师长潘裕昆、总部参谋长柏特诺来到密支那调整指挥系统。由柏特诺代表史迪威在密支那设中国驻印军战斗指挥所，执行指挥；由麦克姆任战地指挥官，统率在密支那的各部队；以亨特任第 5307 团指挥官。在密支那的中国军队分别由胡素、潘裕昆统率，原中美联合突击支队的临时编组予以撤销。柏特诺较之梅里尔更无实战经验和指挥大兵团作战的能力，而且不敢身临前线，对战场上敌我双方的情况全凭各级联络官的报告，此种报告又多有不实；而且柏特诺素来专横跋扈，对中国军官心存轻视，对他们的报告和合理的建议，每每置若罔闻，自以为是，一意孤行；更因他求功心切，从 5 月 25 日至 6 月 25 日间，不顾客观情况，多次轻率地发动大规模进攻，致使中、美士兵伤亡惨重，每天只能推进 50 至 200 米。柏特诺反而诬蔑中国军队“作战不力、逡巡不前”，甚至将胡素擅自撤职，遣送回国。在此期间，正是由于柏特诺未能接受中国军官关于切断日军与孟拱、八莫的通道的建议，使日军得以从八莫和孟拱两地得到增援，从而引起了史迪威的不满，于 6 月 25 日将柏特诺撤职，另以韦瑟尔斯(一译魏赛尔)来密支那继任。但以后的作战实际上由郑洞国指挥。郑洞国以对壕作业向前推进，并注意步、炮、空的协同，于是伤亡大减，激战至 8 月 4 日，完全占领密支那及河对岸的宛貌，肃清了各处日军残兵。日军指挥官水上少将自杀，第 114 联队联队长丸山大佐率少数残兵逃往八莫。此役共歼灭日军官兵 4000 余人(其中击毙 2300 多人，生俘 69 人)，历时 3 个多月的密支那作战至此结束，中国驻印军反攻缅北的第一期作战任务也胜利完成。

8月5日，第42团从宛貌出发，向丹邦阳追击。

密支那攻克后，中国驻印军便在南马、和平、孟拱、甘马因和密支那一带集结整补。军事委员会命令将中国驻印军编成2个军，设立副总指挥部，由郑洞国任副总指挥，下属新1军和新6军。新1军由副军长兼新38师师长孙立人任军长，辖新30、新38师；新6军由新22师师长廖耀湘任军长，辖第14、新22、第50师。以新1军驻密支那地区，新6军驻孟拱地区，立即整训，限10月初完成。

（四）八莫附近战斗

八莫位于伊洛瓦底江东岸，水陆交通便利，是滇、缅来往的要冲，也是缅北的战略要点。中国驻印军进攻之前，防守八莫的日军为第2师团搜索第2联队联队长原三好指挥的搜索联队（欠轻装甲第4中队）和步兵第16联队2个大队、野炮兵1个中队、山炮兵1个小队、工兵1个小队及通信分队等，总计1180人。

中国驻印军在10月初整补完毕，此时中国远征军在滇西反攻作战中已攻克松山、平戛、腾冲，龙陵指日可下。为尽快打通中印公路，10月10日下达作战命令，主要内容为：[18]

1. 本军分三纵队，于10月15日开始，向南攻占印道亘瑞古之线而确保之，并准备继续进攻作战。

2. 英印军第36师为右纵队，于19日以前肃清和平之敌，占领长萨、印道（因道）地区而确保之，并准备尔后继续推进。

3. 新6军之新22师为中央纵队，于19日到达和平，22日前肃清和平之敌，经摩西前进，占领瑞古地区，并准备继续推进。

4. 新1军为左纵队，迅速向八莫推进，击灭或包围八莫至曼西地区之敌，并准备继续前进。

5. 第14师（欠2营）、第50师及美军148团（应为5332混成旅）为总预备队。

6. 暂编第1战车队为本军机动部队。

10月下旬，史迪威应召返美，由魏德迈中将继任中国战区参谋长兼驻华美军司令；另以原中印缅战区美军副司令索尔登少将任中国驻印军总指挥兼印缅战区美军司令。中国驻印军反攻缅北的第二期作战便由索尔登直接指挥，并听命于东南亚盟军统帅蒙巴顿。蒙巴顿此时已将英印第36师调来替代远程突击队，受索尔登的指挥。新1军即以新38师为攻击兵团，向密支那南方110公里处的丹邦阳集结，然后以主力沿密支那至八莫公路前进，攻占八莫，以有力之一部自公路东侧山地向八莫的背后迂回，策应主力作战；以新30师为机动兵团，即向宛貌集结，保持机动。

10月21日，新38师以第114团为右纵队，沿公路向八莫攻击前进；以第113团为左纵队，自公路东侧向南攻击前进；以第112团为机动部队，随第114团之后跟进。右纵队先头部队于27日进抵太平江右(北)岸的大利，29日攻占庙堤，将太平江右岸的日军完全肃清。左纵队于27日进抵太平江右岸亚鲁本后，即攀越标高1200余米的高山，经太平江上的铁索桥渡河，到达不兰丹，于11月3日兵分两路，进占柏杭和森隆格巴。由于庙堤附近的江宽水急，对岸日军设防严密，渡河困难，新38师调整部署：以第114团一部在庙堤实行佯攻、佯渡，牵制日军；令第112团向左旋回，由铁索桥渡过太平江，在第113团掩护下，沿不兰丹、森隆格巴向八莫东南方的曼西进击，切断八莫日军的后路；同时令第113团由柏杭进攻莫马克，策应第114团在太平江正面的战斗。第113团激战至14日完全占领莫马克，与由苗港渡江南下的第114团会师。第114团遂乘第113团与日军激战之机，于11月8日由苗港一举渡过太平江，先后攻占南劳、毛浜、马朴；于14日攻占莫平及八莫东侧3公里的奈纳，切断了八莫东方的对外交通。第112团则于17日袭占曼西，切断了八莫至南坎的最后一条退路。16日，第114团对八莫日军主阵地全线进攻，激战终日，尽克外围据点。

此时，中央纵队新6军的新22师亦已攻占曼大，其第65团一部进占了八莫南郊的康马哈，17日与第113团会师，并肩围攻八莫。

担任进攻莫多、杰沙的右纵队英印第36师先后夺取莫多和杰沙。新6军令第50师接替新22师铁道走廊及瑞古防务，令新22师以全力向瑞丽江进攻，尽快夺取芒米特。该师于21日攻占西于、当瓜，29日渡过瑞丽江，攻占拉西及芒市卡多要点。当日，新6军受命进攻新维*，切断腊戍至南坎、畹町的交通。该军即令第50师推进到西于、拉西地区，掩护新22师向东进击。因国内黔南战况急转直下，新6军奉命率第14师、新22师于12月中旬空运回国。

新38师师长李鸿为求攻克八莫后能立即移兵攻取南坎，建议孙立人不待八莫攻克即以新30师向南坎前进，并于18日令第112团于曼西整顿态势，掩护师

* 编者注：新维即兴威，一名登尼。

左翼，同时准备协同新30师进击南坎；令第113团以主力置于西影地区，准备移至机场东北角，由该处进攻城区；令第114团由城东南方面攻城，新22师第65团2个营(此时尚未空运回国)由城南哈马康方面突入。各部队到达既定位置完成准备后，于21日展开攻城战斗。激战至12月15日，完全占领八莫，日军残部突围逃往南坎。

新38师令第112团协同新30师向南坎进攻，令第113团以一部清扫战场，师主力即向八莫以南的曼西集结，整备态势，待命行动。新22师第65团的2个营则令其归建。

南坎北距八莫114公里，南距腊戍216公里，是计划中的中印公路必经之地，战略地位相当重要。

新30师(缺第89团，该团置于曼西为新1军总预备队)主力分3路，于11月杪越过曼西，沿八莫至南坎公路及两侧山地直趋南坎。12月3日，其先头部队行抵南于(距离南坎约70多公里)附近，与由南坎北驰、企图增援八莫的日军山崎支队遭遇，发生激战。新30师第90团第3营迅速抢占了5338高地，多次击退日军的猛烈冲锋，但日军争夺5338高地的进攻并未停止。这个山崎支队是由第18师团第55联队的两个半大队及联队炮中队、第56师团步兵1个大队与炮兵1个大队、第49师团步兵1个小队组成，总兵力约3250人。

12月14日，日军集中26门火炮对5338高地第90团第3营阵地猛轰，一日之间发射3000多发炮弹，其步兵则是一波接一波地向山上猛冲，一昼夜竟连冲15次，但始终未能得逞。其时孙立人、李鸿又采取“正面牵制，两翼迂回，包围歼敌”的惯用战术，仍以王礼宏(在14日战斗中阵亡)营坚守5338高地牵制日军，以第89团向日军左翼迂回，以第112团为左侧支队，向南坎方面深远迂回，分别切断日军后路，再以第88团从日军右翼向其背后迂回。19日攻占了卡的克和卡龙两个敌后据点，完全切断了日军的后路。第112团也在年底占领了垒允机场和中国飞机厂旧址，南坎已经在望。日军山崎支队在南于、5338高地前遭到惨败，抛下了1263具尸体(日军统计战死150人，伤300人)，残部退守南坎。新30师即以第114团和第89团居右、第112团及第88团在左、第90团居中，以三面围攻的态势向南坎突击，于1945年1月15日攻克南坎，日军大部被歼，残部退向腊戍。新1军即令新30师超越新38师正面，向老龙山攻击，而以新38师主力向芒友攻击前进。

1945年1月21日，新38师连克滇缅路上日军的残余据点，并与滇西远征军第53军第116师的第348团取得联系。迄23日，新38师已连克芒友西南外围各据点，迫近城郊；滇西远征军亦已推进至芒友东南地区。24日，新38师主力开始攻城，激战两昼夜，于27日完全占领芒友，并与远征军会师。中印公路至此全部打通。

（五）新维、腊戌战斗

由于中、英两国对缅甸作战的战略构想与目的始终存在着分歧，所以中国政府在打通中印公路后不愿再令中国军队深入至缅南作战。早在1944年12月31日，军事委员会就准备在中国驻印军与远征军会师之后，令"驻印军继续推进至马宾、新维之线停止整训，改取守势"；而令"远征军以第11集团军留驻国境线内，实施补训，并构筑坚固防线，掩护中印公路，其余调回"。当时决定这样做的理由是："(1) 远征军、驻印军会师后，中印公路打通，已达到国军在缅北作战之目的。(2) 缅敌总兵力共有11个师团之多，其目的在坚守战略要地，对盟军实施持久消耗战。在盟军对缅实施全面攻势前，国军单独深入，将适中敌消耗战略之阴谋，故应适可而止。(3) 国军深入缅境作战，英方疑忌甚多，勉强行之，在政略、战略上均属害多利少"等。[19] 后经与美、英有关方面反复协商，最终决定：协力英军进攻曼德勒，中国驻印军继续南进，在攻占腊戌、昔卜后返国。

驻印军攻占芒友与远征军会师之日，新30师攻占老龙山，击歼日军山崎支队。与此同时，新38师的第114团亦将日军第56师团残部包围于康梭附近。1月28日，日军以第2师团的第4联队来援，与被围日军夹击第114团。激战至29日，新38师主力从芒友南进，协同第114团猛攻日军，战斗至2月2日，日军第56师团残部被歼，师团长松山祐三仅带少数人员逃脱。

1945年2月8日，新30师攻占南帕卡，日军退守贵街、新维。新1军以新30师的第89团及新38师的第112团分别沿公路两侧南下，而以新30师主力沿公路攻击前进，于2月14日攻占贵街，18日迫近新维。

新维位于南渡河北岸，是滇缅公路上缅甸境内一个军事要地、腊戌北面的屏障，东至滚弄88公里，南至腊戌52公里，东北距畹町136公里，西北距南坎176公里。其四周高山林立，公路从中穿过，形成一条狭长的隘路，地势险阻。日军阵地便构筑在这崇山峻岭之中。日军第33军参谋长山本清卫指挥第56师团由畹町退下来的残部及由南帕卡撤到的第2师团第4联队、第49师团第168联队、第18师团第55联队3支部队的残部共6000余人分别据守新维及沿南渡河

图 8-2-2　中国驻印军缅北反攻作战·八莫、新维、腊戍战斗经过要图

（1944 年 10 月 21 日—1945 年 3 月 10 日）

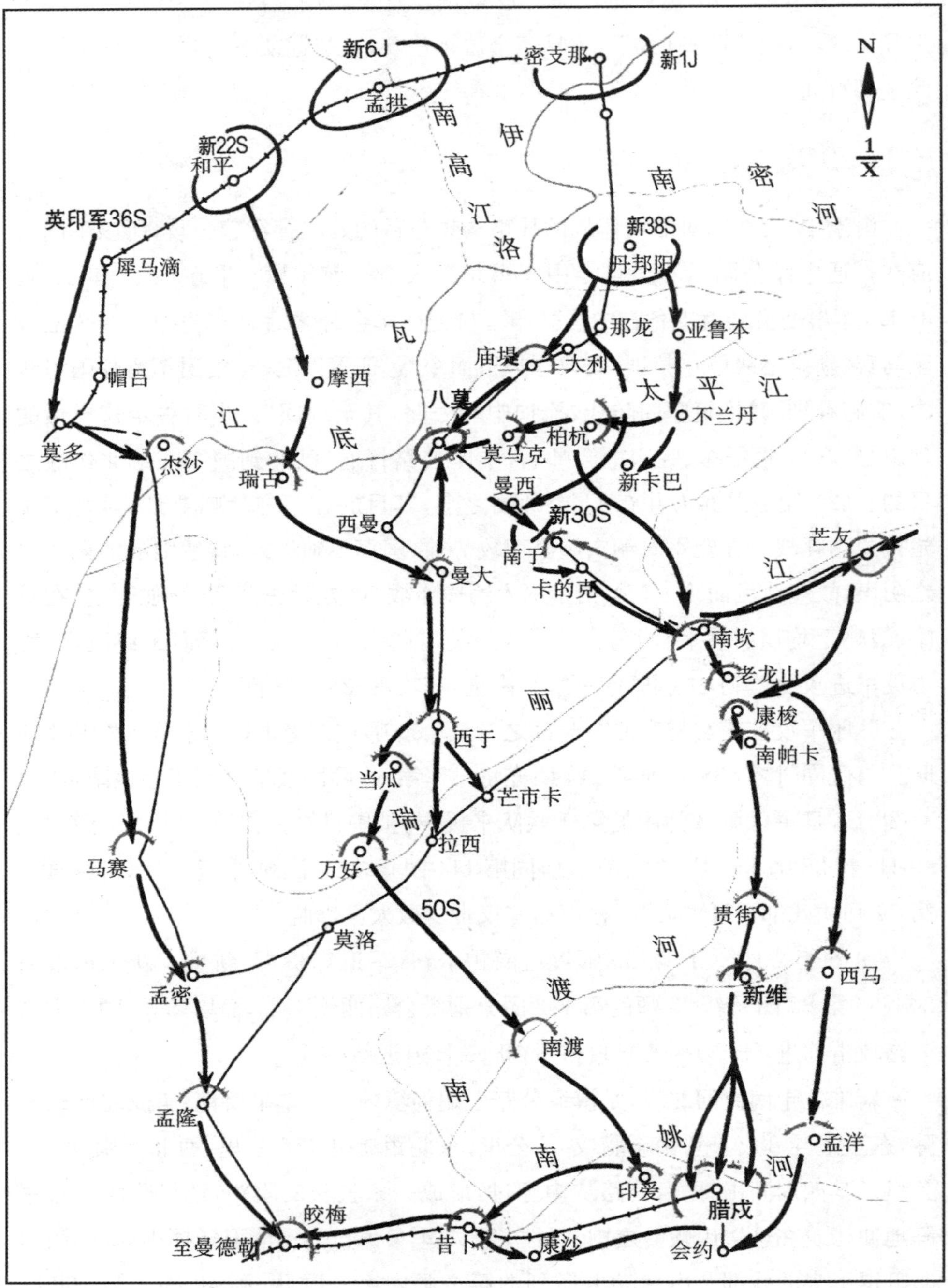

谷北岸的高地。新 30 师于 19 日开始攻击，当天即突破日军主阵地，激战至 20 日，完全占领新维及其南面的孟班和东面的色玉等外围据点。日军退守腊戍，新维到芒友间的 112 公里滇缅公路全被打通。

新 1 军攻占新维后，即以新 38 师附新 30 师第 88 团和战车营向腊戍进攻；另派第 114 团为左侧支队先取孟洋，然后向腊戍以南迂回，夺取南泡、曼平、南窑，确实遮断日军向南和向西退却的道路。主力则以第 112 团沿公路南下，直攻腊戍，以第 113 团和第 88 团自两侧山地向腊戍突进，以收分进合击之效。

腊戍是缅甸铁路的终点、滇缅公路的运转中心，南姚河流经城北。有新、老两城区。老腊戍在南姚河谷的南岸。新腊戍在老腊戍之南，建于山坡上，可俯瞰全区。腊戍四周高山环抱，形势险峻，系缅北重要战略基地，故日军"缅甸方面军"命第 33 军必须竭力固守。但此时在腊戍的日军全是各部队的战败残余，不仅兵力对比上已处于劣势，更重要的是士气低落，战斗力已严重下降。

2 月 24 日，新 1 军以新 38 师超越新 30 师分 3 路南下，于 3 月 2 日进抵南姚河北岸。5 日，正面的第 112 团偷渡南姚河，秘密西进，6 日晨攻占老腊戍。此时公路两侧的部队亦已渡过南姚河，占领了腊戍南面和西面各要点，完成了包围态势。7 日，攻占火车站。8 日，第 112 团突破日军第 146 联队阵地，冲入市区。当日完全占领新腊戍。

新 1 军占领腊戍后，新 38 师沿滇缅公路向西攻击前进。此时日军已呈瓦解之势，稍一接触，即行撤逃。新 38 师于 23 日攻占康沙，与第 50 师会师。第 50 师原在瑞古，是在新 6 军返国后于 1944 年 12 月 28 日进至西口、西于间地区，1945 年 1 月 1 日超越美军第 5332 混成旅向南进攻的。该师于 14 日攻占万好，肃清瑞丽河北岸日军后分两路南下，沿途排除日军轻微抵抗，于 3 月 5 日进占南渡，尔后直趋印爱，再右旋西进，于 3 月 16 日攻占昔卜。此时在左翼南进的英印军已于 3 月 20 日攻占曼德勒。迄 30 日，第 50 师遂以两路向东、西分进，23 日在康沙与新 38 师会合，30 日在皎梅与英军第 36 师的 1 个旅会师。至此，中国驻印军反攻缅北的任务胜利完成。新 1 军暂驻缅北各要点，等候英军接防，后于 1945 年 6、7 月间先后返国。

五、中国远征军反攻滇西作战

（一）强渡怒江战斗

1944年4月中旬初，中国驻印军突破坚布山隘正向孟拱及密支那进攻中，此时日军第15军亦已完成了包围因帕尔的态势，并占领了科希马。中国军事委员会根据罗斯福第163号备忘录的要求，为策应驻印军的缅北作战、尽快打通中印路及应英军之请，配合因帕尔作战牵制日军，决定先以远征军一部（第20集团军）攻击腾冲，尔后依情况再以远征军主力投入，协力围歼缅北日军。4月13日电令远征军，命其以第53军为第一线，第36、第198师为第二线，4月底以前做好渡怒江进攻固东街、江苴街及腾冲的准备，令第8军于6月5日集结于祥云附近，归远征军序列，并令远征军制订详细的渡江进攻计划。

4月19日，军事委员会在前电令基础上补充、调整了远征军的战斗序列，拟制出《远征军策应驻印军作战指导方案》。其主要内容为：[20]

方　针

（1）远征军以策应驻印军攻击密支那之目的，拟以53军（116师、130师）为第一线，54军（36师、198师）为第二线，于栗柴坝至双虹桥间地区超越防守部队，渡河攻击当面之敌，向固东街、江苴街之线进出，相机攻占腾冲。各部队作战准备，限4月底以前完成，待命开始攻击。

指导要领

（2）第一线攻击部队对于渡河攻击之准备，应绝对秘密隐蔽，力求出敌意外。

（3）攻击部队对少数敌所盘据之坚固据点，仅留必要兵力围攻或监视，其余仍向攻击目标超越前进，勿为所牵制、抑留。

（4）攻击步骤：第一步，渡河攻击开始，第一线攻击部队（53军）即以一部利用栗柴坝、双虹桥间各渡口一举强渡，于怒江西岸占领桥头堡阵地，掩护主力渡河。第二步，第一线攻击部队主力渡河成功后，即极力进占当面高黎贡山通陇（龙）川江谷地之各要道口，掩护第二线攻击部队（54军）渡河，并继续向桥头、林家铺之线进出，务求于高黎贡山西侧获得尔后攻击所要之展开地域。第三步，第53军攻抵桥头、林家铺之线后，即占领有利阵地，一面构筑工事，一面为尔后攻击前进之准备，等待第54军到达，再向固东街、江苴街之线攻击。第四步，攻占固东街、江苴街之线后，即构筑工事固守，并依状况调整部署，续向腾冲攻击。

(5) 原任怒江东岸防守各军(6军、71军、2军)之第一线师，应各派1营以上之兵力加强怒江西岸游击活动，牵制当面之敌，并设法破坏敌交通线，使攻击部队易于进展。

(6) 当我攻击部队进展至固东街、江苴街各附近之线，而敌56师团以其主力集中于腾北，企图向我攻击部队反击时，我第2军应相机以1个师之兵力由三江口以北地区渡河，乘虚奇袭龙陵，以策应腾冲之攻略。同时第71军应以1个团之兵力由惠人桥附近渡河攻击，以期与我腾北攻击部队合围腾冲之敌而歼灭之。

(7) 滇康缅特别游击区所部，应集中力量袭击片马、拖角，并相机向密支那挺进。

(8) 空军须派有力部队直接协力地面部队之攻击，并集中力量轰炸芒市、龙陵、腾冲、固东街、瓦甸街等地之敌及其间之交通线。

部　署

(9) 20集团军辖53军、54军两个军，由霍总司令揆彰负责指挥，担任攻击，而以53军为第一线攻击部队，54军为第二线攻击部队。

(10) 11集团军辖2军、6军、71军三个军，由宋总司令希濂负责指挥，担任怒江第一线防务。

(11) 8军开滇西后，归远征军直辖，控置于祥云附近地区，为总预备队。

(12) 11集团军副总司令方天(兼54军军长)与20集团军副总司令施北衡对调。

中国远征军的指挥系统如附表8-2-3。

远征军渡河进攻计划的构想，是以第20集团军在北翼为攻击军，第11集团军在南翼为防守军。攻击军开始进攻时，防守军以3个加强团、1个加强营同时渡江攻击，以策应攻击军的作战。攻击军强渡怒江成功、攻击高黎贡山各据点时，担任防守军的第11集团军乘势西渡，协同第20集团军攻击腾冲、龙陵等地日军。4 月 29 日，远征军令第 20 集团军于 5 月 5 日前展开完毕，同时与美军第 14 航空队（战斗机 3 个中队，中型轰炸机 2 个中队）进行了协同。

第 20 集团军根据远征军的计划，于 5 月 6 日制订出攻击计划。在兵力使用上改以第 54 军（附第 53 军第 116 师的第 346 团）为第一线兵团，第 53 军为第二线兵团。将进攻过程区分为渡江、进攻高黎贡山各据点和进攻腾冲三个时期。其作战指导是：第一时期，第 54 军以主力在双虹桥附近渡江，攻占大塘子、南斋公房，以第 198 师在栗柴坝附近渡江，攻占北斋公房、马面关等地后扼守片马、明光，掩护右侧安全。第 53 军在第 54 军后在双虹桥附近渡江。第二时期，第 53 军超越第 54 军攻占江苴街，第 54 军再超越第 53 军攻占瓦甸，第 198 师则在第 36 师一部协力下攻占固东街。第三时期，集团军攻占固东、江苴后，请由第 71 军派有力一部，由惠人桥渡江，协力攻击腾冲。攻击腾冲时，以第 54 军为右翼兵团，第 53 军为左翼兵团。

5 月 9 日，远征军下令命攻击军及防守军各加强团于 5 月 11 日渡河攻击，开始时间或拂晓，或白昼，或夜晚，由各单位依当面情况自行决定。

防守滇西的日军第 56 师团自 1942 年 5 月进至怒江西岸后，经营该地区的防御设施又达 2 年之久，在高黎贡山和腾冲、龙陵等地的据点内都筑有抗力强、隐蔽好、射界广的坑道式火力点。远征军反攻前该师团在滇西的兵力配置大致为：第 148 联队驻屯腾冲，第 113 联队防守滇缅公路沿线的腊勐、龙陵、芒市，第 146 联队控置在畹町附近，以 1 个大队防守平戛。另有第 18 师团第 114 联队第 1 大队防守拖角、片马，亦归第 56 师团指挥。2 月间，1 架中国军用飞机因遇雾迫降腾冲，日军从俘虏的 1 名少校军官身上缴获了中国军队新的密码本及远征军的编制表，从而掌握了中国军队的一些动态；5 月初破译了中国密码，知道远征军将于 5 月 10 日前后开始渡河攻击，主攻方向在惠人桥以北。日军第 56 师团遂将主力调整至左翼，并制订了反击计划。

1944 年 5 月 11 日晚，攻击军第一线兵团第 20 集团军的第 54 军所属第 198 师及第 36 师各派出 1 个加强团由栗柴坝、双虹桥间，在炮兵、工兵支援下开始强渡怒江，以腾冲为目标，向高黎贡山攻击前进；与此同时，防守军第一线的新 39、第 88、第 76 师亦各派 1 个加强团，新 33 师派出 1 个加强营，由惠人桥、打黑渡及三江口附近分别渡江，向红木树、平戛及滚弄攻击，策应攻击军作战。

各加强团均未遭到日军有组织的抵抗，迅速击破其警戒分队。迄 12 日，新 39 师的加强团已击退日军第 113 联队前哨部队，攻占了红木树。第 88 师及第

76师加强团占领三村、青木岭后，共同转攻平戛日军第146联队第1大队，一度占领该地。旋因日军第113联队第2大队及芒市守备队3个中队与退出平戛的第1大队合力反击，平戛得而复失。新33师的加强营则推进至霍班、哈林及农姆一线，与日军第56师团的搜索联队对峙。

攻击军右翼第198师主力在其加强团掩护下，于12日拂晓由猛古、水井渡江，向据守邦瓦寨、灰堆、北斋公房等地的日军第148联队进攻。激战至15日，连克营盘山、小横沟、灰堆、泠水沟等据点但在北斋公房附近的进攻受阻。第198师遂以第593团从左翼作深入迂回，于16日攻占日军后方要地马面关及桥头，截断了日军第148联队与瓦甸日军的联系。但围攻北斋公房的该师主力却遇到日军的据险顽抗，陷于胶着状态。

攻击军左翼第36师(附第116师第346团)于12日由双虹桥渡江后，即向小塘子一带攻击。日军利用外围大尖山、唐习山等据点凭坚顽抗。该师一度攻占大尖山，但又被日军第148联队第3大队夺回，且部队伤亡甚大。第20集团军遂调第二线兵团第53军于13日由双虹桥附近渡江增援。14日晨，该军接替第36师任务，在优势炮兵及空军支援下对日军发起猛攻，激战一昼夜，终于攻占大尖山、唐习山等据点及大塘子；5月下旬，越过高黎贡山，进至瓦甸、江苴以东之线，第36师则移至唐习山以北集结整补。滇西远征军的强渡怒江及进攻高黎贡山的战斗基本上完成了任务。

(二) 围攻松山、平戛战斗

1944年5月20日，中国军事委员会见远征军强渡怒江以来进展顺利，驻印军又于5月18日占领了密支那机场，增援部队正以运输机、滑翔机在该机场降落，认为远征军主力应乘此机会渡江扩张战果，攻占腾冲、龙陵，与驻印军会师缅北，提前打通中印的陆地交通线，以有利于抗战大局。于是决定："远征军应乘出击部队进展顺利及我驻印军一部奇袭密支那之机会，于敌增援部队未到达前，以主力渡河，扩张战果，攻击腾冲、龙陵、芒市之敌而占领之。主力指向龙陵。渡河于准备完毕后即开始。"[21] 同时进行了具体的兵力部署。该计划经蒋介石于21日批准，22日下达给远征军。

远征军奉令后，于5月25日进行了部署(根据自身情况，对军事委员会的部署稍有变更)：令第20集团(辖第53、第54军、预2师)为右集团，仍按原计划攻击腾冲；令第11集团军〔辖第6军(欠预2师)、第71军、第2军〕为左集团，攻击龙陵、芒市，并限于5月底以前完成攻击准备。

第11集团军当即拟制了作战计划。其作战方针为："集团军为攻略龙陵、芒市，决以主力由惠人桥迄七道河间地区各渡口渡过怒江，重点置于右翼，向龙陵、芒市包围攻击。"其兵力部署是：(1) 第71军(欠搜索营)配属第5军之山炮营为右翼攻击军，攻击命令下达后，先以一加强步兵团，在炮兵协力下，先攻击腊勐、松山，随即以主力直攻龙陵。(2) 第2军(欠新33师及第9师之一团)为左翼攻击军，先派一部协同第76师之加强团，迅速扫荡平戛残敌，确实占领之。军主力限5月30日以前到达平戛东南地区集结。攻击命令下达后，即向芒市攻击前进。须注意破坏芒市、遮放间交通，阻止敌之增援。(3) 新39师(欠第117团)续向红木树之敌攻击，攻占后再相机袭占腾冲。以上统归第6军黄杰兼军长指挥。

第11集团军的当面日军为第56师团主力。该师团以龙陵为中心，在前方配置松山、平戛两据点。松山、龙陵有日军第113联队主力，平戛、芒市有日军第146联队主力。在松山亘平戛之间的高黎贡山前沿，日军设有若干小据点，均储有足够的粮弹，可单独战斗。高黎贡山地势险峻，除道路外，通行困难。松山据点位于高黎贡山前沿，海拔5300米处，滇缅公路盘旋其间。该据点控制着盘山的公路和怒江河谷，是进出龙陵的必经之地，地位极为重要。该据点是以20余个小据点组成的堡垒群式的据点，工事坚固，各小据点间均可以交叉火网，相互支援。

6月1日晨，第11集团军的第71军在北，第2军在南，分由惠通桥、毕寨渡、三江口附近强渡至怒江西岸，向龙陵、芒市方向进攻。该集团军主力于6月11日逼近龙陵，但第71军的新28师(欠第84团)，在6月4日攻破腊勐后即被阻于松山。此时原守备松山的第13联队主力已转移至左翼腾冲方向上的红木树一带，松山仅留有野炮第3大队(欠1个中队)及第113联队少量人员共1260人(连同由腊勐、竹子坡、阴冷山等外围据点退来的日军，共约2500余人)，火炮22门。

新28师连续组织5次攻击，均因敌工事坚固、火力猛烈而被迫退回。至7月2日，因龙陵战况紧急，该师调去镇安街，由总预备队第8军接替新28师。第8军以荣誉第1师的第3团(欠第3营)及第82师的第245团于7月5日发起围攻。因伤亡过重亦被迫退回。7月7日，增加新到的第246团，再次组织攻击，又无功而退。7月11日，再增加第103师的第307团，组织第三次围攻，仍告失利。经整顿后，又增加了第103师的第308团第3营及荣2团第3营，于7月23日进行第四次围攻。在日军猛烈火力反击下，再次受挫。8月2日，发动第五次围攻(第245团主力调至怒江西岸整理，第308团已全部到达)，第308团攻破了松山西南滚龙坡的各据点，但对其他据点的攻击仍然无功而退。8月7日，发动第六次围攻，由东面向主阵地进攻的荣2团第3营伤亡过半，第246团第1营仅余8人，第2营仅余10余人，突围退回；但从西南进攻的第308团及第307团以对壕作业攻占了滚龙坡东北两个重要据点，并肃清了附近的残余日军，终于在付出重大牺牲后，打开了松山主据点的两侧门户。

经过6次围攻，虽已攻克滚龙坡高地，但伤亡很重，又将守备保山机场的荣3团第3营及第103师第309团增援松山，以对壕作业、坑道爆破及使用喷火器等战法，连续发动了两次围攻，经过艰苦的攻坚战斗，于8月31日完全攻破了松山外围各据点，仅中央高地的两个中心据点尚未攻占。9月4日拂晓发动第九次围攻。战斗极为惨烈，血战至当日黄昏，荣3团及第309团均仅余20余人，第246团仅余8人，工兵及搜索连则伤亡殆尽。第8军急调守备怒江东岸的第82师第244团增援。又苦战两昼夜，至9月7日方完全占领松山。收缩至中心据点，将残余日军500余人全部歼灭，无一逃脱。进攻龙陵的第11集团军主力的后方联络线由此畅通无阻。

松山以南的平戛是日军控制三江口，掩护芒市、龙陵外围的重要据点，由第146联队第1大队防守。远征军开始渡江进攻时，防守军为策应攻击军作战而渡江的第88师的第264团和第76师的第228团，曾一度攻破平戛，但在日军反击下，平戛又为日军占领。6月1日第11集团军渡江扩张战果时，平戛由第76师负责围攻，第88师的第264团转用于龙陵。第76师于6月1日、7日、15日三次组织攻击，均遭顿挫。6月18日，第76师主力北上蚌渺，与第71军协同侧击龙陵东进的日军，仅留第226团(附第9师第26团的第2营)包围监视。

7月11日，日军第113联队配属第114联队第1大队、第148联队第3大队及1个山炮兵大队从芒市出发，向平戛前进，企图给守备平戛的日军补给粮食、卫生材料及收容伤病人员，12日进至平戛以西约4公里的牛尖山，与围困平戛的第226团发生激战。战斗至14日，日军攻占唐家山，其第113联队的第1大队掩护卫生队、辎重队进入平戛。15日晨，日军第113联队带着平戛的伤病员开始向芒市返回，16日在蚂蚁堆将进行阻击的第226团第1营包围，营长以下牺牲近半，余部于16时突围，退至牛尖山。第71军闻讯后，急派新28师的第84

团驰援，但当进抵平戛附近时，日军已因芒市告急于17日奉命返回芒市。

9月14日，腾冲日军被全部歼灭后，日军决定以第56师团全力营救平戛日军。日军第56师团率第113、第146联队于9月17日夜开始由芒市出发，20日进抵良子寨附近，向围困平戛的第226团进攻，于22日攻占良子寨、大尖山，与平戛日军会合，23日放弃平戛西返。第226团收复平戛后跟踪追击。日军途中又遭到第9师第26团的攻击，于27日退入芒市。平戛及其附近要点，完全收复。

（三）围攻腾冲战斗

远征军第20集团军右翼第54军第198师于5月16日攻占桥头、马面关后，日军第56师团即将第一次反击平戛的第113联队第2大队主力和芒市守备队3个中队编成的原田联合大队及第113联队第3大队主力，用汽车运至瓦甸，由第148联队长指挥，实施反击，于5月27日又夺占了桥头及马面关。第54军急调第36师主力北上进攻桥头，调第2师进攻马面关，令第198师攻击北斋公房。经战斗后，于6月16日再次攻克桥头、马面关。第198师亦攻占了北斋公房。日军分向明光、固东、瓦甸撤退。20日，预2师先后攻占明光、固东，第36师攻占瓦甸。21日，第20集团军左翼第53军亦攻占了江苴。日军第148联队全部退向腾冲。

腾冲为滇西重镇，古称“腾越”，大盈江流经城西，龙川江则从其东面流过，城区为狭长而曲折的盆地，四周均为高山。腾冲城高5米，墙宽2米，呈正方形，各边长2公里，下砌巨石，上筑青砖，坚固难摧，易守难攻。日军在此经营两年，堡垒林立，坑道相通，形成一座坚固的要塞。第148联队自高黎贡山败退入城后，即决心死守。

1944年6月下旬，远征军鉴于驻印军已克甘马因、孟拱，密支那不日可占，第8军业已到来，第11集团军渡江后进展迅速，松山虽屡攻未克，第71军主力已逼近龙陵，第2军正向芒市进攻，右翼第20集团军已肃清了龙川江沿岸日军，迫近腾冲，因此于6月23日决定以第20集团军全力夺取腾冲；同时以第8军和第200师增强第11集团军，令第11集团军尽快攻取龙陵。

第20集团军受命后立即部署攻城：以第54军（欠第198师）附预2师、重迫击炮营为右兵团，沿顺江街至腾冲大道先攻占宝凤山、来凤山，协同第53军围攻腾冲；第53军附重迫击炮营为左兵团，以一部先攻占抗猛山，向酒店以南推进，主力应于26日前到达干榨山、打苴山、龙川江右(西)岸,准备向飞凤山攻击;另以一部为左侧支队,向飞凤山进攻。第198师为预备兵团,先在瓦甸集结,待第53军前进后,向江苴街推进。

7月2日拂晓,第20集团军对腾冲外围据点发动全面进攻。第54军预2师穿过宝凤山,强渡大盈江,向芭蕉关进攻;第36师进抵大盈江北岸干龙、下马坞之线,以一部协助第198师第592团攻击5130高地;第53军第116师在第198师支援下一举攻占5830高地,其第346团正向罗汉冲攻击;第130师第388团已进至飞凤山以南的吴邑,师主力正向上、下勐连进攻中。基本上构成了对腾冲的包围态势。各部队战斗至12日,已逼近城垣:第54军预2师已克毗卢寺,正攻来凤山,第36师接近腾冲城西北角,第198师与日军在饮马河激战,第53军第116师已占娘娘庙、满金邑,第130师攻占上、下猛连后以一部控制龙江桥。第20集团军遂于7月27日下令攻城:第54军附重迫击炮营向南门亘西门、北门至东门(不含)之线攻击,预2师固守来凤山、来凤寺;第53军以第116师附重迫击炮及军山炮兵营向东门亘南门(不含)之线进攻;第130师担任对龙陵方面的警戒,以一部置于倪家铺,策应第116师作战。

据守腾冲的日军第148联队于6月27日派出第3大队增援龙陵后,城内守军尚有2025名,连同非战斗人员等不足3000人。

8月2日,第20集团军发动全线攻城,激战至8月6日,炸开城墙,纷纷突入城内,却遭到日军的侧防火力点的猛烈射击,伤亡剧增,遂令入城各部就地构筑工事,挖掘交通壕,巩固既得阵地,以便逐步向前推进。日军守城兵力虽少,但防御工事极为隐蔽而且坚固,火网严密,所有街道都被侧方火力点所封锁,进攻部队多在越过街道或空地时突遭射击而伤亡倍增。第20集团军针对日军的这种战法,采取逐屋、逐街进攻,先摧毁日军埋伏的侧防火力点,在炮火掩护下步步推进,攻占一处巩固一处,逐步"蚕食"。激战至13日,日军联队长藏重康美及联队所有佐(校)级军官全被击毙,由太田正人大尉指挥联队残部1600人继续抵抗。8月15日、19日、31日,又发动3次攻击,经反复争夺、白刃肉搏,付出重大伤亡,于9月14日完全克复腾冲,除生俘日军官3人、士兵52人外,其余日军全被击毙。

本次战斗中第20集团军伤亡官兵1万余人。腾冲光复后,在腾冲城外西南约1公里的小山冈上修建"国殇墓园",内埋4800余位阵亡将士的忠骸,并建立阵亡将士纪念碑,将此次战役中英勇牺牲的第20集团军官兵和盟军官兵的姓名刻于碑上。另建忠烈祠，陈列记录作战照片和阵亡将士遗物。

（四）围攻龙陵战斗

龙陵为滇西边陲重镇，东距惠通桥 77 公里，西至畹町 114 公里，北到腾冲 98 公里，南抵平戛 101 公里，滇缅公路由此经过，龙川江流经北郊，是通往八莫、腊戌的咽喉要地。它四周环山，中为盆地。日军侵占 2 年间，以龙陵为核心，以环山为依托，构筑了以据点群组成的防御体系。日军在此储存有数月的生活、作战物资，由第 56 师团 113 联队的第 3 大队防守。远征军第 20 集团军开始渡江进攻时，该大队被调至腾冲，龙陵仅有少数留守人员。远征军第 11 集团军渡江进攻后，第 56 师团急调刚转隶其序列的第 2 师团第 29 联队的第 2 大队增援龙陵。至 6 月 5 日，远征军第 71 军开始进攻龙陵外围阵地时，龙陵日军仅有 1000 人左右。

6 月 1 日至 3 日，右翼攻击军第 71 军除以先头师新 28 师主力进攻腊勐、松山外，军主力（第 87、第 88 师及新 28 师第 84 团）即自毕（寨渡）龙（陵）道南侧地区向龙陵攻击前进。第 87 师第 260 团于 8 日一举攻占大坝、镇安街，切断了松山日军的后路。第 259 团于 9 日攻占黄草坝后，即派 1 个加强营攻占龙川江上的腾龙桥，予以破坏，阻止腾冲的日军来援。第 88 师第 264 团一部袭占放马桥，切断芒市至龙陵的交通；主力攻占南天门、双坡至长岭岗各据点。8 日，第 263 团攻占勐连坡。10 日，第 88 师主力克广林坡、老东坡、风吹坡、三官坡，第 264 团乘势突入城区。第 87 师主力攻克文笔坡、老城、伏龙寺，围攻县政府。日军退守城内核心据点及西山坡、观音寺、文昌宫、东卡等据点。

此时，左翼攻击军第 2 军已由三江口渡过怒江，第 76 师正对平戛日军进行围攻。第 9 师于 9 日攻克象达，即令第 226 团附第 9 师 1 个营围攻平戛，第 76 师主力参加进攻龙陵的战斗，形势对第 11 集团军极为有利，但集团军总司令宋希濂到达龙陵前线视察后，认为日军“工事坚固，决非步兵兵器所能摧毁，乃（且）因连日大雨，飞机既未输送弹药，又不能协力轰炸；兵站输力薄弱，亦不能及时追送粮弹”，[22]因而没有令部队继续进攻；又因第 20 集团军此时尚在江苴街、东固街一线以东、以北，尚未对腾冲构成严重威胁，日军第 56 师团遂令在腾冲地区的第 113 联队迅速回援龙陵。该联队于 6 月 11 日从腾冲出发，13 日在腾龙桥击退中国第 87 师第 259 团 1 个加强营后渡至龙川江南岸，在日军第 56 师团所派 1 个中队的接应下，15 日开始，由邦乃沿腾龙公路向已占领龙陵西北高地的第 87

师发动猛攻。激战 2 日，第 87 师“伤亡甚大，16 日黄昏被日军突破阵地左翼，冲入龙陵”。宋希濂恐日军集中兵力先行击破第 71 军，“为谋整顿态势、先事站稳脚步，即令 71 军除以一部固守现有阵地外，主力暂转移镇安街以西坌田坝、赵家寨、5450 高地及红木树之线；第 2 军除以一部连系第 71 军左翼，固守邦武山、象达各阵地外，主力暂位置于小黑山、大硝河各高地之线，一面向松山、平戛之敌严行肃清，然后再以 20 集团军协力围攻龙陵”。[23]

6 月 17 日、18 日，从芒市增援龙陵的日军永井支队（由师团参谋永井清雄指挥的第 53 师团第 119 联队第 1 大队的 2 个中队）及山崎支队（由野炮兵第 56 联队联队长山崎周一郎指挥的步兵、装甲车、野炮各 1 个中队），分别击退了第 88 师第 264 团，重占放马桥；击退了第 9 师所部，重占象达。龙陵形势对远征军反而趋于不利。

日军增援部队到达龙陵后，第 56 师团决定改取攻势，并将防守腾冲的第 148 联队的第 3 大队调至龙陵，令第 113 联队（步兵 3 个大队、装甲车 1 个中队）于 6 月 21 日黄昏沿滇缅公路向黄草坝攻击；同时令第 2 师团第 29 联队的第 2 大队（配属 1 个中队）于 21 日夜突破长岭岗南侧远征军阵地，向蚌渺攻击。经过激烈的反复冲杀争夺，至 27 日，日军不仅毫无进展，而且象达亦于 24 日又为第 9 师夺回。

6 月 28 日，远征军第 8 军到达增援，以荣 1 师配属第 71 军，转移攻势。第 71 军以第 87、第 88 师及荣 1 师、第 76 师各 1 个团向龙陵外围日军发动进攻。战斗至 7 月 6 日，日军逐次退至龙陵城区及近郊，第 71 军乘势将战线推进至龙陵附近。由于远征军极需整补，于是暂停攻击，形成对峙。

8 月 10 日，第 11 集团军各部队基本上已整补完毕，遂于 14 日发起进攻：以第 71 军附新 39 师进攻龙陵，以第 2 军进攻芒市。第 71 军方面首先以炮兵进行 70 分钟的炮火准备，尔后在 14 架战斗机、24 架轰炸机直接支援下向当面日军发起猛攻。但日军工事坚固，火力猛烈，且多次实施反冲锋，致激战至夜仍无进展。16 日再次发起攻击，17 日终于攻占了三关坡据点。迄 20 日，先后又攻占青山等据点。至此，龙陵外围各据点又为第 71 军占领。日军困守西山坡、红土坡、伏龙寺、锅底塘坡及其以南高地待援；第 2 军进抵芒市东郊马鞍山至回旋山之线。

8 月 26 日，芒市的日军第 56 师团又向龙陵增援反击，一部进攻象滚塘、放马桥，其主力进至龙陵西北侧的太脑子坡，与荣 1 师激战数日，终被击退。日军第 33 军见其第 56 师团进攻受挫，于 8 月 30 日令第 2 师团参加龙陵解围作战，从公路东侧向龙陵东南高地进攻。激战至9月5日，日军第2师团在遭到惨重伤亡后进至梳杆坡，与困守龙陵的日军取得联系，并进行了一些补给。9月7日，第8军力克松山。14日，第20集团军克复腾冲，全歼守敌。9月中旬，第36师从腾冲来援，第200师也到达龙陵附近，第11集团军代总司令黄杰（宋希濂奉命去陆军大学学习）断然决定于9月14日重新进攻龙陵。而日军于13日夜就发动进攻。激战至16日，日军遭第71军和荣1师猛烈打击，退向芒市。其平戛守备队亦在接应下突围至芒市。此时，滇西地区仅日军第56师团残部困守龙陵、芒市两大据点及若干小据点，而龙陵则只有第146联队。10月7日，远征军将损失较大的第88师调至黄草坝整补，而将荣1师及第36师拨归第71军指挥，另配属第71军1个重迫击炮营，并令第53军准备开龙陵以西集结待命。10月29日，第11集团军全线进攻，激战5日，于11月3日晨完全攻克龙陵。20日克芒市，12月1日克遮放。

日军第56师团残部附第2师团、第49师团各一部退至畹町附近占领阵地，企图与南坎、南帕卡一带日军相联系，作持久抵抗。此时缅北方面驻印军正从密支那、孟拱向八莫快速推进中，与滇西方面远征军在战略上已形成夹击日军的有利态势。

（五）围攻畹町的作战

正当龙陵之战已近尾声时，日军“缅甸方面军”于10月底秘密下达了《方面军作战指导纲要》。内称：“要确保腊戌、曼德勒周围及连结该地以南之伊洛瓦底江、仁安羌要域，阻止并击溃来攻之敌”。规定“第33军（第18、第56师团）要坚固地占领自腊戌至汤彭山脉要线，粉碎来攻之敌，并尽可能切断和妨害印中地面联络。该正面作战，仍称‘断作战’”。其第33军直到遮放战线崩溃，仍以第56师团占领畹町周围，山崎支队占领南坎附近，妨害中国军东西两方面会师，“始终为切断莱多公路（莱多至昆明）而努力”。[24]12月末，第2师团第4联队及一直由第33军指挥的方面军直属第49师团第168联队正式列入第33军序列，遂将其置于新维附近（旋归第56师团指挥），命第4联队推进到南帕卡，第56师团则在畹町建成了方圆10公里的防御阵地。

日军经过补充后，防守南坎、畹町地区的兵力计有：第56师团约9000人，第49师团第168联队约1200人（守新维附近），第18师团第55联队约1200人（已退据南帕卡附近），第2师团第4联队约1000人（已进到南帕卡），第33军直辖部队约3000人(置于腊戍附近)。

畹町是滇缅边境上的一座市镇,滇缅公路由此入缅,向南行18公里便是缅甸边境小镇木姐。芒市大河支流——畹町河横流于畹町新、老街之南,与缅甸交界。市镇上居住着中国各族同胞约4万人。市周围为小盆地,其东北的黑猛龙、回龙山、黑山门一带高地成为控制畹町和滇缅公路的要隘。畹町河南也是群山耸立、连绵不断,属汤彭山脉。

12月12日,蒋介石致电卫立煌:"着远征军迅速攻击畹町之敌,限亥月(12月)养日(22日)以前占领畹町。"但卫立煌复电蒋介石:"滇西反攻伊始,所属各部缺额约10万有奇。腾冲、芒市等役,官兵伤亡又达6万余,其间补充仅万余(各序列部队现共缺12万余)。下级干部极为缺乏,现时作为战斗部队,各师战斗兵多则千余,少至数百。根据以往作战经验,我攻占敌之较大战略要点,兵力必须绝对优势。查畹町附近之敌,为18、53、49等师团各一部,共约2000余,轻重炮数十门。黑山门一带阵地扼畹町咽喉,地形险峻,工事坚强。就本军现有兵力,发动大规模攻势,实胜算难操,万一顿挫,反噬堪虞。会战前粮弹、汽油筹屯,公路、桥梁抢修,交通工具(输力)调配,会战时兵站向前推进,粮弹追送,伤患后运,通信线路延伸,各种器材筹集,在在需时。限于实际,无法及时完成准备……拟恳即令兵役部在最短期内设法空运补充兵6万名,并予以训练时期,借以完成一切作战准备,适机呼应驻印军,一并收复畹町。"蒋介石于12月19日、21日两次致电卫立煌:"我驻印军已克八莫,进迫南坎","畹町敌军数目不大,且驻印新1军自攻克八莫后,继续推进,颇为顺利。希仍遵前令,从速进攻畹町,以期与驻印军早期会师。"[25]卫立煌这才整备部队,拟制计划,于12月25日下达作战命令,定于27日开始向畹町攻击,以主力保持于左翼,将日军压迫包围于畹町盆地内予以歼灭;令第53军为右翼军,27日8时开始行动,推进至日岗、景坎、遮勒附近,阻止勐卯日军向畹町增援,尔后渡龙川江进出至畹町以南龙卡附近,截断滇缅公路;令第6军为中央军,第2军为左翼军,分别展开于帕赖至拱撒和谢连至猛古街之线,28日9时开始向畹町进攻;第71军为总预备队,位于小街、石门坎间。

第11集团军第一线各部队分别于27日、28日开始攻击。日军依托工事,拼死顽抗。战斗至1945年1月1日,第53军进至龙川江北岸的两渡口、户闷,第6军进至蛮蚌及回龙山北麓,第2军进至戛中南山、蛮帕冷山东麓及黑猛龙。集团军为尽速攻占畹町,又将第71军的第87师配属第2军。1月2日起,第53

图 8－2－3　中国远征军滇西反攻作战经过要图

（1944 年 5 月 11 日—1945 年 1 月 27 日）

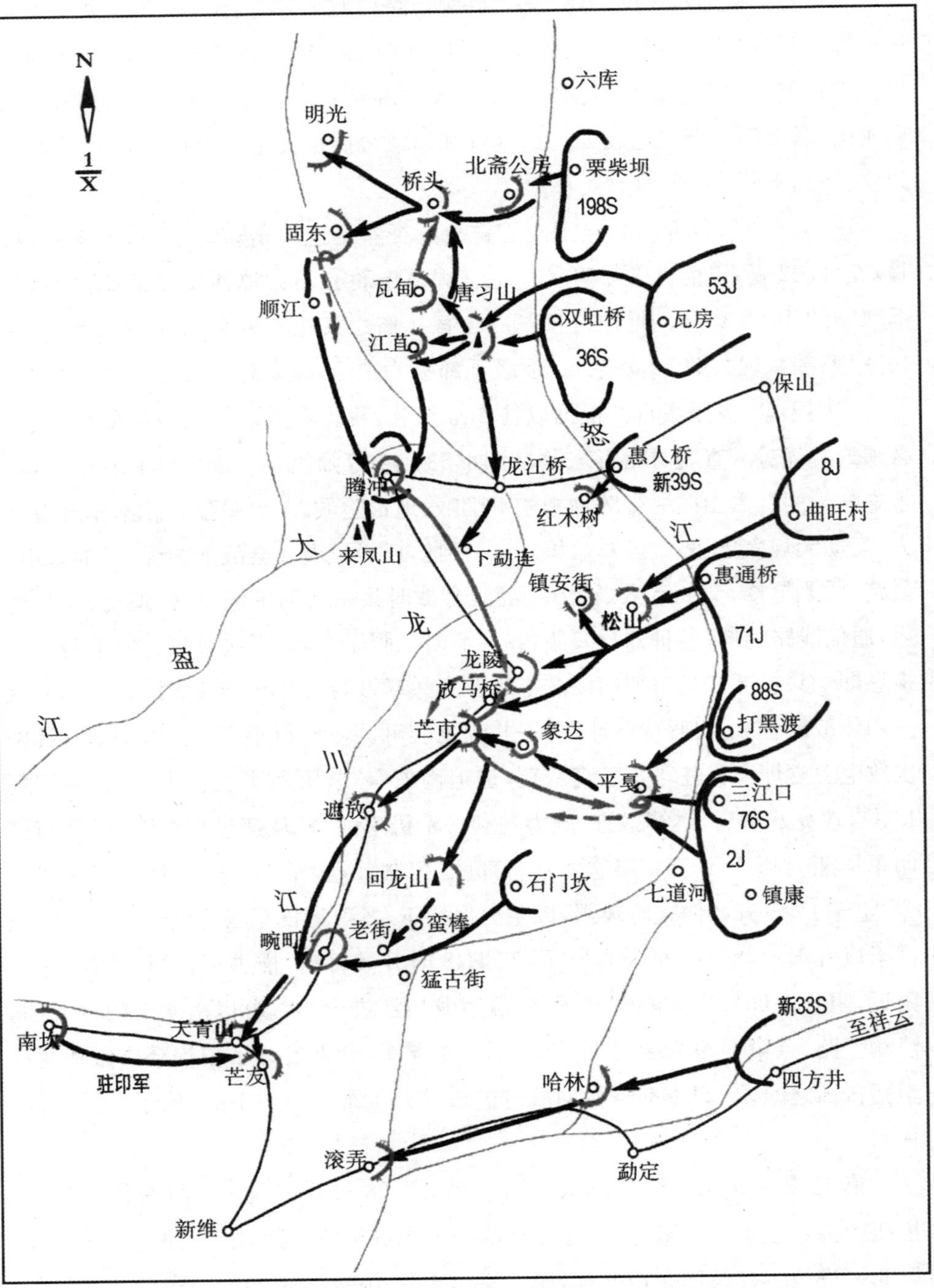

N
1/X
六库
明光
北斋公房
栗柴坝
198S
桥头
固东
53J
瓦甸
唐习山
顺江
双虹桥
瓦房
江苴
36S
保山
怒
惠人桥
8J
腾冲
龙江桥
新39S
红木树
曲旺村
江
来凤山
下勐连
大
惠通桥
镇安街
松山
龙
71J
盈
龙陵
放马桥
88S
江
芒市
象达
打黑渡
川
平戛
三江口
遮放
76S
2J
回龙山
石门坎
七道河
镇康
江
老街
蛮棒
畹町
猛古街
新33S
至祥云
南坎
天青山
芒友
驻印军
哈林
四方井
滚弄
勐定
新维

军连克岗垒、勐卯，于4日攻占大青山。日军数百人乘汽车从南坎来援，迄7日仍在激战中。

当大青山方面激战时，中央第6军和左翼第2军亦分途向西猛攻。第2军第9师于3日进抵畹町河上游后，于4日占蛮棒，与日军激战；第76师于5日克拱尾寨，7日占领洪屋梁子及卡拿以东高地。第6军第200师进攻回龙山，激战4日，陷于胶着；预2师于2日攻占大黑山后，日军连续反击，得而复失。8日，第11集团军调整部署，由第71军(欠第87师)接替第200师继续攻击回龙山。激战至10日，第88师终于占领回龙山。其时，左翼第2军第9师也乘势攻占了信结以南和蛮结梁子以北的高地。11日，预2师再度夺回大黑山，向金瓜山、牛角山进攻。中国军队已逼近畹町。日军为挽回颓势，实施全面反击，未能得逞。黄杰判断日军连日反击受挫，其力已竭，可能退却，即于14日下令加速进攻：令第53军迅速击破大青山之敌，确实遮断畹町日军的退路，第2军向老街攻击，第71军向畹町攻击，第6军固守现阵地。17日，第2军第9师攻占老街。19日，攻占九谷，袭占新街。其余各部队也分别攻占了畹町周围的金瓜山、牛角山、大黑山、象鼻坡等要点。预2师于20日攻占黑山门及其西侧高地。据守畹町的日军残部向西南溃退而去。

14日，第53军在大青山击破日军第2师团的第4联队后，即向畹町以南及芒友以北的南托、龙卡追击，切断了滇缅公路，阻击日军向南帕卡方面退却。第11集团军各军分途越境追击。27日与驻印军会师芒友，中印公路完全打通，滚弄方面也已被新33师占领。

滇西反攻作战至此结束。

六、反攻作战简析

缅北、滇西反攻作战自1943年10月开始至1945年3月，历时1年又5个月，解放了缅甸北部大小城镇50余个，收复了云南西部失地83 000平方公里，基本上歼灭了日军第33军的第18、第56两师团，打死其官兵41 142人(此据日本厚生省调查的数字，包括军直属部队阵亡的2854人，但不包括航空兵)，并给予缅甸方面军直属的第2、第53、第49师团以沉重打击(至少打死其数千人)，并缴获了大批武器装备。中国驻印军和远征军也付出了巨大的牺牲，阵亡官兵

31 443 人，负伤 35 948 人（此据台湾国民党当局 1990 年编印的《抗日战史》记载的数字）。中国军队的伤亡虽然很大，但这是抗战以来正面战场惟一的一次获得彻底胜利的大规模进攻作战，也是自甲午战争以来第一次援助盟国进入异邦国土作战并获得胜利的一次大规模作战。它的胜利，不仅因打通了中国与盟国间的陆上交通线，使中国正面战场的补给状况有较大改善，更重要的是重振因豫、湘、桂会战失败而损害的民心和士气，鼓舞了全国军民的抗战斗志和坚定了抗战必胜的信心；同时还使全世界的炎黄子孙和国际友人欢欣鼓舞，扫除了某些外国人对中国的轻视和某些中国人的自轻之心，扬中华民族国威，向全世界表明中华民族确是一个伟大的民族。

反攻作战的胜利，还有力地支援了英军在因帕尔的作战。正是由于中国远征军和驻印军牵制和重创了滇西及缅北的日军，才减轻了日军对因帕尔的压力。正如英军第 14 集团军一位上校说："如果没有北部战区部队的战斗，日本鬼子就会在因帕尔取得胜利"。[26]

印、缅交界处的新背洋至孟拱之间仅有 1 条道路可资利用，大兵团机动困难。但孟拱及密支那以南共有 3 条道路。除由孟拱通往卡萨（一译杰沙）公路归英军使用外，驻印军仍有 2 条良好的道路。驻印军在作战指导上，初期仅以一部兵力攻取孟拱，尔后再以 2 个军以钳形攻势分别进攻八莫、瑞古；占据这两个据点后，既可向西南协助英军击灭缅中日军主力，亦可向东南攻取南坎、腊戍，打通中印公路。指导方案符合客观实际，且具有灵活运用的余地，应当说是恰当的。在战术运用上，采用"正面牵制，两翼迂回，攻敌深远后方"的方案，也可以说是适切有效的。但由于对原始森林中大军运动的困难程度估计不足，正面和两翼的行动往往难以密切协调；兼以用于切断日军退路和打击日援军的兵力每每过小，且对日军能够独立作战的特点缺乏认识，致使日军第 18 师团两次从包围圈中逃出（瓦鲁班和英开塘），未能及早将其歼灭。

中国驻印军和远征军在反攻作战中获得彻底胜利的原因，除了广大官兵斗志昂扬、视死如归、英勇奋战这一根本性因素以外，武器装备较前优良，部队素质有所提高。特别是驻印军方面，军队后勤保障良好，不虞粮弹匮乏；远征军方面，得到人民群众的全力支持：伤病人员的后送、粮弹物资的运补，都赖人民运输，甚至连六七十岁的老大娘亦自动荷锄协助修筑军用道路。这些都是胜利的重要因素。

中国远征军在滇西反攻作战中虽获得了完全的胜利，但伤亡过大。这主要是各级指挥官的指挥失误造成的。以作战指导而言，远征军长官司令部在战后所作的《滇西会战的经验与教训》中认为远征军的第一条优点就是"作战指导正确，先攻腾北，吸引敌主力，然后乘虚直捣龙陵"。[27] 从作战实践看，这并非真正的优点，反而给日军在内线作战中机动兵力的有利条件，所以日军第 113 联队及山崎支队等能够南北增援，来去自如。假如采用全线同时进攻，而将主攻方向置于左翼，以钳形攻势直趋龙陵，以一部在右翼作牵制性进攻，阻止腾冲日军增援龙陵；以一部切断龙陵、芒市间交通，置龙陵日军于孤立境地，对松山、平戛等据点亦仅包围作牵制性进攻，尔后以绝对优势之兵力强求龙陵日军进行决战。一旦奏效，则腾冲以北各据点的日军若不放弃据点西逃，就将难以避免被歼。而且攻占龙陵后，更可直趋畹町，支援驻印军的作战。

滇西反攻作战中，远征军伤亡过重的直接原因，则是绝大多数指挥官缺乏指挥攻坚的能力。战前既不对日军的防御工事进行认真的侦察和对部队实施攻坚战斗的训练，临战时又不善于运用炮兵、火箭筒及喷火器等兵器协同攻坚的战术，也不重视进攻筑城的运用，只知指挥士兵盲目硬拼。"对龙陵、松山、腾冲、平戛等据点围攻时，伤亡竟达日军五倍之多"，[28] 就是盲目硬拼的结果。

附表 8－2－1　缅北、滇西日军作战部队指挥系统表（1944 年 4 月）

缅甸方面军　司令官河边正三

第15军　司令官牟田口廉也

第 15 师团　山内政文

第 31 师团　佐藤幸德

第 33 师团　柳田元三

第 28 军　司令官樱井省三（该军成立于 1944 年 1 月）

第 54 师团　片村四八

第 55 师团　花谷正

第 33 军　司令官本多政材（该军成立于 1944 年 3 月）

第18 师团　田中新一

第 23 旅团　佗美浩（第 55、第 56 联队）

第 35 旅团　川口清健（第 114、第 124 联队）

骑兵 22 大队、山炮兵 18、工兵 12、辎重兵 12 联队

第 56 师团　松山祐三

第 56 步兵团　水上源藏

第113、第146、第148联队

搜索56、野炮兵56、工兵56、辎重兵56联队

方面军直辖部队：

第2师团　冈崎清三郎

第49师团　竹原三郎

第53师团　河野悦二郎

独立混成第24旅团　林义秀

独立混成第105旅团　松井秀治

附记：日军第15军及第28军基本上未与中国远征军及驻印军作战；与中国军队作战的主要为第33军和方面军直辖部队第2师团以及49、第53师团一部。

附表8-2-2　中国驻印军缅北反攻作战指挥系统表（1944年4—8月）

中国驻印军　总指挥史迪威（前）、索尔登（后）

副总指挥郑洞国　参谋长柏特诺

新编第1军　郑洞国（前）、孙立人（后）

新编第30师　胡　素（前）、唐守治（后）

第88团、第89团、第90团

新编第38师　孙立人（前）、李　鸿（后）

第112、第113、第114团

新编第6军　廖耀湘

第14师　龙天武

第40、第41、第42团

新22师　廖耀湘（前）、李　涛（后）

第64、第65、第66团

第50师　潘裕昆

第148、第149、第150团

驻印军直属部队：

教导第3团，独立步兵第1团，重迫击炮第11团，炮兵第4、第5、第12团，辎重兵第6团，工兵第10、第12团，汽车兵团，特务营，独立宪兵第2营，战车第1、第2、第3、第4、第5、第6、第7营，高射机枪第1营，独立工兵第1营，独立通信兵第3营，运输第1、第2大队。

附记：

① 史迪威、索尔登除指挥中国驻印军外，还指挥美军第5307团及中美混合突击支队。其指挥系统为：

中美混合突击支队　米尔(一译梅利尔)

第1纵队(K部队)　肯利生

美军1营及新30师之第88团

第2纵队(H部队)　韩特

美军1营及第50师第150团、新22师炮兵1个连

第3纵队(M部队)　马基

美军第2营及缅甸克钦人300名

② 新1、新6军是在1944年8月攻占密支那后编成的。在此之前,各师均隶新1军。

附表8-2-3　中国远征军滇西反攻作战指挥系统表(1944年4月)

远征军　司令长官陈　诚(由卫立煌代理)

副司令长官黄琪翔　参谋长萧毅肃

第20集团军　总司令霍揆彰　副总司令方　天

第53军　周福成

第116师(赵镇藩)　第130师(张玉廷)

第54军　方　天(兼)

第36师(李志鹏)　第198师(叶佩高)

集团军直属部队:

高射炮第49团第3营,第6军山炮营,工兵第2团,独立工兵第24营及通信部队

第11集团军　总司令宋希濂(后由黄杰代理)

第2军　王凌云

第9师(张金廷)　新33师(杨宝谷)　第76师(夏德贵)

第6军　黄　杰(前)、史宏烈(后)

新39师(洪　行)　预2师(顾宝裕)　战防炮、通信兵各1营

第71军　钟　彬

新28师(刘又军)　第87师(张绍勋)　第88师(胡家骥)

第200师(高吉人)及第5军炮兵营

第8军　何绍周

荣誉第1师(汪　玻)　第82师(王伯勋)　第103师(熊绶春)

第93师(吕国铨)　炮兵指挥部(重炮第7、第10团,迫击炮第2团)及工兵、通信部队

滇康缅特别游击区总指挥　郑　玻

支援部队:

美空军第14航空队(中型轰炸机2个中队,战斗机3个中队)　陈纳德

注　释：

〔1〕〔英〕丘吉尔：《第二次世界大战回忆录》。商务印书馆1975年中译本，第4卷第162页。

〔2〕〔美〕巴巴拉·塔奇曼：《史迪威与美国在华经验》。商务印书馆1984年中译本，(下)第431页。

〔3〕美英联合参谋长会议第58次会议(1943年1月16日)记录。原件藏美国国家档案馆。转引自陶文钊《中国战场，缅甸战役与盟军战略的转变》，载《抗日战争研究》1991年第2期。

〔4〕美英联合参谋长第59次会议(1943年1月17日)记录。引同〔3〕。

〔5〕梁敬錞：《史迪威事件》。商务印书馆1973年版，第113—114页。

〔6〕同〔1〕，第172页。

〔7〕同〔5〕，第133、138页。

〔8〕秦孝仪主编《中华民国重要史料初编——对日战争时期》。台北1981年版，第二编第394页。

〔9〕国民政府军委会军令部1943年12月28日存档的档案。原件现存中国第二历史档案馆，卷号17806号。

〔10〕《第54军滇西攻势作战战斗详报》四。原件存中国第二历史档案馆。

〔11〕〔日〕服部卓四郎：《大东亚战争全史》。日本原书房1970年版，第588页。

〔12〕国民政府国防部战史会档案，原件存中国第二历史档案馆。载《抗日战争正面战场》，江苏古籍出版社1987年版，第1440—1442页。

〔13〕日本防卫厅防卫研究所战史室：《缅甸作战》。中华书局1987年中译本，(下)第13页。

〔14〕中国驻印军副总指挥部：《中国驻印军缅北战役战斗纪要》(上)第9—10页。原件存重庆档案馆。

〔15〕同〔13〕，第14页。

〔16〕同〔13〕，第13页。

〔17〕同〔13〕，第39页。

〔18〕转引自台湾国民党"国防部"史政编译局《抗日战史》。台北1990年版，第9册第409页。

〔19〕同〔12〕，第1526—1527页。

〔20〕同〔12〕，第1504—1505页。

〔21〕同〔12〕，第1506页。

〔22〕 宋希濂6月17日致远征军总部电。同〔12〕,第1513页。

〔23〕 同〔12〕,第1513页。

〔24〕 同〔13〕,第180、208页。

〔25〕 同〔12〕,第1523—1524页。

〔26〕 同〔2〕,第639页。

〔27〕 同〔12〕,第1534页。

〔28〕 同〔18〕,第467页。

第三节　豫、湘、桂会战

一、日军发动豫、湘、桂会战的战略企图及兵力部署

1943年是国际形势发生巨大变化的一年,反法西斯盟国开始转入战略反攻,但侵华日军在中国战场上基本上仍和占领武汉、广州后一样,其任务主要是"竭力维持占领地区内的治安,同时采取短暂的出击作战,以图击溃中国的野战军",一直"未进行大规模的进攻作战",[1]至当年晚秋常德会战时,依然是以武汉地区的第11军为战略机动兵团,对周边地区偶尔实施一次局部有限攻势,到达作战目标地后即返回原防,恢复攻势前的态势。但在常德会战时,日本南方军在太平洋战场的情况却是每况愈下,采取了退守"绝对国防圈"[2]的所谓新战略态势;而在中国战场方面,日军已开始丧失制空权,东海上的船只损失急剧增多。11月25日又突然发生在华美国飞机空袭台湾新竹的事件,使日本大本营感觉到美军在华空军不仅可以切断东海上的日军交通线,而且可以直接空袭日本本土。在这种情况下,日本大本营"根据新的形势,重新判断敌情,决定改变过去的作战方针,东面岛屿一线,尽力阻止美军进攻,西面打通和保住中国大陆,以确保南北交通线"。他们认为:由于"在太平洋受到美军的制压,所以无论如何也必须考虑确保西面的中国大陆和南方的联系。在海上正面万一发生问题,对在南方的50万军队,不能坐视不救",于是决定"进行一场纵贯中国大陆南北、接连法属印度支那的大规模野战"。1944年1月24日,日本参谋总长杉山元向天皇的上

奏说明了发动这场作战的战略企图："摧毁中国西南要地的敌各飞机场，以保本土及中国东海的防护安全为其第一目的。打通大陆后，即使在海上与南方的交通被切断，也可经过大路运输南方的物资，以加强战斗力，为其第二目的……同时，作为附带的收获，可以取得攻占地区的钨矿等重要资源。"经天皇批准，大本营于当天就下达了"大陆命"921号作战命令，同时下达了《1号作战纲要》（"1号作战"指打通大陆交通线作战）。

日本大本营下达命令后不久，太平洋战场日军形势更为恶化：美军摧毁了日军的马绍尔防线，已直接威胁日本"绝对国防圈"的特鲁克群岛、马里亚纳群岛等要冲。日本为挽救危局，撤换了陆、海军的两个总长，由陆相东条英机兼参谋总长，海相岛田兼军令部总长，并希望能迅速实施"1号作战"。日军"中国派遣军"经多次会议，几经修改后，于3月10日正式制定，并于12日向各军传达了《1号作战计划》。其"作战目的"是"击败敌军，占领并确保湘桂、粤汉及京汉铁路南部沿线的要冲，以摧毁敌空军之主要基地，制止敌军空袭帝国本土以及破坏海上交通等企图"。其"作战方针"是"派遣军于1944年春夏季节，先由华北，继由武汉地区及华南地区分别发动进攻，击溃敌军，尤其是中央军，并先后将黄河以南京汉铁路南部及湘桂、粤汉铁路沿线之要地，分别予以占领并确保之。其次，只要情况允许，于1945年1—2月份攻占南宁附近，将桂林至谅山通道打通并确保之。在进行作战时，应努力将京汉南部铁路及粤汉铁路修复。如情况允许，将湘桂铁路一并予以修复。"

1944年5月间，日军大本营为了弥补其兵力之不足，再次进行国内动员，征调新兵，相继编组了14个独立步兵旅团，接替各地区的守备任务，以便将各师团用于这次进攻作战；成立了8个野战补充队，随同作战师团，以备补充伤亡；并将原准备调往南方作战的第3、第13、第22师团仍留中国战场。这时在华（不包括东北）航空兵仅有第3飞行师团。为增强空中作战力量，于2月10日将第3飞行师团改组为第5航空军，从关东军调来7个飞行战队。总计共12个战队又3个中队。与中国当时的空军（包括驻华的美国空军）相比，仍处于绝对劣势。

日本"中国派遣军"《1号作战计划》中的作战指导要领，对平汉路南部作战预定使用第12军及第1、第11、第13军各一部，约6个师团的兵力，于1944年4月下旬开始进攻。湘、桂作战预定使用第11军及第23、第13军各一部，约13个师团的兵力，分三期实施：4月下旬开始第一期作战（长沙、衡阳），6月初开始第二期作战（桂林、柳州），10月前后开始第三期作战（湘粤赣边区）。最后大致在

1945年1、2月间攻占南宁，与南方军驻法属印度支那的第21师团配合，打通至谅山的陆路联络线。

二、豫中会战

（一）战前一般情况及双方的作战指导

日“中国派遣军”《1号作战计划》中对京汉路南段作战的作战指导的主要内容为：

“1. 华北方面军大致于4月上旬以前，进行新建部队的组织及警备交替，命作战所需兵团在驻地附近集结，进行训练。2. 与此同时要修复霸王城附近黄河铁桥。3、4月中旬，命第12军主力集中于新乡南方地区，一部集中于开封西面黄河左（北）岸地区，完成作战准备。4. 第12军大致于4月下旬发动攻势，击溃敌军后，进入郾城附近，做好向洛阳方面作战的准备，同时以一部兵力进攻信阳，配合第11军的部队打通通往武汉地区的陆地连络线。5. 12军主力迅速由郾城向右迂回，突入洛阳方面，击溃敌第一战区部队。6. 华北方面军在发动本作战前，令第1军向西佯动，并于作战开始后，命第1军一部及时由垣曲附近渡过黄河，切断陇海路，支援第12军主力作战。7. 第11军大致于5月上旬，以一部兵力由信阳附近向确山附近采取攻势，支援华北方面军作战。8. 第13军于4月底前后，以一部兵力在阜阳附近作战，牵制敌人，使华北方面军作战顺利进行。9. 由关东军调用的第27师团，先在黄河左岸待命，随着本作战的进展，经陆路向武汉地区推进。10. 作战完成后，华北方面军应即派遣第37师团和战车第3师团各约半数，经陆路开往武汉地区，划归第11军指挥。11. 作战完成后，华北方面军大致将洛阳、临汝、舞阳及泌阳东方一线作为对敌第一线，确保京汉铁路南部沿线要地。12. 用于确保新占领地区的兵力，预定为第62、110师团，坦克第3师团（欠一半），独立混成第7旅团。13. 华北方面随着作战的进展，应抓住时机在郑州、洛阳、郾城附近建设飞机场，同时迅速修复京汉铁路南段。”

日“华北方面军”根据派遣军的作战计划，经研究后准备以现有兵力的一半投入这次作战。预定步兵至少为65个大队。主要作战由第12军的第62、第110师团及机动力强的战车第3师团、骑兵第4旅团担任。作战分两个阶段进行。首先突破正面中国守军的阵地，将主力集结于黄河南岸，随后佯作沿京汉线南下，至郾城附近时，主力朝西方向右迂回，围歼第一战区部队，特别是汤恩伯军。作战目标为洛阳。根据情况，也可能在许昌附近向右迂回。在此期间，以部分兵力打通京汉线，与武汉连接起来。

日军第12军接到担任主攻的任务后，对方面军由正面突破守军阵地的设想不同意，认为黄河铁桥正面及霸王城（原京汉铁路黄河大铁桥南桥头西侧）桥头堡以南的防守力量必然较强，不易攻占，而且伤亡较大，并延误时间。因而决定先由在中牟地区的部队渡过新黄河（即黄泛区，原贾鲁河河床）西进，进攻郑州、密县、新郑地区，进至防守黄河铁桥两侧守军的背后，尔后再令霸王城地区的部队发起进攻。这样形成前后夹击，易于突破守军防线。经反复研究后，制定出作战计划。其主要内容为：

第一　方针

军于4月20日左右，以主力自黄河河畔平汉路沿线地区，以一部自开封西南方正面发动攻击，击溃第一战区为主的敌人后，占领平汉路南段沿线之要地。

第二　指导要领

1. 军以第37师团、独立混成第7旅团，集结于开封及其东方地区；第110、62师团，集结于黄河郑州铁桥北岸两侧地区；独立步兵第9旅团集结于汲县附近；为欺骗敌人，第27师团集结于新乡以西之博爱、沁阳地区，战车第3师团在汲县及其以北地区集结；骑兵第4旅团在商丘现警备地区进行战备。

2. 作战开始前，第27师团在黄河以北之孟津，骑兵第4旅团主力在霸王城与开封间之黄河北岸分别进行牵制性佯动，并适时推进军主力，准备对霸王城及中牟正面敌阵地实施攻击。

3. 第37师团指挥独立混成第7旅团，于4月18日拂晓，在中牟正面渡过新黄河，向郑州及其以南地区突进；军主力第62、110师团，独立步兵第9旅团，突破霸王城正面敌军阵地，迅速向以南之郑州、汜水、密县、郭店、新郑等要地推进，将敌军捕歼于郑州平原。为使霸王城正面敌军阵地能在作战一开始时就遭到沉重打击及被突破，战车第3师团应以一部协同。军主力预定4月20日拂晓开始进攻。进攻开始前先占领鸿沟以西汉王城附近高地。

4. 军主力到达郑州附近时，战车第 3 师团、骑兵第 4 旅团即应迅速向黄河以南开进；军主力继续击溃所在地区之敌，直趋郾城，准备向西回旋，同时以一部迅速向信阳方向推进，与第 11 军之部队会合，打通平汉路。尔后随平汉路之打通，将预定使用于湘桂作战之第 27 师团向武汉地区前进。

5. 军主力到郾城后，应以极迅速之突然行动向右回旋，向洛阳地区突进，以寻歼第一战区主力部队。

6. 第 5 航空军除以一部支援此次作战外，必要时应以有力之战斗、轰炸部队进行直接支援。

7. 作战开始后，第 1 军将于山西之蒲州、第 13 军将于安徽之阜阳地区进行牵制。

8. 此次主要作战结束之时间，大致在 5 月下旬。

日军第 12 军原辖 3 个师团又 6 个旅团（内 3 个旅团为 1944 年 2 月 1 日下令新编的部队）。为进行豫中作战，1944 年 3 月 31 日，日本大本营下达了第 12 军新的战斗序列命令。其作战指挥系统见附表 8－3－1。

列入第 12 军战斗序列、参加此次作战的第 37 师团、独立混成第 7 旅团分别由山西运城和山东张店、博山到达开封以东地区集结；第 62 师团由山西榆次、第 110 师团由河北石家庄、战车第 3 师团由包头、独立步兵第 9 旅团由天津、第 27 师团由锦州，先后集结于郑州黄河以北地区。

早在 1941 年 10 月第二次长沙会战时，日军“华北方面军”为策应第 11 军作战，即以第 12 军的第 35 师团于 10 月 2 日强渡黄河，进攻郑州。第一战区沿黄河南岸虽有 12 万大军，并筑有防御工事，但日军当日即突破守军阵地，渡过黄河，4 日即攻占郑州。10 月 31 日日军方撤回黄河以北。撤退时，为便于尔后再次进攻，除留置一部兵力据守中牟县城外，在第一战区第一线阵地要点霸王城附近的邙山头，派 2 个步兵大队与 1 个炮兵大队构筑了桥头堡阵地。两年以来，第一战区竟未向此孤悬于黄河南岸的这个日军桥头堡进攻，一直对峙至这次作战。

1944 年初，当第一战区发现豫东北的日军大量集结并修复黄河铁桥时，判断其可能南进，遂以汤恩伯指挥所属 4 个集团军（第 15、第 19、第 28、第 31 集团军）沿黄河南岸，由汜水经柴桥，再改沿新黄河西岸，经中牟以西尉氏、林沟、周家口及其以东河防，面对黄河铁桥、中牟方面部署防御，准备由正面迎击沿平汉路南进的日军。第一战区其他 4 个集团军（第 4、第 14、第 36、第 39 集团军）及第 40 军，则由战区直接指挥，沿黄河南岸，东起牛口峪，西迄闵底镇，占领河防阵地，与第八战区右翼衔接。

第一战区备战期间，军事委员会于 3 月 4 日先以“元”字第 2781 号代电，指示作战指导要领；当日又在原案基础上再次补充，下发了更为详细的全般作战指导方案。其主要内容为：[3]

敌如以主力由豫南北犯，一部由北南犯，并由汛区（黄泛区）策应，企图打击我豫西野战军，或乘机打通平汉路时，我军作战指导方案如次：

1. 依内线作战要领，区分为南、北两地区作战。

2. 我军预计使用作战之总兵力为第一、第五战区现控置之机动兵团，共计 26 个师，及枣阳、信阳、阜阳沿黄泛、邙山头附近原第一线守备兵力 17 个师，合计 43 个师。

3. 集结机动兵团主力 14 个师，荫蔽于临汝、登封、禹县、襄城、宝丰、叶县地区，并特派有力之一部确保北地区右翼支撑点之许昌，及左翼沁水连接嵩山东南麓密县、登封之线，协同第一线部队，以侧击包围侵入嵩山南麓之敌而歼灭之，并乘机收复邙山头。

4. 使用机动兵力一部 7 个师于南地区，在遂平、泌阳、枣阳一带，先行持久抵抗；并另以一部固守遂平要点及确保桐柏山地，击破由豫北南犯之敌，乘机收复信阳。

5. 泛区方面，应固守扶沟以南泛防，并指定一个集团军总司令统一指挥临泉以东泛区之第一线部队及敌后各挺进部队，牵制当面之敌，并破坏敌后交通。其余第一战区河防部队及第五战区第一线部队，应各派有力之一部袭击当面之敌，以策应大别山区李品仙集团；另以一个军及桐柏山方面之第 39 军（其 5 个师），以钻隙行动向汉口挺进，协同第六、第九战区策应部队，乘机袭攻武汉。

6. 如敌由南、北两方面及泛区深入豫西时，我应立即调整态势，集结主力于临汝、禹县、襄城、叶县、宝丰、方城一带，侧击、迎击合围敌决战，而包围歼灭之，并续向武汉追击。

第一战区根据军事委员会作战指导，于 3 月 14 日以命令下发了关于在嵩山附近与敌决战的作战指导方案。其主要内容为：[4]

1. 扶沟、汜水间河（黄河）、泛（新黄河）防部队，应力阻敌人渡泛及突围（注：阻止日军强渡黄河突破河防阵地）。

2. 如敌渡泛突围成功时，河、泛防部队应凭借许昌、洧川、长葛、新郑、郑州、荥阳一带据点，疲惫敌人。

3. 同时汤兵团及第4集团军应以其控制部队于登、密北侧山地迄汜水间构成守势地带，于襄城、叶县、临汝、登封、密县、禹县地区构成攻势地带。如敌向我守势地带进犯时，守势地带之部队应坚强抵抗；攻势地带之部队应向左旋回，侧击敌人。如敌主力向我攻势地带进犯时，攻势地带之部队应与敌即行决战；守势地带之部队即转移攻势，向右旋回，侧击敌人。

4. 汤兵团以第12军、第13军、第78军、新1师、第20师隐密（秘）配置于登封、临汝、禹县、襄城、宝丰、叶县攻势地带，并抽集1个师固守许昌。临泉附近部队，应有西移参加平汉路以西作战之准备。

5. 第4集团军除固守原河防外，应以1个军固守老饭沟迄金沟主阵地，并以一部占领张庄、铁山、高山寨前进阵地，并确保虎牢关据点。

3月16日，军事委员会又连续两次要求“79军、89军准备固守许昌、漯河、遂平、舞阳4个据点；第12、13、29军秘密控置于密县、临汝以西地区，限3月底集中叶县、宝丰、禹县、登封、临汝，汤恩伯直接掌握”。但汤恩伯上报的作战计划及兵力部署，第一战区认为与军事委员会及战区的指示“均不符合”，遂于3月31日予以修正，重新下发作战指导方案：

“1. 如敌以主力由北南犯，而南区敌以一部窜扰牵制时，贵兵团应以主力在襄城、禹县、许昌附近地区与敌决战，惟为期与第4集团军密切协同及利用嵩山山地有利地形起见，应将登、密地区亦划入决战地带，并为攻势之重点，期收夹击、侧击之效。2. 如敌以主力由南北犯，而北区敌以一部窜扰郑州、新郑、密县一带牵制时，为排除我主力侧背之威胁，使尔后之决战有利计，应于南区会战之先集中必要兵力，将北区渡犯之敌击退，并收复邙山头、中牟，再转兵南下，协力该地区之决战。在北区击敌之同时，南区部队应竭力迟滞敌之前进，以空间换时间，俾导决战有利。”[5]

豫中会战中国军队参战部队指挥系统见附表8-3-2。

（二）作战经过

作战开始之前，防守毕口（周家口北侧）至牛口峪间黄河南岸及新黄河西岸之线约100公里正面的部队为第28集团军(附泛东挺进军)。其兵力部署为:泛东挺进军担任毕口、柴桥间沿新黄河西岸之守备,控置有力一部于鄢陵附近,准备策应中牟、郑州、许昌方面的作战;暂15军以暂27师担任柴桥、后陈间沿新黄河西岸的守备,新29师防守许昌,并以第86团为军预备队,控置于新郑附近;第85军(附暂1旅)以暂1旅、预11师及第110师的第329团担任后陈、牛口峪间河防及邙山头监、围任务,第23师控置密县附近,为机动部队,第110师(欠2个团)防守郑州及后陈至包河桥间河防,第110师的第328团为军预备队,控置于荥阳附近。

4月17日夜,中牟方面日军第37师团及独立混成第7旅团首先从三王、中牟、傅庄强渡新黄河,守军暂27师奋起应战。战斗至18日凌晨5时许,正对中牟的第2团阵地被突破,暂27师被迫南撤。此时日混成第7旅团由傅庄渡河,占领界马,并沿新黄河西岸向泛东挺进军柴桥阵地进攻,第37师团则分路向郑州、新郑、洧川、尉氏进攻。担任郑州挺进队的日军第22联队先遣第1大队(欠第4中队),于19日拂晓即以急行军秘密进至郑州车站,并以偷袭占领了郑州北门附近城墙一角。日军第37师团主力及混成第7旅团亦于19日晚进至尉氏以北。守军暂15军遂突围南退,至薛店集结整顿。

铁路桥方面日军第12军主力在中牟方面日军开始进攻后,乘守军注意力集中于中牟方面之机,于18日夜利用夜色掩护,逐次经黄河铁桥潜至南岸邙山头桥头堡阵地,接近攻击准备位置。为解除南进时的侧背威胁,进攻开始前一日(4月19日)晨,第110师团第163联队的第2大队在猛烈炮火掩护下,向邙山头西侧高地上的汉王城据点发动猛攻。守军预11师1个营奋起抗击,激战至中午前后,阵地全被摧毁,营长王鑫昌以下300余人全部英勇牺牲。守军第85军当即令预11师控置的预备队第33团向汉王城反击,同时令军工兵营增援摩旗岭,令特务营增援牛口峪,以加强防守力量。但由于日军后续部队不断增加,反击部队伤亡极重,团长余子培身负重伤,反击失利,摩旗岭高地亦于当夜失守,守军第110师撤向乐阳。摩旗岭高地失守后,日军邙山头右侧已无顾虑,守军炮兵失去设于该高地的观测所,炮火威力无从发挥,对战局颇有影响。20日,守军第85军奉令向塔山、万山地区撤退。于是日军第62师团沿平汉路及其西侧地区直趋郑州,第110师团则向密县突进,战车第3师团及独立步兵第9旅团等均于20日拂晓进至黄河南岸。至22日,郑州、新郑、尉氏、洧川、荥阳、广武、汜水、塔山、万山等地先后被日军占领。日军第110师团及第37师团第225联队分由北、东两面向密县进攻，于 24 日占领密县，并继续向登封推进。25 日，第 110 师团攻占虎牢关，守军第 96 军一部退至巩县。第 12 军主力在新郑以南地区集结，作下一步进攻的准备。

4 月 26 日，日军第 12 军在新郑战斗指挥所召集师团长、旅团长开会，讨论进攻许昌、郾城及向左迂回的问题。27 日晚，正式下达了作战命令，令第 62 师团进出至许昌西南颍桥镇一带，阻截守军向西南山区撤退和由西南方向向许昌增援的通路，尔后准备向禹县进攻；令第 37 师团从北、西、南 3 个方向攻击许昌城，尔后以主力向舞阳进攻，以 1 个联队归第 27 师团指挥，向郾城方向追击，占领郾城后，留 1 个大队守备，主力归建，令第 27 师团在攻占许昌后指挥第 37 师团的 1 个联队攻占郾城，与第 11 军派出北上的部队会合后转归第 11 军指挥；令独立混成第 7 旅团由东面攻城，攻占许昌后留一部兵力守备许昌，主力准备向禹县前进；令骑兵第 4 旅团在许昌战斗后进出至北舞渡附近，准备沿旧县、宝丰向临汝前进；令战车第 3 师团以 2 个中队配属第 37 师团攻城，主力在攻占许昌后准备向临汝推进。预定 30 日晨开始攻击。

当日军部署进攻许昌时，第一战区组织反击，令汤恩伯“以第 29 军全部以第 13 军两师击灭密县之敌”。汤恩伯令第 13 军配属暂 16 师由禹县北向密县实施反击。这次反击虽然使日军第 110 师团暂时转为守势，但对日军第 12 军主力围攻许昌并未产生影响。

4 月 29 日夜，日军第 62 师团首先行动，迅速攻占第 20 师防守之颍河两岸阵地，掩护其他部队进入攻击出发地位。4 月 30 日拂晓，在炮兵、航空兵火力支援下开始攻击。守军新 29 师依托工事顽强抗击，日军伤亡甚众。激战至 17 时 30 分左右，守军伤亡惨重，日第 37 师团第 225 联队及战车第 3 师团第 13 联队分别由许昌城西和城南突入城内。经巷战后，新 29 师于当夜在城东北角突围，突围过程中师长吕公良阵亡，残部逐次向叶县方向转移。5 月 1 日上午，日军占领许昌。

日军“华北方面军”认为“当时在重庆军当中，第八战区的第 1 军和第一战区的第 13 军是各该战区中的精锐核心兵团。重庆军的特点之一，是核心兵团一旦被打垮，全军就要支离破碎，因此打垮第 13 军，就等于打垮汤军”。当得知汤恩伯的第 13 军正在登封地区反击密县日军第 110 师团的情况后，认为“围歼第 13 军的良机即将到来”，“方面军参谋部于是不断以电话、电报指示第 12 军：‘赶快咬住第 13 军，予以围歼”。

日军第12军根据方面军的指示，不待许昌攻下，就于4月30日10时30分下达了攻占许昌后向登封转进、寻歼第13军的命令。攻占许昌后，第27师团及第37师团第227联队(配属1个步兵大队、1个山炮中队)于5月1日夜由许昌南进，5月5日下午攻占漯河和郾城。守军第89军新1师向东撤走。武汉地区日军第11军根据"中国派遣军"的命令，在日军占领许昌时，派独立步兵第11旅团(7个大队)于5月1日夜由信阳北上，2日至明港，3日拂晓至新安店。由于防守确山一带的第五战区第68军部队不战而走，日军第11旅团当日占领确山。日军第27师团先头部队仅受守军第29师的轻微抵抗，即于5月7日占领遂平，9日进至确山，与第11旅团会合。平汉路南段被日军打通。当日军第12军南进时，驻于上海地区的第13军奉"中国派遣军"之命，派第65师团师团长率其步兵第71旅团和第64师团的步兵第69旅团，于4月25日开始从安徽凤台、正阳关向颍上、阜阳进攻，以牵制位于平汉路以东的第15、第19集团军，策应第12军的作战。该师团的师团长惟恐过早深入而被歼，27日占颍上后即缓慢前进，至5月6日，9天时间仅前进约30公里。8日，日军27师团因已占领遂平，京汉路又基本打通，故返回原防。

日军第12军主力于5月2日开始向登封转进。根据方面军的意图，该军围歼汤恩伯第13军的作战指导大致为:"派第110师团由北方，第62师团由东方，包围歼灭第13军。再派战车第3师团和骑兵第4旅团主力由临汝及其以西地区，向大金店方向前进，以便歼灭敌军。此外，派战车师团部分兵力和第37师团主力确保临汝至长埠街道路附近要冲，尽力围歼向南撤退的重庆军。"[6]

5月3日，日军战车第3师团已突抵郏县，汤恩伯急令第85军将登封防务移交刚到的第9军，迅速增援临汝，协同47师守备城防。与此同时，守军第38军亦令第17师一部协同新35师向已拥入至方家岭附近的日第110师团进攻。但在守军部署尚未就绪之际，日军第110师团已于5月4日突进至登封西北约16公里的圣水附近，切断了登封与偃师的交通线。第4集团军巩县以东阵地的侧背亦因之完全暴露。日军战车第3师团在守军第85军到达临汝之前，已于5月4日拂晓占领临汝，守军第47师与第85军向临汝以南退走。日战车师团继续西进，当晚即进抵伊川以东附近渡河，切断了第31集团军的后方联络线。其机动步兵第3联队及战车第13联队一部，于当晚突进至洛阳南方的龙门附近，形势急转直下。至此，守军第9军与第13军已被日军分割，而第9军更陷于包围之中。

5月5日，第9军突围，向颍阳镇撤退，途中遭日军节节截击而溃散，损失重大。得悉颍阳一带已为日军占领，遂于6日夜退向嵩县东北收容整顿。与此同时，原在告成、白沙地区的第13军及暂16师及预11师亦于5日黄昏前突穿日军白沙以南的封锁线向临汝方向撤退，沿途亦遭日军战车部队的不断冲击，损失奇重，后在第85军掩护下，才得以穿越临汝以东封锁线南下，向半扎附近集结。

防守巩东、金沟至老饭沟一线的第4集团军在第9军和第13军等突围溃退后已形成孤立突出，旋奉命向洛阳西北地区转移，至5月8日亦退至陈凹附近。至此，汜、登主阵地全部被日军占领。

为了策应第12军作战，日"华北方面军"令第1军派第69师团师团长率其第59旅团5个步兵大队及独立混成第3旅团3个大队于5月9日夜由垣曲渡黄河攻略渑池，以阻止第八战区东援；为加强进攻洛阳的进攻力量，还调防守北平的第63师团师团长率所属步兵第67旅团及3个独立步兵大队赶至郑州，并指挥独立第9旅团及第12野战补充队（称"菊兵团"或"野副兵团"）参加进攻洛阳的行动。

5月10日，"华北方面军"下达命令："第12军应以一部兵力歼灭临汝西南和嵩县方面的重庆军，同时以主力迅速向宜阳、新安方面挺进，进入洛阳西北方；第1军应迅速渡过黄河，向洛阳方面挺进；野副兵团应击溃洛阳以北的重庆军，向新安方面挺进；以上东、西、南互相呼应，围歼第一战区军，进而攻占洛阳；敌军退却时，应立即朝陕县或向洛宁方向急追。"[7]

日方面军虽然下达进攻洛阳的命令，但第12军对此有不同的见解，认为当前主要的任务应该是追击刚被击溃的汤恩伯部和第31集团军，在它们整顿以前予以击歼，进攻洛阳及其周围的蒋鼎文部应视为次要任务，遂不按方面军的命令进围洛阳，仅以独立步兵第9旅团、第110师团及战车第3师团各一部对洛阳保持监视，而以主力分沿黄河南岸，朝颍阳至新安、龙门街至嵩县和宜阳方向追击前进，另以第62、第37师团分别尾追撤退的各守军部队，在临汝以北，西向伊、洛河上游河谷追击。

5月10日，第一战区转发了军事委员会的作战指导大纲。主要内容："1. 第15军及第94师仍固守洛阳。2. 第4集团军及第9军（目下集结于洛阳以北之陈凹）应迅速南向宜阳附近增援汤兵团。3. 汤兵团以主力固守伊阳（今汝阳）、宜阳，并派一部守洛宁，俟第4集团军到达后，再行转移攻势。4. 刘戡兵团应集结磁涧（洛阳以西约17公里）以南地区，准备侧击由渑池向洛宁或向洛阳前进之敌,并策应第36集团军之作战。5. 第36集团军应以一部酌留河防,抽调主力打击犯渑池之敌。6. 第39集团军应速集结主力,阻击南渡之敌,相机转移攻势。7. 该战区应先控制伊阳、宜阳、洛宁、嵩县各据点后,再图反攻。8. 第一战区司令长官部指挥所可转移洛宁第14集团军总部附近。"[8]各部队奉命后,乘日军尚未迫近时,于10日进抵指定地区。

日军第1军第69师团于5月9日夜从垣曲及其以西一带强渡黄河,担任河防的新8军暂29师及河北民军一部稍战即退,日军于11日攻占英豪、渑池,守军新8军军部亦稍一接触即行南撤,日军在渑池获得了大批粮食、弹械,并切断了陇海路的交通,洛阳守军从此陷于孤立。

5月12日,日军第37师团第225联队击败第12军第81师,接着占领嵩县。汤恩伯兵团各军间的联络被割断。13日,日战车第3师团一部击败刘戡兵团的暂4军,攻占磁涧;第47军亦放弃新安南退,撤向洛宁。日军紧紧追击,14日占宜阳,15日占韩城,17日占洛宁,20日占卢氏。第一战区的第4集团军、第36集团军、刘戡兵团等部队均退至阌乡附近地区,战区司令长官部移至阌乡东南的官庄。此时汤恩伯兵团早已溃退至伏牛山地区,洛阳陷于完全孤立。

防守洛阳的第15军及第94师共7个团的兵力(第64、第65师各2个团,第94师3个团),分为"城厢"、"邙岭"(城北)、"西工"(城西)3个守备区,第94师担任城厢区守备,第65师担任邙岭区守备,第64师担任西工区守备。

日军在第12军及第1军追击第一战区各部期间,对洛阳采取了"封锁"措施,第12军在洛阳周围的部队和炮兵等,凡属不参加洛河追击的部队,全部配属给菊兵团,负责执行此项任务。划归菊兵团指挥的有第110师团第163联队第1大队、独立混成第1旅团的步兵第74大队、独立混成第2旅团的步兵第5大队、独立混成第9旅团的步兵第38大队及野战重炮兵第6联队的1个大队。连同菊兵团本身的10个大队,总计14个步兵大队、1个重炮兵大队。

5月17日,菊兵团各部队全部到达洛阳周围。兵团长野副昌德决定18日开始进攻洛阳。当天,除城北邙岭区仍为第65师防守外,城西、南、东三面日军均已迫近城垣。在守军坚强抵抗下,日军的多次突击均被击退,激战终日,毫无进展。"华北方面军"于20日晚下达命令:"应以目前态势继续进攻,并纳入第12军司令官指挥。"21日至23日,日军先后攻占邙岭区内后洞、上清宫、苗家岭等各要点,守军退入城中。

5月24日13时,日军在航空兵、炮兵及坦克支援下,对城垣发起猛攻。激

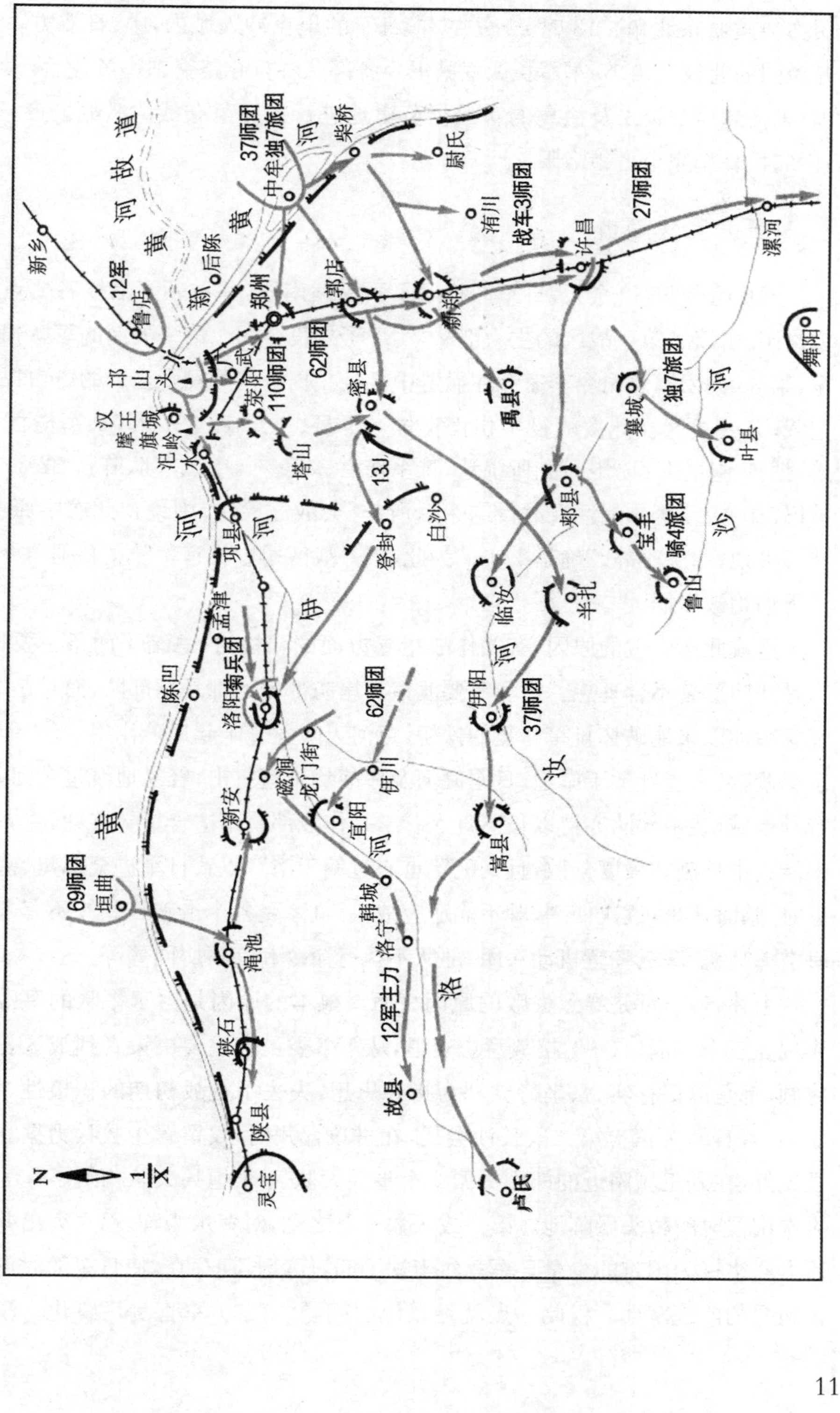

图 8－3－1 豫中会战经过要图

（1944 年 4 月 17 日—5 月 25 日）

战约1小时,日军战车第3师团及其机动步兵即突破城西北角。17时,第63师团亦突破城东北角。18时20分左右,日军的坦克冲入城内,中、日双方军队展开激烈的巷战。第15军军长武庭麟下令各部队各自夺路突围。黄昏后,大部撤出,未接到命令及未及撤离的官兵仍英勇地进行逐屋争夺战。激战彻夜,至25日8时,日军完全占领洛阳。

(三)会战简析

豫中会战仅30余天,日军即打通了平汉路南段,并占领了沿线各要点及古城洛阳,击溃了第一战区的主力部队,实现了战役企图。第一战区的军队损失严重,第36集团军总司令李家钰在撤退中牺牲。据台湾国民党当局的《抗日战史》记载,第一战区在此次战役中伤亡官佐817员、士兵18 327人,日军伤亡4000人;据日本防卫厅防卫研究所统计,日军伤亡3350人,中国军队阵亡32 290人,被俘7800人。第一战区在战役结束后所作《会战之检讨》中说:"此次中原会战,挫师失地,罪戾难辞。"确是事实。为此,第一战区司令长官蒋鼎文和副司令长官汤恩伯均被撤职。

造成此次失败的原因,有关作战指导方面的,《检讨》总结了两条主要原因:一是河防部署不合理想。黄河重要渡口及岸防部署的都是新部队,而且是"后退配置";加以未能破坏日军修复的铁桥,黄河天险丝毫未起地障作用,既未能歼敌于半渡,又未能歼敌于岸边,日军渡河及序战均未遭打击,轻易地渡过黄河,占领有利地域,装甲部队亦得以长驱直入。二是作战部署不适合指导方针,主力部队未能集中控制,"极度分散,且又配置重心过偏于南",以致日军进至郑州、密县附近时,临时调集,逐次使用,既不能适应战机,且蒙受各个击破。此外还有未能及时掌握战机、缺乏控置机动兵团、部队不执行命令和互不协同等等。

上述各点,都是导致失败的原因。而最根本的原因是由于军队的腐败。这表现在三个方面。(一)抗战意志衰退,从军事委员会主要决策者到战区各高级将领,都是以保存实力、坐待胜利为指导思想,失去了抗战初期的积极性。1941年10月日军为策应第二次长沙会战,在进攻郑州时,仅留置少数兵力据守中牟县城外,在霸王城附近的邙山头派2个步兵大队、1个炮兵大队构筑了作为以后再次南侵时的桥头堡阵地。第一战区数十万之众,对背水为阵、孤立突出并与其后方联络极为困难的少量日军竟然坐视不问,任其长期存在,使日军随时可以作为南侵的前进基地。仅此一点就足以说明问题。(二)军官贪污腐化。汤恩伯的部队最为严重。冯玉祥及所有了解该部内情的人都知道，汤部每个单位均有空缺，特别是汤恩伯本人及其军队将领都与日伪方面有密切的“贸易”关系，从中牟取暴利，大发国难之财。这样的军队不可能全心致力于抗战。《第一战区中原会战之检讨》中说汤恩伯的部队（当然不是所有部队）“一经与敌接触，亦即南撤”。汤恩伯副司令长官部总参议宋涛说：临汝一陷于敌手，我前线许多“部队都不战而退，望风披靡”。[9]（三）汤恩伯军队的纪律太坏，当地人民恨之入骨。1943年河南大灾，河南参议会和人民群众说：“河南灾荒除水灾、旱灾、蝗灾外，还有汤灾。”这样的军队不仅得不到民众的支援，而且如《检讨》中所说：豫西的民众“到处截击军队”，“甚至围击我部队，枪杀我官兵，亦时有所闻”。军队所到之处，保、甲、乡长逃避一空，“将仓库存粮抢走，形成空室清野，使我官兵有数日不得一餐者”。当时第13军第89师第266团团长方耀也说：“由于汤恩伯的军队几年来驻扎在河南，军纪不好，所以当汤军突围时，几乎每个村庄都向军队打枪”，“第31集团军总司令王仲廉率领总部直属部队突围，被武装民众包围缴械”，“汤恩伯亲自带领的直属部队，损失得更惨……”《检讨》说是老百姓受“隐伏汉奸分子的淆惑”才“阴扰国军”。但方耀记述道：“第13军突围后”，“行军十多天，开始时沿途百姓还表示欢迎，在路旁端着茶水给过路的官兵喝”，由于官兵“抓了十几个民夫”，“进入民房翻箱倒柜”，“强取民间粮食、燃料、蔬菜、杀猪、杀鸡，分文不给”；“有些老百姓牵着牲口带着东西上山避难，军队路过时上山搜索，牲口拉走以作军用，贵重物品抢走”，“因此沿途百姓闻风而逃，弄得十室九空，民众恨之入骨”。

豫中会战结束后，新任第一战区司令长官陈诚在豫陕边界附近的西峡口召集汤恩伯部师以上长官和河南专员以上行政官员检讨失败原因，曾总结说会战失败是由“四不和”造成的：一是将帅不和（蒋鼎文与汤恩伯争权夺利，不仅同一战区指挥不能统一，而且实际形成两个战略集团，并相互勾心斗角），二是军政不和（作战时地方不支持，且多掣肘），三是军民不和，四是官兵不和（大量士兵是硬抓来的，不仅官压兵、兵恨官，而且逃亡率极高，当然影响士气、战斗力）。[11]这一总结虽然未触及本质的问题，但所归纳的几个因素是完全符合事实的。

三、长、衡会战

（一）日军的作战准备及作战指导

1944 年春，武汉地区日军第 11 军的主要作战部队共有 8 个师团又 1 个旅团，即第 3、第 13、第 34、第 39、第 40、第 58、第 68、第 116 师团及独立混成第 17 旅团。为了抽出足够的兵力用于打通大陆交通线的第二阶段作战，日本大本营从“华北方面军”调来第 27 师团、战车第 3 联队（原属关东军战车第 3 师团）及炮兵 4 个大队，从第 13 军调来第 64 师团，另外调来独立步兵第 5、第 7、第 11、第 12 旅团，用以接替各师团的警备任务。由于考虑到此次作战可能伤亡较多，为能在作战进行中及时补充减员，日本大本营还为第 11 军成立了第 1、第 2、第 5、第 10 野战补充队（每队人员数量相当 1 个旅团）。同时组建了武汉防卫军，任命国内防卫总司令部总参谋长佐野忠义为防卫军司令官，负责指挥第 11 军离开后武汉地区的警备部队。

1944 年 3 月上旬，第 11 军即已拟制出进攻长沙、衡阳的作战计划。但上报后，“中国派遣军”认为指导思想过于消极，不符合大本营及派遣军的战略企图。由于第 11 军负责作战的高级参谋坚持己见，不肯修改计划，因而派遣军将其撤换，改调关东军第 1 方面军负责作战的高级参谋岛贯武治为第 11 军高级参谋。岛贯根据派遣军的意图，于 4 月间重新拟制了计划，预定使用自“七七”事变以来对 1 个地区进攻最多的兵力——8 个师团。计划以 5 个师团为第一线兵团，分 3 路沿湘江两岸南下进攻长沙、衡阳：中路 2 个师团，沿岳阳至衡阳铁路及其以东地区南进；东路 2 个师团，在平江、浏阳、萍乡、茶陵山区进行左翼迂回；西路 1 个师团，由南县渡过洞庭湖，在湘江以西的沅江、益阳、宁乡、湘乡南进，进行右翼迂回。进至长沙、浏阳、宁乡一线时，第二线的两个师团投入战斗；到达桂林东北地区时，再作阶段性的休整。该计划的主要内容为：

1. 以第 40、第 116、第 68、第 3、第 13 师团为第一线兵团，并列展开于华容、崇阳一线。其中第 40 师团在湘江以西，其余师团在湘江以东。判断在东部幕阜山、九岭山一带将受到中国军队的集中攻击，故将其最精锐的第 3、第 13 师团部署于东路。以第 58、第 34、第 27 师团为第二线兵团，分别集结于监利、蒲圻及蒲圻以北铁路沿线地区。

2. 军于5月27日至28日间开始攻击,首先将沅江、益阳附近以及新墙河、汨水间的中国军队捕歼。为防备右侧第六战区的侧击,另以独立混成第17旅团、独立步兵第5旅团各一部,以及第116师团的第109联队部署于江陵长江以南松滋河一线进行牵制,以掩护军之右翼。

3. 突破汨水防线后,继续向捞刀河之线追击,准备对中国军队的主要防线——宁乡、长沙、浏阳实施攻击。但在进攻长沙前,以第34师团先攻占其西侧的岳麓山,以策应第58师团攻占长沙。进攻浏阳时,判断中国军队将实施侧击,因此第3师团应从西北方、第13师团应从东南方进行包围攻击。在湘江以西方面,应进攻益阳、宁乡等地,以阻止第六战区部队增援。

4. 突破湘江之线后,军以一部兵力向衡阳方面作急袭突击,并予以占领。此时军主力应将从东、西、南三个方面退集下来的中国军队予以捕歼。[12]

上述计划经"中国派遣军"批准,指示第11军集中全力进行参战部队的作战组织及准备,并将此计划转给负有配合策应任务的第13军(驻上海)、第23军(驻广州)和第5航空军。

4月25日,第23军作战主任参谋高桥晃至汉口,与第11军商谈协同问题。第23军预定:6月下旬以第22师团的1个联队在北江的西岸实施作战,以策应第11军作战;从7月下旬起,以第104、第22师团、独立混成第22旅团向梧州方面作战;至9月初向柳州攻击。

日军第13军为牵制第三战区兵力以策应第11军作战,预定以第70师团从金华向西沿浙赣路进攻衢州地区。第5航空军预定以第1飞行团(辖6个飞行战队、2个飞行中队)协同第11军及第23军作战。其任务是:歼灭桂林以东的中、美空军,主力直接支援第11军作战,一部支援第23军作战,并警戒和阻止美空军空袭日本本土。

日军参战部队指挥系统如附表8-3-3。

(二)第九战区的作战指导及兵力部署

日军发动豫中会战后,军事委员会判断日军打通平汉路后必续向粤汉路进攻,当即令第九战区"积极准备,勿为日军所乘,以粉碎其企图"。随着日军第11军向崇阳、岳阳、华容地区的集结,军事委员会认为日军开始南犯的日期"当在不远",遂于5月28日电令第九战区薛岳"准备决战"。

电文内容：

“1. 战区以现有兵力(第六战区抽调一师增于益阳)，准备于长沙附近与南犯之敌决战。

“2. 以第 44 军守浏阳，第 4 军固守长沙及岳麓山；第 27 及 30 集团军(欠第 4 军)在现阵地迟滞、消耗敌人后，以主力向平江、浏阳附近地区转移；第 37 军在汨罗江沿岸迟滞、消耗敌人后，向浏阳、永安市地区转移；孙渡兵团(第 1 集团军，欠 58 军)应以持久战掩护战区之右翼，以 58 军即向浏阳以南地区转移。应统一上述各军之行动。

“3. 第六战区应于第 24 集团军抽一师，即开益阳，归 99 军梁军长指挥，拒止渡湖来犯之敌，掩护岳麓侧背。”

5 月 29 日，军事委员会又电令直辖各军归第九战区薛岳指挥，参加作战。电文内容：

“第 10 军(附暂 54 师主力)固守衡阳，但以 1 个师主力开易俗河，掩护湘潭、衡阳交通线。暂 2 军以主力在渌口、朱亭间，掩护湘江右岸通衡阳之交通线，以一团位置于醴陵，掩护醴陵至攸县之交通线。均归薛长官指挥。但无命令，不得参加长沙决战。”

5 月 31 日，军事委员会电令第三、第六两战区各转用 1 军参加作战：

“即饬第 73 军全部开汉寿附近(续开益阳)，第 26 军遵 5 月 28 日电，迅速开攸县(后改向萍乡)。均归薛长官指挥。”[13]

会战开始之前，第九战区各部队所在位置为：

赣北方面：第 1 集团军以赣保第 9 团及新 3 军的新 12 师、第 183 师及第 1 挺进纵队(附赣保第 4 团)，任梁家渡，市汉街跨赣江，亘松湖街、高安、奉新、东堡之线警备；第 58 军的新 10 师及赣保第 3 团控置樟树、清江，新 11 师控置分宜。

鄂南方面：第 30 集团军以第 72 军的第 34 师、鄂警第 14 大队、第 3 挺进纵队之一部及新 13 师，任大港、武宁、留嘴桥、九宫山、塘口、通城、麦市、九岭、保定关之线警备，以新 15 师控置于修水附近。

湘北方面：第 27 集团军以第 4 挺进纵队、第 20 军、第 13 师 1 个团及新 20 师，任黄崖市、杨林街、新墙、八仙渡、鹿角之线警备，以第 133 师控置长乐街附近。

湘西方面：第 99 军以第 99 师及第 92 师担任营田、湘阴、芦林潭、沅江南嘴小港、汉寿之线警备。

战区直辖部队：第37军一部任汨罗江警备，主力集结于瓮江铺、浯口地区；第4军集结长沙地区，并任长沙警备；第44军集结浏阳地区；暂2军集结株洲、渌口地区；第10军集结衡山、衡阳间地区。

依据军事委员会的电令，第九战区决心在湘江东岸新墙河、汨罗江、捞刀河、浏阳河、渌水之间，在湘江西岸资水、沩水、涟水之间节节阻击、消耗敌人，控制主力于两翼，在渌水、涟水北岸地区与日军决战。

为此，由赣北抽调第58军、第72军及新3军的第183师，请从第三战区抽调第26军，从第六战区抽调第73、第74、第79、第100军，从第四战区抽调第46军，从第七战区抽调第62军，与原在湘北长沙、衡阳及滨湖地区的第20、第37、第44、第99、第4、第10各军合力参加渌水、涟水以北地区的决战。

第九战区参战部队指挥系统如附表8-3-4。

（三）作战经过

1944年5月23日，日军第11军指挥所从汉口推进至蒲圻。25日，参加进攻作战的各部队已先后到达进攻出发地位：第40师团位于石首、华容地区，第116师团位于岳阳南的新开塘地区，第68师团位于岳阳东的临湘、西塘地区，第3师团位于崇阳、洪下附近，第13师团位于崇阳东的白霓桥地区，第34师团的第218联队（针支队）位于岳阳东北城陵矶。第二线的第34师团位于蒲圻南面的白石铺、花亭桥一带，第58师团位于监利、郝穴地区，第27师团位于蒲圻北沿铁路两侧。右侧掩护部队独立步兵第5旅团的3个大队，分别位于弥陀寺、黄金口、闸口，独立混成第17旅团的2个步兵大队位于杨林市、甘家场，第116师团的109联队位于藕池口。

5月25日、26日，日军第1飞行团空袭长沙，并与中、美空军在荆门上空进行了空战。

5月27日，日军第一线5个师团开始分3路向第九战区崇阳迄公安、南县一带发起全线总攻：东路第3、第13师团于5时首先向守军第30集团军第27军阵地进攻；中路第116师团（欠1个联队）、第68师团于21时至24时强渡新墙河，向守军第27集团军第20军阵地进攻；西路第40师团、第116师团的第109联队、独立混成第17旅团的2个大队以及独立步兵第5旅团以3个大队编成的野地支队均于24时向松滋河东岸守军第99军第92师前进阵地进攻。第34师团第218联队（针支队）于20时，在海军支援及前导下搭乘170余艘小艇由岳阳南航进入洞庭湖中。迄28日零时，日军第一线部队全部投入战斗。

1. 长沙及湘北地区战斗

日军发动总攻后，迅速突破守军第一线阵地，强渡过新墙河，向纵深攻击前进。战斗至6月1日，东路日军第3、第13师团先后攻占通城、麦市、南江、龙门驿及平江；守军新13师撤退至南江以东的幕阜山区，第20军转移至平江以南祖师岩附近收容整理。中路日军第116师团（欠1个联队）及第68师团相继攻占杨林街、黄沙街、关王桥，进至汨罗江北岸，乘汽艇南下的第218联队则越过汨罗江，攻占归义；守军第20军退守汨罗江南岸，第37军留一部兵力防守汨罗江阵地，主力南撤至上杉市。西路日军第40师团及独立混成第17旅团一部、独立步兵第5旅团主力先后攻占南县、安乡、三仙湖市，进至赤山半岛；守军第100军的第63师及第99军的第92师（此时尚属第六战区）被迫西撤。

6月2日，军事委员会致电第九战区："饬薛长官转各总司令、各军、师长，上下一致，争取最后胜利。并规定凡命令固守地点，不得擅自撤退，违者照连坐法治处。"薛岳准备以第92师、第99师、第77师、第162师分别固守沅江、湘阴、益阳、三姐桥。军事委员会则令"固守长沙（岳麓山）、浏阳、衡阳三要地"。[14]

同日（2日），日军第11军也下令命各师团对汨罗江以南的守军第37军、第99军进行包围击歼，并向捞刀河前进，同时将第二线兵团的第34师团和第58师团投入战斗。命令的主要内容为：

(1) 第40师团攻占沅江后，以一部速向乔口、靖港、白沙洲一带突进，切断湘江以东守军向西岸撤退的道路；主力于6月5日左右开始向益阳、宁乡方面进攻。

(2) 第34师团4日拂晓开始进攻，主力于新市南，一部从汨罗镇南进攻圈山坪山区，尔后向捞刀河河口攻击；218联队溯江进攻，歼灭守军渡江部队及湘江两侧之部队。

(3) 第116师团于6月4日拂晓开始攻击，突破长乐街以南守军防线后，经福临铺向捞刀河以南之黄花市攻击前进，并击歼该地区之守军。

(4) 第68师团于6月4日拂晓开始进攻，主力从瓮江市（平江以西）前进，一部由月田南进，攻向金井，以后经上杉市突进至春华山附近，击歼该地区之守军。在作战的同时，主力即做好向浏阳西南地区进攻的准备。

(5) 第13师团适时开始行动，至7日晚到达浏阳东北约25公里之永和市、蒋埠市，做好向浏阳东南地区进攻的准备。

(6) 第58师团至7日左右，到达福临铺东西之线。

日军各师团稍加整顿，即按照军的命令开始行动。

第九战区见浏阳方面情况紧急，急令第183师于6日到达桐木(浏阳东南约30公里)，令第26军星夜兼程至萍乡，策应浏阳、醴陵方面和作战。但防守右翼的第37军仅实施轻微的抵抗，即逐步后撤至浏阳以东山区；防守左翼的第99军则仍据守着湘江两侧的青山、乔口、靖港、兰溪、营田、湘阴、樟树等据点，顽强抗击日军。日军第11军遂下令命西路日军及中路日军围歼第99军。

军事委员会为增强湘江以西的防守能力，于6月4日令第六战区的第24集团军归第九战区指挥。战斗至6月8日，西路日军第40师团攻占沅江后又攻占花湖口，迫近白马寺；守军第92师及第99军军部撤至沩水南岸。中路日军第116师团及第68师团均已突破汨罗江防线，进至捞刀河北岸的水渡河、春华山地区；守军第99师撤至三姐桥附近山区；在第116师团西侧新加入战斗的第34师团突破守军的神鼎山、新开市阵地后，到达捞刀河北岸的桥头；在第116师团与第68师团之间新投入战斗的第58师团的主力进至汨罗江以南栗山港附近，其52旅团则西进攻占了湘阴。此时，东路日军第3师团及第13师团已分别进至浏阳西北的相公寺及浏阳以东的蒋家埠附近。

当日军即将进抵捞刀河北岸时，第11军即已开始作进攻长沙的部署。鉴于此前进攻长沙的教训，这次进攻极为谨慎，早在会战开始之前即已确定由兵员来自日本九州南部、性格强悍的第58师团进攻长沙，并预先进行了攻坚战术、战斗的特别训练；预定进攻岳麓山的第34师团也预先进行了各兵种协同山地攻坚战的特别训练。为保障该两师团进攻长沙时的侧背安全，还计划令其东西两路的部队先期分向浏阳、宁乡进出，使长沙陷于孤立，尔后再将该两师团投入攻击。6月7日夜下达了如下先攻占长沙两侧的宁乡、浏阳，再进攻长沙的作战命令：

(1) 第40师团攻占益阳后向宁乡前进，并攻占之。

(2) 第3、第13师团从浏阳西北及东南方向进攻浏阳，6月10日开始攻击。

(3) 第116师团、第68师团在浏阳以西避开守军既设阵地正面，6月11日开始向浏阳河沿岸守军攻击。

(4) 第34师团、第58师团及第68师团的58旅团于6月16日开始对坚固设防的岳麓山及长沙市发动攻击。

日军各部队按照命令开始调整态势，西路第40师团则积极向益阳逼近。

中国军事委员会于6月9日令刚到达桃江镇附近的第24集团军加入战斗。电令指示："王耀武兵团应于主力集中之后，对渡湖南犯之敌，以积极手段将其捕捉而歼灭之。至于益阳、宁乡等要地防御，务以用最小限之兵力任之。"[15]因日军已迫抵资水，益阳危急，第九战区令第24集团军速向益阳、宁乡前进。6月10日，日军开始围攻益阳，王耀武令第100军驰援。第100军于12日拂晓进抵益阳附近，但此时益阳守军第77师已因伤亡过众于11日夜突围撤走。第100军的第19师并不知守军已撤，于12日拂晓向益阳外围日军进攻。经激战后，日军主力转向宁乡进攻，第19师于14日收复益阳，将城防再交第77师，第19师尾随日军，南下宁乡。

日军第40师团由益阳进攻宁乡时，遭到守军第73、第79军的坚强抗击。第九战区为策应宁乡之战，令第99军转移至宁乡东南的金马桥附近作为机动部队，准备适时侧击进攻宁乡的日军。守备宁乡的部队是配属第73军的第58师。日军突破外围阵地后猛攻宁乡城于6月15日晨突入城内。两军展开激烈巷战。经反复肉搏，迄18日，守军仅余200余人，仍据守核心阵地。19日凌晨，日军第40师团转向湘乡进攻，由益阳尾追日军的第19师进入城中，与58师残部会合。

东路日军于6月8日接到军的命令后稍事整顿，于10日开始向浏阳实施夹攻，第3师团突破高开桥阵地由西、北面向城垣攻击。第13师团以一部经古港，从东面进攻城垣，主力迂回至浏阳城南。激战至14日上午，第44军守城部队突围，日军占领浏阳。

中路日军第116、第68师团分别从汨水渡河，在春华山附近强渡捞刀河，击退守卫长沙的第4军警戒部队，于14日进抵株洲及其东南的石亭附近。守军暂7师退守渌水南岸。此时日军第34师团已渡过湘江，进抵岳麓山东、北两面，第58师团经椇梨市已进至长沙东面。

防守长沙的第4军下辖第59、第90、第102师及配属的炮兵第3旅，共约1万余人。其防御部署是：第59师防守长沙东车站以南至湘江的长沙市南半部，第102师防守东车站以北至湘江的长沙市北半部，第90师防守湘江以西的岳麓山。

6月16日，日军在航空兵直接支援下，对岳麓山及长沙市发动总攻，第34师团当天攻占了岳麓山东、西的虎形山和牛形山。黄昏时，日军第58师团突破第59师修械所阵地，"59师全部动摇，撤守妙高峰、天心阁核心地带"。

图 8－3－2　长、衡会战·长沙及湘北地区战斗经过要图

（1944 年 5 月 27 日—6 月 18 日）

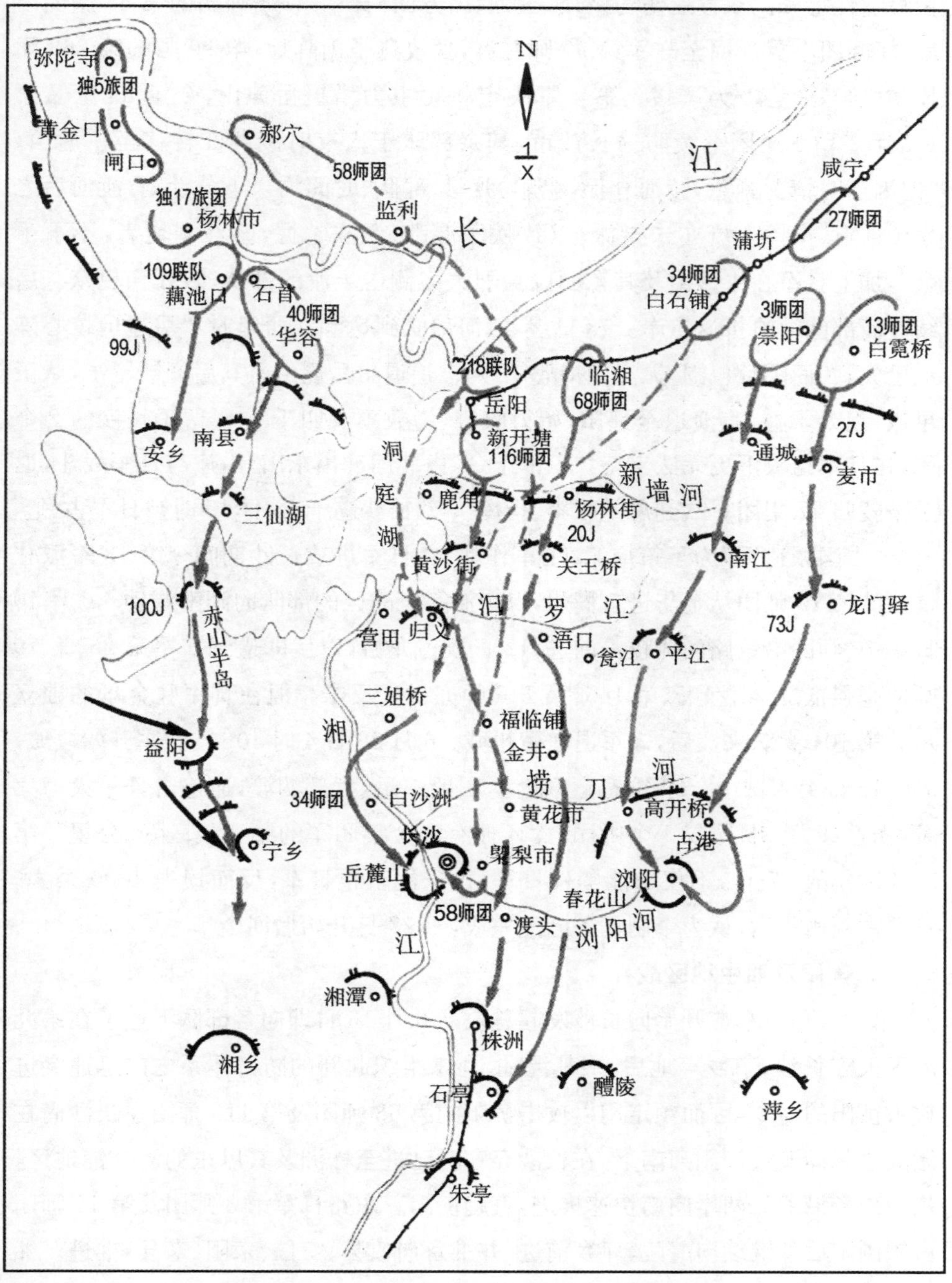

6月17日晨，日军在航空兵掩护下向天心阁和桃花山阵地猛攻，并施放大量喷嚏性毒气。双方死伤均极众。岳麓山方面，日军第68师团的第58旅团由第34师团右翼迂回至守军第90师左翼，猛攻燕子山阵地，第90师的第268团损伤过半，形势极为严峻。第4军决定将军主力增援岳麓山，令第59师及第102师各留1个团继续防守长沙市，其余部队于入夜时渡湘江转移至岳麓山。“但因当时情况紧急，渡河仓促，船舶、渡口、部队、时间均未十分计划，渡河后之集中地点、指挥人员亦未指派，以致秩序混乱，无法掌握，坠江溺毙者，不下千余”，加上日军在牛形山及其东面以猛烈火力侧击半渡的部队，致死伤更众。后续渡河部队被迫折返东岸。18日晨，渡河部队到达湘江西岸时，“岳麓山核心阵地已失，四面受敌包围，无法支持战斗，乃被迫退出岳麓山。其后复被尾击，队伍星散，无人掌握，直溃退至邵阳，始得收容，为数不及四千”。[16]留于长沙的2个团，在日军猛攻下更无法支持，“一部千余，由北门冲出东山，沿途与日军战斗，退至茶陵归27集团军欧副总部收容、指挥”，[17]长沙遂于18日15时被日军占领。

“中国派遣军”为了策应第11军作战，在日军进攻长沙期间令第13军派驻杭州的第70师团从金华进攻衢州，以牵制第三战区的部队向湖南调动。6月10日第70师团沿铁路两侧攻击前进，12日攻占龙游，以后即遭到守军第26、第79师的坚强抵抗。第105、第145、第146师亦投入反击。但在日军驻金华的独立步兵第104大队来援后，守军退守衢州城。6月26日4时40分，日军开始攻城，5时15分突入城中。守军撤退至衢江，因船不足，大部泅渡，遭追击日军火力集袭，伤亡甚大。日军仅1个师团，深入拥有3个集团军的第三战区80公里。第三战区作战17日，不仅未能围歼日军，也未能阻止日军，反而损失1000余人。日军占领衢州后，认为牵制任务已经完成，于27日开始撤回金华。

2. 衡阳及湘中地区战斗

日军第11军在开始向长沙发起总攻的6月16日即向各部队下达了在第九战区失守长沙、宁乡等地后，乘其混乱、尚未组织起新的防御体系之前迅速突进攻占衡阳的命令，因而预定用以攻击衡阳的第68师团及第116师团在长沙尚在激战之际即渡过浏阳河南下，在长沙弃守时已进至株洲及其以东的清江铺地区，尔后准备沿湘江两岸向南快速推进，直趋衡阳。东路日军第3师团及第13师团占领浏阳后即继续向醴陵、萍乡前进，并准备向攸县、安仁、耒阳(耒县)推进。湘江西岸的西路日军第40师团于19日攻占宁乡后亦继续南下湘乡，并准备向衡阳以西的永丰、渣江前进，与东路日军遥相呼应。

长沙失守后，军事委员会为保卫衡阳、阻敌深入，于6月20日对第九战区下达了如下作战命令：

“(1) 国军以阻敌深入、确保衡阳为目的，以一部于渌口、衡山东西地区持久抵抗，以主力由醴陵、浏阳向西，由宁乡、益阳向东夹击深入之敌而歼灭之。

“(2) 王副长官指挥72军、58军、26军，速击破醴陵东北地区之敌，攻击敌主力之左侧背。

“(3) 杨副长官指挥20军、44军，先击破醴陵以北地区之敌，尔后转移于王副长官所部之左翼，协力向西攻击敌人。

“(4) 欧副总司令指挥37军、暂2军及第3师，在渌口、衡山间坚强持久抵抗，阻敌之深入。

“(5) 王总司令耀武指挥73军、79军、99军、100军及4军之残部，向湘江左岸之敌攻击，但以一部守备湘乡。

“(6) 李副总司令玉堂指挥10军、暂54师，固守衡阳。

“(7) 第七战区开来之62军仍归本会直辖，控置于衡阳西南地区待机。”[18]

日军通过空中、地面侦察，根据中国军队的集结、调动情况，再结合以往的一贯战法，大致上已判断出军事委员会集中兵力分由东、西两面实施夹击的战役企图，遂令东、西两路日军集结兵力，加强对醴陵、宁乡方面的作战，以掩护中路日军进攻衡阳。

东路日军第13师团于6月20日占领醴陵后，仅以一部兵力继续南下。而以主力向东进攻准备实施夹击的中国军队，在刘公庙附近重创第26军，并迫使第58、第72军向东撤退，于22日占领了萍乡。日军第3师团亦于萍乡以北地区击溃了第58军。军事委员会计划的反击作战已无法实现。

西路日军第40师团于19日攻占宁乡后即全军南下，在湘乡以北击退第73、第74军，于22日攻占湘乡。守军新23师(附第92师1个营)退守石狮江、三枣。与此同时，中路日军第116师团的第133联队，亦向东进攻，配合第40师团，在湘乡东南的东台山一带击退守军第32师。至此，第40师团即暂停南进，集结兵力准备与由西北南下的第24集团军作战。

中路日军第116师团和第68师团在日军总攻长沙之前，即已于6月13日和16日分别轻易地占领了株洲及清江铺。守军暂2军退守渌水南岸。配属第116师团的第68师团第133联队则西进，占领了湘潭。守军新23师退至涟水以南，转移到东台山一带。6月19日，第116师团(附第68师团的第57旅团)由株洲附近西渡湘江，分两路各沿湘江西岸及易俗河向衡阳前进；第68师团（欠第57旅团）由石亭附近渡过渌水，击退暂2军后沿湘江东岸向衡阳急进。第68师团于23日即已突抵泉溪市附近，并渡过耒河，击退暂54师的警戒部队。24日傍晚，以一部西进，进攻五马槽衡阳外围阵地，主力经赤水塘西渡湘江，向衡阳以南迂回。迄27日，日军第116师团进至衡阳城西郊，突破守军第3师阵地，逼抵瓦子坪、虎形山主阵地前；第68师团一部突破五马槽第190师前进阵地和冯家冲主阵地，并攻占了飞机场；主力则突破衡阳城南黄花岭、欧家町预10师的警戒阵地，进至铁路线预10师的主阵地前。至此，衡阳已处于日军的三面包围之中。

衡阳位于湘江中游，系粤汉铁路和湘桂铁路的交会点，是第九战区的重要战略基地之一。该城东端紧临湘水西岸。防守衡阳的部队为第10军，下辖第3师、第190师及预10师。* 其中第190师是后调师，仅有1个第570团是个完整的团，其余各部均仅有干部；第3师有1个团尚在衡山附近。另外还配属有暂54师（欠2个团）及48师的战防炮营、第46军的1个山炮连和第74军的野炮营。此时在衡阳的防御部署是：第3师防守衡阳西北部，预10师防守衡阳西郊，第190师防守衡阳南郊，暂54师防守衡阳北郊。

6月27日夜，日军完成了攻城的准备。其部署是：第68师团的独立步兵第64、第116大队位于湘江以东衡阳飞机场附近，第58旅团（独立步兵第65、第115、第117大队及配属师团的独立山炮兵第5联队）位于湘江以西衡阳南郊黄沙岭一带，第116师团的第109、第120联队及炮兵第122联队位于衡阳城西南和城西地区，第57旅团（有步兵第61、第62、第63大队及炮兵第5联队第3大队）位于衡阳西北小西门、体育场、蒸水桥一带。

6月28日拂晓，日军发起总攻。守军各部队在炮火支援下坚守阵地，并不时予以反击。激战终日，日军毫无进展。第68师团师团长佐久间为人及其参谋长原田贞三郎等被炮击负重伤，由第116师团师团长岩永汪统一指挥两师团。29日日军仍毫无进展。岩永汪将衡阳以西四塘附近担任侧背警戒的第133联队投入战斗，与炮兵第122联队协同，企图于7月1日进攻城西坚固据点张家山。激战至7月2日，除主攻方向上经多次反复争夺的张家山被日军第133联队攻占外，其他方面的守军均击退日军的多次进攻，守住了阵地。

---

* 第190师及暂54师原在湘江以东，日军第68师团独立第64大队攻占湘江东飞机场，将190师及暂54师从中间割断后，第10军为集中兵力、缩短防线，于26日夜将该两师调回湘江西岸衡阳市区。

由于守军的英勇抗击，日军连续猛攻 5 日，损耗了大量人员和弹药，仅推进了 1000 米。第 11 军为补充弹药和休整战力，决定于 7 月 2 日夜暂停进攻，预定 7 月 11 日再重新发起进攻。

守军为增强防守力量，乘日军暂停攻击之机，调第 3 师留置衡山附近的第 8 团归建。该团于 5 日 8 时许从何家塘、望家坳间突破日军包围圈，冲入城中。由于日军主攻方向始终保持于城西南郊，守军为加强该方面的防守、彻底形成重点，重新调整了部署：令第 3 师（欠第 7 团）南移占领天马山、岳屏山、接龙山、五桂岭高地，建立第二线阵地；第 3 师所遗城西北防务，除易赖庙的前街及青山街、杨林庙主阵地仍由第 7 团防守外，其余均交由第 190 师接替；湘江西岸的警戒，以铁炉门为界，以南由暂 54 师负责，以北由第 190 师负责。

中路日军进攻衡阳期间，东路日军第 3、第 13 师团连续攻占攸县、安仁、进抵耒阳；西路日军第 40 师团亦已攻占衡阳西北仅 35 公里的渣江，衡阳守军已完全陷于孤立。但在西路日军后方，守军第 30 集团军曾实施反击，6 月 28 日收复萍乡，7 月 4 日进攻醴陵，几乎全歼日军骑兵第 3 联队。日军第 27 师团等部队前来增援，于 10 日又夺占醴陵。

日军第 68、第 116 师团经休整补充及加强炮兵后，于 7 月 11 日上午开始第二次攻击。此时第 68 师团已由堤三树男接任师团长。第 116 师团的 120 联队在其飞行第 44 战队、野炮兵第 122 联队及独立野炮第 2 联队掩护下，向城西南预 10 师第一线阵地要点虎形山发起猛攻。激战至 12 日 9 时，守军伤亡重大，阵地为日军突破。第 3 师抽出 1 个营增援反击，经白刃战后，营长阵亡，士兵死伤四分之三，未能收复阵地，退守西禅寺。激战至 15 日，第一线阵地多处被突破，第二线增援部队经反复争夺，又收复一些要点，两线阵地犬牙交错，战斗极为激烈。第 10 军为加强城西南的防御纵深，又令第 190 师在接龙山、雁峰寺、中正堂一带建立第三线阵地。迄 16 日，第一线阵地枫树山、军舰高地等俱为日军突破。第 10 军遂将第一线阵地全部放弃，以第 3 师及预 10 师残部合力防守第二线阵地。此时，城西郊日军第 57 旅团亦已推进至距小西门不足 1000 米之处。由于守军防御正面缩小，所以人员伤亡虽众，防守强度和火力密度却减少甚微。7 月 17 日、18 日，日军进攻势头下降。经连日激战，日军主攻方向上的第 116 师团第 120 联队联队长和尔基隆大佐及第 133 联队的 3 个大队长相继被打死，每大队所余兵力不足 100 人，而且弹药已严重不足，攻坚战斗已难以为继。日军第 11 军不得已再次下令于 19 日起暂停攻击。

军事委员会虽早在日军围攻衡阳之前即已令王陵基指挥第72、第58、第26军，杨森指挥第20、第44军，欧震指挥第37军、暂2军，王耀武指挥第73、第79、第99、第100军等夹击日军，后又数次电令各兵团“乘敌后空虚，击破进犯之敌”和“扫荡当面敌人”，令李玉堂、王耀武“速解衡阳之围”，但衡阳外围各兵团在东、西两路日军的阻击下有时连守都守不住，被迫不断后撤，当然更无力击歼两路日军、解衡阳之围了。这虽然不一定像当时第九战区参谋长赵子立事后所说的那样：“外线友军是愈打愈远，而内线的敌人愈打愈近”，但外围兵团，特别是湘江以东的各军始终未积极向衡阳突进则是事实。

由于湘江以东各军散处日军侧后，距衡阳尚远，而第62军已迫近衡阳，因而军事委员会于7月22日电令第九战区集中湘江以西部队向进攻衡阳的日军攻击。电令主要内容为：

“(1) 我衡阳外围援军，应集中全力，先突破衡永公路附近之虎形山及汽车西站以西敌人阵地，再图扩张战果。

“(2) 62军应以一部监视衡阳南侧之敌，集中步炮主力，于黄泥坳附近向虎形山及其东南地区之敌阵地突击。突2纵队即沿公路由黄泥坳西南地区向汽车西站、虎形山方面推进，归入黄军长之指挥。

“(3) 79军应集中主力，由贾里渡方面向汽车西站以西敌阵地突击，以收夹击之效。

“(4) 63军主力应攻占望城坳，以策应各军之作战。

“(5) 空军应集中力量轰炸虎形山及汽车西站以西之敌阵地……”[19]

23日，军事委员会又电令李玉堂“即日进驻62军军部，直接督促”。

军事委员会的电令(包括以前的多次电报)均被日军情报人员破译，因而日军对第九战区各部队的行动非常清楚。这次获得情报后，当即将电令内容通知各师团，并令第40师团占领衡阳西南、正西和西北约10至15公里处的七里山、两母山、二塘、城口墟、板桥、狭山冲一线阵地，堵截、阻击由西方来援的中国军队。同时令第57旅团归还第68师团建制，令第109联队归还第116师团建制，以便于指挥。

第62军一度突进至火车西站，但在日军第40师团的反击下，伤亡甚大，且弹药告罄，被迫撤退至盘右岭附近收容整理。第79、第74军主力及第100军之第319师亦被阻止于日军第40师团的堵截线之外。

7月29日，日军第11军确知专为补给衡阳地区的辎重车队预定8月4日前后可到达衡阳附近，部队也经过调整，遂于当日下达了攻击命令：确定8月4日开始第三次攻击，除令第68、第116师团仍担任主攻任务、于8月4日向岳屏山方向攻击外，另令第58师团于8月5日向衡阳西北方向攻击，令第13师团以一部兵力在湘江东岸以火力支援湘江以西的作战。

7月27日及8月2日，中国空军两次空投蒋介石的手令，鼓励第10军坚守衡阳待援。第一次仅说"余必为弟及全体官兵负责，全力增援与接济"，第二次则告知"各路增援部队今晨已如期到达二塘、贾里坡、陆家岭、七里山预定之线，余必令空军掩护，严督猛进"。8月2日，第62军及第100军确已到达三塘、两母山地区，第74军亦已到达佘田桥、新桥，第79军到达望城坳附近，与日军第40师团激战。第62军在进攻二塘、两母山时与日军第234联队进行了白刃战，予该联队以歼灭性打击。"其第3大队各个中队有的只剩下2人，最多的不过24人……各队伤亡累累，弹药又缺乏，尤其是手榴弹已消耗净尽，只好投石头对抗手榴弹充足的重庆军"。但由于第62军等在战斗中伤亡亦众，始终未能歼灭依托工事坚守阵地的日军残部，被阻于日军堵截线之外，未能与衡阳守军会合。在此期间的外围各兵团，除第24集团军遵照军事委员会的命令积极向湘江以西进攻衡阳的日军进攻外，湘江以东的第九战区各军没有进行积极有力的进攻。

8月4日，日军第68、第116师团对衡阳第3师及预10师阵地发起总攻。5日，第58师团(从长沙增援到来)由衡阳西北投入战斗，猛攻第190师阵地。激战至6日拂晓，第190师退守小西门及其以北的城垣。当日夜，日军第58师团一部从城西北角突入城内，西南方面岳屏山、天马山等阵地亦为日军第116师团突破。7日6时起，日军集中炮火先对守军进行了约2小时的炮火准备，尔后发起冲击。守军阵地大都被毁，官兵伤亡惨重，五桂山、接龙山等阵地先后失守。但第3师及预10师的官兵仍顽强抵抗。

8月7日夜，第10军军长方先觉派参谋长孙鸣全与日军联系投降事宜；8日晨，方先觉率其第3师师长周庆祥、第190师师长容有略、预10师师长葛先才、暂54师师长饶少伟及副官处处长孙广宽在城南天主堂与日军第68师团师团长堤三树男会见，正式缴械投降(方先觉被日军送还重庆后，蒋介石又任命其为青年军第207师师长)。据日军记载，缴械的官兵共13 306人(大部为伤病员，能战斗者约4000人)。此时，不愿投敌的部分官兵"仍在城内进行抵抗"。由第四战区抽调来援的第46军等已进抵距衡阳8公里的二塘。日军第11军负责作战

图 8-3-3　长、衡会战·衡阳及湘中地区战斗经过要图
（1944 年 6 月 19 日—9 月 14 日）

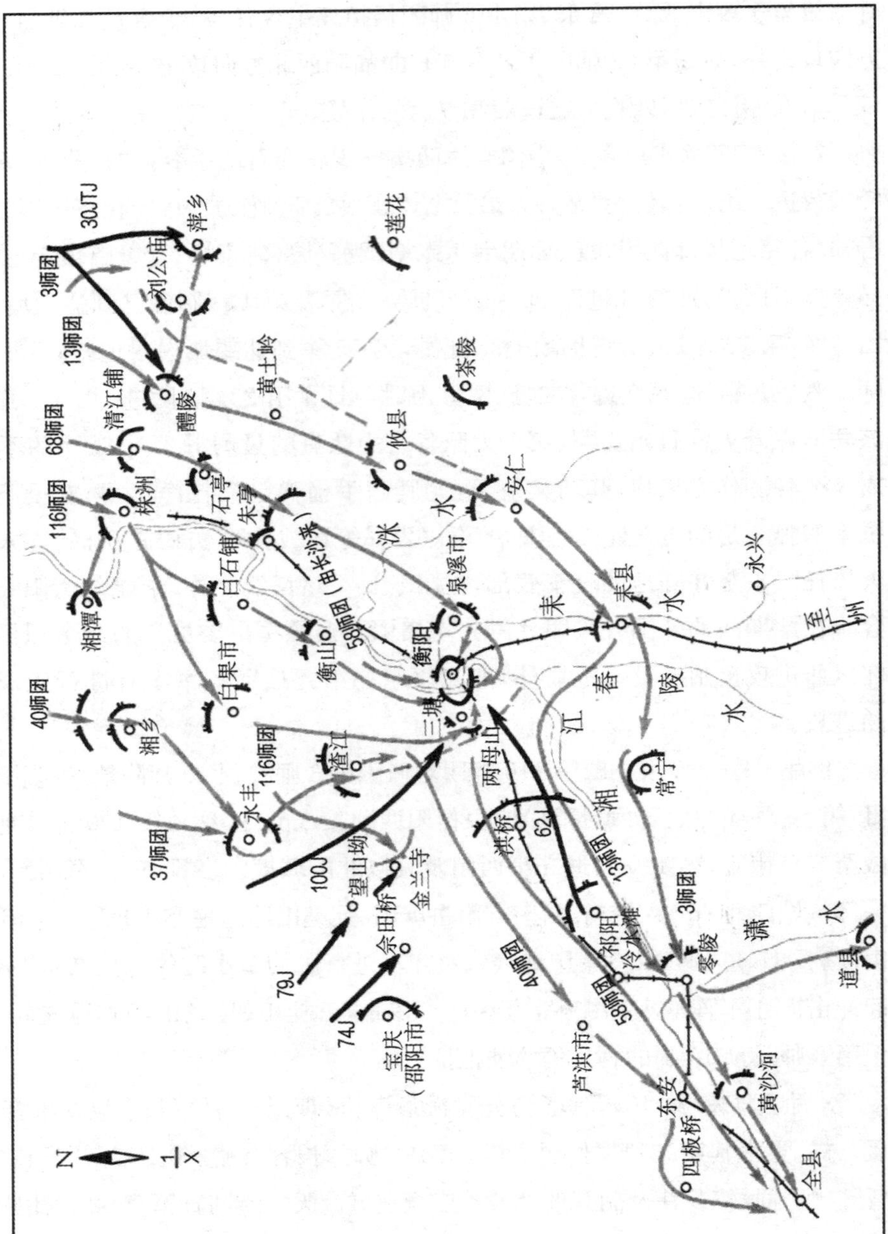

的高级参谋岛贯武治在当天(8日)的日记中写道:“上午8时攻克衡阳,力攻40天……是一场竭尽了全力的战斗。只晚了一天,敌机械化兵团就出现了。我方部队面对前来解围的敌军,多少有些动摇。战争的胜负诚然在于最后5分钟。如固守衡阳之敌誓死决一死战,或将出现‘因帕尔’的结局。”*

衡阳失守后,第九战区以一部兵力在衡阳以西攻袭日军,主力撤至洪桥一带。日军经休整、补充后,9月1日开始进攻:第3、第13、第40、第58师团向零陵、全县(今全州),第116、第37师团向邵阳进攻。守军第37军在常宁进行了较顽强的抵抗;第79、第62军在白鹤铺、大营市一带,第74、第100军在渣江、永丰一带,稍事抵抗后再次后撤。日军于9月5日攻占祁阳,7日攻占零陵,13日占道县,14日不战而占领筑有坚固国防工事的全县。至此,长、衡会战结束。

日军占领全县后报告该地阵地情况说:“黄沙铺对岸和大结以南高地上的阵地,构筑极为坚固,是以坑道、碉堡为中心组成的纵深达4公里的阵地。此外,在塞前岭(全县以北9.5公里)、江家村(全县以北6公里)、五里村(全县东北2公里)以南高地一线,还有尚未竣工的纵深达3公里的阵地。重庆军放弃如此坚固阵地竟然退却,其意图何在,实难理解。”

长、衡会战过程中,直接协助第九战区作战的中国空军的中美空军混合团基本上掌握了战场上空的制空权,迫使日军航空兵及地面部队的大规模行动多在黄昏后和黎明前进行。据国民政府军事委员会统计,自1944年5月27日至9月6日间,中美空军混合团共出动飞机667批,其中驱逐机(战斗机)出动3416架次,轰炸机出动248架次,计击落日机66架,地面炸毁58架、炸伤10架,另击毁各种车辆521辆、木船1360只。据日军统计,仅7、8两月中美空军混合团就出动427批、2752架次。

(四) 会战简析

此次会战虽给日军以一定打击,特别是衡阳保卫战斗,重创了日军,但从战役整体上看,中国军队不仅未能打破日军攻略长沙、衡阳,控制粤汉、湘桂铁路的

---

* 1944年夏,日军第15军从缅甸进攻印度因帕尔,惨败而归,10万人仅剩下了3万人。

企图，而且损耗自己大量军队及武器装备，* 并丧失湖南大片国土，是一次失败的战役。

会战失败的根本原因和豫中会战一样，是由于高级将领抗战消极，企图保存实力以及军队腐败。衡阳坚守40余日，虽经一再电促外围部队前往解围，但除第62军及第100军、第79军先后进至衡阳郊区或外围外，其他部队均未到达衡阳附近。特别是湘江以东的各军，根本没有向衡阳方面作出任何积极的行动，一直徘徊于东路日军以东的萍乡至茶陵以东地区。即使受命进攻，也只是进行了一些“无关痛痒之攻击”。

从当时有关的报告中可窥见中国军队的一般。长沙方面：“各级主官忙于应酬，对部队训练敷衍塞责”，“部队主官因营商应酬，脱离部队，致使部队精神不能团结”，“虚图表面……对上级阳奉阴违”；“军部副官处长负责控制船只，该处长潘孔昭假公济私，擅扣商船，重价勒索，以饱私囊，并将攫取之财物，用5艘火轮装出，致长沙战斗紧急、转用兵力时渡河困难”，[20] 等等。衡阳方面：“纪律废弛，战志不旺。整个战场，我军多为退却作战，军行所至，予取予求，民不堪扰，而部队之逃散，尤甚惊人。如99军以4团兵力，仅在湖滨行持久抵抗数日，转至宁乡以东，残余兵力不及1团”，“若干部队，即奉攻击之命，对少数之敌，亦多长时对峙”，[21] 等等。

至于作战指导方面导致失败的直接原因，也仍然是国民政府多数军队内部矛盾形成的难以克服的一些老问题。在这次战役中表现较为突出的有两点：

一是部署欠当，兵力分散。会战前拟定的作战计划，原预定在长沙附近与日军决战。据此，则应在长沙、浏阳、宁乡地区集中优势兵力，可是第九战区却将第99、第162、第60、第132、新13师等重要作战力量留置于津市、澧县以北，以后又将第15、第77、第58、第98、第194、第19、第92师等部队分散部署于湘西广大地域，既未能遮断日军的后方交通，也未能牵制住日军，徒然将主要战斗力量用于不必要的方面，而长沙及岳麓山仅配置1个军，致决胜点形成劣势。长沙的1个军在部署上也犯了兵力分散的错误。岳麓山是长沙的主要支撑点，如果岳麓

* 战后初期，国民政府统计中国军队伤亡90 577人，日军伤亡66 809人；但1989年台湾国民党当局所编《抗日战史》则不记载双方伤亡损耗的数字。日军第11军统计，至衡阳失守时，中国军队阵亡66 468人，被俘22 460人，被缴获的武器约为10个师的装备。从会战开始至7月20日，日军战死3860人，战伤8327人，病7099人，总计伤亡减员19 286人。（日本军部提供的数据是仅阵亡的日军即为12 209人）但日军预计今后战斗更加激化，季节又进入酷暑，估计至8月中旬伤亡人数当达到4万至5万人。

山失守，则长沙亦难以坚守。因而要确保长沙，必坚守岳麓山。但岳麓山幅员较大，必须有足够的兵力才能守住。第4军将绝大多数炮兵都置于该地，而步兵则仅配置了1个师，兵力显然不足。在6月17日两岸战斗紧张之际仓促将长沙兵力转变用于岳麓山，从而导致部队混乱，长沙与岳麓山均迅告失守。

其次是部队互不协同，逐次使用兵力。这一错误导致贻失战机，且遭各个击破。以衡阳外围各军为例：第62军突进至衡阳西南郊时，第79军却踌躇不前，停止于金兰寺附近观望；等第79军决心进攻、并进抵衡阳西北郊时，第62军已因孤军深入、伤亡过大而撤退到铁关铺去了。当第79军和第62军先后向外围日军攻击时，第74军却长期滞留常德，迟迟不动。第79军又因伤亡过大、被迫撤退后，第46军方不慌不忙地到达衡阳附近，但此时衡阳已经失守。

四、桂、柳会战

（一）日军第6方面军的设立和作战指导

1944年6月以后，太平洋战场上日军的“绝对国防圈”被美军突破，马里亚纳群岛的重要支撑点塞班岛及关岛相继失守，印、缅战场上日军的因帕尔进攻战也“终于力竭途穷而溃败”。在中国战场上，日军攻占了长沙和衡阳；但在中国敌后战场，日军却遭到了中国共产党领导的抗日武装的局部反攻。日本大本营在这种形势下决定“尽力防卫连接本土、西南诸岛、台湾、菲律宾的一线，以迎击盟军的大规模进攻”，[22]同时“决定在中国方面按预定计划推行湘、桂作战，由大陆交通来弥补不安全的海上交通，并实行对美（以空战为主）作战的准备”。[23]为此，“大本营作战部更加期望提前完成‘1号作战’”。但是随着形势的发展，派遣军的任务愈加繁重，不可能专门指挥湘、桂作战。日军为了加强对湘、桂作战的指导，统一指挥华中的第11军和华南的第23军以及武汉地区第34军，决定成立第6方面军，由“华北方面军”司令官冈村宁次任方面军司令官，司令部设于衡阳。

1944年8月26日，日本大本营以“大陆命”第1113号发布了第6方面军的战斗序列，并规定第6方面军隶属于“中国派遣军”。该方面军的战斗序列为：

第 6 方面军　司令官冈村宁次

第 11 军　司令官横山勇

第 23 军　司令官田中久一

第 34 军　司令官佐野忠义(1944 年 7 月由武汉保卫军改组)方面军直属部队:

第 27、第 40、第 64、第 68 师团,野战高射炮第 22 联队,独立工兵第 38 联队,独立工兵第 60 大队,第 6、第 7 师团之架桥材料中队,“中国派遣军”第 2 野战铁道队,以及第 5 电信联队、无线电队等

1944 年 9 月 10 日,第 6 方面军开始行使统帅权。为了便于指挥武汉地区至广西新占领区之间各部队的作战,处理占领事务、兵站运输等工作,由大本营下令调关东军坂西一良的第 20 军司令部至衡阳,将第 27、第 64、第 68、第 116 师团及第 1、第 2 野战补充队等编入其序列。

由于大本营根据形势的发展要求“1 号作战”尽快进行,并希望在本年内完成,而攻占衡阳较预定的 7 月上旬延误了约 1 个月,因此,“中国派遣军”原定的 9 月中旬攻占桂、柳已经无望,不得不修正其 1 号作战计划。改为:9 月上旬第 23 军自西江两岸地区发动攻势,迅速攻占梧州及丹竹附近地区,大致在 10 月下旬前完成进攻柳州的准备工作,此后即归第 6 方面军指挥;9 月下旬以第 11 军自衡阳南方地区发动攻势,攻占全县后,大致在 10 月以前完成进攻桂林的准备工作。11 月上旬,方面军指挥第 11、第 23 军发动包围攻势,捕歼中国第四战区主力于桂林、柳州附近地区,并攻占桂林、柳州。如果捕捉不到该地区的中国军队,则向贵州省境追击作战。大致在 11 月末结束。12 月中旬左右,以约 3 个师团的基干兵力,从衡阳以南和以东地区开始进攻,尽力完全占领韶关附近以北的粤汉铁路,同时攻占遂川及南雄附近地区;第 23 军以一部进行策应,大致将英德以南地区的粤汉铁路完全占领。大致在 1945 年 1 月上旬结束。1 月末第 11 军攻占南宁,并打通往法属印度支那国境的联络线。

第 6 方面军根据派遣军修正案的精神,命正由衡阳沿湘桂路追击的第 11 军停止于全县、道县之线;命由北江西进的第 23 军以主力进出至平南(柳州东南约 128 公里)附近,各自在该处从事尔后的作战准备。

第 6 方面军的作战计划从 9 月末即开始制订,经与各有关方面协商和反复

研究，10 月 7 日由司令官批准确定。其主要内容为：

“(1) 方面军于 11 月上旬以第 11、23 两军转取攻势，互相策应捕捉柳州西方地区敌军主力，尔后向贵州省境追击敌军。

“(2) 第 11 军从 11 月上旬，由湖南、广西省境附近发动攻势，命主力沿湘桂公路，一部向其南方地区前进攻取桂林，尔后与第 23 军相策应，命主力从柳州北方切断敌军退路，在柳州西方地区聚歼敌军。敌逃跑时，即向贵州省境追击。

“(3) 第 23 军于 11 月上旬由平南地区发动攻势，与第 11 军的攻势相策应，在柳州西北地区聚歼敌军主力，同时攻占柳州。在此期间，做好攻占南宁的准备。”[24]

桂、柳会战日军指挥系统见附表 8 - 3 - 5。

(二) 军委会的作战指导

1944 年 6 月下旬，当日军全力进攻衡阳时，中国军事委员会即判断日军将续攻桂、柳，因此开始拟制固守桂林、反击求歼进攻日军的作战计划。8 月上旬，衡阳失守，日军第 11 军以广正面的攻势倾力西进，广西告急。军事委员会以黄沙河、大榕江地形险要，且全县筑有坚固的国防工事可阻止日军，遂急调第 93 军驰援全县，并令第四战区及第 62 军（当时随李玉堂兵团撤至湘江以西地区）准备在该两地迅速建立防线。

8 月 24 日，军事委员会军令部根据当前局势，吸取白崇禧的意见，制订并颁发了对第四、第九、第七战区的作战指导方案。主要内容为：[25]

甲　第一期（敌未突破衡阳以西我现设主阵地以前）

(1) 第九战区

子　湘江以东各军，就现态势续行攻夺要点，牵制消耗敌人，并相机击灭之。

丑　湘江以西各军，调整如次：

天　李玉堂（归王耀武指挥）指挥 37 军、62 军、79 军、46 军之新 19 师及彭璧生部，以有力一部于现阵地占领前进阵地，与敌接触，其主力于茅桐桥、新桥之线占领主阵地，并抽一部于鸡笼街附近，积极整补，构筑预备阵地。但 37 军主力应暂控置于松柏西南地区，与主阵地之右翼连系。

地　王耀武直辖 73 军、74 军、100 军。

① 74 军(欠 57 师)以一部于现阵地占领前进阵地,与敌接触,其主力在新桥以北、蒸水西岸占领主阵地,并控置一部于金兰寺一带,积极整补,构筑预备阵地。57 师到邵阳后,择要筑工,并积极整补,准备机动使用。

② 100 军以一部攻袭永丰东南之敌,其主力控置界岭一带(永丰、邵阳间),积极整补,构筑预备阵地。

③ 73 军以原态势向敌攻击。

寅　46 军先抽调控制部队 1 个师,集结于柳州,并担任柳州之防务;其余 1 个师(新 19 师)仍在现阵地,服行原任务,与敌保持接触。

卯　湖南作战各军,除服行原任务外,应以小部队为单位,附必要工兵及爆破器材,编成多数游击队(但每军抽编兵力不得超过 1 个团),采取避实击虚办法,深入敌后,轮番截击敌水、陆交通,并与我空军配合,使敌补给困难。

(2) 第四战区

子　46 军之 1 个师调柳州后,将 31 军(欠 135 师)移驻桂林,担任固守。

丑　93 军以一部占领黄沙河阵地,以主力防守全州(全县)。

寅　南宁以南各部队防守现阵地,继续加强工事。

卯　发动地方武力,积极予以组训,并分区酌设机构,俾收统一指挥之效。

辰　南宁、玉林以南各公路及其他敌可利用之交通线,应继续动员民众彻底破坏之,并切实疏散各交通线上之壮丁及粮食物资,加强坚壁清野。

巳　扩修独山机场,俾我空军始终发挥威力。由航委会另拟办法呈核。

(3) 第七战区

子　以现态势防阻敌人,即在粤汉路南段者,以主力利用南北山险及既设阵地持久作战,以 6 个团兵力(必须以 1 个建制师为骨干)固守曲江。

丑　依状况先期抽调 2 个师秘密分开连山、梧州,构筑工事而固守之。

乙　第二期(敌突破衡阳西侧我现设阵地后大举侵桂时)

(1) 第九战区

子　李玉堂所率之 37 军转移湘江南岸,62 军、79 军及彭壁生部转移湘桂路以南地区,而王耀武直辖各军则在湘桂路以北地区,并以邵阳为根据地(须以有力一部固守之),积极夹击、侧击西犯之敌。

丑　其他第九战区各部队亦应在公、铁路两侧攻袭敌人，予以牵制、消耗。

寅　游击部队继续袭扰、困疲敌人，并断其补给交通。

(2) 第四战区

子　93军之任务……以一部占领黄沙河阵地，以主力死守全州……[26]

丑　敌如钻隙深入桂林附近，则适时召集46军及由七战区转用之2个师，协力守军包围而歼灭之。

寅　南宁以南各部队采用机动战法。但如可能，仍依既设坚固工事，极力拒止敌人，俾能确实掩护柳州以西我后方交通。

卯　越北敌如进犯河田路，则以桂绥独3团（主力龙州，一部靖西）向田东逐次转进，阻击敌人。

辰　利用地方武力，配合正规军，积极打击敌人。

(3) 第七战区

子　准备以一军长率2师，适时参加桂林决战。

丑　梧州仍留一师固守，并另以西并两侧之挺进部队及地方团队准备攻袭沿江西犯之敌。

桂柳会战中国参战部队指挥系统见附表8-3-6。

（三）会战经过

1. 桂、柳外围战斗

自1940年冬日军退出桂南后，第四战区辖区内已无日军，近4年来与驻越南及雷州半岛的日军"和平"相持。战区所辖兵力有第16集团军的2个军（第46、第31军）及地方团队。衡阳失守之后，西南局势顿显紧张。第四战区以第31军（第131、第188、第135师及配属的第46军第170师）守备桂林，以由长、衡方面转回的第46军175师集结柳州整理，令31军的第135师以主力防守南宁，另派1个团担任丹竹机场警备，原配属第35集团军的第155师仍担任廉江方面的守备。由于兵力太少，根据日军第11军已迫近桂林外围的情况，不得不把主要兵力配置于湘桂路方面。至于广东北江及桂西、桂南方面，只能令地方团队及民众自卫，武力备战。同时急告军事委员会，请令在湘南的第27集团军（辖第20、第26、第37军，共5个师）速转移入桂。但该集团军在日军第3师团阻碍下行动迟缓，迄9月8日，其先头部队才进至零陵、新田之间。

1944年9月13日，日军第11军第13师团的第104联队进至全县以北黄沙河附近，第3师团的第34联队及野炮兵第3联队进占道县。第四战区得知此情况后，以全县右侧背已受威胁为理由，急令经军事委员会部署、蒋介石批示应固守黄沙河和全县的第93军放弃有利的地形和坚固的既设国防工事，沿湘桂路撤向大溶江。因而日军于14日不战而占领广西东北战略要地全县，打开了通向桂林的门户。日军第11军占领全县后，除为解除侧方威胁，令第37师团进攻邵阳(宝庆)、第34师团进攻常宁外，主力在全县、白沙、道县各附近地区集结，作进攻桂林的准备。第37师团在第116师团一部兵力掩护下，于9月26日击退外围阵地的第100军一部，27日攻入邵阳，与守军第74军的第58师发生巷战。激战至29日，守军撤出，邵阳失守。第34师团于10月1日击破守军第60师第178团的防守，占领了常宁。

广东方面的日军第23军，早在长、衡会战之初为策应第11军的作战，令其第104师团发动粤北攻势，攻占了清远、英德。此时第104师团集结于清远、太平等地，第22师团亦已集结于新会，独立混成第22旅团集结于台山附近。第23军按照“中国派遣军”的作战计划，于9月9日以第104、第22师团及独立混成第22旅团，在第2飞行团的支援下，沿西江两岸向梧州、平南地区进攻；另以独立混成第23旅团从遂溪向平南及丹竹机场进攻。第七战区第35集团军之一部(仅第64军2个师)及地方团队力量薄弱，被迫节节后退，向第四战区方面转移。

日军第104师团由清远分3路西进：师团及第108联队为南路，11日占四会，16日占肇庆，20日至禄步，以后即沿西江北岸向梧州前进；第161联队为中路，22日攻占德庆，尔后与师团主力会合向梧州前进；第137联队为北路，12日攻占怀集，22日攻占梧州。28日，该联队的第3大队又击退守军第135师的405团，占领了丹竹机场。

日军第22师团由新会、江门、九江分路沿西江南岸西进。第85联队经鹤山于24日占罗定，31日占岑溪；第84联队于25日占郁南，30日进至苍梧以南；第86联队与第84联队同路，于31日占藤县。

独立混成第22旅团由长沙镇、开平、新兴、郁南袭占西江南岸各要点，与第104师团在梧州会合。驻雷州半岛的独立混成第23旅团从遂溪北上，12日占领廉江，22日占容县，28日占领平南及丹竹，与第104师团第137联队会合。至此，桂东屏蔽尽失，桂、柳形势严峻。

第四战区在廉江失守时令第155师经陆川、郁林（今玉林）向桂平方面转移，令第31军的第135师迅速由南宁进出至平南地区，同时令第93军在大溶江以北地区组织防御，竭力迟滞日军，以争取时间集结及部署兵力。

日军第11军为了解守军防御配系及兵力部署情况，决定实施威力搜索，令第一线各师团向前推进，建立搜索据点。第58师团根据军的命令，驱逐兴安附近的守军，在该处建立搜索据点。该师团以独立步兵第106、第92大队于9月27日夜向兴安发动进攻。防守该地的第93军第10师坚决抗击，激战至10月1日，转移至城西继续抵抗。日军在遭到大量伤亡后，于10月3日攻占老茶亭（兴安西约14公里）。第51旅团于严关口（兴安西约4公里）建立了搜索据点。当日军逼近兴安时，广东方面第23军各部也正向平南及丹竹进逼中。第四战区根据刚由湖南转移至广西的各部队情况，重新进行了部署：令第27集团军总司令杨森指挥第20军及第44师自道县附近攻击敌人，以第26军（欠第46师）、第37军先向龙虎关、恭城附近集结，准备参加桂、柳作战；令战区副司令长官夏威指挥第93、第31、第46军，负责桂林固守及外围作战。第93军于外围作战后，转移至义宁附近，编入李玉堂序列；令第27集团军副总司令李玉堂指挥第79、第93军，桂林外围作战后在龙胜、义宁间集结，准备参加桂林作战；令第35集团军总司令邓龙光指挥第62、第64军，在平乐附近集结为机动部队。根据情况，以夏威副司令长官指挥桂林防守军李玉堂部，负责桂林附近的作战。

此时，从湖南转进的第27集团军（第20、第26、第37军）及第62、第79军与由粤西（第七战区）西移的第64军正陆续自南、北两面先后进入广西境内。各部队因久战，实力尚不及编制的四分之一；又因行动迟缓，未能如期参加外围战斗，因而日军得以分进合击之势向桂、柳步步逼近。10月初，兴安、平南及丹竹机场弃守，桂、柳即陷于两面受敌的不利态势之下。

10月9日，第四战区调整部署，将现有部队组编为4个兵团：桂林方面军（第16集团军兼总司令夏威下辖第46、第31、第93、第79军共9个师），以1个军担任桂林固守，1个军控置于良丰、葡萄、白沙间地区，2个军担任桂林外围及桂穗公路的掩护；荔浦方面军（第27集团军兼总司令杨森，下辖第20、第26、第37军及湘桂边境区总指挥部，共5个师、1个师管区），一部任敌后袭扰破坏，一部在蒙山以南及阳翔、沙子坪、二塘各附近警戒，主力配置于平乐、荔浦、新圩间地区；西江方面军（第35集团军总司令邓龙光，第16集团军副总部、3个师、1个团及2个纵队），主力配置于桂平、大湟江口、东乡间地区，一部配置于六陈、麻垌附近；战区直辖兵团（第62、第64军，共4个师），控置于柳州、三江街以北地区。

10月11日，日军独立混成第23旅团强渡邕江至西岸，于12日占领桂平、蒙圩，第104师团一部亦西迫大湟江口。第四战区为确保柳州并掩护黔桂路安全，决定转用兵力于西江方面，先击破桂平方面日军，解除柳州侧背威胁，于10月13日制订了攻击计划，于16日作为命令下达。其主要内容为：[27]

> 战区以确保桂、柳，并掩护柳州空军基地之目的，决以有力兵团于荔浦、桂林各附近地区拒止湘桂路及龙虎关方面之敌，以优势兵力集结于武宣东南附近地区，先击破进犯西江之敌，以利尔后作战。西江方面会战日期，预定10月20日以后。
>
> ……
>
> 各兵团之任务及行动如次列：
>
> （1）西江方面军　有击灭西江方面敌人之任务。以一部在江口圩及金田村南北之线占领阵地，拒止敌人，以掩护我主力之集结及进出，并特对黔江控制、封锁敌利用该河道。以有力一部配备于贵桂、石龙一带及其以南地区，对于桂平、社步、下湾渡河北犯之敌，相机予以击攘，掩护主力之进出。不得已时，亦须确保蓝田村、牛蕴及上龙村各隘口，以利主力军之作战。
>
> 转用葡萄附近及修仁附近之各1个军，利用铁道输送及徒步行军，迅速向桐冈乡及通挽乡附近地区集结，并限于10月19日前完毕及完成会战准备。尔后，主力保持于右翼，对敌攻击，压迫于黔江与浔江而歼灭之。
>
> （2）荔浦方面军　以一部固守阳朔，以主力在平乐、荔浦间地区拒止敌之进犯，并竭力予以迟滞、消耗。不得已时，应确保修仁高地一带之要地。另以有力一部进出蒙山、大旺，攻击平南及其以西之敌，以使西江及荔浦两方面之作战容易。
>
> （3）桂林方面军　有固守桂林之任务。以主力之一军固守桂林，以一师位置于良丰附近，另以有力部队位置于桂林西北侧地区，占领阵地，与防守军协同，极力击攘进犯之敌。不得已时，除防守军应确实固守桂林外，其余应确保永福要地及百寿方面通桂林方面之后路，以确保桂林之交通。并应先以有力部队，沿湘桂路、大溶江、灵川道极力打击、迟滞、消耗敌之进犯，以挫折敌之企图，尔后转移于桂林西北地区，协力防守军之作战。

图 8-3-4　桂、柳会战·桂、柳外围战斗经过要图

（1944 年 9 月 9 日—11 月 4 日）

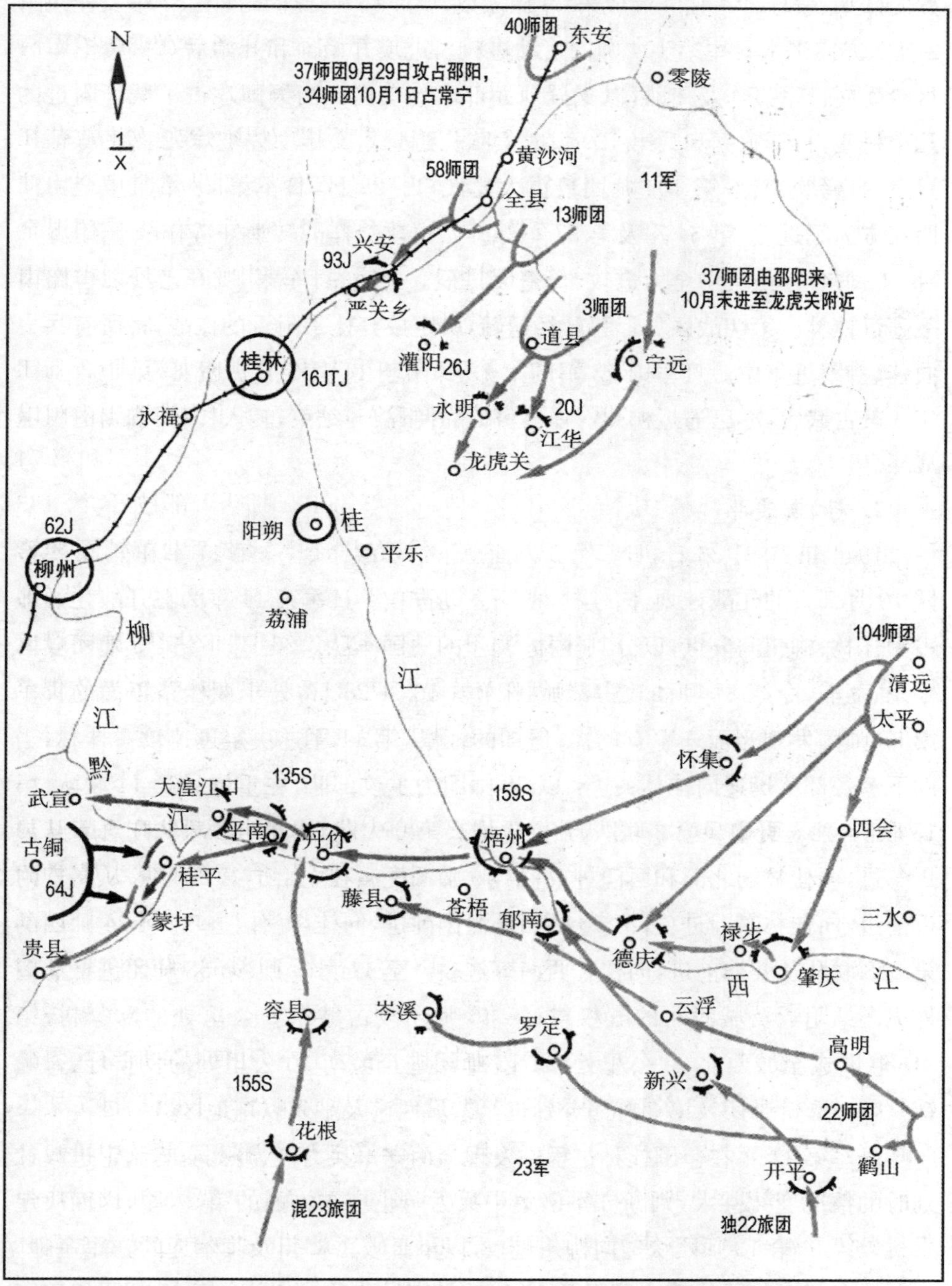

10月21日，西江方面军不待第46军到达，即以第64军及桂绥第1纵队开始向桂平、蒙圩日军独立混成第23旅团发动猛攻。与此同时，第37军及桂绥第2纵队亦向平南日军第104师团发动进攻。进攻开始前和开始后，中、美空军分批轮番向日军轰炸及扫射，以支援地面部队的攻击。当天即攻占了蒙圩附近的几个村庄，日军独立步兵第129大队大队长野野木文雄中佐被炸死。激战至10月26日傍晚，日军第104师团攻占大湟江口。28日，日军第23军集中全力向西江方面军进攻，第64军及第37军等开始由攻势作战转为守势作战。直至10月31日，日军虽集中全力进攻，仍毫无进展。此时，日军第11军已沿湘桂路南下逼近桂林。第四战区见形势已经逆转，决定放弃桂平附近的作战，将所有兵力向桂、柳附近集中。日军第23军的第22师团于11月3日占贵县，第104师团于4日占武宣，亦已逼近柳州。桂林、柳州外围战斗结束，转入桂林、柳州的保卫战斗。

2. 桂、柳战斗

1944年10月26日，日军第6方面军下达作战命令，令第11军和第23军按照10月7日的作战计划，向桂林、柳州发动进攻。日军第11军为在开战之始即占领桂林、柳州间要点，以分割桂林、柳州的中国军队。26日即令第3师团攻占平乐、荔浦，令第37师团攻占恭城、阳朔。10月28日，处于湘桂路正面的日军第58师团发现当面守军有动摇、退却的征候，第11军遂决定迅速攻占桂林，当即下令各部队迅速向桂林突进：以58师团为主攻部队，在重炮兵第14联队、第15联队、独立野炮兵第2联队、独立重炮兵第6大队、战车第3联队配合下从灵川急进，向桂林的北门和西门进攻；第40师团配属独立山炮第2联队，从兴安附近前进，向桂林东门进攻；第13师团从灌阳前进，向桂林南门进攻；第34师团的第218联队从寨墟前进，向桂林西南郊进攻。至11月1日，第58师团进抵北门外火车站附近及城西北的五权村；第40师团攻占城东5公里处的欧家村；第218联队进至城西北25公里处；第13师团进至城南20公里处的良丰圩、奇峰镇一带；第37师团及第3师团分别进至恭城西南及平乐以东地区。

日军第11军在包围桂林过程中发现当面守军兵力极为薄弱，与制定进攻计划时的情况变化甚大，判断守军已集中兵力阻止广东方面的第23军，因而决定乘机以第3、第13师团快速向柳州进攻，以早日攻占柳州及其附近的空军基地，当即改令第3师团从荔浦向西经修仁向柳州南的柳江前进；令第37师团接替第13师团从南方攻击桂林，第13师团西经永福向柳州北的柳城及其以南三岔车站前进，尔后由南北合击柳州。至11月6日，日军第11军主力已对桂林完成包围，其第3、第13师团在占领阳朔、荔浦，并于修仁以东击退守军第20军及第37军一部后，亦已进至柳州东约70公里的岔路口及柳州北约60公里的中渡。

第四战区为挽回颓势，决心于桂、柳之间与日军决战。7日下达作战命令，调整部署。其主要内容为：[28]

(1) 战区以确保桂、柳，并掩护黔桂路之目的，各以有力一部固守桂、柳，主力沿红水河及其以北地区占领阵地，吸引敌人于柳州近郊，然后转移攻势而击灭之。

(2) 第35集团军指挥62、64军及16集团军之桂绥2纵队为右兵团，以有力一部沿红水河北岸、柳江西岸守备要点，并以一部于红水河南岸地区掩护通宜山要道，主力在良塘乡(穿山西北)、穿山附近占领阵地，拒止敌人；并适时控置有力一部，准备策应各方面之作战。

(3) 第27集团军指挥20、26、37军及188师，为中央兵团，以主力固守柳州，非有命令不得撤退；以有力一部于柳州以东地区连系右兵团，于以北地区连系左兵团，拒止敌人。必须确保柳江西岸要地，以掩护黔桂路及宜山之安全。

(4) 第16集团军指挥桂林防守军(31军)、79军、93军及新19师为左兵团，以桂林防守军固守桂林，其余连系中央兵团，在太平乡、三皇乡各附近地区占领阵地，拒止敌人，并以一部掩护古寿通往长安镇之要道。

(5) 第46军控置于三都附近。

(6) 各兵团务于11月10日前部署完毕。

战区司令长官部于下达命令后即由柳州撤至宜山。事实上此时桂林已被包围，各部队尚未来得及按照命令重新部署，日军第11军的第3、第13师团即已进至柳州附近；第23军已攻占象县，突破守军第62军阵地，渡过红水河，占领来宾，逼近柳州。仅第20、第26军于7日夜以急行军从第一线撤至柳州；第37军由象县撤至柳州以南。

日军第11军于11月7日夜下达了9日拂晓开始攻击桂林的命令。第四战区防守桂林的部队为16集团军副总司令韦云淞指挥的2个师：第31军的第131师防守城北半部及城北、城东郊区；第46军的第170师防守城南半部及城南、城西郊区。日军为在总攻之前取得有利的态势，11月4日夜开始向外围据点实施攻击，桂江以东的屏风山、普陀山、七星岩、月牙山，城北的平头山，城西的茅草头、磨盘山及城南的斗鸡山、将军山等均被日军攻占，日军各师团全部占领了有利的进攻出发地位。城东第40师团的第236联队于8日夜即已在中正桥以北强渡漓江，突入市区，进行巷战。9日凌晨，日军从四面发起猛攻。第58师团在大量炮兵及航空兵掩护下，以坦克为先导，连续攻占虞山、凤凰山、扁崖山各据点。守军全部壮烈牺牲。激战至9日夜，桂林四周日军均已突入城区，守军逐次被压迫于核心阵地。此时，防守南部的第170师发生动摇，乘夜暗向城西南方向撤退。撤至城郊时，先头部队与迟到的日军第37师团一部遭遇，被俘1000余人，后续突围部队又返回城内。苦战至10日下午，桂林全城被日军占领。守军除第16集团军副总司令韦云淞、第31军军长贺维珍率一部分幕僚逃出以外，桂林防守司令部参谋长陈继恒、第31军参谋长吕旃蒙、第170师副师长胡原基、第131师第392团团长吴展等以下官兵2400余人在战斗中牺牲。第131师师长阚维雍率所部巷战至最后，抱着与阵地共存亡的决心自杀殉国。据日军第11军统计，桂林战斗中，中国军队阵亡5665人，被俘13 151人，被日军缴获各种口径的火炮156门、重机枪110挺、轻机枪359挺、步枪2737枝。

第27集团军接到战区11月7日改为中央兵团、固守柳州的命令后，以急行军于当夜到达指定位置，当即进行防御部署：令第37军在象县以北掩护主力向柳州转进，令第188师在柳州以北、以东的长塘、东泉各附近掩护柳州侧背安全，令第26军防守柳州，令第20军控置于柳州西车站附近待机。第26军以第41师守备柳州东面和北面，第44师守备西面和南面。8日，日军第13师团及第3师团分别进至柳州以北6公里处和柳江东岸，第23军的第104师团先头第161联队进至柳州南约18公里的四方塘（第22师团仍在贵县北龙山地区）。杨森急令第20军的第134师在柳州西岸担任河防，并以一部占领鹅山，以加强防守力量。9日，日军第13师团、第3师团分由柳州以北、以东和东南发动总攻。当日中午，日军第3师团的第34联队由三门江附近强渡柳江，进至西岸；第13师团先头第104联队攻入柳州北部；第104师团先头第161联队第3大队亦进至柳州机场南侧。10日凌晨，日军第3师团第34联队与第104师团第161联队第3大队攻占柳州飞机场。守军奉战区命令放弃柳州，向柳州以西山地撤退。日军占领柳州。

3. 独山、南宁战斗

第四战区弃守柳州后，部署第27、第16、第35集团军在宜山南北一线重新组织防御。一方面由于撤退时部队已混乱,一方面由于日军第 11 军实施跟踪追击,未俟防线形成,日军第 3、第 13 师团即于 15 日攻占宜山。紧接着第 104 师团于 17 日占忻城,21 日第 13 师团占金城江。21 日,第 11 军令第 13 师团向独山追击,令第 3 师团向都匀追击,将该两地交通设施及军用物资全部、彻底毁坏后返回广西。日军第 13 师团于 24 日在野车河一带遭到第 97 军的坚强阻击,激战 4 日方突破阵地,继续前进。28 日再次击退守军第 98 军后于当日攻占南丹,12 月 2 日攻占独山。日军第 3 师团于 11 月 26 日占领永安(环江县北 40 公里),27 日占黎明关,12 月 3 日攻占荔波。此时其先遣部队也进抵都匀南 2 公里处,接到 11 军令其返回广西的电令。日军于 12 月 4 日开始南撤。至 2 月中旬,第 3 师团在柳州附近布防,第 13 师团在宜山、德胜、金城江、河池地区与第四战区新到的第 98 军、第 29 军等对峙。

日军第 23 军的第 104 师团及独立混成第 23 旅团在攻占柳州之后,于 18 日接到命令,令第 104 师团速回广东,作防御美军在广东登陆的准备,令第 22 师团及独立混成第 23 旅团进攻南宁。该两部日军沿湘桂路继续南进,11 月 21 日占宾阳,24 日未经战斗就占领了南宁。在此期间,驻越南日军第 21 师团的第 83 联队(配属 1 个步兵大队及炮兵、工兵队)由谅山北上接应,连续攻占龙州、宁明、明江等地,于 12 月 10 日在扶绥南面的绥渌,与由南宁南下的第 22 师团会合,最后打通了由华北纵贯大陆至印度支那的交通线。

会战期间,中、美空军自 8 月 22 日至 11 月 9 日共出动作战飞机 228 批,驱逐机出动 1246 架次,轰炸机出动 140 架次,已掌握了战场上空的制空权,在空战中击落日机 34 架,击伤 10 架,炸毁地面飞机 6 架。

日军打通大陆交通线后,为了进一步打通粤汉铁路南段及由湖南耒阳至广东清远县源潭间的铁路,使湖南与广东日军连结起来,以结束第 23 军孤立于广东及东南沿海的状况,同时攻占与摧毁粤汉铁路以东的遂川、赣州、新城、南雄的飞机场,日军第 6 方面军于 1944 年 12 月初下达了向粤汉路南段进攻的命令。其主要内容是:第 20 军、第 23 军以奇袭占领并确保粤汉铁路南段,另以一部攻占遂川、赣州等地区的中、美空军基地。在作战中,应保持铁路的一切建筑设施完好。令第 20 军的第 40 师团从西面的道县、零陵,第 68 师团第 57 旅团从北面的耒阳,第 27 师团从东北面的攸县、茶陵,第 23 军和第 104 师团及独立步兵第 8 旅团从南面的四会、花县,以分进合击的态势向粤汉路南段地区的中国第九战区

图 8-3-5　桂、柳会战·桂、柳及独山、南宁战斗经过要图

（1944 年 10 月 28 日—12 月 10 日）

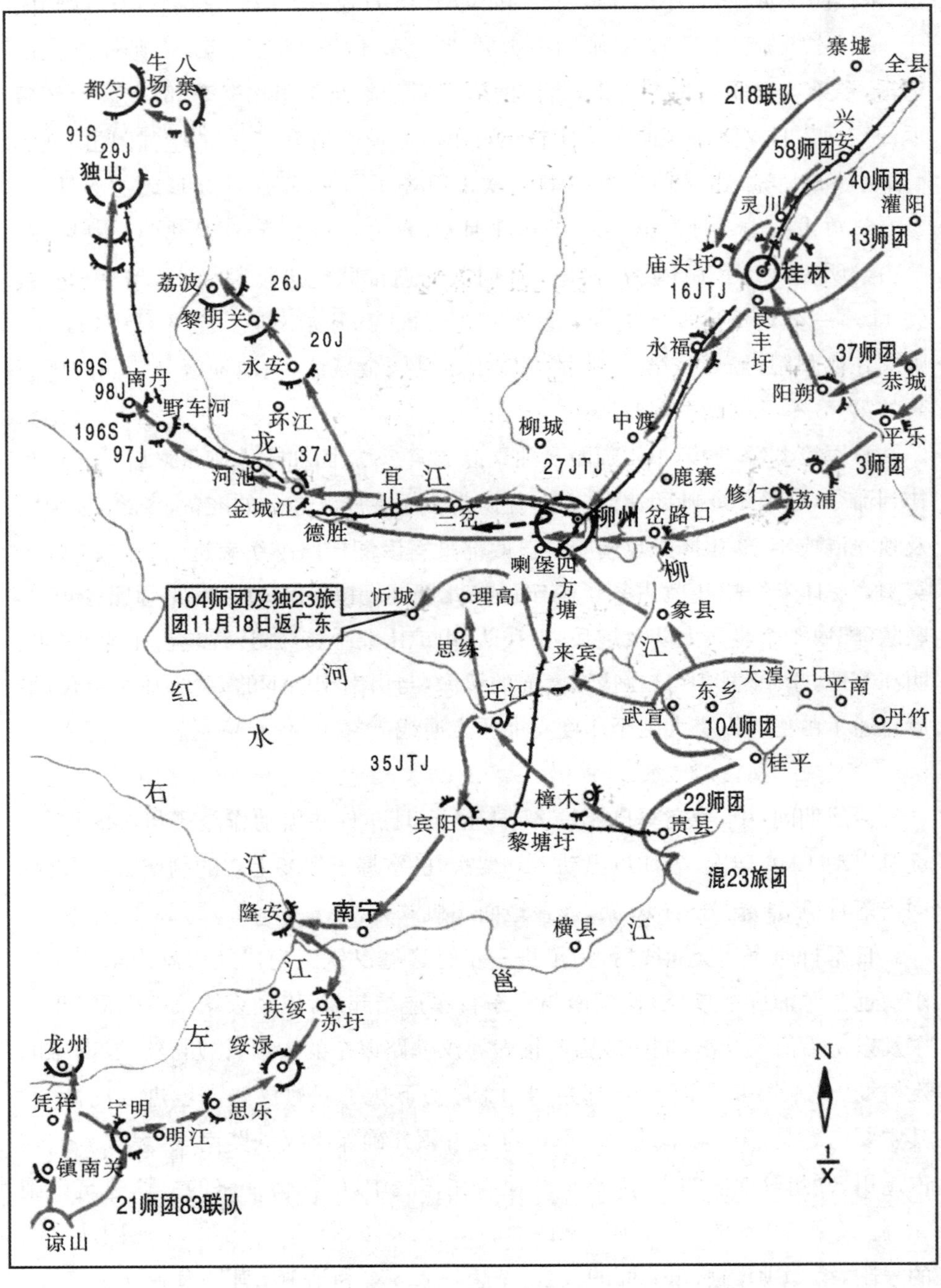

和第七战区的部队进攻。日军于1945年1月3日开始行动。由于防守该地区的部队(第九战区的第99、暂2、第37、第4、第58、第44军,第七战区的第63军、第65军、独立第20旅及曲江守备区的187师等)缺员甚多,斗志不高,虽然中、美空军极为活跃,日军主要仅能利用夜间进行活动,但仍然采取正面防守、逐次后退的方针,以致仅仅战斗38天,至1945年2月9日,日军即占领了一直属于后方的郴县、宜章、乐昌、韶关、始兴、南雄、大庾、南康、赣川、遂川、永新、莲花等地,第40师团与第27师团在赣南大庾东北约30公里处的新城会合,完全达到了作战目的,"1号作战"各时期的预定任务均已完成。至此,打通大陆交通线的作战完全结束。

五、豫、湘、桂会战简析

日军为实施"1号作战",投入50余万兵力,历时10个多月,击退了中国第一、第六、第四战区大量军队,占领了豫、湘、桂大片土地,摧毁了衡阳、零陵、宝庆、桂林、柳州、丹竹、南宁等7个中、美空军基地和36个飞机场,打通了大陆交通线。就战役角度而言,日军完全达到了预期目的,获得了战役的胜利。但就战略角度而言,交通线虽被打通,但铁路无力修复利用,"南方军"交通被隔断的局面也未能改变;衡、桂、柳空军基地虽被破坏,但四川等地尚有其他基地,日本本土仍在B—29飞机飞行半径之内,被轰炸的威胁并未解除,两个战略企图一个也未实现;而且在这次作战中消耗了大量的人力物力,原来就已不足的兵力更为不足和分散,战略态势更为不利。因此可以说日军在战略上失败了。对此,日本军方也有较清醒的认识:"虽攻占了中国西南的桂、柳两大空军基地,以及比预期更早打通了法属印度支那联络线,但在全盘战争指导上的意义和价值又如何?中国方面受到很大打击,是无可争议的事实,但另一方面在策划'1号作战'当时所考虑的要摧毁向我本土的前进基地,因敌在马里亚纳基地的完成而完全失去了意义,并且不能指望利用南方陆上交通代替海上交通。中国派遣军本身的消耗也决非轻微,如今明显暴露出由于我战场过于偏西,而在美军(发动)新的进攻时,处于极不利的态势。"[29]

对中国国民政府而言,这次作战无疑是惨痛失败,损失军队50余万,损失的武器装备可用以装备40个师。仅长衡、湘桂作战就损失弹药2.5万吨、武器数千吨，超过了国民政府1个年度能够自力补充的数量。更由于大片国土的沦丧，兵源及粮源大为减少，不仅增加了恢复军力的困难，而且增大了国民党统治区人民的负担。仅以四川一省为例，1943年征兵352 680人，征借粮20 930 000市石，而1944年征兵391 112人，征借粮24 800 000市石。[30]

台湾大量抗日战史著作将这次作战失败的主要原因归结为：把大量精锐部队使用于缅北、滇西反攻作战，致使中原战场兵力薄弱。此说有一定道理，但决不是重要原因，更不是主要原因。豫中、长衡作战失败的根本原因如前文简析所言，不是因军力薄弱造成的。至于桂、柳作战，第四战区不论在兵力还是在战略态势上，确实都处于劣势和不利的地位。但即使如此，失败的主要原因也不是由于兵力薄弱。日军是集中了中国战场上的主要作战部队，实施远离后方基地、深入到西南腹地的远程进攻作战，而中国也并非只有一个第四战区的军队在抗战，位于陕西的胡宗南部几十万精锐部队的当面仅潼关附近驻有一部日军，不存在日军可能乘虚而入的危险，该部为什么不能转用于西南战场呢？日军主力南进之后，河南、安徽、湖北、湖南日军的兵力相当薄弱，而且更为分散。日军“中国派遣军”和第6方面军在制订作战计划、决定作战指导时，考虑最多、最关心和最担心的就是后方联络和供应问题，害怕出现“因帕尔”的结局。而第一、第五、第六、第九等战区各握有十几万到几十万兵力的军队，为什么不向当面的日军发动进攻呢？假如及时调动胡宗南部入援，各战区又向日军积极发动进攻，切断第11军的后方联系，桂、柳会战当不是前述的结局。

再以桂、柳会战本身来看，失败之快，连日军也因感到出乎意料而惊讶：日军在中、美空军不断袭击的条件下，不过二十几天就前进了700公里（从进攻桂林、柳州至占领独山），平均每天前进30公里。这在当时的条件下，应当是很快的进攻速度了。如果守军都能像衡阳防守作战，或像西江反击作战那样阻击日军，无论如何也不致失败得如此之快和如此之惨。防守设有坚固国防工事的广西门户——全县的中国军队在日军到达前就弃之而去；柳州的守军仅防守1天就仓皇逃离；贵州东南重要战略基地的独山储备有大量武器弹药和军需物资，而且援军第97、第98军的2个师早已到达战场，竟也在日军第104师团1个联队攻击下稍加抵抗就匆匆退走。国民党《扫荡报》记者南宫博记述当时的情况说：“独山的失守，表现了军方的无能，守军不战而退，大炮、辎重完全抛弃，敌军尚在数十华里之外，我军已仓皇逃走。”[31] 由此不难看出，豫、湘、桂作战失败的根本原因不仅在于作战指导的失误，决定性的因素是国民政府最高决策集团的消极抗战、坐待胜利、保存实力准备用于战后对付中国共产党。日军侵占武汉以后停止了对正面战场的战略进攻，中国共产党领导的八路军、新四军及华南抗日武装开展的敌后游击战争蓬勃发展，国民党顽固势力不愿看到共产党的强大，加强了反共摩擦，先后封锁与进攻陕甘宁边区及华北八路军，制造皖南事变，进攻与企图消灭华中的新四军。而国民政府军队许多高级将领腐败，军队战斗力下降，失去了人民群众、各阶层爱国人士与爱国侨胞的支持和拥护。

湘、桂作战的失败在国内引起各阶层人民的普遍不满。他们进一步认清了国民政府的腐败和错误政策的危害，从而在国民党统治区兴起了民主运动的新高潮。同时，这次失败使中国在世界反法西斯战争中的地位与作用产生不利影响，对美国的对华政策等也产生了严重而深远的影响。

美国对华政策的基点是“使中国打下去”，“以牵制大部日军和作为对日本发动进攻的基地”。但在中国战场上采用何种战略才能达到上述目的，美国统治集团有两种不同的看法。一种是以史迪威为代表的陆军的观点，即帮助中国建立一支有战斗力的陆军部队，用以抗击日军并协同美军实施反攻；一种是以陈纳德为代表的空军的观点，即以中国为基地，“采取大规模空军攻势”，轰炸日军运输线和日本本土。罗斯福采取了空中攻势的主张，从 1943 年 7 月首次援华的 7000 吨军用物资中拨给陈纳德 4700 吨，仅以 2000 吨用于陆军部队，而其余的 300 吨仍然给了空军。1943 年至 1944 年夏，中、美空军联合作战，不仅逐渐夺回了制空权，而且对日军海上运输线和日本本土构成严重威胁。但是豫、湘、桂作战失败，美国空军第 14 航空队的作战基地几乎全部被毁。在侵华日军已成强弩之末、中美空军又完全掌握制空权的情况下，国民党军竟发生如此惨重的失败，以致美军中一些人对国民党军的抗战能力产生怀疑，从而对中国抗战产生错误判断。美国参谋长联席会议向罗斯福报告说：“如果日军继续西进，陈纳德的第 14 航空队将失去战斗力，我军超长距离轰炸机在成都的机场将会丢掉，中国必然垮。”认为“中国所处的严重困境，在一定程度上是由于军方处置不当和玩忽而造成的。除非中国的一切力量，包括正在对付中共军队在内，都用来对日作战，中国在战争结束前是不可能起什么作用的。”[32]甚至不正确地估计日军很可能长期占领中国，这样“即使日本在本土战败以后仍可继续在中国与盟军作战。这样可能把战争延长好几年方能把日本打败”。[33]1945 年 1 月，美国参谋长联席会议建议罗斯福要求“俄国在它能力范围内尽早参加进攻(日本)”，以减轻美国的负担，[34]于是在 2 月的雅尔塔会议上，为了使苏联尽早出兵打击中国大陆上的日军，罗斯福、丘吉尔竟背着中国与斯大林达成一项损害中国国家和民族利益的秘密协定：允许中国领土的一部分(外蒙古)在苏联保护下独立，恢复帝俄时代在中国东北取得的殖民特权，如租借旅顺口军港、中苏共有东北铁路主权以及在东北“优先利益”等等。造成这种严重后果的根本原因，固然是由于美、英等国的大国强权政治，但直接原因是由于国民党军湘、桂作战的失败。

附表 8-3-1　豫中会战日军参战部队指挥系统表(1944 年 3 月)

华北方面军　司令官冈村宁次

第 12 军　司令官内山英太郎

第37 师团　(长野祐一郎)

步兵第 225、第 226、第 227 联队

山炮兵第 37、工兵第 37、辎重兵第 37 联队

第62 师团(本乡义夫)

步兵第 63 旅团(独立步兵第 11、第 12、第 13、第 14 大队)

步兵第 64 旅团(独立步兵第 15、第 21、第 22、第 23 大队)

山炮兵第 27 联队，工兵队，辎重队

第 110 师团(林芳太郎)

步兵第 110、第 139、第 163 联队及工兵队、辎重队

第 27 师团(竹下义晴)

中国驻屯步兵第 1、第 2、第 3 联队

战车第 3 师团(山路秀南)

战车第 6 旅团(第 13、第 17 联队)

机动步兵第 3 联队、速射炮队、搜索队

独立混成第 7 旅团(多贺哲四郎)

独立步兵第 26、第 27、第 28、第 29、第 30 大队及炮兵队、工兵队

独立步兵第 9 旅团(长岭喜一)

独立步兵第 223、第 224、第 225、第 226 大队

骑兵第 4 旅团(藤田茂)

骑兵第 25、第 26 联队、骑炮兵第 4 联队及辎重队

军直属部队：

野战重炮兵第 6 联队，独立野炮兵第 11 大队，独立山炮兵第 1 大队，野战高炮第 74 大队

独立工兵第 38、第 40 联队，独立工兵第 59、第 60 大队

独立步兵第 74、第 5、第 38 大队(分别从独立混成第 1、第 2、第 9 旅团调来)

菊兵团(第 63 师团,野副昌德)

步兵第 67 旅团

独立步兵第 25、第 78、第 137 大队

第 12 野战补充队

独立步兵第 1、第 2、第 3 大队

独立野炮队

策应部队:

第1 军之第 69 师团(三浦忠次郎)

独立混成第 3 旅团(独立步兵第 6、第 7、第 8 大队)

步兵第 59 旅团(独立步兵第 120、第 82、第 84 大队)

独立步兵第 13 联队(3 个步兵大队)

第13 军之第 65 师团(大田米雄)

步兵第 71 旅团(独立步兵第 56、第 57、第 59、第 134 大队)

步兵第 69 旅团(独立步兵第 52、第 53、第 54、第 131 大队)

第 11 军之独立步兵第 11 旅团(辖 7 个集成步兵大队)

附表 8-3-2　豫中会战中国参战部队指挥系统表(1944 年 3 月)

军事委员会

第一战区　司令长官蒋鼎文

副司令长官汤恩伯

第 31 集团军　总司令王仲廉

第 12 军(贺粹之)

第 22 师(谭乃大)　第 81 师(葛开祥)　第 55 师(李守正)

第 13 军(石　觉)

第 4 师(蔡剑鸣)　第 89 师(金　式)　第 117 师(刘漫天)

第 29 军(马励武)

第 91 师(全　英)　第 193 师(郭文烁)　暂第 16 师(吴求剑)

第 28 集团军　总司令李仙洲

第 85 军(吴绍周)

预11 师(赵琳)　第 110 师(廖运周)　第 23 师(张文心,黄子华代)

暂 15 军(刘昌义)

新29 师(前吕公良,后刘汉兴)　暂 27 师(萧　劲,苟吉堂代)

第89军(顾锡九)

新1师(黄永缵) 第20师(赵桂森)

第19集团军 总司令陈大庆

暂9军(霍守义)

第111师(孙焕彩) 第112师(王秉钺) 暂30师(洪显成)

第33师及独6旅

第15集团军 总司令何柱国

骑兵第2军(廖运泽)

骑兵第3师(徐长熙) 暂14师(李鸿慈)

骑兵第8师(马步康)

泛东挺进军(陈又新)

暂1、暂2、暂3旅,游击第1、第2、第3、第5、第6、第13、第14、独1纵队,独1、独3、独4支队

第78军(赖汝雄)

新42师(彭宝良) 第43师(黄国书) 第44师(姚秉勋)

特种兵团

独立工兵第9团、通信兵第5团第5营

第4集团军 总司令孙蔚如

第38军(张耀明)

第17师(申及智) 新35师(孔从周)

第96军(李兴中)

第177师(李振西) 新14师(陈子坚)

第14集团军 总司令刘茂恩

第15军(武庭麟)

第64师(刘献捷) 第65师(李纪云)

刘戡兵团(刘 戡)

第9军(韩锡侯)

第54师(史松泉) 新24师(宋子英)

暂4军(谢辅三)

第47师(杨 蔚) 暂4师(马雄飞)

第36集团军 总司令李家钰

第14军(张际鹏)

第83师(沈向奎) 第85师(王连庆,一说陈德明) 第94师(张士光)

第 47 军(李宗昉)

第 104 师(杨显明)　第 178 师(李家英)

第 39 集团军　总司令高树勋

新 8 军(胡伯翰)

新 6 师(范龙章)　暂 29 师(尹瀛洲)

第八战区　司令长官胡宗南

第 34 集团军　总司令李延年

第 40 军(马法五)

第 39 师(李运通)　第 106 师(李振清)　新 40 师(崔玉海)

第 57 军(刘安琪)

第 97 师(胡长青)　第 8 师(吴　俊)

第 1 军(张　卓)

第 167 师(王隆玑)

第 16 军(李正先)

预 3 师(陈鞠旅)　第 109 师(戴慕真)

第 27 军(周士冕)

预 8 师(林伟宏)　炮 3 旅(黄正成)

第五战区　司令长官李宗仁

第 2 集团军　总司令刘汝明

第 55 军(曹福林)

第 29 师(荣光兴)　第 74 师(李益智)

第 68 军(刘汝珍)

第 119 师(刘广信)　第 143 师(黄樵松)　暂 36 师(崔贡琛)

第 39 军(刘尚志)

第 56 师(孔海鲲)　暂 51 师(史宏熹)

骑 3 军(郑大章)

骑 9 师(郑大章兼)

附表 8-3-3　长、衡会战日军参战部队指挥系统表(1944 年 4 月)

第 11 军　司令官横山勇

第3 师团　山本三男

步兵第 6、第 34、第 68 联队

骑兵、野炮兵、工兵、辎重兵第 3 联队

第13师团　赤鹿理

步兵第65、第104、第116联队

山炮兵第19、工兵第13、辎重兵第13联队

第68师团　佐久间为人(前)　堤三树男(后)

步兵第57旅团　志摩源吉(独立步兵第62、第63、第64大队)

步兵第58旅团　太田贞昌(独立步兵第115、第116、第117大队)

独立山炮第5联队及工兵队、辎重兵队

第116师团　岩永汪

步兵第109、第120、第133联队

野炮兵第122联队、工兵第116联队、辎重兵第116联队

第40师团　青木成一

步兵第234、第235、第236联队

山炮兵第40队、工兵第40队及骑兵队、辎重兵队

第34师团　伴健雄

步兵第216、第217、第218联队

第34搜索队、野炮兵第15联队、工兵第34联队、辎重兵第34联队

第58师团　毛利末广

步兵第51旅团　野滞式彦(独立步兵第92、第93、第94、第95大队)

步兵第52旅团　古贺龙太郎(独立步兵第96、第106、第107、第108大队)

野炮兵第14联队及工兵队、辎重兵队

第27师团　竹下义晴(原属华北方面军,豫中会战后配属第11军)

中国驻屯步兵第1、第2、第3联队

山炮兵,工兵,辎重兵第27联队

第37师团　长野祐一郎(8月下旬到达战场,参加洪桥作战)

步兵第225、第226、第227联队

山炮兵,工兵,辎重兵第37联队

附表8-3-4　长、衡会战中国参战部队指挥系统表(1944年5—6月)

第九战区　司令长官薛　岳

副司令长官王陵基、王缵绪、杨　森

第30集团军　总司令王陵基(兼)

第58军　鲁道源(新10、新11、第183师)(原属第1集团军)

第72军　傅　翼(第34、新13、新15师)

第 2、第 3、第 4、第 5 挺进纵队

第27 集团军　总司令杨　森(兼)

第 20 军　杨汉域(第 133、新 20 师,第 134 师的第 401 团)

第 44 军　王泽浚(第 150、第 161、第 162 师)

第27 集团军　副总司令欧　震

第 26 军　丁治磐(第 41、第 44 师)(6 月初由第三战区转隶)

第 37 军　罗　奇(第 60、第 95 师,第 140 师的第 419 团)

暂 2 军　沈发藻(暂 7、第 8 师)

第27 集团军　副总司令李玉堂

第 10 军　方先觉(第 3、第 190、预 10、暂 54 师)

第46 军　黎行恕(新 19、第 175 师)(6 月中旬拨归第九战区指挥)

第 62 军　黄　涛(第 151、第 157 师)(6 月中旬拨扫第九战区指挥)

第24 集团军　总司令王耀武(会战初期拨归第九战区指挥)

第 73 军　彭位仁(第 15、第 77、暂 5 师)

第 74 军　施中诚(第 51、第 57、第 58 师)

第 79 军　王甲本(第 98、第 194、暂 6 师)

第 100 军　李天霞(第 19、第 63 师)

战区直辖部队:

第 4 军　张德能(第 59、第 90、第 102 师)

第 99 军　梁汉明(第 92、第 99 师、第 197 师的 591 团)

炮兵第 3 旅　王若卿(炮兵第 1 团,炮第 18、炮第 14 团各 1 个营,第 10 军炮兵营及补充团)

工兵第 14、第 5 团,通信第 1 团,特务团及宪兵第 18 团

附表 8-3-5　桂、柳会战日军参战部队指挥系统表(1944 年 10 月)

第 6 方面军　司令官冈村宁次

第11 军　司令官横山勇

第 3 师团　山本三男

第 13 师团　赤鹿理

第 34 师团　伴健雄

第 37 师团　长野祐一郎

第 58 师团　毛利末广

第 116 师团　岩永汪

战车第 3 联队

独立野炮第 2 联队，第 9、第 10、第 11 大队

独立山炮第 2、第 5 联队，第 51、第 52 大队

野战重炮第 14、第 15 联队

独立重炮兵第 6 大队，迫击炮第 1、第 4、第 15、第 16 大队及 2 个高炮队

汽车第 30、第 32、第 33、第 34、第 35、第 36、第 38 联队

独立汽车第 31、第 32、第 33、第 49、第 83 大队又 2 个中队

工兵第 39、第 41 联队，3 个架桥中队，3 个渡河中队

通信第 13 联队又 4 个中队

独立辎重第 4 联队又 2 个辎重大队、13 个辎重中队

第23 军　司令官田中久一

第 22 师团　平田正判

第 104 师团　铃木贞次

独立混成第 22 旅团　米山米鹿

独立混成第 23 旅团　下河边宪二

南方军第 38 军(土桥勇逸)第 21 师团(三国直福)的步兵第 63 联队(一宫基)

附表 8-3-6　桂、柳会战中国参战部队指挥系统表(1944 年 8 月)

军事委员会

第四战区　司令长官张发奎

　　副司令长官夏　威

第 16 集团军　总司令夏　威(兼)

第 31 军　贺维珍

第 131 师(阚维雍)　第 135 师(颜增武)　第 188 师(海竞强)

第 46 军　黎行恕

新 19 师(蒋　雄)　第 170 师(许高扬)　第 175 师(甘成城)

第 93 军　陈牧农(前)、聂　初(后)

第 10 师(王声溢)　新 8 师(马叔明)

集团军直属第 48 师

第 27 集团军　总司令杨　森

第 20 军　杨汉域

第 133 师(周翰熙)　第 134 师(伍重严)

第 26 军　丁治磐

第41师(董季陶)　第44师(蒋修仁)

第37军　罗　奇

第95师(段　沄代)

第35集团军　总司令邓龙光

第62军　黄　涛

第151师(林伟俦)　第157师(李宏达)

第64军　张　弛

第155师(张显政)　第156师(邓伯涵)　第159师(刘绍武)

第27集团军　副总司令李玉堂

第79军　方　靖

第98师(向敏思)　第194师(龚传文)

第四战区直属部队:

桂绥第1纵队(姚　槐)　第2纵队(唐　纪)

柳州警备司令(尹承纲)——宪兵第5团

炮兵指挥部(彭孟缉)

炮兵第29、第54团又3个营

独立工兵第8团又1个练习营及通信第2团2营

黔桂湘边区总司令部　总司令汤恩伯

第97军(陈素农)之第196师(袁涤青)

第98军(刘希程)之第169师(曹玉珩)

第29军(孙元良)之第91师(王铁麟)

注　释:

〔1〕 本节有关日军的引文,均引自日本防卫厅防卫研究所战史室《河南作战》。中华书局1982年中译本,上册。

〔2〕 1943年9月30日,日本御前会议决定了新的战争指导大纲,将过去的"确保要域"缩小到连接千岛、小笠原、内南洋(日本代管的南洋群岛即加罗林群岛一带)的西部和新几内亚西部、巽地、缅甸等地的一个环形圈内,称之为"绝对国防圈"。

〔3〕 转引自台湾国民党"国防部"史政编译局编《抗日战史》。台北1988年版,第6册第239—240页。

〔4〕《第一战区三十三年春夏间中原会战经过概要》。引自中国第二历史档案馆编《抗日战争正面战场》,江苏古籍出版社1987年版,第1215页。

〔5〕 同〔4〕,第 1217 页。

〔6〕 同〔1〕,第 135 页。

〔7〕 同〔1〕,下册第 3 页。

〔8〕 同〔3〕,第 280 页。

〔9〕 宋涛:《第一战区副司令长官部成立与撤退》。载《中原抗战》,中国文史出版社 1995 年版,第 271 页。

〔10〕 方耀:《参加中原会战的第 13 军》。载《中原抗战》第 327—329 页。

〔11〕 方子奇(原第一战区副司令长官部参谋长):《中原战役概况》。载《中原抗战》第 268 页。

〔12〕 据日本防卫厅防卫研究所战史室《湖南会战》中第 11 军作战计划,摘要写出。本节以后所引日军命令及计划等,未注明出处者均引自或摘自此书。此书为中华书局 1984 年中译本。

〔13〕 上述 3 电令均引自第九战区《湖南会战战斗要报》中的《作战指导方案》。引同〔4〕,1256—1257 页。

〔14〕 同〔4〕,第 1257 页。

〔15〕 同〔4〕,第 1258 页。

〔16〕〔17〕 《第四军长沙第 4 次会战作战经过·谍报参谋报告书》。引同〔4〕,第 1263 页。

〔18〕 同〔4〕,第 1258 页。

〔19〕 同〔4〕,第 1260 页。

〔20〕 同〔16〕。引同〔4〕,第 1263—1264 页。

〔21〕 《第九战区湖南会战作战检讨》。引同〔4〕,第 1297 页。

〔22〕 日本防卫厅防卫研究所战史室:《湖南作战》。中华书局 1984 年中译本,(下)第 3—4 页。

〔23〕 日本防卫厅防卫研究所战史室:《广西作战》。中华书局 1985 年中译本,(上)第 104 页。

〔24〕 同〔23〕,第 120 页。

〔25〕 同〔4〕,第 1299—1302 页。

〔26〕 军令部所拟方案中对第 93 军的任务制有两案。甲案即此,并注明"此案确实有效,但牺牲较大。"乙案为:"在黄沙河、全州、严关口(兴安附近)、大溶江各地区逐次持久抵抗,再依状况参加桂林决战。此案牺牲较少,但不易确实实施。"蒋介石在审批方案时指示:"应照甲案实施。"

〔27〕 见《桂柳会战第四战区作战计划》。引同〔4〕,第 1302—1304 页。

〔28〕 同〔3〕。台北 1990 年版，第 9 册第 159 页。

〔29〕 同〔23〕，（下）第 225 页。

〔30〕 见 1944 年 11 月 19 日《解放日报》。

〔31〕 同〔23〕，（下）第 199 页。

〔32〕 美国杜鲁门图书馆藏《埃尔西文件》第 2 盒中国卷 6（《来自白宫的档案》）。转引自华庆昭《从雅尔塔到板门店》，中国社会科学出版社 1992 年版，第8 页。

〔33〕 〔美〕巴巴拉·塔奇曼：《史迪威与美国在华经验》。商务印书馆 1984 年中译本，第 674 页。

〔34〕 〔美〕罗伯特·达莱克：《罗斯福与美国对外政策（1932—1945）》。商务印书馆 1984 年中译本，（下）第 733 页。

第四节　击退日军的最后两次进攻

1944 年，是日本走上崩溃的一年。至当年底，日军虽然在中国及南洋等地仍占领着大片土地，并在中国正面战场上获得了豫、湘、桂战役的胜利，打通了大陆交通线，但在其他战场上却和欧洲的德军一样连连失败。太平洋战场上，日本海、空军已所剩无几，海军航母全被击毁击伤，已无远洋作战能力；航空兵则基本上依靠神风特攻队的“自杀飞机”作战；关岛、提尼安岛和莱特岛均已被美军攻占（仅莱特岛之战，日陆军就死亡 7 万人），战争已逼向日本本土。印、缅战场上，日军的失败已成定局：在进攻若开及因帕尔英军的作战中遭到惨败，缅北的重要战略据点密支那及八莫已为中国驻印军及远征军攻占，日军在缅甸的 3 个军均已遭到歼灭性打击。中国敌后战场上，各抗日根据地的人民抗日武装先后开始了局部反攻，全年进行大小战役、战斗 2 万余次，歼灭日、伪军 28 万余人，攻占日、伪军据点5000余个，解放人口 1200 余万，并使日军打通的大陆交通线始终不能畅通。在日本国内，物资奇缺，国力枯竭，生产萎缩，民生困苦，人民的厌战、反战情绪日趋高涨，侵略战争已失去必要的物质及政治基础，实际上已打不下去了。据日本大本营最乐观的估计，“日本能够有组织地进行战争的时间，即便竭尽所有努力，大概也只能以昭和 20 年（1945 年）中期为限”。[1] 尽管如此，侵华日军仍要做最后挣扎。1944 年 11 月下旬才任“中国派遣军”司令官的冈村宁次从豫、湘、桂作战中，特别是进攻贵州独山等地的作战中发现国民政府军队的战斗力不强，日军能在天气不良、交通不便、后勤供应不继，而且制空权掌握在中国军队方面的条件下完成预定作战任务并击溃了国民政府军队的大部，因而认为日军应乘此有利时机进攻四川、昆明，摧毁美空军基地，建立大陆要塞，同时在华中、华南沿海进行抗击美军登陆的准备。他认为吸引美军为支援中国政府提前在中国大陆登陆作战，届时“中国派遣军”即可集中主力与美军在中国大陆上展开大规模的野战，这样就可以牵制、消耗美军兵力，使其不能进攻日本本土。

为此，日军“中国派遣军”拟制了1945年进攻四川、云南和在华中、华南沿海实施防御的作战计划。该计划的主要内容是：以衡阳第20军的3个师团从宝庆攻向芷江，尔后进入四川，攻向涪陵，渡过长江攻占重庆；以桂林第11军的3个师团由宜山攻向贵阳，尔后进入四川，攻向泸州，渡长江后继续北进，攻占成都。该计划于1945年1月3日由参谋长松井太久郎送交大本营。

日本大本营从战争全局形势出发，认为整个战局已处于极端不利的情况中，“中国派遣军”如进攻四川、扩大占领区，必然更加分散兵力，机动部队更为减少，将更为被动，因而没有批准这一计划，而1945年1月20日制订了《帝国陆、海军作战计划大纲》，并于22日向“中国派遣军”下达了有关当前作战任务的命令，指出日军目前主要任务是击溃进攻的美军，确保以日本本土为核心的国防要域，“中国派遣军”应迅速强化中国大陆的战略态势，击败东、西两正面的敌人：东面要确保华中、华南，特别是长江下游各要域，准备粉碎美军的登陆企图；西面，即对中国内地，要以多数小部队进行长期有组织的奇袭挺进作战，促使重庆势力的消亡，并制止美空军势力在华的活动。这也是派遣军的主要任务。

“中国派遣军”根据大本营的命令，重新拟制了沿海抗击美军登陆的作战方案和向内地挺进的计划。1月29日，冈村宁次在南京召开各方面军及各军司令官参加的军事会议，传达了大本营的命令，并布置了沿海作战的安排和向湖北老河口（光化）、湖南芷江地区进攻的作战方案。为加强东南沿海战备，决定向沿海增调9个师团，调1个军司令部至杭州。为摧毁中国的空军基地，令“华北方面军”从速攻占老河口附近地区；令第6方面军从速攻占芷江附近地区，另以一部协同华北方面军在老河口的作战；令第5航空军以一部支援老河口及芷江作战。

一、老河口地区作战（豫西、鄂北会战）

（一）双方的作战指导及兵力部署

日军“华北方面军”在1月29日南京军事会议上接受了进攻老河口的作战任务后，决定由驻郑州的第12军执行此项任务，同时令驻当阳的第34军的第39师团由荆门向北，沿汉水以西攻占襄阳、樊城、谷城，配合第12军的作战；令驻山西的第1军一部从黄河南之陕县进行出击，策应第12军的作战。规定1945年3月间开始行动。

日军第12军根据方面军的命令，拟制出作战计划。其主要内容为：[2]

方针：

军决定于3月中旬末开始行动，以主力急袭突破鲁山至舞阳、沙河店（确山西北40公里）附近敌军阵地，迅速向老河口、西峡口之线推进。

作战指导：

1. 豫西地区队（110师团之110联队）沿洛阳至卢氏公路前进，在长水镇以西地区突破当面之敌。应尽力牵制较多敌军，同时作出将进攻西安的姿态，以使军主力攻击容易。

2. 第110师团（欠）于突破鲁山附近之敌后，即沿鲁山至南召公路向南阳西北方向推进，准备夺取南阳。

3. 战车第3师团于突破当面之敌后，即经保安镇（南阳东北）向西峡口、淅川之线突破推进。

4. 第115师团以一部突破舞阳敌阵地，以主力突破象河关附近敌阵地，再向南阳南侧前进，准备夺取南阳。

5. 骑兵第4旅团（配属步兵1个大队）在第115师团后跟进，然后再超越该师团向老河口前进，攻占该地机场。

6. 第87旅团（吉武支队），在战车第3师团后跟进，一面扫荡残敌，一面向南阳推进。

1944年5月豫中会战后，中国军事委员会将第89、暂15、第12、第13、第

29、第14、第9、第90等军分别调至鄂西北、豫西南及陕南地区整补，第一战区兵力大为减少。1945年初，军事委员会又调整战区，将第一、第五战区平汉铁路以东的辖区合并，成立第十战区，以李品仙为司令长官。1945年初，军事委员会发现豫中日军有向平汉路以西进攻的征兆，为使第一、第五两战区协同密切，于1月8日下达了《协同作战要领》。其作战方针是："第一、第五战区以广领要地、掩护机场、巩固川陕门户之目的，应就现态势配合路东及敌后部队行战略持久战，主力固守函(谷关)、卢(氏)、宛(指南阳)、鄖(指老河口西北地区)、襄、樊，以遏阻敌奸窜扰，并利用豫、陕山地，广建根据地，完成攻、守作战之准备。"其部署是："两战区之豫西战斗，必要时由李长官(李宗仁)统一指挥(不另设机构)。两战区作战地境变更为淅川、南化镇、郧西、上津、冷水河之线，线上属第五战区。"[3]

1945年3月1日，军事委员会设行营于汉中，以第五战区司令长官李宗仁为主任，遗缺由刘峙接任。3月中旬，当日军第12军进攻行动渐趋明显时，有关各战区基本上已完成了部署。第一战区以第40军任灵宝正面防务，第34集团军控置潼关、华阴、韩城一带；以第4集团军担任洛宁正面防务；以新8军等部担任南召地区防务；以第3警备司令部所部左右联系第38、新8军，对嵩县方向警戒；第31集团军及第15军分区控制于西峡口周边地区。第五战区以第2集团军担任方城、泌阳守备；第22集团军担任大洪山方面防守，其第41、第45、第69军分别控置于枣阳、双河、襄阳各附近地区；第47军配属于第22集团军，控置于邓县附近，为第二线兵团。第六战区以第33集团军的第59、第77军主力分别担任宜城、远安方面防务；第59军的第38师为第二线兵团，控置于南漳东南地区，第77军的第132师拨归第26集团军指挥。

3月19日，新任第五战区司令长官的刘峙判断日军进攻时的主攻方向为由漯河经舞阳向光化(老河口)地区，如果第五战区第一线由钟祥至舞阳曲折800余里，第二线襄河、唐河，第三线襄河、白河各相连之线均各长达500里，在以上三线与日军决战，兵力均不敷分配，一旦为日军突破，其战车快速部队必先到达襄河东岸。所以准备将决战地区选在白河、湍河之线或丹江、襄河之线，重点保持于左翼，乘日军渡越湍河、白河向老河口攻击时与其决战。军事委员会得悉日军从由鄂北、豫西分路进攻第一、第五、第六战区而主力指向第五战区，于3月21日下达了第六、第十战区策应第五战区作战的指导要领：令第五战区先在泌阳、方城、南阳地区行持久抵抗，适时转移至湍河、丹江间地区与日军决战；令第一战区在南召、李青店之线阻击日军，摧破其攻势；令第十战区袭击平汉路南段日军，破坏其交通。同时令豫西、陕南各基地空军积极轰炸日军后方交通线，尤其对平汉路南段日军的运输予以阻断，尔后再依第一、第五、第十战区之协力，准备包围日军于豫鄂陕边区而歼灭之。为便于统一指挥，复命冀察战区新8军等部及第33集团军暂归第五战区指挥。参战部队指挥系统如附表8-4-2。

（二）作战经过

1. 豫西地区战斗

1945年3月22日拂晓，日军第12军各部队按照预定的作战计划开始全面进攻。战斗至23日，除中路战车第3师团因天雨道路难行仍滞留于保安镇附近外，右翼第110师团占领李青店、南召，左翼第115师团占领象河关、源潭。军事委员会见日军已发起全面进攻，急令第一、第五战区除按21日电令防守各要点并留置一部兵力与敌保持接触外，主力即向湍河以西转移。第五战区遵照命令，留置第22集团军所属第6、第9挺进纵队及1个团，第2集团军所属第143师（守南阳）及第1、第7挺进纵队，其余部队全部在日军到达之前撤至湍河、丹江间地区。第一战区遵令留第110师、暂66师及第4、第6挺进纵队于伏牛山区，其余部队全部撤至桑坪及淅水以西地区。由于守军主力转移，日军第12军毫无阻碍地迅速深入豫西腹地。

3月24日，日军右翼第110师团及左翼第115师团已分别由南召及南阳以南的三十里屯附近渡过白河，骑兵第4旅团则超越步兵第一线部队正向老河口突进中，惟战车第3师团在中国空军连续攻击下仅进至方城。日军第12军见进展顺利，26日决定令原准备进攻南阳的第110师团全部向内乡前进，而后以主力进攻西峡口，以一部进攻淅川；令第115师团主力进攻老河口，一部进攻老河口西北约45公里处的李官桥，控制汉水上游，令步兵第87旅团（配属部分战车及军直属炮兵一部）进攻南阳，令骑兵第4旅仍按原任务进攻老河口机场。

3月27日，日军各部按命令行动。当日凌晨，骑兵第4旅团突进至光化附近。其第25联队进攻光化城受挫，第26联队于中午攻占马窟山，18时击退第125师防守机场部队，占领老河口机场。第115师团的第85旅团在击退守军第22师一部后，于上午攻占邓县；第86旅团击退第22师后占领文渠集、七里河（邓县西北约15公里）。第110师团的第139联队及战车第3师团的机动步兵第3联队于28日晚攻占内乡。守军第26师撤向西峡口。日军第87旅团于28日进抵南阳外围，开始从事攻击准备。

由内乡向西峡口及淅川进攻的日军第110师团及战车第3师团，在击退沿途阻击的第68军主力及新8军、第15军、第85军各一部后，其第139联队及战车第3师团一部于31日攻占西峡口，第163联队及战车第3师团主力于4月1日占领淅川。守军第68军已于日军到达前退向荆紫关一带。围攻南阳的日军第87旅团经准备后，于30日凌晨开始攻击。该旅团共有6个独立步兵大队（第87旅团2个，第88旅团2个，第115师团第86旅团1个，独立混成第92旅团1个）、1个炮兵大队（105毫米野炮8门）和1个战车中队（战车6辆）。经激烈战斗后，其第617大队在猛烈炮火支援下，于当日16时50分由西北角突入南阳城。守军第143师与突入的日军展开巷战。此时第五、第一战区部队均已退至淅水、丹江一线，南阳已成孤城。第143师于30日夜由城东南角撤离，日军于当日24时完全占领南阳城。

日军第115师团从邓县进攻老河口和李官桥，其第86旅团从文渠集、七里河继续西进，在与守军第47军发生短促战斗后，于29日占领了丹江东岸的李官桥。4月1日和2日，守军进行反击。日军为加强李官桥的防御，4月6日将骑兵第4旅团调至该地。

骑兵第4旅团于3月27日进攻光化城受挫，31日及4月1日又连续数次向老河口发动攻击，但均被第125师击退，且受重创。其骑兵第25联队4个中队因伤亡太多，最后将4个中队缩编为1个临时集成中队。日军第115师团主力4月2日到达老河口后，骑兵第4旅团划归第115师团指挥，该师团将该旅团撤至老河口东北约25公里的孟家楼休整。由于李官桥形势紧张，才将该旅团调去增援第86旅团。第115师团主力到达老河口外围后，鉴于骑兵第4旅团进攻受挫、反遭歼灭性打击的情况，不敢立即发动进攻，俟进攻南阳的野战重炮兵第6联队到达，并运送足够的弹药和将战车第13队的10辆战车修整完成后，于4月7日拂晓发起攻击。激战终日，日军的多次冲击均被击退。其主攻方向上的第26大队在炮兵及工兵直接支援下一度由北城墙击毁的缺口处突入城内，但在第125师的英勇反击下，日军先头第1中队基本被歼，其他中队被迫退回。当晚又组织两次攻击，也遭失败。4月8日10时，日军经整顿后再次发动猛攻，在炮火掩护及战车前导下，经过近4小时的肉搏血战，日军终于以伤亡近400人的代价，于13时50分左右突入城内。守军第125师一面实施巷战抵抗，一面组织撤退，当天傍晚分两部分别撤至汉水西岸和老河口以南地区。老河口为日军占领。

担任牵制作战的日军豫西地区队第110联队于3月22日夜从洛宁出发，其先头部队于23日拂晓在马店(洛宁西南约10公里)附近与守军新35师一部发生短时战斗，于当日16时进占长水镇。24日继续西进时遭到守军第38军及第96军一部的阻击，于27日进占故县。4月9日，第96军及第38军分由两翼迂回攻击，日军第110联队撤回洛宁，恢复原态势。

早在4月4日，蒋介石即电令第一、第五战区组织反攻，说日军补给仅能维持数日，天雨路泥泞，战车难以活跃，此正歼敌最佳良机，希积极反攻。但当时守军各部正遭日军进攻，无力组织大规模的反击。4月12日夜，守军第41、第45军各一部反攻光化、老河口，第55军及第69军各一部反攻邓县，第47军一部反攻李官桥。但均被日军击退。日军第115师团并在反击中于15日攻占新野。4月28日，守军第22集团军一部曾一度攻至老河口城区，但因后继缺乏，仍被迫退回汉水西岸。此后双方即形成对峙。

日军在山西的第1军为策应豫西作战，曾令其第69师团、第114师团各一部于5月16日从陕县向灵宝、官道口进攻，在守军第4集团军及第40军的协力反击下，于5月25日退回陕县和会兴镇(今三门峡市)。

2. 鄂北地区战斗

日军驻武汉地区的第34军根据派遣军的命令，命其第39师团沿襄河西岸北进，企图切断守军从老河口向西的退路，以策应“华北方面军”第12军的作战。由于该师团分散守备宜昌、鸦鹊岭及当阳等地，只能抽出3个步兵大队，因而又从驻应城、沙市、南昌、信阳、咸宁的日军中各调1个大队，从九江的日军中调1个山炮大队。总计步兵8个大队、山炮1个大队，约5000余人。

3月20日夜，第39师团先于第12军开始行动，用奇袭及潜进方法一举攻占盘池庙、石桥驿，迅即逼近至守军第59军的主阵地前。21日，日军分3路以6个大队为第一线部队，向第59军阵地发动猛攻，主攻方向在右。守军暂53师及第180师奋起抗击。激战至当夜23时，阵地终于被日军突破。22日，日军继续攻击，迫使第59军节节北移。暂53师第1团在胡家集阻击战斗中伤亡重，团长陈振凯英勇牺牲。日军乘势于23日晨攻占鄂北重镇宜城。第59军急命第38师接替暂53师，在宜城以北组织防御，掩护暂53师向八都河撤退。但日军突然转移主攻方向，由其中央一路向第180师防守的安家集阵地攻击。24日晨，日军全线发动进攻，守军被迫逐次向北收缩。退至八都河的暂53师再度投入战斗。25日，第33集团军令第59军全力退守南漳，汉水西岸欧家庙一带防守任务由第69军接替。

27日，正当日军全力向北进攻之际，刘峙竟令第33集团军以最小限兵力对荆门、当阳警戒，主力即刻驰移谷城、石花街一带。第33集团军接令后仅留置第180师于南漳以南协同第179师继续抗击日军，主力向北转移。日军乘机于28日攻占南漳，其右路亦突破欧家庙阵地，向襄樊前进。

第33集团军见南漳失守，即停止向北转移，令暂53师同第69军的暂28师侧击向襄阳前进的日军，令第38师协力第77军反攻南漳。此时南漳仅有日军独立第231大队，中国军队于29日收复南漳，歼日军一部。但当夜襄阳被日军第39师团主力攻占，30日晨樊城亦告失守。守军第69军之一部撤至邓城附近地区，该军位于襄河西岸的暂28师则转向何家台子(襄阳西南约15公里)一带集结。

日军第39师团攻占襄樊后，以主力继续向谷城进攻，以一部反击南漳。激战至4月3日，南漳又被日军第233联队攻占。守军第77军及第180师伤亡甚多，仅残部突围而出。由襄樊北进的日军第232联队已越过茨河，先头进至南河南岸附近。此时第39师团感到已将力量使用至极限，如再前进，则有被中国军队包围、歼灭的危险，经军部同意，于3日晚下令停止前进，撤回襄阳。当夜日军第232联队即秘密退至茨河，尔后再撤至襄阳。日军在襄阳、樊城、南漳、宜城等地大肆抢掠人民群众的牲畜、粮食以及商店中的布匹、白糖、纸烟、药品和各种杂货，用汽车及船舶运回武汉地区，该师团亦逐次退回荆门、当阳地区。守军第33集团军跟踪追击。4月中旬，鄂北地区恢复战前态势。

豫西、鄂北战斗期间，第十战区遵照军事委员会关于"对敌行牵制性攻击，策应第五战区作战"的命令，令暂9军、第7军的第173师及豫南挺进军(游击部队)派出部队，3月30日开始向漯河至信阳以南的平汉路进击。3月31日及4月3日，第173师及暂9军的部队一度分别袭入正阳城及汝南城，4月5日还袭击了遂平车站，并破坏了铁路及日军通信线路多处。当日军第39师团开始由襄樊撤返原防时，该两部曾进入平汉路以西地区，配合第五战区部队收复了舂水及象河关。

豫西、鄂北战斗期间，中国空军在美国空军支援下完全掌握了战场制空权，日军"后方空域，亦在中、美空军掌握之中"。因而，整个作战期间日军航空兵仅进行过4次空袭，投弹12枚。中国空军第4、第11大队及中美空军混合团第1、第3大队全力支援第一、第五战区作战。中美空军混合团主要用于敌后攻击，对

图8-4-1　老河口地区作战经过要图
（1945年3月22日—5月25日）

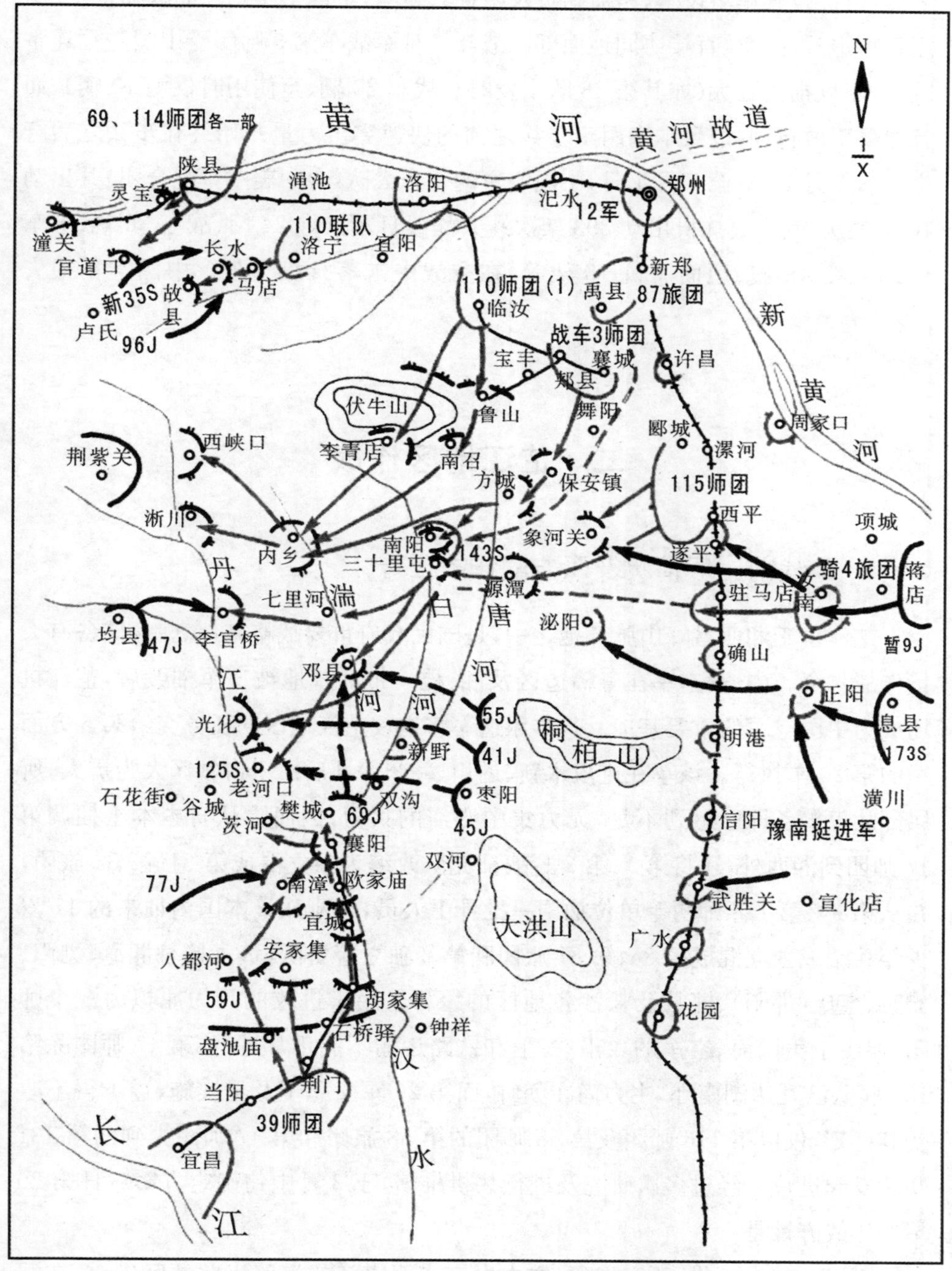

新乡、郑州、许昌、南阳等地的日军兵站补给基地、空军基地以及铁路沿线等实施轰炸，以摧毁其军事设备、军需物资及阻挠其运输；中国空军则控制战场上空，制压日军炮兵、战车，直接协同地面部队战斗。日军战车第3师团受中国空军连番攻击，不仅损失巨大（如其第13队出发时有战车22辆，至使用时仅剩10辆），而且白昼不敢行动，以致本来用于步兵之前的快速突击力量却始终在步兵之后行进。从3月22日至5月1日，中国空军的4个大队（含中美空军混合团）共出动1047架次（其中轰炸机出动393架次），共炸毁日军火炮24门、战车36辆、卡车172辆、船48艘、地面飞机18架等，在空战中击落日机5架。中国空军损失5架。

二、芷江地区作战

（一）战前一般情况及双方的作战指导

芷江位于湘西雪峰山脉环抱之中，是国民政府重要战略基地之一，储备有大量作战物资。中、美空军在粤赣边区及湘、桂一带的基地被日军摧毁后，芷江机场成为中国空军的重要基地。日本派遣军将进攻芷江地区的任务交给第6方面军的第20军执行。该军在进攻永新、遂川、赣州等地后由于占领区大为扩大，所属部队仅警备即已感到不足，无力集中必需的兵力，因而除从日本本土抽调第47师团到湘西外，还将第1、第2野战补充队改编为独立混成第81、第82旅团，并从第64、第116师团等单位抽调一批骨干人员，与刚从日本国内征来的17岁少年兵编成独立混成第86、第87旅团和第2独立警备队，负责接替湘潭、浏阳、醴陵、宝庆（邵阳）、郴县及长沙各地区的警备。用于进攻的兵力原拟为3个师团，但由于美国海、空军的攻击，海上和铁路运输不能正常进行，第47师团除第131联队已到达湖南外，主力尚在朝鲜，而第20军又急于及早实施，遂不得不改变其计划，仅以第116师团及第68师团的第58旅团和第47师团先到的第131联队发起进攻。经过多次研究及进行兵棋推演，于3月中旬确定方案。日第20军的作战方针是：

军以一部由新化、新宁方面，主力由宝庆至安江的道路以北地区进攻，在洞口、武冈以西或沅江以东地区捕捉并围歼敌之主力部队；击灭沅江以东之敌军后，即向芷江方面突进，占领并破坏敌航空基地。其作战指导的要领是：

1. 首先击灭雪峰山附近敌野战军，然后向芷江突进，占领、破坏其航空基地。

2. 4 月上旬，第 131 联队（重广支队）集中于新化、资江以西地区，第 116 师团集中于宝庆附近，第 58 旅团（关根支队）集中于东安及新宁地区。4 月中旬开始行动。第 131 联队由新化以南向安江（黔阳）突进，切断敌军退路，同时由侧背攻击敌主力。第 116 师团主力在洞口、安江道路以北，一部在道路以南，将敌主力捕歼于洞口、龙潭铺、瓦屋塘地区。第 58 旅团由东安、新宁、武阳（绥宁东北）、瓦屋塘道路方向进攻，将敌主力捕歼于武冈西北地区。以上 3 个兵团必须互相策应，以达成歼敌主力的任务。在此期间，第 64 师团以一部进攻益阳，以牵制常德方面之敌。

3. 第 47 师团主力到达战场（预定 5 月上旬）后，即沿新化、溆浦向芷江突进，依情况或向辰溪进攻。

4. 本作战应注意掠获兵器、资材，以备军今后作战之用。

日军指挥系统见附表 8-4-3。

1944 年末，中国军事委员会设立中国陆军总司令部于昆明，统一指挥及整训西南各战区部队，由参谋总长何应钦兼总司令，下辖远征军卫立煌部，黔桂湘边区汤恩伯部，第四战区张发奎部，滇越边区卢汉部及杜聿明、李玉堂 2 个集团军，共 28 个军 86 个师。为便于指挥，又将这 28 个军编为 4 个方面军。其中第 4 方面军北以澧水与第六战区为界，南以会同亘资源之线与第 3 方面军相接，沿洞庭湖西畔的渡口、益阳、潭市、新宁、资源之线，与宝庆南北的日军相对峙。第 4 方面军为便于整编和换装美械，各军仅以一部担任第一线警戒，主力控置于桃源、新化、溆浦、瓦屋塘各附近地区。

1945 年 3 月间，军事委员会发现湘、桂、粤日军调动频繁，并在全县、东安、宝庆、衡阳等地集结兵力，判断日军可能对芷江地区发动进攻，遂拟制了初步的作战指导方案，令“陆军总司令部及第六战区协同确保芷江要地，并准备有力兵团适时进出邵（阳）榆（树湾）公路、桂（林）穗（广州）公路及常（德）、桃（源）方面，协同第 4 方面军击破进攻的日军”。方案中拟定的指导要领主要有：“1. 第 4 方面军应以主力控置邵榆公路，各以有力一部控置新化、溆浦及常、桃方面。2. 第 3 方面军除以第 87 军任桂穗路之作战外，并控置第 94、第 9 军。必要时，第 13 军一部于要地机动使用。3. 陆军总司令部准备以新 6 军，第六战区准备抽调王敬久之1个军及现任清乡之86军主力策应作战。4. 各部队之行动：(1) 如敌以主力沿邵榆公路各以一部沿桂穗、常桃方面会攻芷江时，第4方面军主力应固守雪峰山南北之线，并依第94、86军之增援，转移攻势。依情况，第9军推进至芷江附近，新6军推进至马场坪、黄坪一带增援本作战。常、桃方面，第六战区以1个军协同第18军一部，击灭犯敌于桃源附近地区。桂、穗方面，第87军应确保通道附近险要，击灭进犯之敌，掩护第4方面军之侧翼。”[4]参加芷江地区作战的中国军队指挥系统见附表8-4-4。

（二）作战经过

1945年3月30日，冈村宁次到第20军指示有关进攻芷江的事项。4月5日，第20军召开了师、团长及独立旅团长会议，下达了进攻芷江地区的命令，并研究了作战计划。会议决定：在4月15日正式开始进攻之前，第116师团于4月11日派出1个步兵大队，以突袭作战的方式从宝庆秘密向雪峰山区龙潭铺地区前进，占据雪峰山隘口，造成守军的混乱，为后续部队进入雪峰山区围歼中国野战军主力及进攻芷江制造有利条件；第64师团驻沅江城的步兵旅团，于4月13日派出2个独立步兵大队南攻益阳，以造成中国军队的错觉，并牵制在常德的中国第18军。

中国陆军总司令部发现日军第116师团自4月9日起以一部兵西渡资水、建立桥头阵地、掩护其主力继续西渡，刚到永丰附近的第131联队亦向宝庆移动，判断日军的进攻即将开始，于4月11日下达作战预令，令暂6师改归第4方面军指挥，担任芷江机场守备；令第3方面军的第94军迅速完成战备，待令向芷江附近推进，协力第4方面军作战，并即增强黔桂、桂穗路的防务，作好策应第4方面军作战的准备；令第六战区派出策应的第92军，适时进至常、桃地区，准备协力第4方面军作战。

就在陆军总司令部下达作战预令的当晚，日军第116师团第109联队的第1大队从宝庆以西的桥头阵地沿山间小道秘密西进，15日夜钻隙突进至白马山以东约5公里处的中原村附近。其师团主力分3个纵队于4月13日夜开始行动。15日夜，其右纵队第109联队突破巨口铺附近守军第100军第63师警戒阵地和纵深第178团阵地，进抵大桥边一带。其中央纵队第133联队向岩口铺突进中，其左纵队第120联队则尚未行动。与此同时，东安日军的第58旅团于当晚开始向新宁前进，进行牵制性攻击的日军第64师团的第69旅团亦由沅江攻占益阳。芷江地区的作战全面展开。

当日军发起全面进攻后，中国陆军总司令部于 15 日下达作战命令，令各部队迅速完成战备。命令的主要内容是：令第 4 方面军以主力于武冈、新化附近之线与日军决战，同时令第 3 方面军以第 94 军由靖县、道通地区，第 10 集团军的第 92 军又 1 个师由常德、桃源地区向武冈以东及新化方面进出，协同第 4 方面军击破进攻的日军；令新 6 军（时尚在云南）即先以 1 个师空运至芷江，为第 4 方面军的总预备队。限 4 月底集结于指定地区，完成作战准备。

正当第 4 方面军调整部署之际，日军发起进攻。战斗至 18 日，日军中路主力第 116 师团的右纵队已进至隆回司；中央纵队及左纵队也在突破第 100 军第 64 师岩口铺、桃花坪阵地后进至资水以西；担任突袭任务的第 109 联队第 1 大队则已深入至大黄沙附近。适逢第 74 军第 51 师增援到达，方稳住局势。与此同时，日军右翼第 131 联队于 15 日夜渡过资水，与守军第 73 军在新化以南交战；左翼第 58 旅团及配属的第 217 联队于 15 日分向东安及资源附近进攻，17 日攻占了新宁。

4 月 19 日至 23 日，日军中路第 116 师团右纵队第 109 联队在大黄沙及隆回司遭到第 51 师及第 19 师、第 63 师各一部的坚强反击，战斗异常激烈。其中央纵队第 133 联队于 22 日攻占山门镇，进至雪峰山东麓，左纵队第 120 联队于 23 日攻占高沙市。日军右翼第 131 联队，遭第 73 军的坚强抗击和有力反击，被阻于新化以南地区；左翼第 58 旅团于 20 日由新宁向武冈、武阳攻击前进，亦被第 74 军第 58 师阻止于真良附近。实施牵制性进攻的第 69 旅团占领益阳后，又于 18 日拂晓攻占桃江市，但在第 18 军反击下，当晚即撤离桃江，返回益阳，改取守势。

4 月 24 日，中国陆军总司令部鉴于当前情况，认为北翼益阳方面已无顾虑，决心调第 18 军参加主力决战。当日下达作战命令，其主要内容为：

“1. 第 10 集团军(92 军)速以主力接替第 18 军常德、桃源、益阳、宁乡方面之防务，拒止当面之敌，限 4 月底前接替完毕。

“2. 第 4 方面军主力（第 73、74、100 军）应于新化、洞口、武冈之线竭力阻止来攻之敌，以使尔后之决战有利。第 18 军主力 4 月底前集结沅陵，并依情况，可不待集结完毕即经沅陵、溆浦道南下，参加该方面主力决战。第 18 师于防务交替后，沿安化、蓝田道向宝庆方向挺进，以遮断敌后交通，使主力军作战有利。

“3. 第 94 军（欠 43 师）限 4 月底前集结会同、靖县地区，尔后任务及行动另令饬遵。

“4. 新 6 军之新 22 师，暂控置于芷江，保持机动。”[5]

日军第 116 师团开始进攻之初，因进展顺利而很乐观，不久战况逐步发生变化。4 月 23 日，其右纵队于大黄沙附近与其担任突袭的第 1 大队会合后，在圭洞以东即遭到第 51 师的坚强抗击，转为守势。至 25 日时，该师团第 109 联队仅剩 546 人。中、美空军在 23 日后实施了密切的空中支援，日军昼间行动受到极大限制，中央及左纵队在第 51 师及第 74 军的层层阻击下，迄 4 月 30 日，仅推时至江口、瓦屋塘以东一线，再也无法前进。日军两翼的第 131 联队及第 58 旅团亦分别被第 73 军和第 74 军阻止于洋溪、武阳附近。第 58 旅团于 27 日猛攻武冈城，30 日攻击瓦屋塘，均被守军第 58 师击退。

日军第 20 军随着作战状况的愈来愈为不利，开始认识到形势的严峻性。4 月 28 日第 47 师团主力的先头部队到达宝庆后，未立即将其投入战斗，而是令其在宝庆附近组织防御，以应付紧急情况。

到 4 月底，第 4 方面军北翼方面第 18 军主力已集结于安化附近，南翼方面第 94 军亦在第 26 军掩护下集结于靖县、绥宁附近待命出击。担任阻击任务的第 73、第 100、第 74 军，以坚强的逐次抗击和勇猛的不断反击给当面日军以重创。日军一再受挫，攻势逐渐衰弱。

5 月 1 日，第 4 方面军展开全面反击，第 18 军和第 94 军亦开始由北、南两个方向向日军右、左翼逼近。日军被迫自 5 月 3 日起由攻势作战转为全面的守势作战。日军第 6 方面军向派遣军请求增加 2 至 3 个师团再发动新的攻势。派遣军无兵可派，予以拒绝。日军第 20 军为挽回败局，经“中国派遣军”批准，于 5 月 4 日下午向第 116 师团及第 58 旅团下达了撤退至山门、洞口、花园市（洞口南约 20 公里）一带以整顿态势的命令。其命令的主要内容为：

1. 军暂时避免与中国军决战，将主力转移至山门、洞口、花园市附近，确保该地区周边要线，整理态势，俟第 47 师团主力到达后，伺机击歼追出雪峰山系之外的中国军。

2. 第 116 师团应适时撤离现在战线，在山门、洞口附近集结，伺机歼灭该地区之中国军。为达成上述目的，应派遣一部兵力占领并确保 870 高地（洞口西南约 5 公里）以北至赛市北方高地之间的雪峰山山系东麓各要点，作为支撑点。

3. 第 58 旅团应适时撤离现在战线，集结于花园附近，伺机歼灭在该地之中国军。为达成此目的，应派遣一部兵力先行确保桥当头（洞口西南约 8 公里）以南雪峰山系东麓要点作为支撑点，以确保附近之要地。

与日军第 20 军下达撤退命令同一天的 15 时，中国陆军总司令部也下达了转移攻势的命令。其主要内容为：[6]

1. 攻势转移之目标，为击灭进攻之敌，恢复我资水左（西）岸之原阵地，并相机攻略宝庆。

2. 亘攻势转移全期间所需粮弹补给，应尽速于 5 月 15 日左右全部准备完毕，并分屯完成。攻势转移开始之日期，即以粮弹准备完成之日期为准。

3. 新 6 军归王耀武司令官指挥。其新 22 师立即向江口推进，协同江口附近之部队作战，担任江口正面公路之防御，掩护该军直属部队及第 14 师迅速向安江附近集中。

4. 第 27 集团军之 94 军主力应与第 4 方面军在安江、宝庆公路以南作战之各部队密切协同，务于 5 月 15 日以前击灭城步以北之敌，进出于武冈、武阳以北附近，准备协同第 4 方面军担任对安江、宝庆公路以南之敌行右旋席卷、求敌之外翼而包围攻击之。

5. 第 10 集团军应竭力拒止当面之敌，掩护攻击部队之左翼。

军事委员会认为发起反击的时机太晚，两次催促抓紧战机，迅速实施反击。陆军总司令部遵命于 5 月 6 日又发补充指示，令第 4 方面军及第 3 方面军的第 94 军立即发起反击。第 4 方面军决定 5 月 8 日拂晓全面转移攻势，将决战重点置于两翼，协助第 94 军压迫日军于雪峰山山系东麓，围而歼之。

日军第 20 军发觉中国军队正从北、西、南三面向其逼近，第 3 方面军第 94 军及第 44 师又于 6 日收复新宁、7 日解武冈之围，因而急令第 116 师团及第 58 旅团逐步靠拢，并列向宝庆撤退；同时令刚刚到达的第 47 师团后续主力部队西渡资水，向大桥边西高地前进，迅速投入战斗，以接应东撤的部队。日军第 6 方面军感到第 20 军撤退部队的左翼兵力太弱，遂令驻全州的第 11 军第 34 师团转隶第 20 军，使其推进至新宁，以掩护东撤部队左侧背的安全。

第 4 方面军因所属部队未能如期集结于攻击准备位置，将反攻开始的时间推迟了一天。5 月 9 日，在强大的空军机群支援下，第 4 方面军所属各军向日军发动全面攻击。激战至 13 日，第 74 军与第 94 军协力击溃日军第 58 旅团主力，攻占了高沙市，第 94 军并将第 217 联队的第 117 大队包围于高沙市西北地区；

第100军在重创日军第116师团的第109联队后，将其包围于圭洞以东的大黄沙附近；第18军的第18师以猛烈的攻击，将向大桥边前进的日军第47师团阻止于顺水桥一带，迫使其改道去龙溪铺；第11师及第118师则分别攻占了山门及六都寨。第73军继续向困守南山寨的日军第131联队进攻。

当第4方面军发起全面反击时，日军“中国派遣军”已认识到这次进攻芷江的作战已经失败。5月9日，冈村宁次下达了中止芷江作战、部队适时撤回原驻地的命令。在中国军队反击下，迄5月15日，日军第116师团及第58旅团退至破塘、金龙砦、古下江、米山铺一线，而其北翼第47师团于当晚在茅坪与由南山寨撤退的第131联队会合，开始向宝庆撤退。

15日，第4方面军调整部署，除令第74军和第18军分别向龙潭铺、石下江和金龙砦攻击外，令第100军以一部肃清当面日军残部，而将主力控置于山门以西；令第73军继续向南山寨攻击。战斗至5月22日，第18军、第94军和第74军先后攻占了金龙砦、黄桥铺、米山铺等地。日军第109联队大部被歼，第133和第120联队也遭到沉重打击。第58旅团被包围于高沙市西北茶铺子的第117大队则被全歼。至6月7日，日军残部在第20军新调来的近10个大队（第64师团3个大队、第68师团1个大队、独立混成第81旅团1个大队、独立混成第86旅团3个大队和第27师团补充人员等）组成的集成部队掩护下，逐次退至宝庆地区。第4方面军收复了所有在此次作战中失去的阵地，恢复了战前的态势。

日军进攻芷江的作战以彻底失败告终。据国民政府军事委员会在抗战胜利时的统计，杀伤日军28 174人，俘军官17人、士兵230人；台湾国民党当局1989年编印的《抗日战史》记为杀伤日军36 358人，俘军官24人、士兵180人。日军第20军当时的统计：战死1017人，病死2181人，战伤1181人；生病：4月份5336人，5月份4657人，6月份14 647人。

作战期间，中国空军以绝对优势兵力控制了战场上空，几使日军航空兵完全丧失活动能力，所以日军航空兵出动很少。整个作战期间，日军仅出动过7架飞机，进行了5次空袭，共投弹22枚。中国空军以第2、第3、第5大队及中美混合团第1大队支援作战，战斗机出动960架次，轰炸机出动171架次，共投掷炸弹29吨。但由于日军多在夜间行动，白昼尽量避开公路，由山区小道及浓密森林区间行动，所以效果颇受影响。惟在大黄沙地区围攻日军第108联队的战斗中发挥了最大的威力，歼灭日军炮兵甚众。

图 8-4-2　芷江地区作战经过要图
（1945 年 4 月 11 日—6 月 7 日）

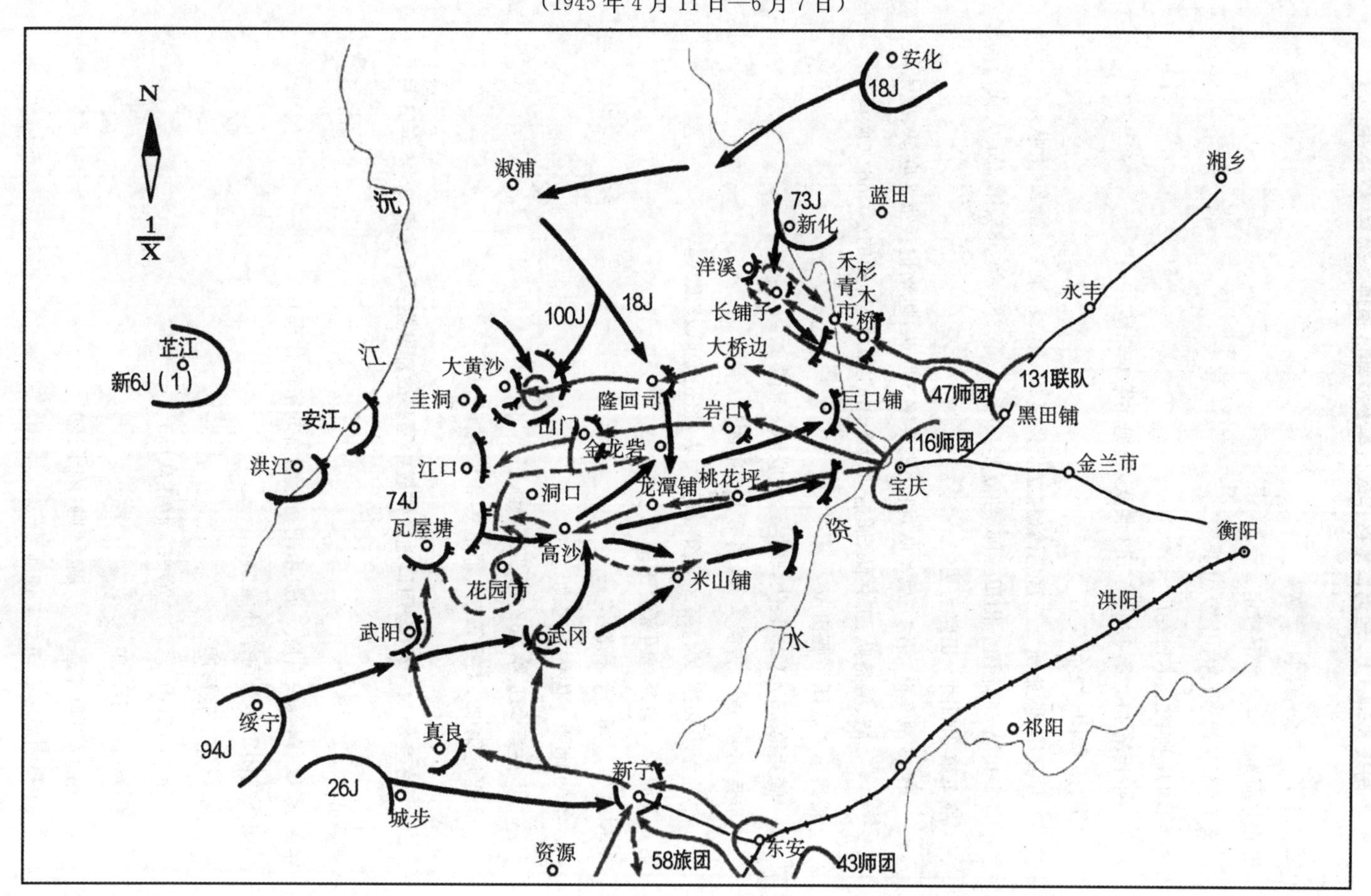

附表 8-4-1　老河口地区作战日军参战部队指挥系统表(1945 年 3 月)

中国派遣军　司令官冈村宁次

华北方面军　司令官下村定

第 12 军　司令官内山英太郎

第 110 师团　木村经广

步兵第 110、第 139、第 163 联队,野炮兵第 6 联队

第115 师团　杉浦英吉

步兵第 85 旅团　三宫满治(独立步兵第 26、第 27、第 28、第 29 大队)

步兵第 86 旅团　山田三郎(独立步兵第 30、第 385、第 386、第 387 大队)

战车第 3 师团　山路秀男

第 13 战车队,第 17 战车队,机动步兵第 3 联队,机动炮兵第 3 联队、搜索队、辎重兵队、警备队、工兵队、通信队及配属的第 117 师团的第 388 大队。

骑兵第 4 旅团　藤田茂

骑兵第 25、第 26 联队,骑炮第 4 联队及辎重兵队

步兵第 87 旅　吉武秀人(属第 117 师团)

独立步兵第 204、第 206、第 391 大队,迫击炮队及工兵队

第 6 方面军　司令官冈部直三郎

第 34 军　司令官栉渊镗一

第39 师团　佐佐直之助

步兵第 231、第 232、第 233 联队

野炮第 39、工兵第 39、辎重兵第 39 联队

附表 8-4-2　老河口地区作战中国参战部队指挥系统表(1945 年 3 月)

军事委员会

第一战区　司令长官陈　诚(由副司令长官胡宗南代理)

第 4 集团军　总司令孙蔚如

第 38 军　张耀明

第 17 师(申及智)　第 35 师(孔从周)

第 96 军　李兴中

第 177 师(李振西)　新 14 师(陈子坚)

第 31 集团军　总司令王仲廉

第 78 军　赖汝雄

新 42 师(谭煜麟)　新 43 师(黄国书)　新 44 师(张汉初)

第 85 军　吴绍周

第 23 师(黄子华)　第 110 师(廖运周)　暂 55 师(李守正)　新 11 师(黄泳瓒)　暂 62 师(鲍汝澧)

第 40 军　马法五

第 39 师(司元恺)　第 106 师(李振清)　新 40 师(崔玉海)

河南警备司令部　警备司令刘茂恩

第 15 军　武庭麟

第 64 师(刘献捷)　第 65 师(李纪云)

第 3 警备司令部　警备司令刘子奇

暂66 师(刘子奇)　第 4 纵队(席祥青)　第 6 纵队(陈舜德)

第五战区　司令长官刘　峙

第 2 集团军　总司令刘汝明

第 55 军　曹福林

第 29 师(荣光兴)　第 74 师(李益智)　第 81 师(葛开祥)

第 68 军　刘汝珍

第119 师(刘广信)　暂 36 师(崔贡琛)　第 143 师(黄樵松)　第 22 师　(单裕丰)

第 22 集团军　总司令孙　震

第 41 军　曾甦元

第 122 师(张宣武)　第 123 师(汪朝濂)　第 124 师(刘公台)

第 45 军　陈鼎勋

第 125 师(汪匣锋)　第 127 师(王徵熙)　暂 1 师(李才桂)

第 69 军　米文全

第 181 师(张雨亭)　暂 28 师(陈光然)

第 47 军　李宗昉

第 104 师(杨显名)　第 178 师(李家英)

新 8 军　胡伯翰

新 6 师(范龙章)　暂 29 师(尹瀛洲)

第 33 集团军　总司令冯治安

第 77 军　何基沣

第 179 师(许长林)　第 132 师(王长海)　第 37 师(吉星文)

第 59 军　刘振三

第 38 师(李九思)　第 180 师(董升堂)　暂 53 师(翟紫封)

第十战区　司令长官李品仙

暂 9 军　傅立平

暂 27 师(王金辉)　骑 3 师第 7 团及第 4 挺进纵队

第 7 军　徐启明

第 173 师(刘　昉)

豫南挺进军　张　轸

第 13、第 14、第 15、第 20 纵队

附表 8－4－3　芷江地区作战日军参战部队指挥系统表(1945 年 3 月)

第 20 军　司令官坂西一良

第 116 师团　岩永汪

第 109、第 120、第 133 联队

野炮兵第 122、工兵第 116、辎重兵第 116 联队

第 47 师团　渡边洋

第 91、第 105、第 131 联队

骑兵第 47、山炮兵第 47、工兵第 47、辎重兵第 47 联队

第 58 旅团　关根久太郎

独立步兵第 115、第 117 大队

步兵第 217 联队(属第 11 军第 34 师团)

独立炮兵第 2 联队

第 69 旅团　大岩石(属第 64 师团,对益阳进行牵制性攻击)

独立步兵第 52、第 53 大队

附表 8－4－4　芷江地区作战中国参战部队指挥系统表(1945 年 3 月)

陆军总司令部　总司令何应钦

第 4 方面军　总司令王耀武

第 18 军　胡　琏

第 18 师(覃道善)　第 11 师(杨伯涛)　第 118 师(戴　朴)

第 73 军　韩　浚

第 15 师(梁祗六)　第 77 师(唐生海)　第 193 师(萧重光)

第 74 军　施中诚

第57 师(李　琰)　第 58 师(蔡仁杰)　暂 6 师(赵季平)(配属)　第 169 师(曹玉珩)(配属)

第 100 军 李天霞

第 19 师(杨 荫) 第 51 师(周志道) 第 63 师(徐志勖)

第 86 军之第 13 师(靳力三)

第 3 方面军 总司令汤恩伯

第 27 集团军 总司令李玉堂

第 94 军 牟庭芳

第 5 师(李则芬) 第 43 师(李士林) 第 121 师(朱敬民)

第 26 军 丁治磐

第 44 师(蒋修仁)

注:新 6 军及其新 22 师、第 14 师先后空运至芷江,为第 4 方面军总预备队,因日军全面撤退,未参加战斗。

注 释:

〔1〕 〔日〕服部卓四郎:《大东亚战争全史》。商务印书馆 1984 年中译本,第 1296 页。

〔2〕 本节有关日军的命令、计划,均据日本防卫厅防卫研究所战史室所编、由中华书局 1984 年出版的中译本《昭和二十年(1945 年)的中国派遣军》第 1 卷缩写。

〔3〕 见蒋介石致李宗仁、胡宗南密电(原件存中国第二历史档案馆)。引同〔1〕,第 136 页。

〔4〕 转引自台湾国民党"国防部"史政编译局《抗日战史》。台北 1989 年版,第 8 册第 362—363 页。

〔5〕 同〔4〕,第 372—373 页。

〔6〕 同〔4〕,第 380—382 页。

第五节 局部反攻 收复广西

一、中国战区的反攻计划

日军打通大陆交通线后,军事委员会为保卫云、贵、川战略根据地并准备协同美军进行反攻,1944 年 12 月 9 日决定:在昆明成立陆军总司令部(以参谋总长何应钦兼任总司令，龙云、卫立煌为副总司令），由其“指挥远征军、黔桂湘边区、滇越边区、第四战区及第5集团军”；“美军派遣一总连络官，常川驻在陆军总司令部，综理连络事宜。远征军、第四战区及各边区以下各级司令部均由美军派遣连络官（战时为连络官，平时为教官）担任连络、训练事宜”。[1] 12月13日，军事委员会又颁发了《陆军总司令所部作战指导要领命令》，规定该总部的任务为“与敌保持接触，并拒止敌由湘桂路各地及越南向昆明及重庆两处之攻击”。[2] 为了更能适应将来攻势作战的需要，于1945年3月初将所辖兵力缩编为4个方面军及1个防守司令部。其序列为：

陆军总司令部　总司令何应钦
　第1方面军　司令官卢　汉
　　第60军　安恩溥（第182、第184师）
　　第2路军　张　冲（暂20、第21、第22师）
　　第52军　赵公武（第2、第25、第195师）
　　直属部队：暂18师、昆明行营山炮团、工兵团
　第2方面军　司令官张发奎
　　第46军　黎行恕（第188、第175、新19师）
　　第64军　张　驰（第131、第156、第159师）
　　第62军　黄　涛（第151、第95、第157、第158师）
　第3方面军　司令官汤恩伯
　　第27集团军　总司令李玉堂
　　第20军　杨干才（第133、第134师）
　　第26军　丁治磐（第41、第44、第149师）
　　第94军　牟庭芳（第121、第42、第5师）
　　第13军　石　觉（第4、第89、第54师）
　　第71军　陈明仁（第87、第91、第88师）
　　第29军　孙元良（第169、暂16师）
　　直属部队：炮兵第1旅一部，炮兵第51团
　第4方面军　司令官王耀武
　　第73军　韩　浚（第15、第77、第193师）
　　第74军　施中诚（第51、第57、第58师）

第100军　李天霞(第19、第63师)

第18军　胡　琏(第11、第18、第118师)

昆明防守司令部　司令杜聿明

第5军　邱清泉(第45、第96、第200师)

直属部队：第48师、暂19师

总司令部直属部队：

第54军　阙汉骞(第36、第8、第198师)

第6军　廖耀湘(第14、第23、第207师)

第2军　王凌云(第9、第76、预2师)

第53军　周福成(第116、第130、荣2师)

第93、第169师，炮兵第5、第13、第41、第49团

通信兵第6团，宪兵第20团

总计21个军65个师，另有特种部队。但由于长期与日军拼消耗，减员甚多；更因统治区域缩小，兵源减少，补充困难，而许多官长又吃空额，所以多数部队人员不足，不少师仅及编制人数的一半，甚至更少。

当日军深入贵州、攻占独山时，蒋介石等号召知识青年参军抗日，大后方广大爱国知识青年为挽救祖国危亡踊跃参军。军事委员会成立了青年军编练总监部，将报名参军的近10万名知识青年编为9个师(第201师至第209师)。总监部以罗卓英为总监，黄维为副总监(后又增彭位仁、霍揆章等)，蒋经国为政治部主任。

1945年春，中印公路打通后，美援军械大量输入，连同此前已经改装的驻印军、远征军等部，至日军投降前，共装备了美械军12个(第2、第5、新6、第8、第13、第18、第53、第54、第71、第73、第74、第94军，共36个师)及半美械军4个(第46、第52、第60、第62军)。

1945年2月12日，军事委员会拟制了《中国陆军作战计划大纲》。其主要内容为：[3]

第一　方针

1. 中国陆军以开辟海口之目的，于盟军在东南海岸登陆之同时，向桂、湘、粤转取攻势，特须保持重点于黔桂路方面，攻略宜山、柳州，与盟军会师西江。攻势准备于X月底以前完成。

第二　部署

2. 中国陆军在何兼总司令统一指挥之下，其部署大要如下：

（甲、乙略）

丙、各兵团任务及行动

(1) 滇越边区（卢汉部）扼守滇越边境，相机进出越北，掩护国军之右翼。

(2) 右兵团（张发奎部）攻略南宁、龙州，确实遮断敌桂、越水陆交通，并对越北方面构筑坚强阵地，阻止敌军东援，巩固中央兵团右侧背之安全。

(3) 中央兵团（卫立煌、汤恩伯两部）沿黔桂铁路及其南北地区攻略宜山、柳州后，以主力向梧州、三水突进，与盟军会师西江，以一部经荔浦、平乐、八步向曲江攻击。如盟军已先我进至广（州）三（水）以北地区时，应即以主力使用于荔浦、平乐、八步道进取曲江，切断敌之退路。于攻略宜、柳之同时，即以有力一部（美械1至2个军）于桂穗路方面监攻桂林后，即协同左兵团沿湘桂路进攻衡阳。此项进攻部队于到达东安附近后，即归入左兵团之指挥。

(4) 左兵团（王耀武部及第六战区之一个军）以主力攻略邵阳，遮断粤汉铁路，以有力一部攻略祁阳、东安，并依中央兵团一部之协力，攻略衡阳。同时，另以一部由常、桃方面攻略宁乡、湘乡，掩护主力之左侧。

(5) 总预备队（杜聿明部）分别控置于昆明、贵阳两地，以备策应全般作战。

(6) 国境守备队，以2军留置滇缅边境，掩护中印公路。以93师留置车里、佛海，守备国境。

3. 第六战区除应确保现态势，加强工事，积极游击，以阻敌窜扰、掩护国军左侧背之安全外，并抽调1个军于常、澧方面，协力左兵团之作战。

4. 其他各战区之策应攻势，预令先敌充分准备，其行动于临时以命令行之。

这个计划大纲是为配合美军在中国东南沿海登陆作战而拟制的。由于美军未在中国登陆，而日军又发动了老河口和芷江的作战，因而这个计划没有、也不可能实施。

二、日军实施战略收缩

1945年4—5月，世界反法西斯战争的形势急转直下，法西斯轴心国阵营的失败已成事实。4月24日，苏军突入德国首都柏林；28日，意大利法西斯首领墨索里尼被民众枪决，留在意大利北部的德军向盟军投降；4月30日，德国法西斯首领希特勒被迫自杀；5月8日，德国无条件投降。太平洋战场上，美军于4月1日在冲绳岛登陆，本土决战迫在眉睫。4月5日，小矶内阁总辞职；7日，铃木内阁组成，但当日就得到苏联的通知，不再延长《日苏中立条约》，同时得知苏军正源源不断地向远东调动部队，有可能近期向关东军发动进攻。以上形势的变化，迫使日军大本营重新研究侵华日军今后的作战问题。

由于美军在冲绳登陆，日军参谋本部判断“华南方面不仅对防卫本土的重要程度已大大减小，同时联军在该方面登陆的话，恐怕也不会超出英军夺取香港的范围”，认为“只留下能确保广州、香港的兵力即可，决定把海南岛、金门岛的兵力撤回到广州地区，而从该地区把第27、第40、第104师团经由赣州、南昌调到南京附近”。4月18日下达了“大陆命”第1310号命令：“大本营考虑到对美苏形势的演变，准备向华北、华中的重要地区集结兵力。把第3、第13、第27及第34师团分别从第11军、第23军战斗序列中解除，编入中国派遣军序列（直辖）。”[4]

4月22日，日本陆相阿南惟畿为了掩饰战败和防备中国军队跟踪追击，就收缩兵力问题向大本营提出自己的看法：“1. 以确保上海、汉口一带为宜。连这些地方都放弃，等于败退。若都撤到华北，粮食将难于自给。2. 随着抽调兵力和整理战争布局，要为停战做工作，不管其能否成功。即使要实施作战行动，也要抓住作战的时机进行工作，如能做到不受敌人的追击，就是对我有利，最好以局部停战导致全面停战。对重庆及延安要同时进行工作。”[5]

日本大本营虽然下达了从广西撤出第3、第13、第34师团，从广东撤出第27师团的命令，但由于驻越南的第38军正在向法属印度支那的法军进攻，* 从广

* 1944年8月25日盟军攻占巴黎后，驻越南的法军脱离了贝当的维希政权，接受戴高乐临时政府的领导，并准备与从越南沿海登陆的盟军协同作战，击歼在法属印度支那的日军，以保持战后继续统治越南、老挝、柬埔寨。因而日军从广西调第22、第37师团和从缅甸调第2师团入越，这些部队与原在河内的第21师团、在岘港和顺化的独立混成第34旅团、在西贡的独立混成第70旅团归驻越第38军司令官土桥勇逸指挥，完全击败法军后才停止作战。

西至越南的后方补给线必须确保；由于第 11 军攻占桂林、柳州、宜山、河池地区后，缴获的大量军用物资尚未运完，而且第 20 军亦正在进行芷江作战，所以该 4 个师团并未立即行动。“中国派遣军”于 4 月 27 日下达撤退命令，规定第 3 师团于 7 月上旬从全县出发，经由汉口、郑州开往徐州；第 13 师团于 8 月上旬从全县出发，经由南昌、南京开往天津；第 27、第 40 师团于 5 月下旬从广州附近出发，经由赣州、南昌，然后第 27 师团开往济南，第 40 师团开往南京。

由于形势急剧发展，日本大本营“预料大陆战场将面临严峻的局面，尤其延安方面对我占领地区的活动，必将日益激化”，[6]急于令侵华日军进行战略收缩，于 5 月 28 日又下达了“大陆命”第 1335 号命令：“1. 大本营为适应形势的演变，准备加强华中、华北的战略态势。2. 中国派遣军总司令官应设法迅速撤出湖南、广西、江西方面的湘桂、粤汉铁路沿线的占领地区，将兵力转用于华中、华北方面。”[7]6 月 4 日，侵华日军在大连召开高级将领参加的军事会议。冈村宁次及关东军总司令官山田乙三参加了会议。日军参谋总长梅津美治郎传达了大本营命令的精神，研究了侵华日军今后的行动等问题。6 月 10 日，“中国派遣军”在南京召开各方面军和军司令官会议，同时下达了新的作战计划。其主要内容为：[8]

第一　作战方针

1. 派遣军准备以主力控制华中、华北重要地区，对中、苏采取持久战，同时挫败来攻沿海重要地区之美军，使本土决战容易进行。

2. 对美战备重点暂先放在华中三角地带，其次为山东半岛。但应极力在事前识破敌人对华中、华北的登陆企图，以便及时把派遣军的主要战斗力量集中于敌人来攻方面。

3. 即使情况已到最后关头，也要确保南京周围、北京周围及武汉周围重要地区。

第二　作战指导要领

4. 令 23 军尽快把驻地较远的部队撤回广州附近，使其确保广州、香港地区……

5. 令第 13 军迅速撤回驻在福州及温州的兵力，而以主力确保华中三角地带……

6. 令华北方面军、驻蒙军及直辖兵团确保华北重要地区……

7. 要使第6方面军在撤回和转调下列兵力之后以所余兵力确保武汉周围重要地区。

(1) 把第34军司令部、第39师团等迅速派遣到南满及北朝鲜，使之入列关东军隶下。

(2) 把47师团迅速派遣到济南，使之列入第43军隶下。

(3) 迅速把桂柳地区的第11军撤回，同时把第3、13、34各师团经九江附近派往南京附近，由总军直辖。

(4) 接着尽快撤回长衡地区的第20军，并把第68师团、第22混成旅团、第88混成旅团等派往北京(必要时派往济南)，使之列入华北方面军指挥下，同时把第116师团、独立混成第86、87旅团等派往南京，由总军直辖。

日军第6方面军根据4月27日的撤退命令，于当月底即已拟制出撤退计划：8月底前完全撤出广西，第11军撤退至武汉地区集中；年底以前完全撤出湖南，第20军退至岳州以北集中。

三、收复广西

日军第11军根据方面军的撤退指示，决定于5月下旬撤出河池、南宁，6月中旬撤出宜山、迁江、来宾一线，6月下旬撤出柳州地区，7月撤出桂林地区，8月中旬末撤出全州地区，大概9月下旬前到达祁阳附近。日军在4月中旬得知大本营已决定撤出广西时即考虑到中国军队必将跟踪追击，决定采取“先发制人的行动，将其压倒，以利于尔后的撤退行动”，因此令第3师团从南宁、第13师团从宜山，由南北两个方向进攻都安，以“全歼都安附近之重庆军第46军”。同时抽调第13师团的第65联队(服部支队)，归军直接指挥，专门负责撤退的后卫掩护作战任务。4月21日日军开始向都安进攻。未等到达都安(第3师团一部进至隆安以南，第13师团一部进至保平、九圩)，24日即接到“迅速返回原驻地”的命令，遂沿进攻路线后退。

中国第2方面军第一线部队发现日军撤退后即尾随追击。第46军的第175师于4月27日进至都安后，军主力即向都阳山山脉进击，逼向南宁。日军第3师团由南宁经迁江、宾阳、来宾、柳州向桂林逐次掩护撤退。其后卫第58师团独立步兵第94大队于5月25日撤离南宁，第13师团在第65联队掩护下，由宜山经柳州、桂林向全州撤退。第65联队为了“在撤退之前，先将侧背之敌击败，使我军易于行动并掩蔽我军撤退企图”，于5月7日至9日，由河池向六甲发动攻击，击退当面中国军队后于5月19日夜撤离河池，24日撤至宜山，6月13日撤离宜山，18日撤至柳城。此时日军第11军各师团主力均已撤至桂林及其以北地区。

中国第2方面军在日军第3师团之后跟踪追击。第64军在重创日军第58师团的第94大队后，于5月27日占领南宁。尔后第2方面军即分两路追击：以第46军主力向柳州东南迂回攻击，以第64军第156师向龙州攻击。第46军的第175师于5月30日收复宾阳，6月1日收复迁江。该军又先后收复桂平、武宣等县城，继续向柳州逼进。第156师于6月7日收复乐思，8日收复江明，于7月3日收复龙州、凭祥，将日军驱逐至越南境内。

第3方面军由南丹、环江方面向南攻击。其第29军于5月初向河池日军第13师团的第65联队攻击，同时以预11师主力攻击天河。5月20日收复河池，22日收复德胜，6月6日攻占宜山以北的怀远，6月14日收复宜山。第3方面军向柳州追击时第2方面军第46军自柳州南面逼近柳州，予以配合，遂发起攻击，于6月30日收复柳州。日军退向桂林。为追歼撤退的日军，第3方面军以第71军配属第29军的第91师在右，沿桂柳公路，以29军居中，沿桂柳铁路，以第20军的第133师在左，由融县(融安)经百寿(寿城)，3路并进，向桂林追击。

1945年7月3日，何应钦向蒋介石报告了今后的作战指导方案。其主要内容为：[9]

> 谨查柳州已为我军克复。为适应目前情况、捕捉战机起见，谨拟作战指导要领如下：
>
> 甲、第1方面军仍续行原任务，固守滇南阵地，并准备以有力一部相机进入越南。
>
> 乙、第2方面军
>
> 1. 应即准备攻击雷州半岛，并限于8月15日以前占领广州湾。
>
> ……
>
> 丙、第3方面军
>
> 1. 应继续攻击桂林，并限7月底以前占领之。

……

丁、第 4 方面军暂保持原态势,并准备攻击宝庆、衡阳……

戊、总预备军之新 6 军(欠 207 师)暂在芷江一带原地不动。第 54 军应于 7 月 16 日开始行动,预定应在 8 月 15 日前全部集中百色、田东地区,并自 7 月 16 日起归张司令官指挥,准备应付由高平向百色突进之敌。第 53 军(欠荣 2 师)应于 7 月 16 日开始行动,预定 8 月 10 日前集中路南弥勒地区,并自 7 月 16 日起归杜司令官指挥。第 2 军……在保山之 2 个师应以 1 个师于 7 月 16 日开始行动,开驻云南驿,并应尽先开 1 个团至云南驿,以接替云南驿机场之守备任务。

此时,蒋介石尚未判断出日军在进行大规模的战略收缩,因而从保存实力出发,于 7 月 8 日复电何应钦,指示对桂林"不必先行强攻,可用一部兵力严密监视之,以其主力向第二目标超越进攻为妥。若敌果有死守决心,则更应如此,不宜攻坚,以免死伤太大"。[10]

7 月 9 日,中国战区美军作战司令部参谋长柏特诺提议中国陆军总司令部从速制定进攻广州、香港的作战计划。在此之前,中国战区参谋长兼驻华美军司令魏德迈早已向何应钦提出过实施局部反攻的战略设想:"先收复雷州半岛,利用广州湾港口,由海路加强补给,然后以主力沿西江强袭广州"及香港。但中国陆军总司令部则认为在衡阳、曲江、赣州有日军机动兵团的状态下遽攻广州,则主力侧背受日军威胁,万一不胜,将招不可挽回的失败,因而坚持在攻占雷州半岛后先攻占衡阳、曲江,再进攻广州、香港。7 月 14 日,中国陆军总司令部拟制了《攻略桂林、雷州半岛、衡阳、广州、香港作战指导案》。主要内容为:

作战目标及步骤:先以桂林、雷州半岛、衡阳、曲江、广州、香港为作战目标,拟分三个阶段攻略之。第一阶段攻略桂林及雷州半岛,开辟第一海口;第二阶段攻略衡阳、曲江,俾第三阶段之作战容易;第三阶段攻略广州、香港,开辟第二海口。

作战指导要领:第一阶段仍按 7 月 3 日作战指导方案,由第 2 方面军攻略雷州半岛,第 3 方面军攻略桂林。惟攻占桂林时间改为 8 月 15 日,占领雷州半岛时间改为 9 月 15 日。第二阶段对衡阳、曲江之攻略,以第 4 方面军之全力及第 3 方面军之主力担任之,并以第三、第七、第九战区协助之,以第六战区策应之。第三阶段对广州、香港之攻略,拟以新 1 军及第 3 方面军(欠第 27 集团军)

及另由第三、第七、第九战区抽出之3个健全军担任之，务求数量上构成优势。在第一至第三阶段作战期中，第1方面军及第2方面军在滇桂越边境一带部队的惟一任务为阻止越北敌人之出击，保障我向东作战之成功。[11]

7月17日，第3方面军向桂林追击的中路第29军收复雒容、中渡、黄冕。日军退守永福。7月26日，第169师攻克永福，直趋桂林近郊。此时右路第91师已收复荔浦、阳朔，左路第133师亦收复百寿，形成三面包围桂林的态势。与此同时，第3方面军主力进出越城岭山脉后，向桂林西北推进，第20军第134师于7月18日击退日军独立混成第88旅团，攻占了大溶江与兴安之间的五旗岭，控制了湘桂铁路与公路，遮断了桂林日军的退路。日军第88旅团及第13师团担任后卫的第65联队合力反击。经激烈的反复争夺，24日日军夺占五旗岭高地，困守桂林的日军第58师团在大溶江的独立混成第22旅团的接应下开始向全州撤退。围攻桂林的第29军、第20军及第94军一部加紧攻击，7月28日收复了桂林。日军全部退至全州。8月2日收复灵川，7日收复兴安。

日军第20军为了摆脱第3方面军的紧跟追击，决定以退至全州的第58师团和独立混成第22、第88旅团(其他部队已经全州退去湖南)实施伏击，将第58师团及第22旅团埋伏于全州以北的高地，以第88旅团主力在全州占领阵地，而以一部后退诱敌，同时在城内放火。追击的中国部队以为日军已退，于8月12日凌晨攻入全州。拂晓后，埋伏的日军集中全部火力实施反击。追击部队被迫南撤。日军于14日又重占全州，15日得知日本已经投降，16日“以最快速度轻装向北后退”。第3方面军于17日收复全州。

至此，中国军队在局部反攻中向前推进了350余公里，收复了桂、柳地区及广西全省。由于日军的投降，陆军总司令部的反攻计划也就不必实施了。

整个8年抗战期间，国民党政府军队在正面战场历次作战中共歼灭日军约53万人(敌后战场八路军、新四军和华南抗日武装共歼灭日军52万多人、伪军118万多人)，连同受降日军128万多人、伪军104万多人，正面战场共消耗日伪军285万多人。

注　释：

〔1〕〔2〕　载中国第二历史档案馆编《抗日战争正面战场》。江苏古籍出版社1987年版，第127页。

〔3〕 同〔1〕,第137—138页。

〔4〕 日本防卫厅防卫研究所战史室:《昭和二十年(1945年)的中国派遣军》。中华书局1984年中译本,第二卷第二分册第4页。

〔5〕 同〔4〕,第2页。

〔6〕 日本防卫厅防卫研究所战史室:《大本营陆军部》。日本朝云新闻社1975年版,第194页。

〔7〕 同〔4〕。

〔8〕 同〔4〕,第6—7页。

〔9〕 同〔1〕,第141—142页。

〔10〕 同〔1〕,第141页。

〔11〕 同〔1〕,第148—153页。

第六节　日本投降

1945年7月26日,中、英、美三国促令日本投降的《波茨坦公告》发表,宣布三国军事力量在“所有联合国之决心的支持及鼓励”下“即将予日本以最后之打击”,“吾人通告日本政府立即宣布所有日本武装部队无条件投降,并对此种行动诚意实行予以适当及充分之保证。除此一途,日本即将迅速完全毁灭”。[1]27日日本召开内阁会议,28日由首相铃木贯太郎在记者招待会上宣称:《波茨坦公告》不过是《开罗宣言》的“旧调重弹”,“没有多大价值”,日本“根本不屑一顾”,[2]公开拒绝了《波茨坦公告》。

8月6日8时15分,美国第一颗原子弹投掷在广岛。8月8日午夜,苏联通知日本:“从明日,即8月9日起,苏联政府将与日本政府进入战争状态。”[3]9日凌晨1时前,苏军出兵中国东北,向日军关东军发起进攻。9日11时30分,美军又向日本长崎投下第二颗原子弹。10日凌晨2时,日本天皇决定接受《波茨坦公告》,日本政府于当日6时电请瑞士、瑞典政府将此意转告中、美、英、苏四国。日本政府在12日收到中、美、英、苏四国复文,8月14日正式接受《波茨坦公告》,15日向全国广播天皇的《停战诏书》。9月2日9时,在美国“密苏里”号军舰上举行了日本向盟国投降的签字仪式,盟军最高统帅麦克阿瑟代表盟国受降。先由日本新任外相重光葵及参谋总长梅津美治郎代表日本天皇和大本营在投降书上签字;尔后由美国代表尼米兹海军上将、英国代表福莱塞海军上将、中国代表徐永昌上将、苏联代表杰列维亚克中将以及澳、加、法、荷等国代表相继签字。至此,长达8年的全面抗日战争(此前有长达6年的局部抗战)和世界反法西斯的第二次世界大战彻底胜利,同告结束。9月9日9时,日本"中国派遣军"总司令官冈村宁次在南京向中国战区最高统帅代表何应钦投降,并在投降书上签了字。

在8月10日日本政府通过瑞士、瑞典政府通知中、美、英、苏,表示日本接受《波茨坦公告》的当天,蒋介石于22时致电何应钦:"1. 敌已无条件投降。2. 同时令敌驻华最高指挥官转饬所属,即就现态势停止一切军事行动,不得破坏物资、交通,扰乱治安秩序,听候所在中华民国陆军总司令或战区司令长官之处置,并限24小时之内答复。3. 各战区应注意下列各项:(1) 对敌可能之抵抗与阻扰,应有应战之准备。(2) 并应警告辖区以内敌军,不得向我已指定之军事长官以外之任何人投降、缴械……"[4]与此同时,国民党中央执行委员会秘书处向何应钦送交一份受降对策:"为预防奸军(指中国共产党领导的抗日人民武装)擅先进占城镇起见,应由统帅部先发布命令,在日本投降期间,全国各部队应绝对听候最高统帅部调遣,凡擅自行动者一律视为叛军。"[5]

根据蒋介石的要求,中国战区参谋长魏德迈致电陆军参谋长马歇尔,建议命令日军只许向蒋军,而绝不许向中国共产党投降。美国总统杜鲁门批准了这一建议,指示日本天皇下令所有在华(东北除外)"皇军"向蒋介石投降。[6]此前,美国参谋长联席会议还指示魏德迈通知蒋介石:海军准备占领上海、烟台、秦皇岛各港口,"以使中国军队迅速收复失地"。[7]这正是蒋介石求之不得的事,当然完全应允,并提出要求美军派遣5个师在中国登陆,用以控制以南京、北平、广州为中心的3个主要地区,以便保证只由他的军队接受日军投降。其实,杜鲁门也清楚地知道"蒋介石的权力只及于西南一隅,华中和华东仍被日本占领着,长江以北则连任何一种中央政府的影子也没有"。"事实上蒋介石甚至连占领华南都有极大困难。要拿到华北,他就必须同共产党人达成协议,如果他不同共产党人及俄国人达成协议,他就休想进入东北。由于共产党人占领了铁路线中间的地方,蒋介石要想占领东北和中南就不可能"。"假如让日本人立即放下他们的武器,并且向海边开去,那么,整个中国就将会被共产党人拿过去。因此,我必须采取异乎寻常的步骤,利用敌人来做守备队,直到我们能将国民党的军队空运到华南，并将海军调去保护海港为止。因此我们便命令日本人守着他们的岗位和维持秩序。等到蒋介石的军队一到，日本军队便向他们投降”。“这种利用日本军队阻止共产党人的办法是国防部和国务院的联合决定而经我批准的。”[8]

在美国积极支持下，蒋介石于8月10日、11日连续发出电令，要求各战区“以主力挺进解除敌军武装”，“各地伪军应就现驻地点负责维持地方治安”。[9]但给第18集团军总司令朱德的电文却是另一种内容：“该集团军所属部队，应就原地驻防待命，其在各战区作战地区之部队，应接受各该战区司令长官管辖，勿擅自行动。”[10]8月21日，何应钦在致冈村宁次的第一号备忘录中命令日军：“凡非蒋委员长或本总司令所指定之部队指挥官，日本陆、海、空军不得向其投降缴械，及接洽交出地区与交出任何物资。”[11]据冈村宁次说，他依据美国及蒋介石的意图，下令所部只向蒋军投降，不向其他抗日军队投降、缴械；对非蒋军的其他抗日军队“不仅应坚决拒绝，而且应根据情况，毫不踌躇地行使自卫的武力”。[12]为了帮助国民党军到共产党领导的敌后战场接受日军投降和抢占各战略要点，美国为国民党军打前站，以海军陆战队第6师进占青岛，以第1加强陆战师进占天津、北京、秦皇岛、唐山等地，并在天津建立了美国海军陆战队第3两栖作战军司令部，以阻止共产党领导的抗日军队接受当面日军的投降，尔后以大量飞机、军舰抢运国民党军到这些地方。从9月1日开始，当月就运送了14万国民党军到华北地区。

日本投降后，中国战区的受降范围为中国大陆（东北归苏军受降）、台湾及越南北纬16度以北地区。应投降的日军为：华北方面军（326 244人），华中第6方面军（290 367人），京沪地区第6、第13军（330 397人），广东方面第23军（137 386人），台湾方面第10方面军（169 031人），越南北纬16度以北地区第38军（29 815人）。总计投降兵力1 283 240人。共有1个总司令部、3个方面军、10个军、36个师团（内战车师团1个，飞行师团2个）、41个独立旅团（内骑兵旅团1个）、19个独立警备队及支队、6个海军特别根据地队及陆战队。

投降的伪军，据日军的报告，南京伪国民政府所属部队（绝大多数为国民党军投降日军的）计15个军、52个师、9个旅及特种兵，共约28.2万人；华北伪华北政务委员会所属部队计13个集团（相当旅）及炮兵、工兵等，共约5.5万人；伪蒙军计9个师及直属部队，共约1.4万人。以上合计约35.1万人。这仅是冈村宁次报告的所谓正规伪军人数，实际上伪军远远超过此数。据国民党军事委员会统计，仅所接收的伪军就有24个军、64个师、13个旅及其他134个较小的单位，共计683 569人，枪357 254枝。

中国国民政府军事委员会共划分16个受降区。其受降长官、受降地点及日军投降代表、部队集中地点分别为：

河内区　第1方面军司令官卢　汉

日军第38军司令官土桥勇逸　集中于越南北方（具体地点由卢汉指定）

广州区　第2方面军司令官张发奎

日军第23军司令官田中久一　集中于广州及雷州半岛

汕头区　第七战区司令长官余汉谋

日军第23军司令官田中久一　集中于汕头

长沙区　第4方面军司令官王耀武

日军第20军司令官坂西一良　集中于长沙、衡阳

南昌区　第九战区司令长官薛　岳

日军第11军司令官笠原幸雄　集中于南昌、九江

杭州区　第三战区司令长官顾祝同

日军第13军司令官松井太久郎　集中于厦门、杭州

京沪区　第3方面军司令官汤恩伯

日军第6军、第13军司令官十川次郎、松井太久郎　集中于南京、上海

汉口区　第六战区司令长官孙蔚如

日军第6方面军司令官冈部直三郎　集中于汉口、武昌

徐州区　第十战区司令长官李品仙

日军第6军司令官十川次郎　集中于徐州、蚌埠、安庆

平津区　第十一战区司令长官孙连仲

日军"华北方面军"司令官根本博　集中于北平、天津、保定、石家庄

太原区　第二战区司令长官阎锡山

日军第1军司令官澄田赉四郎　集中于山西（具体地点由阎锡山指定）

郑州区　第一战区司令长官胡宗南

日军第12军司令官鹰森孝　集中于郑州、洛阳、开封、新乡

郾城区　第五战区司令长官刘　峙

日军第12军司令官鹰森孝　集中于郾城

济南区　第十一战区副司令长官李延年

日军第43军司令官细川忠康　集中于济南、青岛

归绥区　第十二战区司令长官傅作义

日军驻蒙军司令官根本博　集中于包头

台湾区　台湾行政长官陈　仪

日军第10方面军司令官安藤利吉　集中于台湾(具体地点由陈仪指定)

至1946年2月,绝大多数日军已缴械完毕。据国民党军事委员会统计,收缴的日军主要武器装备有步骑枪685 897枝、手枪60 377枝、轻重机枪29 822挺、各种火炮12 446门、战车383辆、装甲车151辆、军用汽车(包括特种车辆)15 785辆、军马74 159匹、飞机1068架(内堪用者291架,待修者626架,不堪用者151架)、军舰26艘(每艘90吨至1000吨),另有快艇、炮艇、潜艇计29艘。以上不包括伪军的武器装备(大多数伪军一变而为国民党军,仅少数缴械)。

国民党利用其合法地位完全垄断了受降,而在敌后,坚持8年抗战的共产党领导的抗日军队八路军、新四军及华南抗日纵队等全被排除在受降之外。不仅如此,国民党还诬蔑抗日人民武装为"奸匪",企图以收缴和美国援助的大量日械、美械装备起来的国民党军以及收编的大量伪军一举消灭共产党及其领导的军队。其实早在日军投降之前,国民党就决定消灭人民抗日武装了。1945年5月22日,配合盟军登陆的《东南战场作战计划》呈给蒋介石。其主要内容为:[13]

第一　方针

1. 东南战场为期与盟军会师之目的,应即划分剿匪区,集结必要兵力,以军事为主、党政为辅,先积极剿灭防线内及沿海、沿江各要地之奸匪,再于沿海、沿江各要地挺进有力部队,彻底建立以军事为主之党政军一元化据点,准备接应盟军之登陆。

第二　指导要领

2. 各战区应以剿灭奸匪、接应盟军登陆为主任务,以保守根据地为副任务。针对实况,划分剿匪区,集结必要兵力,配合党政、地方武力、敌后游击队及运用伪军,限制奸匪之活动区域而逐次剿灭之。

3. 挺入敌后沿海各要地之部队,应彻底以军事为主,建立党政军一元

化据点，并运用伪军，广为巩卫据点之外围，绝对清剿奸匪之潜伏。常备必要译员及向导，准备接应盟军之登陆。

4. 对于敌我中间地带大股奸匪之清剿，应针对敌、匪、我之态势，集结必要兵力，妥为部署。一面以稳扎猛打之原则，依碉堡构成坚固地带，区分为进剿部队及守碉部队，逐次推进而剿之；一面防制敌之流窜，以免妨害国军之进剿。

并具体部署了第三、第七、第九战区的“行动准据”。蒋介石于 28 日批示：“仰严督各战区积极实施。务于限期内完成任务，并将督剿情形随时具报。”〔14〕

正是由于国民党的上述决策，严重影响了抗日战争胜利后中国局势的发展。但人民对中国的发展作出了公正的选择。

注　释：

〔1〕《国际条约集(1945—1947)》。世界知识出版社 1961 年版，第 77—78 页。

〔2〕日本太平洋战争研究会：《日本最长的一天前夕》。河北人民出版社 1986 年中译本，第 6 页。

〔3〕〔日〕服部卓四郎：《大东亚战争全史》。商务印书馆 1984 年中译本，第 1638 页。

〔4〕转引自台湾国民党“国防部”史政编译局编《抗日战史》。台北 1994 年版，第 12 册第 113 页。

〔5〕国民党中央执行委员会秘书处(临时)档案 2567 号。转引自罗焕章、高培《中国抗战军事史》，北京出版社 1995 年版，第 678 页。

〔6〕〔7〕美国陆军部：《在中缅印战区时已不多》，第 381 页。转引自华庆昭《从雅尔塔到板门店》，中国社会科学出版社 1992 年版，第 38 页。

〔8〕《杜鲁门回忆录》。生活、读书、新知三联书店 1974 年中译本，第72 页。

〔9〕秦孝仪：《总统蒋公思想言论总集》。台北 1984 年版，第 37 卷第309 页。

〔10〕同〔4〕，第 142 页。

〔11〕同〔4〕，第 175—176 页。

〔12〕《冈村宁次回忆录》。中华书局 1981 年中译本，第 15 页。

〔13〕原件存中国第二历史档案馆。载中国第二历史档案馆编《抗日战争正面战场》，江苏古籍出版社 1987 年版，第 139—140 页。

〔14〕同〔13〕，第 141 页。

后　论

中国人民经过艰苦卓绝的英勇奋战，终于在世界人民的支援及反法西斯盟国的配合下获得了抗日战争的完全胜利，洗雪了鸦片战争以来的民族耻辱，一改近百年来中国在抵抗外国侵略的主要战争中屡屡失败的历史。中国的抗日战争，是在以国共两党合作为基础的各阶级、各政党和各族人民(包括广大爱国侨胞)团结起来进行的中华民族解放战争，因而抗日战争的胜利也是由各阶级、各政党和各族人民及广大爱国侨胞共同奋斗获得的。仅就战场上的作战而言，抗日战争的胜利则主要是由国民党领导的抗日军队和共产党领导的人民抗日武装，分别在正面战场和敌后战场共同奋战获得的。为了全面地研究中国抗日战争的历史经验，有必要对正面战场作战的主要经验、教训作一简略的论析。

一、战略决策

国民党最高军事当局的抗日战略总方针是“持久消耗”战略。这一战略是随着中日关系和国外形势的发展变化，直到全面抗战开始后才确立的，并不是如有些人所说的，在1932年“一二八”淞沪抗战后即有了基本的战略构想。当时国民党内实际最高决策者蒋介石，虽然痛恨日本之侵略，在思想上已较“九一八”事变之前的“不先剿灭共匪”“则不能御侮”；“不先削平粤逆”，“则不能攘外”[1]有了初步的转变，采取了“一面抵抗、一面交涉”的对日方针，但仍定不下坚决抗战的决心。他在1931年10月7日的日记中写道：“我国民固有之勇气与决心，早已丧失殆尽，徒凭一时之兴奋，非惟于国无益，而反速其亡”。[2]其实蒋介石也公开说过：“自从九一八经过一二八以至于长城战役，中正苦心焦虑，都不能定出一个妥当的方案来执行抗日之战。关于如何使国家转败为胜，转危为安，我个人总想不出一个比较可行的办法。只有忍辱待时”[3]。当时连抗战的决心尚未定下，如何能产生抗战的战略构想？“一二八”淞沪抗战后，国民党最高当局对日的方针，其实仍以妥协为主，更未放弃攘外必先安内的政策。当日军占了热河向长城推进，与中国守军在喜峰口、冷口等地激战之际，蒋介石于 1933 年 4 月 6 日发出了《告各将领先清内匪再言抗日电》，说：“外寇不足虑，内匪实为心腹之患，如不先清内匪，则决无以御外侮”。“如我剿匪各将领若复以北上抗日请命，而无意剿匪者，当以偷生怕死者视之，非特我革命军中所不齿，直视为亡国奴之不若，是其死有余辜，本总司令决不稍加姑息”。[4]

1935 年，日本公开策动“华北五省自治”，企图使华北变为第二个“满洲国”。中国共产党及时发表了要求停止内战、集中一切力量进行抗日战争的“八一宣言”。与此同时，国民党政府军追击红军入川。蒋介石到四川，认为“找到了真正可以持久抗战的后方”，这时国民党才“致力于实行抗战的准备”，[5]才产生了抗日战略的初步构想。当时蒋介石设想的对日政策指导方针是：“一面呼吁和平，期求集体安全，一面整备国防，充实军备，至和平绝望时期，举全国力量从事持久消耗战，争取最后胜利。”[6]至于如何达到持久战的目的，则尚无明确的设想。

1936 年 5 月，日本借口保护侨民，又增兵华北，8 月，日伪军进攻绥远，9 月，日军侵占丰台。10 月间，蒋介石在洛阳召集主要将领商讨抗日方策。陈诚在其回忆录中说：“二十五年(1936 年)十月，因西北风云日紧，奉委员长电召，由庐山随节进驻洛阳，策划抗日大计。持久战、消耗战，以空间换时间等基本决策，即均于此时策定。”[7]当年末，国民政府军事委员会参谋本部秉承蒋介石的意图，在拟制的《民国二十六年度作战计划》甲案中，将作战指导要领写为：抗日战争“虽守势作战，而随时应发挥攻击精神，挫折敌之企图，以达成国军之目的；于不得已，实行持久战，逐次消耗敌军战斗力，乘机转移攻势”[8]。这时，抗日的持久消耗战略正式提出。

西安事变和平解决，国共合作基本形成。“七七”事变爆发后，随着日军的侵略扩展，蒋介石的抗战决心亦日趋坚强，7 月 17 日在庐山发表了空前强硬的对日谈话后，19 日向全世界公开了这次谈话，并在当天日记中写道：“再不作倭寇回旋之想，一意应战矣。”[9]但当时国民党高层内部仍有一部分人认为中国国力微弱，与日本作战必败，力主忍痛求和。如军事委员会常务委员徐永昌，连致函电与军政部长何应钦、外交部长王宠惠及阎锡山等，动员他们进行“和平活动”。7 月 21 日，又致函蒋介石，说“对日如能容忍，总以努力容忍为是”，否则“实有分崩不可收拾之危险”。[10]胡适、陶希圣甚至写出放弃东三省、承认“满洲国”以换取日本让步的条陈交给蒋介石。蒋在其7月31日日记中写道："平津既陷，人民荼毒至此，虽欲不战，亦不可得，否则国内必起分崩之祸。与其国内分崩，不如抗倭作战。"[11] 8月间，在南京召开的有中共代表周恩来、朱德等参加的国防会议中，在蒋介石力阻和议、中共代表提出《确立全国抗战之战略计划及作战原则案》的情况下，经研究、讨论，最后决议"全面抗战，采取持久消耗战略"。至此，持久消耗战略基本上已形成为中国全面抗战的战略总方针。但以蒋介石为代表的国民党军事当局的主要决策者们对持久战的认识，大多仍侧重于战术运用方面。8月18日，蒋介石在南京向军队发表的演讲中就说："观察倭寇此次的企图，在倾其全国可能对华的兵力，运用飞机大炮战车的威赫，要求速战速决，先解决冀察，压服我国……我们的应敌战术是什么？第一，倭寇要求速战速决，我们就要持久消耗战"；第二到第五战术是"守住一个地方或一个据点，无论敌人如何猛烈轰炸、冲锋射击，我们只是镇静防护"，"要固守阵地，坚忍不退"，"充分利用民力与地物……坚守阵地，乘虚出击"，"讲求防避敌机大炮战车毒气等的战术和方法"。[12] 9月1日，蒋介石在出席国民党国防最高会议时说："现在我们要争取最后的胜利，必须设法使战胜必需具备的要件——即全国军民的战斗准备和战时必需的物质条件，逐渐充实调整起来，尽可能的迅速准备妥当，则一年的战争，一定可以维持下去。"他还说："我们与苏俄订立互不侵犯条约"，"到相当时间，他自然要参加我们这一次为正义、为自由而发动的神圣战争；不仅苏俄要参加，他现在还在运用他的外交，使各国都不能旁观。"[13] 可以看出，蒋介石这时还存在着依赖国际力量迅速结束战争的幻想，不论在理论上还是在实践中，都还没有真正树立起持久抗战的思想。

淞沪会战结束、上海失陷之后，蒋介石等才认识到"这一次战斗，决不是半载一年可了"，但对战争的长期性依然估计不足。11月19日，蒋介石在南京国防最高会议上作《国府迁渝与抗战前途》的讲话，他说："日本占领上海以后的气焰，各国是受不住的，尤其英国是决不能忍受的"。"如果我们继续努力抗战下去，一定可以达到各国在远东敌视日本、包围日本的目的"；日本"在二三年以内一定站不住，决不能持久下去"，"占地愈大，派兵愈多，旷日持久，师老民怨，断不是他先天不足的国力，所能应付的"，"他现在如冒险前进，想要进攻南京，那就是他失败的开始"。[14]

南京陷落，陶德曼调停失败，特别是日本宣布不以国民政府为谈判对手后，蒋介石等方认真考虑持久抗战的问题。1938年3月，国民党在武汉召开临时全国代表大会，参谋总长何应钦在军事报告中说："敌之最高战略为速战速决，而我之最高战略为持久消耗。"[15]蒋介石向与会代表进一步阐述这一战略说："运用广大国土、众多人口，坚持持久抗战，以创造有利之机势，而谋取最后胜利。"[16]他说的"有利之机势"，仍然主要为依靠国际力量打败日本。如1938年1月，他在开封召开的第一、第五战区团以上官长军事会议上说：抗战以来"许多国家在加紧准备，要来消灭日本"。"虽然与他冲突得最厉害的英、美、法、俄各国目前还没有参加战争，与我们共同一致来打日本，但这并不是国际不动，而是时机未到。只要我们誓死不屈，持久抗战下去，敌人就时刻陷在危机的深渊，一有失利，或一旦他的弱点暴露出来，各国就会毫不迟疑的加以打击"。"一旦时机到来，他就要失败；他的失败就是我们的成功。"[17]

徐州会战结束后，德国决定召回在华的军事顾问；日本又通知驻汉口的各国领事，宣称即将进攻武汉，要求各国的军舰、商船撤离芜湖至湖口间的长江江面，而英、美等国虽对两大阵营的政策有所改变，但并无积极支援中国抗战和干预日本侵略行为的表示，这就促使蒋介石等进一步坚定了持久抗战的决心。1938年8月13日，蒋介石在纪念"八一三"抗战一周年的讲演中公开宣布："我们的战略，是以持久抗战消耗敌人的力量，争取最后决战的胜利。"[18]众所周知，战略是指导战争全局的方略，而所谓全局，则包括空间、时间两方面的因素，既要照顾到战争的各个方面，又要照顾到战争的各个阶段。战略总方针，是从敌我双方实际出发而制订的实现战略目标的基本途径和方法，不仅要能指导当前阶段的战争，而且还必须能指导尔后阶段的战争。综观蒋介石的各次讲话、命令和军事委员会的作战计划，到此时为止还都是以加强防御措施、保卫武汉核心为中心，尚没有形成比较完整的指导尔后阶段战争的具体方针。

当武汉会战接近尾声、日军在大亚湾突然登陆时，蒋介石认为"我军战略政略皆有重新检讨之必要"，曾分别向高级将领征求今后对战争指导的意见。如致昆明行营主任龙云的电报说："倭寇在粤登陆，战局又进一步，对于以后外交军事之战略与政略之运用，吾兄荩筹硕画，必有所见，请详告是荷。"[19]经过对一年半抗战实践的总结，1938年11月25日，蒋介石在第一次南岳军事会议上，从战略上将抗日战争划分为两个时期："从卢沟桥事变到武汉退军、岳州沦陷为止，是抗战第一时期"，"从今以后的战争，为第二期"。第一期是"拿我们劣势的军备，一面逐次消耗优势的敌军，一面根据抗战的经验来培养我们自己的力量，以逐渐完成我们最后战胜的布置"。现在"已经完成战略上争取最后胜利所必要的部署"，今后"第二期的抗战"则是"遂行转守为攻的任务,达到转败为胜的目的"。[20]两个战略阶段任务的规定,标志着持久消耗战的战略总方针已经全面形成并确立。

而1938年5—6月徐州会战时期,毛泽东于5月26日至6月3日在延安抗日战争研究会上讲演了他的《论持久战》。该文也已通过周恩来等传至国民党许多高层将领手中。文中批驳"亡国论"和"速胜论"错误思想,提出持久战总方针,以及预测抗日战争将经历敌之战略进攻、我之战略防御,敌之战略保守、我之准备反攻,我之战略反攻、敌之战略退却这三个阶段。这是毛泽东对近一年全面抗战经验的科学总结,可惜没有得到国民党军队高层将领的重视。

抗日战争胜利之后,国民政府国防部参谋总长陈诚在1946年10月总结抗日战略总方针决策的根据时说:"我国因军事落后,且未有充分作战准备,不宜实施迅速决战之战略;但我国国土广大,人口众多,经济资源散在各地,具有长期作战之条件,故我国对倭作战之最高指导方针,不能不根据此项优劣相反之客观条件,实施持久消耗战略。"并进一步阐述:"我以军备不足,对有多年准备而挟有现代陆、海、空军之敌,为求粉碎其速战速决之计划,以避免为其不断之攻击所歼灭,乃策定持久消耗之最高战略,一面不断消耗敌人,一面扩散战场,分化敌之优势。在第一期,以空间换时间,俾增强战力;在第二期则坚持敌后游击,以便积小胜为大胜。"[21]

如果不论其他方面,仅从总体上就战略总方针的本身而言,国民党采取持久消耗战略总方针符合中日力量对比的客观实际;其一面逐次消耗优势的敌军,一面培养自己的力量以及在战争初期实施以空间换时间等的原则,就战争全局而言,也是符合中国的特点的。国民党在极为困难的情况下坚持了8年的抗战,并在战争初期主动开辟淞沪战场,分散了日军的兵力,对粉碎日军速战速决的战略企图和对实行持久抗战、争取最后胜利起到了重大的作用。这是正面战场的主流,应当予以肯定。

但是我们从实行全民族的全面抗战和实行广泛的抗日民族统一战线路线、坚持持久抗战来分析,国民党的持久消耗战略方针主要存在着以下三个问题。

第一个问题是:将持久抗战规定为两个阶段,实质上"持久"中仍含有"速胜论"的思想。

蒋介石把卢沟桥事变至武汉退军、岳州失陷间的抗战定为第一期,实施的是"防御的战略";把以后的抗战定为第二期,第二期应实施"转守为攻的战略"。湘北作战(第一次长沙会战)后,认为"抗战局势已临到胜利的一个大转机,国际外交形势亦随之一天一天好转”，“敌力已疲，我们进攻的时机已到”，“今后的战略运用和官兵心理，一定要彻底转变过来，要开始反守为攻，转静为动，积极采取攻势”。[22]“从今以后，敌我两军真是到了短兵相接决战的阶段”。[23]

认为由战略防御直接转变为战略反攻，其间不存在一个战略相持阶段，不论从理论上还是从实践上，都证明它不符合中国持久抗战的实际情况。这主要是由于蒋介石等从主观愿望出发分析形势，过分夸大了日军的困难，将战略方针的制订建立在不适当的情况判断的基础上。这时日军虽然已无力继续进行战略进攻，但在总的力量对比上仍处于优势地位。其武器装备及战斗素质仍远强于中国军队。必须经过一个相当长的战略相持阶段，使敌强我弱的力量对比逐渐发生相反的变化，“先走到平衡的地位，再走到优劣相反的地位。然后中国大体上将完成战略反攻的准备而走到实行反攻、驱敌出国的阶段”。[24]武汉退军、岳州失陷时，中国还没有达到转守为攻、转败为胜的阶段。毛泽东曾对此进行过中肯的评论：“另有一些人，口头上赞成持久战，但不赞成三阶段论。这也是不对的。所谓持久战，所谓长期战争，表现在什么地方呢？表现在战争的三个阶段之中。如果承认持久战或长期战争，又不赞成三个阶段，那末，所谓持久与长期就是完全抽象的东西，没有任何的内容与现实，因而就不能实现任何实际的战略指导与任何实际的抗战政策了。实际上，这种意见仍属于速胜论，不过穿上‘持久战’的外衣罢了。”[25]

事实也证明了两阶段论的错误：1939 年 2 月 17 日，蒋介石向各战区发布反攻命令说：“敌国国内，财政已濒绝境，经济将告崩溃，兵员伤亡，征补为难，国民反战，情绪高涨，且以在我国境，战区延扩过广，兵力不敷分配，仅占若干交通点线，犹复处处有被我军突袭之虞”，“侵华军事，日暮途远，进退维谷”，“此次反攻，实为我国抗战以来之最好时机”，[26]4、8、9 月分别准备发动春季、夏季、秋季攻势，但因日军先期发动进攻，且中国军队的攻击精神与能力均感不足，所以皆未能实施，当然谈不到反攻的战果。

1939 年 9 月，欧战爆发，日军发动第一次长沙会战，进攻的日军又被迫退回，国民党军事当局遂召开第二次南岳会议。蒋介石在会上说：“我们抗战的进程，无论从哪一方面看，都已达到了转守为攻、转败为胜的阶段。”[27]遂决定发动一次大规模的、全面的冬季攻势作战。11 月 19 日，蒋介石亲自向各战区下达作战任务及进攻开始日期，令第一、第二、第三、第四、第五、第八、第九、第十及鲁苏、冀察战区各自向当面日军进攻，并要求第五战区“进取汉口”，第九战区“向武昌挺进,同时攻击南昌……进袭瑞昌、九江之敌”等。[28]共投入132个师、9个独立旅,于1939年12月至1940年3月,在华北、华中、华南同时向日军发动反攻。在两个多月的战斗中,的确给日军以一定的打击,有些战役还获得了较好的战果,但从战略全局来看,冬季攻势失败了。蒋介石也并不否认这一点。他在冬季攻势总评中说:“第三战区以14个师及配属大量火炮攻击沿江防守一师团之敌军,并未受桂南及其他战区任何战事之影响,但该战区正式交战仅三昼夜,即告停止”,“未几而萧山失陷,望风溃退”;“第九战区以九师之众,前后围攻大沙坪者几逾一月,我军官兵之死伤,不可谓不大,敌方播音,且称为‘空前之持续战斗’。但师久无功,并未收到任何战果”;“第五战区……发动全力,而未能克复钟祥与信阳之任何一据点”;“第四战区粤北之役(指昆仑关之战),虽能转败为胜,但丧师折兵,遗弃仓库辎重,损失至巨”;“桂南之役”,“第38集团军……全军毫无秩序的溃散,卒致此次大失败”等。[29]蒋介石承认冬季攻势失败,但把失败的原因完全推到下级将领的作战指导方面,没有认识到战略决策方面的失误。他说:“此次冬季攻势失败最大的一个原因,就是准备不周到”;“另外一个缺点,就是不能发挥炮兵的威力”和不会“活用兵力”等,[30]因而规定:“以后凡团长以上各级指挥官,对于战术、战略的思想,应完全转变过来:从前是被动的,现在要主动;从前是消极的防御,今后要积极的进攻;从前战略是步步后退的,今后的战略是要节节进攻。”[31]还不切实际地要求“下期攻势,我们各战区不仅要进占敌人的小据点,而且要能进攻或威胁敌人在各战区的最重要的根据地。”[32]

1940年4—6月间,德军扩大侵略,席卷北欧,英军自敦刻尔克撤退,法国贝当政府投降;侵华日军攻占宜昌,打开了入川的大门。国内外形势均极严峻。国民党军事当局将主要注意力集中于防止日军侵入四川。为保卫重庆,制订了《拱卫行都作战计划》及《拱卫行都交通破坏计划》,实行“破路清野”,以“阻敌西进”。其时当然谈不到进攻“敌人在各战区的最重要的根据地”了。经过枣宜、上高、中条山及第二次长沙会战等无情的战争实践后,蒋介石也开始认识到既定战略决策不切实际。1941年10月召开第三次南岳军事会议时,他已不再讲战略上的转守为攻、转败为胜,不再讲进占敌人的小据点、进攻或威胁敌人的重要根据地等话,而是恢复第一阶段的调子,强调持久防御。他说:“我们对敌的方略,就是要争取时间,要持久战斗,使敌人对我们阵地,不能随便被他袭击占领,然后我们随时捕捉战机,来歼灭他。这是我们此次抗战最紧要的战略方针。换句话讲,就是要延长时间,而不一定要去争取不能争的空间、地点。”[33]他对这一期间战役的评价较为实事求是。例如他说:“我们南宁、福州与此次长沙之收复,乃是敌军无力固守,而不是我军实力克复的。这并不是我们的光荣,而是我们的耻辱。”[34]

1941 年 12 月,太平洋战争爆发,加以第三次长沙会战的胜利,蒋介石又下令发动全面游击,并进而准备令各战区实施大规模的反攻。军令部曾制订过 1942 年夏季、秋季攻势作战计划及 1944 年总反攻计划,企图“夺回宜昌”、“会师武汉”,但均无力实施,仅停留在书面上。

直到 1944 年 2 月第四次南岳军事会议时,蒋介石才承认中国抗战分三个阶段。他说:“我们的抗战(从第二期开始),又经过整整五年的奋斗牺牲,到今天又已经进到了一个新的转折点,就是第二期抗战已将结束,我们向敌反攻决战的阶段——第三期抗战开始的时候到了。”“现在抗战的局面,真是攻守异势、今昔易时,敌我形势已经完全转变过来了。”[35]但对正面战场而言,他说得早了一点。因为虽然由于政治、军事等多方面的原因,国内外总的形势已具备了开始进入战略反攻阶段的条件,国民党最高军事当局也已开始考虑并制订配合盟军实施战略反攻的计划,但正面战场上国民党军还没有真正达到与日军“优劣相反的地位”,还没有向日军进行战略反攻的战斗力。蒋介石讲话后仅两个月,在日军发动的豫、湘、桂会战中,正面战场即遭到惨痛的失败,损失 50 余万军队及约 40 个师的武器装备,并沦丧了大片国土。

抗日战争胜利之后,在客观事实面前,国民党政府国防部参谋总长陈诚对持久抗战战略方针的分阶段问题作了事后的总结。他说:“持久消耗战略”的“大方针下”,“国军作战指导之具体运用,可分为三期:第一期为持久抵抗时期,第二期为敌我对峙时期,预定之第三期为我总反攻时期。”但至 1945 年“七月间,谋配合盟邦行全面反攻(时),而敌即于八月七日宣告无条件投降,抗战乃光荣胜利。”[36]

第二个问题是:以战役上阵地防御的持久消耗战作为达到战略上持久消耗战的主要手段。

为了抵挡日军突然发动的进攻,制止其长驱直入,争取时间稳住战局,以保障军队实施战略展开和国家转入战时体制,于战争初期,在一定时间、空间里实施坚守防御的阵地战,是应该而且必要的;在整个战争进程中,对某些重要战略据点、交通枢纽等地进行阵地防御战,也是应该而且必要的。但从战争总体看,在技术装备、战斗素质等方面均处于敌强我弱的情况下,则不宜于以持久的阵地战作为抗日作战的主要形式。日军的火力强度——不论远射火力还是近射火力,以及其杀伤力、破坏力都远远超过中国军队。将主要兵力部署在固定地域内的阵地上,必然陷于日军绝对优势的火力之下;更由于中国军队缺乏远射火力,日军在我步兵轻武器有效射程之外,我方只能被动挨打;当日军接近至阵地火网之时,工事已多被破坏,人员已伤亡很大。在这种情况下,依托工事发扬火力和减少伤亡的阵地防御优点就难以充分发挥,反而导致杀伤日军较少而自身伤亡过大。更何况中国土地广大,日军可以回避阵地设施迂回进攻。如果加大防御正面,则势必处处设防、处处薄弱,更易于被日军突破。同时,阵地防御战虽能消耗一部敌人,但难以歼灭敌人,难于达到战略上消耗日军的目的。所以在战略防御和战略相持阶段,敌强我弱的形势尚未发展到平衡,或至优劣相反的地位时,阵地战(包括阵地防御和阵地进攻战)不能作为主要手段,只能在战役中为了达到辅助目的实施局部的阵地战。至于为节节抵抗以求消耗日军和争取时间目的而采取的半阵地战性质的运动防御(亦称“机动防御”),则是完全必要的。

国民党最高军事当局的主要决策者和多数高级将领墨守第一次世界大战凡尔登战役所形成的防御理论[37],囿于已成定势的军事思想,对持久消耗战略的理解和实施,都是企图以战役上阵地防御的持久消耗战来达到战略上的持久消耗战。“七七”事变爆发不久,蒋介石在讲到当时华北和淞沪战场的情况时就曾说:“到今年十二月为止,(后方部队)可以陆续增援不断,来稳固原定的阵线,达到持久战的目的。”[38]以后多次讲话都强调作战时要“固守阵地,屹立不动”,“持久不退,消耗敌力”;[39]训示军队“持久战最应注意的,是要有与敌作持久阵地战的心理”;[40]“我们要持久抗战,就要不怕阵地毁灭,不怕牺牲一切,要以精神胜过物质,争取最后胜利。第一道阵地失了,还有第二道阵地可以抵抗;第二道阵地再失掉了,还要在第三、第四道阵地抵抗……处处设防,步步抵抗……必可长久维持,来达到持久抗战的目的。”[41]正面战场的作战正是在这种战略思想指导下进行的。第一阶段的各次战役,除李宗仁指挥的徐州会战前期的台儿庄作战等采取的是阵地战与运动战、游击战相结合的攻势防御作战外,其他战役全是单纯的阵地防御作战。

当然,蒋介石也曾说过“以战术的速决战达成战略持久战”的话。如 1940 年 3 月 7 日,在参谋长会议的第二次训话中说:“现在我可决定一个新原则,就是抗战的战争中,在战略上是要持久坚韧,而在战术上是要速战速决。这是我们抗战战术惟一要诀。”3 月 9 日上午,他又说:“我们所谓持久抗战,乃是从战略上而言。至于战术上，我们还是要速战速决。”当天下午再一次强调：“持久抗战，乃战略方针，而速战速决，是战术原则。”[42]他错误地估计了形势，认为已到“转守为攻，转败为胜”的阶段，要求部属转变战略战术，“对敌采取积极的攻势”。当转守为攻并未能转败为胜，且又因政治原因对抗战转为消极时，他很快又恢复为以持久的阵地防御战为主。1941 年 10 月 21 日，蒋介石在第三次南岳军事会议上作题为“说明现代战争之特性与今后整军抗战之要旨”的讲话，对与会将领说：“我们的抗战……最高的方略……就是要用持久战。不仅在整个战争上，我们的抵抗要一年一年的坚持下来，一直打到他在各方面都消耗欲竭、困陷穷途，然后一举来歼灭他。就是在每一次战役，甚至于在每一个战斗上，我们的战法，都要沉着坚定，延长时间，争取时间……我们必须要用稳扎稳打、步步为营的方法……总要用持久战的原则。”[43]事实上从 1939 年发动冬季攻势直至日本投降，虽然正面战场上各次战役在战术运用上较第一阶段有所发展，但绝大多数战役的作战形式仍然是以持久的阵地防御战为主，与日军对拼消耗，因而造成军队损耗过大、人员伤亡过多，并经常处于被动地位。

第三个问题是：在战略实施过程中，基本上执行的是消极防御的路线。

这里所说的“积极”与“消极”，是就军事战略而言的，不是指政治上的抗战，也不是指战役上的作战指导。抗日战争的战略防御阶段，正面战场实施的作战全部是消极防御，蒋介石自己已经作出过明确的结论。1940 年 2 月，他在柳州军事会议上说：“从前（指第一次长沙会战以前）是消极防御”，“无论武汉、徐州、南京、上海、南口、晋北等次的会战……我们的战略、战术是消极的防御。”[44]其实，不仅战略防御阶段执行的是消极防御，而且从武汉失守一直到 1945 年日军实施战略收缩时为止，正面战场（不包括缅甸战场）的整个战略相持阶段（除了因形势判断有误，在速胜论思想促使下发动的 1939 年冬季攻势外），在战略上执行的仍然是消极防御。

1940 年以后，由于外援的逐渐增多，国民党领导的军队在武器装备上逐渐有所改善；经过补充，兵力有所增多（正面战场兵力约 300 万）；经过轮训，不少部队的战斗素质也有所提高。而这时的在华日军，不论武器装备还是战斗素质，都逐渐下降，而且多数时期兵力也有所减少（正面战场兵力约 30 余万），后来连制空权也从日军手中转移到中国军队手中。根据这种情况，按照一般道理，中国军队正面战场的作战应当主动积极地集结和机动兵力，造成局部优势，以正规军和游击军不断地、广泛地发动局部歼灭战的战役和战斗，以增大、加速日军的消耗，转变优劣对比的形势,为战略反攻创造条件。蒋介石也确实不止一次地在公开场合训示部属要寻敌人“薄弱空虚之点”,“乘虚抵隙,断然攻击”,“由小的胜利,积累而成大的胜利;由局部的胜利,扩展为全部的胜利”[45]等等。但由于总的战略思想是消极防御,特别是以蒋介石为首的国民党军事当局主要决策者们的反共思想日益抬头,抗战意志日趋消极,虽然表面上号召部队“趁此大好时机,我们必须到处乘虚进攻”,但绝大多数高级将领都了解蒋介石等保守实力、准备将来的想法。何况国民党最高军事当局自1941年以来从未下达过主动组织、实施进攻战役(不包括缅北、滇西反攻作战)的命令;连日军撤退后,下级组织反攻以收复日军刚占领的阵地都下令不准,高级将领们当然心领神会,也就不可能真正执行蒋介石的表面文章了。正如蒋介石所描述的那样:不仅在日军不进攻时“大家守着不动,最多派少数游击队去应付应付”,[46]即使在日军进攻时,许多将领也是“挨日退却”,即在阵地上“打了两天三天,就不奉命随便退却,甚至于退到数百里的后方”,“或取巧避战”。[47]事实上除1939年冬季攻势外,其余所有战役都是在日军发动局部、短暂性的有限攻势战役时,方被动地应战、抗击;而当日军认为已达到作战的预期目的而自动撤返原防时,国民党军队为保存实力,亦不乘势组织反攻。有时战区做好反攻准备,即将发动反攻时,蒋介石也下令停止,不许反攻。如浙赣会战等仅以恢复日军进攻前的原态势为满足。而且在恢复原态势时,不少是跟在撤退日军之后“追击”。正如蒋介石所说:日军“来进犯时,我们不能抵御,而他撤退时,我们亦不能截击,让他来去自如。”[48]如果日军不退回原防,国民党军队则无力或根本就不积极夺回失去的阵地。如桂南会战中对南宁,枣宜会战中对宜昌,浙赣会战中对金华、兰溪等就是例子。第二次长沙会战期间,日军“华北方面军”为策应长沙作战,以第35师团强渡黄河、占领郑州,后来撤至中牟留驻;特别是建立霸王城(邙山头)桥头堡阵地后仅留2个步兵大队、1个炮兵大队驻守,而第一战区数十万军队却没有实施反攻将其收复,汤恩伯的所谓精锐兵团竟与之长期地和平对峙。事实说明国民党军在战略上实行的基本上是一条消极防御的路线。

二、作战指导

如上所述,国民党军事当局在总体战略上虽实行的基本上是消极防御的路线，但在不同的战略阶段和不同的战役中，情况有所不同。

（一）战略防御阶段

战略防御阶段的各主要战役，多是单纯的阵地防御战。但也有例外。徐州会战前期，第五战区的作战指导却采用了阵地战的守势与运动战的攻势及游击战的袭扰相结合的攻势防御：在预选的战场，以一部兵力坚守阵地，吸引、抑留和消耗敌军；以一部兵力游击敌后，破坏交通，袭扰据点，牵制敌军；以主力兵团迂回敌军侧背，实施强有力的攻击，变内线为外线，于被动中争取主动，从而获得了台儿庄战斗的胜利。太原会战前期的忻口作战，第二战区的作战指导也采取了正规战与游击战相配合的方针，属于攻势防御性质。如以卫立煌军坚守正面阵地，以第 18 集团军用游击攻势袭扰日军，破坏飞机场、炮兵阵地，大大减少了日军的进攻能力。正面守军亦能实施有力的反突击。如郝梦岭军英勇攻击，虽然牺牲重大，但日军消耗亦巨。在日军突破阵地时守军能及时组织反冲击，坚守阵地 20 余日。能较长时间地遏止日军攻势，这对粉碎日军速战速决战略和实施持久抗战都创造了有利的条件。

战略防御阶段的其他各次战役，总的来看，多数部队在阵地防御战斗中都打得坚强，不怕牺牲，不少将领的抗战意识亦极为强烈。但从战斗实际过程看，由于作战指导多不符合一般阵地防御原则，所以或者损耗、伤亡过大，或者防守时间不长，遭到了一些原本可以减轻或避免的损失。最主要的不足有两点。

1. 一线式防御阵地

阵地防御通常是在敌强我弱的情况下实施的，目的在于利用有利地形，依托既设永备或野战工事，充分发扬火力及增强生存力，从而提高自身的战斗力，完成守住要地或遏止敌人前进及消耗敌人的任务，因而必须使防御阵地具有高度的稳定性：在强大敌军攻击下，能使阵地体系不被割裂，防御态势不被破坏；即使阵地在承受不住敌人的猛烈攻击而被突破某一点时，也应能经过防御部队的顽强战斗，恢复原态势。这就要求阵地正面较小，阵地纵深较大，在敌人主要进攻的方向上，构成多道阵地的防御体系，并筑有若干支撑点或防御枢纽部。这样既可增强抗击敌人连续冲击的力量，在敌人突破前沿阵地时，可依托纵深的阵地继续抗击敌人，或依托后方阵地和支撑点或防御枢纽部实施反冲击，消灭突入之敌。

战略防御阶段各战役中国守军的阵地编成，绝大多数为一线式阵地，正面既大，纵深又小，一旦被日军突破一点，即全线动摇。而且多数部队对工事构筑不太重视。一般在一道阵地上仅筑一条堑壕，没有侧防工事和机枪预备掩体，也没有掩蔽设施和伪装，所以部队伤亡极大。一支部队通常只能守几天，即要轮换下来整补，而且阵地易被突破。

2. 分散的兵力部署

日军的武器装备占有绝对优势，其炮兵及航空兵的火力远远超过中国军队，具有极大的杀伤力和破坏力。在坦克掩护下日军步兵的多梯队部署也使其具有极强的多波次连续冲击的能力。这就要求在主要防御方向上既要能抗住日军的攻击，又要能最大限度地减少损耗、伤亡，同时还要有快速机动的应变能力，以应付战斗中可能出现的各种情况。因此防御部署上应当将主要兵力、兵器集中在主要防御方向上，形成重点，并要作纵深配置，以加强纵深的抗击能力；同时还应掌握强有力的预备队，以提高快速反应能力，及时封闭突破口及消灭突入阵地内立足未稳的日军；或在敌人改变主攻方向时，能快速变更部署，组成新的主要防御方向。

在战略防御阶段的战役指导上，国民党军高级将领大多是分兵把口，将主要（甚至全部）兵力、兵器都部署在宽广正面的第一线上，形不成真正的重点，并缺少纵深配置，以致处处防守，处处薄弱。同时很少部署强大的预备队，只要日军突破第一道防线的阵地，就无力在纵深内进行强有力的抗击。一旦有后续增援部队到来，即用以轮换前线伤亡较大的部队，逐次使用于第一线。战役最高指挥官手中始终不能掌握一支有力的应变部队，以致防御体系一旦被破坏，即无力恢复原态势，只能被迫溃退。另外，在总的部署上虽是兵力分散，但在具体配置上及机动时又多为密集队形，不知疏散，以致伤亡增大；有时部队尚未进入战斗，即已伤亡近半。

（二）战略相持阶段

战争进入战略相持阶段后，国民党军事当局和一些高级将领总结了第一阶段作战的经验教训，特别是台儿庄作战的经验，从理论上认识到一线式阵地的专守防御和缺乏机动兵力等的缺点，力求予以改进。如蒋介石在南岳军事会议上说："一线式阵地之不能改正，乃是我们官长指挥能力缺乏，而为我军自抗战以来战术上失败最大的一个耻辱。""以后各高级指挥官务必根据已得的经验……彻底改正。""我们将来消灭敌人最有效的方法，就是在战术战略上都要能迂回包抄敌人，来切断敌人后方的交通，断绝敌人一切接济……要运用这个战术，原则上必须注意正面部队与后方预备队妥当的分配，宁使正面部队少，而要在后方控制充足的预备队。即使正面被敌军冲破了，而我们仍可机动使用预备队，在他的侧背去打败他。而且我有了充分的预备队，就可以保持主动，迂回敌人侧背，从左右和后方去包抄他，击灭他。”[49]他还要求以后“各种防御计划，应着重于积极防御”，[50]并指示军令部部长徐永昌：“此后作战计划，应先取攻势防御，总以先用少数相当兵力，利用工事坚强抵御，待敌军久攻不克、兵力疲惫时，我军再用主力集中转取攻势。”[51]以后正面战场上各主要战役虽然在作战指挥上有优有劣，但基本上都是以此作为指导方针的。如指挥正确，可获得不同程度的战役胜利。如第一、第三次长沙会战及上高会战等。蒋介石称之为“磁铁战”，说“先要如磁石之吸引铁质，紧紧地把他吸住，处处钉住他、牵住他……使他愈引愈近，愈吸愈紧，欲退不得，欲进不能，始终不能脱离我们的掌握之中，最后陷他在进退维谷的绝境，我们就可以乘着这个机会来消灭他。”为达到此目的，还要发动“第五纵队战”，派遣各种小部队，“潜入敌人阵地或后方，侦察敌情，扰乱敌军，突击他，奇袭他。”[52]薛岳则称之为“天炉战”，较蒋介石所说的有所发展并更为具体。他的战法是：以一部兵力为挺进兵团，“任敌原占地区内主要交通通信之破坏及敌援军之阻击”；以一部兵力为警备兵团，“任第一线（即绪战地第一网形阵地带）之作战，敌进犯时迟滞消耗敌军，尔后转为尾击兵团”；尾击兵团“待敌通过第一线阵地后，衔尾猛攻，参加决战，力制（止）敌筑路，截击敌辎重，断敌补给，击敌后援”；以一部兵力为诱击兵团，令其“占领绪战地第二、第三网形阵地带，迟滞消耗敌军，尔后转为侧击兵团”；侧击兵团“位置于决战地左（右）前方，适时侧击敌军而歼灭之”；以主力为守备兵团，令其“先担任决战地之守备，俟敌攻势顿挫，断行反击，歼灭敌军”；以一部兵力为预备兵团，令其“占领决战地后方要点，必要时参加决战，扩张战果；或依情况占领预备阵地，收容决战地部队，转移作战”。[53]

从理论上，仅就战役指导而言，上述方针应属积极防御，而不是消极防御。但在实际上，除客观原因外，由于国民党的抗战始终缺乏群众性，未能发动群众参加抗战，而只靠军队作战，形不成强大的威力；又由于许多高级将领或因“怯懦”，“与敌接触，挨日退却”，或为保存实力“不服从命令”、“取巧避战”，或因“没有指挥的学力与技能”，再由于缺乏独立作战、因敌制宜的能力，不能机动灵活地指挥作战，因而并未能真正或完全执行上述方针，理论与实践脱节，所以在许多战役上指挥不统一、计划不周到、判断不准确、部署无重点、协同不密切、战斗不积极等缺点依然存在，有的较第一阶段作战更为严重，由此导致战役失败或不能全胜。军事委员会及最高指挥对上述问题亦未着力解决，只是理论上说了。

三、军 队 概 况

全面抗战开始之前，中国军队除共产党领导的中国工农红军外，各派系军队名义上均已成为国民党控制的国民政府的"国民革命军"（自称"国军"）。但由于长期处于不同地域、政治、经济条件下及曾经互相敌对等原因，"国军"并未真正统一。许多地方实力派的军队，如阎锡山的晋军、李宗仁等的桂军、刘湘等的川军、龙云等的滇军等，都仍然由地方实力派所掌握，各有自己军校培养的军官和自己的军需制度，具有相对独立的权力。即使是已经改编为中央军队的原西北军、东北军等的各部队，在人事等各方面也仍然自成系统，与中央保持一定的距离。

全面抗战开始之后，全国军队在抗日民族统一战线旗帜下团结抗日。各地方实力派的领袖都发表声明，拥护中央政府的抗日政策，服从中央的领导，先后派出部队投入前线，与中央直系军队并肩作战，与日本侵略军展开战斗，都曾创造过大小不同的良好战绩。但是，在共同抗日的大前提下，各派系之间的利害关系和隔阂并未实际消除，因而在统一指挥、兵力运用、部队协同等许多方面仍存在不和谐的因素，从而在一定程度上影响了总体战斗力的充分发挥。

为了进一步研究正面战场的作战，我们将国民党领导的"国军"作为一个整体来进行概略的探讨。由于"国军"的90％以上为陆军，所以这里主要以陆军为研究对象。

（一）军官素质

作战的胜败固然是以军事力量的优劣为物质基础，但军队战斗力能否充分发挥，则直接取决于各级军官指挥效能的高低。一般说，要想夺取战役、战斗的胜利，不能仅靠物质力量的优势，还要靠高超的指挥艺术及旺盛的士气。抗日战争中，敌后和正面两个战场的实践已经证明：即使在劣势条件下，因指挥卓越，造成局部优势和主动，从而获得胜利的战例并不鲜见；相反，在兵力及态势均占优势的情况下，因指挥失误导致失败的战例也不在少数。可见，各级军官的素质对军队战斗力的发挥，至关重要。

据国民政府军事委员会铨叙厅统计，抗战开始时指挥200万“国军”的将级高级军官经过铨叙的正式将官共1247人（军政部统计中未经铨叙的将官500余人）。其中出身地方军校及行伍者393人，内有总司令2人、军长35人、师长63人；出身保定军校者388人，内有总司令4人、军长25人、师长36人；出身陆军大学者215人，内有军长2人、师长9人；留学国外军校者159人，内有军长1人、师长6人；出身黄埔军校者92人，内有军长7人、师长20人（陆军大学及留学国外的亦多为黄埔军校毕业生）。至抗战后期的1944年时，黄埔及陆军大学出身的将官大为增加，均已达到1000多人以上。陆军大学出身的将官绝大多数担任参谋长及参谋处长等职务；黄埔军校出身的将官，担任正、副集团军司令以上的32人、军长40人、师长132人；保定及地方军校、行伍出身的将官较前有所减少，但绝大多数战区的正、副司令长官由这几种出身者担任。另有军长71人、师长149人。留学的人数虽增加至285人，但没有任军、师长者，而任集团军正、副司令以上的有9人。[54]

从上列统计数字可以看出，抗战期间担任军长以上的高级将领多数为保定军校及行伍出身者，少数为黄埔军校出身者。师长一级的将领则主要为黄埔、地方军校及行伍出身者。从发展趋势说，黄埔出身的军官发展极快，军队最主要的指挥官、师长至集团军总司令的职务由该校出身者充任的在1944年已占三分之一至一半以上。

保定军校系北洋军阀于1912年创立，每期2年，共办9期，1923年停办。该校虽然在当时是中国最为完善的正规化军事学校，毕业的学生具有较高的军事素养，但所学的课程大多是第一次世界大战前的军事学术，对第一次世界大战后军事科技及战略战术的发展多无深刻的认识。黄埔军校的课程较保定军校有所提高，吸取了国外一些新的军事学术，但抗战时期的将官大多毕业于前几期，学制很短，仅6个月，所学内容当然有限。地方军校（如东北讲武堂等）的学术水平一般说不如保定军校。不论哪种军校，除陆军大学外，均属于养成教育，在作战指挥方面，最多学至团一级的战术。即使担负深造教育的陆军大学，也以师战术为主，对大军团作战的指挥作业练习很少。一些早期毕业于军校的将领，在内战时期有过指挥作战的实践经验，但由于战争本身仍停留在，甚至还低于第一次世界大战的水平（通常是一线堑壕式的攻防作战），所以大多数将领的战术素养和指挥能力提高得很少，缺乏对抗现代化装备强敌的理论与实践。至于行伍出身的将领，虽有不少人战场经验较为丰富，作战也很勇敢，但对现代战争的性质和技术缺乏必需的认识。

抗战以前成长起来的将领，离开军校以后很少有机会再参加正规的深造教育；更由于连年内战，升迁甚快，不少人职务高了，而其军事素养并未随之相应提高，并没有具备指挥其所统率的军、师部队的卓越能力。1933年，蒋介石的德国总顾问曾对蒋提出过意见，说一个军人“苟不先任下级官长，遍充排、连、营、团长各职多年，断不能于短期之内具有高级指挥官经验，无论如何勇敢，亦于事无济。”[55]抗战期间军队伤亡大，加以部队多次扩编，军官的升迁更快，许多军、师长不过三四十岁，能真正独当一面、心有全局的优秀将领为数甚少。当然，战争中学习战争，同样可以提高军事素养与指挥能力，甚至比入校深造学得更迅速、更扎实。但由于种种原因，“国军”中这种将领为数并不多。

抗战期间，作为军事素质另一重要方面的恪尽职守、不怕牺牲和主动精神、铁的纪律等，比之军事技术、指挥能力而言，“国军”的将领同样缺乏。中国战区参谋长史迪威曾向蒋介石提出他对这方面的看法。他说：“低级军官对于命令，每能迅速执行，营长和团长的素质不一，但不乏优秀之士，至于军长、师长，则问题颇大。这些人中很少是有效率的，他们很少亲临前线，更极少监督命令是否执行。对于来自前线夸大甚至错误的报告，不经查证，即予接受。经常忽略搜索和警戒的重要性，常因而造成大乱。一般的师长，似乎认为只要自距离前线50英里处发一命令，即已尽到责任。这些军官中，有许多是相当勇敢，但大多数的人均缺乏道德的(和)勇气。”[56]接替史迪威的第二任中国战区参谋长魏德迈对“国军”高级将领的军事素质也颇不满。他说：“在我接触的国军高级军官中，我发现很少视为是有效率或是受过良好专业训练的。我并不怀疑他们对于委员长的忠诚，但作为蒋的参谋长，我必须评估他们的作战能力和知识、他们带兵的资格，以及他们配合全盘作战计划、执行命令的意愿。”[57]当然，这些美国将军们是从美国将领的情况出发，并以轻蔑中国军队的态度作出种种评论，并不完全符合实际，有的还夸大其词。事实上中国军队的师长没有位置于自己部队后方50英里指挥作战的情况，中国军队高级将领亲临前线指挥作战的更不在少数，在战场上英勇牺牲的集团军总司令和军长、师长就有多人。不过，也不可否认“国军”中确有许多将领缺乏指挥大军团进行现代作战的军事素养。

其实蒋介石对高级将领的军事素养及品德不能适应战争要求的情况也非常清楚并表示不满，在历次军事会议上都提出批评。如1938年1月11日在开封军事会议上说:“我们过去的失败,完全由于我们高级将领缺乏学问的研究”;[58] 1938 年 11 月 26 日在南岳军事会议上说:“高级将领不学习、不研究已成的学术”,“以致已有的知识不能用之(于)实际,而战斗的学问和技能亦不能及时进步”,“全靠部下的牺牲,敌来只是驱策官兵凭血肉之躯向前一战便了,结果不是事倍功半,就是徒劳无功。这就是徒然牺牲,无补大局,害了部下,害了国家”;[59] 1940 年 3 月 6 日在参谋长会议上说:“如果我们仍只知沿袭陈规,一切都只是刻板的依照军官学校与陆军大学所讲的战术战略去做”,“就一定不能收得抗战的成效”,“我们一般高级指挥官的参谋长,一定要……打破一切旧习……研究出新的革命战术”,“才能获得制胜千里的效果”,[60] 等等。对将领们“疏忽、骄傲、欺骗、犹豫和迟疑”,以及“怯懦、不守纪律、不服从命令、蒙蔽军情、贪污、走私营利、荒淫无度”等,也经常在会议上批评。蒋介石的批评有时有以偏概全的过激成分,并不是“国军”所有将领的素质都这么差。但难以否认这种情况带有一定的普遍性。真正具有卓越素质的优秀将领并不多,特别缺乏优秀的高级参谋人员。苏联驻华军事总顾问应蒋介石之请陈述的“国军”缺点:“团以上司令部人员,很多不是正式军官,而多是主官的私人,往往很重要的职务交给一些落伍的军官或不习军事的文人来担任;参谋人员虽然有些是陆大毕业,但大多数都缺乏实际的经验,在部队里也没有专门业务的训练。所以人事参谋不知怎样来管人事,补给参谋不知如何来办理补给。至于军需、军械人员,更多滥竽充数……”[61] 正是由于高级将领的军事素质不高(抗战后期较前稍有提高),优秀的高级指挥官不多,又受前述战略决策、作战指导片面性的影响,所以正面战场的许多战役战斗,有的本来不应失败的却失败了,有的本应获得更大的胜利却未能获得,而且部队伤亡过大,以致消耗的敌人远比自身的消耗为少。

蒋介石既然清楚许多高级将领的军事素质不能适应抗战的要求,德国顾问和美国的史迪威等又都曾建议更换无效率的高级将领,而蒋介石为什么没有动作呢?这就牵扯到政治问题了。不是蒋介石不想更换,而是他不敢更换。他担心这样做会影响到他的统治。国民党当局曾说过:当时一部分(实际是相当大的一部分)中国军队尚存有地方派系色彩,平时裁汰尚虞酿成风潮,抗战期间采取此种断然措施,在政治上当然不行。[62]

全面抗战开始时,“国军”的中下级军官(上校至少尉),据军事委员会军政部统计,共有 13.4 万人。其中旧式陆军中学堂和小学堂出身的约 3 万余人,保定、黄埔及各兵种军校出身的约 6 万人,行伍出身的约 4 万人。抗战期间伤亡严重,每年要补充4.5万人方够需要。其中四分之三由各种军校及速成训练班培训，其余从部队中的士兵提升。但由于伤亡过大、过快，至1943年时，部队正式军校出身的仅有3758人，其余均为非正式军校（包括速成训练班等）及行伍出身的军官。[63]据统计，整个抗战期间国民党中央军校及各分校毕业的学生在15万人以上，另外各速成性质的训练班训练了97 577人，又从士兵中提升了84 235人，才弥补了基层下级军官的缺额。[64]

许多战争中提升的下级军官原本都是经过多次战斗考验的优秀士兵，正如冯玉祥所说：百分之八十五勇敢善战的军官都是行伍出身。[65]不过，他们大多数文化水平较低，有的甚至是文盲，又没有受过正规、系统的军官教育，所以在军官必备要素——指挥才能和训练能力方面不如正式军校出身的军官，也不能完全适应现代战争对基层军官的要求，因而他们升迁极慢，能晋升至团级指挥官的为数很少。

正式军校出身的军官，一般说在战术运用、战斗指挥和训练部队方面能力较强，而且也并不是都不如行伍出身的军官勇敢善战。抗战期间曾出现过许多作战勇敢、指挥卓越的中下级军官。但正式军校毕业的军官也存在着学非所用的问题。在校学的当时现代化、标准化的装备在绝大多数部队中没有；到达部队后，所学知识又和部队实际脱节，他们在相当长的一段时期内难以适应现状，这就影响了战术、技术能力的发挥。

抗战后期，虽然因外援的逐渐增加在装备上有所提高，但许多军官的素质却有所下降。如汤恩伯所说："各级干部多不是本科出身，学工兵的可带步兵，老百姓可以当军需。名册上什么都有，实际都是外行。"[66]这虽不是所有部队的情况，但带有一定的普遍性，从而影响了部队的战斗力。

（二）军队战斗力

抗战开始前的中国，经济落后，军事工业极为薄弱，只能生产步兵轻兵器，且不能完全自给，重兵器全靠进口，所以军队的武器装备远劣于日军。在军事训练上，除中央直系军队在德国顾问指导下受过不同程度的良好训练外，大多数军队的训练内容落后，很不适应当时的战争。抗战前期，不少地方系军队仍采用第一次世界大战前的战法，如在战斗部署上，不论进攻和防御，都还不知疏散，仍用相当密集的战斗队形，以致增大伤亡；有的甚至在尚未到达阵地之前就已被日军炮火及航空兵杀伤近半。抗战胜利前夕，西北马鸿逵、马步芳系军队依然如此。[67]

除了军官素质、军队装备及训练程度外，士兵的素质也是构成军队战斗力的重要因素。民国以来实行的是志愿兵制，军队士兵都是招募来的破产农民、失业青年及难民等，国民政府没有经过训练的预备役兵源。抗战期间部队伤亡极大，虽然抗战开始时有不少爱国青年及华侨自愿参军，但毕竟有限，远远不能弥补前线战斗伤亡的缺额。所以兵员的补充及其素质就成了影响战斗力的重要因素。

早在 1933 年国民政府就颁布了“兵役法”，准备实行征兵制。1936 年开始真正实行。首先在华东、华中六省建立了师管区、团管区，至当年底共征集了约 5 万新兵。1937 年抗日战争爆发，日军很快侵占了华北、华中等大片国土，这时国民政府的兵源主要来自西南、华南各省。由于兵役制度不健全，征兵单位多与地主豪绅及乡镇保甲长勾结，造成强拉壮丁、受贿换人、冒名顶替及虐待壮丁等弊端丛生。许多壮丁受到非人的待遇，不但难得温饱、缺乏医护，而且常常受到毒打，甚至用绳子捆起来，形同囚犯，致使人民视兵役如瘟疫，深恶痛绝。被征、拉的壮丁，病、死及逃亡现象十分严重。据国民政府发布的资料，抗日战争期间共征集壮丁1400余万（不包括在征拉过程中病死、逃亡的人数），但实际送到部队的壮丁仅1200万人。[68]这些送到部队的壮丁，一方面由于多数是强拉来的，思想抵触，加以军官虐待，官兵关系紧张，多不安心于军队生活，常想逃跑；一方面由于壮丁本身缺乏文化，90％以上为文盲，接受军事训练的能力甚低，而担任训练新兵的后补团、补训处对训练新兵的工作极不积极，仅以能看住新兵不使逃走为满足，所以补充到战斗部队的新兵，连基本的战斗知识及技能也不具备；再者是他们的体质也极不壮健。正是由于这种情况，“国军”的战斗力呈逐渐下降的趋势。

全面抗战开始时部队老兵多，补充至第一线的也多是由后方部队中抽调来的受过训练的老兵；特别是军官及士兵当时怀有强烈的爱国激情，抗战意识高昂，所以虽然在武器装备、训练程度及军官指挥能力等各方面逊于日军，但部队士气旺盛，战斗力强。不仅装备训练较好的中央直系军队战斗力强，在淞沪会战等战斗中表现出色，就是装备、训练较差的地方系军队的战斗力也极强，在徐州、武汉会战中顽强战斗，创造了出乎日军意料的英勇战绩，使世界各国刮目相看。但随着兵员素质的下降，特别是受国民党最高军事当局战略消极的影响，许多高级将领的抗战意志逐渐衰退，军队的腐败现象日趋严重，许多军队的战斗力随之下降。豫、湘、桂会战一溃千里，即是明证。

抗日战争后期，蒋介石多次谈到军队的战斗力问题。

1941 年 10 月第三次南岳军事会议上，蒋介石说：日本“最近每次取攻势来进犯我们，最多不过十天或两周的战斗力，在此期间如攻不下我们据点阵地，他固然要退却，就是攻下了我们的据点，他也没有确实固守的力量。从前年到现在，除宜昌之外，历次战役，都是如此。他现在不仅无力扩张战区，而且也不敢再存消灭我们野战军的妄想……这样疲惫衰竭的敌人，我们为什么还不能消灭他？为什么他来犯时我们不能抵御，而他撤退时我们亦不能截击，让他来去自如呢？这就是因为我们的军队实在太无用、太怯懦……不如从前。”“这次长沙会战，我们有这样雄厚的兵力，有这样良好的态势，我们一定可以打败敌人，一定可以俘获敌人很多的官兵，一定可以缴获敌人无数的军械；即使没有一万俘虏，也总应该有一千；一千没有，总要有一百；一百没有，少而言之，也应该有十人。但是现在你们连十个俘虏都没有，如何对得起自己的职守？”“现在并不是我们打不过敌人，而是由于我们高级将领的精神堕落，胆识太差，不研究，不上进，只知道做官，而忘却了我们革命军人的本务。”“总之，我们各战区这几次战役以来，一般将领的精神、决心和意志，实在是一天不如一天。在抗战开始的两年，大家都有拼战致胜的决心，有消灭敌人的志气，但到现在几乎完全消沉了。”〔69〕

1942 年 9 月，西安军事会议上蒋介石说：“我们当初对敌的重要策略，就是尽量诱敌深入，使他战线延长、战区扩大，使敌人不能不到处布置兵力，而不敢随便抽调。但是他现在竟敢从各战区自由抽调兵力集中某一战区，来进攻我们某一点……暴露了我军战斗力量已低落到了极点！我们明知敌人现在要进攻我们一个地区，绝对没有新的兵力可以增加，只能从各战区东抽西调，集中起来，妄求一逞。而我们不能够乘虚抵隙，去攻击他，来粉碎他在我战区的活动。即如这次浙赣路的战事，就是如此。我们明明知道敌人用来进犯我们的兵力，完全是从各战区抽调而来，但我们各战区在他未抽调以先(前)既不能出击阻止，而在事后又不敢乘机攻破他的弱点。这就是由于我军士气之消沉与战意之缺乏，尤其是我们一般高级将领对敌策略与作战能力毫无之表现。”〔70〕

1944 年 2 月，第四次南岳军事会议上蒋介石说：“现在敌人以一个大队组成战斗单位，到处窜扰，而我们在自己的领土上作战，有自己的人民来协助，对他这种小兵力的窜扰，竟不能做有效的打击，实在是莫大的耻辱……被人家讥笑我们军队兵员的名额，徒然有如天文台上的数字，而实际作战，毫无力量可言。”〔71〕蒋介石这些批评过头的话带有“恨铁不成钢”的成分，但无庸讳言，大多数“国军”的战斗力确实不如抗战前期了。蒋介石虽然看到了抗日战争后期军队战斗力下降的严重性，但他难以改变这种局面。

（三）军队纪律

除了官兵素质、武器装备及训练程度外，军队纪律的好坏，也是影响部队战斗力的重要因素之一。一般说，军队纪律主要指战场纪律和群众纪律两方面。抗战时期的“国军”，虽然各部队执行纪律的情况并不相同，但从整体说，抗战前期军纪不好的部队较少，而抗战后期军纪败坏的部队则较多。不过应当说明的是，战场纪律方面，前后期的变化较小，而群众纪律方面，后期的变化较大。这是与高级将领抗战意志的衰退和军队腐败同步演变的。

在战场纪律方面，由于“国军”中存在着不同的派系，且各派系之间及与中央之间的隔阂并未完全消除，所以从全面抗战开始之初，因怀有个人私心，不完全服从命令的高级将领即已有之。如第 29 军军长宋哲元，既未按中央的命令至保定指挥部指挥作战，也未按中央的指示集中兵力做好抗战的准备，致贻误战机，使平、津迅速失陷；又如第 3 集团军总司令韩复榘，既拒不接受第六战区司令长官冯玉祥令其派部北上的命令，又不执行第五战区司令长官李宗仁及中央令其防守津浦路的命令，不战而退，致日军不战而占领山东；再如第 20 军团军团长汤恩伯，不积极执行第五战区司令长官李宗仁令其侧击峄、枣及南下进攻日军的命令，俟蒋介石亲自下令方执行，致丧失有利时机，使台儿庄战斗虽胜而不能全歼残敌等。但总的来看，绝大多数部队能够坚决执行命令，英勇奋战，不怕牺牲，如参加淞沪会战的各部队，参加徐州会战的第 22 集团军、第 20 集团军及第 59 军等。

徐州会战后期，因国民党最高军事当局指挥有误，造成数十万大军匆匆突围，此后部队将领违纪的事件逐渐增多。如豫东作战时，第 8 军军长黄杰、第 27 军军长桂永清、第 88 师师长龙慕韩、第 187 师师长彭林生等均不执行第一战区司令长官程潜的命令，放弃防地，擅自逃走，致兰封、商丘等重要战略要点不经战斗即为日军占领。

这类违犯战场纪律的事件较多，蒋介石对此亦多次批评，如 1938 年 11 月，蒋介石曾指出武汉会战中沿江要塞失陷的原因：“马当与田家镇要塞司令官，及守备富池口的师长，都是弃职潜逃”。[72] 1941 年 10 月，蒋介石在指出一般将领的缺点时说：“我们一般将领目前最大的缺点：第一，就是怯懦……与敌接触，挨日退走，不知廉耻，不守纪律，不服从命令。第二，就是虚伪：各级报告不确实，蒙蔽军情，欺骗上官。第三，就是贪污：走私营利，荒淫无度。”同时还举出了谎报军情的例子：“如这次第九战区湘北作战……军令部根据你们的报告，绘给我一张敌我全般态势图，说我们所有的部队，都摆在侧面平江、金井一带。照这样的部署是很对的，我当时很放心。哪里知道事实完全相反，我们的主力，竟是完全分散在各地，甚至不知道部队的去向所在，而仅有一军在平江方面。这样你们的报告，还可作为依据吗？因为报告太不确实，以致判断错误。要不然，我们这一次决不会有这样的损失。”“部下骗上官，上官更骗他高级长官，如此层层虚伪，欺人自欺……那无论你有多大的武力，都要失败。”[73]

至于与军纪有关的其他方面的缺点，1942 年 9 月蒋介石归纳出 12 个方面的问题：一是赌博；二是走私；三是运吸鸦片；四是勒索扰民；五是经营商业；六是加入帮会；七是军官带眷属住在部队附近；八是新兵殴打官长，中途哗变；九是部队接收新兵之弊病：士兵发生疾病而任意弃丢不顾，省出伙食费归入接兵官私囊，强拉民众充数，为防其逃跑，乃用绳索串缚，视同罪囚等；十是高级主官不到下层部队；十一是部队主官不能彻底监督命令之执行；十二是说谎。[74]这虽不都属于战场纪律，但与战场纪律有着密切的关系。很难设想这样腐败的军队能具有战斗力。当然，蒋介石讲的可能有些以偏概全，“国军”的部队不会全都如此，但也不会是个别现象，说它带有一定的普遍性，当是无可争议的事实。

在群众纪律方面，各部队的情况并不相同。原西北军系统等部队执行得比较好。就“国军”总体而言，群众纪律的败坏是和军队战斗力的下降趋势相一致的。抗战初期虽然也有违纪现象（如蒋介石说：“上海作战的实况，我亲眼看见”，部队在“失利溃乱”时有“抢劫掳掠”行为[75]），但毕竟是在特殊环境下的少数行为。在大敌当前的情况下，人民群众是坚决拥护和积极支持“国军”的抗战的。当时的军民关系相当融洽，如台儿庄作战的胜利就和人民群众的支持分不开。至武汉会战时期，有些部队的违纪现象已较严重。如第九战区第二兵团司令张发奎向蒋介石报告九江失利的原因时就提到“军纪不良，民众逃亡”。报告说：“各部向九江附近集中时，因运输困难，战时增设部队又骤难足额，沿途鸣枪拉夫、搜寻给养。不肖者且因而强奸掳掠。军行所至，村舍为墟。职由阳新徒步经瑞昌至九江时，满目荒凉，殆绝人迹。民众既失同情之心，军队自无敌忾之志。如此而欲其奋勇杀敌，自不可能。”[76]上述扰民事项发生在作战期间，人民虽然痛恨，也还只是消极地逃避。迨至抗战中、后期，每年作战的时间相对减少，“国军”与日军常常处于和平相持态势，而这时军队的群众纪律却更为败坏。例如军事委员会军法执行总监部督察官关民权在考察晋南一带驻军后向蒋介石报告说：部队或偷运敌货、毒品，企图厚利；或就地征粮，不付价款；或烧毁人民器物门窗；或三五成群黑夜化装扰民，行同土匪。[77]这种情况在中原地区尤为严重，发展至人民群众无法忍受、从而群起反抗的地步，并提出“反对不抗日、光扰民的军队”等口号。

1944年日军发动打通大陆交通线的作战时，汤恩伯几十万大军有的“一经与敌接触，亦即南撤”，有的“不战而退，望风披靡”。第一战区在《中原会战检讨》中总结惨败的重要原因之一是“军民不能协同”。检讨说：“此次会战期间，所意想不到之特殊现象，即豫西山地民众到处截击军队，无论枪支弹药，在所必取，虽高射炮、无线电台等，亦均予截留。甚至围击我部队，枪杀我官兵，亦时有所闻。尤以军队到处，保、甲、乡长逃避一空，同时将仓库存粮抢走，形成空室清野，使我官兵有数日不得一餐者。”“各部队转进时所受民众截击之损失，殆较重于作战之损失。言之殊为痛心。”[78]造成这种令人痛心结果的原因，第一战区也承认是由于部队“不守纪律，扰及闾阎”，但绝不是《检讨》中所说的不守纪律者仅“绝对少数不肖之士兵”。拉夫、征粮、贩毒、走私等等，哪一件也不是“绝对少数不肖之士兵”所能做到的。其根本原因，主要是国民党最高军事当局及绝大多数的高级将领们抗战意识极端衰退，保存实力、坐待胜利的消极战略，促使军队日趋腐败，以致军纪荡然、军民关系紧张，在局部地区甚至发展为对抗，并截击部队，收缴武器，用以抗日。

四、敌后游击

全面抗战开始时，国民党最高军事当局尚未真正认识到持久抗战的必然性，当然也就不可能认识到敌后游击作战的重要性。虽然在个别训令中曾命来不及撤离、仍留在敌占区内的部队及前线部队“施行游击战，袭击敌军后方”，但实际上并不重视，更没有任何指导措施；京沪地区失陷之后虽已初步认识到在正面抗击日军的同时还应袭扰、破坏其后方，并在作战指导上开始部署部队攻击日军后方（如台儿庄作战时令第3集团军以有力一部向兖州以北进攻等），但仍未真正认识游击战对抗战的重要意义，而且对游击战的性质和任务也还缺乏深刻的理解，将游击战视为正规战的一种，甚至连破坏敌军后方交通及后勤设施的行动亦排除在游击战任务之外。如1938年1月,蒋介石在开封军事会议上讲:"所谓游击战,实在是正规战之一种,一定要正式的部队才能够担任;决不是临时集合民、枪,编成队伍就可称游击队,能够胜任游击战。这种临时集合的队伍,只能叫别动队……别动队的任务……扰乱敌人后方,破坏敌人交通和兵站、仓库等"。[79]

华北敌后游击队的蓬勃发展及其对台儿庄胜利所起的重要作用,使国民党最高军事当局开始认识到游击战对抗战的重要意义。就在此时,毛泽东于1938年5月26日至6月3日在延安抗日战争研究会上发表了《论持久战》的长篇讲演。该著作刚一发表,中共代表周恩来就在武汉把其基本精神向当时任副总参谋长兼军训部部长的白崇禧作了介绍。白崇禧深为赞赏,后又将它转述给蒋介石,蒋介石也非常赞同。[80]1938年10月武汉沦陷前夕,蒋介石在武汉组织部分战区高级将领开了一次军事会议,朱德在会上作了关于加强游击战重要意义的发言,并将与周恩来共同起草的一份由国共两党合作举办游击干部训练班的建议递交蒋介石。[81]武汉失守后,1938年11月25日至28日,蒋介石在南岳召开军事会议,中共方面周恩来、叶剑英参加会议。蒋介石在会上"特提出政治重于军事,游击战重于正规战,变敌后方为前方,决以我三分之一力量投入敌人后方"的训示,并令"各战区将前方地区划分为若干游击区,并指派有力部队担任游击,从事敌后作战。"[82]为扩大游击效果,还于1939年1月变更"国军"战斗序列,增设冀察、鲁苏两个战区,命第51军挺进山东,命第69军、第97军挺进河北,进行游击作战。与此同时,决定按中共建议创办游击干部训练班。蒋介石致电延安中共,要求派干部任教官,负责教授和训练游击战的战略战术和游击战的政治工作。叶剑英率30余名中共干部于1939年2月10日到达南岳,2月15日开学。开始时蒋任命汤恩伯为主任、叶剑英为副主任,后为加强控制,改为蒋介石自兼主任,白崇禧、陈诚兼副主任,汤及叶为正、副教育长。

国民政府军的游击战区在以后短短几年中发生了很大的变化。

冀察战区辖河北、察哈尔两省及山东省黄河以北一部地区。该战区以鹿钟麟为战区总司令,下属部队除第69、第97两军外,新5军及第40军先后划归该战区;此外,河北民军、察哈尔及河北各游击纵队、保安旅、保安团亦隶属之。该战区主力:朱怀冰的第97军、庞炳勋的第40军及孙殿英的新5军等均驻于河南省北部之林县、新乡、孟县各附近地区。仅石友三的第69军驻于河北省南部威县附近。所部高树勋的新6师驻于河北盐山及山东乐陵一带。真正活动于河北中部的,主要是张荫梧、乔明礼等河北民军各部及丁树本、侯如墉等游击纵队。

由于日军迭次扫荡，仅一年多的时间，至 1940 年 5 月，河北境内除张荫梧的河北民军因制造摩擦被第 18 集团军大部歼灭外，其他部队大部被日军所歼，残部均退出河北省境。“冀察战区总司令鹿钟麟免职，由第一战区司令长官卫立煌兼代”，“冀察战区时已名存实亡”。[83]第 40 军及新 5 军退至晋豫边区、太行山区南部，合编为第 24 集团军。庞炳勋任总司令，马法五接任第 40 军军长之职。后又将刘进之第 27 军划归第 24 集团军序列。该集团军实际已成为第一战区的部队。

太行山南部地区，前出于第一战区之北，仍为敌后游击战区性质。由于日军认为“盘据在华北管区内之重庆军”军心涣散，战斗力衰退，“剿共第一，治安肃正应首先讨伐共军；第 24 集团军的存在，并无大害，相反，使其与中共对立激化，则是上策”，[84]因而其第 1 军不断向太行山区北部的中共晋察冀抗日根据地进攻，而很少向太行山区南部的第 24 集团军进攻。但至 1943 年 4 月间，日军“为了振作第 1 军官兵的士气，并粉碎日军从华北撤退的敌方宣传，以及有利于促进重庆阵营崩溃”，决定“以第 18 集团军和第 24 集团军双方为攻击目标”，实施太行山区的作战。[85]对第 18 集团军的进攻一直“未能取得大的战果”。[86]对第 24 集团军的进攻，则开始不久，新 5 军军长孙殿英即率部投敌；接着因部队溃散而“化装便衣潜伏的第 24 集团军总司令庞炳勋”在日军第 35 师团田中御雄少尉率下士官 11 人及孙殿英秘书的“说服”下，随之去新乡投降日军。至此冀察战区事实上已被彻底消灭。[87]

鲁苏战区辖长江以北、老黄河以南的津浦路以东地区。于学忠为该战区总司令。下辖第 51 军、第 57 军、新 4 师、税警部队及山东、江苏的 20 多个保安旅、几十个保安团。牟中珩的第 51 军、缪澄流的第 57 军及吴化文的新 4 师驻于鲁南沂蒙山区附近及郯城等地区；韩德勤的第 89 军及陈泰运的税警总队驻于苏北的宝应、连云港、盐城各附近地区。该战区坚持时间较长，直至 1943 年春吴化文率部投敌后，“鲁苏战区仅存据点”才“丧失殆尽”。“军事委员会基于事实，乃命鲁苏游击战区各部放弃鲁南、鲁北各根据地，向皖北转移。不久，战区亦随之撤销。[88]

至于“各战区将前方地区划分若干游击区，并指派有力部队担任游击、从事敌后作战”的游击区和敌后作战，如第一战区之中条山，第五战区之大别山，第六战区之江汉三角地带及第九战区之庐山等等，区内驻军与战区其他部队完全一样，由战区直接部署、指挥、供应，驻地与前方部队连接在一起，其作战亦与正面各战役在完全统一的命令下一致行动。因而，这些前沿阵地的所谓游击区属于正面战场范围；其战斗配合的敌后作战亦属于正面战场各战役范畴的敌后作战，与战略上的敌后战场之游击战，性质完全不同。

冀察和鲁苏两敌后游击战区的兵力相当雄厚。据国民党军事当局统计，鲁苏战区的正规军约 10 万人，地方保安旅团及游击队约 15 万人，总数达 25 万。冀察战区亦大致如此。以如此众多的兵力进行游击作战，应该大有作为，但事实上不仅未能发展，反而驻地日蹙、兵力日削，在不过三四年的时间里即彻底失败。失败的原因主要有以下三点。

（一）以正规战的作战指导进行游击战

游击战属于"非正规的作战"。它没有战线和后方，而且是在敌强我弱的情况下进行的，因而它的作战形式、战术运用等也和正规战有所不同。概略地说，在作战指导上更强调主动性，要实行其先发制人、出敌意外、要"游"要"击"的战术。"游"是为了"掩护自己的弱点，寻找敌人的弱点"，击是为了"发扬自己的特长，避开敌人的特长"。"游而不击要不得，击而硬拼还是要不得"。[89]在兵力运用上更强调灵活性，"按照情况灵活地分散兵力或集中兵力，是游击战争的主要方法，但是还须懂得灵活地转移（变换）兵力"；"死板、呆滞，必至陷入被动地位，遭受不必要的损失"。[90]在作战形式上强调游击战的同时还要适当实施运动战。主力兵团的正规军"一般以集结使用突击敌人为经常"，但必须吸取游击队隐蔽接敌、突然袭击等特点。当敌人大军云集、分进合击，无法实施各个击破、不利于我正规军集结行动时，也应化整为零、分散机动、趋吉避凶、寻敌弱点，准备再次集中击敌。决不能死守防地、呆滞不动。

但是，冀察、鲁苏战区的正规军并不是按上述游击战的一般原则指导作战的。其受领的首要任务是"将正规军配置于各游击区，确保根据地"，其次才是"相机出击"。而确保根据地的主要手段仍然沿袭正面战场的"抵牛战术"，以阵地防御战抵抗日军。如 1939 年 6 月间，日军第 5 师团等向鲁苏战区鲁南游击根据地实施扫荡时，国民党当局记载第 51 军阻击由诸城南下的一股日军的作战经过：日军沿诸（城）莒（县）公路攻占枳沟第 113 师第 339 旅主阵地后，"继向清水沟阵地进攻，战况激烈异常，我军伤亡甚重，旋我第 339 旅奉令向金花山转移，敌乃趁势继续西迫……7 日 8 时进占我 337 旅第 674 团蒋峪阵地后，复向小关进攻，守军 1 个排全部牺牲，阵地遂陷。近午，敌续攻大关，于历经血战后，亦陷敌手。我第674团团长率主力退守马鞍山，第3营占领太平山。同时，第337旅韩子乾旅长亦命该旅第673团于穆陵关占领阵地，以为策应。7日夜，第113师……依据战区总司令部作战指导，遂作如次之处置：1.以第678团在管帅镇附近占领阵地，阻敌西进。2.第339旅向金花山转移，阴止由安丘南下之敌。3.第337旅占领沂山山地……4.师长率师直属队于武家窪附近占领阵地。”作战的结果，阵地连续失陷，人员伤亡甚众，而部队被迫“全部转入沂山山区”。总司令部所在之朱位及副总司令沈鸿烈司令部所在之东里店等根据地“均告失守”。在没有后方、补充困难的敌后游击战场采用这种专守防御阵地战的作战指导，当然不仅不能发展，而且无法持久。国民党军方在编写的战史中也不得不承认“我鲁南游击根据地，虽据有地形之利，惟以山区交通不便、补给困难，尤以处于内线地位，在缺乏机动、出击之条件下，殊多不利。”[91]

更何况进入游击战区的各正规军部队不仅不习惯于经常灵活变换位置的“游”，也不愿主动找敌弱点，以运动战实施突袭的“击”，大多以不被日军围攻为满足；即使遭到日军分进合击，也不敢分散兵力、化整为零，仍以师、团为单位机动，很难保密。所以更易陷于被动，遭受较大损失。对规定的“相机出击”任务，国民党军事当局曾作如下分析：由于“‘相机’二字涵义含混，有欠明晰肯定，往往予部队以投机取巧之机会。虽明知可为而不为，不可为则更不为”，[92]因而自身损失较大，而消耗、消灭的日军则较少。

（二）扰害人民　失去了群众的积极支持

敌后游击战必须有人民群众参与，并得到他们的积极支持。刘伯承曾说过：“游击队要依靠广大的工农群众进行侦察警戒，要做到我们明白敌人，敌人不明白我们；我们能袭击敌人，敌人不能袭击我们。这首先要靠我们在政治上争取了广大工农群众才能实现。”而要做到这一点，必须使游击战与群众的利益密切结合。“没有和群众利益结合的游击战争，就不是游击战争了，而是‘别动队’”。[93]毛泽东说：游击部队“除军事部署以外，最主要的是紧密依靠乡村广大人民群众。”[94]否则不能发展、巩固根据地，不能牵制、消耗、消灭大量日军，不能达到建立敌后游击战区的目的。

但是进入敌后游击战区的“国军”正规部队囿于其性质及传统作风，且又得不到正确、必要的政治教育，所以积重难返，在对待群众方面依然故我，很少改进。初至敌后时还较为收敛，颇受当地群众的欢迎；时间稍久，许多将领和部队即故态复萌，“不思收复失地，反奸淫掳掠百姓，平日声色玩好，优游自得，军国大事置之度外”，[95]从而失去了群众的信赖，再也得不到群众的支持。

至于战区建立前即已在该地区活动的各种游击部队的情况则更为复杂。其中有“国军”撤退后由爱国人士自发组织起来的抗日人民武装，有未及撤走、留于敌后主动游击的“国军”部队，还有很多由土匪、流氓或帮会头目借抗日之名，欺骗、裹胁部分群众拉起的队伍。抗战初期风起云涌，很短时间内组建起名目繁多的游击队，其数量庞大，遍及各地。开始一段时间确曾造成强大的声势，并不断地破坏铁路、道路、通信线路及袭击后勤设施，给日军以一定程度的威胁。但当日军抽出兵力进行有计划的扫荡时，情况便发生了变化：真正抗日而又不太扰民的，能得到群众一定程度的支持和掩护，继续存在；那些不抗日却扰民的，则或被消灭，或变成纯粹的土匪团伙。至 1939 年战区成立时，存在的游击队已发生了初步的分化：具有强烈民族感、真心抗日的，大多转为中国共产党领导的人民抗日武装队伍；其他大部分游击队则被国民党军事当局编入冀察、鲁苏两战区的游击队或保安团队序列中。如鲁苏战区即编有 18 个游击区司令部，下辖 67 个保安团，另外还有 1 个保安师和 38 个保安旅。[96]这些番号极多的保安部队，虽然人员成分、军事素质和政治思想并不相同，但总的来说抗战意识和战斗能力是不强的。国民党军事当局对其不免有所袒护，但也不得不承认：“各省游击部队，分子繁杂，良莠不齐。一般干部多未接受军事教育，服从观念淡薄，军纪有欠严肃。故在协同作战上……为保存实力，甚少主动协力，彼此各自为谋”。[97]他们“往往自成系统，不相统率，甚至磨擦火并，游而不击”，[98]而在日军扫荡时，则埋枪逃走。于学忠曾指出：“查各保安部队及地方团队，每于敌人向我进犯时即将人员疏散，枪支埋藏。此举不但予敌以任意窜扰之机会，本身失却自卫能力……有违游击战之本旨。”[99]

随着时间的推移，这么多必须靠当地人民供应、补充而又得不到人民群众支持，又处在日军不时进行扫荡这一严峻形势下的敌后游击部队（包括正规部队），实难长期存在于敌后，于是再次发生分化：一部分投入中共抗日阵营，一部分被日军歼灭，而相当大的部分则彻底转向与抗日人民群众为敌的方面，投降了日军。据日军特务机关 1940 年的情况报告：“国民党游击队”“士气大为沮丧”，“投降倾向显著，已至日趋没落之地步”。[100]事实确是如此，不仅相当多的地方游击部队相继投敌，就是敌后战区的正规军也大批降敌。鲁苏战区第 57 军军长缪澄流企图投敌，后被粉碎；接着冀察战区副总司令兼第 39 集团军总司令石友三又阴谋投敌，被国民党处决。但这股逆流并未能遏止。冀察战区方面，新 5 军军长孙殿英、第 24 集团军总司令庞炳勋、第 69 军军长毕泽宇、游击第 1 纵队司令丁树本、第 2 纵队司令夏维礼、豫冀边区游击指挥官杜淑、冀察战区挺进第 4 纵队司令侯如墉、暂 3 师师长杨克友、暂 4 师师长王廷英、预备 8 师师长陈孝强等相继投敌。鲁苏战区方面，鲁苏战区游击纵队副总指挥李长江、游击第 1 支队司令丁丛堂、第 2 支队司令颜秀五、第 6 支队司令陈才福、第 7 支队司令秦庆霖、第 11 支队司令范杰、江苏保安第 8 旅旅长杨仲华、第 39 集团军副总司令兼鲁西行署主任孙良诚、新 6 师师长赵云祥、新 181 师师长陈光然、新 13 旅旅长黄贞泰、特务旅旅长郭俊峰、苏北四县游击总指挥徐继泰、新 4 师师长吴化文、苏北游击纵队第 1 支队司令吕其赓、山东游击队第 2 纵队司令厉文礼、苏北游击纵队第 2 支队司令张良才、山东保安第 5 师师长齐子修、山东保安第 8 旅旅长邱吉胜、第 112 师副师长兼第 334 旅旅长荣子恒、山东保安第 4 师师长刘景良等先后投敌。他们降日后，即在日军指挥下进攻游击战区内尚存的游击据点，加速了国民党军敌后游击战区的失败。

（三）限制中共发展　制造武装摩擦

国民党虽然在国难当头的严峻时刻与共产党合作抗日，但它并未真正、完全放弃反共企图。抗战之初，日军正处于战略进攻阶段，侵略势头极为迅猛。大敌当前，国民党的“国军”与共产党的抗日武装合作得较好，抗战也很坚强。但即使在这种情况下，国民党最高当局的主要决策者们也不愿听到正确评价共产党英勇抗日的言论。如 1937 年 9 月间，正当华北日军长驱直入、“国军”连连败退之际，共产党的第 115 师在平型关以伏击战打死日军精锐的第 5 师团第 21 旅团一部千余人，获得了全国抗战以来第一个歼灭战的胜利，全国的民心、士气为之振奋，极大地鼓舞了全国军民的抗战意志与胜利信心。蒋介石却对此不高兴。他于 1937 年 11 月 5 日在南京的国民党最高军事会议上说：“现在一般人——本党的同志当然除外，要为共产党捧场，为共产党宣传，这种盲目的举动和错误的宣传如不及早纠正，影响所及，将使日本更有所借口来加紧侵略，国际上再将发生不良的反响，我们国家之前途，将更陷于危险的境地。现在由共产党所改编过来的军队，他们固然善于游击战，能够扰乱敌军的后方。但一般盲目捧共的人，即借此一点，毫不假思索的为他们作过分夸大的宣传，似乎只有这一部分军队才能够抗日……这种荒谬悖理的宣传，如不及早纠正，只有一天一天的助长共产党的嚣张。”“尤其看到现在社会上流行着的这一种宣传，并非全由共产党故意张扬出来的，而是由一般无常识的非共产党员……为共产党鼓吹。这实在是我们要严正的指导其改正过来的。”[101]

共产党领导的第八路军深入敌后实施战略展开，至 1938 年 10 月，已作战 1400 余次，歼灭日、伪 5 万余人，收复了大片国土，创建了晋察冀、冀鲁豫及山东等 7 个大的抗日根据地，开辟了广阔的华北敌后战场，钳制了大量日军，一定程度上遏制了日军的战略进攻，对正面战场“国军”的作战，在战略上给予了有力的支持。这对抗日战争来说，本是极为有利的局面。但由于共产党在积极抗战中不仅没有大的损耗，反而有了大的发展（从出师时的 4 万人，发展为 15 万余人），因而使国民党最高当局的主要决策者们大为恼火，开始作限制共产党的准备。1938 年 12 月，蒋介石在陕西武功召开军事会议时，暗中指示第 17 军团军团长胡宗南积蓄力量准备反共，同时升任对武汉失守负有重要责任、被李宗仁正式电请军事委员会查办的胡宗南为第 34 集团军代总司令，并将陕、甘及豫西的大多数“国军”编入第 34 集团军序列，或明令胡宗南负责督训，以加强其掌握的兵力。胡宗南曾向第 71 军军长宋希濂透露过蒋介石的重要指示：“我们和日本人打了一年多的仗，中央的部队牺牲是这样大，但是共产党却利用这个机会，大大扩充势力，它们的军事力量，不仅控制了山西的大部地区，而且发展到了河北、山东、河南、安徽、苏北等地……这样下去，我们不是亡于日本，而是会亡于共产党……我们必须准备和积蓄我们的力量，我们必须限制他们。”[102]

事实果然如此发展。1939 年 1 月，国民党的第五届五中全会通过了设立“防共委员会”的议案，确定了溶共、防共、限共的方针。国民党正规军进入刚成立的冀察、鲁苏两敌后游击战区，按照《异党问题处置办法》和《沦陷区防范共党活动办法》限制共产党力量的发展，与共产党争夺敌后控制区。后来国民党给敌后游击部队的信中明确指示：“防止异党活动而消灭赤祸于无形，事关党国大计。”[103]这成为敌后部队制造摩擦的理论根据。

共产党早在 1937 年 8 月 4 日就向国民党提出关于敌后战场的建立与对待友军的原则：“游击战以红军与其他适宜部队及人民武装担任之”；[104] 10 月 4 日致电朱德、彭德怀等前方指挥员，指示对友军“应采取爱护协助态度”，“对动员民众应详告以政策方法，对他们多取商量，表示殷勤爱护之意，力戒轻视、忽视、讥笑、漠不关心及把他们置于危险地位等错误态度”。[105]为了在国共关系上粉碎“敌人的挑拨，汉奸的破坏”，消除“某些分子惧怕群众运动，以及党和八路军影响的扩大”，以免“影响抗日的团结”，同年 12 月 24 日又向各地、各部队的各级军政首长及政治机关下达命令，要求“在共同负责、共同领导、互相帮助、互相发展的口号下，与各统一战线的地方工作当局协商，群众工作的进行，必须注意尽量取得他们的同意与合作，从抗战利益出发，说服他们采纳我们的意见与建议。万一不能同意时，不应勉强，而应暂时让步。”“为避免不必要的磨擦，为减少可能发生的磨擦……对于友党友军及地方当局某些弱点，应采取善意的批评与建议，避免讥笑与讽刺。”“除宣传党的主张和八路军胜利之外，对于政府抗战的决心及其他好的设施与表现，友军抗战的英勇与牺牲的精神，应加以表扬与赞勉。”“因征兵或抽捐税的事，引起群众与政府磨擦时，我们应居中调解，避免对立。”“帮助政府进行征兵动员，予以必要之保证……”[106]此后又多次指示部队“注意勿与友军冲突”，提出“国共两党均须用极大努力……在敌人后方创设许多抗日根据地”，并要求新四军向“敌后一切无友军地区”“派队活动”。

正是在这种情况下，加以当时国民党并未重视、实际上也无力顾及敌后游击，所以在 1937 年至 1938 年间，中共抗日武装与大多数国民党系统的抗日游击队和地方政府保持了较好的友军关系，共同抗日，并尽力帮助他们组织抗日武装。如中共鲁西北特委与山东第六区专员兼保安司令范筑先建立了良好的统战关系，帮助他建立了 10 个支队的抗日队伍；中共派杨秀峰、张存实等一批共产党人帮助张荫梧成立深泽抗日学院，培养一批抗日干部，从而才组织起庞大的河北民军。

但是，当冀察、鲁苏两战区成立、国民党部分正规军进入后，形势逐渐发生变化。与胡宗南以武力进攻中共，制造反共的“陇东事件”、“栒邑（今旬邑）事件”等相呼应，一些反共的顽固分子，如鹿钟麟、张荫梧之流，在正规军的支持下也开始制造摩擦和进行军事挑衅，不仅向先被日军占领原为政府军驻守、后由中共武装收复的地区进攻，而且向早已建立的中共抗日根据地进攻，并不断捕杀共产党员。为了团结抗战，中共采取了极为宽容的态度。如河北民军重要首领乔明礼在准备进攻冀中根据地时，在深县附近被中共吕正操部俘获。由于他表示悔悟，要求抗日，中共不但发还了被缴获的 300 余枝枪，而且应允每月补给军费 700 元、发给冬衣 5000 套。中共冀南军区司令员宋任穷亲自将其送回，刘伯承和邓小平还派杨秀峰、王宏坤前去慰问。但他回去后继任了河北民军总司令，继续反共。在国民党军队坚持反共摩擦的情况下，中共部队被迫实施有理、有利、有节的自卫反击。于是国共两党领导的武装部队有时就发生武装冲突。

但即使如此，共产党仍极力忍耐，以保持团结抗日的局面。如 1940 年 4 月 1 日，毛泽东致电朱德、彭德怀及八路军、新四军各将领，指示对国民党方面的“军事挑衅，极力忍耐，不还一枪”，“对一切尚能与我合作抗日之部队及虽然不好但尚未向我进攻之部队，均须极力联络，不得侵犯其一人一枪”，“号召一切友军反对内战，拥蒋讨汪，团结抗战”。[107]以后又指示向相邻的国民党军“直接派人或间接托人或公开寄信发传单，表示我们完全不愿意同他们摩擦，请他们顾全大局，保存友谊，以免两败俱伤，渔人得利”，并规定“当他们迫于某方命令向我进攻时”，“先让一步，表示仁至义尽，并求得中途妥协，言归于好”等。[108]

国民党当局并不因共产党的忍耐、容让而放弃反共政策，相反，在太平洋战争爆发后更加致力于反共。正如美国国务卿艾奇逊在白皮书中所说的：“自从美国参战后，国民党即深信日本终将被击败”，“国民党主要力量集中于北方抑制共产党”。例如 1942 年 3 月 23 日，蒋介石向全国各战区下达电令：“国军以先肃清黄河以南奸伪(指共产党)，以利抗战之目的，各战区同时行动，一举歼灭华中、华南方面之奸伪；华北方面，亦相机袭攻，巩固并扩充游击地。”[109]

这样，国共之间的武装冲突就无法完全避免。

日军则企图利用国共的矛盾渔翁得利。日军的主要打击目标是坚决抗日的中共部队，对不游不击的国民党系某些部队不采取行动。日军“华北方面军”的《肃正建设纲要》中的“作战指导要领”就明确规定：“讨伐的重点在于剿灭共军，为此要善于利用国共的相互倾轧。在皇军势力暂时不能控制的地区，应默许那些不主动求战的杂牌军的存在。必要时，甚至可以引导他们占据真空地带，以防止共军侵入。”[110]如 1941 年 11 月间日军进行的“鲁南作战”，就是日军“第 12 军利用鲁南共军与重庆方面的于学忠军之间的矛盾，以消灭共军为目的”而发动的。[111]当然，对于必须控制的地区，日军仍是要进攻的。如 1942 年 2 月间进行的“鲁中作战”，目的就是为了“歼灭盘据在以临朐南、博山东南山岳地带为根据地进行活动的于学忠所属重庆军”的。[112]

正是由于国民党为限制中共发展而引起的国共摩擦，使敌后战场的总体抗战力量受到削弱；而日军得以利用矛盾，集中兵力加强“治安战”，使国共两党的敌后部队都陷入了极为困难的境地。但是共产党的部队受到良好的政治教育，抗日意志坚强，依靠人民群众，得到人民群众的全力支持，又采用了避实击虚、机动灵活的战略战术，广泛发动群众性的游击作战，民兵联防，以破击战、地雷战、地道战、麻雀战等粉碎了日军“铁壁合围”、“拉网扫荡”、“梳篦扫荡”和“辗转抉剔”等各种残酷、频繁的大规模扫荡和“治安强化运动”以及封锁、清乡等，不仅坚持住了各抗日根据地，而且愈战愈强，很快恢复并获得更大的再发展。国民党的敌后部队失去了人民群众的支持，又采用了不适合敌后游击的呆板战术，而且与抗日的友军为敌，所以在日军扫荡、围攻下，大批将领率部投敌，反转来协同日军围剿残存的抗日据点。因此，国民党敌后战场游击战的失败，自然也就难以避免了。

注　释：

〔1〕 ［日］古屋奎二 等：《蒋总统秘录》，台北1976年版，第7册第185页。

〔2〕 见《蒋介石日记》(手稿本)，转引自杨天石《找寻真实的蒋介石》，第245页。黄仁宇《从大历史角度解读蒋介石日记》第120页引用的《蒋总统大事长编》等书中摘录的此日蒋的日记中，在“徒凭一时之兴奋”后，增加了“不具长期之坚持”一句。

〔3〕 蒋介石：《国府迁渝与抗战前途》。载台湾国民党中央委员会党史研究会编《总统蒋公思想言论总集》，卷十四第653页。

〔4〕 见《中华民国重要史料初编——对日抗战时期o绪编》，第35页，台北1981年版。

〔5〕 同〔3〕。

〔6〕 转引自吴相湘《中国对日总体战略及若干重要会议》。台北商务印书馆1978年版，第54页。

〔7〕 见《陈诚回忆录——抗日战争》，第23页。

〔8〕 中国第二历史档案馆编《民国档案》1987年第1期。

〔9〕 见《蒋介石日记》(手稿本)，转引自杨天石《找寻真实的蒋介石》，第221页。

〔10〕 见《徐永昌日记》1937年7月14、16、18、20日日记。

〔11〕 转引自《寻找真实的蒋介石》，第222页。

〔12〕 蒋介石：《敌人战略政略的实况和我军抗战获胜的要道》。同〔3〕，第608—610页。

〔13〕 蒋介石：《最近军事与外交》，同〔3〕，第624、625页。

〔14〕 同〔3〕，第654—657页。

〔15〕 《何上将抗战期间军事报告》。台北文星书店1962年版，第107页。

〔16〕 蒋介石：《国民党临时全国代表大会讲演词》。载1938年4月3日《新华日报》。

〔17〕 蒋介石：《对抗战检讨与必胜要诀训词》。载台湾国民党中央委员会党史委员会编《中华民国重要史料初编——对日抗战时期》，第二编第66页。

〔18〕 蒋介石：《八一三周年纪念告战地民众词》。载张其昀主编《先总统蒋公全集》，台湾中国文化大学出版社1984年版，第一册第2089页。

〔19〕 1938年10月14日蒋介石致程潜、龙云电报。同〔17〕,第123页。

〔20〕 蒋介石:《第一次南岳军事会议训词》(一)。同〔17〕,第127、131页。

〔21〕 陈诚:《八年抗战经过概要》第一章。转引自浙江省中国国民党历史研究组1985年编《抗日战争时期国民党战场史料选编》,第一册第6、36页。

〔22〕 蒋介石:《第二次南岳军事会议训词》。同〔17〕,第190、193页。

〔23〕 蒋介石:《参谋长会议闭幕训词》。载《先总统蒋公全集》,引同〔18〕,第二册第1419页。

〔24〕 毛泽东:《论持久战》。载《毛泽东军事文集》,军事科学出版社、中央文献出版社1993年版,第二册第296页。

〔25〕 毛泽东:《抗日民族战争与抗日民族统一战线发展的新阶段》。同〔24〕,第386—387页。

〔26〕 蒋介石:《致各行营主任各战区长官等及全体将士指示国际形势对我愈趋有利,各战区同时转取攻势以粉碎敌人企图电》。同〔17〕,第183页。

〔27〕 同〔17〕,第194页。

〔28〕 蒋介石:《指示冬季攻势各战区作战任务及开始日期手令》。同〔10〕,第197页。

〔29〕 蒋介石:《柳州军事会议闭幕训词》。同〔18〕,第1380、1381页。

〔30〕 蒋介石:《参谋长会议训词》(三)。同〔18〕,第1399页。

〔31〕 蒋介石:《柳州军事会议训词》(三)。同〔18〕,第1365页。

〔32〕 同〔30〕,第1400页。

〔33〕 蒋介石:《第三次南岳军事会议训词》(一)。同〔18〕,第1556页。

〔34〕 蒋介石:《第三次南岳军事会议开会训词》。同〔18〕,第1554、1555页。

〔35〕 蒋介石:《第四次南岳军事会议训词》(一)。同〔18〕,第1712、1714页。

〔36〕 同〔21〕,第6、14页。

〔37〕 1916年2月,德军向法国凡尔登地区进攻,攻击持续6个半月,仅突入法军防御纵深7—10公里,始终未能突破法军防线。当年下半年,战场主动权逐渐转入法军手中。10月,法军转入反攻,德军被击退至原进攻出发地区。这个战役,德军投入兵力69个师,损失35万人以上。法军在这次战役中主要经验是采用野战工事与永备工事相结合的防御作战,构筑有大纵深的3—4道防御阵地,并有完备的堑壕体系和障碍物配系。在防御作战过程中,法军快速机动调整战役部署,使德军在突破地段所取得的优势迅速消失;同时灵活地使用预备队,实施反冲击和短促的连续反突击,以夺回失去的阵地,并不断轮换第一线阵地的守军,使本军不致丧失战斗力。这是世界战争史上一个成功的阵地防御战例,为陆军大学等学术研究及教学的主要内容之一。

〔38〕 同〔13〕,第620页。

〔39〕 同〔12〕,第610、611页。

〔40〕 蒋介石:《对左翼军各将领训话》。同〔3〕,第642页。

〔41〕 蒋介石:《以光荣的牺牲求最后的胜利》。同〔3〕,第634页。

〔42〕 蒋介石:《参谋长会议训词》(二)、(四)及《参谋长会议闭幕训词》。同〔18〕,第1397、1407、1418页。

〔43〕 蒋介石:《第三次南岳军事会议训词》(三)、(一)。同〔18〕,第1572、1556、1560、1561页。

〔44〕 蒋介石:《柳州军事会议训词》(一)。同〔18〕,第1365页。

〔45〕〔46〕 蒋介石:《西安军事会议闭幕训词》。同〔18〕,第1657、1658页。

〔47〕 同〔34〕,第1554页。

〔48〕 蒋介石:《第三次南岳军事会议训词》(二)。同〔18〕,第1567页。

〔49〕 蒋介石:《第一次南岳军事会议训词》(二)、(五)。同〔17〕,第145、179页。

〔50〕 蒋介石手令。同〔17〕,第125页。

〔51〕 蒋介石手令。同〔17〕,第182页。

〔52〕 同〔43〕,第1572、1573页。

〔53〕 《第九战区第三次长沙会战战斗详报》(原件存中国第二历史档案馆)。载《抗日战争正面战场》,江苏古籍出版社1987年版,第1173、1174页。

〔54〕 据台湾近代史研究所张瑞德《抗战时期国军各阶层成员出身背景及素质的分析》一文中的数字(有的可能不太准确)统计。此文载中国社会科学院近代史研究所编《抗日战争研究》1993年第3期。

〔55〕 《德总顾问整顿部队意见书》。载中国第二历史档案馆编《民国档案》1988年第4期。

〔56〕 〔美〕查尔斯・F・罗马纳斯和赖利・森德兰:《史迪威指挥权问题》。载美国陆军部军史局长办公室编《美国陆军在第二次世界大战中——中印缅战区》,华盛顿1953年版,第153页。

〔57〕 〔美〕魏德迈:《艾伯特・C・魏德迈报告书》。纽约亨利霍特出版公司1958年版,第325页。

〔58〕 同〔17〕,第63、81页。

〔59〕 蒋介石:《第一次南岳军事会议训词》(三)。同〔17〕,第151、152页。

〔60〕 蒋介石:《参谋长会议训词》(一)。同〔18〕,第1391页。

〔61〕 蒋介石:《整军训词》。同〔3〕,卷十八第208页。

〔62〕 见梁敬錞《史迪威事件》。商务印书馆1973年版,第56页。

〔63〕 见何应钦《对五届十一中全会军事报告(民国31年11月至32年8月)》。载台湾

国民党编印的《何上将抗战期间军事报告》下册第 562 页。

〔64〕 见冯玉祥《冯玉祥回忆录》。上海文化出版社 1949 年版,第 152 页。

〔65〕 见张瑞德《抗战时期陆军的教育与训练》。载《中华民国建国八十年学术讨论集》,台北 1991 年版。

〔66〕 汤恩伯:《部队的缺点在哪里》。载《汤恩伯先生纪念集》,台北 1964 年编印。引同〔54〕。

〔67〕 见白崇禧《白主任委员训词》(二)。同〔64〕。

〔68〕 见许高阳《国防年鉴》。台北 1966 年重版,第 35—38 页。

〔69〕 蒋介石:《第三次南岳军事会议训词》(二)、(三)。同〔18〕,第 1567、1569、1579 页。

〔70〕 蒋介石:《目前对敌军两个严重问题以及我军的对策之研究》。同〔18〕,第 1660 页。

〔71〕 同〔35〕,第 1712、1711 页。

〔72〕 蒋介石:《第一次南岳军事会议训词》(五)。同〔18〕,第 178 页。

〔73〕 同〔34〕,第 1554、1553 页。

〔74〕 蒋介石:《西安会议讲评》(三)。同〔18〕,第 1651—1653 页。

〔75〕 同〔17〕,第 70 页。

〔76〕 《第二兵团司令张发奎报告书》。同〔53〕,第 697 页。

〔77〕 《山西省第七区行政督察专员公署快邮代电》(1939 年 10 月 5 日)。原件存中国第二历史档案馆。

〔78〕 《第一战区中原会战之检讨》。同〔53〕,第 1252—1253 页。

〔79〕 同〔17〕,第 95、96 页。

〔80〕 见程思远《政坛回忆》。广西人民出版社 1992 年版,第 119 页。

〔81〕 见李默庵《世纪之履——李默庵回忆录》。中国文史出版社 1995 年版,第 220 页。

〔82〕 台湾国民党"国防部"史政编译局编《抗日战史》。台北 1991 年出版,第十一册第 2 页。

〔83〕 同〔82〕,第 38 页。

〔84〕 日本防卫厅防卫研究所战史室:《华北治安战》。天津人民出版社 1982 年中译本,(下)第 308 页。

〔85〕 同〔84〕,第 309 页。

〔86〕 同〔84〕,第 313 页。

〔87〕 同〔84〕,第 311 页。

〔88〕 同〔82〕,第 128 页。

〔89〕 刘伯承:《现在游击队要解答的问题》和《对目前战术的考察》。载《刘伯承军事文

选》,中国人民解放军战士出版社 1982 年版,第 44、121 页。

〔90〕 毛泽东:《抗日游击战争的战略问题》。同〔24〕,第 239、240 页。

〔91〕 同〔84〕,第 144 页。

〔92〕 同〔84〕,第八册第 99 页。

〔93〕 同〔89〕,第 47、351 页。

〔94〕 毛泽东:《游击战争主要应处于敌之翼侧及后方》。同〔24〕,第 97 页。

〔95〕 见《各地驻军扰民情况》。原件存中国第二历史档案馆。

〔96〕 同〔84〕,第 127 页。

〔97〕 同〔84〕,第 5 页。

〔98〕 见《各战区游击队整理办法》。原件存中国第二历史档案馆。

〔99〕 《鲁苏战区第 51 军机密作战日记》1942 年 2 月 6 日于学忠电。载中国第二历史档案馆编《抗日战争时期国民党军机密作战日记》,中国档案出版社 1995 年版,(下)第 1913 页。

〔100〕 同〔84〕,第 157 页。

〔101〕 蒋介石:《出席最高国防会议致词》。同〔3〕,第 650、651 页。

〔102〕 宋希濂:《鹰犬将军》。中国文史出版社 1993 年版,第 188 页。

〔103〕 见"山西第五区党务指导委员会"文件。原件存中国第二历史档案馆。

〔104〕 毛泽东:《对国防问题的意见》。同〔24〕,第 22 页。

〔105〕 毛泽东:《正确对待配属八路军指挥之友军》。同〔24〕,第 70 页。

〔106〕 毛泽东:《在友军区域内应坚持统一战线原则》。同〔24〕,第 130、131 页。

〔107〕 毛泽东:《目前在华北华中方针》。同〔24〕,第 537、538 页。

〔108〕 毛泽东:《对中间派应采取的方针》。同〔24〕,第 545 页。

〔109〕 见《第二集团军机密作战日记》所记《委座寅梗令一元特电》。同〔99〕,第 1009 页。

〔110〕 同〔86〕,(上)第 227 页。

〔111〕 同〔86〕,(下)第 8 页。

〔112〕 同〔86〕,(下)第 26 页。

后　记

本书是在中央军委原副主席张震的热情鼓励及关怀下写成的。在写作过程中，承蒙中国人民解放军国防大学领导多方面的支持与指导，承蒙中国第二历史档案馆、中国人民革命军事博物馆、北碚图书馆、中共重庆市北碚区委、北碚区政府、北碚区地方志办公室及魏启琰先生在资料、物资等多方面给予大力支持与帮助，承蒙李默庵、段仲宇、侯镜如、覃异之、郑庭笈、宋瑞珂、杨伯涛、史说、张长顺、罗焕章、常淑珍同志提供资料并提出宝贵意见；本书还吸取、参考了近年来学术界的研究成果，在此一并表示谢意。

本书写作过程中负责管理、财会、打字、绘图、交通、联系等事务的王力之、耿道庸、黄光祖、黎光辉、周良锋、胥显明诸同志积极工作，忘我劳动，保证了本书的顺利完稿。特别是本书完稿之后，因种种原因，在当时情况下找不到出版单位之际，江苏人民出版社副总编刘卫同志，审读书稿后，愿冒赔本等风险，大力支持，使本书得以出版，并安排谬亚奇同志（第一版）和鲁从阳同志（第二版）任本书责任编辑。他们工作极为认真负责，对书稿逐字逐句推敲，对人名、地名、史实多方查核，一丝不苟，保证了本书的质量，特此致以诚挚的谢忱！

本书第一版执笔人为：

绪　论：郭汝瑰、郭寿航、阮家新、田昭林

第一章：田昭林、戚厚杰

第二章：黄玉章

第三章：党德信、武月星、潘刚德初稿，马仲廉统修

第四章：田昭林、陈阳平、孙东寿

第五章：赵秀昆、潘刚德

第六章：胡翔、黄厚瑚、倪丁一、高秋萍、谭奇金初稿，阮家新统修

第七章：潘刚德、黄厚瑚初稿，马仲廉统修

第八章：王楚英、卢继东、田昭林

后　论：田昭林

全书由田昭林修改和统稿，再由王文荣、张毓清、何理、陈柏江、徐焰、张海麟审阅，最后由郭汝瑰、黄玉章定稿。

本书第二版修订者：田昭林。

以下情况需作说明：

一、本书的章下各节内容丰繁，因此以节为相对独立的单元，在节的后部列附表及注释，便于读者阅读。

二、本书中涉及大量中外地名。同一地名，由于引用资料的不同而有异写、异译的情况，以及某些历史地名有异于今名的情况；一些小地名，见于当年作战用地图及文件档案，很难核查其现今的规范地名。虽然我们与本书责任编辑在地名核查方面做了大量工作，但难免有不如意之处。

三、关于引文，由于有些出版物中的引文未能忠于历史档案，或者原编者所加标点不尽妥当，及排版中出现的错别字未能校正，因此本书在引用这些文字时略有更改。又，为使引文中的数字（包括部队番号）与记述性文字中的数字（包括部队番号）统一起见，引文中的数字也改用阿拉伯数字。

四、书中所附作战地图为本书不可缺的内容。图中黑线代表抗日力量，灰线代表日、伪力量；实线箭头代表进攻方向，虚线箭头代表撤退方向。

本书中不当之处在所难免，谨请批评指正。

图书在版编目(CIP)数据

中国抗日战争正面战场作战记:全2册 / 郭汝瑰,黄玉章主编.—南京:江苏人民出版社,2015.5(2025.3重印)

ISBN 978-7-214-09154-3

Ⅰ.①中… Ⅱ.①郭…②黄… Ⅲ.①抗日战争—史料—中国 Ⅳ.①K265.06

中国版本图书馆CIP数据核字(2015)第072044号

书　　名	中国抗日战争正面战场作战记(上下册)
主　　编	郭汝瑰　黄玉章
责任编辑	刘　卫　鲁从阳
责任校对	王翔宇
出版发行	江苏人民出版社
地　　址	南京市湖南路1号A楼,邮编:210009
照　　排	南京紫藤制版印务中心
印 刷 者	天津旭非印刷有限公司
开　　本	718×1000毫米　1/16
印　　张	80.25
字　　数	1380千字
版　　次	2015年8月第1版
印　　次	2025年3月第9次印刷
标准书号	ISBN 978-7-214-09154-3
定　　价	168.00元(全二册)